中国年鉴精品工程
High Quality Project of China's Yearbook

無錫年鑒

2022 WUXI YEARBOOK

无锡市档案史志馆　编

方志出版社
Publishing House of Local Records

图书在版编目（CIP）数据

无锡年鉴.2022/无锡市档案史志馆编.—北京：方志出版社，2022.11

ISBN 978-7-5144-5369-0

Ⅰ.①无… Ⅱ.①无… Ⅲ.①无锡-2022-年鉴 Ⅳ.①Z525.33

中国版本图书馆CIP数据核字(2022)第232264号

责任编辑：陈菁
责任校对：刘玉霞
责任印制：梅中英
出 版 者：方志出版社
地　　址：北京市朝阳区潘家园东里9号（国家方志馆4层）
邮　　编：100021
网　　址：http://www.zgfzcb.cn
发　　行：方志出版社图书营销中心（010-67110500）
印　　刷：无锡市创辉印象数字印刷有限公司
开　　本：889毫米×1194毫米 1/16
印　　张：34.25
字　　数：1257千字
版　　次：2022年11月第1版
印　　次：2022年11月第1次印刷
定　　价：200.00元

无锡市地方志编纂委员会

《无锡年鉴（2022）》编纂人员

各撰稿单位主审人员

（按姓氏笔画为序）

丁　琳　于伟治　万泽湘　王卫兵　王　兵　王　勇　王　晓
王　捷　王　菲　王　萍　王　琳　王粤海　太铁斌　尤志斌
尹　蹘　邓小伟　叶　净　田　赫　乐小松　包晓东　冯玲娜
冯爱东　邢　盈　权　辉　过　焰　百　炼　吕益华　吕雪松
朱双清　朱永健　朱　芳　朱玲燕　朱　敏　任国伟　华伟荣
华惠芳　刘文君　刘兆鹏　刘艳红　刘韶岭　闫春阳　江　涛
安锡友　祁　耀　许　岗　孙开锋　孙协军　孙　明　孙锦涛
严桂初　李东生　李志宏　李明新　李群益　杨百海　杨　旻
杨　建　杨建忠　杨爱民　肖剑峰　肖健炜　吴正国　吴　芳
吴怀美　吴　涛　吴　敏　吴智跃　吴　婷　邱辛泰　余一帆
谷占彬　邹立群　沈　旦　沈　扬　沈荣伟　沈　强　张千山
张文伟　张　军　张志浩　张　枝　张明飞　张泉荣　张海涛
张　赟　张曙峰　陆建军　陆　融　陈　东　陈　立　陈建东
陈　勇　陈烈蓉　陈　彬　陈　瑛　陈靖宇　陈　熙　邵康奕
曹罕硕　苟小军　范　良　季安娜　岳中发　周　山　周卫平
周　卉　周立军　周　波　周凌晶　周惠琳　赵建平　赵晓东
胡君松　胡炯义　胡海龙　胡雁艳　胡　碧　相　江　钟小白
俞　刚　娄子丹　洪绍荣　胥焱冰　姚　菲　秦顺达　夏　杰
夏　斌　顾必成　钱　军　钱　玲　钱　前　钱喜中　徐　叶
徐泽元　徐真柱　徐卫民　徐　鹏　殷亚红　殷　欢　奚小网
高　俭　席永清　陶伟东　黄建平　黄维恭　曹泳敏　曹　琪
崔时松　章　雷　葛余同　董亚婷　蒋宁鹏　蒋志浩　蒋　健
蒋勤芳　韩剑操　程　述　蓝天月　虞　艳　鲍挚鹏　鲍献东
阙明坤　窦礼念　缪学军　缪根宝　潘渔冬　薛海萍　戴　政
魏燕英　蹇　俊

序

国务院办公厅2015年8月印发的《全国地方志事业发展规划纲要（2015—2020年）》（以下简称《规划纲要》）要求，到2020年要做到地方综合年鉴一年一鉴，公开出版，实现省、市、县三级综合年鉴全覆盖。《规划纲要》还要求，坚持存真求实，正确处理质量与进度的关系，将精品意识贯穿于年鉴编纂出版工作全过程。2015年12月，中国地方志指导小组办公室启动中国年鉴精品工程，将其与先期实施的中国志书精品工程视为姊妹工程，一道作为加强地方志质量建设的重要抓手。

实施中国年鉴精品工程有助于推动中华优秀传统文化传承发展。近年来，在党中央、国务院的高度重视和关心支持下，全国地方志事业发展迎来最好的发展时期。年鉴编纂发端于欧洲，鸦片战争后被引入我国，在我国走过了100多年的发展历史。在长期的编纂中，年鉴在内容和形式上不断发展，逐渐演变成为适合反映中国国情、具有鲜明中国特色的一种文化载体，并在改革开放后出现了快速发展的局面。2006年5月，国务院《地方志工作条例》颁布施行，明确将地方综合年鉴纳入地方志工作范畴，年鉴工作走上了有法可依的轨道。《规划纲要》出台，为从依法编鉴转变到依法治鉴指明了方向。2016年12月，中国地方志指导小组印发《全国年鉴事业发展规划（2016—2020年）》，更进一步明确了到2020年全国年鉴事业的任务书、时间表、路线图。经过多年的发展，年鉴工作已经成为地方志工作的重要组成部分，成为中华民族优秀文化传统的有机组成部分，其存史、育人、资政作用日益彰显。实施中国年鉴精品工程，是年鉴工作者紧扣时代脉搏、坚持创新发展的一项重要举措，对于坚定文化自信，传承弘扬好中华优秀传统文化意义重大。

实施中国年鉴精品工程有助于为全面建成小康社会提供更多智力支持和历史借鉴。党的十八大作出全面建成小康社会的战略部署。党的十八届五中全会提出到2020年如期实现全面建成小康社会的目标要求。完成《规划纲要》确定的目标任务是年鉴工作者的神圣使命，更是年鉴工作者以自身力量为全面建成小康社会献上的厚礼。一方面，可以更好地利用年鉴这种年度资料性文献，及时记录各地区在全面建成小康社会伟大征程中每年取得的新成绩和新经验、出现的新情况和新问题、涌现的优秀人物和典型事迹等；另一方面，可以更好地积累地情、国情资料，为推动经济社会发展和深化改革提供智力支持，为推进国家治理体系和治理能力现代化提供历史借鉴。

实施中国年鉴精品工程有助于全面推进地方志事业转型升级。地方志不是单纯修志编鉴工作，而是全体方志人“修志问道，以启未来”的一项事业，这项事业包含着巨大的时代担当与使命追求。地方志工作要在“五大建设”总体布局和“四个全面”战略布局中发挥与其自身价值、功能相匹配的作用，就要因时而谋、乘势而上、顺势而为，全面推进地方志事业转型升级。转型升级，当下最重要的目标就是完成“两全”目标，包括“年鉴全覆盖”目标；长远的目标就是基本形成地方志编修体系、理论研究和学科建设体系、质量保障体系、资源开发利用体系、工作保障体系“五位一体”的地方志事业发展综合体系，包括“五位一体”的年鉴事业发展综合体系。中国年鉴精品工程是一项探索工程，也是一项创新工程，是推进地方志事业转型升级的重要内容。通过实施中国年鉴精品工程，不仅有助于确保年鉴质量，不断编纂出版具有鲜明时代特征、年度特点和地域特色的精品年鉴，也有助于推动年鉴工作适应经济社会发展形势和时代需要，不断改革创新，与时俱进。

多年来，在中国地方志指导小组办公室的指导和全国各级地方志工作机构的共同努力下，年鉴种类数量快速增长，年鉴成果粲然可观，为实施中国年鉴精品工程奠定了坚实的基础。实施中国年鉴精品工程，就是要在全国地方志系统起到示范作用，进一步培育精品意识，打造精品年鉴，以点带面，在提高年鉴质量方面探索出一条切实可行之路，使这项探索工程和创新工程能够积累经验，发挥引领作用。

“万山磅礴，必有主峰；龙衮九章，但挈一领。”实施中国年鉴精品工程，是筑牢地方志事业特别是年鉴事业发展根基之举，其意义与价值不言而喻。但编修出年鉴精品佳作，绝非朝夕之功，需要付出长期艰辛的努力。希望通过实施中国年鉴精品工程，能够进一步推进年鉴质量建设，使年鉴真正成为传承中华民族优秀传统文化的重要载体，成为展示中国国情、地情的重要窗口，成为“为当代提供资政辅治之参考、为后世留下堪存堪鉴之记述”的资源宝库，在全面建成小康社会过程中作出更大贡献。

是为序。

中国社会科学院原副院长
中国地方志指导小组原常务副组长 李培林

编辑说明

一、《无锡年鉴》是由无锡市人民政府主办、无锡市档案史志馆编纂出版的年度资料性文献，首次出版于1991年，一年一卷，本卷为第32卷。

二、《无锡年鉴（2022）》以马克思列宁主义、毛泽东思想、邓小平理论、“三个代表”重要思想、科学发展观、习近平新时代中国特色社会主义思想为指导，坚持辩证唯物主义和历史唯物主义的立场、观点和方法，全面、系统地记载2021年度无锡市政治、经济、文化、社会、生态等各方面的基本面貌和发展情况，旨在为各级领导决策和管理提供参考依据，为社会各界了解无锡、建设无锡提供最新信息，并为续修地方志书积累资料。

三、《无锡年鉴》按照分类编辑法，设类目、分目、条目3个层次，部分分目下设副分目，条目为记述的基本单元。部分条目后设延伸阅读。

四、与《无锡年鉴（2021）》相比，《无锡年鉴（2022）》新设太湖湾科技创新带建设、乡村振兴、就业，进一步优化篇目设置，突出时代特点和无锡特色。全卷设市情概览、中国共产党无锡市委员会、无锡市人民代表大会、无锡市人民政府、中国人民政治协商会议无锡市委员会、中国共产党无锡市纪律检查委员会　无锡市监察委员会、民主党派·工商联、群众团体、法治、军事、经济管理、太湖湾科技创新带建设、数字经济、总部经济、枢纽经济、园区经济、制造业、建筑业、商贸服务业、金融业、旅游业、房地产业、农业、经贸合作、城市建设、乡村振兴、生态建设、科学技术、教育、文化、大众传媒、卫生健康、体育、就业、收入与消费、社会保障、社会事务、公共安全、辖区建设、人物·荣誉40个类目。卷首设专题彩页、特载、专文、大事记，卷末设附录、索引。

五、《无锡年鉴（2022）》记述起讫时间原则上为2021年1月1日至2021年12月31日。卷首专题彩页选用了2021年度以前资料；市领导的职务变动截至2022年3月无锡市两会结束。

六、按2021年行政区划，年鉴中的“无锡市”“全市”，范围包括江阴、宜兴2个市(县)，梁溪、锡山、惠山、滨湖、新吴5个区和经开区；“市区”，仅指上述5个区和经开区。本鉴所称“经开区”，特指无锡经济开发区。

七、年鉴中的条目，由各部门、各单位和各市(县)、区专人撰写，并经各自单位领导审阅。撰稿单位加括号列在每个条目后面，审稿人名单列于卷首。

八、数字用法、标点符号用法分别采用国家标准《出版物上数字用法》（GB/T 15835—2011）、《标点符号用法》（GB/T 15834—2011），计量单位采用国家技术监督局1993年12月发布的《量和单位》系列国家标准。大事记中，“△”表示“同日”。表格中，“#”表示总项中的主要项。

九、本年鉴的检索方法有目录和索引两种。目录在卷首，编排至条目；索引在卷末，采用主题分析法编制。

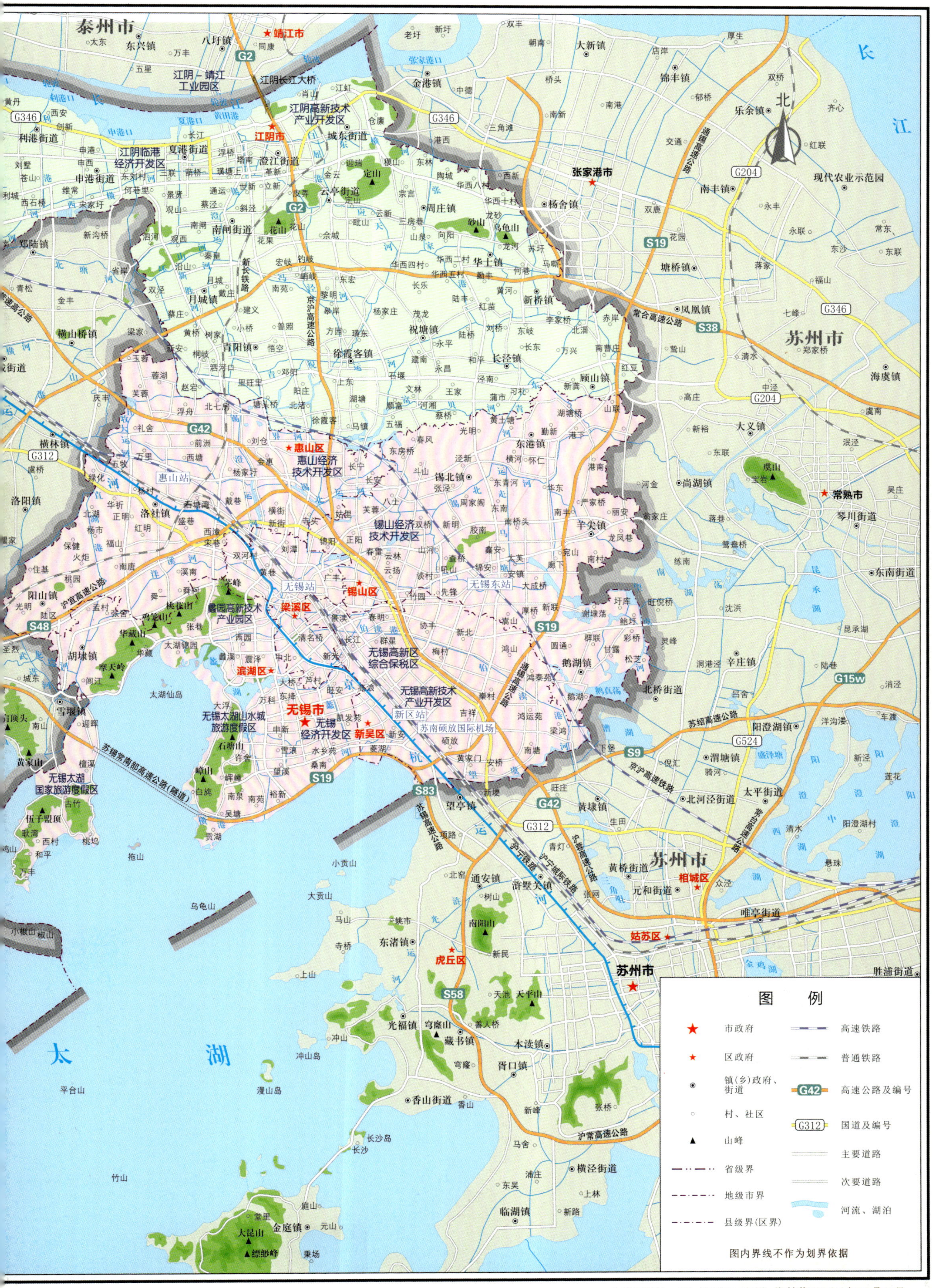

地图审图号：苏B（2022）004号 资料截至2021年12月31日

无锡市测绘院有限责任公司编制

无锡市城区图

地图审图号：苏B（2022）004号　资料截至2021年12月31日

无锡市政区图

无锡市测绘院有限责任公司编制

2021年度获得的主要荣誉

平安中国建设示范市

中国软件特色名城

健康城市建设样板市

信息消费示范城市

十佳外商投资最满意城市

十大心仪之城

“双智”协同发展首批示范城市

中国百强城市排行榜前十

中国最具幸福感城市

全国智慧城市第一梯队

全国营商环境便利度高城市

全国最佳引才城市

全国最佳促进就业城市

2021 年 1 月 25 日，教育部同意南京信息工程大学滨江学院转设为无锡学院，为无锡市第二所公办大学。图为学院全景图

（市教育局　供图）

2021 年 5 月 27 日，上海市嘉定区、青浦区，江苏省苏州市、无锡市、常州市，浙江省湖州市、嘉兴市，安徽省宣城市在无锡签署战略合作框架协议，共建环太湖科技创新圈　（市委办　供图）

2021年6月17日，江苏无锡惠山经济开发区升级为国家级经济开发区，定名为无锡惠山经济技术开发区。至此，无锡国家级开发区总量增至5个。图为惠山软件园　（惠凯丽　供图）

2021 年 6 月 28 日，“光辉的历程——中国共产党无锡历史”主题展览开幕，市领导集体观看展览　（市委办　供图）

2021 年 7 月 2 日，无锡市举行庆祝中国共产党成立 100 周年座谈会暨“两优一先”表彰会议，会上宣布，无锡高水平全面建成小康社会　（市委办　供图）

2021年8月23日，省文化旅游厅公布江苏“运河百景”标志性运河文旅产品，无锡市清名桥古运河历史街区(含窑群遗址)等12景入选，在省内大运河沿线八城市中入选数量最多。图为古运河南长段

(市档案史志馆 供图)

2021年大窑路古窑遗址博物馆 (刘玉才 摄)

2021 年 9 月 8 日，苏南瑞丽航空有限公司揭牌仪式举行，无锡市成为江苏省首个拥有本土航空公司的城市。图为瑞丽航空公司机组人员合影　（苏南机场　供图）

2021 年 10 月 1 日，无锡西站—上海洋山港海铁联运班列开通，为无锡开通的第二条海铁联运班列

（市综合交通运输协会　供图）

2021年12月8日，无锡金融新地标——尚贤湖基金PARK开园　（无锡经开区管委会　供图）

2021 年 12 月 30 日，苏锡常南部高速公路常州至无锡段开通，国内最长湖底隧道——太湖隧道通车

（市交通运输综合协会　供图）

2021年12月30日，丁蜀通用机场首次试飞成功，无锡实现通用航空与运输航空“双机场”比翼齐飞。图为无锡丁蜀通用机场

（市综合交通运输协会　供图）

2021年，无锡市创新实施“微幸福”民生工程，实施民生事项1260多项，着力解决民生难点、堵点、痛点问题。评选出“微幸福”民心工程奖金奖项目10个、银奖项目10个，“微幸福”民生工程奖金奖项目10个、银奖项目10个。图为“微幸福”民心工程奖金奖项目——氿滨水厂60万吨日扩建项目 （宜兴市档案史志馆 供图）

2021年“微幸福”民心工程奖金奖项目——湖滨商业街升级改造项目。图为湖滨商业街夜景

（滨湖区档案史志馆 供图）

1998年以来，无锡市推动无锡（国家）软件园等大数据产业园建设。2021年，全市软件与信息服务业申报销售收入1754.07亿元，被命名为“中国软件特色名城”，成为全国第十四个、江苏第三个获此殊荣的城市。

1998年，无锡市创建软件园。图为无锡（国家）软件园全景　（新吴区档案史志馆　供图）

2021年12月6日，太湖湾信息技术产业园开园

（无锡经开区管委会　供图）

2020年2月22日，无锡高新区举行星洲智能信息技术创新园开工奠基仪式

（新吴区档案史志馆　供图）

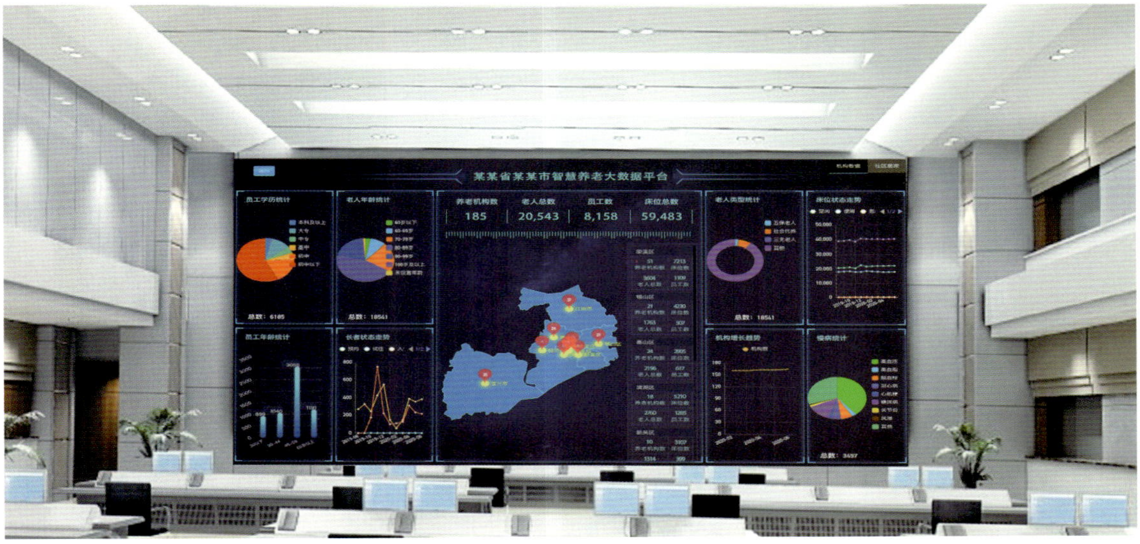

2018年，中科西北星信息科技有限公司开发大数据养老平台

（无锡物联网创新促进中心　供图）

2021年建成的中科智能计算工程技术中心　（无锡经开区管委会　供图）

2009 年 8 月 7 日，国务院总理温家宝提出在无锡建设中国传感网中心。无锡市抓住这一机遇，全面建设国家传感网创新示范区。2021 年，全市集聚物联网企业超 3000 家，产业规模 3563.9 亿元，居全国首位。无锡物联网集群入选首批国家先进制造业集群培育名单，也是全国唯一一个物联网国家级先进制造业集群。

2009 年建成的无锡物联网产业研究院“双子楼”　（卢　易　摄）

2021 年 10 月，中国电子学会、中国通信学会与无锡物联网创新促进中心联合成立中国（无锡）物联网集群创新研究院
（无锡物联网创新促进中心　供图）

2018 年，物联网与人工智能高峰论坛在无锡高新区举办　　（新吴区档案史志馆　供图）

2016 年起，无锡市每年举办世界物联网博览会。图为 2021 物博会上，小朋友体验物联网产品

（陆润卿　摄）

无锡市推动无锡软件园等大数据产业园以及易华录数据湖产业园等大数据产业特色载体建设，雪浪云赋能工厂数字化转型等项目入围省级大数据产业试点示范项目。2021年，无锡市入库大数据和云计算企业490家，实现销售收入460.66亿元。

2008年9月，深圳清华大学研究院与无锡市政府合作设立江苏数字信息产业园
（惠凯丽　供图）

2017年8月1日，无锡高新区（新吴区）与阿里云计算有限公司举行战略合作暨“飞凤平台”项目签约仪式
（新吴区档案史志馆　供图）

2020 年 5 月 18 日，总投资 50 亿元的易华录无锡数据湖产业园示范湖开湖

（梁溪区档案史志馆 供图）

2010 年 10 月，无锡入列国内首批五大云计算试点城市。2021 年 5 月，雪浪云工厂大脑展示中心建成开放

（无锡经开区管委会 供图）

无锡市始终站在全国智慧城市建设的第一阵营。2021年，获批全国首批“千兆城市”，建成5G基站14500个，重点场所5G网络通达率100%，覆盖率全省第一；入选国家首批智慧城市基础设施与智能网联汽车协同发展试点城市，是全国首批6个试点城市中唯一的地级市。

2021年9月2日，无锡市城市运行管理中心投运启用　（市大数据管理局　供图）

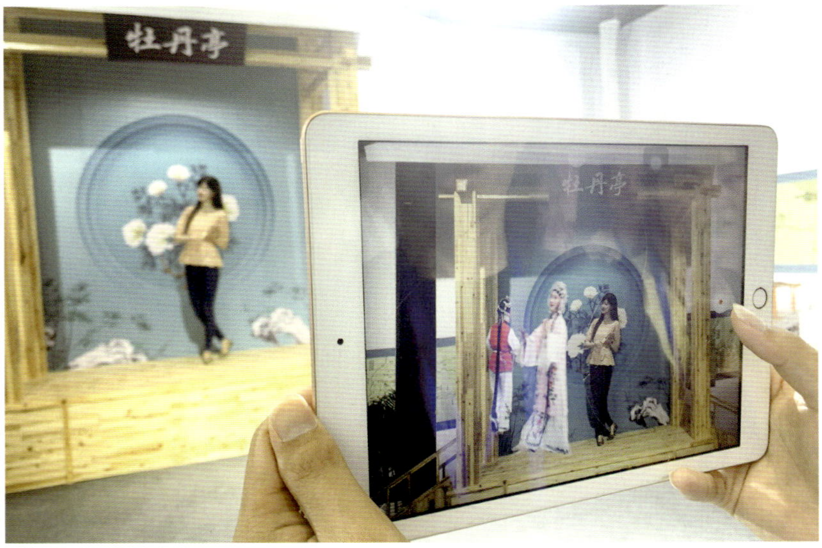

2020年9月3日，在第二届大运河文化旅游博览会上，市民通过5G+VR技术跨越时空距离“欣赏”苏州昆曲
（张玲珠　供图）

2019 年 12 月开工建设的全国首个车联网示范区——中国南山无锡车联网小镇

（市档案史志馆　供图）

2020 年 11 月，无锡经开区、英伟达公司与无锡开悟人工智能科技有限公司合作建设“无锡 AI 创新赋能中心”项目

（无锡经开区管委会　供图）

无锡位于太湖佳绝处，被誉为“太湖明珠”。2007年太湖水危机爆发后，无锡市累计投入1023亿元，实施太湖治理重点工程6905个，太湖水质实现根本性改善。至2021年，太湖已经连续14年安全度夏，太湖水域水质由劣Ⅴ类提升至Ⅳ类水标准。沿太湖建成蠡湖、长广溪、梁鸿3个国家湿地公园、6个省级湿地公园、29个湿地保护小区。

蠡湖湿地公园（2013年）
（市文旅集团　供图）

长广溪湿地公园（2019年）　（潘晓鸣　摄）

2007 年，无锡太湖水域水质为劣Ⅴ类。图为太湖鼋头渚公园一角　（市文旅集团　供图）

2018 年，治理后的太湖引来无数越冬候鸟　（市水利局　供图）

2007—2021年，无锡市通过生态清淤、蓝藻打捞处置、引江济太等手段，有效控制和减轻太湖内源污染，消除由蓝藻爆发引发的太湖水污染事件。

2020年6月，江苏省委书记娄勤俭（左三）调研太湖梅梁湖生态清淤试点工程

（市水利局　供图）

西蠡湖水生态修复工程（2015年）　（陈　平　摄）

许仙港藻水分离站(2021 年)（市水利局 供图）

加压控藻船作业(2021 年)（市水利局 供图）

沙渚水源地(2021 年)（市水利局 供图）

2007年起，无锡市加强源头治理，多部门联动，工业污染治理、污水处理厂建设、河道综合整治、控源截污达标区建设多管齐下，提高入湖河道水质。2021年，26条主要入湖河道水质全部达到或优于Ⅲ类并达到排放浓度限值。

2017年1月22日，全市生态文明建设暨"两减六治三提升"专题行动动员大会召开　（市生态环境局　供图）

2007年，无锡市实施梁溪河环境综合整治。图为整治后的梁溪河　（陈　平　摄）

2017年，锡东电厂复工点火成功，成为全国同类项目中原址复工投运的唯一成功范例。图为整洁干净的锡东电厂　（市委宣传部　供图）

2021年10月，全国首座具有领先示范效应的污水处理厂——宜兴市城市污水资源概念厂投运　（市生态环境局　供图）

中共十八大以来，无锡这座工商名城砥砺奋进、勇毅前行，一幅“大潮奔涌”的新时代画卷在太湖之滨恢宏展开。这十年，全市坚定不移走高质量发展之路，产业强市向纵深推进，高水平全面建成小康社会，担负起“争当表率、争做示范、走在前列”光荣使命，在国家“强起来”的伟大进程中烙下鲜明的“太湖印记”。

速度 跑出高质量发展“精气神”

2012 年起，无锡市坚定不移地推进创新驱动核心战略和产业强市主导战略，地区生产总值由 7446.37 亿元，增至 2021 年的 14003.24 亿元，连续跨越 7 个千亿元台阶。人均地区生产总值 18.74 万元，居全国大中城市首位。

2012 年起，江苏阳光集团、远景能源等企业连续入选制造业 500 强榜单。图为江苏阳光集团厂区　　（阳光集团　供图）

2017 年 8 月，总投资 100 亿美元的华虹半导体（无锡）制造基地落户无锡。2019 年 6 月 6 日，首批光刻机搬入仪式举行　　（市发展改革委　供图）

2018 年 5 月 8 日，药明康德新药开发有限公司在上海证券交易所上市。2021 年 7 月 16 日，市值突破 5000 亿元，成为 A 股市值最高的医药企业。图为上交所赠送给药明康德开市锣

（景致陶　摄）

2020 年 10 月 29 日，全球首个 Micro LED 大规模量产基地利晶微电子项目投产　（梁溪区档案史志馆　供图）

■ 深度 向创新更深处奋楫前行

十年间，无锡市坚定不移实施创新驱动核心战略，科技进步贡献率自2013年起连续9年位居全省第一；科技部国家创新型城市最新评价排名中，无锡居全国城市第十三位、地级市第二位。2021年末，全市有效期内高新技术企业4608家，是2012年的4.4倍。

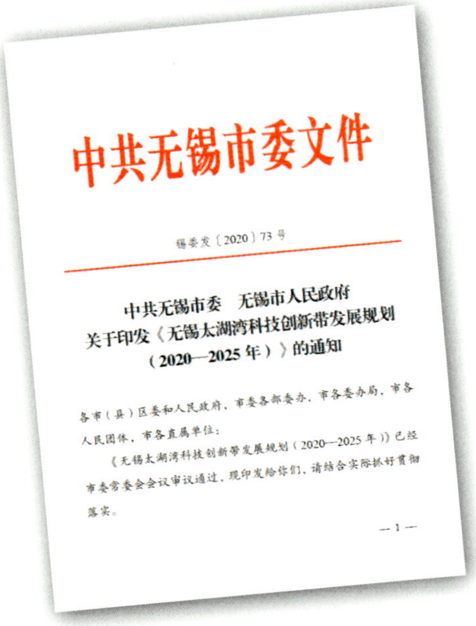

中共无锡市委文件

锡委发〔2020〕73号

中共无锡市委 无锡市人民政府
关于印发《无锡太湖湾科技创新带发展规划
（2020—2025年）》的通知

各市（县）区委和人民政府，市委各部委办，市各委办局，市各人民团体，市各直属单位：

《无锡太湖湾科技创新带发展规划（2020—2025年）》已经市委常委会会议审议通过，现印发给你们，请结合实际抓好贯彻落实。

— 1 —

2020年9月4日，无锡深入对接长三角一体化发展国家战略的“头号工程”——《无锡太湖湾科技创新带发展规划(2020-2025年)》正式发布

（市档案史志馆 供图）

2016年起，无锡市实施“太湖人才计划”。2020年6月，市政府决定给予丁汉院士顶尖人才创业团队1亿元资金支持。图为丁汉院士在人才峰会上发表演讲 （市委组织部 供图）

2020年11月24日，《苏锡常共建太湖湾科创带倡议书》发布 （市委办 供图）

2016年、2017年，“神威·太湖之光”超级计算机连续获世界超级计算机500强第一名。图为“神威·太湖之光”机柜组

（滨湖区政府办　供图）

2020年7月22日，“奋斗者”号以10909米的深度，创造中国载人深潜的新纪录。图为“奋斗者”号海试照片

（市科技局　供图）

精度 “高精尖”点燃动能转换新引擎

十年间，无锡市向先进制造的最尖端进发，在关乎国家制造业根基的航空发动机和燃气轮机（两机）、集成电路、深远海装备等领域，占据产业链关键环节，有着不可替代的技术和产品优势。

无锡透平叶片有限公司是国家燃气轮机关键零部件制造龙头企业。图为透平燃气轮机部件（2021 年）
（市科技局　供图）

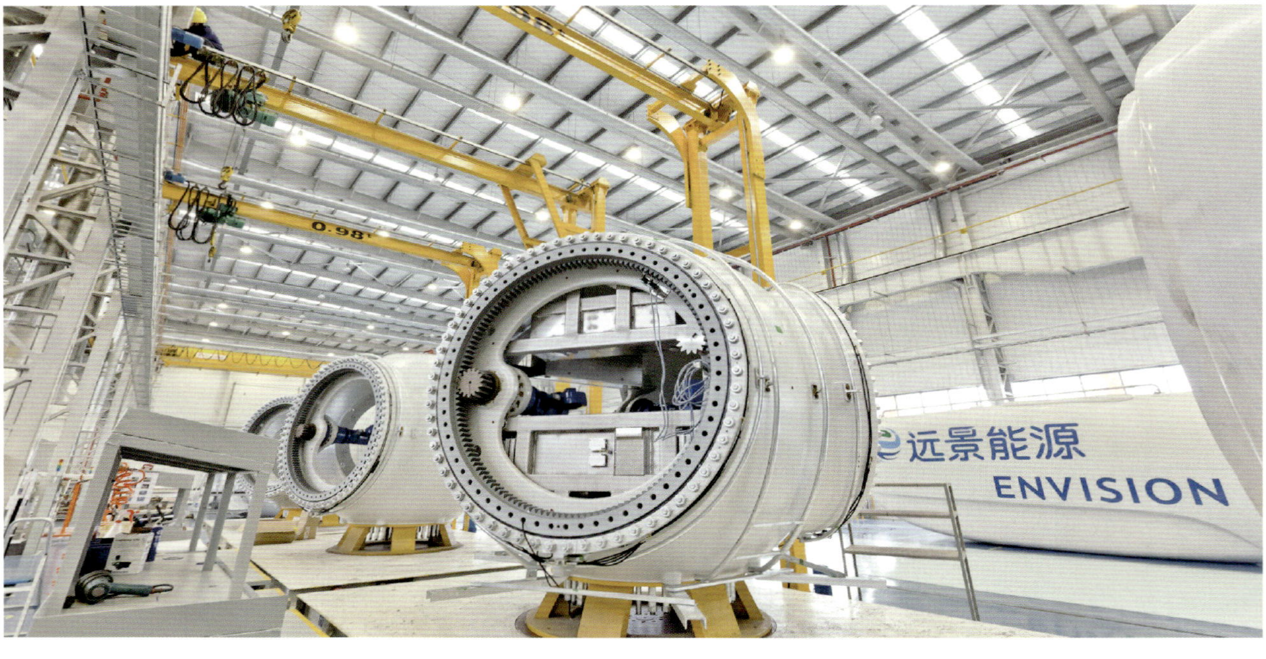

2021 年，在全球风电整机制造商市场份额排名中，远景能源有限公司居第四位。图为远景公司制造的风电设备
（市工信局　供图）

至2021年，SK海力士半导体（中国）有限公司成为海力士存储芯片全球最大工厂。图为SK海力士厂区图

（市商务局　供图）

2014年7月17日，“蛟龙号”在5300米深的锰结核矿区抓取海绵　（中船集团702所　供图）

广度 不断扩圈向“国际化”进阶

十年间,无锡加速与全球经济“共舞”,贸易伙伴遍及全球220多个国家和地区,2021年外贸进出口规模1057亿美元,是2012年的1.5倍。实际使用外资累计355.3亿美元,引进超亿美元项目240个,获“2020十佳外商投资最满意城市”称号。对外投资项目累计1157个,中方协议投资额139.3亿美元。

2017年6月25日,江苏省委常委、无锡市委书记李小敏(中),柬埔寨西哈努克省副省长何茉莉(右),江苏省政府副秘书长、政务办主任方伟(左)共同启动无锡—西哈努克港首航

(市委办 供图)

2017年10月,总投资约30亿美元的中环领先集成电路用大直径硅片项目启动 (中环领先半导体材料有限公司 供图)

2018 年 5 月，无锡市首条、江苏省第二条洲际货运航线开通，无锡至欧洲洲际货运航线完美首航　（苏南机场　供图）

至 2021 年，SK 海力士半导体（中国）有限公司累计投资 155 亿美元。图为 2019 年无锡工厂扩建工程竣工仪式　（市发展改革委　供图）

■ 长度 以己之“长”铺就腾飞大道

东向接轨融入,北向引领辐射,南向协同联动,西向湖湾一体。十年间,无锡加快交通基础设施建设,完善现代综合交通运输体系,打造具有全国辐射力的交通枢纽名城。

继2014年无锡地铁1号线开通后,2号线、1号线南延线、3号线先后开通运营,无锡城市轨道交通网络化运营格局基本形成。图为地铁一号线(2014年) (潘晓鸣 摄)

2015 年 1 月 19 日，苏南硕放机场二期航站楼建成投运。图为苏南硕放国际机场全景　（徐　荣　摄）

2020 年 9 月，无锡航空口岸、江阴港口岸被国务院批准设为药品进口口岸，成为全国首个药品进口双港口口岸。图为江阴港　（沈思远　摄）

厚度 文化铸魂积淀城市底蕴

无锡是吴越文化赓续绵延的引领者，是江南文化璀璨多姿的参与者，是太湖文化烟波浩渺的亲历者，是运河文化传承至今的见证者。十年间，无锡深挖地方特有资源与历史文脉，积极打造具有独特印记的文化符号。

2014年，中国大运河成功入选世界文化遗产名录，江南运河无锡城区段和清名桥历史街区当选为其子项目。图为清名桥历史文化街区　（陈　平　摄）

2019年，投资超过400亿元的融创文旅城开业
（滨湖区政府办　供图）

2021 年，阖闾城遗址、鸿山墓群入选国家大遗址名录。图为鸿山越国贵族墓群遗址

（市委宣传部　供图）

2018 年，惠山古镇被国家文物局列入《中国世界文化遗产预备名单》。图为惠山古镇　（匡维中　摄）

温度 精心耕耘宜居之城

十年间，无锡致力于打造全国文明城市，实施“微幸福”民生工程，打造“城市一刻钟便民生活圈”，让无锡这座“充满温情和水”的城市温情满满。

至2021年，无锡建成230个健康小屋，打造居民“家门口”的健康站。图为锡北镇健康小屋　（市卫生健康委　供图）

2017年11月17日，在第五届全国精神文明建设表彰大会上，无锡市蝉联全国文明城市，江阴市、宜兴市入选全国文明城市，率先创成首个全国文明城市群。图为2017年3月5日在惠山区万达广场举办的“学雷锋快闪”活动　（市文明办　供图）

2021 年，贡湖湾湿地公园彩虹步道建成开放　（无锡经开区管委会　供图）

2019 年，无锡马拉松被授予“世界田径银标赛事”“中国田径金牌赛事”称号。图为 2019 无锡马拉松比赛

（滨湖区政府办　供图）

甜度 富民惠民酿出幸福滋味

十年间，无锡市坚定践行共享发展理念，促进共同富裕，居民人均可支配收入由30535元增至63014元，连续两年入选中国最具幸福感城市。

2012—2021年，城镇居民人均可支配收入由35663元增至70482元，增幅接近一倍。图为市民晨练场景　（黄富民　摄）

2020年，市政府印发《无锡市推进养老服务高质量发展三年行动计划（2020—2022年）》，推进养老服务业高质量发展。图为阳光下的社会福利院

（张惠良　摄）

2020 年、2021 年，无锡蝉联中国最具幸福感城市地级市称号。图为 2020 中国最具幸福感城市（地级市）颁奖现场 （市委宣传部 供图）

2012—2021 年，农村居民人均可支配收入由 18187 元增至 39623 元，高于同期城镇居民收入增幅。图为农房改造后的阳山镇桃园村冯巷 （阳山镇政府办 供图）

2021年无锡市地区生产总值构成

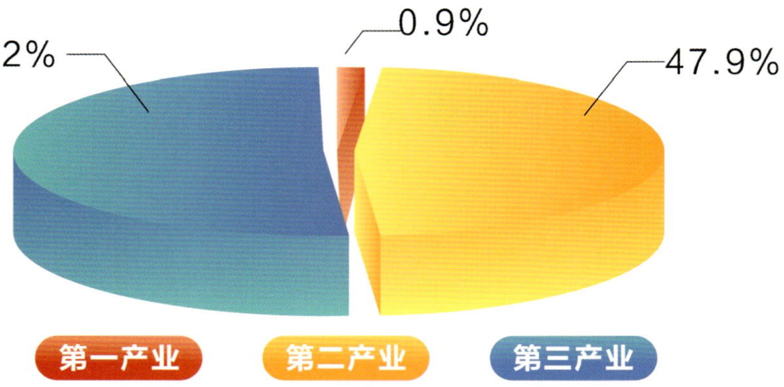

地区生产总值 亿元

固定资产投资 亿元

社会消费品零售总额 亿元

一般公共预算收入 亿元

进出口总值 亿元

实际利用外资及港澳台资
亿美元
40.10
32.11
36.75
37.15
36.20
36.21
38.07
2012年
2015年
2017年
2018年
2019年
2020年
2021年

城镇居民人均可支配收入
元
35663
45129
52659
56989
61915
64714
70483
2012年
2015年
2017年
2018年
2019年
2020年
2021年

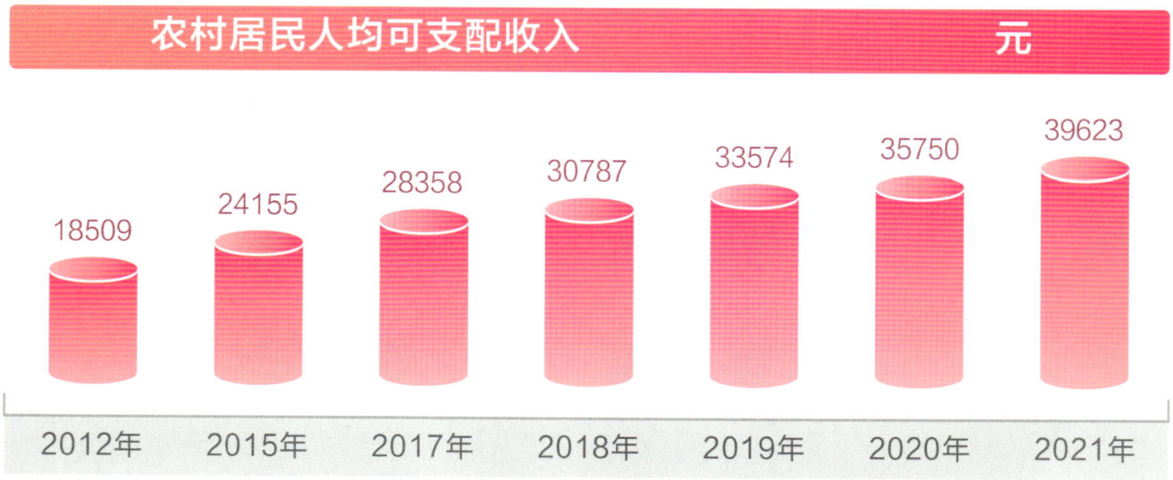
农村居民人均可支配收入
元
18509
24155
28358
30787
33574
35750
39623
2012年
2015年
2017年
2018年
2019年
2020年
2021年

城市道路长度　千米

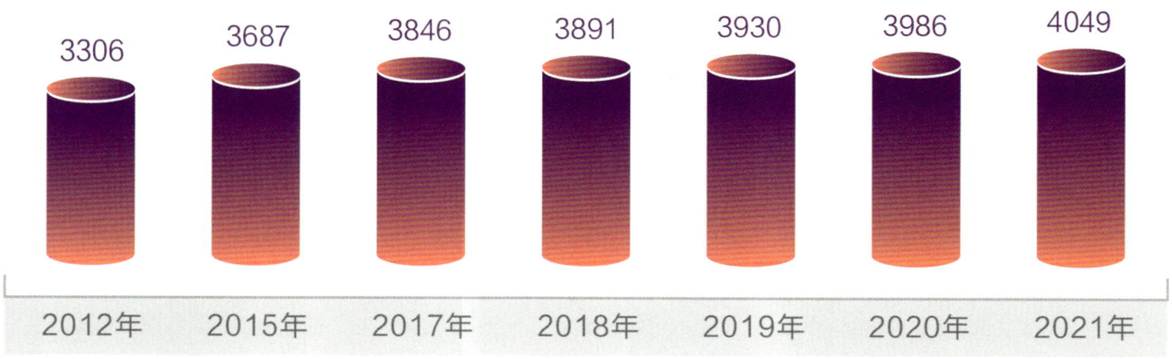

城市道路面积　平方千米

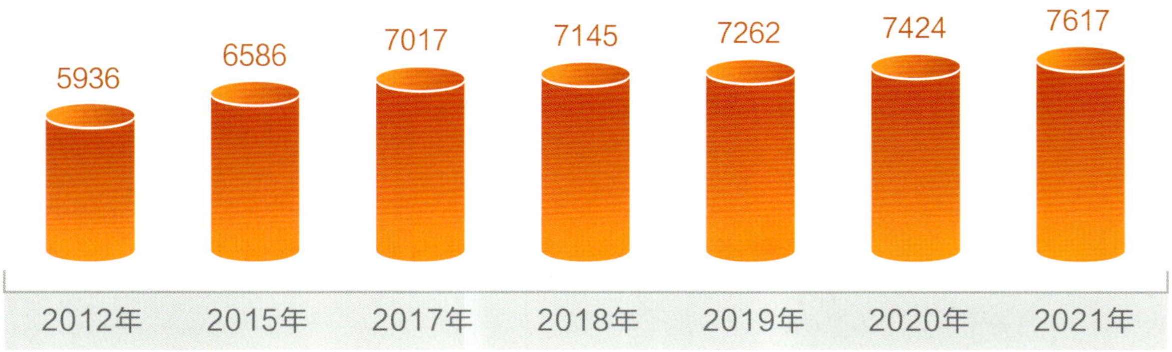

园林绿地　万平方米

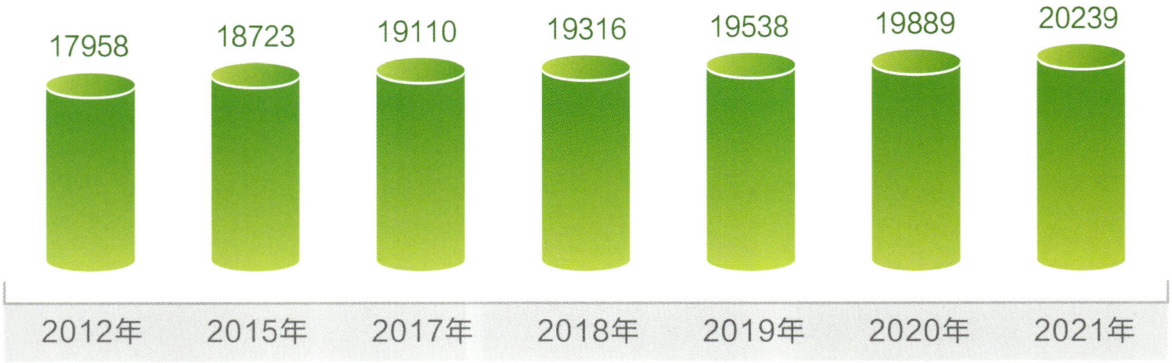

2021年长三角27市主要经济指标一览表

城市名称	地区生产总值（亿元）	社会消费品零售总额（亿元）	一般公共预算收入（亿元）	进出口总值（亿元）	实际使用外资（亿美元）	城镇常住居民人均可支配收入（元）	农村常住居民人均可支配收入（元）
上海市	43214.85	18079.25	7771.80	40610.35	225.51	82429	38521
南京市	16355.33	7899.41	1729.52	6366.83	50.14	73593	32701
无锡市	14003.24	3306.09	1200.50	6829.37	38.07	70483	39623
常州市	8807.58	2911.36	688.11	3017.84	30.71	65822	35822
苏州市	22718.34	9031.32	2510.00	25332.00	69.92	76888	41487
南通市	11026.94	3935.48	710.18	3405.80	31.21	57289	29134
盐城市	6617.39	2684.34	451.01	1124.97	12.60	43787	26049
扬州市	6696.43	1480.92	344.07	969.10	17.30	50947	27354
镇江市	4763.42	1346.83	327.59	834.36	8.09	59204	31354
泰州市	6025.26	1576.94	420.29	1222.81	18.28	53818	27401
杭州市	18109.42	6743.52	2386.59	7368.97	81.71	74700	42692
宁波市	14594.92	4649.10	1723.13	11926.12	32.74	73869	42946
温州市	7585.02	3807.67	657.55	2411.19	5.45	69678	35844
嘉兴市	6355.28	2275.03	674.80	3783.80	30.43	69839	43598
湖州市	3644.87	1556.18	413.52	1490.93	10.59	67983	41303
绍兴市	6795.26	2477.06	603.80	2993.03	7.59	73101	42636
金华市	5355.44	2881.92	492.32	5880.06	4.29	67374	33709
舟山市	1703.62	552.41	180.70	2354.87	4.14	69103	42945
台州市	5786.19	2605.62	455.43	2399.36	4.83	68053	35419
合肥市	11412.80	5111.68	844.22	3324.80	37.48	53208	26856
芜湖市	4302.63	1972.95	361.20	745.26	31.99	48668	27202
马鞍山市	2439.33	937.85	196.53	476.49	29.37	56440	28331
铜陵市	1165.58	410.52	93.50	697.30	4.60	44454	18992
安庆市	2656.88	1284.15	156.09	161.90	3.80	39416	16975
滁州市	3362.11	1495.52	250.86	388.78	17.09	39025	17400
池州市	1004.18	477.39	74.28	92.35	4.93	38756	19168
宣城市	1833.92	757.14	182.80	182.77	13.86	46115	20565

目 录

重要会议

组织工作

人才队伍建设

宣传工作

统战工作

侨务工作

对台事务

政策研究

网信工作

机构编制管理

老干部工作

关心下一代工作

党校工作

无锡市人民代表大会

综述

重要会议

人大立法

人大监督

重大事项决定

代表工作

无锡市人民政府

综述

中国共产党无锡市纪律检查委员会 无锡市监察委员会

民主党派·工商联

军　事

双拥共建

经济管理

宏观经济调控

自然资源管理

国有资产监管

财政

税务

金融监管

审计

统计

数字经济

总部经济

枢纽经济

园区经济

制造业

商贸服务业

金融业

科学技术

教　育

社会教育

文　化

公共文化

文学艺术

文学

戏剧·曲艺

音乐·舞蹈

美术·书法

文化遗产保护

大运河文化带建设

史志档案

文化市场管理

大众传媒

新闻出版

广播电视

电影

网络传播

文化产业

卫生健康

综述

就 业

收入与消费

社会保障

人物·荣誉

索　引

走在率先实现社会主义现代化最前列
谱写“强富美高”新无锡建设崭新篇章

——在中共无锡市第十四次代表大会上的报告(摘要)

(2021 年 9 月 25 日)

杜小刚

过去五年工作回顾

五年来,我们推进产业强市,质量效益持续提高。全市地区生产总值迈上万亿元台阶,人均 GDP 位居全国万亿级城市第一,一般公共预算收入跨入千亿级行列。战略性新兴产业和高新技术产业产值占规上工业产值比重分别达 34.9% 和 48.3%,9 个产业集群规模超千亿元,物联网集群入选国家先进制造业集群,高新技术企业达 4030 家。全面启动太湖湾科创带建设,科技进步贡献率保持全省第一,建成一批重大创新平台、形成一批重大科技成果。市场主体突破 100 万户,入围“中国企业 500 强”等 4 张榜单的企业数、上市公司市值均为全省第一。

五年来,我们致力改革开放,发展动力日益增强。供给侧结构性改革取得阶段性成效。行政管理体制、财税金融、国资国企等改革力度加大。党政机构、群团、深化事业单位改革全面完成,太湖新城管理体制优化调整。惠山经开区升格为国家级经开区。持续深化“放管服”改革,打响“无难事、悉心办”最优营商环境城市品牌。农村集体产权制度改革全面完成,土地制度改革有序推进。获批全省首个深化自然资源要素配置改革试点。积极参与“一带一路”交汇点建设,开展集成电路供应链保税模式改革试点,获批国家跨境电商综合试验区等高层级开放平台。

五年来,我们强化一体发展,区域城乡更为协调。长三角一体化发展无锡行动方案有序实施,长三角地区主要领导座谈会、苏锡常一体化发展合作峰会在锡成功举办。锡澄、锡宜协同发展区实质性启动,成立全省首家本土航空公司,“公铁水空”建设取得全面突破,初步形成“一体两翼两区”市域空间布局。入选首批国家全域推进海绵城市建设示范城市,致力打造全国最干净城市,连续三年获评内地最宜居城市。在全省率先启动农业农村基本现代化示范建设,现代农业发展提质提效,首批农房改善试点全面完成,建成一批特色田园乡村和美丽乡村示范点。

五年来,我们坚持生态优先,环境质量明显优化。率先出台对污染防治攻坚不力市(县)区政府实施严格惩戒措施。扎实推进长江大保护、太湖治理和河道综合整治,开展“美丽河湖”三年行动,太湖无锡水域水质改善幅度好于全湖、连续十三年实现安全度夏,建成区全面消除黑臭水体,高质量完成长江流域退捕任务。$PM_{2.5}$ 平均浓度在全省率先达到二级标准,空气质量优良天数比率创有监测数据以来最好水平。锡东垃圾焚烧发电厂成功原址复工,危险废物集中处置能力五年增长超 6 倍。单位 GDP 能耗苏南最低,成为首批国家生态文明建设示范市。

五年来,我们聚焦共建共享,人民生活不断改善。居民人均可支配收入增速持续高于 GDP 增速,低保标准分别是省和国家脱贫标准的 2 倍和 3 倍,提前两年实现 155 个市级经济薄弱村脱困转化。“微幸福”民生工程深受欢迎。成为首个国家健康城市示范市全覆盖的地级市,义务教育优质均衡监测全省第一,职业教育改革、就业工作获省政府督查激励表彰,创成省公共体育服务体系示范区,公共服务质量满意度、消费者满意度监测全国第一。创成首个全国文明城市群和全国双拥模范城市群。全面打赢新冠肺炎疫情防控阻击战，为全省全国疫情防控作出“无锡贡献”。

五年来，我们注重民主法治，社会大局保持稳定。支持人大结合实际创造性做好立法、监督等工作，支持政协广泛实施民主监督、视察调研、协商议政，推动统一战线工作积极开展创新实践，群团组织优势得到充分发挥。全国市域社会治理现代化试点城市创建深入推进，市城市运行管理中心建成投用，获得全国社会治安综合治理最高荣誉“长安杯”，扫黑除恶专项斗争绩效位居全省前列，公众安全感连续三年、公众法治建设满意度连续两年全省第一，全域创成省级食品安全示范县（市、区），安全生产形势稳定向好。

五年来，我们全面从严治党，党的领导更加坚强。精心组织庆祝中国共产党成立100周年系列活动，增强了全市人民坚定不移听党话、矢志不移跟党走的决心和信心。“两学一做”学习教育、“不忘初心、牢记使命”主题教育、党史学习教育取得积极成效，“两在两同”建新功行动和“三强三促”开新局主题活动深入推进。全面实施基层党建“三项工程”，积极落实“三项机制”，党员干部干事创业活力持续激发。严格贯彻中央八项规定及其实施细则精神，扎实做好中央和省委巡视反馈意见整改工作，在全省率先探索派驻和巡察机构改革，十三届市委巡察实现全覆盖，政法队伍教育整顿总体成效位居全省前列，反腐败斗争压倒性胜利巩固发展。

五年砥砺奋进，成绩来之不易。我们经受住了疫情的大战大考，有效应对了世界百年未有之大变局带来的诸多挑战，打赢了“三大攻坚战”，防范化解了各类矛盾风险，这是习近平总书记高瞻远瞩、掌舵领航的结果，是党中央和省委坚强领导、关心支持的结果，是历届市委及各位老领导、老同志薪火相传、无私奉献的结果，是全市人民团结拼搏、不懈奋斗的结果。在此，我谨代表中共无锡市第十三届委员会，向全市广大党员和干部群众，向市各民主党派、人民团体和各界人士，向人民解放军和武警驻锡部队、各驻锡单位，向所有关心支持无锡发展的海内外朋友们，致以崇高敬意和衷心感谢！

今后五年工作总体要求和目标任务

结合我市“十四五”规划和2035年远景目标，围绕率先实现社会主义现代化，**今后五年的总体目标是，**圆满完成“十四五”规划目标，经济社会高质量发展迈上新台阶，城市现代化国际化水平达到新高度，共同富裕取得实质性进展，成为现代化建设先行示范区。**到2035年，**经济实力、科技实力、综合竞争力、国际影响力大幅跃升，基本建成具有国际竞争力的产业创新名城、国际美誉度的生态宜居名城、全国辐射力的交通枢纽名城、全国影响力的山水文旅名城，基本实现共同富裕，率先建成现代化强市，成为现代化建设的城市范例。**到实现第二个百年奋斗目标时，**无锡拥有高度的物质文明、政治文明、精神文明、社会文明、生态文明，“强富美高”现代化图景世人瞩目，高水平实现共同富裕，跻身全球发达城市行列，成为世界看中国的标志性窗口。

今后五年的具体目标任务是：致力打造现代产业新高地，在率先建设经济体系更具国际竞争力的现代化上走在最前列。致力打造现代气派新都市，在率先建设城乡区域协调发展的现代化上走在最前列。致力打造现代生态新环境，在率先建设人与自然和谐共生的现代化上走在最前列。致力打造现代生活新家园，在率先建设全体人民共同富裕的现代化上走在最前列。致力打造现代文明新典范，在率先建设物质文明和精神文明相协调的现代化上走在最前列。致力打造现代治理新样板，在率先建设秩序优良活力彰显的现代化上走在最前列。

做好今后的工作，要胸怀“国之大者”，要心系“民之向者”，要夯实“强之基者”，要紧盯“城之安者”，要抓牢“政之要者”。

奋力推动现代化建设走在最前列

（一）进一步发挥产业科技创新优势，努力在关键核心技术上取得突破，加快打造国内一流具有国际影响力的科技创新高地

建设高能级创新载体。高水平推进苏南国家自主创新示范区、无锡国家传感网创新示范区建设，集中力量推进太湖湾科创带建设，加快推进梁溪科技城、太湖湾科创城、霞客湾科学城、宛山湖生态科技城、陶都科技城建设，形成“一带多点”协同创新格局。推动太湖实验室创建国家实验室，加强无锡先进技术研究院、国家超级计算（无锡）中心、无锡物联网创新促进中心、国家集成电路特色工艺及封装测试创新中心、国家级江苏（无锡）车联网先导区等重大创新平台内涵建设，争创国家新一代人工智能创新发展试验区，在创建国家级产业、技术以及制造业创新中心上实现更大突破，使无锡在更多领域担当国家战略科技力量。高标准建设一批国际科创社区、创新园区、创新楼宇、孵化器、加速器和众创空间，新增科创载体500万平方米，新增新型研发机构50家，与国家确定的所有未来技术学院形成战略合作关系。多种形式布局一批市外孵化器、域外创新中心、研发基地等科创飞地，探索科创综合体建设，构建多元集合的创新生态圈。

攻关高水准创新技术。实施“太湖之光”科技攻关计划，形成基础研究和应用研究长期持续投入机制，完善科技项目立项和组织方式，建立战略产品牵引、重大任务带动的科研组织新模式，突破重点产业领域“卡脖子”技术，形成更多自主原创核心成果。强化企业创新主体地位，实施企业研发机构提升计划，支持企业牵头组建创新联合体。“一所一策”发挥在锡国家科研院所作用，健全产学研

协同攻关机制，拓展全球产业创新合作伙伴，深度融入全球创新网络。高新技术企业、科技型中小企业均实现倍增，培育一批具有极强创新力、竞争力的科技领军企业。

构建高效能创新生态。推进科技体制机制改革，优化重大科技项目组织管理方式，健全科技评价体系和激励机制，打通科研成果产业化通道，探索“揭榜挂帅”“以赛代评”等有效模式，推动重点科技项目、人才、资金一体化、高效化配置。注重运用政府采购政策支持科技创新。高标准建设科创服务综合体，大力发展各类科技中介。探索设立知识产权法院。落实高新技术企业税收优惠等政策，健全多元化投入机制，扩大天使投资等各类股权投资基金规模，推进合格境外有限合伙人、合格境内有限合伙人创新试点，打造尚贤湖基金PARK等基金集聚高地。加强科普宣传和创新文化建设，加快“科创中国”试点城市建设。

集聚高层次创新人才。树立开放包容理念，积极复制自贸区人才便利政策，从法规层面突破高层次人才“引育留用”问题。建立以企业为主体的人才奖补政策体系，把人才评价权交给企业。持续升级“太湖人才计划”，推进“锡引”工程，提升太湖人才峰会、无锡“太湖杯”国际精英创新创业大赛等活动影响力，集聚一批全球顶尖的“高精尖缺”战略科技人才、科技领军人才和创新团队，造就一批高水平工程师、高技能人才和高层次跨专业实干型人才，擦亮“无比爱才、锡望您来”品牌。提升人才服务保障水平，培育发展各类人才集团，创建国家人力资源产业园，争创1～2个世界级技能大赛中国集训主基地。

（二）进一步发挥实体经济优势，努力在产业基础高级化和产业链现代化上取得突破，加快打造现代产业新高地

加快建设制造强市。实施战略性新兴产业集群发展工程，健全产业集群组织管理和专业化推进机制。坚持以智能化、绿色化、服务化、高端化为引领，实施卓越产业链培育工程，做强做大10条优势产业链，参与“大国重器”建设，保持制造业比重基本稳定，打造若干具有国际竞争力的先进制造业集群，其中物联网产业规模突破5000亿元、集成电路和生物医药产业规模实现翻番、“两机”产业规模增长2倍以上。发展壮大新一代信息技术、新材料、新能源汽车、绿色环保等战略性新兴产业，打造国家新兴产业技术创新区、产业发展集聚区、应用示范先导区。实施未来产业培育计划，在第三代半导体、量子技术、深海极地、氢能等领域抢占发展制高点。实施产业基础再造工程，推进一批重大工业强基项目和质量基础设施建设。建设质量强国标杆城市。高水平办好世界物联网博览会等重大展会。

大力发展现代服务业。依靠市场机制和现代科技创新促进服务业发展，加快先进制造业和现代服务业深度融合试点示范建设，争创国家服务型制造示范市。促进现代服务业集聚区提档升级。大力发展特色总部经济、临空经济、枢纽经济，建设区域金融商务中心，积极发展科技服务、人力资源、会展经济等现代服务业，提升要素资源的集聚配置能力。大力发展夜经济，培育壮大消费新模式新业态，形成一批特色商区街区，打造“15分钟便民服务圈”，创建国际消费中心城市、全国放心消费城市。

提升农业现代化水平。深化农业供给侧结构性改革，争创国家农产品质量安全市、国家农业现代化示范区。加快现代农业“五大园区”建设，深化“百企建百园”工程，推进国家现代农业产业园、国家农村产业融合发展示范园等创建工作。加快全域高标准农田建设，发展现代农业科技，创建全国农业科技现代化先行县。坚持最严格的耕地保护制度，遏制耕地“非农化”、防止“非粮化”，进一步夯实区域性粮食安全的基础。

做强做优做大实体经济。坚持以项目为中心组织产业发展，探索建立市场化招商引资奖励机制、招商服务激励机制，引进一批龙头型、旗舰型重大项目。深化“百企引航”“千企升级”行动，制定中小企业发展规划，开展单项冠军企业培育提升专项行动，培育链主企业和头部企业，加快涌现一批专精特新和“小巨人”企业。制定更有含金量的扶持政策，力争实现世界500强企业零的突破，提升无锡企业在各类500强榜单中的地位。加强企业上市指导服务，每年新增上市公司15家以上，增强上市公司再融资能力，上市企业市值突破2万亿元，争创全省上市公司高质量发展示范区。加大低效用地腾退、存量用地盘活力度。

（三）进一步发挥新一代信息技术产业优势，努力在城市数字化转型上取得突破，加快建设高水平“数字无锡”

推动经济数字化转型。围绕“数字产业化”，加快发展集成电路、高端软件、智能计算、新型显示等基础产业，做大做强大数据、云计算、人工智能、区块链等新兴产业，超前布局6G、卫星互联网等前沿产业，形成具有全球竞争力的标志性数字产业链和产业集群。围绕“产业数字化”，大力发展智能网联汽车、数字金融等新产业，加快生产制造、科技研发、金融服务、商贸流通等领域数字化转型，推动产业互联网和消费互联网贯通融合，争创国家新型工业化产业示范基地。

推动生活数字化转型。把“灵锡”App作为政务服务和城市服务的移动端总入口，构建数字化公共服务体系。坚持从人的需求和用户视角出发，打造一批智慧社区、智慧交通、智慧医院、智慧校园等应用示范场景，以数字化推动基本民生保障更加均衡精准。激发社会和市场活力，加快数字化公共服务设施建设，构建数字商圈平台、社区智慧物流网络、新能源设施终端等生活“新基建”。重视解决老年人、残疾人等特殊群体“数字鸿沟”问题，倡导各类公共服务“数字无障碍”。

高质量推进数字乡村建设。

推动治理数字化转型。建立新一代政务数据共享交换体系，推进全市一体化协同办公平台建设，推动公共数据跨部门、跨层级、跨区域、跨业务共享开放，加强流程再造、业务重塑，加快实现“数据上云、服务下沉”，打造“整体智治、高效运行”的现代数字政府。加快市和市（县）区两级城市运行管理中心建设，推进市域治理、城市运行管理三级指挥体系建设，构建“数字城市运行图”，形成纵向贯通、覆盖各领域的城市运行智能管理场景，增强城市治理的灵敏感知、快速分析、迅捷处置能力。

构建城市数字化生态。制定无锡市数据条例。推进新一代信息技术基础设施建设，优化布局绿色数据中心、高性能公共算力中心、公共服务算法中心和智能化终端，打造“物联、数联、智联”的数字城市基本框架。探索建立数据要素交易流通体系，推动各类数据融合应用。完善网络空间安全保障体系，建设城市大脑网络安全运管中心，加强数据安全保护。

（四）进一步发挥改革创新先发优势，努力在系统集成、协同高效上取得突破，加快形成高质量发展新动力

打造最优营商环境。站在“企业侧”“群众侧”，对标国际先进水平深化“政府侧”改革，完善企业全生命周期服务机制，建设市场化法治化国际化营商环境，使最优营商环境成为无锡的核心竞争力。深化“放管服”改革，实行政府权责清单和市场准入负面清单制度，做到法无禁止即可为，推行“双随机一公开”和“互联网＋监管”模式，对新产业新业态新模式实行包容审慎监管。统筹推进“一件事”改革行动、“一网通办”、公共资源“一市一平台”交易、便民热线“一号通接”和惠企政策机制改革，让政务服务更便利。复制推广江阴县级集成改革试点经验，开展跨行政区联动改革试点。更好发挥行业协会、商会、律所等中介组织作用，持续完善社会信用体系。

深化重点领域改革。推进行政体制改革，探索“区政合一”“一区多园”新发展模式。深化预算管理制度改革，加强政府债务管理，推进税收征管改革。发展壮大地方法人金融企业，推动组建金融控股公司，争创科技保险创新示范城市，支持宜兴创建国家绿色金融改革创新试验区。深化投融资体制改革，建立以市场为导向、国企为主体、社会积极参与的多元化投融资主体格局，用好基础设施领域不动产投资信托基金、国家绿色发展基金、城市更新基金等金融工具，推进城市建设项目证券化、股权化。“十四五”私募、并购基金注册规模达到8000亿元、管理规模达到4000亿元。机场、港口等特殊行业引入战略投资者，加强与行业领域龙头骨干企业合作。探索大型文化体育场馆设施引入高水平公司代建代管、专业运作。

激发市场主体活力。持续深化国资国企改革，促进国有资本优化重组调整，加快形成以管资本为主的国有资产监管体制，提高国有资本市场化专业化运作能力，在推进重大战略、产业升级、民生保障等方面发挥标杆引领作用，“十四五”市属国企资产规模突破万亿元、资产证券化率达50%以上。健全支持非公有制经济高质量发展制度体系、促进中小微企业和个体工商户发展政策法规体系，依法平等保护民营企业产权和企业家权益，争创新时代“两个健康”先行区创建工作经验试点推广城市。企业家是最稀缺的资源，要像尊重科学家一样尊重企业家，完善企业家服务体系，健全政企沟通服务机制，构建亲清新型政商关系，办好企业家日、全球锡商大会等活动，大力弘扬企业家精神，浓厚尊重关心企业家的社会氛围。

健全完善市场体系。深化要素市场化配置改革，加快推进省级自然资源要素配置改革等各类试点，促进生产要素从低端低效领域向优质高效领域流动，营造平等准入、高效规范、公平竞争的市场环境。完善要素市场运行和监管规则，促进商品和服务市场提质增效。优化公用事业和公共服务领域价格调整协调机制，完善重点民生商品应急价格调控机制。深入推进公平竞争政策实施，维护良好市场秩序。

（五）进一步发挥经济开放发展优势，努力在高水平对外开放上取得突破，加快构筑全面开放新格局

增强开放平台能级。推进开发区制度创新，打造高质量、多元化、国际性开放平台。加快中欧（无锡）生命科技创新产业园、中日韩（江苏）产业合作示范区等合作园区建设。提高口岸全天候通关保障水平，促进航空、水港口岸做大做强，打造具有国际竞争力和创新力的海关特殊监管区域。加快综合保税区扩区工作。支持临港经开区升级国家级经开区。推进自贸区联动创新发展区建设。促进金融业开放融合，引进国际高端金融资源。

推动外资外贸提质增效。健全外商投资“直通车”制度，引导外资在重点产业链和现代产业领域扩大投资，打造外商投资最满意城市。支持本土龙头企业加快全球布局和兼并重组，促进外资企业与本土企业融合发展，培育一批国际化企业。实施外贸高质量发展计划，培育外贸龙头企业，积极发展服务贸易、数字贸易，探索外贸新业态新模式，扎实开展集成电路等重点产业全产业链保税模式改革，推进长三角电子元器件分拨中心建设，推进国家跨境电商综试区、国家文化出口基地、国家服务外包示范城市建设，争创国家进口贸易促进创新示范区。

提高“走出去”水平。畅通国内国际双循环战略通道，主动参与“一带一路”交汇点建设，推动柬埔寨西港特区产城融合发展，打造更多“一带一路”合作倡议标杆和示范项目，率先建成国际产能合作示范城市。实施对外友好交流“深耕计划”，拓展国际合作领域。加强“走出去”综合服务平台建设。

（六）进一步发挥城乡区域发展均衡优势，努力在一体化发展上取得突破，加快打造现代化国际化区域中心城市

深入推进区域一体化。认真落实长三角一体化发展规划纲要和省、市行动方案，创新完善一体化联系机制，推动落地一体化重大项目，共建共享一体化科创工程。认真落实“五新”“三主”要求，努力成为新时代长江经济带高质量发展样板。主动推进苏锡常都市圈建设，共建苏锡常国际大都市区和环太湖科创圈。积极融入宁杭生态经济带建设，构建锡常泰湖纵向联动机制，建设江阴—靖江高质量跨江融合发展示范区，深化与徐州南北共建，加强与延安、霍城、阿合奇、海东、盘锦等地对口支援帮扶合作。

着力推进市域一体化。坚持规划同编，严格落实“一轴一环三带”“一体两翼两区”国土空间开发格局，优化市域城镇空间布局，形成一体化多层次城镇体系。坚持交通同网，推进市域轨道交通、高速公路、国省公路、快速道路“一张网”，推进盐泰锡常宜铁路等高铁、锡宜高速扩建等高速、锡澄S1线和锡宜S2线等城铁建设，苏南硕放机场成为区域枢纽机场，无锡（江阴）港全面融入上海港，建成宜马快速通道，基本建成市区快速中环线，形成一体畅通的轨道交通和城市路网，成为全国性综合交通枢纽城市。坚持产业同链，推动重点产业链创新链合理分工、优势互补、利益共享，加快锡澄、锡宜协同发展区建设，共建世界级产业链。坚持民生同保，建立健全市域统一规范的基本公共服务标准体系，促进优质公共服务资源市域共建共享。

提高中心城市能级。建设人民城市，让城市既有“高度”又有“温度”。推进城市更新，健全公众参与机制，将与市民生活息息相关的“微更新”“快改造”放在重要位置，加快基础设施、公共服务薄弱地区改造。注重对优秀历史建筑、历史风貌的保护，把最好的资源留给人民，提升城市空间的公共性与多样性。完成做大做强梁溪区三年行动计划。以科产城人融合推进太湖新城、锡东新城等建设，高标准规划蠡湖未来城、运河湾等地区，打造一批国际街区、国际小区、国际学校、国际医院，提升城市国际化水平。积极推进国际会议中心、金融商务区等重大功能设施建设。建设公园城市，申报举办省园博会。打造全国最干净城市。创建国家公交都市建设示范城市。

全面推进乡村振兴。加快构建城乡融合发展体制机制和政策体系，在系统推进“四化”同步中加快缩小城乡差距。放大宁锡常接合片区国家城乡融合发展试验区、五大城乡融合先导区及现代化先导镇的引领带动效应。落实“四个优先”方针，促进人才、资金、科技等各类资源更多向乡村流动。推进农村基础设施建设，促进公共服务资源城乡均衡配置。推进国家美丽乡村重点县创建。下定决心、花大力气推进现代“美丽农居”建设，精心打造美丽乡村示范带。

（七）进一步发挥自然资源禀赋优势，努力在生态环境质量根本性好转上取得突破，加快建设“美丽无锡”

推进绿色低碳发展。编制实施无锡碳达峰碳中和实施意见和碳达峰总体方案，推进技术创新、制度创新，建设零碳技术产业园，争创碳达峰试点城市。完善能源、水资源、建设用地等总量和强度“双控”机制，提升资源节约集约安全利用水平。积极利用光伏、氢能等清洁能源，推进园区绿色化循环化改造，坚决遏制高耗能高排放项目发展，加大落后产能淘汰和过剩产能压减力度，构筑绿色低碳、安全环保的产业体系。高水平推进中瑞低碳生态城建设，推进国家级生态工业示范园区、国家级生态环境科普基地建设。完善绿色消费政策体系，提高绿色产品供给水平。

加快环境综合治理。深入打好污染防治攻坚战，解决突出环境问题，让人民群众共享更多“绿色福利”。推进新一轮太湖治理，创建太湖流域水治理国家重点实验室，统筹实施水污染治理、水资源调配、水生态修复等工作，实现更高水平的“两个确保”。深化全市域“美丽河湖”建设，把大运河无锡段、梁溪河作为整治提升的“一号工程”，实施蠡湖深度治理工程，确保国省考断面优Ⅲ比例稳定在90%以上、全市域河道水质优Ⅲ比例达70%以上。实施大气污染治理工程，推进$PM_{2.5}$和臭氧浓度“双控双减”，打赢蓝天保卫战。推进土壤污染风险管控和治理修复。

加强生态保护修复。坚持山水林田湖草协同治理，建立覆盖全市的“三线一单”生态环境分区管控体系，健全完善自然生态保护修复负面清单，统筹推进太湖生态保护圈、江阴长江生态安全示范区、宜兴生态保护引领区“一圈两区”建设。实施生态环境基础治理能力提升三年行动计划。推进生态安全缓冲区试点和滨水生态带修复试点工程。深化开展国土空间全域综合整治、国土绿化等行动，构建生态廊道和生物多样性保护网络。建成国家生态园林城市，推进“两山”理念实践创新基地、绿色城市、森林城市、“无废城市”建设。

健全生态治理制度。完善严格的生态监督体系和生态考核体系，落实党政领导干部自然资源资产离任审计和生态环境损害责任终身追究制度，全面执行对污染防治攻坚不力市（县）区政府严格惩戒措施。完善地方性法规规章，构建以排污许可制为核心的固定污染源监管制度体系，加强环保公安联动执法，健全行政执法和刑事司法衔接机制，开展生态环境损害赔偿制度改革试点，深化实施环责险制度。落实市生态补偿条例，探索生态产品价值实现转化机制，实施太湖流域跨地区生态保护补偿试点。

（八）进一步发挥历史底蕴深厚优势，努力在文化软实力上取得突破，加快创建全国文明典范城市

打造精神文明建设高地。深入实施习近平新时代中国特色社会主义思想传播工程，践行社会主义核心价值观。坚持正确政治方向和舆论导向，加强市级新型主流媒体、县级融媒体中心建设。落实红色阵地提升计划，优化拓展名人乡贤旧居故居功能，实施“百宅百院”活化利用工程。推进网络综合治理体系建设，创建网络综合治理示范区。深化群众性精神文明创建，高水平建设新时代文明实践中心（所、站），树立文明新风。加强新时代无锡城市精神凝练，对外展现形象、对内凝聚力量。积极选树各类先进典型，注重宣传有贡献的“平凡人物”，形成崇尚先进、争当先进的良好社会氛围。

推动文化事业全面繁荣。实施哲学社会科学创新工程，建设全国知名的高端智库。实施文艺精品创作工程和文化艺术人才引培工程，建成文化艺术中心、美术馆、无锡国专纪念馆、锡剧艺术中心、音乐厅等一批标志性文化设施，加强小剧场建设。实施“艺术拾珍·美好空间珍珠链”计划，打造100个城市文化新空间。引进高水平文艺演出、文化展览，成立无锡交响乐团，办好江南文脉论坛、太湖文化艺术季等品牌文化活动。实施无锡文化研究工程，编撰《无锡史》。打造国家级非遗传承体验中心，扩大紫砂、泥人等地域文化标识影响力。推进大运河国家文化公园无锡建设工程。加强对外文化交流，提升国际传播能力。建设书香城市，打响“太湖明珠·江南盛地”城市品牌。

加快发展文化产业。健全文化产业规划和政策，提升文化产业竞争力、影响力，“十四五”培育规上文化企业超1000家，建设重大文化项目100个，文化产业增加值占GDP比重达5%以上。争创国家电影产业创新示范区，建设国家级文化科技融合示范基地，集聚更多更优的“国字号”文化创新资源和品牌。推进文旅商融合发展，推出一批具有江南特征、无锡特色的重大文旅融合项目、文旅载体，争创国家全域旅游示范区。

（九）进一步发挥公共服务普惠优势，努力在扩大优质公共产品供给上取得突破，加快创造高品质生活

稳步提升居民收入。实施中等收入群体壮大行动和居民收入十年倍增计划，落实差别化收入分配激励政策，形成橄榄型分配结构。抓好重点群体就业，开展国家新就业形态技能提升和就业促进项目扩大试点。推进全民创业行动计划和大规模职业技能提升行动，创建国家创业型城市。鼓励勤劳创新致富，健全生产要素由市场按贡献决定报酬机制，稳步提升劳动报酬在初次分配中的比重。探索集体经营性建设用地入市增值收益分配机制，推进村（社区）集体资产入股有稳定收益项目。重视发挥第三次分配作用，鼓励高收入人群和企业更多回报社会。

健全完善社会保障。深化实施全民参保计划，完善以养老、扶残、医疗等为重点的基本保障制度，优化城乡统一的社会保险机制。完善分层分类社会救助体系，建立返贫监测和动态帮扶机制，发展公益慈善事业，保障妇女、儿童、残疾人、退役军人合法权益。积极应对人口老龄化，开展农村养老服务提升计划，构建居家社区机构相协调、医养康养相结合的养老服务体系，健全老年人社会救助、社会福利和社会保险相衔接的长期照护保障制度。落实三孩生育养育配套支持政策，推进优生优育，提高人口素质，促进人口长期均衡发展。加快推进新一轮保障房项目规划建设，多措并举促进房地产市场平稳健康发展。

持续优化公共服务。深化教育综合改革，实施新时代立德树人工程，落实“双减”要求，促进学前教育优质普惠发展、义务教育优质均衡发展、高中教育优质特色发展，推进部省共建苏锡常都市圈职业教育改革创新，创办职业技术大学，支持在锡高校内涵式发展，引进国内外知名高校举办高水平合作大学和特色学院，建设现代化教育强市。深化医药卫生体制改革，构建完善公共卫生服务管理体系和多层次医疗保障体系，滚动实施“办名院、建名科、增名医”战略，建成妇儿医疗中心，推动中医药传承创新，建设健康无锡。统筹规划建设奥体中心等一批重大体育设施，引进高水平体育赛事，争创国家全民运动健身模范市。

（十）进一步发挥基层基础扎实优势，努力在治理体系和治理能力现代化上取得突破，加快实现高效能治理

全面推进依法治市。把法治作为“最大公约数”，更好发挥法治在社会治理中的重要作用。推进科学立法，坚持党对地方立法工作的领导，加强立改废释工作，加快重要领域和新兴领域的立法。推进严格执法，深化法治政府建设，完善行政执法标准化体系。推进公正司法，深化司法体制综合配套改革，完善行政执法与刑事司法衔接机制，持续加强政法队伍教育整顿，让人民群众在每一个司法案件中感受到公平正义。推进全民守法，实施“八五”普法规划，构筑覆盖城乡、惠及全民的公共法律服务体系。

加强和创新社会治理。坚持共建共治共享，推动资源整合、制度创新、力量下沉，重塑辅警、城管、网格员、社区等管理制度，构建充满活力的城乡基层治理机制。深化“大数据+网格化+铁脚板”机制。开展乡村治理体系县级试点和示范村镇建设，健全社区工作者“星级+薪级”职业体系，促进“政社互动”和社区减负增效。完善以项目为导向的政府购买服务机制，推动政府职能向社会组织转移。建立收集反馈民情民意实体化运作机制。

深化平安无锡建设。坚持和发展新时代“枫桥经验”，建成“最多跑一地、服务零距离”矛盾纠纷多元化解体系，打造源头防控、排查梳理、纠纷化解、应急处置的社会矛盾综合治理模式。推进信访工作专业化、法治化、信息化、标准化建设，落实领导干部“接访变下访”制度、包案化解制度和积案清零要求，对疑难复杂问题建立“先解决问题再说”工作机制，让群众“一访定心”。加快新一代“雪亮工程”建设应用和巡防处一体化改革，推动扫黑除恶常态化，依法严厉打击犯罪活动，争创新一届全国社会治安综合治理“长安杯”。

提高安全发展水平。坚持人民至上、生命至上，慎终如始做好常态化疫情防控各项工作，坚决守护好人民的健康安全。压紧压实安全生产责任，深入开展安全生产专项整治行动，全面提升本质安全水平，创成国家安全发展示范城市。完善洪涝灾害、台风、强对流天气等异常天气应对防范预案，确保人民群众生命财产安全。加强食品药品安全监管，创建国家食品安全示范城市。做好重大金融风险防范化解工作。妥善应对科技、网络、生物等新型领域风险。强化应急管理的综合性和系统性，建立完善应急指挥体系，全面提高防灾减灾抗灾救灾能力。

坚定不移推进
全面从严治党

一要践行“两个维护”，担好政治之责。把政治建设作为首要任务，增强“四个意识”、坚定“四个自信”、做到“两个维护”，不断提高政治判断力、政治领悟力、政治执行力，始终在思想上政治上行动上同以习近平同志为核心的党中央保持高度一致。完善推动习近平总书记重要指示批示精神和党中央重大决策部署贯彻落实机制，强化政治监督，深化政治巡察，推动巡视巡察上下联动。坚持制度治党、依规治党，提升党内法规制度执行力。严格执行新形势下党内政治生活若干准则，坚持民主集中制，落实好党的组织生活各项制度，不断提高党员干部政治能力。严明政治纪律和政治规矩，巩固涵养风清气正的政治生态。

二要强化理论引领，把牢思想之舵。坚持不懈用习近平新时代中国特色社会主义思想武装头脑，完善党委（党组）理论学习中心组等各层级学习制度，切实做到知其然、知其所以然、知其所以必然。持续推进解放思想，着力破除与新时代不相适应的思想观念和思维定势，不断提高运用党的创新理论解决实际问题的能力。深化拓展党史学习教育成果，深入开展“四史”宣传教育，进一步完善不忘初心、牢记使命长效机制，自觉做共产主义远大理想和中国特色社会主义共同理想的坚定信仰者和忠实践行者。全面落实意识形态工作责任制，突出抓好重点领域意识形态工作，巩固全市广大党员和群众团结奋斗的共同思想基础。

三要狠抓队伍建设，激发担当之能。落实新时代好干部标准，坚持正确选人用人导向，着力打造一支政治过硬、具备领导现代化建设能力的高素质专业化干部队伍。加强领导班子建设，实施加强和改进镇（街道）党政正职队伍建设办法。推进大力发现培养选拔优秀年轻干部“五个一”行动计划，搭建挂任职平台，开展递进式培养，注重多岗位锻炼。选好用好各年龄段干部，统筹做好女干部、党外干部选配工作。加强干部队伍能力建设，在思想淬炼、政治历练、实践锻炼、专业训练中练就过硬本领。完善干部教育培训体系，深入实施党政干部专业素养锻造行动。坚持严管和厚爱结合、激励与约束并重，用好用活“三项机制”，优化完善综合考核评价体系，做到能者上、庸者下、劣者汰。坚持党管人才原则，加强对人才的政治吸纳和政治引领。

四要建强基层堡垒，夯实执政之基。坚持大抓基层，深入推进基层党建“五大行动”。以提升组织力为重点，突出政治功能，分层分类推进各领域基层党建，扩大党的组织和工作的有效覆盖，打通党员服务群众“最后一厘米”。积极推动基层党组织和党员干部在落实重大任务中扛起政治责任，充分发挥基层党组织战斗堡垒作用和党员先锋模范作用。选优配强基层党组织带头人，加强基层骨干队伍建设，培育选树更多先进典型。持续整顿软弱涣散党组织，推动基层党组织全面进步、全面过硬。切实抓好党员发展和日常教育管理工作，提高党员队伍建设质量。

五要牢记为民宗旨，弘扬务实之风。深入开展“两在两同”建新功行动和“三强三促”开新局主题活动，持续推进“千名干部百项攻坚行动”，激励广大党员干部在现代化新征程上建功立业。持续办好为民办实事和“微幸福”民生工程。锲而不舍落实中央八项规定及其实施细则精神，健全完善作风建设长效机制，严查享乐主义、奢靡之风，力戒形式主义、官僚主义，坚决防止“四风”问题反弹回潮、隐形变异。健全完善基层减负常态化机制，巩固拓展治理文山会海、优化改进督查检查考核等成果。持续整治群众身边腐败和作风问题，健全规范权力运行、维护群众权益的制度。强化落实带班值班制度、挂钩制度、联系点制度等，密切与人民群众的联系。

六要从严惩治腐败，恪守清廉之本。把严的主基调长期坚持下去，坚定不移推进反腐败斗争，不断深化不敢腐、不能腐、不想腐一体推进，努力取得更多制度性成果和更大治理成效。紧盯“关键少数”和重点领域，严肃查处各类腐败案件，加大隐性腐败治理力度，坚持受贿行贿一起查，始终保持惩治腐败高压态势。深化源头治本，有针对性地完善制度机制。加强廉政文化建设，坚持警示教育常态化制度化，推动党员领导干部带头加强家庭家教家风建设。加强对“一把手”和领导班子监督。持续推进纪检监察体制改革，深化运用监督执纪“四种形态”，完善“四项监督”统筹衔接机制，健全监督体系，不断增强监督治理效能。

太湖明珠百年辉煌　小康社会全面领跑

市统计局

“十三五”期间，江苏提出了高水平全面建成小康社会的任务和目标。无锡先于全国全省提出了高水平全面小康建设的标准和实现路径，并于“十三五”末实现高水平全面小康既定目标。从地区生产总值看，从1992年提前完成“翻两番”任务，到2019年提前一年实现了再次翻番目标，无锡始终走在全国和全省的前列；从人均地区生产总值看，2008年超过1万美元，到2014年超过2万美元，再到2020年16.54万元成为全国榜眼，顺利完成翻番任务。无锡已成为中国经济增长最快和社会发展最具活力的地区之一，是全国高水平全面建成小康社会最生动的实践和鲜活样本。

2021年7月2日，市委书记黄钦在无锡庆祝中国共产党成立100周年座谈会上自豪地宣布，无锡高水平全面建成小康社会，圆满交出“强富美高”新无锡建设的小康答卷，各项事业发展和人民生活水平跨上新的台阶。

纵观无锡全面建成小康社会的实践之路，十八大之后的8年是关键之路、变革之路。全市上下凝心聚力，开拓创新，在经济建设、人民生活、社会发展、民主法治、生态环境等各个领域共享小康建设成果，记录了无锡人民“一张蓝图干到底”的奋斗足迹。

一、发挥先发优势，走出了高质量经济发展领跑之路

十八大以来，无锡经济规模持续快速增长，经济总量不断突破新高，综合实力、国际影响力持续提升，高质量小康之路优势足。

经济总量连上新台阶。8年来，无锡地区生产总值连续跃过8000亿元、9000亿元，迈入万亿元整数大关，2020年达12340.48亿元，实际总量为1949年的4500多倍，十八大以来年均增长7.2%，快于全国和全省平均水平1.0个和0.1个百分点。规模以上工业企业家数从2012年的5248家增长至2020年的6241家，年均新增接近125家，规模以上工业增加值接近4000亿元，企业数和总量均创历史新高。金融机构本外币存款余额接近2万亿元，贷款余额突破15000亿元。2020年人均生产总值165449元，为2012年的1.52倍，按年平均汇率折合为24038美元，已达到世界银行最新国别收入分组标准高收入经济体水平的1.5倍左右。

城市软实力同步增强。智慧城市建设持续推进，无锡成为全国首个高标准全光网城市，在全国智慧城市发展水平评选中连续八年获国字号奖项。荣获“国家森林城市”“国家生态市”“全国节水型社会示范区”“全国国土资源节约集约模范市”等称号，在中国社科院与经济日报共同发布的2020年《中国城市竞争力报告》中，无锡位列第一梯队。推进教育事业协调发展，成为全国首批通过“义务教育发展基本均衡”认定的大中城市。镇村公交覆盖率保持在100%，成为全国首批“绿色交通城市”。成功举办四届全球锡商大会和多届世界物联网博览会，组建全球锡商联盟。

二、释放开放活力，走出了高水平开放合作领跑之路

十八大以来，无锡积极拓展对外开放的深度和广度，以招商引资“引进来”带动外贸开放“走出去”，开放型经济活力日趋增强，高质量小康之路水平高。

对外贸易发展成就斐然。全面对接上海等自贸区试验政策，复制推广各项改革创新事项。实施外贸稳增长系列政策意见，外贸转型取得积极进展，8年来，进出口总额年均增速2.7%，在国际经济环境复杂严峻的形势下，继续保持正增长，占江苏进出口总额的比重始终保持在13%以上。货物贸易方式不断优化，出口商品主体由劳动密集型的轻纺产品向机电产品和高新技术产品的转变，一般贸易出口占比由2012年的49.7%上升到2020年的55.7%，年均提升0.75个百分点。市场多元化战略的不断推进，出口空间得到不断拓展，2020年对“一带一路”地区出口比重提升至接近三成。

利用外资领域深度拓展。无锡市利用外资起步于1978年，此后，伴随着改革开放步伐的加快，投资环境的日益改善和市场机制的不断健全，全市利用外资经历了探索、起步、全面发展、跨越发展等几个时期。十八大以来，全市累计实际利用外资接近300亿美元，增速由2013年的下降16.7%转向正增长。吸收外资的质量提高，2013—2020年累计引进超亿美元项目接近200个，华虹、SK海力士二工厂、药明康德生命科技园等一批重大外资产业项目在无锡大地上扎根生长。

发展格局稳步优化。服务外包业务执行金额由2012年的51.2亿美元增加到2020年的109.78亿美元，年均超过增长10%，至2020年底全球财富500强企业中在锡投资的企业有104家，较2012年增加17家，共计投资兴办企业209家，较2012年增加52家。平台载体建设如火如荼。随着配套设施日臻完善，吸引许多中外先进制造、科技研发等领域知名企业、机构来无锡投资合作，这些园区集聚了全市80%以上的产业项目，2020年实现一般公共预算收入618.1亿元，实际使用外资超过30亿美元。

三、聚焦竞争战略，走出了高品质科技创新领跑之路

十八大以来，无锡坚持走特色自

主创新道路，培育壮大新动能，加快发展新产业，持续推进大众创业、万众创新，创新活力和创造潜能得到激发，高质量小康之路品质好。

科技创新实现突破。无锡是省内较早建立科学技术委员会和科技协会的城市。20世纪60—70年代，全市广泛开展科技革命和创造发明活动，在推动经济建设等方面发挥了重要作用。十八大以来，无锡不断加大科技投入力度，科技创新能力不断增强，2020年全社会研发投入389.42亿元，占地区生产总值比重由2.65%提高到3.15%，科技进步贡献率由59.1%提升为66.7%，高出全省平均1.6个百分点，连续8年领跑全省，万人发明专利拥有量49.18件，为2012年的4.5倍，高新技术企业达到4033家，创历史最好水平，8年累计发明专利批准量超过3.5万件，为全市产业技术更新形成有力支撑。

企业双创蔚然成风。8年来，随着商事制度改革和"放管服"改革的持续深化，集众智汇众力的乘数效应不断显现。2013—2020年无锡新登记企业超过30万户，年均增长14%。2020年平均每天登记企业167户，为2012年的3倍，呈现大幅增长态势。资本市场昂首前行，全市积极推动企业上市，2013—2020年间新增境内外上市公司78家，2014—2020年新三板挂牌企业达到275家，在全国同类城市中领先。

创新载体孵化有力。2020年，新增市级以上科技企业孵化器7家、众创空间32家，累计建成市级以上众创空间83家、孵化器56家。加大雏鹰、瞪羚以及准独角兽企业培育力度，新增入库企业分别达到1206家、547家和63家。新建5家市级技术创新类科技公共服务平台、1家市级资源共享类科技公共服务平台，累计建有96家科技公共服务平台。

四、注重区域协调，走出了高层次法治文化领跑之路

十八大以来，无锡加大教育、文化、医疗、体育领域投入，全面深化文化体制改革，创新公共文化服务运行机制，深入实施"健康无锡"战略，社会协调性明显增强，高质量小康之路有层次。

文化法治全面提升。突出文化建设核心价值引领，全面提升文化软实力，实现文化和经济良性互动。文化体育设施不断增加，"三馆一站"覆盖率达省定目标、广播电视综合人口覆盖率、行政村（社区）综合性文化服务中心覆盖率均达到100%，城乡居民文化娱乐服务支出占家庭消费支出比重达7.8%。深入推进律师队伍建设，扩大律师队伍规模，2020年每万人拥有律师数4.99人，较2012年实现了翻番。

卫生健康推进有力。医疗卫生资源大幅提升，8年来新增卫生机构数超过1000个，卫生技术人员年均增加超过3400人，每千人口医疗卫生机构床位数增幅53.6%。公共卫生整体实力和疾病防控能力迈上新台阶，城乡居民健康状况显著改善，居民平均预期寿命由2012年的81.47岁提高到2020年的83.19岁，成为全国全民健身示范城市和全省首批公共体育服务体系示范区。

区域发展同步性日益增强。一方面行政区划调整和政府机构改革取得突破。梁溪区、新吴区正式成立，经开区实体化运作，工商管理、质量监督、食品药品监管体制调整到位，在省内率先建成"一办三中心"政务服务体系。理顺社会事业管办分离体制和运行机制，成立市文化旅游产业发展集团、文化发展集团、体育产业发展集团。另一方面着力推进中心城区更新改造。2013—2020年，累计实施棚户区（危旧房、城中村）改造650万平方米，整治提升旧住宅区2498万平方米。市区拆除违法违章建筑合计超过200万平方米，累计建成美丽乡村示范村110个，全面完成首批107个试点村农房建设。

五、定位转型发展，走出了高标准生态文明领跑之路

十八大以来，无锡贯彻绿色发展理念，加大环境治理力度，着力改善生态环境，全面节约和高效利用资源，构建生态安全屏障，高质量小康之路标准高。

产业优化调整节奏加快。严格执行环保、能耗、质量、安全等相关法律法规和标准，突出市场主导作用，积极稳妥化解钢铁、水泥、船舶等行业过剩产能，坚决杜绝新上过剩产能，严厉打击地条钢等落后产能、非法产能，依法依规压减清除"僵尸企业"，加快市场化退出步伐，十八大以来，粗钢产量较近年同期最高点下降17.2%，规上工业资产负债率由2012年的58.9%下降至51.8%，年均下降0.9个百分点，水电气等企业生产要素成本有效降低。全面推进"亩均税收"为核心的用地准入标准，不断提升土地利用效率，土地节约集约利用综合评价连续三年位列全省第一。单位建设用地GDP产出提升超过40%，亩均税收增长超过30%。

节能降耗成效显著。严格按照国家节能降耗控制目标要求，认真贯彻落实各项政策措施，关停了一批高耗能、低产出的企业，优化用能结构。推进一批重点节能减排工程，2020年全市工业废水排放量较2012年减少5200万吨。扎实推进"绿色无锡"建设，全市林木覆盖率由2012年的25.6%提高到2020年的27.8%。建立并积极落实生态补偿机制，继续实施排污权有偿使用和交易制度，推行环境污染责任保险。

环境质量稳步改善。无锡始终践行"绿水青山就是金山银山"的战略思想，制定实施水、大气污染防治行动计划，出台"1+4"水环境治理实施意见，扎实开展以太湖水、大气污染和黑臭河道为重点的环境整治工程，太湖无锡水域连续13年实现安全度夏，空气质量优良天数比例为81.7%，较2013年提升24.8个百分点，细颗粒物（$PM_{2.5}$）浓度比上年下降15.4%。水环境方面，地表水达到或好于Ⅲ类水体比例为国省考断面水质优Ⅲ比例86%，较2013年提升

无锡新貌（2021年） （蒋 强 摄）

34.8个百分点，人均公园绿地面积15.11平方米，较2012年人均增加0.5平方米。

六、推进共享发展，走出了高成色民生幸福领跑之路

十八大以来，无锡坚持民生优先，千方百计增加居民收入，加大收入分配调节力度，努力实现居民收入增长和经济增长同步，全面提高社会保障水平，城乡居民获得新实惠，高质量小康之路成色足。

居民收入保持较快增长。2020年城镇居民人均可支配收入64714元，为全国的1.48倍，年均增长7.9%；农村居民人均可支配收入35750元，为全国的2.09倍，年均增长8.8%，农村居民收入增速连续8年高于城镇居民，城乡居民收入差距持续缩小。2020年，城乡居民人均可支配收入倍差为1.81，低于全国和全省平均水平。

居民生活质量不断提升。收入的增加带动百姓的消费，提升居民生活质量。城镇居民人均消费性支出37195元，为全国的1.38倍，城镇居民恩格尔系数为27.6%，比2012年下降6.9个百分点，达到联合国划分的20%至30%的富足标准。居民物质和精神生活极大丰富。城镇居民每百户家用汽车拥有量66辆，比2012年实现翻番。

城乡保障体制全面完善。深化医药卫生体制改革，实行药品零差价销售，医联体建设实现全覆盖。建立城乡一体的居民基本养老保险制度，健全城乡低保标准定期调整机制，创新深度救助机制，2020年企业职工基本养老保险人数393.17万人，为2012年1.79倍，市区城乡低保标准由2012年的530元提高到2020年每人每月1010元，涨幅90.6%，最低工资标准由2012年的1320元，提高到2020年的2020元，涨幅53.3%。

编辑 葛 红

探索特色化无锡方案 勇攀中国软件名城建设高峰

高亚光

软件是信息技术之魂、网络安全之盾、经济转型之擎、数字社会之基。软件产业是信息产业的核心，是引领和推动经济社会高质量发展的重要力量。无锡积极顺应新一轮科技革命和产业变革趋势，抢抓网络强国、数字中国等战略机遇，大力推动软件名城建设，形成软件产业加快发展、应用示范持续拓展、产业生态不断优化的良好格局。2021年11月，无锡正式获批“中国软件特色名城”称号。

十年磨一剑 高质量建设中国软件特色名城

无锡自2012年启动创建中国软件特色名城以来，坚持以“名企、名品、名人、名园、名展”建设为主线，紧密结合自身实际，统筹部署、重点攻坚，推动软件特色名城建设取得了显著成效。

“名企”培育增长迅速，产业集群不断壮大。加大企业引育力度，推动软件企业数量、能级“双提升”。2020年，全市纳统软件企业857家，其中软件业务收入过亿元的有186家，现有境内外上市软件企业16家，国家鼓励重点软件企业15家，朗新科技、华云数据2家企业入围中国软件和信息服务竞争力百强。2020年软件业收入超1600亿元，在全国地级市名列前茅，今年前10个月，软件产业实现业务收入1261.5亿元，同比增长21.7%。逐步形成了以物联网和平台型软件为代表的特色优势产业，2020年物联网和平台型软件业务收入约占全市软件业务收入的1/3。

“名品”打造成果丰硕，品牌效应逐步凸显。2009年起开始设立优秀软件产品“飞凤奖”，充分激发企业自主创新、产品研发积极性，不断提升软件产品竞争力。目前，全市通过评估登记的软件产品累计6531件，其中省“金慧奖”优秀软件产品47件、市“飞凤奖”优秀软件产品113件。帆软BI软件市场占有率全国第一，永中软件成为国产办公基础软件产品核心代表之一，瀚云工业互联网获评五星级工业互联网平台，感知集团物联网金融科技产品排名全国第一，远景能源智能风电系统解决方案销售规模居全国第二、全球第五。

“名人”集聚加速推进，发展动能稳步增强。大力实施“太湖人才计划”升级版2.0，落实国际人才特别支持、产业人才优先支持等政策，着力引进一批软件领域战略型人才和领军人才。目前，全市共有软件从业人员16.7万人，年引进软件领域各类人才2.7万人，拥有一批具有核心自主知识产权、掌握关键核心技术的领军人才，朗新科技、观为监测、卓品智能等10家企业的人才项目获评江苏省软件方向“双创团队”称号，占全省总数的80%。

“名园”建设成效显著，承载能力持续提升。坚持科学规划、协同发展，形成了一批产业集聚度高、服务功能完善、特色优势明显的软件园区。目前，全市拥有软件产业相关园区23家，包括国家级软件园1家、省级软件园4家、省互联网产业园2家。其中，无锡(国家)软件园已集聚各类软件企业超500家，获国家传感网高技术产业基地等8个国家级品牌及10多个省级称号。

“名展”效应不断放大，产业生态更加优化。依托特色优势产业，打造一批具有世界影响的展会品牌，迄今已成功举办五届世界物联网博览会，参会和观展人数累计超170万人次，签约和带动落地的重大项目超800项，成为全球物联网领域规模最大的行业展会，品牌效应、集聚效应日益凸显。同时，大力支持企业参加国内外相关软件博览会，持续提升无锡软件企业和产品的影响力。

回望来时路，筚路蓝缕，硕果累累。无锡创成中国软件特色名城，成绩来之不易，经验弥足珍贵。一是坚持规划引领。先后制定实施了无锡软件业发展“十三五”“十四五”规划，高质量绘制发展蓝图，确立软件特色名城建设的目标、路径和举措。二是强化政策支撑。将软件产业作为重点优势产业来打造，出台《无锡市促进软件产业高质量发展的若干政策》，从2013年以来累计投入12亿元专项资金用于支持产业发展，近三年累计帮助企业减免退税超过26亿元。三是促进应用拓展。充分发挥软件的赋能、赋值、赋智作用，不断拓展软件技术及产品在智能制造、智慧城市建设等领域中的应用。四是强化工作合力。建立高位工作领导小组，成立了由行业协会、高校院所、第三方机构组成的专家组，提供咨询论证和政策建议，充分凝聚政府、企业、社会各方合力。

奋进新征程 推动名城建设再攀新高峰

迈上新的历史征程，站在新的更高起点，无锡将坚持以习近平新时代中国特色社会主义思想为指导，认真贯彻落实江苏省第十四次党代会精神，按照无锡市第十四次党代会决策部署，坚决扛起光荣使命，坚持把数字经济作为转型发展的关键增量，持续深化“五名”建设，加快软件业高质量发展步伐，推动软件特色名城建设迈上新台阶。

狠抓关键点，进一步做强产业硬实力。突出问题导向，强化靶向发力，着力巩固扩大产业发展优势。壮大产业集群。立足无锡软件产业基础优势，梳理和聚焦核心产业链条，持续招引产业上下游企业，做优做强特色产业，推动基础软件、物联网、工业软件、平台软件等产业集群发展壮大。引育头部企业。大力引育创新能力优、规模效益好、市场竞争力强的头部企业，发挥头部企业的引领带动作用，形成头部企业、骨干企业、高成长性企业的梯队体系。建强产业园区。深挖园区特色和优势，加大头部企业招引力度，强化服务支撑平台建设，积极争创国家、省软件名园和示范基地，做大做强无锡（国家）软件园等产业园区，推动园区品牌化、专业化、高端化发展，打造产业发展主阵地。

强攻着力点，进一步提升创新含金量。紧扣产业需求，持续加大科技创新力度，着力增强发展动能。攻关核心技术。鼓励软件企业研发创新，加强产学研合作，发挥好江苏信息技术应用创新产业生态基地、市软件行业协会等作用，加强云计算、人工智能、大数据、区块链等新一代信息技术领域关键核心技术攻关，形成更多具有自主知识产权、具有国际竞争力的王牌产品。布局创新平台。支持国家超算无锡中心、国家“芯火”双创基地等高能级平台建设，争创更多国家和省级创新服务平台；整合优质资源，完善全市软件公共服务平台体系，为企业提供软硬件适配、测评、开发、设计等全方位优质服务。集聚创新资源。加快软件专业院校建设，积极创建特色化示范性软件学院，培养高素质软件人才队伍；持续升级“太湖人才计划”，加强领军人才引育，打造高端人才供应新体系。充分发挥国调基金作用，加强专业基金、头部基金等资本加持，构建强有力的科技金融体系。

找准结合点，进一步提高发展融合度。坚持供给引领、需求牵引、应用场景，促进软件在生产、生活领域应用拓展。赋能产业发展。强化软件技术在工业互联网、智能制造等领域中的应用，深入推进国家级两化深度融合试验区建设，促进软件产业与制造业融合发展。发挥软件驱动数字经济的作用，大力发展数字经济，打造全国领先的数字经济示范城市。赋能城市运行。立足国家传感网创新示范区和国家首批智慧城市试点城市的优势，以软件赋能智慧城市建设，感测、分析、整合城市运行核心系统的关键信息，优化城市建设运行。赋能民生事业。将软件和信息技术广泛应用于教育、医疗、市政等民生领域，建设更高水平的“智慧校园”“智慧医疗”“智慧交通”等，切实提高人民群众的获得感、幸福感。

夯实支撑点，进一步营造优质生态圈。遵循产业发展规律，持续改善产业发展软硬件条件，全面优化产业发展生态。夯实基础设施。加大5G基站、窄带物联网等新型基础设施建设力度，加快构建以通信网络为基础、以数据和计算设施为核心、以融合基础设施为突破的新型数字基础设施体系。研发创新政策。主动对标先进城市，强化集成创新、实践创新和自主创新，优化完善无锡软件业发展政策体系，打造政策支撑高地。优化涉企服务。建立重点软件企业培养库，实施分类分策扶持。落实党政系统先试先用等制度，加强政策扶持，支持优质软件产品的示范应用和产业化发展。建立政企常态化、面对面沟通交流机制，高效解决企业诉求。持续扩大影响。高水平举办世界物联网博览会，积极举办软件业高品质展会、论坛、创新创业大赛，推动市场、资金、人才交流协作，不断提高无锡在软件业的影响力与吸引力。

（本文发表于2021年12月28日《中国电子报》，作者高亚光，时任无锡市人民政府副市长）

打造具有无锡特色的健康城市样板

市卫生健康委

2018年以来，无锡市委、市政府认真贯彻实施《“健康中国2030”规划纲要》，召开全市卫生与健康大会，全面实施《“健康无锡2030”规划纲要》，围绕普及健康生活、优化健康服务、完善健康保障、建设健康环境、发展健康产业，落实“健康中国”行动，组织实施“健康无锡”建设，初步走出了一条具有无锡特色的健康城市建设之路。2019年，无锡市人均期望寿命达到83岁，无锡健康城市建设的做法被中国健康教育中心列为优秀实践案例，并入选《中国健康城市建设研究报告（2019）》蓝皮书。2020年初，无锡市及江阴市、宜兴市被全国爱卫办评为全国首批健康城市建设示范市，成为全国唯一健康城市全域覆盖的城市。2021年12月31日，全国爱卫会办公室发布2020年度健康城市建设样板市名单，无锡市和江阴市、宜兴市均再次上榜。“健康无锡”建设取得以上成绩，得益于以下几个方面：

“健康无锡”建设制度先行。 2018年6月，无锡成立以市政府主要领导任组长，市委、市政府分管领导任副组长，市有关部门主要负责人为成员的“健康无锡”建设领导小组，负责统筹推进“健康无锡”建设。同时，充分发挥考核的导向作用，开创性地将“健康无锡”建设纳入全市的高质量发展考核指标体系，将考核结果作为评价各地党政领导绩效的依据之一，推动各地以更高的标准、更优的举措落实健康中国行动，不断提高各地推进“健康中国”行动的自觉性、积极性。健全完善推进“健康无锡”建设的政策体系，2018年，市政府出台《“健康无锡”建设三年行动计划（2018—2020）》，明确了“健康无锡”建设的“施工图”和时间表；印发实施《“健康无锡”建设工作制度》，使得“健康无锡”建设逐步走上制度化、规范化的轨道。

“健康无锡”建设理念提升。 无锡牢固树立、推进落实“大卫生、大健康”理念，针对“健康无锡”建设领导小组成员单位举办“健康无锡”建设研修班、开展业务培训，提升“健康中国”“健康无锡”建设的思想认识，深化对“健康融入所有政策”的理解，推进全市上下努力实现从以“疾病”为中心向以“健康”为中心转变、从注重“治已病”向注重“治未病”转变、从依靠“卫生健康系统”向“社会整体联动”转变；发挥智囊团作用开展健康政策研究，提升“健康无锡”建设的针对性有效性。将“健康无锡”建设工作与创建全国文明城市、全民健身示范城市、江苏省优秀管理城市等有机结合，齐抓共管协力推进。将健康作为制定实施各项公共政策的重要考量，探索建立健康影响评价机制，促进实现“健康融入所有政策”，要求各市（县）区政府成立健康政策专家委员会，在制订相关政策时增加公共健康审查程序，逐步构建起“政府主导、多部门合作、专业机构支持、全社会共同参与”的“健康无锡”建设格局。

“健康无锡”建设防治结合。 无锡把“健康中国”15项专项行动的相关指标要求融入“健康无锡”建设，推进实施《“健康无锡2030”年规划纲要》明确的10大行动、68项重点任务。作为10大行动之一的“医疗卫生服务优化行动”，结合无锡疾病谱变化，针对制约健康预期寿命提高的重要因素，坚持预防为主，防治结合，构建了覆盖全市医疗机构和社区的慢性病监测管理一体化管理模式；探索高血压、脑卒中等心脑血管疾病、糖尿病、慢阻肺等慢病防控新模式；实施重点癌症综合防治，成立肿瘤筛查技术指导中心，制定肿瘤筛查实施方案，开展妇女“两癌”（乳腺癌、宫颈癌）和胃癌肠癌等早期筛查和诊治，促使癌症防治关口前移，实现恶性肿瘤早发现、早诊断、早治疗，提高患者生存率，建设“胸痛中心全市模式”，打通院前院内信息通道，最大程度提高急性胸痛救治成功率，扩大脑卒中筛查覆盖面，重大慢性病过早死亡率持续降低。着力解决卫生健康领域痛点、堵点、难点问题，持续深化医药卫生体制改革，补齐卫生健康服务短板，调整优化市属医疗卫生资源布局，启动实施名医、名科、名院“三名”战略，不断满足人民群众病有良医、就地医疗的健康服务需求，提升无锡医疗卫生服务的辐射力和影响力，推动“健康无锡”建设走在全省全国前列。

“健康无锡”建设社会联动。 无锡既靠医疗卫生服务的“小处方”，更靠社会整体联动的“大处方”，共同构建起“党委领导、政府主导、各方联动、公众参与”的“健康无锡”建设大格局。无锡率先让“主动健康”为美好生活增添活力，针对广大市民群众健康问题推进健康知识普及行动，让“每个人是自己健康第一责任人”的理念落到实处；开展“三减三健”专项行动，形成全民健身大联动、无锡国际马拉松赛、环太湖国际公路自行车赛等多个体育活动品牌，促进全民健身运动蓬勃开展。无锡让落实“健康中国”行动成为环境、食品、医疗、教育等部门工作的“多部门”的互动，水利、生态环境、农林等部门狠抓太湖治理、黑臭河道整治，使城市碧水清流。无锡工业、交通、能源、环保等部门单位通力合作，使$PM_{2.5}$浓度同比下降20.2%。无锡让落实“健康中国”行动成为覆盖生命过程全周期的所有人的福祉。全面加强妇女儿童健康管理和疾病防治、促进健康老

太湖国家旅游度假区（2021 年） （市委宣传部　供图）

龄化、维护残疾人健康等，实现全市常住人口免费产前筛查、新生儿疾病筛查全覆盖。所有市（县）区、各职能部门协同发力对学校食堂食材进行集中配送，让孩子们吃上安心可口的“学生餐”。推进长期护理保险制度、医养融合发展，给失能老人送去福音。

“健康无锡”建设共建共享。无锡市贯彻健身设施与健康环境共建共享的发展理念，积极推进健康主题公园、健康社区等健康场所和健康细胞建设，把健康元素广泛植入城乡各地及群众生产生活中，为广大市民提供更便利丰富的健康服务，营造良好健康环境。健康主题公园集休闲健身、健康教育和健康知识传播于一体，是无锡市健康城市建设过程中的一大亮点，而尚贤河健康主题公园融实现健康、运动元素与科技于一体，更是市民争相追捧的一大网红健身打卡点。截至 2021 年末，无锡市共建成健康主题公园 124 个、健康步道 1033 条。选择不同类型的小区，因地制宜布局小而精、功能全的小公园、小绿地，建设小游园、小步道，打造“一居一品”的健康社区样板，先后建成省级健康镇 25 个，省级健康社区（村）482 个，总数及覆盖率居全省之首。无锡还建成了健康小屋 230 个，打造居民“家门口的健康站”。

编辑　葛　红

1月

4日　惠山区洛社镇入选国家全域土地综合整治试点名单。该项目总面积794.7公顷，涉及万马村、花苑村2个行政村。

5日　蠡湖国家湿地公园完成首次鸟类调查。调查选取湿地公园内渤公岛、宝界湖滨、长广溪、金城湾4个代表性区域进行，记录到鸟类16目47科136种，其中鹗、林雕、凤头鹰等国家二级重点保护野生动物12种。

7日　2020年度江苏省科学技术奖公布，无锡37个项目获奖。

8日　超亿美元外商投资基金一奇资本线上签约仪式在无锡高新区、中国香港以及新加坡三地同时举行。

9日　省政府批复同意筹建江苏省惠山高新技术产业开发区。

12日　市十六届人大常委会第三十六次会议召开，任命丁四海、秦咏薪为无锡市人民政府副市长，免去蒋敏副市长职务。

15日　无锡市交通集团收购瑞丽航空有限公司57%股权完成工商变更登记。9月8日，江苏第一家本土航空公司——苏南瑞丽航空有限公司举行揭牌仪式。

△由市医疗保障局指导、国联人寿主承保的无锡专属普惠型商业医疗保险产品“医惠锡城”推出。

16日　市委、市政府召开全市抗击新冠肺炎疫情表彰大会，300人获“全市抗击新冠肺炎疫情先进个人”称号，100家单位获“全市抗击新冠肺炎疫情先进集体”称号。

18—21日　政协无锡市十四届五次会议召开。市委书记黄钦发表讲话，市政协主席周敏炜代表市十四届政协常委会作工作报告。会议增补市十四届政协常委会委员6人。

19日　工业和信息化部公布2020年信息消费示范城市名单，无锡市以定量评价指标、现场答辩评分总分第一的成绩入围综合型“信息消费示范城市”。

△市住建局发布《关于完善我市市区新建成品住房装修工作的通知》，对新建成品住房推行基本装修和升级装修分类管理。

19—22日　市十六届人大五次会议召开。市长杜小刚作政府工作报告。会议补选陈德荣、曹佳中、袁飞为市第十六届人大常委会副主任，补选朱良平为市人民检察院检察长。

21日　市太湖闸站工程管理处副主任、高级技师边晓阳获“全国水利行业首席技师”称号，为无锡市技术人员首次获此荣誉。

22日　无锡市首届“民心工程奖”评选活动揭晓，评选出金奖、银奖项目各10个。

23日　无锡市滨湖区与海峡基金举行签约仪式，国内首个数字教育类产业引导基金——江苏数字文化教育基金落户无锡国家数字电影产业园。

25日　教育部同意南京信息工程大学滨江学院转设为无锡学院，为独立设置的本科层次公办普通高等学校。

28日　锡澄一体化公交先行暨锡澄协同发展区（堰桥—青阳）毗邻公交线路开通仪式在江阴青阳镇举行，无锡城区与江阴青阳、徐霞客、长泾、顾山4个乡镇之间的4条毗

1月16日，全市抗击新冠肺炎疫情表彰大会召开　（市委办　供图）

邻公交线路同时开通。

2月

1日 无锡市与凤凰卫视签订战略合作协议，在对外宣传、影视节目摄制、大型活动打造、文旅产业开发、海外交流等领域开展合作。

7日 无锡市首个专为困境儿童打造的图书驿站——梁溪区未成年人（困境儿童）“爱伴成长·悦享书坊”投用。

8日 2020年城市重点道桥工程通车暨2021年城市重点道桥工程开工现场会召开，凤翔路快速化改造工程等9个项目建成通车，高浪路（二期）快速化改造工程等10个项目集中开工。

19日 一汽锡柴公司周明、中国电信无锡分公司方淼、赵红育刺绣艺术馆沈雨兰获省政府授予的“江苏工匠”称号。

25日 全国脱贫攻坚总结表彰大会在北京人民大会堂举行。无锡市的倪欣欣、蒋仲良、颜忠元获评全国脱贫攻坚先进个人，无锡市对口帮扶延安市工作组、无锡市对口帮扶海东市工作组、福村宝医疗科技有限公司、无锡—新沂工业园管理委员会获评全国脱贫攻坚先进集体。

△无锡徐州工业园区在徐州市启动建设，开启两市南北合作共建新篇章。

26日 省委、省政府举行全省重大项目建设推进会，市委书记黄钦在无锡分会场宣布2021年无锡市重大产业项目暨无锡先导电子装备及材料项目开工。

△无锡市举行外商投资奖颁奖仪式。养乐多乳品有限公司、夏普电子元器件有限公司、第七大道科技有限公司、合全医药科技有限公司、科笛生物医药（无锡）有限公司、鹰普（中国）有限公司6家企业获重大外资项目奖，三星（无锡）电子材料有限公司、利纳马汽车系统（无锡）有限公司获外资企业人才奖。

3月

5日 江苏老字号产业投资基金成立暨“人间梁溪·老字号嘉年华”启动仪式在小娄巷举行。江苏老字号产业投资基金由省政府投资基金联合无锡市、梁溪区国有企业以及省头部老字号企业共同成立，总规模10亿元，是全国首个面向老字号的政府投资基金。

6日 市委召开全市党史学习教育动员会议。市委书记、市委党史学习教育领导小组组长黄钦作动员讲话。

10日 2021中国·无锡太湖鼋头渚国际樱花节在樱花谷开幕。25日，启动2021无锡国际赏樱周暨中日樱花友谊林建设34周年纪念活动。

△无锡地铁联合北京、天津、徐州、常州、苏州、杭州、宁波共8家运河沿线城轨单位，共同发行大运河主题纪念票《因运而生》。

18日 “2021苏港影视合作交流会”暨“苏新服务·智惠全球”服务贸易线上系列对接会在无锡国家数字电影产业园开幕。产业园与导演陈勋奇签订影片《网约车》项目，与禾派传媒、亚太第一卫视签订大型纪录片《产业中国》项目。

19日 市政府与中国铁建股份有限公司签署战略合作协议，无锡地铁集团、中国铁建股份有限公司、市市政公用产业集团、中铁十九局集团、中铁第五勘察设计院集团签署《无锡绿色智慧建筑工业化创新产业基地合作协议》，无锡交通建设工程集团、中铁第五勘察设计院集团签署战略合作协议。

22日 工业和信息化部公示先进制造业集群竞赛优胜者名单，无锡物联网集群入选国家首批先进制造业集群，无锡物联网创新促进中心成为唯一一家物联网国家级先进制造业集群促进机构。

23日 “百年初心，重走信仰之路”大型融媒体直播行动暨无锡市庆祝中国共产党成立100周年网络主题宣传活动、“我苏·无锡频道”改版上线启动仪式举行。

24日 首届中国（无锡）会展目的地建设大会在无锡开幕，发布《中国会展目的地建设太湖宣言》。

29日 全国扫黑除恶专项斗争总结表彰大会在北京举行。无锡市扫黑办获“全国扫黑除恶专项斗争先进集体”称号。

30日 省委、省政府召开全省2020年度高质量发展表彰大会，无锡市位列设区市综合考核第一等次。

31日 市政府发布《无锡市进一步优化营商环境行动方案2021》，围绕进一步便利企业事项办理、落实惠企政策、提升政务服务水平、规范市场监管、保障企业合法权益5个部分18个方面，提出80项重点改革任务。

4月

1日 市委、市政府召开全市2020年度综合考核总结大会暨营商环境巩固提升工作推进会。

2日 环球城市招商引资推介大会在北京举行。会上发布《中国城市投资吸引力指数报告》，无锡获评2020十佳外商投资最满意城市。

△南京海关批复，同意在无锡开展集成电路全产业链保税模式改革试点。

3日 “2021爱无锡·生活季”健康活力生活节在无锡百联奥特莱斯启动，全市消费促进系列活动拉开帷幕。

8日 《无锡太湖湾科技创新带发展规划（2020—2025年）无锡经开区行动纲领》发布。市委书记黄钦为中国工程院院士王坚颁发无锡市“国际经济科技特别顾问”聘书。

雪浪小镇“唤醒基金”、雪浪工程院、复旦大学微波芯片与系统创新中心、清华大学智能制造（无锡）研究院、博世工业4.0（无锡）创新中心等60多个项目集中签约。

△无锡市党外知识分子工作推进会暨“湖湾院所联盟”思想政治工作阵地启动仪式在滨湖区举办。该阵地是江苏省首家科研院所党外知识分子统战工作阵地。

9日 无锡市公布2020年度市长质量奖获奖名单。宝通科技股份有限公司等3家单位获市长质量奖，中国电子科技集团第五十八研究所等5家单位获市质量管理优秀奖。6月23日举行颁奖仪式，市长杜小刚为获奖企业代表颁奖。

△国家数字化设计与制造创新中心江苏中心、江苏省数字化设计与制造创新中心揭牌及总部大楼启用仪式暨“高端装备数字化设计与制造”高峰论坛，在惠山经济开发区无锡惠山智能制造创新示范园举行。

11日 无锡时代智能交通研究院有限公司和院士专家工作室落户无锡经开区。市委书记黄钦、中国工程院院士丁荣军为院士专家工作室揭牌。

12日 湖南大学无锡半导体先进制造研究院签约落户锡山区，中国工程院院士丁荣军任首席科学家。

△无锡市“传承红色基因，开启奋进征程”体验教学活动在宜兴太华山新四军和苏南抗日根据地纪念馆启动。至10月，共推出10条党史学习教育体验教学推荐线路。

14日 江苏省肺移植中心、无锡市器官移植康复医院、无锡市器官移植研究院揭牌仪式在市人民医院举办。

16日 《无锡市禽类交易管理办法》发布。规定自6月1日起，无锡市活禽交易禁止区域内实行活禽集中屠宰、冷链配送、冷鲜供应。

△“追寻红色印记·传承奋斗精神”2021无锡红色主题旅游启动，21条无锡市红色旅游精品线路评选揭晓，涉及83个党史教育基地和爱国主义教育基地。

20日 无锡市首条氢能源公交线路投入运营，新区公交公司首批5辆氢能源公交车760线路投入运营。

△无锡市首本居住权不动产登记证明颁发，居住权制度正式实施。

21日 全国推进产业工人队伍建设改革工作经验交流会在无锡召开。全国人大常委会副委员长、中华全国总工会主席王东明出席会议并讲话，省委书记娄勤俭致辞。

△无锡市第三届青少年科技创新市长奖揭晓，市长杜小刚为5名获奖学生颁奖。

△市政府与国家癌症中心共同启动国家癌症防控全链条全周期管理无锡试点项目。全年在惠山区、锡山区为3万名45～74周岁人员开展肺癌、乳腺癌、肝癌、上消化道癌和大肠癌5种城市高发癌症综合风险评估。

22日 市政府主办的2021太湖湾生命健康未来大会在无锡召开。

△省文化和旅游厅、省文物局公布《江苏省革命文物名录（第一批）》，无锡市有32处不可移动文物、130件（套）可移动文物上榜。

23日 “中国美好生活城市（2020—2021）”发布盛典公布，无锡市入选“十大心仪之城”。

29日 由市委党史学习教育领导小组办公室、市档案史志馆、团市委联合主办，无锡地铁集团、“学习强国”无锡学习平台共同承办的全省首条党史学习教育地铁专列首发仪式在地铁1号线市民中心站举行。

5月

1日 《无锡市湿地保护条例》正式施行。

6日 无锡市被住建部确定为智慧城市基础设施与智能网联汽车（“双智”）协同发展示范城市。

12日 为期6天的深空深海重大科技成果展在无锡博物院开幕，中国深空、深海两个领域重大科技成果首次同台亮相。

△无锡商业职业技术学院打造的舞剧《风雨锡商》在市人民大会堂首演。该剧是全国首部以“锡商”为主题的原创舞剧。

13日 无锡人才金融港开港，市委书记黄钦讲话并宣布开港。2021中

5月12日，无锡市举办深空深海重大科技成果展。图为市民参观展览

（朱吉鹏　摄）

国无锡“太湖杯”国际精英创新创业大赛同时启动。

14日 由市妇联和中国儿童少年基金会“腾飞计划”家庭心理教育办公室联合主办的“‘智慧父母，助力腾飞’——无锡市幸福家庭计划”启动，全国首个地市级“腾飞计划”家庭心理教育办公室在无锡成立。

17—18日 市长杜小刚率队到上海，围绕主动融入和服务长三角一体化发展、推动高品质城市建设进行学习考察。

18日 第七次全国人口普查江苏省数据正式公布。结果显示，2020年11月1日普查时点，无锡市常住人口746.21万人，相较于2010年第六次全国人口普查，净增加108.77万人，增长17.06%。

18—21日，省政法队伍教育整顿驻点指导组与市政法队伍教育整顿办组成6个联合督导工作组，到各地和市各政法单位进行专项调研督导。

19日 2021碳达峰碳中和无锡峰会举行。中国气候变化事务特使、国家发展改革委原副主任解振华书面致辞，国家发展改革委原副主任、国家能源局原局长吴新雄到会讲话。市委书记黄钦致辞，市长杜小刚作主旨演讲。在无锡高新区高峰论坛上，无锡零碳科技产业园揭牌成立。

△ 2021年全国老年人太极拳健身推广展示大联欢活动、江苏省老年人体育节无锡分会场启动仪式在市体育公园举行。

20日 由中央广播电视总台、江苏省政府联合主办的2021中国国际智能传播论坛在无锡举行。省长吴政隆，中宣部副部长、中央广播电视总台台长慎海雄出席开幕式并致辞。市委书记黄钦致辞，市长杜小刚发表主旨演讲。

△由中国工程院主办的“未来食品与生物技术”国际工程科技战略高端论坛在无锡开幕。市长杜小刚，中国工程院院士、江南大学校长陈卫，中国工程院院士、中国工程院环境与轻纺工程学部主任曲久辉，中国工程院二局副局长唐海英出席开幕式并致辞。

△ 2021年江苏省网络安全事件应急演练在无锡市举行。省委常委、宣传部部长张爱军现场观摩并讲话。

20—23日 第九届全国数控技能大赛决赛在无锡技师学院举行，全国31个省（区、市）及机械行业的509名选手参加决赛，46名选手被授予“全国技术能手”称号。

23日 中央广播电视总台财经频道《对话》栏目播出特别节目《万亿城市新征程·无锡》。市委书记黄钦围绕产业集群、实体经济、创新驱动、人才招引、营商环境等话题，解读无锡市未来发展“密码”。

24日 以体育旅游融合发展为主题的2021江苏体育产业大会在江阴举行，第十六届中国徐霞客国际旅游节开幕。

△全国高校食品学科党建育人创新论坛暨党建联盟成立大会在无锡举行。江南大学党委书记朱庆葆为联盟授牌，江苏省委教育工委组织处处长陈艳与无锡市党建学会理事会会长周建军为“全国高校食品学科党建育人研究基金”揭牌。

26日 2021年度长三角地区（江苏省、浙江省、安徽省、上海市）主要领导座谈会在无锡举行。三省一市以“云开工”方式，共同启动总投资134.42亿元的太湖及水环境综合治理领域9个重大项目建设。上海市委书记李强到会宣布长三角一体化发展重大项目开工，江苏省委书记娄勤俭致辞，浙江省委书记袁家军、安徽省委书记李锦斌、上海市市长龚正、浙江省省长郑栅洁、安徽省省长王清宪和国家发展改革委有关负责人出席，江苏省省长吴政隆主持，无锡市领导黄钦、杜小刚等在主会场参加活动。

27日 长三角一体化发展高层论坛在无锡举行，长三角科技创新共同体建设办公室，长三角集成电路、生物医药、人工智能、新能源汽车4个产业链联盟以及长三角一体化示范区新发展建设有限公司和示范区水乡客厅开发建设有限公司揭牌，同时上线长三角“一网通办”政务服务地图及高频服务事项。

△长三角区域生态环境保护协作小组第一次会议在无锡召开。上海市委书记、协作小组组长李强主持会议并讲话，江苏省委书记娄勤俭致辞。会前，上海市、江苏省、浙江省、安徽省人民政府签署长三角区域碳普惠机制联动建设工作备忘录和长三角区域固体废物和危险废物联防联治合作协议，上海市、江苏省、浙江省、安徽省环保产业协会及南京、杭州、宁波、无锡和苏州市环保产业协会签署长三角区域环保产业协会联席会议备忘录。

△第五届中国·江苏太湖影视文化产业投资峰会在无锡国家数字电影产业园开幕，发布《创建国家电影产业创新实验区发展规划》，无锡市影视拍摄管理服务中心揭牌。

28日 无锡高新区、中信证券股份有限公司、上海汽车集团举行签约仪式，中信上汽创新制造百亿产业基金落户无锡高新区。

29日 2021年无锡市中医药进万家工程启动仪式暨专家义诊咨询活动在二泉广场举办，现场为14个名中医工作室授牌。

31日 中国（无锡）知识产权保护中心成立，市知识产权局、滨湖区人民政府、蠡园开发区共同签署保护中心建设合作协议。

6月

1日 由环太湖的无锡、常州、苏州、湖州、嘉兴五市总工会共同发起，上海市浦东新区、青浦区，江苏省南京市、徐州市、南通市、镇江市，浙江省绍兴市，安徽省合肥市、芜湖市、宣城市等长三角十城市（区）总工会共同参与的“长三角（5+10）城市工会工作联盟”在无锡市成立。

1—2日 四川省成都市委常委、常务副市长谢瑞武率考察团到无锡考察。市委书记黄钦会见谢瑞武一行并陪同考察。

3日　江苏省首批100个红色地名发布，无锡有6个红色地名入选，分别是寨门、徐巷农民俱乐部旧址、新四军江抗东进纪念馆、江阴要塞（黄山炮台）、华西村、太华山新四军和苏南抗日根据地纪念馆。

△全市首个法律职业共同体线上专用沟通平台——“新吴 e 律通”在新吴区启用。

8日　全国乡村振兴（扶贫）系统先进集体先进个人表彰大会在北京会议中心举行，市发展改革委被评为全国乡村振兴（扶贫）系统先进集体。

△由市文广旅游局主办的庆祝中国共产党成立100周年情景式党史课《恰百年风华》在无锡大剧院开讲。副市长秦咏薪与文旅系统干部职工、江南大学师生共同聆听党课。

9日　无锡市网络清朗志愿者联盟成立，省委网信办副主任胡连生出席成立仪式。

11日　“江苏省2021年文化和自然遗产日”主会场系列活动在无锡博物院启动。启动式上，发布庆祝中国共产党成立100周年全国推介精品展览江苏入选名单。主会场举办红色故事汇、“铭记历史，百年荣光”庆祝中国共产党成立100周年系列图片展和“忆百年党史，传红色基因”系列展等活动。

14日　2021年世界献血者日主题活动暨无锡市首个无偿献血科普馆开馆仪式在市中心血站举行。

16日　时代天使科技有限公司在香港联交所挂牌上市，市委书记黄钦出席“云上市”仪式，市委常委、常务副市长朱爱勋致辞。

17日　经国务院批准，江苏无锡惠山经济开发区升级为国家级经济开发区，定名为无锡惠山经济技术开发区。至此，全市国家级开发区总量增至5个，在全省名列前茅。

△无锡市政法机关为民办实事项目——“灵锡政法公共服务平台”发布上线。

18日　市重点民生实事项目无锡怡和康复医院开业启用。该院由长江润发集团投资兴建，总建筑面积2.5万平方米，规划床位350张，为经开区首家综合性康复医院。

19日　“党旗在基层一线高高飘扬”活动启动。市委书记黄钦讲话，并与市长杜小刚、市人大常委会主任徐一平、市政协主席周敏炜、市委副书记徐劼共同为市党群服务中心（党建主题公园）揭幕。

21日　总投资50亿元的江阴市“北战”重大项目嘉盛LNG清洁能源项目在临港开发区举行开工仪式，市长杜小刚宣布开工。

22日　2021年高中工程教育太湖论坛在无锡市举行。中国工程院院士李培根、丁荣军，中国科学院院士丁汉、郑泉水，加拿大工程院院士顾佩华，俄罗斯工程院院士强文义，省产业技术研究院院长刘庆参加论坛。市委书记黄钦会见与会嘉宾，市长杜小刚致辞。

22—25日　市委书记黄钦率无锡市党政代表团到新疆阿合奇县、霍城县考察对口支援工作。

25日　长128米、高6.5米的动态版《清明上河图》在太湖国际博览中心开展，对幼儿及青少年免费开放。

25—26日　2021雪浪大会在雪浪小镇召开。26日上午，举行雪浪大会主论坛，市委书记黄钦发表题为《让中国第一工商名城引领“智行”引导“智造”》的主旨讲话，中国工程院院士王坚作主旨演讲。市领导杜小刚、周敏炜等，中外院士李培根、杨华勇、钱锋、曹进德、顾佩华等出席主论坛。

27日　“永远跟党走”无锡市庆祝中国共产党成立100周年歌咏文艺演出在市体育中心体育馆举行。

△首届长三角（江阴）现代中药大健康产业创新峰会暨中华中医药学会专科专病合作发展平台年会在江阴开幕，江苏省产业技术研究院、天江药业联合创新中心揭牌。

△“锋印太湖——全国篆刻名家作品邀请展暨无锡市第二届篆刻作品展”在吴都阖闾城遗址博物馆开展。

28日　市委书记黄钦、市长杜小刚、市政协主席周敏炜、市委副书记徐劼等到市档案史志馆，集体观看“光辉的历程——中国共产党无锡历史”主题展览。

△ 全国“两优一先”表彰大会

6月26日，在雪浪大会主论坛，中国工程院院士王坚作主旨演讲

（无锡经开区管委会　供图）

在北京人民大会堂举行。无锡市的叶聪、孙英被评为全国优秀共产党员，江阴市周庄镇山泉村党委被评为全国先进基层党组织。

△无锡力芯微电子股份有限公司在上海证券交易所科创板挂牌上市，成为2021年无锡市首家科创板上市企业。

30日 建于梁溪区兴源家园西侧的侵华日军水牢旧址“北厢印记”党员实境教育微站揭牌使用。

7月

1日“庆祝中国共产党成立100周年名家名人作品邀请展暨‘红色印记——百印献礼百年’巡回展”在薛福成故居无锡天圣达书画艺术馆开幕。

2日 无锡市举行庆祝中国共产党成立100周年座谈会暨“两优一先”表彰会议。会上宣布，无锡高水平全面建成小康社会。

5日 普华永道无锡分公司开业，市长杜小刚、普华永道中国市场主管合伙人梁伟坚为分公司开业揭牌。

△无锡市为小学生开设的172个“七彩公益安心托班”开班。该公益暑托班服务全市3000余名小学生。

9日 为期3天的2021中国国际家庭花卉园艺展览会在太湖国际博览中心举办，展出面积4万平方米。

10日 无锡城市更新基金战略合作协议签约暨火车站南广场更新项目启动仪式举行。无锡城建发展集团有限公司联合13家单位设立无锡市首个城市更新基金，规模300亿元。

12日 省安全生产第17巡查组开始对无锡市开展为期1个月的巡查工作。

△全省非公企业团组织学习光辉党史、歌咏奋斗历程“云接力”活动在无锡市启动。市领导柏长岭、蒋敏，团省委副书记张迎春出席活动。

13日 2021无锡（北京）央地两用产业合作交流会在北京举行，市长杜小刚、省工信厅副厅长池宇、国防科工局总工程师刘永德分别致辞。现场45个央地合作项目集中签约，金额350亿元。

15日 2021版《无锡市城市管理领域免予行政处罚清单》开始执行。当事人在无锡市区范围内初次违法且危害后果轻微并及时改正的，不予行政处罚。

△第六届江苏十大见义勇为好司机颁奖典礼举行，无锡市邱孟、郑德东获“江苏十大见义勇为好司机”称号，关建彬、张昊获提名奖。

15—16日 2021新型智慧城市建设发展峰会在无锡举行。工信部原部长、中国工业经济联合会会长李毅中，中国工程院院士沈昌祥、邬江兴、吴志强，美国国家工程院院士、美国艺术与科学院院士陈世卿参加会议，市长杜小刚致辞。会上，赛迪智库发布智慧城市发展水平评估指标体系，无锡市被评为领军城市，进入全国智慧城市第一梯队。

19日，国家发展改革委公布2020年中国营商环境评价报告，25个城市营商环境便利度高，无锡市位列其中。

△全省双拥工作推进会在无锡召开，副省长胡广杰出席，省政府副秘书长谢润盛主持，市长杜小刚致辞。

20日 无锡市召开全市领导干部会议，宣布省委有关决定：杜小刚任无锡市委书记，黄钦不再担任无锡市委书记、常委、委员职务。

△2021中国新媒体蓝皮书发布会暨中国新媒体发展研讨会在无锡举行。中国社会科学院新媒体研究中心融媒体（无锡）研究实践基地揭牌，《中国新媒体发展报告（2021）》发布。

21日 无锡中科德芯光电感知技术研究院中试基地投产暨省级院士工作站揭牌。市委书记杜小刚出席投产揭牌仪式，中国科学院上海技术物理研究所所长丁雷致辞。

24日 市防汛防旱指挥部和市气象灾害应急指挥部启动全市防台风Ⅲ级应急响应，应对2021年第6号台风“烟花”。25日，台风“烟花”在浙江沿海登陆，无锡市出现明显风雨天气。28日，台风“烟花”离开江苏省，强降雨导致太湖形成2021年第1号洪水。

26日 市房地产调控领导小组办公室发布《关于建立二手住房成交参考价格发布机制的通知》，无锡建立二手住房成交参考价格发布机制。

28日 市委召开领导干部会议，宣布省委有关决定，赵建军任无锡市委委员、常委、副书记。

△江阴市、锡山区被列入农业农村部2021年以项目制拓展农村改革试验任务单位，分别在乡村治理体系和治理能力现代化建设、以人居环境整治促乡村振兴项目上开展改革试验，试验期限2～3年。

29日 无锡市环保集团有限公司揭牌暨战略合作签约仪式举行。该公司为市城建发展集团有限公司下属的二级集团，资产总额130亿元。

30日 市十六届人大常委会第四十次会议举行。会议决定接受杜小刚辞去无锡市市长职务的请求，报市人民代表大会备案；任命赵建军为无锡市副市长，决定代理无锡市市长职务；决定接受王唤春辞去无锡市监察委员会主任职务的请求，报市人民代表大会备案；任命周凤琴为无锡市监察委员会副主任，决定代理无锡市监察委员会主任职务。

△市佛教界向河南灾区爱心捐赠仪式在南禅寺举办，市佛教协会向市红十字会转交100万元善款，用于支援河南灾区抗洪救灾、重建家园。

8月

1日 新修订的《无锡市水环境保护条例》施行。

△是日起，无锡市月最低工资标准由2020元调整为2280元，小时最

8 月 23 日，清名桥古运河历史街区入选江苏“运河百景”。图为清名桥（庄若江 供图）

低工资标准由 18.5 元调整为 22 元。

5 日 中共无锡市委十三届十三次全会举行。市委书记杜小刚代表市委常委会讲话，市委副书记、代市长赵建军对下半年经济工作作具体安排。会议审议通过全会决议。

10 日 市委书记杜小刚到锡山区人民来访接待中心，现场接访会办区界“夹花地”道路失管问题。

12 日 无锡市与中国光大集团股份公司通过视频连线方式，举行战略合作协议签约仪式。光大集团董事长李晓鹏与市委书记杜小刚、代市长赵建军进行“云对话”，光大银行行长付万军，市领导朱爱勋、张明康参加“云签约”仪式。

△惠山区村前村保护修复项目、荡口古镇旅游基础设施、崇安寺步行街旅游基础设施、阳羡生态旅游度假区旅游基础设施 4 个项目入选江苏省“十四五”时期文化保护传承利用工程入库项目。

16 日 中国地质学会公布首批天然富硒土地认定结果，宜兴市太华镇天然富硒地块名列其中，成为全国首批 30 个天然富硒地块之一，也是江苏省唯一获得认定的天然富硒土地。

17 日 省文化旅游厅公布 2021 年度江苏省“最美公共文化空间”打造对象名单，无锡市图书馆地铁分馆、梁溪区非遗传承基地、锡山区东港镇城市书房、江阴市文化馆、宜兴市吴冠中艺术馆等 19 处公共文化空间上榜。

△无锡民族乐团通过线上直播方式，举办纪念华彦钧(阿炳)诞辰专场音乐会，演奏《二泉映月》等名曲。

20 日 无锡市召开全市政法队伍教育整顿总结大会，表彰 30 名优秀政法干警。市委书记、市政法队伍教育整顿领导小组组长杜小刚讲话，省政法队伍教育整顿驻锡指导组组长庄同保到会指导，市委副书记、政法委书记徐劼主持。

△无锡地铁首期《四大码头·米码头》纪念票公开发行。

22 日 无锡市首个防范电信网络诈骗主题公园在体育公园内建成。

23 日 省文化旅游厅公布江苏“运河百景”标志性运河文旅产品，无锡市清名桥古运河历史街区（含窑群遗址）等 12 景入选，在省内大运河沿线八城市中入选数量最多。

△江苏省天一中学与马来西亚日新国民型中学卓越学校签订协议缔结为友好学校，无锡经开区尚贤教育集团与德国全德中文学校联合总会、德国汉华学校签订友好协议。

24 日 第十二届中国大学生服务外包创新创业大赛在无锡落幕。大赛采取“线上＋线下”办赛模式，南京大学、上海交通大学、武汉大学等 663 所国内院校的 6750 支团队报名参赛，21 支代表队获一等奖。

25 日 “碳时尚”App 二期上线运行，发布“碳时尚”吉祥物征集活动和《无锡市关于鼓励大型活动实施碳中和通知》，签订推进“减污降碳”战略合作协议。

25—26 日 市十六届人大常委会举行第四十一次会议，决定授予罗加乔夫·亚历山大等 6 人“无锡市荣誉市民”称号。

29 日 在东京残奥会田径女子铁饼 F64 级比赛中，无锡籍选手姚娟以 44.73 米夺冠，并打破其在 2016 年里约残奥会创造的 44.53 米的世界纪录，为中国代表团在该届残奥会夺得第 32 块金牌。

9 月

1 日 市慈善总会召开五届三次理事会会议，表决通过五届三次理事会会长、常务副会长等调整建议名单，朱民阳任会长。江苏省慈善总会会长蒋宏坤到会祝贺，市委书记杜小刚到会讲话。

△无锡市开始推广应用全国统一电子驾驶证。

2 日 无锡市城市运行管理中心投运启用，市市域治理现代化指挥中心、市应急指挥中心同时揭牌。

4 日《无锡市关于深化自然资源要素配置改革，打造高质量集约利用示范区的实施意见》获省自然资源厅批复，无锡成为全省首个在自然资源领域开展综合性改革试点的地级市。

5 日 第十一届“中华慈善奖”表彰大会（视频会议）召开，无锡九如城养老抗疫志愿服务团队获“慈善楷模”称号。

6 日 由红杉资本与远景科技集团共同成立的全国首个零碳投资基金——远景红杉碳中和基金落户无锡高新区，无锡高新区还与远景科技集团签约共建“双碳大脑”方舟碳管理平台。市委书记杜小刚出席签约仪式，并与红杉全球执行合伙人沈南鹏、远景科技集团首席执行官张雷共同为红杉低碳科技产业孵化中心、远景零碳数字创新中心揭牌。

△《无锡市智能网联汽车道路测试与示范应用管理实施细则（试行）》出台。

8日 无锡高新区、博世（中国）投资有限公司、无锡威孚高科技集团股份有限公司三方签署战略合作协议，博世中国首个碳中和咨询项目成功落地。市委书记杜小刚会见博世中国董事长、总裁陈玉东一行，并出席签约仪式。

9日 国家市场监管技术创新中心（特殊食品）通过国家市场监管总局批准建设，国内首个特殊食品技术创新中心落户无锡，跻身全国首批19个技术创新中心建设项目。

△中粮工程科技股份有限公司登陆深圳创业板。中粮集团党组书记、董事长吕军，市委书记杜小刚分别讲话并共同敲钟，市委常委、常务副市长朱爱勋等出席“云上市”仪式。

△市政府通报第十三届无锡市专利奖获奖项目，评出专利金奖5项、银奖5项、优秀奖10项。

10日 无锡市召开第六届见义勇为先进表彰大会，表彰江阴市要塞见义勇为工作站等10个见义勇为工作先进单位、刘学锋等12名见义勇为工作先进工作者。市委书记杜小刚、市人大常委会主任徐一平、代市长赵建军、市政协主席周敏炜会见受表彰的先进集体和先进个人代表。

15日 “锡位出道”金秋网络宣传活动启动，推出城市品牌评选活动、“太湖明珠，百年今锡”系列短视频大赛、“锡城·网事”城市形象宣传片拍摄、“融聚今锡，融享无限”融媒矩阵传播、《俄罗斯女婿在无锡》城市形象网剧、“寻找打开锡式生活的N种方式”网络主题宣传、微博大V无锡行、网络正能量精品征集评选等8个重点项目。

16日 “农工党与江阴要塞起义”农工党中央党史教育基地在江阴渡江战役纪念馆揭牌成立。农工党中央专职副主席杨震，省政协副主席、农工党省委主委周健民，市委常委、组织部部长、统战部部长柏长岭，市委常委、江阴市委书记许峰参加揭牌仪式。

△长三角一体化中心城区统战联盟成立大会暨联盟第一次会议在梁溪区召开。省委统战部常务副部长李国华，上海市委统战部副部长蔡忠，无锡市委常委、统战部部长柏长岭出席会议。

△由市人才工作办公室、市地方金融监管局、市妇联联合举办的“苔花芬芳·益企惠”公益会在市人才金融港举行，“苔花芬芳·益企惠”慈善公益平台启运并发布首批13个公益项目，募集公益资金117万元。

△中国船舶集团有限公司第七〇二研究所和英飞凌科技（无锡）有限公司获中国质量奖提名奖。

△复旦大学附属上海华山医院神经外科专家工作站在新吴区康复医院揭牌。

17日 由无锡市与水利部太湖流域管理局、南京水利科学研究院三方共建的水利部太湖流域水治理重点实验室在无锡启动创建。水利部副部长陆桂华出席启动仪式，市委书记杜小刚、省水利厅副厅长方桂林分别致辞。

△中央全面依法治国委员会办公室专题调研组到无锡市，就学习贯彻习近平法治思想和中央全面依法治国工作会议精神情况开展调研。市委书记杜小刚参加有关活动，代市长赵建军参加座谈会，省委依法治省办副主任、省司法厅厅长柳玉祥主持会议。

19日 无锡市首次举办“迎中秋·叙情谊”无锡韩商太湖赏月会，代市长赵建军与SK海力士、三星、LG等12家重点韩资企业负责人及家属共度佳节。

21日 首届中国无锡（荡口）光影艺术节在锡山区荡口古镇开幕。

22日《无锡数字经济发展报告（2021）》首发仪式暨“数字无锡·智创未来”研讨会在无锡召开。

△无锡国家高新技术产业开发区、无锡物联网创新促进中心、江苏航天大为科技股份有限公司三方签署合作协议，无锡大数据有限公司落户高新区。

22—23日 省人大常委会副主任许仲梓率执法检查组到无锡市，对无锡市贯彻实施《中华人民共和国精神卫生法》情况开展执法检查。

23日《无锡史》编纂工作启动。市委书记杜小刚为《无锡史》总编朱庆葆和学术顾问范金民、王国平颁发聘书，并与代市长赵建军、省地方志办公室主任左健伟、江南大学党委书

9月21日，“流光延祥”首届中国无锡（荡口）光影艺术节在荡口古镇举办

（锡山区政府办 供图）

记朱庆葆等一同参与启动仪式。

△省委统战部在锡山区羊尖镇严家桥村唐苑举行“江苏省港澳台文化交流基地”揭牌仪式。省委统战部副部长李国华、李卫华，市委常委、统战部部长、组织部部长柏长岭参加活动。全国政协常委、香港江苏社团总会会长唐英年通过视频对省委统战部和家乡各级党委政府支持唐苑建设表示感谢。

△中国安全健康防护产品质量验证追溯公共服务平台启动仪式在无锡高新区举行。

24—25日 2021中国500强企业高峰论坛发布2021中国企业500强、中国制造业企业500强、中国服务业企业500强3张榜单，无锡企业入围数58家，连续3年居江苏省首位。

25—27日 中共无锡市第十四次代表大会在市人民大会堂举行，540名代表参加。大会选举产生新一届中共无锡市委员会和市纪律检查委员会、无锡市出席省第十四次党代会代表，通过关于中共无锡市第十三届委员会报告的决议、关于中共无锡市第十三届纪律检查委员会工作报告的决议。

27日 中共无锡市第十四届委员会举行第一次全体会议。会议选举产生11名中共无锡市第十四届委员会常务委员会委员：杜小刚、赵建军、朱爱勋、柏长岭、周凤琴、王作才、陆志坚、蒋敏、许峰、周常青、李秋峰；选举杜小刚为中共无锡市委书记，选举赵建军、朱爱勋为中共无锡市委副书记。会议通过无锡市纪律检查委员会第十四届一次全会关于市纪委常务委员会委员和书记、副书记选举结果的报告。

△中共无锡市第十四届纪律检查委员会举行第一次全体会议。会议选举产生中共无锡市纪律检查委员会常务委员会委员；选举周凤琴为中共无锡市纪律检查委员会书记，刘葱葱、章树军、边静玉为副书记。

△第十四届全国运动会在陕西西安闭幕。110名无锡运动员、39名省市联办运动员为无锡夺得11金7银11铜，其中无锡运动员获7金5银8铜。

28日 无锡惠山区与北京源码资本投资有限公司签署战略合作协议，百亿元规模的产业综合基金及一批创新企业项目落地。市委书记杜小刚出席签约仪式。

△江南公证处两名工作人员对市第十四次党代会碳中和过程进行公证。该次党代会成为全国首个“零碳党代会”，无锡成为全国首个实施大型会议碳中和公证的城市。

29日 市委政法委、宣传部、统战部分别召开干部会议，市委常委、组织部部长柏长岭宣布：朱爱勋任市委政法委书记，免去徐劼的市委政法委书记职务；李秋峰任市委宣传部部长，免去陆志坚的市委宣传部部长职务；周常青任市委统战部部长，免去柏长岭的市委统战部部长职务。市委书记杜小刚出席会议并讲话。

△盛业资本区域总部项目签约仪式在无锡经济开发区举行。代市长赵建军会见盛业资本有限公司董事会主席董志锋一行，并出席签约仪式。

△第二届江苏大数据开发与应用大赛（“华录杯”）决赛及颁奖仪式在无锡举行。平平淡淡的摸鱼人、JPDG团队、orcatech、众行远4支队伍分别获医疗卫生、数字运河、智慧水利、车联网赛道冠军。

△领投智“惠”“基”遇未来——无锡惠山基金峰会暨项目签约仪式举行。现场11个基金项目签约落地，总规模超400亿元。代市长赵建军出席签约仪式，市委常委蒋敏致辞。

29—30日 2021江苏青年科技成果直通车活动在无锡举行。“江苏青年科技成果直通车”线上小程序发布，“江苏青年科创服务团”省级专班组结对仪式同步举行。

30日 无锡西站—上海洋山港海铁联运班列首发，代市长赵建军宣布班列开行，无锡融入长三角一体化、全方位接轨上海大都市圈建设取得又一个标志性成果。

△“梦想中山路·精彩80”主题活动举行。市委书记杜小刚，市委常委、统战部部长、副市长周常青等共同启动“焕新出发·精彩商圈”暨“人间梁溪·金秋购物节”。

10月

1日 2021无锡太湖（金秋）购物节暨深化创建国际消费中心城市启动仪式在太湖广场举行。

7日 中国国有企业结构调整基金二期股份有限公司在无锡揭牌成立。首个平行基金由无锡市和中国诚通作为基石投资人，联合8家央企共同出资设立，总规模737.5亿元。江苏省副省长马欣，国务院国资委党委委员、秘书长彭华岗到会讲话，并一同为基金揭牌。市委书记杜小刚，中国诚通控股集团党委书记、董事长朱碧新分别致辞。

8日 2021无锡（杭州）数字经济交流合作洽谈会在杭州举行。《长三角数字经济合作倡议书》发布，举行本码科创中心产业园和无锡5G大数据创新园企业入驻仪式，启动2021苏浙AI大数据应用大赛。代市长赵建军出席活动并致辞。

9日 无锡市第八次台湾同胞代表会议召开。会议产生无锡市台联第八届理事会，华柳松当选会长，许明、任妍、姚震环当选副会长，王志好被任命为秘书长。

9—10日 徐州市党政代表团到无锡考察，无锡徐州南北挂钩合作联席会议召开，两市签订南北挂钩合作协议。无锡市委书记杜小刚、代市长赵建军与徐州市委书记庄兆林、代市长王剑锋座谈交流，并陪同考察。

11日 无锡市全链条知识产权保护联盟成立。

11—13日 第17届中国（无锡）国际设计博览会暨第22届中国专利奖（外观设计）颁奖大会在无锡举行。

世界知识产权组织总干事邓鸿森视频致辞，国家知识产权局局长申长雨、副省长胡广杰到会讲话，市委书记杜小刚致辞，并与国家知识产权局副局长甘绍宁、世界知识产权组织中国办事处主任刘华共同为博览会启幕、为金奖获奖单位颁奖。代市长赵建军主持开幕式。活动期间，举办“设计与知识产权保护主题论坛”“设计与创新发展主题论坛”两场高峰论坛，以及“2021 无锡·奥林匹克中国行”展览、第十届“太湖奖”设计大赛颁奖等活动。

12 日　无锡市鸿山墓群和阖闾城遗址入选国家文物局《大遗址保护利用“十四五”专项规划》。

13 日　无锡市经贸科技代表团到深圳考察，市委书记杜小刚分别为无锡深港协同创新中心、“一带一路”环境技术转移与产业孵化器等“科创飞地”揭牌。

14 日　“深化合作·锡心以待”2021 无锡—粤港澳大湾区投资合作大会举行。市委书记杜小刚讲话，并与商务部驻深圳特派员寇亚南共同为无锡—粤港澳大湾区经济科技联络处揭牌。中央人民政府驻澳门特别行政区联络办公室副主任姚坚，全国政协常委、香港江苏社团总会会长唐英年，澳门特区立法会议员、澳门科技协进会会长崔世平，香港特别行政区政府粤港澳大湾区发展办公室专员袁民忠视频致辞。大会发布《关于促进港澳青年人才来锡就业创业的若干措施》，140 个项目签约，投资总额约 1254 亿元。在 2021 无锡—粤港澳大湾区投资合作大会金融分论坛上，市委书记杜小刚与深圳证券交易所副总经理李辉为深交所无锡基地揭牌。

△“深化合作·共谋发展”2021 无锡—粤港澳大湾区科技创新合作交流会举行，无锡市首次在深圳开展以科技合作为主题的交流会。17 个无锡—粤港澳大湾区科技创新合作项目现场签约落地。

△ 2021“无锡文化旅游周”在深圳华侨城欢乐海岸开幕，此为无锡市首次在深圳举办文化旅游周活动。

14—15 日，全国政协常委、省政协副主席麻建国率队到无锡调研“有事好商量”协商议事工作。

15 日　2021 中国物联网大会在无锡开幕。中国（无锡）物联网研究院揭牌成立，15 名两院院士被聘为研究院顾问和国家物联网先进制造业集群顾问，尹浩被聘为研究院专家咨询委员会主任委员，朱洪波被聘为研究院院长，国内 31 位物联网权威专家获聘专家咨询委员会委员。大会宣布无锡成为中国物联网大会的永久举办地。

△无锡市举办 2021 年国家级江苏（无锡）车联网先导区重点项目发布暨智能网联汽车测试牌照授牌活动。市工业和信息化局、市公安局、市交通运输局联合向奥迪、佳利达物流等 6 家单位颁发智能网联汽车道路测试牌照和测试通知书。

15—17 日　市委书记杜小刚率无锡市党政代表团到陕西省西安市、延安市、渭南市富平县考察，深化推动对口协作。陕西省委常委、延安市委书记赵刚陪同调研并出席联席会议，延安市市长薛占海主持。其间，无锡在延安举行“牵手无锡旅情”延安万人免费游无锡颁奖活动，派发价值 1000 万元的惠民消费券，鼋头渚、惠山古镇、梅园、蠡园四大景区对延安市民免费开放一年（2021 年 10 月 16 日至 2022 年 10 月 16 日）。

16 日　为期 4 天的 2021 中国特殊食品大会（第六届）在无锡开幕。国家市场监管技术创新中心（特殊食品）（筹）和无锡特殊食品与营养健康研究院揭牌成立，无锡高新技术产业园区被授予“中国营养保健食品协会特殊食品产业集群示范基地”称号。

△ 2021 中国商飞—无锡大飞机产业培育会在无锡召开。代市长赵建军出席会议并致辞。

△全省首个市级层面以人才工作为主题的无锡人才展示中心在市人才金融港建成，市委常委、组织部部长柏长岭为中心揭牌。

△深海技术科学太湖实验室第一届理事会第一次会议在无锡召开，审议通过《太湖实验室理事会议事规则（暂行）》《太湖实验室章程（草案）》等，吴有生被聘为太湖实验室主任。

18—19 日　河南省南阳市委书记朱是西率党政代表团到无锡考察。

18—20 日　2021 太湖人才峰会在无锡举办。活动以“新时代、新人才、新生态”为主题，举行 1 场开幕式和 20 场人才创新要素主题活动。

19 日　2021 中国人力资本国际管理论坛暨太湖圆桌“思想荟”在无锡举行。

△无锡拈花湾小镇入选第一批国家级夜间文化和旅游消费集聚区名单。

20 日　2021 胡润 Under30s 中国创业领袖峰会在马山举办。胡润百富与无锡市联合发布“2021 胡润 Under30s 中国创业领袖”榜单。

△太湖湾物联网科创人才启航论坛在无锡高新区举办。中国电子学会—无锡高新区科技成果转化分平台上线，首批 9 个物联网产业项目签约。

△ 2021 长三角全媒体人才发展高峰对话暨人才工作品牌传播研究论坛在无锡举行。

21 日　各族群众互嵌式发展计划暨江苏省“红石榴就业行动”在无锡启动。国家民委副主任赵勇，省委常委、统战部部长杨岳分别讲话，市委书记杜小刚致辞。

△ 2021 中国数据智能创新发展高峰论坛举行，中国工程院院士倪光南、谭建荣等专家学者参加。无锡经开区首次发布物联网发展优秀创新平台和成果，湖南大学无锡智能控制研究院、上海大学无锡产业研究院两个平台及无锡雪浪数制科技有限公司、中科海拓（无锡）科技有限公司、浪潮卓数大数据产业发展有限公司 3 家企业的成果上榜。

△省人大常委会副主任、党组副

10月25日,2021太湖文化艺术季开幕式演出　　（市委宣传部　供图）

书记王燕文带领部分省人大常委会委员、省人大代表到无锡,调研无锡检察机关落实认罪认罚从宽制度情况。

22日　代市长赵建军会见到访的英国驻上海总领事胡克定、八小时集团总裁杉木一行。

△《无锡市培育创建国际消费中心城市三年行动计划(2021—2023年)》发布。计划提出,力争到2023年,消费对无锡市经济增长的贡献率达到60%,社会消费品零售总额突破4000亿元、年均增长9%以上,网上零售额年均增长10%以上。

△以“标准引领、安全车联”为主题的智能交通与车联网创新发展高峰论坛在滨湖区举行。太湖湾车联网技术创新中心揭牌,《智能网联汽车运行安全测试技术要求》《智能网联汽车运行安全测试环境技术条件》两项国家标准征求意见稿发布。

△由华飞航空发展集团、中国航空运输协会共同成立的中国航空运输协会“1+X”证书江苏区域协调中心在无锡揭牌。

22—24日　2021中国大运河非遗旅游大会在无锡举办。

22—25日　2021世界物联网博览会在无锡太湖国际博览中心举办。该届物博会以“智联万物、数领未来”为主题,举办1场峰会、1场物联网应用和产品展览展示会、1场物联网新技术新产品新应用成果发布会、10场高峰论坛以及14场系列活动。30余名国内外院士、1000余名业界专家、2000余名企业高管在内的8500余名嘉宾参会,82个重大合作项目落地无锡,总投资超过251亿元。

23日　工业和信息化部在无锡市召开国家集成电路特色工艺及封装测试创新中心建设推进会。工业和信息化部副部长王志军、副省长胡广杰出席会议并讲话,共同为创新中心揭牌。工业和信息化部科技司司长刘多主持,代市长赵建军致辞。

△省委副书记、代省长许昆林在无锡调研,市委书记杜小刚、代市长赵建军等参加相关活动。

25日　2021太湖文化艺术季在无锡大剧院歌剧厅开幕。该艺术季持续至11月30日。

△全新的国家医疗保障信息平台在无锡上线运行,无锡成为全省首个上线新平台的多统筹区城市。

26日　省委常委、宣传部部长张爱军带队到无锡调研文化产业发展和县级融媒体中心建设情况。

△江苏省“一带一路”涉外法律服务圆桌会议在无锡举行。会前,“无锡市重点企业外事服务专员项目”启动,红豆集团外事服务站揭牌。

△无锡市首个环卫工法律援助服务站——江苏恒爱环卫工法律援助服务站(江南大学)揭牌启用,免费为全市环卫工提供法律服务。

27日　国务院安全生产委员会办公室副主任、国家安全科学与工程研究院院长孙华山率队到无锡,调研新型安全风险管控工作,并召开安全生产工作汇报会。

△市司法局会同市工业和信息化局、工商联、律师协会联合举办无锡市“产业链+法律服务”融合行动推进会,并为集成电路、物联网、生物医药等11个产业链法律服务中心授牌。

△无锡市入选第二批国家文化和旅游消费试点城市名单。

27—28日　市十六届人大常委会举行第四十二次会议,任命蒋敏为无锡市人民政府副市长。

28日　2021无锡锡山融入长三角一体化推介会暨宛山湖生态科技城战略规划发布会在上海举行。活动现场,总投资453.9亿元的14个项目集中签约,无锡锡山(上海)离岸创新中心揭牌。

29日　无锡市三八红旗手(集体)联盟成立,省妇联主席朱劲松出席成立仪式。

30—31日　第九届江苏省少年科学院院士展示聘任活动在无锡举行。无锡市10名少先队员被评为省“少年科学院院士”、2人被评为省“十佳小院士”,19人在全省“小五年规划——我为高质量发展献一计”科学建议评比中获一等奖。

31日　春秋航空公司首次入驻无锡,新开无锡—揭阳(潮汕)航线。

11月

1日　无锡市委书记杜小刚、代市长赵建军率队到上海学习考察,上海市委书记李强与学习考察团一行座谈交流。

△无锡市在丽新染织厂原址举办纪念唐君远创业百年暨诞辰120周年研讨会。会议通过无锡、香港视

频连线和网络直播形式举行。市委书记杜小刚、省委统战部副部长李卫华、上海市政协港澳台侨委员会主任沈敏、江南大学党委书记朱庆葆在无锡主会场先后致辞,全国政协常委、香港江苏社团总会会长唐英年在香港分会场作主旨演讲。

△第五届全球锡商大会“视频云荟”在无锡市举行,与中国香港、澳大利亚等海内外11个地区、近500名锡商乡贤在线上线下互动。

1—2日 省委常委、省纪委书记、省监委主任王常松到无锡,调研党风廉政建设和反腐败工作,并主持召开纪检监察工作高质量发展座谈会。市委书记杜小刚,省纪委常委、省委巡视办主任王唤春,市委常委、市纪委书记、市监委代主任周凤琴参加会议。

2—3日 全国人大代表、省人大常委会副主任、党组副书记陈震宁带领在苏部分全国人大代表到宜兴,围绕农业农村工作和乡村振兴战略实施情况开展专题视察,交流研讨2022年全国人代会提出高质量议案建议的准备工作。市领导杜小刚、赵建军、徐一平、项雪龙、袁飞、王国中、张立军、马良参加相关活动。

3日 2020年度国家科学技术奖揭晓。无锡市科研院所和企业获国家技术发明奖和科技进步奖9项,占全省获奖数20%以上。其中,国家技术发明奖二等奖3项,国家科技进步奖一等奖1项、二等奖5项,获奖数量保持全国同类城市第一方阵。

4日 梁溪区部分街道行政区划变更,由16个街道调整为9个。撤销南禅寺街道、清名桥街道、金匮街道,设立新的清名桥街道。撤销惠山街道、迎龙桥街道,设立新的惠山街道。撤销北大街街道、通江街道、五河街道,设立新的北大街街道。撤销广益街道、广瑞路街道、上马墩街道、江海街道,设立新的广益街道。撤销扬名街道、金星街道,设立新的扬名街道。撤销黄巷街道,以原黄巷街道14个社区居委会行政区域,设立新的黄巷街道。新设立瞻江街道。

4—5日 延安市市长薛占海率队到无锡考察,并召开延安·无锡产业发展合作对接会。

4—6日 第十三届中国(无锡)国际新能源大会暨展览会召开,22个重大项目在场外开展合作签约,总金额约160亿元。

5日 市十六届人大常委会举行第四十三次会议,任命张立军、马良为无锡市人民政府副市长,免去周常青、李秋峰的副市长职务。

5—6日 中国民主同盟无锡市第十四次代表大会召开。大会选举产生民盟无锡市第十四届委员会和出席民盟江苏省第十三次代表大会的代表,高亚光当选为主任委员。

7日 2021太湖湾科创带滨湖发展大会暨院(校)地合作大会举行。大会共签约4个重大合作项目、9个院地合作协议和66个重大产业项目,投资额达545亿元。

7—8日 九三学社无锡市第十四次代表大会召开。大会选举产生九三学社无锡市第十四届委员会和出席九三学社江苏省委第九次代表大会的代表,卢敏当选为主任委员。

8日 无锡市举行农业农村“五园五区六带”规划成果发布暨重大项目签约仪式。副省长潘贤掌,农业农村部发展规划司司长曾衍德出席并讲话,代市长赵建军致辞。是日,潘贤掌到江阴市调研长江大保护及退捕渔民安置保障工作。

8—9日 中国国民党革命委员会无锡市第十二次代表大会召开。大会选举产生民革无锡市第八届委员会和出席民革江苏省第十三次代表大会的代表,徐雯当选为主任委员。

11—12日 中国致公党无锡市第八次代表大会召开。大会选举产生中国致公党无锡市第八届委员会,吴红星当选为主任委员。

15日 无锡市与上海交通大学深化全面合作签约仪式举行,代市长赵建军出席签约仪式。

15—16日 中国民主建国会无锡市第十三次代表大会召开。大会选举产生中国民主建国会无锡市第十三届委员会,毛加弘当选为主任委员。

△中国农工民主党无锡市第十三次代表大会召开。大会选举产生农工党无锡市第十三届委员会和出席农工党江苏省第十三次代表大会的代表,韩晓枫当选为主任委员。

16日 2021无锡锡山金秋招商合作恳谈会举行,总投资894.7亿元的64个项目落户锡山区。市委书记杜小刚出席会议,市委常委、副市长丁四海致辞。

△无锡市入选工业和信息化部公布的第三批服务型制造示范城市名单。

17日 无锡市举办全市自主择业军转干部功能型党组织暨自主择业军转干部志愿服务队成立大会。

18日 5名无锡籍专家被增补为两院院士,其中谈哲敏、朱彤当选为中国科学院院士,沈其荣、吴剑旗、吴明红当选为中国工程院院士。至此,无锡籍两院院士增至96位。

△文化和旅游部公布第五次全国文化馆评估定级拟命名一、二、三级文化馆名单。无锡市公共文化艺术发展中心(无锡市文化馆、无锡市非物质文化遗产保护中心)、江阴市文化馆、宜兴市文化馆、梁溪区文化馆、锡山区文化馆、惠山区文化馆、滨湖区文化馆、新吴区文化馆8家文化馆入选一级馆。

19日 无锡市被工业和信息化部授予“中国软件特色名城”称号,成为全国第14个、省内第3个获该项荣誉的城市。

△南京信息工程大学与无锡学院合作签约仪式在无锡举行。代市长赵建军与南京信息工程大学党委书记管兆勇、校长李北群一行会谈,副市长秦咏薪参加会谈并出席签约仪式。

20日 深海技术科学太湖实验室第一届学术委员会成立大会暨第一次会议召开。会上发布4个研究主题、22个子方向的项目规划及5

个揭榜挂帅项目。

22 日 “长三角老字号进校园”暨长三角老字号创新发展联盟启动仪式在日航饭店举行。

24 日 无锡市梅里伯渎港遗址等 10 处河堰入选江苏省首批省级水利遗产名录，数量居全省第二。

25 日 第五届无锡市仲裁委员会成立大会召开，副市长、市公安局局长刘必权被聘任为仲裁委员会主任。

27 日 由江南大学国家安全与绿色发展研究院团队研发的中国上市公司绿色发展“绿度”评价体系在无锡发布。

28 日 长三角太阳能光伏技术创新中心签约仪式在江阴市举行。

△“赓续百年，吴韵芳菲”——小王彬彬锡剧传承作品优秀青年演员展演在无锡大剧院上演。

30 日 无锡市最大的污水厂尾水净化项目——西太湖湿地公园建成。

△无锡—东盟经贸合作论坛暨无锡国际商会海外联络点授牌仪式在无锡举行。

△无锡警方在全市范围内设立 9 个保健食品免费检测受理点，市民可对存疑或服用后有严重不良反应的声称有减肥功能和降血压功能的两类保健食品进行送检。

12 月

1 日 无锡市以 825.4 分的历史最高分通过国家卫生城市复审，江阴市、宜兴市分别以 810 分左右的分数通过复审。

2 日 在 2021 中国质量协会年会上，红豆集团获第十九届全国质量奖。

3 日 全市法院被执行人信用码查询系统上线运行。

△无锡市首家残疾人“康复之家”——玉润“康复之家”在惠山区玉祁街道揭牌成立。

4 日 首届全国应急管理系统先进模范和消防忠诚卫士表彰大会在北京举行。市应急管理综合行政执法监督支队副支队长任小青获“全国应急管理系统二级英雄模范”称号，江阴市应急管理局获“全国应急管理系统先进集体”称号。

12 月 8 日，尚贤湖基金 PARK 开园　（刘海荣　供图）

5 日 梁溪区山北街道综合行政执法中队队员杨晓君获第八届全国道德模范提名奖。

6 日 惠山区入选省科学技术厅公布的首批江苏省创新型示范县（市、区）建设名单。

7 日 市农业农村局获评全国粮食生产先进集体。

8 日 无锡市各市（县）区、镇两级人大代表换届选举投票。全市划分县级人大代表选区 950 个、镇人大代表选区 1073 个，458 万名选民通过投票选举产生新一届县级人大代表 2236 人、新一届镇人大代表 2741 人。

△第十届无锡市国际友城交流会暨 2021 无锡国际友城产业对接大会在宜兴举行，近 30 个国家的驻华大使、领事、商会机构代表等参加。

△无锡金融新地标——尚贤湖基金 PARK 开园，市委书记杜小刚、代市长赵建军为其揭牌。

9 日 无锡市金融赋能大会暨尚贤湖金融峰会举行。市委书记杜小刚出席活动并为无锡金融智库揭牌，代市长赵建军致辞。大会举行市政府战略合作项目、尚贤湖基金 PARK 合作机构、基金合作项目、产融合作项目等集中签约仪式。

△金杜长三角知识产权中心及金杜（无锡）律师事务所落户无锡山水城。市委书记杜小刚会见金杜律师事务所全球主席王俊峰，并出席签约仪式。

9—10 日 2021 中国关务发展大会暨太湖关务节在无锡举行。

10 日 无锡国际生命科学创新园太湖湾创新基地开工暨无锡高新区生物医药重大项目集中签约仪式举行。集中签约 8 批次 35 个生物医药产业项目，总投资 339 亿元。

10—12 日 第十一届中国（无锡）国际文化艺术产业博览交易会暨第三届中国（无锡）旅游产业博览交易会举办。

13 日 无锡市女企业家协会第六次会员代表大会召开。会议选举产生第六届理事会成员和监事会成员，张君君当选为新一届会长。

14 日 2021 年江苏省网络安全发展大会召开，无锡设分会场。其间，举行无锡市网络信息安全特色产业园区（梁溪区、滨湖区）授牌仪式。

15 日 平安中国建设表彰大会在北京举行，无锡市蝉联平安建设最高奖“平安杯”，被命名为“2017—2020 年度平安中国建设示范市”。

16 日 在中国县域工业经济发展论坛（2021）上，江阴市蝉联中国工业百强县（市）第一名，实现五连冠。

17日 无锡市与柬埔寨西哈努克省“助力建设西港特区2.0升级版”视频工作会议召开,计划投资约3亿美元的江苏通用科技股份有限公司轮胎项目、墨德朗友好学校援建项目、中柬友谊职工文化活动中心援建项目、无锡市人民医院—西港特区社区卫生服务中心远程会诊深化协作项目等云启动。

△无锡地铁4号线一期开通。该工程北端起自惠山区刘潭站,南端止于经开区太湖国际博览中心,全长24.1千米,设站18座。

△由国联集团旗下金融创投集团管理、总规模15亿元的无锡市天使投资引导基金揭牌。

18日 2021中国年度最佳雇主颁奖盛典举办。无锡市连续第三次获得“全国最佳引才城市”称号,蝉联“全国最佳促进就业城市”称号。

△首届无锡“太湖湾”公共空间艺术设计创意大赛落下帷幕。东南大学孙锡嘉的作品《园驿》、东华大学高旺的作品《阖闾社区——公共康复性景观设计》、东南大学陈楠的作品《蠡湖伞树》获金奖。

△无锡车联天下信息技术有限公司总部基地在无锡经开区落成,数字化智能工厂(一期)同时投产。市委书记杜小刚参加落成启动仪式。

21日 市委书记杜小刚会见日本驻沪总领事赤松秀一一行,双方就加强深层次合作、巩固传统友谊进行交流。

22日《太湖湾科创带国土空间规划及重点片区城市设计》发布。

△无锡创业大学建设启动暨江苏省无锡技师学院产业学院筹建揭牌仪式在无锡技师学院举行。无锡创业大学占地3.33公顷,规划建筑面积约3.5万平方米。

△无锡市电梯“96333”应急救援平台升级暨救援车辆发车仪式举行,首批88辆电梯救援车驶向全市88个网格街道。

△无锡市全面实施以宫颈癌综合防治试点项目为主要内容的推动健康中国行动创新模式试点工作,成为全省首个由政府买单实施HPV疫苗群体性免疫策略的城市。

23日 无锡集成电路产业创新发展高峰论坛暨第三届太湖创芯峰会在滨湖区举办。会上,无锡集成电路产业学院成立。

24日 无锡市工商联(总商会)第十三次代表大会举行。大会选举产生无锡市工商联(总商会)第十三届执行委员会委员及领导班子,周海江当选为新一届无锡市工商联(总商会)主席(会长)。

25日 霞客湾科学城科教孵化中心开工,江南大学江阴合作办学项目启动。该项目位于霞客湾科学城北侧,由青阳TOD、江南大学江阴合作办学项目、开放式科创载体、科创公园、人才社区、品质基础教育配套组成,一期占地面积1.13平方千米,投资约43.9亿元。

28日 无锡市与韩国SK海力士深度合作视频推进会召开,市委书记杜小刚视频会见SK海力士株式会社社长卢钟元。

△江苏省《政风热线·市长上线》大型全媒体直播无锡专场活动举行。代市长赵建军率各地各有关部门负责人参加,并召开现场督办会。会后,举行“12345”政务服务便民热线正式启用暨8个“一件事”集中上线仪式。

△第四届“江苏青年双创英才”青享会暨“创青春”江苏青年创新创业大赛颁奖仪式在无锡举行。“让全国看见你”全省青年创新创业无锡项目落地签约,江苏青年国际创新创业园区和长三角物联网青年创新创业联盟落户无锡经开区雪浪小镇未来园区。

29日 江苏零碳科技(宜兴)研究院、宜兴战略新兴材料研究院、宜兴·SITRI“超越摩尔”创新中心3个重大科创合作项目落户宜兴。

30日 中共无锡市委十四届二次全会召开。市委书记杜小刚代表市委常委会讲话,市委副书记、代市长赵建军对2022年经济工作作具体安排。

△在新华社《瞭望东方周刊》与瞭望智库共同主办的2021中国幸福城市论坛上,无锡蝉联第十五届中国最具幸福感城市。

△341省道无锡马山至宜兴周铁段工程高架部分通车。

△苏锡常南部高速公路常州至无锡段开通,国内最长湖底隧道——太湖隧道通车。该段高速全长43.9千米,起自常州前黄镇,在南泉接无锡环太湖高速公路。太湖隧道全长10.79千米,双向六车道。

31日 全国爱卫会办公室发布2020年度健康城市建设样板市名单,无锡市和江阴市、宜兴市上榜,成为全国唯一的国家健康城市建设样板市全覆盖城市。

(市档案史志馆)

编辑 葛 红

自然地理

【位置面积】 无锡市，别名梁溪，简称锡，江苏省省辖市。地处长江三角洲江湖间走廊部分，江苏省东南部，位于北纬 31° 07′～32°，东经 119° 31′～120° 36′ 。东邻苏州，距上海 128 千米；南濒太湖，与浙江省交界；西南与浙江长兴、安徽广德交界；西接常州，距南京 183 千米；北临长江，与泰州市所辖的靖江市隔江相望。全市总面积 4627.47 平方千米（市区面积 1643.89 平方千米，其中城市建成区面积 356 平方千米），其中陆地面积 3724.98 平方千米、水域面积 902.49 平方千米。

【地形地貌】 无锡市境内以平原为主，星散分布着低山、残丘。南部为水网平原；北部为高沙平原；中部为由低地辟成的水网圩田；西南部地势较高，为宜兴的低山和丘陵地区。无锡市地貌雏形，形成于中生代印支期（距今约 1.8 亿年）的华夏系构造，因褶皱成陆。燕山运动（距今约 1.5 亿～ 7000 万年）因强烈的火山活动和新块褶皱构造的形成，使原来比较稳定的基底又生新复活升高。距今约 2500 万年的喜马拉雅运动，以差异性升降运动为主，在老构造的基础上，加强东西间褶皱和断裂，使江阴、宜兴一线以东形成以现代太湖为中心的坳陷盆地，即太湖盆地。宜兴地区山体均作东西向延伸，绝对高度 500 米以上，最高峰为黄塔顶，海拔 611.5 米。江阴和无锡市区的山丘总体上呈北东、北东东走向，其高度由西南往东北逐级下降。最高峰为惠山三茅峰，海拔 328.98 米。

（市档案史志馆）

【气候】 2021 年，无锡市气温异常偏高，降水、日照正常。冬季气温前低后高，为历史第二暖冬，降水偏少；春季气温持续偏高，强对流天气频发；夏季天气平稳，入梅、出梅、梅雨量均较为正常，出梅后多降水少高温，7 月下旬受“烟花”台风影响，创停留江苏时间最长纪录，全市普降大暴雨，并伴有 7 ～ 9 级大风；8 月出现罕见“倒黄梅”；秋季气温异常偏高，9 月下旬出现 1 天高温天气，10 月上中旬连续阴雨；12 月降水异常偏少。

年平均气温 17.1 ℃（宜兴）～ 18.0℃（无锡），无锡、江阴创历史新高，宜兴与 2004 年并列历史最高。年极端最高气温 37.6℃（宜兴）～ 38.3℃（江阴），年极端最低气温 -7.9℃（无锡）～ -11.2℃（宜兴）。年高温日数（日最高气温≥ 35℃）13 天（无锡、宜兴）～ 14 天（江阴）；年低温日数（日平均气温＜ 0℃或最低气温≤ -5℃）8 天（江阴）～ 17 天（宜兴）。根据气候学定义，无锡 2020 年 11 月 23 日入冬（常年 11 月 22 日），3 月 10 日入春（常年 3 月 25 日），5 月 22 日入夏（常年 6 月 5 日），10 月 11 日入秋（常年 9 月 22 日）。

年降水量 1142.0 毫米（无锡）～ 1553.9 毫米（宜兴），年雨日 128 天（江阴）～ 147 天（宜兴）；无锡、江阴和宜兴的一日最大降水量分别为 80.7 毫米、88.8 毫米和 107.2 毫米，年暴雨日数（日降水量≥ 50 毫米）3 天（无锡）～ 5 天（江阴、宜兴）。

年日照时数 1805.9 小时（无

表 1　2021 年无锡市气象要素初终日期统计表

单位：天

要素名称	上年度			当年度
	初　日	终　日	初终间日数	初　日
雪	12 月 14 日	12 月 30 日	17	11 月 8 日
最低气温≤ 0℃	12 月 5 日	2 月 18 日	76	12 月 2 日
地面最低温度≤ 0℃	12 月 5 日	3 月 22 日	108	11 月 23 日
草面最低温度≤ 0℃	12 月 4 日	4 月 10 日	128	11 月 23 日
当年无霜期天数	245			

（市气象局）

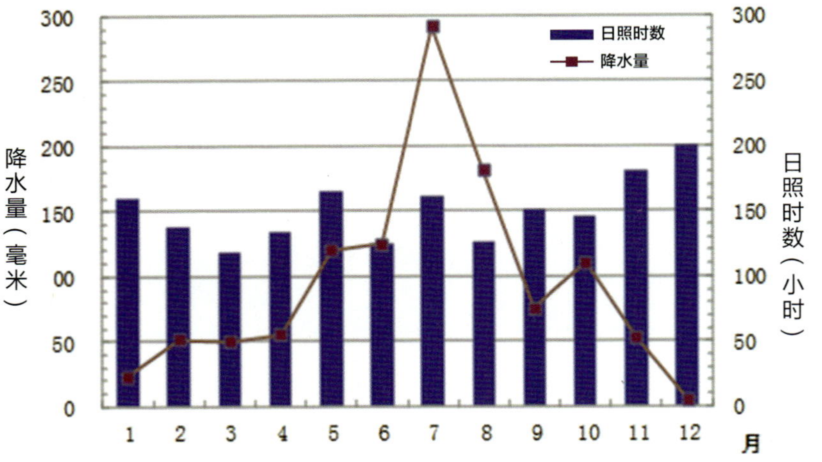

图1 2021年无锡市逐月降水量和日照时数示意图 （市气象局）

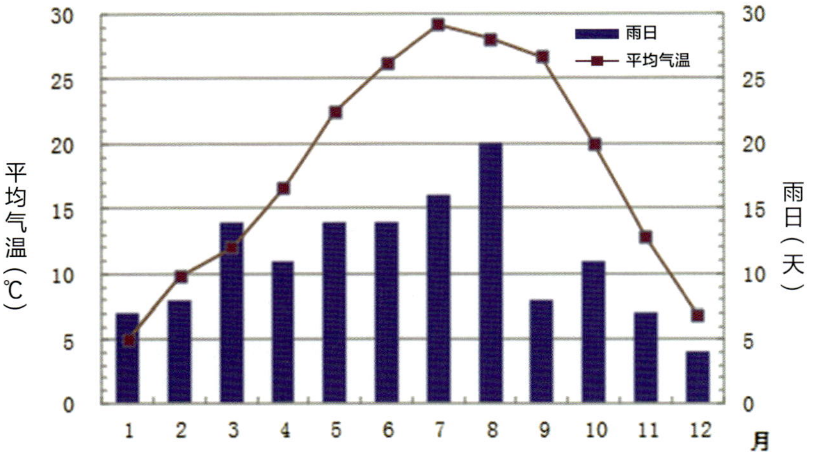

图2 2021年无锡市逐月平均气温和雨日示意图 （市气象局）

表2 2021年无锡市主要雨量站降水量特征值统计表

地 区	站 名	年降水量（毫米）	年降水日数（天）	年最大日降水量（毫米）	出现日期
梁溪区	无 锡	1202.0	130	78.2	7月27日
滨湖区	直湖港闸	1099.0	119	68.0	7月27日
惠山区	洛 社	1030.0	113	91.0	6月27日
锡山区	甘 露	1050.0	120	110.0	7月27日
江阴市	江 阴	1239.8	126	135.6	10月7日
江阴市	青 阳	1208.0	114	99.0	8月24日
宜兴市	横山水库	1537.2	140	146.2	7月27日
宜兴市	宜 兴	1435.5	132	104.0	7月27日
宜兴市	大浦口	1267.8	131	79.0	7月27日

（市水文局）

锡）～1927.1小时（江阴），与常年同期相比，秋冬两季略多，春夏两季偏少。

（市气象局）

【水文】 2021年，无锡市有水位站16处（其中潮水位站2处），雨量站24处，流量站13处，16个测流断面，蒸发站2处，浅层地下水位站16处，深层地下水位站23处，地表水温站1处，地下水温站39处。雨情较平稳，年平均降水量1295.7毫米，较常年偏少，最大年降水量站点出现在杨省庄站，年降水量1812.6毫米。全年日降水量≥0.2毫米的雨日130天，比常年多5天。水面年蒸发量779.3毫米，最大日水面蒸发量5.9毫米（10月10日）。

汛期（5—9月）降水量912.8毫米，占年降水总量的50.4%。汛期全市最大单日面雨量为100.9毫米（7月27日），历史排位第七（历史最大1990年173.3毫米）；最大三日面雨量184.9毫米，历史排位第七（历史最大1957年282.4毫米）。汛期雨日89天，日均降雨超过25毫米的天数8天。

河道水情 1—4月，无锡地区降水量较少，区域骨干河道水位维持低位运行，锡澄地区水位受局部降雨及沿江引调水工程调度影响。1—4月平均水位3.36米，比上年同期低0.12米。入汛后，无锡地区主要河湖水位较为平稳。受台风“烟花”外围影响，主要河道水位迅速上涨，区域河道水位全面超警戒水位，个别站点超保证水位，区域骨干河道于7月28日达到月内最高水位，后缓慢回落。汛后随着降水的减少，河道水位总体呈平稳下降趋势。大运河无锡站（警戒水位3.90米）最高水位4.81米，最低水位2.99米；大运河洛社站（警戒水位4.00米）最高水位4.85米，最低水位3.08米；锡澄运河青阳站（警戒水位4.00米）最高水位4.83米，最低水位3.08米；西氿宜兴站（警戒水位4.20米）最高水位4.72米，最低水位2.99米；望虞河

表 3　2021 年无锡市主要水位站水位特征值统计表

河　名	站　名	年最高水位（米）	出现日期	年最低水位（米）	出现日期	年平均水位（米）
大运河	洛　社	4.85	7 月 28 日	3.08	2 月 23 日	3.59
大运河	无　锡	4.81	7 月 28 日	2.99	2 月 25 日	3.54
太　湖	犊山闸	4.27	7 月 30 日	2.69	1 月 7 日	3.30
太　湖	大浦口	4.30	8 月 3 日	2.81	1 月 7 日	3.37
锡澄运河	青　阳	4.83	7 月 28 日	3.08	2 月 22 日	3.57
望虞河	甘　露	4.09	7 月 28 日	3.08	9 月 18 日	3.45
西　氿	宜　兴	4.72	7 月 28 日	2.99	1 月 8 日	3.43
横山水库	横山水库	35.56	7 月 28 日	26.75	5 月 11 日	30.12
长　江	江　阴	6.69	7 月 26 日	1.25	1 月 30 日	—

说明:表内水位为吴淞基面以上数值

（市水文局）

甘露站（警戒水位 3.80 米）最高水位 4.09 米，最低水位 3.08 米。

太湖水情　2021 年，太湖平均水位 3.33 米，比上年同期低 0.06 米，比多年同期高 0.12 米；最高水位 4.21 米（8 月 3 日），最低水位 2.92 米（2 月 22 日）。大浦口站平均水位 3.37 米，最高水位 4.3 米（8 月 3 日），最低水位 2.81 米（1 月 7 日）。犊山闸站平均水位 3.3 米，最高水位 4.27 米（7 月 30 日），最低水位 2.69 米（1 月 7 日）。

长江水情　2021 年，长江江阴站（警戒潮水位 5.90 米）7 月 26 日（农历六月十七日）出现年最高潮水位 6.69 米，1 月 30 日（农历十二月十八日）出现最低潮水位 1.25 米。

横山水库水情　2021 年，最高水位 35.56 米（7 月 28 日），最大蓄水量 6414 万立方米；最低水位 26.75 米（5 月 11 日），最小蓄水量 1185 万立方米。

（市水文局）

【自然资源】 水资源　无锡地处水乡，全市有村级以上（长度 150 米以上）河道 5635 条，总长度 7328.4 千米；其中市区 2193 条，总长度 3261.5 千米。地表水较为丰富，外来水源补给充足。2021 年，全市水资源总量 31.49 亿立方米，其中地表水资源量 26.98 亿立方米、浅层地下水资源量 7.41 亿立方米，扣除重复计算量 2.9 亿立方米。全年入境水量 93.45 亿立方米，出境水量 141.58 亿立方米。综合本地地表径流量、入境水量、年初槽蓄量、各项用水的回归水量和境外取水量等情况计算，全市可用水资源量为 165.16 亿立方米。

矿产资源　无锡地区矿产资源相对匮乏，已查明矿产有 4 类 28 种，其中：金属类矿产有铁、锰、铜、铅、锌、银、锡 7 种，非金属类矿产有石灰岩、白云岩、大理岩、陶土（包括白泥、甲泥、紫泥、嫩泥）、瓷（石）土、耐火黏土、水泥配料用黏土、砖瓦用黏土、水泥配料用黄土、石英砂岩、黄铁矿、沸石、磷矿、重晶石、耐火耐酸石材、铸型黏土、铸石 17 种；能源类矿产有煤炭、泥炭、浅层天然气 3 种；水气类矿产有矿泉水。已探明资源储量的有：煤炭 4413.44 万吨，铁矿 269.73 万吨，耐火黏土 137.3 万吨，泥炭 11.5 万吨，水泥用灰岩 68689.8 万吨，水泥配料用砂岩 2612 万吨，陶瓷土 5368 万吨，水泥配料用黏土 1580.67 万吨，水泥配料用黄土 490 万吨，饰面用花岗岩 22 万立方米，饰面用大理岩 936.1 万立方米。矿产资源分布不均匀，绝大部分矿种和储量分布在宜兴。

野生植物　据 2021 年无锡市野生植物调查，有苔藓植物 44 科 94 属 221 种（含种下单位），其中苔类 15 科 18 属 31 种、藓类 29 科 76 属 190 种，其中发现无锡市新记录苔藓 2 科（羽苔科、光萼苔科）3 属（羽苔属、光萼苔属、长喙藓属）11 种（落叶羽苔、刺叶羽苔、密叶光萼苔、小胞仙鹤藓、比拉真藓、双色真藓、裸萼凤尾藓、南亚灰藓、深绿褶叶藓、淡叶长喙藓、灰羽藓）。维管植物 155 科 567 属 1188 种（含种下等级），其中蕨类植物 19 科 28 属 47 种、裸子植物 6 科 10 属 11 种、被子植物 130 科 529 属 1130 种。银缕梅、银杏为国家一级保护植物，金钱松、秤锤树、大叶榉树、榧树、天竺桂、野大豆、细果野菱、香果树、金荞麦为国家二级保护植物。蕨类植物的石松属、卷柏属、木贼属，裸子植物中的金钱松属，被子植物中的木兰科、金缕梅科、五加科、安息香科、大血藤科等，均为古老成分。发现一年蓬、加拿大一枝黄花、大狼杷草、钻叶紫菀、土荆芥、喜旱莲子草、皱果苋、凤眼莲、曼陀罗、阿拉伯婆婆纳10种入侵植物。

野生动物　无锡市有鱼类107种（不含引进种），分属于13目25科，其中包括国家一级重点保护鱼种中华鲟、白鲟，国家二级重点保护鱼种松江鲈鱼、胭脂鱼。据2021年无锡市陆生野生动物调查，有哺乳动物6目14科26种，宜溧山地地区兽类资源最为丰富。其中：中华姬鼠是最为常见的种类，小家鼠、华南兔、黄鼬为常见物种；国家二级重点保护动物3种（貉、豹猫、中华鬣羚），省重点保护动物7种（东北刺猬、黄鼬、猪獾、花面狸、貉、豹猫、中华鬣羚），中华鬣羚属无锡市兽类分布新记录。鸟类18目59科235种，占全省鸟类总数的52.5%；其中：雀形目鸟类物种数最多，有26科102种；国家一级重点保护动物7种（东方白鹳、中华秋沙鸭、白鹈鹕、青头潜鸭、白颈长尾雉、黑嘴鸥、黄胸鹀），国家二级重点保护动物41种（白琵鹭、白鹇等），省重点保护动物78种（小䴙䴘、凤头䴙䴘、苍鹭等）。两栖动物1目3科8种，爬行动物2目7科16种，以泽陆蛙和黑斑侧褶蛙最为常见，有毒蛇类仅见短尾蝮。其中，国家二级重点保护野生动物4种（虎纹蛙、乌龟、平胸龟、脆蛇蜥），省重点保护野生动物8种（中华大蟾蜍、乌龟、平胸龟、赤链蛇、王锦蛇、黑眉曙蛇、乌梢蛇、短尾蝮）。昆虫12目185种，其中：在宜兴林场发现中国特有物种、国家二级重点保护野生动物硕步甲一只，为江苏省新记录物种；国家"三有保护"昆虫2种（东方蜜蜂又名中华蜜蜂、双齿多刺蚁）；蝴蝶5科40种，其中虎斑蝶、粗突稻弄蝶、黎氏刺胫弄蝶、白缨孔弄蝶为省蝶类新记录物种。

（市自然资源规划局）

历史人文

【建置沿革】　无锡是江南文明发源地之一，六七千年前已经有先民生息。有文字记载的历史可追溯到3000多年前的商朝末年。公元前11世纪末，周太王的长子泰伯为让王位于三弟季历，偕二弟仲雍，从现属陕西的岐山南奔梅里（今无锡梅村），筑城立国，自号句吴。周灭商后，因泰伯无子，周武王追封仲雍的五世孙周章为吴君，建吴国。周元王三年（前473），越灭吴，无锡属越国。周显王三十五年（前334），楚灭越，无锡属楚国。秦王政二十四年（前223），秦灭楚，置会稽郡，无锡属之。汉高祖五年（前202）始置无锡县，属会稽郡。王莽时（9）改名为有锡县，东汉建武元年（25）复名无锡县。三国时，分无锡县以西为屯田，置毗陵典农校尉。西晋太康元年（280）复置无锡县，属毗陵郡。隋、唐、宋相沿。元元贞元年（1295）升无锡为州，属江浙行省常州路。明洪武元年（1368年）降州为县，属常州府。清雍正二年（1724），分无锡为无锡、金匮二县，同城而治，均属常州府。民国元年（1912），锡、金二县合并，复称无锡县，属苏常道。民国16年（1927），无锡县直属江苏省。

1949年4月23日无锡解放，析无锡为无锡市、无锡县，市、县同城，无锡市属苏南人民行政公署。1953年建江苏省，无锡市为省辖市；无锡县属多次变化，先后属常州专区、无锡市、苏州专区管辖。无锡市区于1958年6月基本形成四区格局，即崇安、南长、北塘三区和郊区。1983年3月，实行市管县体制，原属苏州地区的无锡县、江阴县与原属镇江地区的宜兴县划为无锡市管辖。1988年，在马山镇包括马圩地区设立马山区。国务院恢复撤县设市工作后，1987年4月、1988年3月、1995年6月，江阴县、宜兴县、无锡县先后撤县设市，设立江阴市、宜兴市、锡山市。1995年3月，无锡市区和无锡县行政区划进行部分调整，组建无锡新区。郊区旺庄乡，无锡县硕放镇和坊前、新安、梅村3镇的19个行政村，连同无锡国家高新技术产业开发区、无锡新加坡工业园，由无锡新区管理。2000年12月，撤销锡山市，设立锡山区和惠山区；撤销马山区，马山区的行政区域和锡山市的部分9个镇并入郊区，郊区更名为滨湖区。2015年10月，撤销崇安区、南长区、北塘区，合并设立梁溪区；析锡山区的鸿山街道和滨湖区的江溪、旺庄、硕放、梅村、新安5个街道，设立新吴区。

（市民政局）

【区划人口】　2021年，无锡市辖梁溪、锡山、惠山、滨湖、新吴5个区，江阴、宜兴2个县级市。10月，梁溪区部分行政区划调整。撤销南禅寺街道、清名桥街道、金匮街道，设立新的清名桥街道；撤销惠山街道、迎龙桥街道，设立新的惠山街道；撤销北大街街道、通江街道、五河街道，设立新的北大街街道；撤销广益街道、广瑞路街道、上马墩街道、江海街道，设立新的广益街道；撤销扬名街道、金星街道，设立新的扬名街道；撤销黄巷街道，以原黄巷街道社区居委会（不含丰涵家园、刘潭新村、刘潭、庄前、前村）行政区域设立新的黄巷街道；设立瞻江街道。至年末，全市有30个镇、45个街道，设498个村民委员会（以下简称"村委会"）、663个社区居民委员会（以下简称"居委会"）、40个村（居）委会（合一）。年末，无锡市户籍人口515.25万人，其中男性252.21万人、女性263.04万人，户籍人口城镇化率85.9%。常住人口747.95万人，常住人口城镇化率82.9%。

（市民政局　市统计局）

【历史名人】　无锡历史厚重，文化昌明，名人辈出。春秋时期，有三让王位的季札；魏晋时期，有画圣顾恺之、书圣王羲之。自隋朝开创科举取士

表 4　2021 年无锡市行政区划统计表

区　域	市（县）（个）	市辖区（个）	镇（个）	街道（个）	村委会（个）	居委会（个）	村居合一（个）	面　积（平方千米）
梁溪区	—	1	—	9	—	157	—	72.12
锡山区	—	1	4	5	75	51	—	399.11
惠山区	—	1	2	5	29	63	22	324.88
滨湖区	—	1	1	8	—	109	7	627.99
新吴区	—	1	—	6	7	98	—	219.79
小　计	—	5	7	33	111	478	29	1643.89
江阴市	1	—	10	7	191	82	1	986.97
宜兴市	1	—	13	5	196	103	10	1996.61
小　计	2	—	23	12	387	185	11	2983.58
合　计	2	5	30	45	498	663	40	4627.47

（市民政局　市统计局）

表 5　2021 年无锡市行政区划一览表

单位:个

区　域	所辖街道、乡镇	镇	街道
梁溪区	街道：崇安寺、山北、清名桥、惠山、北大街、广益、扬名、黄巷、瞻江	—	9
锡山区	街道：东亭、安镇、东北塘、云林、厚桥 镇：羊尖、鹅湖、锡北、东港	4	5
惠山区	街道：堰桥、长安、钱桥、前洲、玉祁 镇：洛社、阳山	2	5
滨湖区	街道：河埒、荣巷、蠡湖、蠡园、华庄、太湖、雪浪、马山 镇：胡埭	1	8
新吴区	街道：新安、旺庄、硕放、江溪、梅村、鸿山	—	6
江阴市	街道：澄江、南闸、云亭、城东、夏港、申港、利港 镇：璜土、月城、青阳、徐霞客、华士、周庄、新桥、长泾、顾山、祝塘	10	7
宜兴市	街道：新庄、宜城、屺亭、新街、芳桥 镇：张渚、西渚、太华、徐舍、官林、杨巷、新建、和桥、高塍、万石、周铁、丁蜀、湖㳇	13	5
合　计	—	30	45

（市民政局）

表 6　2021 年无锡市人口情况统计表

区　域	户籍人口（万人）	常住人口（万人）	常住人口城镇化率（%）
梁溪区	80.84	98.68	100.0
锡山区	50.02	88.41	87.3
惠山区	53.24	89.55	77.2
滨湖区	57.46	92.00	95.3
新吴区	39.65	72.41	89.3
江阴市	126.96	178.20	74.9
宜兴市	107.08	128.70	69.3
合　计	515.25	747.95	82.9

（市统计局）

至清末废除科举，无锡先后诞生 5 名状元、3 名榜眼、6 名探花和 3 名传胪，共有 540 名进士、1200 多名举人，出现“一榜九进士”“六科三解元”的科考佳话。有写出《悯农诗》的李绅，有藏书家尤袤，有“南渡第一名臣”李纲，有“元四家”之一的画家倪瓒，有“风声雨声读书声，声声入耳；家事国事天下事，事事关心”的顾宪成等东林学人，有地理家徐霞客，有“棋圣”过百龄，有史学家计六奇，有历史地理学家顾祖禹，有编选《唐诗三百首》的孙洙，有水利专家嵇曾筠、嵇璜父子。近代以后，涌现出以薛福成、李金镛为代表的洋务运动先驱，以荣宗敬、荣德生兄弟为代表的近代民族工商业者，以胡雨人、胡敦复、高阳等为代表的教育家，以徐寿徐建寅父子、华蘅芳、钱伟长、顾毓琇、王选为代表的科学家，以缪荃孙、钱穆、刘半农、钱锺书等为代表的文史学家，以孙冶方、钱俊瑞、陈翰笙、薛暮桥为代表的经济学家，以徐悲鸿、吴观岱、胡汀鹭、吴冠中、华君武、华秋苹、杨荫浏、华彦钧、刘天华、薛佛影等为代表的艺术家，更有秦邦宪、陆定一、王昆仑、严朴、荣毅仁等革命家。至 2021 年，无锡籍中国科学院和中国工程院院士有 96 人。

【风俗】 无锡人民长期生活在太湖之滨，在特定的自然和社会环境以及共同的生产实践和社会交往中，逐渐形成具有无锡地方特色的风俗。随着时代的发展，有些风俗沿袭至今，有些则已经消亡。至今无锡依然传承的重要传统节俗有：春节祭祖、吃年夜饭、守岁、贴春联、拜年、发压岁钱、初一吃糕丝团子等，元宵节赏花灯、猜灯谜，清明节上坟祭祖，端午节吃粽子、赛龙舟，夏至吃馄饨，中秋赏月、吃月饼，重阳节登高、吃重阳糕，冬至吃汤团、吃冬至夜饭等，与苏州、常州基本相同。无锡人庆寿讲究“做九不做十”，即在 60、70、80 虚岁时做寿，寿宴选择在春节期间举行，与别处不同。小孩满月，要“做满月”，办面筵，第一次为孩子剃头；孩子满 100 天或周岁时，也需办面筵宴请亲友，称为“做百日”“做周岁”，此类风俗流行于无锡城乡。饮食方面，无锡民间主食为大米，兼食面粉。菜肴口味偏甜，讲究浓油赤酱，咸中带甜。喜饮茶，城市居民以饮绿茶居多，秋冬亦饮红茶。旧时喝酒以黄酒居多，乡间常在深秋用糯米自酿甜酒（俗称“老白酒”），用于自饮和待客。

【方言】 无锡（不含江阴、宜兴）方言属吴方言，处于常州小片和苏沪嘉小片的过渡地带。随着社会、历史的长期发展，逐步形成自己的特点。无锡音系有声母 34 个，其中清声母 18 个、浊声母 16 个；浊声母可再分为全浊 11 个、次浊 5 个；有韵母 48 个；声调 8 类：平、上、去、入，各分阴阳，每个调类各有调值。语言学家赵元任在《现代吴语的研究》中说：无锡的“阴上字（好、走）的声调特别”，这是构成“无锡腔”的重要因素。无锡方言中，声母 [ts][tc] 两组并存不混；连读变调对某些语法现象有区别作用，为太湖片仅有。无锡方言存在地域差异，“十里不同音”。东片的厚桥、甘露、荡口、鸿声、后宅、硕放一带，语音与苏州接近；东北部的羊尖、港下一带，语音与常熟接近；西片的陆区、马山以及胡埭一带，语音与武进接近。

（市档案史志馆）

【民族】 全市有汉族、蒙古族、回族、藏族、维吾尔族、苗族、彝族、壮族、布依族、朝鲜族、满族、侗族、瑶族、白族、土家族、哈尼族、哈萨克族、傣族、黎族、傈僳族、佤族、畲族、高山族、拉祜族、水族、东乡族、纳西族、景颇族、柯尔克孜族、土族、达斡尔族、仫佬族、羌族、布朗族、撒拉族、毛南族、仡佬族、锡伯族、阿昌族、普米族、塔吉克族、怒族、俄罗斯族、鄂温克族、德昂族、保安族、裕固族、京族、乌孜别克族、珞巴族、独龙族、鄂伦春族、赫哲族、门巴族、基诺族 55 个民族。少数民族人口 89667 人。

【宗教】 无锡是江苏省宗教工作重点市之一，佛教、道教、伊斯兰教、天主教、基督教五大宗教齐全，有佛教协会、道教协会、伊斯兰教协会、天主教爱国会、基督教三自爱国会、基督教协会 6 个全市性爱国宗教团体。2021 年，全市经登记并赋码换证的宗教活动场所 278 处，省民宗委授权托管的宗教院校 1 所，教职人员 528 人。

（市民宗局）

城市标识

【太湖佳绝处】 无锡位于烟波浩渺的太湖西北岸，太湖在此形成多个水湾和曲折有致的精华水岸。山脚下、水岸边，则分布着鼋头渚、蠡园、唐城、三国城、水浒城、宝界山森林公园等园林景观，造就无数美景。鼋头渚独占太湖风景最美一角，融太湖美景淡雅清秀与雄奇壮阔于一体。著名诗人郭沫若在游览太湖时欣然作诗，赞誉“太湖佳绝处，毕竟在鼋头”。

【运河绝版地】 京杭大运河在长江以南称江南运河，在无锡境内有40千米。无锡有民谣称：“先有古运河，后有无锡城。”大运河的开凿，畅通的南北漕运，给无锡带来无限繁荣和生机。运河两岸集中了无锡的米码头、布码头、丝码头、钱码头、书码头，诸多著名的人文景观亦分布于古运河之畔。其中南长古街、南下塘沿线长度约1500米，两岸建筑密集，房屋错落，人家枕河，集寺、塔、河、街、窑、宅、坊、弄、馆等人文景观于一体，被誉为“江南水弄堂、运河绝版地”。2014年6月，中国大运河跻身《世界遗产名录》，古运河无锡段和清名桥历史文化街区也成为大运河乐章中最华美的乐段之一。

【千年古吴都】 公元前11世纪的商朝末年，周太王的长子泰伯、次子仲雍，为避让王位，南奔梅里（今无锡梅村），断发文身，建句吴国，中原文明与江南土著文化发生了一次历史性邂逅，形成极具开放性和包容性的吴文化，无锡也由此成为吴文化的主要发祥地。泰伯庙和墓被国务院公布为第六批全国重点文物保护单位，阖闾城遗址被公布为第七批全国重点文物保护单位。魏晋南北朝时期，北方战乱频仍，中原世家大族大批南迁，经济文化中心逐渐南移，推动教育的繁荣和人才的蔚起，无锡成为江南人文的渊薮之地。

【百年工商城】 优越的地理位置、发达的农业和手工业经济，使得无锡率先迈进工商文明的大门。明清时期，无锡在运河两岸形成全国著名的米市、布市、丝市，并伴生大批钱庄。1895年业勤纱厂的创办，开无锡民族工商业发展之先河，无锡成为近代民族工商业的发源地之一。1937年，无锡的产业工人数仅次于上海，工业产值仅次于上海、广州，被誉为“小上海”。1956年，中国最早的社队企业之一春雷造船厂在无锡诞生，乡镇企业“异军突起”，开创著名的“苏南模式”，无锡成为中国乡镇企业的发源地。“十三五”期间，无锡经济率先实现转型发展。2021年，地区生产总值超1.4万亿元，人均地区生产总值排名全国第一。

【市花】 1983年2月，市政府确定无锡市市花为梅花、杜鹃花。梅花凌寒飘香，迎春报喜，喻有高洁品质和坚贞气节。1912年，荣宗敬、荣德生兄弟在无锡西郊建梅园，植梅数千株，成为江南赏梅胜地，誉满中外。杜鹃花是中国十大名花之一，花色艳丽，无锡有300余年栽培历史，锡惠公园内的杜鹃园是中国杜鹃花的品种基地。

【市歌】 2002年11月，市人大常委会确定《太湖美》为无锡市市歌，并授予《太湖美》作词者任红举、作曲者龙飞“无锡市荣誉市民”称号。《太湖美》创作于1978年，讴歌太湖优美的自然风光和丰盛的物产，歌词朗朗上口，曲调颇具江南韵味。

【市徽】 2008年4月，市政府确定“玉飞凤”造型为城市徽标。市徽以玉飞凤为造型主体，与山水、市花共同构成一个完整、圆满的文化符号。玉飞凤出土于鸿山越国墓葬遗址，是无锡的珍贵文化遗存。水纹是长江、

无锡市徽

太湖、古运河、二泉的写照，与三山造型相呼应。

【城市精神】 2004年9月，市委常委会确定无锡的城市精神为：尚德、务实、和谐、奋进。“尚德”典出孔子赞誉泰伯的“至德名邦”，该牌坊立在无锡梅村，为吴文化的核心内容。“尚德”“务实”反映无锡历史文化的优秀传统，“和谐”“奋进”反映无锡人追求美好未来的精神状态。

（市档案史志馆）

经济发展

【古代】 无锡历史悠久，六七千年前，已有先民在此生息繁衍，从事原始农业兼渔猎、采集，先民文化先后属于马家浜文化、崧泽文化和良渚文化。有文字记载的历史可追溯至商末泰伯奔吴，促进中原文化与江南文化的交流与结合，开创具有尚德务实、开拓创新精神的吴文化，无锡成为吴文化的发源地之一。自泰伯至诸樊，前后600多年，无锡为吴国都邑所在地。春秋时期，吴王夫差任用伍子胥和孙武，打败楚国、越国，并北伐齐国，一度称霸。夫差为了北伐，先是开挖江南河道，也就是江南运河的初始；后开挖邗沟，用于沟通江淮。越王勾践灭吴，无锡属越；后越国又为楚所灭，无锡成为春

申君黄歇的封地。汉高祖五年（公元前202年），始置无锡县，并筑县城。东汉末年至魏晋南北朝时期，大批山越人被迫迁居平地，北方人口因战乱大量南迁，加之兴修水利，农业生产得到较快发展，农村“鸡犬之声，阡陌相属”。其时，商业贸易开始形成，佛教、道教兴起，崇安寺、惠山寺、南禅寺均属“南朝四百八十寺”。王羲之在城中舍宅建兴宁寺（宋代改称崇安寺），对无锡城市建设、商贸发展与文化传承带来重大影响。中原士族的大批南下，也带动了无锡文教的兴盛，民风由尚武转为崇文。

随着大运河的开通以及唐中期安史之乱后全国经济重心的进一步南移，无锡人口滋生，农业和手工业、商业日趋繁荣，唐大历十二年（777年）升为望县。宋代，无锡农业生产形成稻麦两熟制，“香粳”“红莲稻”等优质稻米成为朝廷贡品，运河中“商旅往返，船乘不绝”。宋时，无锡始建县学，杨时创办龟山书院，无锡教育的根基得以培植。宋室南渡，北方人口又一次南迁，无锡人口突破10万人。元时，无锡城中建亿丰仓，成为四邻地区的粮食储备中心与漕运中心。明清时期，无锡依凭优越的自然条件、便利的水陆交通和相对安定的社会环境，社会生产力得到较快的发展。芙蓉湖经过几次大规模的整治，形成大批良田。农业上由于精耕细作，粮食产量逐年增加，成为全国“米仓一区”。清雍正、乾隆年间，无锡“米豆之业甲于省会”，“皖豫米商纷然麇集，浙东籴贩，靡不联樯”；纺纱织布成为无锡农村的主要副业，“机杼声遍村落”，全县有织布机四五万台，年产土布300万疋以上，年交易土布700万～1000万疋。随着手工业的兴盛和商品经济的发展，形成闻名全国的“四大码头”——米码头、布码头、丝码头、钱码头。

【近现代】 鸦片战争后，无锡主动汲取上海的辐射，成为中国民族工商业的重要发祥地。甲午战争后，杨宗濂、杨宗瀚兄弟创办业勤纱厂，荣宗敬、荣德生兄弟创办保兴面粉厂，匡仲谋创办亨吉利布厂，周舜卿开办裕昌丝厂，以棉纺织业、缫丝业、面粉加工业为三大支柱的近代民族工商业如雨后春笋般在无锡兴起，形成杨氏、荣氏、周氏、薛氏、唐蔡、唐程六大民族资本集团。至1937年日军侵占无锡前夕，无锡已拥有工厂315家，产业工人6.3万人，年产值7726万元。缫丝厂和缫丝车数量，分别占全省的94%和95%，居全国城市首位。纱锭24万多枚，布机3500多台，分别占全省的38%和92%。面粉工业无论是工厂数还是生产能力，均居全省第一位。1937年，无锡在全国6个主要工业城市（上海、天津、武汉、广州、青岛、无锡）中，产业工人数占第二位，工业产值居第三位，资本总额居第五位，有“小上海”之美誉。民族工商业的发达，造就了无锡独有的工商文化，即尚德诚信、奋发进取、智慧灵动、开放务实。无锡的政治、文化、教育、人才也以前所未有的靓丽之姿展现于历史舞台，在中国的历史进程中发挥重要作用。抗战全面爆发后不久，无锡沦陷，日本侵略军烧杀抢掠，无锡城市和工商业遭受重大摧残。抗战胜利后，虽有所恢复，但随着国民党政权挑起内战，加之贪腐横行，无锡民族工商业处于困境之中。

【当代】 1949年4月23日，无锡解放，市委、市政府在城市恢复生产建设，在农村进行土地改革，无锡经济社会得以迅速恢复和发展。社会主义改造完成后，无锡对地方工业进行较大规模调整改组，发展和开辟新的工业门类，着重发展基础薄弱的机械、化工等工业，建成一批国有骨干企业。中共十一届三中全会以后，无锡市以经济建设为中心，坚持改革开放，进入社会主义建设新时期。1983年，无锡市实行市管县体制，原苏州地区的江阴县、无锡县和原镇江地区的宜兴县划归无锡市管辖，为无锡的发展提供了更广阔的平台。其间，无锡县堰桥乡“一包三改”经验的总结推广，促使乡镇企业异军突起，以集体经济为主的经营体制被誉为对中国改革开放产生重大示范作用的“苏南模式”。1990年，全市乡镇工业企业总产值247.55亿元，占全市工业总产值的53.15%。在中国农村综合实力百强县（市）评比中，无锡县（锡山市）和郊区连年夺冠，分别被誉为“华夏第一县”和“神州第一郊”，江阴、宜兴两市名列全国百强县（市）前列。90年代，乡镇工业企业全面实施产权制度改革和结构调整，形成华西、双良、红豆、海澜、远东等具有一定规模的集团公司和江阴市新桥镇、锡山市查桥镇等明星镇、特色镇，一批乡镇企业成功转制上市。1984年起，以搞活国有大中型企业为中心环节的城市经济体制改革在无锡相应展开，外向型经济开始起步，利用外资项目和金额逐年增加，对外开放领域越来越广，外商投资规模越来越大，外商独资企业越来越多，一批国家级和省级重点开发园区脱颖而出。1998年，无锡市地区生产总值首次突破1000亿元，达到人均24042元。

进入21世纪，无锡市委、市政府提出转型发展、科学发展、可持续发展，主动淘汰落后产能，发展高新技术产业和现代服务业。2015年起，实施“产业强市”政策，发展数字经济、总部经济、枢纽经济，加快科技创新，推进生态建设，完善社会保障，提高民生幸福。2021年，全市户籍人口515.25万人，常住人口747.95万人。实现地区生产总值14003.24亿元，社会消费品零售总额3306.09亿元，一般公共预算收入1200.50亿元，进出口总值1057.01亿美元。高新技术产业产值占规模以上工业总产值的49.19%，万人有效发明专利拥有量49件，科技进步贡献率达到67.2%，连续9年全省第一。全体居民人均可支配收入63014元，其中城镇常住居民70483元、农村常住居民39623元。

（市档案史志馆）

表 7　2021 年无锡市地区生产总值统计表

指　　标	单　位	数　值	比上年增长（%）
地区生产总值	亿元	14003.24	8.8
1. 按产业分			
第一产业	亿元	130.33	1.3
第二产业	亿元	6710.50	9.9
第三产业	亿元	7162.41	7.9
2. 按行业分			
农林牧渔业	亿元	149.34	1.5
工业	亿元	6038.47	11.0
建筑业	亿元	672.70	−0.1
批发和零售业	亿元	2051.58	11.5
交通运输、仓储及邮政业	亿元	289.37	8.6
住宿和餐饮业	亿元	183.94	7.4
金融业	亿元	1159.99	5.7
房地产业	亿元	968.64	2.9
其他服务业	亿元	2489.21	8.3
地区生产总值构成	%	100.00	
第一产业	%	0.90	(−0.1 个百分点)
第二产业	%	47.90	(+1.5 个百分点)
第三产业	%	51.20	(−1.4 个百分点)
人均地区生产总值（常住人口）	元	187415	8.6

（市统计局）

【经济总量】 地区生产总值　2021 年，无锡市实现地区生产总值 14003.24 亿元，按可比价格计算(以下同)，比上年增长 8.8%。按常住人口计算，人均地区生产总值为 18.74 万元，保持全国大中城市首位。

工农业总产值　2021 年，无锡市实现规模以上工业总产值 21758 亿元，比上年增长 21%；营业收入 22772.78 亿元，增长 21.5%；工业产销率 98%，下降 0.6 个百分点。农林牧渔业总产值 214.49 亿元，增长 1.9%。

民营经济　2021 年，无锡市民营经济实现增加值 9242.15 亿元，比上年增长 9%；占经济总量的比重为 66%，比上年上升 0.2 个百分点。民营规模以上工业实现产值 12613.30 亿元，比上年增长 25.4%。民间投资完成 2493.4 亿元，增长 4.6%。

固定资产投资　2021 年，无锡市固定资产投资完成 3985.2 亿元，比上年增长 4.5%。其中：第一产业投资完成 3.67 亿元，比上年下降 51.7%；第二产业投资完成 1563.03 亿元，比上年下降 9.9%；第三产业投资完成 2418.50 亿元，比上年增长 16.7%。

社会消费品零售总额　2021 年，无锡市实现社会消费品零售总额 3306.09 亿元，比上年增长 10.4%；其中，限额以上社会消费品零售总额 1443.57 亿元，增长 15%。在限额以上批发和零售业零售额中，汽车类销售额为 498.87 亿元，居首位；石油及制品类销售额 197.37 亿元、粮油食品类 152.54 亿元、服装鞋帽针纺织品类 125.62 亿元，分别居第二、三、四位。限额以上批发和零售业通过公共网络实现的商品零售额 163.74 亿元，增长 25.9%；限额以上住宿和餐饮业通过公共网络实现的餐费收入 20.26 亿元，增长 30.7%。

【经济结构】 产业结构　2021 年，无锡市实现第一产业增加值 130.33 亿元，比上年增长 1.3%；第二产业增加值 6710.50 亿元，增长 9.9%；第三产业增加值 7162.41 亿元，增长 7.9%。三次产业比例为 0.9 : 47.9 : 51.2。第二产业所占比重有所上升，第一、三产业所占比重有所降低。

行业结构　2021 年，无锡市实现农林牧渔业增加值 149.34 亿元，比上年增长 1.5%；工业增加值 6038.47 亿元，增长 11.0%；建筑业增加值 672.7 亿元，下降 0.1%；服务业增加值 7162.41 亿元，增长 7.9%。农林牧渔业、工业、建筑业、服务业在地区生产总值中所占比重分别为 1.07%、43.12%、4.8%、51.15%。

所有制结构　2021 年，无锡市新登记各类企业 5.9 万家。至年末，全市登记的各类企业 39.83 万家，其中：国有及集体控股公司 3.29 万家，外商投资企业 0.71 万家，私营企业 35.83 万家。年内新登记个体户 12.3 万户，至年末，全市有个体户 62.99 万户。

（市统计局）

编辑　葛　红

中国共产党无锡市委员会

综　述

【全面从严治党】 2021年，市委坚持把党的政治建设摆在首位。持续深入学习贯彻习近平新时代中国特色社会主义思想，严格执行党的政治纪律和政治规矩，引导全市党员干部增强“四个意识”、坚定“四个自信”、做到“两个维护”，在政治立场、政治方向、政治原则、政治道路上始终同以习近平同志为核心的党中央保持高度一致。推动十三届省委第七轮巡视反馈的19个问题全部整改到位。打造德才兼备、忠诚干净担当的高素质专业化干部队伍。坚持新时代好干部标准，在市（县）区、镇（街道）换届中注重加强岗位匹配，创新开展“千名干部百项攻坚行动”和“争第一、创唯一、季季评”活动，制定加强和改进镇（街道）党政正职队伍建设12项举措。用好综合考核“指挥棒”，深化完善“三项机制”，统筹考虑对市委、市政府重大决策部署落实情况的督查结果运用，引导全市党员干部勇于担当、积极作为、干事创业。全面加强党的组织体系建设。深入实施基层党建“五大行动”，指导全市1198个村（社区）“两委”换届，扎实推进村（社区）党组织书记、社区工作者、“两新”组织党务工作者专业化建设，筑牢党长期执政的坚固堡垒。一体推进不敢腐、不能腐、不想腐机制建设。认真落实中央八项规定及其实施细则精神，持续纠治形式主义、官僚主义顽瘴痼疾，始终保持惩治腐败高压态势，深入开展政法队伍教育整顿，在政法、金融等领域查处一批有影响力的案件，认真配合做好省委涉粮问题专项巡视。全年全市纪检监察机关运用“四种形态”批评、教育、帮助和处理党员干部4669人次，处置问题线索4638条，立案2263件，党纪政务处分1586人。

【庆祝中国共产党成立100周年系列活动】 2021年，围绕庆祝中国共产党成立100周年，无锡市召开庆祝中国共产党成立100周年座谈会暨“两优一先”表彰会议，举办“光辉的历程——中国共产党无锡历史”主题展览、“光荣在党50年”纪念章颁发、“十类对象”提标慰问、“百年荣光守初心”主题活动、市“最美公务员”选树宣传、中国共产党成立100周年理论研讨会、“永远跟党走”歌咏文艺演出等系列重大活动，开展红色经典阅读进基层、百场红色电影进社区等活动1000余场。市委带头学深悟透习近平总书记在庆祝中国共产党成立100周年大会上的重要讲话，推动全市学习宣传贯彻落实。

（市委办公室）

【党史学习教育】 2021年，市委围绕“学党史、悟思想”，持续深入学习习近平新时代中国特色社会主义思想。开展“四学四悟”（自学，持之以恒悟；议学，深入思考悟；研学，相互交流悟；践学，身临现场悟）主题活动，坚持全面系统学、深入思考学、联系实际学，切实做到学懂弄通做实。围绕“学党史、办实事”，精心组织开展“我为群众办实事”实践活动。带头开展“三联三解”活动，深入企业、相对薄弱村（社区）、相对贫困家庭走访调查研究、帮助解决实际问题，带动各级领导干部率先领跑、党员干部积极行动。围绕“学党史、开新局”，深入开展“学习党史悟思想、弘扬精神开新局”主题活动。贯彻落实习近平总书记对江苏工作重要指示精神，积极融入、主动服务全国全省现代化建设大局。根据中央和省委部署，在全市部署开展“党史、新中国史、改革开放史、社会主义发展史”宣传教育活动，整合无锡红色资源，打造10条党史学习教育体验教学推荐线路及21条红色旅游精品线路，90万余人次参与体验教学。与“两在两同”建新功行动和“三强三促”开新局主题活动融合推进。率先在全省上线“我为群众办实事”项目管理系统，公布“我为群众办实事”项目3批次208个，制定项目验收评估办法，推进实事项目落实。举办4期学党史专题培训示范班，实现市级机关、人民团体、直属单位党政“一把手”培训全覆盖。开展党史学习教育“双百双千”行动（统好“百个红色基站”学史明理、用好“百个实境课堂”学史增信、上好“千堂专题党课”学史崇德、办好“千件为民实事”学史力行）、“百年荣光守初心、爱党为党践使命”12项系列活动，推动党员干部凝心铸魂。紧扣“四学四专四服务”要求，在全市“两新”组织党组织中开展党史分享会、红色故事宣讲等活动5722场，组织党员轮训6.19万人，开展专题研讨4158场次。

2021年6月，市机关事务管理局在北京大学举办党史学习教育专题培训班。图为学员结业后合影 （市机关事务管理局 供图）

中共十九届六中全会闭幕后，市委迅速召开会议传达学习贯彻，对全市学习宣传贯彻工作作出部署，召开市委理论学习中心组专题学习会交流学习体会，成立市委宣讲团开展宣讲活动，市委主要领导带头宣讲，开展集中宣讲100余场，30余万人次听讲。

（市委办公室 市委宣传部 市委组织部）

【推动发展变革】 2021年，无锡市强化经济运行监测分析，坚持“一季一观摩”督促项目工作，开展“一季一评比”浓厚争先氛围，出台《应对新冠肺炎疫情支持中小微企业稳定发展的若干政策》《外贸高质量发展三年行动方案》《进一步加大重大产业项目推进力度完善工作推进机制》《关于构建大消费格局促进消费升级的实施意见》等稳增长专项措施，开展“2021爱无锡·生活季”等主题消费促进活动。全市一般公共预算收入1200.5亿元，比上年增长11.6%。固定资产投资总额3985.2亿元，比上年增长4.5%，进出口总额首超1000亿美元，规模以上工业总产值突破2万亿元。入围2021中国企业、中国制造业企业、中国服务业企业、中国民营企业“500强”榜单的企业数均保持全省第一。A股上市公司103家，总市值15653.71亿元，总数、新增数、总市值均居全国城市榜前十。新设企业5.9万家，市场主体累计103万家。全年规模以上工业企业实现利润总额1407.8亿元，比上年增长10.3%。

推动科技自立自强　制定《无锡市科技创新促进条例》，为全省首个科技创新地方法规。在全国率先与北京大学、清华大学等12家高校未来技术学院达成战略合作协议。在全省率先研究出台《政府采购支持科技创新暂行办法》，获2020年度国家科学技术奖数量保持全国同类城市第一方阵。出台太湖湾科技创新带建设的若干政策意见，太湖实验室获省实验室建设立项支持，国家超级计算机无锡中心第三次获“戈登·贝尔”奖，国家集成电路特色工艺及封装测试创新中心揭牌，累计建有省级以上工程技术研究中心654家（其中国家级6家）、数量位居全省第二。积极推进梁溪科技城、太湖湾科创城、霞客湾科学城、宛山湖生态科技城、陶都科技城等科创功能区建设，在粤港澳大湾区全面布局“科创飞地”，全年新增雏鹰入库企业1206家，瞪羚入库企业547家，准独角兽入库企业63家。持续升级“太湖人才计划”，开展“锡引”工程，举办太湖人才峰会，做优做强“太湖杯”创新创业大赛等活动，无锡市连续第三年被评为中国最佳引才城市，全年引进高层次人才超过1.19万人。获批设立中国（无锡）知识产权保护中心。科技进步贡献率连续第九年位居全省第一。

现代产业体系构建　出台支持现代产业高质量发展的政策意见，兑现现代产业发展资金105亿元，增幅超25%。先进制造业方面，深化落实重点产业链（集群）挂钩制度，深入实施“百企引航”“千企升级”和专精特新“小巨人”企业培育等专项行动，物联网产业集群入选国家首批先进制造业集群，集成电路、生物医药、软件等产业增幅均超20%，新增国家级专精特新“小巨人”企业22家。战略性新兴产业方面，编制“十四五”时期战略性新兴产业专项规划，成为全省唯一入选国家区块链创新应用试点城市，举办2021世界物联网博览会、中国（无锡）国际新能源大会暨展览会等活动，战略性新兴产业、高新技术产业产值占规模以上工业总产值比重分别为39.9%、49.2%。现代服务业方面，出台《加快推进金融业高质量发展的实施意见》《“十四五”软件和信息技术服务业发展规划》等，现代服务业营业收入占服务业比重54.8%。总规模737.5亿元的中国国有企业结构调整基金二期落地无锡，全市注册基金规模接近3000亿元，比2020年实现翻番，尚贤湖基金PARK开园，全国首个城市发展指数“无锡指数”启动，与上海保险交易所合作设立首个基金投资创新中心。大拈花湾、运河汇、鸿山奇境等重大文旅项目加快建设，入选国家文化和旅游消费试点城市、国家综合型信息消费示范城市。

产业数字化服务化转型　实施企业数字化转型“十百千万”工程，持续推进“千企上云”行动，首次认定市级智能工厂31家，新增国家级智能标杆企业1家、累计3家，总数全国排名第一。新增省级智能工厂

2家,全省排名第一。新增省级工业互联网标杆工厂8家,省级智能车间39个。省内首个"国字头"智能制造技能人才实训基地在无锡成立。全年数字经济核心产业规模突破6000亿元,数字经济发展指数位居全国城市第七、全省第一,无锡市获评中国软件特色名城,成为全国地级市中首个建立城市级工业大数据中心的城市,施耐德无锡工厂成为全市唯一端到端"灯塔工厂"。制定《服务型制造示范企业认定管理办法》,天奇股份和华进半导体分别获评国家服务型制造示范企业和示范平台,新增省级服务型制造示范企业(平台)8家,无锡市被评为国家服务型制造示范城市。

智慧城市建设　编制《新型智慧城市顶层设计方案》,大力布局数字新基建,入选国家首批智慧城市基础设施与智能网联汽车协同发展"双智"试点城市及全国首批"千兆城市",千兆光纤覆盖率位居全省第一,5G网络基本实现市区、发达镇村和重点区域全覆盖,成为全国首个地铁5G网络全覆盖城市,成为IPv6技术创新和融合应用试点城市。建成投用全省首个以数字底座为核心的城市运行中心,推动全市一体化协同办公平台"锡心办"建设,实施"灵锡"App全面提升计划,"灵锡"App注册突破578万户,初步构建"一网统管、一网通办、一网协同"数字治理格局,首次入围世界智慧城市大奖中国区"宜居和包容大奖",进入2021智慧城市发展水平前20强,公共数据开放能力位居全省第一。

深化高水平改革开放　坚定不移推进更深层次改革,统筹实施35项国家级改革试点、53项省级改革试点和146项市级年度改革任务。迭代升级出台优化营商环境行动方案4.0版,开办企业平均用时1.21天,工业项目获得施工许可证最短用时2个工作日,"拿地即开工"项目数超全省总数一半,在全省首创"一件事"赋码管理规则,获国务院办公厅简报推荐,电子营业执照综合应用水平"全国领先、全省第一",开办企业、获得用水用电、获得信贷、包容普惠创新4个指标入选全国营商环境标杆城市。制定构建更加完善的要素市场化配置体制机制实施意见,获批开展全省首个自然资源要素配置改革试点。制定实施国企改革三年行动计划,持续完善国资布局,深入推进混改工作,成立江苏省首家本土航空公司,市属国有企业营收规模增至1600亿元,位居全省第一。无锡市入选全国财政支持金融服务综合改革试点城市,成为全省首个在全市范围开展合格境外合伙人(QFLP)试点城市,在省内率先建立线上"纯信用政采贷"助企融资新模式,出台《推动基础设施领域不动产投资信托基金(REITs)发展若干措施》,地铁1号线进入国家发展改革委REITs项目库。完成第三轮省级农村改革试验区建设,在全省率先建成农村集体"三资"信息化监管体系。梁溪科技城获批全省首例法定机构改革试点。坚定不移扩大更高水平开放,构建推动开发区高质量发展"1+6+N"政策体系,惠山经开区升格为国家级,锡山经开区等5家园区获批首批中国(江苏)自贸区联动创新发展区,启动柬埔寨西哈努克港经济特区2.0升级版建设。出台《关于鼓励创新方式提高利用外资水平的政策措施》,建立长三角电子元器件国际分拨中心,深化海关通关一体化改革,口岸进口整体通关时间快于全省48小时,获批国家外贸转型升级基地(生物医药),总数增至7家,数量位居全省第二。第四届中国国际进口博览会无锡交易团意向成交金额超过10亿美元,成交金额首次位居全省第一。无锡市获评十佳外商投资最满意城市,全年实际使用外资超38亿美元。

【区域城乡发展统筹】 2021年,无锡市加快融入区域协同化,主动参与编制《上海大都市圈空间协同规划》,达成新一轮苏锡常一体化合作事项26项,成立长三角—粤港澳大湾区产业创新合作(无锡)试验区。宜长高速、苏锡常南部高速建成通车,南沿江城际铁路、苏南硕放国际机场改扩建项目加快推进,盐泰锡常宜铁路、锡太高速公路启动建设,开通无锡至苏州公交线路5条、至常州公交线路7条。长三角跨省医保关系转移"一网通办"在无锡全面上线,与长三角地区医疗卫生单位开展合作项目70项,成立全国首个跨省县域幸福养老示范标杆区。加快推动市域一体化,完成国土空间规划和全省设区市首个城市家具导则编制,地铁4号线一期、丁蜀通用机场建成投用,锡澄S1线、宜马快速通道、312国道改扩建工程加快推进,锡宜高速改扩建宜兴段工程年内启动,城市轨道交通第三期建设规划获国家批复,锡澄运河、锡溧漕河航道整治有序开展。加快推进城乡现代化,出台实施城市更新工作意见,专班推动运河湾、火车站、古运河、贡湖大道等12个重点城市更新单元建设,城市更新贷授信额度329.3亿元,改造提升城乡公厕485座,拆除违法建筑超400万平方米,新增停泊车位2.4万个,新增绿地面积300万平方米,无锡市入选国家首批系统化全域海绵城市建设示范城市。落实国家城乡融合发展试验区宁锡常接合片区实施方案,出台建立健全城乡融合发展体制机制和政策体系的实施意见,在长三角乃至全国率先开展"五园五区六带"农业农村空间规划编制,在苏南率先开展美丽农居建设,新增高标准农田2200公顷,惠山现代农业产业园获批创建国家现代农业产业园。

【生态文明建设】 2021年,无锡市全面完成中央环保督察及"回头看"和长江经济带等各级各类督察问题整改销号。深入打好污染防治攻坚战,治理废气上,统筹实施涉VOCs产业集群整治、重点行业清洁原料替代、移动源污染防治等综合治理,完成"双控双减"工程17375个,全年

$PM_{2.5}$平均浓度30微克/立方米以下，空气质量优良天数比例为82.2%。治理污水上，实施5大类、1600个重点工程项目，启动京杭大运河无锡段、梁溪河整治提升，开展新一轮552条河道环境综合整治水质达标攻坚行动，建成80条美丽示范河湖，推进600个农村生活污水治理新建和改造工程，全年国、省考断面优Ⅲ比例达90%以上。治理太湖上，开展757项重点工程，加快梅梁湖生态修复试验示范工程建设，实施402条入湖河流一级支浜“消劣奔Ⅲ”行动，连续第14年实现太湖安全度夏，水质总体符合Ⅳ类标准，水质藻情大幅好转。治理土壤上，全面落实土壤污染防治重点工程1034个，在省内创新制定实施《建设用地土壤污染状况调查从业单位工作质量评价办法》，出台《污染地块土壤环境联动监管实施意见》，全面强化对土壤环境的联动监管、源头管控，启动锡东电厂和惠联餐厨废弃物处置提标扩容项目。举办碳达峰、碳中和无锡峰会，设立全国首只零碳风险投资基金及全省首个零碳科技产业园。

6月19日，无锡市在崇安寺二泉广场举行公益性岗位“千人上岗计划”启动仪式暨“梦想中山路 乐业在梁溪”名企现场就业服务活动

（市人力资源社会保障局 供图）

【民生事业改善】 2021年，无锡市完成45项年度为民办实事项目，全市各级共开展志愿服务2.48万人次，帮助解决基层困难事、群众烦心事5151件。创新开展“微幸福”民生工程，滚动实施民生事项1260多项，满意率100%。全年全市一般公共预算支出中民生方面的占比近80%。健全完善增收保障机制。统筹打好就业优先、减负稳岗、失业保险保障扩围、创业扶持等政策“组合拳”，不断拓宽高校毕业生、退役军人、退捕渔民、零就业家庭等重点群体就业渠道，全年城镇新增就业16.51万人，蝉联中国年度最佳促进就业城市。办好“创响无锡”全民创业大赛，扶持自主创业2.69万人，超额完成年度目标，就业创业工作连续第四年获省政府督查激励表彰，为省内唯一设区市。实施村级集体经济“千万”计划，深化“百企建百园”、村企联建等工作，设立市级财政专项资金4000万元，开展新一轮经济相对薄弱村精准帮扶。全年全体居民人均可支配收入63014元，比上年增长9.4%。其中农村常住居民人均可支配收入39623元，比上年增长10.8%。开展全民参保计划专项提升行动，提档升级贴息续保政策，加快完善社会救助制度体系，打造“阳光惠民”监管系统，在苏南率先上线智慧医保“新平台”，持续提高企业退休人员、低保对象、特困人员等群体保障水平，企业退休人员养老金实现“十七年连增”，孤儿养育标准位居全省第一，企业职工基本养老保险在职参保、失业保险参保、工伤保险参保数均超额完成年度目标，基本社会保险公共服务满意度位居苏南第一。加快“三位一体”住房保障体系建设，完成最后一批3800余户经济适用房保障工作，国有物业企业进驻接管老旧小区494个。深化综合医改，推进“三名战略”，在全省率先实施HPV疫苗群体性免疫策略，实现医联体建设网格化、公立医疗机构全覆盖，公立医院综合改革评价位居全省第一，无锡市第二人民医院北院启用，高分通过创建国家卫生城市复审，健康细胞工程建设通过率排名全省第一，获评省内唯一的DRG付费国家示范点，成为省内唯一的推进健康中国行动创新工作试点城市。严格落实“双减”政策，义务教育优质均衡达标率居全省前列，启动职业教育高质量发展样板建设，被省政府表彰激励为职业教育改革发展成效明显的设区市，与江南大学签订“十四五”时期市校共建协议，东南大学国际校区一至四期竣工启用，无锡学院招生，全市在校大学生规模增至15.69万人，教育现代化得分列全省第一层次。出台《“十四五”养老服务发展规划》，实施“一老一小照护服务”“心系银发”微幸福工程，入选国家智能社会治理实验基地——特色基地（养老），社会养老服务体系建设绩效位居全省第一。

（市委办公室）

【防范和化解风险】 2021年，无锡市毫不放松做好疫情防控工作。严格执行“外防输入、内防反弹”总策略和“动态清零”总方针，修订完善《突发公共卫生事件应急预案》《关于健全重大疫情防控体制机制提升公共卫生应急处置水平的意见》等举措，严格按时序落实11类、180项能力建设任务，建成10家省示范发热门诊，组建472个工作组、1416人的流调队伍，设立14家24小时核酸检测点，日最大核酸检测能力46.7万管，检测时间最快提速至2小时，升级改造43家发热门诊，在省内率先完成常住人口和重点人群的首剂疫苗接种任务。坚持全省疫情防控“一盘棋”，无锡医护人员累计驰援南京抗疫321人、扬州抗疫468人。深化专项整治“三年行动”，推进年度136项重点工作任务，固化形成76项制度措施，建成市应急指挥和安全生产监管系统，在省内率先制定安全生产领域首个地方标准《危险化学品中间储存设施安全管理规范》，开展各类应急演练9500余场次，无锡市获批创建国家食品安全示范城市，获批筹建国家市场监管技术创新中心（特殊食品）。制定实施《全市经济社会重点领域安全稳定风险排查化解工作机制》，强化对安全生产、公共卫生、社会稳定等重点领域风险隐患的排查化解。组织开展高考、中考、研究生考试，以及司法、卫生专业技术、医师资格、公务员招录等国家统一考试前的保密检查。

（市委办公室　市委机要保密局）

【省委巡视反馈问题整改】 2021年，市委压紧压实巡视整改责任，形成党委主体责任、纪委和组织部监督责任、被巡察党组织直接责任、党组织书记第一责任的“四责协同”格局。市委巡察工作领导小组及时汇总分析省委巡视反馈问题整改进度，建立健全巡视整改督办机制，十三届省委第七轮巡视反馈的19个问题全部整改到位。

（市纪委监委）

重要会议

【中国共产党无锡市第十四次代表大会】 9月25日，中国共产党无锡市第十四次代表大会在市人民大会堂开幕。市委书记杜小刚代表中共无锡市第十三届委员会，向大会作题为《走在率先实现社会主义现代化最前列，谱写“强富美高”新无锡建设崭新篇章》的主题报告。中国共产党无锡市第十三届纪律检查委员会工作报告以书面形式提请大会审查。大会选举产生新一届中共无锡市委员会和市纪律检查委员会、选举产生无锡市出席省第十四次党代会代表，通过关于中共无锡市第十三届委员会报告的决议、关于中共无锡市第十三届纪律检查委员会工作报告的决议。9月27日，大会闭幕。

9月25日，中国共产党无锡市第十四次代表大会开幕式现场

（官　玮　摄）

【市委十三届十二次全会】 7月10日，中共无锡市委十三届十二次全会举行。会议认真学习贯彻中央和省委关于换届工作的部署要求，对做好市委换届工作作出安排。市委常委会主持会议。市委书记黄钦代表市委常委会讲话，并就无锡市第十四次党代表大会有关事项进行了说明。全会审议通过《关于召开中国共产党无锡市第十四次代表大会的决议》《中国共产党无锡市第十四届委员会、纪律检查委员会组成原则》和《关于部分无锡市第十三次党代会代表终止代表资格和停止执行代表职务的决定》。全会决定，中国共产党无锡市第十四次代表大会于9月召开。

【市委十三届十三次全会】 8月5日，中共无锡市委十三届十三次全会举行。市委常委会主持会议。市委书记杜小刚代表市委常委会讲话。市委副书记、代市长赵建军对下半年经济工作作具体安排。全会全面回顾高水平全面建成小康社会生动实践，充分肯定上半年无锡经济社会发展取得的成绩。会议审议通过全会决议。市委委员49人、候补委员1人出席会议，市纪委委员、有关方面负责人列席会议。

【市委十三届十四次全会】 9月18日，中共无锡市委十三届十四次全会举行。市委常委会主持会议，研究部署市委换届等工作。市委书记杜小刚向全会报告市第十四次党代会筹备工作情况，并就有关事项作说明。全会决定，市第十四次党代会于9月24—27日召开。全会讨论并原则同意十三届市委报告（讨论稿）和市纪委工作报告（讨论稿），提请市第十四次党代会审查；讨论通过市第十四次党代会议程，讨论酝酿中共无锡市第十四届委员会委员、候补委员和中共无锡市第十四届纪律检查委员会委员候选人预备人选建议名单，表决确定无锡市出席省第十四次党代会代表候选人预备人选名单，审议通过关于对市第十三次党代会个别代表终止代表资格的决定。市委委员、候补委员出席会议，市纪委委员列席会议。

【市委十四届一次全会】 9月27日，中共无锡市第十四届委员会举行第一次全体会议。杜小刚受市第十四次党代会大会主席团的委托，主持全会。新当选的市委委员和候补委员出席会议，市纪委委员列席会议。全会以无记名投票的方式，差额选举产生了杜小刚、赵建军、朱爱勋、柏长岭、周凤琴、王作才、陆志坚、蒋敏、许峰、周常青、李秋峰11人为中共无锡市第十四届委员会常务委员会委员；选举杜小刚为中共无锡市委书记，选举赵建军、朱爱勋为中共无锡市委副书记。会议通过了中共无锡市第十四届纪律检查委员会第一次全体会议关于市纪委常务委员会委员和书记、副书记选举结果的报告。

【市委十四届二次全会】 12月30日，中共无锡市委十四届二次全会举行。市委常委会主持会议。市委书记杜小刚代表市委常委会讲话，市委副书记、代市长赵建军对2022年经济工作作具体安排。会议审议通过《中共无锡市委关于深入学习宣传贯彻党的十九届六中全会精神的决议》《中共无锡市委关于深入学习宣传贯彻省第十四次党代会精神的决议》和全会决议。市委委员、候补委员出席会议，市纪委委员、有关方面负责人列席会议。

【市委常委会会议】 2021年，市委常委会召开会议55次，传达学习习近平总书记在中央政治局会议和集体学习时的重要讲话精神，在中央农村工作会议、十九届中央纪委五次全会、党史学习教育动员大会、全国两会、庆祝中国共产党成立100周年大会和在"七一勋章"颁授仪式上的重要讲话精神，贯彻落实全国和全省宣传部部长会议、全国两会、中央和全省政法会议、农村工作会议、中共十九届六中全会、省第十四次党代会精神，审议通过《关于贯彻落实习近平总书记重要讲话精神扎实推进长三角一体化发展的实施方案》《无锡梁溪科技城发展规划》《无锡市大力发现培养选拔优秀年轻干部"五个一"行动计划（2021—2023年）》《关于进一步深化安全生产三年专项整治工作的实施方案》《无锡市进一步优化营商环境行动方案2021》《无锡市外贸高质量发展三年行动计划（2021—2023年）》《关于加快推进无锡太湖湾科技创新带建设的若干政策意见》《关于支持现代产业高质量发展的政策意见》《关于深入开展党史、新中国史、改革开放史、社会主义发展史宣传教育的实施意见》《关于进一步加强新时代全市政法队伍建设的意见》《关于进一步深化文明城市创建工作的意见（2021—2023年）》《关于改革完善社会救助制度的实施意见》《关于全面深化全市域美丽河湖建设攻坚行动的动员令》《关于深入推进现代"美丽农居"建设的意见》《无锡市"十四五"青年发展规划》《关于加快推动开发区高质量发展、服务打造无锡新发展理念实践示范区的实施意见》《市委宣传部、市司法局关于开展法治宣传教育的第八个五年规划（2021—2025年）》《关于加快推进无锡金融业高质量发展的实施意见》《无锡市城乡网格化服务管理实施细则（试行）》等文件。

【庆祝中国共产党成立100周年座谈会暨"两优一先"表彰会议】 7月2日，无锡市举行庆祝中国共产党成立100周年座谈会暨"两优一先"表彰会议。会议回顾党的光辉历程、讴歌党的历史伟业，表彰全市优秀共产党员、优秀党务工作者和先进基层党组织。会议强调，全市各级党组织和广大党员要更加紧密地团结在以习近平同志为核心的党中央周围，高举习近平新时代中国特色社会主义思想伟大旗帜，积极响应党中央号召，站在继往开来的新起点，续写更加灿烂的新篇章，不忘初心，牢记使命，满怀信心走好新时代的长征路，为无锡勇做全省"争当表率、争做示范、走在前列"排头兵、勇创全省"强富美高"建设示范区、勇当全省高质量发展领跑者而努力奋斗。市委常委、组织部部长、统战部部长柏长岭宣读中共无锡市委关于表彰优秀共产党员、优秀党务工作者和先进基层党组织的决定。江苏省优秀共产党员、宜兴市芳桥街道金兰村党总支书记、村委会主任蒋仲良，江苏省优秀党务工作者、无锡市优秀党务工作者、滨湖区蠡湖街道美湖社区党委书记、居委会主任纪晓东，江苏省优秀党务工作者、无锡市优秀党务工作者、江苏省无锡师范学校附属小学党委书记、校长张明霞，江苏省先进基层党组织、无锡市先进基层党组织海澜集团党委书记周建平分别作交流发言。

【市委全面深化改革委员会会议】 2月5日，市委书记、市委全面深化改革委员会主任黄钦主持召开市委全面深化改革委员会第14次会议。会议审议通过《无锡市国企改革三年行动计划（2020—2022年）》。

3月14日，市委书记、市委全面深化改革委员会主任黄钦主持召开市委全面深化改革委员会第15次会议。会议审议通过市委全面深化改革委员会2020年工作总结、2021年工作要点和《关于支持各民主党派市委围绕全面深化改革重点任务开展专题民主监督工作的实施方案》。

6月29日，市委书记、市委全面深化改革委员会主任黄钦主持召开市委全面深化改革委员会第16次会议。会议审议通过《无锡市关于构建更加完善的要素市场化配置体制机制的实施意见》《无锡市关于推动基础设施高质量发展的实施意见》《关于深化医疗保障制度改革的贯彻实施意见》等文件。

8月23日，市委书记、市委全面深化改革委员会主任杜小刚主持召开市委全面深化改革委员会第17次会议。会议审议通过《无锡市深化农村公共基础设施管护体制改革工作方案》。

12月16日,市委书记、市委全面深化改革委员会主任杜小刚主持召开市委全面深化改革委员会第18次会议。会议审议通过《关于进一步减轻义务教育阶段学生作业负担和校外培训负担的实施方案》《无锡市规范民办义务教育发展实施方案》《关于深化自然资源要素配置改革、打造高质量集约利用示范区的实施意见》《关于强化知识产权保护的实施意见》《关于促进中医药传承创新发展的若干措施》《无锡市加快推进媒体深度融合发展的实施方案》。

【市委统一战线工作领导小组全体会议】 3月5日,市委书记、市委统一战线工作领导小组组长黄钦主持召开市委统一战线工作领导小组全体会议。会议审议通过《中共无锡市委2021年度政党协商计划》《市委统一战线工作领导小组2021年工作要点》《关于加强和改进新时代党外知识分子思想政治工作的实施办法》。

【全市党史学习教育动员会议】 3月6日,市委召开全市党史学习教育动员会议。市委书记、市委党史学习教育领导小组组长黄钦作动员讲话。会议强调要深入学习贯彻习近平总书记在党史学习教育动员大会上的重要讲话精神,认真落实中央和省委决策部署,学史明理、学史增信、学史崇德、学史力行,学党史、悟思想、办实事、开新局,切实增强“四个意识”、坚定“四个自信”、做到“两个维护”,奋力开启全面建设社会主义现代化新征程。

【市委党史学习教育领导小组第二次(扩大)会议】 4月23日,市委书记、市委党史学习教育领导小组组长黄钦主持召开市委党史学习教育领导小组第二次(扩大)会议。会议审议通过《关于在党史学习教育中开展“我为群众办实事”实践活动的实施方案》《关于在党史学习教育中开展“四学四悟”主题活动的实施方案》《关于在党史学习教育中开展“学习党史悟思想、弘扬精神开新局”主题活动的实施方案》《“节日里的党史教育”工作方案》。

【市委全面依法治市委员会第三次会议】 6月18日,市委书记、市委全面依法治市委员会主任黄钦主持召开市委全面依法治市委员会第三次会议。会议审议通过《中共无锡市委全面依法治市委员会2020年工作报告》《法治无锡建设规划(2021—2025年)》《无锡市法治社会建设实施方案(2021—2025年)》《中共无锡市委全面依法治市委员会2021年工作要点》。

【市委审计委员会会议】 8月16日,市委书记、市委审计委员会主任杜小刚主持召开市委审计委员会第六次会议。会议审议通过《关于无锡市2020年本级预算执行和其他财政收支的审计工作报告》,研究部署相关工作。

12月24日,市委书记、市委审计委员会主任杜小刚主持召开市委审计委员会第七次会议。会议审议通过《无锡市“十四五”审计工作发展规划》及市审计局2022年度审计项目计划。

【市委财经委员会会议】 5月21日,市委书记、市委财经委员会主任黄钦主持召开市委财经委员会第四次会议,传达学习贯彻中央财经委员会第九次会议和省委财经委员会第七次会议精神,研究部署市领导挂钩联系产业链(集群)工作。

10月26日,市委书记、市委财经委员会主任杜小刚主持召开市委财经委员会第五次会议。会议传达省委财经委员会第八次会议精神,听取无锡市碳达峰、碳中和有关重要问题研究和前期工作情况以及能源领域、工业领域碳达峰工作进展情况汇报。会议要求,各地各部门要坚决扛起责任,凝聚合力、担当有为,跑出“双碳”行动新速度,确保党中央和省委决策部署在无锡率先落地见效。

【经济运行分析会】 4月28日,市委、市政府召开全市一季度经济运行分析会,分析经济运行形势和重大项目推进情况,对推进新一轮产业强市进行部署安排。市委副书记、市长杜小刚主持会议,市委书记黄钦到会并讲话。10月30日,无锡市召开“争第一、创唯一、季季评”活动动员大会暨三季度经济运行分析会,部署开展“争第一、创唯一、季季评”活动,市委书记杜小刚到会并讲话,代市长赵建军对工作作具体部署,市人大常委会主任徐一平、市政协主席周敏炜出席会议,市委副书记、市政法委书记朱爱勋宣读表扬通报。市委常委、常务副市长蒋敏主持会议。会上,市发展改革委、市科技局、市工信局、市商务局、市地方金融监管局负责人分别就全市前三季度经济运行情况作书面通报。

(市委办公室)

组织工作

【概况】 2021年,全市组织系统深入贯彻新时代党的建设总要求和新时代党的组织路线,全面落实中共十九届六中全会、省第十四次党代会和市第十四次党代会精神,以党的政治建设为统领,高质量抓好集中换届,统筹推进基层党建及干部人才队伍建设。开展中共十九届五中、六中全会和习近平总书记“七一”重要讲话精神学习培训,组织实施“五讲十进”活动。贯彻省委“两在两同”建新功部署,组织开展“三强三促”开新局主题活动,发动党员先锋队支援抗疫一线。筹备服务市第十四次党代会,做好人事安排、组织选举、风气监督等工作,指导县乡两级党委和政府组织换届,开展“千名干部百项攻坚”

5 月 13 日，2021 中国无锡"太湖杯"国际精英创新创业大赛启动
（市委组织部　供图）

行动、"担使命作贡献"季季评活动，出台镇（街道）党政正职队伍建设实施办法，实施年轻干部培养"琢璞"计划，牵头建立太湖湾科创带苏锡常干部教育联盟。实施基层党建"五大行动"，高质量完成村（社区）"两委"换届，全覆盖推进"办好开门一件事、绘好开局一张图"活动，开展"锡心领航·百名支书话追梦"群塑群像活动，抓好党支部标准化、规范化建设，开展党支部"双建三带"活动，实施"红色物流·锡递先锋"六大行动，成立全省首个市级快递物流业党群服务中心，升级扩容 685 个"小蜜蜂驿站"，实施新生代企业家"薪火计划"，制定全市"两新"组织党务工作者专业化建设"1+2"制度体系。推动落实"太湖人才计划"，发布吸引港澳青年人才 8 条举措，持续推进"百企千才高校行"活动，开展海内外人才公开选调，举办太湖人才峰会，在全国率先与高校未来技术学院开展合作，升级"太湖杯"创新创业大赛，常态化举办"创投无锡"人才金融路演，牵头成立太湖人才天使基金、成长基金，建成投用人才金融港，引进智联招聘第二总部，建成"无锡院士小镇"，连续第三年蝉联"最佳引才城市"。选派 40 名干部人才到新疆维吾尔自治区、河北省雄安新区、青海省海东市、陕西省延安市援外挂职，2 个集体和 2 名个人受到党中央、国务院表彰。

【党员及党组织】 2021 年末，全市党员总数 440705 人，比上年增加 15146 人。全年发展新党员 12140 人，其中 35 岁及以下的 8795 人。全市党员中，女党员 144773 人，占 32.85%；35 岁及以下的 101762 人，占 23.09%；36 ～ 45 岁的 83456 人，占 18.94%；46 ～ 55 岁的 71240 人，占 16.67%；56 ～ 60 岁的 36143 人，占 8.2%；61 岁及以上的 148104 人，占 33.61%。党员中研究生学历的 28695 人，占 6.51%；大学本科学历的 144395 人，占 32.76%；大专学历的 82035 人，占 18.61%。

全市基层党组织 20143 个，其中党委 758 个、总支部 1675 个、支部 17710 个。全市城市社区建立党委 150 个、总支部 394 个、支部 24 个，建制镇建立党委 30 个、村党委 44 个、总支部 467 个、支部 27 个。全市公有经济控制的企业法人单位建立党委 96 个、总支部 74 个、支部 525 个；非公有制经济控制的企业法人单位建立党委 152 个、总支部 182 个、支部 3663 个；事业法人单位建立党委 96 个、总支部 128 个、支部 1403 个；机关法人单位建立党委 88 个、总支部 144 个、支部 261 个。

【优秀党员先进党组织评选】 2021 年，市委组织部推荐全国、全省"两优一先"表彰对象 28 个（全国优秀共产党员 2 人，全国先进基层党组织 1 个；全省优秀共产党员 9 人，全省优秀党务工作者 8 人，全省先进基层党组织 8 个），表彰全市"两优一先"300 个（全市优秀共产党员 100 人，全市优秀党务工作者 100 人，全市先进基层党组织 100 个）。

【党员关爱】 2021 年，无锡市向党龄达到 50 周年、一贯表现良好的党员颁发"光荣在党 50 年"纪念章 3.75 万枚。全覆盖走访慰问获得党内功勋荣誉表彰的党员、生活困难党员、老党员、老干部等十类对象 2227 人，组织开展"百千万"系列活动 3.18 万场次，实施党内关爱"三心"行动，配套发动党员参与志愿服务 2.48 万人次，帮助基层解决各类难题 1.21 万个。举行庆祝中国共产党成立 100 周年全市党建工作研讨会。

【党政领导班子换届】 2021 年，市委组织部起草《市（县）、区领导班子换届工作方案》，集中分析研判班子运行情况和干部现实表现，形成"1+3+1"研判结果（1 份研判报告 +3 类名单 +1 张班子分析研判表），为换届人事调整提供可靠依据。注重选拔经受重大斗争考验、善于解决复杂问题、驾驭全局能力强的干部，新选拔 16 名镇（街道）党政正职进入市（县）、区党政领导班子，选配 29 名表现突出的干部进入市（县）、区党委班子，选拔 25 名具有财政金融、产业发展、规划建设等专业背景的机关及国企干部交流进入市（县）、区党政班子，7 个市（县）、区党委班子成员平均年龄 46.3 岁，比换届前下降 2.5 岁。

【优秀年轻干部培养】 2021 年，市委组织部出台发现培养选拔优秀年轻干部"五个一"行动计划，实施年轻干部培养"琢璞"计划，搭建"青干讲习所"平台，选派 178 人到国家部委、河北省雄安新区、深圳市、上海市及世界500强企业学习锻炼，到市内重大项目、重要工程、“三个一线”挂职锻炼。启动新一轮455个岗位的公开选调工作，加大从名校优生、公开选调人才、优秀公务员等群体中培养优秀年轻干部。

（市委组织部）

【党建工作】 机关党建 2021年末，市级机关有直属党组织89个，下辖党的基层组织1128个，其中党委69个、党总支70个、党支部989个，党员17194人。全年发展新党员168人，预备党员按期转正136人。加强思想政治建设，市委市级机关工委每月初下发《理论学习参考篇目》，及时跟进学习习近平总书记最新重要讲话精神。举办中共十九届六中全会精神市级机关基层党组织专场宣讲报告会，市委书记杜小刚作专题宣讲。“无锡机关先锋网”“无锡机关党建”杂志公众号，专题专栏报道学习“七一”重要讲话精神及党史学习教育开展情况有关文章210余篇。出台《关于市级机关落实意识形态工作责任的意见》，压实主管主办责任。深入开展党史学习教育，开展“四学四悟”（天天自学、旬旬议学、月月研学、季季践学，持之以恒悟、相互交流悟、深入思考悟、身临现场悟）主题活动以及“学党史、悟思想、跟党走”主题征文、党史知识百题竞答、红色经典诵读等活动。深化“争当领跑先锋”行动，全年党员先锋队1203人次参与火车站和机场的防控值守，1万余名市级机关党员干部走进结对共建社区，开展疫情防控、政策宣传、公益活动等。选树先进典型，宣传国家和省、市表彰的优秀共产党员、党务工作者、先进基层党组织、“先锋90后”青年党员、“先锋90后”青年党员集体的先进事迹，通报表彰“先锋党支部”50个及“党员领跑先锋”50人，举办“党支部的故事”征文活动和“我身边的共产党员”先进事迹报告会。加强基层组织标准化、规范化建设。市级机关各级党组织坚持和完善重温入党誓词、入党志愿书以及党员过“政治生日”等仪式，市级机关党员领导干部参加双重组织生活率达97%以上，438名班子成员带头上党课。全面启动党支部工作品牌化建设。选优配强党务干部，45周岁以下直属党组织专职副书记占比提高至34%。推行党员积分考核，注重日常积分与量化考核相结合。举办市级机关“光荣在党50年”纪念章颁发仪式，组织颁发纪念章1621枚。

国有企业党建 2021年末，市属国有企业有各级党组织585个，其中党委49个、党总支52个、党支部484个，党员9863人。年内，实施国企党建“提质增效”行动，出台《关于分层分类推动市属企业党史学习教育走深走实指导意见》，完成为民办实事项目53件。市属国有企业全部建立实施“第一议题”制度，制定党委前置研究讨论重大事项规程，厘清党委与其他治理主体权责边界。创建国企党建品牌，3个党建经验做法入选省国资系统党建引领国企高质量发展百大案例，“一党委一品牌，一支部一特色”格局基本形成。全年市属国企获评全国青年文明号1个，市属国企人员获评省劳动模范5人、市劳动模范21人，8家市属国企被评为市“工人先锋号”。

村（社区）党建 2021年，市委组织部实施“赋能提优”行动，抓好换届后村（社区）党组织书记队伍建设，推进省、市、市（县）区三级驻村第一书记的组织、选派、联络工作。实施“融合提效”行动，开展村企党组织共建互联“一强五提”行动，推进“支部+合作社”“支部+电商”等发展模式。实施“阵地提标”行动，打造五级联动党群服务网络和“总站—基站—分站”基层党建工作指导站网络。

“两新”组织党建 2021年末，全市有“两新”组织党组织8960个，其中非公有制企业党组织8445个、社会组织党组织515个，党员109140人。创新实施“红色物流·锡递先锋”六大行动，组建快递物流党组织23个，建成无锡市快递物流业党群服务中心，布局“小蜜蜂驿站”685个。加强社会组织党建工作，成立市社会组织综合党委，实施社会组织党建十大项目，引领社会组织健康有序发展。实施新生代企业家“薪火计划”，成立导师服务团，聘请特约讲师，赠送红色书籍，市、市（县）联动推进挂职锻炼。推动“两新”组织党务工作者专业化建设，确定初级、中级、高级、特级党务工作者1511人。

（市委市级机关工委　市委组织部）

人才队伍建设

【人才引进】 2021年，无锡市实施“太湖人才计划”升级版2.0，制定太湖湾科创带人才专项政策，制定《关于促进港澳青年人才来锡就业创业的若干措施》，开展高层次人才座谈会、青年联谊、HR沙龙、学子夏令营等活动，为141名高层次人才子女解决学前教育和基础教育入学问题。9月24日，举办“无比爱才·锡望您来”留学人员专场直播招聘活动，提供就业创业政策推送、知名企业HR直播招聘等线上服务，7.26万人次在线收看。全年引进高层次人才超1.28万人，其中海外留学人才2475人，新招收博士后170人。无锡（惠山）生命科技产业园获评省级留学人员创业示范基地，江苏极熵物联科技有限公司获评首批江苏省最具成长潜力的留学人员创业企业，1人入选中国留学人员回国创业启动支持计划。至年末，全市人才总量超195.4万人。

（市委组织部　市人力资源社会保障局）

【人才金融港启用】 2021年，无锡市启用无锡人才金融港暨高层次人才一站式服务中心，整合全市14个部门40余项政务服务事项，开展活动150余场，服务人群近万人次。江苏毅达股权投资基金管理有限公

无锡人才金融港外景　（市委组织部　供图）

司等41家人才服务机构和基金公司，深圳证券交易所无锡路演中心等13个省市级服务平台，智联招聘第二总部、中国人事科学研究院长三角研究中心、上海技术交易所无锡创新中心等联络点入驻金融港。

【人才投入体系建设】 2021年，无锡市构建“拨、投、贷”联动式人才投入体系，拓展“人才贷”业务，创新“人才保”服务，常态化举办“创投无锡”太湖人才金融路演活动。举办活动35期，帮助35家企业获得19.1亿元融资。全年累计举办活动107期，共107家企业获得41.3亿元融资，3家路演企业科创板上市，成立规模各2亿元的太湖人才天使基金、成长基金，投资项目11个，总计投资1.465亿元，带动投资近9亿元。

【太湖人才峰会】 10月18—20日，无锡市举办2021太湖人才峰会，活动以“新时代、新人才、新生态”为主题，举行1场开幕式和20场主体活动，集聚69名中外院士、50所知名高校的领导、100名国家级专家等参会。太湖人才峰会面向海内外征集人才项目6000余个，签约项目358个，其中开幕式签约10个院士项目，投资金额超17亿元，落户合作平台81个，意向投资235.5亿元。

（市委组织部）

【大学生创业大赛获奖】 10月28日，第四届“创响江苏”大学生创业大赛省级决赛在南京落幕，无锡市选送“基于北斗RTK和IMU多源融合惯导无人车”“液态食品非接触式磁感应电场低温杀菌技术及其产业化装备”获“十佳大学生优秀创业项目”称号，无锡鹅湖玫瑰园艺文化有限公司总经理张骥获“十大创业标兵”称号，梁溪琳琅书画院院长朱琳雯获创业标兵提名奖，“璃音—打造中国领先企业定制音乐供应商”获优秀创业项目提名奖，获奖总数位列全省第三。

【人才创新创业大赛获佳绩】 12月23日，第九届中国江苏人才创新创业大赛总决赛闭幕。无锡市代表队获5个奖项，为历年最好成绩。滨湖区朱敏的“可重构高性能网络安全芯片”、新吴区岳玉涛的“新型车路协同毫米波雷达技术的研究与产业化”获二等奖；梁溪区胡雪涛的“基于智能可穿戴设备的健康监测传感器”、新吴区张博的“智能麻醉穿刺辅助机器人”获三等奖，市人力资源社会保障局获“优秀组织奖”。

（市人力资源社会保障局）

宣传工作

【概况】 2021年，全市宣传思想文化工作部门深入学习宣传贯彻习近平新时代中国特色社会主义思想，严格落实党委（党组）理论学习中心组学习制度，建好用好“学习强国”无锡学习平台，组建“理响无锡”宣讲大联盟，开展理论宣讲1.1万余场。开展全市党史学习教育，创新推出“四学四悟”“三联三解”等主题活动，市、市（县）区级“我为群众办实事”项目100%通过验收。营造庆祝中国共产党成立100周年浓厚氛围，开展“永远跟党走”群众性主题宣传教育活动。深入学习宣传习近平总书记“七一”重要讲话、中共十九届六中全会及省、市党代会精神，举行“聚力强富美高、决胜全面小康”全媒体新闻行动，做好长三角地区主要领导座谈会、物博会、人才峰会等活动宣传。承办2021中国国际智能传播论坛，县级融媒体中心建设水平全国排名靠前。抓好文明城市创建整改，健全常态化文明城市创建机制，高质量推进文明城市创建工作，人民群众满意度明显提升。深化精神文明建设，“太湖实验室”入选全国爱国主义教育示范基地，上榜“中国好人”5人（组）、“江苏好人”20人（组），推选“无锡好人”50人（组），获评第八届全国道德模范提名奖1人、省道德模范5人（含提名奖）。锡剧《蝶恋花·沈琬》、民族交响史诗《光明行》等首演。举办太湖影视文化产业投资峰会、苏港影视交流对接会。组织高层次宣传文化人才推荐工作，1人入选中央宣传部

11月1日，市委宣传部组织召开2021江苏省道德模范与身边好人（无锡·惠山）现场交流活动　（应　威　摄）

文化名家暨“四个一批”人才工程，获评江苏省“双创文化创新类人才”1人，推动文化人才政策首次纳入“太湖人才计划”。

年内，市委宣传部组织开展红色故事宣讲比赛，在全市征集红色故事106篇。在省第三届红色故事宣讲大赛决赛中，无锡市1名选手在志愿组以总分第一夺得金牌，2人获优秀奖，市委宣传部获优秀组织奖。组织32对新婚夫妇在国家公祭日开展向革命烈士献花活动。

【思想理论武装】 2021年，市委宣传部围绕学习贯彻习近平新时代中国特色社会主义思想和中共十九届历次全会精神，抓好党委（党组）理论学习中心组学习，制定年度全市县处级以上党委（党组）理论学习中心组学习计划及学习型党组织建设工作要点，举办全市县处级以上党委（党组）理论学习中心组学习秘书培训班。命名首批12个无锡市党委（党组）理论学习中心组践学基地，依托网上平台加强学习过程管理和结果管理，提高中心组学习制度化、规范化水平。市委理论学习中心组相关学习经验做法在中共中央宣传部《党委中心组学习》杂志上刊发。编印中心组学习《参考文选》11期，发放党史学习教育指定学习材料和重要参考材料、《新征程面对面》、中共十九届六中全会决议辅导读本及学习辅导百问等学习书籍2万余册，为及时跟进学习党的理论创新成果提供学习保障。

组建市委宣讲团，围绕党史学习教育、习近平总书记在庆祝中国共产党成立100周年大会上的重要讲话、中共十九届六中全会精神等重大主题开展集中宣讲200余场，同时发挥各级各类宣讲骨干作用，深入基层一线开展面对面互动式宣讲。举办“理响无锡”宣讲大联盟成立，创建由市级宣讲团、8个市（县）区级宣讲团、10个基层（特色）宣讲团（队）共19支队伍组成的“理响无锡”宣讲大联盟，构建理论宣讲常态化工作格局。发挥“思想云”平台功能，及时发布理论学习文章。举办10场“梁溪大讲堂”，“手机微学堂”每周编发学习信息，《无锡日报》“探索版”刊发理论学习体会文章25期，助推理论宣传普及。组织党员干部参加省“明理、增信、崇德、力行”庆祝中国共产党成立100周年党史知识竞赛，无锡市代表队获二等奖。举办2020—2021年度全市基层党员冬训工作部署会暨骨干培训班及冬训工作评价会，开展全市基层党员冬训工作。

在全市县处级以上领导干部中开展“勇做排头兵，谱写新篇章”专题读书调研活动，推动各级党员干部特别是领导干部深入基层开展调查研究，提高科学决策水平。围绕市委、市政府中心工作，组织全市社科课题招标，立项“加快推进太湖湾科创带建设的体制机制”等重点课题15项、“中国改革开放史中的无锡元素”等党史专项课题16项，形成一批高质量研究成果。“网络语境下理论传播效能研究”等3个课题被立项为省市协作课题。

【新闻发布】 2021年，无锡市围绕中国共产党成立100周年、全面建成小康社会、疫情防控、优化营商环境、城市管理等进行新闻发布。全年组织召开新闻发布会31场，书面发布新闻通稿68篇，市级领导接受媒体采访18次。全年“无锡发布”365天不打烊、24小时全在线，微信、微博累计发布推文1.16万篇（条），总阅读量超4.7亿人次。

【重大主题报道】 2021年，市委宣传部结合不同阶段宣传特点，谋划宣传方案，开设专题专栏，推出深度解读。组织开展“奋斗百年路，启航新征程”全媒体新闻行动，聚焦“习近平总书记系列重要讲话精神”“党百年奋斗的初心使命和重大成就”等重点，组织市级主流媒体创作千余件鲜活生动的高质量融媒体作品。组织市级主流媒体做好中共十九届六中全会及省、市第十四次党代会等精神宣传阐释，刊发言论评论综述文章，集中开展蹲点式采访报道，营造学习宣传贯彻会议精神的浓厚氛围。突出融合性，强化移动端，策划推出《渡江第一船》Html5、《百年风华·奋进无锡》沙画等新媒体产品，提升主题报道吸引力。

【城市形象宣传】 2021年，市委宣传部聚焦物博会、太湖人才峰会、太湖湾生命健康未来大会等全市年度重大活动，深化“专题采访广泛预热，各级媒体因时报道，矩阵联动二次传播”宣传模式，做好新闻宣传报道。物博会在12小时内7次登上央视平台，传播量5.38亿人次。无锡—粤港澳大湾区投资合作大会期间，联动《深圳特区报》《大公报》《澳门日报》同日推出3个整版报道，央媒、省媒刊发报道180余篇，提升无锡市在粤港澳大湾区知名度、影响力。借助新华社、央视等平台，推出反映城市产业布局、人才招引、环境治理、民生实事的内容。新华社物博会单篇报道被全球超600家媒体和主流网站转载。央视《对话》栏目播出无锡专辑“万亿城市新征程”，央视频《康辉说》栏目播出“城市有意思·无锡篇”。创新主流媒体话语体系，丰富新媒体传播形式，围绕“太湖明珠·江南盛地”形象定位，充分挖掘江南、长江、运河、太湖、锡剧、精微绣、泥人、紫砂、樱花、名人等城市符号，融入日常新闻策划、重大活动报道和集中主题宣传。研究设计城市“传播爆点”，引导“最能吃甜”“人均GDP最高”“影视综艺资源聚集”“世界三大赏樱胜地”“名人辈出”等特色IP在线上、线下广泛传播，生动展示无锡风范、无锡气派、无锡形象。锡剧《珍珠塔》到清华大学交流演出。央视《乐游天下》栏目组到无锡拍摄城市音乐视频并开展“樱花节”直播报道。舞剧《歌唱祖国》登陆河南卫视文化剧情舞蹈节目《舞千年》。

【对外宣传】 2021年，英国《经济学人》、美国《华尔街日报》、欧新社等国际主流媒体多次深度聚焦无锡，报道无锡物博会、太湖人才峰会情况。深化“魅力无锡”英文平台建设，英文网承接无锡市英文官网职能，推特、脸谱账号粉丝人数突破百万人，覆盖45个国家和地区。搭建友城联动交流平台，组织“云游友城”外宣活动，在全球24个国家、29个友城播放城市宣传视频。依托外事活动平台，做好2021国际赏樱周宣传推广，“赏樱胜地”系列传播总量超3000万次。会同新华社合建无锡城市传播能力建设研究发展中心，开展国际传播策划，撰写深度研究报告。全年无锡相关信息国际传播量超5000万次，比上年增长150%。在全省外宣工作会议上，无锡市获评奖项6个。

【系列主题宣传活动】 6月27日，“永远跟党走”无锡市庆祝中国共产党成立100周年歌咏文艺演出在市体育中心举行，演出规模宏大，社会反响强烈。2021太湖文化艺术季中，舞蹈诗剧《只此青绿》等参加演出，艺术季影响力、传播度显著提升。在第五届紫金合唱节合唱比赛中，山禾合唱团、江南大学合唱团等获两金、一银、一铜，市委宣传部获优秀组织奖。在2021紫金文化艺术季中，无锡市选送的《歌唱祖国》获优秀剧目奖，《蝶恋花·沈琬》获剧目奖，市锡剧院蔡瑜获优秀表演奖，《光明行》获大型音乐作品奖。市（县）、区围绕中国共产党成立100周年、全面建成小康社会主题，在基层举办惠民

6月27日，“永远跟党走”无锡市庆祝中国共产党成立100周年歌咏文艺演出举行。图为演出现场

（市委宣传部 供图）

5月20日，中央广播电视总台央视网与无锡市建立全面战略合作伙伴关系框架协议签约仪式举行　（市委宣传部　供图）

演出数千场。结合党史学习教育"我为群众办实事"活动，举办惠民演出500余场。

【媒体融合发展】 2021年，无锡市制定《加快推进媒体深度融合发展的实施方案》，统筹"报、网、端、微、屏"五大传播平台，推动形成党报党台求"深"、微信客户端求"快"、全媒体求"融"的传播体系。设立主流媒体深度融合发展资金，建立有关管理评估与绩效考核办法。市委宣传部统筹全市新闻媒体资源，明确平台定位，推进无锡发布、《无锡日报》《无锡博报》三大新媒体平台融合发展示范建设。报业集团全面升级政务融媒建设，无锡观察6.0版升级上线。广电集团推出年度30项重点工作，打造以《无锡博报》为龙头的新媒体产品集群。深入推进县级融媒体中心建设，锡山区融媒体中心通过第二批省级验收，江阴融媒体中心成为全国唯一获评中共中央宣传部2021年中国报业深度融合发展创新案例的县级融媒体中心。"最江阴"App建设经验被中共中央宣传部专报收录。在2021年中国新闻奖评选中，无锡市获二等奖、三等奖各一项。

【道德文明建设】 2021年，无锡市大力选树先进典型。杨晓君获评第八届全国道德模范提名奖、省见义勇为模范，俞斌获评省助人为乐模范，何光华获评省敬业奉献模范，王俊、陈丽芬获评省道德模范提名奖，陈杏妹、钱俊贤、周庆联、张谷和冯永华、王宁组合获评中国好人，颜忠元、赵六宝、钱俊贤、谢玉西、蒋仲良、黄达琪、徐伟栋、林水芳、郭军伟、丁兴南、黄子祥、谭培治、李士路、徐智能、严良介、袁彩凤、赵生男、张凤鸣、何光华和冯永华、王宁组合获评江苏好人，季梅英等50人（组）获评无锡好人。汇编完成近30万字的"九个一"材料集，推荐中国船舶重工集团有限公司第702研究所"载人深潜英雄集体"争创全国"时代楷模"。推选评出全国"最美人物"1人、江苏"最美人物"4人、无锡"最美人物"89人。

完善嘉许回馈制度。重大节日期间，市领导带队走访慰问道德模范、"身边好人"等先进典型代表，为他们送上祝福和慰问金，金额超过100万元。定制"好人礼遇卡"，回馈117名先进典型。组织7批、近200名先进典型代表参与太湖隧道开通典礼、"致敬最美奋斗者"新年民族音乐会等市级回馈活动。

实施道德讲堂赋能工程。组织开展市级道德讲堂4场，承办省道德模范与身边好人现场交流活动，组织"身边好人""百姓名嘴"等开展"四史"宣讲128场，开展"七一"重要讲话精神宣讲300余场，累计受众超200万人次。编印《崇德向善·情暖一座城》，推广无锡经验。

发挥爱国主义基地示范作用。对全市138家各类爱国主义教育基地进行提档升级，为全市青少年开展爱国主义教育提供平台。年内，中国船舶重工集团有限公司第702研究所深海技术科学太湖试验室被中共中央宣传部命名为全国爱国主义教育示范基地，中国乡镇企业博物馆、国家超级计算无锡中心、中国船舶重工集团有限公司第702研究所深海技术科学太湖试验室被省委宣传部命名为江苏省爱国主义教育基地。

年内，围绕春节、元宵节、清明节、端午节等7大传统节日，市文明办组织开展活动60余场，丰富群众文化生活，培育文明有礼新风尚。组织开展无锡市移风易俗典型案例征集活动，评选发布、宣传推广市级移风易俗典型案例15个。召开文明旅游工作联席会议，组织文明旅游暗访督查，推动各类场所对标达标。在省内率先举办"永远跟党走，幸福舞起来"市级展演比赛，并在省、市平台进行网络直播。参加省"永远跟党走，幸福舞起来"2021广场舞展演比赛，无锡市乐之炫舞蹈队获评最佳表演奖。

【新时代文明实践中心建设】 2021年，市委宣传部完善部领导联系新时代文明实践中心建设制度。根据国测、省测要求，市文明办列出细化清单，推出示范点，组织举办现场观摩与座谈会，进行现场辅导和督查；采取互学互评的方式对新时代文明实践中心三级党组织书记重点任务清单抽样评估。涉农板块实现新时代文明实践中心、所、站覆盖率100%，全年建成新时代文明实践中心6个、实践所74个、实践站1065个。向《精神文明导刊》《无锡导刊》《无锡宣传》推荐无锡各地新时代文明实践中心建设优秀案例11个，其中，《让文明实践成为群众的幸福底色》入选中央文明办编印的《建设新时代文明实践中心怎么干》一书，《“党建引领+锡剧文化”助推新时代文明实践》入选《精神文明导刊》。编印《建设新时代文明实践中心——无锡市优秀案例》。

结合新时代文明实践中心试点工作、目标要求和内容项目需求，推动“三下乡”活动与新时代文明实践中心试点工作相融合，推动“三下乡”活动常下乡、常在乡。成立8个“三下乡”志愿服务团，举行集中活动和援助项目同时开建仪式，全市22家部门(单位)组织开展主题演出、科技、卫生、环保等30多个服务活动，市、区两级共筹集价值125万元资金和物品，把各类服务资源送到农村基层一线。

【志愿服务】 2021年，市文明委印发《关于进一步加强志愿服务管理的实施意见的通知》。组织举办《江苏省志愿服务条例》培训班，召开市志愿服务协调小组联络员会议4次，提升市志愿服务法治化、规范化水平。在2021年“6·5”环境日国家主场活动“生态文明，志愿同行”论坛上，以《无锡：以“环太湖生态文明志愿服务大行动”助推“美丽中国”建设》为题介绍无锡市的相关经验做法。《人民日报》(2021年9月8日14版)头条刊登《老有所为所乐，继续发光发热(为了幸福美满的晚年)》一文，报道滨湖区志愿服务工作经验成效。

至2021年末，连续19年开展学雷锋志愿服务活动月，连续8年开展南禅寺广场学雷锋志愿服务，推出10场活动，连续9年开展崇德乐善“一月一主题”公益活动，确保志愿服务常态化。招募近6000名志愿者为10场大型赛会提供志愿服务，累计时长近8万小时。组织23场“文明家门口”志愿服务进社区活动，千余名志愿者将千余个志愿服务项目送进社区，为超万名群众解决困难。《江苏无锡开展“我为群众办实事”实践活动》的报道被“学习强国”全国平台党史学习教育“办实事”栏目录用。

选树志愿服务典型。惠山区洛社镇志愿服务总站负责人徐智能获评全国最美志愿者，锡山区安镇街道锦安社区、滨湖区河埒街道水秀社区获评最美志愿服务社区，市志愿者爱心车队获评第三届(2019—2020年度)全省交通运输行业诚信单位(集体)，惠山区堰桥街道志愿团李士路、江苏新日电动车股份有限公司曹东成获评河南省防汛救灾优秀志愿者，无锡玖玖玖救援中心、无锡蓝天救援队、宜兴市无线电协会获评河南省防汛救灾优秀志愿服务组织。宣传推介邵清等最美志愿者10人、宜兴市“宜小红”志愿者服务队等最佳志愿服务组织10个、梁溪区“梦想改造+‘溪’望守护”关爱计划志愿服务等最佳志愿服务项目10个、锡山区东亭街道东城社区等最美志愿服务社区10个、惠山区玉祁街道新时代文明实践所等学雷锋志愿服务标准化示范站10个。

志愿服务交流展示活动。无锡市推选新时代文明实践项目“田野上的党史课”参与国家志愿服务展示交流会，获2021年省宣传思想文化工作创新奖。参与省志愿服务展示交流会路演项目5个，登陆省网上志愿服务云展馆项目11个，参与市志愿服务交流展示会项目40个。

6月9日，市长杜小刚(右一)看望慰问志愿者，并为他们送上防疫、防暑、防蚊用品　（市委宣传部　供图）

【文明城市创建】 2021年，无锡市召开文明城市创建工作例会和推进会20余次。召开全市文明城市创建整改提升工作总结暨深化文明城市创建工作动员大会，出台《关于进一步深化文明城市创建工作的意见(2021—2023年)》。推动市创建办实行专班化运作，组建综合协调、检查督导、宣传发动、台账汇总等工作组，常态化开展工作。牵头做好中央文明办组织的全国文明城市实地测评的迎检工作。做好省级文明乡风测评迎检工作。

群众性基础创建。市文明委印发《无锡市文明单位创建管理办法(试行)》《无锡市文明家庭激励与管理办法》，在全省率先出台文明家庭礼遇措施清单，明确各项基础创建工作的创建标准、评选程序、表彰奖励、动态管理相关要求，推动基础创建工作制度化、规范化、常态化。年内，无锡市获评2019—2021年度江苏省文明单位319个、文明镇26个、文明村87个、文明社区54个。做好第七届全国文明乡镇预申报工作。常态化开展群众性精神文明创建先进宣传，组织开展对市级以上文明单位、文明村（社区）、文明镇抽查督导，提升基础创建水平。

公益广告宣传。年内，无锡市连续100天推出“早安无锡”视频（图片），制作推出《文明有我》《爱的传递》等微电影7部、讲文明短视频20集、MG动画短视频4集，随机发放调查问卷2万余份，制作发放文明提示口罩50万只。完善93条市管道路的公益广告，组织设置路灯杆旗1450杆、宣传插牌96个，及时更新维护广场公益广告。组织《无锡市文明行为促进条例》《江苏省志愿服务条例》和“3·5”集中活动宣传。三大运营商发送公益短信600万条；户外大屏、苏南硕放机场行李转运显示屏等LED屏日均播放20余万次；《无锡日报》《江南晚报》刊发整版广告；无锡电视台黄金时段设置流动公益字幕。各新媒体刊播点击量超过50万人次。印发《无锡市节庆氛围布置工作方案》。联合市市场监管局举办2021第八届“紫金奖”公益传播设计大赛作品征集推进会暨公益广告创作培训会。

【未成年人思想道德建设】 2021年，无锡市未成年人思想道德建设工作紧紧围绕庆祝中国共产党成立100周年主题，深入推进核心价值观教育，健全完善青少年理想信念教育齐抓共管机制。

开展主题教育。在全市未成年人中广泛开展青少年红色故事讲解征集推广展示等系列主题教育实践活动10项，其中青少年融媒体学党史征文大赛共征集各级各类参赛作品4556件，表达无锡市中小学生“听党话、感党恩、跟党走”的心声。学习贯彻习近平总书记在庆祝中国共产党成立100周年大会上的重要讲话精神，在全市青少年中组织开展“请党放心，强国有我”教育实践活动，组建优秀教师讲师团，广泛开展“学习‘七一’讲话精神，汇聚青春奋进力量”专题宣讲活动。将党史、新中国史、改革开放史、社会主义发展史内容全面融入学校思政课程、校园文化和教育实践，组织“马克思主义青年说”“无锡教育思政E课堂”“锡城‘红色故事’万名少年说”等活动。

美育教育引导。举办无锡市第三届“童真里的色彩”儿童画创作大赛，收到参赛作品6200余件，共评出幼儿组作品奖项275件、小学组作品奖项149件、中学组作品奖项12件，优秀指导老师50名，优秀组织单位10个，在省级评选中获一等奖3个、二等奖5个，获优秀组织奖第一名。组织2021年“童声里的中国”少儿歌谣创作大赛，收到全市范围内应征作品5800余件，评出一等、二等、三等作品共122件，获省级一等奖、二等奖、三等奖各1名及优秀组织奖。以“童心向党”为主题，举办2021年度无锡市少儿文化艺术节。

文明礼仪教育。在全市各中小学常态化开展未成年人文明礼仪教育活动，举办市级“成人仪式”“青春仪式”“成长仪式”教育示范观摩，在线观看超10万人次。开展新时代好少年的推选、宣传和学习活动，推选2021年度无锡市新时代好少年50人、标兵10人，获评2021年度新时代江苏好少年4人。

心理健康教育。策划举办心理健康视频讲座12期，提高家长对未成年人心理健康问题的认知水平。组织无锡市未成年人成长指导中心开展“太阳花开”未成年人心理健康服务，评估处理危机干预个案近90例，开展“太阳花开”父母课堂、《80分课堂》等线上活动20余场，开展生命教育讲座、现场咨询会等线下活动30余场，组织开展无锡市第12届未成年人心理健康服务月活动。

建立联席会议制度。印发《无锡市未成年人思想道德建设联席会议工作规则》，明确组织架构，职责任务，议事制度，形成各部门齐抓共管、协调推进的局面。无锡中小学校获评2019—2021年度省文明校园38所。

【“学习强国”无锡学习平台建设和讲坛管理】 2021年，市委宣传部建好用好“学习强国”无锡学习平台，召开“学习强国”无锡学习平台工作推进会。加强“学习强国”无锡学习平台日常管理，出台“学习强国”无锡学习平台评优奖励的方案，举办全市“学习强国”无锡学习平台建设工作会议。对全市讲坛进行分级备案管理，每个季度通报市级讲坛备案情况，年内全市市级讲坛备案540场，零报备68次。

（市委宣传部）

【市委讲师团理论宣讲工作】 2021年，市委讲师团在党的建设、理论宣讲、课题研究和平台建设等方面取得新成绩，获评2021年度全国基层理论宣讲先进集体。

组织开展2021“永远跟党走，奋进新征程”“百姓名嘴”风采展示活动，获全省优秀组织奖。选派宣讲骨干为市委讲师团“基层理论宣讲基地”“新吴区桑梅红色文化传播中心”进行示范宣讲，在无锡科技职业学院建立市委讲师团“基层理论宣讲基地”，指导无锡科技职业学院、无锡市新四军历史研究会、梁溪区金匮街道成立党史学习教育宣讲团（讲师团）。举办“党史学教入课堂，同备一堂思政课”党史学习教育集体备课会、学习贯彻习近平总书记重要讲话精神理论研讨会暨宣讲备课会、“学习贯彻市第十四次党代会精神”集体备课会、中共十九届六中全会精神专题备课会暨基层理论宣讲骨干培训班、全市基层理论宣讲骨干党史学习教育专题培训班等。下发“开启新征程，开创新局面”、党史学习教育暨全国两会精神、“学习领会习近平总书记在庆祝中国共产党成立100周年大会上重要讲话精神”、“学习贯彻中共十九届六中全会精神”等专题宣讲单，深入基层开展理论宣讲。

完成“无锡市基层理论宣讲参考资料选编”《第四辑·党史篇》《第五辑·大运河文化篇》《第六辑·2021年理论宣讲工作资料汇编》，编辑《基层理论宣讲文献资料》3册。全年在省、市级媒体发表文章13篇。

（市委讲师团）

统战工作

【概况】 2021年，全市统战工作全面落实习近平总书记关于加强和改进统一战线工作重要思想及《中国共产党统一战线工作条例》（以下简称“条例”），加强政治引领，发挥人才优势，无锡统战工作在全省综合考核中连续第四年保持第一名，党外知识分子相关工作获评中央统战部统战工作实践创新成果奖，理论研究课题获评中央统战部理论创新成果三等奖。

【多党合作】 2021年，市委统战部组织开展中共十九届六中全会精神和省、市第十四次党代会精神宣讲及条例专题讲座。支持民主党派开展中共党史学习教育，政府部门机关党支部主动结对民主党派，邀请参加理论学习，开展座谈交流、参观红色景点等活动。开展庆祝中国共产党成立100周年系列活动，召开全市各界人士庆祝中国共产党成立100周年座谈会，举办“同心向党，共绘伟业”摄影书画作品展、“同心向党，步调一致”统一战线唱响主旋律歌会、“同心向党，砥砺奋进”主题征文比赛等活动。帮助和支持民主党派加强自身建设，制定《各民主党派无锡市委关于加强新时代组织工作座谈会纪要（试行）》，明确各民主党派年度党员发展，提高发展质量，规范教育管理。修改2021年考核方案和实施细则，完善民主党派市委机关年度综合考核。

【大统战格局构建】 2021年，市委常委会专题研究统战工作7次，召开市委统战工作领导小组会议、统战部部长会议及民族宗教工作领导小组会议；市委统战部成立民营经济统战、海外统战等议事协调机制，推动各项重点工作有效落实；邀请省委统战部常务副部长李国华做客“梁溪大讲堂”，专题宣讲条例，拟制市委贯彻条例实施方案；举办“学党史、学条例，提高统战能力水平”全市基层统战干部培训班，提高统战工作科学化、规范化、制度化水平；承办中国统一战线“基层统战亮点行”专题调研，全市入围“江苏百家统战基地巡礼”的基地有11家。

10月21日，各族群众互嵌式发展计划暨江苏省“红石榴就业行动”启动仪式在无锡举行　（市委统战部　供图）

【参政议政】 2021年，市委印发《无锡市2021年度政党协商计划》。市委统战部组织市各民主党派、工商联和无党派知联会围绕“加快太湖湾科创带建设”“加强长三角一体化建设”“推进市域社会治理现代化建设”专题进行调查研究。协助市委召开“加强长三角一体化建设”“加快太湖湾科创带建设”专题民主协商意见建议办理落实推进会及“加快太湖湾科创带建设”“推进市域社会治理现代化”专题民主协商座谈会，为市委科学决策提供参考。

【民主监督】 2021年，市委统战部制定《关于支持市各民主党派围绕全面深化改革重点任务开展专题民主监督的实施方案》，率先在全省探索创新“民主监督+改革督察”工作机制，明确监督内容和工作程序，细化保障措施，完善知情明政、对口联系、整改落实等工作机制，为市各民主党派开展民主监督提供制度保障。市各民主党派开展监督调研47次，形成调研报告42篇，通过《改革动态（“民主监督+改革督察”工作专刊）》报送市委、市政府领导参阅。定期通报全市党风廉政建设情况，聘请38名党外人士担任司法、检察、审计等单位特约监督员，全方位开展民主监督。建立履责纪实和“问题清单”制度，压实市各民主党派履职尽责主体责任，积极督促相关地区、部门落实问题整改，推动监督成果转化。

【党外代表人士队伍建设】 2021年，市委统战部通过加强沟通协商，规范换届程序，完成市各民主党派、无党派知联会、市工商联、市台联、市民促会等换届。加强党外干部队伍教育培训，加强市社会主义学院建设，建立院务会议制度，在市委党校成立统战理论教研室，培养统战专职师资力量。举办第32期党外中青年干部培训班暨第五期党外干部"321人才计划"培训班、全市民族宗教界代表人士培训班、市欧美同学会首期骨干会员培训班、"无锡新英汇"第五期培训班等，致力提高党外代表人士综合素质。组织部举行部长联席会议、优秀党外年轻干部座谈会，会同举办党外中青年干部培训班等，推动建立组织部门与统战部门"八个一起"工作机制。加大党外干部培养选拔力度，市中级人民法院、市人民检察院均配有党外班子成员，市政府部门党外干部配备面达1/3，市人大常委会、市政协均配有党外专职副秘书长，市属国企、医院、学校中均配有党外领导干部。

【党外知识分子工作】 2021年，市委统一战线工作领导小组制定《关于加强和改进新时代党外知识分子思想政治工作的实施办法》，在全市党外知识分子中组织开展"同心向党·砥砺奋进"十项行动，组织开展"学党史，感党恩，跟党走"活动，邀请省委宣讲团成员、江南大学马克思主义学院教授唐忠宝为市知联会成员做党史学习专题报告，巩固共同思想政治基础。在全省率先开展"党外知识分子思想政治工作阵地"创建活动，召开市党外知识分子工作推进会，为8个工作基地授牌。建成省内首家科研院所党外知识分子工作基地——"湖湾院所联盟"思想政治工作阵地，引导无党派人士积极为太湖湾科创带及环太湖科创圈建设建言献策、贡献智慧，获评中央统战部统战工作实践创新成果奖。

【非公有制经济领域统战】 11月1日，第五届全球锡商大会视频云荟在无锡市举行，主题为"奋进'十四五'，共铸'太湖印'"，通过"主会场+海内外11地分会场+视频智联"云会议形式，海内外近500位锡商乡贤通过线上、线下方式出席会议。在投资项目集中签约环节，现场签约锡商投资项目21个，总投资额266亿元。为解决上市公司产业优化转型发展难题，举行上市公司与投资机构闭门交流会，16家全国前30强基金、金融机构与无锡上市企业进行"面对面"交流，推动合作共赢。全年全市入围中国民营企业500强的企业26家，新增2家，入围数居全省第一名。

加强民营经济人士理想信念教育，举办青年企业家基业长青培训班，组织开展"争做四信四有新锡商""永远跟党走，奋进新征程"等主题教育。承办全省民营经济人士理想信念教育活动暨"百家商会学党史"知识竞赛，开办"百年党史中的无锡工商联红色烙印"党史微视频学习专栏，制作发布锡商红色故事。创新青年企业家培养机制，选派35名企业家到机关部门挂职，其中7名党外青年企业家挂任市发展改革委、市卫生健康委、市生态环境局等部门副职领导。引导民营经济人士履行社会责任，参与公益慈善，助力乡村振兴，全年各类救灾、扶贫、助学捐款捐物（折款）6000余万元。

为民营企业排忧解难，组织开展"无锡企业家日""民营企业服务月"系列活动，发挥民营经济统战工作协调机制作用，牵头成立民营经济高质量发展讲师团、法律服务团、科技服务团。持续深化银企、法企、税企对接，提供专业精准服务，全年为中小微企业授信贷款额度2.25亿元，调解成功案件标的11.6亿元，无锡商事调解中心被省高级人民法院、省工商联确立为省重点培育商会商事调解组织。

【新的社会阶层人士统战工作】 2021年，市委统战部组织全市新的社会阶层人士参加"学党史，感党恩，跟党走"活动，举办"'新'火燎原"党史知识竞赛，激励新的社会阶层人士从中共百年伟大奋斗历程中汲取智慧和力量。选送新的社会阶层代表人士参加省新联会"新阶层儿女心向党"文艺会演，参加"千年运河，苏新记忆"非遗文化展开幕式。全市新的社会阶层人士参加"新连心·益童暖冬行动"活动，为50名困境儿童递送"暖冬爱心包"。

江阴市承担的开展新的社会阶层人士综合评价试点工作第一阶段任务结束。年内，无锡市举行"千名干部百项攻坚行动"项目党建共建云签约仪式，组成"新阶层人士综合评价试点工作项目攻坚"党建联盟，通过沟通联系、跟踪指导、研究分析、总结完善等方式，形成"一套科学适用的评价体系，一项协作高效的工作机制，一套简便顺畅的评价指标，一系列正向激励的结果运用，一套可查可看的档案资料"及"突出'自评+他评'；突出'定性+定量'，建立涵盖4个一级指标、12个二级指标、33个三级指标的评价体系；突出'分级+分类'，采取市、镇（街道）分级管理，兼顾层级差异性，根据实际调整分值权重"的试点成果。相关经验做法经中央统战部转发在全国推介。

【欧美同学会工作】 2021年，市欧美同学会实施"学长同心荟"政治引领工程。首期骨干会员培训班暨"学长同心向党"党史学习专题培训班在中央统战部培训中心怀柔基地举行。在锡山区姚桐斌故居成立全市首个"留学报国爱国主义教育基地"。7月，全国第一家乡镇级欧美同学会——东港镇欧美同学会成立。举办长三角欧美同学会海外人才创新资源对接洽谈会，发布无锡市海归创新创业成果38项，现场路演海归高层次创业项目11个，书面交流创业项目47个。欧美同学会海归小镇(无锡·物联网)完成第一轮评审。12月,联合团市委、市侨联等启动“最青春”首届无锡市海归青年文化节,宣传无锡文化和引才政策,设立“无锡海外青年创新创业联谊站”9家、“无锡海归青年创新创业服务站”12家,发布无锡海归青年主题歌曲MV《赤子》。市欧美同学会足球队获评2021“同心杯”长三角欧美同学会足球邀请赛冠军。

(市委统战部)

侨务工作

【华文媒体宣传】 2021年,市侨办加强华文媒体宣传,制作海外宣传专版4期,分别为意大利《欧洲华人报》刊载《魅力梁溪·精彩城区》专版,法国《欧洲时报》刊载《江阴:冲出江尾,勇立海头》专版,澳大利亚《大洋时报》刊载《引领无锡东向融入,推动锡山跨越发展》专版,日本《中文导报》刊载《宜兴:宁杭生态经济带上的“靓丽明珠”》专版,传播无锡声音。开展“中医惠侨,无锡有爱”中医药文化感知体验活动,联合市卫健委、市中医医院成立市级“中医惠侨基地”,通过线上、线下等方式助推中医药国际化发展。

【友好学校缔结】 7月23日,2021海外华裔菁英青少年大运河文化线上体验活动(无锡站)启动,时间3天,主题为“水韵无锡”“匠心无锡”“诗意无锡”。以“云游”“云教”“云学”“云乐”“云互动”为形式,46个国家、227所华文学校的华裔师生在钉钉群、直播视频平台“云”游无锡,活动受到海外华文学校和青少年好评,全球观看120多万人次,点赞160多万人次。参与省“百所华文学校云牵手”活动,牵线促成江苏省天一中学与马来西亚日新国民型中学卓越学校、无锡积余实验学校与马来西亚霹雳州安顺三民独立中学、无锡市尚贤教育集团与德国汉华中文学校、无锡市第一中学与澳大利亚新金山中文学校、江苏省锡山高级中学实验学校第三小学与马来西亚槟城高渊培德华文小学等缔结为友好学校,在促进民间文化交流,开展线上汉语教学、教育教学经验分享、师生互访考察学习等方面加强合作。

7月12日,在宜兴市新时代文明实践中心举办无锡市侨界先进典型事迹宣讲会。图为代表合影 (柯敬周 摄)

【侨胞服务】 2021年,市侨办开展《中华人民共和国归侨侨眷权益保护法》《江苏省保护和促进华侨投资条例》《江苏省华侨捐赠条例》等侨务法律法规宣传、讲座、咨询等活动105场次。推进依法行政,对7名华侨子女进行“三侨生”高考身份认定,对1名华侨进行身份认定,对1名归侨进行身份认定。市委统战部、市财政局、市侨联联合出台《关于调整全市困难归侨及企业退休归侨生活补助标准的通知》,由每人每月200元提高到每人每月300元,全年发放各类补助金、慰问金29.7万元。开展侨务工作“进三区”活动,江阴市青阳镇旌秀社区、宜兴市和桥镇劳动社区、无锡蠡园开发区3家单位被省委统战部通报表扬。

【欧美同学会第二届“双创”大赛物联网产业赛区赛事】 5—10月,欧美同学会第二届“双创”大赛物联网产业赛区赛事在无锡举行。5月,举行大赛媒体推介会。9月,举办复赛。10月,举行决赛。物联网产业赛区共征集项目581个,其中,创意组145个、创业组436个,市外项目分布于21个省、40个市。入围海选的200个项目中,38%项目有过融资经历,6个项目融资过亿元,项目核心团队均有海外留学或工作背景,84%项目的团队创始人学历为硕士及以上,36%项目的团队创始人学历为博士,均来自海内外高等科研院所,核心成员中有“两院”(中国科学院、中国工程院)院士,有国家重大工程人才专家、高校教授。创意组、创业组分别产生一等奖项目3个、二等奖项目4个、三等奖项目5个,其中10个获奖项目签订落户无锡意向协议。

(市委统战部)

对台事务

【概况】 2021年，无锡市新批台资项目39个，投资总额9.78亿美元，协议注册台资2.14亿美元，实际到位台资0.43亿美元。全市台资企业增资项目19个，超千万美元项目2个。全市到台商务团组10批14人次。

【项目合作推进】 2021年，市委台办贯彻落实《关于支持台湾同胞台资企业在大陆农业林业领域发展的若干措施》（简称“农林22条措施”），结合市“十四五”规划、太湖湾科创带建设，提出建设“太湖湾科创带食品硅谷”项目，形成《关于依托江南大学，借力台资企业，在无锡市建设“食品硅谷”的思考与建议》课题，入选市“千名干部百项攻坚”重大创新项目。12月4—5日，由市委台办、江南大学食品学院联合主办，无锡食品科技园协办的“2021海峡两岸食品营养与健康产业高峰会”在无锡举办。高峰会得到两岸企业家峰会特别支持，被列为2021两岸企业家峰会的配套活动，两岸食品领域产学研代表近300人参加会议，共同就两岸食品产业合作和融合发展进行交流研讨。会上，举行太湖湾科创带食品谷孵化园签约仪式和发布推介，市委台办、江南大学食品学院、无锡食品科技园三方共同签约，开启太湖湾科创带食品谷建设。

【集成电路产业对接】 10月12日，苏台集成电路产业对接会在无锡召开，全省集成电路产业的台企、国企、民企代表约150人参加会议，就江苏半导体产业发展现状与趋势、上下游产业链融合发展、政府政策扶持、节能减排及人才招引等方面进行座谈交流，并就全省集成电路产业发展建言献策。

【台企转型升级】 2021年，市委台办引导台企主动融入“双循环”发展格局，开展台企上市专题辅导，帮助台企拓展内销渠道，申请省“紫峰奖”、高新技术企业认定，促进全市台企、民企和两地产业界对接合作。健鼎（无锡）电子获评第三届省政府“紫峰奖”、市重点产业集群龙头企业；推荐入选省2021年第一批入库科技型中小企业名单9家、省三星级上云企业3家、省级企业工程技术研究中心1家；入选市转型升级资金和技术改造引导资金扶持项目24个、市企业技术中心和工程技术研究中心立项4家、纳入雏鹰企业培育库6家、市智能车间5家、高新技术企业16家、市专精特新“小巨人”企业1家、市绿色工厂1家。9月，与厦门金圆统一证券有限公司商洽开展金融合作，为在无锡的台企融资、上市提供金融服务。

【锡台交流】 2021年，无锡市组织开展“乐跑在锡马，两岸一家亲”、“锡台一家亲，同贺女神节”花艺沙龙、“‘江南锡韵’——无锡非物质文化遗产进台企”“海峡两岸纪念徐霞客公祭典礼暨徐霞客文化交流线上座谈会”“‘云中看江苏’海外台湾青少年网上夏令营——无锡篇”“青云邀约，畅享未来——‘志愿服务中的青年担当’”“苏台青年‘云分享’”“专家共聚首，携手话桑麻”两岸乡村振兴交流论坛等系列活动，旨在深化无锡、台湾两地文化、教育、体育、社区等领域的交流与合作。

【“千名台青看无锡”系列活动】 2021年，无锡市开展“千名台青看无锡”系列活动，组织在无锡及周边城市的台湾青年了解无锡发展历史与发展成就。3月，举办“创垠两岸，智赢未来”无锡太湖湾两岸青年创业基地交流研讨会暨太湖湾两岸双创园签约仪式，全国台企联、长三角各地台协、台青代表、台青创业团队90余人参加会议。10月，举办2021海峡两岸（无锡）青年文化季暨无锡市第二届城际台湾青年篮球邀请赛，来自北京、上海、苏州、无锡等地的16支台湾青年篮球代表队，以及全国台企联、各地台协、台商、台湾青年代表等350余人参加活动。中央台办交流局、中国篮协、省委台办、全国台企联等领导出席开幕式。

【台胞服务】 2021年，市委台办编印《支持促进台企台胞融合发展政策选编（2018.9—2021.3）》，开展“市66条实施意见”评估工作，了解15个重点

12月5日，三方就建设太湖湾科创带食品谷孵化园举行签约仪式

（市委台办 供图）

部门贯彻落实情况，推动惠台政策措施落实。举办“百人走台企，聚力办实事”活动。开展“权益保障进台企、政策辅导进台企、普法宣传进台企、公益服务进台企、党史教育进台企、文体联谊进台企”等专题活动。针对疫情常态化防控，出台“惠台福”系列保险等具体措施，在全省首推“住房财产险”和“灾害救助责任险”险种，为台商台胞提供多重保障。“惠台福”系列保险项目获评全省台办系统创新创优项目优秀奖。台企台胞积极参与慈善公益事业，“风‘豫’同舟”捐款553万元。获评中国青年志愿者优秀个人奖台胞1人，获评市“三八”红旗手台胞1人，获评无锡“最美双创之星”台胞1人。

（市委台办）

政策研究

【概况】 2021年，市委研究室聚焦市委关注的重大问题谋划推进，优质高效完成市委交办的各项任务，创新打造“精诚所至·金石为开”的“锡研”工作品牌，全年刊发《锡研专报》等内参52期，得到市领导批示肯定55次、省委主要领导批示1次。

【服务市委决策】 2021年，市委研究室牵头推进太湖湾科创带政策研发重大任务，协同有关方面制定《关于加快推进无锡太湖湾科技创新带建设的若干政策意见》，并以市委、市政府名义印发，召开新闻发布会，指导有关部门制定配套政策，推动全周期闭环式打造太湖湾科创带政策体系。根据市委工作安排，组织起草市委主要领导在市委深改委会议、市委财经委会议，在新吴区、滨湖区、经开区调研座谈会上的讲话，以及《无锡日报》有关评论员文章等一批重要文稿。牵头协调在全市开展“我为家园献良策”“金点子”征集活动，形成5期情况报告及活动综述，列入市第十四次党代会附件。做好市委“十四五”建议的任务分解工作，出台专门实施意见，推动建议贯彻落实。组织起草《关于基层治理体系和治理能力现代化建设走在前列的实施意见》。

【重点课题调研】 2021年，市委研究室落实国家战略，围绕长三角一体化、乡村振兴、国土资源保护与利用、太湖湾科创带体制机制等专题开展调研，形成数篇重量级调研报告，部分成果转化为政府意见。围绕共同富裕、城市建设、社会治理、碳达峰、碳中和、“向海而行”“工改工”等主题，与先进城市进行比较研究，形成《创造高品质生活，打造现代气派新都市》等一批高质量比较研究报告，得到市委、市政府主要领导批示肯定。围绕经济发展、改革开放、城乡建设、文化建设、生态环保、人民生活和党的建设，总结形成高质量发展系列经验报告，10个经验案例列入江苏高质量发展案例汇编，无锡市集成电路产业发展系列调研报告在省委内参《调查与研究》刊发，并得到省委主要领导的肯定。创新开展“锡研问道”论坛暨全市党委研究室系统沙龙活动，打造“调研‘问道’”调研品牌。全年开展论坛活动2期，形成系列调研报告2个。其中，会同梁溪区委研究室联手形成的《关于无锡江南古运河争创国家级旅游度假区的思考与建议》报告，得到省委主要领导关注及市委主要领导批示肯定。调研聚焦基层关切和呼声，其中，以宜兴230省道为样本，提出平安道路建设对策建议，受到基层欢迎。

【推动改革攻坚】 2021年，市委研究室制定市委深改委《2021年工作要点》，配套出台细化实施方案，明确9个方面、29条146项年度改革任务。梳理全市承担的国家级和省级改革试点任务，确定市、市（县）区领导联系重点改革任务150项。协调召开市委深改委会议5次，传达学习中央深改委、省深改委会议精神，对重点领域和关键环节改革整体部署，审议通过《无锡市国企改革三年行动计划（2020—2022年）》《无锡市关于构建更加完善的要素市场化配置体制机制的实施意见》等改革文件14份。为确保改革督查精准有效，主动与市委统战部对接，探索民主监督和改革督察相结合的新路径，在全省率先制定《关于支持各民主党派市委围绕全面深化改革重点任务开展专题民主监督工作的实施方案》，组织“双督”（监督＋督察）工作2轮、34批次，发现并推进整改问题22个，形成各类督察和调研报告31篇。组织承办苏南片区改革工作座谈会，创新做法入选全省服务推进改革特色做法示范案例，“双督”工作在全省党委改革办系统作典型经验交流。全年制播《无锡新闻·改革进行时》14期，在《无锡导刊》《改革动态》等刊物组稿、刊发20余期，产生良好社会效应。总结宣传无锡市“百企建百园”赋能乡村振兴、新吴区“指数化”构建社区工作者成长体系等改革经验。无锡市江阴县域治理现代化、村级医疗互助等典型案例入选省《改革拓新路，发展开新局》改革案例汇编。

【财经谋划】 2021年，市委研究室协调召开市委财经委会议2次，推动党管财经落到实处。加强产业链监测，列出头部企业、骨干企业和潜力型企业清单，将经济运行观测点升级打造成为重点产业链（集群）调研服务点。推出“财经观察·观察者说”栏目，围绕城市数字化转型、专精特新“小巨人”企业、发展直接融资、探索三次分配、加快旧区改造等热点难点问题，形成《发展直接融资，用好金融“活水”》等系列文稿13篇，为全市经济高质量发展提供思路借鉴。推出“财经观察·溯源问道”栏目，梳理盘点无锡经济发展史的重要现象及创新模式，形成《中国经济学界的“无锡现象”》等文稿5篇。

（市委研究室）

网信工作

【概况】 2021年，无锡网信工作基本完成市域网络综合治理体系及全域性城市网络安全防护体系建设，争创网络综合治理示范区，争创全国网络安全应急指挥中心示范点、全国互联网违法和不良信息举报受理处置一体化机制试点、综合类国家区块链创新应用试点，网络安全实训基地项目获评“四千四万”开拓专项奖。建成“锡朗”无锡市网络综合治理平台，集纳“锡云”“锡剑”“锡清”“锡语”“锡音”“锡盾”六大子系统，形成全流程网络综治技术支撑体系。实施网络文明建设“锡望e家”同心工程，开展互联网企业“同心向党e企担当”文化巡礼活动。组建“东林第e现场”网上群众工作室。建成网络安全综合管理平台，与国家互联网应急管理中心江苏分中心合作打造全国首家地级市网络安全应急管理技术支撑中心，为全市4300多个党政机关、国有企事业单位的重要网站和信息系统提供服务。

【网上思想引领】 2021年，市委网信办统筹谋划开局“十四五”等重大主题网上传播，开展“锡位出道”城市发展主题传播，物博会全网总传播量突破5亿人次。培植“太湖云享”网络访谈、“锡引力·新思享”网络思政工作品牌，网络正向内容全网总传播量近42亿人次，18篇原创稿件被中央网信办全网推送，近220篇被省委网信办全省推送，数量稳居全省前列。组建“网事悉心办”网上群众工作室，开展实地寻访25期，关注回应网民烦心事。组建市互联网行业“e企学习”红色讲师团，开展专题宣讲11场，推动新思想进互联网企业。

【网络生态环境专项治理】 2021年，市委网信办组织开展“清朗2021”“清风行动”“清朗·春节网络环境”“清朗·饭圈乱象整治”等专项活动20余项。协调注销违法违规网站备案350个；行政处罚1起，移交违法违规线索30多条，有效维护清朗网络空间。

【网络法治宣传】 2021年，市委网信办推动建成张镇桥村网信普法阵地，出版青少年网络法治教育读本《清朗e同行》，建成网信普法主题餐厅8家。开展网信普法社区行活动10场，线下覆盖1500人次，线上影响超过10万人次。《江南晚报》专题报道4期，受众200万人次。创作普法短视频24条、海报36期，传播量超1560万人次，影响超230万人。

【网络举报辟谣机制建设】 2021年，市委网信办牵头构建网络举报工作一体化机制，处置涉锡有效举报3700余件，移交重点线索40余条。查办案件入选全国“扫黄打非”办公室“净网2021”专项行动首批典型案件。发布无锡网络辟谣小课堂动画、“锡小朗捉谣记”漫画等新媒体产品20余件，指导发布辟谣信息40余次。成立无锡市网络清朗志愿者联盟，志愿者人数超过1200人。

【网络执法管理】 2021年，市委网信办牵头构建信息沟通共享、联合监督检查、联合执法协作及案件宣传通报机制。开展属地网站平台线上拉网式巡查，现场检查网站平台7次，约谈网站平台17次，责令停更4次，查办网站平台未履行信息安全管理义务案1起。

【网络安全和信息协同发展】 2021年，连续第三年举办无锡市互联网大会，发布《无锡市互联网发展状况报告》。编撰制定《2021数字无锡建设发展报告》《无锡市区块链创新发展工作要点》《无锡市区块链发展管理统筹协调机制》。举办区块链安全发展和产业创新论坛，发布2021年全市区块链应用项目优秀案例和优秀解决方案。无锡高新区申报江苏省级区块链产业集聚区，无锡市申报国家区块链创新应用综合性试点城市、中央网信办IPv6技术创新和融合应用试点城市。推进IPv6规模部署，市、区两级政府网站和全市重点新闻网站IPv6访问支持率全省领先。开展数字乡村调研，完成《无锡市数字乡村调研报告》。

（市委网信办）

机构编制管理

【省综合行政执法改革暨指挥中心建设试点】 2021年，无锡市被列入全省综合行政执法改革暨指挥中心建设试点城市。为加快推动纵向横向数据资源整合和指挥中心平台建设，成立市、市（县）两级治理现代化指挥中心，市委编办研究制定综合行政执法暨指挥中心建设试点工作方案及市市域社会治理现代化指挥中心“三定”规定，探索“大数据+指挥中心+综合执法队伍”的执法模式，构建上下贯通、信息共享、反应迅速、处置有力的三级综合行政执法指挥体系，被省委编办评为全省综合行政执法改革暨指挥中心建设先进单位，为苏南唯一。

【梁溪科技城法定机构改革试点】 2021年，市委编办为探索新型园区治理模式，创新开展全省首家且唯一的法定机构——梁溪科技城法定机构改革试点。市人大常委会审议通过《开展无锡梁溪科技城法定机构试点工作的决定》。市委办、市政府办联合印发《无锡梁溪科技城法定机构改革试点方案》，市政府办印发《无锡梁溪科技城管理局管理办法》。按规范程序对梁溪科技城管理局进行事业单位法人登记，为其依法依规承接职能、开展工作提供体制机制保障。

【深化事业单位改革试点】 2020年5月，无锡市被中央和省列为深化事业单位改革试点城市。2021年9月，通过省委编办组织的试点工作评估验收。经深化改革，市本级除学校、医院外，事业单位由改革前的314家减少到178家，机构精简比例43.3%；精简收回事业编制3232名，事业编制精简31.6%；处级事业机构精简为62家，18个党政群机关部门不再设置下属事业单位，机构编制精简力度在全省4个试点城市中排名第一。事业单位的体制机制和治理效能得到全面优化，123家事业单位重新制定机构职能编制规定，148家事业单位制定章程，面向社会提供公益服务的128家事业单位制定政事权限清单。无锡市深化事业单位改革的相关经验和成效被《中国机构改革与管理》《新华日报》刊发推介。

【雇员制改革试点】 11月，市委编委印发《无锡市事业单位雇员制改革试点工作方案》，方案明确：市本级选择少量职责任务重要、专业性强、技术迭代更新快的事业单位，在核定的事业编制数之外，另行核定一定数量的授薪雇员，通过市场化方式招聘专业技术人员；赋予试点事业单位更大的自主权，允许其按照核定的雇员数量及薪酬总额，自主招聘雇员制人员并决定雇员岗位设置、人员聘用、薪酬标准等事项，由机构编制、组织人事、财政等部门负责指导监管，加强纪检监察监督；对雇员制人员加强绩效考核，建立健全淘汰机制，实行优绩优酬，平均薪酬不高于本单位事业编制人员平均收入的2倍；支持搞活用人机制，现有事业在编性质工作人员工资待遇按照国家和省、市规定执行，在编人员可选择放弃事业身份竞聘雇员岗位。

【开发区建制晋级】 2021年，市委编办印发《无锡市规范开发区管理机构促进开发区创新发展的工作意见》。意见明确：打造"一区多园"管理架构，规范开发区管理机构设置、职能定位、内部架构和资源配置。年内，江阴高新技术产业开发区、锡山经济技术开发区管理机构均通过中央编办备案同意，明确为副厅级建制。

【基层"三整合"改革】 2021年，市委编办持续深化基层"三整合"改革，印发年度工作要点，指导江阴市澄江街道等先行先试试点单位加强探索创新，新建成省基层"三整合"改革示范点3个。明晰市(县)区、镇(街道)权责关系、职责任务，在全省率先全面完成镇(街道)权力清单编制工作。全省唯一县区级审批服务便民化试点地区——新吴区打造"321"审批服务便民体系，"灵活就业"一件事改革举措被国务院政务信息单篇推介，在全省率先通过省委编办组织的第三方评估，市本级及江阴市审批服务便民化改革获第三方机构评估。

【权责清单管理】 2021年，无锡市取消行政权力事项35项，承接行政权力事项20项，下放行政权力事项8项。做好权责清单运行情况评估试点工作，无锡市被省委编办列为省开展权责清单运行情况评估工作试点城市(共3个)之一。制定《无锡市市级权责清单运行情况评估试点工作实施方案》，会同市司法局、市行政审批局等部门组成评估指导组，制定评估标准，量化评估指标，在市教育局、市人社局等5个部门开展试点，重点围绕部门权责清单的编制、公开、调整、运行和监督情况等方面内容进行全面评估，探索建立"1+2+N"权责清单运行评估模式和逆向评估机制，全面推行"不见面"评估，如期完成试点任务，有效推动部门依法履职尽责，受到省委编办调研指导组高度肯定。

【事业单位监管】 2021年，无锡市信用等级评价予以公示的事业单位有239家，评价等级为A的有236家，占98.7%。完成415家事业单位法人年度报告审核，并通过"双随机、一公开"的方式，随机抽查39家事业单位法人年度报告，对检查中发现的问题向相关单位进行通报并督促其整改。推进机关事业单位统一社会信用监管机制。全年发放机关、群团统一社会信用代码证书59份，事业单位统一社会信用代码证书261份。

【市蠡湖未来城建设发展中心设立】 11月，市委编办按照"打造无锡现代化国际化生态化城市窗口、未来都市样板"的目标定位，全力保障蠡湖未来城体制机制建设。12月24日，省委编办批复同意设立正处级事业单位"无锡市蠡湖未来城建设发展中心"，同意无锡市报送的领导职数预审方案。12月31日，市委编办印发《关于设立无锡市蠡湖未来城建设发展中心的通知》，从提出动议到机构获批仅用时37天。

(市委编办)

老干部工作

【概况】 2021年末，全市有离休干部909人(含江阴市86人、宜兴市132人)，平均年龄92.5岁。按参加革命工作时期分，抗战前期29人，抗战后期110人，解放战争时期770人；按享受待遇分，享受副省级医疗待遇34人，享受地市级待遇58人，享受县处级待遇388人，享受科级及其他待遇429人；按机构性质分，机关228人，事业单位272人，企业409人；按年龄分，85～89岁135人，90～99岁758人，100岁及以上16人。另有在无锡的部省属单位离休干部196人，外省市安置在无锡的离休干部60人。

【退休干部基本情况】 2021年末，全市机关事业单位退休干部有6.8

6月8日，全市离退休干部“银辉心向党 助力新征程”主题实践活动举行
（姜正伟　摄）

万人，其中机关单位2.5万人、事业单位4.3万人，中共党员5.3万人，占比77.9%。

【主题教育系列活动】 2021年，市委老干部局在全市离退休干部党组织中，通过集中政治学习、开展党性教育、参观考察经济社会发展成就等形式，开展“回望百年路，助力新征程”主题党日活动，征集制作主题党日微视频。组织开展“我看中国共产党成立100周年新成就”专题调研、庆祝中国共产党成立100周年党史知识竞赛活动和“永远跟党走”主题征文活动，收到征文467篇，评选出优秀主题征文100篇，其中，被评选为省离退休干部庆祝中国共产党成立100周年优秀主题征文25篇。开展“光荣在党50年”离退休干部优秀党员选树宣传活动，选树优秀党员100名。举办党史学习教育离退休干部专场宣讲报告会。举办“百年荣光·颂党恩”全市离退休干部文化展示启动式暨“翰墨丹青熠初心”百米长卷书画创作活动，“永远跟党走”主题宣传教育暨第十届市老年大学校园艺术节。举办“银辉心向党 助力新征程”全市离退休干部主题实践活动。开展“庆祝中国共产党成立100周年，致敬百名最美老兵”采访拍摄活动，整理形成相关口述历史资料。

年内，制定《无锡市离退休干部党建工作协调议事成员单位工作规则》，推动成员单位形成党建工作合力。开展“支部亮品牌、书记亮绝活”党建特色工作创建活动，形成首批8个“一支部一特色一品牌”示范案例和书记工作法。开展离退休干部党支部和党员“双百佳”推选活动，6个离退休干部党支部和5名离退休干部党员获全省表彰。无锡市建立离退休干部党总支21个、党支部516个。年内，在全国老干部工作先进集体和先进工作者表彰大会上，全市1个集体、1名个人受到中共中央组织部、人力资源和社会保障部联合表彰，是全省唯一有集体和个人同获表彰的设区市。

【离退休干部作用发挥】 2021年，全市有1.2万多名离退休干部成为注册志愿者。围绕“融入社区生活、服务民生发展、参与社区建设”主题，联合市委组织部、市级机关工委搭建“与社区同行，为党旗增辉”志愿服务平台，组织引导离退休干部在社区当好政策法规宣传员、党建工作指导员、先进文化传播员、民生社情调研员、青年成长辅导员、环境卫生监督员、社区治安协理员、邻里纠纷调解员、传承家风示范员及困难群众帮扶员。组织10支志愿团队为民服务。编印《锡城银辉——无锡市“银发生辉”先进典型事迹汇编》，宣传离退休干部最美志愿者21名、最美志愿服务团队11个及最佳志愿服务项目11个。

【老干部服务】 2021年，市委老干部局会同有关部门出台文件，制定相关细则，将提高享受按副省（部）长级标准报销医疗费待遇等落到实处，实现医保自费部分实报实销。帮助100户离休干部家庭免费进行适老化改造。推动三甲医院与护理院“双循环”建设，解决离休干部住院难问题。

（市委老干部局）

关心下一代工作

【概况】 2021年末，全市有各级关心下一代工作委员会（以下简称“关工委”）组织6457个，热心关心下一代工作的老干部、老战士、老教师、老专家、老模范（以下简称“五老”）5.7万余人。全市建有关工委的民营企业4591家、外资企业206家、国有企业19家。10月18日，在省关工委成立30周年纪念会议上，宜兴市、梁溪区、锡山区、惠山区、滨湖区关工委等27个单位获评全省关心下一代工作优秀集体，张发海、杨南华、赵大松、张国立、周宁萍等55人获评全省关心下一代工作优秀个人。

【青少年助学助困】 2021年，市关工委组织5153名“五老”结对帮教帮扶3675名失足、后进青少年，转化率90.5%；组织966名“五老”对网吧、电子游戏室进行义务监督；发动社会力量资助贫困学生1.5万余人次。全市98.2%的村（社区）没有发生未成年人犯罪。

【校外教育辅导站建设】 2021年，市关工委加强校外教育辅导站建设，全市有各类辅导站(点)3957个,村(社区)中心辅导站电子阅览室1089个,配置电脑5954台;参加辅导站工作的“五老”15807人、在职教师15446人、大学学生干部等其他志愿者6080人,全年辅导学生121.7万余人次,到电子阅览室活动的学生68.1万余人次。

【青少年“四史”助学】 2021年,市关工委组织开展“歌颂中国共产党成立100周年、做时代新人”主题教育,加强青少年党史、新中国史、改革开放史、社会主义发展史宣传教育。各级关工委注重发挥“五老”报告团作用,组织563个“五老”报告团、3369名“五老”报告员编写宣讲材料2329篇,作宣讲报告4237场次,受益青少年113.2万余人次,参加征文演讲、寻访实践等活动的青少年125.8万余人次。

【青少年法治教育】 2021年,市关工委组织315个法治教育报告团、1921名报告员作普法宣讲报告2855场次,受益青少年94.4万余人次;会同市人力资源社会保障局、市法治宣传教育领导小组办公室、市司法局联合开展“八五”普法暨“关爱明天、普法先行”技工院校学生学法用法征文活动,参与学生1.4万余人,征文获奖166篇。

(市关工委)

党校工作

【概况】 2021年末,中共无锡市委党校(无锡市行政学院)有教职工87人。有专职教师25人,其中副教授以上职称13人,同时聘请一批国内专家、学者、企业家和市有关方面领导担任兼职教授。市委党校挂有无锡市社会主义学院、无锡市国防教育学院、中央党校无锡科研基地、中央社会主义学院主体班教学基地、江苏省高层次创新创业人才培训基地、江苏省社会科学院无锡分院、苏南发展研究院等牌子。设有基本理论研究室等7个教研业务机构和教务处等11个管理机构。学校图书馆藏书7万余册,常年订阅报刊200余种。学校实际占地6.14公顷,建筑面积2.39万平方米,能同时容纳近千人学习培训。2021年7月,经市委编办批准,增设统战理论教研室、校刊部和保卫处;撤销城中培训中心,相关职能并入培训处。8月,经江苏省委编委审核批准,《江南论坛》杂志社事业单位建制撤销,《江南论坛》杂志由无锡市委党校办刊。12月5日,举办建校70周年座谈会。

【干部培训】 9月,市委党校开启的市管干部“深入学习贯彻习近平新时代中国特色社会主义思想和党的十九大精神”研修班收官,该研修班自2018年12月开班起,共举办13期,培训27162人次。突出党的理论教育和党性教育,全年共举办市管干部“深入学习贯彻习近平新时代中国特色社会主义思想和党的十九大精神”研修班、无锡市学党史专题培训示范班、公务员任职培训班、中青年干部培训班等主体班45期,培训学员3525人,班次数量比上年增长60.71%。举办委托培训班59个,培训学员5000余人。全年开展党史学习教育专题培训5次,主体班开办专题课程113次,课时占比36.1%,经验做法和心得体会在全国及省、市级平台刊发。获省主题征文三等奖1项、市一等奖2项。相关信息被市级以上媒体、平台录用63篇。

【理论宣讲】 2021年,市委党校领导干部上讲台授课111人次。获省社会主义学院系统精品课程、优秀课程各1门。报送全国干部教育培训好课程1门。成立环太湖党校教育研究院。围绕党史学习教育、习近平总书记在中国共产党成立100周年大会上的重要讲话、中共十九届六中全会等专题开展理论宣讲200余场,获全市宣传思想文化工作创新项目“优胜奖”。

启动“党校好声音,走进千万家”工程,在社区挂牌设立市委党校“知行书社”,成立宣讲团3个,宣讲200余场次,百余个基层党组织和万余名基层党员受益。开展文明创建、防疫抗疫、助民为民等志愿服务80多批300多人次。

【科研资政】 2021年,市委党校课题立项50项,含全国党校系统重点调研课题1项,省社科院书记省长圈定课题1项。课题成果首次获省长批示肯定。公开发表论文50余篇(其中核心期刊14篇)。入选中央党校等举办的高层次学术会议论文8篇。出版《无锡决胜高水平全面建成小康社会的探索实践》《无锡高水平全面建成小康社会案例选编》《环太湖经济社会发展研究报告·2021》《未来已来:平台经济新时代》4部著作。3项成果入编中央党校“深入贯彻习近平新时代中国特色社会主义思想实践案例丛书”。在全省党校系统第十届科研评奖中,市委党校获评优秀科研组织奖,同时获优秀科研成果奖5项、优秀决策咨询奖4项,被评为优秀科研管理工作者2人。编报《领导参阅》23期,获市委、市政府领导批示肯定17人次。主办《江南论坛》杂志并编辑、出版、发行12期。

(市委党校)

编辑　罗秋云

无锡市人民代表大会

综　述

【人大代表构成】 2021年末，无锡市第十七届人大代表453人，其中一线工人代表22人，占4.86%；农民23人，占5.08%；专业技术人员63人，占13.91%；其他基层代表48人，占10.59%；公务员181人，占39.95%；国有和集体企业负责人27人，占5.96%；非公有制经济人士49人，占10.82%；事业单位负责人19人，占4.19%；解放军和武警12人，占2.65%；其他9人，占1.99%。代表中，新社会阶层人士23人，占5.08%。

【履职评议及议案督办】 2021年，市人大常委会对10个政府部门开展工作评议，对10名员额检察官开展履职评议；督办代表议案建议208件。召开市人大常委会会议9次、主任会议13次；制定地方性法规3件、修改法规3件、废止法规3件，审查规范性文件27件；作出决议决定8项，依法任免国家机关工作人员138人次。

【法治无锡建设推进】 2021年，市人大常委会听取和审议法治政府建设、法院破产审判工作情况，调研全市综合行政执法改革、诉讼服务和执行工作情况，助力破解“执行难”等问题。全力支持监察机关履职，首次听取市监委关于反腐败国际追逃追赃情况的专项报告。开展奖励和保护见义勇为人员条例执法检查，围绕侨务工作法治建设、民族团结进步创建、宗教领域安全稳定等开展调研，推动构建共建、共治、共享社会治理新格局。

【人大常委会自身建设】 2021年，市人大常委会开展党史学习教育，开展“永远跟党走、奋进新时代”宣讲活动，年轻党员结对“光荣在党50年”优秀党员，拍摄专题片《在党》，讲述身边优秀党员的奋斗故事。制定出台关于加强和改进地方人大立法、监督、代表工作三个实施意见，提高人大工作制度化、规范化水平。开展调查研究，常委会班子成员、各专工委（室）、代表小组（专业组）深入基层、深入实际开展调研，共形成调研报告56篇，其中开发区委员会有关调研报告获全省人大优秀调研成果一等奖。无锡市人大常委会开展党史学习教育的积极成效、创新评议推动民生实事的经验做法、开发区委员会的履职探索等报道，先后在《中国人大》杂志、《人民日报》、新华社、中新网等媒体刊发80余篇次。

（市人大常委会办公室）

重要会议

【市十六届人大五次会议】 会议于1月19—22日举行，出席会议代表418人，市政协委员、在无锡的全国、省人大代表等列席大会。部分荣誉市民、在无锡工作生活的台湾同胞代表及10名市民代表应邀旁听大会。会议听取和审议《政府工作报告》《无锡市人大常委会工作报告》《无锡市中级人民法院工作报告》《无锡市人民检察院工作报告》，审查《无锡市国民经济和社会发展第十四个五年规划和二〇三五年远景目标纲要（草案）》《关于无锡市2020年国民经济和社会发展计划执行情况与2021年国民经济和社会发展计划草案的报告》《关于无锡市2020年预算执行情况与2021年市本级预算草案的报告》，决定批准上述报告及《无锡市国民经济和社会发展第十四个五年规划和二〇三五年远景目标纲要》，并通过相关的决议；听取并通过议案审查委员会所作的议案审查报告。大会补选陈德荣、曹佳中、袁飞为无锡市第十六届人民代表大会常务委员会副主任；补选杨智敏、吴燕敏、周斌、夏正兴、高佩、唐加俊、蔡叶明为无锡市第十六届人民代表大会常务委员会委员；补选朱良平为无锡市人民检察院检察长。大会组织新当选人员进行宪法宣誓仪式。

【市十六届人大常委会第三十六次会议】 1月12日，无锡市第十六届人大常委会举行第三十六次会议，会议审议并通过关于个别代表的代表资格的报告；讨论市十六届人大五次会议日程安排、各类建议名单及有关筹备事项；审议并通过《无锡市人民代表大会常务委员会关于接受戴美忠辞去市人大常委会委员等职务请求的决定》《无锡市人民代表大会常务委员会关于接受滕兰英辞去市人大常委会副主任等职务请求的决定》;决定人事任免,并举行宪法宣誓仪式。

【市十六届人大常委会第三十七次会议】 2月25日,市十六届人大常委会举行第三十七次会议,会议听取和审议《市政府关于市人大常委会〈江苏省全民健身条例〉执法检查报告及审议意见的研究处理情况报告》;听取和审议《市政府关于开展无锡梁溪科技城法定机构试点工作情况的报告》及有关议案的说明,审议并通过《无锡市人民代表大会常务委员会关于开展无锡梁溪科技城法定机构试点工作的决定》;审议并通过《无锡市第十六届人大常委会2021年工作要点》《无锡市人民代表大会常务委员会关于增补代表资格审查委员会部分成员的决定》;决定人事任免,并举行宪法宣誓仪式。

【市十六届人大常委会第三十八次会议】 4月27—28日,市十六届人大常委会举行第三十八次会议,审议《市政府关于2020年度法治政府建设情况的报告》;听取和审议《市政府关于太湖湾科技创新带建设推进情况的报告》,审议并通过《无锡市人民代表大会常务委员会关于加快建设太湖湾科技创新带的决议》;听取和审议《关于2020年度环境状况和环境保护目标完成情况的报告》;审议并通过《无锡市水环境保护条例》,报省人大常委会审议通过后颁布实施;一审《无锡市房屋安全管理条例(草案)》;听取部分省人大代表履职情况的报告;决定人事任免,并举行宪法宣誓仪式。

【市十六届人大常委会第三十九次会议】 6月24—25日,市十六届人大常委会举行第三十九次会议,听取和审议《市政府关于重点产业链(集群)发展情况的报告》《关于2020年国有资产管理情况的报告》;听取和审议《无锡市奖励和保护见义勇为人员条例》执法检查情况的报告、《中华人民共和国固体废物污染环境防治法》执法检查情况的报告;一审《无锡市电梯安全管理条例(草案)》《无锡市科技创新促进条例(草案)》;听取和审议市政府部分工作部门履职情况的报告,并开展工作评议;审议并通过关于个别代表的代表资格的报告;决定人事任免,并举行宪法宣誓仪式。

【市十六届人大常委会第四十次会议】 7月30日,市十六届人大常委会举行第四十次会议,审议并通过《无锡市人民代表大会常务委员会关于接受杜小刚辞去无锡市市长职务请求的决定》《无锡市人民代表大会常务委员会关于赵建军代理无锡市市长职务的决定》《无锡市人民代表大会常务委员会关于接受王唤春辞去无锡市监察委员会主任职务请求的决定》《无锡市人民代表大会常务委员会关于周凤琴代理无锡市监察委员会主任职务的决定》;决定人事任免,并举行宪法宣誓仪式。

【市十六届人大常委会第四十一次会议】 8月25—26日,市十六届人大常委会举行第四十一次会议,听取和审议《市政府关于无锡市2021年上半年国民经济和社会发展计划执行情况的报告》;审议《市政府关于无锡市2021年上半年预算执行情况的报告》;听取和审议《市政府关于无锡市2020年本级预算执行和其他财政收支的审计工作报告》;审查和批准无锡市2020年本级财政决算;听取和审议《市政府关于“美丽河湖”行动推进情况的报告》;审议并通过《无锡市房屋安全管理条例》,报省人大常委会审议通过后颁布实施;审议《无锡市物业管理条例修正案(草案)》《无锡市供水条例修正案(草案)》,通过《无锡市人民代表大会常务委员会关于修改〈无锡市物业管理条例〉的决定》《无锡市人民代表大会常务委员会关于修改〈无锡市供水条例〉的决定》;听取和审议《市政府关于提请授予罗加乔夫·亚历山大等6人“无锡市荣誉市民”称号的议案》,审议并通过《无锡市人民代表大会常务委员会关于授予罗加乔夫·亚历山大等6人“无锡市荣誉市民”称号的决定》;审议并通过《无锡市人民代表大会常务委员会关于市和市(县)区、镇三级人民代表大会换届选举问题的决定》;听取和审议部分检察官履职情况的报告,并开展满意度测评;审议并通过关于个别代表的代表资格的报告;决定人事任免,并举行宪法宣誓仪式。

【市十六届人大常委会第四十二次会议】 10月27—28日,市十六届人大常委会举行第四十二次会议,听取和审议《市政府关于无锡经济开发区发展情况的报告》《市中级人民法院关于全市法院破产审判工作情况的报告》;审议《市政府关于“七五”普法工作情况的报告(书面)》,审议《市政府关于提请审议开展第八个五年法治宣传教育的决议(草案)的议案》,审议并通过《无锡市人民代表大会常务委员会关于开展第八个五年法治宣传教育的决议》;听取和审议《市政府关于无锡市2021年市本级预算调整方案(草案)的报告》,审议并通过《无锡市人民代表大会常务委员会关于批准无锡市2021年市本级预算调整方案的决议》;听取和审议《无锡市文明行为促进条例》执法检查情况的报告;审议并通过《无锡市电梯安全管理条例》《无锡市科技创新促进条例》,报省人大常委会审议通过后颁布实施;听取和审议《市人大常委会法制工作委员会关于备案审查工作情况的报告》;审议并通过《无锡市地方性法规实施情况报告办法》;审议市人大常委会主任会议关于提请审议《废止〈无锡市流动人口计划生育工作条例〉》的议案,通过《无锡市人民代表大会常务委员会关于废止〈无锡市流动人口计划生育工作条例〉的决定》；听取部分省人大代表履职情况的报告；决定人事任免，并举行宪法宣誓仪式。

【市十六届人大常委会第四十三次会议】 11月5日，市十六届人大常委会举行第四十三次会议，决定人事任免，并举行宪法宣誓仪式。

【市十六届人大常委会第四十四次会议】 12月27—28日，市十六届人大常委会举行第四十四次会议，听取和审议《市政府关于无锡市2020年本级预算执行和其他财政收支审计发现问题整改情况的报告》；听取和审议《市科技局等8个单位关于2020年审计查出突出问题整改情况的报告》，并开展满意度测评；听取和审议《市监委关于开展反腐败国际追逃追赃工作情况的报告》；听取和审议《市政府关于市十六届人大五次会议代表建议办理情况的报告》《2021年为民办实事项目实施情况的报告》《无锡市产品质量监督管理条例》实施情况的报告；审议市人大常委会主任会议关于提请审议《废止〈无锡市公共信用信息条例〉》的议案，通过《无锡市人民代表大会常务委员会关于废止〈无锡市公共信用信息条例〉的决定》；讨论《市人大常委会工作报告（征求意见稿）》；审议并通过《无锡市人民代表大会常务委员会关于召开无锡市第十七届人民代表大会第一次会议的决定》；决定人事任免，并举行宪法宣誓仪式；通报表扬2021年度“十佳调研报告”“十佳代表建议”。

（市人大常委会办公室）

人大立法

（参见《法治·人大立法》）

人大监督

【经济发展监督】 2021年，市人大常委会紧扣“十四五”发展重点课题，聚焦人民群众普遍关注的重点问题，坚持正确监督、有效监督、依法监督。突出制造业产业发展，专题视察重点产业链（集群）发展情况，并听取审议专项报告。紧盯国企改革推进、电子商务发展、营商环境优化等听取汇报，就数字经济领跑、文旅融合发展、惠台政策落实等开展监督，推动提升产业链、供应链现代化水平。关注全市经济运行情况，全链条、全过程推进财政预决算审查监督，实现全市预算联网监督系统全覆盖。

【城乡统筹监督】 2021年，市人大常委会把建立“多规合一”的国土空间规划体系作为推动无锡高质量发展的重要基础，深入调研规划编制情况。开展文明行为促进条例执法检查，专题视察城市精细化管理，就城市更新、老旧新村改造等开展监督，助力争创全国文明城市。视察美丽乡村建设议案、决议落实情况，就农业品牌建设、农村公共服务等开展监督，推动乡村振兴战略深入实施，打造具有无锡特色的现代化美丽乡村。

【生态环境整治监督】 2021年，市人大常委会连续第四年聚焦环保领域，多级人大联动开展固体废物污染环境防治法执法检查，察看点位44个、发放问卷1.1万份，200余位五级人大代表参与其中，推动法规制度落实。持续深化生态环境整治，听取审议环境质量和环境保护目标完成情况、“美丽河湖”行动推进情况报告，跟踪土壤污染防治法执法检查报告及审议意见落实，就生态补偿、生活垃圾分类管理、锡澄运河治理、安全供水等情况开展监督，全方位推进“美丽无锡”建设。

【民生保障监督】 2021年，市人大常委会听取和审议政府为民办实事项目实施情况报告，推动兑现对全市人民的承诺。视察粮食保供和物资储备工作，推动扛稳粮食安全责任。听取残疾人就业和职业教育发展情况汇报，就教育资源规划布局、职业技能提升、“三名”战略推进、职工服务载体等20多项民生事项开展监督，确保幼有所育、弱有所扶、老有所养。

5月21日，市人大常委会开展固体废物污染环境防治法执法检查

（许子江　摄）

【安全生产监督】 2021年，市人大常委会认真督办市人大代表“关于切实加强无锡市住宅小区消防安全管理的建议”，组织开展住宅小区消防安全管理专题调研。派员参加市安全生产督导组，每季度对各板块和相关部门开展安全生产督导。坚持把安全生产作为日常调研的“必查项目”，专题听取市应急管理局年度工作情况报告，做到持续关注、经常提醒、督促落实。

（市人大常委会办公室）

重大事项决定

【跟踪问效】 2021年，市人大常委会抓住科技创新，探索法定机构试点，在全省率先作出《关于开展无锡梁溪科技城法定机构试点工作的决定》；聚焦全市“头号工程”，就加快建设太湖湾科技创新带作出决议。夯实全面依法治国的社会基础，听取“七五”普法报告，作出“八五”普法决议；就授予“无锡市荣誉市民”称号作出决定，激励国内外友人关注无锡发展、投身无锡建设。抓好已作出决议决定的跟踪问效，紧盯锡澄锡宜重大交通基础设施一体化建设决定执行，年内两次调研苏锡常南部高速公路建设情况，助推太湖隧道全线贯通；聚焦重点议题，在推动加强机动车停车管理议案办理过程中，开展问卷调查和办理情况的跟踪督查。

【民生实事票决】 2021年，市人大常委会把票决民生实事项目作为发展全过程人民民主的创新实践，在总结前期实践经验基础上，深入调查研究、广泛征求意见，协助市委制定具体实施意见，推动民生实事从“为民做主”向“由民做主”转变。意见出台后，市人大常委会加强调研指导、协调解决困难，推动市、市（县）区及时启动代表票决制工作。

【人事任免】 2021年，市人大常委会严格落实法律知识考试、任前承诺发言、宪法宣誓等制度。全年依法任免国家机关工作人员138人次，加强对人大任命政府部门干部的任后监督，对10个政府工作部门开展“询问＋评议”，实现届内政府部门工作评议全覆盖；对10名员额检察官开展履职评议，推动依法履职、公正司法。无锡市人大创新评议推动“为民办实事”的经验做法被《人民日报》、“学习强国”学习平台推介。

（市人大常委会办公室）

11月11日，市委书记杜小刚（左二）在江阴开展人大代表“两进两问”活动，调研全市人大工作　（张立伟　摄）

代表工作

【联系群众】 2021年，市人大常委会坚持“请上来”和“走下去”有机结合，持续扩大代表对人大工作深度参与，邀请代表参加立法、监督等活动及列席常委会会议，并就太湖湾科创带、“两官”评议等主题召开座谈会，听取代表带来的一线民声。探索开展常委会主任接待代表日活动，围绕乡村振兴、城市精细化管理等主题开展“调研＋座谈”10场次。发挥人大代表“家、站、点”的“直通车”作用，推动代表履职信息平台改造升级，打通代表联系群众的“最后一公里”。

【履职平台建设】 2021年，市人大常委会坚持“线下”和“线上”有机结合，全面推广人大代表运用河长制App监督河道治理，积极助力全市生态文明建设。探索建立无锡市开发区人大代表联席会议制度，指导经开区召开第一次人大代表联席会议，为开发区践行全过程人民民主提供新的平台。深化实施“履职为民、连心富民”主题实践活动，总结代表工作经验。

【建议督办】 2021年，市人大常委会坚持“内容高质量”与“办理高质量”有机结合，对市十六届人大五次会议以后的208件代表建议进行全面交办，落实履职为民办实事。深化“代表建议督办月”活动，加强重点建议跟踪督办，代表长年关注的太湖蓝藻治理引入新技术、新装备，医保卡实现无锡大市“一卡通”，关于加快老城改造、加强电梯监管、完善物业管理等建议得到有效落实和推进，代表满意和基本满意率99.0%，建议办成率75.5%。

【履职服务】 2021年，市人大常委会坚持“监督”与“激励”有机结合，围绕代表关注和履职需要，深化推进代表履职能力培训提升，实现届内代表培训全覆盖。完善代表履职登记管理制度，组织代表回原选举单位报告履职情况，主动接受选民监督。注重代表履职激励，评选代表建议和调研报告“双十佳”，提振代表精气神。

（市人大常委会办公室）

表8 无锡市十六届人大四次会议重点督办代表建议一览表

序号	建议序号	代表姓名	建议标题	意向主办单位	市人大牵头督办领导	市人大督办机构
1	42	曹军硕	关于加强太湖蓝藻综合治理研究的建议	市水利局	徐一平 吴峰枫	农经工委
2	50	叶　辉	关于从一体化平台的建设谈大数据整合必要性的建议	市大数据管理局	魏　多	经济工委
3	57	陈新宏	关于加大资源投入、加快老城区更新建设的建议	梁溪区政府	沈　建	环资城建工委
4	39　118 156　167	殷　洪等	关于进一步加强无锡市中小学校学生心理健康教育与心理危机干预的建议等4件	市教育局	华博雅	教科文卫工委
5	18	管海燕等	关于切实加强无锡市住宅小区消防安全管理的建议	市消防救援支队	魏　多 王传军	社会委 经济工委
6	60	何云彪等	关于有序推进住宅小区物业管理委员会建设，健全和完善物业治理机制的建议	市住房城乡建设局	沈　建	环资城建工委
7	2	蒋美琴	关于医保卡能在无锡地区内无障碍使用的建议	市医保局	华博雅 王传军	社会委 教科文卫工委
8	114	余汉清	关于大力扶持城郊蔬菜基地提标建设的建议	市农业农村局	吴峰枫 蔡叶明	农经工委
9	77	华若中	关于加强对电梯安全性监管的建议	市市场监管局	魏　多	经济工委
10	14	窦正满	关于进一步落实退役军人优抚政策的建议	市退役军人事务局	陈德荣 王传军	社会委 监察和司法工委
11	179	李　风	关于规范诉前调解，落实立案登记制的建议	市中级人民法院	陈德荣	监察和司法工委
12	33	张君君等	关于加快农产品品牌建设的建议	市农业农村局	吴峰枫 蔡叶明	农经工委

（市人大常委会办公室）

编辑　罗秋云

综　述

【政务督查】 2021年，无锡市发挥政务督查职能作用，开拓工作思路，创新工作机制，提升工作质量，推动市委、市政府各项决策部署的全面落实。做好国务院、省“互联网＋督查”平台留言办理工作，共收到国务院和省交办的“互联网＋督查”办理件308件，均按时办结。配合市委制定印发《无锡市委市政府2021年重点工作》《细化实施方案》，组织开展对各地区重点工作任务完成情况的督查调研。对全市经济形势分析会、重大产业项目推进会等提出的重点任务落实情况进行分解和跟踪督办；创新建立“督查＋双专班”模式，对市级政府投资项目和重大产业项目推进情况按月开展督查通报，实施“监测＋考核”机制；开展“美丽河湖”建设、土地例行督查发现问题整改、房屋征收和《政风热线》反馈问题整改等一批关键领域和社会关注热点问题的现场督办，加强节点控制，推动工作高效落实；完成420件“微幸福”民生工程重点督办事项的督查和情况反馈；开展对常态化疫情防控工作贯彻落实情况的监督检查。加强对市委、市政府领导特别是主要领导批示件办理的督促检查，全年跟踪办理市政府主要领导重点批示件98件，编发各类督办专报133期。年内，无锡市年度高质量发展综合考核名列全省第一。

【建议和提案办理】 2021年，市政府做好市十六届人大五次会议代表议案建议及市政协十四届五次会议提案办理工作，全年办理人大代表建议208件，人大代表总满意率99%；政协提案336件，政协委员总满意率99.7%。

【政府信息公开】 2021年，市政府持续推进政务决策、执行、管理、服务、结果公开，在政府门户网站增设法规文件及解读专栏，全面完成历年来政府规章的清理规范，对政策文件的有效性进行核对更新，通过政府门户网站集中公开规范性文件250件，统一标注有效期。全年主动公开各类政府信息24518条，其中，市政府政策及解读资料69篇、重要会议及视频资料20件，主动公开率、配套解读率均为100%。运用新闻发布会、媒体专访、“指尖政务”等形式，就全市落实“六稳”“六保”政策、优化营商环境、支持实体经济健康发展等各项政策措施进行权威、精准、深度解读，全年组织直播新闻发布会30场，书面发布新闻通稿71篇，市级领导接受媒体采访20次。规范申请公开办理程序，全年共办理政府信息公开申请106件、信息公开类行政复议8件、行政诉讼4件。

【市长信箱办理】 2021年，无锡市“12345”政府公共服务热线共受理各类网上来源诉求29508件，其中市长信箱10163件，办结率100%。网上工单处理量位居前五的成员单位为梁溪区（3588件）、新吴区（2672件）、锡山区（1845件）、惠山区（1669件）、滨湖区（1556件），主要涉及房地产市场监管、疾病防控和政务服务等领域。

【政府自身建设】 2021年，市政府扎实推进法治政府建设，深入开展“八五”普法，严格落实依法行政，有效规范重大行政决策程序，提请市人大常委会审议地方性法规8件，制定、修改和废止政府规章7件。向市人大常委会报告重点工作；向市政协通报重大事项。落实“担使命作贡献”季季评要求，开展“千名干部百项攻坚行动”，政府系统承担的63个项目取得良好成效。牢固树立“过紧日子”思想，严格控制“三公”经费，持续加强财政预算绩效管理；强化审计监督全覆盖和结果运用，闭环抓好督查督办。政府系统工作的规范性、落实力持续提升，驾驭经济社会发展全局的能力和水平进一步提升。

（市政府办公室）

重要会议

【市政府常务会议】 2021年，市政府召开21次常务会议，讨论和审议会议议题181项。

1月6日，市政府召开第97次常务会议。会议讨论《无锡市国民经济和社会发展第十四个五年规划和二〇三五年远景目标纲要草案》《政府工作报告》《关于无锡市2020年国民经济和社会发展计划执行情况与2021年国民经济和社会发展计划草案的报告》《关于无锡市2020年预算执行情况和2021年市本级预算草案的报告》，审议《无锡市一体化在线政务服务平台电子印章管理办法（试行）》《无锡市政务云平台管理办法（试行）》《全市一体化协同办公平台建设实施方案》《无锡市激励大学生参军入伍若干措施（试行）》。

2月1日，市政府召开第98次常务会议。会议讨论《2021年全市农业农村工作要点》《关于全面开展“五园五区六带”建设加快推动农业农村现代化的实施意见》《2021年农村人居环境整治提升工作要点》《关于开展新一轮集体经济相对薄弱村“五增行动”的实施意见》《无锡市国企改革三年行动计划》《关于在全市开展“清源”行动着力防范化解重点领域风险矛盾的总体方案》《无锡市打好污染防治攻坚战2020年度成效考核实施方案》《无锡市人民政府2021年度立法工作计划（草案）》，审议《关于进一步加大市级政府投资项目推进力度的意见》《无锡市建筑工程安全事故应急预案》。

2月20日，市政府召开第99次常务会议。会议听取无锡梁溪科技城发展规划的汇报，讨论《关于贯彻落实习近平总书记重要讲话精神扎实推进长三角一体化发展的实施方案》《无锡梁溪科技城法定机构改革试点方案》，审议《无锡市生态环境保护责任清单》《关于加快推进城市更新的实施意见（试行）》《2021年房屋征收工作方案》《无锡市新一轮河道环境综合整治水质达标攻坚行动的实施意见》。

3月16日，市政府召开第100次常务会议。会议听取2021年市人大代表建议和市政协提案办理工作、2020年度无锡市市长质量奖和市质量管理优秀奖评选结果、2020年度无锡市招商能手和护商先进集体评选情况、开展无锡劳动力调查轮换扩样工作情况的汇报，讨论《关于进一步深化安全生产三年专项整治工作的实施方案》《2021年各市（县）区党委政府、市安委会成员单位及其他有关部门和单位履行安全生产工作责任考核评价指标》《无锡市人民防空规定（草案）》《无锡市禽类交易管理办法（草案）》，审议《市政府2021年重点督办事项责任清单》。

3月26日，市政府召开第101次常务会议。会议听取关于2020年度审计发现问题整改情况、危险化学品和冶金等工贸行业安全专项整治三年行动开展情况、2021年拟向市人大常委会报告重大事项情况的汇报，讨论《无锡市进一步优化营商环境行动方案2021》，审议《“灵锡”App全面提升工作方案》《无锡市防止耕地“非粮化”稳定粮食生产的实施意见》《关于实行土地储备考古前置工作的实施意见》《无锡市商品房预售资金监管办法》。

4月14日，市政府召开第102次常务会议。会议听取无锡市对口支援协作合作和南北合作共建工作情况的汇报，讨论《无锡市房屋安全管理条例（草案）》《无锡市推进苏锡常都市圈职业教育改革创新打造高质量发展样板实施方案》《2021年度市重大行政决策事项目录》，审议《关于全面推进市区老旧小区改造工作的实施意见》。

5月13日，市政府召开第103次常务会议。会议讨论《无锡市党政主要负责人履行推进法治建设第一责任人职责考评办法（试行）》《无锡市外贸高质量发展三年行动计划（2021—2023年）》《关于进一步深化工业企业资源利用绩效评价工作的实施方案》《无锡市电梯安全管理条例（草案）》，审议《无锡市深化政府采购制度改革工作方案》《关于进一步加强城市消防安全工作的意见》《无锡市生活必需品市场供应应急预案》《无锡市2021年大气污染防治工作计划》《无锡市2021年水污染防治工作计划》《关于多渠道促进灵活就业支持平台企业发展的实施办法》《大学生租房补贴资金市、区共担方案》《无锡市高层次人才贡献奖励实施方案（试行）》《无锡市企业招聘录用高校毕业生补贴发放细则》。

6月1日，市政府召开第104次常务会议。会议听取全市化工、民爆和船舶修造安全专项整治三年行动进展情况以及关于给予农村人居环境整治“红榜”村专项奖励的汇报，讨论《无锡市科技创新促进条例（草案）》，审议《无锡市新型智慧城市顶层设计方案》《无锡体育强市建设实施方案》《利用城区闲置用地建设公共体育设施实施方案》《关于改革完善社会救助制度的实施意见》《无锡市关于加快重点产业集群促进机构培育发展的实施意见》《无锡市关于加快培育氢能及燃料电池汽车产业发展的实施意见》《关于全面推行证明事项告知承诺制的工作方案》《宜兴市生态环境保护专项督察反馈意见整改方案》《关于宜兴市生态环境保护工作的技术诊断报告》。

6月17日，市政府召开第105次常务会议。会议听取关于《2020年度国有资产管理情况综合报告》起草情况、市政府议事协调机构撤销保留调整相关工作的情况汇报，讨论《无锡市关于构建更加完善的要素市场化配置体制机制的实施意见》《无锡市关于推动基础设施高质量发展的实施意见》《关于加快推进无锡太湖湾科技创新带建设的若干政策意见》《无锡市物业管理条例修正案（草案）》《无锡市供水条例修正案（草案）》《关于深化医疗保障制度改革的实施意见》《关于支持现代产业高质量发展的政策意见》。

7月1日，市政府召开第106次常务会议。会议听取关于2021世界物联网博览会筹备情况、2022年市本级预算编制政策、调整2021年度全市低保、特困人员、孤儿、重度残疾人保障标准、无锡市夏粮收购工作情况的汇报，讨论《无锡市物业管理条例修正案（草案）》《无锡市供水条例修正案（草案）》，审议《无锡国家基本气象站探测环境保护专项规划(2020—2035年)》《无锡市大型游乐设施运营安全管理办法(草案)》。

7月7日,市政府召开第107次常务会议。会议审议《无锡市重污染天气应急预案》《交通沿线和重要节点村庄环境整治优化提升实施方案》《无锡市千企技改升级三年行动计划(2021—2023年)》。

8月2日,市政府召开第108次常务会议。会议听取2021年上半年全市安全生产工作、研究拟取消承接和下放一批行政权力事项、2021年"无锡市荣誉市民"推荐和评选情况的汇报,审议《无锡市境外投资合作安全风险防控与应急处置方案》。

8月18日,市政府召开第109次常务会议。会议听取关于2021年《政府工作报告》重点目标任务上半年完成进度评估情况、2021年度为民办实事项目推进情况、无锡市贯彻国务院和江苏省2021年《政府工作报告》任务清单情况、无锡市第13届专利奖评选情况、2021年度"太湖人才计划"相关评审情况的汇报,审议《关于对污染防治攻坚不力市(县)、区人民政府实施严格惩戒措施的实施办法(试行)》《无锡市天使投资引导基金管理暂行办法》。

9月1日,市政府召开第110次常务会议。会议听取关于省第17安全生产巡察组巡查无锡市反馈有关问题整改落实方案情况的汇报,讨论《关于进一步加强党政领导干部包案制化解突出社会矛盾和信访问题的意见》《关于深入推进农村住房更新改善工作的意见》《无锡市"十四五"青年发展规划》。

9月14日,市政府召开第111次常务会议。会议讨论《关于加强新形势下重大决策社会稳定风险评估机制建设的实施意见》《无锡市行政复议体制改革实施方案》《无锡梁溪科技城管理局管理办法》,审议《重大产业项目推进任务责任清单》《市级政府投资项目管理工作考核细则(试行)》《关于促进无锡市建筑业高质量发展的实施意见》。

9月23日,市政府召开第112次常务会议。会议听取关于梁溪区部分街道行政区划变更相关情况、无锡市居民医保筹资标准调整方案情况的汇报,审议《无锡市培育创建国际消费中心城市三年行动计划(2021—2023年)》《无锡市专精特新"小巨人"企业培育三年行动计划(2021—2023年)》《小型医疗机构医疗废物集中收集的实施方案》

8月2日,市政府召开第108次常务会议,研究拟取消、承接和下放一批行政权力事项　(朱吉鹏　摄)

《关于推进基层社会工作站(室)建设的实施意见》。

10月26日,市政府召开第113次常务会议。会议听取宜兴市生态环境保护专项督察反馈意见及实施区域限批函指出问题整改情况、无锡市食品安全工作情况、无锡市船舶碰撞桥梁隐患专项治理工作开展情况的汇报,讨论《关于加快推动开发区高质量发展服务打造无锡新发展理念实践示范区的实施意见》及相关配套实施方案、《无锡市关于全面推行林长制的实施意见》《2021年无锡市退役军人及驻锡部队军人随军家属接收安置工作方案》,审议《关于调整市区高排放机动车限行事项的通告》。

11月4日,市政府召开第114次常务会议。会议听取关于实施市区巡游出租车集约化经营改造的汇报,讨论《市委宣传部、市司法局关于开展法治宣传教育的第八个五年规划(2021—2025年)》《关于加快推进无锡金融业高质量发展的实施意见》,审议《关于进一步促进无锡股权投资高质量发展的若干政策意见》《关于进一步促进无锡股权投资高质量发展工作方案》《关于进一步推进交通安全治理现代化的实施意见》《无锡市人民政府关于调整市区禁止使用高排放非道路移动机械有关事项的通告》。

11月30日,市政府召开第115次常务会议。会议听取关于第12届无锡市优秀软件产品"飞凤奖"评奖情况的汇报,讨论《无锡市关于构建大消费格局促进消费升级的实施意见》《无锡市规范民办义务教育发展实施方案》《关于进一步减轻义务教育阶段学生作业负担和校外培训负担的实施方案》《关于强化知识产权保护的实施意见》《关于进一步加强全市生物安全领域风险防控和治理工作的实施意见》《关于深化自然资源要素配置改革打造高质量集约利用示范区的实施意见》,审议《无锡市重大行政决策程序规定实施细则》《关于进一步创新方式提高利用外资水平的政策措施》《市属全民所有制粮食企业公司制改革意见》《无锡市机动车停车场管理办法》。

12月14日,市政府召开第116次常务会议。会议听取2022年为民办实事项目安排情况的汇报,讨论《中共无锡市委、无锡市人民政府、无锡军分区关于加强和改进新时代退役军人工作的实施意见》,审议《无锡市"十四五"教育事业发展规划》《无锡市"十四五"农业农村现代化规划》《关于优化城市规划管理服务高质量发展的措施意见》《无锡市房屋租赁管理办法(草案)》《无锡市江南水乡古镇保护办法(草案)》《无锡市民用机场净空和电磁环境保护办法(草案)》《无锡市首席数据官管理规定(试行)》《无锡市危险化学品禁限控目录(试行)》《关于推进市区环卫一体化作业改革的实施意见》《关于加强和规范农村宅基地管理工作的意见》《无锡市人民政府关于推进气象事业高质量发展的实施意见》《关于禁止燃放烟花爆竹区域的通告》。

12月25日,市政府召开第117次常务会议。会议听取关于无锡市国家食品安全示范城市创建工作情况、公共文化等领域市与区财政事权和支出责任划分改革方案、惠山区部分行政区划变更事宜、2021年无锡市"太湖工匠"评审结果情况的汇报,讨论《无锡市城镇燃气安全提升三年工作方案》《无锡市创建国家食品安全示范城市工作实施方案》,审议《无锡市"十四五"制造业高质量发展规划》《无锡国家传感网创新示范区发展规划纲要(2021—2025年)》《无锡市"十四五"养老服务发展规划》《关于加快发展保障性租赁住房的实施意见》《无锡市建设工程文明施工管理办法(修订草案)》《无锡市镇(街道、园区)行政主要负责人分管安全生产工作制度》《无锡市区机动车停放服务收费管理办法》。

【重大产业项目推进会】 9月1日,全市重大项目建设领导小组会议暨重大产业项目推进会召开,代市长赵建军到会并讲话。会议强调要按照市委"千名干部百项攻坚行动"部署要求,围绕产业结构转型升级、高质量发展,瞄准重大产业项目建设全力攻坚、加速突破,尽快形成"签约一批、开工一批、推进一批、投用一批"滚动落地良性态势,推动全市重大产业项目建设提质增效。

【经济形势分析会】 10月18日,代市长赵建军主持召开市政府重点工作双月座谈会暨全市经济形势分析会。会议总结前三季度工作,分析研判形势,找准差距不足,研究部署下阶段经济工作。会议强调,各地各部门要按照市委关于目前经济工作的部署要求,紧盯主要经济指标、地区生产总值核算指标和省高质量发展考核指标,落实相关针对举措,各板块要扛起主责、当好主角,合力推动无锡在全省高质量发展考核中争先进位,为2022年工作提供坚强保障。

(市政府办公室)

民生实事项目

【概况】 2021年,市委、市政府确定为民办实事项目10大类45项,由市本级35个部门(单位)和8个地区负责实施,主要涉及生态环境、宜居住区、城乡面貌、城市功能、交通出行、帮扶济困、文化事业、教育体育、卫生养老、智慧城市等方面。至年末,完成各项年度目标任务。

【生态环境项目】 2021年,无锡市惠联垃圾热电提标扩容项目运行。建成锡澄水厂深度处理二期、城北污水处理厂五期扩能工程。建成15条美丽河湖示范样板,完成伯渎港前池改造工程、三里桥套闸改造工程,淘汰高排放车辆13728台。

【宜居住区项目】 2021年,无锡市完成老旧小区二次供水设施改造项目103个,改造老旧自来水管网60千米,新增天然气民用户7万户。改造老旧小区757万平方米、棚户区(危旧房、城中村)84.01万平方米,同步建设老旧小区技防设施。启动东璟家园F1地块、新街家园北侧地块保障性住房项目建设。完成东璟家园、毛湾家园850套公廉租房装修工程。494个老旧小区实现国有物业管理全覆盖。

【城乡面貌项目】 2021年,无锡市新改建城乡公厕400座,新增"厕所开放联盟"成员单位300家。完成农村生活污水改造或新建项目600个,新增10个省级、33个市级特色田园乡村。新(改)建精品游园10个,完成背街小巷整治250条,打造市区两级示范整治项目60个。

【城市功能项目】 2021年,无锡市完成18家农贸市场标准化改造,改造提升25个社区综合服务中心。开工建设无锡市粮食和物资应急保障服务中心、惠山区地方粮食储备库,完成江阴市储备粮扩储仓库设施和锡山区地方粮食储备库仓储设施改造。

【交通出行项目】 2021年,无锡市新辟和优化调整公交线路28条,新增更新新能源公交车300辆。新增各类公共停车泊位24418个、市区人防工程地下机动车停车位9475个。

【帮扶济困项目】 2021年,无锡市"关爱·圆梦"工程帮助273名困难家庭学生走上勤工俭学岗位,资助346名优秀贫困学生,挖掘10800个青年见习实习岗位,建设改造150间"事实孤儿"梦想小屋。促进就业困难人员就业再就业23959人,开发公益性岗位1820个。落实市区中低收入居民疾病医疗自费支出救助责任保险制度,救助10545人次。启动市救助管理站易地新建工程，开工建设市残疾人综合服务基地二期。培训初级救护员11003人，普及培训85535人，完成“一键救援”系统开发，并接入“灵锡”App。婚姻家庭指导师培训学员471人次，完成6787对夫妇婚姻危机辅导服务。

【文化事业项目】 2021年，无锡市举办太湖文化艺术季和358场文艺惠民演出，新建市级图书馆特色分馆2家，举办全民艺术普及公益培训班90个。

【教育体育项目】 2021年，无锡市开工新建义务教育学校9所、幼儿园13所、高中2所，开工改扩建高中7所。免费提供义务教育线上公益辅导课程1594节。深入推进“国家现代职业教育高地城市”建设，评选产生20个职业教育高水平专业、100名“技能雏鹰”。建成公共体育设施项目190个以上。发放免费体育消费券价值200万元。贡湖湾湿地公园锡马体验步道建成投用。

【卫生养老项目】 2021年，无锡市完成六大资源库的整合，建成市全民健康信息平台，出生医学证明查询功能、生育服务证在线申请审批功能、互联网医院在“灵锡”App开放。完成10家示范发热门诊建设，全市85.7%的二级及以上公立综合医院设置老年医学科。完成肿瘤标志物免费检测53.37万人次、肺癌筛查项目4033例。全面完成城乡居民基本养老保险基础养老金调标工作。完成2790户特定老年人家庭适老化改造，10个标准化农村区域性养老服务中心达标建设，建设880张家庭照护床位。

【智慧城市项目】 2021年，无锡市城市运行中心启用，完成应急指挥系统软件开发。“灵锡”App新增200项政务民生服务。无锡观察6.1.4版本发布。完成沪宁高速无锡段、锡澄高速、通锡高速无锡段智能安全防范系统主体工程建设。

（市发展改革委）

行政审批和政务服务

【概况】 2021年，无锡市行政审批局按照“一次通办”改革部署，加快推进“一件事”改革行动、政务服务“一网通办”、公共资源“一市一平台”交易、12345热线“一号通接”，推动全市经济社会高质量发展。“一网通办”“政务透明”“一站式服务”“清单管理”写入中央广播电视总台《2021城市营商环境创新报告》，无锡市被评为“代表性城市”。“政府采购”“工程建设项目审批”指标在全省营商环境考核中获评第一等次。国务院办公厅简报两次刊登无锡市“一件事”改革工作成效，省政府“放管服”改革工作简报专题推荐无锡市政银合作工作做法。全年全市政务服务办件评价总数突破1000万人次，好评率99.99%。

（市行政审批局）

【“放管服”改革】 2021年，市行政审批局提请市政府取消行政权力35项，下放28项。推动“证照分离”改革全覆盖，将535项涉企经营许可事项全部纳入清单管理，按照四种方式分类推进审批制度改革，明确清单之外企业取得营业执照即可自主开展经营。全面完成“互联网＋监管”系统建设，梳理全市监管事项目录清单5386项，编制检查实施清单5361项，汇聚各类监管行为数据121.14万条，并与国家及省系统数据实时共享，监管业务有效协同。加强行政审批中介服务管理，在全省率先发布行政审批中介服务事项清单，事项精简部门16个、64项，明确没有依据的中介服务事项不得作为办理行政审批的条件；开通网上中介超市，为项目业主、中介机构、评审专家提供开放、透明、高效的综合服务平台。发布“马上办”事项526项，群众即到即办；“就近办”事项346项，服务前移至镇（街道）、村（社区）办理；“全域通办”事项642项，可在市域内跨地区、跨层级办理；“掌上办”事项128项，可利用手机App或小程序办理；“零材料办”事项51项，申请人仅需填报必要字段或除“身份证、营业执照”外不需要再提交任何电子或书面材料；“智能秒办、秒批”事项25项，实行“零人工受理、智能化审核”。

（市行政审批局　市司法局）

【企业登记便利化改革】 2021年，市行政审批局普遍开设政银合作联办登记综合窗口，为新办企业提供一个环节办理、全流程免费一次办结服务；全市开办企业平均用时压缩到一天以内，新增法人企业5.37万家，比上年增长15.14%，并为5.46万家企业提供免费印章刻制服务。依托企业注销服务专区，实现企业注销一次登录、一键申请，并可同步办理所涉及的税务、社保、海关等注销业务。推动市场主体简易注销，取消企业清算组备案环节，简易注销登记公告时间由45天压缩至20天；全市累计注销企业2.1万家，简易注销企业0.56万家，为企业减免注销费用280.6万元。推出“一照多址”“一址多照”“集群注册”“住用商”登记、住所申报承诺制五项改革举措；“一址多照”惠及0.5万户市场主体，“集群注册”为8万户个体工商户创业提供登记便利。开通企业登记档案查询网上平台，方便企业随时随地查询、下载所需档案，全年网上档案查询业务近万笔。

【工程建设项目审批制度改革】 2021年，无锡市发布《无锡市工程建设项目分类审批流程图（2021版）》，将工程建设项目审批事项由76项压减至39项，政府投资项目审批“最多60天”、一般社会投资项目审批“最多50天”、带方案出让土地项目及中小型社会投资项目审批“最多40天”。推动“拿地即开工”项目5个工作日内限时办结常态化，全市“拿地即开工”项目数超过全省总数的一半以上。将项目审批涉及事项、服务全部纳入工程建设项目审批管理系统在线办理，对审批环节实行全程跟踪督办、节点控制和“亮灯管理”，审批过程全程留痕，杜绝“体外循环”“隐形审批”。迭代升级工程建设项目审批管理系统，开通App端申报、在线审批功能，让项目办理从“足不出户网上办”向“随时随地掌上办”转变。

【投资建设项目全域通办】 2021年，市行政审批局实行水电气外线工程联合办理，实现“一张表单”内部流转，企业用户“一窗受理、一表申请、一次办结”，并联审批时间不超过10个工作日。实施投资建设项目全域通办，为投资建设项目提供“网上办、就近办、异地办、马上办”渠道。对113个进入实质审批阶段的政府投资项目及274个重大产业项目提供“主动对接、全程跟踪、精准订制”的全周期服务。

【政务服务便利化】 2021年，市行政审批局迭代升级了江苏政务服务网无锡旗舰店、App无锡站，全市97.9%的事项可网办，91.8%的事项实现不见面办理，132个事项可跨省通办、130个事项可在省内通办、120个事项和服务可在长三角“一网通办、异地可办、就近办理”。加强电子证照综合应用，依托全市电子证照系统，发布436类电子证照目录清单和124类共享目录清单，配置777枚电子印章，归集电子证照448.32万张，在线调用电子证照297.45万次，无锡市电子证照综合应用做法被全国优化营商环境简报推荐。推进事项“应进必进”，全市98.74%的政务服务事项可在同级实体政务服务大厅办理，并建成“政务服务网点+金融服务网点”互补的全新政务服务体系。将14项医保业务下沉至镇（街道）、村（社区）为民（便民）服务中心

11月1日，代市长赵建军（左三）参加无锡市“12345”政务服务便民热线正式启动暨“8个1件事”集中上线　（市行政审批局　供图）

办理，建成15分钟医保办事圈。在环太湖地区设立“太湖湾科创带跨区域通办专窗”，开通准入准营就近办理服务。“成全e站”覆盖408个人流密集点位，提供应用服务1247项，为群众提供便捷的自助办理渠道。

【审批赋码管理全省首创】 2021年，市行政审批局加快推进“一件事”改革行动，在全省首创赋码管理规则，赋码管理的“开办企业、不动产登记、工程建设项目审批、企业注销、不动产抵押”5个精品“一件事”与“新生儿出生、就业登记、结婚、军人退役、退休、身后、开药店、开便利店”8个省定标准“一件事”，以及“政策兑现”“灵活就业”等75个自主创新“一件事”，为企业群众提供时间最短、环节最少、材料最简的服务。

【公共资源交易平台运行】 2021年，市行政审批局整合优化交易系统，按照全市交易“一张网”的建设思路，开通政府采购“一张网”，实现政府采购全品目、全流程在线交易；推动公共资源交易“一张网”向江阴市延伸，实现建设工程、水利工程招投标同标准、同制度、同平台运行；按照“不见面交易为常态、见面交易为例外”的原则，推进全流程电子化交易，先后完成建设工程施工类项目两阶段全流程“不见面开标”，开通政府采购和水利工程“不见面”开标系统，建设工程“不见面开标率”100%。持续推进跨省远程异地评标，先后与8省12市开展23场次主客场远程异地评标；上线移动CA“标证通”，让投标人手机扫码即可参与投标，有效提高交易服务的便利度；持续规范平台运行，发布《无锡市公共资源交易监管权责清单》《无锡市工程建设项目招标投标负面清单》；制定《无锡市公共资源交易项目投标电子保函服务细则》，对保函服务机构开展综合考核、等级评定，全年开立电子保函7309笔，担保资金24.76亿元。

【便民热线归并优化】 11月1日，无锡市完成31条政务服务便民热线归并优化任务，并在全省率先启动试运行，其中，整体并入7条，双号并行14条，设立分中心1条，开展联动服务9条，设立人社、医保热线服务专区6个。在全省政务服务热线归并新闻发布会上，介绍12345便民热线“一号通接”工作经验，推荐至国务院办公厅。创新“微幸福”民生品牌，对权责清晰事项坚持“来电速办、立接立

办”，对疑难复杂事项“按责交办、跟踪督办”，做好20批次420件“微幸福”重点督办事项的跟踪督办工作，诉求办理全过程由“12345”微信公众号“一事一码”向社会公开。举办“省政风热线·市长上线”大型全媒体直播无锡专场活动，对现场反馈的11个问题举一反三整改。依托“12345”便民热线开通“市长在线·民声留言板”，通过网上征求意见，倾听民声，掌握民情、汇聚民智，解决群众烦心事。指导“一企来”企服热线梳理形成惠企政策知识万余条，遴选159名政策专员，解答企业服务诉求4.01万件，企业满意度95%以上。提交大数据分析专报30份，完成“作风面对面”电视直播9场次。

（市行政审批局）

对口支援协作与合作

【对口支援】 2021年，无锡市贯彻第三次中央新疆工作座谈会及第八次全国对口支援新疆工作会议精神，围绕新疆地区社会稳定及长治久安总目标，支援其经济社会发展与疫情防控工作。

对口支援新疆克州阿合奇县 实施援疆项目24个，投入援疆资金5761万元。推动无锡凤凰电动车项目落地江苏克州产业园，总投资3500万元。推动新疆艾乐欣胡蒜加工项目落地阿合奇县，带动100多户农牧民增收致富。实施“组团式”教育、医疗帮扶，通过开展“师带徒”“青蓝结对”等活动，开展教育专题讲座50场次，举办名师论坛20余次。江南大学附属医院与克州人民医院建立远程病理会诊中心，利用5G技术开展远程B超工作，帮助当地提高疾病诊疗能力。帮助阿合奇县劳动力到无锡就业，全年动态在岗100多人，实现劳务收入600多万元。支持无锡市3家阿合奇生活馆建设，全年帮助销售克州农牧产品1280万元，帮助新疆中科沙棘有限公司实现年度销售额2300万元，成为阿合奇县第一家规模以上工业企业。捐赠财政资金200万元支援当地购置10辆新能源公交车。无锡社会各界支援阿合奇县各类物资折款815万元。年内，对口支援阿合奇县前方工作组被省委、省政府表彰为“全省脱贫攻坚暨对口帮扶支援合作先进集体”。

对口支援新疆伊犁州霍城县 实施援建项目29个，投入援疆资金1.51亿元。帮助引进深圳纽斯达智慧科技有限公司智慧光电产业园等8个大型项目，总投资36.6亿元，带动当地群众1500多人就业。实施“澄远英才361计划”，组织培训项目21个，培训党政干部3250人次，培训专技人才1730人次。实施“医疗援疆245计划”，帮助引进州级公益医疗援助项目2项，开展示范性手术400余台、义诊34场、讲座60场，填补当地医疗空白11项。实施“教育援疆十百千计划”，举办首届“澄远杯”教师教学能力大赛，56名援疆教师开展公开讲座350场。开办“大美新疆·霍城好礼”江阴援疆特色产品专卖店，无锡市全年采购霍城各类农产品519万元，帮助销售各类农产品1035万元。年内，对口支援霍城县前方工作组被省委、省政府表彰为“全省脱贫攻坚暨对口帮扶支援合作先进集体”。

对口支援重庆市云阳县 落实《江苏省2021年度对口支援合作三峡库区工作要点》各项任务指标，拨付援建资金600万元，在无锡市举办一期“对口支援云阳县千亿工业高质量发展专题培训班”，培训云阳县基层干部骨干46人。无锡市各级中医院年度采购云阳县万力药业、云海药业各类中药产品860多万元。

【对口协作】 2021年，无锡市按照脱贫过渡期内“帮扶标准不降，帮扶力度不减”工作总要求，助力延安市、海东市巩固拓展脱贫攻坚成果，逐步实现与乡村振兴有效衔接。

与延安市对口协作 无锡派出挂职干部8人、专技人才62人，组织实施乡村振兴干部培训班10期，培训745人次，实施乡村振兴专业技术人才培训班33期，培训1467人次；落实援助资金3830万元，实施援建项目32个。帮助当地劳动力307人实现就业，其中脱贫人口230人，113人在江苏省稳定就业。全年采购及帮助销售延安市各类农产品1.81亿元，发动无锡各界向延安捐赠物资折计1033万元。产业合作新增引导落地投产企业4家，全年到位投资2.15亿元，吸纳农村劳动力103人就业。基层实现结对学校39对、结对医院6对、结对镇（街道）26对，实现村村结对54对、企村结对21对、社会组织与村结对7对。10月，无锡市委书记杜小刚率党政代表团到延安考察，定向捐赠乡村振兴帮扶资金500万元，并为延安人民送上万人无锡免费游价值1000万元惠民消费券大礼包。在全国脱贫攻坚总结表彰大会上，对口帮扶延安市前方工作组获评全国脱贫攻坚先进集体。

与海东市对口协作 无锡派出挂职干部18人、专技人才109人。接收海东市到无锡挂职交流干部18人、专技人才96人。举办乡村振兴干部培训班15期，培训1585人次。举办乡村振兴专业技术人才培训班40期，培训1788人次。落实省级东西部协作统筹资金2.7亿元，实施援建项目127个。举行劳务协作培训班13期，培训农村劳动力688人次。帮助当地2283名劳动力实现就业，其中脱贫人口809人，在江苏省稳定就业554人，到无锡就读职业学校农村学生132人。采购及帮助销售海东各类农产品3663万元，发动无锡各界向海东市捐赠物资折计1356万元。新增引导落地投产企业2家，实际到位投资2700万元。援建帮扶车间13个，吸纳农村劳动力437人就业。携手结对学校47对、结对医院14对、结对镇（街道）33对，实现村村结对31对、企村结对11对、社会组织与村结对4对。在全国脱贫攻坚总结表彰大会上，无锡市对口帮扶海东市前方工作组获评全国脱贫攻坚先进集体。

9月8日，无锡市第十批第二期援疆教师组、医疗队搭乘飞机从苏南硕放机场出发前往对口支援的新疆阿合奇县　（市发展改革委　供图）

【对口合作】 2021年，无锡市通过园区共建、产业合作、人才交流等方式，推动无锡徐州工业园区高质量发展，与盘锦市对口合作取得新成效。

与徐州市对口合作　2月，市长杜小刚率团到徐州市出席“无锡徐州工业园区”建设启动仪式。9月，《无锡徐州工业园区高质量发展规划（2021—2025年）》获无锡、徐州两市政府批复。推动“省级特色园区”创建，《江阴睢宁工业园区高质量发展总体方案》《宜兴沛县工业园区高质量发展总体方案》分别于7月、11月获省发展改革委、省商务厅联合批复。年内，无锡徐州工业园区完成省级年度高质量发展考核指标任务，园区年度基础设施投资完成1.2亿元，引进外资3008万美元，新开工亿元以上项目10个、10亿元以上项目2个，各项主要发展指标实现年度时序进度。

与盘锦市对口合作　与盘锦市在精细化工、特色装备制造、新材料、数字产业等重点领域深化合作。江南大学与辽宁长寿乐农业科技有限公司联合开发的数十个技术合作项目有序实施。宜兴环保科技工业园管委会与盘锦高新技术产业开发区管委会就建设环保产业转移飞地园区、建设环保科技成果转化孵化平台、开拓环保产业国内国际两个市场等签订战略合作协议。园区企业围绕先进环保装备研发及生产制造签订合作协议。

（市发展改革委）

外事及港澳事务

【概况】 2021年，无锡市外事系统精心筹办各类友城庆典，积极参与高层次多边国际活动，参与举办第二届中国—东盟友好合作主题短视频大赛；支持民间组织开展各类对外交流，促成“2021无锡国际赏樱周”入选省文化走出去重点项目。年内，在“一带一路”沿线国家拓展国际友好交流城市2个；促成国际园区合作平台2个、科研合作平台1个、智能制造行业合作平台1个；设立外事联企服务站2个，推出因公出国（境）不见面审批改革、多语种24小时防疫服务专线及在无锡欧美日韩商会服务专员制度。通过友城比利时鲁汶市，精准对接欧洲微电子研究中心（IMEC），促进无锡市微电子产业提档升级；借力斯海尔托亨博斯市，与荷兰省市政府部门、国际知名大学等联合成立中荷大数据产业联盟；全年累计安全转运各口岸入境人员12748人次，其中无锡空港口岸入境4171人次，上海入境昆山转运到无锡人员8418人次，企业主体通过“快捷通道”自行前往上海、南京空港口岸接回入境人员159人次。

加强锡港澳合作，成立省首个港澳台文化交流基地——唐苑。举办“纪念唐君远创业百年暨120周年诞辰研讨会”，无锡港资企业联谊会组织在无锡的香港同胞参观红色基地。

【重大外事活动】 1—2月，无锡市携手各国际友城举办“云游友城”活动，日本明石市、相模原市，韩国金海市、蔚山市等29座城市应邀参加。无锡与各友城利用本地电视台、官网、推特、脸谱网，以及图书馆、机场、地铁站等公共场所屏幕，面向市民播放对方城市宣传视频。

2月25日，无锡市举行与跨国公司总部深度合作视频推进会。市委书记黄钦先后与SK海力士株式会社CEO李锡熙和首席副社长卢钟元、阿斯利康全球首席执行官苏博科、博世动力总成事业部执行总裁盖克斯塔特·伍弗等世界500强公司及知名跨国企业总部负责人视频连线。

3月25—31日，由无锡市人民对外友好协会主办的“2021无锡国际赏樱周暨中日樱花友谊林建设34周年纪念活动”在无锡举行，99家中外机构、团体、媒体的559位中外嘉宾，其中包括来自39个国家的171位外国友人参加活动。市委书记黄钦、市长杜小刚等会见中外嘉宾代表。杜小刚等分别在开幕式上致辞，日中共同建设樱花友谊林保存协会会长新发田丰视频致辞。其间，举办长三角地区友协会长座谈会、无锡国际樱花友谊林开园仪式与植树活动、中日企业合作座谈会、东林书院赏樱雅集活动，签署经贸、教育、友好组织等领域的46个合作项目，举办首届中国（无锡）会展目的地建设大会、2021无锡首届中日民间书画艺术交流展暨第十届大紫蝶手工纸世界风光摄影展及中外友人“樱林漫步”等系列经贸文化交流活动。

4月29日，“共享、共创、共赢”2021无锡跨国公司深化合作圆桌论坛在无锡举行。市长杜小刚，副市长周常青、张立军参加活动。

5月17日，无锡市举办东亚新一代信息技术产业合作对接交流会，市委书记黄钦、副市长周常青参加活动。

5月19日，由中国驻东盟使团、国家广电总局、中国外文局、无锡市人民政府、东盟秘书处、菲律宾常驻东盟使团、中国公共外交协会等单位共同主办的第二届中国—东盟友好合作主题短视频大赛通过线上线下联动形式在雅加达、北京、无锡三个会场同时启动。副市长秦咏薪出席启动仪式并致辞。

5月27日，中国人民对外友好协会和美国加州—中国气候研究院共同主办中美地方应对气候变化系列对话首场视频对话，省长吴政隆在无锡参会并致辞。

5月27—28日，由省政府新闻办公室、省政府外事办公室主办的2021“发现江苏·走进最美湖湾区”活动在无锡市举行。埃塞俄比亚驻沪总领事魏澜，以及埃塞俄比亚、葡萄牙、斯里兰卡驻沪总领事馆负责文化交流的官员及来自俄罗斯、巴基斯坦、印度尼西亚等国家的10余位在江苏的外籍友人应邀访问无锡。

6月3日，日本驻沪副总领事福田高干携12家日资企业代表25人，在无锡与市外办、市民政局、市医保局及市卫健委共同举办2021中日养老产业合作座谈会，副市长周常青会见福田高干一行。

6月11日，由柬埔寨西哈努克省政府、江苏省外办、无锡市外办共同举办的中国江苏省与柬埔寨西哈努克省视频工作会议在无锡、西哈努克省、西港特区三个会场同步召开。

6月、8月、11月，经无锡和比利时鲁汶市共同推动，无锡市芯火微电子创新中心、无锡国家“芯火”双创基地与欧洲微电子研究中心（IMEC）在无锡高新区先后联合举办5期“IMEC集成电路高端人才培训班”，40余家半导体企业的283人次参加培训。

9月15日，市外办、市工商联、市贸促会、市投促中心与美国得州圣安东尼奥经济合作联盟举行线上经贸交流会，参会嘉宾就推动高质量企业落户、促进双向投资等进行交流。

9月19日，无锡市举办“迎中秋 叙情谊”无锡韩商太湖赏月会，代市长赵建军与SK海力士、三星、LG等12家在无锡重点韩资企业负责人及其家属聚会共谋发展。

9月27日，无锡市举行庆祝中华人民共和国成立72周年国庆招待会，巴西、德国等17个国家在无锡工作的外籍科技、文教专家及企业高管等60人应邀参加会议。

11月11日，第二届中国—东盟短视频大赛线上颁奖仪式举行，无锡市设置无锡视频分会场，市委常委、统战部部长周常青参加活动并致辞。无锡市红豆集团柬埔寨西哈努克港经济特区有限公司的作品《我与西港特区共成长》获银奖，江苏凤凰画材科技股份有限公司的作品《与子同袍 共度时艰》入围50强。

11月20日，由无锡市人民对外友好协会、新吴区人民政府主办的江苏省千名外国友人“体验江苏·读懂中国”无锡分场活动暨2021年新吴区国际友人“体验新吴·了解无锡”活动举行，美国、加拿大等20多个国家的50多位国际友人参加活动。

12月3日，无锡市加入世界城地组织亚太区旅游会。

12月3日，市外办牵头举办首届中国（无锡）—荷兰大数据产业研讨会。江苏省外办、无锡市外办、无锡市大数据管理局、无锡数字经济研究院、江南大学、无锡市大数据协会、朗新科技、瀚云科技、帆软软件和中国联通无锡分公司相关人员，荷兰驻华大使馆、荷兰驻沪总领事馆、荷兰北布拉邦经济发展署、斯海尔托亨博斯市政府、埃因霍温“智慧港”发展署、荷兰北布拉邦省驻南京代表处、埃因霍温理工大学、蒂尔堡大学、希

3月26日下午，中国人民对外友好协会会长林松添（左三）出席在东林书院举办的“赏樱雅集”活动。图为林松添等欣赏文创作品 （刘国选 摄）

罗尼穆斯数据科学学院以及数十个荷兰大数据、智慧农业领域的政府工作人员、专家学者及企业代表参加会议。会上宣布中荷大数据产业平台成立。

12 月 7—8 日，第十届无锡市国际友城交流会暨 2021 无锡国际友城产业对接大会在宜兴市举行。7 日下午，由无锡市政府主办、国家发展改革委国际合作中心协办的“双碳目标下的国际合作无锡对话会”举行。活动以线上线下相结合的方式举行，分设北京、无锡两个会场，巴基斯坦驻华大使，大众公司、中以学术交流促进协会、中国宏观经济研究院等企业单位代表参加会议。无锡市委常委、统战部部长周常青出席会议并致辞，国家发展改革委国际合作中心副主任刘建兴作在线致辞，中国宏观经济研究院副院长吴晓华作主题发言。巴基斯坦驻华大使莫因·哈克等一批驻华使节、商会、跨国企业代表等，通过线上线下双向互动方式，围绕“‘双碳’发展格局下，加强国际合作、以科技创新为引领促进产业转型升级、实现互利共赢”的话题进行探讨。8 日上午，第十届无锡市国际友城交流会暨 2021 国际友城产业对接大会举行。荷兰北布拉邦省驻南京代表处等驻华商务机构代表及企业负责人应邀到无锡参加会议。白俄罗斯驻沪总领事安德烈·安德烈耶夫，无锡荣誉市民、诺贝尔奖获得者哈特穆特·米歇尔等在现场或通过视频致辞。阿根廷驻沪副总领事康德铭等，以及市领导周常青等参加活动。会上启动“深耕友好 锡望无限”国际产业对接平台、“中荷大数据产业平台”和“云游友城”项目，推出国际友城产业对接项目成果 MV 系列。

12 月 17 日，无锡市与柬埔寨西哈努克省“助力建设西港特区 2.0 升级版”视频工作会议召开。市委书记杜小刚、西哈努克省副省长隆迪梦相会“云端”。

3 月 25 日，举办无锡国际樱花友谊林开园仪式　（刘国选　摄）

12 月 24 日，由市外办、市人民对外友好协会和江南大学国际教育学院联合举办的“体验江苏·读懂中国”江大专场活动举行，埃及、卢旺达、阿富汗、乌干达等 16 个国家的 40 位江大外籍留学生参加活动。

【国际交流合作】 2 月，无锡市青山高级中学和美国查特努加市中学学生围绕中美两国传统文化、校园生活等话题开展多期线上交流活动。

2 月 4 日上午，省委书记娄勤俭在南京以视频方式会见韩国 SK 集团会长崔泰源，并向他颁授“江苏省荣誉居民”证书，无锡市委书记黄钦参加视频会见活动。

2 月 5 日，无锡友好交流城市爱尔兰科克市科克大学与江南大学合作的“江南大学国家功能食品工程技术研究中心—爱尔兰 APC 微生物组研究中心”签约仪式在线举行。

2 月 25 日，世界城市和地方政府联合组织亚太区 2021 年理事会会议通过线上线下相结合的方式召开，无锡市作为会员城市参加会议。

3 月 5 日，在世界历史都市联盟及俄罗斯喀山市共同举办的“我眼中的世界”国际少儿线上绘画大赛中，无锡市选送的锡师附小、尚贤万科小学、大桥实验小学等 8 所小学的 10 幅绘画作品参赛，1 幅作品获一等奖。

3 月 10 日，市大数据管理局、江南大学科研院、无锡数字经济研究院、无锡大数据协会与无锡友城荷兰斯海尔托亨博斯市政府、欧洲顶尖学府荷兰蒂尔堡大学举办线上座谈，商讨大数据领域多形式项目合作。

3 月 31 日，无锡友城德国勒沃库森市储蓄银行前总裁、教授赫博斯海姆在无锡高新区（上海）投资推介会上受聘为无锡高新区驻欧洲（德国）商务代表，并作为外籍驻外商务代表作视频发言。

4 月，无锡市艺术家刘昊参加在无锡友城德国勒沃库森市举办的第七届欧洲艺术家竞赛。

4 月 10 日，市长杜小刚参加韩国金海市建市 40 周年庆祝活动，并在开幕式上视频致辞。

5 月 27—28 日，无锡市派员参加由爱尔兰亚洲事务智库在无锡友好交流城市科克市召开的“后疫情时代世界经济中的中爱商业伙伴关系”虚拟商务峰会。

6 月，市外办和江南大学商学院代表参加爱尔兰科克市举办的 2021 中国公务员在线交流项目

(SCOTP21)。

6月24—26日，市文广旅游局代表参加在俄罗斯喀山市举办的第17届世界历史都市联盟大会线上会议并作主题发言。

7月，启动第五届江苏省国际"友城绘"参赛邀请工作，相继收到来自柬埔寨、韩国等11个国家13座友城的300多幅参赛作品。同时向获得江苏省第四届国际"友城绘"奖项的柬埔寨西哈努克市、摩洛哥非斯市、北马其顿科查尼市、俄罗斯下诺夫哥罗德市、塞尔维亚克拉古耶瓦茨市以及德国博霍尔特市的学生寄送获奖证书及纪念品。

7月15日，为庆祝无锡市与新西兰哈密尔顿市缔结国际友城35周年，市长杜小刚与哈密尔顿市市长保拉·索斯盖特互致贺信。

8月16日，"无锡市—伊斯梅利亚省友好省市关系建立线上推进会"举行。市外办、中国水产科学研究院淡水渔业研究中心相关负责人与埃及伊斯梅利亚省副省长艾哈·艾桑·穆萨、苏伊士运河大学副校长玛格达·哈格拉斯等出席线上会议。

8月21日，代市长赵建军以录制祝贺视频的方式参加俄罗斯下诺夫哥罗德市建城800周年庆典活动。

9月7日，无锡市选送的作品参加韩国清州市举办的"国际友城摄影展"，宣传无锡市城市风情、抗疫举措及成绩。

9月9日，世界城地组织亚太区第八届会员大会以视频形式举办，无锡市作为会员城市全程参加大会。

9月30日，市外办牵头组织无锡市瀚云科技有限公司与荷兰设施农业联盟及荷兰温室三角洲等机构举行在线会议，洽谈智慧农业领域合作。

11月，市外办通过在线视频会议的方式参加由中国人民对外友好协会、中国非洲人民友好协会主办的第四届中非地方政府合作论坛。论坛由中国人民对外友好协会会长林松添主持，中共中央政治局常委、国务院总理李克强视频出席会议并致辞。

11月11—12日，应世界城市和地方政府组织、世界大都市协会邀请，无锡市作为会员城市通过在线视频的方式参加由中国人民对外友好协会、广州市人民政府、无锡市人民政府共同主办的2021年全球市长论坛全体大会以及相关分论坛活动。

11月上旬，无锡艺术家顾真真的画作参展德国博霍尔特市OPEN SPACES 800艺术节。

11月，市少年宫选送的作品参加由日本九州文化协会主办的第24届中日青少年书画交流大会，17幅画作、11幅书法作品获奖。

12月7日，市外办代表应邀参与省友协与德中友协斯图加特分会视频交流会并发言。

12月16日，市妇联、市教育局、市外办与达尼丁市政府经济发展局进行视频连线，探讨两市开展学前教育交流事宜。

12月，德国博霍尔特市市长托马斯·科霍夫为无锡机电高等职业技术学校德语角迎新活动做视频致辞。

（市外办）

3月26日，在东林书院举办"赏樱雅集"活动。图为中外嘉宾观看地方特色文艺演出　（吴　忠　摄）

【锡港澳合作】 7月3日，无锡—香港中小学校长线上教育交流会召开。香港中联办、香港教育局、无锡市教育局、无锡市港澳办、无锡各市（县）区教育局、香港和粤港澳大湾区学校代表，以及无锡市19所中小学校代表参加线上交流会。会上，香港凤溪第一小学与宜兴市丁山实验小学、香港鲜鱼行学校与江苏省无锡师范学校附属小学、香港博爱医院历届总理联谊会梁省德中学与无锡市梅里中学、香港华人基督教联会真道书院与江苏省南菁高级中学缔结为友好学校。

年内，无锡海外联谊会、香港无锡商会、澳门无锡联谊会等组织，积极推介知名跨国公司、国际性商协会代表参加"2021无锡跨国公司深化合作圆桌论坛""太湖人才峰会"等活动，到澳门和横琴粤澳深度合作区进行考察交流，积极引进投资资金和合作项目，加快推动长三角——粤港澳大湾区产业创新合作（无锡）试验区建设。

（市委统战部　市外办）

【港澳友好交流合作】 3月19日，香港贸易发展局江苏代表张厦一行2人访问无锡，考察无锡国际生命科学创新园，同阿斯利康数字化与商业创新部相关负责人就推进合作事宜进行座谈。

表 9 2021 年重要外宾访问无锡一览表

到访日期	内 容
3 月 15 日	法国驻华大使罗梁一行 7 人访问无锡。市委书记黄钦会见大使一行，市委常委、新吴区委书记蒋敏，副市长周常青参加会见
3 月 31 日	美国驻沪总领事何乐进一行 4 人访问无锡。副市长周常青会见何乐进一行
4 月 21 日	芬兰驻沪副总领事任爱丽、驻华大使馆教育和科研参赞时明睿率芬兰教育和体育代表团一行 18 人访问无锡
4 月 23 日	日本驻沪总领事馆领事保田古都美访问无锡，洽谈举办养老企业座谈会相关事宜
6 月 22 日	英国驻华大使吴若兰、驻沪总领事胡克定一行 8 人访问无锡。副市长周常青会见大使一行
7 月 21 日	以色列驻沪总领事爱德华一行 5 人访问无锡。副市长周常青会见总领事一行，双方就建立以色列技术转移平台及相关科技、人才合作对接机制进行友好商谈
10 月 18 日	法国驻沪总领事纪博伟一行 2 人访问无锡。市委常委、新吴区委书记蒋敏会见纪博伟一行
10 月 22 日	英国驻沪总领事胡克定一行 3 人访问无锡。代市长赵建军会见总领事一行，市委常委、新吴区委书记蒋敏，市委常委周常青参加会见。同日，英国驻沪总领事馆江苏区域高级事务官鲁健、英国国际贸易高级投资与贸易官员沈成、日本驻沪总领事馆领事佐腾隆亮到无锡参加 2021 世界物联网无锡峰会
10 月 27 日	德国驻沪副总领事唐孟思访问无锡。市委常委周常青会见唐孟思一行，双方就加强经贸、文化、教育、体育等进行沟通
11 月 4 日	越南驻沪总领事馆领事壬海兴到无锡参加“2021 中国（无锡）国际新能源大会”
11 月 19 日	以色列驻沪总领事爱德华一行 4 人访问无锡，并在无锡大剧院观看以色列钢琴家演出
12 月 5 日	欧新社、日本《读卖新闻》、法新社签约摄影师等一行 8 人参加 Show Jiangsu 外媒摄影采风活动，主要拍摄江南古运河风景、苏锡常南部高速太湖隧道、锡山白鹤滩工程等
12 月 21 日	日本驻沪总领事赤松秀一一行 4 人访问无锡。市委书记杜小刚会见赤松秀一一行，市委常委、统战部部长周常青参加会见

（市外办）

3 月 19—20 日，澳门中联办副主任严植婵、澳门特区政府文化局局长穆欣欣一行 7 人到无锡市调研文化建设和电影业发展情况，市长杜小刚、副市长周常青会见客人一行。在无锡期间，参观考察无锡国家数字电影产业园、无锡南长街历史文化街区。

7 月 5 日，由省政府港澳办策划拍摄的《港澳同胞话江苏》系列短视频播出，无锡德根饭店总经理徐家铭作为 13 名代表之一参与前期视频录制。

12 月 31 日，吴健新、徐家铭等 9 名在无锡的港商代表，参加省港澳办为在苏港商代表举办的中共十九届六中全会精神线上宣讲活动。

（市外办）

【港澳联络联谊】 11 月 1 日，无锡市在中国民族工商业先驱唐君远创办的丽新染织厂原址，通过无锡、香港视频连线和网络直播的形式，举办“纪念唐君远创业百年暨诞辰 120 周年研讨会”，全国政协常委、香港江苏社团总会会长唐英年在香港分会场，通过视频连线，作题为“民族企业家的担当与价值”的主旨演讲。无锡市成立省首个“港澳台文化交流基地”——唐苑，承办第二期“奋进在江苏——港澳企业家沙龙”系列活动。通过网络、信件等线上线下互动方式，开展“火红慰问信，温暖港人心”等系列活动，向身在外地、心系无锡的乡贤发送感谢信，传递家乡的问候与感谢。组织召开无锡港澳资企业家座谈会，协助解决东亚电力、维京建材等企业矛盾困难。号召企业家参与“我为家园献良策”“金点子”征集活动。

【港澳公益资助】 2021年，无锡市积极引导港澳人士通过各种形式参与社会公益事业，组织评选第八届“无锡市唐翔千卓越工程师奖”及“无锡市唐鹤千卓越青年文化创意人才奖”，评选出获奖者各10人，在第五届全球锡商大会上向获奖者颁奖，奖金共80万元。组织开展含高校、职校、中小学在内的7所学校的“无锡海外联谊会奖学金、奖教金”评选活动，为400余名师生颁发奖学金、奖教金近百万元。无锡港资企业联谊会组织在无锡的香港同胞参观红色基地，拍摄“赞歌颂祖国，共筑中国梦”MV，开展“爱在锡城筑同心”“共筑家园，有你有我”“‘豫’你同在，倾心相助”等公益活动，成立义工队，开展慰问特困家庭、环卫工人及残障人士等特殊人群活动。

（市委统战部）

信访工作

【概况】 2021年，市、市（县）区两级信访总量2.3万件（人）次，信访工作整体绩效位居全省前列。无锡市社会矛盾纠纷调处服务中心建成。年内，1人获评江苏省先进工作者，1人获评江苏最美信访干部，无锡市获评2021年度全省信访工作先进市，江阴市获评全国信访工作示范市（县），滨湖区、惠山区获评全省信访工作示范市（区），锡山区被评为全省信访工作先进市（区），16家单位被评为全省“人民满意窗口”建设质量提升工程示范单位。

【矛盾化解攻坚】 2021年，在“治理重复信访、化解信访积案”专项工作中，市信访局综合运用视频调度、座谈指导、现场督导等方式推进化解，获评全省专项整治工作成效显著单位。开展防范化解重点领域风险矛盾“清源”行动，持续在城乡建设等领域实施信访问题专项整治，市政府主要领导亲自挂帅，建立专办实体运作、领导分级包案、工作例会推进、综合指导检查、目标绩效考核等机制，排查交办的91件重大案件，化解稳定率达97.8%；市交办重点事项化解203件。全年市、市（县）区两级党政领导主动下沉一线接访下访1307次，包案化解积案94件，工作经验在全省信访系统推广。

【信访为民品牌建设】 2021年，市信访局加强政媒融合“一访定心”节目建设，共收集线索1500余条，解决问题257个（次），就群众反映集中的问题向市委、市政府提出合理化建议。参与“网事悉心办”主题系列活动，解决一批群众反映强烈的民生问题。开展“网聚金点子、共绘新蓝图”人民建议主题征集活动，收集群众“金点子”450多件。解决换肺少年上学、疑难病患定期透析、阳山商贸城商户办证等问题。

【信访信息化建设】 2021年，市、市（县）区两级信访部门配套开发联动信息系统和手机App，统筹589家单位接入使用，实现信访信息共享、数据汇聚、智能研判，全市涉众型矛盾预警率100%，市（县）、区及以下直接化解的矛盾纠纷增加40%。建强信访大数据平台，及时梳理群众反映集中的矛盾以及工作中发现的规律性、共性及可借鉴性问题，形成信访专报。升级优化无锡信访众联信息系统标准化验证模块，量化检测各类数据指标，对业务流程进行常态化线上监督，信访业务标准化率100%。

（市信访局）

编辑　罗秋云

中国人民政治协商会议无锡市委员会

综 述

【政协委员构成】 2021年末，政协无锡市第14届委员会有政协委员444人。其中：常委89人，占委员总数的20.04%；中共党员委员191人，占43.02%；女性委员109人，占24.55%。全年市政协组织委员重点协商及调研视察活动25次，形成建议案、重点调研报告、专题建言献策、专项报告共33篇，立案提案336件，督办重点、重要提案135件，在全市建好用好“有事好商量”协商议事室1288个，各级政协组织开展协商议事活动3400余场，反映社情民意信息1200多件，在“立足本职促发展、当好委员献良策”主题活动中，推动解决实际问题3800多个。

【民主协商】 2021年，市政协开展“十位一体”协商工作（政协全体会议协商、常委会议协商议政、专题协商、“有事好商量”协商议事、对口协商、界别协商、提案办理协商、立法协商、政企协商、远程协商），聚焦党政工作的重点、群众关心的热点、社会治理的难点研究协商内容、确定协商计划。全年开展全会大组专题协商议政4次、常委会议协商议政2次、专题协商会议6次、主席会议协商9次、立法协商2次。各专委会和16个民主监督员小组、20个委员联系小组结合调研视察等活动，开展经常性的对口协商、界别协商、提案办理协商、政企协商座谈，参加省政协远程协商，助力党委、政府和有关部门科学决策、有效施策。

【协商式监督】 2021年，市政协健全建言资政制度机制，完善民主监督实现形式。市委、市政府和市政协办公室联合印发《关于加强市党政有关部门单位与市政协专门委员会对口联系工作的实施意见》，明确联系对象，规范联系内容，完善联系方式，健全工作机制。市政协常委会议、主席会议安排市政府领导和有关部门通报工作11次，市政协就市委、市政府有关报告、政策文件等提出意见建议30多次，市政协领导和各专委会负责人分别列席市委常委会议40多次、市政府常务会议30多次。市政协建议案、重点调研报告、建言献策、重要提案批办件等得到市委、市政府主要领导批示28次，交由市委市政府领导督办批办的重点和重要提案135件。市政协聚焦市“十四五”规划实施中的重大问题，开展协商议政、民主监督。开展“安全发展示范城市创建”“深化文明城市创建”专项民主监督，安排市政府分管领导和有关部门负责人积极参加重点监督性视察、重点提案督办，查找薄弱环节，听取意见建议，共商思路举措。聚焦促进共同富裕、打造最优营商城市环境、美丽无锡建设等方面组织16个民主监督员小组开展民主监督活动40余次，提交《民主监督建议书》22期。

（市政协办公室）

重要会议

【政协无锡市十四届五次会议】 1月18—21日，政协无锡市第十四届委员会第五次会议召开。市委、市人大常委会、市政府全体领导及市中级人民法院、市人民检察院负责人参加开幕式。414名市政协委员参加大会，占实有全体委员的93.2%，13名市政协港澳委员，通过“线上云”参会的方式，收看大会开幕式直播，并参加协商讨论及提交提案。

会议讨论确定市政协2021年主要工作，审议并同意政协主席周敏炜代表市十四届政协常委会所作的工作报告及政协副主席叶勤良所作的提案工作情况报告，对市政府工作报告、市“十四五”规划和2035年远景目标纲要草案及全市大政方针进行协商讨论、建言献策。围绕推进高质量发展、创造高品质生活、实现高效能治理三方面，13人分别代表市民主党派、工商联、无党派知识分子联谊会，以及工、青、妇、科协等社会团体作大会发言。各界别代表进行发言。市委、市政府主要领导及市委组织部部长、市委统战部部长应邀听取发言。市委、市政府主要领导应邀分别参加“推进高质量发展，构建产业新格局”“建设美丽无锡，打造城乡新生态”“完善社会治理，共创文明新风貌”“增进百姓福祉，创造幸福新生活”4个组专题讨论并作讲话。会议期间，收到提案386件。其中集体提案82件，委员及委员联名提案304件，预立案提案361件。其中，经济建设方面72件，占19.9%；城市建设与管理方面84件，占23.3%；文教卫体方面90件，占24.9%；政法统战方面45件，占12.5%；人民生活及其他方面70件，占19.4%。大会通过选举，增补陈锡伦、邵鹤鸣、周士良、赵叶、谢寿坤、糜君初6人为市十四届政协常务委员。

【市政协十四届十九次常委会会议】 1月12日，市十四届政协举行第十九次常委会会议。会议通报2020年度市政协履职工作暨“立足本职促发展，当好委员献良策”主题活动中表现突出的先进集体、先进个人及优秀提案、优秀社情民意、优秀调研成果评选结果；表决通过王健等6人辞去政协常委、弓建明等11人辞去政协委员的决定；表决通过增补乌妮娜等15人为市十四届政协委员；协商通过增补陈锡伦等6人为市十四届政协常务委员的候选人建议名单。

【市政协十四届二十次常委会会议】 3月19日，市十四届政协举行第二十次常委会会议。全国政协委员、副市长高亚光受邀到会传达宣讲全国政协十三届四次会议精神，协商通过市政协2021年工作要点，对市政协助推安全发展示范城市创建开展专项民主监督进行部署，市政协常委成员书面报告履职工作，中共党员常委成员作书面履职点评。

【市政协十四届二十一次常委会会议】 6月21日，市十四届政协举行第二十一次常委会会议。会议听取市政府通报无锡市2021年上半年经济运行情况，就“卫生健康人才队伍建设”开展协商议政，协商讨论《关于加快我市卫生健康人才队伍建设的建议案》《关于发展现代农业产业全力推动乡村振兴的建议案》2个建议案及《关于“十四五”无锡富民路径研究报告》《加快城市更新 建设美丽无锡》等4个重点调研报告。会议讨论通过吕勤彬任市政协副秘书长等人事安排。

11月18日，市政协主席周敏炜（左四）率市政协相关部门负责人、部分政协委员，对无锡市生活垃圾分类处置工作情况进行专题调研

（市政协　供图）

【市政协十四届二十二次常委会会议】 10月28日，市十四届政协举行第二十二次常委会会议。会议听取和讨论市政府2021年提案办理情况，民主评议市司法局、市城管局、市体育局、市地方金融监管局提案办理工作，围绕“推进乡村社会治理”进行专题协商议政，协商通过市十五届政协委员规模、界别设置和名额分配的决定。委员们围绕“推进乡村社会治理”进行专题协商，建议加大乡村普法宣传力度，优化乡村公共法律服务体系，健全乡村矛盾纠纷预防和化解机制，加快“数字法治乡村”建设，推进完善自治、法治、德治相融合的乡村治理模式，依托“有事好商量”协商议事平台，凝聚乡村建设共识，形成乡村建设合力。

【市政协十四届二十三次常委会会议】 12月27日，市十四届政协举行第二十三次常委会会议。会议协商通过市政协常委会工作报告、提案工作情况报告，并委托报告人；协商讨论市十五届政协一次会议议程（草案）、日程；协商通过关于召开市十五届政协一次会议的决定；对2021年度市政协履职先进进行通报表彰；市政协研究室和各专委会书面报告5年工作情况；协商通过吴春林等3人任市政协副秘书长、许麟秋任市政协研究室主任等8人的任职，以及免去夏晓春等3人的市政协副秘书长职务、褚一波的市政协提案委主任职务等12人职务的人事事项。

（市政协办公室）

参政议政

【建言资政】 2021年，市政协围绕卫生健康人才队伍建设及乡村社会治理，开展常委会专题议政。围绕现代商贸流通体系建设、城市更新等方面，邀请市政府有关部门、政协委员以及市民代表开展专题协商；发挥市政协法律事务咨询组作用，就《无锡市电梯安全管理条例》《无锡市江南水乡古镇保护办法》《无锡市电梯安全管理条例（送审稿）》《无锡市江南水乡古镇保护办法（送审稿）》组织立法协商；围绕“十四五”规划、历史建筑文化传承、养犬管理等举行政情通报会；依托专委会及委员联系小组开展对口协商、界别协商。主席会议专题听取“十四五”时期交通基础设施建设、创建全国全民运动健身模范市、粮食与物资储备、信访、市政园林、中小学德育、民族宗教、财政、文物保护9个方面的工作情况通报，举行法院、检察院与公安工作情况重点通报会，为改进工作提建议。

【提案工作】 2021年，市政协共收到提案409件，经审查立案336件，立案率82.2%。市委书记、市长分别领办“太湖湾科创带建设”“推动全民健身打造健康无锡”2件重点提案，党政领导集中批办113件重要提案，确保重点提案及重要提案办出实效。逐步推动集体提案深度协商，关于乡村振兴等集体提案经协商完善后升级为市政协建议案。创新推动提案办理协商与基层协商有效衔接，精选老年食堂建设等7件民生微提案，依托基层“有事好商量”协商议事室，组织市民广泛协商、群策群力，整理106条基层建议送相关部门研究参考，推动提案办理形成最大公约数，该项工作获评全省政协工作最佳创新案例。针对物联网产业发展等2件民主监督性提案开展专题督办，引导16个民主监督员小组围绕提案办理开展常态化对口监督。

【社情民意】 2021年，市政协收集社情民意信息1200余件，被市党政信息录用207篇，省级以上录用12篇。编发《社情民意》114期，一批涉及交通出行、教育医疗、环境治理等方面的问题得到妥善解决。

【民主监督】 2021年，市政协深化民主监督员小组履职管理，16个监督员小组通过视察、座谈、暗访等形式，开展活动97次，活动人次511人次，提交民主监督建议书31份，经审核编发22份，督促提案、建议案等政协相关意见的办理落实。推进常态监督与专项监督有效融合。就“规划建设太湖湾科创带”及“推动健康无锡建设”形成重点提案，市委、市政府主要领导分别领衔督办；就全市安全生产工作、沿江化工企业退出后土壤修复等情况，组织全体委员开展视察监督、明察暗访；组织全体委员开展助力争创安全发展示范城市、深化文明城市创建等专项民主监督，协调解决一批反映集中、代表性强的问题；组织监督性调研视察，抓好监督性提案协商督办。就“长三角旅游市场和服务一体化推进落实情况”开展联动民主监督。就长江禁捕退捕开展调研，形成《凝聚合力，强化举措，严防死守，坚决打好长江“十年禁渔”攻坚战持久战》调研报告报送省政协。

（市政协办公室）

调研视察

【重点调研】 2021年上半年，市政协就加快农业农村现代化、无锡市卫生健康人才队伍建设情况进行重点调研，形成《发展现代农业产业，全力推动乡村振兴》《聚焦第一资源，突出引育并举，建优建强无锡市卫生健康人才队伍》2份建议案；围绕“十四五”时期无锡富民路径、无锡城市更新、海归人才工作、更好推动太湖湾科创带建设和提升乡村治理水平等方面的路径举措进行重点调研，形成《关于“十四五”时期无锡富民路径研究》《加快城市更新，建设美丽无锡》《抢占海归人才高地，助推经济高质量发展》《打造太湖湾科创带一流科技创新环境》《完善农村治理体系，促进乡村善治新提升》等6份调研报告。

【专题调研】 2021年，市政协围绕促进太湖水环境质量提升、提高学生审美和人文素养、助力无锡市婚姻家庭教育工作和家风文明提升、挖掘利用名人故居的历史文化资源作用、深化国际友好交流合作等重点课题，开展专题调研，形成《加强太湖综合治理，筑牢绿色生态基底》《创新聚合力以美育人，提升青少年艺术素养》《注重婚姻家庭教育促进家风文明提升》《发挥名人故居历史文化资源作用，进一步提升无锡城市文化影响力》《深化国际友好交流合作，助推“十四五”产业高质量发展》等7篇调研报告，报送市委、市政府作决策参考。

【重点视察】 2021年，市政协开展重点视察4次、专题视察20余次，许多对策建议在相关部门制定政策和专项规划时被采纳。5月6日，市政协组织市政协各部门负责人和部分市、区政协委员，邀请市各民主党派团体负责人视察太湖湾科创带科技创新情况，座谈听取相关工作情况通报，并开展专题议政建言。5月31日，市政协组织各专委会和部分委员，邀请市各民主党派团体负责人，实地察看梁溪区古运苑社区公共就业创业服务站、新吴区长三角新就业产业园、江南大学大学生创业园，座谈听取全市就业创业工作情况并专题议政。11月17日，市政协组织相关部门负责人、部分政协委员视察无锡市素质教育工作情况，就落实立德树人根本任务、增强中小学生身体素质、抓好教师队伍和管理队伍建设等提出要求。11月24日，市政协组织市政协各部门负责人和部分政协委员实地视察高浪路快速化改造一期工程和市委党校新校区项目施工现场，并就下一步如何推进城市基础设施建设，融入长三角世界级城市群进行座谈。

【专题视察】 2021年，市政协围绕科创型企业发展、金融支持地方经济发展、名人故居保护利用等方面开展专题视察，组织委员就完善医疗服务体系、婚姻家庭教育、城市污水处理等方面深入调研，就群众普遍关心的现实问题提出意见和建议。

（市政协办公室）

"有事好商量"协商议事

【"五位一体"载体建设】 2021年，市政协健全领导挂钩联系、工作推进、委员参与"三项机制"，领导班子成员分别到基层协商议事室指导工作、参加协商活动34次，促进基层"有事好商量"协商议事工作常态长效。结合无锡实际，利用现有资源，在省政协"三位一体"建设要求的基础上，推进"有事好商量"协商议事室、委员工作室、社情民意联系点、履职党支部、政协书房"五位一体"建设。至8月，全市镇（街道）实现"五位一体"建设全覆盖，1129个社区完成"有事好商量"协商议事室、委员工作室、社情民意联系点的建设，全年召开"有事好商量"协商议事工作推进会4次、现场观摩交流会1次。

【协商议事活动】 2021年，市政协组织开展"我为群众办实事"暨"千名委员走进千家协商议事室"活动，开展"完善村规民约，树立文明新风"专题协商议事，组织"有事好商量·民生专题协商议事月"活动，全市各级协商议事室全年开展活动3400余场次，各级政协委员8900余人次参与，解决民生实事3800余件，各级协商议事室成为政协委员履职"新平台"。

【"3232"有线电视平台优化提升】 2021年，无锡市优化提升"3232"有线电视平台，通过实施社区网格化的精准推送，对接委员履职系统，有针对性地分层组织协商，打造群众身边的"议事室"，让百姓感到政协离得很近、委员就在身边。至年末，"3232"电视平台实现对全市村（社区）网格及城区用户的全覆盖，平台浏览量达75万余次。4月，全国政协副主席李斌到无锡调研，专门考察"有事好商量"协商议事工作，观摩"3232"有线电视平台建设运行情况。

5月28日，市政协主席周敏炜（右六）在梁溪区参加协商议事活动

（市政协　供图）

【"有事好商量"案例宣传】 2021年，市政协每两周在《无锡日报》头版开辟专栏，采写宣传基层"有事好商量"生动案例，全年编发案例29篇。无锡电视台拍摄宣传"有事好商量"的"政协话题"电视节目3期。编排大型原创情景剧《有事好商量》，再现"有事好商量"协商议事融入治理、服务群众的生动场面，组织各级政协委员、基层组织负责人与居民代表进行观演，在基层巡回演出30余场，《人民政协报》作专门报道。9月下旬开始，在全市范围内开展评选2021年度无锡"有事好商量"协商议事十佳案例活动。

（市政协办公室）

延伸阅读：

2021年无锡市"有事好商量"协商议事十佳案例名单

1. 梁溪区"广益街道前胡村浜河道整治"
2. 江阴市"周庄镇金湾村口袋公园建设"
3. 梁溪区"惠山街道蓉湖南路片区集成式改造"
4. 锡山区"云林街道竹园社区村规民约"
5. 锡山区"东亭街道老旧小区改造"
6. 惠山区"堰桥街道优化'天一萌萌巴'运行及服务"
7. 新吴区"旺庄街道居家养老服务中心改造"
8. 惠山区"玉祁商会提升特种设备安全管理水平"
9. 滨湖区"蠡园开发区园区交通'微循环'项目"
10. 宜兴市"新街街道谢桥新村燃气安全改造"

（资料来源：锡政办发〔2021〕24号）

表10　市政协2021年度重点提案及督办分工一览表

提案号	提案者	标　题	主办单位	党政领办领导	市政协督办领导	责任部门
145012	市政协经济科技和农业农村委员会、民革无锡市委	当前推进太湖湾科创带建设中亟需重视的若干问题	市发展改革委	杜小刚 丁四海	主席会议成员	经科农委 民革 提案委
145335	市政协文教卫体委员会	推动全民健身 打造健康无锡	市体育局 市卫生健康委	赵建军 丁四海	主席会议成员	文教委 提案委
145071	无锡市工商业联合会	积极从标准引领向标准驱动跨越，助力无锡物联网迈向发展新阶段（民主监督性提案）	市市场监管局	高亚光	王国中	研究室 工商联
145332	马正红、张军、夏晓春、许麟秋	关于提升无锡市养老服务水平的建议	市民政局	周常青	叶勤良	提案委 提案者
145021	民革无锡市委	关于加强新时代农村法治建设的建议	市司法局	刘必权	张丽霞	民宗委 民革
145001	市政协经济科技和农业农村委员会	关于进一步完善为农服务体系助力乡村振兴的建议	市农业农村局	李秋峰	吴仲林	经科农委
145003	市政协人口资源环境和城乡建设委员会	加速区域市域交通一体化 助力无锡高质量发展	市交通运输局	张明康	丁旭初	城乡委
145009	市政协社会法制委员会	加强和创新网格化社会治理 提升基层治理效能	市委政法委	徐　劼	刘　玲	社法委
145045	民进无锡市委	关于加强生态保护修复 推进太湖水治理的建议	市生态环境局	李秋峰	金元兴	文史委 民进
145060	致公党无锡市委	关于提升无锡市职业教育与产业发展匹配度的建议	市教育局	秦咏薪	高　慧	委工委 致公党
145050	农工党无锡市委	关于加快推动无锡市生物医药产业高质量发展的建议	市科技局	高亚光	韩晓枫	文教委 农工党
145068	九三学社无锡市委	关于优化无锡市人才结构的建议	市委组织部	柏长岭	蔡捷敏	文史委 九三学社
145078	梁溪组（第3组）	关于充分挖掘新苏南运河（无锡段）商文旅资源的建议	市文广旅游局	秦咏薪	孙志亮	文教委 提案者
145031	民盟无锡市委	关于加强无锡市品牌维护和知识产权保护工作的建议	市市场监管局	高亚光	赵　叶	提案委 民盟
145034	民建无锡市委	关于进一步降低无锡市企业融资成本的建议	市地方金融监管局	朱爱勋	陈锡伦	经科农委 民建
145074	无锡市工商业联合会	关于后疫情时期多措并举做好无锡市“稳外贸”工作的建议	市商务局	周常青	叶勤良	提案委 经科农委 工商联

（市政协办公室）

编辑　罗秋云

综　述

【履行监督职责】 2021年，全市纪检监察机关聚焦重大决策部署抓跟进监督，聚焦习近平总书记关于疫情防控、换届风气、安全生产等指示批示抓专项整治，持续做好安全生产监督，严格开展换届风气监督，常态推进防疫监督，实施疫情应急处置能力专项督查评估。对粮食购销领域腐败问题开展专项整治，处置问题线索108条，立案47件，留置8人。持续发力一体推进不敢腐、不能腐、不想腐，坚持受贿行贿一起查，研究制定协查单位从业人员保密行为规范，制发纪检监察建议341份，推动公安系统针对辅警管理混乱、基层执法自由裁量权过大等问题开展3个专项治理，推动开展市属国有企业出租资产专项清理，推动开展“助教助学”资金管理、建设领域招投标等一系列专项清理整治，督促相关地区和部门补齐制度短板、堵塞监管漏洞。持之以恒维护群众利益，精确治理“四风”问题，组织开展民生专项资金清理整治并推动升级打造“阳光惠民”系统，开展违规配备公车问题自查自纠，精细推进公共停车收费管理专项整治。

年内，市纪委监委精准运用“四种形态”批评教育帮助和处理党员干部4669人次，其中第一、第二种形态占比93%，实施容错纠错21起，容错备案115起，查处并通报诬告陷害行为2起，为8名受到不实举报的干部澄清正名。开展“信访直办惠民生”主题党员实践活动，推动解决4大类120余个民生问题。完成市、市（县）区、镇（街道）三级纪委换届工作，在全市率先成立机关纪委，推动内部监督向基层延伸，扎实开展“打铁必须自身硬”专项行动，开展全市案件质量“季季评”活动。

2月7日，在十三届市纪委六次全会召开前，播放专题警示教育片《无法“安全着陆”的人生》　（市纪委监委　供图）

【纪检监察体制改革】 2021年，市纪委监委建立“室组”联动监督、“室组地”联合办案机制，对行业性区域性问题、重大疑难复杂案件等聚力攻坚，形成工作合力。统筹使用纪检监察机关、派驻机构、巡察机构等人员力量，市纪委监委派驻机构67人次参加专案、巡察工作，共立案83件。强化纪检监察监督与巡视巡察监督统筹衔接，建立信息共享、快查快办、典型案件通报等工作机制，促进“四项监督”（纪律监督、监察监督、派驻监督、巡察监督）贯通融合。从纪委监委机关、派驻机构和国企、医院纪检监察机构抽调干部99人次参与巡察工作。持续深化市属国有企业、公立医院纪检监察体制改革，制定对国企、医院领导班子进行集体谈话办法，推动考核结果与主要负责人薪酬直接挂钩。全年国企、医院纪检监察机构主动约谈1086人次，发现问题线索81条，分别比上年增长72.9%、11%。

（市纪委监委）

【廉洁教育】 2021年，全市廉政教育围绕政法、医疗、金融、民生等重点领域，先后召开政法队伍教育整顿廉政教育报告会、银行业保险业廉政教育专题党课、卫生健康系统警示教育大会，制作《正风肃纪，淬炼铁军》《“白衣”岂容玷污》《坚决斩断伸向民生资金的黑手》3部专题警示教育片，4.2万人次接受警示教育。在十三届市纪委六次全会前组织观看综合警示教育片《无法“安全着陆”的人生》，用鲜活案例警示党员干部特别是各级领导干部以案为鉴、警钟长鸣。组织开展“百年风华、廉心向党”短视频大赛，《画廉》等5部作品被中央纪委国家监委网站《清廉中国》栏目录用。运用案件资源，组织被查处的处级以上领导干部现身说法，推出“夜思”“悔思”栏目及“清风”节气海报，单条点击量最高3万余人次。利用本地廉洁文化资源，打造惠山古镇家风家训教育网红地，5万余人次参观学习。围绕“培育廉洁家风”，打造大型滑稽戏《清风明月》，指导编印廉洁教育幼儿、小学读本。组织市级机关党员干部开展观看警示教育片、参观廉政教育基地、征集展示家训格言等主题活动，开展党章党规党纪专题学习和运用测试。做强“5·10”思廉月品牌及“读百年党史、讲廉政党课”活动，焕新“崇德倡廉”号地铁专列，开通“5·10”公交专线，打造流动“廉洁风景线”。

（市纪委监委　市委市级机关工委）

重要会议

【市纪委全体会议】 2月7日，中共无锡市第十三届纪律检查委员会举行第六次全体会议，市纪委委员出席会议36人，列席112人。市纪委常委会主持会议。会议贯彻习近平总书记在中央纪委五次全会上的重要讲话精神，全面落实中央纪委全会和省纪委全会部署要求，分析形势，部署2021年全市党风廉政建设和反腐败工作。市委书记黄钦到会并讲话，市领导杜小刚、徐一平、周敏炜、徐劼等出席会议。全会审议通过市委常委、市纪委书记、市监委主任王唤春代表市纪委常委会所作的题为《为“十四五”开好局起好步提供坚强纪律保障》的工作报告。

9月27日，中共无锡市第十四届纪律检查委员会举行第一次全体会议，应到委员35人，实到35人。周凤琴主持全会。会议选举产生无锡市纪委常委；选举周凤琴为无锡市纪委书记，刘葱葱、章树军、边静玉为副书记。

【专项巡视工作动员会】 10月12日，省委第三巡视组对无锡市开展涉粮问题专项巡视工作动员会举行。省委第三巡视组组长葛笑天作动员讲话，对做好巡视工作提出要求。市委书记杜小刚主持会议并就巡视监督、配合和支持巡视组工作作表态发言。省委第三巡视组副组长胡培红及有关人员，市委、市人大常委会、市政府、市政协领导班子成员，市中级人民法院、市人民检察院主要负责人出席会议。

（市纪委监委）

监督检查

【疫情防控监督检查】 2021年，市纪委监委围绕疫苗接种、进口冷链食品监管、“两站一场”（火车站、汽车站，飞机场）管控等工作，开展监督检查210余次，问责党组织7个、领导干部48人，通报曝光9批15起，推动490余个问题整改到位。宜兴市疫情发生后，与市委组织部联合组成监督小组连夜赶到现场，开展嵌入式监督，发现问题267个，推动整改到位263个，督促常态化落实4个。副省长陈星莺对无锡市疫情防控监督工作给予肯定。实施疫情应急处置能力专项督查评估，对属地主体责任及部门监管责任履行情况进行等次评定，督促履职尽责。

【安全生产专项整治监督】 2021年，市委办、市政府办联合印发《安全生产三年专项整治行动督查考核工作方案》。市纪委监委梳理调整考核对象，优化细化考核标准，协调职能部门，开展季度督导，综合全市事故处置、专业检查、监管平台、舆情与举报等，对整改情况与重点问题进行跟进监督及精准督查。每半年开展考核，对照专项整治阶段任务，对标示范城市创建目标，对表考核方案指标明细，组织精干力量，集中督查，全年累计约谈访谈1156人次，查阅审阅资料3975册，组织开展明察暗访456次，延伸检查基层单位247个，抽查

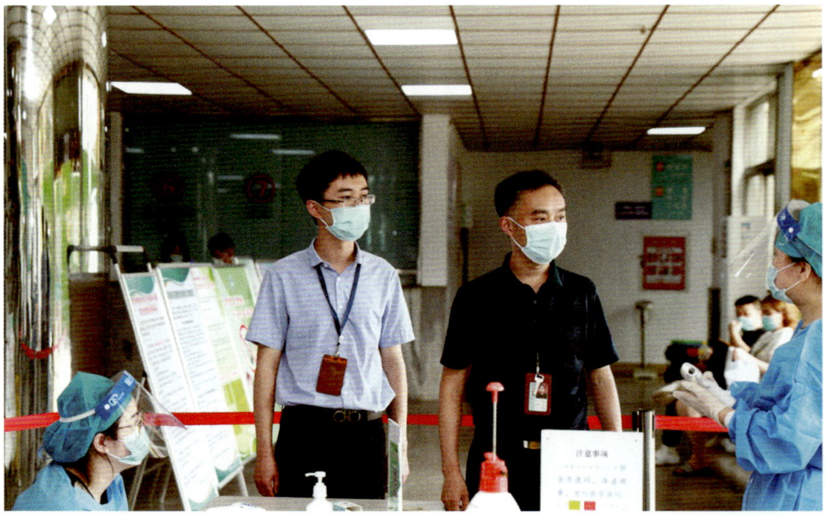

8月3日，市纪委监委疫情防控专项督察组在新吴区硕放街道卫生服务中心进行现场督查　（市纪委监委　供图）

检查企事业单位441个，督促整改立知立改问题484个，并专题向市委常委会报告。

【换届监督检查】 2021年，市纪委监委立足监督专责及协助职责，联合市委组织部制定出台《关于严肃换届纪律加强换届风气监督的实施方案》，成立2个纪律监督组，督促严明换届纪律，严格执行“十条禁令”（严禁结党营私，严禁拉票贿选，严禁买官卖官，严禁跑官要官，严禁个人说了算，严禁说情打招呼，严禁违规用人，严禁跑风漏气，严禁弄虚作假，严禁干扰换届）要求。下沉市（县）、区监督指导换届工作，派员参与市（县）、区换届考察，全流程监督市（县）、区换届选举。严格开展换届风气监督，严把换届人选政治关、廉洁关，市纪委监委全年完成12批次1116名人选廉政意见回复工作，围绕会风会纪、违规吃喝、收送礼金礼品等8个方面明察暗访，确保换届工作风清气正。

【“四风”问题监督检查】 2021年，市纪委监委坚持对“四风”问题露头就打、反复敲打，查处违反中央八项规定及其实施细则精神问题444个，党纪政务处分514人，通报曝光312起。严防“车轮上的腐败”，开展违规配备公车问题自查自纠，对33条问题线索深挖细查。严查违规收送礼品礼金问题，市委召开各市（县）、区党政主要负责人集体谈话会，严肃通报典型案件。聚焦形式主义、官僚主义问题，处理206人，党纪政务处分172人。持续为基层减负，印发文件、召开会议分别比上年下降38.9%、16.7%。

（市纪委监委）

审查调查

【概况】 2021年，市纪委监委共立案2263件，其中县处级52件、乡科级219件，党纪政务处分1586人，留置96人，移送审查起诉117人。其中受理移送市级机关案件90件，审结87件；受理备案案件75件，发出超期未备案件书面提醒函11份，对24件超期案件进行备案提醒。先后查处市司法局原局长刘某军、江阴市政协原副主席韩某、宜兴市政协原副主席钱某兴、锡山区政协原副主席张某等一批有影响的案件。124名党员干部主动投案，反映领导干部问题的信访件比上年下降12.2%。

（市纪委监委　市委市级机关工委）

【重点领域反腐败】 2021年，市纪委监委紧盯金融、国企、政法等重点领域，持续强化不敢腐的高压态势。聚焦金融领域，会同中央纪委国家监委派驻交通银行纪检监察组查处银行员工与资金掮客、不法商人勾结，恶意骗贷的金融贪腐窝案。针对国企领域“靠企吃企”问题，严肃查处市太湖新城发展集团有限公司原副总裁、新泽投资发展有限公司原总经理沈某宇等违纪违法案件。聚焦政法领域，协同推进政法队伍教育整顿，打响全省教育整顿县处级领导干部留置“第一枪”。

【追逃防逃追赃】 2021年，市纪委监委坚持追逃防逃追赃一体推进。4月，追回涉腐洗钱犯罪嫌疑人邱某善。7月，负责追逃追赃工作的孙英被中共中央授予“全国优秀共产党员”称号，受到习近平总书记的亲切接见。11月，省纪委党代会工作报告肯定市纪委监委工作。年内，查扣、暂扣重大职务犯罪外逃人员孙某、庄某荣资金资产1.66亿元，在国联集团试点建设出国（境）人员服务管理系统，防范外逃风险。

【反腐败国际追逃追赃专项报告】 12月27日，在无锡市第十六届人大常委会第四十四次会议上，市监委代主任周凤琴代表市监委作关于开展反腐败国际追逃追赃工作情况的报告。这是市监委首次向市人大常委会报告专项工作。报告指出，2015年以来，全市共追回外逃职务犯罪和经济犯罪嫌疑人89人，追缴赃款5.8亿元，其中市监委牵头追回重要职务犯罪嫌疑人11人，追缴赃款2.3亿元，追逃人数和追赃数额均列全省之首；中央反腐败协调小组国际追逃追赃工作办公室2015年发布的“百名红通人员”中，无锡市3人，已追回2人；2018年公布的50名重点外逃人

12月27日，市监委向市人大常委会报告关于开展反腐败国际追逃追赃专项工作　（市纪委监委　供图）

员中，无锡市追回1人；国家监察体制改革以来，全市共追回外逃监察对象及职务犯罪涉案人员7人；新冠肺炎疫情发生以来追回外逃人员3人。

【受贿行贿案件查处】 2021年，市纪委监委查处受贿行贿案件171件，移送审查起诉88件。针对政法系统系列案件暴露的突出问题，结合全国政法队伍教育整顿，对律师行贿送礼问题严查严处，立案4人，留置1人，将16名律师的问题线索移送司法行政部门依纪依规处置，暂停执业2人，行业处分4人。推进行贿人信息库试点工作，同步推进平台建设、管理、使用。

（市纪委监委）

专项治理

【粮食购销领域腐败问题专项整治】 2021年，围绕粮食购销领域收购、存储、销售三大环节，市纪委监委处置问题线索108条，立案47件，留置8人。在全省率先查处宜兴市南漕粮库原主任王某中案，为全省第一批公开通报典型案例，被省纪委监委总结为“资本粮”“第一案”。组织开展粮库资产出租转租房问题专项清查，推动开展粮食购销领域全覆盖专项审计，定期发布典型案例，相关做法被“北京西路瞭望”微信公众号、省协调小组专刊转发。在全国推进会上，中央纪委副书记傅奎肯定无锡工作。

【民生专项资金清理整治】 2021年，市纪委监委以查处鸿山街道民政科原工作人员朱某侵占民生专项资金的违法行为发端，全面清查2013年以来13个部门发放的69项70亿元民生专项资金。全年立案99件，留置2人，直接移送司法机关1人。向各地各部门制发纪检监察建议40份、工作提示函58份，督促完善制度机制90项。推动“阳光扶贫”系统升级为“阳光惠民”系统，对17个部门的73条民生专项资金线实施全过程动态监管，实现职能部门业务监督、财务审计专业监督、纪检监察政治监督及人民群众广泛监督一体融合。民生专项资金清理整治事项被市委列为党史学习教育“我为群众办实事”实践活动内容之一，获评三季度“攻坚突破奖”，省纪委监委和市委主要领导给予肯定。

【推动公安系统开展专项治理】 2021年，市纪委监委根据政法队伍教育整顿中发现的辅警管理混乱、基层执法自由裁量权过大等问题，推动公安系统开展3个专项治理。推动全市公安机关制发民警、辅警一体化管理工作意见，强化规范管理；对常见的36类行政违法行为确定详细具体的量罚标准，确保“同城同事同罚”。

【公共停车收费管理专项整治】 2021年，市纪委监委深挖彻查违规经营停车场、减免包月费、私设小金库等问题，立案26件，留置1人，党纪政务处分22人。推动深化公共停车场管理体制改革，督促建设全市统一的无锡停车智慧系统，实现统一平台、统一管理、统一经营，至2021年末，涵盖全市120万泊位静态数据、20万泊位动态数据。

【市属国有企业出租资产专项清理】 2021年，市纪委监委推动开展市属国有企业出租资产专项清理，全面清查524家市属各级企业的土地、房屋、设备、商标使用权等资产出租及资金收缴情况，督促整改问题141个，追缴租金3695.92万余元，盘活闲置资产42.48万平方米。

【印章电子化改革】 2021年，市纪委监委试点推进印章电子化改革，建设资产监督管理平台，探索一个平台装资产、一枚印章管权力、一套机制防风险，在资产变动、租赁价格、审批流程等环节形成管理闭环。试点的梁溪区完成34个社区、9个街道、36个机关部门、3家国有企业的资产清理工作，将698万平方米房产纳入统一监管，实现保值增值，新签约的资产租金溢价率最高达到87%。

（市纪委监委）

5月27日，市纪检监察干部走访了解民生专项资金发放情况

（市纪委监委　供图）

巡察工作

【概况】 2021年，市委巡察工作坚持有形覆盖和有效覆盖相统一，做到以巡促改，以巡促建，以巡促治。十三届市委组织对公安、生态环境系统开展一体化巡察2轮，对5家省级以上开发区党组织开展常规巡察，对4个已巡察党组织开展"回头看"。发现突出问题448个、问题（问责）线索120条，推动立案44人、留置16人，完成十三届市委巡察全覆盖任务，兑现向全市党员干部群众作出的庄严承诺。统筹推进新一届党委巡察全覆盖任务，启动十四届市委第一轮巡察，对4家市级机关部门、4家事业单位、2家市属高职院校党组织进行集中"体检"。

8月31日，市纪检监察干部在基层粮库监督检查　（市纪委监委　供图）

【涉粮问题专项巡察】 2021年，在省委第三巡视组对无锡市开展涉粮问题专项巡视期间，市委巡察工作领导小组同步抽调巡察干部78名，组成接力巡察组1个及联动巡察组7个，以"县区推磨、人员交叉"方式，对市、市（县）两级26家涉粮职能部门开展市、市（县）一体化巡察，对全市所有粮油储备库开展"全覆盖、拉网式"检查，对基层148家粮食站（点）和85名种粮大户进行走访调研，确保所有粮油储备库"仓仓见底"。巡察发现各类突出问题84个，推动立行立改事项19件，提出意见、建议38条，移交问题线索41件，立案31人，留置6人。

【公安系统一体化巡察】 2021年，市委巡察工作紧密结合全国政法队伍教育整顿，开展全市公安系统一体化巡察。巡察对象从市局机关、支队、市（县）区分局，延伸到派出所、警务站等基层一线，一体覆盖。抽调巡察干部178名，协调市、市（县）两级纪检监察、组织、信访、审计、政法、司法、法院、检察院等部门实现联动，发现各类突出问题141个，移交公安系统顽瘴痼疾类问题93个，形成专题报告11份，移交问题线索56件，立案23人，处分12人，留置9人。

【生态环境系统一体化巡察】 2021年，市委巡察工作紧扣被巡察党组织职能职责，对全市生态环境系统开展一体化巡察，深挖蝇贪蚁腐，纠治顽瘴痼疾。一体化巡察抽调巡察干部85名，盯紧党委（党组）领导班子、环保督察短板、专项资金使用、行政执法监督、公职人员廉政建设、群众诉求等方面，发现各类突出问题137个，推动立行立改事项10件，移交问题线索20件，重点针对生态环境系统顽瘴痼疾梳理形成专题报告8篇，提出意见、建议33条。

（市纪委监委）

编辑　罗秋云

民主党派·工商联

综 述

【组织建设】 2021年末，全市有民主党派成员10520人，全年发展新成员468人，发展率4.75%，净增率3.8%。市无党派知识分子联谊会（以下简称“无党派知联会”）有会员184人，全市各级有无党派知联会会员442人。市新的社会阶层人士联谊会（以下简称“新联会”）有会员186人，市（县）、区有新联会会员486人。年内，全市7个民主党派市级组织和市无党派知联会完成换届。

市工商联培育50家商协会“先锋党支部”，实施120个商会协会党支部书记项目，带动1000家商会骨干企业党建质量提升。成立市级商协会实体党支部32家、功能型党支部101家，同级覆盖率75.61%。全市各级商会成立党组织264家，覆盖率73.33%，无锡市商协会党组织数位居全省第一。年内，培训商协会党务工作者80余人，市道路交通协会党支部被评为全国工商联党建示范点。

【思想政治建设】 2021年，无锡市各民主党派、工商联、无党派知联会开展中共党史学习教育。各民主党派市委会紧扣主题，召开主委会、常委会和理论中心组学习会，举办基层组织负责人、中青年骨干培训班，通过专题学习、在线学习、集中交流等形式，学习中共十九届六中全会精神、习近平总书记在庆祝中国共产党成立100周年及党史学习教育动员大会上重要讲话精神、“四史”（党史、新中国史、改革开放史、社会主义发展史）、多党合作史等内容，实现领导班子、市委会机关、基层组织学习全覆盖。围绕庆祝中国共产党成立100周年，组织开展“学党史、忆初心、坚定不移跟党走”教育活动、“重温红色记忆，传颂时代精神”朗诵会、红色藏品展览、专题书画展览、拍摄专题宣传视频等系列活动，巩固多党合作思想政治基础。

【参政议政】 2021年，无锡市各民主党派、工商联、无党派知联会，围绕“加快太湖湾科创带建设”“加强长三角一体化建设”“推进市域社会治理现代化建设”专题开展调查研究，各民主党派开展监督调研47次，形成调研报告42篇，为中共无锡市委、市政府科学决策提供参考；无党派代表人士围绕“构建水生态最优平台，把无锡打造成最美科创栖所”“提升网格化治理水平”两大课题，市工商联围绕《关于加强产业数字治理的对策建议》等专题进行调研，为无锡市市域社会治理现代化建设建言献策。

【社会服务】 2021年，无锡市各民主党派、工商联、无党派知联会，参加全市统战系统“我为群众办实事”实践活动，制定“同心向党、砥砺奋进”社会服务方案，组织“1+N”服务月活动，举办送法进社区、义诊到家门、传统文化进校园、文艺演出进镇（街道）等16类活动，协调20个单位120余名统一战线专家，举办各类活动110余场次，惠及群众2万余人次，帮助21位残疾人实现就业，助力5个残疾人团队创业，注册企业2家。

市民主党派和无党派知联会在项目支持、医疗援助、法律咨询、书籍捐赠、科普宣传、支教支学等方面开展结对帮扶、东西部协作、精准扶贫等活动，全年累计捐款捐物价值2000余万元。市工商联参与国家脱贫攻坚行动及乡村振兴计划，组织民营企业向青海省海东市捐赠100万元，用于购买教育、医疗、农业等设备。海澜集团捐助山西抗灾救灾物资折款2000多万元，无锡恒亨白炭黑有限责任公司在江南大学设立3000万元教育基金，无锡湖北商会、无锡台州商会、无锡泰州商会向四川、河南、陕西救灾、扶贫、助学捐款捐物共60多万元。

（市委统战部）

中国国民党革命委员会无锡市委员会

【组织建设】 2021年末，中国国民党革命委员会无锡市委员会（以下简称“民革无锡市委”）有党员660人、基层委员会4个、总支部2个、支部42个、小组2个。各级基层组织领导班子成员近200人，除退休支部外，班子成员平均年龄不到40岁。全年发展新党员35人，发展率为5.75%，党员去世2人，净增33人，

表 11　2021 年无锡市民主党派、工商联、无党派知联会参政议政统计表

单　位	完成专题调研报告（篇）	被刊用专题调研文章（篇）	被采纳社情民意（份）	两会提出议案、提案（件）	被有关部门采纳意见、建议（份）
民　革	45	18	33	22	42
民　盟	79	13	180	45	5
民　建	35	10	98	10	13
民　进	33	1	548	54	18
农工党	15	14	256	7	21
致公党	22	3	3	61	19
九三学社	18	3	150	58	208
工商联	36	6	35	7	20
无党派知联会	2	5	0	2	9
合　计	285	73	1303	266	355

（市委统战部）

表 12　2021 年度无锡市民主党派组织及成员统计表

单　位	组织情况					成员情况		
	市委会（个）	市（县）委会（个）	基层委员会（个）	总支部（个）	支部（个）	女成员（人）	新成员（人）	成员总数（人）
民　革	1	0	4	2	42	280	35	660
民　盟	1	2	7	3	27	882	86	2095
民　建	1	1	7	4	54	709	87	2005
民　进	1	2	6	0	76	805	84	1751
农工党	1	1	8	4	89	876	78	1782
致公党	1	0	4	2	42	415	32	664
九三学社	1	1	14	0	13	619	66	1563
合　计	7	7	50	15	343	4586	468	10520

（市委统战部）

表 13 2021 年无锡市民主党派、工商联、无党派知联会组织各类特色活动一览表

单 位	特色活动
民 革	开展“主委接待日”活动，到红旗渠举办骨干培训班，启用民革全党首个“云观王昆仑故居”，举办庆祝中国共产党成立100周年联合书画展
民 盟	开展“庆祝中国共产党成立100周年、民盟成立80周年”主题教育，举办“迎接中国共产党成立100周年、民盟成立80周年”书画作品展，“双庆”主题征文、微视频、网络知识竞赛系列活动
民 建	举办“重温红色记忆，传颂时代精神”朗诵会，举办“同心向党，砥砺奋进”庆祝中国共产党成立100周年征文活动，组织基层组织负责人到嘉兴南湖中共一大会址，学红船精神、忆建党初心。建成雪浪街道“连心家园”基地
民 进	成立经联会、青年工作委员会、传媒工作委员会等交流平台；开展“蓝星妈妈”喘息服务、“蓝星妈妈”公益读书会，启动“美育共建”公益项目，成立民进无锡市委通善公益志愿服务队，开展“校刷刷进校园”活动
农工党	开展“祝语”主题征文、“百幅作品献礼百年华诞”主题书画摄影作品网络展览活动。举办“百年之路延安行，携手前进共追梦”中共党史学习教育培训班。开展“学中共党史，讲农工党史”新党员专题讲座活动。举办“农工党省委党史教育基地”揭牌活动
致公党	建设致公党无锡市委“三史”学习教育基地，举办“步调一致心向党，壮美千篇绘中华”主题书画展。开展党史“百年天天读，百问天天答”活动，拍摄党内海归创新代企业家传承“四千四万”精神系列人物专题片
九三学社	开展拍摄《唱支山歌给党听》微视频等系列庆祝中国共产党成立100周年活动。开展“九三学社专家工作站”社会服务活动，成立“九三学社江阴兴澄专家工作站”，举办第五期“不忘合作初心，继续携手前进”主题教育班
工商联	承办第五届全球锡商大会。举办江苏省民营经济人士共庆党的百年华诞理想信念教育（苏南片）“永远跟党走——百家商会学党史知识竞赛暨演讲比赛”活动，举办“民营企业服务月”活动。启动无锡市工商联“红梅花香，锋彩商会”党建领航三年行动
无党派知联会	开展“党外知识分子思想政治工作阵地”创建活动

（市委统战部）

表 14 2021 年无锡市民主党派、工商联、无党派知联会社会服务一览表

单 位	社会服务品牌项目	社会服务主要内容	参与公益慈善活动（场次）	结对助学（对）	捐款（万元）
民 革	博爱志愿者服务团	关爱孤残儿童、医疗服务、法律服务、关爱抗战老兵	56	5	17.60
民 盟	“凉山支教行”“黄丝带同心护航基地”	扶贫助学、社会矫正、社区服务	30	11	8.50
民 建	“思源工程——生育关怀行动”“蠡湖文明之友”志愿者团队、“心悟之春”志愿者团队、连心家园	计生困难家庭帮扶、精准扶贫、同心战疫	48	70	358.48
民 进	美育共建、春联万家、“蓝星妈妈”关爱行动、西部支教、开明大讲堂、益家人公益坊、通善公益校刷刷	学校美育建设、学生牙齿健康、西部帮扶	287	1050	1217.13

（续表）

单　位	社会服务 品牌项目	社会服务 主要内容	参与公益 慈善活动 （场次）	结对助学 （对）	捐款 （万元）
农工党	健康同行、源泉助学金、同心助医	抗疫抗洪、扶贫济困、送医送药、捐资助学、科普宣传	49	51	187.16
致公党	“致美致善”“致德扶智”	脱贫攻坚、疫情防控	10	10	294.70
九三学社	九三学社专家工作站	科技下乡、专题讲座、义诊咨询、科普宣传	35	29	105.00
工商联	“村企共发展，同奔现代化”行动、“第八届无锡市唐翔千卓越工程师奖和唐鹤千卓越青年文化创意人才奖”	扶贫、助学、助困、救灾	20	2350	254.77
无党派知联会	同一片蓝天	助学	2	25	10.00

（市委统战部）

净发展率为5.4%。新党员平均年龄37岁，其中，高级职称3人，中级职称7人，中级以上职称或在单位担任中层以上职务的占47.5%；博士1人，硕士9人，本科以上学历占97%；符合民革省委提出的市级高层次人才标准6人。杨志钢为无锡市中级人民法院第一位民主党派副院长，姜科为民革党员担任的第三任市司法局副局长。民革无锡市委领导班子成员全部为副处职以上，基层委员会、总支部的主委大多担任科级职务，担任机关事业单位副科级以上职务的党员50余人。6月，民革无锡市企业家联谊会成立。年内，表彰示范支部16个。

11月8—9日，民革无锡市第12次代表大会召开，大会选举产生民革无锡市第八届委员会领导班子及内部监督委员会。

【思想建设】 2021年，民革无锡市委制定《民革无锡市委作风建设年工作实施方案》，召开专题会议进行动员部署。各级基层组织结合支部建设、党史教育、参政议政等实际开展活动，据不完全统计，党员参加作风建设为主题活动的参与率80%以上。民革无锡市委制定党史学习教育具体方案18项，用好“中山博爱之家”“中山博爱讲堂”，邀请市委党校教师、统战部领导、民革领导为全体党员讲中共党史、讲统一战线史及民革发展史，参加统一战线和民革系统网络知识竞答等。组织全市基层组织负责人到红旗渠干部学院开展“学党史，忆初心，坚定不移跟党走”主题培训，重温“自力更生、艰苦创业、团结协作、无私奉献”的红旗渠精神。基层组织开展故居前学党史、联合社区共诵前辈故事、看望入党介绍人、云直播分享等形式的党史学习教育。拍摄微视频10余条，撰写心得体会50余篇，其中《方寸铭记红色历程，百年恰是风华正茂》《风雨万方楼》分别在《中国统一战线》《团结报》上刊登，微视频《读党史“王昆仑”》获团结网展播。

年内，民革无锡市委制定庆祝中国共产党成立100周年专项工作方案，开展“学党史，忆初心，坚定不移跟党走”中共党史学习教育，组织学习新中国史、改革开放史、社会主义发展史、多党合作史及民革发展史，举办专题讲座、主题征文、汇编专刊、微视频征集等活动。民革无锡中山书画院与民革苏州中山书画院联合举办“风雨同舟——庆祝中国共产党成立100周年”书画展。在无锡市各界人士庆祝中国共产党成立100周年座谈会上，主委张丽霞代表全市民主党派和无党派人士作专题发言。年内，表彰达标中山博爱之家4个、优秀博爱志愿者76个、优秀宣传员40个、优秀信息员44个、优秀法律援助和优秀法律服务案例各6项。

【参政议政】 2021年，民革无锡市委明确各支部必须建立主委及一名分管领导负责参政议政的工作制度。上半年重点围绕“太湖湾科创带建设”课题开展调研，完成《集聚资源，协同推进，做优做强太湖湾科创带创新链》调研成果。下半年围绕“市域治理现代化”课题开展调研，形成《加强特殊群体服务管理，促进社会和谐稳定》调研报告。开展民主监督和联合课题调研，形成《提升机场建设水平，加强太湖湾科创带基础支撑》《关于推进无锡市农村“政经分开”改革的建议》等调研报告。市政协第三民主监督员小组，通过走访座谈、调查研究、明察暗访等形式，开展民主监督、履行监督职能，连续3年获评市政协优秀民主监督员小组。

年内，各专委会、基层组织及党员完成民革无锡市委参政议政申报立项课题29件、省民革立项课题3件；在市政协十四届四次会议上，副主委姜科代表民革无锡市委作题为《多措并举，合力推动，大力提升农村基本公共服务水平》的发言；提交集体提案10件，民革界别委员小组提交集体提案2件；全年提交社情民意60余件，录用5件；报送各类信息、社情民意250余条，录用80条次；民革无锡市委表彰年度优秀参政议政成果150项。

【社会服务】 2021年，民革无锡市委依托博爱志愿者服务团的6个服务分团和一批博爱公益活动基地，开展博爱志愿服务活动。关爱儿童服务团多次为市儿童福利院的孤残儿童捐赠冬衣、夏衣、学习用品、生活用品等；法律服务团在做好涉台法律服务的同时，多次走进学校、街道、社区开展《中华人民共和国民法典》宣传等公益法律讲座，开展捐资助学、助困等活动，热心为民革党员提供法律咨询，解决生活中遇到的实际困难；医疗服务团多次联合基层组织走进社区、敬老院、学校等地开展服务，医务工作者积极参与一线抗疫，不畏艰险，坚守岗位；书画服务团走进学校、军营、社区等开展文化交流，通过义捐义卖扶贫助困；水上搜救服务团义务开展水上搜救技能培训服务，联合其他社团开展体育发展研讨活动，为青海循化红旗小学留守儿童提供服务；关爱抗战老兵服务团为无锡市区及江阴市、宜兴市的10多名抗战老兵和老兵遗属服务，坚持逢年过节上门慰问、生病住院前往探望、生日祝寿送上祝福、老人去世前往悼念。

（民革无锡市委）

中国民主同盟无锡市委员会

【组织建设】 2021年末，中国民主同盟无锡市委员会（以下简称“民盟无锡市委”）有盟员2095人，其中女盟员占比42.1%，大学以上学历的占比79.5%。在保持教育、文化主界别72%的基础上，民盟无锡市委注重吸收高层次、年轻化代表人士及具有宏观战略思维的参政议政复合型人才入盟，全年发展新盟员86人。

11月，民盟无锡市第14次代表大会召开，选举产生民盟无锡市第十四届委员会，组成人员年龄结构大幅调整，其中“80后”市委委员占比27.5%，新提名市委委员占比67.5%。

【思想建设】 2021年，围绕“中国共产党成立100周年、中国民主同盟成立80周年”主题，民盟无锡市委通过民盟常委会议对中共党史学习教育作出具体安排。举办中共党史、盟史专题讲座；动员盟员申报市委统战部重点课题并向专题栏目投稿，王渊撰写的《好参谋好帮手好同事是历史的最佳选择》获评盟省委“学党史盟史，明合作初心”征文一等奖。

动员各级民盟组织开展讲座。举办主题书画展，征集书画作品近70件；向盟中央、省委统战部、省民盟、市政协、市委统战部举办的书画展推荐作品20余件。5月，在无锡民盟微信公众号开设“庆祝中国共产党成立100周年、中国民主同盟成立80周年主题征文展播”栏目。8月，开设“学习贯彻‘七一’讲话精神”专栏，推送学习体会文章；在民盟江苏省委开展的主题征文活动中，盟员汪贵沿获一等奖、王培获二等奖。年内，无锡民盟微信公众号推送各类学习活动讯息93篇，相关媒体转发14篇次；在《光明日报》《团结报》等报刊发表文章17篇，在《新华日报》《江苏民盟》等报刊发表文章20余篇。

【参政议政】 2021年，民盟无锡市委完成调研报告74篇，其中盟中央重点课题1篇、合作课题3篇、论坛投稿3篇，《构建国家区域援助法律制度体系，促进区域经济协调发展》被盟中央经济论坛评为优秀论文。向盟省委“一坛三会”提交调研报告22篇，获评一等奖4篇，调研报告《种业科技创新对农业高质量发展的支撑》被民盟江苏省委列为省政协十二届五十次主席会议交流发言材料。

年内，民盟无锡市委围绕“加强乡村治理体系”“推动太湖湾科创带碳中和先行示范区建设”两个主题开展民主监督活动6次，形成民主监督建议书6篇。在年初省两会期间，4篇调研报告被民盟江苏省委录用转化为提交省政协十二届四次集体提案；市两会期间，向市政协提交集体提案11篇、个人及联名提案28篇，其中《借力知识产权保护，维护无锡地方品牌》被确定为主席督办提案，开展重点提案督办活动2次。

年内，民盟无锡市委报送的社情民意信息被中央统战部和全国政协采用6篇，民盟江苏省委采用92篇、市委统战部采用53篇、市政协采用54篇。民盟无锡市委被评为江苏民盟参政议政工作先进集体特等奖、反映信息工作先进集体一等奖。

【社会服务】 2021年，民盟无锡市委开展“烛光支教凉山行”活动，11名应届贫困大学生获得近8万元的资助。全市各基层民盟组织开展“我为群众办实事”服务活动30余场，受益群众3000余人。推进“黄丝带同心护航基地”建设，全年开展关怀、帮扶、教育和救治活动10场次，受益矫正对象近250人次。

民盟江南大学委员会举办“文人与琴”讲座，民盟滨湖委员会举办“湖湾大联合”“从头到脚说健康”

讲座。民盟无锡市委组织盟员参加民盟廊坊市委“美美与共”民盟九城书画名家邀请展、民盟重庆市委主办的手绘民盟历史遗迹等活动。

（民盟无锡市委）

中国民主建国会无锡市委员会

【组织建设】 2021年末，中国民主建国会无锡市委员会（以下简称“民建无锡市委”）有会员2005人，其中：男会员1296人，占比64.64%；女会员709人，占比35.36%。会员中，大专及以上学历的1867人，占比93.12%。全年发展新会员87人，其中硕士研究生以上学历22人，拥有中高级职称28人。

11月15日，中国民主建国会无锡市第13次代表大会召开，选举产生新一届市委班子。年内，33个基层组织完成换届和调整，民建无锡市委被民建江苏省委评为组织管理工作先进单位，在民建江苏省九届六次全委会上，获评全省民建工作先进单位。

【思想建设】 2021年，民建无锡市委邀请市委统战部领导、全国人大代表解读最新政策和文件精神，组织开展中共党史学习、中共党史微课堂、参观中共一大会址等活动，举办“重温红色记忆，传颂时代精神”朗诵会和征文活动。年内，民建无锡市委报送的宣传报道稿件被中央媒体刊用40篇次，省级媒体刊用42篇次，《江苏民讯》、民建江苏省委网站及微信公众号刊用161篇次。在市委统战部组织的主题征文活动中，获优秀奖5篇，民建无锡市委被民建江苏省委授予全省新闻宣传先进单位一等奖、全省网站供稿工作二等奖。

【参政议政】 2021年，民建无锡市委组织开展各类调研20余次，完成调研报告47篇，向市两会提交集体提案10件，获评市政协优秀集体提案2件；在“月月谈”和各类专题协商会、座谈会上分别就加快太湖湾科创带建设及推进市域社会治理现代化建设等问题提出针对性的意见和建议；围绕无锡市全面深化改革重点任务，开展专题民主监督，形成报告6篇。全年报送社情民意165篇，其中，被中央统战部《零讯》采用1篇，被全国政协采用9篇，被民建中央采用29篇，被省委统战部采用9篇，被省政协采用48篇，被民建江苏省委采用67篇。年内，民建无锡市委获评民建江苏省委社情民意信息工作特等奖。

【社会服务】 2021年，民建无锡市委组织会员参加市委统战部“同心向党，砥砺奋进”社会服务月活动。持续打造雪浪街道“连心家园”基地、“思源工程——生育关怀行动”品牌。在落实乡村振兴战略、抗击新冠肺炎疫情及抗洪抢险救灾中，通过各种渠道捐款捐物累计380余万元。年内，民建无锡市委社会服务工作被民建江苏省委评为社会服务优秀组织奖，选送的创新项目“吴韵同心，容爱天阳”，获评社会服务品牌创新奖；唐逸、谢家学、张依群获评民建中央参与脱贫攻坚先进个人；民建无锡市委被民建中央表彰为民建参与脱贫攻坚先进集体。

（民建无锡市委）

中国民主促进会无锡市委员会

【组织建设】 2021年末，中国民主促进会无锡市委员会（以下简称“民进无锡市委”）有会员1751人，年内发展新会员84人；全年组织举办各级各类培训活动10余次，参训约250人次；定期召开组织工作会议，走访市（县）、区委统战部及民进基层组织所在单位党组织；持续推进“虚拟机关”建设，民进无锡市委、民进江阴市委、民进宜兴市委被评为民进全省“虚拟机关”建设工作先进地方组织，民进梁溪区基层委员会、民进滨湖区基层委员会被评为先进基层组织，17名会员被评为民进全省“虚拟机关”建设工作先进个人；成立经济联合会、青年工作委员会、传媒工作委员会等交流平台，青年工委到民进中央进行专题汇报；发挥“民进会员之家”活动阵地作用，全年接待各级统战部领导及兄弟民进组织开展专题调研60多批次；民进无锡市委、民进江阴市委、民进宜兴市委被评为民进全省“会员之家”建设工作先进地方组织，19个基层组织、6名民进会员分别被评为民进全省“会员之家”建设工作先进基层组织和先进个人。在2021年度民进江苏省委对全省设区市委机关的目标考评中，民进无锡市委蝉联一等奖。11月12—13日，中国民主促进会无锡市第12次代表大会召开，选举产生新一届领导机构和监督委员会。

【思想建设】 2021年，民进无锡市委巩固“不忘合作初心，继续携手前进”主题教育成果，制定《民进无锡市委“学党史，庆祝中国共产党成立100周年”学习教育活动实施方案》，举办各类培训班、现场教学及美术作品展等活动庆祝中国共产党成立100周年。邀请《团结报》《民主》的编辑到无锡开展基层思想宣传业务培训。全年无锡民进网站更新报道动态简讯250余篇，微信公众号发布推送150余篇；在《人民政协报》《团结报》《民主》等报刊发表文章25篇。年内，完成民进省委《加强民进与相关政府部门对口联系工作实效性研究》招标课题调研报告、无锡市委统战部统战理论创新课题调研报告3篇，报送民进中央、民进江苏省委及市委统战部、市政协主题征文共60余篇。

【参政议政】 2021年，民进无锡市委完成民主协商课题“彰显江南文化底蕴，打造科创带生态湖区”“完善城市数字化风险防控，打造共建共治共享‘无锡样本’”；完成民主监督调研报告《促进文化保护开发与旅游商贸发展良性互动，提升太湖湾科创带建设品位》《加强非物质文化遗产保护和传承》；完成省重点关注课题《加强生态保护修复，协调推进太湖生态保护圈》。全市基层组织完成招标课题33个。全年开展反映社情民意信息培训8场，参训人数约260人。全年报送信息639条，各级各部门采用433条次，其中民进中央采用26条。在民进中央反映社情民意信息主题年工作会暨2021年参政议政年会上，主委惠莲作视频发言。民进无锡市委、民进江阴市委、民进宜兴市委、民进梁溪区基层委员会、民进江阴市南菁支部获评民进全国反映社情民意信息工作先进集体，殷维冬等5人获评民进全国反映社情民意信息工作先进个人；7个组织被评为民进全省反映社情民意信息工作先进集体，17名会员被评为先进个人。与市政协文教卫体委员会及市政协文史委合作，完成调研报告《创新聚合力以美育人，提升青少年艺术素养》《发挥名人故居历史文化资源作用，进一步提升无锡城市文化影响力》。

【社会服务】 2021年，民进无锡市委完善“服务与我同行”社会服务菜单2.0版，启动“美育共建”公益项目，在惠山区3所学校、新吴区1所学校设立美育共建基地并开展系列公益活动，举办“甲骨童真，美育共建心向党”书画作品展暨“美育共建”项目启动仪式。成立民进无锡市委通善公益志愿服务队，开展“校刷刷进校园”活动。组织会员参加辛丑年民进全国“春联万家·奋进新征程”活动、省委统战部“同心向党，砥砺奋进”江苏统一战线庆祝中国共产党成立100周年书画展、民进江苏省委“在正道上行”——庆祝中国共产党成立100周年暨江苏民进第三届书画精品巡展及环太湖五市民进书画联展。民进无锡开明书画院开展书画家进军营、进社区活动，组织书画界会员集体外出采风，举办“在正道上行”——庆祝中国共产党成立100周年民进无锡开明书画院作品展，与江南大学附属医院联合举办“江南医学文化艺术展”并捐赠10幅书画作品。开展“蓝星妈妈”喘息服务13次、“蓝星妈妈”公益读书会3次，结对“蓝星妈妈”困难家庭2户，“99公益日”为“蓝星妈妈”公益项目筹集善款5.4万元。全年举办无锡民进开明大讲堂5期。民进无锡市委被民进中央表彰为民进全国社会服务暨脱贫攻坚工作先进集体，6名会员获评先进个人，2个公益项目被评为优秀成果；8个组织被评为民进全省社会服务暨脱贫攻坚工作先进集体，11名会员获评先进个人，“服务与我同行”——无锡民进社会服务2.0版被评为民进全省社会服务暨脱贫攻坚工作先进成果。

（民进无锡市委）

中国农工民主党无锡市委员会

【组织建设】 2021年末，中国农工民主党无锡市委员会（以下简称“农工党无锡市委”）有县级市委1个，基层组织101个，其中基层委员会8个，总支部4个，农工党员1782人。全年发展新党员78人，其中主界别51人，占比65.4%，新发展的党员中，担任部门中层职务的69人，区人大代表1人，区政协委员2人。有县处级以上实职16人，各级人大代表、政协委员共183人次。7个“农工之家”入选全省第一批“示范农工之家”。在全市基层组织开展“创建示范支部，争当优秀党员”活动中，10个示范支部、22个“创建示范支部”先进支部和53名优秀党员获表彰。成立农工党宜兴市文化教育支部，调整新吴区基层委员会组织架构，成立江大附院基层委员会；上半年，基层组织完成换届。11月15—16日，中国农工民主党无锡市第13次代表大会召开，选举产生新一届领导机构和监督委员会。

【思想建设】 2021年，农工党无锡市委坚持机关专题学习会制度，开展专题学习9次；组织和指导基层组织开展专题教育活动12次，累计培训500余人次。围绕“农工党与江阴要塞起义”，创建农工党中央、省市党史教育基地，农工党中央主要领导给予肯定；据统计，全年累计超1.5万人次

9月16日，农工党中央党史教育基地（编号025）揭牌仪式在江阴渡江战役纪念馆举行　（农工党无锡市委　供图）

参观学习。精心布展修缮“一馆一台一楼”——渡江战役纪念馆、黄山炮台、“望江楼”党史陈列室，为中共党史学习教育提供新内容和平台；完成《凝固的历史》纪录片制作，为党史学习教育与党史研究提供影像资料，被纳入评比“省级示范农工之家”必备的党史影音资料之一；开展“百年之路”重走革命圣地活动，到延安举办宣传骨干培训班；开展“百年祝语”征文活动，征集并上报祝福语、征文共91篇；获评市委统战部主题征文优秀组织奖，优秀征文一等奖1篇、三等奖2篇；举办“百年网展”，展出书画摄影作品100余幅；全年在微信公众号发表文章184篇次，网站更新281篇次，印制内刊4期；在《无锡日报》等媒体刊发报道106篇次，在《新华日报》等媒体刊发报道290篇次，在《团结报》等媒体刊发报道67篇次；被农工党中央、农工党江苏省委、省委统战部及市政协、市委统战部录用理论文章14篇次；在农工党中央理论征文活动中，获评二等奖、三等奖各2篇。

【参政议政】 2021年，农工党无锡市委组织撰写《扶持科技创新企业发展，助力打造太湖湾科创带》《四治融合，齐抓共管着力提升乡村治理体系和能力》调研报告2个，完成与中共无锡市委民主协商课题。在市政协“立足本职促发展，当好委员献良策”主题活动中，获评优秀集体提案2件、优秀个人提案1篇、优秀调研成果1篇、优秀社情民意14篇、优秀市政协委员7人、优秀民主监督员1人；完成省委立项课题4个，分别转化为省政协主席专题协商会议发言材料、省政协十二届五次全会委员个人发言材料及向农工党中央报送的界别提案材料，其中，被中共江苏省委信息专报采纳课题1项；在“美丽江苏”全省联合调研征文活动中，获奖调研报告7篇，其中一等奖1篇，二等奖、三等奖及优秀奖各2篇，农工党无锡市委获评优秀组织奖；全年社情民意信息被市政协平台采纳67篇，其中，被评为优秀14篇；被市委统战部采纳71篇，其中，中共江苏省委统战部采纳5篇，中共江苏省委采纳3篇；被农工党江苏省委采纳150余篇。

【社会服务】 2021年，农工党无锡市委发动各基层组织和广大党员开展扶贫帮困活动，在农工党中央脱贫攻坚工作总结表彰大会上，农工党无锡市委及3个市（县）、区组织被表彰为先进集体，7名党员获评先进个人。年内，农工党员带领无锡蓝天救援队参加河南郑州灾情救援，市经联会组织经济界党员募集155万元物资、食品和医疗设备支援河南各地；13名党员支援南京市、扬州市抗疫。无锡农工党基层组织参与“同心向党、砥砺奋进”全市统一战线社会服务月活动，开展“同心助医援藏”“苏陕扶贫协作”“瑶寨助学”“春风五月行”“惠农医行百千万”“健康义诊进社区”等服务活动，彰显农工党特色品质和主动作为。

（农工党无锡市委）

中国致公党无锡市委员会

【组织建设】 2021年末，中国致公党无锡市委员会（以下简称“致公党无锡市委”）下设经济科技、生态环境、城市治理、民生幸福4个专门委员会；有基层委员会4个、总支2个、支部42个；有党员664人，其中归国留学人员、访问学者及有海外工作经历者114人，占比17.1%；有侨海关系的党员占比88.7%；博士37人、硕士145人，硕博占比26.7%；女党员249人，平均年龄49岁；担任省、市、区的各级人大代表及政协委员的致公党员共96人（100人次）。年内发展党员32人，均为本科及以上学历，其中博士4人、硕士15人，具有中、高级职称7人，归国留学人员17人，有境外工作经历的1人。建成惠山区、经开区、新吴区3个“致公凤巢”和滨湖致公之家、滨湖致公同心书屋，致公委员活动之家、“海创惠山”同心实践基地在致公党“三史”学习教育基地挂牌。江南大学总支联合其他基层组织举办4期“致公笃学”讲堂，就大数据、人工智能、碳达峰、碳中和等举办讲座。邀请省政协副秘书长、致公党省委专职副主委米其智为全市基层组织领导班子成员授课。

11月11—12日，中国致公党无锡市第八次代表大会召开，选举产生新一届领导机构及监督委员会。年内，致公党无锡市委被致公党中央表彰为脱贫攻坚先进集体，高慧获评中国致公党脱贫攻坚优秀组织工作者，曹洪海、李明杰获评中国致公党脱贫攻坚先进个人。致公党无锡市委等6个集体被致公党江苏省委评为脱贫攻坚先进集体，包冬子等12名党员被致公党江苏省委评为脱贫攻坚先进个人，李俊波被致公党江苏省委评为脱贫攻坚优秀组织工作者。邓晓波被省政府评为2021年度江苏留学回国先进个人。

【思想建设】 2021年，致公党无锡市委制定中共党史学习教育及庆祝中国共产党成立100周年活动方案，邀请省政协副主席、致公党江苏省委主委麻建国作主题讲座。建设致公党无锡市委“三史”（中共党史、多党合作史、中国致公党党史）学习教育基地，与市科协、惠山区商务局在“三史”学习教育基地开展合作共建活动，市委统战部第32期党外中青班到“三史”学习教育基地参观学习，据统计，全年超千人次参观“三史”学习教育基地。与湖滨中学联合开展“步调一致心向党，壮美千篇绘中华”主题书画展。各基层组织以实地参观学习、参加知识竞赛等形式开展中共党史学习教育。致公党无锡市委机关深入学习中共党史、新中国史、改革开放史、多党合作史及中国致公党党史，开展党史“百年天天读，百问天天答”活动，进行“党史百问”答题交流，共完成“党史百问”131题，汇编成册200余页。拍摄党内海归创新代企业家传承“四千四万”精神系列人物专题片，创作励志歌曲《生活的主义》，在主流视频网站播放20万次。开辟党史学习教育专栏，全年发布微信公众号48期共203篇。

【参政议政】 2021年，致公党无锡市委5项调研被列为致公党江苏省委2021年立项重点调研课题，5篇调研报告形成全国、省政协发言和提案。在市政协十四届五次会议上，提交集体提案6件，均被列为市政协2021年度重要提案，2件集体提案被评为2020年市政协优秀提案，1篇重点调研报告获评优秀调研成果。围绕“太湖湾科创带建设”“推进市域社会治理现代化建设”开展调查研究及专题民主协商，形成调研报告2篇。尝试创新民主监督与中共无锡市委改革督察协同发力，围绕全市全面深化改革重大任务精准选题，聚焦“太湖湾科创带建设”及“深化养老服务改革”，通过3轮6次民主监督调研活动，形成民主监督建议书6篇，报市委、市政府领导参阅。全年上报信息200篇，被省政协采用5篇，中共江苏省委有关领导批示1篇，致公党中央采用10篇，省委统战部采用3篇，致公党江苏省委采用70篇，《江苏快报》采用1篇，市两办、市政协采用29篇。年内，2项调研课题成果获评致公党江苏省委“汇智论坛”三等奖，5篇调研报告获评致公党省委优秀调研成果。

【社会服务】 2021年，致公党无锡市委号召党员参加社会服务活动。在斯坦福大学博士邹昊团队及项目落地过程中，给予全程保姆式服务。据不完全统计，为抗击疫情捐款捐物共294.7万元。各基层组织通过慰问自闭症儿童、慰问环卫工人、开展义诊、开展健康讲座、开展政策宣讲等形式，服务无锡企业及市民。年内，向青海省玉树州曲麻莱县捐款捐物共60余万元，向四川凉山捐物价值2万元。

（致公党无锡市委）

九三学社无锡市委员会

【组织建设】 2021年末，九三学社无锡市委员会（以下简称“社无锡市委”）有社员1563人；全年新发展社员66人，平均年龄37.8岁，高级职称占比42%，研究生以上学历占比56%，主界别占比72.7%；年内，社无锡市委获评九三学社中央组织信息系统数据维护工作先进集体。

完成社江阴市委及梁溪、锡山、滨湖、江南大学、油泵油嘴研究所等委员会换届，合并成立江南大学附属医院委员会，成立经开区支社及咨询委。11月7—8日，九三学社无锡市第14次代表大会召开，大会选举产生九三学社无锡市第十四届委员会领导机构及监督委员会。

全年推荐组织社员参加上级社组织、统战部门和社无锡市委培训班培训200余人次。

【思想建设】 2021年，社无锡市委制定党史学习教育方案，在微信公众号上开辟“党史学习教育”专栏；开展“感知科技力量，激发奋进征程”党史学习教育专题活动；制作的《庆百年华诞，展同心风采——唱支山歌给党听》微视频，获九三学社中央“新征程·同心行——九三学社庆祝中国共产党成立100周年线上文艺展演”活动一等奖；推动基层组织开展以党史学习为重点的“五史”（中共党史、新中国史、改革开放史、多党合作史及九三学社史）学习活动，参加九三学社中央主办的“中国共产党成立100周年学习教育暨知识竞赛活动”，参与率居全省设区市第一位；社无锡市委及惠山委员会、江南大学委员会获评九三学社中央优秀组织单位；党史学习教育经验总结报道《让红色资源活起来》在《人民政协报》全文刊出。

社无锡市委举办第五期“不忘合作初心，继续携手前进”主题教育班，向市政协报送书画、摄影作品21件，向市委统战部报送征文22篇、书画作品16件。上报的文章及讯息被《人民政协报》《团结报》采用17篇，统战系统采用125篇，《挚友》采用1篇，《华人时刊》采用2篇，新华网采用3篇，其中2篇人物报道分别获评九三学社全国优秀新闻作品二等奖、三等奖。在社无锡市委网站上发布文章80篇，微信公众号推送132期、文章170篇。年内，社无锡市委获评九三学社江苏省委2021年度宣传工作先进集体。

【参政议政】 2021年，社无锡市委主要领导先后在中共无锡市委专题民主协商会上作《推进科技要素市场化配置改革，提升太湖湾科技创新带驱动力》《深入推进“三整合”改革，构建基层社会治理新格局》的发言，相关建议被政府有关部门采纳。省、市两会期间，社人大代表提交建议30余件，其中1篇建议得到省长吴政隆批示，2篇建议获评市人大2021年度“十佳代表建议”；政协全会期间，提交集体提案7件，列入市政协重点督办提案1件，获评市政协优秀集体提案2件，个人优秀提案1件，优秀社情民意10篇。

社无锡市委中标社江苏省委课题4个，其中1个课题入选社中央调研课题，3篇调研报告入选省政协集体提案；完成市政协参政议政课题招标调研报告18篇，其中5篇转化成市政协集体提案。与中共无锡市委改革办联合开展专题民主

11月7日，九三学社无锡市第十四次代表大会召开。图为代表合影　（九三学社无锡市委　供图）

监督及改革督查“联督联调”工作。围绕“提升太湖湾科创带载体建设水平”“信用体系法治化进程”专题，社无锡市委到滨湖区、新吴区、市发展改革委、市科技局、市大数据局等地区及部门开展三轮专题监督活动，提交阶段性民主监督建议书6份、综合调研报告2篇。

社无锡市委全年收到各类信息250余篇，上报150余篇，其中全国政协转报10篇，社中央录用23篇，社江苏省委、市政协、市委统战部等部门录用120余篇；社情民意信息工作在社江苏省委考核中位列全省第一。

【社会服务】 2021年，中国水产科学研究院淡水渔业研究中心支社、无锡市人民医院委员会等基层组织依托“九三学社专家工作站”优势，开展送科技、送医疗进镇（街道）、进村（社区）活动20余场次，发放科普健康宣传资料1200余份，受益群众1500余人次。集中开展“我为群众办实事”活动，组织义诊4次、讲座9场、咨询服务5次，发放相关资料400份，受益群众800余人次。社无锡市委与社南京理工大学委员会合作，在江阴兴澄特钢成立“九三学社江阴兴澄专家工作站”。社无锡市委主要领导带队到贵州毕节等地开展医疗卫生、农产品加工等服务；为回族贫困患儿尔萨筹集手术资金4万多元；支持无锡市妇联“星光”关爱行动，募款近3万元。社江阴市委及各基层组织为疫情防控、河南水灾、贫困学子捐款捐物，累计价值105万元。

（九三学社无锡市委）

无锡市工商业联合会

【组织建设】 2021年末，无锡市有市（县）、区工商联7个，街道（镇）商会69个，园区商会8个，其他类型商会57个，在无锡异地商会31个，海内外无锡商会26个，市级经济类行业协会商会134个，拥有各类会员44707个，其中企业会员37203个。在全市工商联会员中，有中共十九大代表1人、全国人大代表1人、省人大代表8人、省政协委员9人、市人大代表80人、市政协委员85人。年内，全市7家县级工商联均被全国工商联认定为2020—2021年度全国“五好”县级工商联，实现全覆盖。无锡市工商联被省工商联评为2021年度民营企业及民营企业家人才库建设先进单位。12月24日，召开无锡市工商业联合会（总商会）第13次代表大会，大会审议通过第12届执行委员会工作报告，选举产生新一届领导机构，周海江当选为市工商联主席、总商会会长。

【商协会党建】 2021年，无锡市总商会党委持续加强工商联商协会组织和非公有制企业党建工作，全市商协会党组织覆盖率86.21%；成立25家功能型商协会党支部，调整市物业管理协会党支部、市总商会宿迁商会党支部、市家具行业协会党支部为功能型党支部。年末，市工商联商协会实体党支部33家、功能型党支部101家；全年转出党员30人，转入党员4人，组织9名入党积极分子培训；组织湖北商会党支部等10家商协会党组织近70名党员开展“党员月月谈”活动；启动“百家商会学党史”活动，向商协会党支部赠阅党史书籍130余套，指导商协会党支部开好党史学习教育专题组织生活会，市山东商会、市淮安商会、市四川商会联合开展“学党史，感党恩，跟党走”读书交流活动，市泰州商会、市安徽商会、市湖北商会等党支部开展党史学习教育；围绕“中国共产党为什么能”“市第十四次党代会精神”等宣讲专题，举办市总商会党委大党课；举办无锡市工商联“学党史，强信念，担使命”党史学习教育暨商会党建培训班，商协会实体党支部书记、副书记、党务工作者80余人参加培训；制定印发《无锡市工商联“红梅花香，锋彩商会”党建领航三年行动计划》；开展商协会党建工作走访调研，形成“商协会党建提质增效路径探寻”调研成果；召开“红梅花香，锋彩商会”党建领航三年行动部署推进会，印发《无锡市工商联“红梅花香，锋彩商会”党建领航三年行动启动（2021.7—2022.6）工作计划》，发布首批40个商协会党支部书记项目，市道路交通协会党支部被全国工商联评为党建示范点。

【非公有制经济人士理想信念教育】2021年，市工商联组织开展江苏省民营经济人士共庆党的百年华诞理想信念教育（苏南片）“永远跟党走百家商会学党史知识竞赛”“百年党史中的无锡工商红色烙印”演讲比赛等活动；邀请红豆集团董事局主席兼CEO周海江等优秀民营企业家现身说法，引导广大民营经济人士听党话跟党走；在全球锡商联盟微信公众号开设“百家商会学党史，爱党爱国建新功”“百年党史中的无锡工商红色烙印”“党史学习教育微视频”“我为群众办实事”等5个专栏，发布集锦24期，制作发布无锡工商红色故事9个；邀请全国工商联办公厅副主任沈丽霞及《中华工商时报》南京记者站站长庄道秋就“信息工作的时与势”“如何构建舆论阵地”开展专题宣讲，培训信息（舆情）员130人次；印发《无锡市工商联舆情应对处置规范（试行）》，签订行业协会商会、异地商会意识形态责任书200多份。全年7个基层工商联、4个商协会和3家企业被评为“构筑民营经济舆论阵地”先进单位，6人被评为先进个人。在第五届全球锡商大会上，制作《同步世界脉动的锡商力量》专题宣传片，创作《锡商之歌》；在工商联换届大会上，制作《使命——无锡市工商联第十二届执行委员会工作回眸》宣传画册以及《中华工商时报》《无锡日报》专版宣传。

【参政议政】 2021年，市工商联在市委专题民主协商会议上提交《加强“人才安居”保障，打响最优环境品牌》《关于加强产业数字治理的对策建议》文章，其中调研成果《加强“人才安居”保障，打响最优环境品牌》同时获省哲学社会科学界第15届学术大会优秀论文二等奖、市哲学社会科学界第12届学术大会征文一等奖；撰写提交《2020年无锡市民营经济发展分析报告》；在市政协十四届五次大会上，市工商联副主席、无锡航亚科技股份有限公司董事长严奇作大会发言《实施城市更新，力促高效用地》，市工商联向大会提交《积极从标准引领向标准驱动跨越，助力无锡物联网迈向发展新阶段》等集体提案7件，其中，2件集体提案被列为市政协年度重点提案，1件集体提案同时被列为民主监督性提案；全年答复办理市政协提案8件；1人获评人大代表议案建议和政协提案办理优秀个人；《关于在江苏省公路干线规划布局建设综合服务区的建议》获评省政协“年度好提案”；《关于后疫情时期多措并举做好无锡市“稳外贸”工作的建议》等2件提案获评市政协优秀集体提案；《无锡市部分行业协会反映当前疫情对生产经营冲击较大》获评市政协优秀社情民意；《加强“人才安居”保障打响最优环境品牌》《新时代商会党建提质增效的路径探寻》2篇论文获评市政协优秀调研成果；论文《无锡百年工商精神的传承与发展》获评2021年度无锡市哲学社会科学课题（统战专项）一等奖；全年报送市党政信息、社情民意510余条，其中《关于率先在无锡市道路养护作业过程中引入低碳考核指标的建议》《无锡市部分行业协会反映当前疫情对生产经营冲击较大》获市委主要领导批示；指导推进江阴市、梁溪区、惠山区3家民营企业调查点工作，完成全国工商联、省工商联4次民营企业运行状况调查任务；江阴市、惠山区工商联获评全国工商联2021年调查点工作先进基层单位，江阴市、梁溪区、惠山区工商联获评2021年度全省民营企业调查点工作先进单位。

2021年6月，无锡市工商联举行“红梅花香，锋彩商会”党建领航三年行动计划启动仪式 （市工商联 供图）

【服务非公有制经济发展】 2021年，市工商联承办第五届全球锡商大会，应对疫情形势，首次运用“主会场＋分会场”“线上＋线下”方式，创新举办第五届全球锡商大会视频云荟，十届、十一届全国政协副主席，九届、十届全国工商联主席黄孟复等领导嘉宾、海内外11地近500位锡商乡贤参与会议，发布“2021无锡民营企业100强”榜单，评选第五届无锡市“唐翔千卓越工程师奖”及“唐鹤千卓越青年文化创意人才奖”，现场签约总额为266亿元的锡商投资项目21个，召开“太湖工商视频峰会”，向全球锡商发出“奋进‘十四五’共铸太湖印”倡议书；组织开展“中国民营企业500强”培育申报工作，全市166家企业参加调研申报，26家企业入围中国民营企业500强，入围企业数蝉联全省第一，其中新入围榜单企业2家，获得市委、市政府颁发的“攻坚突破奖”。开展“民营企业服务月”活动，走访200多家企业、50多家商协会，召开20次民营企业、商协会负责人座谈会，与230多位民营经济人士谈心谈话，收到130多份意见反馈表，并就政策落实、企业用工、降本减税、生态环保等方面的难点痛点、意见建议，联系协调相关部门给予答复和解决；成立市民营经济高质量发展讲师团、法律服务团和科技服务团，为民营企业提供专业、精准服务。举办上市公司与投资机构闭门交流活动，邀请10余家全国前30强基金、金融机构对接无锡市集成电路、生物医药、物联网、新能源、“两机”（航空发动机、燃气轮机）等行业上市公司；联系光大银行、邮储银行对接江阴青商会、安徽商会、扬州商会等，解决商会企业融资难问题，为中小微企业授信贷款额度2.25亿元。深化“1+N”政企联系协作机制，会同市人社局为解决民企招工难出实招，就技能人才短缺、高端人才引进难、人才流失严重、招聘渠道有待拓宽、配套保障不够完善等突出问题，听取民营企业意见和建议，并从校企合作、社会招聘、人才政策、人力资源服务、技能人才培育等方面积极举措，助力企业攻坚克难；联合税务局推进“春雨润苗”专项行动，举办“纳税人之家”助力小微企业发展专题活动40余场，为小微企业送政策；会同市司法局、市工信局、市律师协会等单位联合实施“产业链+法律服务”行动，为民营企业提供专业、优质、全面的法律服务，推进法律服务链及产业链双链融合；参与全市“千名干部百项攻坚行动”；成立无锡市工商联中小微企业委员会，为中小微企业提供多方位服务平台；强化商事调解中心服务能力，满足民企调解需求，全年成功调解案件标的11.6亿元，被省高级人民法院、省工商联确立为“省重点培育商会商事调解组织”。

11月1日，第五届全球锡商大会举行项目签约仪式　（市工商联　供图）

【商协会管理】 2021年，市工商联新成立高新技术企业协会1家，指导市总商会启东商会、宿迁商会、陕西商会、海安商会等7家异地商会建设，上市公司、汽车流通等15家商协会完成换届；编印《行业协会商会工作手册》，实地查看商协会党建、意识形态工作及会费收支、公职人员兼职报销等财务情况，全年走访抽查30余次；在商协会中开展涉企收费自查自纠工作，结合会费票据领取，严格把关商协会收费行为，通过省市场监督部门的交叉检查；稳步推进商协会年检、财政票据年检、商协会脱钩等工作；办结商协会年检120余家，一会一表填报摸底商协会55家。

【光彩公益事业】 2021年，无锡市光彩事业促进会完成光彩公益项目20个，捐赠资金254.77万元，其中，应急救灾10万元、助学奖学116.45万元、助业优才81.2万元、扶贫帮困47.12万元；组织实施“第八届无锡市唐翔千卓越工程师奖和唐鹤千卓越青年文化创意人才奖”评选、“书香政协同心筑梦”读书月活动、援助河南抗洪救灾、无锡市泰州商会及江苏统一安装集团助学陕甘贫困学生等重点项目；推进市光彩事业促进会慈善组织认定，获评AAAA级社会组织，完成2020—2022年公益性捐赠税前扣除资格申报。

（市工商联）

表 15 “2021 中国民营企业 500 强”无锡市入围企业一览表

序号	企业名称	所属行业	营业收入（万元）	全国排名
1	海澜集团有限公司	C18 纺织服装、服饰业	10521688	67
2	红豆集团有限公司	C18 纺织服装、服饰业	7500322	118
3	三房巷集团有限公司	C28 化学纤维制造业	6325015	145
4	江苏新长江实业集团有限公司	C31 黑色金属冶炼和压延加工业	5848383	160
5	远景能源有限公司	C34 通用设备制造业	4555397	216
6	远东控股集团有限公司	Z99 综合	4349782	229
7	法尔胜泓昇集团有限公司	C33 金属制品业	4098826	246
8	江苏扬子江船业集团	C37 铁路、船舶、航空航天和其他运输设备制造业	4026258	253
9	双良集团有限公司	C35 专用设备制造业	3983063	254
10	江苏阳光集团有限公司	C17 纺织业	3961174	256
11	雅迪科技集团有限公司	C37 铁路、船舶、航空航天和其他运输设备制造业	3934437	261
12	江苏江润铜业有限公司	C33 金属制品业	3803819	274
13	江苏大明金属制品有限公司	C33 金属制品业	3510130	295
14	江阴长三角钢铁集团有限公司	F51 批发业	3028876	357
15	江苏中超投资集团有限公司	C38 电气机械和器材制造业	2568080	434
16	兴达投资集团有限公司	C26 化学原料和化学制品制造业	2534870	445
17	江阴市金桥化工有限公司	F51 批发业	2472219	461
18	江苏三木集团有限公司	C26 化学原料和化学制品制造业	2466685	463
19	江苏西城三联控股集团有限公司	C31 黑色金属冶炼和压延加工业	2459365	465
20	无锡市不锈钢电子交易中心有限公司	F51 批发业	2433146	472
21	江南集团有限公司	C38 电气机械和器材制造业	2406800	482
22	无锡新三洲特钢有限公司	C31 黑色金属冶炼和压延加工业	2399839	485
23	江阴江东集团公司	C34 通用设备制造业	2386266	491
24	江苏无锡朝阳集团股份有限公司	F51 批发业	2377874	495
25	江苏华宏实业集团有限公司	C28 化学纤维制造业	2377545	496
26	江苏大经集团有限公司	L72 商务服务业	2360503	498

（市工商联　供）

编辑　罗秋云

无锡市总工会

【组织建设】 2021年末，无锡市有市本级总工会1家，市（县）区及经开区总工会8家，镇（街道）工会81家，有基层工会14211家、涵盖单位66380家、工会会员267.4万人，其中农民工会员141.4万人。市总工会紧贴全市产业发展推进产业（行业）工会建设，累计建成各级产业（行业）工会组织119家，覆盖企业单位7520个职工32.8万人；推进货车司机、快递员、外卖送餐员等新就业形态劳动者入会，全市成立吸纳新就业形态劳动者的工会20家，覆盖企业968家，吸纳会员5.46万人。《工人日报》肯定无锡工会“入会+服务”一体化做法。全年全市工会筹集资金120万元，慰问在疫情防控一线的工作者。

【职工思想建设】 2021年，全市工会聚焦庆祝中国共产党成立100周年，面向全市职工开展党史学习教育，注重在重要时点加强思想引领，开展“节日中的党史教育”系列活动，推出“五一”期间学党史抽盲盒线上活动、“七一”期间职工理想信念教育研学活动、“十一”期间学习新中国史有奖答题线上活动；突出“听党话、跟党走”主题，举办全市青年职工歌手大赛、职工演讲比赛、职工音乐党史课等大型活动，百万人次点赞；推出线上“锡小工带你学党史”专栏，打造“红色工运史沉浸式宣讲课堂”及“我是党的螺丝钉”劳模工匠大讲堂。新华社、《工人日报》等媒体报道无锡市职工思想引领工作。加强职工理论武装，做优“新时代 新思想 新宣讲”活动品牌，通过“企业理论直播间”宣讲习近平总书记在中国共产党成立100周年大会上的重要讲话，近50万人次参与，举办长三角（5+10）城市职工思想引领研讨会；联合市社科联开展全市哲学社会科学招标课题（工会专项）研究。市总工会两篇思政工作案例入选《全国总工会宣传教育优秀案例集》，无锡是全国唯一双案例入选的设区市。

【产业工人队伍建设改革】 2021年，市总工会承办全国推进产业工人队伍建设改革（以下简称“产改”）工作经验交流会，全国人大常委会副委员长、全国总工会主席王东明出席会议并讲话，参会领导考察红豆集团有限公司、SK海力士半导体（中国）有限公司及国网无锡供电公司何光华劳模创新工作室，对无锡产改工作予以高度肯定，《人民日报》、新华社、中央电视台、《工人日报》等媒体报道会议情况。全国总工会在《工人日报》整版刊文回顾全国产改四年工作时，两次肯定无锡产改工作。在全国推进产改工作经验交流会后，无锡市创新提出“试点探索、区域展开、全面覆盖”产改推进战略；在特色产业园区内全面推开产改工作，率先提出“点线面”产改推进路径，在“点”上保量提质，形成16家产改试点示范单位；在“线”上重点突进，组织各市（县）、区精选优势产业链，推动8个产业（行业）集群实施产改；在“面”上区域铺开，选定7个特色产业园区全面推进产改工作。《工人日报》、中

9月24日，市总工会承办全省职工庆祝中国共产党成立100周年“永远跟党走”系列主题宣传教育活动展演暨“唱党歌、颂党恩”歌手大赛颁奖典礼

（市总工会　供图）

4月21日，中华全国总工会党组书记、副主席、书记处第一书记，全国推进产业工人队伍建设改革协调小组组长陈刚（左一）一行参观考察红豆集团有限公司产业工人队伍建设改革试点工作　（市总工会　供图）

国工人网、《江苏工人报》对无锡市产改新思路、新探索予以肯定。

【工会劳动法律监督】 2021年，全市工会监督检查企事业单位1733家，发放法律监督意见书188份，提出整改意见413条，发出建议书16份；帮助补签劳动合同238份，补发工资266.9万元，补缴社会保险182.7万元；命名市工会劳动法律监督工作先进单位72家。会同市人社局建成15家“金牌劳动人事争议调解组织”。

【工会服务】 2021年，全市工会系统筹集资金900多万元，走访慰问4.32万名困难职工及一线职工。市总工会健全制度加强精准帮扶，出台《无锡工会困难职工专项帮扶资金管理使用办法》，提高资金使用规范度。亮品牌深化帮扶实效，“关爱·圆梦”工程连续第三年被列入市政府为民办实事项目，各级工会在667家爱心企业募集爱心岗位5101个，帮助2138名学子勤工俭学，优先安排在无锡的河南籍受灾职工子女参加，“关爱·圆梦”工程入选《中华人民共和国年鉴（2020）》，央视网、《工人日报》先后专题报道。开展普惠“节节高”活动，节日期间为广大会员送福利。推进职工互助保障“三合一”项目，全年覆盖1138家单位13.03万名职工，向2145人次患病职工发放互助金534.85万元。实施女职工互助计划，开展“关爱生命·幸福生活”主题健康服务活动。响应国家人口新政，架构“天天鹊桥”脱单连心纽带，推动工会爱心托管工作。组织“环卫职工汤山行”和“千名职工无锡行”疗休养活动。面向新就业形态劳动者开展系列健康服务活动，组织体检3000余人次。加强劳模服务管理工作，开展“工会进万家”劳模走访慰问，向6300余名劳模发放春节慰问金、特殊困难帮扶金、生活困难补助金、荣誉津贴共427.8万元。

【先进典型选树】 2021年，全市工会做好先进典型推荐选树工作，推荐1个单位、5名个人、3个班组分别获评全国五一劳动奖状、奖章和工人先锋号；推荐98人获评省劳动模范和先进工作者、279人获评市劳动模范；推荐1个集体、1名个人获评全国五一巾帼标兵岗和巾帼标兵；推荐6名个人获评省十佳文明职工、文明职工和市最美职工；命名一批市五一巾帼标兵岗（标兵）、十佳五一巾帼奖集体和个人。市总工会开通视频公众号，推出“他们是谁”劳模先进宣传视频，开展“劳模先进进地铁”“我与劳模不期而遇”等活动，职工近百万人次参与。开展以“创争先进党支部、创争模范职工之家、创争工人先锋号，提升政治引领力、提升群众组织力”为主要内容的非公企业党建带工建活动，培育选树市级示范单位20家。

【职工文体活动】 2021年，全市工会系统开展职工读书月活动，组织“书香三八”读书活动，新建成全国、省级职工书屋11家，市职工书屋示范点30家。加强职工文艺人才队伍建设，与市文联合作，培训职工文艺人才900名，涌现“职工文艺大家”68名，市职工合唱团获评全国最佳职工合唱团。做优职工文体活动品牌，线上推出新春送楹联、元宵灯谜会等活动；线下开展“请职工看大片”“职工生活大讲堂”等活动；举办市第13届运动会（职工部）比赛及“职工体育嘉年华”；创新举办“王者荣耀”职工电竞大赛，获中华全国总工会肯定、中国工会网报道；市总工会获全国广播体操工间操云比赛三等奖、省广播体操工间操展演赛金奖。

【职工服务平台建设】 2021年，市总工会在全市职工服务中心培育规范化运行示范点10个、党群共建共享示范点6个，市职工服务中心获省五一劳动奖状。新建爱心母婴休息室41家，建成女职工康乃馨服务站133家。新建市级户外劳动者“安康·爱心驿站”23家，改造提升51家；在全市银行系统建成户外劳动者服务站（点）215家，累计430家。

【职工之家建设】 2021年，市总工会以基层工会“争创模范职工之家、争做职工信赖娘家人”为主题，开展局（公司）、直属单位、镇（街道）工会职工之家规范化建设片组交流活动；对省级以上模范职工之家和模范职工小家进行复查，提升规范化建设水平。

【助力区域一体化发展】 2021年，市总工会牵头成立"长三角"（5+10，5指环太湖的无锡市、常州市、苏州市、湖州市、嘉兴市，10指上海市浦东新区、青浦区、江苏省南京市、徐州市、南通市、镇江市，浙江省绍兴市，安徽省合肥市、芜湖市、宣城市）城市区工会工作联盟 。会同联盟成员单位联动举办思想引领研讨、劳动和技能竞赛、庆祝中国共产党成立100周年青歌赛、书画展等跨区域联动活动，《工人日报》《中国工人》等报刊跟踪报道。

【向小微企业返还工会经费】 2021年，市总工会扎实推进小微企业工会经费减免，为小微企业发展纾困解难。全年累计向8.87万家小微企业返还工会经费3.47亿元，返还率为99.9%。

（市总工会）

共青团无锡市委员会

【组织建设】 2021年末，共青团无锡市委员会（以下简称"团市委"）有下级组织21744个，较上年增加3003个，其中团委501个、团工委76个、团总支971个、团支部16991个。全市团员290641人，全年新发展团员13500人。全市团干部33948人，其中团的领导机关团干部92人、基层团干部33856人。全市1023个村（社区）、30个镇（街道）团组织集中换届，村（社区）团组织负责人进入"两委"班子比例达93%。团市委获评全省共青团工作先进单位。

年内，无锡市获评全国优秀共青团员2人，全国优秀共青团干部2人，全国五四红旗团委（团工委）1个，全国五四红旗团支部（团总支）1个；获评江苏省优秀共青团员15人，江苏省五四红旗团干部14人，江苏省优秀共青团干部——团支部书记专项7人，江苏省五四红旗团委（团工委）19个，江苏省五四红旗团支部（团总支）18个。获评中国青年五四奖章1人、中国青年五四奖章集体1个、江苏青年五四奖章1人。评选无锡青年五四奖章11人、无锡青年五四奖章集体11个、无锡青年五四奖章提名奖11人、无锡青年五四奖章集体提名奖7个。推报获评全省共青团工作"10100"创新创优工程一等奖项目1个，二等奖项目3个，三等奖项目2个。

【行业系统团建】 2021年，作为全国首批行业系统团建试点单位，团市委探索"产业链"团建模式，建成生物医药、互联网等4家市级行业团工委。聚焦"一行业一特色"，以"团建＋服务""团建＋业务""团建＋志愿"为切入点，以"产业链"团建带动"人才链"流动，促进"创新链"激活，社会领域团组织密度增加超过10%。

【共青团改革】 2021年，团市委作为地级市唯一代表参与全国共青团"全面从严治团"专题调研督导。推动江阴、宜兴两个试点市（县）成立由党委主要领导任组长的改革领导小组，研究出台改革实施方案。围绕"干部来源多元化、组织方式多样化、生存社会化、工作项目化、运行扁平化、引领动员网络化"目标，创新工作机制，江阴"345"党团队一体化建设做法被《中国青年报》报道，并在团中央工作座谈会上作为代表发言。

【团阵地建设】 2021年，团市委整合"青年之家"载体筑阵地，新建"青年之家"50家，规范"青年之家"云平台建设，通过出台"青年之家"阵地建设标准，推动每个"青年之家"入驻不少于3个青年社会组织，推动"青年之家"品牌化建设。依托"青年之家"开展社区青春行动，组织团员青年向居住地社区、学校所在地或生源地镇（街道）、村（社区）报到，参与基层社会治理、助力乡村振兴、促进基层团工作建设。疫情防控期间，第一时间发布招募令、行动令，动员团员青年超1.2万人、成立青年志愿队超500支。

【团干部培训】 2021年，团市委推选15名团干部，分别参加团中央专题调训、省委组织部、省委党校优秀年轻干部培训班及省级青年马克思主义者培养工程（以下简称"青马工程"）培训班。滨湖区全国"青马工程"试点工作推报团中央为典型案例。举办全市非公企业团干部培训班、全市优秀团干部培训班、全市组织条线团干部培训班，参训学员超4000人。

【联青服务站建设】 2021年，团市委在全市布点设置"联青服务站"82个，建立常态化联系青年机制，组织各级专职团干部按照"每月一主题"到基层开展"联青解忧、我为群众办实事"等主题活动，通过实地走访、集体座谈、问卷调查等多种形式，听取青年意见、了解青年需求，同步为青年解决困难。全年开展集中服务日活动12次，参与团干部超1600人次，服务青少年超万人次。依托"智慧团建"系统，通过"周小结，月通报，季评比"的方式，实现全市团组织党史学习教育覆盖率100%。

【青少年思想教育】 2021年，团市委围绕党的先进理论青年化阐释，组织"青年讲师团五讲五进"活动，开展宣讲活动552场次，覆盖青少年12万余人次。联合市委党史学习教育领导小组办公室、市档案史志馆打造江苏首条党史学习教育地铁专列，承办青年讲师团全省行——"百年党史青春说"无锡站活动，吸引青少年参与党史学习。开展"青年大学习大讨论"活动，推出"微幸福·青年说"系列专栏，开展学习分享。打造9家市级示范型"青年学习社"，建好用好多条省市"青年学习社"线路，开通线上学习平台，吸引全市青少年沉浸式体验学习。全市各级团组织发动青年参与“青年大学习”网上主题团课学习，参与人数超800万人次。

【青年文化建设】 2021年，团市委活用快闪、红色情景剧、TED演讲、时空对话、大合唱、朗诵剧等丰富形式开展“学党史、强信念、跟党走”无锡市主题团日活动，线上、线下18万余名青年同步观看。开展“学党史·铸信仰”党史学习线上知识竞赛及“清明祭英烈 云端寄哀思”清明节网络祭扫活动，原创《赤子文华》《秘密会议》《我们的“小五年计划”》《夜访堰桥》《历史关头的荣毅仁》《要塞记忆》等红色剧目，引导青少年传承红色基因。开展“春节七天乐 锡游打卡中大奖”活动和周末探店系列行动，促使青年在文娱消费中增强组织认同感。《妈，我今年不回家过年了》《隔空对话红色初心》等原创条漫作品，获2021年度全市宣传作品优秀奖。在2021年“江苏青年好网民”优秀故事征集活动中，无锡的祝利升、唐健2人入选。

【共青团宣传报道】 2021年，团市委围绕庆祝中国共产党成立100周年重大时间节点，系统推进全市共青团“学党史、强信念、跟党走”学习教育，相关经验在中央级媒体刊发报道5篇、省级媒体刊发报道15篇，在“学习强国”学习平台发稿31篇，3次入选无锡市党史学习教育简报。收集、宣传各级团组织及团员青年投身疫情防控、产业强市、乡村振兴、环境保护等方面生动故事与先进事迹，原创制作五四MV《正青春》等，被中央级媒体刊发25篇、省级媒体报道44篇。

【青少年权益保护】 2021年，团市委推动出台《无锡市“十四五”青年发展规划》，为无锡青年成长成才提供政策支撑。承办《江苏省预防未成年人犯罪条例》修订工作座谈会，为《江苏省未成年人保护条例》《江苏省预防未成年人犯罪条例》修订立法提供无锡经验。实施“青春新坐标—成长护航工程”联系帮扶重点青少年群体集中行动，联合市人民检察院入选全国未成年人检察工作社会支持体系示范建设单位。举办第五届无锡市中等职业学校在校生模拟法庭大赛、2021年无锡市青少年禁毒知识竞赛，创作《无锡市青少年法治宣传漫画案例读本》，推动全市中小学“法治公开课”全覆盖，优化青少年权益维护法律环境。扩容“12355”青少年服务热线，搭建“12355”线上服务平台，推动专业力量线上、线下“双入驻”及服务热线进校园。

市青联开展“青春同心·永跟党走”庆祝中国共产党成立100周年教育实践活动　（团市委　供图）

【青年联合会工作】 2021年，团市委发挥青联核心枢纽作用，重点组织开展“青春同心·永跟党走”庆祝中国共产党成立100周年教育实践系列活动，组织各级青联开展“爱国·团结·奋斗”主题分享会3场、“党史阅读马拉松”活动19场、“青联党史讲堂”44场、红色寻访活动19场，开展“青联委员服务千村”计划，组建6支服务团，围绕科技兴农、产业振兴和电商助农等方面，与结对乡村开展服务18次。组织市、市（县）区两级青联开设“青联榜样说”专栏，推选各领域优秀青联委员分享党史学习心得、成长奋斗故事，累计发布“青联榜样说”41期，线上阅读量6.5万人次。做好对新疆维吾尔自治区阿合奇县的对口支援工作，开展“青暖童心·大手拉小手”关爱活动、阿合奇县中学生“云游无锡·同心营”系列活动、“指尖上的梵高”少数民族美育云课堂活动等，促进两地青少年沟通交流。承办团省委“青云邀约 畅享未来”——“志愿服务中的青年担当”苏台青年云分享活动，邀请苏台两地青年代表相聚“云”端。联合市委组织部、市委统战部举办2021年无锡市海归高层次人才“爱国·奋斗·奉献”精神教育及党史学习专题培训班。举办“负笈归 筑锡望”无锡海归青年人才学党史活动，打造党史主题阅读区、青年红色基因充电站等阵地。

【青年人才工作】 2021年，无锡市主办2021中国无锡“太湖杯”国际精英创新创业大赛，在全国各大城市选拔青年骨干担任“锡引大使”；团市委联合武汉12家高校团组织，在武汉融创智谷举办“带着毕业作品去无锡——高校人才毕业设计展”。承办2021江苏青年科技成果直通车活动、江苏省青年科技工作者协会三届二次理事(扩大)会议暨会员代表大会。牵头承办2021年太湖人才峰会分论坛,助推24个项目现场签订合作意向书,总额超百亿元;组建全市"政产学研"青年人才联盟,推动"政产学研"成果转化落地、共赢发展。举办"新引力"海外学子江苏就业见习、"名校优岗"大学生政务见习、"雏凤归"海内外优秀学子看无锡、"锡望有你·同'芯'共赢"中韩青年圆桌论坛等交流活动。成立11家海归青年创新创业服务站及9家海外青年创新创业联谊站;与市委统战部共同主办"最青春"首届无锡海归青年文化季系列活动。联合市人才办持续开展"心心向锡"青年交友联谊系列活动。《全链条建设青年人才"青春栖锡"计划》项目获评全省共青团工作"10100"创新创优工程优秀项目一等奖。被推选为设区市代表在共青团江苏省第15届委员会第七次全体会议上作青年人才工作交流发言。团市委青年人才相关工作被《中国青年报》头版报道。

【青年志愿服务】 2021年,团市委号召2600余名返乡大学生参与"雏凤归 社区青春志愿行"活动,在疫情防控第一线累计志愿服务超5万小时。开展"江苏一家'青',无锡欢迎您"关心关爱隔离点青少年活动,为在无锡集中隔离观察点内的330名扬州青少年送上爱心礼包、开通关爱热线、解决实际困难。实施青年志愿者"同心计划",形成"月月有活动、节点有高潮"的志愿服务新格局,其间,开展"文明无锡·温暖新春""七彩假期""金晖月助老"等系列主题志愿服务活动超300场。无锡高校近万名青年志愿者参与无锡马拉松、2021世界物联网博览会、太湖人才峰会等大型赛会保障工作。组建"'河'我一起,保护母亲河"集中统一行动活动团队21支,招募"河小青"青年志愿者400余人,开展净滩活动23场,累计清理河滩垃圾552千克。开展"美丽无锡·青春行动"主题宣讲活动,揭牌全省首个木结构学术交流中心"美丽无锡·青春行动——青少年生态文明教育基地"。无锡青年志愿者战"疫"工作情况被《中国青年报》《无锡日报》等媒体报道。在无锡的台湾青年志愿者潘柏铨获评第13届中国青年志愿者优秀个人奖。团市委机关青年志愿者服务队队员钟子增获评2021年度无锡市学雷锋志愿服务先进典型"最美志愿者"。

【青年社会组织管理】 2021年,团市委联合市委网信办,成立无锡市网络公益发展促进会,依托无锡网络(青年)社会组织培育孵化基地,在网络青年社会组织领域持续发力。联合市委网信办、市民政局开展"锡望E家 同心工程"暨"福彩杯"2021无锡网络创益大赛,投入50万元用于获奖项目扶持,打造无锡创新型网络公益品牌,促进青年参与社会治理。联合市民政局、无锡学院等组建县域团属青年社会组织建设质量综合评价专班,全市46家团属社会组织参加星级评定。结合"青年之家""希望来吧"等载体,建设并备案一批江苏省青年社会组织服务实训基地、众益空间及服务窗口"益工坊"。开展社会组织团建工作专项调研,指导江阴团市委到苏州参加团中央社会组织团建工作调研座谈会。参加无锡市社会组织监督管理工作培训班,组织团属青年社会组织年检。联合灵山慈善基金会等青年社会组织,举办2021"为爱行走"大型徒步公益活动。举办青年社会组织"伙伴课堂",联系、凝聚青年社会组织力量,参与社区治理,融入城市发展大局。推报优秀青年社会组织骨干参与"全国向上向善好青年"评选。推报5个省级"社区青春行动"试点社区。

【新兴领域青年工作】 2021年,团市委承办团省委社会联络部"苏青S+"江苏省新兴青年群体联盟影视创作小组活动;开展江苏省新兴青年群体联盟第二期"青社学堂"活动。组织全市新兴青年代表开展"新青年、心向党"专题座谈会。开展各类学习交流"伙伴讲堂"19场、"青社学堂"46场,帮助新兴青年提高专业素养、增强理性认同。选树优秀新兴青年群体代表,组织开展无锡青年创益IDOL节、无锡网络创益大赛等活动,挖掘新兴领域青年代表410余人。吸纳无锡市快递协会等5个新兴青年团体进入青联。新建1个市级团属新兴青年社会组织,成立江阴市电子商务公共服务中心等7个市级"筑梦空间",组建梦想导师团,助力新兴青年群体追梦圆梦。新建9个县级团属新兴青年社会组织。邀请新兴青年杜怿超与团市委联合制作海归青年原创音乐MV《赤子》,在海内外各大媒体投放,全网传播量累计突破2000万人次。方薛斐等11位新兴领域青年代表的20余件文艺作品参加"新青年 心向党"江苏省新兴青年群体庆祝中国共产党成立100周年主题展览。马品一等13位新兴领域青年获评"青·匠心100"江苏省新兴群体榜样。《团无锡市委引领凝聚文创青年"三建三力"工作法》的案例经验,获团中央全团推广。

【青年创业就业】 2021年,团市委参与主办中国无锡"太湖杯"国际精英创新创业大赛,分别到重庆、武汉开展城市赛,挖掘符合无锡市产业发展项目282个,推动3个项目落地无锡。开展第八届"创青春"赛事项目市级选拔,共推荐41个项目参加国赛、省赛,其中省赛获奖项目8个,国赛获铜奖项目1个。举办"让全国看见你"6个专场路演,累计帮助218个项目对接创投服务。牵头选树20位无锡市"青年双创英才",推出"I创2.0"服务计划,探索"一项一策"扶持举措,承办第四届"江苏青年双创英才"青享会暨"创青春"江苏青年创新创业大赛颁奖仪式,无锡做法在《中国青年报》头版报道。统筹全市青创空间建设体系和院校"双创学院”体系,打造雪浪小镇物联网青年研学路线,雪浪小镇获评江苏青年国际创新创业园区。分层分类落实“名企优岗”“新农菁英”“‘豫’你同在”大学生就业见习活动,招募10家就业创业基地“合伙人”,募集5199个优质岗位。

【青年成长成才】 2021年,团市委完善出台《无锡市青年文明号管理办法》《无锡市青年安全生产示范岗动态评价管理制度(试行)》《“菁工1+3”青年技能人才培育工程方案》,推动示范活动开展。无锡市实验幼儿园、苏南硕放机场有限公司航行保障部指挥中心等10家集体获评第20届全国青年文明号,全年创建青年安全生产示范岗省级2家、市级26家,培育市青年岗位标兵6人、青年岗位能手25人。加强动态管理,发挥示范作用,实施“千岗走千企”专项行动,打造无锡地铁4号线项目部青安岗示范阵地,在全省推广复制“青安长廊”经验做法。承办全省青年安全创意微视频及融媒体作品征集大赛启动仪式暨“青春五进 安全同行”青年安全文化巡礼活动。实施“青春五进 安全同行”行动,推广安全生产“工作十法”,开展93场次“五进”宣讲活动,推动34场次“匠人匠心”青享会进项目、进企业、进院校。

【“号手岗队”集中建功行动】 2021年,团市委联合市发展改革委、市自然资源规划局、市生态环境局等16家单位,启动无锡市“号手岗队”集中建功行动,组织引导职业青年在省、市重大项目建设及攻坚冲刺中发挥生力军和突击队作用。省级重大项目实现青年突击队建设全覆盖,市级项目突击队132支,其中28个项目作为服务专班攻坚试点,阶段任务攻坚完成率100%。市级重大项目青年服务专班集结32位专业骨干,8支区级服务专班共招募骨干青年112名,凝聚157支文明号集体和114个青安岗集体参与行动。全年收获行动成果百余件,其中挖掘“文明号”专班服务案例30余个,提炼“青安岗”经验做法30余个、培育青年突击队和“岗位能手”攻关项目116个。《探索“1234”工作体系 构建助力重大项目建功矩阵》获2021年度全省共青团工作“10100”创新创优工程二等奖。

【乡村振兴助力】 2021年,团市委新增“新农菁英”人才入库463人,开展入村走访8场次,联系覆盖农企77家;郑冰清当选首届“全国乡村振兴青年先锋”,新挖掘10位无锡市“最美新型青年农民”。完善跟踪机制,全年村企联建的129个项目开工率为95.3%。在锡山区试点青创农场标准化建设项目,以“一馆两站四进”模式,打造山联村“新农菁英”线下体验馆和“青春四进”县域阵地。重点扶持10家“青创农场”示范项目,强化创新引领,强化品牌保护。举办全省首届“青绘乡村”决赛无锡泾东集训营,无锡获省赛1银1铜、2个优秀奖及1个优秀组织奖。开展青年助力乡村振兴网络直播大赛,23名菁农主播参与,直播49场,销售额27.79万元。打造“菁农创贷中心”,创新“金融团干部挂钩基层团代表联络站”模式,为青农创业者提供优质快捷服务,扩大“新农菁英贷”产品覆盖范围,全年累计放款543笔,5.05亿余元。

3月1日,团市委启动无锡市“号手岗队”集中建功行动。图为青年突击队授旗仪式现场 (团市委 供图)

【学校共青团工作】 2021年,团市委持续推进学校共青团、学联学生会改革。建立市属高校共青团工作述职评议制度,开展高校共青团和学生会组织改革评价。在中学持续深化“六个一”团建,在中职学校创新实施强基固本“1234”工作法。开展无锡市“青马工程”大学生菁英培训、团干部技能大比武、微团课大赛、“领航·开学第一课”示范活动。开展“学党史、强信念、跟党走”主题教育,组建87支高校“信仰公开课”讲师团,在高校举办“唱支山歌给党听”红色歌曲云接力、“潮韵江南”首届汉服文化节活动。举行高校“社区有我 青春报到”结对仪式,开展“三下乡”“返家乡”社会实践活动,被国家级媒体报道33次、省级媒体报道40次,无锡团市委获评省“三下乡”社会实践工作先进单位,获评全国“三下乡”优秀个人2名、优秀调研报告1篇。开展大学生素质能力提升行动,举办“百校千企万岗”大学生就业帮扶暨“送岗直通车”直播荐岗活动12场，动员1000余家企业参加，提供就业岗位8000多个。组织开展“挑战杯”大学生课外学术科技作品竞赛，获省特等奖2项、一等奖3项。推动高校开展“百强先锋团支部”“千优活力团支部”展评活动，获评省“百强先锋团支部”9个、“千优活力团支部”80个。7名大学生获评中国大学生自强之星，1名大学生获得中国电信奖学金。

【少先队工作】 2021年，无锡首创的“十步骤两批次”分批入队流程、“十个一”工作法被全省推广。在省内率先探索在全市推行“少先队员证”制度，开发的队前教育课程资源包被“中国辅导员”微信公众号向全队推介。2节队课入选百节全国优质少先队活动课。举办辅导员基本功大赛，蝉联省赛团体金奖。在省内率先研制下发校外少先队建设、新时代劳动教育工作提示单，拓宽校外少先队活动资源。推动镇（街道）少工委全覆盖，辖区范围内有中小学的村（社区）队组织全覆盖，探索在已建立党组织的企业成立少工委，组建少先队辅导员资源库。建成“大运河红领巾学习社”线路，推出“少先队校外实践打卡地图”，组织少先队员在节假日“向社区报到”，助力“双减”。开展“回信记心间 争做好队员”等主题教育，组建382支中小学“红领巾巡讲团”，创建“英雄中队”“魅力中队”2000余个。开展“红领巾奖章”争章、“追梦好少年”展评等选树活动。向全国发出开展“红领巾小五年规划”活动倡议，录制的2节“红领巾爱学习”网上队课面向全队首播。举办“我为高质量发展”献一计科学建议征集展示活动，承办第九届江苏省少年科学院院士评聘活动，获评省十佳小院士2名、省少年科学院院士10名、省十佳科学建议1个。推出全省首支防疫视频MV《苗苗苗，我们一起来打疫苗》，被多家国家级队媒公众号转发。

【希望工程】 2021年，无锡市实施“梦想改造+”关爱计划，建成并交付“梦想小屋”150间。联动30余家爱心单位参与合作，吸引500多名“爱心家长”、全市200多所大中小学校参与，募集资金470多万元，推出“溪”望守护等9个关爱赋能项目。围绕课业辅导、心理咨询、安全自护等方面，开展常态走访1000余次、特色关爱活动200余场。探索“1+3+6+N”帮扶新路径，推出“333”守护新举措，打造“596”关爱新模式，推出困境青少年专属关爱线路。工作成效及经验多次被《人民日报》、新华社、我苏网、《无锡日报》等媒体报道。以第一名的成绩通过市级“我为群众办实事”项目验收，在全省共青团工作“10100”创新创优工程评选中获二等奖。实施“希望之星”“优秀受助生”“慈善助学”“圆梦行动”“状元奖”等助学项目，资助大中小学生163人，金额39.4万元。开展“暖冬行动”集中走访慰问活动，关爱困境青少年累计2000多人次，发放爱心物资价值29.5万元。开展“‘锡’青当先，‘豫’你同在——希望工程援助河南紧急行动”，筹集资金近300万元，资助受灾河南籍大中小学生183人，在全省“苏豫同舟 希望同行”受助学子慰问座谈会上作典型交流发言。

（团市委）

无锡市妇女联合会

【组织建设】 2021年末，全市有市、市（县）区、镇（街道）、村（社区）四级妇联组织2576家，非公经济领域、社会组织领域、新媒体行业等各类新兴领域妇联组织2408家，“妇女儿童之家”“妇女微家”基层服务阵地1976个。各级专挂兼职妇联主席5404人，各级妇联执委12313人，各级妇女代表49025人。

年内，市妇联推动女性参政议政，村（社区）“两委”换届后，全市1193个村（社区）“两委”中至少各有1名女性成员，居委会成员中女性比例保持在51.34%，较上一届提升0.38个百分点，村（社区）“两委”女正职占比均比上一届有所提高。织密基层妇联组织网络，市消防救援支队妇联、怡和妇产医院妇联、通善口腔医院妇联、广瑞路街道新市民妇女联谊会妇联成立。推进全市妇女微家建设，676家妇女微家开展活动和服务2.5万余次，直接受益12万余人次，揭晓第二批市“群众最喜爱的妇女微家”30家，完成“妇女微家”为妇女群众办微实事3000余件。征集优秀工作案例63个。

【思想政治建设】 2021年，市妇联开展“巾帼心向党 奋斗新征程”庆祝中国共产党成立100周年群众性宣传教育活动，常态化、项目制推进“‘学习强国’进家庭”。发挥典型示范引领作用，蒋雍君获评全国三八红旗手；举办无锡市三八国际妇女节纪念大会，通报表扬市级三八红旗手107个、三八红旗手集体53个；成立无锡市三八红旗手（集体）联盟。加强网上正能量传播，开展“最暖‘云行动’致敬最美的TA”第二季系列直播活动，11万余人次观看。构建5G模式下网上妇女思想引领新路径，建设无锡市Women+工作室，推进“在你身边”云上妇联建设，举办女性融媒体创意大赛，征集作品409件，选送优秀作品参加省女性融媒体创意大赛，获评一、二等奖各1个，获评三等奖、优秀作品奖各2个，市妇联获评优秀组织奖。

围绕“学党史、悟思想、办实事、开新局”，市妇联组织巾帼宣讲队加入“理响无锡”，开展“巾帼党史大宣讲”近2200场次。推出“百年初心 岁月流金”主题系列活动，5条免费“红色巾帼专线”开展主题活动23场、546人次参与，被人民网党史学习教育栏目报道。在“无锡女性”

官微开设“女性大学习·听她们讲党史故事”宣传专栏。实施“我为群众办实事”项目16个，其中“关心关爱工程放大帮扶支持覆盖面——开展婚姻家庭指导服务”项目被纳入市级重点项目，通过第二批实践活动验收，工作案例《“铁脚板”走出家庭教育新路径》被市学教办作为工作亮点向省、全国学教办推荐。

【家庭家教家风建设】 2021年，市妇联聚焦家家幸福安康，推动家庭家教家风建设。常态化开展寻找“最美家庭”系列活动，3户家庭获评全国最美家庭、23户家庭获评省级最美家庭，寻找2020年度无锡市最美书香家庭20户、最美绿色家庭20户。成立无锡市最美家庭联盟，组织最美家庭代表到婚姻登记处为新婚夫妇送祝福。落实省政府民生实事项目，在全市66个社区开展省“三全”社区家庭教育支持行动试点工作，摸排家庭教育信息2万余户，入户指导5000余户，建档4000余户，组织家庭教育课程及亲子互动、家庭教育指导沙龙等活动500余场。18家企事业单位和社会组织加入“彩虹桥”家庭教育支持联盟，募集“家教小喇叭”150个，制作家教音频200余集，开展“家教大篷车”进社区活动30场。线上、线下开展“连根养根、家风薪传”百姓少年传承好家风成长礼、点赞先贤好家风网络接力和“家和万事兴”家教家风展等活动。配合“双减”政策落地，鼓励亲子互动和社会实践，发布4条传统家风研学线路，命名惠山古镇、荣毅仁故居等12个家风研学点。

【婚姻家庭教育】 2021年，市妇联在全市526个社区（村）实施婚姻家庭教育课程2108节，近7万人次受益，形成锡山“慧·爱”、滨湖“幸福+1℃”、“新吴嫁校”等品牌。携手中国儿童基金会在无锡设立“腾飞计划”家庭心理教育办公室，启动“幸福家庭计划”，开设智慧父母成长营，开展家庭教育师资培育等工作，举办业务督导11场，督导471人次。婚姻家庭指导服务中心常年开展免费公益咨询，全年服务115人次。与1526对新婚夫妻开展“沟通一刻 幸福一生”谈话，婚姻危机指导服务395对。

【妇女儿童发展环境】 在2020年省主要目标监测综合评价中，无锡“十三五”妇女儿童发展规划“两纲两规”得分91.11，位列全省第二。编制发布“十四五”妇女儿童发展规划。常态化开展“与爱同行·在你身边”巾帼志愿服务近千场，组织巾帼志愿者参与抗疫、救灾等志愿服务，援助扬州抗疫，为河南受洪灾姐妹提供临时帮扶救助举措。推进儿童友好理念落地，打造全市首个儿童友好型街区示范样本——经开区方糖儿童友好街区。联合市慈善总会实施“春暖杜鹃红”贫困单亲母亲关爱救助项目，30万元慈善资金关爱198户贫困单亲母亲家庭。联手移动公司开展“社会妈妈伴成长 移动真情献爱心”活动，关爱帮扶100名困境儿童。联合中国人寿无锡分公司在全省率先推出“情暖锡城，与爱同行”女性公益保险，25253人获赠“两癌”保险。持续打造“童她益起来”公益品牌，在2021年度腾讯“99公益日”筹款中，10万余人次参与捐款，募集公益资金298.83万元。

【妇女儿童权益维护】 2021年，市妇联发挥无锡市政策法规性别平等咨询评估委员会作用，对28部行政规范性文件开展性别平等备案审查，对21部政策法规提出修改建议。在江南大学法学院挂牌成立江苏省性别平等示范基地。创新实施“平安无锡家庭护盾”项目，有效融入基层社区治理。优化与公安部门的协作，加强反家暴宣传和处置。联合市中级人民法院召开妇女儿童维权新闻发布会，发布保护妇女儿童合法权益十大典型案例及申请人身安全保护令操作手册。联动司法行政部门出台《关于加强新时期婚姻家庭纠纷人民调解工作的意见》，建设省标准化家事调解室43家，市婚姻家庭纠纷人民调解专家库成员有173人。市公安局滨湖分局及锡山区安镇街道党工委获评全国维护妇女儿童合法权益先进集体，新吴区人民法院旺庄人民法庭审判员顾玫及江苏省天一中学教师王伟获评全国维护妇女儿童合法权益先进个人。实施“青春无艾”防艾宣传项目，走进4所学校及10多个社区。成立公益性心理

12月1日，市妇联“青春无艾”防艾宣传教育项目走进无锡城市职业技术学院，开启红丝带接力校园行暨巾帼红丝带传递活动　（市妇联　供图）

4月4日，市妇联在惠山古镇举办"百姓少年传承好家风"成长礼活动

（市妇联　供图）

咨询中心3家，为95位来访者提供心理咨询疏导、婚姻家庭教育指导等专业服务。实施全员接访制度，处理来访338件，来电506件，来信8件，其中涉家暴个案249件。

【妇联干部队伍建设】 2021年，市妇联实施的基层妇联"领头雁"训练营项目结项，获评2021年全市组织工作创新创优优秀案例，形成"2+1+N"帮帮团学习模式，编印《无锡市基层妇联干部通用工作手册》《无锡市基层妇联特色工作案例集锦》，推出《轻松突破筹款目标的技巧》《用一张表带好团队，我是怎么做的》等6门共享微课。开展"执委走心路，服务千万家"活动，亮清单送服务，推出"我为妇女儿童办实事"市妇联执委履职项目55个，近4000名各级执委深入基层履职服务。年内，宜兴市妇联原主席孙春燕获评全国妇联系统先进工作者，市政府妇儿工委办专职副主任谢立新获评全国实施妇女儿童发展纲要先进个人，市妇联家儿部部长邓丽洁获评江苏省先进工作者及第一届无锡市"最美公务员"提名。

【女性人才服务】 2021年，市妇联主动服务人才强市战略，"+1℃"驿家空间入驻无锡市人才金融港，实施"+1℃"女性人才服务计划，开展服务30余场次，为1500余名高层次女性人才送去"娘家人"的贴心关怀。举办"力追幸福梦 潮立太湖湾——无锡市幸福湖湾赋能行动"专题培训班，助力培养专业女性人才队伍。深化"苔花芬芳"女性社会组织成长互助平台项目，凝聚女性公益人才近300人，推出主题课程20期，举办线下追光营实训8场，发布及分享公益资讯150余则，成立苔花公益学院惠山分院。发挥党建联盟作用，汇聚各方力量，搭建"苔花芬芳 益企惠"公益平台，尝试公益项目路演，13个项目获117万元资金支持。

（市妇联）

无锡市科学技术协会

【组织建设】 2021年末，无锡市科学技术协会（以下简称"市科协"）有市本级学会111家，市（县）区及经开区科学技术协会8家、高校科协9家。年内，推动无锡怡和妇产医院成立典型民营医院科协、无锡市康复医院成立首家公立医院科协，成立澄江跨境电商产业园科协等30家企业科协（江阴市17家、宜兴市5家、新吴区5家、锡山区4家、滨湖区3家、梁溪区3家、惠山区2家、经开区1家）。新成立无锡市虚拟科技协会等市级学会5家，20个市级学会成立党支部。市科协直属事业单位调整合并为无锡市科技工作者服务中心，惠山区科协单独设立党组，经开区科协成立。无锡怡和妇产医院成立民营医院科协、无锡市康复医院成立首家公立医院科协，成立澄江跨境电商产业园等企业科协40家（江阴市17家、宜兴市5家、新吴区5家、锡山区4家、滨湖区3家、梁溪区3家、惠山区2家、经开区1家）。年内，市科协被中国科协评为全国科普日活动优秀组织单位，无锡成为全国首个"科创筑梦"科普行动示范城市，4家企业入选2021"科创中国"产学研融通组织榜，市科协获"科创江苏"服务产业优秀项目奖，江阴市、宜兴市获评2021—2025年度全国科普示范县（市）。

【思想政治建设】 2021年，市科协落实党史学习教育部署要求，举办党史专题宣讲会、党组理论学习中心组党史学习教育交流研讨、支部党员党史学习教育专题组织生活会，组织全体党员到王莘故居、遵义会议会址等地开展主题实践活动。依托科协"一刊一网两微四平台"开设党史学习教育专栏，优化"学党史、悟思想、办实事、开新局"的政治环境和宣传氛围。同时，把开展"两在两同"建新功行动与深化"我为群众办实事"实践活动有机融合，组织党员到南湖家园社区、无锡火车站开展科普志愿活动及疫情防控科普宣传等。6月16日，举办市科技工作者"众心向党 自立自强"党史学习教育主题沙龙，4位科技工作者代表分别从面向世界科技前沿、面向科技主战场、面向国家重大需求、面向人民生命健康等方面分享了各自的爱党爱国、科技报国的感人故

5 月 22 日，新一批无锡市青少年科技创新教育示范学校获授牌

（市科协　供图）

事及科技历程，激发无锡科技工作者听党话、跟党走。

年内，中国工程院院士、江南大学校长陈卫，“奋斗者号”总设计师、中国船舶重工集团公司第七〇二所副所长叶聪及市科协主席陈晓华参加两院院士大会及中国科协第十次代表大会。叶聪作为科技工作者代表之一，向全国科技工作者发出奋进科技强国的倡议。

【优秀科技人才选树】 2021 年，市科协参与院士、“双创人才” 和“333 高层次人才培养工程” 等遴选及推选工作。叶聪获评第 24 届中国科协求是杰出青年成果转化奖；吴超、贾睿、王辛宇、王艺陶入选 2021 年度江苏省科协青年科技人才托举工程；刘全、刘冰、陆波、刘超、陈晓方、诸晓明、殷波、桑卫东、徐士春、陈健、丁军被确定为 2021 年“科创江苏” 企业创新达人。

【“科创中国”试点城市建设】 2021 年，无锡市按照“科创中国” 共建创新枢纽城市要求，全力打造“科创中国” 无锡样板间。10 月 15 日，2021 中国物联网大会在无锡召开，无锡成为中国物联网大会的永久举办地，15 位两院院士受聘为国家物联网先进制造业集群顾问，中国电子学会、中国通信学会与无锡物联网创新促进中心共同创建中国（无锡）物联网研究院等。10 月 20 日，在 2021 太湖人才峰会——太湖湾物联网科创人才启航论坛上，中国电子学会——无锡高新区科技成果转化分平台启动，物联网、集成电路等领域 10 个优质项目签约。组织太湖湾物联网科创人才暨“3S” 杯“大学生物联网技术与应用‘三创’大赛”，与中国航空学会、梁溪区政府、市无人机协会、市体育局等单位联合承办 2021 世界物联网博览会无人机发展峰会暨无人机大赛。加强长三角区域协同推进，与上海杨浦区科协、上海全国高校技术市场、无锡物联网创新促进中心、江南大学国家大学科技园共同签署《关于培育细分领域技术券商“样板间”意向合作协议》。

【科普教育宣传】 2021 年，市科协编制《无锡市全民科学素质行动计划纲要实施方案（2021—2025 年）》。推进科普教育基地开放共享，新命名 20 家市级科普教育基地，评选资助 16 家优秀科普教育基地，指导推荐 4 家申报全国科普教育基地。制作《防疫防汛防台风科普知识》《救命神器 AED，公众急救进行时》《碳达峰和碳中和科普知识》等科普读物。采取线上、线下相结合的方式组织开展主题科普活动，5 月 22—28 日举办主题为“百年回望：中国共产党领导科技发展” 的全国科技活动周暨无锡市第 33 届科普宣传周活动，9 月 12—18 日举办主题为“百年再出发，迈向高水平科技自立自强” 全国科普日系列活动。联合市教育电视台打造《科普新时代》电视专栏，制作科普宣传片在地铁站台、地铁移动电视屏滚动播放。组织 20 余万人参加省全民科学素质大赛，参赛总人数位居全省前列，连续 4 年获省表扬。

【青少年科技】 2021 年，市科协与市教育局、市少年宫及市教育电视台等单位，联合举办无锡市青少年机器人竞赛暨物联网传感创意设计大赛、第 27 届江苏省青少年科技模型大赛无锡市选拔赛暨无锡市第 37 届中小学科技模型竞赛、无锡市第 30 届计算机表演赛暨首届青少年编程大赛、市第 32 届青少年科技创新大赛优秀作品展等活动。举办无锡市第三届青少年科技创新市长奖评选活动，评选出科技创新市长奖 5 名、市长奖提名奖 5 名、市长奖创新教育摇篮奖 5 所、市长奖科技辅导奖 5 名。

无锡市第三届青少年科技创新市长奖获奖名单

一、无锡市第三届青少年科技创新市长奖

郑湘妮（江阴市华士实验中学）

李承泽（宜兴市实验中学）

周靖皓（无锡市第一中学）

王元哲（江苏省锡山高级中学）

丁　强（无锡职业技术学院）

二、无锡市第三届青少年科技创新市长奖提名奖

周　煜（江阴市城南中心小学）

欧　源（无锡市大桥实验学校）

朱俊桦（无锡市大桥实验学校）

成于思（江苏省梅村高级中学）

谢李凯（无锡机电高等职业技术学校）

三、无锡市第三届青少年科技创新市长奖创新教育摇篮奖

江阴市华士实验中学

宜兴市实验中学

无锡市第一中学

江苏省锡山高级中学

无锡职业技术学院

四、无锡市第三届青少年科技创新市长奖科技辅导奖

常建强（江阴市华士实验中学）

李　战（宜兴市实验中学）

张　禄（无锡市第一中学）

胡晓军（江苏省锡山高级中学）

许雪芬（无锡职业技术学院）

（资料来源：锡政发〔2021〕3号）

【产学研合作】 2021年，市科协深化“校协联手”“校企合作”，开展院士专家园区、企业行等活动，搭建产学研用和科技人员创业平台，促进传统产业升级及落后产能改造。推动国家级学会在无锡举办高层次学术活动9场，邀请两院院士38人次、各类专家近400人次。推动“中国物联网大会”“2021第十五届中国科学仪器发展年会”“第二届先进编织复合材料与航空航天论坛”等全国性产业学术活动在无锡举办。9月23—24日，联合市科技局、中欧生命科学联盟分别于滨湖区、惠山区生命科技园举办海智专家无锡行——生物医药产业数字化转型赋能交流活动。对“4.5吨轻卡串联式混动系统开发”等30个企会协作项目和25个“金桥工程”优秀项目进行资助。

【海智系列活动】 2021年，市科协联合市（县）、区及相关单位，获得中国科协2021年海智计划助力“科创中国”试点城市资助项目3个。创新海智工作联动机制，借助“创投无锡”平台，举办“智汇科创带”海外信息技术智能制造专场活动，通过音视频将位于法国等国家的海外路演企业家及位于中国的投资专家有效链接。联合市金融监督局，举办“智汇科创带”日中高端项目云路演专场活动。“智能热处理系统开发与应用”“次世代新能源汽车轻量化设计及制造”等4个项目采用云路演方式与无锡的投资家、企业家开展线上互动，推动资本赋能产业。指导宜兴海智基地2021环保创新创业大赛——海外项目挑战赛。市科协签约海智机构中欧生命科学联盟，马山海智基地——2021太湖（马山）生命与健康论坛获中国科协2021年海智计划资助项目资助。

【科技服务】 2021年，市科协服务科技工作者创新创业。与市工业和信息化局、市科技局等10家单位共同举办2021年“科创无锡”“创响无锡”创新创业大赛，征集到101个项目，入围决赛22个，6个项目获评二等奖，6个项目获评三等奖。开展无锡科技志愿服务活动月，联合市文明办选树四个“十佳”（科技志愿者、科技志愿服务队、科技志愿服务项目、科技志愿服务点）科技志愿服务先进典型，年内，全市注册科技志愿者组织282个，21637人。发挥科技智库的作用，引导科技工作者围绕无锡发展的重点、难点和热点问题，开展调查研究，形成有分量的科技工作者建议。全年软科学研究课题申报，重点围绕太湖湾科创带建设、“科创中国”试点城市及“三大经济”，聚焦战略性新兴产业、高新技术产业及重大科研项目、民生社会事业等方面开展课题征集，评选出100项优秀课题并给予资助。以人大代表建议、政协委员提案等为路径，以基层调查站（点）为依托，拓展科技智库建设渠道，形成《对科学推进太湖湾科创带建设的调研思考》等调研报告3篇。向市委、市政府以及相关部委办局提交医药卫生、市政建设等领域的科技工作者建言6篇。

（市科协）

4月21日，市长杜小刚（右一）为无锡市第三届青少年科技创新市长奖获得者颁奖　（市科协　供图）

无锡市文学艺术界联合会

【组织建设】 2021年末，无锡市文学艺术界联合会（以下简称“市文联”）有本级团体会员11个（会员5858人，其中省级会员2531人、全国会员802人），分别是无锡市作家协会（会员626人，其中省级会员243人、

全国会员55人）、无锡市戏剧家协会（会员462人，其中省级会员231人、全国会员48人）、无锡市美术家协会（会员740人，其中省级会员306人、全国会员87人）、无锡市书法家协会（会员1146人，其中省级会员641人、全国会员131人）、无锡市摄影家协会（会员1248人，其中省级会员717人、全国会员278人）、无锡市音乐家协会（会员820人，其中省级会员254人、全国会员38人）、无锡市曲艺家协会（会员262人，其中省级会员49人、全国会员21人）、无锡市电影电视家协会（会员263人，其中省级会员116人、全国会员25人）、无锡市舞蹈家协会（会员447人，其中省级会员105人、全国会员25人）、无锡市民间文艺家协会（会员263人，其中省级会员17人、全国会员8人）、无锡市文艺评论家协会（会员263人，其中省级会员31人、全国会员8人）；有市（县）、区团体会员7个，分别是江阴市文联、宜兴市文联、梁溪区文联、滨湖区文联、锡山区文联、新吴区文联、惠山区文联。9月17日，无锡金融文学艺术界联合会成立。年内，市文联获评全省文联工作创新奖，宜兴市文联获评创新奖提名奖。

【主题文艺实践】 2021年，无锡市文联引导文艺家深入生活，关注时代，扎根本土，书写人民，讲好“美丽无锡”故事。持续推进“深入生活实际　书写美丽无锡”主题实践活动，组织各门类文艺家近500人次到新吴区、惠山区、滨湖区、宜兴市等地开展采风创作。

4月23日，市文联“深入生活实际　书写美丽无锡”主题实践活动在梅村二胡文化园开启，市领导华博雅、金元兴，新吴区领导刘霞、何雪清等出席启动仪式并为首批无锡市文艺家创作采风基地授牌，为艺术家协会采风创作团授旗。5月28日，市文联主题实践活动走进滨湖区。文艺家参观阖闾城遗址博物馆、马山和平村、无锡威孚马山油泵油嘴有限公司。9月28日，市文联主题实践活动走进惠山区采风创作。市部分中青年文艺家70余人，参观堰桥“一包三改”纪念馆、西漳公园、省级非遗品牌玉祁酒业（中华老字号）。11月23日，市文联主题实践活动在宜兴市进行。市部分中青年艺术家80余人，在宜兴市开展紫砂文化主题采风创作。12月8日，市文联主题采风创作活动走进江阴长泾。市相关文艺家协会中青年创作骨干等70余人参加文艺采风创作交流。

【主题庆祝活动】 2021年，市文联引导全市文艺家、各协会及文艺类社会组织举办庆祝中国共产党成立100周年主题性文艺活动30多场次。6月11日，由市退役军人事务局、市文联联合主办的无锡市军休系统“时刻听党话、永远跟党走”庆祝中国共产党成立100周年书画摄影展在市军休中心开展。6月25日，“神圣的使命”庆祝中国共产党成立100周年书画摄影艺术作品展览在无锡何振梁与奥林匹克陈列馆开展。6月27日，“挥毫追绮梦，染翰见初心——庆祝中国共产党成立100周年·无锡市书法采风创作展”在中国书法家培训基地开展。7月1日，由市文联、江苏天圣达集团有限公司主办的“庆祝中国共产党成立100周年名家名人作品邀请展暨‘红色印记——百印献礼百年’巡回展”在薛福成故居转盘楼无锡天圣达书画艺术馆开展。同时，无锡市文联文学艺术展示基地揭牌。同日，由市文联、市文化广电和旅游局等主办的庆祝中国共产党成立100周年摄影作品展在无锡市图书馆开展。

【文艺创作】 2021年，市文联开展重点展示交流活动，举办江苏省第七届刻字艺术展、江苏省第三届妇女书法篆刻作品展、第二届“无锡美术奖”作品展、第二届无锡市故事会大赛等活动，无锡曲艺代表团到山西省开展南北曲艺交流，举办“皖风吴韵——长三角地区美术作品交流展”。举办无锡作家优秀作品交流暨作协新会员见面会、“无锡市首届中青年书法创作高研班”面授课程、锡剧“名师带徒”活动、摄影名家大讲堂及摄影创作提高班和基础班等，为各层次、各门类文艺人才提供培养和成长平台。完成2019—2020年度“太湖文学奖”、第三届“无锡书法奖”“无锡戏剧奖”和首届“无锡音乐奖”评选，评选奖励各门类文艺家66人。

7月1日，庆祝中国共产党成立100周年名家名人作品邀请展暨“红色印记——百印献礼百年”巡回展在无锡举行　（市文联　供图）

年内，刘斯亮的《无惧雷霆》和周伟的多媒体《中国“船”说 大国制造》作品入选第28届全国摄影艺术展；顾强《画意江南》、黄一清《口罩与日子》、朱智辉《战友》和向阳的《面对面》作品入选第18届国际摄影艺术展，入展数列全省之首。14件作品获“江苏文艺大奖·第六届民间文艺奖”，9件作品获“江苏文艺大奖·第七届舞蹈奖”。7位艺术家6件作品入展“百年江苏”大型美术精品创作工程。楚默50万字的《简牍书法史》完成创作、编辑工作。第五届江苏省文华奖，无锡文艺界获12个奖，包括优秀剧目奖、优秀节目奖、表演奖、编剧奖及书法奖5个奖项。

【国际摄影艺术展送展作品观摩研讨】 4月20日，第18届中国国际摄影艺术展送展作品观摩研讨会在无锡摄影图片中心举行。“90后”无锡摄影人张雨驰、谢劲、曹俊、陈锡铭等人的摄影作品依次接受点评、讨论，在近4个小时里，省摄协主席、市摄协主席许益民及在场摄影家，连续观看800多幅作品，逐一点评并给出意见。

【文艺大讲堂】 4月17日，“看红色电影 学百年党史”——2021无锡文艺大讲堂第一讲开讲。著名导演江平做客无锡文艺大讲堂，带来一堂生动形象、催人奋进的党史课。6月26日，2021无锡文艺大讲堂第二讲在凤凰艺都美术馆开讲。昆曲名家赵津羽为全市广大戏曲爱好者带来讲座“我的昆曲+”。7月14日，中国曲艺家协会副主席、省曲艺家协会主席、著名评弹表演艺术家盛小云做客2021无锡文艺大讲堂，盛小云以她的亲身经历讲述苏州评弹的古往今来、光前裕后，为听众播放苏州评弹《雷雨》的片段。10月22日，新华社领衔编辑、新华社系列微纪录片《国家相册》图片主编及讲述人，中国摄影家协会副主席、中国摄影家协会策展委员会主任、中国文联艺术研修院导师陈小波做客2021无锡文艺大讲堂第四讲。她以“左图右史——影像背后的文化与历史”为题，为无锡摄影人讲述光影承载的岁月往事。

【文艺人才队伍建设】 3月17日，无锡市文艺家读书班在淮安恩来干部学院开班。无锡各市(县)区文联、各文艺家协会、各行(产)业文联，以及部分文艺社团的负责人、文艺骨干代表130余人参加培训。5月26日，无锡市高层次文艺人才研修班在北京开班，无锡地区的47名文艺骨干参加培训。中国文联文艺研修院常务副院长傅亦轩，无锡市文联党组书记、主席杨建出席开班式并签署《联合培养文艺高端人才的合作框架协议》。11月22—24日，市文联、市书协在宜兴市举办2021太湖对话艺术讲堂暨首届中青年书法创作高研班第三次面授。

【“文艺进万家”志愿服务活动】 2021年，市科协组织各文艺家协会、文艺类社会组织开展文艺志愿服务活动160余场次。1月7日，在无锡时代国际广场，孙璘、查理达等10位书法家参加首场活动；市书协分别组织4场现场创作活动，李春泉、郁枫、蒋振宇等近30位书法家先后参加。何勇、鹿守璋等递交了作品。5场创作活动，书写福字1000多个、春联1000多副。

1月21日，市文联携手“灵锡”App，举办“挥春送福 染翰迎祥”网上送福字、送春联活动，同时，为医院、社区等定向创作，开展赠送活动；每天送出50件春联、福字作品，共送出850件，吸引近8万名市民参与；活动于2月6日结束。

【文艺宣传展示】 2021年，市文联在“无锡文艺界”“无锡观察”微信公众号推出报道文章300余期，其中中青年文艺名家、文艺精品力作专题推介近60期。2月11日起，市文联联合无锡日报报业集团推出“‘书’写美丽无锡优秀文艺作品征集展示”活动，面向广大文艺家、海内外无锡籍文艺家及文艺爱好者征集近年来出版、印刷发行的优秀作品集；活动征集到黑陶的《漆蓝书简》《二泉映月》，庄若江的《说吴》《工商脉动与城市文化》等作品200多部，涵盖文学、美术、书法、摄影等门类。部分优秀作品在《无锡日报·太湖周刊》、无锡观察、《江南晚报·人文周刊》、无锡文联微信公众号等网络平台及新媒体平台集中宣传展示。

11月23日，市文联组织的“深入生活实际 书写美丽无锡”主题实践活动走进宜兴 （市文联 供图）

【惠风和畅——中国画作品学术观摩交流展】 10月23日，2021太湖文化艺术季艺术展览板块之"惠风和畅——中国画作品学术观摩交流展"在无锡东方美术馆开幕，中国艺术研究院艺术培训中心22位导师及无锡50多位画家的百余幅作品参展。

【市作协第八次会员代表大会】 3月13日，无锡市作家协会第八次会员代表大会召开。大会选举产生新一届理事会，曹建平（笔名黑陶）第二次当选为新一届主席，钱雨晨等七人当选为副主席。大会审议通过工作报告，修改并通过协会章程。上一届作协理事会中，无锡作家共出版各类文学著作350余部，在各级报刊和新媒体发表文学作品5000余篇。

【市影协第六次会员代表大会】 6月18日，无锡市影视家协会第六次会员代表大会召开。100多位影视界代表共商无锡影视事业繁荣发展大计；大会选举产生新一届理事会，郭王当选为新一届主席，刘志刚等六人当选为副主席，庄拥任秘书长；会议审议通过工作报告，修改并通过协会章程。

【市美协第八次会员代表大会】 9月15日，无锡市美术家协会第八次会员代表大会召开。大会选举产生新一届主席团、理事会，周胜荣当选为新一届主席，唐满生等5人当选为副主席；会议审议通过工作报告，修改并通过协会章程。

（市文联）

无锡市哲学社会科学界联合会

【组织建设】 2021年末，无锡市哲学社会科学界联合会（以下简称"市社科联"）有市本级社科联1家、市（县）级社科联2家（江阴市社科联、宜兴市社科联）、高校社科联9家（江南大学社科联、无锡职业技术学院社科联、无锡商业职业技术学院社科联、江苏信息职业技术学院社科联、无锡城市职业技术学院社科联、无锡科技职业学院社科联、无锡开放大学社科联、无锡旅游商贸高等职业技术学校社科联、无锡工艺职业技术学院社科联）；有会员单位134家；社科普及示范基地46家，其中省级基地16家、市级基地30家。年内，新增高校社科联2家，新增社科类社会团体1家；撤销社科类社会团体2家，注销社科类社会团体9家。市经济学会、市翻译协会获评第三届江苏省哲学社会科学先进学术社团。

【课题立项申报】 4月23日，市社科联印发《关于公布2021年度无锡市哲学社会科学招标课题（党史专项）立项项目的通知》，经申报评审共立项课题16项，成果汇编成册——《奋斗百年路 启航新征程》。6月16日，市社科联与市委宣传部联合印发《关于公布2021年度无锡市哲学社会科学招标课题立项项目的通知》，2021年度无锡市哲学社会科学重点课题立项15项；精品课题立项135项，其中立项资助课题35项，立项不资助课题100项。4—12月，市社科联与市委统战部、市政府研究室、市教育局、市总工会等单位联合开展部门专项课题研究，全年接受部门专项课题申报298项，立项97项。

【项目资助】 10月，市社科联对"无锡市五个河道湿地治理项目技术效果跟踪监测综合分析"等12个社科学会重点学术活动项目进行资助。10月27日，市社科联发布《关于公布2021年度无锡市社科普及资助项目的通知》，"无锡市社科普及示范基地分布示意图"等3个项目获重点项目资助；"非遗文化——惠山泥人研学游"等26个项目获特色项目资助。同日，省社科联发布《2021年度省社科联社科普及资助项目名单》，无锡市"无锡非遗文化普及互动体验活动"与江南大学马克思主义学院报送的"田野上的思政课——'宝哥说'"2个项目获重点项目资助；"大船·百年——庆祝中国共产党成立100周年经典诗文朗诵会"等6个项目获基地项目资助；"荡口华氏家风文化与慈善文化传播"等7个项目获一般项目资助。

【获奖项目】 1月5日，省社科联发布全省2019年度社科普及重点项目绩效考核结果，无锡市社科联申报的"无锡市社科界庆祝新中国成立70周年系列活动"项目获评优秀。9月16日，省社科联公布"永远跟党走，学党史践初心"江苏社科普及短视频大赛获奖作品，无锡市社科联报送的《骑行党课》获二等奖，《初心之光照亮复兴之路》《红色太滆 胜利之歌》获优秀奖，《红色家书诵读——孙晓梅烈士家书》入围。

【社科普及】 4月14日，无锡市社会科学普及工作联席会议第三次会议召开，市委常委、市委秘书长、宣传部部长、联席会议召集人陆志坚，市政府副市长、联席会议召集人周常青出席会议并讲话。9月19日，以"普及党史知识，传承红色基因"为主题的无锡市第18届社会科学普及宣传周暨宜兴市首届社会科学普及宣传周在宜兴启动。无锡市副市长周常青出席启动式，全市40多家社科学会和社科普及示范基地，约120名专家、学者及社科工作者参加。

【市社科联七届三次理事会】 4月7日，市社科联召开无锡市哲学社会科学大会暨市社科联七届三次理事会。市政府副市长周常青出席会议并讲话。市社科联党组书记、主席许麟秋作市社科联2020年度工作报告。会议邀请省委宣讲团成员、省政协文化文史委员会副主任、研究员刘德海作《为什么要学习党史，怎样读懂党史》的党史学习教育专题讲座。

（市社科联）

无锡市归国华侨联合会

【组织建设】 2021年末，无锡市归国华侨联合会（以下简称“市侨联”）有市本级1家，市（县）、区侨联7家，街道（镇）开发区侨联62家，其中年内新增12家；高校侨联9家；机关、企事业单位、园区、科研院所、村、社区各类侨联组织225家，年内新增209家。至年末，全市有归侨176人，侨眷10多万人。

3月，市侨联出台《关于推进新时代基层侨联建设的实施方案》。6月，梁溪区、锡山区、惠山区、滨湖区级侨联明确独立建制及编制与职数，配备专职主席。江阴市、宜兴市、锡山区、滨湖区、新吴区实现街道（镇）侨联组织全覆盖。7月，市侨商会成立社会组织功能型党支部。12月，召开全市侨联基层组织推进会，表彰10家基层侨联组织，评定10个“五星侨胞之家”并给予经费支持。

【思想政治建设】 2021年，无锡市举办侨界群众与侨联干部参加的中共十九届六中全会、省市第十四次党代会精神及“学党史 念党恩”党史学习教育宣讲报告会，组织留学人员亲属联谊会理事到扬州开展“传承红色基因 弘扬时代精神”主题实践活动；围绕庆祝中国共产党成立100周年，组织“百名归侨看无锡”活动、“侨心向党·筑梦前行”侨界先进典型人物宣讲、“根、魂、梦”侨界主题文化会演、“侨声心语”人物访谈、“大美无锡”书画摄影展、中国共产党成立100周年主题征文等系列活动，营造“侨心向党”的浓厚氛围。朱锦嫦等10名党员被江苏省侨联评为“侨界党员先锋”。

【为侨服务】 2021年，无锡市实施“侨爱心工程”，全年共慰问老归侨、重点侨眷238户，送上慰问品、慰问金价值17.45万元；联合市委统战部争取财政支持，将企业退休归侨每人每月生活补助从200元提高到300元。建设无锡籍留学生服务平台，宣传推介无锡引才政策，服务侨青在无锡创业就业。组织市华侨书画院与摄影家联谊会到周铁镇龙亭村开展“亲情中华 文化助力乡村振兴”活动。开展“第四届侨法宣传月”活动。全年办理来信来访27起，其中法华工商联合会会员资金冻结求助被解决一事，受到海外商会与侨胞的高度赞扬。一企业维权案例获评“江苏省侨界维权典型案例”。邀请省农科院、省侨联侨界专家委员会成员调研无锡新侨创业企业，为公司发展出谋划策。组织南京大学侨联50多位学者到无锡考察，与侨企对接交流。召开侨智助力乡村振兴项目对接座谈会，为宜兴等地乡村振兴牵线搭桥。

【服务太湖湾科创带】 4月，无锡市主办“创业中华·筑梦江苏”2021太湖湾科创带无锡侨创峰会，宣传太湖湾科创带政策规划，集聚全国侨创联盟资源，助力太湖湾科创带建设，成立苏锡常地区“太湖湾新侨企业科创联盟”，签署苏锡常三地侨联携手助力共建太湖湾科创带倡议书，举办“新侨梦想 湖湾科创”侨创沙龙，举办“创业中华·创想无锡”侨界公益大讲堂。组织召开全省侨联系统“一带一路”海外发展服务平台建设座谈会。无锡市为侨发展服务中心与多家机构及13个海外侨社团签署协议及合作备忘录，推进本土企业在印度尼西亚、菲律宾等国家达成多个海外合作项目；引进印度尼西亚野生龙虾种苗培育项目1个，组织南京农业大学无锡渔业学院20余名“一带一路”沿线国家的研究生到基地参观实习；洽谈对接海外投资项目90余个，其中有实质性进展的合作项目13个。4月，成立“无锡侨智创新中心”。促成菲律宾华商在宜兴市杨巷镇建设生态农业项目、无锡职业技术学院招录菲律宾籍学生等项目落实。

【海外联谊】 2021年，市侨联通过微信积极与海外的侨领、侨商、专业人士联系，结识德国华人华侨科技工商协会、泰国江苏商会、罗马尼亚华商联合总会、俄罗斯华侨华人青

12月8日，市侨联—江南大学关爱老归侨志愿服务公益活动启动仪式在江南大学举行。图为代表合影　（冯皓月　摄）

年联合会、新加坡创新创业协会等侨界朋友。接待美国旧金山无锡同乡会会长陆蓉蓉等侨领侨商20批86人，在俄罗斯、新加坡、泰国、希腊、罗马尼亚新设立5个海外联络站。联合多个市（县）、区侨联及学校共同承办为期15天的“亲情中华·为你讲故事”网上夏令营活动，4个国家的5家侨社团与华文学校的320多位海外华裔青少年参营。组织参加第22届世界华人学生作文大赛、“讲苏故事2021海内外华人学生文化交流网络才艺大赛”活动。梅里古镇入选国家级华侨文化交流基地，唐苑、江阴市博物馆、宜兴市博物馆入选省级华侨文化交流基地，评选认定48家单位为无锡市华侨文化交流基地。组织推荐无锡君来酒店管理集团有限公司、无锡商院旅游管理学院为“亲情中华·魅力江苏”中餐文化海外推广中心候选单位，丁晏、徐桥猛、车梓镜、张献民4人为中餐文化海外推广使者候选人。

【参政议政】 2021年初市两会期间，市侨界人大代表、政协委员提出建议、提案43条，其中有关“推动生物分离介质国产化的建议”侨情专报被中国侨联采用。撰写的《新时代我国为侨公共服务体系建设研究》获全国统战理论政策研究创新成果三等奖，《关于加大力度建设海外离岸创新中心的建议》受到市委主要领导肯定批示，《关于在全球疫情影响下我省做好大规模海归回流潮人才工作的建议》《搭建留学生全过程服务“云平台”建议》，引起有关部门重视。无锡城市职业技术学院侨联主席唐德森的论文《优化评价方法 凝聚侨心侨力》，获市统战系统“新发展阶段统一战线的新变化新趋势新布局研究”主题征文优秀奖。组织侨界人大代表、政协委员到宜兴调研基层侨联组织建设推进工作。

（市侨联）

无锡市台湾同胞联谊会

【组织建设】 2021年末，无锡市台湾同胞联谊会（以下简称“市台联”）有市本级组织1个，全市定居台胞212人。10月，组织召开无锡市台湾同胞第八次代表会议，参会代表64人，选举产生无锡市台联第八届理事会，华柳松当选为会长，许明等3人当选为副会长。

【思想建设】 2021年，市台联加强学习贯彻中央对台方针政策，及时传达学习全国、省市有关会议精神，探讨创新台联工作思路，提升台联理事及台胞思想水平。

围绕中国共产党成立100周年和台联组织成立40周年，市台联通过举办和参加省市党史知识竞赛、征文和摄影展等活动，营造“听党话、知党恩、跟党走”的良好氛围。6月，组织全市5名台胞参加省台联系统党史知识竞赛，获优胜奖；选送书法摄影作品4幅参加市政协举办的中国共产党成立100周年活动展，2幅摄影作品获奖。7月，参加“全市各界人士庆祝中国共产党成立100周年座谈会”并发言；组织台胞学生参加省台联“放飞梦想”夏令营活动。通过各项活动，调动台胞特别是青年台胞，加深对中共党史及新中国史的了解。

【服务台胞】 2021年，市台联落实党与政府对台胞的关心关爱措施，深入台胞家庭与台企，了解台胞的学习、工作和生活状况，特别是对疫情中的困难台胞、中小台企，市台联走访调研，协调服务，送上台联防疫用品和“台胞之家”的关心。全年接待来访台胞40余人次，为其提供子女入园入学、考试加分等相关政策，及时协调有关单位，落实常住台胞子女享受本市居民子女就学同等待遇及台籍认定工作；全年走访慰问台胞家庭与去世老台胞家属70余户，转发上级对老台胞及生活困难台胞生活补助款6万余元；坚持端午节、中秋节与春节走访慰问；协调相关部门，为2名定居台胞的新生儿上户口协调台籍身份认定，多次为病重老台胞遗孀联系相关医院住院救治，协调处理老台胞、老台胞遗孀去世等事宜；为5名参加中考的定居台籍学生提供政策咨询，协助相关单位做好加分审核申报工作。为两岸婚姻家庭成员到台办理遗产继承提供法律咨询。与相关部门协调处理台胞自建房屋质量纠纷案。继续收集整理在锡两岸婚姻家庭台胞情况。

【参政议政】 2021年，市台联组织台联界政协委员参加市政协的学习、调研、考察、座谈等活动。积极与被监督单位（市农业农村局、市粮食和物资储备局）协调对接，组织本监督小组成员到监督单位参加座谈、实地考察，了解相关单位工作开展情况，监督政策落实情况，推动有关建议的落实。全年共组织委员参加会议及明察暗访监督活动5次，提交民主建议书。

（市台联）

无锡市残疾人联合会

【组织建设】 2021年末，无锡市有本级残疾人联合会（以下简称“市残联”）组织1家，市（县）、区残联7家，经开区由区社会事业局负责残疾人工作。全市82个镇（街道）配备88名专委（专干），1219个村（社区）配备1225名专委（专干），镇（街道）残联实现全覆盖，并建有219个残疾人之家。全市有残疾人近30万人，持证残疾人94200人，其中重度残疾人3.55万人。年内，新吴区残工委获评全国残疾人工作先进单位，梁溪区获评省残疾人工作先进区。

【残疾人权益维护】 2021年，市、市（县）区两级残联全部完成“十四五”残疾人事业发展规划编制，残疾人综合服务基地一期项目如期竣工，“99公益日”网络募捐金额居全省前列。市区残疾人证的办理与发放工作交由各区具体负责，全市统一启用“中国残联残疾人服务平台”办理相关业务，残疾评定医院由原来的6家增加到13家，实现从每季一评到每月一评、从户籍地办理到“跨省通办”。全年，市本级受理接访残疾人180（件）次，比上年下降37.2%；全年信访件办结率100%，涉法涉诉件办结率100%。

【助残“百千万”工程】 2021年，市残联打造“红梅生香”党建助残品牌，残疾人“学党史、听党话、感党恩、跟党走”系列活动和中国共产党成立100周年庆祝活动丰富多彩。全市残联系统开展党建助残“百千万”工程，圆梦100个困难残疾人微心愿，走访慰问1020户困难残疾人家庭，组织残疾人1.04万余人次走出家门感受城市建设新成就。市残联18个“我为群众办实事”项目完成，其中市级重点项目“380户低收入残疾人家庭无障碍改造”超额完成，回访满意度100%。“国际残疾人日”期间，市残联与市文明办、《江南晚报》联合开展“暖冬助残、爱满锡城”活动，营造全社会参与助残扶残的氛围。《华夏时报》头版刊登《“党建＋助残”无锡模式：全力解决残疾群众的“急愁难盼”》。

【康复机构服务评估】 2021年，市残联改进康复机构服务评估办法，明确由各级残联邀请教育、民政、财政、人社、卫健等部门共同对机构进行评估，第三方机构部分参与。同时，加强对康复机构人员的培训，全面提升服务能力。惠山区被中国残联和国家卫生健康委列入残疾人家庭医生签约服务重点联系点名单。在全省残联系统教育类康复优秀教学活动设计评比中，3名选手获评孤独症康复组一等奖、智力障碍康复组三等奖、听力障碍康复组三等奖，市残联获评优胜单位（居全省第二）。

2021年，市残疾人托养中心收到8面托养人家属赠送的锦旗。图为赠送现场 （市残联 供图）

【残疾人文体活动】 2021年，在做好全国残疾人运动会参赛、保障等工作的同时，举办无锡市第13届运动会（残疾人部）比赛，全市8支代表队近500名残疾人运动员参赛。建筑面积1000平方米的新吴区残疾人文体艺活动中心建成投用。在第十届全省残疾人艺术会演中，由残疾学生打造的群舞《心声》获评舞蹈类二等奖，无障碍地图的开发项目入选第16届中国信息无障碍论坛。

【残疾人事业宣传】 2021年，市残联通过积极推介、平台合作、活动直播等形式，组织2020年度残疾人事业好新闻奖评选，经专家评审，评出获奖作品一等奖5件、二等奖10件、三等奖11件、优秀奖19件。《新闻联播》《朝闻天下》《新闻1+1》《生财有道》等主要栏目，先后4次报道无锡残疾人工作，《中国残疾人》和“中国残疾人联合会”微信公众号5次刊（转）发无锡残疾人工作经验。12月3日，与市文明办、《无锡日报》、《江南晚报》、无锡开放大学等合作推出系列助残宣传活动，社会反响良好。新华社为锡山区姚娟特写的《梦圆！“天使”朋友圈迎来残奥冠军》一文，浏览量近120万人次。

（市残联）

无锡市红十字会

【组织建设】 2021年末，全市有市级红十字会1个，市（县）、区红十字会7个。红十字会基层组织1739个，其中，镇（街道）红十字会73个，村（社区）红十字会1128个，学校红十字会437个，医院红十字会65个，企事业单位红十字会36个。红十字会员28.42万人，其中成人会员4.02万人、青少年会员24.4万人。志愿服务组织119个，志愿服务基地42个，注册志愿者2.5万人。

年内，召开市红十字会十届四次常务理事会、理事会和监事会会议，选举产生新任市红十字会会长、常务副会长及专职副会长。在全省红十字会系统率先将红十字基层组织向园区与“两新”组织延伸拓展。市红十字会被授予“2019—2021年度江苏省文明单位”称号。

【思想政治建设】 2021年,市红十字会扎实开展党史学习教育,开展“庆祝中国共产党成立100周年”“红色体验教学”“过政治生日”“缅怀革命英烈”“谈读书心得”等党建活动20余场,围绕“四史”“习近平总书记在中国共产党成立100周年大会上的重要讲话”“中共十九届六中全会精神”等重要内容举办专题宣讲4场。

【红十字应急体系建设】 2021年,市红十字会同应急管理部门和无锡邮政签订战略合作协议,制定完善《无锡市红十字会应对突发公共卫生事件应急预案》《无锡市红十字会自然灾害突发事件应急预案》,新增储备应急救灾救援物资价值21万余元。成立无锡市红十字赈济救援队,率先在全省红十字会系统开展应急救援综合演练,主动服务无锡马拉松等大型赛事和重大活动的应急保障。联合市大数据局、市卫生健康委,搭建急救志愿者、公共场所急救设备、社会急救平台“三位一体”的“一键救援”系统,提升公共场所现场应急救护能力。在全省红十字会系统率先出台《无锡市应急救护培训五年行动计划(2021—2025年)》《无锡市红十字社会急救志愿者保障制度》,建立完善红十字社会急救志愿者和公共场所AED资料库,全年培训初级救护员11003人、普及培训85535人。景区救护站建设向AAAA级旅游景区延伸,先后在宜兴竹海公园、阳羡湖和锡山区荡口古镇建成救护站。梁溪区红十字应急救护培训基地获评江苏省红十字应急救护培训示范基地。开展“救在身边、校园守护”行动,新建10个学校生命健康体验馆(教室),为全市各级各类学校配发安妮模型救护器材60套,并将应急救护培训知识纳入学校培训课程,锡东高级中学入选全国首批201所学校急救教育试点单位。

【造血干细胞捐献】 2021年,市红十字会开展“世界骨髓捐献者日”主题宣传活动暨造血干细胞捐献志愿者联谊会,与市教育电视台联合开展“让爱相髓、生命至上”主题班会进校园活动,先后到无锡市青山高级中学、无锡市第三高级中学、无锡市开放大学宣传造血干细胞捐献及无偿献血知识。组织全市造血干细胞捐献业务培训,提升配对后再动员成功率。全年完成造血干细胞捐献志愿者报名采样876人份,实现捐献7人。

【遗体和人体器官捐献】 2021年,市红十字会开展清明祭奠遗体(器官、角膜)捐献志愿者与网上“云祭扫”活动。新增遗体捐献报名登记181人,实现遗体捐献53例。新增人体器官捐献报名登记9546人,实现器官捐献17例,捐献大器官53个、角膜36片,为众多器官衰竭患者带去新的希望。

【红十字“博爱家园”建设】 2021年,全市新建“博爱家园”17个,累计108个。扎实开展“博爱家园”评优工作,全市30个“博爱家园”被评为市优秀博爱家园,10个“博爱家园”被评为省优秀博爱家园,居全省红十字会系统首位。发挥“博爱家园”服务阵地作用,围绕群众需求精准开展救护培训、健康服务、助困帮扶、心理疏导、养老照护等活动,实现人道服务镇(街道)100%覆盖。7月15日,市红十字会应邀到山东省红十字会推介城市“博爱家园”建设经验。

【开展“博爱送健康”活动】 2021年,市红十字会动员全市26家冠名(团体)医疗机构,落实“健康无锡”要求,针对困难群众及重点人群,因地制宜开展送医送药送健康服务241场,参与医护志愿者2963人次,服务时长1674.5小时,受益群众达3.64万人。

【志愿服务】 2021年,市红十字会印发《关于参与深化文明城市创建工作三年行动实施方案》,召开全市红十字志愿服务工作座谈会,在全市范围内培育具有影响力的志愿服务人道主义项目16个。无锡第一女子中学等12所学校被命名为江苏省第七批红十字示范学校。开展“博爱青春”暑期志愿服务活动,10所高等院校完成11个省、市级志愿服务项目,投入经费6.5万元,参与红十字服务志愿者618人,总服务时长11815小时,服务受众5350人,市红十字会获评全省组织奖,江南大学“青春救助行、博爱护生命”项目被评为全省“十佳项目”。年内,梁溪区红十字应急救护培训志愿服务队获评2021年度长三角优秀科技志愿服务组织;江阴市红十字无偿献血志愿者服务队队长高益峰被评为全国红十字志愿服务先进典型;无锡市红十字会救援队被河南省精神文明建设指导委员会和中国志愿服务联合会联合表彰为优秀志愿服务组织。

(市红十字会)

编辑 罗秋云

人大立法

【概况】 2021年，市人大常委会高标准推进地方立法及规范性文件备案审查工作，全年制定地方性法规3件，修改法规3件，废止《无锡市流动人口计划生育工作条例》《无锡市公共信用信息条例》《无锡市城市房屋安全管理条例》，备案审查规范性文件27件。

【全过程民主立法】 2021年，市人大常委会制定、修改、废止的9部法规全部与人民群众切身利益息息相关，坚持每部法规草案通过线上、线下相结合的方式广泛征求社会公众意见，召开不同层面的征求意见座谈会15次，深入一线开展立法调研11次，委托第三方研究论证法规草案4部。

【《无锡市房屋安全管理条例》施行】《无锡市房屋安全管理条例》由无锡市第十六届人民代表大会常务委员会第四十一次会议于8月26日通过，经江苏省第十三届人民代表大会常务委员会第二十五次会议于9月29日批准，自2022年1月1日起施行。条例共8章53条，包括总则、房屋使用安全、房屋装修安全、房屋安全鉴定、危险房屋治理和应急处置、监督管理、法律责任和附则。该条例顺应城乡一体化发展趋势，把宅基地自建房纳入管理范畴，从房屋使用安全、房屋装修安全、房屋安全鉴定、危险房屋治理和应急处置等方面构建具有无锡特色的房屋安全管理制度。

【《无锡市科技创新促进条例》施行】《无锡市科技创新促进条例》由无锡市第十六届人民代表大会常务委员会第四十二次会议于10月28日通过，经江苏省第十三届人民代表大会常务委员会第二十七次会议于12月2日批准，自2022年2月1日起施行。条例共9章74条，包括总则、科学研究与技术创新、科技成果转化、创新主体与人才、创新载体、知识产权、科技金融、创新环境和附则。该条例为全省首部科技创新立法，为2021年度全省设区市立法精品培育工程项目。

【《无锡市电梯安全管理条例》施行】《无锡市电梯安全管理条例》由无锡市第十六届人民代表大会常务委员会第四十二次会议于10月28日通过，经江苏省第十三届人民代表大会常务委员会第二十七次会议于12月2日批准，自2022年2月1日起施行。条例共8章65条，包括总则、选型配置与生产、使用管理、维护保养与检验检测、应急处置、监督管理、法律责任和附则。该条例聚焦解决电梯安全管理中安全责任不明晰、使用管理不到位、维护保养不规范、电梯维修改造费用筹集难等问题，作出明确的法律规范。

【《无锡市水环境保护条例》修订施行】《无锡市水环境保护条例》由无锡市第十六届人民代表大会常务委员会第三十八次会议于4月28日修订，经江苏省第十三届人民代表大会常务委员会第二十三次会议于5月27日批准，自8月1日起施行。修改后的条例共7章68条，包括总则、水污染防治、水资源保护、水生态保护与修复、监督管理、法律责任和附则。条例为突出解决水污染治理、水生态修复及水资源保护共治问题，作出明确的法律规范。

【《无锡市物业管理条例》修订施行】《无锡市人民代表大会常务委员会关于修改〈无锡市物业管理条例〉的决定》由无锡市第十六届人民代表大会常务委员会第四十一次会议于8月26日通过，经江苏省第十三届人民代表大会常务委员会第二十五次会议于9月29日批准，自公布之日起施行。修改后的条例共9章72条，包括总则、业主大会、业主委员会和物业管理委员会、前期物业管理、物业服务、物业的使用和维护、旧住宅小区物业管理、拆迁安置房小区物业管理、法律责任和附则。该条例立足无锡物业管理工作实际，对人大代表、市民群众关注的焦点、热点和实行中发现的问题，作针对性的修改完善。

【《无锡市供水条例》修订施行】《无锡市人民代表大会常务委员会关于修改〈无锡市供水条例〉的决定》由无锡市第十六届人民代表大

会常务委员会第四十一次会议于8月26日通过，经江苏省第十三届人民代表大会常务委员会第二十五次会议于9月29日批准，自公布之日起施行。修改后的条例共8章65条，包括总则、规划与建设、水源保护与水质管理、供水设施维护与管理、供水经营服务、节约用水、法律责任和附则。该条例立足无锡供水工作实际，从供水规划与供水设施建设、供水设施维护管理、供水经营服务、节约用水等方面进行针对性修改完善。

【规范性文件备案审查】 4月23日，市人大常委会召开全市规范性文件备案审查工作会议，贯彻落实全国人大常委会、省人大常委会关于备案审查工作的新要求，全面推进全市备案审查工作。年内，完善《无锡市人民代表大会常务委员会规范性文件备案审查规定》具体制度规范，制定《规范性文件备案审查工作指引》《规范性文件备案审查工作流程图》《规范性文件审查表》，首次开展规范性文件报备情况核查，形成备案审查工作制度体系。

市人大常委会全年收到报备规范性文件27件，在对每一件规范性文件进行认真审查的同时，专门召开规范性文件备案审查专家点评会，对市政府报送备案的《无锡市市区共有产权保障房管理暂行办法》等6件规范性文件进行集中点评，针对审查和点评中发现存在不适当情形的规范性文件，督促制定机关进行修改，切实维护法制统一。

【《无锡市地方性法规实施情况报告办法》出台】 10月28日，无锡市第十六届人民代表大会常务委员会第四十二次会议审议并通过《无锡市地方性法规实施情况报告办法》，自公布之日起施行。该办法对报告主体、报告内容、报告的启动程序和处理程序等作出具体规定。

（市人大常委会办公室）

政法委工作与综治

【概况】 2021年，全市政法系统加固平安底板，优化法治环境，创新社会治理，锻造政法队伍。无锡市获“2017—2020年度平安中国建设示范市”称号，蝉联全国平安建设最高奖“长安杯”。全市群众安全感99.47%，位居全省第一；法治建设满意度93.62%；政法队伍满意度96.48%，位居全省第二。政法工作总体绩效走在全省前列。

【服务发展大局】 2021年，无锡市制定实施政法机关服务保障太湖湾科创带建设的意见，在全省率先建立市政法机关与企业家协会联席会议机制。最高人民法院批准设立无锡知识产权法庭，市中级人民法院“执行合同”和“办理破产”指标位居全省营商环境评价第一，市人民检察院被最高人民检察院确定为企业合规试点单位。坚持严惩重治涉众型经济犯罪、破坏生态环境犯罪，妥处犯罪案件387件、挽回经济损失2.6亿元。深化“大数据+网格化+铁脚板”治理机制，开展疫情核查、流调溯源、隔离管控等工作，构筑坚固的战“疫”防线。全面推行“线上办、一网办、马上办”服务管理模式，上线运行“灵锡政法公共服务App”，提供便捷高效的政法服务。

【联动机制建设】 2021年，无锡市常态化运行社会及信访工作联动机制，妥善处置“恒大系”楼盘等一批重点矛盾风险。开展“领导干部包案化解积案难案攻坚”等行动，信访工作绩效居全省第一名。全面构建“最多跑一地服务零距离”矛盾纠纷多元化解体系，在全省率先建成市级矛盾调解中心，市（县）区、镇（街道）、村（社区）三级矛盾调解中心（室）规范化建设全面提档升级，民事一审万人起诉率低于全省平均。社区矫正“一三三”模式在全省推广。

【社会风险隐患治理】 2021年，无锡市健全市（县）区、镇（街道）、村（社区）三级平安建设领导责任制及工作协调机制，推进“平安无锡”建设。常态化开展扫黑除恶斗争，市扫黑办被评为全国先进集体。升级完善社会治安防控体系，扎实开展新一代“雪亮技防工程”建设，持续深化“全民反诈”工作，电信网络诈骗立案数比上年大幅下降，现行命案和抢劫案件保持全破，打击犯罪整体绩效位居全省前列。集中开展安全生产、道路交通、生态环境整治，交通事故死亡人数比上年下降15.5%。

【市域社会治理】 2021年，无锡市在全国首批市域社会治理现代化试点工作中，构建完善党委领导、政府负责、民主协商、社会协同、公众参与、法治保障、科技支撑新格局。组织开展《无锡市社会治理促进条例》起草工作，完成全市“千名干部百项攻坚行动”中两项认领项目建设，建成市域社会治理现代化指挥中心，88项试点任务持续推进。出台《无锡市城乡网格化服务管理办法实施细则（试行）》，市（县）区、镇（街道）、村（社区）三级综治中心全面提档、网格化服务管理中心全面建成，网格化联动处置平台实现四级贯通，5669个综合网格配齐专职网格员，排查处置治安问题、矛盾纠纷及安全隐患22万余次，3.3亿条社会治理数据实现共享。

【法治保障体系】 2021年，无锡市出台《法治无锡建设规划（2021—2025年）》《法治社会建设实施方案》及党政主要负责人履行法治建设第一责任人职责规定。持续深化政法改革，健全“9+1”环境资源审判机制，推进公安立案改革和刑事案件“两统一”改革，建成涉案财物跨部门集中管理平台。出台《关于严格执行防止干预司法“三个规定”的实施意见》，建立落实执法监督机制，提升执法司法公信力。开展“《中华人民共和国民法典》宣传月”、省级民主法治示范村（社区）巩固提升年活动，扎实推进“法治无锡建设惠民实事工程”，市、市（县）区全部成立法学会，举办2021物联网法治高峰论坛、环太湖公共法律服务创新论坛。

年内，政法系统各级党委“一把手”上党课87场次，举办政治轮训班72期次，参观党性教育阵地805场次，举办先进事迹报告会42场次，推出全市政法机关20项便民利民措施。

【网格化建设】 2021年，无锡市推行“大数据+网格化+铁脚板”模式，全面深化法官、检察官、警官及律师进网格，527名法官、396名检察官、1079名警官、2599名律师及法律工作者挂钩网格提供专业服务；打造“法治无锡建设惠民实事工程”品牌，7个项目获评全省法治惠民实事优秀项目；江阴市17个镇（街道）全部建立依法治镇（街道）委员会及依法治镇（街道）办；率先在全省开展公证参与基层社会治理试点工作，推出江阴市水韵社区“启民心·聚民意”议事亭等13个先进典型，8个村（社区）“援法议事”项目受到省委依法治省办表彰。探索建立“一带一路”法律服务中心“1+N”（1是在无锡市建立“一带一路”法律服务中心，N是在境外有条件的国家或地区设立若干个分中心）模式，在新加坡、菲律宾、柬埔寨、澳大利亚、阿联酋、埃塞俄比亚等国家及中国香港地区设立7个分中心；推进市域社会治理现代化试点城市建设，“一屏展示、一网统管、一键指挥”的市域社会治理现代化指挥中心初步建成，3.3亿余条社会治理数据与17个市级部门共享。

【政法队伍教育整顿】 2021年，全市政法系统139名有问题的干警主动投案，立案审查调查违纪违法人员141人、留置19人，整改顽瘴痼疾590件，健全规章制度908项，政法队伍满意率提升至98.99%。

（市委政法委）

法治政府建设

【概况】 2021年，市政府制定出台《无锡市党政主要负责人履行推进法治建设第一责任人职责考评方案》《2021年法治无锡建设监测评价实施方案》《无锡市重大行政决策程序规定实施细则》，全年市政府制定规章2件、修改5件，其中2020年度结转项目1件。无锡市、宜兴市被省委依法治省办评为创建全国法治政府建设先进地区，无锡市被省委依法治省办推荐至中央依法治国办参加全国法治政府建设示范市创建评选活动，8个村（社区）被省委依法治省办评为省级“援法议事”品牌项目，2个单位被评为全省依法治省工作表现突出单位，3人被评为全省依法治省工作表现突出个人，群众对法治建设满意度位居全省第二。

【行政复议】 自10月1日起，市、市（县）区两级政府统一行使行政复议职责。全年收到向市政府提出的行政复议申请378件，审结行政复议案件272件，行政争议实质性化解率38.2%，省政府受理以市政府为被申请人的行政复议案件15件，无一件被纠错。

【行政应诉】 2021年，市政府制定《关于进一步规范全市行政机关负责人出庭应诉有关工作的通知》，完善行政机关负责人出庭应诉通报和责任追究制度，行政机关负责人出庭应诉率93%，行政机关败诉率下降4.8%。

【行政执法体制改革】 2021年，无锡市统筹推进综合行政执法体制改革，全面推广全省首部镇（街道）综合行政执法指导规范；全省首创疫情防控形势下“不见面考试”“告知承诺”模式领取行政执法证件，新申领发放行政执法证3800余张；推进行政执法“三项制度”，贯彻实施新行政处罚法，推动行政执法机关建立健全行政处罚裁量基准并向社会公布。

【法治建设规划方案】 2021年，无锡市制定出台《中共无锡市委关于深入学习贯彻习近平法治思想的通知》，在全省率先对学习贯彻习近平法治思想建章立制；制定出台《法治无锡建设规划（2021—2025年）》《无锡市法治社会建设实施方案（2021—2025年）》《无锡市贯彻落实〈法治政府建设实施纲要（2021—2025年）〉实施方案》等文件，推进法治无锡、法治政府、法治社会一体建设；制定出台《无锡市党政主要负责人履行推进法治建设第一责任人职责考评方案》，将述法列入履职重要内容，对党政主要领导进行专项法治建设履职测评；对8个市（县）区（含经开区）、72家市级机关部门（单位）法治建设情况开展监测评价及年度考核，法治建设在全市综合考核中的分值比重由2020年的1分增加至10分；召开市委全面依法治市工作会议、市委全面依法治市委员会第三次会议、“一办四组”座谈会和立法、执法、司法、守法普法四个协调小组会议，开展依法治市委员会法治联络员培训，发布《中共无锡市委全面依法治市委员会2021年工作要点》，细化分解全面依法治市各项任务。

【立法制规】 2021年，无锡市开展地方性法规立法工作7项、政府规章立法工作7项、政府规章立法调研工作3项、政府规章立法后评估工作2项、政府规范性文件制定工作6项，协助省司法厅完成省级立法项目意见征求工作38项次，省级立法项目调研工作5项次，通过立法民意直通车征集修改意见5485条。

【行政执法监督】 2021年，无锡市制定法治政府评估指标体系，向社会公布相对集中处罚权事项目录清单，探索实施包容审慎监管；出台《关于无锡市政法机关服务保障太湖湾科创带建设的意见》及市场监管等领域涉企违法行为不予行政处罚、从轻减轻行政处罚清单目录，营造最优法治营商环境；围绕人民群众关注的热点、难点问题，组织开展市场监管执法"铁拳"行动、交通运输执法"春雷"行动、农业农村执法"清风"行动、文化旅游执法"净网护苗"行动、公安执法"反诈骗"行动，查处违法案件共2000余起；加快推进综合执法队伍规范化建设，整合建立生态环境保护、交通运输、农业、文化市场、应急管理、市场监管6支综合执法队伍，新发放行政执法证1600余张。

【普法系列活动】 2021年，无锡市制定出台"八五"普法规划，启动"八五"普法。组织开展"一家一法""《中华人民共和国民法典》宣传月""三八妇女维权周"等系列活动，积极创建省级法治文化建设示范点、大运河（江苏段）法治文化品牌项目、法治文化特色园，创作法治文化精品，开展法治人物、法治事件、法治实事工程等评选活动，全面推动普法责任制落实，法治文化场馆、中心、长廊、景观等实现村（居）全覆盖，"民法典小剧场"系列短剧被省市电视台、省委政法委微信公众号、"学习强国"等平台宣传推广。

【《无锡市禽类交易管理办法》出台】 3月16日，市政府第100次常务会议审议通过《无锡市禽类交易管理办法》，自6月1日起施行。《无锡市禽类交易管理办法》共22条，不设章节，包括适用范围、政府和部门职责、管理原则、管理规范等内容，旨在规范禽类交易管理，改善农贸市场环境，预防和控制传染病的发生和传播，提升城市整体形象和文明程度。

【《无锡市江南水乡古镇保护办法》出台】 12月14日，市政府第116次常务会议审议通过《无锡市江南水乡古镇保护办法》，自2022年3月1日起施行。《无锡市江南水乡古镇保护办法》共37条，对保护江南水乡古镇的适用原则、规划与保护、传承与利用以及相关法律责任作出规定。

【《无锡市人民防空规定》修订施行】 3月16日，市政府第100次常务会议审议通过修改后的《无锡市人民防空规定》，自6月1日起施行。修改后的《无锡市人民防空规定》共9章47条，包括总则、人民防空重点、人防工程建设、人防工程使用和管理、通信与警报、群众防护与教育、人民防空经费、法律责任和附则，旨在加强人民防空建设，确保人民防空工程的战备效益、社会效益和经济效益。

【《无锡市机动车停车场管理办法》修订施行】 11月30日，市政府第115次常务会议审议通过修改后的《无锡市机动车停车场管理办法》，自2022年2月1日起施行。修改后的《无锡市机动车停车场管理办法》共7章44条，包括规划与建设、城市道路临时停车泊位、使用管理、监督管理和法律责任，对停车场的规划、建设、管理和停车收费等作出详细规范。

【《无锡市房屋租赁管理办法》修订施行】 12月14日，市政府第116次常务会议审议通过修改后的《无锡市房屋租赁管理办法》，自2022年2月15日起施行。修改后的《无锡市房屋租赁管理办法》共37条，不设章节，重点围绕管理主体和部门职责、租赁条件和居住安全、群租房源头控制、房屋租赁市场管理等方面进行了调整修订。

【《无锡市民用机场净空和电磁环境保护办法》修订施行】 12月14日，市政府第116次常务会议审议通过修改后的《无锡市民用机场净空和电磁环境保护办法》，自2022年3月1日起施行。修改后的《无锡市民用机场净空和电磁环境保护办法》共29条，不设章节，修改调整的主要方面包括民用机场净空和电磁环境保护适用范围、净空和电磁环境保护规定等，旨在全面规范无锡市民用机场净空和电磁环境保护工作，建立民用机场净空保护长效管理机制。

【《无锡市建设工程文明施工管理办法》修订施行】 12月25日，市政府第117次常务会议审议通过修改后的《无锡市建设工程文明施工管理办法》，自2022年3月1日起施行。修改后的《无锡市建设工程文明施工管理办法》共41条，不设章节，就创新完善文明施工监管体系、总结固化提炼实操工作经验、文明施工全流程环节精细治理等作出规定。

（市司法局）

公　安

【概况】 2021年，无锡市各级公安机关统筹推进警务质态、改革强警、科技兴警、警队建设高质量发展，打造现代警务高质量发展先行示范区，确保全市政治安定、社会安全和人民安居，无锡市被评为2017—2020年度"平安中国建设示范市"，蝉联全国社会管理综合治理最高奖项"长安杯"。落实新冠肺炎疫情防控战时机制，在全省率先启动公安监管场所疫情防控最高等级勤务，确保"零输入""零感染"。开展信访积案化解和重复信访治理行动。完成中国共产党成立100周年大庆、中共十九届六中全会、长三角地区主要领导座谈会等重大安保任务及29批次警卫任务。开展系列专项行动和专项斗争，严惩重大刑事犯罪，侦办新型犯罪案件，整治社会热点问题。严惩侵犯知识产权、虚开骗税、恶意债等涉企经济犯罪，防范处置非法集资活动，维护良好经济秩序。深化“法治公安”建设，加强线上线下执法监督，推进执法办案中心建设，推动刑事案件繁简分流和行政案件快办工作。开展“长江禁渔”专项行动，严惩长江流域重点水域非法捕捞水产品犯罪。实施900多万平方米、195个老旧小区技防改造项目建设。推出便民利企10项举措，推行居民电子身份码和电子卡证包。在全国率先建成市、市(县)区两级出入境智慧服务大厅。实施智慧警务“羲和”计划，推进新一代“雪亮技防工程”及国家级城市网络安全综合防控体系试点建设。

【刑事犯罪案件侦查】 2021年，全市公安机关破获刑事案件16202起。年内发生的现行命案全部破获，连续第11年实现现行命案全破；破获现行抢劫案件35起，连续5年实现抢劫案件全破；抢夺案件首次实现全破。常态化开展扫黑除恶斗争，年内侦办涉黑组织案件1起、恶势力犯罪集团案件3起，破获涉恶案件1383起，抓获犯罪嫌疑人2582人。全市接到中央督导组、全国“12337”智能化举报平台线索全部核查办结。开展惩治裸聊敲诈违法犯罪专项行动，破获裸聊敲诈案件351起，抓获违法犯罪嫌疑人450人。打造升级版“小案快破”机制，提升对传统盗抢骗案件的快速侦查惩治能力，全市传统盗抢案件24小时破案率从改革前的4%提升至24%。开展“团圆”和惩治文物、枪爆犯罪等系列行动，找回被拐卖儿童48人，侦破拐卖儿童积案5起。依托涉枪涉爆情报信息研判(江苏)中心，下发涉枪落地查证线索1300余条，抓获涉枪违法犯罪嫌疑人232人，缴获火动力枪支280支。抓获文物犯罪嫌疑人435名，收缴各类文物396件。

【经济犯罪案件侦查】 2021年，全市各级公安经济犯罪侦查部门立案查处各类经济犯罪案件1008起，抓获犯罪嫌疑人1153人，挽回经济损失17亿余元。深化违法犯罪资金查控平台应用，通过银联JASS系统协助抓获犯罪嫌疑人50余人。开展防范惩治侵犯知识产权犯罪“护航2021”、惩治虚开骗税犯罪、惩治利用离岸公司及地下钱庄向境外转移赃款“歼击21”、缉捕在逃境外经济犯罪嫌疑人“猎狐2021”、惩治非法集资犯罪、整治涉及成品油违法犯罪等专项行动。发起惩治虚开骗税犯罪案值230亿元、涉及25个省(市)2000余家公司的“会战七十号”全国集群战役，发起“陈某等涉嫌伪造，出售、运输，持有使用假币案”全国集群战役。侦办“海奥”“阿特朗”“鸿广”等一批非法集资重特大案件。破获的“徐某均等人收买信用卡信息案”入选全国惩治涉银行卡犯罪十大精品案例。推进“云端作战”模式，惩治各类突出经济犯罪，牵头相关警种和派出所，在涉税领域、金融领域、反洗钱领域、假币领域和传销、商贸、证券、期货领域各发起1起集群战役。从10余个国家抓获境外经济犯罪在逃人员14人。开展经济金融领域风险隐患排查整治，组织“扫楼扫街”排查行动，全年排查注册企业、个体工商户3600余家，对400余家有风险隐患的企业按“红橙黄蓝”风险等级实时动态监测，立案查处橙色风险企业5家。重点惩治恶意债、侵犯商业秘密、虚开发票等危害营商环境涉企经济犯罪；惩治职务侵占、合同诈骗、商业贿赂等扰乱市场秩序、妨害企业管理秩序的经济犯罪；快查快处侵害企业、企业家权益的违法犯罪，快速冻结涉案资金和追赃挽损。年内，立案查处职务类犯罪案件61起、合同诈骗案件87起，为企业直接挽回经济损失5000余万元，间接挽回经济损失近2亿元。

【食品药品和环境领域犯罪惩治】 2021年，市公安局食品药品和环境犯罪侦查支队开展“昆仑2021”专项行动，破获食品药品和环境犯罪刑事案件141起，其中，“9·5”销售不符合安全标准的食品案、“9·4”非法捕捞水产品案及陈某才等人污染环境案等公安部督办案件6起、省公安厅督办案件15起，抓获犯罪嫌疑人677人，提起公诉605人。建设升级版驻点警务室——“食药环昆仑”警网格工作室。会同市生态环境综合行政执法局执行污染环境线索上报机制，实行案件移送、联合执法、联席会议等制度。年内走访部门企业40余次，收集意见、建议20余条，召开联席会议10次、新闻发布会1次，开展联合执法200余次。实施“砺剑工程”，升级建设食品药品安全检验实验室，全年检出阳性样品403份，确认2种未被列入国家保健品非法添加名录的药物，形成相应检验方法。开展食品药品安全等宣传10余次，召开新闻发布会2次，接待群众2万余人次，发放宣传材料3.5万余份，为群众检验疑似问题样品1000余份。

【禁毒工作】 2021年，市公安局禁毒支队组建禁毒数据战队，开展“净边2021”“寄递渠道禁毒百日攻坚”专项行动，破获毒品违法犯罪案件1474起，公诉毒品犯罪嫌疑人570人，查处吸毒人员1552人次，缴获各类毒品12.428千克，破获公安部、省公安厅毒品目标案件9起。会同邮政管理、海关缉私部门，建成全省首个寄递渠道毒品查缉站(无锡站)，年内破获寄递渠道毒品案件39起，抓获犯罪嫌疑人85人，缴获各类毒品10.6千克；检查寄递企业51家次，查处违规企业3家。开展吸毒人员核查管控会战，未发生吸毒人员肇事肇祸案事件。开展全市易制毒化学品企业单位交叉检查，登记易制毒化学品企业单位3164家，查处易制毒化学品行政案件61起，全市未发生易制毒化学品监管领域重特大安全事故和制毒物品非法流失。开展禁种铲毒工作，破获非法种植毒品原植物刑事案件6起，查处行政案件52起。根据国家禁毒办通报，无锡市毒品滥用情况居全国367个监测城市的第333位，处于低位。

【治安管理】 2021年，全市公安治安管理部门牵头开展剧毒、易制爆、易制毒“三类”危化品使用安全治理、危险物品治安管控百日攻坚等专项工作，建立危险物品常态排查机制，实行重点岗位从业人员分色准入、动态审查和营业性射击场射击人员负面清单制度，排查2600余家企业通报主管部门归口治理，核发危化品购运许可及备案13万余份，危险物品单位列管率、储存场所治安防范安全评价率及惩治涉危犯罪指标完成率均为100%。惩治涉枪涉爆违法犯罪，全年查处涉枪涉爆案件58起65人。整改涉危安全隐患1015处，查处单位97家144人。推进寄递安全整治“清风2021”专项行动，落实收寄验视、实名收寄、过机安检“三项制度”。备案寄递企业59家、寄递分支机构122个、末端网点3426家、从业人员2万余人，整改安全隐患379处。推行“公安取证、邮管处罚”机制，处罚寄递企业403家。依托警务端开展行业场所单位基础信息采集百日攻坚及娱乐服务场所排查整治，采集单位基础信息8.2万家次，更新维护4.8万家次；治安检查4万余家次，整改安全隐患1800家，处罚娱乐服务场所1213家，停业整顿494家。在1163家场所行业单位安装视频监控，联网接入487家。在全省率先出台网约房治安管理工作指导意见，排查网约房3714间，查处网约房违法案件2起。查处违规经营特种行业单位737家，停业整顿65家、取缔21家。全年查处涉黄涉赌刑事案件355起、行政案件2153起，采取刑事强制措施1020人、行政处罚6608人；办理“扫黄打非”刑事案件16起42人、行政案件11起13人。牵头惩治跨境网络赌博，破获跨境赌博案件6起，涉案金额3亿余元，查扣冻结资金700万余元。办理3起公安部督办、5起省公安厅督办案件。制定《侦办水域船赌案件执法指引》，被省公安厅在全省推广。会同人社部门惩治恶意欠薪犯罪，侦办拒不支付劳动报酬犯罪案件27起、26人，案值1000万余元。承接城管执法保障职能，为城管处理10起偷倒建筑垃圾行政案件提供支撑。加强犬类管理，运用智慧养犬管理系统办理养犬登记2.36万条，收容无主犬、流浪犬1.6万余条，查处违法违规及不文明养犬行为2396起。开展重点部位巡查，办理利用小广告招赌、招嫖等案件2064起2532人，刑事拘留239人、治安处罚2293人。整治棋牌室秩序，依法查处拒不执行紧急状态情况下决定、命令的棋牌室288家。推进烟花爆竹禁放工作，全市禁放区域由240平方千米扩大到300平方千米，查处违法燃放案件199起、207人，劝阻387起，禁放区内$PM_{2.5}$浓度均值较区外低13%。通过保安联勤联防机制破案551起，抓获违法犯罪嫌疑人11人，挽回损失98万元。清理整顿保安服务行业，办理保安行政案件193起。

【道路交通安全管理】 2021年，市公安局交警支队实施公安交通管理属地化改革，8318家运输企业3.4万辆重点车辆及3.4万名驾驶人纳入属地派出所监管范畴。各级交警部门开展“交通管理提升年”活动。依托交通信号配时中心，对全市811个路口进行1329次信号配时优化，421个路口信号实现绿波控制，40余个路口“自适应”信号控制，道路通行效率提升18%。实施交通节点“小项目、大民生”工程，对经常发生拥堵的交叉口协调进行车道展宽等小微工程性改造措施，治理景渎立交匝道合流点、中惠大道吴韵路口、华清大道大通路口、吴都路五湖大道路口等31个交通拥堵节点路口。开展农村道路交通“安全守护”专项工程，推进临水路段安全防护设施建设，完善路口停止线、斑马线、减速让行等标志标线，对公路未设信号灯平行交叉支路口增设30套“哨兵”预警系统，全年增设交通标线1565处，安装各类标志2802块，更换各类隔离护栏9323片，安

2月2日，交通治安分局金城路站派出所民警在地铁站区开展巡逻
（王小骏　摄）

4 月 13 日，市公安局出入境管理支队民警到外资企业上门提供服务

（夏震宇 摄）

装警示桩 2743 根。全年运用查缉布控系统预警查处各类交通违法行为 3.2 万起，其中假套牌车辆 55 辆、盗抢汽车 3 辆，移交非法营运大客车 110 辆，抓获网上在逃人员 2 人。开展三轮车、“三超一疲劳”（超速、超员、超载和疲劳驾驶）、酒驾醉驾、工程车等道路交通安全系列整治行动，查获各类交通违法 313.7 万起，现场查处率位居全省第一。在国内率先对“百吨王”严重超载违法行为进行刑事立案。在《2021 年度中国主要城市交通分析报告》中，无锡市交通健康指数在全国主要城市中排名第七，在全国汽车保有量超 200 万辆的城市中排名第一。

【车辆驾驶员管理】 2021 年，市公安局交警支队推行办理交管业务网上委托、机动车抵押信息和交强险信息在线核查，试点交通事故证据材料网上查阅，在全国首批试点机动车驾驶证电子化和二手车异地交易登记，全年办理车辆驾驶员管理业务 42.6 万笔，群众服务满意率 99.97%。启动车辆管理所改建工程，扩容停车区域，升级服务大厅，新建24小时“无人车管所”、档案管理中心、全业务监管中心和机动车查验监管中心。推出具有无锡特色“远程定责中心 + 民警 + 辅警 + 保险协理员 + 自助终端机”事故快处模式，将保险公司理赔员纳入事故快处工作体系，事故在线快处率 65%，连续 3 年位居全省第一。将交通违法处理和 30 项高频次车辆管理业务部署到属地公安分局派出所综合办事窗口，全年派出所综合服务窗口办理车辆驾驶员管理业务 1100 余件。

【出入境管理】 2021 年，全市公安出入境管理部门办理出入境证件 61187 件，其中外国人签证证件 8234 件（其中居留许可 6894 份、签证 465 份、停留证件 677 份、外国人出入境证 198 份）；为外籍高层次人才加急办理签证证件 70 余份，开设服务专场（专窗）20 余次；受理外国人永久居留申请 116 份，颁发外国人永久居留身份证 39 张。全年通过智慧化受理审批系统，查获凭虚假居住证材料等手法异地办证规避户籍地管控的 80 起 101 人。开展“三非”（非法入境、非法居留、非法就业）外国人专项治理和妨害国（边）境管理犯罪专项工作，全市查处涉外案（事）件 246 起，其中公安部督办案件 2 起，遣送出境 100 人，驱逐出境 2 人。通过国际执法合作，将涉嫌骗取贷款罪的逃往瓦努阿图的犯罪嫌疑人陈某元等重点追逃目标抓捕并遣返回国。

【社会面巡逻防控】 2021 年，市公安局加强市公安局、区公安分局、警务工作站（派出所）、警务室四级指挥联动，整合巡区、警格、网格和交警责任区，推行“车巡、步巡、骑巡、机巡、视巡”五巡联勤，建设以智慧管理、智慧导巡、智慧导视、智慧导处为核心的“大巡防”智慧实战平台，开发专业巡防民警、辅警、平安志愿者等多版本移动端巡防 App，形成联防联控联处机制。全年查处交通违法行为 17.9 万余起，违法犯罪警情降幅位居全省前列，街面可防性案件发案数比上年下降 50%，“零发案”小区占比 84%。巡逻处警一体化改革经验做法被中央电视台《法治在线》专题报道，省公安厅向全省公安机关介绍推广，“城市巡防体系提升工程”获无锡市首届“民心工程奖”金奖。

【城市网络安全综合防控体系建设】 2021 年，市公安局开展国家级城市网络安全综合防控体系建设试点工作。成立由 3 名市领导负责、市公安局等 8 个部门牵头、市各部委办局参与的建设领导小组，建设情报指挥中心网安分中心“一号工作台”，推行互联网侧“情报、指挥、勤务 +N”一体化机制。挂牌运行市城市运行管理中心网络安全指挥中心，成为全市首个专业领域分中心，明确城市运行网络安全管理职责，实现重大网络安全案（事）件全市一体响应。“城市网络安全综合防控体系”被省公安厅评为江苏公安“六六战略”先进实践示范点，并获评全市政法创新一等奖。

【大型活动安全保障】 2021 年，市公安局巡特警支队开展大型活动安全检查 93 次，整改各类安全隐患 300 余处，组织协调各类安保力量 5.1 万余人次，完成长三角地区主要领导座谈会、世界物联网博览会、无锡马拉松赛、太湖鼋头渚中秋水上音乐烟花大会、首届中国无锡（荡口）光影艺术节开幕式等87项、285场次大型活动安保工作。

【“110”接处警服务】 2021年，市公安局开展大数据情报指挥体系改革，建设应用情指勤舆（情报、指挥、勤务等）一体化实战平台和“情指通”App，情指勤舆一体化实战化机制建设被省公安厅评为2021年全省公安机关重大改革创新项目金奖。开展无锡110“微幸福”工程建设，建设“1、3、5分钟”快速反应点、堵控点和环市、环区、环核心区域防控圈，年内接处警平均到场时间缩短至7分钟内。开展“110接处警质态提升年”活动，开发超时重复报警、警情数据监测功能模块，市区超时重复报警率下降到3.32%，警情数据质量平均合格率考核列全省第一名。年内全市分流处置“双非”（非警务、非紧急求助）警情13万余起，服务救助群众25万余人次，帮困解难43万余次，化解矛盾纠纷29万余起，群众满意率99.9%。110报警服务台连续5届获“全国文明单位”称号，女子接警队被授予全国“巾帼文明岗”称号。

【打击诈骗犯罪】 2021年，市委、市政府部署“全民反诈”工作，全市电信网络诈骗警情比上年下降11.2%、电信网络诈骗案件发案数比上年下降18.2%。开通“96110”反诈专线，建成新一代技术反制系统，拦截可疑呼叫78万余次，封停涉诈网址1262万余个、手机号5000余个、QQ和微信账号4742个，劝防案件842起，避免群众损失3381万元。开展电信诈骗犯罪“现场必勘”工作，全市经济损失百万元以上的电信网络诈骗案件破案率85%，挽回经济损失3450万元。规范市、市（县）区两级反诈中心涉诈警情处置流程，全年冻结止付25.2亿余元，为群众挽回经济损失1.1亿余元。组织开展无诈系列创建活动，全市无诈机关、学校、医院、企业和社区总体覆盖率74.8%。组织7场“反诈锡引力”宣传活动，举办“全民反诈”警营开放日活动，开展全民反诈公益广告宣传，在江南大学成立“警—教—校反诈联盟”。实施“全民反诈”网格管控，实现全省唯一劝防任务警网双向同步、精准推送、分级处置、闭环反馈的设区市，全年向34.8万名电信诈骗潜在受害人提供防范宣传，上门见面劝防率87.08%。

表16 2021年无锡市机动车、驾驶员统计表

区域	机动车				驾驶员（人）
	汽车（辆）	摩托车（辆）	其他机动车（辆）	总计（辆）	
市区	1376662	10440	6106	1393208	1658927
江阴市	575415	52043	3453	630911	758843
宜兴市	361638	71103	1251	433992	476215
合计	2313715	133586	10810	2458111	2893985

（市公安交通警察支队）

表17 2021年无锡市非机动车统计表

单位：辆

自行车	三轮车	残疾人车	电动自行车	合计
2768134	6867	635	2134472	4910108

（市公安交通警察支队）

【社区警务】 2021年，市公安局人口管理支队在全市公安机关实施社区警务室“星罗计划”。联合市委政法委制定《全市“平安前哨”工作站规范化建设指导标准》，建成示范版“平安前哨”工作站209个，全市警务室（“平安前哨”工作站）实现社区（村）全覆盖。在全市户籍派出所建设中心警务室121个，构建以中心警务室为牵引的新型社区警务机制。调整划分全市社区警务责任区，与全市5669个综合网格无缝对接。推进社区民警进“两委”（村委、社居委）班子兼职制度，社区民警进村（社区）班子兼职率96.1%。

【见义勇为表彰】 9月10日，市政府举行第六届全市见义勇为先进表彰大会，表彰2018—2021年全市见义勇为先进典型、见义勇为工作先进单位、先进工作者，陈传香等3人获“无锡市见义勇为模范”称号，杨晓君等27人获“无锡市见义勇为先进个人”称号，李金成、赵怀平等2个群体获“无锡市见义勇为先进群体”称号。其间，全市共确认见义勇为人员412人，表彰奖励见义勇为人员5226人次，颁发奖金828万余元。市委政法委会同市见义勇为基金会专项表彰市区93名见义勇为专职网格员；市公安局会同市见义勇为基金会围绕庆祝中国共产党成立100周年安保、打击电信网络诈骗犯罪、公安辅警见义勇为开展专项表彰；开展第三届澄安杯“无锡见义勇为新市民”评选表彰

9月10日，无锡市召开全市第六届见义勇为先进表彰大会。图为颁奖现场
（夏震宇 摄）

活动，奖励见义勇为新市民10人。公交1路、11路、111路分别命名为“正义号”“正气号”“义勇号”见义勇为主题宣传车，地铁1号线设立见义勇为主题宣传专列，并于11月1日举行发车仪式。全市年内建成2座见义勇为主题公园、2个见义勇为主题广场。全市各级见义勇为组织走访慰问见义勇为人员及其家属296人次，发放慰问金、抚恤金、困难补助金等143万元，帮助解决见义勇为人员的医疗、抚恤、住房、就业、子女入学等实际困难和问题35个；开展“暖心助学”活动，为80名见义勇为人员子女发放助学款。市见义勇为基金会为229名获得市级以上荣誉的见义勇为人员办理综合保险，5人次获不记名人身意外责任保险理赔，9人次获综合保险理赔；宜兴市、梁溪区、滨湖区、新吴区见义勇为基金会为107名见义勇为人员购买保险。

【公安科技信息化】 2021年，市公安局实施科技兴警战略，推进公安大数据智能化建设应用，开展新一轮智慧警务“建设、应用、研发”三大攻坚行动，举办2021世界物联网博览会公安成果展。制定无锡公安信息化“十四五”规划、智慧警务“苏甙——羲和计划”，推进“锡证通”互联网共治平台、“大数据技术服务中心”等建设。制定《2021年度全市科技兴警高质量发展重点任务分解表》及任务书，年内全市完成重点任务19个、公安重点信息化项目建设任务73个。全市完成一、二、三类公共安全感知前端联网22万余路，联网智慧技防小区2362个、智慧校园699个。建设智能感知“羲智”平台，实现“一站支撑、一键调取、闭环反馈”，并共享至城管、交通、应急、环卫等部门。依托大数据支援服务中心，加强全市数据战队建设，开展全市数据战队比武竞赛。研发“疫数清”“疫查通”等系统平台，提高基层数据核查效率。赋能政务服务，开展基于电子码证的城市智慧治理应用，服务侧以“灵锡”App为门户，管理侧以“锡证通”App为门户，提供旅馆住宿、网吧上网、重点单位进出等身份核验和“灵锡”、公安微警务等实名、实人认证服务，构建市域社会治理现代化线上微管理体系，实现“一码通办、一码通行、一码通用”目标。与雪浪学院创新研究中心共建“无锡市公安局物联感知雪浪联创中心”。

（市公安局）

检 察

【概况】 2021年，全市检察机关办结各类案件14297件，其中刑事案件12126件、民事案件986件、行政案件255件、公益诉讼案件930件。规范落实认罪认罚从宽制度，全年全市适用认罪认罚从宽制度办理刑事案件1152人，适用率92.5%，控辩协商过程同步录音录像率96.8%。深化检务公开，发布重要案件信息944条、案件程序性信息14779条、终结性法律文书8780份，依法公开率100%。向同级人大及其常委会报告公益诉讼等工作19次，市人民检察院10名检察官向市人大常委会进行履职评议。听取政协委员、各民主党派、工商联和无党派人士通报、评议案件982人次。落实重点约访、带案下访等制度，上级交办的135件信访积案全部办结，锡山区人民检察院获评全国文明接待室，宜兴市人民检察院办理的黄某信访案入选最高检典型案例。全面推行检察听证，在全省检察机关率先出台简易听证指导意见，召开听证会410场，刑事检察、民事检察、行政检察、公益诉讼检察及第三方参与率均100%。市人民检察院、惠山区人民检察院通过听证，化解高某不服刑事判决、申诉50余次的信访积案。开展“精准普法月月行”活动272场，发布以案释法媒体作品417件。公益保护、检察听证、检察监督信息化建设等机制在全国检察系统推广，44件案件入选最高检指导性案例和省级以上典型案例，史济峰、于颖、张涛被评为全国优秀办案检察官，关开城被评为全国扫黑除恶专项斗争先进工作者。全年发放司法救助金293万元，惠山区人民检察院办理的“郝某平国家司法救助案”入选最高检典型案例。

【刑事检察】 2021年，全市检察机关起诉各类刑事犯罪11119人。严惩危害国家安全和严重暴力犯罪，起诉263人。对22年前抢劫杀害面包车司机的犯罪嫌疑人黄某、黄某胜，报最高检核准追诉。起诉涉黑涉恶犯罪78人，移送涉嫌黑恶及“保护伞”线索4件，发出12件检察建议。起诉毒品犯罪176人，纠正漏捕、漏诉6人。市人民检察院对跨省贩卖、运输毒品近8千克的杜某智追加起诉，被告人被一审判处死刑。惩治危害安全生产违法犯罪，起诉重大责任事故犯罪65人，江阴市人民检察院办理的陈某等人重大责任事故案入选省检察院公告案例。宜兴市人民检察院对党中央、国务院高度重视的长深高速“9·28”特大道路交通事故案6名被告人提起公诉。严惩电信网络诈骗犯罪，起诉1262人，梁溪区人民检察院对公安部挂牌督办、中央电视台多次报道的“403空包专案”提起公诉。重拳惩治涉众型金融犯罪，起诉167人，与侦查机关协力挽回投资人损失2.6亿元。加大反洗钱力度，起诉洗钱犯罪10人，滨湖区人民检察院办理的涉案金额约20亿元的黄某等人洗钱案入选最高检典型案例。打击职务犯罪，起诉监委移送职务犯罪119人，其中处级以上干部14人，市人民检察院对最高检交办的原省部级干部彭某受贿案提起公诉。打造知识产权保护新模式，起诉侵犯知识产权犯罪182人，比上年上升11.7%。“邓某城等人销售假冒注册商标的商品案”入选最高检指导性案例，“封某等人侵犯计算机软件著作权案”入选全省“打击侵权盗版十大案件”，刘伟、刘博文、陈珣玗、杨一峰被国家版权局表彰为2020年度查处重大侵权盗版案件有功个人。平等保护民营经济，批捕侵害民营企业合法权益和民营企业家人身权、财产权犯罪60人，起诉224人。健全涉企案件办案影响评估机制，依法对民营企业及关键岗位人员不批捕31人、不起诉100人，最大限度维护企业生产经营秩序。开展涉企“挂案”专项清理，监督撤案46件。承担最高检企业合规试点项目，对35家企业进行合规改造，数量居全省第一。秉持“少捕慎诉慎押”司法理念，强化对犯罪嫌疑人社会危险性的实质性审查，依法不批捕1121人、起诉1398人。依法打击虐待、诈骗等侵害老年人合法权益犯罪，起诉155人。江阴市人民检察院在办理一起专门针对老年人的“保健品”诈骗案中，对4人提起公诉，帮助68名被害人挽回损失48万元。护航未成年人健康成长，办理各类涉未成年人案件694件。强化未成年人隐私保护，依法封存未成年人犯罪记录240份。落实侵害未成年人案件强制报告制度，接收报告50份，对涉嫌犯罪案件提前介入53次，对与未成年人密切接触的工作岗位开展入职查询6335次，敦促对3人采取行业禁入措施。88名检察官兼任法治副校长，开展预防青少年违法犯罪宣讲136场，覆盖各类群体13万人次。年内，市人民检察院被评为全国未成年人检察工作社会支持体系示范建设单位，新吴区人民检察院未成年人检察办案团队获评全国三八红旗集体。强化侦查活动监督，开展羁押必要性审查专项监督活动，敦促对143名无羁押必要的涉罪人员变更强制措施。滨湖区人民检察院在办理刘某飞等人特大跨国诈骗案中，严审细查，纠正漏捕10人、漏诉18人。强化刑事审判监督，提出抗诉28件。强化刑事执行监督，全面推行“派驻+巡回”模式，首次对看守所巡回检察，对全市监管场所14230人的刑事执行活动进行监督，对2673件减刑、假释、暂予监外执行案件实体审查；通过日常巡查、专项检查等方式，对侦查机关适用指定居所监视居住强制措施开展实质性监督，提出书面纠正意见43份；推进“被判处实刑未执行罪犯”专项清理，监督纠正91人。以精准监督为导向，办理典型案件，提出抗诉7件、再审检察建议31件。查办司法工作人员职务犯罪，开展“百日攻坚”行动，立案侦查玩忽职守、徇私枉法等犯罪7人。加强与纪委监委的协作配合，对轻微违法的举报线索，单独或者联合开展函询、谈话、初步核实27人次。

1月15日，无锡市检察机关落实认罪认罚从宽制度新闻发布会举行
（范昕羽 摄）

【民事检察】 2021年，全市检察系统依法保护劳动者合法权益，支持民事起诉292件，帮助追索劳动报酬480万元。联合住房和城乡建设、城市管理、残联等单位开展专项监督，督促修复无障碍通道、设施91处。强化民事执行监督，对140件案件发出检察建议。办理民间借贷、离婚析产、房屋买卖等领域虚假诉讼监督案件39件，其中4名涉案人员被追究刑事责任。新吴区人民检察院监督办理的杜某系列虚假诉讼案入选“全国法院整治虚假诉讼十大典型案例”。

【行政检察】 2021年，全市检察机关办理行政检察案件205件。市人民检察院办理的“王某行政登记检察监督案”入选全国、全省“十佳行政检察监督典型案例”。开展行政非诉执行监督，发出检察建议61件。市人民检察院在办理退休老人戴某社保纠纷申诉案中，推动有关部门重新核定，帮助申请人恢复15年工龄。

【公益诉讼检察】 2021年，全市检察机关立案调查公益诉讼案件905件，制发诉前检察建议804件，提起诉讼50件，督促保护林地、土壤、水域8.5万平方米，追回国有资产1408万元。市人民检察院成立公益诉讼检察指挥中心，在全省率先出台规范公益诉讼调查工作的指导意见。开展全市118处英雄烈士纪念设施管理保护情况专题调研，推动职能部门投入900余万元加以修缮。开展公共安全、食品药品等领域专项监督行动24个。针对老旧小区“飞线充电”顽疾，敦促多部门开展联合整治，推动全市新装智能充电桩2.7万个。市人民检察院办理全国首例“医疗机构欺诈性诊疗民事公益诉讼案”，被告被判承担三倍惩罚性赔偿金358万元。市人民检察院通过办理某培训机构非法收集学生信息“精准营销”案，推动职能部门出台文件加强数据管理，该案入选最高检行政公益诉讼典型案例。宜兴市人民检察院公益保护短片《步履山河》入选全国检察微视频优秀作品，获最高检通报表彰。围绕市委打造“全国最干净城市”部署，发出检察建议382件，推动整治黑臭河道54条、清理垃圾2168吨、追偿生态修复金2437万元。锡山区、滨湖区人民检察院协同法院、行政机关，建立环境公益金账户及管理制度，保障生态损害及时修复。梁溪区人民检察院成立全省首个大运河文化带建设检察服务站，锡山区人民检察院办理的“督促保护大运河水上交通安全行政公益诉讼案”入选最高检典型案例。

（市人民检察院）

法 院

【概况】 2021年，全市法院系统受理案件176438件，审执结157604件，分别比上年上升12.9%、18.43%；其中，市中级人民法院（以下简称“市中院”）受理案件16419件，审执结15348件，分别比上年上升12.29%、12.75%。全市法院一审判决案件被改判发回重审率1.69%、市中院二审服判息诉率92.17%，位居全省第一；结收案比102.89%，位居全省第二；一审服判息诉率89.89%，位居全省第三。市中院被确定为全国执行管理体制改革试点法院。年内，市中院研究室获评全国法院先进集体，市中院司法警察支队获评人民法院司法警察先进集体。

【刑事案件审判】 2021年，全市法院系统审结刑事案件8038件11351人。全面复查涉黑恶案件144件，制定涉黑涉恶问题线索管理办法，促进扫黑除恶长效常治。常态化开展扫黑除恶斗争，从快审结汤某仁24人涉黑案，判处首犯有期徒刑18年；严惩暴力犯罪，一审判处“杀人分尸、跨市抛尸”的胡某龙死刑。推进禁毒斗争，审结公安部挂牌督办的“小白瓶”新型毒品案等犯罪案件168件225人。打击网络黑灰产业链犯罪，审结何某利15人利用虚假彩票网站实施诈骗等案件989件1955人。参与安全生产专项整治，妥处“小吃店燃爆”“高架桥垮塌”等安全事故犯罪案件41件55人。惩治腐败，审结中国机械设备工程公司原董事长张某受贿等职务犯罪案件95件98人，判处从菲律宾遣返的“红通人员”谢某杰有期徒刑18年。

【金融案件审判】 2021年，全市法院系统妥处非法集资、内幕交易等金融犯罪案件76件158人，审结涉案金额5.3亿元、涉及1000余名被害人的林某思非法吸收公众存款案，严惩首要分子。联合中国人民银行等单位健全反洗钱工作协调机制，审结涉案金额3600余万元的王某静洗钱案等犯罪案件6件6人。推进非法金融活动专项治理，落实关联案件和疑似职业放贷人名录强制检索制度，健全民间借贷领域“套路贷”防范和打击机制。保护融资租赁、保理等金融资本与实体经济相结合的融资模式，审结金融民商事案件21091件，标的额232.06亿元。完善促进物联网金融健康发展的司法举措，与金融监管部门建立常态化信息共享、纠纷共调工作机制，召开新闻发布会发布金融审判典型案例。

【破产案件审判】 2021年，全市法院系统审结破产案件264件。通过破产重整、和解、清算手段，帮助15家病危企业脱困重生，引导249家产能落后、不具有发展前景的“僵尸企业”退出市场，化解不良债权201亿元，盘活土地房产290万平方米。妥善审理安富置业公司破产重整案，帮助企业引入战略投资6.88亿元，稳妥化解“香槟街铂锐府”项目烂尾楼盘问题。联合政府职能部门建立企业破产涉税处置、公有住房处置、不动产登记容缺服务等协作机制，发布破产案件管理人工作指引，构建科学规范的管理人履职指引体系。年内省高级人民法院批准无锡全域推行个人破产制度改革试点。

【知识产权案件审判】 2021年，全市法院系统审结知识产权案件2051件。制定实施保障太湖湾科创带建设10条意见，在数字电影产业园等地设立知识产权巡回审判庭4个，在惠山区人民法院增设知识产权审判庭。严格适用侵权惩罚性赔偿制度，依法判令侵犯京东公司商标权及字号的被告赔偿100万元。向侵犯国际商标“罗格朗”的被告发出证据提供令，探索破解知识产权维权举证难新路径。严惩盗版、抄袭行为，一起侵犯计算机软件著作权犯罪案件入选江苏省打击侵权盗版十大案件，获国家版权局表彰。发布涉数字经济发展典型案例，妥善处置涉新交易、新模式、新业态案件350件，为数字经济与实体经济融合发展明晰规则。

【环境资源案件审判】 2021年，全市法院系统审结环境资源案件302件，判处破坏环境资源罪犯549人。贯彻实施《中华人民共和国长江保护法》，依法惩治非法采砂、非法捕捞犯罪，审结公安部督办的非法捕捞水产品案，对14名被告人判处有期徒刑以上刑罚。依法支持检察机关和社会组织提起环境公益诉讼，审结案件52件。加大环境整治执法力度，周某冬诉江阴市水利局长江岸线整治行政命令案入选江苏省高级人民法院涉长江保护十大典型案例。主动融入“长三角”一体化发展、长江经济带发展重大战略，联合中国南京海事法院设立巡回审判基地，会同南京市、常州市、南通市政法机关建立涉长江保护、野生动物救治的跨区域司法协作机制。

【行政案件审判】 2021年，全市法院系统审结行政诉讼案件1702件、行

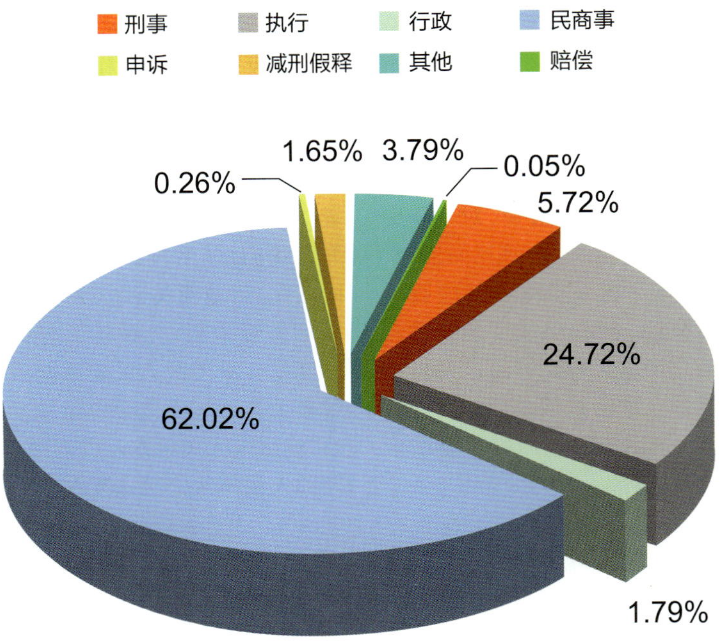

图3 2021年无锡市法院各类案件分布情况示意图

（市中级人民法院）

表18 2021年无锡市位居前十的民商事一审案件收案统计表

单位：件

序号	案　由	收　案
1	借款合同纠纷	14893
2	买卖合同纠纷	12391
3	机动车交通事故责任纠纷	7826
4	婚姻家庭、继承纠纷	6717
5	劳动争议纠纷	4095
6	租赁合同纠纷	3619
7	房屋买卖合同纠纷	2946
8	保险纠纷	2882
9	建设工程合同纠纷	2491
10	承揽合同纠纷	2244

说明：民间借贷纠纷收案10099件，占借款合同纠纷案件的67.81%

（市中级人民法院）

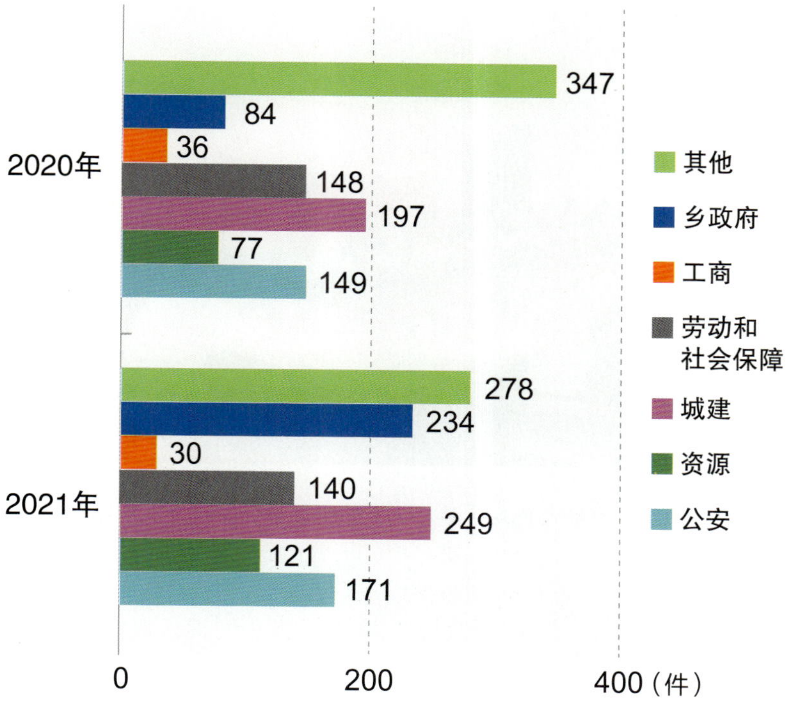

图 4　2021 年无锡市行政一审案件收案情况示意图

（市中级人民法院）

表 19　2021 年无锡市位居前十的刑事案件收案统计表

单位：件

序号	案由	收　案
1	危险驾驶罪	2455
2	盗窃罪	1292
3	诈骗罪	805
4	交通肇事罪	344
5	开设赌场罪	308
6	帮助信息网络犯罪活动罪	307
7	掩饰、隐瞒犯罪所得、犯罪所得收益罪	269
8	故意伤害罪	233
9	走私、贩卖、运输、制造毒品罪	146
10	寻衅滋事罪	121

（市中级人民法院）

政非诉案件 977 件、国家赔偿案件 89 件。判决撤销、变更、确认违法和责令履行法定职责的 118 件，依法支持行政行为的 563 件。推进行政争议实质性化解，出台加强行政纠纷诉前调解意见 17 条，建立“异地管辖 + 属地化解”协作联动机制，行政案件协调化解率 24.11%。强化司法与行政良性互动，协助培训行政执法人员 1200 余人次，发送司法建议 5 篇，参与重大决策风险评估、规范性文件咨询论证 17 次。开展服务城市更新专题调研，出台发挥行政审判职能保障城市更新意见 18 条，妥处涉威孚、夹城里、水泵厂等地块和老旧小区改造的征收拆迁案件 544 件，涉及腾退土地、征收房屋 99.1 万平方米。

【民生案件审判】 2021 年，全市法院系统审结教育医疗、养老育幼等民生案件 23049 件。依法规制虚假宣传、延期交房等行业乱象，妥处房地产案件 5548 件，运用代表人诉讼方式快速化解鸿坤理想湾 510 户业主群体纠纷案。开展根治欠薪专项行动，审执结相关案件 5892 件，帮助追索劳动报酬 1.56 亿元。推进道路交通事故案件“网上数据一体化”改革，创新“非诉鉴定 + 联调速裁”机制，快速化解纠纷 7976 件。审结全省首例赔偿性消费民事公益诉讼案，判决销售假冒“星巴克”咖啡的被告承担惩罚性赔偿金 2172 万元。推进民事案件繁简分流，运用门诊式庭审、要素式审判等方式审结速裁案件 6.54 万件。

【家事案件审判】 2021 年，全市法院系统深化家事审判改革。市中院会同市妇联等单位完善家事调解、家暴防治机制，签发人身安全保护令 9 份，张某受家暴案入选全省法院人身安全保护令典型案例。妥处“九旬独居老人子女争夺遗赠财产案”，判决遗赠财产归居委会所有，入选弘扬中华优秀传统文化典型案例。审结“解雇怀孕女职工案”“女员工请求补发生育津贴案”，判令用人单位承担责任，维护女职工权益。全覆盖设立少年案件审判庭，在全省首创向未成年社区矫正对象的监护人发出“督促监护令”，帮助失足青少年走上正途；锡山区人民法院联合区民政局、区司法局建立事实孤儿保护机制，推动保护救助工作。依法惩治虚假诉讼、虚假陈述行为，1起虚假诉讼犯罪案件入选全国法院整治虚假诉讼十大典型案例。

【案件执行】 2021年，全市法院系统执结案件40162件，执行到位金额171亿元，“3+1”执行核心指标中3项位居全省第一、1项位居第二。坚持把综合治理执行难纳入“千名干部百项攻坚行动”，持续实施“使命2021—雷霆”系列专项执行行动，集中执行154次，执结民生案件6951件、3.59亿元，11家媒体现场直播，600余万网民在线观看。联合市自然资源规划局建立不动产司法处置协作机制，在1起涉科研用地执行案件中，限定竞拍主体为科技企业、科研单位，促成1家高新技术企业获得该地块使用权；创新“营业跟着资产走、员工跟着营业走”的执行资产处置方式，推动远东重工、联华公司资产以2.7亿元成交，实现保护债权人利益、引进优质企业和保障工人就业的多赢效果。开展违规终本、违法查封等9类问题集中整治，在全国首创案款延期发放反向审批制度，案款发放平均用时8天。年内，市中院被确定为全国执行管理体制改革试点法院。

【乡村振兴法治保障】 2021年，全市法院出台人民法庭保障乡村振兴意见17条，妥善化解涉及现代农业产业园建设、投资融资权益、农村科技创新等矛盾纠纷，促进乡村产业兴旺。依法审结农村土地流转等“三权分置”案件162件，保障农村土地制度改革。在部分景区设立旅游巡回审判法庭，快立、快调、快审旅游纠纷案件，推动乡村旅游业发展。深化“枫桥式”人民法庭建设，创建“村干部进法庭”“陶都模式”及“大玫法官工作室”等一批推进乡村治理现代化的特色品牌。宜兴市人民法院邀请全国人大代表欧阳华设立调解工作室，打造法治兴、乡村兴驿站，其做法受到全国人大常委会副委员长吉炳轩肯定。

6月23日，市中级人民法院举办“外商投资企业知识产权和国际贸易风险应对”知识讲座　（潘唐玮　摄）

【助力市域社会治理】 2021年，全市法院推进市域社会治理现代化试点工作，组织法官进网格、审务进社区3200余人次，从源头化解纠纷1.2万件。加强诉讼与非诉讼对接中心、非诉纠纷解决分中心建设，联合13家行政部门、行业组织打造6个专业诉调对接平台，分流化解纠纷5.2万件；新吴区人民法院建立“有事好商量、法官来帮忙”联调机制，梁溪区人民法院建成“党建+网格审务工作站”19个。扎实开展治理重复信访、化解信访积案专项行动，化解案件37件。运用“两微一端一网”发布信息3068篇，创设“锡法君说小案”网络说法课堂、“案说民法典”专栏，推出“反诈小剧场”，小视频《微光》、系列漫画《李大创开店记》等26件作品在政法优秀新闻作品及法治文化作品评选中获奖。

【智慧法院建设】 2021年，全市法院实施“智慧司法赋能提质”行动。推进无锡法院诉讼服务网改版升级，研发全域可视化诉讼服务系统，完善“无锡城市服务‘灵锡’App”法院司法服务模块功能，切实提升线上诉服能力。在全省首创被执行人信用码查询系统，集成信用画像、信用修复、积分增信功能，生成信用状况“健康码”，健康码上线以来接受查询7万人次，85人提出信用恢复申请，被最高人民法院中国执行信息公开网转载。研发区块链案款管理系统，累计上链信息2.3万条，该系统获评最高人民法院2020年司法链应用试点三等奖。物联网电子封条及运维系统获计算机软件著作权登记，“物联网+执行无锡模式”获评2021政法智能化建设智慧法院创新案例。

（市中级人民法院）

司法行政

【概况】 2021年，全市司法行政系统贯彻落实习近平法治思想，立足“一个统筹、四大职能”，扎实做好全面依法治市和司法行政各项工作。无锡市被省委依法治省办推荐入选全国法治政府建设示范市候选名单，市司法局获评全国普法工作先进单位、司法部国家统一法律职业资格考试工作表现突出单位，多元解纷经验被《法治日报》头版头条报道，人民群众对法治建设满意度达93.62%，位居全省第二。在中央依法治国办调研组实地调研、全国政法队伍教育整顿中央第六督导组实地督导中，均受到中央小组肯定。

【普法宣传】 2021年，无锡市全面启动“八五”普法工作，出台“八五”普法规划，成立“八五”普法讲师团。制定《无锡市法治宣传教育领导小组议事规则和职责分工》，落实“谁执法谁普法”责任制，印发市级机关部门普法责任清单，开展国家机关“谁执法谁普法”履职评议。深化普法宣传，开展“法润无锡·春风行动”“《中华人民共和国民法典》宣传月”“农民工学法活动周”“4·8”司法日、“12·4”国家宪法日等法律宣传咨询服务活动1100余场。实施“三级法治文化阵地共建”工程，打造“1+N”数字普法教育基地，创建省级“法治文化建设示范点”2个。开展首届无锡市法治文化作品征集评选活动，征集微电影、视频、漫画、海报等730件。

【公共法律服务】 2021年，市司法局召开“产业链+法律服务”融合行动推进会，开展“红律护企1+1”十百千工程，成立集成电路、物联网等11个产业链法律服务中心，结对挂钩11个重点产业集群、109家重点（龙头）企业、1161家小微（初创）企业，为4家拟上市公司历史沿革审核出具审核意见，指导本地企业依法上市，获评“我为群众办实事”项目优秀奖、“法治无锡惠民工程项目”一等奖。会同市外办协办江苏省“一带一路”涉外法律服务圆桌会议，推动市“一带一路”法律服务中心、名优律师法律服务驿站入驻人才金融港，为人才创新创业提供优质法律服务。会同市中级人民法院、市人民检察院、市公安局、市知识产权局等单位签署《无锡市知识产权保护跨部门协作框架协议》，为知识产权保护提供法治保障。编制针对民营企业的商业秘密、竞业限制的法律工作指引，提高民营企业的法律合规性。成立安全生产法治保障工作专班，开展安全生产领域法律实施效果评估，针对安全生产领域法律法规执法困惑研究出台“一事一研判，一事一指引”的执法指导类文件，多举措强化安全生产立法制规工作得到市委书记杜小刚批示肯定。服务疫情防控，对市疫情防控指挥部通告、文件进行法制审核，对监所、社区矫正中心、司法所开展疫情防控工作大检查，对国家统一法律职业资格考试参考人员进行疫情轨迹大数据筛查比对和核酸检测，确保全市550名司法行政干警、4423名法律服务行业工作者、13330名特殊人群监管对象、4930人次法考考生四类人群“零感染”。“疫情下招标公证业务的拓展”案例获评江苏省公证“十大案例”。市司法局制定出台《无锡市公共法律服务项目清单（2021版）》，印发《无锡市关于村（社区）法律顾问工作巩固提升工程的实施方案》，扎实开展司法行政惠民服务。设立“无锡市高层次人才公共法律服务中心”。牵头起草《关于2021年推进网格规范化建设意见》，制定《公共法律服务电子地图+方案》，在“灵锡”App上线运行公共法律服务电子地图。11月24日，“第五届环太湖公共法律服务创新论坛”在无锡召开，江苏无锡、常州、苏州、南通、扬州，浙江湖州、嘉兴，安徽宣城三省八市共同探讨公共法律服务的创新与发展路径，推动环太湖区域治理体系和治理能力现代化建设。

12月4日，市法治宣传教育领导小组办公室联合各普法成员单位，在滨湖万达广场开展宪法日普法宣传活动 （范昕羽 摄）

【法律援助】 2021年，无锡市实施“法援惠民生·拓展工程”，全市法律援助机构办理法律援助案件11282件，提供值班律师法律帮助6313件，困难群众获得法律援助的人数比上年增加32.5%。推行法律援助“容缺受理制”“证明事项告知承诺制”“全域通办制”“法律援助事项范围负面清单制”，提升法律援助“应援尽援”水平。推进“智慧法援”建设，推出无锡“智慧法务·公共法律服务电子地图”。创新妇女儿童权益保护机制，建成全市“一网一库一链”妇女儿童法律援助体系。建立全省首家残疾人流动法律援助工作站，办理全市首例“事实孤儿”法律援助案。加大对农民工法律维权力度，全市法律援助机构受理农民工追索劳动报酬类法律援助案件4184件，追索劳动报酬6507万元。开展全市法律援助办案质量检查和优秀案例评选，名优律师办案量占案件总量的30.5%，推荐案例连续五年双入选全省法援“十大优秀案例”“十大好案例”。

【人民调解】 2021年，无锡市坚持创新发展新时代“枫桥经验”，建立四级“最多跑一地，服务零距离”矛盾纠纷调处服务组织，全面推广“苏解纷”程序，依托“大数据＋网格化＋铁脚板”治理机制，筑牢矛盾化解“第一道防线”。全市建立人民调解组织1750个，拥有人民调解员6522人，化解矛盾纠纷130092件，排查发现矛盾纠纷21184件，预防纠纷11549件。建立行业调解组织149家，依托行业协会成立全国首家破产纠纷人民调解委员会、全国首家长期照护人民调解委员会。建立行政调解组织18家，市、市（县）区两级成立行政争议调处中心8家，镇（街道）公共法律服务中心（非诉服务中心）设立行政争议调处窗口33个，行政调解纠纷228528件。实施基层调解组织建设“金牌摇篮计划”，打造“金牌劳动人事争议调解组织”15家。

【社区矫正】 2021年，无锡市、市（县）区、镇（街道）实现社区矫正委员会全覆盖，市级及部分市（县）区先后成立社区矫正管理局。全省社区矫正工作推进会在宜兴召开，全面推广社区矫正“一三三”模式，社区矫正对象重新犯罪比例低于1‰。推进刑罚执行一体化机制建设运行，推动监地共建、共治、共享协作相关事项。启动司法部首批“智慧矫正中心”创建工作，宜兴建成“省级智慧矫正中心”。探索社区矫正刑事执行辅助人员队伍建设，招录、派驻警务辅助人员37名。开展省级示范安置基地创建，加强损害修复品牌建设，在全市打造损害修复基地5个。全市在帮刑满释放人员10103人，衔接率、安置率和帮教率均达100%。开展后续照管指导站省级贯标示范点创建，推动省级融合发展试点实体化运行，后续照管对象一年内戒治操守保持率8.68%。

【司法所建设】 2021年，市司法局深入推进分类司法所建设，建立大型司法所19家、中型司法所32家、小型司法所24家，其中1家司法所获评全国模范司法所，2人获评全国司法所模范个人；5家司法所获评江苏省优秀司法所，5人获评江苏省优秀司法所所长。依托司法所打造司法行政“立法民意直通车”，全年就18部省、市两级法律法规征集民意5485条。开展第五届无锡市人民检察院人民监督员选任工作，选任人民监督员59人。

【律师管理】 2021年，市司法局推进无锡律师行业发展，会同市中级人民法院、律师协会制定《关于建立法官与律师职业共同体联席会议制度的方案》，建立法官与律师季季谈制度。会同市人民检察院、律师协会出台《关于加强检律法律职业共同体建设的意见》，推动律师执业权利保障工作。采用“以案倒查”的方式，完成对202家律师执业机构和3188名律师年度考核评定工作。通过双向选择、托底保障的方式，将29家直属律师事务所管辖权变更至市（县）、区司法局。分类开展名优律师培养对象、首届优秀女律师、十佳和优秀青年律师、涉外法律论文和案例评选工作，选树无锡律师行业先进典型，2家律师事务所、3名律师受到国家级表彰，2例涉外案件入选全国《涉外法律服务优秀案例》，8家律师事务所、28名律师受到省级表彰。开展律师行业突出问题专项治理，200余家律师事务所3000余名律师自查自纠问题455件，制定整改措施467条。严肃查处违规行为，向21家律师事务所发出《责令整改通知书》，给予3家律师事务所、6名律师行政处罚，给予5家律师事务所、7名律师行业处分，指导16家律师事务所退出或解散律师联盟。

（市司法局）

仲 裁

【概况】 2021年，无锡仲裁委员会共受理仲裁案件1608件，累计标的额24.29亿元，均比上年增长200%以上，实现重回省内第一方阵目标；办结案件1569件（含上一年结转数量），比上年增加922件，增长率为143%，结案增量较上年增长明显。年内，获评全省公共法律服务成绩突出集体。

5月13日，全国人大代表欧阳华（左一）在宜兴西渚镇白塔村欧阳华调解工作室为当事人调解矛盾纠纷　（万正初　摄）

受理案件类型从行业分类看，主要集中于物业服务、保险、房地产、传统货物买卖等领域，分别占比19%、23%、9%、13%。从案件标的额看，主要集中于土地出让、股权及投资、建筑工程施工、借款等领域，其中争议标的1000万元以上、500万元至1000万元、100万元至500万元、100万元以下案件分别占比3%、2%、11%、84%。物业和保险合同纠纷增幅明显，物业纠纷比上年增长128%，保险合同纠纷比上年增加近四倍。股权及投资、建筑工程、房地产类型案件均与上年持平。

全年全市处理各类劳动人事争议案件35762件，比上年上升24.85%；立案受理劳动争议案件10714件，比上年上升7.33%；各类调解组织调解劳动争议案件25048件，比上年上升34.23%；劳动人事争议仲裁结案率99.31%，劳动人事争议调解成功率92.81%。在全省第四届仲裁员和调解员岗位业务技能竞赛中，江阴市劳动人事争议仲裁院仲裁员花晓艳获得第一名。

（无锡仲裁委
市人力资源社会保障局）

【仲裁委机构换届】 11月25日，无锡仲裁委员会召开换届成立大会，组成新一届仲裁委员会。补充市政府办公室、市财政局、市交通运输局为成员单位，增设专职副秘书长职位。把好仲裁员队伍“选聘、履职、监督”关，改“单位推荐制”为面向社会“公开招聘制”，首次开展理论业务水平线上测试，对新一届仲裁员职业道德和理论水平进行摸底，遴选出的309名仲裁员中，具有硕士以上学位的人员近50%，分建筑房地产、知识产权、国际国内贸易和金融等7个专业供当事人选择，实现分专业培训和精准化办案。出台《仲裁员聘任及管理办法》，建立年度考核和日常考核相结合机制。在省内首创仲裁员名册隐名制度。

（无锡仲裁委）

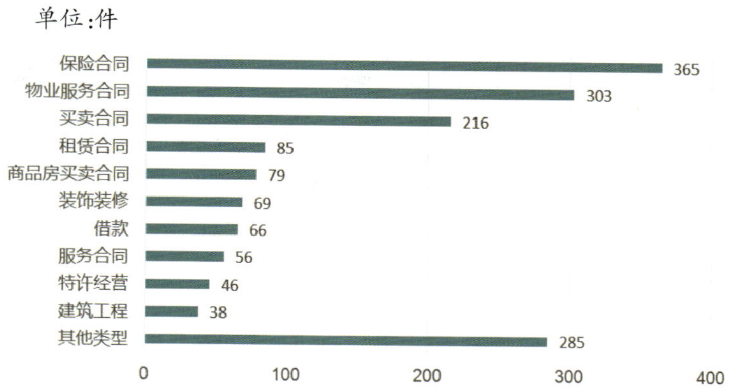

图5 2021年无锡仲裁委主要受案类型比较图

（无锡仲裁委）

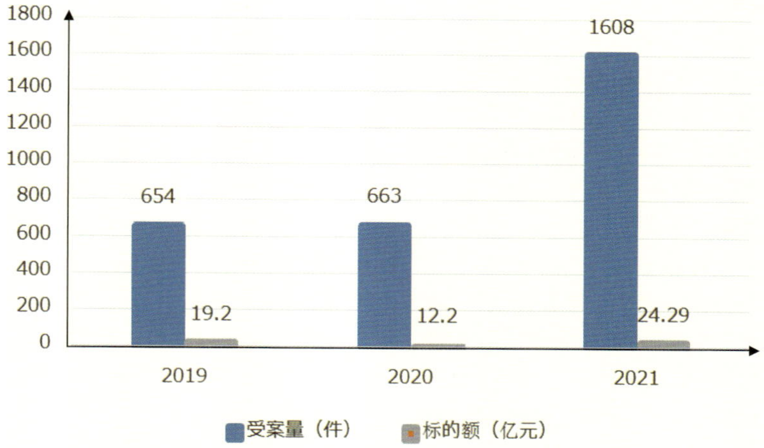

图6 无锡仲裁委2019—2021年受案量及标的额一览图

（无锡仲裁委）

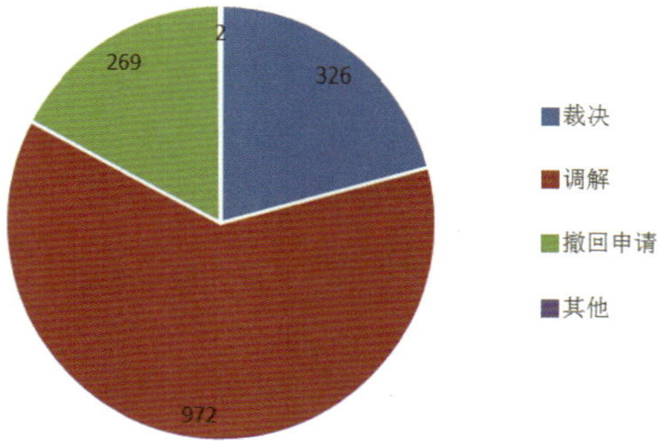

图7 2021年无锡仲裁委具体结案方式一览图

（无锡仲裁委）

7月21日，“青春连线，志愿送法”——无锡市仲裁服务月走进惠山经开区　（市人力资源社会保障局　供图）

【仲裁服务创新】 2021年，无锡仲裁委员会建立重点企业走访服务机制，先后召开集成电路、物联网等产业链重点企业座谈会，走访协会企业100余家，开展法治讲座30余场，解答法律咨询1000余人次。开展仲裁服务“进园区、进企业、进社区、进公共法律服务大厅”活动，常态化与电台合作开展“心仪有说法”“家在无锡”等节目，向社会公众宣传仲裁制度优势，提供咨询服务30余场次。运用信息化手段，通过办案管理系统实时监控受案、办案、结案各个流程，严把立案、组庭及裁决关。设立裁决书四级核阅制度，启动专家论证程序，确保实体认定、裁决理由合法、有据，裁决书制作规范、统一。推广“仲裁＋行业”共建模式，携手多部门共建金融仲裁庭、知识产权仲裁庭及民商事调解中心，多元化解民商事纠纷。加入“长三角仲裁机构发展联盟”，与苏州、南通、扬州、合肥、宁波等地共同构建便民、务实、高效的仲裁服务体系。9月，与广州仲裁委员会协作，首次开展仲裁机构远程庭审。推动仲裁进驻公共法律服务平台，在全市三级公共法律服务中心设立仲裁咨询点，方便群众就近选择仲裁方式解决纠纷。与市江南公证处签订“公证＋仲裁”合作框架协议，推动仲裁参与东亭街道下辖社区物业服务矛盾纠纷多元化解，促进仲裁工作质效提升。年内，市人社系统举办“劳动争议网上调解宣传周”及探索建设区域性企业预防调解协作机制，其间，全市共开放仲裁庭审17场；成立青年仲裁员志愿服务队8支，联系重点企业204家。

（无锡仲裁委
市人力资源社会保障局）

【工伤待遇争议“速裁”改革】 自9月1日起，无锡四区联动，启动工伤待遇劳动争议“速裁”改革。改革后，办案时间压缩至30日以内，极大降低工伤职工维权时间和成本。无锡“工伤速裁”改革主要包含即时进行繁简分流、即时联系法律援助机构、即时组织案前调解、即时立案快速裁决。确定首批4家试点单位，或建有司法、工会“双通道”法律援助窗口，或采用要素式审理模式，或突出镇(街道)巡回仲裁庭受案方式，或以专人专庭保证争议化解专门力量。

【集中居住区劳动争议调解室建设】 6月，惠山区劳动人事争议仲裁院与惠山经开区社会事业局密切协作，在集聚区公寓内建设无锡首个外来务工人员集中居住区劳动争议调解室，实时开展劳动法律法规政策宣传，推动建立完善企业劳动争议预警机制，指导企业完善规章制度、加强对职工的人文关怀。7月21日，“青春连线，志愿送法——无锡市仲裁服务月走进惠山经开区”活动在惠山工业转型集聚区内举行。在活动现场，青年仲裁员骨干为集聚区企业HR代表开设“青仲讲堂”微课说法，“青年仲裁员志愿服务队”在职工宿舍开展“志愿普法”服务。

【金牌摇篮计划】 2021年，市人力资源社会保障局联合市司法局、市总工会、市企业联合会、市企业家协会、市工商业联合会，出台并实施无锡市基层劳动人事争议调解组织建设“金牌摇篮计划”，计划用三年时间在全市打造50家保障到位、机制健全、服务有效、作用明显的金牌调解组织，建立具有无锡特色的劳动人事争议调解工作优势集群。年内建成15家市级金牌调解组织，惠山区前洲街道劳动人事争议调解中心、江阴市中船澄西船舶修造有限公司劳动争议调解委员会、宜兴市人民调解委员会劳调对接“安心工作室”获评省金牌劳动人事争议调解组织。

【夜经济劳动争议预防调解工作室挂牌】 12月10日，无锡市清名桥夜经济劳动争议预防调解工作室挂牌成立，由仲裁员、律师、社区工作者等10名调解员组成的调解工作室团队同步成立并接受聘书。调解工作室坚持基层为主、预防为主、调解为主的化解劳动争议工作方针，24小时全天候开展公益调解，定期开展法律政策宣传、劳动关系体检、劳动法律大讲堂、典型案件研讨、“互联网＋调解”等系列活动，多元化、全方位为街区内入驻企业和劳动者服务。

（市人力资源社会保障局）

编辑　罗秋云

无锡军分区

【概况】 2021年，无锡军分区（以下简称“军分区”）各级坚持以习近平强军思想为指导，坚持把备战打仗作为第一要务，滚动修订非战争军事行动方案预案，组织年度国防动员演练，动用2300多人次参与支援地方疫情防控等任务，受到地方党委政府和人民群众肯定。推进后备力量建设，抓好国防潜力调研、民兵整组工作，适应“一年两征”新模式，抓好兵役征集，大学毕业生征集比例稳步提升。抓好后勤重点行业领域整肃治理，统筹推进资产大清查、枪支弹药安全管理等7个专项清查任务，开展生活待遇经费清理，组织全区财务人员调换轮岗，稳妥解决国防教育训练基地历史遗留问题。

【思想政治建设】 2021年，军分区坚持用习近平强军思想铸魂育人，深入学习习近平总书记在中国共产党成立100周年大会上的重要讲话、中共十九届六中全会精神，党委中心组及机关切实加强理论学习。开展党史学习教育，邀请“杨根思连”指导员和“王杰班”班长讲述革命传统，军分区两级党委书记为官兵上党课16次，开展重温誓词、参观见学等配套活动。宜兴市人武部组织职工思想教育试点，成果被省军区转发。推进“我为群众办实事”和“我为驻军办实事”实践活动，收集整理军分区及驻无锡部队需要解决的矛盾困难2个清单，协调多方力量研究解决。打好意识形态斗争主动仗，定期开展“四反”教育，组织敏感岗位人员心理测试，全区保持高度集中统一和纯洁巩固。常态化抓好纪律教育，学好用好《铁纪强军》、上级通报、忏悔录等警示教育素材，开展廉洁征兵专题教育。深化党管武装，组织对各市（县）区的党管武装考核，协调召开市委常委议军会，推动出台驻无锡部队现役军官转改文职人员关爱办法等3项惠军政策。

6月22日，无锡军分区召开市属民兵应急营点验大会

（无锡军分区　供图）

【练兵备战】 2021年，军分区坚决把备战打仗作为第一要务，刚性落实议战议训、领战领训、谋战务战工作主责。严格规范战备秩序，组织作战值班业务培训和考核，常态化拉动点验值班分队，建立等级部署演练及应急指挥组月备勤机制。滚动修订非战争军事行动方案预案，召开驻无锡部队军地防汛联席会，落实防汛装备器材4600余件（套），坚持实战实训，组织民兵应急连骨干开展防汛抗洪、森林防火等集训，提升应急应战及实战实保能力。

【干休所服务】 2021年，军分区开展“让老干部（老阿姨）满意”活动，召开干休所服务保障观摩交流会，组织“三个一口清”活动知识竞赛，围绕“深度‘两高期’老干部需求及对策”开展调研，调研成果受到省军区主要首长批示肯定并转发。规范干休所秩序，持续加强“三个中心”建设，为234名老干部（老阿姨）颁发“光荣在党50年”纪念章。无锡第三干休所全面建设受到军委国防动员部及省军区首长高度肯定，被省军区评为“示范干休所”。

【基层建设】 2021年，军分区贯彻中央军委、军委国防动员部基层建设

8月6日，武警无锡支队特战排官兵在野外开展战术训练

（武警无锡支队　供图）

会议精神，对照《基层武装部规范化达标“清零”活动实施方案》，推进乡镇（街道）武装部规范化建设，军地联合召开协调推进会，建立周报告、月评估制度，年内，全市所有乡镇（街道）武装部、民兵应急营连部规范化建设均达标。安排专武部长参加全省集训，组织全市专武干部集训，落实资格认证考核。指导红豆集团开展非公有制企业基干民兵预建党组织建设试点，“七一”前夕召开现场观摩会，相关做法被《中国国防报》头版报道并被省军区转发，红豆集团基干民兵预建党支部被省军区表彰为先进民兵党组织。加强部队正规化管理，开展“学法规、知法规、用法规”活动，开展“四不两直”安全巡查，落实安全分析、情况通报、风险评估制度，推进微信失泄密专项整治活动。紧跟疫情形势发展变化，动态调整防控措施，部队保持安全稳定。

（无锡军分区）

武警无锡支队

【概况】 2021年，武警无锡支队（以下简称“无锡支队”）围绕中国共产党成立100周年，组织官兵收看习近平总书记在庆祝中国共产党成立100周年大会上的重要讲话，举办“颂歌献给党”等主题系列活动；全面加强练兵备战，认真贯彻执勤“十六字”思路，狠抓经常性执勤工作落实；贯彻军事训练会议精神，严密组织各类竞赛集训，开展群众性练兵活动；组织医疗巡诊、装备巡修等活动12批次，采购防疫物资10万余件，各项任务完成圆满，部队建设稳中有进，战斗力得到全面提升。

【思想政治建设】 2021年，无锡支队扎实推进党史学习教育，贯彻落实习近平总书记在中国共产党成立100周年大会上的重要讲话和中共十九届六中全会精神，推动党的创新理论在基层落地生根。认真贯彻思想政治教育有关规定精神，统筹抓好主题教育、认知“六观”（婚恋观、荣辱观、苦乐观、得失观、是非观、消费观）教育和经常性教育，打造“每月一课”教育品牌，教育质效明显提升。开展“强军风采”系列文化活动，评选表彰“两优一先”（优秀党务工作者、优秀共产党员，先进基层党组织）及“星光灿烂”先进典型，举办“颂歌献给党”主题晚会，稳步推进军史场馆和“书香军营”建设，文化育人氛围浓厚。年内，3篇党史学习文章分别被中央军委机关网、《政工导刊》及《人民武警报》刊载，1名政治指导员参加总队优秀政治教员比武夺冠，无锡支队“以新带新”经验被武警部队转发推广。持续深化政治整训，坚决肃清郭徐房张流毒影响，深刻吸取事故案件惨痛教训。抓实“站排头、当样板、作表率”活动，公开承诺“党委酝酿无黑幕、考核评比无黑哨、干部选拔无黑马”，坚决遏制基层“微腐败”及不正之风。开展正确行使民主权利与婚恋观教育，硬手腕处理违规违纪问题。

【执勤战备训练】 2021年，无锡支队牢记中共中央总书记、国家主席、中央军委主席习近平视察第二机动总队时的政治嘱托，全面加强练兵备战，抓实“3+1”战备值班力量体系建设，常态化组织拉动演练，严密组织实兵演习，部队“两个不经、一个保持”战备水平稳步提升。认真贯彻执勤“十六字”思路，严密组织“六个一遍”隐患排查，加强联勤武装巡逻勤务规范管控，狠抓经常性执勤工作落实，全年动用兵力5000余人次，完成各类临时勤务。贯彻军事训练会议精神，严密组织各类竞赛集训，灵活开展“六小”（小培训、小观摩、小竞赛、小检查、小讲评、小互助）、“三手”(革新创新能手，专业技术能手，擒敌、射击、刺杀、投弹、军事体育“五大”技术能手）群众性练兵活动，部队训练有为、训练有功氛围浓厚。在武警江苏总队组织的参谋业务集训中，无锡支队3人排名靠前，37人通过特战队员等级评定，在年终军事训练考核中，被江苏总队评定为优秀。

【后勤保障建设】 2021年，无锡支队迭代更新后勤各类保障计划，拓展“一专多能、一兵多用”训用模式，全年组织司务长、炊事员、军械员、驾驶员、卫生员等集训57人次，提升后勤岗位专业技能水平。推进行业领域整肃治理，抓好总队反馈问题整改，认真组织评残工作专项清查，确保遗留问题和隐患治理清零见底。组织医疗巡诊、装备巡修等活动 12 批次，整修支队环境、机动中队及教导队营区设施，改善官兵生活。落实疫情防控各项措施，采购防疫物资 10 万余件，实现全员疫苗接种及“三无”（零输入、零感染、零扩散）目标。

（武警无锡支队）

人民防空

【概况】 2021 年，全市人防系统坚持聚焦核心使命抓备战，围绕健全防护体系抓建设，依法行政，规范管理，提升人防建设水平。坚持按纲施训，突出实战化演练，推进信息化改造升级，加强重点经济目标防护建设，全面提升应急应战能力；稳步推进人防工程建设，严格项目审批，加强质量监督，实现扩量提质增效；加强人防工程维护管理，推动住宅小区人防工程维修资金单独列账工作，推进人防工程标识标注工作；加强人防宣传教育，认真履行管党治党主体责任。年内，市人防办被省人防办评为年度“人防工程建设管理先进单位”“法治人防建设先进单位”“安全生产先进单位”。

【人防应急体系建设】 2021 年，市人防办组织修订市、市（县）区、镇（街道）三级人民防空预案，落实战时人防指挥部（所）成员规范管理，实名率达 95% 以上。加强重要经济目标防护建设，组织重要经济目标防护方案修订培训，完成一、二级重要经济目标防护救援方案修订工作。组织重要经济目标防护演练，检验人民防空指挥机构指挥协调能力及重要经济目标综合防护能力。加强人防专业队伍建设，全市完成人防专业队伍整组。主动与上海民防办对接，组织人防合成专业队伍骨干人员培训，提高执行跨区机动支援行动能力。推进实战化训练演练，完成人防基本指挥所开设演习，组织人防机动指挥所演习，参加重要经济目标防护检验性演习，完成“9·18”全市防空警报试鸣及防空袭疏散。参加长三角区域人防机动指挥所联演联训，联合嘉兴、苏州、常州人防办开展机动指挥通信系统跨区域训练，跨区支援苏州重要经济目标防护演习。做好新建小区防空警报器安装工作，全年新增及改造警报终端 40 台，警报鸣响率 100%。

【人防工程监管】 2021 年，市人防办推动小区人防工程维修资金单独列账工作，向街道物管、开发单位、业务委员会、物业公司等进行政策宣传，协调解决多个小区的使用权之争，多次开展人防工程维护及单独列账的巡查和执法检查，梳理人防工程平时使用登记主体，建立银行系统与人防工程信息的数据对接，推动住宅小区人防工程管理单位建立银行专户，存入维修资金。推进人防工程标识标注工作，年内竣工人防工程标识率 100%，原有人防工程标识率 81.5%。安排专项资金对人防工程的防护设备进行维修。全年立案 6 起，结案 5 起，罚款 28 万元，追缴易地建设费 4142 万元。

【人防宣传教育】 2021 年，市人防办结合防灾减灾日、防空警报试鸣日等节点，开展人防主题宣传教育活动 20 次，累计有 2 万多人次参加；石塘湾小学、市北高中、山明社区、蠡桥社区等学校、社区建设或完善人防教育场所；先后会同滨湖区教育局、滨湖区安委办等单位在市人防科普教育体验馆组织多次教育培训活动；在公共场所利用宣传栏、显示屏等形式开展人防公益宣传；利用传统媒体和无锡人防微信公众号开展人防宣传，普及人防知识。

（市人防办）

退役军人事务

【概况】 2021 年，全市各级退役军人事务部门持续抓好退役军人思想政治引领，推动退役军人移交安置创新落实，成立无锡市退役军人就业创业促进会，促进退役军人就业创业；全市成立法律援助工作站 65 个、法律援助服务窗口 745 个；做好军休干

5 月 17—19 日，全市人防机动指挥通信系统在宜兴人防训练基地开展拉动训练　（赵　妍　摄）

部、滞留部队离退休军人和伤病残士兵移交安置，提升军休服务保障质量；开展为立功军人家庭送喜报、“为烈士寻亲”活动，发放走访慰问金305万元、慰问物资折款31.3万元，营造尊崇尊重氛围，走出一条具有无锡特色的服务保障路径；年内，在全省退役军人工作高质量发展考核中，无锡市居全省第一位。

【服务体系建设】 2021年，无锡市提升退役军人服务体系建设水平，7家退役军人服务站获评全省“百家红色精品服务站”，惠山区洛社镇服务站站长获评全国退役军人服务中心（站）“百名优秀主任（站长）”。

【英烈褒扬】 2021年，无锡市革命烈士陵园成立清明祭扫服务专班，开展“守护·2021清明祭英烈”活动，优化“云祭扫”，倡导网上祭扫，推出代祭扫服务。与无锡交通广播合作，推出庆祝中国共产党成立100周年特别系列报道《太湖丰碑》，讲述百名英烈故事。市退役军人事务局与梁溪区合作，成立运河“讲”声百姓名嘴宣讲团，挖掘培育一批百姓“红色宣讲员”，让红色故事进校园、进社区、进企业。联合退役军人事务系统力量，发动媒体、新媒体平台等社会力量为49名烈士寻亲，帮助8名烈士找到亲人，为2名无锡籍烈士迁移墓碑。

【接收安置】 2021年，市退役军人事务局建立协调对接、岗位归集、跟踪督导机制，拓宽“直通车”“特岗选拔”安置渠道，开发适合退役军人特点的安置岗位，完成国家和省下达的转业军官、符合政府安排工作条件退役士兵的接收安置任务。11月12日，符合政府安排工作条件退役士兵完成积分选岗；11月30日，营职以下及专业技术转业军官完成双向选择；12月8日，师团职转业军官完成积分选岗。

【先进评选】 2021年，市退役军人事务局开展“模范退役军人”“退役军人工作模范个人”“退役军人工作模范单位”“最美退役军人”“优秀戎耀之家”等评选推荐活动。窦正满被评为全国“最美退役军人”，为江苏省唯一获此殊荣的退役军人；叶胜平获评江苏最美拥军人物；周爱明获江苏最美拥军人物提名；国家税务总局无锡市惠山区税务局、江阴交通产业集团有限公司等6家单位获评省优秀戎耀之家。

11月17日，无锡市成立全市自主择业军转干部功能型党组织
（市退役军人事务局　供图）

【“老兵永远跟党走”活动】 2021年，无锡市开展“老兵永远跟党走”系列主题活动，庆祝中国共产党成立100周年。在江苏省“老兵永远跟党走·让退役军人成为全社会尊重的人”主题演讲比赛中，梁溪区北大街街道南尖社区党委书记周燕夺得桂冠，并在全国演讲比赛中获得第八名。海澜集团报送的《争当退役军人的标杆》获评全省“老兵永远跟党走，一朝军旅情，毕生写忠诚”微视频征集展播活动一等奖。

【军休干部服务】 2021年，市退役军人事务局推动军休干部“政治待遇”和“生活待遇”落实。组织发放“光荣在党50年纪念章”564枚，军休干部邵继忠获评全国优秀军休干部，军休干部杨太忠参加省军休干部“口述历史”活动，49名军休干部参加《向您致敬！》拍摄采访、纪念画册编纂、《没有共产党就没有新中国》MV拍摄。举办“庆祝百年华诞·致敬最美老兵”影像风采展，出版《老兵永远跟党走》作品选集。开展“百名老战士口述历史”学习宣传活动。4月13日，市退役军人事务局联合东南大学无锡分校走进无锡市溪南军休所，开展“‘90后’对‘90后’——活着的历史”主题活动。改善军休干部居住环境，完成惠峰小区、惠畅里小区宜居改造，惠畅里小区完成4部电梯加装，推进惠峰、溪南军休干部小区移交地方。

【自主择业军转干部功能型党支部建设】 2021年，无锡市坚持“党建＋服务＋军创”同向发力，在全省率先成立就业创业扶持、维权政策咨询、行业领军、志愿服务、帮困互助、红色宣教、文体活动等11个自主择业军转干部功能型党支部，打造远望大学、战神文化拓展基地等9个标准化、规范化、特色化党建平台，使自主择业军转干部党员过上丰富而有意义的“双重组织生活”，在加强退役军人“流动党员”“口袋党员”管理方面作出积极探索。

（市退役军人事务局）

双拥共建

【概况】 2021年，无锡市双拥工作贯彻落实全国全省双拥模范表彰会议精神，开展双拥宣传教育，落实拥军优属政策，开展省第12届双拥模范城（县）创建活动，支持“无锡舰”现代化建设，巩固率先建成全国首个双拥模范城市群成果，推动新时代无锡双拥工作发展。健全考核机制，把落实党管武装责任及推进双拥工作纳入市（县）区党的建设综合考核（占总分的3%）。6月2日，召开全市争创全国双拥模范城“九连冠”动员大会，部署新一届创建工作。7月19日，在全省双拥工作推进会上，无锡市介绍完善拥军政策、强化服务保障、促进军地合作等经验做法，受到副省长胡广杰和与会代表肯定。11月16日，在2021年《全国双拥工作简报（第17期）》上，全国双拥办转发《无锡市着眼“三个聚焦”服务坚持部队战斗力建设》的经验做法。

3月12日，“扬帆起航·再续辉煌”退役军人专场招聘会现场

（市退役军人事务局 供图）

【双拥模范城（县）创建】 4月、9月、12月，市双拥办3次集中市（县）、区双拥办深入学习《江苏省双拥模范城（县、区）考评标准》，逐条对照标准要求，查弱项补短板、固强补弱，研究制定第12届省双拥模范城（县）考核实施方案和考评细则。10月，江阴市、宜兴市、梁溪区、锡山区、惠山区、滨湖区、新吴区完成自查申报，并对2017年以来双拥工作进行系统梳理、分析总结。12月7—10日，市双拥办会同市教育局、财政局、退役军人事务局及无锡军分区政治工作处，成立市创建省第12届双拥模范城（县）考评组，下设实地检查、问卷调查、查阅台账3个组，对市（县）、区逐个进行考评，在集体听取工作汇报及观看双拥创建录像片后，分头检查台账资料累计595本、实地察看双拥场所和点位16个，组织群众满意度测评14场（测评630人，电话随机抽查询问70人），同时接受南京市考评组的交叉互评。

【拥军优属】 11月3日，市委组织部、市双拥办等9个部门出台《关于对深化军队改革期间驻锡部队军官转改文职人员实施关爱的办法》《无锡市走访慰问无锡籍现役军人家庭实施办法》《军队面向社会公开招考文职人员及家庭成员在无锡落户的规定》。年内，市本级慰问驻无锡部队经费1104万元，其中对8支外出执行训练演习和重大任务的驻无锡部队组织跟进慰问，激励官兵练兵备战、献身国防及强军事业。驻无锡部队需要地方支持的39项需求清单，得到妥善解决。投入资金600万元支持南部战区海岛部队营房设施建

7月23日，无锡市开展“为烈士寻亲”活动

（市退役军人事务局 供图）

9月23日，无锡市举办"庆祝百年华诞·致敬最美老兵"影像风采展。图为老兵参观展览　（市退役军人事务局　供图）

设，投入300多万元支持"无锡舰"配套设施建设，协调资金200多万元，推动解决武警第二机动总队机动第一支队建造营院围墙、训练基地排水设施，筹集资金129.42万元，解决武警无锡支队廉租房租金问题。安置军嫂就业创业141名，军人子女享受入学入托优待249名。完成退役军人服务体系"两中心两站"［市、市(县)区两级军队退役人员管理服务中心，镇(街道)、村(社区)两级管理服务站］建设，优抚标准高于全省平均水平10%。

【拥政爱民】 2021年，在完成练兵备战的同时，驻无锡部队积极支持地方抢险救灾、抗击疫情、学生军训、国防教育、义务献血、慈善事业和乡村振兴等。年内，为74所学校军训学生82176名，与101个机关、企事业单位、学校、社区等结对，开展共建社会主义精神文明活动。63680部队结合"中国航天日"开展"航天科普进校园"活动，常态化关心关怀走访慰问驻地"三老"［老复员军人、老伤残军人、老烈属（三种对象都是1954年10月31日以前入伍的）］、"三属"（被评为革命烈士的军人遗属、因公牺牲的军人遗属、病故军人遗属）。人员和城乡困难群众，2次到河南省漯河市舞阳县九街镇扁担赵村实地考察并慰问困难群众，发放慰问金1.7万元。无锡联勤保障中心抽组专家医疗队21支、325名医护人员分别到4个省20个县的革命老区，累计巡诊重点人群1382人次，义诊病患9000余人次。举办健康大讲堂21次，发放宣教资料7000余份，发放药材累计金额25.5万元。武警第二机动总队机动第三支队防暴装甲大队一中队连续14年发动官兵资助宜兴市唐公社区贫困学生，防暴巡逻车大队定期向贫困学生宣霞捐款计12449元。联勤保障部队第904医院、武警第二机动总队医院，组织开展"传承革命传统，共建军民深情"等义诊活动，累计服务群众2000余人次。武警无锡支队与无锡市残疾人托养中心开展圆梦"微心愿"活动，帮助销售地区农产品3万余元。

【新"无锡舰"配套建设】 2021年，市双拥办先后4次到"无锡舰"对接舰艇现代化配套建设，市领导先后3次研究支持"无锡舰"现代化建设事宜。年内，市财政投入300多万元，支持"无锡舰"配套设施建设，购置开展"舰城共建"文化器材。同时，协调相关部门(单位)向"无锡舰"赠送彰显"无锡元素"的字画、舰员秋春运动服及紫砂杯等，为"无锡舰"现代化建设提供"无锡保障"。

【双拥宣传教育】 2021年，市双拥办坚持办好双拥刊物和网站，在《无锡市双拥工作简报》刊用稿件389篇、照片851幅，在市双拥网站《双拥动态》《双拥观察》栏目发稿135篇、照片600多幅。在《全国双拥工作简报》《解放军报》《中国国防报》《新华日报》《无锡日报》《江南晚报》上发表各类双拥宣传稿件101篇。市双拥办指导市(县)、区开展"最美拥军人物"宣传活动，加强"双拥基地"功能建设，举行新兵入伍欢送仪式、退役老兵返乡欢迎仪式、悬挂"光荣之家"牌匾仪式，以及为立功受奖官兵送喜报等活动。为全市564名军休干部老党员颁发"光荣在党50年"纪念章。推选总参某研究所原党委书记张发海、无锡军分区原司令员邵继忠、原某航空兵飞行员李景贺、某研究所原政治委员张长明、中国人民解放军第101医院原副政治委员董振泰、步兵某师原副师长杨太忠6名军休干部为无锡市"光荣在党50年"离退休干部优秀共产党员。6月，无锡华能电缆有限公司董事长叶胜平、江苏天华纱业集团董事长周爱明，分别获评首届江苏最美拥军人物、首届江苏最美拥军人物(提名)。8月，江阴市青少年国防教育基地、宜兴革命纪念园、新吴区双拥公园被评为省第二批江苏双拥示范基地。10月，江阴澄港拖轮船务有限公司董事长窦正满获评2021年度全国最美退役军人。

（市双拥办）

编辑　罗秋云

宏观经济调控

【概况】 2021年，无锡市经济运行总体平稳，主要指标稳中向好。地区生产总值超过1.4万亿元，比上年增长8.8%；一般公共预算收入1200.5亿元，比上年增长11.6%，增速苏南领先；规模以上工业总产值首破2万亿元，制造业增加值占地区生产总值比重41.6%；完成固定资产投资3985.2亿元、社会消费品零售总额3306.09亿元、进出口总额1057亿美元，分别比上年增长4.5%、10.4%和20.4%，进出口总额首次突破千亿美元。持续加快产业结构调整和转型升级，战略性新兴产业、高新技术产业产值占规模以上工业总产值比重分别为39.9%、49.2%，物联网产业入选国家首批先进制造业集群，千亿级产业集群增至10个（集成电路、生物医药、物联网、特钢、新能源、节能环保、高端纺织、汽车及零部件、软件、高端装备）。新增国家级专精特新“小巨人”企业22家，建立全国地级市首个工业大数据中心，“中国企业500强”“中国制造业企业500强”“中国服务业企业500强”“中国民营企业500强”4张榜单入围企业数保持全省第一。重大项目建设稳步推进，创新设立项目前期服务和建设保障“双专班”，年度备案超10亿元重大产业项目80个，其中超100亿元项目5个，318个市重大项目完成投资1164.7亿元。财税金融服务实体经济能力持续增强，兑现产业扶持资金105亿元，新增减税降费超过140亿元，贷款增速、增量均创近10年新高；新募股权投资基金1160亿元，规模居全国城市榜首；新增上市公司14家，A股上市公司达到103家，总市值1.56万亿元，新增数、总数、总市值均居全国前十位。集成电路全产业链保税模式改革试点进展顺利，国家外贸转型升级基地增至7家，列全省第二位。5家开放平台入围全省首批自由贸易试验区联动创新发展区，无锡国家高新技术产业开发区（以下简称“无锡高新区”）获批中日韩（江苏）产业合作示范园区。全年实际使用外资及港澳台资38.07亿美元，注册合格境外有限合伙人（QFLP）基金规模11.7亿美元。年内，无锡市入选中国软件特色名城、国家综合型信息消费示范城市、国家区块链创新应用试点城市、国家IPv6技术创新和融合应用综合试点城市、全国首批千兆城市、国家服务型制造示范城市、全国首批商品市场优化升级专项行动试点城市、全国财政支持深化民营和小微企业金融服务综合改革试点城市、全国营商环境便利度高城市名单。

（市政府办公室）

【统筹协调疫情防控和经济发展】 2021年，无锡市积极应对新冠肺炎疫情和外部环境变化影响，促进经济平稳健康发展，建立企业定期走访机制，制定《无锡市关于应对新冠肺炎疫情支持中小微企业稳定发展的若干政策》，提出经济运行调控建议10余次，15个主要经济指标中有9个指标两年平均速度超过2019年同

2021年，无锡市入选中国软件特色名城名单。图为无锡软件园四期园区

（无锡软件园　供图）

期。建立高位推动“大消费”工作组织架构,制定促进消费升级的实施意见,启动促消费重点项目89个,总投资近千亿元。

【“十四五”规划出台】 1月22日,由市委、市政府主要负责人任双组长的规划编制工作领导小组编制《无锡市国民经济和社会发展第十四个五年规划和二〇三五年远景目标纲要》,经市十六届人大第五次会议审议通过。3月26日,由市政府印发实施。规划纲要明确无锡市今后5年以及到2035年经济社会发展的指导思想、基本要求、主要目标、重点任务和战略抓手,获全省发展改革系统“十四五”规划编制最高奖——突出成果奖。年内,市发展改革委推动编制完成30个重点专项规划和84个一般专项规划。

【产业政策】 2021年,无锡市制定《关于加快推动开发区高质量发展服务打造无锡新发展理念实践示范区的实施意见》,构建“1+6+N”政策体系,以实施意见为总纲,分类制定经开区、高新区、综保区、农业园区、旅游度假区以及科创园区等不同功能开发区(园区)专门的行动方案和具体举措,各省级以上开发区发挥示范区建设主体作用。全年备案境外投资项目100个,中方协议投资额超9亿美元。8个省级“一带一路”重点制造业项目全部建成,启动柬埔寨西哈努克港经济特区(以下简称“西港特区”)2.0升级版建设。加快科技创新,无锡高新区、锡东新城商务区获批省级“双创”示范基地,获批省级工程技术研究中心13家,战略性新兴产业产值占规模以上工业总产值比重增至39.9%。

【营商环境】 2021年,市委、市政府制定《无锡市进一步优化营商环境行动方案2021》,印发并实施营商环境200条重点任务清单。上半年和下半年先后两次开展营商环境第三方监测,分别形成《营商环境第三方监测情况报告》。7月,无锡市在中国营商环境评价中获优异等次,开办企业、获得用水用气、获得信贷、包容普惠创新4个指标获评全国营商环境标杆。

【重大项目】 2021年,无锡市超额完成省、市重大项目建设、重大产业项目招引备案目标任务。20个省重大项目完成投资192.5亿元,投资完成率109.7%;11个计划新开工项目全部开工建设。滚动实施318个市重大产业项目,完成投资1164.7亿元,目标完成率105.9%;83个计划新开工项目全部开工建设。备案总投资10亿元以上重大产业项目80个,目标完成率160%,比上年增加13个。其中,50亿元以上项目12个,包括长电科技5G通信用高端模组研发及产业化生产、江苏巨贤高安全性聚酰亚胺锂电池隔膜制造一期等超100亿元项目5个。

【区域发展】 2021年,无锡市主动融入区域一体化,承办2021年度长三角地区主要领导座谈会、第二届苏锡常一体化发展联席会议,签署《共建环太湖科技创新圈战略合作框架协议》等重要协议,启动共建环太湖科技创新圈,推动落实新一轮苏锡常一体化26项合作事项,长三角—粤港澳大湾区产业创新合作(无锡)试验区揭牌成立。加快锡澄、锡宜一体化进程,锡澄轨道交通S1线建设全面推进,苏锡常南部高速公路、宜长高速公路建成通车。

(市发展改革委)

自然资源管理

【概况】 2021年,市自然资源规划局加强调查监测和基础测绘工作,摸清资源底数。加强山水林田湖草村全域综合整治,夯实资源底库。加大批而未供土地处置工作,盘活资源利用。推动集体经营性建设用地入市,优化新型产业用地政策。打造自然资源高质量集约利用示范区。

【测绘管理】 2021年,市自然资源规划局编制《无锡市“十四五”市级基础测绘规划》,完善现代测绘基准体系,形成高精度、高频次的基础测绘数据资源体系,推进新型基础测绘建设,优化测绘地理信息公共服务。优化地理信息更新工作机制,将无锡市区大比例尺地形图数据更新频率由两年全面更新一轮提升为两年全面更新三轮,做好选址测绘、竣工测绘的成果入库,形成定期大范围更新和不定期局部更新相结合的数据更新机制。开展健身步道专题系统建设,制作峄嶂古道、环蠡湖步道、贡湖湾湿地公园慢行系统、古运河环城步道等10条健身步道专题图,完成近100个全景点、1600个相关设施点的采集制作。加强测量标志点保管工作,至年末,全市测量标志点484个,其中市管测量标志点348个。严格测绘市场监督,对25家测绘单位开展测绘地理信息市场巡查、安全生产和涉密安全检查。

【国土空间全域综合整治】 2021年,市自然资源规划局根据中央、部、省出台的一系列国土空间全域综合整治政策,部署开展全域土地综合整治工作,要求以乡镇全部或部分行政村为实施单元,以山、水、林、田、湖、草、村全要素为整治对象,全域开展农用地整治、建设用地整治、生态保护修复和公共空间治理等综合性整治。组织惠山区洛社镇、锡山区锡北镇等镇申报国家试点和省级示范项目。2月,惠山区洛社镇入选自然资源部公布的国家全域土地综合整治试点名单,项目总面积约794.7公顷,涉及洛社镇万马村、花苑村2个行政村;年末,该试点永久基本农田调整方案通过省级批准。

【批而未供土地处置行动启动】2021年，市自然资源规划局在全市域启动批而未供土地处置三年行动，提请市政府印发《无锡市批而未供土地处置三年行动方案（2021—2023年）》，围绕“腾、拆、用”三个方面，力争用3年时间通过批文撤回、拆迁清零、项目招引、供地盘活等路径，处置批而未供土地不少于2866.67公顷，将“未供”资源转为“可用”资源。

【集体经营性建设用地入市】2021年，江阴市、宜兴市和锡山区推进集体经营性建设用地入市试点工作。至年末，3个试点地区有17幅地块入市，土地面积64.3公顷，合同金额2.49亿元，土地用途涵盖工业、商服和公共设施，为建立“同价同权、流转顺畅、收益共享”机制提供新思路。

【新型产业用地（Mx）政策】11月24日，市政府办公室组织召开双循环创新性政策措施研发成果交流会，市自然资源规划局《新型产业用地（Mx）定制模式及政策优化探索》获双循环创新性政策措施研发优秀成果奖。通过分析先行城市的经验做法，聚焦高新技术密集型产业用地需求，在无锡现有“工业＋科研”的混合用地模式上，按照产业关联、功能互动的原则，实施“工业＋科研＋商办”混合用地，以最具竞争力的混合产业用地政策吸引最具创新力的企业落地，实现对高科技头部企业的“滴灌式”精准支持。

（市自然资源规划局）

5月11日，市国资委举办“国企改革三年行动计划”政策解读专题培训

（市国资委 供图）

国有资产监管

【概况】2021年，市属国企资产总额6752亿元、所有者权益总额2423亿元，比上年分别增长15.61%和12.51%；实现营业收入1689亿元、现价工业产值422亿元、利润总额86亿元，比上年分别增长21.98%、8.83%和11.93%；上缴国有资本收益95473万元，比上年增长3.51%；资产负债率64.11%，带息负债平均融资成本率4.22%，比上年下降0.18个百分点。企业资产总额列全省设区市第二位，所有者权益列全省设区市第三位，营业收入列全省设区市第一位。年内，市政府国有资产监督管理委员会（以下简称“市国资委”）和市国联发展（集团）有限公司（以下简称“国联集团”）被省人力资源和社会保障厅、省政府国有资产监督管理委员会联合表彰为全省国资系统先进集体，5人被表彰为全省国资系统先进个人。

年内，国联集团完成营业收入244亿元，实现利润31.84亿元，上缴各项税收22.76亿元。至年末，国联集团总资产1620亿元、净资产500亿元，居2021年度“中国服务业500强企业”第251位。国联集团持续优化金融、实业、投资产业格局。国联证券股份有限公司基金投资顾问业务规模位列行业第一，香港子公司实现业务全牌照。国联人寿保险股份有限公司设立安徽分公司，拓展省外业务，服务质量指数跻身全国前十位。无锡华光环保能源集团股份有限公司推动并购整合，建成智慧热网体系。无锡一棉纺织集团有限公司推动智能化改造升级，100支以上特高支产品全球市场占有率第一。发起设立5G通讯和半导体产业基金，投资健适医疗项目，加快培育集成电路、生物医药等新兴产业。无锡市金融创业投资集团有限公司挂牌运营，形成集天使、创业、成长、并购基金为一体的专业化、市场化投资体系，参与管理基金总规模超1600亿元，投资的5家企业实现上市。无锡产业发展集团有限公司（以下简称“无锡产业集团”）全资、控股企业完成营业收入964亿元，比上年增长19%；利润总额31亿元；工业总产值194亿元，比上年增长6%。三项经营指标占国资系统比重分别为57%、36%和46%。全口径营业收入约1400亿元，连续13年跻身中国企业500强，列2021综合榜单第169位，居无锡入围企业首位。无锡产业集团全年实际投资项目（不含理财）76个，投资总额约70亿元。其中，战略性新兴产业类项目66个，投资约53亿元，分别占投资项目数、投资金额的87%和76%。

（市国资委 国联集团 无锡产业集团）

【国企改革】 2021年，市国资委完成国资国企“十四五”发展规划编制与衔接，制定《无锡市国企改革三年行动计划》，按照“可衡量、可考核、可检验、要办事”要求，通过动员部署、组织培训、专题辅导等方式，建立“月例会、季督查、半年报、年总结”工作推进机制，将8个方面36项重点改革内容细化为102项具体任务，国企改革三年行动计划超额完成，进度超过92%，全省领先。完成国发资本列入省国有资本运营公司改革、国联信托列入省混合所有制改革、金融创投集团市场化经营机制改革、国联集团授权经营体制改革和产业集团董事会职权改革等一批试点工作，推动和协调支持灵山集团混合所有制改革和增资工作，对首家参照“双百企业”实施试点改革的无锡拈花湾文化投资发展有限公司改革方案进行论证并列入改革试点。

【国资监管机制】 2021年，市国资委制定《市属国有企业违规经营投资责任追究制度》《关于进一步加强市属国有企业重要财务事项管理的意见》《市属国有企业问题整改监督闭环管理实施办法》，规范企业经济行为，督促企业依规开展问题整改、验收和销号，实现国有企业全覆盖。强化企业分类考核、对标考核，增加对重大投资项目评价和社会评价指标考核要求，优化绩效紧密挂钩的薪酬分配管理办法，健全激励约束机制。

【国企投融监管】 2021年，市国资委制定权责清单，并报省国资委备案。市国资委完成城建环保集团和国发金融创投集团重组，组建国有农贸市场投资和运营管理公司，制定《支持市属企业参与城市更新和土地开发的实施办法》，出资组建梁溪科技城发展集团有限公司，承建妇儿医疗保健中心和实施太湖广场提升改造工程。牵头设立众邦基金，推进与中环股份战略合作协议的起草落实，完成国联证券有限公司非公开发行股票、江苏资产管理有限公司引战项目。完成企业国有产权交易项目33宗、资产转让项目47宗，新设立混合所有制项目49个。江苏省首家本土航空公司苏南瑞丽航空有限公司挂牌。会同市纪委开展国有资产出租专项清理行动。市属国有企业入选中国企业500强数量、市属国有企业控股上市公司数量位居全省设区市第一。严格投资管理，先后完成对江苏资产管理有限公司众邦股权投资基金收购HX钢铁板块、无锡威孚高科技集团股份有限公司增资丹麦艾尔迪公司、锡洲国际有限公司投资健适医疗、开发晶照明（厦门）有限公司增资普瑞光电股份有限公司、普瑞光电股份有限公司增资烨曜贸易（重庆）有限公司、锡产投资（香港）有限公司设立锡产投资基金合伙企业、江苏日托光伏科技股份有限公司设立白城创能新能源有限公司及大安明能新能源有限公司（四级）、无锡金控融资租赁有限公司成立融资租赁公司四级子公司8个负面清单项目的审核把关。

【企业法人治理结构】 2021年，市国资委推进国有企业法人治理结构建设，制定《党建工作要求写入公司章程指引》。各市属企业及所属重要子企业制定《党委前置研究讨论重大事项规程》，厘清治理主体权责边界。市属企业及各级子企业制定并实行“三重一大”决策制度和党委会、董事会、监事会等治理主体议事决策规则，完成董事会应建尽建、外大于内，重要子企业全面依法落实董事会6项职权。推进管理体系和管理能力现代化，建立市属企业投资负面清单管理制度，对重大特别监管类投资项目实施“双重论证”制度。制定《无锡市市属国有独资公司章程指引》和《无锡市市属国有全资公司章程指引》，健全以公司章程为基础的国有企业内部制度体系。

（市国资委）

财　政

【概况】 2021年，全市一般公共预算收入完成1200.5亿元，比上年增长11.6%；税收收入983.87亿元，比上年增长10.7%，两项指标均超全省平均值。一般公共预算支出1357.8亿元，比上年增长11.7%，其中财政民生支出占一般公共预算支出比重保持近80%，全面保障市政府45项民生实事。年内，制定《关于支持现代产业高质量发展的政策意见》，创新支持方式，推动国调基金（二期）注册落地。

【财政收支】 2021年，无锡市一般公共预算收入首次突破1200亿元，占全省比重由2015年的10.3%提高至12%，连续6年提升。做好政府性收入组织工作，落实土地出让收入征管制度改革要求。政府性基金收入首次突破1200亿元，达1225.8亿元，比上年增长24.1%。建立基层“三保”（保基本民生、保工资、保运转）监测机制，从财政体制、转移支付等方面加强区、镇基层运转保障。建立市区财力均衡性补助、镇街基本财力直接补助等机制。

【重点项目资金】 2021年，市级拨付资金80亿元，围绕落实长三角一体化、市域一体化等发展战略，推动重大基础设施项目建设，保障轨道交通、312国道快速化改造等重点项目建设。制定《关于支持现代产业高质量发展的政策意见》等政策，增强投入力度，助推无锡“十四五”产业新一轮发展。支持推进城市更新，拨付2.4亿元，推进192个老旧小区改造。支持打造最干净城市，拨付4.3亿元，落实城市优美环境合格区、城市精细化管理“红黑榜”等奖补政策，支持市政环卫设施建设维护。支持环境整治提升，拨付17.8亿元，支持水、气、土一体化治理、保护和修复，推

表 20　2021 年无锡市财政收入统计表

指　标	金额（亿元）	比上年增长（%）
一般公共预算收入	1200.50	11.6
#税收收入	983.87	10.7
#增值税	416.71	7.2
企业所得税(40%)	186.40	13.1
个人所得税(40%)	62.73	21.4
城市维护建设税	62.13	7.3
房产税	48.70	13.9
印花税	16.78	23.7
契税	100.29	18.5
上划中央四税收入	809.79	10.6

（市统计局）

进太湖生态清淤、蓝藻打捞处置等重点工程，支持淘汰高排放车辆 16717 辆，保障生活垃圾收运体系改造和无害化处置等“无废城市”项目。落实财政支农投入要求，优化财政支农方式，支持现代农业高质量发展，拨付 1.6 亿元，支持农田连片整治、农业产业融合发展等项目，提高农业综合生产能力。推进农村人居环境整治提升，拨付 2.2 亿元，支持市区农业农村现代化先导镇 29 个项目、全市 25 个美丽乡村示范村、20 个特色田园乡村建设，推动首批农房改善试点全面完成。帮扶相对薄弱村发展，拨付 4000 万元，支持新一轮集体经济相对薄弱村“五增行动”（集体收益增效、产业项目增量、幸福指数增倍、村居环境增颜、组织建设增能）。发挥农业保险强农惠农作用，制定《关于加快农业保险高质量发展的实施意见》《无锡市区农业保险财政奖补实施方案》，扩大农业保险覆盖面，为农业生产提供风险保障 34 亿元。

【财政惠民】 2021 年，市级拨付 16.2 亿元，落实稳岗返还、就业创业扶持等政策，支持高校毕业生、退役军人等重点群体就业，补贴技能培训，扶持自主创业，带动新增就业；拨付 34.4 亿元，优化教育资源配置，支持各级学校新建改扩建，支持东南大学无锡国际校区、江南大学、无锡学院等高等教育发展，落实学生资助政策，累计资助学生 15 万人次；拨付 21.3 亿元，推进健康无锡建设，提高人均基本公共卫生补助标准，支持市第二人民医院北院改造、江南大学附属医院等项目建设；安排专项资金，支持全民免费接种新冠病毒疫苗，提升新冠肺炎疫情处置和防控能力，及时保障疫情防控支出；拨付 28.4 亿元，支持社会保障政策落实；将低保边缘户、支出型困难家庭等群体纳入救助体系，将“单人保”政策覆盖到城乡低收入家庭，城乡低保标准提高到每月 1060 元，特困人员生活救助供养标准提高到每月 1600 元，惠及市区低保和特困对象 7645 人；拨付 22.1 亿元，发放廉租房租赁补贴 4967 户次、经济适用房购房补贴 1298 户，完成公廉租房装修 894 套，保障龙塘岸后五巷共有产权房等项目建设；提升公共文体服务，拨付 4.8 亿元，支持文艺惠民演出、公共体育设施建设等为群众办实事项目，支持开展中国大运河非遗旅游大会、无锡马拉松赛等大型文体活动。

【政府债务】 2021 年，全市地方政府债务余额 1608.1 亿元，其中一般债务余额 522.5 亿元、专项债务余额 1085.6 亿元。债务余额控制在法定限额内。

【财政治理】 2021 年，市财政局编制财政“十四五”发展规划，落实推进预算管理改革，制定《关于进一步增强民生政策有效性和可持续的实施意见》，完成公共文化等 4 个分领域市与区财政事权和支出责任划分改革。加强绩效源头管理，完善重大政策和项目事前绩效评估机制，在生态环境、水利等领域试点开展重大政策和项目事前绩效评估。提升绩效管理覆盖面，开展社保基金支出绩效评价，实现绩效管理对一般公共预算、政府性基金预算、国有资本经营预算、社会保险基金预算的全覆盖。推进市级党政机关和事业单位经营性国有资产集中统一监管，将相关上市公司股权、闲置房产土地及出租房产有序移交国有资本运营公司统一运营。推进事业单位改革，明确财政财务管理规定，确保改革顺利到位。

（市财政局）

税　务

【概况】 2021 年，无锡市税费收入总量 2602.74 亿元，比上年增长 21.4%。其中，税收收入 1843.47 亿元，比上年增长 10.5%；社会保险基金收入 674.5 亿元，比上年增长 61.4%；非税收入 84.78 亿元，比上年增长 46.9%。实现市县级税收（财政口径）983.87 亿元，比上年增长 10.7%。全市税收总量、一般预算收入总量均稳居全省设区市第三位，一般公共预算收入增幅居苏南五市第一位，较“十二五”“十三五”期间平均增速分别提升3.9个和4.8个百分点。税收占比82%，高于全省平均0.4个百分点。征收社保费674.5亿元，其中入库职业年金18.48亿元，实现综合征缴率99.78%，列全省第三位；非税收入84.78亿元，比上年增长46.9%。健全减税降费政策直达快享机制，创新升级“税库通”平台，全年新增减税降费142亿元。市税务局获评全省税务系统唯一一家全国“七五”普法工作先进单位。全系统26家单位获评省文明单位，实现市、县两级全覆盖，获评单位数量居全市第一、全省税务系统第二。公务员绩效管理试点得到中组部工作简报推介，获国家税务总局批示肯定。俞红霞获评全国税务系统精神文明建设先进工作者，范文艳获评全国税务系统“最美税务人”。

【税收收入】 2021年，无锡市完成国内增值税833.53亿元，比上年增长7.2%；企业所得税479亿元，比上年增长13.3%；个人所得税158.64亿元，比上年增长21.5%。“地方十税”（资源税、城市维护建设税、房产税、印花税、城镇土地使用税、土地增值税、车船税、耕地占用税、契税、环境保护税）318.04亿元，占全市税收比重17.3%，比上年增长12.1%。其中，契税、房产税、土地增值税增收位居“地方十税”前列，分别比上年增收15.69亿元、5.96亿元、4.78亿元。

【减税降费】 2021年，市税务局健全减税降费政策直达快享机制，组建政策专员团队，升级“税库通”平台，退税（费）业务实现全流程电子化办理，增值税留抵退税时间缩短50%；落实无纸化退税38.5万笔，比上年增长108%。新增减税降费142亿元；落实企业研发费用加计扣除金额269.74亿元，比上年增长35.75%，户均办理金额列全省设区市第二位；办理增值税留抵退税76亿元，比上年增长28.8%；为4.8万户制造业中小微企业办理缓税31.8亿元。2021年度个税汇算覆盖173.43万人，退税6.26亿元。

表21　2020年、2021年无锡市各项收入统计表

项　目	2021年金额（万元）	2020年金额（万元）	增减额（万元）	增　幅（%）
税务部门收入合计	26027428	21435051	4592377	21.4
一、税收收入	18434649	16678987	1755662	10.5
（一）中央级	8570594	7764881	805713	10.4
（二）省级	−248328	−190246	−58082	30.5
（三）市县级	10112383	9104352	1008031	11.1
附：市县级（财政口径）	9838679	8891207	947472	10.7
二、社会保险基金收入	6744999	4179002	2565997	61.4
三、非税收入	847780	577062	270718	46.9
附列：				
一、海关代征	1764525	1540582	223943	14.5
二、出口退（免）税小计	4080199	3481179	599020	17.2
（一）出口退税	2739999	2235679	504320	22.6
（二）免抵调库	1340200	1245500	94700	7.6

（市税务局）

表 22　2020 年、2021 年无锡市税收收入分税种统计表

项　目	2021 年金额（万元）	2020 年金额（万元）	增减额（万元）	增　幅（%）
税收收入合计	18434649	16678987	1755662	10.5
其中：地方十税	3180441	2837543	342898	12.1
一、国内增值税	8335317	7777004	558313	7.2
（一）中央级	4168223	3888857	279366	7.2
（二）省级	−266137	−206460	−59677	28.9
（三）市县级	4433231	4094607	338624	8.3
其中：直接收入	6995117	6531504	463613	7.1
免抵调库	1340200	1245500	94700	7.6
二、国内消费税	192745	188992	3753	2.0
三、企业所得税	4790042	4227200	562842	13.3
（一）中央级	2908219	2563174	345045	13.5
（二）省级	17807	16212	1595	9.8
（三）市县级	1864016	1647814	216202	13.1
四、个人所得税	1586379	1306176	280203	21.5
（一）中央级	951874	783739	168135	21.5
（二）省级	2	2	0	0.0
（三）市县级	634503	522435	112068	21.5
五、资源税	291	596	−305	−51.2
六、城市维护建设税	621703	580118	41585	7.2
七、房产税	487032	427417	59615	13.9
八、印花税	167810	135613	32197	23.7
九、城镇土地使用税	171817	174950	−3133	−1.8
十、土地增值税	594253	546408	47845	8.8
十一、车船税	76989	74009	2980	4.0
十二、车辆购置税	349342	338166	11176	3.3
十三、耕地占用税	17388	17744	−356	−2.0
十四、契税	1002934	846084	156850	18.5
十五、环境保护税	40224	34604	5620	16.2
十六、其他税收	383	3906	−3523	−90.2

（市税务局）

3 月，市税务局在惠山古镇开展“阿福税援”志愿服务活动

（市税务局　供图）

【税收征管改革】 2021 年，市税务局在全省率先制定《进一步深化税收征管改革 2021—2022 年行动计划》，明确 50 项重点举措 150 项具体任务，年内完成 113 项既定任务，相关做法和经验在全省深化改革推进会上作现场交流。持续落实“首违不罚”清单及裁量基准，实施“首违不罚”逾 3 万次。梁溪税收普法教育基地被命名为“大运河（江苏段）法治文化长廊品牌项目”。

【税费服务新体系】 2021 年，市税务局在全省率先推出税费服务新体系建设实施意见，全市 66 个办税服务场所全部进驻政务中心、便民中心或加挂“政务服务分中心”牌子。5 个发票类基础管理事项整合前移、分类处理、数据赋能，实现“前台受理、内部流转、限时办结、窗口出件”。“12366”税费服务热线与“12345”政务服务热线归并，提供每天 24 小时在线服务，实现社保业务“一号通答”。

【税务监管体系】 2021 年，市税务局制定《关于加强税务监管体系建设的实施意见》，梳理完成各层级、各部门监管职能定位、岗位职责和运行流程，构建精准监管新体系基本框架。按层级建立税务监管分析报告半年报备机制和属地信息采集机制，组建包含市县两级 192 名成员的税务监管专业团队。

【税收综合共治】 2021 年，市税务局制定《网格化社会治理税收综合共治服务事项清单》，涵盖涉税（费）信息采集、提示提醒服务、政策宣传辅导三大类 19 项业务，通过网格推送基础信息采集、催报催缴、稽查积案清理等任务 30 批次 7345 户次。健全纳税信用体系，推行长三角区域内纳税信用级别共享共用互认，评出纳税信用 A 级企业 51620 家，比上年增长 52.74%，授信金额 441.35 亿元，发放贷款金额 700.82 亿元。强化与市公安局、市法院、市检察院等司法部门协作，依托司法拍卖信息交互和企业破产处置协调机制，全年入库税款 7.1 亿元，其中司法拍卖入库 5.12 亿元、破产新生税费 1.98 亿元。

【便利化税费服务】 2021 年，市税务局制定税收营商环境 2 年行动方案，升级营商环境指标监测系统 4.0 版。开展“便民办税春风行动”，出台九大类 78 条措施，落实财产行为税“十税合一”，探索企业所得税一键申报，有效缩短申报时间。推行税务证明事项告知承诺制，持续扩大涉税资料由事前报送改为留存备查范围；推出新办企业、不动产交易等 10 项“一次办”指引。退税申报表单减少三分之一，退税平均办理时间保持在 2 个工作日以内。

【智能化办税渠道】 2021 年，市税务局在全省率先将 21 项常用线下办理业务拓展为全流程“云办税”，高频事项“非接触”业务办理率突破 97%，位居全省税务系统和全市政务服务部门前列。在全省首创智慧办税区“无柜台”办税服务，实现线上线下业务一站式融合办理。扩大不动产集成服务功能，在全省率先推出不动产交易涉税业务全程“线上办”“掌上办”。打造智能自助微税厅，拓展服务触角，实现发票领用、发票代开等高频事项办理需求“就近办、便捷办”。

【大企业特色税收服务】 2021 年，市税务局创新大企业个性化服务，推出大企业税务内控体系操作规范，与 24 家大企业开展税务风险内控共建。优化升级“阿福税通”征纳互动平台，31 万余户企业入驻，推送各类涉税政策、服务指引等提醒提示 3606 条，覆盖 1401.3 万户次纳税人。

【税收风险防控】 2021 年，市税务局在全省率先制定《税收风险深度分析和提示提醒工作手册》《税收风险应对（纳税评估）案卷规范化建设工作手册》，消除风险疑点 2.9 万个，完成各类风险应对任务 4.3 万户（人）次，全国首例简易单边预约定价安排。自 2018 年启动打击虚开骗税违法犯罪专项行动以来，至年末，全市累计查办涉嫌骗税和虚开企业 4136 家，涉及税额 12.3 亿元，查办虚开超亿元案件 18 件，虚开骗税势头得到有力遏制。年内，虚开骗税案源数量全省最低。推进增值税发票“全链条”风险防控，完成 34917 户新办纳税人票种核定，完成现金税费征缴专项整治和成品油税收专项整治。

（市税务局）

金融监管

【概况】 2021年，无锡市制定金融风险防控四项机制，建立金融突发事件应急处置预案、防控非法金融活动长效机制等。不良信贷显著下降，不良率降至0.93%，低于全国平均0.8个百分点。全国首创教育培训预付费监管信托模式，保护教育培训消费者。非法集资领域风险持续收敛，部分重点非法集资陈案得到有效化解，新立非法集资案件数、参与人数和金额分别比上年下降8.1%、28.4%和34.2%，连续4年实现“三降”。

（市地方金融监管局）

【银行业监管】 2021年，无锡银保监分局指导辖区内银行机构持续盘清风险、压降存量、严控增量。全市银行业处置不良贷款230.2亿元。全市银行业不良贷款余额162.83亿元，不良率0.93%，分别比上年下降87.89亿元、0.7个百分点。处罚银行机构13家次、责任人25人，罚没合计760.13万元。

【保险业监管】 2021年，无锡银保监分局把保护消费者合法权益放在重要位置，依法从严监管，严肃市场纪律，推动保险业良性健康发展。全年针对保险机构开展现场检查3项，监管约谈14家次，下发监管意见书2次、风险提示2次、监管通报7次。开展检查处罚，处罚保险机构10家次，责任人6人，罚款合计245.8万元。

（无锡银保监分局）

【外汇管理】 2021年，中国人民银行无锡市中心支行推进外汇领域改革开放和人民币国际化，支持辖区产业转型升级和金融创新发展。推进跨境金融区块链贸易融资，简化业务流程，提供绿色通道服务，累计为300余家上链发放贸易融资超过17.5亿美元。推进合格境外有限合伙人先行试点，推动省内第二家、全市首家合格境外有限合伙人试点基金成立，联合出台无锡市合格境外有限合伙人试点办法，为跨境私募股权投资开辟通道，完成4家试点企业备案，试点基金规模11亿美元。创新西港特区跨境人民币业务，打造跨境人民币服务的“无锡样板”。全年西港特区对江苏省跨境人民币结算1.3亿元，比上年增长近58倍。相关工作成果获“学习强国”学习平台宣传报道。

【征信管理】 2021年，中国人民银行无锡市中心支行推进地方征信体系建设，改进数据采集模式，依托无锡市综合金融服务平台，建立优质无贷户“白名单”推送机制，上线“征信贷”等定制化征信融资产品，扩大征信信息服务覆盖面。推动征信促融工作，利用动产增信作用，带动供应链融资投放787.4亿元。加强政府采购信用，优化线上“政采贷”模式，累计投放“政采贷”2.43亿元，居全省首位。办理全省首笔5000万元符合信息披露要求的再贴业务，为远景能源供应链提供2.3亿元商票融资，助力商票信用体系建设。

（中国人民银行无锡市中心支行）

审　计

【概况】 2021年，无锡市审计机关完成审计项目307个，其中审计278个、专项审计调查29个。查出主要问题金额564.81亿元，其中违规金额3.84亿元、损失浪费金额14.96亿元、管理不规范金额546.01亿元。审计发现非金额计量问题1794个，损益（收支）不实金额33.74亿元。出具审计报告和专项审计调查报告469篇，被批示、采用40篇次。审计整改金额105.13亿元，其中应上缴财政8.24亿元、应减少财政拨款或补贴3.16亿元、应归还原渠道资金1.58亿元、应缴纳其他资金5.54亿元、应调账处理金额86.61亿元。移送司法机关、纪检监察机关和有关部门处理事项13件，移送处理落实事项19件，移送处理落实人员4人，移送处理金额1.02亿元。审计促进整改落实有关问题资金53.14亿元，

10月16日，市审计局工作人员配合省委、市委涉粮巡视巡查工作，在粮库勘察粮食储备情况　（市审计局　供图）

促进增收节支和挽回损失10.07亿元,审计促进拨付资金到位6100万元,审计后挽回(避免)损失300万元,核减投资额11.02亿元。审计提出建议807条,被采纳767条,推动被审计单位制定整改措施107项,促进被审计单位建立、健全规章制度160项,提交审计信息357篇,被批示、采用245篇次,向社会公告审计结果8篇。制定《无锡市“十四五”审计事业发展规划》。无锡太湖山水城旅游度假区管委会主任经济责任审计项目获全省审计机关市级优秀审计项目二等奖;江溪街道涉农村(社区)经济运行及“三资”管理情况专项审计调查项目获全省审计机关县级优秀审计项目二等奖;无锡市公立医院综合改革政策落实情况专项审计项目、锡山区交通运输局局长经济责任审计项目获省优秀“两统筹”审计项目。市审计局实施审计内循环、打通监督外循环、服务发展大循环、涉粮领域巡审联动、“审计监督同行”模式,获中央纪委副书记傅奎表扬肯定。《土坨坨变成金疙瘩——一份审计档案里的扶贫路》微视频入选全国档案系统庆祝中国共产党成立100周年百部主题微视频优秀作品,被省审计厅评为年度十大新闻。4名个人在2021年度全省大数据审计技能竞赛中获奖。

【政策跟踪审计】 2021年,市审计局对涉及稳增长、促改革、调结构、惠民生、防风险等方面政策落实情况开展跟踪审计,发现和纠正政策措施落实过程中存在的政令不通畅、履职不尽责、落实不到位、政策不科学等方面问题。启动困难群众救助补助资金审计。参与市纪委监委“民生专项资金清理整治”行动,帮扶群众80余万人。开展惠企直达和政府投资工程资金支付专题调研,促进相关资金落实和机制完善。

【财政审计】 2021年,市审计局在做好传统财政收支审计基础上,推动盘活存量、优化增量,促进提高财政资金分配、管理和使用水平。对审计发现的常见性问题进行汇总分析并提出对策建议。

【专项审计】 2021年,市审计局围绕产业扶持资金、教育经费、城市停车管理、社会保险基金等重点领域的风险隐患和资金使用绩效实施审计监督,促进政策落实、资金到位、制度完善。组织开展疫情防控工程建设项目跟踪审计、无锡市火眼实验室配套工程竣工决算审计。

【经济责任审计】 2021年,市审计局对全市109个部门、板块和国有企业党政负责人开展经济责任审计,其中任中审计58人、离任审计51人。

(市审计局)

统　计

【概况】 2021年,市统计局建立重点企业主要经济指标预警监测机制,构建主要指标运行监测体系,对经济运行宏观指标、地区生产总值核算基础指标、高质量考核指标实施动态监测,科学解读数据情况。以省、市高质量发展考核监测指标体系为参考,结合基层实际,建立镇(街道)高质量发展监测评价体系。围绕重大发展战略,研究制定生物医药、5G产业等统计监测制度,建立太湖湾科创带统计监测体系。报送经济信息299条,撰写统计分析150篇,获省级以上录用76篇次。市统计局获2021年度全省统计工作“创新奖”第一名。

【统计调查】 2021年,无锡市第七次全国人口普查公报如期发布,市统计局开展普查成果宣传和课题研究,发挥人口普查数据使用价值和社会效益。组织实施国民经济各行业和社会发展各领域全面调查和抽样调查,聚焦经济社会发展热点问题,开展54次专项调查,完成7次社情民意调查。修订《无锡市统计质量管理体系》,制定统计业务流程规范,为统计质量管理提供制度保障。建立企业电子统计台账应用,完善统计协管员队伍管理机制,加强统计基层基础规范化建设。

【统计改革】 2021年,市统计局推进统计现代化改革,常态化实施地区生产总值统一核算联席会议制度和统计数据部门共享机制,提高核算工作质量。开展数字经济统计方法制度研究,建立健全特色文化产业监测制度,推进服务零售额测算试点,完善规模农业统计调查,首次开展大数据应用分析,创新建立基于内循环的无锡企业注册资本流量监测制度,推进统计信息化建设,完成无锡市统计业务和数据中心项目第二阶段任务。

【统计法治】 2021年,市统计局配合省统计局对无锡市开展统计督察,保障省统计督察顺利完成。加大统计“双随机”执法检查力度,执法检查企业150家,立案查处统计违法案件并实施行政处罚3起。与市委巡察工作办公室联合制定《关于加强市委巡察机构与市统计局协作配合的工作办法(试行)》,推动统计监督与巡察监督贯通融合。加强统计法治宣传教育,启动统计“八五”普法宣传,连续5年在市委党校专题班、任职班等课堂开展统计法律法规培训和宣讲活动。

(市统计局)

【民情民意调查】 2021年,国家统计局无锡调查队开展全面从严治党、江苏乡村振兴战略实施情况以及地方委托调查等18项,涵盖民生民情、企业(机构)发展、社会实情、政府部门状况等方面。围绕地方党政部门关注热点,利用现有调查网络,开展芯片短缺影响调研、大宗商品保供稳价情况及企业应对举措期盼调研、限电限产对企业生产经营影响调研、“汽车下乡”情况调研、居民“五一”假期消费情况调研、网购消费专项调研、应届高校毕业生就业创业情况调研等经济社会重点问题专题调研活动40余次。

【住户调查】 2021年,国家统计局无锡调查队建立市区统管住户调查体系,开展三轮访户工作,走访全市32个调查样本点、近300户记账户。利用住户样本点开展富民增收、共同富裕基础情况调研,了解疫情常态化防控制度下居民增收情况。

（国家统计局无锡调查队）

1月23日,市市场监管局执法人员在堰桥镇西漳永顺冷冻库开展进口冷链食品涉疫安全专项检查　（市市场监管局　供图）

市场监督管理

【概况】 2021年,市市场监管局持续优化营商环境,规范市场秩序,实施知识产权、质量强市和标准化战略,提升市场监管效能,完成事业单位改革试点和综合执法改革,食品、药品、特种设备、工业产品质量安全形势持续平稳。全年立案查处各类违法案件6790件,罚没1.23亿元。其中,移送司法机关追究刑事责任61件。入选国家市场监管总局、省市场监管局“铁拳”行动典型案例5件,入选年度长三角联动执法典型案例1件,入选全省2021年度“铁拳”行动和“两反两保”行动重大典型案例9件,入选数量居全省第一。在流通销售、仓存储运环节连续查处特大经营未经检验检疫进口冻品系列案件,没收冻品188.23吨,罚没387.83万元。市市场监管局被国务院食品安全委员会表彰为全国食品安全工作先进集体,获评国家市场监督管理总局“小个专”党建工作表现突出集体、全国消协组织消费维权先进集体、全省市场监管系统先进集体。无锡市入选国家食品安全示范创建推荐城市。

【营商环境优化】 2021年,市市场监管局优化企业开业与注销流程,全面推行注册“全链通”平台和注销“一网”平台运用,实现与公安、银行、税务、社保、住建(公积金)等部门数据对接,拓展简易注销登记适用范围,减少注销公告时间,取消注销公告费用,便利企业准入与退出。市市场监管局制定《无锡市市场监督管理局深化“证照分离”改革进一步优化营商环境激发市场主体活力的实施方案》,明确服务和监管标准、方式和措施,加快推动无锡市企业实现“持照即可经营”。开展“一照多址”改革,放宽市场主体住所(经营场所)登记限制,简化企业设立分支机构登记手续,惠及企业约150家。省市场监管局“智慧商事登记改革”“住所与经营场所分离改革”“电子档案在线查询”3项商事制度改革试点项目落地无锡。

【许可服务优化】 2021年,市市场监管局制定《无锡市市场监管局关于新冠肺炎疫情防控期间优化审批服务的通告》,对特种设备安装改造修理企业和食品添加剂生产企业分别制定适宜的许可证延期政策,帮助企业避免因疫情等不可抗力造成的许可证延期而产生其他损失,统筹做好疫情防控和经济社会平稳健康发展。制定《关于推行食品生产许可证载明事项简单变更告知承诺制(试行)的通知》,简化申请文书和材料,取消现场核查,在省内率先实行食品生产许可证载明事项简单变更告知承诺,最快可实现2个工作日获证,从根本上降低企业制度性交易成本。对外商投资企业重大项目提供“一对一”专人指导,启动“容缺办理”机制,确保车联天下、春华资本等重大项目落地。

【评审承诺制】 2021年,市市场监管局推出食品连锁经营企业食品经营许可“评审承诺制”,对全市使用同一商号(字号)10家以上、统一采购配送、统一规范管理的食品连锁经营企业,通过主动申请,市场监管部门组织审查,获得资质后在新开直营门店时免现场核查,进一步简化审批流程,大幅度压缩审批时限。年内,全市有2家企业通过评审获得资质。

【免罚轻罚清单】 2021年,市市场监管局制定《无锡市市场监管推行免罚轻罚清单的指导意见》,清单事项涉及市场主体登记、电子商务、广告、知识产权、价格、商务、粮食等市场监管领域执法事项，加强对新业态、新模式施行包容审慎监管。结合市场监管执法实践和执法改革，制定轻罚清单1.0版，对一般违法行为减轻从轻处罚事项共计17项；制定免罚轻罚清单2.0版，对轻微违法行为不予行政处罚事项扩充至147项。自免罚清单公布实施以来，全市市场监管系统对1098家市场主体实施免罚轻罚，减免金额超3000万元，坚持处罚与教育相结合，适度容错给予当事人纠错机会，对不予处罚当事人及时进行教育。

【“双随机、一公开”监管】 2021年，市市场监管局健全“双随机、一公开”抽查机制，将全市双随机监管联席会议成员单位由17家扩大至42家，实现市场监管领域全覆盖。强化部门联合抽查制度建设，制定《无锡市市场监管领域“双随机、一公开”实施细则》，科学规范全市双随机监管机制。建立《无锡市市场监管领域部门联合抽查事项清单（第一版）》，覆盖25个领域54条抽查事项。统筹制定全市部门联合抽查计划与事中事后监管计划，包含42个市级部门制定的186项事后监管任务和23项部门联合“双随机、一公开”监管任务。指导推进省市场监管信息平台应用，市级42家成员单位均在平台上开展双随机监管工作。全市各部门共设立随机抽查事项清单3024条，检查对象库包含检查对象293.57万户，检查人员库包括检查人员8095人。年内，全市各级各部门制定各类检查计划1982个，开展部门联合双随机抽查任务336个，其中市级部门制定检查计划373个，开展部门联合双随机抽查任务68个，38个市级部门参与部门联合双随机抽查任务。全市各级各部门抽取各类检查对象4.03万户，其中包括部门联合检查对象2917户，检查结果全部公示。

【网络交易监理】 2021年，市市场监管局采用技术监测手段持续开展日常监测和“双十一”“保健食品”“长江非法捕捞渔获物”等35个专项监测，监测网络交易信息数据977万条（次），筛查监测线索7.38万条（次），在线警示电商整改轻微违法问题5000余个，处置一般违法问题700余个，发布实施全国首个网络交易监测地方标准——无锡市《网络交易监测管理规范》。建成全省首个在线电子数据取证中心，完成电子数据固证717件、司法出证5件，发布《在线电子数据取证中心（实验室）建设标准》。

【消费环境建设】 2021年，市市场监管局制定《关于进一步深入推进全市放心消费创建工作的实施意见（2021—2023）》，部署放心消费创建3年主要任务。开展消费维权服务站规范化建设，制定《全市消费维权服务站建设管理办法》，健全消费维权工作制度、工作标准、工作程序和工作职责，全市已建成标准化消费维权服务站621家。全市新增省级放心消费创建先进（示范）单位40家、市级放心消费创建先进（示范）单位166家。开展第二届“放心消费，体验无锡”系列消费体验活动，打造《偶里来帮忙——放心消费在身边》特色专栏，在公交车、地铁等1.1万余个移动电视终端滚动播放，累计覆盖人流近400万人次。致力美丽乡村消费环境建设，承办“满意消费长三角”暨美丽乡村放心消费创建活动启动大会，制定《美丽乡村放心消费体系建设与管理规范》，协同构建“满意消费长三角一体化示范区”。建立消费环境测评长效机制，连续6年公开发布《消费环境建设白皮书》，推进全市消费环境提升，在中国消费者协会发布的全国大中城市消费满意度测评中，无锡市位列前十。

【消费维权服务平台】 2021年，无锡市全面实施消费投诉信息无差别全公示，于3月1日发布实施《无锡市市场监督管理消费投诉信息公示实施办法》，明确投诉公示范围和操作程序等，是全国地级市中首个指导全市市场监管系统消费投诉信息公示的规范性文件。2019—2021年，全市对100万家经营主体消费投诉信息和消费信用评价积分予以公示，累计公示信息74247条。年内，市市场监督管理“12315”全系统登记消费者咨询、投诉、举报162927件，比上年增长46.68%，其中，投诉43528件，占登记总数26.72%，比上年增长107.88%；举报23767件，占登记总数14.59%，比上年增长156.11%；咨询95632件，占登记总数58.69%，比上年增长18.28%。为消费者挽回经济损失2881.54万元。

【公平竞争审查】 2021年，市市场监管局制定《无锡市公平竞争审查征求意见工作规范》《无锡市公平竞争审查抽查工作办法》《无锡市公平竞争审查第三方评估实施办法》，与江南大学达成合作协议，推进全市公平竞争审查第三方评估落地运行。组织开展全市公平竞争审查专题培训和督查工作，提升全市公平竞争审查能力水平和工作质量。全市梳理新增涉及市场经济活动规章、规范性文件和其他措施审查213件，修改调整1件，废止修订1件，清理存量共计56件。

【产品质量建设】 2021年，无锡市制定《关于支持现代产业高质量发展的政策意见》，在保持原有“市长质量奖”“市质量管理优秀奖”基础上，对获得“江苏精品”的单位给予每家10万元奖励。无锡市获省政府设区市质量考核最高等级A级。英飞凌科技（无锡）有限公司、中国船舶重工集团公司第七〇二研究所获第四届“中国质量奖”提名奖，进入现场评审和陈述答辩单位数量列全国大中城市第3位、全省首位。红豆集团获全省唯一第19届全国质量奖。无锡先导智能装备股份有限公司获2021年度省长质量奖。无锡威孚高科技集团股份有限公司获省长质量奖提名奖。8家企业通过质量信用AA级、4家企业通过质量信用AAA级等级现场评定，新增企业产品“江苏精品”5只。市市场监管局制定《无锡市质量基础设施“一站式”服务方案》，与国家市场监管质量基础设施效能研究重点实验室、江南大学质量品牌研究院签订《无锡市质量发展升级变革战略合作协议》，在产品质量可靠性研究测试、长三角质量基础设施建设水平指数研究、长三角城市质量发展和比较研究等6个领域开展共同研究。推动市政府与中国航空综合技术研究所、江南大学共同启动长三角（无锡）质量数据中心。组织开展企业“首席质量官”系列培训，市县两级培训“首席质量官”2000余人，组织22名学员参加省市场监管局首席质量官高级培训班。

9月13日，市市场监管局执法人员督查梁溪区黄巷农贸市场经营交易秩序
（市市场监管局　供图）

【重点工业产品质量监管】 2021年，市市场监管局在重点工业产品质量监管中推行“双查双审双整”工作机制，全覆盖检查工业产品生产许可证获证企业879家次，组织开展燃气具及配件、塑料污染治理、成品油、电线电缆、非医用口罩、电动车、水泥等20类产品质量专项工作，市级监督抽查和风险监测产品102种、1948批次，抽查合格率92%。强化监督抽查不合格产品生产销售后处理工作，落实各项后处理措施，开展质量巡回问诊活动，形成闭环监管，“倒逼”企业落实质量主体责任、提高产品质量水平。

【计量管理】 2021年，市市场监管局新增社会公用计量标准46项，依托国家物联网感知装备产业计量测试中心，促进计量与产业发展深度融合。加强计量监督管理，春节、国庆等节日期间组织市场计量检查，抽检定量包装商品2000批次。加强对计量器具生产企业监管，督促企业切实从源头规范生产行为，抽样检测产品53批次。开展“计量服务中小企业行”活动，推动“计量服务中小企业公共平台”应用，服务企业100家以上。推进计量器具强制检定工作，强制检定计量器具57.9万台（件）。联合市教育部门开展“明镜守护”活动，为市属中小学校学生免费检测眼镜2.5万余副。电动汽车充电桩计量检定便民查询系统在“灵锡”App上线，方便市民查询、使用。

【标准化建设】 2021年，无锡市新增贯标备案企业820家，40家企业贯标绩效评价合格，新增贯标认证企业825家。法尔胜泓昇集团有限公司获批成立全国首批、省内首家国家技术标准创新基地（金属线材制品国际标准化），江苏阳光集团有限公司获批筹建全省首批江苏省纺织技术标准创新基地，江阴兴澄特种钢铁有限公司获批筹建江苏省特殊钢技术标准创新基地，江苏省环保产业标准化技术委员会落户无锡市。市市场监管局主导参与制修订国际、国家及行业、地方标准124项，累计2085项；主导参与制修订国际标准11项，由无锡市企业承担和参与的国际标准累计66项；新增企业自我公开声明标准5171份；新增1个国家级和8个省级标准化试点项目，累计建设国家和省级标准化试点示范项目114个。

【农贸市场专项整治】 2021年，市市场监管局会同市公安局、市民政局、市城管局、市商务局等部门，开展无锡市文明城市建设整改提升“农贸市场文明七促进”专项整治行动，集中解决市场“脏、乱、差”问题。制定《无锡市文明城市建设整改提升农贸市场专项整治行动细化落实方案》等6个专项工作方案推进整治行动，修订《无锡市农（集）贸市场相关管理制度汇编》，制定《农（集）贸市场文明城市创建标准化工作清单》。确定周新、春潮、毛岸3家农贸市场为市级农贸市场文明示范点。建立“红黑榜”警示和“约谈会”提醒长效机制，通报红榜市场15家、黑榜市场11家，10次组织约谈提醒市场34家次。全市市场监管系统“线下”出动执法人员72144人次，现场检查农贸市场4.42

万家次，检查发现并督促整改各类问题38026个。

（市市场监管局）

物价管理

【价格调控】 2021年，无锡市居民消费价格指数（CPI）累计涨幅1.7%，完成全年价格调控目标。落实价格调控目标责任制，发布《无锡市2021年价格调控目标责任制的实施意见》，从生产供应、监测预警、市场监管、保障群众、宣传引导等方面，保障疫情防控期间重要民生商品供应和价格稳定。完善社会救助和保障标准与物价上涨挂钩联动机制，扩大补贴对象范围，加大对困难群众兜底保障力度。

【平价商店】 2021年，无锡市增强平价商店辐射效应，市区平价商店发展近70家，开展多项活动平抑市场价格波动。春节期间，平价商店投放储备猪肉42吨。国庆期间，市区平价商店开展“521”国庆特惠活动。11月，开展“平价蔬菜惠万家”活动，20余种平价蔬菜优惠幅度超过30%。全市平价商店累计销售平价农产品6047万千克，销售金额5亿元，惠民金额1.8亿元。

【水气价格政策完善】 9月，无锡市实施居民阶梯水电价“一户多人口”政策，将常住非户籍人口纳入优惠范围。至年末，水务集团为1430户办理阶梯人口审核，华润燃气为1024户办理多人口审核，降低居民生活成本数十万元。

（市发展改革委）

【价格收费监管】 2021年，市市场监管局维护市场价格秩序，开展涉企收费、殡葬服务价格、停车收费、转供电、校外培训机构、房地产经纪机构、普通商品住房销售行为、粮食市场秩序、不合理医疗价格、核酸检测价格、防疫物资和民生商品价格专项检查，办理价格收费投诉举报及信访件，挽回消费者经济损失378.15万元。

（市市场监管局）

知识产权管理

【概况】 2021年，市市场监管局健全知识产权工作机制，整合知识产权工作资源，加大知识产权保护力度，推进知识产权高质量发展。4月25日，市市场监管局发布《2020年无锡知识产权发展与保护状况（白皮书）》。无锡市在全国营商环境评价中，“知识产权创造、保护和运用”指标进入优异等次，市市场监管局（市知识产权局）被人力资源和社会保障部、国家知识产权局联合表彰为全国知识产权系统先进集体。

【知识产权创造】 2021年，全市专利授权量7.97万件，比上年增长31%；有效发明专利拥有量3.72万件，比上年增长15%；万人发明专利拥有量49.85件；PCT专利申请量653件，比上年增长37%；新增商标注册3.89万件，万企有效注册商标企业1085.05家；有效注册商标23.44万件，新增区域品牌集体商标“西望紫砂”。跟踪服务“甘露青鱼”等地理标志促进项目，报送“阳山水蜜桃”“无锡毫茶”地理标志创新举措和典型经验。年内，全市12个项目获中国专利奖。

【知识产权保护】 2021年，市市场监管局制定《2021年度无锡市知识产权行政保护工作实施方案》《无锡市知识产权信用监管示范工程实施方案》《关于严格专利行政执法办案时限提升办案效率的意见》。4月25日，市知识产权战略实施工作领导小组办公室发布2020年度知识产权保护典型案例。全市受理专利侵权纠纷案件36件，结案42件；办理电商类专利侵权案件265件，出具侵权判定意见书265份；处理涉嫌侵犯北京冬奥会官方标志案件6件；3件案件入选全省知识产权保护十大典型案例。

延伸阅读：

2020年知识产权保护典型案例

4月25日，市知识产权战略实施工作领导小组办公室发布2020年知识产权保护典型案例。这批案例涵盖版权、专利权、商标权、软件著作权等知识产权重点领域，具有较强的典型示范意义，对于督促知识产权代理机构规范执业，维护知识产权代理行业秩序具有强烈的警示作用。此次发布的10件典型案例分别是：泸州古存酒业有限公司诉北塘区某副食品商行侵犯外观设计专利权纠纷案，朱某某、胡某某网络销售假冒“3M”口罩案，江阴某机电设备安装有限公司侵犯“施耐德”注册商标专用权案，江苏某知识产权代理有限公司违法代理商标案，无锡某机械有限公司侵犯他人商业秘密案，陈某某等人制售假冒品牌玻璃胶案，上海太同弹簧有限公司与无锡市新大同弹簧有限公司商标侵权、不正当竞争纠纷案，马某某、林正某、林佳某、唐某某销售假冒注册商标的商品、假冒注册商标案，江阴某模业有限公司未经软件著作权人许可擅自复制著作权人的软件案，南通某进出口有限公司出口侵权PVC标牌案。

（市市场监管局）

【部门协作机制】 4月25日，在无锡市知识产权宣传周主题活动上，市中级人民法院、市人民检察院、市公安局、市司法局、市知识产权局、无锡银保监分局、无锡海关、无锡仲裁委员会8个部门联合签署《无锡市知识产权保护跨部门协作框架协议》，标志着覆盖知识产权创造、保护、运用和服务“全链条”的知识产权保护跨部门协作机制全面启动。

根据框架协议，签约部门围绕知识产权保护工作协调机制、知识产权行政司法协作机制、知识产权纠纷多元化解机制、知识产权工作长效合作机制、知识产权金融服务创新机制五大领域开展合作对接，构建全市知识产权保护网络。

【知识产权保护联盟】 10月11日，无锡市全链条知识产权保护联盟成立。联盟由市知识产权局、市中级人民法院发起，市知识产权保护中心、无锡龙头企业代表雅迪集团控股有限公司、无锡小天鹅电器有限公司、中国船舶科学研究中心和中策知识产权研究院共同倡议发起，联盟聚焦打通知识产权创造、运用、保护、管理、服务全链条，构筑政府、行业、企业间资源共享、互通互联的交流平台，精准对接市场主体知识产权保护需求。联盟成员建立知识产权保护标准和健全信息共享机制，与重点企业搭建快速响应及维权通道，设立线索移送平台，运用大数据分析，发挥集成优势，打击侵犯知识产权行为。建立知识产权服务平台，召集知识产权专家咨询委员会，研究知识产权及专业技术问题，为知识产权保护及整体创新竞争力提升出谋划策。

【知识产权质押融资】 2021年，无锡市知识产权金融公共服务平台上线，实现银行产品、企业信息、知识产权评估一网通。知识产权质押融资合作银行增至31家，组建知识产权金融服务联盟，打造全市知识产权金融业务服务共同体。全市新增知识产权质押贷款67.16亿元，质押金额蝉联全省第一，109家企业获得知识产权质押贷款贴息近1400万元支持。

【知识产权保险】 2021年，市市场监管局完善知识产权保险产品体系，力推专利、商标、集成电路布图设计混合保险和组合保险。全市知识产权保险合作公司增至6家，共有224家企业参加知识产权保险，保险公司提供保障金额4.95亿元，为167家企业提供知识产权保险保费补贴348.85万元，有效降低企业知识产权风险。

【高价值专利培育】 2021年，市市场监管局在全市节能环保、高端装备等重点行业、新兴行业中的8家单位建立市级高价值专利培育中心项目，新增省级高价值升级项目1个。江苏长电科技股份有限公司、无锡小天鹅电器有限公司的项目在省级高价值专利培育项目验收中获评优秀，无锡小天鹅电器有限公司案例入选国家知识产权示范企业典型案例。举办“走进高价值专利培育中心”实地学习观摩活动、高价值专利培育项目示范现场会等宣传培训，增强企业知识产权创造意识。

（市市场监管局）

【版权管理】 2021年，无锡市开展“4·26”世界知识产权日版权宣传周活动。遴选太湖陶刻研究院、吴鸣文锡绣工作室、永中软件股份有限公司3家版权单位参加第八届中国（杭州）国际版权博览会。新吴区法院和江阴市市场监管执法大队2家单位获评版权类案件查处国家级有功单位，无锡市9人获评版权类案件查处国家级有功个人。宜兴长青藤文化艺术有限公司、无锡市惠山泥人厂有限责任公司、江苏儒灵童文化产业集团有限公司3家版权企业获评2021年江苏省优秀版权作品产业转化重点培育项目，无锡灵鸽机械科技股份有限公司、宜兴长青藤文化艺术有限公司获评江苏省版权示范单位。

（市委宣传部）

【知识产权保护中心】 5月12日，中国（无锡）知识产权保护中心获国家知识产权局批复同意建设。中国（无锡）知识产权保护中心面向全市物联网和智能制造产业领域，开展专利快速审查、快速维权、导航分析等业务，为无锡市创新主体提供涵盖物联网和智能制造产业89个国际专利分类号和34个洛迦诺分类号快速预审服务，建立专利快速授权通道。

【第17届中国（无锡）国际设计博览会】 10月11—13日，第17届中国（无锡）国际设计博览会在无锡市举办，由国家知识产权局、科技部、江苏省人民政府联合主办，省知识产权局、省科学技术厅、市人民政府承办，

10月11—13日，第17届中国（无锡）国际设计博览会在无锡市举办

（市市场监管局　供图）

市市场监管局（市知识产权局）执行承办。博览会以“心之所向，智创未来”为主题，主要活动包括开幕式、第22届中国外观设计金奖、第10届太湖奖两场颁奖仪式和设计与知识产权保护主题论坛、设计与创新发展主题论坛两场高峰论坛。博览会总展览面积1.68万平方米，300余家展商参展，81项中国专利奖外观设计奖作品参展，观展观众近2万人次。

（市市场监管局）

信用体系建设

【概况】 2021年，市发展改革委制定《无锡市“十四五”社会信用体系建设规划》《无锡市进一步完善失信约束制度构建诚信建设长效机制实施方案》，并制定《无锡市卷烟零售户信用管理办法》《关于实施社会救助信用承诺制度的通知》等重点行业、领域信用制度，成立市信用建设促进会。围绕信用管理规范化、信用服务精准化目标，加强体系建设，“信易贷”平台获评全国中小企业融资综合信用服务特色平台。无锡市在全国261个地级市城市信用状况监测月均排名中列前七位，江阴市在全国383个县级市信用状况监测月均排名中列前五位。

（市发展改革委）

【“诚信无锡”建设】 2021年，市文明办根据《关于深入开展诚信缺失突出问题专项治理的实施方案》，明确具体推进措施和工作要求，整理汇总11个重点领域集中治理任务牵头单位定期报送的推进情况及面临问题，撰写近5000字诚信缺失突出问题专项治理说明报告。开展诚信先进典型选树活动，发挥诚信先进典型示范作用。陈丽芬获评省诚实守信道德模范提名奖。持续推进信用积分“诚信阿福分”，将评选的93名各级“身边好人”、优秀志愿者、道德模范等数据，全部报送市公共信用信息服务平台，计入个人“阿福分”，引导人人讲信用、守信用。

（市委宣传部）

【“数字信用”建设】 2021年，市发展改革委归集信用数据总量3.77亿条，其中社会法人数据总量0.71亿条、自然人数据总量3.06亿条。新增信用承诺信息159.52万条，占市场主体150%以上；完成35个部门和8个地区64.1万条“双公示”信息公开公示与报送。推动“数字信用”建设，制定《无锡市个人信用分管理办法（试行）》《无锡市个人信用分“阿福分”指引》，完成个人信用积分管理平台与“灵锡”App对接。信用数据分别实现与跨境电商平台、工业大数据服务平台、企业征信平台、锡惠嫂家政服务平台等7个平台对接共享共用。“双公示”信息采用接口方式，实时全量向市场监管平台推送。

3月31日，无锡市成立信用建设促进会　（市发展改革委　供图）

【信用应用服务】 2021年，全市“互联网＋信用服务”体系常态化实施社会法人公共信用评价报告“网上办”“即时办”“零跑腿”一站式服务，在项目资金申报、企业应急转贷、评优评先等52个政务服务领域中，出具报告12272份。依托省、市一体化系统，为政策优惠、稳岗返还、资金扶持、评优评先等实施信用查询9万余家次。拓展“阿福分”应用领域，在停车、出行、旅游和家政服务4个场景实施信用消费优惠，逐步打造“信用生活圈”，提升信用获得感。“阿福分”自7月1日开通以来使用7.58万人次，累计21.43万人次。开展“信易贷”应用和“信用＋小镇”“信用＋社区治理”建设试点，推进“信用＋交通”建设和“信用＋农产品”电子档案建设。

【城市信用环境建设】 2021年，市发展改革委实施信用管理创建，举办420家企业参加的信用管理创建培训班7场、927家企业参加的信用修复培训班15场、144名信用管理师参加的职业技能培训班2场，完成101家省级和市级信用管理示范企业复评复审，新增市级示范企业35家、省级示范企业3家。开展“诚信3·15”宣传活动，在交通全行业内发出诚信倡议，创办“信用交通”大讲堂。结合“6·14”信用主题宣传日，开展多媒体宣传和线下广场普法宣传活动。

开展“小手拉大手”活动，让“诚信”教育在学校、家庭、社会中相互影响、相应相扣、相融相生，形成“人人知诚信、人人讲诚信”的良好社会环境。“我为群众办实事”信用修复作为项目，受到《新华日报·交汇点》、“学习强国”学习平台等媒体宣传。

【信用监管】 2021 年，全市推行承诺公示制度，在“信用无锡”网站全量向社会公示市场主体信用承诺 110.35 万条。行政审批服务新增 40 项利企便民举措，开展自审承诺制、小微企业免收不动产登记费告知承诺制。制定《社会组织住所（场所使用权）证明告知承诺书》，实施社会团体、基金会、民办非企业单位成立、变更登记住所（场所使用权）等证明事项告知承诺制。在全省率先建立救助告知承诺制度，统一规范告知承诺书，减少 7 个申请救助证明事项。围绕科技、公安、民政等 19 个事关经济社会发展和民生福祉的领域或行业，制定《无锡市重点领域信用监管示范工程实施方案》，提高行业信用监管精准性、协同性和规范性。

【失信治理】 2021 年，无锡市将政府机构失信专项治理作为工作重点，实时掌握个案处理进度，及时跟进督办重点案件，党政机关被执行人未结案件保持清“零”。对服务机构开展治理，撤除机构账号 7 家，专项治理情况向全社会公布。开展严重违法失信行为专项治理，建立市、市（县）区两级推进的治理体系，引导 251 家“屡禁不止、屡罚不改”严重违法失信行为主体实施信用承诺，依法依规开展信用修复，退出率 100%。

（市发展改革委）

口　岸

【概况】 2021 年，全市完成口岸货物吞吐量 3.39 亿吨，比上年增长 31.6%；外贸货物吞吐量 6712.32 万吨，比上年增长 2.8%；集装箱吞吐量 72.66 万标箱，比上年增长 16.3%。无锡空港旅客吞吐量 712.72 万人次，比上年增长 18.9%。其中，出入境旅客吞吐量 1.38 万人次，比上年下降 86.6%。货邮吞吐量 16.34 万吨，比上年增长 3.9%。其中，出入境货邮 1.45 万吨，比上年下降 32.3%。在全国 248 个运输机场排名中，客运排名 38 位（比上年上升 2 位），货运排名 22 位（比上年下降 2 位）。

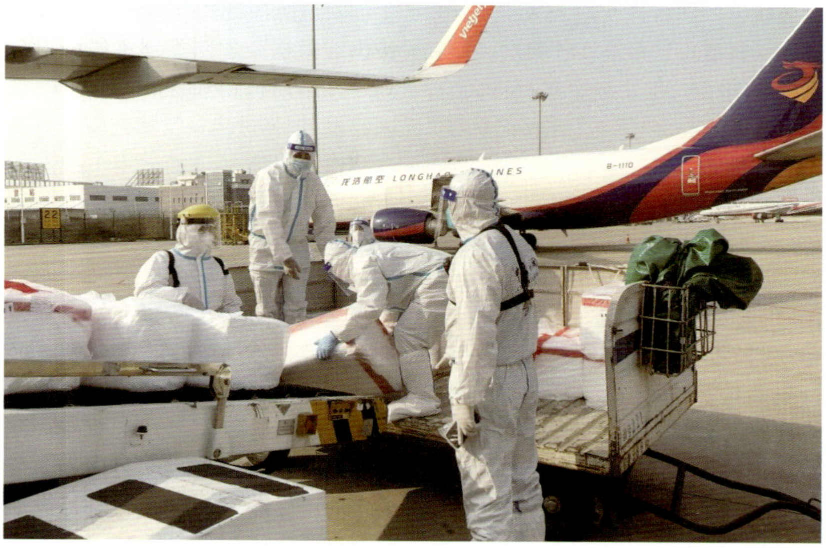

3 月 25 日，无锡海关在苏南硕放机场对进口食品黑虎虾入境进行查验

（曹笑溪　摄）

【药品进口口岸】 3 月 7 日，阿斯利康制药有限公司从美国进口到中国的 47.7 千克“安达唐”（达格列净片）半成品随着美国阿特拉斯航空公司全货机降落在苏南硕放机场，无锡药品进口口岸完成首单业务。江阴综保区海关代码纳入药品进口口岸海关代码。

【首次包机进口食用水生动物】 3 月 25 日，航班号 VZ3686 的客改货航班搭载泰国普吉 5.6 吨活黑虎虾在苏南硕放机场落地，是无锡空港口岸作为进境食用水生动物指定监管场地后首次完成整机包机进口相关产品。该航线的开通实现进口食用水生动物产品从产地直达主要消费地，大幅缩短全程运输时间，提高水产品存活率和新鲜度。

【离境退税代办点代理银行】 4 月，为提升无锡市航空口岸服务水平，推动创建国际消费中心城市，无锡市备案《无锡市境外旅客购物离境退税城市方案》，通过公开征选，由锡州农商行在苏南硕放机场设立购物离境退税办点。

【无锡（江阴）港口岸对外开放泊位】 6 月 29 日、10 月 23 日，省政府先后批复同意无锡（江阴）港申夏港区 5 号码头二期工程 3 号泊位和江阴兴澄储运有限公司万吨级码头 2 号泊位对外开放，无锡（江阴）港口岸对外开放泊位累计 42 个。

【航空口岸】 2021 年，在每周一班美国洲际货运临时航班基础上，3 月 27 日，DHL 恢复每周一班美国定期货班。新引进国际物流巨头美商宏鹰（CEVA），6 月 2 日起加密每周一班美国芝加哥洲际货运航班，美国洲际货班达到一周三班频次，为无锡本地国际供应链提供一定的运力保障，成为年内全省唯一的国际货运出港通道。

无锡航空口岸累计开通98条客货运航线。日航班量最高243架次，平均客座率70.5%，平均载运率66.6%。

（市商务局）

海 关

【概况】 2021年，无锡海关审核进出口报关单50.5万张，监管进出境货运量69.8万吨，进出口值364.2亿美元，比上年分别增长11.7%、16.7%和14.9%。监管集装箱9.7万箱次，比上年增长20.3%。验放进出境人员1.6万人次，比上年下降85.8%。征收税款入库77.3亿元，比上年增长21.4%。审批进口减免税货值4.29亿美元，减免税款1.79亿元。检验检疫进出口货物2.2万批次；抽检进出口货物1816批次，检出不合格货物7批次。

【出入境安全监管】 2021年，无锡海关规范开展出入境人员卫生检疫，在全省首次试点入境航班"远程流调"，严格实施"14+7+7"（连续在岗14天、集中封闭隔离7天、居家隔离观察7天）封闭管理模式。强化国门生物安全防控，检疫性有害生物疫情检出成效居全省同类别隶属海关前列。推进动植物和食品监管协同机制建设，加强进出口货物查验和商品食品检验监管，人工查获率13.2%。

【监管改革创新】 2021年，"海关物联网应用示范区"项目通过中期验收，"智慧旅检"在全国首创运用先期机检条码扫描、现场自动人脸抓拍，旅客通关时间缩短68%；"慧眼通"迭代升级，借助"5G+AR"技术，无锡高新区综合保税区"无感"卡口验放时间压缩至6秒以内，物流效率提升约30%。推进全业务领域一体化改革，组建无锡海关集中验估中心，统一接收处置无锡、宜兴2个海关4个现场的事中、事后验估指令。承接长三角一体化海关真空包装等高新技术货物布控查验协同创新试点，获批参与试点企业14家，占全省试点企业总数三分之二。率先实施集成电路供应链保税模式改革试点，率先试点"企业自查结果认可模式"，完成省内首起核查领域"部门间联合抽查"。加强企业信用培育和认证，制发关区首份失信企业信用修复决定，海关"经认证经营者"(AEO)高级认证企业达到37家。

4月5日，无锡海关在综合保税区内实施保税货物盘库核查　（许　琛　摄）

【对外开放服务】 2021年，无锡海关探索综保区、空港"区港联动"，率先试点"舱单分拨"模式，保障重点企业关键原材料本地进口、稳链保供。推动"综保区21条"扩面增效，支持中国（无锡）跨境电子商务综合试验区建设，保税跨境出口海外仓业务继续位居全国前列。优化综保区口岸作业区布局，开辟3条中韩"海陆联运"中转通道，保障企业增资扩产。支持机场货运进口流程再造，保障苏南硕放机场在省内第一个恢复国际进口货运业务。拓展空港口岸多元化载体功能，一站式、零延时完成首单药品进口监管，压缩通关时间60%。发挥进境食用水生动物指定监管场地功能，高效保障无锡空港首批5.6吨黑虎虾包机进口。

【营商环境优化】 2021年，无锡海关制定《2021年促进跨境贸易便利化优化口岸营商环境行动方案》，推出支持口岸开放发展等10项举措，推广"两步申报""两段准入"，个性化提供"门到门"、并批查验，进口货物通关时间压缩55.1%。开展《区域全面经济伙伴关系协定》（RCEP）原产地规则宣讲、指导，叠加自助打印、智能审核，实现24小时"秒签"原产地证书。签发全省首票征免税确认通知书，全年减免税款1.79亿元。深化关地合作，与锡山区、滨湖区政府签署合作备忘录。

【打私综合治理】 2021年，无锡海关推进法治海关建设，严格落实行政执法制度，推进稽查向"以查发为导向"转变，查发有效率63%。推动知识产权协同保护，与市市场监管局等8部门签署知识产权保护跨部门协作框架协议，实施"龙腾行动2021"，采取知识产权保护措施11次。开展"国门利剑2021"行动，立案侦查刑事案件14起，立案调查行政案件55起。

（无锡海关）

边防检查

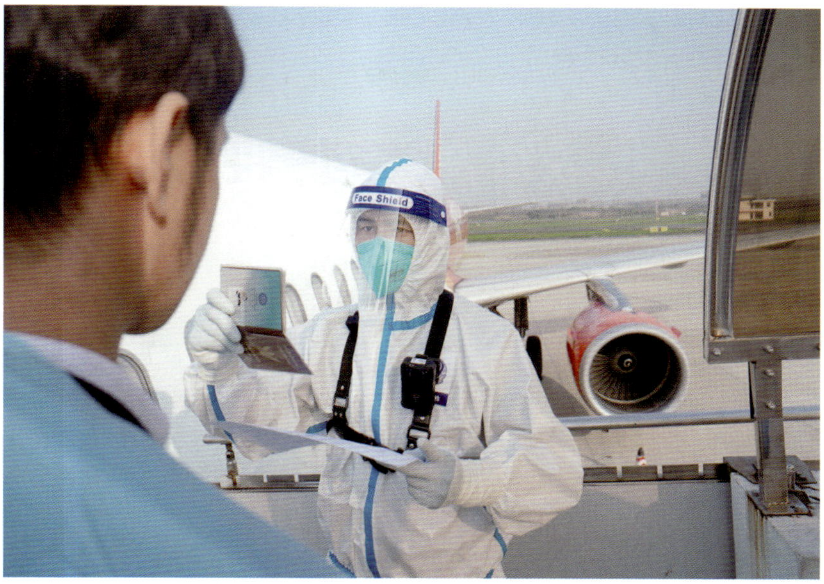

3 月 25 日，无锡出入境边防检查站执勤民警对机组人员进行人证对照

（陈忠杨　摄）

【概况】 2021 年，无锡出入境边防检查站统筹推进口岸管控、新冠肺炎疫情防控和服务发展工作，查验出入境航班 406 架次，验放出入境旅客 16458 人次，查获在控人员 8 人、在逃人员 18 人，查处违法违规案件 1 起。年内，无锡出入境边防检查站被国家移民管理局授予集体二等功，获评江苏省文明单位，夏修春记个人二等功，夏修春、王红秀、张宏基、尹晨东、林玲获国家移民管理局表彰，边防检查处、执勤一队、执勤二队获省级以上表彰。

【出入境管控维稳】 2021 年，无锡出入境边防检查站牵头举办口岸庆祝中国共产党成立 100 周年安保誓师大会，制定实施防范化解重大风险维护口岸边境稳定“九项行动”（政治安全“护航”行动、防回流“除暴”行动、数据核查“攻坚”行动、打击“净土”行动、能力提升“筑基”行动、联防联控“综治”行动、排查梳理“清源”行动、红蓝对抗“亮剑”行动、疫情防输入“卫士”行动）。围绕上海进博会、中共十九届六中全会安保维稳，建立“三治理”（系统治理、综合治理、源头治理）、“三协同”（联防模式部门协同、地区协同、警种协同）机制，协调反恐、出入境等部门创新研发“数据池”，为预警防范和精准打击提供边检大数据支撑。协同机场公安等部门试点“共研判共侦办”新型警务合作模式，上报各类情报线索 50 余条，配合打击查处外国人非法居留案件 2 起 2 人次，协助扬州市公安局遣送多重身份外国人 1 人，协调保障淮安市公安局抓获跨境涉赌嫌疑人 1 人。创新查控工作“136”战法（一个原则：不该出去的一个出不去，不该进来的一个进不来；三项重点：严格依法依规、强化协作配合、严密安全防护；六步工作法：开展纯查控、预查控、前台触发报警处置、带离看管、甄别处置、正式移交），成功劝阻出境涉赌诈人员 18 人，查获全省首例内地居民持用骗取证件入境案，相关数据模型和经验做法在全国推广应用。

【境外疫情防控】 2021 年，无锡出入境边防检查站严守空港口岸“三道防线”（口岸疫情防控防线、口岸维稳管控防线、民警安全防护防线），探索实行“7+7+7”（执勤单元执行勤务 7 天、集中封闭隔离 7 天、居家隔离观察 7 天）勤务运行模式。制定《疫情期间货机办理流程指引》，实现一线执勤人员工作区域和集中封闭管理场所“点对点”闭环管理。落实入境人员境外行程必询问、证件记录轨迹必检查、入境目的地和通联方式必记录、人员采集信息必推送查验流程，通过“大数据 +”排查分析手段，妥善处置多名入境无症状感染者。履行市疫情防控指挥部成员单位职能，参与商议“冷冻冰鲜物品查验”“航线复航综合评估”等议题 20 余项。派遣民警到无锡市驻昆山市疫情防控组，协助转运入境旅客 9000 余人次。

【地方发展服务】 2021 年，无锡出入境边防检查站服务口岸高水平经济发展和对外开放，针对新冠肺炎疫情防控期间货运包机、“客改货”航班常态化运行实际，开设进出无锡口岸大宗商品、鲜活产品、抗疫物资、民生物资出入境边检快捷通道。组建“一队一班”货机保障服务队，实行货运包机随到随检、24 小时通关“零等待”，保障货运航班 235 架次，保障运输国际货物 1.4 万余吨，为企业直接节约生产成本 1500 余万元。

（无锡出入境边防检查站）

编辑　胡　慧

太湖湾科技创新带建设

综　述

【政策措施】 6月27日，市委、市政府印发《关于加快推进无锡太湖湾科技创新带建设的若干政策意见》，围绕太湖湾科技创新带战略定位和发展目标，提出四大方面20项政策举措。科技研发方面，推进重大科技基础设施、集聚新型研发机构、融入长三角科技创新共同体、加强国际科技研发合作、创新科创合作体制机制建设；产业孵化方面，促进科技成果加快转化、助力创新型企业加快成长、推动科技服务能力全面提升、拓展新场景应用、支持科创企业全生命周期融资；加强载体建设，推动创新创业载体、高品质科创空间建设，促进产业用地高质量利用，推动科产城人深度融合，加大金融集聚保障力度；加强人才引育建设，加快高层次人才集聚，提升人才服务水平，打造高品质国际人才社区，健全多元化人才投入体系，加大人才激励力度。4月8日，无锡市召开太湖湾科技创新带建设指挥部科技创新组工作会议，会议研究审议太湖湾科创带建设指挥部科技创新组工作方案和2021年工作要点，部署年度重点工作任务。制定《太湖湾科创带国土空间规划及重点片区城市设计》，谋划长三角一体化、环太湖科创圈建设全局。将低碳、生态、绿色理念贯穿太湖湾科创带建设全过程，推进各项具有前瞻性、示范性的生态环境治理工程。举办无锡市金融赋能大会暨尚贤湖金融峰会。启动实施“太湖之光”科技攻关计划。

（市委研究室　市发展改革委　市科技局）

【高新区太湖湾科创带建设】 1月4日，无锡高新区成立太湖湾科创城建设指挥部暨太湖国际科技园管理办公室，发布《太湖湾科技创新带无锡高新区（新吴区）发展规划（2021—2025年）》《无锡高新区（新吴区）太湖湾科创城高质量发展三年行动计划（2021—2023年）》。根据规划，将围绕太湖湾科技创新带（无锡高新区）功能定位，打造“一城、五组团、多点”（“一城”是太湖湾科创城，“五组团”是硕放〈空港〉科技产业园、旺庄科技产业园、江溪科技产业园、梅村科技产业园、鸿山科技产业园五大科技产业园，“多点”是包括无锡〈国家〉软件园、无锡国际生命科学创新园、物联网国际创新园等16个重点园区和多家重点创新平台、重点孵化载体等在内的科技园）发展格局，高标准建设产业、科技、人文融合的智慧新城。科创城每年在新增新型研发机构、规模以上工业企业研发活动占比、有效期内国家高新技术企业数量、瞪羚企业培育入库数、准独角兽企业培育入库数、新增上市（过会）企业数、区领军人才创新创业项目数、新增PCT专利申请数等方面制定详细目标，从2021年到2023年，将新增新型研发机构21家，新增上市（过会）企业7家。

（新吴区档案史志馆）

1月4日，无锡高新区太湖湾科创城建设指挥部暨无锡太湖国际科技园管理办公室在无锡高新区举行揭牌仪式　（新吴区档案史志馆　供图）

【滨湖区太湖湾科创带建设】 3月1日，滨湖区召开创新大会，宣布开启太湖湾科创带引领区建设工作，发布滨湖区太湖湾科创带“产业空间规划”“滨湖科创新政”以及“滨湖之光”3.0版人才政策，从优化空间布局顶层设计、激发科技创新动能活力、瞄准创新靶向提效升级、完善科技金融体系支撑、建设创新人才集聚高地、打造宜业宜居发展环境、建立健全创新运营机制7个方面推进太湖湾科创带引领区建设。

（滨湖区政府办）

【太湖湾科创带规划终期成果交流会】 11月12日，无锡市召开太湖湾科创带规划终期成果交流会，专题听取同济大学吴志强院士团队关于相关国土空间规划及重点片区城市设计方案介绍，进行工作研究部署。会议强调，按照市委关于建设高能级创新载体、加快推进太湖湾科创带建设部署要求，谋准战略定位，加快推进启动区建设，以“总规划师＋责任规划师”机制保障规划成果早落地、早见效。

（市委办公室）

【科创带国土空间规划】 1月，无锡市在《无锡市太湖湾科创带发展规划（2020—2025年）》基础上，编制完成《太湖湾科创带国土空间规划及重点片区城市设计》，以建设“新发展理念实践示范区”为总目标，将太湖湾科创带打造成为“世界级湖区创新策源带、全国绿色碳中和先行带、长三角未来产业集聚带”。太湖湾科创带总面积472平方千米，横跨新吴区、经开区、滨湖区和宜兴市。以太湖湾科创带为核心引擎，协同梁溪科技城、江阴霞客湾科学城、宜兴陶都科技城、锡山宛山湖生态科技城和惠山洗砚湖生态科技城，形成“一带五点”市域创新空间体系。在太湖湾科创带范围内，构建“一核三湾，一城十元”空间结构。年内，完成472平方千米总体规划及核心区城市设计，规划设计方案通过专家论证和市国土空间规划委员会审议，邀请中国工程院院士吴志强参加市政府举办的《太湖湾科创带国土空间规划》新闻发布会并现场讲解，发布信息被《科技日报》等国家级新闻媒体报道。

延伸阅读：

太湖湾科创带构建“一核三湾，一城十元”空间结构

2021年，在太湖湾科创带范围内，无锡市构建“一核三湾，一城十元”空间结构。

“一核”为山水科创核，包含蠡湖未来城、江南大学以及西林片区。以江南大学、太湖实验室等基础科研资源集聚优势为依托，导入大科学装置等高能级创新载体，沿山水东路、长广溪及湖湾岸线打造与自然山水融为一体的科研聚落及创新C核。

“三湾”为梅梁湖湾、贡湖湾和竺山湖湾。梅梁湖湾，以蠡湖未来城为中心，联动十八湾国际院士中心、江南大学、国家数字影视产业园等重点创新板块，推进西林片区中瑞生态城2.0版建设，将源源不断的科学创造融入流光山水，打造太湖科创带的“最强大脑，创新之源”。贡湖湾，依托太湖新城综合服务和新吴区科研产业功能，强化尚贤湖、具区路头部企业带、无锡（太湖）国际科技园、临空经济示范区等重点创新板块，环湾集聚国际化、总部型科技资源，打造太湖湾科创带的“产研之芯，科服中枢”。竺山湖湾，依托马山生物医药及宜兴环保科技优势，重点打造马山生命健康及东氿培源创新板块；创新性改造原生态渎村水岸，营造面向青年人和创意企业的田园乡创空间，发挥生态、碳和、绿智、创造的叠加效应，打造独具魅力的“渎边生境，绿智田园”。

“一城”为蠡湖未来城。以独特的山水生态与人文资源为依托，按照产城融合原则，建设环太湖科创引擎和未来都市样板，世界山水诗意城区典范。以科技创新、国际交流、现代服务、旅游集散枢纽、新基建应用为主要功能，打造长三角创新国际交往中心、文化创意中心、城市商业活力中心、人文时尚体验中心与旅游休闲服务中心。

“十元”为十个创新元。按照“园区、校区、社区、景区、商务区”五区融合的科创空间复合标准，综合评估划定西林、江南大学、十八湾、马山、尚贤湖、具区路、临空、自科区、周铁、东氿培源十个“创新元”，作为太湖湾科创带未来需要重点管控的战略空间，实施“天花板＋底线”双向控制策略。其中，住宅用地在保障人才社区前提下控制上限比例，科创用地、生态用地控制下限比例，进一步强化科创功能用地的战略性保障。

（市自然资源规划局）

科技创新平台

【深海技术科学太湖实验室建设】 5月22日，市委、市政府和中国船舶科学研究中心共同举行深海技术科学太湖实验室大楼启用揭牌仪式。启用的实验室大楼占地2.67公顷，总建筑面积4.7万平方米，总投资超过3亿元，是太湖实验室建设的标志性工程之一。大楼的启用将保障太湖实验室和深海空间站无锡研发基地的空间载体需求。10月16日，深海技术科学太湖实验室第一届理事会第一次会议在无锡市召开。会议审议通过《太湖实验室理事会议事规则（暂行）》《太湖实验室章程（草案）》及太湖实验室主任、副主任及学术委员会成员名单等相关事项，聘任中国工程院院士吴有生为太湖实验室主任。在会议召开前，举行深海技术科学太湖实验室第一届理事会成立暨落地协议签约仪式，市政府与中国船舶集团签署共建深海技术科学太湖实验室实施协议，形成共建太湖实验室的稳定支持制度。太湖实验室与东南大学、西北工业大学、天津大学、上海交通大学等高校签订战略合作协议。11月20日，深海技术科学太湖实验室第一届学术委员会成立大会暨第一次会议在无锡市召开。会议审议通过《太湖实验室学术委员会章程（试行）》《太湖实验室“十四五”发展规划》《首批拟立项科研项目和首批揭榜挂帅项目》，聘任中国工程院院士金东寒为学术委员会主任。太湖实验室围绕深海领域基础性、前沿性关键核心技术，发布深海环境和高压应力下钛合金蠕变演化机理与本构模型研究、复杂海洋环境下高分辨水下目标成像技术、深海矿区环境噪声监测关键技术研究、小型机动平台探测技术、基于磁流体动力学的超低噪声宽频带微角振动传感器研发5个项目。

（市科技局）

【无锡零碳科技产业园】 5月19日，2021“碳达峰·碳中和”无锡高新区高峰论坛暨无锡零碳科技产业园揭牌仪式在拈花湾举行，包括总规模100亿元的中金协鑫碳中和产业投资基金在内的20个绿色低碳科技产业合作项目集中签约。无锡零碳科技产业园位于太湖湾科创城，为全省首个零碳科技产业园，总面积22平方千米。“十四五”期间，无锡零碳科技产业园将“瞄准五地定位，实施五大工程，实现五个倍增”，以构建“一核九园二社区”产城融合发展格局为脉络，突出“零碳”“低碳”主题，以技术研发、成果转化、行业示范为主线，打造低碳产业核心区，软件园、微纳园等9个低碳产业园，国际社区、新安社区2个低碳社区，引领并带动无锡高新区、无锡市低碳产业发展，打造长三角乃至全国知名的低碳技术集聚区、产业示范区，争创国家高新区绿色发展示范园区。

（新吴区档案史志馆）

【宛山湖生态科技城】 2021年，锡山区宛山湖生态科技城被纳入太湖湾科创带“一带多点”规划布局。宛山湖生态科技城位于锡山经济技术开发区东部板块，总面积45平方千米。10月28日，宛山湖生态科技城战略规划发布会在上海市举行。规划构建以创新产业为引领，以新一代信息技术、生命健康、绿色能源三大新兴产业为主导，以探索未来产业发展布局为导向，兼顾配套现代服务业态的“3+X”（以创新产业为引领，以新一代信息技术、生命健康、绿色能源三大新兴产业为主导）产业框架，形成“一湖一岛六客厅、四廊六群多单元”（一个环湖生态绿核、一个沿湖活力智慧岛、六大城市服务智慧客厅、四条科创门户廊道、六大创新产业簇群）的空间结构，打造绿色共享的生态湖区、开放创新的科技新区和低碳宜居的品质城区。发布会上，总投资453.9亿元的14个项目集中签约；举行无锡锡山（上海）离岸创新中心揭牌仪式；锡山经济技术开发区与上海机器人产业园签订园区共建协议，与中国交通建设集团签订片区开发战略合作协议。

（锡山区政府办）

重大科技项目

【无锡大数据有限公司】 9月22日，无锡高新区、无锡物联网创新促进中心、江苏航天大为科技股份有限公司三方签署合作协议，无锡大数据有限公司落户无锡高新区。无锡大数据有限公司定位为“无锡市大数据资产运营商”“无锡市大数据产业生态圈服务商”“无锡新型智慧城市投资建设运营服务商”，致力于以场景驱动引导公共数据资源社会化开发与利用，提供解决方案、系统管理、应用开发、数据融合、安全机制等专业化综合服务。

【合全药业无锡制剂研发中心】 5月20日，合全药业无锡制剂研发中心开业典礼在无锡高新区举行。合全药业无锡制剂研发中心是药明康德子公司。新药制剂研发生产项目分3期建设，项目总投资50亿元。一期项目建成投产，为全球客户提供新药制剂商业化服务。二期2.67公顷地块在2020年1月开工建设，5月竣工

5月20日，合全药业无锡制剂研发中心开业典礼在无锡高新区举行

（新吴区档案史志馆 供图）

投用。三期项目计划于2023年建成并投入使用。项目全部建成达产后预计新增产值42亿元,将建成覆盖从创新制剂工艺研发到商业化生产的一体化平台,包含业界领先的高密闭固体制剂车间、高密闭无菌制剂车间以及创新制剂研发中心。

【施耐德电气绿色智能制造无锡创新示范园】 10月18日,施耐德电气绿色智能制造无锡创新示范园暨"灯塔工厂"揭牌仪式在无锡高新区举行。作为施耐德电气在中国唯一的电子能力制造中心,施耐德电气无锡生产工厂在精益制造、数字化转型历程中处于世界领先地位。9月,施耐德电气无锡生产工厂获世界经济论坛(WEF)认证的端对端"灯塔工厂"称号。施耐德电气绿色智能制造创新示范园包含无锡普洛菲斯电子有限公司、施耐德(无锡)变频器有限公司,主要生产制造施耐德电气的工业自动化(变频器、触摸屏等)及能效管理产品。

(新吴区档案史志馆)

【系列船舶CAE软件发布会】 10月11日,由中国船舶科学研究中心、深海技术科学太湖实验室联合发布"系列船舶工业CAE软件"。系列软件包含具有完全自主知识产权的2个通用软件:三维水弹性力学分析软件(ICS-THAFTS)、海洋结构分析通用软件(ICS-SAM),3个专用软件:船舶流体力学CFD软件(ICS-NaViiX)、船舶第二代完整稳性衡准评估软件(ICS-HydroSTAB)、螺旋桨先进设计系统(ICS-PRADS)。

(市科技局)

【商业秘密保护基地】 2021年,市市场监管局在太湖湾科创圈核心区域建立全省首家商业秘密保护基地,制定商业秘密保护基地建设标准和商业秘密保护工作指引,常态化一站式受理市场主体商业秘密举报投诉。制定商业秘密保护示范点、维权联系点建设两个标准,将奋斗者号、神威太湖之光等"大国重器"建设单位纳入商业秘密保护维权联系点、示范点,累计建成商业秘密保护维权联系点14家、商业秘密保护示范点92家。通过集中培训、主题宣传、走访调研、问卷调查、个性辅导、典型案例发布解读等方式,加强商业秘密保护宣传引导,实现重点园区、重点企业商业秘密保护培训宣传率和保护协议签约率"两个100%",实现全市科创板和主板新上市企业商业秘密保护全覆盖。

(市市场监管局)

科创活动

【2021太湖湾生命健康未来大会】 4月21—23日,2021太湖湾生命健康未来大会在无锡市举办,大会以"资本赋能产业,创新驱动未来"为主题,举办领袖峰会1场,开幕式与主旨论坛1场,投融资、创新医药、智慧医疗主题会议3场,战略合作机构生态圈会议10余场。会议期间,投资机构负责人、8位院士、近200名专家学者和行业领袖围绕医健产业投资与合作、医药协同创新生态构建、智慧医疗趋势与未来等主题开展交流对话近50场,现场参会者超6000人次,网络传播量超过220万次。

【"太湖杯"国际精英创新创业大赛】 3—8月,2021中国无锡"太湖杯"国际精英创新创业大赛在全国12个城市举办分赛,来自30余个国家和地区的5278个项目组报名参赛,项目数比上年增长197%,其中国际人才项目718个,比上年增长35%;硕士以上人才比例68%以上,博士以上人才占比超30%,人才团队毕业院校覆盖麻省理工学院、剑桥大学、帝国理工学院、宾夕法尼亚大学、东京大学、北京大学等数十所全球顶级高校。54个项目获推荐参加第九届"创业江苏"科技创业大赛暨第十届中国创新创业大赛江苏赛,最终表彰一等奖1个、二等奖2个、三等奖6个,获奖数量比上年增长50%,居全省第三位。

【2021太湖湾年度创客大会暨第七届苏南全球创客大赛】 11月12日至12月30日,2021太湖湾年度创客大会暨第七届苏南全球创客大赛在无锡市举办。大赛在前期赛程的基础上,通过对苏南优质科技创新企

4月21—23日,2021太湖湾生命健康未来大会在无锡市举办

(市科技局 供图)

业及上阶段省科技创业大赛优秀参赛项目梳理，筛选出新一代信息技术、高端装备制造、生命科技、新能源与新材料等主要领域的55个项目参加决赛路演。最终12个项目分获最具投资价值金、银、铜奖，另有12个项目获得最具投资潜力奖。

（市科技局）

科创金融

【金融支持】 2021年，无锡市制定《关于加快推进无锡太湖湾科技创新带建设的若干政策意见》，对从无锡市、江阴市、宜兴市外迁入或太湖湾科创带内新设立的科技型企业实现科创板上市。无锡市对募集资金80%以上用于无锡市、江阴市、宜兴市范围内投资的项目给予500万元奖励。对内外资持牌金融机构在太湖湾科创带设立法人机构分类分档给予最高1000万元的一次性奖励。无锡市与中国光大集团签署战略合作协议，与光大银行签署总金额500亿元的共同推进太湖湾科技创新带发展战略合作框架协议。

【重大金融项目】 2021年，盛业资本区域总部落户无锡经济开发区，锡山区与高瓴集团合作成立高瓴创投二期人民币专项基金，源码资本百亿元规模产业综合基金落户惠山区，红杉资本与远景科技集团在新吴区成立全国首只零碳风险投资基金，上海保险交易所基金投资创新中心落户滨湖区，总规模737.5亿元的中国国有企业结构调整基金二期股份有限公司在无锡市揭牌成立。5月13日，人才金融港开港。10月，江苏银行无锡分行创新推出“太湖科创贷”。12月，由IDG资本设立的总规模10亿元的无锡首只S基金落户太湖湾科创带。12月8日，尚贤湖基金PARK开园。12月9日，无锡市举办金融赋能大会暨尚贤湖金融峰会。会议发布《市政府关于进一步促进无锡股权投资高质量发展的若干政策意见》，举行无锡金融智库和启动无锡指数揭牌仪式，举行市政府与上海保交所战略合作项目、尚贤湖基金PARK合作机构、基金合作项目、产融合作项目等集中签约仪式，其中，签约落地基金合作项目17个，总规模约500亿元。

【企业上市】 2021年，太湖湾科创带内新增A股上市公司4家，募集资金40.68亿元。3月22日，无锡线上线下通讯信息技术股份有限公司在深圳证券交易所创业板上市。6月7日，无锡市振华汽车部件股份有限公司在上海证券交易所主板上市。6月28日，无锡力芯微电子股份有限公司在上海证券交易所科创板上市。12月10日，迪哲（江苏）医药股份有限公司在上海证券交易所科创板上市。

（市地方金融监管局）

【知识产权股权投资基金】 1月7日，无锡市举办无锡太湖湾知识产权股权投资基金成立揭牌仪式。该基金是无锡市第一只以知识产权命名的基金。4月25日，市市场监管局与国联集团签订无锡市知识产权股权投资基金战略合作框架协议，共同发起设立无锡太湖湾知识产权股权投资基金。该基金规模2亿元、存续期7年，可延长2次（每次均不得超过1年）。

（市市场监管局）

编辑　胡　慧

综 述

【数字经济高质量发展】 2021 年,无锡市数字经济专项工作组完善推进机制、统计制度,制定《无锡市加快推进数字经济高质量发展 2021 年工作要点》。无锡市数字经济发展指数 82.2,居全国第七位、长三角第三位、江苏省第一位。全市数字经济核心产业规模以上企业营业收入比上年增长 16%。其中,物联网集群入选国家首批先进制造业集群,实现营业收入 3563.85 亿元,比上年增长 26.81%。创建中国软件特色名城,软件与信息服务业申报销售收入 1754.07 亿元,比上年增长 22.3%。推进集成电路重点项目和创新载体建设,集成电路产业链规模以上集成电路企业 173 家,实现营业收入 1783.05 亿元,比上年增长 25.5%。3 家企业入选 2021 中国大数据企业 50 强,大数据和云计算产业实现销售收入 460.66 亿元,比上年增长 35.16%。推进信息基础设施建设,获批全国首批"千兆城市",建成全国首个高标准全光网城市、首个全免费"WiFi 城市"、首个窄带物联网(NB-IoT)全域覆盖的地级市,率先完成网络基础设施向互联网协议第 6 版(IPv6)平滑演进和电子政务网 IPv6 改造。建成 5G 基站 1.45 万个,重点场所 5G 网络通达率 100%,全省第一。培育工业互联网和智能制造试点示范,全市入选省智能工厂建设项目 2 个,新增省级重点工业互联网平台 5 个、工业互联网标杆工厂 8 家、智能车间 39 个。鼓励企业争创省星级上云企业,新增省星级上云企业 363 家。江阴临港经济开发区获评省"互联网 + 先进制造业"基地。

(市工业和信息化局 市大数据管理局)

【交流合作】 2021 年,无锡市推进无锡数字经济研究院和无锡江南大数据研究院发展;举办 2021 无锡(杭州)数字经济交流合作洽谈会,总投资 102 亿元的 81 个数字经济合作项目集中签约,杭州市互联网、大数据、人工智能等领域的骨干企业、行业协会、高校和科研院所等单位代表约 300 人参加;市政府与腾讯集团签订战略合作协议,为产业提档提质积蓄后劲。

(市大数据管理局)

【城市数字化转型建设】 2021 年,无锡市全面开启城市数字化转型建设,加快建设高水平"数字无锡"。6 月 22 日,无锡市举办 2021 无锡互联网大会。大会以"享数字经济,创无限互联"为主题,发布《无锡市互联网发展状况报告(2021)》。在开幕式现场,启动 2021 年无锡市网络安全优秀案例征集活动,成立无锡市智慧城市创新联盟,公布《无锡市新型智慧城市顶层设计方案》。"灵锡"App 作为政务服务和城市服务移动端总入口,注册用户突破 578 万户,服务事项超 700 项,为全体市民打造"衣食住行康育娱"的数字城市开门七件事,获智慧中国 2021 城市 App 综合示范奖。无锡"阳光惠民"监管系统上线,实现惠民资金全覆盖、流程全监管等功能,有效促进惠民资金发放过程中的

6 月 22 日,无锡市举办 2021 无锡互联网大会 (市委网信办 供图)

廉政建设。“感知环境、智慧环保”无锡环境监控物联网应用示范工程（二期）获中国信息协会颁发的“2021数字政府管理创新奖”，是全国唯一获奖的生态环境领域的政府信息化案例。年内，无锡市首次获评2021世界智慧城市大奖中国区“宜居和包容大奖”。在2021智慧中国年会上，无锡市入围2021智慧城市发展水平TOP20，居第七位，并获智慧城市民生服务创新奖。江阴市、宜兴市和锡山区入选2021中国数字治理百佳县市榜单，其中江阴市居全国第四位、江苏省第一位。

（市大数据管理局　市委网信办）

【数字化人才建设】 2021年，市大数据管理局制定《无锡市大数据管理局专家库管理办法（试行）》，发布首批专家名单，发挥专家人才对推动城市数字化转型的战略支撑作用。制定《无锡市首席数据官管理规定》，探索建立首席数据官制度。建立无锡城市数字化转型专家咨询委员会，首批专家受聘，中国工程院院士吴志强任主任委员。抓好数字化人才培训工作，开展年度党政机关首席信息官培训，强化大数据思维、提升数字领导力水平。10月19日，2021太湖人才峰会——长三角（环太湖科创圈）人才服务数字生态峰会在无锡市举办，峰会以“新人才·新服务·新生态”为主题，聚焦长三角（环太湖科创圈）人才服务数字生态建设，发布“锡才计划”“政校企行”四方联动，以“培养数字化人才”为基本目标，以“数字化培养人才”为保障手段，以“入职即可用”为就业标准，为无锡数字治理引才引智。

（市大数据管理局）

数字基础设施建设

【概况】 2021年，市政府加强与电信、移动、联通三大电信运营商及铁塔公司的战略合作，创建成全国首批“千兆城市”、首批智慧城市基础设施与智能网联汽车协同发展试点城市。加快推进5G、千兆光网为代表的“双千兆”网络数字基础设施建设。4G网络全域覆盖，累计建成4G基站超4.9万个。5G网络加速建设，累计投入运营5G基站1.45万个，重点场所5G网络通达率100%。根据电信、移动评测情况，无锡市4G、5G覆盖网络质量全省乃至全国领先。全市累计建成NB-IoT基站超7000个。城市10G-PON端口占比超35%，城市家庭宽带千兆光纤覆盖率超过180%，覆盖率全省第一，平均每户家庭约有2个运营商可供宽带接入选择，户均宽带平均速率约270兆，全市城域网（不含IDC）出口带宽超10T。累计建成14个成规模数据中心，建成机柜1.8万余个，IDC出口带宽超16T。无锡市获评IPv6创新与产业示范综合试点城市，率先完成网络基础设施向IPv6平滑演进和电子政务网IPv6改造，全市固网用户IPv6占比60%，移动网用户IPv6占比98%。车联网方面，传统交通设施数字化、智能化水平明显提升，700千米城市道路800个点段完成升级改造，开放公共测试道路177千米，逐步实现重点区域覆盖。

（市工业和信息化局）

【5G网络建设】 2021年，中国电信股份有限公司无锡分公司（以下简称“无锡电信”）建成5G基站3678个（套），累计完成5G基站7013个（套），完成密集市区、一般市区、县城、重点乡镇5G覆盖；点、线、面相结合，针对重点楼宇、解放环路等重点道路、城区中央商务区、广场等区域打造5G高质量精品网络，市民体验畅享800Mbps+下载极速；完成地铁1、2、3、4号线，太湖隧道以及机场、高铁等交通枢纽5G覆盖。中国移动通信集团江苏有限公司无锡分公司（以下简称“无锡移动”）建成5G 2.6G、700兆基站近万个，实施5G“名片工程”，在全省率先实现京沪、宁杭、沪宁高铁地市段5G网络全线覆盖。中国联合网络通信有限公司无锡市分公司（以下简称“无锡联通”）建成5G基站1751个、5G室分2226个。城区实现200兆带宽、800Mbps+高速体验区，乡镇以上区域实现3.5G/2.1G连续覆盖，推进900兆低频网建设，快速提升农村覆盖。

【数据中心建设】 2021年，无锡电信完成兴竹天翼云机房建设，新增机柜354架（6千瓦），加快天翼云为基础的国家云在无锡的落地部署；启动国际数据中心三期的扩容，建设4楼IDC机房；启动马山通信机楼建设，优化网络架构，提升区域通信服务能力。2月，中国移动长三角（无锡马山）数据中心项目启动仪式在马山举行，总建筑面积约12万平方米，采用超级计算解决方案、一体化运维平台等新技术新手段，向长三角地区用户提供专业稳定的IDC服务。无锡联通完成江阴联通大楼等中小数据中心机房规划；启动华东云数据中心二期工程，新增平均6千瓦机柜2200架。

【新型城域网试点】 2021年，无锡电信扩大新型云化城域IP网建设范围，在无锡电信所有DC机房内新增新型云化城域IP网设备，覆盖江阴市、宜兴市、锡山区、新吴区、惠山区、无锡经开区6个区县，实现无锡市所有区县100%覆盖。无锡电信推进网络商用，完成新型云化城域IP网上全业务承载测试和全业务开通流程穿测，规模承载50万以上用户，业务类型包括固网宽带、5G、IPTV、VOIP等。无锡市是全国第一个完成新型云化城域IP网全覆盖和规模商用的地级市。中国移动通信集团有限公司江苏公司在省内苏南、苏北、苏中构建3个5毫秒低时延圈。无锡移动在本地以“5（核心点）+12（骨干点）+412（汇聚点)+170(接入点)”的目标架构完成全光网建设,构建市区1毫秒、市到县2毫秒、全境3毫秒、省内5毫秒的传送网低时延圈。无锡联通开展智能城域网建设,在一级汇聚机房内新增智能城域网汇聚设备。无锡联通推进智能城域网上全业务承载测试,在锡山区开通共享级MEC(移动边缘技术)业务。

【光网建设】 2021年,无锡电信、无锡移动、无锡联通光纤覆盖率100%。无锡电信加快光缆网建设,主干光缆总计3.57万纤芯千米,中继光缆近2.29万纤芯千米,户均带宽达到475Mbps,加厚10G EPON端口的部署。无锡移动全网OLT100%具备10G-PON网络承载能力,户均带宽465Mbps。至年末,全市千兆宽带接入提供普遍服务,全市小区均具备千兆网络接入能力。无锡联通主干光缆近1.39万纤芯千米,接入光缆近9.83万纤芯千米,户均带宽500Mbps,全市局点100%部署10G PON设备。

(无锡电信 无锡移动 无锡联通)

物联网产业

【概况】 2021年,无锡物联网集群以全国唯一的物联网主题入选国家首批先进制造业集群。全市集聚物联网企业超3000家,产业规模3563.85亿元,比上年增长26.81%,规模居全国第一位。航天科工、华为、百度、高通等产业链头部企业不断集聚,中电海康无锡物联网产业基地一期封顶,斯润天朗车联网总部基地等项目建设有序推进。建成国家级创新载体178个,高性能MEMS传感器、异构感知融合、物联网终端安全防护等创新成果填补国内空白。实施国家级重大应用示范工程23个,拓展到全市300余个细分行业,承接的物联网工程遍及全球78个国家830余座城市。自2009年获批全国唯一国家传感网创新示范区以来,无锡市在产业集聚、技术创新和示范应用等方面先行先试,全面完成国家确定的无锡国家传感网创新示范区发展目标。

【产业发展新增长点培育】 2021年,无锡市聚焦物联网产业发展细分领域,制定物联网平台型企业、特色园区、信息消费体验中心认定管理办法,培育产业发展新增长点,加快推进物联网与实体经济融合应用,完成10家物联网平台型企业、10家物联网特色园区、5家信息消费体验中心市级认定。

【国家级车联网先导区建设】 2021年,无锡市入选国家首批智慧城市基础设施与智能网联汽车协同发展试点城市,是全国首批6个试点城市中唯一的地级市。制定《无锡市“十四五”车联网产业规划》《道路交通信号控制机信息发布接口规范》《无锡市智能网联汽车道路测试与示范应用管理实施细则(试行)》,启用全国规模最大的双向170千米的智能网联汽车开放测试道路群。开展基础设施建设,完成700千米道路800个点段道路智能化改造,部署智能路网设施500余套。推进车联网平台升级,对接百度、高德等图商,优化升级车联网App,初步实现交通信息上地图。锡山区、新吴区、滨湖区相继启动区级车联网项目建设,市区联动加强。融合车路协同、自动驾驶区域交通优化、车路协同智能公交、保税区自动物流、终端无人配送等场景实现初步运营。京东、百度、中兴等龙头企业与无锡市开展项目合作,无锡北微传感科技有限公司、无锡车联天下信息技术有限公司、江苏晶众信息科技有限公司、斯润天朗(无锡)科技有限公司等本地企业融入整车企业配套产业链,产业集聚态势明显。

【世界物联网博览会】 10月22—25日,2021世界物联网博览会在无锡市召开。博览会参展企业516家,覆盖全球21个国家和地区,世界500强企业33家,参会嘉宾8500余人,国内外院士30余人及业界专家超

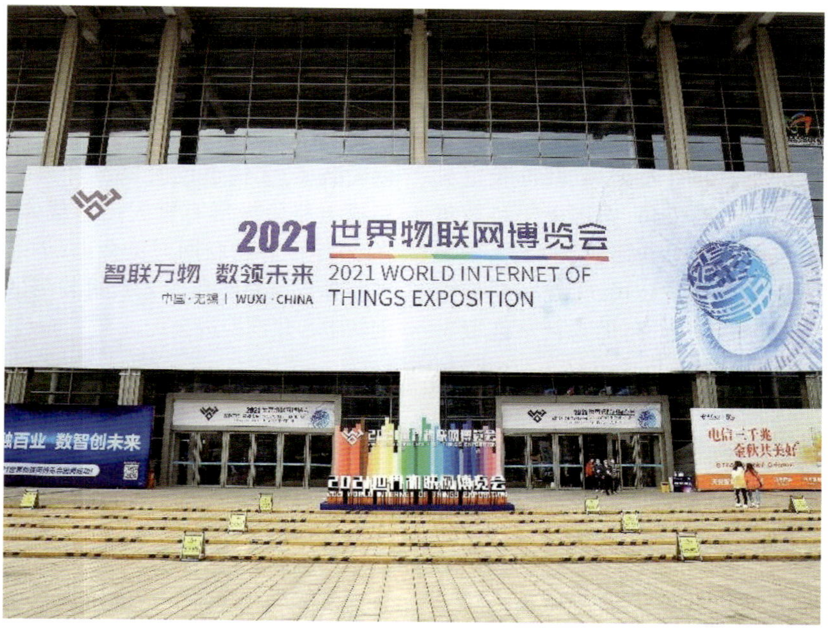

10月22—25日,2021世界物联网博览会在无锡市太湖国际博览中心举办

(市工业和信息化局 供图)

千人参会。博览会创新采用“线上云展＋线下逛展”融合模式，打造国际化、市场化、数智化的创新型云展平台，访问人数超60万人次，线上线下交易额超4亿元，意向合作金额超亿元，一批重大物联网项目签约落地无锡，投资金额超251亿元，50项物联网新技术、新产品、新应用成果发布，全国首个规模超百亿元的车联网产业母基金，25亿元规模的物联网、人工智能、智能制造等相关领域产业基金在无锡市设立。

（市工业和信息化局）

集成电路产业

【概况】 2021年，无锡市集成电路产业列入统计的规模以上企业173家，集成电路产业总产值1808.32亿元，比上年增长29.1%；实现营业收入1783.05亿元，比上年增长25.5%；利润总额183.42亿元，比上年增长32.6%。从业人员11.33万人。根据江苏省半导体行业协会发布的2021年度数据显示，无锡市集成电路产业核心三业（设计、制造、封测）发展规模和全省范围内占比均为第一名。在全省集成电路配套支撑产业中，无锡市销售额占比超过50%。华进半导体封装先导技术研发中心有限公司、江苏长电科技股份有限公司、中国电子科技集团公司第五十八研究所、无锡华润上华科技有限公司、无锡芯朋微电子股份有限公司、无锡新洁能股份有限公司6家集成电路企业生产项目获2020年度国家科学技术奖项。无锡华润华晶微电子有限公司、无锡芯朋微电子股份有限公司、无锡中微爱芯电子有限公司、无锡沐创集成电路设计有限公司、无锡新洁能股份有限公司、无锡硅动力微电子股份有限公司6家集成电路设计企业的产品获“2021年‘中国芯’优秀产品”称号。

【产业规模】 2021年，无锡集成电路产业规模实现营业收入1783.05亿元，比上年增长25.5%，高于全国17.5%平均水平，产业规模居全国城市第二位。形成包括集成电路设计、晶圆制造、封测、设备材料、技术研发和人才培养等在内的较为完整的产业链，相关企业超300家。围绕加快集成电路产业发展，无锡市制定一系列政策和推进意见，将集成电路产业高质量发展放在首要位置，由主要负责人担任产业链链长，优化产业发展环境，增强整体实力。

【重大项目】 2021年，无锡市新建、在建集成电路产线项目20个，其中各类尺寸硅片生产线2个、各类尺寸芯片生产线5个、各类尺寸化合物半导体生产线1个、各类尺寸化合物半导体衬底外延生产线1个、各类投资规模的芯片封装测试生产线11个，项目总投资300亿元。按照流程推进无锡华虹一期扩产、华润微能力建设、卓胜微产线、中环领先新产能等项目建设。华虹无锡集成电路研发和制造基地一期项目全面达产，提前实现月投产4万片规划产能。

【创新能力提升】 2021年，无锡先进技术研究院、江苏集成电路应用技术创新中心、国家集成电路特色工艺及封装测试创新中心成为全省重大创新载体，无锡市包揽2021年全省集成电路领域所有重大创新载体。在2021世界物联网博览会上，举办国家集成电路特色工艺及封装测试创新中心建设推进会。

【创新示范区建设】 2021年，无锡市制定《无锡市集成电路国际供应链创新示范区建设工作方案》，建设国家集成电路国际供应链创新示范区。4月2日，南京海关批复在无锡市开展集成电路全产业链保税模式改革试点，选取无锡综合保税区内SK海力士半导体（中国）有限公司作为龙头企业，海太半导体（无锡）有限公司、无锡科尔泰检测技术有限公司、江苏富昌中外运物流有限公司作为其产品的封装测试、物流配套、销售服务等需求的关联企业，搭建集成电路产业链链式结构雏形。

【集成电路产业政策制定与研讨】 3月2日，无锡高新区制定《无锡高新区关于进一步加快推进集成电路产业高质量发展的政策意见（试行）》。内容覆盖集成电路全产业链，提出打造产业链竞争新优势，以构筑完整产业结构、支持项目优先布局、支持企业自主创新、支持产业生态建设等方面为突破口，涉及企业房租补贴、项目招引、规模化发展、产业链互动、兼并重组、新产品研发、资质备案、公共服务平台建设、人才引进、展会补贴等方面。4月29日，“十四五”集成电路产业高质量发展（无锡）闭门研讨会在无锡高新区举办。上海张江高新区、南京高新区、无锡高新区、苏州工业园区、杭州高新区、合肥高新区代表共同发起成立长三角集成电路产业国家高新区创新发展联盟，发布《中国集成电路产业高质量发展（无锡）宣言》，倡议落实长三角一体化发展战略，实现长三角高新区协同推进集成电路产业高质量发展目标。

【IMEC集成电路高端人才培训】 6月7日，由市工业和信息化局、无锡高新区管委会、无锡物联网创新促进中心主办，欧洲微电子研究中心（IMEC）、无锡市芯火微电子创新中心、无锡国家“芯火”双创基地承办的第一期“IMEC集成电路高端人才培训”开班。这是无锡与世界顶级微电子研究机构——欧洲微电子研究中心（IMEC）合作，首次开办世界级集成电路高端人才培训课程。8月、11月，分别举办4期培训，近百家企业及高校200余名学员参加培训。学员以无锡市为主，覆盖北京市、重庆市等及周边地区。培训内容涵

12 月 22—23 日，中国集成电路设计业 2021 年会暨无锡集成电路产业创新发展高峰论坛在无锡市举办　（市工业和信息化局　供图）

盖集成电路设计、制造、材料以及应用等国际前沿领域。

（市工业和信息化局）

【中国集成电路设计业年会】12 月 22—23 日，中国集成电路设计业 2021 年会暨无锡集成电路产业创新发展高峰论坛（ICCAD 2021）在无锡市举办。会议以"聚力赋能，融合创新"为主题，举行高峰论坛、IP 与 IC 设计服务、先进封装与测试、EDA 与 IC 设计创新等专题论坛。23 日，在年会的系列活动第三届太湖创芯峰会上，无锡集成电路产业学院揭牌成立。无锡集成电路产业学院位于蠡湖未来城北翼的蠡园开发区，由蠡园开发区、江苏信息职业技术学院、中电科 58 所等单位共同组建，作为集成电路产业链"前端"设计领域的重要承载地，集聚集成电路设计及关联企业 200 余家，领域涵盖射频前端、功率器件、传感器、光电子、安全芯片、编码器等，拥有包括中科芯集成电路股份有限公司、江苏卓胜微电子股份有限公司、世芯电子科技（无锡）有限公司、无锡华大国奇科技有限公司等在内的一批骨干企业。

（市工业和信息化局
市电子工业协会）

软件和信息服务业

【概况】2021 年，无锡市软件和信息服务业收入 1754.07 亿元，比上年增长 22.3%。全市新注册软件和信息服务企业 1063 家，注册资金近 30 亿元。新增通过评估的软件企业 110 家，累计 1473 家；新增通过评估登记的软件产品 687 件，累计 7717 件；新增省首版次软件产品 15 件，获市"飞凤奖"的优秀软件产品 10 件；新增国家鼓励的重点软件企业 3 家、江苏省规划布局内的重点软件企业培育库企业 3 家、江苏省专精特新软件企业培育库企业 5 家、江苏省软件企业技术中心 3 家、江苏省"数动未来"融合创新中心 3 家。至年末，全市累计 2 家企业入围中国软件业务收入百强，2 家企业入围中国软件和信息技术服务竞争力百强，3 家企业入围中国互联网综合实力企业百强，3 家企业入围中国大数据企业 50 强，5 家企业入围江苏省互联网企业 50 强。拥有国家级软件园 1 家、省级软件园 4 家、省互联网产业园 2 家、省互联网众创园 5 家、省大数据产业园 2 家。11 月，工业和信息化部发函授予无锡市"中国软件特色名城"称号，无锡市成为全国第 14 个获该荣誉的城市，第 2 个获该荣誉的地级城市。

【集群发展】2021 年，无锡市制定《无锡市"十四五"软件和信息技术服务业发展规划》《无锡市工业大数据发展实施意见》，明确未来发展目标和实施路径，指导各市县区出台支持软件产业发展政策。扶持 14 个重点项目建设，奖励优秀软件产品"飞凤奖"和国家鼓励的重点软件企业、省规划布局内重点软件企业、省专精特新软件企业等部省级资质 35 个，兑现资金 1540.3 万元；推进华为软件开发云项目，为相关企业做好赋能服务，扶持企业 83 家，支持扶持资金 1500 万元；获国家、省级各类软件专项资金支持 4000 万元。

【信创生态建设】2021 年，无锡市培育包括永中软件、华云数据、先进研究院（申威芯片）等企业在内的信息技术应用创新产业链。至年末，全市信创骨干企业超 60 家，7 家企业 70 个产品入围国家信创目录，20 家企业 91 个产品入围省信创图谱，原创于本地的信创产品数量位居全国地级城市前列。蓝深远望科技股份有限公司、江苏意源科技有限公司等单位联合攻关的"一体化协同办公平台"项目获"2021 数字中国创新大赛·鲲鹏赛道"年度总决赛一等奖及"最佳实践奖"。华云数据"信创云基座"入围工业和信息化部网络安全产业发展中心发布的"2020 年信息技术应用创新解决方案典型案例"名单。滨湖区山水城管委会获"省信创先导区（生态环境）建设培育对象"称号，新吴区获"省政务能源领域信创先导区储备培育对象"称号，同方计算机获"全省唯一的省级信创创新实验室"称号。推进党政领域包括办公 OA、保密系统等先行先

7月2日,第七届“i创杯”暨无锡市第六届“iPark杯”互联网创新创业大赛无锡赛区决赛在无锡市举办　（市软件行业协会　供图）

试项目,组织市重点信创产品推广会议,开展苏锡常三市信创成果互认工作。举办江苏省信创发展大会和供需对接会、全国信创高质量发展专题培训班等重大活动。

【信息安全产业生态构建】 2021年,无锡市推进信息安全产业发展,履行工业信息安全责任。梁溪区网络信息安全特色产业园、滨湖区网络信息安全特色产业园获评首批无锡市网络信息安全特色产业园。无锡航天江南数据系统科技有限公司、江苏华御信息技术有限公司等企业项目获省级专项资金扶持,获批资金300万元。江苏长电科技股份有限公司、江阴天江药业有限公司等25家企业获“省级工业信息安全星级企业”称号。组织开展工业信息安全检查2次,检查重点规模以上工业企业53家。至年末,全市拥有信息安全重点企业30余家、专业服务支撑机构6家,其中省级信息安全风险检查评估机构1家,年总营业收入超过10亿元,产业生态初步构建。

【产业拓展活动】 7月2日,无锡市举办第七届“i创杯”暨无锡市第六届“iPark杯”互联网创新创业大赛,包括8场分站路演,180余个项目参赛,观摩超1000人次,55个参赛项目在路演现场获95张投资邀请函,市决赛推荐11个优秀项目直接晋级省决赛,19个项目直接晋级省复赛。组织以“跨界融合,聚势赋能”为主题的高端工业软件重点企业沙龙活动,搭建制造业企业和信息技术企业交流互动和合作共赢平台。组织10家重点信息技术企业到青海省海东市举办智慧产业合作交流活动,落实企业家海东帮扶对接工作。组织企业参加中国(南京)国际软件产品和信息服务交易博览会线上展。

（市工业和信息化局）

大数据和云计算产业

【概况】 2021年,无锡市入库云计算和大数据企业490家,较上年增加55家,实现销售收入460.66亿元,比上年增长35.16%。市大数据管理局推动无锡软件园、江苏数字信息产业园等7家大数据产业园建设。加强企业引培和相关配套服务建设,推动易华录数据湖产业园、中物达大数据产业园、5G大数据创新园、北控大数据科技园、朗新科技产业园、宜兴卓易软件园等大数据产业特色载体建设。年内,无锡市新评市级大数据产业园3家,新吴区获评江苏省区域大数据开放共享与应用评估试验区。

【产业发展】 2021年,在2021中国大数据企业50强评选中,帆软软件有限公司、华云数据控股集团有限公司、浪潮卓数大数据产业发展有限公司3家无锡企业再次包揽江苏省入选企业。雪浪云数字中枢系统创新解决方案、赋能工厂数字化转型等11个项目入围省级大数据产业试点示范项目。江苏天安智联科技股份有限公司“面向智慧交通的车路协同多平台融合技术与信息服务系统”项目入选国家级大数据产业发展试点示范项目。“基于大数据融合的智慧能源平台”等4个项目入围2021年度江苏省工业和信息产业转型升级专项资金。江苏海宝智造科技股份有限公司等3家企业获评2021年度江苏省“数动未来”融合创新中心。无锡时代天使医疗器械科技有限公司等6家企业入选第二批DCMM评估单位。红豆集团有限公司入选江苏省第一批首席数据官制度试点企业。

【智库建设】 2021年,市大数据管理局制定《无锡市首席数据官管理规定》《无锡市大数据人才实训基地认定办法》,评选实训基地17家。推动无锡数字经济研究院和无锡江南大数据研究院建设,加强对产业发展的研究指导和智力支持。市大数据协会开展“用数赋智,共见未来”系列沙龙和DCMM宣贯等工作。市信息化协会编制《无锡市大数据和云计算产业地图》。市新产业研究会编撰《无锡数字经济蓝皮书》,全面系统总结无锡数字经济发展现状、经验优势和短板问题,为无锡数字经济发展提出科学合理的对策建议。

（市大数据管理局）

通信产业

中国电信股份有限公司无锡分公司

【概况】 2021年,无锡电信突破分布式数据库、云操作系统、云存储、CDN等一系列关键核心技术,建成技术先进、自主可控、智能敏捷、安全可靠、绿色低碳的天翼云。自主开发市"12345"政务服务平台、市网格化联动处置平台、市审批服务综合执法一体化平台等重大信息化平台。推进"5G+云+AI"一体化能力输出,打造超高清视频云平台、工业互联网(物联网)平台、会议云平台、智慧社区平台等30余个应用平台。在国内率先建成基于IPv6的新型城域网,推进接入网10G EPON建设,建成智慧家庭用户50万余户。完成2021世界物联网博览会、2021无锡马拉松赛、长三角一体化重大项目"云开工"仪式等现场通信保障任务,做好庆祝中国共产党成立100周年系列活动通信保障工作。

【省内首个5G切片专线试点】 1月,无锡电信联合华为公司在江阴港完成江苏省内首个5G专网试点验证,通过2C 5GC核心网+边缘UPF完成5G SA 2B端到端业务验证。江阴港通过5G切片实现厂区内业务与公众业务间隔离,保障厂区内业务时延稳定在20毫秒左右。

【5G高铁专网】 1月31日,沪宁高铁无锡段实现电信5G信号全覆盖,是全国高铁线路中率先通过3.5G频段实现5G专网覆盖的高铁线路。通过AFC技术改善多普勒频偏、Hypercell技术解决容量与切换难题,验证高铁覆盖场景中的5G专网覆盖方案,为后续高铁5G专网覆盖奠定坚实基础。沪宁高铁无锡段高铁5G专网开通后,各项指标符合预期,在高车速、高损耗、高频偏情况下,线路整体测试下载速率350+Mbps、整体覆盖率95%+,无锡站候车室峰值速率950+Mbps、站台处峰值速率800+Mbps。

【新型城域网架构规模商用】 2021年,无锡电信新型城域网架构在现网基础上的部署实践达成阶段性目标,构建基于Spine-Leaf架构的无阻塞转发平面,实现固移融合承载,是中国电信集团内首个实现新型城域网规模商用的本地网,也是目前新型城域网商用规模最大的本地网。无锡电信新型城域网项目完成148台主要试点设备(含网络设备、CT云服务器等)、535条中继链路安装调测,组网及技术承载方案、规范制定和业务流程的打通。规模加载现网固移业务,实现10万户宽带用户、1万户IPTV用户和200余台5GBBU承载。

【节能数据机房】 9月,江苏省首家投运的采用间接蒸发冷却技术的数据机房——无锡电信大浮间接蒸发冷机房通过验收交付。该机房采用间接蒸发冷却技术,春秋过渡季节利用喷淋模式满足机房散热需求,冬季利用自然冷源直接芯体换热,夏季采用机械制冷补充结合喷淋混合模式运行。设备全部启用后,实现节能率20%以上,全年节电47.58万千瓦时,节约电费30万元。

【5G赋能制造业数字化转型高峰论坛】 10月22日,由中国电信集团有限公司主办,中国电信股份有限公司江苏分公司、天翼物联科技有限公司、华为技术有限公司承办的,5G赋能制造业数字化转型高峰论坛在2021世界物联网博览会上举行。论坛以"智数赋能、联创未来"为主题,发布中国电信5G智网服务能力平台,举办天翼物联与江南大学物联网工程学院、无锡电信共建5G物联网开放实验室签约仪式,无锡电信与5G应用标杆工厂签约仪式,举办"共塑数字工业新型契机"专题研讨会。

(无锡电信)

5月26日,无锡电信5G通信保障团队在长三角一体化重大项目"云开工"仪式现场开通应急通信车 (无锡电信 供图)

中国移动通信集团江苏有限公司无锡分公司

【概况】 2021年,无锡移动加强信息基础设施建设,强化5G、云计算、大数据、物联网、人工智能等新一代信息技术能力布局和应用研究。至年末,服务手机用户总数超600万户，有线宽带用户超195万户，物联网连接规模超1500万户。

【助力新型智慧城市建设发展】2021年，无锡移动发展5G基站建设，基本覆盖无锡市、江阴市、宜兴市所有街道、乡镇和部分村庄，实现城市地铁5G网络、京沪高铁地市段5G网络、苏南硕放国际机场5G网络全覆盖。5G应用方面，施耐德电气无锡工厂全球首个5G柔性产线工厂落地，获国家金砖工业奖项，并获评世界经济论坛认证的端到端“灯塔工厂”。助力绿点科技（无锡）有限公司完成机械臂5G专网接入，联合无锡威孚高科技股份有限公司试点5G专网运营动态监测平台，与江苏佳利达国际物流股份有限公司合作园区级开放道路无人物流项目等。推动5G网络、大数据、物联网和区块链等新技术在宜兴市白塔村落地，建设高价值农产品溯源平台、线上直播、营销网络以及“云游白塔”在线旅游体验系统等，被中央电视台新闻频道《走进乡村看小康》栏目报道。

【电信网络诈骗治理】2021年，无锡移动落实打击治理电信网络诈骗、依法清理整理电话卡及物联网卡行动，强化手机卡源头管控，严格规范渠道管理。加强与公安部门工作对接，在信息查询、线索研判、联合执法、宣传引导等方面强化协同联动，加强贩卡诈骗精准打击，向公安机关提供涉案线索，精准打击诈骗窝点。自行动以来，月均涉案号码量比上年下降27%，月均诈骗投诉比上年下降44%。

【“科技眼”助残】2月8日，无锡移动联合市残疾人联合会向10名盲人赠送自主研发的“科技眼”终端，为残障人士提供数字通信便利。该设备依托物联科技，是助残领域的一项创新探索。一台“科技眼”可绑定多名志愿者，盲人在外出时佩戴“科技眼”，志愿者可通过手机App实时查看盲人行进轨迹及现场视频，实现一键对讲、紧急呼叫、位置上报、电子围栏等功能。5月16日全国助残日，中央电视台新闻频道《朝闻天下》播出该项数字赋能举措。

10月23—25日，中国移动以“5G融百业，数智创未来”为主题参展2021世界物联网博览会　（无锡移动　供图）

【2021世界物博会通信保障】10月，无锡移动成立专项保障小组，完成2021世界物联网博览会通信保障。博览会开展前，提前对1个物联网展示区、2个景区、3个交通枢纽、16条重要道路及27个重要场馆进行无线信号测试。物博会期间，组织安排50支联合保障团队现场驻点，依托大数据平台，实时显示展览馆现场人流量、变化曲线、人群结构等信息。

【5G-V2X车路协同融合感知应用项目】12月，无锡移动联合无锡智汇交通科技有限公司，共同打造5G-V2X车路协同融合感知应用项目，完成省内首个基于4.9GHz的5G专网建设，助推车路协同自动驾驶商业化建设。项目依托中国移动自主研发的“超眼”路侧设备，在国内首次实现基于单车自动驾驶和车路协同的全域、全要素、全时感知的三维交通动态地图展示，有效解决传统自动驾驶道路路侧需要部署多套感知设备的难题，实现全息感知，降低计算时延，提升数据处理速度和感知精度。

（无锡移动）

中国联合网络通信有限公司无锡市分公司

【概况】2021年，无锡联通推动创新驱动发展，打造5G精品网、千兆宽带精品、政企精品网等网络建设，全年主营收入13亿元。助力乡村振兴，推进乡村数字化，消费帮扶采购农副产品20余万元。

【“中慧安全云”平台】2月，无锡联通与胡埭镇政府合作，建立企业全员安全生产数据协同“中慧安全云”平台，帮助企业建立以全员岗位、重点设备、重点区域等为基础数据的安全生产责任体系。通过“中慧安全云”平台，提高企业安全生产管理水平，协助生产经营单元落实安全生产主体责任，加强从业人员培训，提升职工安全生产技能与意识，指导职工参与配合安全生产，承担遵章守纪、按章操作等工作。

【信息技术服务标准(ITSS)认证】4月,无锡联通获得《信息技术服务标准(ITSS)符合性证书》,成为江苏省首家通过ITSS运维通用要求评估的地级通信运营商。信息技术服务标准(ITSS)是工业和信息化部制定的国家标准化标准体系,内容涉及信息系统建设、运行维护、服务管理及外包等业务领域。无锡联通获得ITSS认证,提升自主交付运维服务的管理能力,优化IT服务成本,带动企业科技创新提升品牌,加速无锡联通数字化转型。

【智慧助警项目】 3月,无锡联通自主研发的"沃家神眼"汇聚平台在江阴市周庄镇三房巷派出所首次使用。该汇聚平台运用沃家云视汇聚平台实现分级化管理、云端存储保留取证,具备7天和30天云存储、监控、回放、告警的多屏及重点场景巡查等功能。年内,无锡联通与江阴市新桥镇、利港镇、璜土镇等派出所合作,安装沃家神眼470户。6月,无锡联通中标江阴市公安检查站建设信息化项目,通过对接各类公安信息数据库,实现智能分类引导、智能布控预警、智能核录安检、智能拦截封控等业务应用。在江阴南和小湖公安检查站设立查缉堵控点、智能卡口建设点位,在京沪、沿江高速进江阴市方向的前方2～5千米处布设电子卡口,及时发现重点人员、车辆时空轨迹。6月26日,无锡联通与市公安局大数据支队联合承担的省公安厅科技研究计划项目"基于5G网络、AR梯次级联与3D-GIS融合的高中低地一体化视频图像联动技术研究与示范应用"通过公安部专家验收。年内,无锡联通联合宜兴市公安局共同研发"智慧技防设备联网汇聚"项目。

【5G智能制造项目】 4月,无锡联通与红豆集团签约红豆5G智能制造项目。该项目是无锡联通实施的第一个真5G全连接工厂项目,采用物联网的AIOT智能工厂,通过5G设备搜集实时数据,采用数字孪生技术对数据进行分析。设备通过5G联网、设备控制平台等进行实时数据传输,效率提升30%,成本降低40%。

【智能AI语音机器人】 2021年,无锡联通运用现代化科技手段,自主研发智能AI语音机器人,通过科技信息手段,助力社区新冠肺炎疫情防控工作。至年末,全市有80个社区使用防疫机器人外呼41.5万条,接通25万条,接通率60.2%,发送短信82.9万条,科技防疫宣传覆盖人群约124万人次。

【公交车智能网联】 7月,无锡联通中标市公共交通集团有限公司"公交车智能网联"新能源项目。该项目完善公交车智能网联,优化无锡城市交通数字化运营,涉及614辆公交车。

【5G+区域远程诊断云平台】 8月,无锡联通联合无锡市第八人民医院研发的"5G+区域远程诊断云平台"入选全国5G+医疗健康应用试点项目。该项目依托5G网络,运用VR、AR技术,融合全息、3D打印,搭建区域远程诊断一体化云平台,实现超高清远程多学科会诊以及医学影像、超声、病理、心电等信息高速传输与共享,为开展智慧医疗提供远程教育、手术指导示教、远程探视、医学教育培训等医疗服务。

(无锡联通)

产业数字化转型

【智能制造】 2021年,无锡市实施企业数字化转型"十百千万"工程,全市100个重点智能化项目完成投资超240亿元,创建各类智能制造标杆942个。其中,新增国家级智能制造标杆企业1家,累计3家,列全国第一位;新增"灯塔工厂"1家,累计2家,列全国第二位;新增省级智能工厂2家、省级两化融合管理体系贯标试点企业191家,均列全省第一位;新增省级智能车间39个,列全省第二位。中国智能制造系统解决方案供应商联盟江苏分盟在无锡市成立。

(市工业和信息化局)

【数字农业】 2021年,市农业农村局开展无锡市智慧农业综合管理服

10月18日,施耐德电气绿色智能制造无锡创新示范园暨"灯塔工厂"揭牌仪式在无锡高新区举行 (新吴区档案史志馆 供图)

务平台建设，依托智慧化设施大棚，针对性采集及分析管理全市农业生产环境监测、农业生产管理、农产品质量安全溯源、农产品销售、农业物联网等数据，指导农业生产，实现农业生产全流程监测，确保农产品品质。打造集“智慧农机管理一张图、农机全流程监管、大数据决策分析、农机公众服务、后台管理服务”等为一体的无锡市智慧农机综合监管服务平台，实现信息共享及监管服务，为科学决策提供依据。

（市农业农村局）

【工业互联网平台建设】 2021年，无锡市新增国家级特色专业型工业互联网平台4个（红豆工业互联网平台、海澜智云工业互联网平台、精益数字化供应链平台、瀚云工业互联网平台），列全省第一位；新增省重点工业互联网平台5个（时代天使隐形矫治工业互联网平台、Masterlink CPS机加工协同智造平台、奥立信工业互联网平台、群智云能源互联网平台、面向新能源应用领域的MAN OS工业互联网平台），列全省第二位；新增省级五星级工业互联网平台服务商1家（朗新科技集团股份有限公司），全省唯一。

（市工业和信息化局）

【工业大数据中心建设】 2021年，无锡市制定《无锡市工业大数据发展实施意见》，成为全国地级市中首个建立城市级工业大数据中心的城市。无锡物联网创新促进中心牵头建设工业大数据中心。该中心是集数据汇聚、挖掘、交换和应用能力于一体的大数据资源管理和服务系统，面向广大工业和信息技术企业，围绕无锡八大重点产业链，实现产业要素全面监测、产业集聚智能分析、产业图谱动态更新和产业服务精准对接，提供运行监测、企业评价、能耗管控、数字化转型解决方案等多样化产品。至年末，工业大数据中心汇聚无锡市全域8万余家工业和信息技术企业的政府公共数据、企业生产经营数据和网络公开数据约4.01亿信息项。

（无锡物联网创新促进中心）

【服务业数字化转型】 2021年，无锡市加快服务业数字化转型，推进中山路智慧商圈数据中心建设，运营商、商场定向采集数据，汇集街道精网微格数据、政府管理基础数据、商业网点位置数据等，涵盖政务、运营商、商场、互联网等多个维度。提升中山路数字商圈建设水平，使之集惠民消费、便民服务、物业服务、停车服务等功能于一体。会同无锡地铁集团有限公司开展“地铁数字商圈”项目建设，为消费者提供促销活动精准推送、线上订餐线下取单、停车无人值守收费扫码刷脸无感支付、智能自助便捷服务等功能。苏宁广场、八佰伴、大东方、红豆万花城等重点商贸单位从智能化、可视化等方面加强数字赋能。

（市商务局）

数字社会建设

数据共享赋能

【数据共享】 5月，市大数据管理局开展《无锡市公共数据管理办法》实施周年报告工作，落实各部门数据统一通过城市大数据中心进行交换共享的规定。实现省、市两级目录级联，推进江阴市、惠山区、锡山区、梁溪区等数据级联试点，完成市（县）、区级联规范制定，实现长三角一体化公积金数据（异地提、异地贷）级联上报。新增获取并封装国家、省相关数据接口25个，累计接口47个；开发市级数据接口超过128个，接口累计调用2630万次，传输数据2860万条。召开2021年全市数据资源工作会议暨基础库建设联席会议，优化完善市级层面公共数据共享开放议事协调机制。

【数据赋能应用】 2021年，无锡城市大数据中心围绕放管服改革和营商环境建设，为“互联网＋监管”提供数据17.8万条，为“互联网＋政务服务”提供数据2596万条，为“阳光扶贫”提供数据1729.27万条，为“综合金融服务”提供数据9113.9万条，为“大数据＋网格化＋铁脚板”提供数据869万条，为“灵锡”App提供全市人口相关基础数据1447.7万条，为“工业大数据中心”提供数据2180.8万条，为全市37个部门和地区共享数据133.52亿条。编制发布《无锡市电子证照目录（2021版）》，累计归集证照目录299类，无锡政务数据资源目录编制工作排名全省第一，调用电子证照297.36万次，排名全省第三。

【公共数据开放平台】 2021年，无锡市公共数据开放平台优化升级，面向社会开放67个部门、23类领域主题、9大应用场景，归集开放数据集超2000个，面向社会首次设立“长三角一体化专区”，首次开放物联网数据。该平台被省委网信办、省发展改革委、省工信厅、省政务办联合评为2020江苏省数字政府类优秀实践成果，在中国国际大数据产业博览会上获“2021数字政府管理创新奖”，推动公共数据开放能力连续两年位列全国前十、全省第一。

【省公共数据资源开发利用应用试点】 2021年，市大数据管理局印发《无锡市公共数据资源开发利用重点领域应用试点项目评价方案》，联合市委网信办成立督导小组，从统筹机制、工作制度、技术支撑、资源配置模式、生态体系、安全保障、重点项目7个方面推进公共数据资源开发利用试点工作，打造全球首个城市级C-V2X示范应用项目，建成全省首个市级监管数据平台，数据开发利用场景涵盖交通出行、疫情防控、市场监管等重要领域。无锡车联网（C-V2X）城市级应用、智慧市场监管 2 个项目入选江苏省公共数据资源开发利用重点领域应用试点。

【第二届江苏大数据开发与应用大赛】 4—11 月，市大数据管理局承办第二届江苏大数据开发与应用大赛(华录杯)。创新性设置长三角一体化赛道，面向社会开放高价值数据 7000 余条，全球 12 个国家 345 所高校 2073 人参赛，参赛人数、数据价值、赛题质量、运营水平等方面创新高。“平平淡淡的摸鱼人”团队、“JPDG”团队、“orcatech”团队、“众行远”团队分别获医疗卫生、数字运河、智慧水利、车联网 4 个赛道冠军。

（市大数据管理局）

4 月 26 日，第二届江苏大数据开发与应用大赛(华录杯)启动仪式在无锡市举办 （市大数据管理局 供图）

智慧政务

【一体化协同办公平台建设】 2021 年，无锡市一体化协同办公平台“锡心办”建成统一用户体系、电子印章、文件预览、一键建群、密码应用等 13 个公共服务业务模块，完成 80 家市级机关单位、267 家区级机关单位、41 个街道、123 个社区覆盖，平台用户超过 1.5 万人，具备文件预览和转换，信创电子印章验章、签章，统一用户中心等基础服务支撑能力。年内，“锡心办”获 2021 年度数字中国创新大赛·鲲鹏赛道最佳实践奖和全国一等奖、首届中国新型智慧城市创新应用大赛一等奖和最佳人气奖，入选《2021 年中国新型智慧城市百佳案例》。华云数据控股集团协同办公平台项目试点的“全信创安超云”入选工业和信息化部信创解决方案典型案例。

（市大数据管理局）

【锡地·存量资源智慧应用云平台】 2021 年，市自然资源规划局在省内首创的锡地·存量资源智慧应用云平台上线。该平台从“大存量资源”角度出发，整合各类存量资源，通过规划用地深度融合，划定盘活处置单元，排定立即可利用资源(净地)和近中期可利用资源(5 年内形成净地)，形成多层次的存量资源地图，为“地等项目”提供资源底图。该平台入选江苏省节地模式(技术)推广案例。

（市自然资源规划局）

【“数字红会”建设】 2021 年，市红十字会搭建“智慧红会 · 一端三平台”数字框架并参加信息化建设评审，助推红十字会工作协同创新、迭代升级。完善线上线下综合服务体系，推广使用“中国红十字志愿者网”，加强志愿服务登记注册、项目发布、服务计时、表彰激励等信息化管理。开放应急救护、应急救援、人道救助及无偿献血、遗体和人体器官捐献、造血干细胞捐献等 10 个项目 42.9 万条数据融入市级大数据中心，推进捐赠(捐献)、志愿服务等信息纳入个人信用积分档案，助力信用示范城市建设。

（市红十字会）

智慧民生

【“线上苏小登·无锡悉心办”服务品牌】 2021 年，无锡市实施“线上苏小登·无锡悉心办”项目。该项目依托全国不动产登记网上“一窗办事”平台、江苏政务服务网站、“灵锡”App 等渠道，实现八大类业务线上“不见面”办理和五类登记证明、地籍图、自然状况手机查询。实现“亮证办电”便民惠民服务，“登记 + 金融”系统直连做到抵押登记全流程无纸化办理，线上办理率 90% 以上。相关做法被《中国自然资源报》专版报道，入选全国优化营商环境简报。

（市自然资源规划局）

【“灵锡”数字生活系列活动】 2021 年，无锡市举办“灵锡”数字生活系列活动 60 余场。活动聚焦商贸、文旅、娱乐、体育、创意等场景，推动无锡数字化消费，切实惠及市民生活。无锡市举办第二届灵锡数字生活月活动。数字生活月设置线上线下活动，囊括“改善你的味蕾”“打造专属钱包回血站”“解锁家门口的乐园”“从薅羊毛开始”“拯救你的不开心”等系列活动。锡山区依托“灵锡”App 平台，发放惠民消费券活动，覆盖综合体、餐饮、百货零售等 130 余家商户，发放惠民券价值 100 万元、专享券价值 4.5 万元。

（市大数据管理局）

【公共文化服务云平台】 2021 年，无锡公共文化服务云平台在“灵锡”App 上线，改版直播功能，通过虚拟现实技术，联合博物馆、美术馆、文化馆开展精品展览的全景虚拟推广。整合文化资讯形成专题专栏，更新“云上学习”“梁溪艺谈”等16个专栏，提供19门公益课程。线上展播“江苏省青年美术家提名展”、“云上剧场”锡剧经典剧目、我为群众办实事暨“红色故事汇”、“文化和自然遗产日”非遗专栏等10项专题。至年末，该平台共入驻文化单位125家，累计发布信息4380条，累计注册用户39724人，互联网点击总数1161万次。

（市文广旅游局）

【智慧停车管理平台】 8月，智慧停车管理平台上线运行。该平台作为“智慧城管”系统子平台，整合全市7395个停车场、121万个车位的静态数据，接入动态数据超20万个，实现市区12.6万个共享单车电子围栏全覆盖，科学化监管共享单车停放，发现和清理“僵尸单车”2万余辆。

（市城管局）

【智慧医疗建设】 2021年，无锡市医疗票据实现电子凭证“无纸化”，市属8家医院和市急救中心开具电子票据2311万张。“智医助手”平台实现城区基层全覆盖，基层电子病历书写率由系统上线前的73%提高到94%，诊断一致率由89%提高到94.78%。省内率先试点新生儿出生“一件事”办理，“出生医学证明查询”“在线生育服务登记”“再生育服务审批”等业务可在线上办理。统一建设全市挂号缴费平台，在“健康e家”App上提供成人疫苗接种信息查询、预约挂号、健康咨询、居家健康数据监测等服务。市精神卫生中心上线“互联网＋心理咨询”服务，通过互联网医院提供在线心理治疗及免费咨询。

（市卫生健康委）

【数字人社建设】 2021年，市人力资源社会保障局在省内率先制定“一件事”改革清单，加速推进综合柜员制改革，持续拓展便民化服务，不断提升“一网通办、精准服务”水平。5月11日，无锡市作为苏南第一批上线城市，切换运行江苏省人社一体化信息平台。依托江苏省人社一体化信息平台，市人力资源社会保障局推广工伤认定网上申报，登录“江苏人社网上办事服务大厅”选择“工伤认定模块”即可网上申请工伤认定。以新吴区为试点，每周派驻工作人员进驻协议医疗机构，第一时间审核网报信息，并当场作出工伤认定结论。无锡市第八人民医院完成全省第一例工伤医疗费联网结算。6月18日，市人力资源社会保障局与无锡农村商业银行举行战略合作协议签订仪式暨“社银合作”服务网点揭牌仪式，无锡农村商业银行张泾支行的首个“社银合作”网点启用。

（市人力资源社会保障局）

智慧治理

【城市大数据中心和基础数据资源库建设】 2021年，无锡城市大数据中心核查收录全市市级部门信息资源3416个，比上年增长78.25%；数据项78678个，比上年增长124.88%。实现区县层面覆盖，核查收录321个部门3646个信息资源、50261个数据项。加强数据汇聚，充实人口、法人、电子证照、自然资源和空间地理、社会信用等基础库。至年末，归集212.8亿条数据，其中人口库归集数据1.03亿条、法人库归集数据6278.8万条，归集证照448.6万张入库，签章率100%，梳理目录440余种，省、市间数据通道共传输数据8332.2万条。

【无锡市城市运行管理中心建设】 9月2日，无锡市城市运行管理中心投运启用。该中心是江苏省第一个基于城市数字底座，统筹支撑城市各级治理单元、动态把握城市运行态势、协同处理各类城市问题的城市运行管理中心，以“三中心合一”（应急指挥中心、市域治理现代化指挥中心、智慧城市运营服务中心）、“两大四总”（数据大融合、业务大协同、系统总集成、决策总指挥、运营总中枢、服务总平台）为总体定位，技术用房建筑面积4427平方米。该中心一期软件（应急指挥系统）开发完成指挥救援、监督管理等4个子系统建设。市域治理现代化指挥中心系统完成7大业务模块展示功能开发，依据数据目录完成17个市级机关723项初始数据汇聚。项目同步参与科技部“十四五”

9月2日，无锡市城市运行管理中心投运启用　（市大数据管理局　供图）

社会治理与智慧社会国家重点专项申报，中国电子科技集团院士吴曼青为该项目负责人。围绕一网统管应用场景建设需求，完成消防、水利、气象等14个部门数据接入，汇聚应急、公安、交通运输等部门2000余个感知设备、6000余项监测数据、22万余路视频资源。该中心获"2021年度中国信息化数字政务创新奖"；入围2021智慧中国年会2021中国数字政府特色评选创新案例50强，并获治理运行创新奖。

（市大数据管理局）

【市场监管大数据中心建设】 2021年，无锡市场监管大数据中心归集1.4亿条公共数据，管理数据资产1.2TB，形成首份大数据中心运行分析报告，接入50项数据为102万个市场主体"全景画像"。市市场监管局开展以法人主体与管理对象关联度和在业一致性为重点的"双查双治"数据质量治理，检测问题数据2.5万条，初步筛查整体的关联度95.18%，在业一致性86.11%；协同推动"双公示"与省市场监管信息平台双向对接，优化完善数据接口推送机制，在全省率先实现全市涉企信用信息归集"只报一次"，双向交换数据60余万条，减轻基层工作量。开展《基于空间地理的战略性新兴产业分析》研究，市市场监管局在全省市场监管市场主体数据分析大赛上获一等奖。建立数据中心核心计划指标监测机制，优化数据中心服务器数据库备份，保障大数据中心稳定有效运行。

（市市场监管局）

【信息化支持抗疫】 2021年，市疫情防控指挥部数据分析组升级完善疫情防控一点通、疫情管理通、进口冷链食品申报追溯系统、入境人员转运系统、大规模人员核酸检测系统等。7月，在新冠肺炎疫情防控中，按照"两天完成全市人口核酸检测"目标，快速迭代大规模人员核酸检测系统，为"四早"（早发现、早报告、早隔离、早治疗）要求提供有力技术支撑。7月26日，"核酸检测通"上线，实现核酸检测过程在线化、全流程管理数字化，为全员核酸检测提供信息化支撑，实现市民从登记到采样一般耗时30秒。年内，"港澳台及外籍人员核酸结果查询""核酸检测点地图""码上有结果"等应用在"灵锡"App上线，电信政务云、曙光政务云后台数据库互通，联通、移动、电信备用云资源开通，3家运营商完成短信平台分流工作。

（市大数据管理局）

【国土空间规划"一张图"实施监督系统建设】 2021年，无锡市建设国土空间规划"一张图"实施监督系统。按照统一底图、统一标准、统一规划、统一平台要求，构建集自然资源数据、空间规划数据、城市服务数据及社会经济数据为一体的大数据平台，建设完成国土空间分析评价、国土空间规划实施监督、指标模型管理等功能框架，实现国土空间规划"一张图"应用、国土空间规划成果审查与管理等功能。

【无锡市区历史建筑信息管理平台建设】 2021年，市自然资源规划局启动"无锡市区历史建筑信息管理平台"项目建设并通过专家组验收。作为省内首个历史建筑信息管理平台，该系统建立完整、翔实、可靠的历史建筑信息数据库和功能丰富、性能稳定的内部管理平台，实现方便、快捷的公众展示平台。

【自然资源卫星应用试点建设】 2021年，无锡市、江阴市自然资源规划局被省自然资源厅列入自然资源卫星应用技术试点城市，无锡市成为全省首个搭建市、县两级自然资源卫星应用技术体系全覆盖的地级市。集聚市、县级自然资源系统卫星遥感应用力量，实现贯通部、省、市、县（乡）自然资源卫星应用技术体系，加强卫星遥感数据在现状调查、耕地保护等工作中的应用。

【"慧眼守土"综合监管系统运用】 2021年，市自然资源规划局通过"慧眼守土"综合监管系统，对市辖区内视频监控点位的分布、数量以及对执法动态巡查、土地整治、储备地块、地质灾害和耕地保护集中监管与展示，实现地图与视频画面同步展示。至年末，全市（含江阴市、宜兴市）布置视频监控点1014个，其中市区448个。接入"森林防火"摄像头41路，实现对林区高频次瞭望监测。

（市自然资源规划局）

【药店"一店一码"智慧登记】 2021年，无锡市在全省率先实施药店"一店一码"智慧登记应用，创新实践发挥追溯数据在风险防控、产品召回、应急处置等工作中的作用，提升监管精细化水平，有效提高退热、止咳、抗病毒、抗生素4类药品购药人员登记效率和人员信息溯源准确性，助力保障新冠肺炎疫情防控精准摸排。

（市市场监管局）

编辑　胡　慧

总部经济

综　述

【概况】 2021年，无锡市认定总部企业60家，总销售收入2066亿元，比上年增长2.4%，户均营业收入34亿元，实现纳税额64亿元，户均贡献近1.1亿元。培育一批具有核心竞争力、市场影响力和行业话语权的总部企业，涵盖投资、财务管理、采购与销售、研发、人力资源和物流分拨等总部功能，形成包括集成电路、汽车及零部件、高端装备、生物医药、高端纺织服装及信息服务在内的六大重点产业总部集群。无锡市召开全市总部经济工作推进会，部署年度发展重点，制定新一轮现代产业政策，支持总部经济发展，制定关于进一步创新方式提高利用外资水平的政策措施，鼓励外资总部经济发展。各板块根据实际情况，差异化制定总部企业认定标准，出台配套激励政策。新吴区完成106家区级总部企业评定，打造省、市级总部企业种子库；滨湖区支持总部项目引育，举行欧洲商业名品中国总部街项目落地云签约仪式。

【规模与结构】 2021年，无锡市60家总部企业平均营业收入34亿元，平均纳税额1.1亿元。8家总部企业入围“2021中国民营企业500强”，占全市比例31%。按照申报类型，新认定总部企业14家，复核通过46家；按照产业领域分类，全市先进制造业34家、现代服务业26家，形成六大重点产业总部集群；按照企业性质分类，外资企业26家、内资企业34家；按照总部类型分类，综合型总部44家、功能型总部16家；按照板块分布分类，江阴市11家、宜兴市5家、梁溪区3家、锡山区14家、惠山区1家、滨湖区6家、新吴区20家。

12月20日，滨湖区举行欧洲商业名品中国总部街项目落地云签约仪式
（无锡国家数字电影产业园　供图）

延伸阅读：

无锡市总部企业六大重点产业总部集群

2021年，无锡市总部企业按照产业领域分类，先进制造业34家，现代服务业26家，形成六大重点产业总部集群：强茂电子（无锡）有限公司、无锡先导智能装备有限公司等企业在内的集成电路总部集群；威孚高科股份有限公司、博尔豪夫（中国）紧固件有限公司等企业在内的汽车及零部件总部集群；江南模塑科技股份有限公司、中科微至智能制造科技江苏股份有限公司等企业在内的高端装备总部集群；无锡药明康德新药开发股份有限公司、上药控股有限公司等企业在内的生物医药总部集群；朗新科技集团股份有限公司、易视腾科技股份有限公司等企业在内的信息服务总部集群；海澜之家集团股份有限公司、江苏云蝠服饰股份有限公司等企业在内的高端纺织服装总部集群。

（市发展改革委）

【总部经济集聚效应】 2021年，无锡市加快实施《全市总部型外资企业培育三年行动计划》，吸引跨国公司地区总部和功能性机构集聚无锡，鼓励现有企业拓展功能、提升能级，4家企业入围省级跨国公司地区总部和功能性机构。宝克(中国)测试设备有限公司、贝卡尔特(中国)技术研发有限公司、无锡药明生物技术股份有限公司、东电化兰达(中国)电子有限公司4家外资企业获省商务厅认定的江苏省第十二批跨国公司地区总部和功能性机构。至年末,全市累计有省级跨国公司地区总部28家、跨国公司功能性机构17家。

(市商务局)

总部企业

【总部企业提升】 2021年,无锡市对接拥有关键技术、核心品牌、重要销售渠道的跨国公司和世界500强制造企业,推动贝卡尔特(中国)技术研发有限公司、无锡药明生物技术股份有限公司在原有单一的研发功能上不断叠加销售、结算、物流、培训、资产管理等多重职能,实现由单一功能性总部向多功能综合性总部转变。朗新科技集团股份有限公司入围"2021年度中国软件百强企业",江阴天江药业有限公司被认定为国家企业技术中心,海澜之家集团股份有限公司面向服装个性化和团体性定制的智能裁剪系统获评2021年度中国服装行业科技进步奖一等奖,易视腾科技股份有限公司入选江苏省重点文化科技企业和江苏省民营文化企业30强,远景能源有限公司、江苏新扬子造船有限公司等企业获评江苏省百强创新型企业,红豆集团有限公司的打造在线化高端化智慧零售模式入围省发展改革委遴选的省级新型消费发展典型案例。

【总部企业招引】 2021年,无锡市挑选潜力大、成长性好的企业进入工厂总部化名录库,推进制造企业总部化进程。企业招引成效显著,江阴市签约别样跨境电商中国总部、安姆科亚太区研发总部等企业;宜兴市引进江苏普睿司曼科技有限公司、霍伯麦(中国)有限公司等跨国企业总部项目;梁溪区引入欧保(EBICO)亚洲总部、"梁溪矽谷"等企业项目;锡山区通过举办金秋招商月系列活动,引进估值10亿元的元码基因项目、估值6亿元的阿尔法人类长寿项目等企业;惠山区引进艾柏森(江苏)生物科技有限公司、无锡指真生物工程有限公司等企业;滨湖区完成隆盛科技有限公司、江苏氢导智能装备有限公司等优质企业从意向到落地的成功转化,不断推动具有决策、管理、研发、投资等高端职能的总部机构落地;新吴区引进泊客软件科技(无锡)有限责任公司、深圳基本半导体有限公司等总部经济概念企业40家;经开区引进ANIMAX亚太区域总部、中粮集团大悦城控股集团股份有限公司等企业。

【总部企业人才服务】 2021年,无锡市实施"太湖人才计划",支持总部企业所需创新领军人才项目3个、创业领军人才(团队)项目2个、高级经营管理人才项目1个、先进制造技能人才项目4个、优秀医学专家团队项目1个。探索人才评价机制改革,启动人才分类认定工作,其中认定总部企业人才14人,按层级享受服务待遇。对于总部企业人才使用频次较高的医疗保障服务,畅通"预约办""线上办""邮件办"等"不见面"办理渠道,完善"无锡医保"公众号医保业务经办功能,实现长三角医保关系跨省转接"一网通办"、异地就医备案线上快速办、跨省门诊就医医保电子凭证直接结算。开展总部企业岗位信息需求征集活动,开设"春风十里,'职'为留你"春风行动网络招聘专区,举办名企迎春视频直播专场招聘会及各类行业专场招聘会100场次,收集提供有效岗位12.13万个次。

(市发展改革委)

总部经济集聚区

【江阴高新区】 2021年,江阴国家高新技术产业开发区结合产业发展实际情况,围绕新兴产业及优势产业链,对接世界强企、知名央企,培育综合性总部、区域性总部、功能性总部,提升资源虹吸力、要素集聚力、产业引领力,把江阴国家高新技术产业开发区建设成为无锡乃至长三角知名的总部经济集聚区。至年末,有贝卡尔特(中国)技术研发有限公司、见龙投资有限公司、瀚宇博德科技(江阴)有限公司、江阴兴澄特种钢铁有限公司、江阴天江药业有限公司、见龙国际贸易有限公司6家经省商务厅认定的跨国公司地区总部(功能性机构)。各类总部企业平均营业收入超40亿元、平均利润超2亿元,总部经济汇聚之势渐显,成为提高亩均产出的基础性工程,提升园区能级的"核聚变"工程。年内,总投资48.5亿元的10个总部经济项目签约落户江阴国家高新技术产业开发区。融析生物中国总部项目集羊依诺肝素新药研发、生产、办公为一体,未来将整合印尼、美国、苏州等板块公司资源,以该公司作为上市主体,全部投产后,年销售可达12亿元;升辉新材料研发总部项目由全国销量第一、薄膜加工工艺最多、产品种类最丰富的新型包装材料企业——江阴升辉包装材料有限公司投资,建设新材料研发中心,项目达产后亩均税收超过60万元;宏科纳米合金新材料总部项目由纳米合金新材料领军企业——江苏宏科电工有限公司投资建设,致力打造面向微电子集成电路、机械智能制造等高端制造业的"后加速器";小宏车研发运营总部项目总投资5亿元,投资建设小宏车研发运营中心,对标唯品会、拼多多、爱库存等商业模式,打造全

锡东新城商务区全景　（市发展改革委　供图）

国性运行的新零售商务平台；利安达智慧能源总部项目总投资10亿元，借助互联网大数据、云计算等信息科技工具，打造业内领先的智慧燃气综合运营服务商；智能清洁机器人研发生产总部项目由江苏飞慕生物科技有限公司进行投资，计划用3～5年时间，通过远程管控的物联网技术，打造自动化公共卫生间保洁设备制造和运维基地；中国邮政苏南物流中心项目是江苏邮政在县域区域内的第一批次9个重点投资项目之一，主要建设进出口邮件分拨中心、跨境电商产业园和智能云仓；德晟电力配售总部项目由国家第四批增量配售电试点单位投资，致力于变电站及配电网建设，后续将提供电能交易、新能源应用、企业代运维、节能服务、数字化智慧工厂等增值服务；嘉兆电子半导体测试总部项目规划建设5000平方米洁净车间用于半导体晶圆测试，项目投产后可实现年销售收入2.5亿元；美国凯沃中国总部项目总投资1.59亿美元，设立中国区高端服饰研发中心、采购中心和销售中心，全面达产后亩均销售将达3352万元，亩均税收将达85万元；融析生物中国总部项目总投资10亿元中，30%为外资及港澳台资；小宏车研发运营总部项目计划引入外资及港澳台资1000万美元。

【锡东新城商务区】 2021年，锡东新城商务区立足新城产业定位、资源优势、区位条件，发展先进制造业、现代服务业、战略新兴产业等领域总部经济。完成签约总投资50亿元的生命健康智慧谷项目、总投资50亿元的智能环卫总部项目、总投资30亿元的国电投南国红豆碳中和项目、总投资20亿元的雅迪先进制造项目等10个市级重大标准的项目。完成总投资超10亿元的功率芯片先进制造项目、精准医疗产业园等新落地符合市级重大标准的项目9个，完成新引进重点科创项目8个。锡东新城商务区有总部企业7家。其中，电动车总部企业3家，开票386.12亿元，比上年增长28.04%；服务业总部3家，开票69.69亿元，比上年增长6.79%；建筑业总部1家，开票58.33亿元，比上年增长3.2%。创融大厦、信达大厦、红豆财富广场、雅迪总部大厦等在内的11个总部经济项目的15栋商务楼宇落地，兖矿信达大厦、华夏大厦、宁泰华辰大厦等一批总部楼宇先后投用，世奥商业广场、百合商务大厦、创智天地大厦完成竣工验收，新日总部大厦、雅迪总部大厦、金控大厦加快建设中，新引进落地总部楼宇并完成土地出让1家（无锡银行），总部经济集聚发展成果明显。至年末，商务区有楼宇载体30万平方米，注册企业超1000家，在建新增楼宇载体60万平方米。

【无锡高新区】 2021年，无锡高新区经市级认定的总部企业有20家，占全市三分之一；经省级认定的跨国公司地区总部和功能性机构18家。无锡高新区采取引进和培育"双轮驱动"策略发展总部经济，利用在集成电路、新能源及新能源汽车、高端智能装备制造、物联网、生物医药、汽车零部件等方面产业优势，招引总部项目落户。全省首家本土航空公司——苏南瑞丽航空落户无锡高新区。苏南瑞丽航空无锡主运营基地及相关产业项目，将带动该区发展总部经济建设，提升高端人才、高新技术、高质量税源、高层次消费等资源集聚效应。阿斯利康制药有限公司、SK海力士半导体(中国)有限公司等企业在无锡市纳税百强榜单上均名列前茅。SK海力士中国销售总部落户无锡高新区，签署投资合作协议，共建集成电路产业园，打造半导体产业总部经济集群。朗新科技产业园建成后，作为朗新科技集团"总部基地"，可带动现有多家合资及控股子公司、上下游生态圈合作伙伴入驻协同发展。

（市发展改革委）

编辑　胡　慧

综 述

【概况】 2021年，无锡市制定枢纽经济《2021年工作要点》《2021年重点建设项目表》《2021年目标任务分解表》等政策文件，聚焦空港、江阴港、高铁、陆港各大枢纽经济区发展以及物流业提质增效等重要主题，提升枢纽设施功能，建立枢纽经济产业体系，条目式厘清年度重点项目、重点任务，坚持责任明确、分工明确、时限明确原则，细化分解任务、定期通报进展。江阴市、梁溪区、惠山区、新吴区等地制定贯彻方案，完善专项工作组推进机制，协力推进全市枢纽经济发展。全市交通运输、仓储、邮政业生产总值289.37亿元，占全市地区生产总值的2.07%。

【项目建设】 2021年，无锡市枢纽经济发展50个年度重点建设项目中，48个完成阶段目标，进度达标率96%。其中，重大基础设施项目30个，有28个达到预期进度；重大平台项目9个，全部达到预期进度；前期项目11个，全部达到预期进度。80项年度重点任务中，72项达到预期进度，占比90%；5项基本达到预期进度，占比6%；3项未达到预期进度，占比4%。提升空港机场保障能力，完成进近管制航管主体工程建设，飞行区改扩建及附属工程项目(快速脱离道)获得省发展改革委批复并开工建设；织密货运航空网络，克服新冠肺炎疫情影响，保持全省仅有的每周3班洲际航班，加密国内天津、深圳货运航线；省内首家本土航空公司苏南瑞丽航空揭牌；航空货运平台公司常态化运作；跨境电商业务稳步发展；国际邮件互换局项目完成土地出让，签订建设用地合作协议，有序推进项目场地调查、林地使用可研编制及围墙工程招标；机场集疏运体系稳步建设，312国道快速化改造锡山段、新吴段推进路基、桥梁施工；城南路南延至雪梅路项目完成选址和方案公示等前期工作，结合大运河规划调整平面线位、优化方案，启动拆迁；苏锡常快线、具区路快速化改造等项目推进前期研究；完成金马路、空港路平面线形及跨望虞河桥梁规划方案研究，用地清单纳入近期建设规划及国土空间规划路网。提升江阴港港口功能，申夏港区5号码头、6号码头20万吨级改扩建工程岸线报批手续加快推进，完成海事、航道、水利、环保等单项报批；江阴—宁波直达集装箱航线增至每周3班；进境肉类指定监管场地完成项目论证和初步方案；集疏运通道加快建设，锡澄运河航道升级整治持续推进，黄石大桥南半幅主体工程基本完工，北半幅桩基完工；江阴第二过江通道建设加快推进；锡澄轨道线所有高架段开展架梁施工；新锡澄路北延、滨江路快速化改造、长山大道一期等项目有序实施。高铁港枢纽体系逐步完善，南沿江城际铁路江阴段、通沙路加快推进；盐泰锡常宜铁路江阴站至惠山站段可行性研究报告获批；锡山大道西延、锡沪路(二泉路)城市化改造方案深化研究；临铁经济格局稳步优化，锡东新城商务区充分发挥对接上海的“桥头堡”作用，加快重点功能设施建设，完善核心区景观，实施老镇区提升工程；无锡站前商贸区拆除南广场违章建筑，对占道经营、停车秩序进行综合整治；惠山城铁商务区推进基础设施配套建设，提升产业层级，开展招商；新区站前商务区完善商业配套设施；江阴高铁综合体开展地下结构施工；宜兴站区完成路灯和消防改造工程。陆港建设方面，宜马快速通道项目主线高架段通过交工验收并通车；340省道西延主体工程、锡溧漕河航道整治加快推进；锡宜高速改扩建工程获批，初步设计已审待批；锡太高速用地预审获批，规划选址通过审查，稳评完成，涉铁方案获批；西站物流园加快智慧物流平台建设，推进国腾市场资产重组，开通无锡西站—上海洋山港海铁联运班列。

【枢纽产业】 2021年，新吴区加快集聚航空制造、生物医药、集成电路等优势产业，招引超卓航空、航燃动力、亚新半导体等项目，引导传统外贸企业向跨境电商转型。江阴市持续提升港口服务本地经济发展能力，推进乌克兰冷链加工、深国际工业供应链产业园、远景高新智能化传动系统等项目实施，推动立粒食品、别样进出口跨境电商平台、辉采东南亚区域运营总部等项目投产。锡东新城商务区推动枢纽经济与总部经济融合发展，聚焦信息服务、生物医药、集成电路、产业金融等核心产业，引导博世(ITK)、天安智联、时萃咖啡等总部落户。惠山城铁商务区提高发展层级，重点建设万寿河湿地公园、谢印河城市公园等配套设施，构筑科创研发高地，招引高端装备等产业。

【物流发展】 2021年，无锡市制定《无锡市“十四五”现代物流业发展规划》，明确全市今后5年乃至中长期发展战略、发展目标、重点任务和政策保障。制定《关于推进建设电子商务与快递物流协同发展示范区实施方案》，是省内首个推进建设电子商务与快递物流协同发展示范区文件。制定《无锡市深化建设“中国快递示范城市”实施方案》，打造“中国快递示范城市”无锡样板。市工业和信息化局加快国家级车联网先导区建设，以智能制造助力物流装备创新应用，引导先进制造业与现代物流业深度融合发展。市交通运输局推动运输结构调整，出台新能源配送车辆通行便利化政策，推进多式联运示范点项目建设，做好网络货运网上能力认定。市商务局提高政策扶持力度，组织企业申报现代物流发展资金，推动商贸物流行业标准制定。无锡市入围国家首批智慧城市基础设施与智能网联汽车协同发展试点城市，是全国首批6个试点城市中唯一地级市。推进禾健智慧物流产业园获批省级示范物流园区、江阴市金顾山物流基地获批省级重点物流基地、江苏航吉国际货运代理有限公司等3家企业获批省重点物流企业。3家单位和5名个人分别获全省物流行业先进集体和先进个人称号，市发展改革委获“2021年物流统计工作先进单位”国家级荣誉表彰。

（市发展改革委）

产业发展

【航空】 2021年，无锡民航事业持续发展，苏南硕放机场连续实现第18个安全飞行年。完成旅客吞吐量712.7万人次，比上年增加113.3万人次，增长18.9%；完成货邮吞吐量16.3万吨，比上年增加6179吨，增长3.9%；完成运输起降6.5万架次，比上年增长19%。苏南硕放机场驻场飞机达到26架。通航城市66个，其中国内航点61个，国际航点7个。年内，查验进出港旅客711.86万人，实现空港口岸旅客和工作人员新冠肺炎疫情“零感染”。10月31日起，新开石家庄、腾冲、包头、成都4条航线，恢复海南海口、广东揭阳等7条航线，加密无锡至广州、重庆、昆明、长沙、西安、沈阳、福州、泉州等城市航班，日均航班量180架次左右，平均客座率70.5%，平均载运率66.6%。新开无锡至泰国普吉临时客改货包机，加密美国洲际货运航线1班至每周3班。国内最大民营航空公司春秋航空首次入驻苏南硕放机场，机场航空公司总数22家。

苏南硕放机场有中国东方航空江苏有限公司无锡分公司、深圳航空有限责任公司无锡分公司、苏南瑞丽航空有限公司、顺丰航空有限公司等19家国内航空公司，美国阿特拉斯航空、菲律宾皇家航空、泰国越捷航空3家外籍航空公司。无锡通用航空企业适航在册航空器总数达到23架，其中亚捷通用航空无锡有限公司21架、无锡太湖通用航空有限公司2架。亚捷通用航空无锡有限公司完成通用航空生产作业飞行6286.4小时，比上年增长22.4%；起落9765架次，比上年增长58.4%。无锡太湖通用航空有限公司完成通用航空生产作业飞行227个小时，比上年下降18.2%；起落1775架次，比上年下降20.4%。苏南硕放机场客货运全国排名分列第38位和第22位。其中，客运排名创历史新高，增长幅度在同规模及以上机场中领先，货运量达历史新高。

苏南硕放机场加速区域性枢纽机场建设，引进DHL、京东等战略合作伙伴，完成无锡高新区综合保税区“舱单分拨”新模式，开工建设快速脱离道、京东空侧货站、机场酒店项目，启动跑道东侧货运区工程，确定航油扩容选址方案，优化营商环境。

（市交通运输局）

苏南硕放机场　（市综合交通运输协会　供图）

【铁路】 2021年，铁路无锡站克服新冠肺炎疫情冲击、市场波动、极端天气等困难，以“建设一流现代化车站”为奋斗目标，主要作业保持安全稳定，消防、内保、反恐、网络、食品卫生和道路交通安全等同步管控到位，连续实现第11个安全年。办理到发旅客3120.53万人次，比上年增加379.65万人次，增长12.85%；客运收入17.58亿元，比上年增长16.2%。加强季度调图联系对接，提升区域通达能力，增开北京、上海等去向始发车。推进区域运输组织改革，逐步实施调度集中管理，持续深化流动调车模式，提升运输效率，完成货物发送157.04万吨，超年度计划14.04万吨，比上年增长13%。

（无锡火车站）

【公路】 2021年，无锡公路建设完成投资82.89亿元。全市完成公路客运量6393万人次，客运周转量34.5亿人千米；货运量1.99亿吨，货运周转量203.87亿吨千米。至年末，无锡市域内公路总里程7802.9千米，其中高速公路325.7千米、一级公路1159.6千米、二级公路1833.4千米、三级公路1547.4千米、四级公路2936.8千米，公路密度每百平方千米168.6千米。长宜高速、苏锡常南部高速公路建成通车。江阴靖江长江隧道盾构机制造完成，推进隧道工程。341省道宜马快速通道周铁段YMA01标高架贯通，马山侧隧道段主体结构施工，宜兴侧启动建设。312国道改扩建工程锡山段主体结构施工，新吴段开工建设。加快推进340省道惠山西段工程、锡太高速新建工程。锡宜高速改扩建宜兴段工程项目可行性研究报告获批。沪武高速（沿江高速）改扩建工程获省发展改革委核准，金宜高速、江阴靖江长江隧道南接线被列入省交通重点项目（2021—2023年）滚动推进计划。新改建农村公路18.6千米、农村桥梁11座。建成“美丽农村路”85千米、“平安放心路”6条。打造首条230省道十八湾段养护现代化示范公路，完成340省道惠山东段、宛山湖大桥、341省道马山段等3个项目品质工程市级考评，农村公路安防试点提升项目及39座桥梁专项维修及预防性养护。全市10条国省干线公路检测设施实现重要节点全覆盖，342省道无锡段智慧公路科技示范工程通过验收，“智慧路网”云控平台完工。全省首个针对“两客一危”车辆行前评估的线上系统“车辆行前安全测评系统”上线运行。免收车辆通行费176.22万元。无锡客运集团获“2020年度交通运输部百城道路客运信息监测网先进单位”“2020年度交通运输部重点联系道路运输经济运行分析工作先进单位”“2021年中国道路运输百强诚信企业”等称号。

【航运】 2021年，无锡航道部门完成投资1.12亿元。完成水路货物运输量3256.5万吨、货运周转量363.61亿吨千米。至年末，无锡航道总里程1577.97千米，其中三级航道79.23千米、四级航道66.24千米、五级航道115.44千米、六级航道90.57千米、七级航道129.61千米。全市航道密度每百平方千米34.1千米，等级航道密度每百平方千米10.4千米，处于全省领先水平。锡澄运河市区段黄石大桥拆除，新桥南半幅主体工程完成。孤岛交通工程1标段通过交工验收，2标段和市区剩余航道整治开工建设，推进兴昌路北延工程。锡溧漕河大桥改建通过验收试运行，宜兴屺亭段、和桥段航道整治工程通过验收，迎宾大桥、归美桥、白巷大桥开工建设，锡溧漕河无锡段疏浚及局部护岸等项目完成签约。申张线中康桥改建通车。华西纺织大桥改建工程启动。申芜线与杭湖线连接段航标工程通过验收。江阴船闸引航道疏浚工程竣工验收。京杭运河绿色现代航运综合整治工程启动。在全省率先制定《无锡市水上服务区（船闸）船舶污染物接收装置运行维护、检修、保养管理办法（试行）》，搜集处置船舶垃圾11.75吨、污水11.19吨，供应船舶岸电7.23万千瓦时。锡澄运河新厦港船闸工程获评交通运输部2020—2021年度水运交通优质工程奖。

【港口】 2021年，无锡（江阴）港申夏港区5号码头、通用码头20万吨级改扩建项目启动，砂石码头外港泊位投入使用。推进无锡（江阴）港石利港区LNG码头、海轮锚地、江轮锚地和危险品锚地建设。无锡内河港宜兴港区旺达物流集装箱码头扩建开工。全港完成货物吞吐量4.11亿吨、集装箱吞吐量65.67万标准箱。无锡（江阴）港加强与上海港、宁波港等沿海沿江港口联动，完成货物吞吐量3.38亿吨，位列全省第三，创历年新高；集装箱吞吐量60.51万标准箱，比上年增长19.56%。外贸箱量2.21万标准箱，比上年下降25.85%。金属矿石和煤炭占据第一、二位置，分别占吞吐总量35.01%、32.25%；矿建材料成为第三大货种，占吞吐总量17.13%。5月，江阴港完成货物吞吐量3005.84万吨，比上年同期增长44.06%，单月吞吐量首次突破3000万吨。无锡内河港完成货物吞吐量7300万吨、集装箱吞吐量5.16万标准箱。推进绿色港口创建，8家港口企业申报2021年度江苏省绿色港口，1家获评“江苏省四星级绿色港口”，2家获评“江苏省三星级绿色港口”。江阴港口集团被评为“亚太绿色港口”。

年内，无锡港务公司完成营业收入2710.12万元，其中装卸主业营业收入864.35万元、租赁收入1305.35万元；操作量106.2万吨；吞吐量63.24万吨。港务公司科学调整场地货位，提高货物堆放质量和效率，铁路货运到车2308车，比上年增加703车，实现铁路14条到车和货场进出库量稳步增长。其中，2月份铁路货运到车393车，创下单月到车新纪录。

（市交通运输局）

【物流】 2021年，全市物流行业继续保持良好发展势头，完成货物运输总量23347.1万吨，比上年增长5.6%。其中，公路运输量1.99亿吨，比上年增长7.9%；铁路运输量157.04万吨，比上年增长13%。全市航空货邮吞吐量16.3万吨，比上年增长3.9%；港口吞吐量4.11亿吨，比上年增长30%；集装箱吞吐量65.67万标准箱，比上年增长17.9%；快递业务量9.73亿件，比上年增长28.4%。

（市发展改革委）

项目建设

航空项目

【丁蜀通用机场】 12月9—10日，无锡丁蜀通用机场通过竣工验收。民航华东质量监督站对丁蜀通用机场道面及附属设施工程、地基处理和土石方工程、排水工程、站坪照明及机务用电工程、消防工程、航管工程、通信工程、气象工程进行竣工验收。无锡丁蜀通用机场位于宜兴市丁蜀镇大浦村，是《江苏省中长期通用机场布局规划（2018—2035年）》中全省10个区域级通用机场之一，机场建成投运对无锡通用航空产业提供重要的平台支撑作用，与苏南硕放机场互补发展。丁蜀通用机场一期占地33.13公顷，飞行区等级为2B，包括1条800×30米跑道和两条垂直联络滑行道，停机坪4.5万平方米，设有18个固定翼机位和4个直升机位，综合业务楼6165平方米，机库9742平方米。12月30日，机型为西锐SR20的飞机在无锡首个A1级通用机场——无锡丁蜀通用机场试飞成功，标志着无锡丁蜀通用机场具备运行保障能力，为机场投运奠定坚实基础。

（市交通运输局　市交通集团）

【春秋航空入驻苏南硕放机场】 10月20日，春秋航空2021—2022冬航季无锡航线推介会在无锡市召开。推介会上，春秋航空股份有限公司代表宣布在苏南硕放机场开通无锡—揭阳（潮汕）航线，航班号为9C6715/6，每周7班，整个航程大约2小时20分钟。10月31日15时35分，春秋航空9C6716航班从苏南硕放机场起飞，17时30分降落在揭阳潮汕国际机场，标志着春秋航空首次入驻无锡开通的第一条航线“无锡—揭阳（潮汕）”成功首航。

【苏南硕放机场飞行区改扩建】 12月29日，苏南硕放机场飞行区改扩建及附属工程项目开工仪式举行。项目12月21日获得批复，计划2022年竣工投用。苏南硕放机场飞行区改扩建及附属工程主要包括在现有跑道和滑行道间新建3条快速出口滑行道，新建6个C类机位。项目的建成将提升跑道使用效率，满足机场航空业务量持续增长需要。

（无锡苏南国际机场集团有限公司）

12月30日，无锡丁蜀通用机场试飞成功　（市综合交通运输协会　供图）

【苏南硕放机场空域优化】 2021年，苏南硕放机场空域结构优化与容量提升取得实质性突破，新辟4条临时航线并常态化使用，充分发挥V11、V16两条临时航线在调控航班流量、缓解保障压力上的作用，北复线V11临时航线使用率100%，提高RNP AR飞行程序使用率。完成进近管制室主体建设，取得空域优化方面重大突破，缓解空域保障压力。

【国际货运航线】 2021年，苏南硕放机场引进国际物流巨头美商宏鹰（CEVA），6月2日起加密美国芝加哥洲际货运航班，由每周一班达到每周三班的频次，稳定运营无锡至美国芝加哥洲际货运航线，每周约有300吨货物从机场空运出境，成为年内“全省唯一”国际货物出港通道。12月8日起，率先恢复国际进口货运业务，成为全省第一家恢复国际进港货运航班的机场。强化口岸功能，开展首批泰国黑虎虾进口业务和全市首单药品进口业务。苏南硕放机场会同无锡海关等相关单位，通过国际货运航班进口光刻胶冷危品，解决海力士等企业需求。

（市交通运输局）

【空运包板业务】 8月，无锡邮政公司利用本地口岸优势，与机场海关、苏南硕放机场合作，以“无锡—芝加哥”航线为基础，探索打造一条集中转集货、前置分拣、本地跨境清关、本地航空发运为一体的专业航空线路，与苏南硕放机场货运空运代理大田货运形成战略合作，客户邮件出库后，最快48小时内即可完成上网、通关、启航离境等环节，较之传统空运需运输至上海的浦东机场，时效提升2天时间。8月起，开办无锡至美国空运包板直飞业务，全年走货34批次。

（无锡邮政公司）

【苏南瑞丽航空落户无锡】 9月8日，苏南瑞丽航空有限公司揭牌仪式举行，无锡市成为江苏省首个拥有本土航空公司的城市。当天签约落地的航空产业项目未来3年涉及投资总额近100亿元，可提供2000余个航空产业工作岗位。项目包括落户无锡高新区的苏南瑞丽航空无锡主运营基地及相关产业项目；由市交通产业集团、无锡高新区与中信银行、光大银行共同投资的江苏国鹏航空基金，用于苏南瑞丽航空增资、基地建设和飞行培训中心、飞机大修和航材保障中心等项目。苏南瑞丽航空有限公司拥有21架飞机、84条航线。

（市交通运输局　市交通集团）

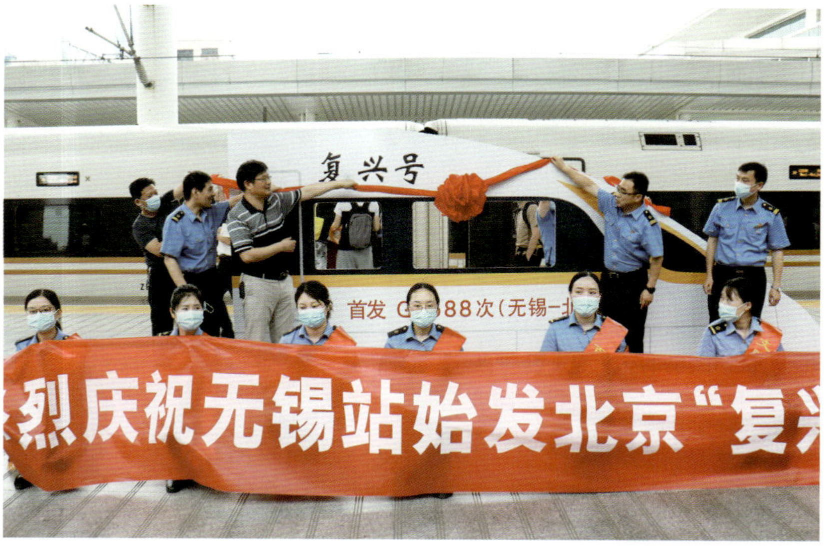

6月25日，铁路无锡站在城际6号站台举行无锡站始发北京南站"复兴号"高铁列车首发仪式　（陶　航　摄）

铁路项目

【首发列车】 6月25日，铁路无锡站举行无锡站始发北京南站"复兴号"高铁列车首发仪式。无锡站始发北京南站"复兴号"高铁列车车次G2588，无锡站始发时间16时，到达北京南站时间22时10分，途经常州、扬州、淮安、泗阳、徐州、曲阜、济南、沧州，终点北京南站。该趟列车增强无锡交通运输枢纽功能，结束无锡站没有始发北京列车历史。9月30日，无锡西站—上海洋山港海铁联运班列首发仪式举行，为无锡开通的第二条海铁联运班列。该班列30节车厢，搭载货物约750吨，从无锡出发直达上海洋山港，通过海运发往美国洛杉矶、荷兰鹿特丹等地，较此前公路运输方式节省物流成本20%以上，扩大铁港、海港、陆港、空港多港联动范围，增强无锡企业在国际贸易中市场竞争力和持续发展力。

（无锡火车站　惠山区档案史志馆）

【南沿江城际铁路江阴段】 1月4日，南沿江城际铁路江阴箱梁架设跨出江阴，开始向常州市内架设。3月18日，跨东横河连续梁合龙，打通向张家港方向架梁通道。3月22日，江阴站站房及相关工程初步设计获得批复。5月15日，江阴段3条500千伏超高压线路迁改工程通过验收并恢复供电。6月22日，全线最大跨度（主跨135米）连续梁——跨芙蓉大道连续梁合龙。6月29日，全线唯一铺轨基地——江阴铺轨基地启动存轨工作。9月4日，跨白屈港连续梁合龙，南沿江项目七标往江阴站方向架梁通道全部打通。9月19日，跨锡澄运河连续梁（主跨135米）合龙，标志江阴段27联连续梁全部合龙。11月4日，南沿江城际铁路上跨既有新长铁路封锁架梁完成施工。12月2日，新长铁路江阴站新信号楼启用，标志原新长铁路江阴站设备设施完成搬迁。12月18日，南沿江城际铁路江阴段桩基施工完成。12月31日，中铁十二局江阴制梁场最后一孔箱梁预制完成，江阴各标段箱梁预制任务全部完成。

【无锡至江阴城际轨道交通工程】 1月21日，无锡至江阴城际轨道交通工程（以下简称"锡澄轨道S1线"）汽车客运站主体结构首段（全线首段）底板浇筑。2月8日，锡澄轨道S1线新虹桥拆复建工程完成，恢复通车。3月24日，江阴南站至青阳站区间完成全线首座桥梁盖梁浇筑，进入桥梁上部结构施工阶段。4月29日，在锡澄轨道S1线节段梁生产基地，首节节段预制梁完成生产。5月6日，江阴南站至青阳站区间完成全线首孔简支箱梁浇筑。5月28日，江阴南站完成全线首个框架柱浇筑，进入主体结构施工阶段。6月26日，江阴外滩站至中山公园站区间右线盾构完成全线首发。6月30日，徐霞客站南侧节段拼装梁完成全线首架。8月19日，锡澄轨道S1线中间风井地下连续墙围护结构完成施工。9月5日，汽车客运站完成车站主体结构封顶。12月28日，锡澄轨道S1线面积最大的车站——江阴外滩站主体结构封顶。12月28日，汽车客运站至江阴高铁站区间右线盾构始发，锡澄轨道S1线全线8台盾构机全部完成始发，进入盾构掘进阶段。

（市交通运输局）

公路项目

【公路养护】 2021年，无锡市完成"十三五"全国干线公路养护管理评价任务，隧道提质升级工程获国评专家组好评。全市管养普通国省道609千米、桥梁497座，农村公路7029千米、桥梁3237座，委托第三方专业检测机构对水泥路面坑洞、板角断裂、严重破碎板，沥青路面坑槽、桥涵构件破损等问题进行全面检测。完成6个养护大中修项目、39个桥梁专项维修及预防性养护项目，实施桥隧检查、桥梁船舶防撞等工作，公路桥梁总体状况平稳。国省道安防设施提升，完成4个平面交会口改造，实施中央分隔带护栏19千米、54千米一级公路中央分隔带护栏完善提升工程。完成农村公路安全防护提升试点项目，建设总里程约10.3千米，总投资4400万元。推进视距保障和公交校车停靠站点安全专项行动，在342省道锡山段开展示范创建。按规定免收车辆通行费176.22万元。提升十八湾景区道路综合品质，全市28个高速公路出入口和硕放枢纽、国省道绿化及环境整治取得明显成效。

苏锡常南部高速公路常州至无锡段太湖隧道　（俞霖杰　摄）

【公路惠民服务】 2021年，市公路管理部门加快现代化公路建设，强化惠民服务，各市（县）区先后获评“四好农村路”省级示范县，宜兴市获评“四好农村路”全国示范县。依法减免各类车辆通行费2360余万元，沪宜公路宜漕收费站、342省道太华收费站完成终止征收车辆通行费及撤站工作，降低车辆运输负担。发布路网信息6.5万余条，受理社会来电1900余个，处置路网事件1200余起。办结“12345”政府服务热线、“96196”交通服务热线1700余起、数字城管2000余起。完成国省公路涉路许可审批133件（不含赋权地区）。

【省级平安百年品质工程】 2021年，新羊大道新建工程之宛山湖大桥工程和341省道无锡马山至宜兴周铁段工程（马山侧）2个项目被省交通运输厅列为2021年度江苏省公路水运平安百年品质工程创建示范达标项目。

【市级平安百年品质工程】 2021年，市公路产业发展中心组织全市交通工程建设项目参与“平安百年品质工程”创建工作，341省道无锡马山至宜兴周铁段工程（马山侧）、新羊大道新建工程宛山湖大桥、312国道无锡锡虞立交—通江大道段改扩建工程、340省道无锡段（西环线—常州交界段）改扩建工程、江阴市长山大道快速化改造工程（东定路—半夜浜桥）、340省道无锡段改扩建工程惠山区东段、230省道（具区路）沿线环境整治提升工程7个项目获评市级“平安百年品质工程”示范达标项目。

【苏锡常南部高速公路常州至无锡段交工验收】 12月28日，苏锡常南部高速公路常州至无锡段工程交工验收。苏锡常南部高速公路常州至无锡段工程是江苏省第一批公路水运品质工程示范创建项目，其中太湖隧道为交通运输部首批立项的科技示范工程。苏锡常南部高速公路常州至无锡段起自常州前黄镇，跨越锡溧漕河改线段、新长铁路，与锡宜高速公路交会，下穿邀贤山后进入无锡马山境内，穿越太湖梅梁湖，终点在南泉接无锡环太湖高速公路，全长43.9千米（无锡段22.43千米、常州段21.47千米），全线采用双向六车道高速公路标准建设。

延伸阅读：

太湖隧道

太湖隧道是苏锡常南部高速公路常州至无锡段上太湖湖底隧道。2017年5月28日，太湖隧道工程开工建设。2021年12月30日，太湖隧道建成通车。太湖隧道全长10.79千米，为国内最长的水下隧道。横断面采用折板拱两孔一管廊形式，两侧行车孔单孔净宽17.45米、净高7.25米，中间为管廊。太湖隧道以“安全、智能、绿色、舒适”为目标，结合5G技术、北斗精确定位、光纤检测、多目标雷达跟踪、光谱检测、大数据分析等技术，通过视觉疲劳唤醒系统、交通事件检测及预警系统、智能无极调光照明系统和隧道通风运营节能系统等，推动现代高新技术与高速公路建设深度融合，打造一条智能隧道。

（市交通运输局）

【宜长高速公路通车】 1月20日，宜长高速公路江苏段通车。宜长高速公路江苏段起点位于长深高速公路徐舍互通西侧，终点位于宜兴西南葡萄岭隧道，全长25.453千米，全线按双向六车道设计，于2017年9月开工建设。为保持风景区原貌，高速公路设4座隧道,单洞总长6908米,山岭隧道里程和数量居江苏省第一。

【长山大道改造工程】 2021年,江阴长山大道快速化改造工程启动。长山大道快速化改造工程北起东定路,南至黄台桥,全长6.1千米,采用隧道、高架与主辅路相结合的方式。道路等级为一级公路兼城市快速路,高架、隧道均采用双向六车道,设计通行速度为每小时80千米。隧道连续下穿南沿江城际铁路、芙蓉大道、迎瑞北路、敔山北路及敔山南路后接地面主辅路。高架桥起点位于澄杨路北侧,跨越新澄杨路后落地。项目总投资额约26亿元,项目总工期36个月。

【宜马快速通道主线高架贯通】 9月28日,341省道无锡马山至宜兴周铁段工程实现高架桥全线贯通。宜马快速通道周铁段工程全长16千米,东起230省道与十里明珠堤交会,往西南方向与马山地区多条道路交会,以隧道形式下穿竺山湖后,顺接341省道宜兴周铁至杨巷段。

【普通国省干线公路桥梁检查】 5月,市公路事业发展中心按照《公路桥涵养护规范》加大检查频率,历时3个月完成全市管养普通国省干线公路在役490座桥梁定期检查工作,对相关桥梁技术状况进行检查与等级评定。结合定期检查工作结果和省级桥梁抽检及各县区桥梁日常养护发现的病害,组织各县区对桥梁病害加强维修,向省公路事业发展中心提出2022年桥梁养护专项维修建议计划。

【国省干线养护大中修工程】 2021年,无锡市干线养护大中修工程230省道(湖滨段、宜兴段)、240省道宜兴段、342省道(滨湖段、锡山段)、357省道江阴段、229省道江阴段、443省道江阴段6个项目,总里程54.76千米,全部完成养护工程。项目内容包括提高路面行驶质量,解决裂缝、坑槽、松散、拥包、车辙等问题,提高行车舒适性和安全性。

【路网监测设施建设项目】 2021年,无锡重点建设完成104国道、346国道、312国道、230省道、240省道、260省道、342省道、357省道、442省道和444省道10条国省干线公路18套路网监测设施,含新建视频设施11套、新建交调设施3套、升级改造交调设施4套,基本实现上述干线公路重要节点路网监测全覆盖。

【ETC车道信息诱导联动系统】 2021年,沪宁高速无锡管理处与江苏中路工程技术研究院合作,创新打造ETC车道信息诱导联动系统,通过情报板动态显示和语音播报警示,提前诱导车辆,提升ETC车道通行能力,效能显著提升15%左右。该系统是将特情预警和研判有序结合的创新成果,ETC车道信息诱导联动系统特情识别率98%以上,车道运行状态同步切换率实现100%。

【城市客厅】 9月28日,无锡客运集团定制客运首家"城市客厅"启用。首家"城市客厅"位于通江大道798号,作为一个小型客运站,为市民提供集合等候歇息的场所,配置书报架、电视机等设施,提供矿泉水、纸巾、消毒用品及免费停车位。开通南通、盐城、桐乡、长兴、东台、兴化、杭州方向等多条线路,市民乘坐以上班车可以在驿站上下车,享受快速内环内区域到"城市客厅"免费上门接驳服务。

(市交通运输局)

航运项目

【航道维护】 2021年,无锡航道部门做好航道疏浚、护岸加固和航标配布工作。干线航道和船闸平稳运行,通航保证率95%以上,航标正常率99%。完成申港河口段航道年度维护性疏浚、锡澄运河待闸区护岸修理、锡澄运河水上服务区北节点绿化维护等航道日常养护、芜申线与杭湖锡线连接段航标等工程。率先在新安水上服务区引入使用5套便民智能供水设备,完成228套粉尘在线监测系统建设,安装岸电设施521套,覆盖率99%。统一规范全市港航设施涂装标准,"交通灰A"为"标配"新装。完成京杭大运河望亭上下游断面500~1000米内设船舶减速慢行警示牌选址和设立工作,京杭运河无锡段航道沿线绿化率提升到95%以上。水上服务区景观和航运文化改造提升,实现运河全线绿化连通。

【华西中康桥通车】 6月28日,华西中康桥新桥通车仪式在江阴市华西村中康桥东桥堍举行。中康桥改建项目被纳入省交通重点工程申张线(江阴—张家港)航道整治工程。新建的中康桥道路全长894.85米,设计等级为二级公路,桥梁荷载等级为公路Ⅱ级,满足三级航道通航标准,通航净空60×7米,桥址位于江阴市华西村,上跨江苏省干线航道申张线,是连接周边企业、码头、货场的交通要道。

【航道疏浚工程竣工验收】 12月23日,苏南运河无锡城区段航道疏浚工程(二期)、惠山段航道疏浚工程(二期)通过竣工验收,工程质量综合评定为优良等级。苏南运河无锡段是大运河全线水运最繁忙、货流强度最大的航段。为保障运河安全畅通,无锡交通港航部门持续加强对大运河的巡航检查和日常养护。2020—2021年,完成疏浚航道22.5千米,其中无锡城区段疏浚航道长度约14千米、惠山区段疏浚航道长度约8.5千米,改善苏南运河无锡段航道淤积情况,提升航道通航条件,确保京杭运河千吨级船舶安全畅行。

【锡澄运河新夏港船闸工程】 2021年，锡澄运河航道整治工程新夏港船闸工程获评交通运输部2020—2021年度水运交通优质工程奖，是无锡水运工程首次获该奖项，成为水运精品工程标杆和典范。新夏港船闸是锡澄运河航道入江的口门船闸，无锡地区唯一能通航千吨级单船的现代化复线船闸，距离长江主航道仅1.5千米。年内，放行船舶19.63万艘、船舶通过量8147万总吨（约1.6亿载重吨），创历史新高，为长三角区域建材、煤炭、粮食、外贸物资等大宗物资安全高效通江达海提供支撑保障。

【锡溧漕河大桥改建工程验收】 2月5日，锡溧漕河大桥改建工程交工验收并试运行。锡溧漕河大桥改建工程被列为省交通重点工程锡溧漕河三级航道整治工程重要组成部分，将提高锡溧漕河水运通航能力。锡溧漕河大桥位于宜兴经济技术开发区，是342省道（庆源大道）上的一座上跨锡溧漕河三级航道的大桥，为长三角高等级航道和江苏省干线航道，上连芜申运河，下接苏南运河，是贯通无锡到溧阳的主要水上通道。

【锡澄运河无锡市区孤岛交通工程验收】 12月28日，锡澄运河无锡市区孤岛交通工程1标段项目交工验收。孤岛交通工程1标段项目是省水运重点工程锡澄运河三级航道整治工程重要组成部分。因锡澄运河起点处航道改线布置，在新、老锡澄运河及苏南运河间形成孤岛，为解决交通出行问题，无锡交通港航部门新建配套出行道路。该项目为连岛路（含跨新锡澄运河桥）工程，起于孤岛中部连岛路下穿铁路处，向东跨越新锡澄运河后，与派安路相连，连岛路（含跨新锡澄运河桥）道路等级为二级公路、桥梁荷载等级为公路－Ⅱ级，满足三级航道通航标准。

（市交通运输局）

锡澄运河新151号铁路桥　（市综合交通运输协会　供图）

港口项目

【"美丽港口"建设】 2021年，无锡港加强"美丽港口"建设，引导港口码头企业引入船用岸电、船舶污染物接收设施、油气回收、粉尘防治等环保设施建设。江阴苏南国际集装箱码头有限公司等6家港口企业完成小容量智能岸电升级改造46套，岸电设施安装覆盖率95%。港口码头粉尘防治到位，干散货码头通过建设防风抑尘网、堆场封闭、堆物苫盖、配备雾炮或移动喷淋等，减少扬尘污染，完成粉尘在线监测系统全覆盖。首个港口船舶污染物接收服务站投入运营，委托第三方有资质机构对船舶污染物（生活垃圾、生活污水和含油污水）收集、转运和处置。智能化船舶污染物接收设施建成投用。石利港区长江干线水上洗舱站建成投用，满足长江危化品船舶换装需求，促进长江生态保护。推进扬子嘉盛LNG清洁能源项目工程建设，优化调整能源结构，实现港口码头绿色转型。完成内河港口码头环保问题整改及非法码头整治，取缔354座内河非法码头。规范设置港口码头公示牌，环保信息纳入公示范围，建立标准化信息公示制度。推行港口诚信经营"红黑榜"制度，加大信用管理引导效应。做好泥浆（渣土）水上运输专项整治执法，加大巡航执法力度。

【港口船舶污染物接收服务站】 5月，梁溪区首个港口船舶污染物接收服务站投入运营。服务站由"锡污水收1号"趸船和"锡污水收2号"多功能船组成。"锡污水收1号"主要服务于污染物预处理，总长34米，可容纳污水300立方米，安装生活污水和含油污水分类处理装置；"锡污水收2号"主要服务于污染物收集，总长23米，安装4只总容量0.48立方米的智能垃圾收集柜和65立方米的智能污水收集系统，可收集生活污水35立方米，含油污水30立方米，配备大功率消防泵、固定旋转消防炮及溢油应急物资救援库，可配合行业管理部门开展水上消防、环保应急救援任务。

【船舶岸电系统受电设施改造】 9月27日，暨阳轮渡"江苏渡20号"、利港轮渡"利渡9号"等5艘车客渡船通过船检工作人员现场检验，成为无锡市首批完成岸电系统受电设施改造的船舶。船舶岸电系统受电设施改造是减少靠泊期间大气污染物和二氧化碳排放的最有效措施，促进水运行业减污降碳、绿色转型发展。

【非法码头整治】 11月，江阴市内河港口码头环保问题整改及非法码头整治工作通过无锡市级验收，取缔165座非法码头，规范提升133座港口码头。江阴市交通运输局加强与环保、水利、审批等部门的沟通联动，逐个走访镇（街），开展现场办公，加快港口码头在安全、环保、经营管理各方面的规范提升。

（市交通运输局）

物流项目

【物流主体培育】 2021年，无锡市推进物流园区示范创建工作，新增省级示范物流园区1家、省级重点物流基地1家和省重点物流企业3家，累计拥有省级示范物流园区4家、省级重点物流基地11家、省重点物流企业30家。大型骨干物流企业服务供给能力不断增强，9家企业获网络货运许可，增补2家企业为城乡高效配送试点骨干企业，累计13家；5家企业被商务部纳入商贸物流重点联系企业候选名单，7家单位获评省级电子商务示范基地，3家社区获批省级数字商务社区试点，2家单位入围国家数字商务企业评比。新增末端配送网点约1000个，进一步完善三级城乡配送网络。

【物流创新建设成果】 2021年，无锡市鼓励制造企业开展物流装备创新研发，提升物流全过程智能化服务能力。无锡中车时代智能装备有限公司推动大功率物流设施设备建设，“大型汽轮发电机转子线圈智能制造生产线”等2项成果入围2021中国智能制造十大科技项目。开展生产性服务业供给能力提升专项行动，获评省级生产性服务业优秀服务机构6家、优秀解决方案2个，5个重点项目、6名专家人才、8个技术产品进入省级资源库，为制造企业服务化升级提供资源保障。

【新业态新发展模式】 2021年，无锡市推进绿色物流发展，新能源货运车辆、港口岸电设施、托盘循环共用、仓库太阳能屋顶等日益普及，快递企业探索可回收包装和可循环材料，电子面单普及率99%以上。无锡小象供应链有限公司58台配送车辆全部采用新能源货车，实现配送清洁化。推进多式联运发展，西站物流、众盟物流多式联运示范工程通过省级验收，持续开通无锡至上海海铁联运班列，实现班列常态化运行，形成高端货源出口海外稳定、高效通道。推进农村物流发展，宜兴市农村物流示范县创建成功，形成可复制可推广经验并在全市范围推广应用。以顾山为试点，开展镇村公交车辆代运邮件快件和小件农产品业务。推进供应链创新应用，涌现一批与高端纺织服装、电子信息、汽车及零配件等先进制造业深度融合的供应链集成服务模式，江苏佳利达国际物流股份有限公司的《打造物流业制造业融合创新服务框架模型构建数字化智慧化的协同供应链创新案例》、无锡中联金仓储物流有限公司等4家公司的《数字供应链助力不锈钢物流业制造业跨界融合创新案例》入选国家物流业制造业深度融合创新典型案例。

（市发展改革委）

编辑　胡　慧

园区经济

综 述

【发展质效】 2021年，全市14家省级以上开发区持续发挥经济发展主力军作用，完成规模以上工业增加值3701.3亿元，比上年增长18.3%，增速高于全市5.4个百分点，占全市比重75.1%，占比提升7.7个百分点；规模以上服务业营业收入955亿元，比上年增长38.8%，占全市比重58.9%；一般公共预算收入666.2亿元，比上年增长12.5%，增速高于全市0.9个百分点，占全市比重55.5%，占比提升5.1个百分点。新增境内主板上市公司10家，占全市比重83.3%。全市有江阴综合保税区和无锡高新区综合保税区两个海关特殊监管区。

【营商环境】 2021年，各开发区全面推广“一网通办”，实现赋权事项通接通办。不断压减企业开办时间，借助“江苏政务服务网”上的“全链通”等系统，实现企业开办类事项全程网办，0.5天内可全部办结，提供免费刻制印章和免费邮寄服务。严格执行“证照分离”制度改革全覆盖，部分许可事项启用告知承诺制。在全市开发区持续推行区域评估改革，变“单个项目评”为“区域整体评”，变“企业付费”为“政府买单”，变“申请后审批”为“申请前服务”，构建科学、便捷、高效的工程建设项目审批和管理体系，累计完成40项区域评估事项，超前完成区域评估任务。

【对外开放】 2021年，全市开发区发挥外贸“压舱石”作用。开发区完成实际使用外资及港澳台资33.4亿美元，比上年增长0.6%，占全市比重86.9%；批准设立协议外资及港澳台资超3000万美元重大项目73个，批准协议注册外资及港澳台资76.3亿美元，分别占全市比重81.1%和75.6%；完成外贸进出口总额931.7亿美元，比上年增长21.9%，增速高于全市1.5个百分点，占全市比重88.1%，占比提升1.9个百分点；新增省级以上跨国公司地区总部及功能性机构4家，增速与上年持平。

【品牌园区建设】 2021年，无锡市建设特色创新（产业）示范园区、智慧园区和国际合作园区，全面整合开发区内人才、品牌、政策、机制等方面优势，培育一批在省内甚至全国具有一定影响力、竞争力的产业集群。宜兴经济技术开发区获评省商务厅新能源特色创新（产业）示范园区，无锡高新区、中国宜兴环保科技工业园区、江苏省无锡蠡园经济开发区获评省级智慧园区，无锡高新区中欧（无锡）生命科技创新产业园获批省级国际合作园区。全市开发区累计创建省级品牌园区18家，数量位居全省第一。

【科技创新】 2021年，无锡市坚持科技立区、创新兴区、人才强区，着力集聚创新资源与要素，持续为园区发展科技赋能。开发区实现高新技术产业产值7700.25亿元，比上年增长22.1%，占全市比重73.2%；累计有效期内高新技术企业2992家；新增省级以上研发机构80家，比上年增加23家；引育各级各类人才295人，占全市比重76.4%。

【生态工业园区建设】 2021年，全市开发区推行低碳化、循环化、集约化发展，有12家开发区开展生态工业园区创建，其中锡山经济技术开发区创建成为国家级生态工业示范园区，另有7家省级生态工业园区。全年开发区未发生较大环境事件。

【共建共享】 2021年，无锡市推进苏陕合作及省内开发区南北共建工作。全市有11家经省政府批准设立的南北共建园区，主要共建地区是省内徐州市、泰州市和淮安市等地。经批准，无锡市南北共建园区的帮扶对象从徐州市变更为连云港市。苏陕合作方面，宜兴经济技术开发区加强与延安高新技术产业开发区共建“区中园”的工作，两地互访4批39人次，新增村企友好结对帮扶2对，签订意向项目2个，签约项目1个。

（市商务局）

无锡国家高新技术产业开发区

【概况】 2021年，无锡高新区完成地区生产总值2271.06亿元；完成规模以上工业总产值5554.58亿元，其中制造业战略性新兴产业、高新技术产业产值占规模以上工业总产值比重分别提高到59.91%、70%;完成固定资产投资723.17亿元,其中高技术产业投资占46.2%。

【项目建设】 2021年,无锡高新区成立产业链招商工作领导小组和7个产业链招商专班,实施"百渠工程"、一线城市驻点、会展定向等招商措施,新批超亿元重大产业项目145个、总投资超650亿元,其中10亿元以上项目14个、50亿元以上项目1个、100亿元以上项目1个,项目主要集中在生物医药、智能制造、集成电路、物联网、新能源等主导产业。46个省、市级重点项目投资总量连续5年全市第一,125个区级重大项目投资完成率122%,华虹一期扩能、村田二工厂等32个重大产业项目竣工投产。新设立外资企业104家,新增省级认定跨国公司地区总部和功能性机构2家,新批药明合联、亚新半导体等协议外资及港澳台资和超3000万美元重大外资及港澳台资项目16个、世界500强企业投资项目3个。

5月19日,无锡高新区举行2021"碳达峰·碳中和"无锡高新区高峰论坛暨无锡零碳科技产业园揭牌仪式 (新吴区档案史志馆 供图)

【科技创新】 2021年,无锡高新区全面融入太湖湾科创带建设,中电海康无锡物联网产业基地、朗新科技产业园、无锡国际生命科学创新园太湖湾创新基地、中韩集成电路产业园、华虹无锡集成电路生态圈科技园、无锡零碳科技产业园等一批龙头科技园区加快建设,天安智慧城二期、中关村二期相继开工建设。新增国家市场监管技术创新中心(特殊食品)等新型研发机构5家、省级众创空间4家、省级孵化载体8家。新招引科技企业2450家,比上年增长65.5%;新认定高新技术企业351家,全市第一;科技型中小企业评价累计入库1540家,全市第一。5家企业获国家科学技术奖,新增上市企业3家,入选全国硬科技企业之星100强企业8家,入选苏南自创区独角兽企业2家、潜在独角兽企业6家、瞪羚企业36家,入库市"三类企业"331家,均居全市第一位。申报国家级重大人才工程项目60个,入选省"双创计划"人才10人、市"太湖人才计划"项目55个,申报入选数位列全市第一;新增高层次人才1500余人、高技能人才4000余人,均居全市第一位。启动"高新金融谷"建设,引进设立股权投资企业66家、164亿元,落户百亿元级碳中和产业投资基金2支,全区基金规模569亿元。425个科技项目获得省、市、区三级风险补偿贷款15亿元。

【基地公司】 2021年,无锡国家集成电路设计基地有限公司招引企业192家;完成国家项目申报1个,辅导省级项目申报1个,入选无锡市"太湖人才"项目3个,入选新吴区"飞凤人才"项目10个,认定新吴区领军人才创新创业项目10个。新增高新技术企业2家,新增高新技术企业培育入库5家,新增雏鹰企业入库2家,新增瞪羚企业入库5家,新增科技型中小企业入库32家,新增省专精特新"小巨人"企业1家、市专精特新"小巨人"企业2家。完成省、市级孵化器绩效评价,获省级扶持资金21万元。新增"双五"(营业收入超5亿元、研发投入超5%)企业1家,新增发明专利授权46件,新型研发机构1家,累计省级及以上研发机构6家。打造共享实验室,为数十家企业、高校、科研机构提供112次测试服务。无锡力芯微电子股份有限公司"628"IPO上市,成为年内无锡第一家科创板上市企业。培育无锡市晶源微电子有限公司、无锡硅动力微电子股份有限公司等上市后备企业。无锡硅动力微电子股份有限公司、无锡新洁能股份有限公司入围"芯火"新锐产品奖,无锡芯朋微电子股份有限公司、无锡中微爱芯电子有限公司、无锡华润华晶微电子有限公司入选优秀技术创新产品奖,入选数量全市第一,占比83%。开办"IMEC集成电路高端人才培训"等专业技术培训26场次,参加人数近6000人次。

【无锡国际生命科学创新园】 2021年,无锡国际生命科学创新园实现营业收入70亿元,比上年增长15%;税收4.2亿元,比上年增长11%。新引进科技企业360家,其中科技人才培育项目22个;完成3个超亿元重大项目备案,实际使用外资1077万美元；完成市雏鹰企业入库22家，市瞪羚企业入库申报6家，市准独角兽企业入库3家；国家高新技术企业63家，新增高新技术企业2家；新增新型研发机构2家，新增省级研发机构1家；新增省、市专精特新企业各1家；新增“双五”企业1家；新增发明专利授权90件，新增PCT专利申请书2件；新增企业上市4家。佰翱得冷冻电镜生物医药创新平台、阳光诺和改良新药研发平台、特殊食品创新中心等落地。首支全球医疗产业基金“阿斯利康中金医疗创投基金”完成超22亿元Ⅰ期融资。总规模1亿元的大健康股权投资基金发布。申报国家级重大人才工程A类人才5人，培育市“太湖人才”创新创业项目4个，培育区领军创新创业人才项目24个。无锡海斯凯尔医学技术有限公司获“黄家驷生物医学工程奖”技术发明类二等奖、“江苏省发明专利奖”，并入选“江苏省2021年知识产权战略推荐计划项目”。无锡海鹰加科海技术有限责任公司获国家科技进步奖二等奖。无锡识凌科技有限公司获批无锡市专精特新“小巨人”称号，其“5G+云医护平台及机器人示范应用”入选工业和信息化部2021年新型信息消费示范项目。数愈医疗科技（无锡）有限公司成为中国首批肿瘤领域独家“国际数字疗法联盟认证会员”。无锡中感微电子股份有限公司入围无锡市最高综合性奖项“腾飞奖”。江苏意源科技有限公司重点人员摸排系统和零售药店“一店一码”智慧防控项目、无锡识凌科技有限公司基于物联网技术的医院人群智能管控的可视化解决方案、方元生物防疫智能机器人入选物联网等新一代信息技术服务常态化疫情防控重点任务。无锡中感微电子股份有限公司、江苏三联生物工程股份有限公司、无锡海斯凯尔医学技术有限公司入选“全国硬科技企业之星100强榜单”。无锡市尚沃医疗电子股份有限公司、无锡启益医疗科技有限公司、无锡海斯凯尔医学技术有限公司进入“第五届未来医疗100强”之中国创新医疗器械榜TOP100、中国数字医疗榜TOP100和中国创新医疗器械榜TOP100。孵化器“无锡留学人员创业园发展有限公司”获A类（优秀）“国家级科技企业孵化器”称号，获批“中国留学人员创业园区孵化基地”称号。投资10.8亿元、总建筑面积23.1万平方米的无锡国际生命科学创新园二期项目开工。年内，园区综合出租率90.3%。无锡国际生命科学创新园拥有超50家海内外优秀企业入驻，全球8个产业机构和10余个投资机构与园区达成战略合作，江苏省药监局无锡检查分局无锡高新区生物医药产业创新发展服务中心、无锡市外办I·Campus外事服务站、无锡市生物医药行业协会入园。无锡国际生命科学创新园获评2021年度江苏省国际合作园区。

【无锡（国家）软件园】 2021年，无锡（国家）软件园产值突破291.4亿元，比上年增长15.6%，实现税收7.8亿元。新引进科技企业360家。累计有上市企业7家，培育上市后备企业5家，累计雏鹰、瞪羚、准独角兽入库134家，通过遴选10家。累计引进国家重点人才A类8人、B类4人，科技部创新人才推进计划4人，省创新团队8个，省“双创”人才40人，市“太湖”人才185人。获批江苏省软件名园培育试点园区，是全市唯一一家获评“第一层次”的园区，获批国家重点研发计划“区域科技咨询服务应用示范点”首批站点、省级科技企业加速器，均为全市唯一。连续4年获市级科技企业孵化器A类评价，园区位居全国火炬计划软件产业基地十强，持续位列无锡市“Park”园区排名榜首。无锡华瑛微电子技术有限公司承担两项国家科技重大专项02专项，成为全国半导体绿色制造引领者。江苏集萃深度感知技术研究所有限公司获中国智能科学技术最高奖——吴文俊人工智能科学技术奖三等奖。无锡汉和航空技术有限公司获“全球最耐飞无人机”吉尼斯世界纪录，是农用无人机首次获得该纪录。邦道科技有限公司为4000+公共事业机构和3亿+用户提供专业化互联网缴费服务。

【中国物联网国际创新园】 2021年，中国物联网国际创新园在园企业总产值超130亿元，税收7.22亿元，亩均产值超5000万元，亩均税收超300万元，有高新技术企业103家。园区专利授权总数641件，其中发明授权专利89件、PCT18件，万人发明专利拥有量1250件。新引进科技企业323家，“一事一议”重大项目20个，实际使用外资及港澳台资1500万美元。中国科学院长春光机所首个产业化项目谱视界落户园区；券商总部项目华英证券落户微纳园；8寸MEMS代工线启动。雏鹰、瞪羚、准独角兽企业培育入库15家，约占全区四分之一。园区省高新技术企业入库34家；入选“太湖人才”创新创业领军人才和团队项目10个，认定区领军人才创新创业项目25个。园区集聚高层次人才及团队约180个，拥有重大科技创新平台3个、市级以上研发机构18家。全年股权融资总额超过35亿元。华进半导体封装先导技术研发中心有限公司“高密度高可靠电子封装关键技术及成套工艺”项目获2020年度国家科学技术进步奖一等奖。智驰华芯（无锡）传感科技有限公司入选2021年度中国留学人员回国创业启动支持计划，全省5家，全市唯一。无锡微纳产业发展有限公司获评2020年度江苏省科技企业孵化器绩效评价A类、2021年度江苏创业孵化行业抗击疫情突出贡献单位（全市唯一），获评无锡市大数据产业园、无锡市物联网特色园区（产业类）。微纳四期（新一代加速器）开园即满租，新增载体面积10万平方米。

（新吴区档案史志馆）

中国宜兴环保科技工业园

【概况】 2021年，中国宜兴环保科技工业园（以下简称“环科园”）围绕“打造最强增长极、建设美好新城区”奋斗目标，践行“产业强园、生态立园、科创兴园、文化建园”四大战略，经济社会发展取得新进展。环科园区域面积212平方千米，地区生产总值295.9亿元，比上年增长12%；完成一般公共预算收入21.8亿元，比上年增长12.63%，总量居宜兴市第一位，增幅超宜兴市平均9.8个百分点；应税销售2084.5亿元，比上年增长14.6%，总量居宜兴市第一位；规模以上工业产值、工业增加值分别为715.8亿元和132.7亿元，分别比上年增长15.7%和6.2%；全社会固定资产投资79.6亿元，比上年增长16%；外资及港澳台资到账13670万美元，比上年增长13.9%。新增46家规模以上企业，其中规模以上工业企业21家，总数423家，总量宜兴市第一。新增国家级两化融合管理体系贯标企业2家，新增省级智能车间2个、无锡智能车间4个，新增省级工程（技术）研究中心6个，大中型企业研发机构全覆盖，规模以上企业研发机构建有率94%。年内，在全省国家级高新区排位中，环科园列第18位。

【重大项目】 2021年，环科园备案亿元以上产业项目26个，其中10亿元以上项目3个、50亿元以上项目1个、100亿元以上项目1个。有11个项目列入无锡市重大项目，总投资172亿元；40个项目列入宜兴市重大项目，总投资162亿元。至年末，40个重大项目完成投资额43.1亿元，31个新开工项目中25个开工建设，6个未开工建设项目均办理开工前各项手续。其中，总投资13.3亿元的碧迪医疗科技（江苏）有限公司、总投资12亿元的长顺创谷产业园、总投资6.8亿元的联东U谷产业园、总投资4.83亿元的碳纤维热场预制体等一批在建项目全面推进，总投资115亿元的高安全性聚酰亚胺锂电池隔膜制造一期项目、总投资50.3亿元的3000L×10单抗产业化基地项目、总投资17.67亿元的中建材太阳能装备用光伏电池封装材料项目、总投资10亿元的开能华宇中水回用及安全饮水设备制造项目以及零碳创新中心、氢枫氢能产业园项目等一批重特大项目逐步落户。其中，高安全性聚酰亚胺锂电池隔膜制造一期项目是近年来园区引进的第一个超百亿元项目，零碳创新中心、氢枫氢能产业园项目是低碳示范性项目。秋洽会期间，通过举办集中开工仪式，促成总投资198亿元的12个项目落地建设。

4月17日，2021第13届中国环境产业大会暨宜兴环保产业高质量发展大会在环科园举行　（环科园　供图）

【科技创新】 2021年，环科园新增高新技术企业培育库入库企业44家，高新技术企业总数209家。无锡市雏鹰企业、瞪羚企业培育库入库分别为31家、22家，无锡市雏鹰企业、瞪羚企业、准独角兽企业培育入库总数分别为146家、61家、4家。科技型中小企业评价入库360家，列宜兴市第一位。万人有效发明专利拥有量72件，是宜兴市平均水平2.6倍。启动运营无锡市环保产业知识产权运营服务平台，申报成功无锡市环保产业知识产权导航项目。举办中国无锡“太湖杯”国际精英创新创业大赛暨第二届中国宜兴太湖湾国际青年精英科创挑战赛深圳城市赛，连续7年举办环保创新创业大赛。远东复合技术有限公司获评国家级专精特新“小巨人”企业，中建材（宜兴）新能源有限公司获评江苏省潜在独角兽企业，江苏大信环境科技有限公司等7家企业获评江苏省瞪羚企业，江苏博大环保股份有限公司获评苏南国家科技成果转移转化示范区产业化基地成果转化示范企业。认定国家级人才1人、省“双创计划”2项、“外专”人才2人、省“科技副总”8人、无锡市“太湖人才”6人、宜兴市人才大师（工作室）技师4人（个）、陶都英才项目12个。新增宜兴市工程技术研究中心17家、无锡市工程技术研究中心10家、江苏省工程技术研究中心6家。

【中国环境产业大会】 4月17日，2021第13届中国环境产业大会暨宜兴环保产业高质量发展大会在环科园举行。活动主题为“绿产业·标准化·再循环·碳未来”。会议发布《胡润2021中国低碳城市白皮书》，举行国际低碳产业联盟（G11联盟）、江苏省环保产业标准化技术委员会和江苏省生态环保科技产业商会成立仪式，举行江苏省生态环保科技产业商会、江苏省生态环保科技产业党建联盟、长三角碳中和示范项目专项基金、长三角生态科技人才专项基金捐赠揭牌仪式。活动现场举行零碳创新园等合作项目的签约仪式。

【宜兴国际生命科学产业园】 10月17日，环科园举行宜兴国际生命科学产业园（宜兴药谷）开园仪式，首批入园项目10个、集中签约基金项目4个。环科园与江苏省产业技术研究院共同制定《中国宜兴环保科技工业园生命科学产业发展规划（2021—2025）》，按照“一园两区一基地”的生命科学产业园整体布局，重点发展高值医用耗材、体外诊断产品、智能医疗器械、高端康复、创新生物制品、创新药物研发、新型制剂生产七大细分领域。

（环科园）

无锡太湖国家旅游度假区

【概况】 2021年，无锡太湖国家旅游度假区（以下简称“度假区”）以建设“高品质美丽湖湾区”、打造“高质量发展标杆区”为奋斗目标，统筹推进新冠肺炎疫情常态化防控和经济社会发展，各项事业呈现良好发展态势。完成一般公共预算收入26.5亿元，比上年增长21.5%；完成规模以上工业总产值187.8亿元，比上年增长27.8%；完成全社会固定资产投资47.7亿元，其中工业投入17.15亿元；完成规模以上服务业营业收入21.2亿元，比上年增长21.8%；完成限额以上贸易总额18.08亿元，比上年增长10%；完成进出口总额6.6亿美元，比上年增长73.2%；完成实际使用外资及港澳台资2.19亿美元，比上年增长82.5%；接待游园人数1240万人次。在省文化和旅游厅组织的旅游度假区考核中，度假区位列无锡市第一。

11月19日，度假区举行重大项目集中开工暨马山生命科学园二期科创载体奠基仪式 （俞霖杰 摄）

【重大项目】 2021年，度假区新招引注册资本1000万元以上规模企业110家，比上年增长77.42%。其中，新引进投资50亿元以上产业项目1个、10亿元以上产业项目2个、2亿元以上现代服务业项目2个、5000万元以上新兴产业项目4个。围绕“生命健康、全域旅游、城市功能”三大领域，招引甫康药业、志信生物、国际心脑血管医院、华放医疗、金太湖华创军旅房车文旅小镇、湖畔光电、研祥智慧城市等28个重大项目，总投资额超172亿元。在建、拟建药明生物生命科技园、华瑞特医食品、健适医疗、马盛环境、游客集散中心等重大项目59个，项目总投资约413亿元。发展科创经济、共享经济，马山国家生命科学园二期载体、南湾艺术科创村落、大平场科创楼、东泉码头科创院开工建设，灵湖湾国际科创谷、太湖湾科创总部园区、群丰“创客空间”、和平乡创社区等各类新型科创载体加快策划设计，构建多元集合的创新生态圈。度假区以换热器为代表的先进制造业实现产值32.79亿元，比上年增长25.77%。无锡四方友信股份有限公司、无锡德林海环保科技股份有限公司获评国家级专精特新“小巨人”企业。华润分布式能源、马盛环境等制造业项目有序推进。

【生物医药】 2021年，度假区完成生命健康产业总产值122.4亿元，比上年增长20.53%；实现税收52.35亿元（含一次性税收），比上年增长20.46%。药明生物生命科技园C2地块竣工投产。贝迪生物一期、华瑞特医食品、贝勒医疗美容等重大生命健康产业项目基本建成并投入试运行。健适医疗一期主体封顶。度假区和宜兴环科园共建生命健康产业园项目签约。生物医药研发服务外包区被评为江苏省服务贸易基地。

【文化旅游】 2021年，度假区实现旅游收入24亿元。无锡拈花湾文化投资发展有限公司混合所有制改革上市进入实质性推进阶段。拈花湾获评首批国家级夜间文化和旅游消费集聚区。按照AAAA级旅游景区规划，开展龙头渚公园“大扫除、大整治、大提升”改造。完成阖闾幻城项目方案设计，计划打造影像艺术公园。全省首个点状供地项目小南湾乡创园开建。推进全域旅游创建，打造开发“龙山古道”“冠嶂森林步道”等旅游线路。推进游客集散中心、环岛游客驿站、旅游厕所等旅游配套项目建设，群丰社区游客服务中心建设完成。举办红色湖湾马山行、乐跑马山等大型文旅活动。马山街道入选第一批全国乡村旅游重点镇。群丰社区获评全国乡村旅游重点村。古竹社区创建成为省级乡村旅游重点村。嶂青社区“山居壹聚”获评全国甲级民宿，为江苏省首批、无锡市唯一。

【特色园区建设】 2021年，度假区完成太湖风景名胜区马山景区详规编制和报审。围绕滨湖区“环湖都市型农业农村”乡村振兴战略部署，统筹城乡一体化发展，推进马山岛“美丽农居”建设。阖闾社区南湾村54户民房土建完工，被自然资源部评为首批优秀村庄规划案例。马山街道获评全国乡村特色产业一村一品十亿元镇。群丰社区柴泉苑获“江苏省特色田园乡村”称号，嶂青社区获“无锡市特色田园”称号。

（度假区）

江阴国家高新技术产业开发区

【概况】 2021年，江阴国家高新技术产业开发区（以下简称“江阴高新区”）围绕“打造国内一流的创新型国际化园区”总目标，经济社会取得高质量发展。完成地区生产总值778.32亿元，比上年增长7.5%。规模以上工业产值1157.5亿元，比上年增长13.1%。全社会固定资产投资185.35亿元，比上年增长6.7%。其中，工业投入98.35亿元，比上年增长0.5%；服务业投入87亿元，比上年增长14.9%。一般公共预算收入42.26亿元，比上年增长6.9%。进出口总额85.88亿美元，比上年增长10.7%。到位注册外资及港澳台资4.73亿美元。

【主导产业】 2021年，江阴高新区以特钢新材料及制品为主导，集成电路、生命健康、智能装备为特色，新能源汽车及关键零部件为战略的“1+3+1”先进制造业体系进一步发展壮大。特钢新材料及制品方面，江阴兴澄特种钢铁有限公司工业设计中心获评全区第一家省级工业设计中心，法尔胜泓昇集团有限公司入围中国500强、中国制造业500强企业。全区特钢新材料及制品产业规模以上产值531.4亿元，比上年增长16.3%。全区集成电路产业规模以上产值340.7亿元，比上年增长10.9%，初步形成集成电路设计、芯片制造、封装及测试的全产业链，同步带动电子产品及零部件、5G通信等细分领域发展，江苏长电科技股份有限公司入围中国制造业500强企业，江苏长电科技股份有限公司、星科金朋半导体（江阴）有限公司、信邦电子股份有限公司获评省级智能车间，信邦电子股份有限公司获评省级企业技术中心，神宇通信科技股份公司通过省级专精特新“小巨人”企业复审。全区生命健康产业规模以上产值63.5亿元，比上年增长19.2%，着重构建集中药配方、创新药、诊断试剂盒为一体的产业链，形成现代中药、医疗器械、新药研发、智慧康养四大发展方向，江阴天江药业有限公司获评国家企业技术中心，江苏风和医疗器材有限公司与江苏力博医药生物技术股份有限公司获评国家专精特新“小巨人”企业，江阴佩尔科技有限公司获评省级工程技术研究中心，阳光卫生医疗科技江阴有限公司获评省级智能车间。全区智能装备产业规模以上产值55.7亿元，比上年增长19.6%，推进智改数转，江阴新制造促进中心建成投运，爱波瑞（江阴）科技发展有限公司“精益数字化供应链平台区域典型应用项目”入选工业和信息化部2021年新一代信息技术与制造业融合发展试点示范。全区新能源汽车及关键零部件产业规模以上产值45.4亿元，比上年增长73.5%，江阴名鸿车顶系统有限公司获评省级企业技术中心。

【重大项目】 2021年，江阴高新区实施“全员起立、竞聘上岗、以绩定酬”的招商招才体制改革，创新实施“拿地即开工”、告知承诺制等审批制度改革，开展揭榜挂帅联盟攻坚行动。举办重大外资、总部经济、未来产业、开放创新合作交流会等7场项目集

1月17日，江阴高新区举办前晨汽车智能网联新能源商用车项目签约仪式
（江阴高新区 供图）

中签约活动，签约超亿元项目71个，总投资550亿元。出让产业用地20宗130.2公顷，新注册项目40个，新备案项目24个，新开工项目25个，新投产项目25个，签约超3000万美元重大外资及港澳台资项目11个、协议注册外资及港澳台资超19亿美元。其中，超百亿元的长电科技晶圆级微系统集成高端制造项目、超50亿元的前晨智能网联运输系统项目和锡澄协同发展区智能制造科创中心项目落地备案。

【科技创新】 2021年，江阴高新区建成投用深圳、北京、西安3个异地孵化器，进驻项目24个。科技型中小企业评价入库273家，新增省独角兽、潜在独角兽、瞪羚企业11家，新入库无锡准独角兽、瞪羚、雏鹰企业55家。引育国家重大人才工程3人，入选省"双创计划"、无锡"太湖人才计划"、江阴"暨阳英才计划"等各类人才项目74人。迭代升级科技创新政策3.0版，制定高新技术企业招引奖励办法、异地孵化器和新型研发机构管理办法，创新实施"蟠龙英才计划"，全面完善"柔性引才"机制。建成长三角资本市场服务基地全国首个县级分中心，全省首创技术交易供应链金融。举办扬子江知识产权论坛、第四届创新创业大赛、长三角（江阴）现代中药大健康产业创新峰会等活动。高新区创新发展指数发布，获批全国第二批企业创新积分制试点园区，获评省自贸区联动创新发展区。江苏长电科技股份有限公司获国家科学技术进步奖一等奖，江阴兴澄特种钢铁有限公司获评工业和信息化部工业产品质量控制和技术评价实验室，贝卡尔特（中国）技术研发有限公司升级为省跨国公司地区总部。

【青阳园区建设】 2021年，江阴高新区青阳园区围绕工业园区升级改造和科创微城建设主题，推进高质量发展。环普国际产业园所有厂房封顶，竣工验收；必得科技一期、二期厂房封顶，三期主体结构施工；安凯特项目完成基础施工；南阳彩纤二期完成试桩；秋林特能、苏达汇诚开工建设。编制新一轮国土空间规划和城市更新概念规划；尝试引进社会资本参与园区升级改造，进行合作共建；完成10公顷挂钩土地复垦。争取无锡市国土空间全域综合整治试点；基础设施提升工程（一期）及配套环境整治工程以及道路节能改造工程全面完成；区内供水、天然气、蒸汽主管网铺设到位；启动农田水利灌溉工程，完成西双流河、对洞河建设，启动下尖圩河建设，初步形成园区启动区成熟的开发空间。

（江阴高新区）

锡山经济技术开发区

【概况】 2021年，锡山经济技术开发区（以下简称"锡山开发区"）以"高标打造高质量发展标杆园区"统领全局，打造"锡山产业地标"，完成一般公共预算收入82.25亿元，比上年增长17.58%。规模以上工业总产值1724.32亿元，比上年增长29.7%。国税开票销售收入4630.89亿元，比上年增长29.3%。其中，工业开票2248.2亿元，比上年增长26.5%。到位外资及港澳台资4.21亿美元，比上年增长17%。进出口总额47.38亿美元，比上年增长32.5%。年内，在商务部217家国家级经济开发区综合发展水平考核评价中排名第59位。4月，国家生态工业示范园区通过生态环境部专家核查，园区创建目标及考核指标全面达标。

【项目建设】 2021年，锡山开发区围绕四大新兴产业方向，组建4支专业招商团队、1支专业投资团队、1支专业服务团队，签约66个总投资617亿元的区级重大产业项目，其中100亿元级项目1个、50亿元级项目3个、10亿元级项目9个、协议外资及港澳台资3000万美元以上项目12个；签约基金类项目4个，总规模超70亿元；落地18个总估值51亿元的超亿元科创项目，其中重点科创项目10个。挂牌9个产业项目，挂牌面积28.93公顷。宛山湖9号地块顺利出让。新开工超亿元产业项目15个、竣工17个、投产10个，完成投资85.92亿元，其中市重点项目完成投资64.05亿元。签约范德威尔—萨维奥中国总部及纺织机械研发制造基地项目。

【产业升级】 2021年，锡山开发区服务企业发展，为企业争取各级各项扶持和补贴资金4.44亿元。"三特四新"（电子信息、高端装备、精密机械三大特色优势产业集群，集成电路、生物医药与医疗器械、光电信息显示、智能制造与人工智能四大新兴产业集群）产业均实现10%以上增长，新增产值超100亿元企业1家、超50亿元企业1家、超10亿元企业7家，新增规模以上工业企业50家。实施技改扩能，实施技改项目67个，技改投入90.95亿元，新增市级智能车间26个、省级示范智能车间4个、省互联网标杆工厂1家。引导企业上市，中科微至智能制造科技江苏股份有限公司成为锡山区首家科创板上市企业，无锡吉冈精密科技股份有限公司成为无锡市首家北京证券交易所上市企业，无锡鑫宏业线缆科技股份有限公司创业板IPO获受理，高德（无锡）电子有限公司、无锡百和织造股份有限公司报省证监局辅导备案，卓和药业集团股份有限公司完成股改。

【科技创新】 2021年，锡山开发区实现高新技术产业产值493.3亿元，比上年增长24.3%，占规模以上工业产值比重58.9%。加速培育创新型企业，认定高新技术企业87家，有效期内高新技术企业203家，

10月27日，范德威尔—萨维奥中国总部及纺织机械研发制造基地项目签约仪式在锡山开发区举行　（锡山开发区　供图）

培育高新技术企业入库87家；新增雏鹰、瞪羚、准独角兽企业入库52家、23家、3家，均占锡山区三分之一以上。新增省级工程技术研究中心3家、市级工程技术研究中心4家、省市科技项目立项24个。加快引聚高端人才，国家及省市区各级各类人才项目申报入围总数均占锡山区过半，其中申报国家人才计划26个，入围省“双创”人才项目5个、“太湖人才计划”创新创业人才及团队项目14个、“锡山英才计划”创新创业人才及团队项目28个。

（锡山开发区）

无锡惠山经济技术开发区

【概况】 2021年，无锡惠山经济技术开发区（以下简称“惠山经开区”）完成一般公共预算收入26.34亿元，比上年增长12.1%；完成规模以上工业总产值659.8亿元，比上年增长15.4%；完成进出口总额14.06亿美元，比上年增长15.7%；实际使用外资及港澳台资2.73亿美元，比上年增长23.1%。年内，惠山经开区升级为国家级经济技术开发区，获评国家级绿色低碳示范园区、江苏省新型工业化产业示范基地。

【招商引资】 2021年，惠山经开区签约11个注册资本超3000万美元的重大外资项目，以及摩尔精英和安泰存储芯片2个总投资10亿元以上的重大内资项目，总投资约77.58亿元。总投资100亿元的吉利项目签约落户，实现惠山经开区史上百亿元级项目招引零的突破。蓝沛新材料、晶澜光电、中车浩夫尔、飞象数控等13个项目实现竣工投产，生命园总部经济集聚区（E区）完成交付。国创中心、精准医学二期等平台相继投运。签约中国工程院院士陈坚领衔的未来食品科创中心项目，引育33名市级以上人才，71家企业入选“三类企业”培育库。

【支柱产业】 2021年，惠山经开区立足于汽车及零部件、高端装备制造、新能源新材料、生命科技、新一代信息技术五大主导产业，集聚国家能源大型涡轮叶片研发中心、国家数字化设计与制造创新中心江苏中心、江苏省高端动力部件制造工程技术研究中心、江苏省精密轴承工程技术研究中心等近70家省级以上技术研发中心。惠山经开区80%传统企业完成智能化改造，国家火炬无锡惠山石墨烯新材料特色产业基地通过复核，烯晶碳能电子科技无锡有限公司成为中国第一家、全球第三家乘用车用超级电容器供应商。

【重大项目】 2021年，惠山经开区设立沪惠协同创新中心和深圳大湾区招商前哨站，生命园精准医学公共服务平台二期、上海临创产业发展研究院苏南分院启用。华泰创新药技术研究院入选省工程技术研究中心，并获批承建出生缺陷防控关键技术国家工程实验室分中心。瀚海（无锡）生命科学国际创新港入选省级众创空间。与三一集团合作签约智能制造及工业升级产业基金，基金总规模7亿元，由三一集团创投担任基金管理人，惠山经开区与丰润投资控股有限公司、联合产业方三一重工集团有限公司、液压行业龙头企业江苏恒立液压股份有限公司共同出资设立。总投资超1亿美元的泛生子癌症早筛中心总部基地项目启动，标志着国际领先的高发癌种早筛技术在惠山区逐步实现产业化。基地包括国际先进的临床检验实验室、医疗器械生产车间、研发实验室和数据分析平台等，总面积超过1万平方米。时代天使生物科技有限公司在香港联交所主板上市，是中国正畸行业第一股。烯晶碳能电子科技无锡有限公司（GMCC）研发第二代混合超级电容器完成量产测试并投入市场，标志着国内第二代混合超级电容器诞生。ETP致和道康联合惠山经开区等投资人共同设立无锡ETP生物医疗基金，基金目标总规模15亿元。上海临创产业发展研究院、江苏省特种设备安全监督检验研究院、惠山经开区三方合作设立公益性技术支撑平台，上海临创产业发展研究院苏南分院成立。沪惠协同创新中心揭牌启用，首批基金项目签约总额超

100 亿元。总投资 100 亿元的吉利高性能电驱项目签约落户，该项目主要从事电驱动系统产品研发、生产及销售，产能规划 60 万台（套）新能源乘用车动力总成，用地 20.67 公顷，项目达产后，年销售金额超 100 亿元，年纳税金额超 10 亿元。

【科技创新】 2021 年，无锡中车时代智能装备有限公司研制开发的“大型汽轮发电机转子线圈智能制造生产线”入围“2021 中国智能制造十大科技进展”项目。泛生子旗下北京泛生子医学检验实验室在国家卫生健康委临床检验中心（NCCL）肿瘤高通量测序大 Panel 室间质评中以满分通过，获评“成绩优秀的实验室”，在参评的 63 个实验室中居首位。泛生子企业项目与梅雪松重点人才项目获国家科技进步奖二等奖。高端装备产业园华瀚装备与中国平煤神马集团、中国移动通信集团河南有限公司等单位共同申报的全国首例高瓦斯千米深井 5G 智能解决方案获工业和信息化部第四届“绽放杯”5G 应用征集大赛总决赛一等奖。江苏省特种设备安全监督检验研究院“石墨烯的定制化制备及其在电化学器件中的应用研究”项目获中国非金属矿工业协会公布的“2021 年非金属矿科学技术奖”基础研究类二等奖。江苏集萃华科智能装备科技有限公司飞机发动机风扇叶片高效高精度测量专机研发项目入选 2021 年省重点研发计划（产业前瞻与关键核心技术）竞争项目。

【特色园区】 2021 年，惠山经开区依托江苏数字信息产业园、高端装备产业园、无锡惠山软件外包园、无锡惠山生命科技产业园四大园区，先进制造业和现代服务业两大基地，以及无锡惠山高新技术创业服务中心和科技金融中心，形成“四园区两基地两中心”产业布局结构。高端装备产业园上汽大通汽车有限公司惠山基地、一汽解放汽车有限公司无锡柴油机厂惠山基地成为百亿元级企业，拥有无锡威孚力达催化净化器有限责任公司、无锡透平叶片有限公司、无锡万斯纺织品制造有限公司等 26 家 10 亿元级企业，上能电气股份有限公司等 4 家境内上市公司。无锡惠山生命科技产业园引进纳斯达克上市公司西比曼生物科技有限公司、CASI 制药公司、泛生子基因科技有限公司 3 家境外上市公司。

（惠山经开区）

9 月 28 日，在 2021 中国无锡（惠山）未来产业创新峰会上，举行未来产业科学家智库启动仪式、上海临创产业研究院苏南分院开院仪式

（惠山经开区　供图）

宜兴经济技术开发区

【概况】 2021 年，宜兴经济技术开发区（以下简称“宜兴经开区”）完成规模以上工业总产值 872.06 亿元，比上年增长 26%；完成规模以上工业增加值 182.29 亿元，比上年增长 12.9%；完成全社会固定资产投资 135.8 亿元，比上年增长 12.4%；完成工业投资 105.47 亿元，比上年增长 10.4%，占宜兴市 39%；完成到位注册外资及港澳台资 2.3 亿美元，比上年增长 14.6%，占宜兴市 46.9%；完成进出口总额 26.1 亿美元，比上年增长 27.1%，占宜兴市 38.5%；完成一般公共预算收入 20.17 亿元，比上年增长 12.5%。新增规模以上工业企业 33 家，税收超 1000 万元、5000 万元、1 亿元企业分别为 50 家、10 家、4 家。在江苏省 119 家省级以上开发区中，宜兴经开区考核排名由第 22 位上升至 19 位。

【招商引资】 2021 年，宜兴经开区坚持“项目立区”，完善“双招双引”政策体系，新批亿元以上项目 33 个，其中 10 亿元、50 亿元、100 亿元以上项目分别为 5 个、2 个、1 个，超额完成项目招引任务。硅谷电子新型信息产业基板、江苏文灿汽车轻量化结构件等 6 个重点产业项目相继投产，中环领先大硅片二期、霍伯麦保健品等 20 个产业项目开工建设，杰华特汽车级芯片封测等 21 个产业项目进入审批阶段。秋洽会集中签约 35 个项目，总投资 335 亿元。

【重大项目】 5 月 8 日，宜兴经开区举行重大项目集中开工仪式，中环领先集成电路用大直径硅片二期项目、环晟新能源 6GWG12 高效叠瓦太阳能电池组件项目、环晟光伏 2GWG12 高效电池片项目、中石伟业 5G 高效散热模组项目、帝科电子材料研发生产项目、法国百炼汽车零部件生产项目6个重大项目集中启动，总投资136亿元，涵盖集成电路材料、新能源、5G信息技术、智能制造等多个领域。10月17日，宜兴经开区召开开放合作大会。会议发布宜兴3985电子材料产业园发展规划和集成电路研发及装备制造产业园发展规划，中环领先半导体材料增资扩产项目及半导体芯片封装项目、汽车级芯片封测研发及生产项目、深圳易光科技电源芯片智能驱动器项目等35个项目进行集中签约，总投资335亿元。10月17日，全球生命健康行业领军企业霍伯麦（中国）有限公司无锡基地落户宜兴经开区，并与江南大学合作共建生物酶联合技术中心。

宜兴经开区园区鸟瞰　（宜兴经开区　供图）

【科技创新】 2021年，宜兴经开区融入太湖湾科创带建设，完成“培源科学城”前期战略研究，启动总体规划编制，清华科技园一期15万平方米载体全面竣工。深化与上海交通大学、江南大学、中国科学院上海硅酸盐研究所、上海微技术工业研究院等战略合作，江苏集萃光敏电子材料研究所、食品与生物技术研究院投运，宜兴氢能源应用研究创新中心、宜兴战略新兴材料研究院、宜兴·SITRI“超越摩尔”联合创新中心签约落地，在功能性食品、氢能应用、集成电路等领域开展研发创新、推动成果转化。加大科技型企业培育力度，入库雏鹰、瞪羚、准独角兽企业39家，江苏宜兴德融科技有限公司、无锡中环应用材料有限公司入选江苏省潜在独角兽企业；净增高新技术企业10家；中环股份、雅克科技入围2021福布斯中国最具创新力企业榜单，江苏鑫泰岩土科技有限公司获国家技术发明二等奖，江苏文灿压铸有限公司获中国机械工业科学技术奖三等奖，江苏银环精密钢管股份有限公司入选中国产学研合作创新示范企业。认定工程技术研究中心省级2家、无锡市级5家，完成发明专利授权99件、PCT国际专利授权1件。引进院士团队2个，入选省“双创计划”人才3人，入选无锡“太湖人才计划”人才8人、团队1个。

【转型发展】 2021年，宜兴经开区推动企业转型发展，引导企业将资金资源向装备提升、智能制造、科研创新上集聚。江苏宜兴德融科技有限公司、无锡帝科电子材料股份有限公司入围工业和信息化部专精特新“小巨人”企业名单，江苏雅克科技股份有限公司、西门子燃气轮机部件（江苏）有限公司通过海关AEO高级认证，环晟新能源（江苏）有限公司、宜兴新乐祺纺织印染有限公司等4家企业获省产业转型升级专项资金扶持，中环领先半导体材料有限公司通过无锡市首批智能工厂评定，新增3个无锡市智能车间。战略性新兴产业产值比上年增长64%。

（宜兴经开区）

江苏无锡经济开发区

【概况】 2021年，江苏无锡经济开发区（以下简称“无锡经开区”）完成地区生产总值416.7亿元（含胡埭）。一般公共预算收入31.1亿元，比上年增长18.5%，增幅居全市第一位。其中，税收收入25.89亿元，比上年增长18%。规模以上工业总产值418.47亿元（含胡埭）。固定资产投资175.97亿元（含胡埭），增速排名全市第一。其中，工业投资16.41亿元（含胡埭）、房地产投资125.34亿元（含胡埭）。社会消费品零售总额65.2亿元，比上年增长21.4%。到位注册外资及港澳台资1.08亿美元。在全省119个开发区综合考核评价中排名第73位，比上年提升13位，在全市开发区中进位幅度最大。

【招商引资】 2021年，无锡经开区坚持产业强区战略，加速科创载体建设、创新资源集聚、新旧动能转换。召开2021雪浪大会，无锡深港协同创新中心、雪浪小镇（上海）创新中心揭牌成立，为资源要素“双向开放”、产业科技“双向对接”创造条件。组织到北京市、上海市、深圳市等地开展“双招双引”推介活动，推动包括王坚、丁荣军等12名院士400余人的人才团队及科创项目落户，与复旦大学、南方科技大学等共建一批以市场为导向、产学研用深度融合的产业研究院。引育博世中国软件创新

无锡经开区雪浪小镇鸟瞰　（无锡经开区管委会　供图）

中心、盛业资本区域总部等一批龙头型、领军型项目，申报雏鹰、瞪羚、准独角兽企业入库分别为70家、27家、5家，引进"政府引导＋各类资本"天使、VC、PE等基金21支，规模超过1000亿元。

【产业发展】 2021年，无锡经开区推动《无锡经济开发区产业发展规划》《无锡太湖湾科技创新带发展规划（2020—2025年）经开区行动纲领》落地落实，构建以雪浪小镇为核心，包含黄金湾科技创业产业园、太湖湾信息技术产业园、智能制造产业园、国家传感信息产业园和太湖新城文创会展产业园的"一镇五园"总体空间布局，打造"生态环保示范区、科技创新先导区、现代产业引领区、高端人才集聚区"高质量发展新格局，形成数字经济新高地、总部经济新核心、服务经济新模式。先进制造业从制造向智造转型，无锡华东重型机械股份有限公司蝉联中国制造业企业500强；车联天下数字化智能工厂（一期）投产；无锡化工装备股份有限公司、好达电子股份有限公司等企业产能提升。发展科技金融服务业，吸引200余家金融类企业落地。

【重大项目】 2021年，无锡经开区推行重大项目帮办代办机制，以"经开服务"为营商环境品牌，98个市、区重大项目完成投资145.31亿元，产业有效投入份额逐年加大。启动黄金湾科创园启动区、太湖湾信息园建设，加快推进智能制造园、传感信息园、雪浪小镇未来中心、新发数字经济创新中心等科创载体建设。雪浪小镇数据创新中心、尚贤湖基金PARK等完成建设并开园。好达电子5G用滤波器研发产业化项目、万华机械超高强度钢板热成型二期等先进制造业项目竣工投产。沃尔玛山姆会员店、万象城二期等现代服务业有序推进。"一镇五园"新引进各类科创、平台企业430家以上，安超云、智联招聘等总部项目签约落地，车联天下数字化智能工厂（一期）投产，好达电子股份有限公司数字经济增幅超过21%。

【科技创新】 2021年，无锡经开区在"小镇＋平台＋生态＋集群"发展模式基础上，推动制造业和互联网、大数据、人工智能全面融合，确保总额100亿元的产业、科技和人才扶持资金及时到位、落地见效。创新企业加快培育，有效期内高新技术企业数105家，比上年增长15.4%，31家雏鹰、10家瞪羚、2家准独角兽企业、167家科技型中小企业成功培育入库。创新平台加快建设，上海大学无锡产业研究院、湖南大学无锡智能控制研究院、工业和信息化部中国信息通信研究院泰尔实验室投入运营，与华南理工大学合作共建未来技术联合研究中心签约。无锡雪浪数制科技有限公司获评工业和信息化部工业互联网平台创新领航应用案例，新格尔供应链平台获评江苏省工业电子商务发展示范，群智未来能源监管平台获评江苏省工业互联网平台。智改数转加快推进，研究谋划雪浪算力中心建设，7家企业获评省星级上云企业，4家单位获批无锡市智能车间，2家企业获得"无锡市专精特新'小巨人'企业"称号。

【园区建设】 2021年，无锡经开区启动"一带、两镇、三园"城市更新计划，周新老街改造提升项目启动，华庄老镇区改造提升方案确定，黄金湾、国际社区等重点地区完成城市设计，国际会议中心等地标性建筑启动建设，建成见义勇为公园、城市家具主题展示区、党建公园三大主题公园。实施"美丽经开"建设"三年五提升"行动，完成和风路、清舒道升级改造和落霞苑立标区建设，加强小溪港、尚贤河等10条重点河道及支浜综合治理。至年末，无锡经开区有各级各类学校40所，其中：区属学校34所，在校学生3.7万人；市属学校6所，在校学生1.3万人。有医疗卫生机构112家，实有床位1439张。锡马体验步道、湖光天幕馆等文体基础设施建成投用，跆拳道大满贯道馆赛等高水平体育运动赛事在无锡经开区举办。出台全市首个低保边缘家庭临时救助政策，发放民生保障资金7050.2万元、稳岗补贴1222万元，提供就业岗位8000余个。

（无锡经开区）

延伸阅读：

无锡经开区“一带、两镇、三园”城市更新规划

“一带”即贡湖大道两侧地区。贡湖大道两侧规划形成多元复合现代服务业集聚区和新城入口门户形象展示窗口，由北向南提升串联四大功能板块：儿童医院板块重点建设服务配套、儿童医院，绿色港湾板块打造生态人文休憩场所，历史风貌板块对周新文化进行传承，创新活力板块以科技创新为主题，大力发展创新产业。

“两镇”即华庄老镇及周新老镇。华庄老镇及周新老镇规划通过更新改造，系统提升老镇老街的城市形象、功能配套、人居环境。其中，华庄老镇将强化老镇区中心再开发和历史文化的活化利用，增强新城文化底蕴、提升城市形象。周新老镇规划将延续传统街巷肌理风貌，打造成兼具江南文化和现代气息的特色开放式活力商业街区。

“三园”即黄金湾科创园、太湖湾信息园、国家传感园。按照《经开区产业发展规划》“一镇五园”布局，重点围绕集约高效利用土地，明确产业导向、精准分类指导，通过腾退落后产能着力招引一批科创项目、重大产业项目、高端服务业项目、总部型项目落地。其中，黄金湾科创园结合片区整体改造提升，大力引进科技孵化、文化创意、总部经济等项目，打造总部基地、创意天地、创客空间，形成总部集聚、创新创业、工作生活一体化的“科产城人”融合载体。太湖湾信息园重点围绕人工智能应用，结合引进云计算、大数据、物联网等生态企业，打造软件开发与硬件装配相结合的应用芯片及智能集群的2.5产业园区。国家传感园布局物联网相关产业、重点发展智能终端、车联网、智能交通、物联网检测等，构建物联网创新发展产业链、生态圈。

（资料来源:2021年9月9日人民网江苏频道）

江苏省无锡蠡园经济开发区

【概况】 2021年，江苏省无锡蠡园经济开发区（以下简称“蠡园开发区”）完成税收22.33亿元，比上年增长11.4%；一般公共预算收入15.3亿元，比上年增长36%；规模以上工业总产值149.2亿元，比上年增长27.6%；规模以上服务业营业收入42.9亿元，比上年增长45%；全社会固定资产投资总额46.8亿元，其中工业投资完成26.7亿元；进出口总额16.1亿美元，比上年增长57.9%；限上贸易总额201.1亿元，比上年增长28%。主要经济指标中，一般公共预算收入、规模以上服务业营业收入、进出口总额、到位注册外资及港澳台资4项指标均居滨湖区前三位。

【招商引资】 2021年，蠡园开发区开展“创新蠡园”双招双引、“智汇滨湖·共创共赢”太湖湾科创路演大赛西安专场、集成电路产业创新发展高峰论坛暨第三届太湖创芯峰会等一系列招商活动。新引进企业731家，注册资金超139亿元，其中注册资金1000万元以上企业295家、5000万元以上企业15家、1亿元以上企业24家。滨湖创投产业集聚区集聚企业464家，其中股权投资类企业329家、投资管理类企业66家、金融中介及其他相关企业69家，企业认缴资金规模355.2亿元，到位资金184.21亿元。到位外资及港澳台资5500万美元，主要来源为国动网络通信集团股份有限公司、江苏尼科医疗器械有限公司股权收购及江苏莳全新能源动力科技有限公司股东增资。

【支柱产业】 2021年，蠡园开发区工业经济增长态势良好，规模以上工业产值比上年增长27.6%，增幅为近10年最高，53家规模以上工业企业产值实现正增长。主导产业中，精密机械制造业规模以上企业完成产值78.6亿元，产值贡献率52.7%，比上年增长16%；电子信息制造业规模以上企业完成产值52.6亿元，产值贡献率35.2%，比上年增长43.7%。工业企业实现税收7.75亿元，比上年增长3.6%。蠡园开发区服务业呈现快速增长势头，完成税收15.7亿元，比上年增长36.19%。限上贸易总额突破200亿元，实现总额201.13亿

12月23日，无锡集成电路产业创新发展高峰论坛暨第三届太湖创芯峰会在蠡园开发区举办 （蠡园开发区 供图）

元，增幅28%；规模以上服务业总营业收入超40亿元，65家规模以上服务业企业营业收入42.94亿元，比上年增长45%，在滨湖区排名第二位；外贸进出口总额16.1亿美元，比上年增长57.9%，在滨湖区排名总量第一位、增幅第二位；跨境电商进出口额7708.98万美元，创历史新高。楼宇企业完成税收26.63亿元，比上年增长52%，5幢楼宇达成“亿元楼”目标。总部经济逐具规模，国动网络通信集团股份有限公司、江苏华星东方电力环保科技有限公司、无锡青禾小贝科技有限公司、绿城物业服务集团有限公司无锡分公司4家企业获评2021滨湖区总部企业，辖区内区级总部企业总数9家，列滨湖区第一位，全年实现营业收入105.72亿元，比上年增长37.67%；完成税收12.62亿元，比上年增长93.88%。

【重大项目】 2021年，蠡园开发区重大项目招引实现新突破。大北庄地块完成挂拍出让，完成投资额超10亿元的万象汇商业综合体、芯卓半导体2个项目招引，赛美达环境科技、裕芯电子、凯威信息技术、哈工医疗科技、惠芯半导体、太初芯片、九方科技、采木网8个5000万元以上新兴产业项目招引。清影医疗、上海交通大学无锡光子芯片联合研究中心等一批重点科创项目落户蠡园开发区。

【科技创新】 2021年，蠡园开发区企业研发创新态势强劲，全社会研发投入5.59亿元，规模以上工业企业研发活动企业占比78.6%，均列滨湖区第一位。技术合同成交额36.24亿元，年度指标完成率191%，完成总量滨湖区第一位。科技型中小企业备案评价入库169家，年度指标完成率141%，占滨湖区入库总量四分之一。创新主体培育成效显著，有效期内高新技术企业150家，总量滨湖区第一；高新技术企业培育入库全年目标20家，公示53家，完成量滨湖区第一；雏鹰、瞪羚、准独角兽企业入库全年目标31家，完成50家（其中雏鹰28家、瞪羚20家、准独角兽2家），完成量滨湖区第一。省“双创”人才立项3个，总量滨湖区第一；市“太湖人才”立项16个（其中创业类8个、创新类8个），其中创业类立项占全区47%；“滨湖之光”创新创业人才公示15个。其中创业团队立项2个，占滨湖区100%；创业类人才立项9个，占滨湖区69%。

【特色园区】 2021年，推进无锡国家集成电路设计中心建设，借助集成电路产业发展，151家集成电路设计企业完成营业收入61.65亿元，比上年增长71.5%；税收10.65亿元（包含8.76亿元一次性税收），比上年增长127%。其中，经评审的企业36家，完成营业收入8.08亿元、税收1551万元。江苏卓胜微电子股份有限公司、无锡惠芯半导体有限公司等企业营收增长态势良好，增幅均超50%。

（蠡园开发区）

无锡山水城

【概况】 2021年，无锡山水城（以下简称“山水城”）完成一般公共预算收入12.4亿元，比上年增长20%；完成规模以上工业总产值90.2亿元，比上年增长30%，排名列滨湖区第一位；完成限额以上社会消费品零售总额8.9亿元，比上年增长55%；完成规模以上服务业营业收入43.5亿元，比上年增长35%；实际使用外资及港澳台资9267万美元；接待游客总人数2440万人次。

【重大项目】 2021年，山水城总投资45.37亿元的10个省、市重大产业项目开工建设7个，完成产业项目投资12亿元。引进总投资10亿元以上产业项目1个，欧洲商业名品街、财联社鲸平台、金杜长三角知识产权中心等一批重大项目签约落地，华莱坞三期、综艺大本营、钱窑地块等存量地块成功盘活。南泉科技园园区城市设计方案完成区级联审，蕾明视康产业化项目、明链智能设备总部、顶视智能产业基地等13个首批重大项目签约落地。

【科技创新】 2021年，山水城引进新兴企业659家，比上年增长15%，其中注册资本1000万元以上新一代信息技术企业33家、“海空天”核心装备企业8家、数字文化产业项目116个。培育雏鹰、瞪羚、准独角兽企业入库分别为20家、12家和1家，区域有效高新技术企业数首次实现破百。入选国家“引才育才”计划1人，入选省“双创”人才1人，入选市、区“太湖人才”和“滨湖之光”人才团队8人，项目22个。

【特色园区】 2021年，无锡国家数字电影产业园完成国家级“实验区”创建方案和规划编制，引进影视文化等全产业链龙头企业294家，比上年增长23.5%。承接影视剧立项485部，审批通过209部，承接影片摄制298部，比上年分别增长34.7%、69.9%、14.2%，争取各级产业扶持资金和专项补贴超3000万元。引入5G数字影视创新中心和5G智慧虚拟摄影联合实验室等国家级重点平台。举办2021首届中国国际智能传播论坛、第五届中国·江苏太湖影视文化产业投资峰会，引入B站跨年晚会、央视网络春晚在园区录制。

（山水城）

江苏无锡空港经济开发区

【概况】 2021年，江苏无锡空港经济开发区（以下简称“空港经开区”）完成规模以上工业总产值485.08亿元，比上年增长20.6%。74.87%规模以上企业实现正增长。重点服务业78.52亿元，比上年增长37%。固定资产投资60.4亿元。实现财政总收入30.5亿元，其中一般公共预算收入18.45亿元，比上年增长11.8%；实际使用外资及港澳台资1.62亿美元，比上年增长803%。

【招商引资】 2021年，空港经开区以“枢纽经济”为重点，推进“双招双引”工作，加大集成电路、生命科技、临空智能装备、新能源、高端商贸服务等优质产业项目招引，完成备案超亿元重点产业项目22个、超3000万美元项目3个，总投资43.5亿元。16个市区重大项目开工建设，竣工投产4个，11家企业完成提升改造。

【科技创新】 2021年，空港经开区强化科技创新和人才对高质量经济发展的支撑引领作用，高新技术产业产值比上年增长16.8%。新引进科技企业122家，新增省级以上研发机构2个。国家高新技术企业第一批认定14家，雏鹰企业培育入库认定24家，瞪羚企业培育入库认定15家。认定“飞凤人才计划”创业人才4个、创新人才2人，“太湖人才”创业团队和个人项目4个。完成专利授权410余件。启动格林美新能源循环经济低碳产业示范园、江松科技光伏自动化设备等绿色低碳项目建设，加快绿色低碳技术产业化发展。

【特色园区】 2月3日，空港经开区举行无锡空港跨境电商产业园揭牌暨项目签约仪式，并举行顺丰（无锡）跨境电商示范园授牌仪式，签约项目将植入智慧物流、“互联网+”、供应链、金融、大数据等服务功能，转型升级顺丰产业园载体，形成跨境上下游企业集聚效应，构建区域创新协同发展的综合服务性跨境产业园区。顺丰作为国内领先的快递物流综合服务商，在无锡空港经开区建成两个产业园区。至年末，入驻企业近百家。

（空港经开区）

2月3日，空港经开区举行无锡空港跨境电商产业园揭牌暨项目签约仪式

（张 洵 摄）

江苏江阴临港经济开发区

【概况】 2021年，江苏江阴临港经济开发区（以下简称“临港经济开发区”）完成地区生产总值936亿元，可比价增幅7%；完成工商开票销售收入6161亿元；一般公共预算收入48.65亿元；规模以上工业产值1505亿元；限额以上批发零售业销售额2835亿元，比上年增长36.6%；进出口总额73.11亿美元，比上年增长47.7%；到位注册外资及港澳台资3.8亿美元。经济总量在全省91个省级开发区中列第一位。临港经济开发区获评国际化高质量发展环境建设标杆城区、江苏省“互联网+先进制造业”示范基地、江苏省长三角一体化示范园区。

【港口发展】 2021年，临港经济开发区抢抓“北战”战略机遇期，将港口作为江阴发展枢纽经济的主阵地，突出“绿色、开放、共享”理念，坚持“生产、生活、生态”融合。江阴港完成货物吞吐量3.38亿吨，比上年增长31.74%。其中，临港经济开发区完成3.19亿吨，比上年增长32.99%。完成集装箱吞吐量60.51万标箱，比上年增长19.56%。在全国港口排名中，江阴港从上年第19名上升至第12名，排名全国内河港口第三，吞吐量与港口排名均创历史新高。成立江阴港口发展有限公司，作为平台公司，以资本为纽带，通过采取入股、股权购买、参股建设、合作经营等方式，引进战略投资者，参与全市港口资源整合、建设、运营和管理。开展港口资源整合工作，4号、5号内港池岸线利用获批，5号码头中金码头3号泊位通过对外开放省级验收，扬子嘉盛LNG江阴储备调峰站开工建设。新增一条“江阴—宁波”精品航线和一条内河航线。持续推进贸易便利化措施，江阴口岸进口整体通关时间59.23小时，较2017年压缩76.32%；出口整体通关时间3.16小时，较2017年压缩69.79%。推进“生态岸线、绿色港口、零碳园区”绿色联盟行动，江阴港口集团获五星级“江苏绿色港口”、2021年“亚太绿色港口”称号，中信码头获四星级“江苏绿色港口”称号，华西化工码头、长宏国际2号码头获三星级“江苏绿色港

临港经济开发区 CBD 核心商务区全景　（顾建华　摄）

口”称号，丽天化工码头的江阴港水上洗舱站项目获评中国物流与采购联合会“低碳绿色管理案例”。

【招商引资】 2021 年，临港经济开发区做好项目招引工作，通过集中签约、合作恳谈、专场招商推介、小分队招商、经贸洽谈会等模式开展系列招商活动。签约重大项目 96 个，总投资 816 亿元。在重大项目招引方面，招引超百亿元意向项目 1 个、超 50 亿元项目 4 个（中建材、华科电子、新网程、联东 U 谷项目）、超 30 亿元项目 4 个（中向旭曜总部、正融冷链、建滔电子、纳力动力电池集流体项目）、超 10 亿元项目 17 个，外资及港澳台资超亿美元项目 8 个。完成工商登记协议注册外资及港澳台资 43756 万美元，完成到位注册外资及港澳台资 38008 万美元。

【主导产业】 2021 年，长三角（江阴）数字创新港一期建成投运，南理工工业互联网研究院等 20 家科创平台入驻，举办首届中国数字创新高峰论坛。江苏华兰药用新材料股份有限公司股票“华兰股份”在深圳证券交易所创业板上市，成为“临港板块”第 13 位成员。入库国家科技型中小企业 253 家，比上年增长 29.74%。入选无锡市雏鹰培育库企业 29 家、瞪羚培育库企业 24 家、准独角兽培育库企业 2 家。新增省级研发机构 4 家，获批无锡市研发机构 15 家，累计有效期内高新技术企业 174 家，总数与净增数均居江阴市首位，有效发明专利拥有量 1062 件。远景能源有限公司入选 2021 江苏省百强创新型企业榜单，获评首届江苏省科技创新发展奖优秀企业。江苏振江新能源装备股份有限公司获省科技成果转化专项资金立项。中向旭耀科技有限公司张佳宝院士工作站获评无锡市级院士工作站，江苏法尔胜缆索有限公司张喜刚院士工作站获评江苏省级院士工作站。

【重大项目】 2021 年，临港经济开发区持续打造新材料、新能源和高端装备、节能环保、智能制造、现代物流等产业集群，开工中新智能制造产业园、中联重科、远景传动、恒润等超亿元项目 37 个，总投资 237 亿元。竣工远景 AESC 智能电池一期、中向旭曜、信越光棒、三良橡塑、长三角数字创新港等项目 55 个，总投资 300.8 亿元。有 57 个项目被列入江阴市重点项目，其中省重点 2 个（长三角数字创新港、康瑞卫智达）、无锡市重点 27 个，全部实质性开工。

【江阴综合保税区】 2021 年，江阴综合保税区实现进出口总额 5.6 亿美元，比上年增长 67.16%；完成开票销售收入 451.33 亿元，比上年增长 35.27%；入库税金 1.627 亿元，比上年增长 20.98%。建有 15 万平方米保税仓库并开展业务，新建 20 万平方米厂房投入运营。落地建设进出口跨境电商平台、江苏佳利达集团外综服平台、辉采东南亚区域运营总部、精拓电子芯片封测、会有新能源技术研发等项目，推进中园慧创 SFC 科创产业基地、正融冷链药品华东中心等项目签署协议，总投资额 58.18 亿元，协议注册外资及港澳台资 2.7 亿美元。康瑞卫智达一期、乐晶进口食品预制、会有新能源先后投产，盛婠项目入库。10 月，江阴综合保税区获批江苏省跨境电商产业园，苏南龙工场跨境电商产业园载体投入使用，华联集团与辉采联合打造进口商品展示交易及 O2O 免税体验新商业模式，别样海外购、“最江阴”在保税仓举行直播活动。江阴法尔胜研发中心有限公司、江阴法尔胜材料分析测试有限公司落户，为后续检测维修和研发设计业态打下基础。在船用离心泵保税租赁业务上实现零的突破。5 月，江阴综合保税区被确定为江苏自贸试验区联动创新发展区，加快区港联动建设，依托口岸功能拓展延伸业务。打造“智慧园区”“零碳园区”，海关无感卡口投入使用，对接双碳智慧管理系统，全面应用光伏照明，一期 12 万平方米屋顶光伏开始铺设。

（临港经济开发区）

江苏江阴—靖江工业园区

【概况】 2021 年，江苏江阴—靖江工业园区（以下简称“靖江园区”）

围绕“千亿园区”奋斗目标，推进园区经济社会发展等各项工作，完成地区生产总值108.5亿元，比上年增长11%。完成开票销售收入688.1亿元，比上年增长62.1%。其中，工业开票销售收入349亿元，比上年增长60.7%；服务业开票销售收入339.1亿元，比上年增长64.1%。规模工业产值204亿元，比上年增长20.1%。固定资产投资23.6亿元，比上年增长26.5%。其中，工业投资14.7亿元，比上年增长20.4%；服务业投资8.9亿元，比上年增长37.9%。一般公共预算收入8.49亿元，比上年增长7.8%。限额以上批零销售401.1亿元，比上年增长57.8%。进出口总额超2.5亿美元，比上年增长78%。港口货物吞吐量4275万吨，比上年增长22%。江苏长强钢铁有限公司1号、2号码头获评四星级江苏绿色港口。

江苏长强钢铁有限公司1号、2号码头全景　（靖江园区　供图）

【招商引资】 2021年，靖江园区外出招商60余批次，拜访企业90余家，接待项目考察和座谈70余批次；到北京市、上海市、深圳市等10余个城市走访对接，主动承接上海、苏锡常在产业升级中的高质量项目和企业，推进高校与企业合资合作，与上海交通大学、清华大学、复旦大学、北京航空航天大学等10余所大学开展产学研、科技成果孵化和技术交流合作；参加江阴市、靖江市在北京市、上海市、深圳市、成都市举行的9场产业恳谈会活动，签约18个项目，组织会见100余位客商；拜访涉外中介机构、外资银行、基金、商会和招商中介机构30余家；10月30日，参加第三届江阴发展大会暨2021经贸洽谈会，举行园区2021年产业发展恳谈会，签约高端装备制造、高端环控装备制造、现代化综合物流平台、静音飞行器、低碳节能环保材料研发制造、电气化铁路电缆、医疗用品、百盛樽宴精品酒店8个项目，总投资72.5亿元。完成签约项目21个，其中50亿元以上项目1个、30亿元以上项目2个、10亿元以上项目4个；完成重点产业项目招商备案11个，其中50亿元以上项目1个、10亿元以上项目2个。处置闲置土地23.13公顷，腾退低效用地39.67公顷。

【主导产业】 2021年，靖江园区打造临江先进制造业基地和现代港口物流基地，园区车船及配件、金属新材料、机械装备三大主导产业增速分别为16.5%、25.8%、31.9%，铁路、船舶、航空航天和其他运输设备制造业实现利润28.31亿元，占全部规模工业利润总额83.69%，所占比重较同期下降6.94个百分点。黑色金属冶炼和压延加工业，实现利润4.67亿元，占比13.81%，比重较同期提高6.57个百分点。高新技术产业、战略性新兴产业指标取得较大突破，高新技术产业产值32.8亿元，比上年增长16%；战略性新兴产业产值占比13%，较上年提升2个百分点。园区重点骨干企业运行稳中有进。扬子江集团新接订单125艘，合同金额接近80亿美元，比上年增长390%；手持订单160艘，比上年增长195%。江苏长强钢铁有限公司与北京科技大学、中建钢构江苏有限公司与同济大学、江苏骥鑫船舶设备有限公司与浙江大学、江苏双江能源有限公司与重庆大学、中铁建电气化局集团康远新材料有限公司与南京航空航天大学分别开展产学研合作，在新产品、新技术应用上进行革新换代。大明轻工制造有限公司落地园区，企业产品在多样化、精细化程度上进一步提高，为园区带来持续增量。江苏博联港口有限公司、江苏永益华元物流有限公司2个码头改扩建项目及大明物流有限公司码头新建项目取得交通运输部批文和水利部长江水利委员会批文，开工建设。

【重大项目】 2021年，靖江园区推进“三个一批”项目86个，总投资611亿元，其中在建项目16个，总投资87.6亿元。大明高端压力容器和钢结构加工项目西侧厂房竣工投产，东侧厂房进行设备调试试生产，酸王泵高端特种环保装备制造、长澄钢构、永益重钢智能化搬迁项目施工。高精不锈钢棒深加工、日本精品玩具等5个项目竣工投运。拟建项目19个，总投资192.9亿元，其中大明新能源新材料装备部件制造项目、大明物流码头项目、永益华元综合物流平台项目、百盛樽宴精品酒店项目、中铁建电气化铁路电缆等一批项目办理施工报建手续，中力新能源航空装备项目和钢纤维项目进入土地招拍挂程序。意向项目 51 个，总投资 330.5 亿元。

（靖江园区）

江苏宜兴陶瓷产业园区

【概况】 2021 年，江苏宜兴陶瓷产业园区（以下简称“陶瓷产业园区”）有规模以上工业企业 124 家，完成规模以上工业产值 207.82 亿元、工业增加值 50.09 亿元、营业收入 192.86 亿元、利润总额 14.35 亿元。完成应税销售收入 434.27 亿元，其中工业 289.45 亿元、流通 85.48 亿元。规模以上服务业营业收入 4.04 亿元。实际使用外资及港澳台资 7745.79 万美元，比上年增长 15.6%。创新安全监管模式，716 家小微企业实施安全托管，22 家规模以上企业试点智慧安监。深化专项整治三年行动，组织各类安全生产培训 78 次，排查企业（场所）5600 余次，整改隐患 4.5 万余条。应急救援中心投用，有效化解重大安全风险。

【项目建设】 2021 年，陶瓷产业园区重大产业项目引进超 50 亿元项目 1 个、超 20 亿元项目 1 个、超 10 亿元项目 4 个、超亿元项目 13 个。新增规模以上工业企业 24 家、产值超亿元工业企业 52 家。实施工业项目 88 个。战略性新兴产业产值占规模以上工业总产值比重 30.28%。完成服务业后劲投入 35.11 亿元，限额以上贸易总额 54.61 亿元，规模以上文化产业增加值 6.8 亿元。

7 月 23 日，2021 宜兴“双招双引”科技人才（武汉）专场对接交流活动在武汉市举办　（丁蜀镇　供图）

【科技创新】 2021 年，陶瓷产业园区净增高新技术企业 11 家，培育入库雏鹰、瞪羚、准独角兽企业 41 家。丁蜀科技成果转化中心投入运营，江苏远航精密合金科技股份有限公司、江苏蓝必盛化工环保股份有限公司、宜兴摩根热陶瓷有限公司被认定为省级专精特新“小巨人”企业，江苏拜富科技股份有限公司获省级专精特新产品认定。新增符合省“双创计划”申报条件人才项目数 8 个；新增符合无锡市“太湖人才计划”申报条件项目数 8 个；入选宜兴市“陶都英才计划”科技创新创业人才 8 项。

【人才专场对接交流会】 7 月 23 日，2021 宜兴“双招双引”科技人才（武汉）专场对接交流活动在武汉市举办，现场举行“才荟兴宜，创赢未来”第二届中国宜兴太湖湾国际青年精英科创挑战赛武汉城市赛颁奖仪式和宜兴奕安陶瓷有限公司功能陶瓷（武汉）研发中心揭牌仪式。大赛围绕宜兴重点产业上下游产业链的补链及延链，从 200 余个优质项目中筛选出 30 个参加决赛，经过前期创赛项目对接交流，有 8 个项目意向落户宜兴市丁蜀镇。

【丁蜀通用航空产业国际合作发展论坛】 10 月 18 日，2021 中国陶都（宜兴）金秋经贸洽谈会暨乡贤人才发展大会在宜兴市召开，丁蜀镇举办经贸洽谈会专场 2021 丁蜀通用航空产业国际合作发展论坛，美国、加拿大、荷兰、新加坡、瑞士等 10 个国家近 150 名企业代表应邀出席。发展论坛促进通航产业内部深层次交流、多维度互动，对宜兴通航产业发展产生深远影响，为“产业强市”建设提供强力支撑。丁蜀镇从产业规划、园区建设、合作模式、资本支持等方面，推动通用航空与智能制造、文化旅游等产业深度融合，形成项目引育的集聚效应、产业升级的链式反应。

（陶瓷产业园）

编辑　胡　慧

综 述

【规模与效益】 2021年,无锡市实现规模以上工业总产值21758亿元,比上年增长21%。工业企业突破8万家,其中规模以上工业企业突破7000家。全市实现规模以上工业增加值4926.42亿元,比上年增长12.9%;实现规模以上工业利润1452.45亿元,比上年增长11.9%,营业收入利润率6.36%;企业亏损面15.8%,比上年收窄1.5个百分点;实现工业税收868亿元,比上年增长6.8%。工业投资比上年下降9.9%,工业技改投资总量占工业投资比重58.2%,比上年同期提高2.4个百分点。制造业增加值占地区生产总值比重41.6%。全市制造业贷款余额3265.7亿元,比上年增加110.5亿元,增长3.5%。无锡市被评为“促进制造业创新转型和高质量发展、先进制造业集群培育等工作成效明显的地方”,受到省政府办公厅通报表彰。江阴市连续5年蝉联“中国工业百强县(市)”冠军,宜兴市跻身十强,新吴区、锡山区、惠山区、滨湖区分别位列“中国工业百强区”第9位、48位、53位和76位。无锡市获评国家服务型制造示范城市。

【主要行业经济指标】 2021年,无锡市机械、冶金、电子、石化、纺织等五大行业规模以上工业产值19363.4亿元,占全市规模以上工业总产值的88.99%。其中:机械行业工业产值9383亿元,比上年增长22.9%;冶金行业工业产值3150.2亿元,增长29.7%;电子行业工业产值3178.8亿元,增长17.4%;石化行业工业产值2059.3亿元,增长15.8%;纺织行业工业产值1592.1亿元,增长15.4%。

【产业集群建设】 2021年,无锡市16个重点产业集群实现规模以上主营业务收入1.86万亿元,比上年增长18.3%,规模超千亿元产业集群10个。无锡市推进重点先进制造业集群建设,打造物联网、集成电路、生物医药及医疗器械(材)、软件和信息技术服务业4个地标产业,推动高端装备、高端纺织服装、节能环保、特色新材料、新能源、汽车及零部件6个特色优势产业做大做强。加快培育人工智能、量子科技、化合物半导体、氢能和储能、深海装备、元宇宙(区块链)等未来产业,构建具有国际竞争力的现代产业体系。制定《关于加快重点产业集群促进机构培育发展的实施意见》《无锡市先进制造业重点产业集群产业链图谱及招商指导目录汇编(2021版)》,实施“百企引航”“千企升级”行动,全市13家企业入围中国企业500强,27家企业入围中国制造业企业500强,均居全省首位。制定《无锡市专精特新“小巨人”企业培育三年行动计划(2021—2023年)》,修订《无锡市专精特新“小巨人”认定管理办法》,新增国家级专精特新“小巨人”企业22家,全省第三;制造业单项冠军(产品)2家,认定市级专精特新“小巨人”企业227家。无锡惠山经济开发区入选省大中小企业融通发展特色载体。引进建设湖南大学无锡半导体先进制造研究院、国家数字化设计与制造创新中心江苏中心等一批重大创新载体,全市有国家级制造业创新中心1家、省级制造业创新中心试点单位2家,均位列全省第一。新增省级企业技术中心26家,累计336家,位列全省前三,1家企业获省工业和信息化厅推荐参评国家级企业技术中心。全市284个项目入选省技术创新导向计划目录,1008个项目入选市技术创新导向计划,36个新技术新产品入围省新技术新产品推广应用目录。

【战略性新兴产业】 2021年,无锡市工业领域战略性新兴产业完成规模以上工业产值8529亿元,比上年增长26.5%,占全市规模以上工业总产值比重39.9%,比上年上升5个百分点。全市物联网产业规模3563.85亿元,比上年增长26.8%。无锡物联网产业入选国家首批先进制造业集群,成为全国唯一物联网主题产业集群。出台物联网平台型企业、特色园区、信息消费体验中心认定管理办法,认定物联网平台型企业10家、特色园区10家、信息消费体验中心5家。全市集成电路产业规模1783.05亿元,比上年增长25.5%。SK海力士二工厂、华虹无锡基地、海辰半导体、中环领先大硅片、闻泰科技5个超百亿元集成电路重大项目均通线投产;国家集成电路特色工艺及封装测试创新中心、先进技术研究院、江苏集成电路应用技术创新中心等创新平台功能发

2021 年，无锡尚德太阳能电力有限公司入选中国光伏企业 20 强。图为无锡尚德太阳能电力有限公司总部生态大楼

（无锡尚德太阳能电力有限公司　供图）

挥不断强化，全市 3 个集成电路项目获得 2021 年国家重大项目专项扶持，位居全省第一；创新建设集成电路全产业链保税模式改革试点。全市生物医药产业规模 1409.01 亿元，比上年增长 24%。生物医药企业 1277 家，集聚阿斯利康制药有限公司、通用电气医疗系统（中国）有限公司等一批跨国企业和无锡药明康德新药开发有限公司、无锡药明生物技术股份有限公司等医药龙头企业，全市有世界 500 强企业 6 家、上市公司 11 家，上市企业总市值位居全省第一。其中，无锡药明康德新药开发有限公司总市值 3472.85 亿元，位列全省上市公司之首。全市软件产业规模 1754.07 亿元，比上年增长 22.3%，无锡市获评中国软件特色名城，无锡（国家）软件园、惠山软件产业园获评省级软件名园首批试点，3 家软件企业入围国家鼓励的重点软件企业，2 家企业入围“2021 年度中国软件百强企业”，16 家企业入围省规划重点软件企业。新增省级软件企业技术中心 3 家，20 项产品入围省重点领域首版次软件产品。省级信创产业生态基地加快建设，全市 70 个产品入围国家信创目录，位居全国地级市前列。全市高端装备产业规模 1309.7 亿元，比上年增长 16.6%。新增省首台（套）重大装备 5 个，推进苏锡常首台（套）重大装备互认，共同制定认定办法。航空发动机基础部件创新研究院启动建设。全市节能环保产业规模 1403.78 亿元，比上年增长 15.2%，拥有规模以上企业 600 余家、上市公司 15 家，水污染治理领域国内市场占有率 40% 左右，汽车尾气处理系统国内市场占有率 35%。全市新材料产业规模 2522.5 亿元，比上年增长 20.8%。无锡尚德太阳能电力有限公司入选中国光伏企业 20 强；上能电气股份有限公司进入全球逆变器领域前十；江阴清洁能源装备制造产业基地是全省风电领域主要基地；远景能源智能风机和海上风电技术全球领先，开发全球最大的能源互联网管理平台；天奇重工风电关键零部件技术研发和生产工艺技术处于国内行业首位。

【服务型制造】 2021 年，无锡市制定《无锡市服务型制造示范企业认定管理办法》，认定市服务型制造示范企业 27 家，新增国家级服务型制造示范企业 1 家，累计 3 家，列全省第一；新增国家级服务型制造示范平台 1 个，实现无锡零的突破；新增国家级工业设计中心 2 家、省级工业设计中心 4 家；举办服务型制造万里行——走进江苏无锡活动。

【绿色制造体系建设】 2021 年，无锡市落实碳达峰碳中和节能战略，制定节能降耗工作意见，全市单位地区生产总值能耗下降 3.2% 以上，超额完成省下达目标。45 家企业被列入 2021—2023 年工业和信息化部绿色制造体系建设计划，新增工业和信息化部第三批工业产品绿色设计示范企业 2 家，列全省第一。启动编制全市“十四五”新能源汽车充换电设施规划，新增充电桩 1.7 万个。推动化工产业转型升级，关停化工企业 104 家，太湖一级区基本建成“无化区”。

【产业发展扶持】 2021 年，无锡市修订现代产业发展政策意见，争取工业和信息化领域奖补资金 8.9 亿元。建立重点企业专人挂钩服务机制，加强重点服务平台建设，新增国家级小型微型企业创业创新示范基地 1 家、国家级中小企业公共服务平台 1 家。用好转贷应急资金和“锡信贷”平台，优化企业发展融资保障，市级转贷资金管理平台续贷金额 96.6 亿元，为 534 家中小企业节约融资成本 1.4 亿元。“锡信贷”发放金额 6.8 亿元。加强产业人才引育，遴选高级经营管理人才 34 人，举办机器人技术与视觉系统应用、信创技术应用、“两争一前列”、智能制造等专题培训班超 10 班次。举办 2021 世界物联网博览会、中国集成电路设计业 2021 年会暨无锡集成电路产业创新发展高峰论坛、2021 无锡（北京）央地两用产业合作交流会、深空深海重大科技成果展等重大产业活动，引进项目超百个，总投资超 600 亿元。深化工业企业资源利用绩效评价，制定《关于进一步深化工业企业资源利用绩效评价工作的实施方案》，实现工业企业资源利用绩效评价全覆盖。开展“盘活低效工业用地”攻坚行动，创新实施以宗地为单位的评价模式，盘活利用低效工业用地 1800 公顷。

（市工业和信息化局）

表 23　2021 年无锡市规模以上工业总产值统计表

指　标	金额（亿元）	比上年增长（%）
规模以上工业总产值（现价）	21758.00	21.0
1. 按经济类型分:		
内资企业	14501.25	23.9
港澳台商投资企业	2438.58	27.9
外商投资企业	4818.17	11.2
2. 按轻重工业分:		
轻工业	4240.34	21.3
重工业	17517.66	20.9
3. 按规模分:		
#大型企业	6494.83	16.7
中型企业	5327.23	21.3
小型企业	9489.77	24.2
4. 在总计中:		
#国有控股	2011.74	13.8
#民营企业	12613.30	25.4
5. 按产业类型分:		
#纺织业	776.99	13.1
纺织服装、服饰业	475.73	16.7
印刷和记录媒介复制业	192.19	11.5
石油、煤炭及其他燃料加工业	139.84	1.2
化学原料和化学制品制造业	1175.30	21.2
医药制造业	466.82	11.5
化学纤维制造业	364.34	18.9
橡胶和塑料制品业	701.14	10.1
非金属矿物制品业	554.96	16.7
黑色金属冶炼和压延加工业	1852.70	29.0
有色金属冶炼和压延加工业	1334.98	30.6

（续表）

指　标	金额（亿元）	比上年增长（%）
金属制品业	1658.26	21.9
通用设备制造业	1565.00	20.1
专用设备制造业	1225.88	32.1
汽车制造业	1328.69	10.0
铁路、船舶、航空航天和其他运输设备制造业	459.10	27.1
电气机械和器材制造业	3172.19	27.2
计算机、通信和其他电子设备制造业	3218.60	17.4
仪器仪表制造业	223.52	24.1
电力、热力生产和供应业	277.37	24.5

（市统计局）

表 24　2021 年无锡市规模以上工业增加值统计表

指　标	金额（亿元）	比上年增长（%）
规模以上工业增加值	4926.42	12.9
1. 按行业分：		
制造业	4799.38	12.9
电力、燃气、水的生产和供应业	127.04	14.0
2. 按轻重工业分：		
轻工业	980.65	15.3
重工业	3945.77	12.4
3. 按规模分：		
#大型企业	1765.57	11.5
中型企业	1195.17	13.3
小型企业	1907.53	12.2
4. 在总计中：		
#国有控股	385.81	3.8
#民营工业	2595.73	15.8

（市统计局）

表 25　2021 年无锡市主要工业产品产量统计表

指　标	单　位	数　值	比上年增长（%）
（一）原材料工业			
粗钢	万吨	1253.59	-6.3
钢材	万吨	1879.54	0.2
铜材	万吨	157.86	-11.7
（二）装备制造工业			
钢绞线	万吨	27.60	3.6
电站锅炉	万蒸发量吨	1.57	3.1
工业锅炉	万蒸发量吨	1.49	0.8
滚动轴承	亿套	9.43	11.5
发动机	万千瓦	5882.03	-26.4
电力电缆	万千米	188.83	1.5
光缆	万芯千米	1864.39	-5.9
光纤	万千米	365.57	-28.1
太阳能电池（光伏电池）	万千瓦	405.15	-5.7
半导体分立器件	亿只	562.56	44.6
集成电路	亿块	432.83	41.8
电子元件	亿只	10403.30	9.0
印制电路板	万平方米	1970.20	4.5
（三）消费品工业			
绒线（俗称毛线）	万吨	0.70	-0.4
呢绒	万米	6267.80	-13.3
帘子布	万吨	1.65	55.4
化学纤维	万吨	431.91	4.0
合成纤维聚合物	万吨	65.64	16.8
锂离子电池	万只	41972.87	31.5
硬盘存储器	万台	4789.75	-0.5
服装	万件	56058.50	12.5
数码照相机	万台	115.66	6.2
民用钢质船舶	万载重吨	172.97	-6.9
电动自行车	万辆	257.12	21.7
家用洗衣机	万台	1660.37	35.1
家用电热水器	万台	110.39	5.8
微型计算机设备	万台	79.44	28.4

（市统计局）

表 26　2021 年无锡市规模以上工业经济效益统计表

指　标	单　位	数　值	比上年增长（%）
企业单位数	家	7723.00	（+726 家）
#亏损企业	家	1123.00	（+96 家）
从业人员平均人数	万人	121.13	1.7
营业收入	亿元	22772.78	21.5
利润总额	亿元	1452.45	11.9
亏损总额	亿元	119.97	30.7
资产总计	亿元	21380.25	9.0
负债总计	亿元	10968.29	7.4
流动资产合计	亿元	13664.75	10.9
应收账款	亿元	4539.43	10.9
存货	亿元	3083.52	22.7
#产成品	亿元	1385.27	22.2

（市统计局）

表 27　2021 年无锡市规模以上工业利润总额统计表

指　标	金额（亿元）	比上年增长（%）
规模以上工业利润总额	1452.45	11.9
1. 按注册类型分：		
内资企业	849.26	15.3
港澳台商投资企业	187.90	12.3
外商投资企业	415.29	1.5
2. 按规模分：		
#大型企业	576.77	10.0
中型企业	437.49	10.1
小型企业	435.89	10.6
3. 在总计中：		
#国有控股	187.31	18.9
#民营企业	673.44	14.6

（市统计局）

高端装备制造业

【概况】 2021 年，无锡市高端装备产业呈现出“前高后低”运行态势并渐趋平稳，实现产值 1309.7 亿元，比上年增长 16.6%；实现利润 136.6 亿元，比上年增长 4.5%。苏州市、无锡市、常州市共同推进开展苏锡常首台（套）重大装备认定工作，3 市工业和信息化局共同制定《苏锡常首台（套）重大装备认定管理办法》。

【重大项目】 2021 年，江苏微导纳米科技股份有限公司等 3 家企业的项目获得国家首台（套）保险补贴；无锡赛晶电力电容器有限公司等 5 家企业的产品通过江苏省首台（套）重大装备认定；无锡科标密封防护科技有限公司中标国家自然灾害防治技术攻关项目；航天新气象科技有限公司中标江苏省 2021 年关键核心技术（装备）攻关项目；江苏微导纳米科技股份有限公司、无锡日联科技股份有限公司、江苏长龄液压股份有限公司、无锡德林海环保科技股份有限公司等 13 家装备企业入选第三批国家专精特新“小巨人”名单；江苏必得科技股份有限公司、江苏长龄液压股份有限公司、中科微至智能制造科技江苏有限公司等 9 家企业上市；先导智能市值在 7 月初突破 1000 亿元大关，成为 A 股市场第一家市值超千亿元的新能源装备制造企业；中国联合重型燃气轮机技术有限公司与江苏永瀚特种合金技术有限公司签署合作协议，研发自主重型燃气轮机；派克新材成为全国首家拿到外径 3 米以上的钛合金风扇机匣零件的锻件供应商；由无锡特莱姆气体设备有限公司参与的世界首座液氢储运高真空液氢储运模拟舱在无锡市建成，标志全国氢能高密度储运技术实现关键性突破；双良集团获首届中国品牌金信学院奖，是无锡市唯一获奖企业；凯龙高科技股份有限公司“商用车低排放尾气后处理系统关键技术及应用”项目，获中国机械工业科学技术奖一等奖；飞而康快速制造科技有限责任公司获“航空工业最佳增材制造服务商奖”。

【无锡航空航天产业园设立】 6 月，无锡航空航天产业园在惠山区设立。产业园聚焦专精特新领域，构建航空航天产业体系，以航空发动机为主导，培育两机新动能，以研发试验与检验检测、精密制造为特色，做好创新服务和配套服务。产业园以精密智造谷、研发试验场、协同承载地、创新活力区四位一体为核心，为航空航天产业提供研发试验、检测服务、精密制造、创业孵化、场景体验、交流展示六大服务。

【航空产业合作】 10 月 16 日，2021 中国商飞——无锡大飞机产业培育会在无锡市召开，市工业和信息化局和中国商飞采购与供应商管理部签署《民机产业合作备忘录》，双方在产业配套、技术合作和市场培育上合作，发挥无锡民营经济实力雄厚优势，完善无锡民机配套体系，推动更多企业加入大飞机产业链供应链，合力打造要素齐备、充满活力的大飞机产业生态，提升航空科技产学研用协同水平，探索互利合作新空间。12 月 23 日，无锡航空发动机基础部件创新研究院揭牌。无锡航空发动机基础部件创新研究院由无锡市和南京航空航天大学共同建设，面向民用航空发动机基础部件产业技术发展现实需求，建设具有国际先进水平的航空发动机基础部件产业技术创新平台，为行业和企业赋能，提升行业骨干企业发展能力，推动无锡“两机”产业进入新的发展阶段。

【深空深海重大科技成果展】 5 月 12—17 日，深空深海重大科技成果展在无锡博物院展出。在成果展中，深空展品包括月壤、嫦娥五号返回器、返回器用主降落伞、“织物版”国旗等珍贵实物以及嫦娥五号轨道器组合、着陆器、上升器等高仿真模型；深海展品包括马里亚纳海沟矿物、深海水样等珍贵样本以及“蛟龙”号、“深海勇士”号、“奋斗者”号大深度载人潜水器以及“寰岛蛟龙”观光潜水器、多用途无人艇、“翔州 1”地效翼船等高仿真模型。

5 月 12—17 日，深空深海重大科技成果展在无锡博物院展出

（卫安钢　摄）

【第 13 届中国航展参展】 9 月 28 日至 10 月 3 日，无锡市组织多家企业参加在广东省珠海市举办的第 13 届中国航展，在主场馆设优势展位 350 平方米，实现无锡企业集中亮相中国航展主场馆的突破，展品 60 件，展商数量和展品数量均创历史新高。中国航空工业集团公司雷华电子技术研究所、中国电子科技集团公司第五十八研究所等军工科研院所，无锡派克新材料科技股份有限公司、江苏隆达超合金航材有限公司、飞而康快速制造科技有限责任公司等民企，展示一批技术含量高、支撑作用大的航空航天相关产品。

（市工业和信息化局）

电子信息产业

【概况】 2021 年，无锡电子信息产业规模以上现价工业总产值 5735 亿元，比上年增长 12.6%；实现利润 342.5 亿元，比上年增长 4.8%。至年末，全行业规模以上企业 804 家，比上年增加 93 家。其中，计算机、通信、电子元器件、电子专用材料和其他电子设备制造业完成现价工业总产值 3218.6 亿元，比上年增长 17.4%；实现利润 213.8 亿元，比上年增长 32.2%；主营业务收入 3873 亿元，比上年增长 13.7%。全行业规模（电子、计算机、通信、电子元器件、电子专用材料和其他电子设备）工业出口交货值 1689.93 亿元，外销率比上年增长 8.4%。全市半导体、集成电路行业生产、销售收入和盈利整体趋稳，半导体集成电路行业经济总量比上年增长 25.5%，产业规模 1783 亿元，占全市电子工业产业规模 56%。

【全行业经济总量增长】 2021 年，无锡电子信息产业完成现价工业总产值 5735 亿元，比上年增速实现两位数增长，是近年来实现增长速度较快的一年。全行业 13 个分支产业中有 11 个实现正增长，电子器件、电子元器件、智能制造、通信设备、通用仪器仪表、电子设备等行业发展增速均为 15% 以上。其中，电子器件、电子元器件发展增速分别为 19.3%、28.2%。

【电子信息产业企业】 2021 年，14 家电子信息产业企业跻身全市现价工业总产值前 50 强企业之列，分别是：SK 海力士半导体（中国）有限公司、远东电缆有限公司、希捷国际科技（无锡）有限公司、无锡夏普电子元器件有限公司、江南电缆有限公司、绿点科技（无锡）有限公司、新远东电缆有限公司、无锡先导智能装备股份有限公司、江苏长电科技股份有限公司、捷普电子（无锡）有限公司、健鼎（无锡）电子有限公司、无锡村田电子有限公司、住化电子材料科技（无锡）有限公司、三星（无锡）电子材料有限公司。11 家电子信息产业企业跻身全市工业效益前 50 强，分别是：SK 海力士半导体（中国）有限公司、江苏卓胜微电子有限公司、无锡先导智能装备股份有限公司、华润上华科技有限公司、无锡村田电子有限公司、江南电缆有限公司、江苏长电科技股份有限公司、健鼎（无锡）电子有限公司、远东电缆有限公司、无锡深南电路有限公司、联茂（无锡）电子科技有限公司。

表 28　2021 年无锡市电子信息产业分行业完成情况统计表

分支行业	现价产值（万元）	比上年增长（%）	利　润（万元）	比上年增长（%）
计算机制造	2980036	19.3	86853	240.2
通信设备制造	1342479	7.7	58162	−25.1
广播电视设备制造	507045	5.4	25865	−9.7
雷达及配套设备制造	54711	127.2	11498	14.4
电子器件制造	12984949	19.3	984350	46.7
电子元件制造	8982947	28.2	887070	29.7
其他电子设备制造	152874	15.5	1496	−85.3
电机制造	5095239	−10.7	397378	−28.4
电光缆制造	13858648	28.6	418704	1.3
电池制造	1910649	70.9	51253	142.5
通用仪器仪表制造	1745630	28.8	189527	2.9
专用仪器仪表制造	334591	7.5	18776	−21.6
智能设备制造	1909483	23.6	27404	−43.7

（市电子工业协会）

表 29　2021 年无锡市主要电子产品产量统计表

主要产品名称	单　位	产　量	比上年增长（%）
半导体分立器件	亿只	562.56	44.6
锂离子电池	万只	41972.87	31.5
集成电路	亿块	432.83	41.8
数码照相机	万台	115.66	6.2
硬盘存储器	万台	4789.75	−0.5
微型计算器设备	万台	79.44	28.4
电子元件	亿只	10403.30	9.0
电缆光缆光纤	万千米	2418.79	−28.1
印制电路板	万平方米	1970.20	4.5

（市电子工业协会）

【重大项目】 5 月 28 日，高通一全讯射频二期项目在无锡高新区开工。7 月 21 日，无锡高新区举行无锡中科德芯光电感知技术研究院中试基地投产暨省级院士工作站揭牌仪式。10 月 7 日，无锡高新区（新吴区）举行集成电路产业重大项目集中签约，总投资 303.4 亿元的 19 个集成电路重大项目签约。

（市电子工业协会）

新材料产业

【概况】 2021 年，全市新材料产业总体运行情况向好，列入统计战略中的新兴产业新材料企业 464 家，完成工业总产值 1822.5 亿元，比上年增长 28.4%；实现利润 122.1 亿元，比上年增长 31.8%。产业集群口径统计中，全市特色新材料产业集群规模 2522.5 亿元，比上年增长 20.8%。其中，特钢产业集群支撑作用明显，特钢领域实现产值 1446.8 亿元，比上年增长 20.3%；高分子材料领域实现产值 702.6 亿元，比上年增长 18.5%；电子新材料领域实现产值 373.2 亿元，比上年增长 27.4%，增速在新材料产业集群中居首位。

【产业集群建设】 2021 年，全市特色新材料产业集群主要优势体现在特钢、高分子材料及电子新材料领域。其中，特钢领域形成特钢原材料、高端制品、下游应用的产业链条，集聚一批具有特色和竞争力的企业群体。集群内集聚产业链企业及服务机构 132 家，其中高新企业 82 家、上市企业 3 家、百亿企业 6 家。高分子材料领域，有百亿企业 2 家、超亿元企业 86 家、境内外上市公司 15 家，百亿龙头企业无锡兴达泡塑新材料股份有限公司专业生产可发性聚苯乙烯树脂，总产能达到年产 200 万吨规模，产品涉及轻级料、中级料、快速料、阻燃料、高阻料、杯料、石墨料、改性材料等，生产规模位居全球第一。电子新材料领域形成涵盖超高纯试剂、光刻胶、特种气体、醛模塑料、环氧模塑料、液态环氧封装料、动力电池材料、滤光片等在内的较为完善的产业体系。

【电子化学品企业】 2021 年，无锡市有电子化学品企业 20 余家，汇集一批特色鲜明、知名度高、竞争力强的领军企业。江阴江化微电子材料股份有限公司、江阴润玛电子材料股份有限公司生产的湿电子化学品业内领先，江苏博砚电子科技有限公司是国内少数量产供应 LCD 用黑色光刻胶的企业之一，江苏广信感光新材料股份有限公司是国内 PCB 油墨重点企业之一，无锡帝科电子材料股份有限公司处于全球光伏导电银浆供应链第一梯队。

【宜兴市新材料产业园】 2021 年，宜兴市新材料产业园化工产业年产值 276 亿元，精细化工产值 262.2 亿元，占园区化工总量 95% 以上。园区有化工企业 22 家，其中精细化工企业 18 家、合成材料企业 2 家和化工新材料企业 2 家。涂料及涂料树脂生产是园区主导产业链，有链上企业 12 家，形成以宜兴三木化工股份公司为核心，上下游关联企业配套发展的格局。

【江阴临港化工园区】 2021 年，江阴临港化工园区化工产业年产值 217.7 亿元，其中合成材料产值 81.6 亿元，占园区化工总量 37.5%，PET、聚苯乙烯、不饱和树脂是主要产值来源。有机原料产值 103.4 亿元，占园区化工总量 47.5%，主要来自对苯二甲酸（PTA）企业。精细化工产品产值 32.6 亿元，占园区化工总量 15%。园区有化工企业 21 家，其中合成材料企业 7 家、有机原料企业 2 家、精细化工企业 10 家、无机化工企业和化工新材料企业各 1 家。聚酯新材料和合成树脂产业链成为园区 2 条主导产业链，产业结构形成以有机原料和合成树脂为主的产业集群，精细化工比例较低，产业结构偏上游。

【锡山开发区新材料产业园】 2021 年，锡山开发区新材料产业园化工产业年产值80.3亿元。园区有化工企业10家，包括精细化工企业3家、润滑油企业3家、合成材料企业2家、无机化工企业和化工新材料企业各1家，高分子材料和精细专用化学品成为产业园主导产业链。无锡阿科力科技股份有限公司生产的聚醚胺在全国处于技术领先水平；无锡兴达泡塑新材料股份有限公司生产规模在国内具有重要影响力，每年生产45万吨聚苯乙烯；确成硅化学股份有限公司和无锡恒亨白炭黑有限责任公司生产的白炭黑产品，质量全国领先并大量出口国外；无锡洪汇新材料科技股份有限公司生产的水性环氧、氯醋树脂品质国内领先。

（市工业和信息化局）

4月23日，在2021阿斯利康中国生态圈大会上，举办无锡国际生命科学创新园入园企业签约仪式（新吴区档案史志馆 供图）

生物医药产业

【概况】 2021年，全市生物医药产业规模1409.01亿元，比上年增长24%。其中，规模以上企业实现产值782.23亿元，比上年增长9.1%。无锡市生物医药产业链比较完整，涵盖化学药、生物药、现代中药、医疗器械、医药研发服务外包、医药包材、智慧医疗等领域。其中，医药制造占比40%，医疗器械占比26%，生物医药研发服务外包占比12%，智慧医疗占比8%，药物包装材料占比8%，形成生物医药研发服务外包、医药及医疗器械高端制造、特殊医学配方食品等国内领先的优势产业集群。全市建有无锡国际生命科学创新园、马山国家生命科学园、惠山生命科技产业园、江阴高新区生物医药产业园4个生物医药专业园区。

【生物医药企业发展】 2021年，无锡市拥有生物医药企业1277家，其中世界500强企业6家、高新技术企业127家；销售收入超百亿元企业1家、超50亿元企业2家、超10亿元企业9家、超亿元企业142家。全市纳税百强企业中生物医药企业有6家，无锡药明康德新药开发股份有限公司、阿斯利康制药有限公司分别位居第一名、第三名，阿斯利康制药有限公司在中国区销售收入居跨国药企首位，无锡药明康德新药开发股份有限公司、无锡药明生物技术股份有限公司是国内市值最高的医药研发服务外包企业，江阴天江药业有限公司获评2021年度无锡市制造业税收贡献突出企业。新增无锡时代天使医疗器械科技有限公司、江苏华兰药用新材料股份有限公司、迪哲（江苏）医药股份有限公司、江苏采纳医疗科技有限公司上市企业4家，全市累计有生物医药上市公司11家。

【创新成果】 2021年，全市科技立项资助43个项目，拨款3208.59万元，重点支持新冠肺炎疫情防控技术及产品、医工结合研发新产品、创新药和高端医疗器械研发、国际资质认证奖励、生物医药园区建设等项目。全市新增17个一类新药项目获准开展临床试验，其中化学药7个、生物制品8个、中药1个、新兽药1个，进入临床一期、二期、三期的新药项目分别为6个、10个、1个。其中，迪哲（江苏）医药股份有限公司自主研发的用于治疗非小细胞肺癌治疗一类新药DZD9008被美国FDA认定为“突破性治疗药物品种”。全市新增18个三类医疗器械、82个二类医疗器械注册上市。其中，卡尤迪生物科技宜兴有限公司、江苏奇天基因生物科技有限公司的2款新冠病毒核酸检测产品获国家药监局批准注册上市。

（市科技局）

新能源产业

【概况】 2021年，新能源产业市场需求暴发，产业整体向好。全市新能源产业（含光伏、风能）完成总产值1407.29亿元，比上年增长33.0%；利润总额77.64亿元，比上年下降11.7%。新能源产业集群（含光伏、风能、电线电缆等）实现工业总产值1897.4亿元，比上年增长14.8%；利润总额88.96亿元，比上年下降

10.2%。光伏发电、风电、储能系统性成本逐步降低,可再生能源发电摆脱补贴依赖进入平价时代,并呈现快速增长。

【项目投资】 2021年,无锡市新能源产业投资项目58个,计划总投资305亿元。无锡尚德太阳能电力有限公司、无锡先导智能装备股份有限公司、江苏微导纳米科技股份有限公司合作打造行业首个数字化TOPCon高效光伏电池整线智能工厂。环晟新能源高效叠瓦太阳能电池组件一期项目实施投产并满产,二期项目预计于2022年2月实现投产。帝科股份正面银浆扩能和半导体用电子材料研发生产项目投产,预计投产竣工后年产各类电子材料超500吨,销售收入超30亿元。

(市工业和信息化局)

【光伏开发试点项目】 2021年,根据国家能源局综合司和省发展改革委《关于报送整县(市、区)屋顶分布式光伏开发试点方案的通知》,无锡市光伏试点4个板块(锡山区108兆瓦、江阴市400兆瓦、宜兴市268兆瓦、惠山区150兆瓦),入选国家能源局公布的全国676个整县制光伏试点名单,涉及开发试点总规模926兆瓦。11月19日,锡山区政府与中国电力工程顾问集团有限公司、国网江苏省电力有限公司无锡供电分公司签署整区屋顶光伏全国试点战略合作协议,并启动"电力直通车"项目。"电力直通车"是中国电力工程顾问集团有限公司在江苏省开发的首个整区制光伏项目。项目总投资约10亿元,重点利用锡山区党政机关大楼、医院、学校、工商业厂房、民房等屋顶资源,打造光储示范项目,开展精品示范区建设,打造新农村新型电力微网示范区,推动分布式光伏并网区实现智能整合终端100%全覆盖,实现光伏、储能、充电站等多要素融合。

(市工业和信息化局 市发展改革委)

【光伏和分散式风电并网】 2021年,全市分布式光伏并网412户,并网容量16.74万千瓦(居民144户,并网容量0.18万千瓦;工商业268户,并网容量16.56万千瓦);分散式风电并网2个,容量8.58万千瓦。至年末,全市分布式光伏并网6365户,并网容量146.64万千瓦(居民4803户,并网容量3.71万千瓦;工商业1562户,并网容量142.93万千瓦);集中式光伏并网4个,容量17.7万千瓦;分散式风电并网8个,容量12.21万千瓦。

(市发展改革委)

【隆基制氢装备项目】 6月,隆基制氢装备项目落地无锡高新区。该项目为集氢能设备研发、制造,氢能储存,光伏氢能示范于一体的综合性示范基地。项目一期投资总额3亿元。电解槽采用高电流密度设计,单台电解槽氢气制备能力达1000标准立方每小时及以上水平,兼顾"多台大型电解槽对应一套气液分离系统及气体纯化系统",提高大规模制氢工厂集约性,分布式IO控制系统集成度高、节约材料,可实现系统全自动无人值守高效运行。隆基氢能的大型碱性水电解槽在技术上进入行业领先行列。

(市工业和信息化局)

【风电项目】 12月25日,宜兴杨巷42.9兆瓦分散式风电项目并网投运。12月31日,华润新能源(宜兴)徐舍42.9兆瓦分散式风电项目分阶段并网投运。

(市发展改革委)

节能环保产业

【概况】 2021年,无锡市节能环保产业增长态势良好。全年节能环保产业实现营业收入1403.78亿元,比上年增长15.2%;利润总额115.37亿元,比上年增长7.1%。全市节能环保产业重点投资项目69个,重点项目有序推进。6家企业入围工业和信息化部发布的环保装备制造行业规范条件企业名单,3个节能环保攻关项目获省关键核心技术(装备)攻关资金(一期)2422万元。

【产业链智慧转型】 2021年,市环保产业企业在环境感知、装备制造、产品销售、环境服务等产业链上逐步实现智慧转型,构筑"智慧监测+智慧检测+智能制造+智慧交易+智慧服务"的"五位一体"智能环保新生态。鹏鹞环保股份有限公司、江苏远兴环保集团有限公司等被评为省级"两化融合"试点企业。宜兴国合环境高端装备制造基地打破国际合作壁垒,引进前沿技术,用4年时间,孵化20余家企业,申请超100项发明专利、实用新型专利。无锡市拥有全国环保领域首个国家技术标准创新基地、1家院士工作站、25家省级工程技术研究中心、6家省级企业技术中心、3家省级新型研发机构等各类平台,聚焦产学研合作与技术转化,推动无锡市成为国内环保领域创新资源最密集的地区。一批环保企业携先进环保技术到东南亚和非洲国家,设立生产基地和分公司。

【宜兴环科园】 2021年,宜兴环保科技工业园实现地区生产总值295.9亿元,比上年增长12%。环科园推进重大创新平台建设,依托江苏省环保装备产业技术创新中心、新宜中澳技术转移中心、江苏环保产业院士协同创新中心及国家技术标准创新基地等平台,加强技术创新、国际环保技术交流、试点项目报批、标准制定等建设,推动宜兴环保产业向价值链高端推进。推进示范工程建设,推动乡村环境管家及城市污水资源概念厂等示范引领区域治理项目建设,打造华润环保零碳创新中心、碧诺环保田园牧歌项目、国合基地低碳固碳技术项目等生态产品。推进特色活动开展，开展“环境医院”专科评选活动及系列特色专科技术论坛，举办环保产业高质量发展大会，筹办环保创新创业大赛。

（市工业和信息化局）

新能源汽车产业

【**概况**】 2021年，无锡市新能源汽车实现工业总产值77.52亿元、营业收入70.39亿元。无锡市新能源汽车产业主要分布于江阴市、宜兴市、惠山区、锡山区、新吴区等地，形成包含整车制造、核心零部件、充换电装备制造、充换电基础设施建设与运营等环节较为完整的产业集群。通过近年招商引进，全市在动力电池方面，特别是正、负极材料方面有较好优势，拥有格林美（无锡）能源材料有限公司、无锡先导智能装备股份有限公司、联动天翼科技有限公司、远东电池有限公司、无锡晶石新型能源股份有限公司、无锡东恒新能源材料有限公司、无锡恩捷新材料科技有限公司等行业知名企业。

【**产业链发展**】 2021年，无锡市拥有新能源汽车产业链企业120余家，其中规模以上企业53家。拥有上汽大通汽车有限公司无锡分公司、无锡中车新能源汽车有限公司、江苏常隆客车有限公司、华晨新日新能源汽车有限公司整车生产企业4家。拥有以博耳（无锡）电力成套有限公司、无锡聚能新能源科技有限公司为龙头的多家充换电装备制造企业，以无锡市政公用新能源科技有限公司、无锡广盈集团有限公司等为龙头的一批充换电基础设施建设与运营企业。在电动汽车整车控制技术、电机驱动和电池管理技术、动力型锰酸锂材料技术、燃料电池与氢源技术、磁悬浮径向直流电机技术、汽车充电数据支持平台技术等方面均达到国内领先水平。

【**新能源汽车推广**】 2021年，全市推广应用新能源汽车33705辆，其中纯电动汽车29406辆、混合动力汽车4299辆，建设公共及专用充电桩849个、私人充电桩16442个、换电站11座。

（市工业和信息化局）

纺织服装业

【**概况**】 2021年，无锡市纺织行业有规模以上企业922家，主要经济指标持续回暖，经济运行平稳向好。实现工业总产值1592.1亿元，比上年增长15.4%。虽然新冠肺炎疫情对部分地区消费市场产生一定影响，但在节假日消费、网络购物促销前移等因素带动下，国内线上线下消费市场销售良好，带动营业收入增长。完成营业收入2158.78亿元，比上年增长9.7%。实现利润总额88.65亿元，比上年增长41.3%，增速比上年提高56.3个百分点。完成出口交货值243.45亿元，比上年增长8.2%，扭转上两年负增长的态势。

【**产业链优化**】 2021年，无锡市对照江苏省品牌服装产业链工作专班框架，成立由市工业和信息化局为牵头部门，市生态环境局、市商务局、市场监管局等为成员单位的高端纺织服装产业链（集群）工作专班，邀请江南大学服装设计与品牌研究中心主任、教授沈雷为首席专家，邀请无锡纺织工业协会、江南大学设计学院、江苏服装品牌协同创新中心、无锡纺织工程学会、国家纺织产品质量监督检验中心等为支撑机构和智库单位。高端纺织服装产业链（集群）工作专班走访调研，梳理排查产业链细分环节上的龙头企业，加强大中小企业协作配套，形成产业链细分环节的微循环，发挥各支撑平台、公共技术服务平台、院校机构的作用，助力纺织服装产业品牌建设、标准制定与检验检测，推动纺织服装产业智能制造、绿色发展。

【**红豆集团获全国质量奖**】 12月，红豆集团有限公司获第19届全国质量奖，是中国纺织服装行业、也是江苏省该届唯一获奖企业。全国120余家单位申创第19届全国质量奖，经过资格审查、

12月，红豆集团有限公司获第19届全国质量奖。图为红豆集团红豆股份西服厂5G智能工厂生产车间 （周国兴 摄）

资料评审、答辩评审、现场评审和全国质量奖评审委员会审议等环节评选，红豆集团最终获奖。红豆集团涉及纺织服装、橡胶轮胎、红豆杉大健康、园区开发四大产业，是拥有2家上市企业以及美国纽约、新加坡、西班牙、缅甸、泰国等境外分支机构的跨国集团企业，从2008年开始导入卓越绩效模式，提升经营管理存在的短板，引领企业不断提高经营质量，历经初步导入、全面推进、持续提升3个阶段，形成具有“红豆”特色的组织治理模式。

（市工业和信息化局）

机械工业

【概况】 2021年，无锡市机械工业经济运行稳中有进，加强供给侧改革，产销整体平稳，订货好于预期。经济运行总体态势是“前高后低”，一季度高位运行，进入二季度后，主要经济指标增速逐月下降，三季度渐趋平稳，工业总产值累计指标仍在高位，但利润总额不同子行业间有升有降。营业收入、出口交货值2项指标创阶段性历史新高，战略性新兴产业出现高速增长。至年末，无锡市机械工业有规模以上企业3533家；职工总数52.3万人；实现工业总产值9632.64亿元，比上年增长22.9%；工业增加值218亿元，比上年增长18%；营业收入9484.5亿元，比上年增长19.6%；营业利润685亿元，比上年增长7.4%；利润总额693.4亿元，比上年增长7.3%。增速有所回落，呈现稳定增长趋势。固定资产投资总额672.1亿元，比上年增长2.57%；投资收益115.7亿元，比上年增长46.5%。无锡华光环保能源集团股份有限公司获“省五星级上云企业”称号。

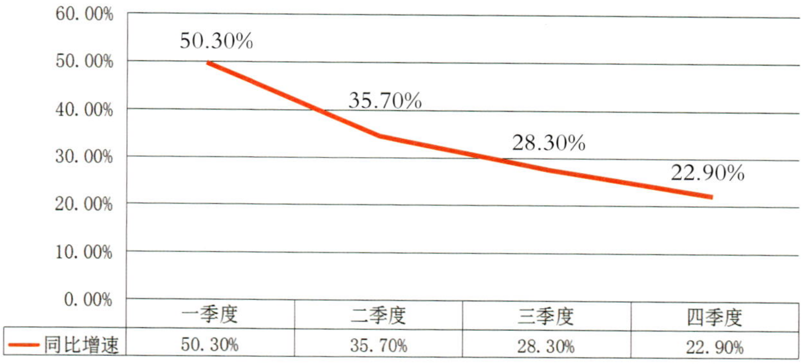

图8 2021年无锡市机械工业总产值季度同比增速示意图

（市机械工业联合会）

表30 2021年无锡市机械工业经济主要指标统计表

指标名称	工业总产值（亿元）	比上年增长（%）	工业销售产值（亿元）	比上年增长（%）	出口交货值（亿元）	比上年增长（%）
金属制品业	1658.26	21.9	1556.88	20.8	86.55	25.3
通用设备制造业	1565.00	20.1	1508.25	19.1	237.45	17.0
专用设备制造业	1225.88	32.1	1143.55	31.5	114.09	22.4
汽车制造业	1328.69	10.0	1317.80	8.9	104.88	16.3
铁路、船舶、航空航天和其他运输设备制造	459.10	27.1	425.58	27.0	80.36	7.0
电气机械和器材制造业	3172.19	27.2	3055.98	25.0	450.33	49.2
仪器仪表制造业	223.52	24.1	207.09	22.5	14.38	33.0
合　计	9632.64	22.9	9215.13	21.5	1088.04	29.0

（市机械工业联合会）

【经营效益】 2021年，无锡市机械工业总产值比上年增长22.9%，增幅较大。其中，金属制品业比上年增长21.9%，通用设备制造业比上年增长20.1%，专用设备制造业比上年增长32.1%，汽车制造业比上年增长10%，铁路、船舶、航空航天和其他运输设备制造业比上年增长27.1%，电气机械和器材制造业比上年增长27.2%，仪器仪表制造业比上年增长24.1%。实现利润总额中各子行业间效益差距较明显，金属制品业比上年下降9.4%，通用设备制造业比上年增长3.4%，专用设备制造业比上年增长37.8%，汽车制造业比上年增长8.2%，铁路、船舶、航空航天和其他运输设备制造业比上年下降5.9%，电气机械和器材制造业比上年增长6.5%，仪器仪表制造业比上年下降0.1%。利润总额增长幅度低于工业总产值增幅，大量中小企业增产不增收，或增产反而亏损。机械工业中的中小企业，受环保、安全生产要求提高和新冠肺炎疫情影响，亏损企业比上年增加44家，亏损企业占比14%，企业亏损额比上年增长36.8%。主要原因是原辅材料中，钢铁等黑色金属涨价30%左右，有色金属涨价50%～70%，煤油水气电等均有不同程度的涨价。从业人员劳动报酬比上年提高24.9%，原辅材料与人工成本提高抬升行业经营成本。其中，产成品库存比上年增长28.1%，营业成本比上年增长21.6%。

【机械工业产销率】 2021年，无锡市机械工业实现销售产值9215.1亿元，比上年增长21.5%，产销率98.2%。机械行业重点监测的121种主要产品中，产量累计比上年增长的有94种，占比77.7%；比上年下降的有27种，占比22.3%。主要大宗工业产品中，钢绞线产量比上年增长3.6%，电站锅炉比上年增长3.1%，工业锅炉比上年增长0.8%，滚动轴承比上年增长11.5%，发动机比上年下降26.4%，电力电缆比上年增长1.5%，民用钢质船比上年下降6.9%，电动自行车比上年增长21.7%，太阳能电池比上年下降5.7%。

【外贸出口】 2021年，无锡市机械工业实现外贸交货值1088亿元，比上年增长29%。12月比上年同期增长32%，高于全市工业13.1个百分点。其中，金属制品业比上年增长25.3%，通用机械制造业比上年增长17%，专用机械制造业比上年增长22.4%，汽车制造业比上年增长16.3%，铁路、船舶、航空航天和其他运输设备制造业比上年增长7%，电气机械和器材制造业比上年增长49.2%，仪器仪表制造业比上年增长33%。7月29日，大明重工有限公司承接北欧国家全球最大直径13.8米的蒸煮器设备项目，使用双相不锈钢原材料1000余吨，设计、工艺均符合欧洲标准。12月30日，双良集团江苏利士德化工有限公司新型石墨聚苯乙烯产品获得欧盟30个货柜大订单，分别出口意大利和波兰，新型石墨聚苯乙烯产品外销澳大利亚、阿尔巴尼亚、乌克兰、沙特、意大利、波兰、荷兰等国。无锡宏源科技股份有限公司出口化纤高速弹

单位：万元

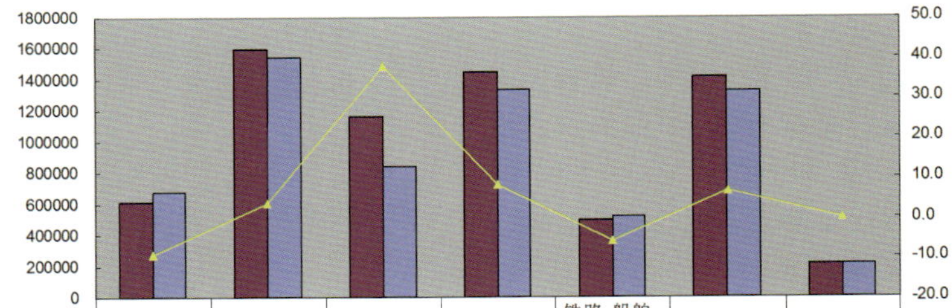

	金属制品业	通用设备制造业	专用设备制造业	汽车制造业	铁路、船舶、航空航天和其他运输设备制造业	电气机械和器材制造业	仪器仪表制造业
2021年	612247	1592688	1163650	1448713	491536	1415760	210158
2020年	675497	1540702	844292	1339139	522385	1329228	210304
同比增长(%)	-9.4	3.4	37.8	8.2	-5.9	6.5	-0.1

图9 2020年、2021年无锡市机械工业分行业实现利润比较示意图

（市机械工业联合会）

单位：万元

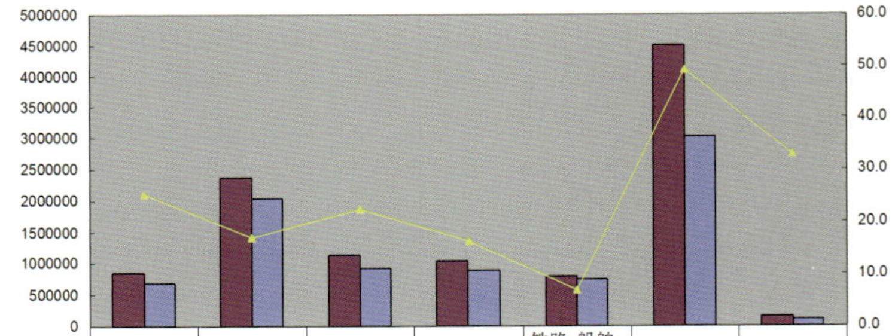

	金属制品业	通用设备制造业	专用设备制造业	汽车制造业	铁路、船舶、航空航天和其他运输设备制造业	电气机械和器材制造业	仪器仪表制造业
2021年	865494	2374539	1140865	1048762	803625	4503262	143772
2020年	690737.43	2029520.51	932079.248	901773.001	751051.402	3018272.12	108099.248
同比增长(%)	25.3	17.0	22.4	16.3	7.0	49.2	33.0

图10 2020年、2021年无锡市机械工业出口交货值分行业增长比较示意图

（市机械工业联合会）

力丝机 16 台，出口量创公司历史新高，出口金额近 4000 万元。无锡压缩机股份有限公司签订工艺往复压缩机备件国外用户订单 225 万元。大明工业科技集团有限公司出口不锈钢制品总量 7 万余吨，出口业务拓展到亚洲、欧美等 40 余个国家和地区。远东控股集团有限公司与法电优能(北京)投资有限公司签署战略合作协议，在核电、火电、水电及新能源方向开展战略合作。

【机械工业战略性新兴产业发展】 2021 年，无锡市机械工业战略性新兴产业保持高速发展，推动数控机床、航空航天、新能源汽车和工业机器人等新兴产业快速发展，智能装备产业工业总产值比上年增长 17.2%，高端装备制造产业比上年增长 23.7%，新能源汽车产业比上年增长 34.6%，节能环保产业比上年增长 34%。年初，无锡威孚高科技集团股份有限公司接受市科技局下达 2021 年度市级产业前瞻重点项目任务，确定技术中心承担“氢燃料电池核心部件膜电极技术研发”建设任务，在铂载量、启停、冷启动、抗反极等方面实行技术突破，缩短膜电极与国外存在的差距。远东电缆有限公司自主研发工业机器人专用电缆，最高可承受 12 万次单向弯曲和 1000 万次单向扭转运动，可满足在高温、低温、化学腐蚀、液体等恶劣环境下运行需求。无锡压缩机股份有限公司首台低温 BOG 压缩机在连云港市某用户现场一次性投产运行，该机组进气温度 -87.9℃～ -70℃，填补全国在该型机领域空白。凯龙高科技股份有限公司国六品质传感器，是一款集尿素液位、温度和浓度测量为一体的传感器，在海拉尔、牙克石等高寒区试验成功。远东智慧能源股份有限公司试制成功 4.5 微米极薄铜箔领先技术，是全球新能源电池竞争的核心领域之一。无锡气动技术研究所有限公司历时 4 年研制成功三款智能阀岛，通过省工业和信息化厅、中国轻工业联合会鉴定。4 月 14 日，无锡锡压压缩机有限公司和中国科学院理化技术研究所合作“高效氦气喷油式螺杆压缩机组关键技术与应用”项目。7 月 22 日，无锡航亚科技股份有限公司获评 2021 科创板硬科技领军企业。

【科技创新】 2021 年，无锡市机械行业以产业基础高级化、产业链现代化为目标，加快科技创新步伐，投入科技研发经费 224.5 亿元，比上年增长 23.1%。无锡市机械工业联合会获推荐中国机械工业科学技术奖优秀项目资格授权，获得入口 IP 编号，开通推荐通道。无锡地区机械企业可通过该平台直接申报部级科技成果，无锡市是国内目前唯一获得许可的地级市。凯龙高科技股份有限公司“商用车低排放尾气后处理系统关键技术及应用”项目，获 2021 年度“中国机械工业科学技术奖”一等奖。无锡华光环保能源集团股份有限公司“大容量、高参数垃圾焚烧余热锅炉”技术获全国锅炉科学技术奖一等奖。远东智慧能源有限公司研制的“高导电率硬铝导体制备技术”项目，获中国电力企业联合会颁发的电力科技创新二等奖。无锡威孚高科技集团股份有限公司涡轮增压器获“中国心”2021 年度动力总成零部件评选金奖。江苏双良锅炉有限公司《ZZJ/ZLJ 系列全自动燃油(气)真空热水机组》获江苏省紫金奖·工业设计大赛工业设计金奖。威孚金宁有限公司的《非道路四阶段排放标准柴油机用电控 VP 喷射系统开发项目》获省机械工业科技进步奖二等奖。一汽解放发动机事业部开发的奥威 CA6DM3 13 升国五发动机获“值得用户信赖节油重型发动机”奖。远东电缆有限公司“特高压输电工程用节能降耗新型导线研发与应用研究”“海上大功率新型风电机组用中压耐扭电缆关键技术及应用研究”，分别获中国机械工业科学技术奖二等奖和三等奖。远东复合技术有限公司“特高压输电工程用纤维增强树脂基复合导线研发与应用研究”、远东电缆有限公司“额定电压 1500 伏及以下轨道交通用直流馈电回流电缆”获江苏省机械工业科技进步奖一等

单位：万元

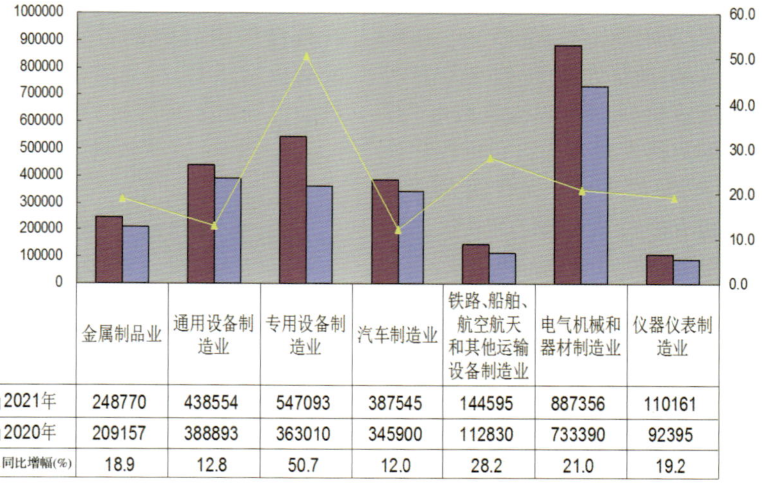

	金属制品业	通用设备制造业	专用设备制造业	汽车制造业	铁路、船舶、航空航天和其他运输设备制造业	电气机械和器材制造业	仪器仪表制造业
2021年	248770	438554	547093	387545	144595	887356	110161
2020年	209157	388893	363010	345900	112830	733390	92395
同比增幅(%)	18.9	12.8	50.7	12.0	28.2	21.0	19.2

图 11　2020 年、2021 年无锡市机械工业分行业科技研发经费比较示意图

（市机械工业联合会）

奖。经人力资源和社会保障部及全国博士后管理委员会审核批准，无锡华光环保能源集团股份有限公司获批设立国家博士后科研工作站。

【机械工业产学研合作】 2021年，无锡市机械工业以企业为主体，市场为导向，产学研深度融合，推进技术创新所需各种生产要素有效组合。3月，双良集团与上海交通大学工程热物理研究所、中英国际低碳学院达成战略合作协议，双方依托各自在工业和建筑节能、城市供热、智慧能源等领域工程经验和技术，围绕国家碳中和远景目标，开展终端电气化、储能等技术产学研合作。4月22日，凯龙高科技股份有限公司与山东大学签订战略合作协议，组建凯龙高科——山东大学绿色低碳能源利用技术联合研发中心，在清洁燃烧及污染物排放控制、热能利用与节能技术、内燃机与新能源汽车、新能源开发与利用等领域开展研究合作。10月30日，江阴市武汉大学长三角科技创新中心揭牌，双良集团与武汉大学达成二氧化碳资源化科技成果转化合作协议。日立泵制造无锡有限公司和江苏大学能源与动力工程学院开展制造工艺交流合作。无锡华光环保能源集团股份有限公司与浙江大学深化校企合作取得新成果，浙江大学——华光智慧能源系统联合研究中心构筑城市“智慧热网”，研发飞灰无害化资源化处置技术、智能平台。无锡凯龙高科技股份有限公司入选江苏省第二批产教融合型试点企业。

【碳达峰碳中和产品和装备研发】 2021年，无锡市研究实施机械工业碳达峰碳中和政策措施，推动企业有序实施绿色低碳化改造工程。无锡市机械行业各企业通过研发绿色低碳技术、可再生资源利用技术，开发出一批高能低耗的高端产品和先进装备。双良集团有限公司“青岛胶东国际机场”项目获2021年度中国分布式综合能源优秀项目特等奖。无锡华光环保能源集团股份有限公司自主研发的综合能源管理系统为苏南硕放机场提供节能改造及能源托管服务。由无锡国联华光电站工程有限公司投资建设的多个绿色重点项目在江西省、湖北省、山西省等地相继落地，投资3.2亿元的大同煤炭研究所建设项目将建成全国煤炭清洁高效利用的研发中心和产业化基地。神钢无锡压缩机股份有限公司开发最新的SMX100系列节能压缩机，优化冷却水系统及润滑系统，比常规机型的离心机节能5%左右。解放动力奥威国六发动机在2021（第六届）“谁是第一”商用车年度评选中，获2021年度“第一畅销高端重卡”“第一节油舒适重卡”等称号。无锡华光工业锅炉有限公司首台角管式燃气锅炉，在东莞市点火投运成功。无锡高新区、无锡威孚高科技集团有限公司与博世（中国）投资有限公司签署碳中和项目战略合作框架协议，计划到2030年达成从供应商到客户的整个价值链中减少15%的碳排放。由一汽解放汽车有限公司自主设计研发的首款红旗2.0L氢能专用发动机试制成功，发动机搭载的增压器是无锡威孚高科技集团有限公司研制的氢能发动机增压器，标志着红旗品牌内燃动力开启零碳排放、零污染。

（市机械工业联合会）

冶金工业

【概况】 2021年，无锡市冶金行业完成产值3150.2亿元，比上年增长29.7%；实现利润112亿元，比上年增长20.2%。冶金行业产值占全市比重14.7%，利润占比8%。有色金属冶炼和压延加工业利润实现快速增长，比上年增长35.4%。全市粗钢产能1284万吨，粗钢产量1253.59万吨，比上年下降6.3%；生铁产量1015.12万吨，与上年持平；钢材产量1879.54万吨，比上年增长0.2%。全市钢材生产有规模以上企业188家，其中冶炼企业6家。全市有钢铁企业6家，其中江阴市5家、惠山区1家。受益于钢铁行业供给侧结构性改革，钢铁企业持续保持满产状态。江阴市5家钢铁企业完成工业总产值806.84亿元，比上年增长24.4%；上缴入库税金34.15亿元，比上年增长13.1%；实现利润74.14亿元，比上年增长33.1%。全市钢铁行业（黑色金属冶炼及压延加工业）实现产值1852.7亿元，比上年增长29%，占全省比重14.5%；利润91.9亿元，比上年增长17.3%，占全省比重18.2%。全市钢铁行业（黑色金属冶炼及压延加工业）效益水平位居全省前列。江苏江润铜业有限公司获评中国制造业企业500强、中国民营企业500强、中国制造业民营企业500强。

【特钢产业集群】 2021年，全市特钢产业集群中规模以上企业260余家，特钢产业集群完成产值1446.8亿元，比上年增长20.3%，实现利润84.65亿元，比上年增长11.4%。特钢产业集群以江阴市为核心区域，依托江阴国家高新技术产业开发区为发展载体，形成上游从事特钢原材料制造的江阴兴澄特种钢铁有限公司和江阴华润制钢有限公司，中游制造高端制品的法尔胜泓昇集团有限公司、贝卡尔特（中国）技术研发有限公司、江阴长发耐指纹钢板有限公司等重点企业，以及下游应用的江苏玉龙钢管股份有限公司、无锡华光锅炉股份有限公司、无锡威唐工业技术股份有限公司等重点企业特钢生产和应用集群。

【项目研发】 12月，远东智慧能源股份有限公司旗下远东电缆有限公司研发项目“高品质电解铝和高性能导体材料制造及低碳应用”，获中国有色金属工业科学技术奖一等奖。12月13日，中信泰富特钢集团旗下兴澄特钢二炼钢分厂生产的、世界最大规格直径1200毫米连铸圆坯热试成功，是中信泰富特钢继世界首创直径800毫米、直径900毫米、直径1000毫米后，再次刷新由自己保持的连铸圆坯最大规格的世界纪录。

【国家技术标准创新基地通过验收】3月19日，国家标准化管理委员会印发《关于批准成立国家技术标准创新基地（金属线材制品国际标准化）的函》，明确由法尔胜泓昇集团有限公司承担建设的国家技术标准创新基地（金属线材制品国际标准化）完成建设任务并通过验收，批准成立。法尔胜泓昇集团有限公司累计主持和参与制修订标准75项，包括国际标准2项、国家标准35项、行业标准33项、团体标准4项、地方标准1项。

（市工业和信息化局）

石油化工业

【概况】2021年，无锡市石油化工业完成产值2059.3亿元，比上年增长15.8%，占全市工业总产值比重9.6%；实现利润147.3亿元，比上年增长12.6%，占全市比重10.5%。前三季度，处于产业链上游的化工材料和金属材料受益于大宗商品涨价潮，全市化工行业产值和利润均有较大增长。4季度，受限电影响，原材料涨价潮得到有效遏制，产值增速略有下降，但利润增速下降幅度明显。

【产业发展】2021年，无锡市石油化工产业形成以精细化工为主导，有机原材料、合成材料为依托，以化工新材料为增长点，无机化工、润滑油、工业气体为补充的发展格局。无锡市精细化工和化工新材料产业占比高于全省平均水平，精细化工、化工新材料企业231家，占全市化工企业总数四分之三，精细化工和化工新材料企业主营业务收入占比48.9%，利润占比65.4%。

【安全环保整治】2021年，无锡市推进化工产业安全环保整治，持续优化产业结构，关停化工生产企业104家。至年末，全市化工生产企业下降至329家。

（市工业和信息化局）

粮油加工业

【概况】2021年，全市粮油产业经济加速回升，向“小而精”特色粮油产业方向发展。全市粮油工业实现销售收入78亿元；实现利润3.1亿元，比上年增长9.92%。无锡市粮食和物资储备局结合省粮油科技活动周的开展，推广节粮减损技术运用，举办粮油科普知识进社区活动。无锡市获2021年度江苏省粮油学会粮油科技成果奖一等奖2项、二等奖1项，获奖项目数量和质量均列全省第一位。

【产业发展】2021年，宜兴市发挥粮油产业规模优势及产后服务中心平台优势，持续实施“扩产能”“提品质”双轮战略，完成销售收入45亿元。无锡布勒机械制造有限公司实现年销售收入8.9亿元，连续多年保持两位数增长，“一带一路”柬埔寨粮机成套装备输出项目推进顺利。宜兴粮油集团大米有限公司“隆元”牌晚粳米获评2020年度“中国好粮油产品”称号，实现无锡市粮油企业在“中国好粮油”活动中零的突破。

【中粮工程科技股份有限公司上市】2021年，中粮工程科技股份有限公司实现销售收入23亿元，比上年增长23%；实现利润2亿元，比上年增长20%。9月9日，中粮工程科技股份有限公司在深圳证券交易所主板上市，发行1亿股，发行价3.55元，募资3.62亿元，当日收盘价13.6元，较发行价上涨283%。

（市粮食和储备局）

编辑　胡　慧

建筑业

综　述

【建筑企业】 2021年，无锡市有建筑施工项目1149个，在建工程总面积5180.6万平方米，比上年下降2.5%；竣工验收面积1353.3万平方米，比上年下降18.9%；建筑业总产值1213.06亿元，比上年增长9.2%。至年末，全市有建筑业施工企业4567家，其中具有施工总承包特级资质的企业2家、一级资质企业87家、二级资质企业267家。全市建筑业企业资质总数8939项，其中总承包资质2210项（特级资质2项、一级资质101项、二级资质364项、三级资质1743项）、专业承包资质5970项（一级资质498项、二级资质2901项、三级资质1968项、不分等级603项）、劳务资质759项。全市具有监理资质企业54家，具有检测资质企业36家。

【建筑业高质量发展】 11月，无锡市出台《关于促进全市建筑业高质量发展的实施意见》，作为建筑业发展纲领性政策，提出全市建筑业5年发展目标，明确8项重点任务、17条政策和7项奖励措施。意见结合无锡近年来建筑业总产值和产业结构发展趋势，从优化产业结构、鼓励企业做优做强、提高业务承接能力等方面提出促进企业发展的方向；从推动智能建造和建筑工业化、推动绿色建筑纵深发展、推进建筑工人职业化转型等方面指出行业整体转型升级主要途径；从优化建筑市场环境、强化工程质量安全管理等方面多维度、体系化加大和创新行业监管力度。明确在资质晋升、扩大承接范围、争先创优、诚实守信等方面鼓励支持企业，给予资金、业务、税收、信用考核、评优评先等相关优惠政策。

11月25日，无锡市建筑业高质量发展论坛举办。论坛以学习贯彻市政府《关于促进全市建筑业高质量发展的实施意见》精神为主题，解读相关政策和建筑业企业信用评价体系建设情况，交流探讨下阶段全市建筑业发展目标、改革创新方向、数字化转型、智能化管控成本等，共同把脉建筑行业发展新形势，共商全市建筑业高质量发展大计，全市各级住建部门有关负责人、无锡建筑行业协会和有关企业负责人等共120余人出席论坛。论坛上，无锡建筑行业协

表31　2021年无锡市建筑业情况统计表

指　标	单　位	数　值	比上年增长（%）
企业数	家	700	6.5
建筑业总产值	亿元	1213.06	9.2
#装修装饰产值	亿元	55.40	58.1
建筑业在外省完成产值	亿元	374.64	0.2
#建筑工程产值	亿元	925.40	3.9
安装工程产值	亿元	282.79	35.2
建筑业其他产值	亿元	4.87	−56.3
建筑业竣工产值	亿元	665.95	9.6
房屋建筑施工面积	万平方米	4590.10	−13.6
房屋建筑竣工面积	万平方米	1316.10	−21.2
建筑业直接从事生产经营活动平均人数	人	274884	1.9
建筑业期末从业人数	人	272654	5.5
建筑业全员劳动生产率	元／人	441298	7.2

（市统计局）

会、宜安控股江苏建设有限公司、无锡市东方雨虹防水工程有限公司联合设立的"宜安梦公益基金会建筑业碳中和示范项目专项基金"举行了揭牌仪式。

【行业争先创优】 2021年，江苏沪宁钢机股份有限公司李勇军等16人获评2020年度江苏省优秀建造师，华仁建设集团有限公司吴华杰等7人获评2020年度江苏省建筑业企业优秀项目经理。无锡市工业设备安装有限公司、无锡市锡山三建实业有限公司分别获评江苏省建设工程BIM应用大赛单项应用一类成果奖，无锡锡山建筑实业有限公司获评江苏省建设工程BIM应用大赛综合应用三类成果奖。中国电子系统工程第二建设有限公司总经理杨良生、无锡锡山三建实业有限公司党支部书记陆惠兰、江苏精享裕建工有限公司总裁助理程泽文获评2021年江苏省劳动模范。无锡建筑行业协会、江阴市建筑行业协会和宜兴市建筑行业协会分别获评江苏省建筑业先进协会，无锡建筑行业协会被评为江苏省AAAA级社会组织协会。中国电子系统工程第二建设有限公司、江苏沪宁钢机股份有限公司、江苏赛特钢结构有限公司、江苏宜安建设有限公司、江苏恒尚节能科技股份有限公司5家企业获评2020年度江苏省建筑业百强企业。

（市住房城乡建设局）

建筑勘察设计

【勘察设计资质管理】 2021年，无锡市住房和城乡建设局运用"江苏省勘察设计行业管理信息系统"采集勘察设计企业及人员信息，并通过"江苏省建筑市场监管与诚信信息一体化平台"进行网上建设工程勘察设计合同信息归集，进一步强化对企业和人员资质、资格及市场行为管理。至年末，全市有工程勘察设计单位175家，其中甲级单位86家、乙级单位77家、丙级单位12家。

【勘察设计业务培训】 2021年，市住房城乡建设局配合省住房城乡建设厅完成江苏省住宅设计标准和绿色建筑设计标准宣贯培训。有从事设计、审图、质安监及检测等技术人员共189人，参加两个地方标准培训；开展2021年度无锡市注册建筑师、注册结构工程师继续教育在线学习，199名注册建筑师、183名注册结构工程师和76名注册土木（岩土）工程师参加培训。

【勘察设计项目评优】 2021年，市住房城乡建设局组织开展2021年无锡市城乡建设系统优秀勘察设计和省第八届紫金奖·建筑及环境设计大赛活动，评选市级城乡建设系统优秀勘察设计项目248个（一等奖43个、二等奖95个、三等奖110个）。其中，74个项目获得省城乡建设系统优秀勘察设计奖项，10个项目获得省第八届紫金奖·建筑及环境设计大赛奖项。

【施工图设计和超限抗震设计审查】 2021年，全市建设工程设计审查机构完成新建建筑工程施工图设计审查2044万平方米，市政工程施工图设计审查总投资额23亿元，幕墙专项施工图设计审查87项，装饰工程审查完成建筑面积611万平方米，技防工程审查完成169项，海绵城市专项审查完成总投资额7.9亿元；完成超限抗震设计审查5项，合计94.05万平方米。查处违反工程强制性条文710条、违反强制性标准19453条，提出合理化建议和改进意见共9万条，有效保障工程设计质量安全。

【建设工程消防设计审查验收】 2021年，市住房城乡建设局组织编制《建设工程消防设计验收及备案申报指导手册》，进一步简化建设工程消防设计审批验收办理流程。采取前期介入服务，保障无锡地铁4号线等重大项目顺利推进；推进施工图电子化审查系统与消防设计审验系统互联互通，实施消防设计审查与施工图审查深度融合。加强工作督导，推动全市审验水平提升，开展《建设工程常见消防及其他设计问题解析》线上网络培训，指导解决消防工程中遇到的重点、难点问题。全年完成特殊建设工程消防设计审查项目2个、特殊建设工程消防设计验收项目187个、其他建设工程消防设计验收备案项目257个。

【《无锡市住宅品质提升设计指引（试行）》编制】 4月，市住房城乡建设局制定出台《无锡市住宅品质提升设计指引（试行）》。指引从设计角度提出提升住宅品质的要求，涵盖住宅小区整体规划设计、住宅建筑外部环境及建筑设计细节等内容，体现以人为本、可持续发展和安全耐久、健康舒适、生活便利、绿色设计、环境宜居的人性化住宅设计理念。

（市住房城乡建设局）

建筑施工

【建筑产业现代化推进】 2021年，无锡市对照建筑产业现代化发展目标任务，明确政策导向和发展路径，落实装配式建筑管理流程，完善全过程监管体系，落实各项奖励措施，全市装配式建筑在新建建筑中的比例持续提升。全年写入土地拍卖的装配式建筑面积551万平方米，新开工569.34万平方米。省内首个装配式高架桥工程"凤翔路高架"通车，省内首个富水地区装配式地下地铁站"地铁S1号线江阴南门站"启动建设。年内，全市共有11个工程项目及基地（9项装配式建筑示范工程、1项新型建筑工业化创新基地、1项BIM技术应用示范工程）获评省示范基地和项目。至年末，全市通过评审

2021 年，无锡新吴区新瑞医院工程获“鲁班奖”

（新吴区档案史志馆　供图）

及申报的各类省级以上部品部件类示范基地、设计研发类示范基地、示范项目以及入选各类专业名录等累计 87 个（项），共有主体结构预制构件生产厂 11 家、部品部件生产基地 10 家。

【建筑工程质量创优】 2021 年，无锡建筑工程质量创优成效明显，评定全市建设工程质量管理小组活动课题（QC）成果奖 485 个，其中 27 个课题获评 2021 年江苏省工程建设管理小组成果奖。评定 2021 年度无锡市“太湖杯”优质工程 58 项，江苏无锡二建建设集团有限公司、无锡锡山建筑实业有限公司等承建的 19 项工程获评 2020 年度江苏省“扬子杯”优质工程奖。由江苏无锡二建建设集团有限公司、江苏沪宁钢机股份有限公司等 5 家企业承建和参建的 12 个工程项目获 2020—2021 年度中国建设工程“鲁班奖”，江苏沪宁钢机股份有限公司、中国电子系统工程第二建设有限公司、江苏宜安建设有限公司、无锡市工业设备安装有限公司、无锡锡山建筑实业有限公司、江苏冠杰建设集团有限公司等 13 家企业承建的 1 项工程获 2020—2021 年国家优质工程奖。中国电子系统第二工程建设有限公司承建的襄阳数据中心、华虹无锡洁净室项目获中国安装工程优质奖“中国安装之星”。江苏沪宁钢机股份有限公司参建的北京新机场工程（航站楼及换乘中心、停车楼）和中国电子系统工程第二建设有限公司参建的咸阳彩虹 8.6 代液晶面板生产线项目入选第 19 届中国土木工程“詹天佑奖”。

【新瑞医院工程获“鲁班奖”】 2021 年，由江苏无锡二建建设集团有限公司承建的无锡新吴区新瑞医院（上海交通大学医学院附属瑞金医院无锡分院一期）项目，获评全国建筑工程质量最高奖“鲁班奖”。新瑞医院项目以打造集医疗、科研、教育为一体的现代化三级甲等综合性医院为建设目标，于 2015 年 9 月 9 日开工，2018 年 7 月 30 日竣工，总建筑面积 15.57 万平方米。该项目先后获评无锡市“太湖杯”优质工程奖、江苏省“扬子杯”优质工程奖等。

（市住房城乡建设局）

建筑业管理

【建设工程质量管理】 2021 年，市住建部门以落实建设单位工程质量首要责任为主线，强化“市场自律”和“社会监督”，构建市场、政府和社会三方协同监管格局。全面建立住宅工程质量信息公示制度，加快推进工程质量潜在缺陷保险制度试点工作，调整完善建筑施工企业信用考核及应用工作相关事项，完善建筑行业信用体系建设，推动工程质量水平提升。

【文明施工管理】 2021 年，市住建部门制定年度文明施工工作方案和《文明施工导则》，层层压实监管责任；督促工地落实《促进建设工程文明施工水平提升工作方案》和扬尘污染治理“六个百分之百”要求，综合运用执法检查、信用考核、“红黑榜”考评等手段，强化监管力度，落实建筑工地文明施工主体责任。做好重点项目推进和重污染天气应急响应工作，培育豁免工地 200 余个，实施差别化监管。推进“智慧工地”建设，建成无锡市省级绿色智慧示范片区 2 个。完善文明施工治理长效机制，完成《无锡市建设工程文明施工管理办法》规章修订工作。

【建筑市场监管】 2021 年，市住建部门建立建筑市场全过程“双随机、一公开”常态化监管机制，加大对建筑市场各方行为主体依法依规从业情况、依法依规发（承）包情况、项目现场主要管理人员在岗履职情况、农民工工资支付及相关制度落实情况等监管力度，形成建筑市场闭环监管模式。加强层级监管，将各市（县）、区住建部门“双随机、一公开”监管和履职情况纳入监督检查范围，定期通报情况，督促落实属地责任。年内，全市（含江阴、宜兴）开展建筑市场“双随机”检查 7 次，对 117 个依法必须招标项目进行检查，对 7 家项目管理机构因人员未能全部到岗的中标人进行通报批评和信用扣分，对 69 家存在问题的招标代理机构作出动态考核扣分，并依法查处涉及违法、违规的 4 家招标代理机构和 1 家投标人。

2021 年，市住房城乡建设局开展建筑工地质量安全检查

（市住房城乡建设局　供图）

【工程造价管理】 2021 年，市建设工程造价管理部门参与江苏省新版计价规定修编工作，制定无锡市计价规定，巩固和完善工程造价计价体系。针对建筑材料价格频繁波动的情况，出台《关于加强建筑材料风险防范的通知》《关于防范和化解建筑材料价格异常波动风险的指导意见》等，降低建筑材料价格异常波动导致的工程计价风险，推动在建、新建项目顺利实施。加强工程造价信息、技术服务和计价争议行政调解服务，测算并发布人工工资指导价、苗木价格信息、五类标准工程造价指数等，全年受理计价定额解释及计价争议调解 50 余起，出具行政调解书 19 份，接受电话咨询 300 余次。出台《无锡市工程造价咨询行业信用管理办法》，完成年度造价咨询企业信用评价工作，推动工程建设领域造价咨询行业健康发展。年内，全市造价咨询企业完成各类造价咨询项目上报 8997 个，咨询标的额 1511 亿元，核减金额 52 亿元，核减率 8.6%。

【工程招投标监管】 2021 年，市工程招标投标管理部门推进工程建设招投标制度改革，扩大“评定分离”运用范围，规范资格审查条件设置，规范招标人合法选择建设工程招投标平台，推进企业信用与招投标联动，并强化标后履约监管，进一步完善投诉处理、招投标不良行为信息公开制度和违法违规案件查办协作机制，推动工程招标投标管理服务效能提升。年内，全市（含江阴、宜兴）招标发包 2025 个标段，比上年增长 6.24%。其中，公开招标 1965 个标段，比上年增长 13.91%；邀请招标 60 个标段，比上年下降 66.85%。中标额 801.63 亿元，比上年增长 25.39%。其中，公开招标中标额 748.66 亿元，比上年增长 24.05%；邀请招标中标额 52.97 亿元，比上年增长 48.08%。通过招投标，节省投资 73.32 亿元，平均下浮 8.38%。

【住建综合行政执法】 2021 年，市住建部门修订落实案件审查委员会工作规则、重大案件法制审核制度、执法记录管理制度，建立完善市级裁量基准、案源移送制度等，组织各级住建部门开展业务培训、案卷评查等活动，加强行政执法与信用考核、安全生产整治、文明施工提升、招投标市场监管等各类专项检查联动，并推进信息化建设，实现全省首个移动执法系统上线，基本形成上至省执法平台、下至各市（县）区的住建行政执法“一张网”。全年共作出各类行政处罚 130 件，罚没金额 483 万余元。

（市住房城乡建设局）

编辑　何　峰

商贸流通

【市场建设】 2021年，全市有各类商品交易市场352个，其中专业市场113个、农贸市场239个。全市开展商品市场优化升级行动，入选全国首批商品市场优化升级试点城市，商品市场总体呈现优化升级、规范管理和服务提升趋势，在商贸流通中的枢纽节点作用进一步增强。朝阳市场、天鹏市场持续发挥农产品保供稳价主渠道作用，全年成交量分别为202万吨、50万吨，成交额分别为150亿元、179亿元，比上年增长明显。推进农贸市场改造提升工作，20家农贸市场完成标准化改造，改造摊位约2万个，改造面积约6万平方米，投资额3.5亿元，打造春城市场、刘潭市场、前洲市场等一批特色网红市场。制定《无锡市禽类交易管理办法》，在市区范围内各类农产品市场、零售店铺禁止活禽交易，实行禽类集中屠宰、冷链配送、冷鲜供应。二手车市场经营秩序进一步规范，全年实现二手车交易21.69万辆，比上年增长14.15%；交易额153.47亿元，比上年增长11.4%。开展供应链创新与应用试点建设，无锡天鹏集团有限公司被评为全国首批供应链创新与应用示范企业，江苏佳利达国际物流股份有限公司、上药控股江苏股份有限公司、江苏红豆实业股份有限公司、华润无锡医药有限公司被评为省级供应链创新与应用重点培育优秀企业。

【批发零售】 2021年，全市社会消费品零售总额呈现加速向好态势，实现社会消费品零售总额3306.09亿元，比上年增长10.4%；完成限额以上批零贸易业零售额1329.39亿元，比上年增长14.4%。无锡市区实现社会消费品零售总额2012.63亿元，占全市比重60.88%；梁溪区实现社会消费品零售总额738.74亿元，占市区比重22.34%；江阴市实现社会消费品零售总额704.84亿元，占全市比重21.32%；宜兴市实现社会消费品零售总额588.62亿元，占全市比重17.8%。18大类商品实现正增长的有13个类别，增长面72.2%。粮油食品类、服装鞋帽针纺织品类、化妆品类、金银珠宝类、日用品类、石油及制品类增速均超20%。所有类别商品中，汽车类占比最大，销售额498.87亿元，比上年增长9.3%，占限额以上批零总额比重37.53%。粮油食品类、饮料类、烟酒类、服装鞋帽针纺织品类、日用品类、中西药品类等生活必需消费品类限额以上批零占比30.24%，比上年上涨1.27个百分点，民生消费表现突出。

【特许经营】 2021年，无锡市规范开展商业特许经营备案，新增备案企业6家，分别为无锡顺客福餐饮管理有限公司，1月21日申报，3月15日公告，为餐饮业；宜兴市合悦贵妃餐饮管

表32 2021年无锡市规模以上服务业统计表

指 标	金额（亿元）	比上年增长（%）
规模以上服务业营业收入	1778.65	22.4
交通运输、仓储和邮政业	398.94	23.7
信息传输、软件和信息技术服务业	511.08	15.2
房地产业	126.55	19.2
租赁和商务服务业	377.05	29.6
科学研究和技术服务业	196.24	23.0
水利、环境和公共设施管理业	61.42	27.0
居民服务、修理和其他服务业	19.21	11.2
教育	10.01	14.7
卫生和社会工作	38.78	22.5
文化、体育和娱乐业	39.35	43.1

（市统计局）

理有限公司,1月27日申报,3月16日公告,为餐饮业;无锡恒享餐饮管理有限公司,3月17日申报,4月14日公告,为餐饮业;无锡切果乐信息科技有限公司,2020年12月17日申报,6月3日公告,为其他商业服务业;江阴市互邦餐饮管理有限公司,4月8日申报,6月3日公告,为其他商业服务业;车广角(无锡)科技有限公司,5月14日申报,6月11日公告,为居民服务业。至年末,无锡市有特许经营备案企业54家。

(市商务局)

【连锁经营】 2021年,无锡市有连锁商店总店法人企业36家,产业活动单位1855家,销售总额78.94亿元,批发额3.91亿元,零售额75.03亿元,流动资金总额37.26亿元,主营业务收入71.12亿元,营业利润2.46亿元,利润总额2.58亿元。连锁商店分店法人企业27家,产业活动单位419家,销售总额128.22亿元,批发额30.66亿元,零售额97.57亿元,流动资产总额144.79亿元,主营业务收入114.58亿元,营业利润4.37亿元,利润总额4.36亿元。

(市统计局)

【商业新业态】 2021年,无锡市以跨境电商、网络零售、直播电商为主的商业新业态发展迅猛。

表33 2021年无锡市国内贸易统计表

指 标	金额(亿元)	比上年增长(%)
限额以上社会消费品零售总额	1443.57	15.0
#批发和零售业	1329.39	14.4
#粮油、食品类	152.54	26.9
饮料类	15.40	16.1
烟酒类	20.01	10.2
服装、鞋帽、针纺织品类	125.62	30.2
化妆品类	20.96	37.7
金银珠宝类	17.55	60.3
日用品类	43.48	22.4
五金、电料类	24.48	17.9
体育、娱乐用品类	2.32	−13.7
书报杂志类	34.03	−13.3
家用电器和音像器材类	34.52	−10.6
中西药品类	44.99	−3.5
文化办公用品类	14.80	1.6
家具类	5.57	−7.0
通信器材类	40.54	15.2
石油及制品类	197.37	25.1
建筑及装潢材料类	18.16	15.7
汽车类	498.87	9.3

(市统计局)

跨境电商 2021年,全市跨境电商进出口交易额31.6亿美元,比上年增长23%。其中B2B出口额28.7亿美元,比上年增长38%。无锡市建设跨境电商公共服务平台,为全市280余家企业提供服务;设立跨境电商综合服务中心,为近百家企业提供一站式服务;加快跨境电商产业园建设,有13家跨境电商产业园,其中省级4家。全市共有23家企业在外投资38家海外仓,面积近40万平方米,其中省级8家,总数居全省第一位。推进跨境电商“1210”(保税跨境贸易电子商务)出口业务,出口规模1.45亿美元。开设跨境保税进口商品O2O线下体验店,日淘线上平台交易额500万元。开设跨境电商人才培养短训班,指导企业开店100余家。

网络零售 2021年,无锡市网络零售额首次超过1000亿元,比上年增长10.2%,增幅高于全省平均水平,总量稳居全省第三位。其中,实物商品网络零售额938亿元,排名前三的实物行业为家用电器、家居家装、服装服饰,占比超过60%。“双十一”“双十二”期间,无锡市网络零售额突破140亿元。

直播电商 2021年,无锡市直播电商场次71.7万场,比上年增长121.8%;吸引消费者观看42.6亿人次,比上年增长545.2%;参与直播的商品实现网络零售额159亿元。1月15日,首届无锡市网络公益年货节直播活动开播,展示惠山泥人、穆桂英美食等无锡各区县特色农产品、特色年俗年味,新华快看、网易、新浪、ZAKER等平台同步播出,直播收入全部定向捐赠给无锡对口帮扶地区。

(市商务局 市委网信办)

【粮食流通和储备】 2021年,全市各级粮食部门周密部署,实现两季收购“全规范、零投诉”。全市两季粮食收购52.4万吨,其中地方国有粮食企业商品粮收购26.2万吨。夏粮收购小麦14.3万吨,其中地方国有粮食企业商品粮收购12.3万吨；秋粮收购粳稻38.1万吨，其中地方国有粮食企业商品粮收购13.9万吨。实现粮食优质优价收购25.4万吨。全市粮食消费213.2万吨，其中居民口粮消费128.6万吨。新建立大米加工企业社会责任储备1.15万吨，全市原粮储备41.78万吨，可保供全市常住居民112天口粮，成品粮储备3.92万吨，可保供全市常住居民15天口粮。12月，无锡市粮食和物资应急保障服务中心启动建设，占地7.4公顷，总投资6.6亿元。

（市粮食和储备局）

【供销合作】 2021年，全市供销合作社全系统实现销售总额556亿元，完成农产品销售100.5亿元、农副产品市场交易63.2亿元、农副产品购进40.7亿元、农资销售5.4亿元、农产品电商销售6500万元、快递配送营业8500万元，冷链储存运输能力为5.9万立方米，主要经济指标比上年增长8%。全系统零差率配供农药7533万元，回收农药包装废弃物2133.5万件，无害化处置农药包装废弃物231.45吨，发放农药零差率配供和农药包装废弃物回收补贴2400万元，助农增收近3000万元。新建市级现代农业综合服务中心4个，大田托管服务规模超2万公顷，约占全市粮食作物种植面积50%。21家市级现代农业综合服务中心，共有农业生产服务机械设备1000余台（套）、植保无人机32台。市供销合作总社推动实施农药零差率集中配供和农药包装废弃物统一回收处置工作，建成农药集中配供中心3个、基层农药配供网点190个，实现全市涉农市（县）区和乡镇（涉农街道）两个“全覆盖”目标。市供销合作总社安排社有资金40万元进行专项奖补，基层社自筹资金约370万元进行服务能力现代化、社有资产优质化和经营场所规范化建设，改造提升基层社9个，恢复重建基层社5个，领建农村三产融合发展综合体10个，合建乡镇供销社为农服务综合体6个。组织系统行业优秀技能人才参加全国行业职业技能竞赛——第二届“永川秀芽”杯全国茶叶加工职业技能竞赛和第二届“武夷山”全国评茶员职业技能竞赛，市供销合作总社两次均被中华全国供销合作总社和竞赛组委会表彰为“优秀组织奖”。

（市供销合作总社）

【烟草专卖】 2021年，全市烟草系统实现税利35.53亿元，比上年增长7.48%；查获涉烟违法案件2724起；查获涉案卷烟1.12亿支，比上年上升27.81%；涉案卷烟总案值1.29亿元，比上年上升18.28%。市烟草专卖局形成信用监管、“双随机、一公开”监管、重点监管相互补充的新型监管模式，与市信用办联合印发《无锡市卷烟零售户信用管理办法》，对卷烟零售户信用类别、信用等级评定、信用评价结果应用等方面进行整体性安排，加大对电子烟市场监管力度，完成对全市零售企业电子烟生产经营信息实地核查，推动电子烟市场规范化管理。修订《零售点合理布局管理规定》，深化“放管服”改革，确保零售户数量总体稳定。组织开展“百日会战”“利剑8号”等专项行动。“百日会战”专项行动查获案件1267起，查获卷烟2674.28万支，查获卷烟案值3551.6万元。“利剑8号”专项行动查获5万元以上案件142起，查获违法卷烟1955.03万支，查获违法卷烟案值2186.39万元。年内，市烟草专卖局获评全省卷烟打假工作特殊贡献单位。

（市烟草专卖局）

【盐业经营】 2021年，市盐业有限公司实现营业总收入1.27亿元，比上年增长29.14%；实现利润966.14万元，比上年增长57.94%；小包装食盐销售2.76万吨，比上年增长15.41%；品种盐销售占比29.47%，比上年增长0.54%；职工收入实现人均增长3%。市盐业有限公司探索向复合调味品经销商转型之路，依托食盐传统渠道，拓展餐饮、学校等特通渠道，以甘汁园糖、菱花味精、梅花味精、锡山黄酒、李锦记酱油等产品为主，其他米油盐酱醋为补充，将非盐商品纳入

6月1日，市烟草专卖局联合市邮政管理局对辖区内圆通速递无锡转运中心进行寄递环节执法检查 （蒋凯杰 摄）

无锡市苏南学校食材配送有限公司集中采购。

（市盐业有限公司）

【成品油经营】 2021 年，中国石油天然气股份有限公司江苏无锡销售分公司主要负责无锡市、江阴市、宜兴市 3 个区域成品油仓储、配送、批发、零售、非油以及加油站网络开发，完成油品销售总量 40 万吨，总体营业收入 30 亿元，实现利润 2000 万元，缴纳税金 2000 万元；拥有加油站 80 座，油库 1 座，罐容 40 万立方米；在岗职工 600 人。全年安全运营，未发生安全环保、数量、质量等事故。

2021 年，中国石化集团江苏石油有限责任公司无锡分公司销售成品油 79.58 万吨，其中零售 53.98 万吨、直分销 25.03 万吨，天然气 5700 吨；非油品销售 1.23 亿元。安装三次油气回收设备 45 座，实现加油站全流程油气回收。完成达标绿色基层创建验收 25 座、绿色示范基层自主验收 15 座。利用站房增设光伏项目，间接减少碳排放，实现加油站光伏发电自发自用，建成光伏发电项目 8 个。开展精度校验、质量抽检、液位仪系统和接卸油作业核查、超耗超盈约谈工作，优化修订 34 座加油站 94 个油罐容积表。推广"一键加油"业务，在 17 座加油站上线"无感加油"，推广"无接触"加油模式，依托"石化到家""易捷到车"实现不下车"随心购"加油模式。建设爱心环卫驿站 22 个、党群服务中心 5 个。

（中石油无锡分公司
中石化无锡分公司）

商务服务业

【人力资源服务】 2021 年，无锡市人力资源和社会保障局推进人力资源服务业发展。全市人力资源服务业产值累计突破 360 亿元，人力资源服务从业人员 1.6 万人。至年末，全市有人力资源服务机构 451 家，其中市区 386 家、江阴市 42 家、宜兴市 23 家；新增许可机构 121 家，完成年度目标任务 302.5%。推进规模以上人力资源服务企业统计工作，建立上海外服无锡人力资源服务有限公司、无锡卡思优派人力资源服务有限公司、无锡乐聘人力资源服务有限公司等 20 家人力资源企业统计库。市人力资源社会保障局举办 5 期江苏（无锡）人力资源服务从业人员资格培训班，全市 1148 名人力资源服务从业人员参训。指导江苏无锡人力资源服务产业园获评省级人力资源服务产业园。市人力资源社会保障局重点培育人力资源服务骨干企业 6 家，获评省级人力资源骨干企业 1 家。成立人力资源服务机构服务企业用工联盟，首期 59 家机构和 20 余家重点用工单位参与。落实对引才机构为企业延揽高层次人才的跟奖跟补资金 20 万元。全市 30 家企业被认定为 2020 年度市级人力资源诚信服务机构，其中 8 家企业获评省级人力资源诚信服务机构。4 月，无锡市 7 人入选省人力资源服务业领军人才培养计划第二期领军人才班培养对象，创造历年来最好成绩。无锡市对获得省人力资源服务业领军人才培养证书的个人，按照每人 5 万元标准给予一次性奖励。

（市人力资源社会保障局）

【律师服务】 2021 年，无锡市有律师执业机构 388 家，包括律师事务所 215 家、公职律师办公室 135 家、公司律师事务部 30 家、法律援助中心 8 家。执业律师 3708 人，包括专职律师 3124 人，兼职律师 34 人，公职律师 450 人，公司律师 79 人，法律援助律师 21 人。全市律师担任企业法律顾问 2 万余家，办理各类案件 10 万件。市司法局开展"产业链 + 法律服务"融合行动，召开"产业链 + 法律服务"融合行动推进会，通过一链一中心、一链一联盟、一链一团队、一链 N 服务"1+1+1+N"模式，为产业强市发展战略提供高质量法律服务。推进"一带一路"法律服务建设，"一带一路"法律服务中心入驻人才金融港，会同市外办协办江苏省"一带一路"涉外法律服务圆桌会议，推进涉外法律服务品牌化发展。3 月 15 日，依托无锡新闻综合频道《第一看点》子栏目《拜托了律师》，在"无锡博报"App、"东林论坛"App 首页

10 月 27 日，无锡市召开"产业链 + 法律服务"融合行动推进会

（市司法局　供图）

上线运行《拜托了律师》网络求助服务平台，通过新媒体端展示无锡律师资源，为百姓投诉提供“一体化”维权路径。

（市司法局　无锡广电集团）

【公证服务】 2021年，无锡市有5家公证机构、57名公证员，办理各类公证74226件，其中国内公证62763件（不含港澳台地区）、涉外公证10650件、涉港澳台公证813件，收费3347.28万元。无锡市在全省率先开展公证参与基层社会治理试点工作，制定《关于开展公证参与基层社会治理工作的试点通知》，指导全市公证机构开展公证“1+5”服务模式，即“公证＋物业管理”“公证＋家事法律服务”“公证＋人民调解”“公证＋普法宣传”“公证＋司法辅助”。自主研发公证投票系统，参与小区业委会换届选举、选聘物业公司表决，为18个小区3.59万户业主提供公证服务；成立家事服务公证团队，发放“公证管家”服务卡，为困难户、残疾人、老年人减免、优惠公证费40余万元；进驻市社会矛盾纠纷调处服务中心，加入多元调解队伍；加强公证普法宣传，先后进社区、进网格开展专题讲座68场次，发放宣传资料7000余份，解答业主公证法律咨询2000余人次，为农村群众提供“就近办”公证服务7072件；参与矛盾纠纷多元化解和诉源治理，在法院设点，介入财产保全、证据收集、文书送达以及后期执行阶段中的清点、和解及调查，提升法院办案效率，优化司法资源配置。

【司法鉴定】 2021年，市司法局组织开展全市司法鉴定行业突出问题专项治理，全面评查全市司法鉴定机构和鉴定人，规范司法鉴定执业行为，推进全市司法鉴定行业健康发展。全市9家司法鉴定机构105名司法鉴定人，受理鉴定委托16658件，收费3596.82万元。9月，成立无锡市司法鉴定协会。

（市司法局）

【税务代理】 2021年末，无锡市加入税务师行业协会会员单位有60家，均为税务师事务所；从业人员1053人，其中具有税务师职业资质462人、具有经济类高级职称的41人。业务范围包括纳税申报代理、税务咨询、专业税务顾问、税收策划、涉税鉴证、纳税情况审查等，业务收入3.76亿元。

（市税务局）

【会计服务】 2021年5月和9月，市财政局分别组织全市会计专业技术初高级和中级资格考试，并做好服务和培训工作。全市报名参加会计专业技术初、中、高级资格考试人员分别为30916人、16367人和213人，初、中、高级合格人数分别为5654人、2416人和80人。6月，市财政局组织全市会计专业高级职称评审专题辅导，详细解读高级职称评审资格条件、材料申报要点等内容。全市116人申报高级会计师，通过95人，通过率81.89%；3人申报正高级会计师，均通过评审，通过率100%。4月、7月，市财政局组织第三期无锡市高端会计人才两次集中培训工作，开设课堂授课、标杆企业现场教学、学员讲堂、思政教育等课程。全市有注册会计师及从业人员1926人，其中注册会计师执业会员748人。完成业务收入7.97亿元，比上年增加5778万元，增长7.82%；年报审计收入4.82亿元、咨询业务2.42亿元、涉税业务和其他收入7300万元，占比61∶30∶9。65家会计师事务所完成财务报表审计户17286家、专项审计户18042家、内部控制户377家、验资户1696家、涉税鉴证户1174家、工程预决算184家、其他鉴证638家、会计服务1101家、税务服务925家、咨询服务5117家、其他业务1173家。

（市财政局　市注册会计师协会）

【科技服务】 2021年，无锡市科技服务业总收入996亿元，居全省第三位，比上年增长6.3%；规模以上科技服务机构584家，从业人员65865人。市科技局制定《无锡市技术转移中介机构、技术经纪（经理）人备案办法》，推进全市技术转移机构建设，发展技术经纪（经理）人队伍。全市技术合同成交额387亿元，比上年增长31.63%，占全省技术合同成交额12.86%，居全省第三位。

（市科技局）

【检验检测服务】 2021年，全市新增省级资质认定检验检测机构30家，全市共有资质认定检验检测机构345家。开展省、市两级“双随机”监督检查78家，联合市公安部门、市生态环境部门开展新增机动车检验机构“回头看”检查19家、环境监测机构检查12家。落实货车非法改装、超限超载等专项整治要求，对机动车检验机构实现全覆盖检查，开展打击网售假冒检验检测报告违法行为专项整治行动。组织133家次机构开展13个项目参数能力核查，对70家检验检测机构940份报告开展质量抽查。提升检验检测服务能力，获批省生物医药设备计量中心、营养食品质检中心。优化检验检测服务质量，完成2020年度7家国家质检中心国家考核工作，轻型电动车及电池、太阳能光伏产品质检中心以全省第一、第二成绩居全国该行业领域前列。开展“我为群众办实事”活动，为332家机构动态跟踪约6万条标准。世界认可日、质量月期间，举办5场次实验室开放日，150户家庭室内空气免费检测，5家有机获证组织公益检测。

【广告业】 2021年，无锡市广告业涉及366家企业，其中事业单位7家，规模以上企业89家，规模以下企业270家，广告经营收入621401万元，广告经营利润27981万元。广告经营收入主要集中在广告发布环节，设计、制作、代理等产业链，其中广告发布收入594945万元，集中在移动互联网渠道行业。全市广告监管工作以医疗、医疗美容、保健食品、教育培训、金融领域为重点，开展“护苗助老”“铁拳”“清源”等多项专项行动，遏制房地产领域违法广告宣传、“神医”“神药”广告、虚假违法医疗美容广告等乱象。监测各类广告994.4万条次，派发处置违法线索595条；查办虚假违法广告案件595件，罚没款668.94万元；发布并指导行业协会发布涉导向、校外培训、房地产等五大类广告审查提示；公开曝光违法广告典型案例15件。市市场监管局指导无锡国家广告产业园通过国家市场监管总局考评，辅导园区申报省质量强省奖补专项资金，支持园区推进数字广告产业园建设，打造“AiPark”智慧园区新品牌。指导开展“发现无锡”公益广告作品展播暨城市定向挑战赛。组织参加第八届“紫金奖”公益传播设计大赛。组织全市广告企业和广告院校参与全省广告行业设计制作技能大赛，获银奖1项、铜奖5项。开展“百年峥嵘，续写辉煌”公益广告征集活动。联合市委宣传部等9部门印发《无锡市校外培训广告管控工作方案》，加强教育培训广告管控。查办的江阴某置业公司利用“陈独秀”形象开展商业营销宣传案、某艺术培训公司利用国家机关名义开展商业营销宣传广告案入选全省典型案例。

（市市场监管局）

【拍卖业】 2021年，无锡市新设立拍卖公司10家。至年末，全市有正常经营的拍卖企业70家，从业资格人员347人，其中国家注册拍卖师83人。拍卖成交967次场，拍卖成交金额26.1亿元，比上年下降42%；佣金收入4253万元，比上年下降2%。全市法院开展司法网拍4836次，挂拍标的物4862个（其中不动产2320个、机动车243个、机器设备129个、珠宝首饰364个、其他1806个），成交标的物1923个（其中不动产1231个、机动车211个、机器设备46个、珠宝首饰355个、其他80个），成交金额55.7亿元，入库税款7.1亿元，平均溢价37.01%。推行“一元起拍”制度，公平、高效、价值最大化处置刑事涉案财产。建立健全标准最高、收费最低、投诉为零的网拍辅助机制无锡模式，完善“智槌”网拍辅助系统，实现标的物调查完成情况实时查看及一键挂网操作。5月，开展司法网拍直播月活动，集中推出“5·20”网拍专卖活动、汽车专场、艺术品专场等23场特色主题直播，围观人数39779人，参拍人次113.9万次，成交总金额6.53亿元。其中，“5·20”网拍专卖活动成交金额4.55亿元，最高溢价68.89%；汽车网拍专场竞争最激烈拍品16人参拍，222次竞价，溢价97.24%；“紫玉金砂；一壶春秋”宜兴紫砂壶拍卖专场彰显无锡特色，助力传统产业发展。

（市商务局　市中级人民法院）

会展业

【概况】 2021年，无锡市举办世界物联网博览会、中国（无锡）国际新能源大会暨展览会、中国国际光储充大会暨展览会、中国集成电路设计业年会等124场会展活动，涉及物联网、新能源、高端制造等多个领域，展览面积56.94万平方米，连续2年排名地级城市会展业竞争力指数第二。无锡市获“金五星最佳目的地会奖城市”“最具影响力绿色会展目的地金手指奖”“2020—2021年度金五星优秀会展城市”“2020年度中国最具竞争力会展城市”等称号。

【政策引导】 2021年，市贸促会制定《无锡市“十四五”会展业发展规划》，结合国际会议中心建设，完善会展业发展政策，扩大政策覆盖面和扶持力度，发放扶持资金523.32万元。定期召开苏锡常会展业一体化联盟工作会议，加强区域内会展业交流合作，促进资源整合，推动协同发展。

【首届中国（无锡）会展目的地建设大会】 3月23—25日，首届中国（无锡）会展目的地建设大会在无锡市举办，这是国内首个以会展目的地建设为主题的大会。会议发表《中国会展目的地建设太湖宣言》，会议期间，中国国际花卉园艺博览会、中

3月23—25日，首届中国（无锡）会展目的地建设大会在无锡市举办

（市贸促会　供图）

国宠物嘉年华、中国注射剂大会等5个会展项目签订落户无锡意向协议，聘请10名会展行业专家为无锡市会展顾问，大会被《人民日报》、新华网、“学习强国”学习平台等媒体报道。

（市贸促会）

居民生活服务业

【住宿】 2021年，全市住宿业营业额51.09亿元，其中限额以上住宿业主营业务收入25.29亿元。至年末，全市有星级饭店29家，其中，五星级饭店11家、四星级饭店8家、三星级饭店10家。

（市统计局　市文广旅游局）

【餐饮】 2021年，全市餐饮业营业额380.3亿元，其中限额以上餐饮业主营业务收入87.92亿元。限额以上餐饮业主营业务收入中，正餐50.24亿元、快餐29.57亿元、星级酒店11.96亿元。无锡市推动餐饮消费稳定恢复，推进中华美食荟暨江苏味道餐饮促消费系列工作，推荐地标美食参加“江苏味道”名品（名点）推选评选，太湖醉蟹、无锡酱排骨、咸肉煨笋、糟煎白鱼4道菜品入选，汇编《中华美食荟》。市市场监管局推动落实《无锡市食品小作坊整治提优工程实施方案（2020—2022年）》，建成食品集中加工区9个，入驻食品小作坊超200户，总规模全省第一。12月3—5日，食品小作坊提档升级工作现场会暨“名特优”小作坊食品品鉴会在江阴市召开，建成市“名特优”食品小作坊（锡食名坊）50家、省“名特优”食品小作坊33家，居全省第一位。

（市统计局　市商务局
市市场监管局）

【家政服务】 2021年，无锡市家庭服务业协会根据《无锡市促进家庭服务业提质扩容实施方案》《健康无锡2030规划纲要》，在规范养老、托育、家政等家庭服务标准化、职业化、专业化基础上，将生活照料、医疗护理、中医保健、特需服务等项目推进到家庭、社区服务中，以“互联网+”服务应用模式，与家庭、社区驿站共享专业化服务团队，开展居家服务，提升家庭服务品质。制定《无锡家政服务市场参考用工薪资标准》等规定，新进会员40余家。组建无锡市家政服务业工会联合会，分批组织家政行业企业职工免费体检200人次，发放市总工会冬日暖心大礼包近300份。11月，组织10家会员单位参加由省人力资源和社会保障厅、南京大学联合举办的家庭服务业管理人才省级高级研修班，10名参训人员获江苏省专业技术人才高级研修项目结业证书。育婴员华亚芳获江苏省家庭服务行业2021年度最美家政师称号。市妇联打造本土巾帼家政品牌，注册“锡惠嫂”商标，完善平台建设，平台入驻母婴护理、家务服务、家庭照护类企业193家，从业人员7634人。

（市家庭服务业协会　市妇联）

【养老服务】 2021年，全市有养老机构168家，总床位4.55万张，每千名老人拥有养老床位超过45张。其中，社会办养老机构144家，床位3.9万张，床位占比超过80%；养老护理型床位3万张，占比67%。社区居家养老服务实现全覆盖，全市接受上门服务的居家老人22万人，占户籍老人总数16%以上。9月29日，中央网信办等8部门联合发布国家智能社会治理实验基地名单，无锡市申报的“国家智慧康养无锡实验基地”成为10个国家智能社会治理（养老）特色基地之一，无锡市成为省内唯一入选城市。12月30日，《无锡市“十四五”养老服务发展规划》发布，部署“十四五”期间养老服务8项重点任务和9项重点工程。到2025年，全市养老机构社会化运营床位占比80%以上、护理型床位占比70%以上，街道（镇）综合性养老服务中心建成率100%，居家适老化改造1万户。

2021年，无锡市积极融入长三角养老服务一体化发展。1月3日，市民政局参加在上海市长宁区举行的2021长三角养老产业协同发展研讨会。3月12日，市民政局与上海市长宁区民政局、浙江省金华市民政局、安徽省池州市民政局在池州市召开长三角区域养老一体化政策互通互认专题研讨会。10月19日，由无锡市主办，与上海市长宁区民政局、浙江省金华市民政局、安徽省池州市民政局在宜兴市召开长三角养老服务一体化发展研讨会。10月20日，宜长广养老服务一体化协作工作座谈会在宜兴市举行，宜兴市、浙江省长兴县、安徽省广德市3市（县）民政局就三地开展跨省县域养老服务一体化协作、建设“宜长广幸福颐养标杆区”进行交流研讨。

（市民政局）

【美容美发】 2021年，无锡市美发美容行业强化行业自律，加强宣传和对外交流合作，推进美发美容行业健康发展。提升行业从业人员技术水平，举办新吴区和锡山区美发美容行业职工职业技能大赛及无锡市生活服务业职业技能大赛，长三角地区1900余名美发美容行业从业人员参赛。市美发美容行业协会有会员单位800余家，年内组织27家优秀会员单位参与行业企业商务诚信评级，24家单位获AAA评级，3家单位获AA评级。组织公益理发师团队多次前往养老机构和职业院校，为高龄老人和教师提供公益理发服务。

（市美发美容行业协会）

【洗染】 2021年，无锡市洗染行业根据省洗染行业制定的《公用纺织品清洗服务规范》《洗染服务规范》制定行业标准、地方标准、消费者赔偿等规定，规范行业市场建设。举办各类研讨班、交流会、专家讲座等活动，提升经营单位业务能力。年末，洗染行业协会有会员单位110余家、门店1000余家，年营业额超6000万元，主要品牌连锁干洗店有无锡市派克洗烫有限公司、无锡福马蒂克洗衣店、无锡福奈特洗衣服务有限公司、无锡市沈广茂洗染有限责任公司等，水洗企业有无锡美洁洗涤有限公司、无锡市靓洁清洗有限公司、一本洗涤厂（无锡）有限公司等。洗染业务包括家庭服装洗涤和棉织品洗涤；干洗类业务主要服务家庭居民服装、窗帘等洗涤需求；水洗类业务以大型洗涤为主，服务餐饮、娱乐、休闲业等行业。受待遇及环境影响，普通职工以中老年、残疾人居多，洗涤方式以机械与手工相结合。

（市洗染行业协会）

邮政·快递

【概况】 2021年，无锡市邮政行业（包括邮政企业和快递企业）业务总量105.98亿元，比上年增长28.05%。邮政行业业务总收入（不包括邮政储蓄银行直接营业收入）120.84亿元，比上年增长17.17%。邮政寄递服务业务总量2.42亿件，比上年增长9.42%，业务收入累计3.25亿元，比上年下降19.42%。函件业务量累计759.02万件，比上年下降30.13%。包裹业务12.57万件，比上年下降11.29%。订销报纸业务1.37亿份，比上年下降1.41%；订销杂志业务408.24万份，比上年下降1.57%。汇兑业务3.87万笔，比上年下降13.23%。

年内，快递企业完成业务量9.73亿件，比上年增长28.4%；业务收入101.7亿元，比上年增长22.18%。同城快递业务量8765.08万件，比上年下降10.07%；实现业务收入4.95亿元，比上年下降17.58%。异地快递业务量8.81亿件，比上年增长34.14%；实现业务收入68.7亿元，比上年增长30.87%。中国港澳台及国际快递业务量392.73万件，比上年增长21.31%；实现业务收入8.17亿元，比上年下降17.51%。同城、异地、中国港澳台及国际快递业务量分别占全部快递业务量9.01%、90.58%和0.41%，业务收入分别占全部快递收入的4.87%、67.55%和8.03%。无锡市、江阴市和宜兴市快递业务量分别为6.57亿件、2.76亿件和4010.18万件，占全部快递业务量67.53%、28.35%和4.12%，快递业务收入分别为82.72亿元、14.34亿元和4.64亿元，占全部快递业务收入81.34%、14.1%和4.56%。快递与包裹服务品牌集中度指数CR8为83.42，比上年下降2.6。年内，无锡市人均快递业务量130件，比上年增长13%；人均快递支出1363元，比上年增长7.9%。快递行业党建案例获全国“2021年度百个两新党建优秀案例”。市邮政管理局获评省邮政管理局中国共产党成立100周年庆祝活动寄递渠道安保工作集体嘉奖。

【邮政快递服务】 2021年，市邮政管理局在全省率先实现553个建制村快递服务覆盖率100%，围绕无锡12个品类特色农副产品开展快递服务工作。全市邮政、快递服务水蜜桃业务量383万件，快递服务业务总收入1.64亿元，比上年增长22%；带动农业总产值6.1亿元，比上年增长3.2%。联合市农业农村局助力邮政快递企业入驻无锡优质农产品交易平台提供配送服务；帮助顺丰、中通等快递企业与阳山镇政府达成水蜜桃规范化运作；协助中国邮政集团有限公司无锡市分公司（以下简称“无锡邮政公司”）与阳山镇水蜜桃种植大户合作，成立无锡阳山水蜜桃种植基地。9月28日，在无锡邮政快递业助力乡村振兴暨加快农村寄递物流体系建设推进会上，邮政快递服务农业主体项目现场签约4个，陶都驿站“交邮合作”示范点授牌，利永紫砂、蜜桃匠“快递进村”示范项目授牌，黑桂娥农林专业合作社、陶都国兰生态农业专业合作社“快递进村”示范基地授牌。协助无锡日联科技股份有限公司与快递品牌企业对接，在行业内试点推广智能安检机。协助无锡顺丰与世界500强企业博世汽车系统（无锡）有限公司建立联系，在全流程可视化、顺丰天网、地网等场外物流运

9月28日，无锡邮政快递业助力乡村振兴暨加快农村寄递物流体系建设推进会在宜兴市举行　（刘　磊　摄）

输上进行合作。邮政、顺丰、京东、中通、韵达、圆通等快递企业通过订单、入场设点以及仓储服务等模式服务宜兴紫砂产业方面业务量突破1000万件。全市超千万件的快递服务制造业项目3个、超百万件的快递服务制造业项目9个。

【寄递渠道毒品查缉】 2021年，市邮政管理局强化邮政快递企业落实实名收寄、收寄验视、过机安检3项制度，联合市公安部门开展寄递渠道毒品查缉行动，组织禁毒培训，开展多批次联合检查，发现涉毒线索适用反恐法处罚2例，罚款金额10.1万元。11月25日，江苏省寄递渠道毒品无锡查缉站成立，无锡市在全省率先建成寄递渠道毒品查缉站。

【邮政应急救援队伍建设】 2021年，市粮食和物资储备局、市应急管理局印发《关于确定无锡市快递协会等19家单位为无锡市应急物资保供单位的通知》，全市建成邮政、顺丰、京东、中通、圆通、申通、韵达、极兔、百世、优速共10家应急救援队伍，各应急救援队伍除保障本邮政快递网络日常各类突发事件应急处置外，还承担社会抢险救灾义务。10月，无锡邮政应急救援队承运海澜之家集团股份有限公司捐赠的价值2000万元的紧缺物资及防寒服，驰援山西洪涝灾情。

（市邮政管理局）

【惠农合作】 2021年，无锡邮政公司发挥商流、物流、资金流“三流合一”优势，持续加强惠农合作，推进农产品出村进城工程建设。试点交邮合作，在顾山客运站建成首个乡镇仓配运营中心，安排顾山营投部整体入驻，日均投递量2555件。推进邮快合作，在全区7个区县、19个乡镇、27个村开展邮快合作，代收代投邮件15.61万件。整合邮政寄递、渠道分销、金融三大板块资源，为农户发放“融资E”助农贷款2206.6万元，助力本地农产品销售1758万元。其中，阳山水蜜桃2021年入选中国邮政基地农产品。与市、县（区）级农业农村局合作，推动惠山区、江阴市入选省级2021“互联网+”农产品出村进城工程试点县。

6月19日，警邮车管所揭牌仪式在无锡邮政公司举行　（赵丹于　摄）

【警邮车管所】 6月19日，无锡邮政公司联合市公安局交巡警支队举办警邮车管所揭牌仪式。至年末，无锡市建成警邮车管所72家，可代办交管业务33项，实现个人车驾管业务通办，网点活跃度列全省第一。受理各类代办交管业务97862笔，比上年增长33.06%，让市民享受到“只进一扇门、最多跑一次”便捷服务。

【第24届集邮展览】 7月9—11日，无锡邮政公司、无锡市集邮协会、无锡太湖学院联合举办的“方寸忆党史，百年新征程”——无锡市第24届集邮展览在无锡太湖学院展出。展览展出邮集51部146框。除常设的竞赛类邮集外，专门设置“中国共产党成立100周年”红色主题类邮集，其中展出“庆祝中国共产党成立100周年主题集邮展览”中获镀金奖的《华北人民邮政〈生产图〉普通邮票》邮集。

（无锡邮政公司）

编辑　胡　慧

综 述

【金融业发展】 2021年，全市主要金融指标保持稳定增长，全社会流动性合理充裕，支持实体继续保持较大力度，实现金融业增加值1160亿元，比上年增长9.56%，占地区生产总值比重8.3%。社会融资规模3672.42亿元，比上年增长24.6%。存贷款规模总量3.88万亿元。其中，存款余额2.13万亿元，比上年增长10.02%；贷款余额1.75万亿元，比上年增长14.09%。新增贷款2156.1亿元，信贷增量、增幅均创近10年最好水平。保险业保持平稳发展，全年实现保费收入460.17亿元，比上年增长6.52%。累计赔款和给付133.76亿元，比上年增长14.6%。直接融资实现较快增长，全年直接融资发行额2091.25亿元，比上年增长29.1%。其中，通过银行间市场发行债务融资工具金额1095亿元，比上年增长35.2%；通过证券市场首发、定增、发行公司债等方式融资963.7亿元，比上年增长28.9%。企业上市规模和质量持续提升，新增境内外上市公司14家，累计上市公司增至176家，其中A股上市公司103家。典当、融资担保、商业保理、融资租赁、小额贷款公司等地方金融组织保持稳健发展，累计向社会提供资金400余亿元，发挥有益补充作用。金融改革创新稳步推进，对内对外进一步开放，营商环境持续优化，无锡入选全国财政支持深化民营和小微企业金融服务综合改革试点城市，举办金融雅集、尚贤湖金融峰会、无锡—粤港澳大湾区投资合作大会金融分论坛等重大金融活动。银行、保险、基金、证券等多领域合作全方位开展，深圳证券交易所无锡基地、上海保险交易所基金投资创新中心揭牌，成立无锡金融智库，启动中证无锡发展主题指数，人才金融港开港，建成尚贤湖基金PARK，中国国有企业结构调整基金（二期）、云峰基金、高瓴资本等多个基金合作项目落地，市政府与中国光大集团股份公司、中国太平洋财产保险股份有限公司、中国太平洋人寿保险股份有限公司、中华（澳门）金融资产交易股份有限公司、上海证券交易所、上海保险交易所等签署战略合作协议。出台《关于进一步促进无锡股权投资高质量发展的若干政策意见》，推动股权投资基金加快集聚发展。“创投无锡”助力35个创新项目获得股权投资19.1亿元，累计撮合融资42.9亿元。全年股权投资基金新增募集额1160.61亿元，全国最高。省内率先争创国家级科技保险创新示范城市，宜兴市创建国家绿色金融改革创新试验区稳步推进。省内率先在全市范围开展合格境外有限合伙人（QFLP）试点，注册QFLP基金7只，总额12.3亿美元。“惠贷码”、无锡上市通、平台二期企业征信系统等信息化项目上线，无锡综合金融服务平台全年撮合融资374.6亿元，较上年度增加51.3亿元，累计授信1008.3亿元。与香港中文大学（深圳）高等金融研究院合作开办“陶朱书院”，探索培育本土科创金融人才新模式。

（市地方金融监管局）

表34　2021年无锡市金融运行统计表

行 业	指 标	金 额（亿元）	年内新增金额（亿元）	比上年增长（%）	指 标	金 额（亿元）
银行业	各项存款余额	21345.48	1944.53	10.02	新增住户存款	934.68
					新增非金融企业存款	761.55
	各项贷款余额	17459.50	2156.07	14.09	新增短期类贷款	419.58
					新增中长期贷款	1731.25

（续表）

<table>
<tr><th>行业</th><th>指标</th><th colspan="2">金额（亿元）</th><th>比上年增长（%）</th><th>指标</th><th>金额（亿元）</th><th colspan="2">比上年增长（%）</th></tr>
<tr><td rowspan="4">保险业</td><td rowspan="2">保费收入</td><td colspan="2" rowspan="2">460.17</td><td rowspan="2">6.52</td><td>财险收入</td><td>111.79</td><td colspan="2">2.99</td></tr>
<tr><td>人身险收入</td><td>348.38</td><td colspan="2">7.7</td></tr>
<tr><td rowspan="2">保费支出</td><td colspan="2" rowspan="2">133.76</td><td rowspan="2">14.60</td><td>财产险赔付</td><td>65.98</td><td colspan="2">1.75</td></tr>
<tr><td>人身险赔付</td><td>67.77</td><td colspan="2">30.65</td></tr>
<tr><td rowspan="5">资本市场</td><td rowspan="2">直接融资</td><th colspan="2">A 股 IPO 融资（亿元）</th><th>定增融资（亿元）</th><th>公司债（亿元）</th><th>新三板融资（亿元）</th><th colspan="2">定增（新三板）融资（亿元）</th></tr>
<tr><td colspan="2">120.55</td><td>321.85</td><td>497.17</td><td>28.7</td><td colspan="2">3.47</td></tr>
<tr><td rowspan="3">上市挂牌</td><th colspan="2">年内新增上市企业（家）</th><th>境内上市企业（家）</th><th>累计上市企业（家）</th><th>科创板上市累计（家）</th><th colspan="2">新三板挂牌企业（家）</th></tr>
<tr><td rowspan="2">14</td><td>境内 13</td><td rowspan="2">103（上交所 48 家、深交所 54 家、北交所 1 家）</td><td rowspan="2">176</td><td rowspan="2">10</td><td colspan="2" rowspan="2">135</td></tr>
<tr><td>境外 1</td></tr>
<tr><td rowspan="5">地方金融行业</td><th colspan="2">小额贷款</th><th colspan="2">融资担保</th><th colspan="2">典当</th><th colspan="2">融资租赁</th></tr>
<tr><td rowspan="2">余额（亿元）</td><td rowspan="2">65.05</td><td rowspan="2">余额（亿元）</td><td rowspan="2">125.9</td><td>典当总额（亿元）</td><td>23.07</td><td>租赁资产总额（亿元）</td><td>291.30</td></tr>
<tr><td>典当余额（亿元）</td><td>12.09</td><td>投放额（亿元）</td><td>177.98</td></tr>
<tr><th colspan="4">商业保理</th><th colspan="4">地方资产管理公司</th></tr>
<tr><td colspan="3">发放商业保理融资款（亿元）</td><td>139.18</td><td colspan="2">当年累计处置不良资产额（亿元）</td><td colspan="2">70.66</td></tr>
</table>

（市地方金融监管局）

【货币政策落实】 2021 年，中国人民银行无锡市中心支行发挥货币政策工具的精准滴灌作用，引导金融资源投向中小微企业、乡村振兴、科技创新等重点领域，支撑全市经济平稳向好。出台 4 方面 12 条实施意见，制定银行业服务实体经济监管评价办法，设立 10 亿元支持个体工商户的专项再贷款，加强中小微金融服务政策引导。组建金融服务顾问团队，开展“金融惠企万户行”活动，走访 3369 家无贷企业，对接融资需求 1.75 亿元。实施“贷动小生意，服务大民生”金融惠商行动，引“金融活水”精准滴灌全市 3.8 万户个体工商户。应用金融科技上线全市首家“征信贷”类普惠融资产品，运用“普惠贷”风险补偿基金解决小微融资需求 152.6 亿元。开展金融服务乡村振兴示范区建设，乡村振兴领域信贷投入力度持续加大，年末涉农贷款余额 5258.89 亿元。在省内率先出台《运用支农支小再贷款支持乡村振兴的实施意见》，发行辖内首单乡村振兴票据，创新“再贷款 +”服务模式，办理涉农贷款 45.2 亿元、涉农贴现 66.27 亿元。组织银农项目对接，发放重大农业项目贷款 11 亿元。发布新型农业经营主体名录，累计发放“惠农贷”2.26 亿元。推进“阳光幸福贷”农房改造，办理全省首笔地理标志质押贷款 4 亿元，全市农村土地承包经营权抵押贷款余额 9.8 亿元。实施科创金融服务“争前”行动，年末科技型中小企业贷款余额比上年增长 16.85%，高于全市各项贷款增速 2.76 个百分点。推介权利质押、投贷联动、股债融合等创新产品，办理科技再贷款 13.8 亿元、票据贴现

18.45亿元。联合开展银企签约,促成产融授信意向1713亿元,资金投放完成率87%,重点支持科技创新、先进制造业、绿色低碳企业,全年制造业贷款实现正增长。引导金融机构运用金融科技创新产品服务,全市物联网动产融资余额23.21亿元。

【普惠金融服务】 2021年,中国人民银行无锡市中心支行加强金融基础设施建设,强化数字赋能,开发上线普惠金融服务点"智慧地图"微信小程序,在全省率先试点普惠金融服务点征信查询服务,实现全省首批电子式储蓄国债销售。精准对接需求,推行"点单式"服务模式,全市共建成普惠金融服务点110个,形成一批"普惠金融+"特色品牌示范点。实施凭证式国债常态化提醒兑付,推进国债下乡,将服务触角延伸至偏远地区营业网点。全面督导落实降费政策,实现应减尽减、能免尽免。构建政策制度体系,推进金融标准化,4项企业标准入选全国金融领域企业标准"领跑者",金融科技发展指标、老年人智能技术标准、基于区块链的电子存证应用规范3项团体标准发布。以供给侧理念打造"金暖银发"惠老工程,构建惠老金融服务体系,全市共建立惠老服务专区724个、绿色窗口898个,53个网点参加惠老金融服务示范点创建,举办线下"银发讲堂"100余场,成为无锡金融服务品牌工程。持续深化"放管服"改革,在外债资金使用环节推行"一企一策"便利化支付,借助跨境金融区块链平台开展线上"免打扰"核查,实现业务办理"零见面"。新增征信代理查询点5家,市中心支行政务服务分中心整体并入市民中心政务服务大厅,实现人民银行和外汇业务对外"一张网"服务。

【绿色金融】 2021年,中国人民银行无锡市中心支行拓展辖区金融改革新路径、新方式、新内容,助力无锡率先打造"零碳城市",推动无锡经济转型升级加速发展。在全国率先出台推进辖区绿色普惠金融工作指导意见,明确15项任务行动,引领金融机构深耕中小微绿色发展、涉农绿色发展和个人绿色投资消费领域。推动宜兴绿色金融改革创新试验区建设,提出的绿色项目和企业评价办法通过国家评审。设立30亿元绿色再贴现专项资金,办理全省首笔绿色工厂再贴现业务,183家企业被纳入省级绿色企业库。省内率先试点"苏碳融"业务,平均利率仅4.39%。推动总行首批碳减排支持工具落地,支持绿色项目优惠贷款7260万元。发放全省首笔绿色信贷资产质押再贷款1400万元,发放辖内首笔碳排放配额质押贷款,利率低至3.5%。试点推出碳表现挂钩贷款、碳排放权质押贷款等碳金融产品,辅导企业利用绿色中期票据、碳中和债等创新融资方式。完善绿色贷款风险补偿机制,运用"园区保"达成融资3亿元。

(人民银行无锡市中心支行)

【小微金融服务】 2021年,无锡银保监分局开展小微金融服务年度监管评价。创新发布普惠金融"惠贷码",为小微企业、个体工商户与银行搭建对接平台。实施"金融顾问伴成长计划",开展首贷扩面专项行动,累计新拓小微企业首贷7982家。推动金融服务乡村振兴,优先支持县域发展,推动30个乡镇、540个行政村实现银行、保险基础服务全覆盖。推广银行业保险业支持乡村振兴试点示范工作,将江阴市璜土镇、宜兴市湖㳇镇、锡山区东港镇纳入省级试点乡镇,增加胡埭镇为市级试点乡镇,为宜兴市申报金融服务乡村振兴示范区,引导机构结合地方特色,创新金融产品。持续推进"万企联万村"项目对接,累计收集全市村企联建项目信息416条,放款项目150个、10.92亿元。至年末,全市绿色信贷余额1694.83亿元,比上年增加376.26亿元,增长28.54%,高于各项贷款平均增速14.5个百分点。组织绿色金融十佳案例评选,落地全省首笔绿色票据再贴现、全市首笔碳中和债等创新业务。推动将投保环境污染责任保险纳入地方立法,环境责任保险覆盖面从化工行业扩展至22个行业,基本实现高危企业应保尽保,累计承保企业超过1.06万家次,承担责任风险100.36亿元,排名全国地级市第一。

(无锡银保监分局)

【基金发展】 2021年,全市基金注册规模首破3000亿元,达3143.07亿元,新增近1500亿元。在中国证券投资基金业协会登记私募基金管理人149家,管理基金规模689亿元,新增151亿元,比上年增长28.1%。2021年中国股权投资城市排名,无锡市新募股权投资基金总额1160.61亿元,比上年增长1159.3%,居全国城市榜首。全年无锡市新增私募股权投资基金管理人15家,总数114家;新增备案基金121只,总数424只。基金投资案例150件,投资金额180.02亿元,分别比上年增长74.4%、239%。其中,投向IT、生物技术/医疗健康、半导体及电子设备和互联网、高端制造等5个行业案例117件,占比78%,主要投资方向与无锡市重点产业发展方向一致。

7月10日,《无锡市外商投资股权投资企业试点办法》在全市施行。无锡市成为全省首个且唯一一个覆盖全域的合格境外有限合伙人(QFLP)试点城市。至年末,全市共注册QFLP基金7只,总额12.3亿美元。10月7日,中国国有企业结构调整基金二期股份有限公司在无锡市揭牌成立。国有企业结构调整基金为国务院批准设立、国内最大的国家级基金,在无锡市注册设立的是国调基金二期首只平行基金,由无锡市和中国诚通控股集团有限公司作为基石投资人,联合8家央企共同出资设立,总规模737.5亿元。

(市地方金融监管局)

表 35　2021 年末无锡市金融机构（含外资）本外币信贷收支统计表

金融机构	本外币		其中			
			人民币		外币	
	余额（亿元）	比年初增加（亿元）	余额（亿元）	比年初增加（亿元）	余额（万美元）	比年初增加（万美元）
一、各项存款	21345.48	1944.53	20705.29	1837.58	100.41	18.69
（一）境内存款	21203.87	1977.02	20599.30	1871.01	94.82	18.42
1. 住户存款	8218.36	934.68	8134.69	939.03	13.12	−0.37
（1）活期存款	2332.39	103.02	2293.70	103.26	6.07	0.10
（2）定期及其他存款	5885.98	831.66	5840.99	835.76	7.06	−0.47
2. 非金融企业存款	8984.61	761.55	8464.31	651.26	81.61	18.77
（1）活期存款	2965.43	404.20	2620.60	355.23	54.09	8.74
（2）定期及其他存款	6019.18	357.35	5843.72	296.03	27.52	10.03
3. 机关团体存款	3280.30	156.42	3280.17	156.35	0.02	0.01
4. 财政性存款	229.42	88.86	229.42	88.86	—	—
5. 非银行业金融机构存款	491.17	35.51	490.70	35.51	0.07	0.00
（二）境外存款	141.61	−32.49	105.99	−33.43	5.59	0.27
二、金融债券	94.79	9.23	94.79	9.23	—	—
其中：境外发行	—	—	—	—	—	—
三、卖出回购资产	—	−15.00	—	−15.00	—	—
四、借款及非银行业金融机构拆入	0.40	−0.58	—	—	0.06	−0.09
五、联行往来（净）	—	—	—	—	—	—
六、应付及暂收款	505.49	56.47	502.19	57.60	0.52	−0.16
七、各项准备金	480.52	40.35	474.45	39.32	0.95	0.18
八、所有者权益	656.26	105.08	651.27	103.63	0.78	0.24
其中：实收资本	171.05	20.79	169.05	18.79	0.28	0.28
九、其他	−330.35	−118.86	−327.59	−118.96	−0.43	0.01

（续表）

金融机构	本外币		其中			
			人民币		外币	
	余额（亿元）	比年初增加（亿元）	余额（亿元）	比年初增加（亿元）	余额（万美元）	比年初增加（万美元）
资金来源总计	22752.59	2021.21	22100.40	1913.39	102.29	18.86
一、各项贷款	17459.50	2156.07	17189.42	2075.37	42.36	13.34
（一）境内贷款	17433.30	2138.67	17180.75	2071.24	39.61	11.24
1. 住户贷款	5229.72	1029.12	5229.48	1029.07	0.04	0.01
（1）短期贷款	972.61	239.69	972.38	239.64	0.04	0.01
消费贷款	512.51	118.40	512.27	118.35	0.04	0.01
经营贷款	460.10	121.29	460.10	121.29	—	—
（2）中长期贷款	4257.10	789.42	4257.10	789.43	0.00	0.00
消费贷款	3742.94	591.43	3742.94	591.43	0.00	0.00
经营贷款	514.16	198.00	514.16	198.00	—	—
2. 非金融企业及机关团体贷款	12203.59	1109.55	11951.27	1042.17	39.57	11.23
（1）短期贷款	4590.03	99.51	4478.73	50.97	17.46	7.84
（2）中长期贷款	6483.66	941.83	6342.65	919.75	22.12	3.89
（3）票据融资	1122.38	80.38	1122.38	80.38	—	—
（4）融资租赁	—	—	—	—	—	—
（5）各项垫款	7.51	−12.16	7.51	−8.92	—	−0.50
3. 非银行业金融机构贷款	—	—	—	—	—	—
（二）境外贷款	26.20	17.40	8.67	4.13	2.75	2.10
二、债券投资	1045.58	61.35	1044.30	60.08	0.20	0.20
其中：境外债券	0.64	0.64	—	—	0.10	0.10
三、股权及其他投资	318.39	−24.02	318.39	−24.02	—	—
四、买入返售资产	22.57	15.83	22.57	15.83	—	—

（续表）

金融机构	本外币		其中			
			人民币		外币	
	余额（亿元）	比年初增加（亿元）	余额（亿元）	比年初增加（亿元）	余额（万美元）	比年初增加（万美元）
五、存放非银行业金融机构款项	2.96	−0.62	0.11	−0.04	0.45	−0.08
六、联行往来（净）	3704.37	−204.29	3326.94	−230.65	59.20	5.39
其中：境内存放二级准备金	176.75	18.06	174.88	17.78	0.29	0.05
七、金银占款	—	—	—	—	—	—
八、外汇占款	—	—	—	—	—	—
九、应收及预付款	92.34	14.61	91.80	14.53	0.09	0.01
十、投资性房地产	1.31	−0.14	1.31	−0.14	—	—
十一、固定资产	105.58	2.43	105.57	2.43	0.00	0.00
资金运用总计	22752.59	2021.21	22100.40	1913.39	102.29	18.86

（中国人民银行无锡市中心支行）

表 36　2021 年末无锡市金融机构本外币存贷款统计表

金融机构	各项存款			各项贷款		
	余额（亿元）	比年初增加（亿元）	比年初增长（%）	余额（亿元）	比年初增加（亿元）	比年初增长（%）
全　市	21345.48	1944.53	10.02	17459.50	2156.07	14.09
市　区	13766.76	1391.50	11.24	11431.90	1451.10	14.54
江　阴	4685.92	291.49	6.63	3828.05	389.01	11.31
宜　兴	2892.80	261.54	9.94	2199.55	315.96	16.77
政策性银行	41.02	3.88	10.46	245.00	27.11	12.44
农发银行	41.02	3.88	10.46	245.00	27.11	12.44
中资大型银行	8855.86	684.69	8.38	7184.20	822.53	12.93
工商银行	1482.36	98.34	7.11	1374.25	152.22	12.46
农业银行	2382.89	197.80	9.05	1555.60	176.94	12.83

（续表）

金融机构	各项存款			各项贷款		
	余　额（亿元）	比年初增加（亿元）	比年初增长（%）	余　额（亿元）	比年初增加（亿元）	比年初增长（%）
中国银行	1741.53	221.19	14.55	1537.50	168.55	12.31
建设银行	1632.46	103.46	6.77	1474.30	266.07	22.02
交通银行	942.98	6.10	0.65	779.20	−5.98	−0.76
邮储银行	673.63	57.80	9.38	463.36	64.73	16.24
中资中型银行	6681.60	531.80	8.65	6122.20	670.99	12.31
中信银行	612.12	44.49	7.84	510.85	73.66	16.85
光大银行	540.38	−68.66	−11.27	806.07	92.33	12.94
华夏银行	433.69	5.70	1.33	467.64	37.22	8.65
广发银行	240.78	70.75	41.61	164.63	30.66	22.88
平安银行	181.49	12.00	7.08	174.58	46.87	36.70
招商银行	608.88	118.32	24.12	600.92	88.44	17.26
无锡浦发	303.75	−35.98	−10.59	242.46	12.06	5.23
江阴浦发	379.27	−35.12	−8.48	235.99	−0.09	−0.04
兴业银行	426.10	21.53	5.32	392.81	2.45	0.63
民生银行	366.95	−8.31	−2.21	307.09	−10.14	−3.20
北京银行	116.17	−20.18	−14.80	275.23	16.22	6.26
上海银行	86.85	14.16	19.48	201.84	44.75	28.49
江苏银行	2344.14	409.21	21.15	1497.09	209.45	16.27
中资小型银行	5329.70	666.18	14.28	3913.06	657.93	20.21
恒丰银行	109.80	21.08	23.77	106.28	10.85	11.37
浙商银行	83.42	−22.00	−20.87	54.01	−13.67	−20.20
渤海银行	108.22	21.75	25.15	62.54	11.74	23.11
南京银行	738.84	70.43	10.54	500.06	80.76	19.26

（续表）

金融机构	各项存款			各项贷款		
	余　额（亿元）	比年初增加（亿元）	比年初增长（%）	余　额（亿元）	比年初增加（亿元）	比年初增长（%）
宁波银行	598.22	54.65	10.05	539.11	129.87	31.74
长江银行	13.17	3.64	38.14	16.02	5.32	49.68
苏州银行	67.42	7.70	12.89	83.34	11.23	15.57
无锡农商行	1469.02	168.40	12.95	897.28	124.60	16.13
江阴农商行	1012.66	107.28	11.85	665.48	60.94	10.08
常熟农商行	56.54	14.73	35.22	105.04	36.59	53.45
张家港农商行	63.62	−1.55	−2.38	99.99	21.26	27.01
江南农商行	49.27	10.40	26.76	37.80	10.30	37.46
宜兴农商行	650.67	61.27	10.40	492.02	54.81	12.54
民泰村镇银行	19.86	4.63	30.37	11.41	1.18	11.57
中银富登村镇银行	1.11	0.07	7.04	5.72	2.58	82.35
兴福村镇银行	9.09	1.64	21.98	9.92	1.83	22.60
浦发村镇银行	10.88	−3.18	−22.63	15.82	−0.23	−1.43
阳羡村镇银行	48.16	7.35	18.02	43.33	5.21	13.66
锡商银行	219.71	137.88	168.51	167.88	102.76	157.79
财务公司	83.19	2.40	2.97	96.50	−0.37	−0.38
国联财务	47.78	7.43	18.40	38.01	5.48	16.84
红豆财务	16.67	0.04	0.26	28.90	0.30	1.06
华西财务	9.18	0.69	8.13	16.59	0.85	5.40
三房巷财务	9.56	−5.76	−37.59	13.00	−7.00	−35.00
外资及港澳台资银行	167.02	−29.44	−14.98	143.03	5.49	3.99
上海商业储蓄银行	0.30	0.30	—	4.92	4.92	—
汇丰银行	31.45	−16.94	−35.01	20.94	6.14	41.52

（续表）

金融机构	各项存款			各项贷款		
	余　额（亿元）	比年初增加（亿元）	比年初增长（%）	余　额（亿元）	比年初增加（亿元）	比年初增长（%）
东亚银行	—	—	—	—	—	—
瑞穗银行	48.36	-7.70	-13.73	22.02	4.19	23.53
三菱银行	31.32	1.09	3.61	20.75	-1.15	-5.27
新韩银行	11.96	-4.84	-28.79	18.59	-0.22	-1.18
南洋银行	43.62	-1.36	-3.02	55.80	-8.39	-13.08
国联信托	—	—	—	2.00	1.00	100.00

（中国人民银行无锡市中心支行）

银　行

【概况】 2021年，全市社会融资规模新增3672.42亿元，比上年增长24.6%，远高于同期经济增速；全市本外币各项贷款余额17459.5亿元，增量创近十年新高；贷款加权平均利率低于全省0.39个百分点，让利实体经济力度进一步加大。年末，全市普惠小微贷款余额1938.56亿元，比上年增长42.40%；全市制造业贷款余额3265.66亿元，行业占比19.99%，高于全省平均7.53个百分点，继续保持全省首位。支持个体工商户获得首贷，为个体工商户办理贷款延期本金33.61亿元，发放信用贷款26.04亿元。年末，全市有银行业金融机构50家，其中政策性银行1家、大型银行6家、股份制商业银行13家、城市商业银行7家、民营银行1家、外资银行6家、农村中小金融机构11家、非银机构5家，银行业总资产规模2.39万亿元，各项存款余额2.09万亿元，各项贷款余额1.75万亿元。全市网点1344家，在岗职工2.56万人。

（人民银行无锡市中心支行
无锡银保监分局）

【中国农业发展银行无锡市分行】 2021年，农发行无锡市分行围绕重点客户建立完善“高层营销＋分级对接＋跟踪服务”机制。对重点客户的信贷业务提供绿色通道，稳步推进无锡市为民办实事工程——粮食和物资应急保障服务等项目，发挥粮食银行品牌作用。在全市开展“大普查、大走访、大营销”活动，及时制定重大项目营销方案，实现项目责任化、责任序时化，获批总值近6亿元的江苏省“十四五”时期文化保护传承利用工程入库项目——“天上村前”历史地段保护修复工程等多个重点项目。全年获批中长期项目贷款超120亿元，达到全省系统机构平均审批金额的近2倍。赋能经济发展，该行与市农业农村局签订300亿元金融赋能乡村振兴战略合作协议，在无锡市金融赋能大会签订重点项目3个，累计90亿元，赋能无锡地方经济发展。创新城镇更新专项贷，率先在系统内申报并获批城镇更新项目超36亿元，累计获批近70

12月9日，中国农业发展银行无锡市分行参加全市金融赋能大会签约仪式　（农发行无锡市分行　供图）

亿元，并获中国农业发展银行江苏省分行优秀创新成果一等奖。率先在吉林大安开展定点帮扶工作，累计发放帮扶贷款12亿元，巩固脱贫攻坚与乡村振兴有效衔接。探索创新农地制度改革贷，以江阴新材料产业园改造项目为突破口，配合国家深化农村土地制度和农村产权制度改革，提升“农地银行”品牌影响力。深入落实习近平总书记“共抓大保护、不搞大开发”指示精神，在水利建设项目实现投放超24亿元，擦亮水利银行品牌。年末，该行各类贷款累计发放超82亿元，各项贷款余额245亿元，经营绩效考核由第六名上升至第三名，进入全省银行系统第一方阵，实现近10年新高。

（农发行无锡市分行）

【中国工商银行无锡分行】 2021年，工行无锡分行加强小微企业首贷、续贷、信用贷款、重点领域中长期贷款投放，推广循环类贷款模式，支持随借随还，做好资金接续服务。聚焦银政合作、产业园区、专业市场等客群，形成个人、法人客户“双轮驱动”发展态势。严格执行服务价格管理要求，杜绝违规收费行为，将国家有关降低小微企业综合融资成本的政策落实到位。至年末，全行普惠贷款余额超110亿元，增量43.2亿元；普惠客户数5896户，比年初增加1906户，完成“两增”发展目标。该行组织开展金融知识宣讲、反假知识宣传等各类公益活动超100场；在惠山三茅峰顶建立无锡城区最高的应急志愿服务站，联合无锡蓝天救援队和荣巷街道湖湾院所联盟，开展巡山、环保等志愿服务；运用最新的“工银e企付”技术赋能慈善事业，协助市慈善总会上线企业线上捐款系统，并通过该系统向慈善总会捐赠10万元善款，是无锡市首家通过“工银e企付”系统捐赠善款的企业；组建抗疫“青年突击队”，协助当地街道、社区做好新冠肺炎疫情防控工作。该行深化金融供给侧改革，完善制造业企业金融服务，进一步加大信贷规模向制造业企业倾斜力度。至年末，制造业贷款余额365.45亿元，较年初新增10.9亿元；制造业户数1057户，较年初增加68户。全年累计新批项目贷款57个，获批承贷、承销金额439.36亿元和1亿美元。与外部投资公司、各类基金开展合作，探索多样化投贷联动业务，促进银企信息交流共享，实现合作共赢。年末，该行本外币各项贷款余额1374.25亿元，比年初增加152.22亿元。

（工行无锡分行）

【中国农业银行无锡分行】 2021年，农行无锡分行推进大额不良资产“项目化”处置，对重点、难点实施挂牌攻关。主动创新用新，实施财政部和国家银保监会关于核销、转让新政，完成全国农行首单“公共卫生事件类”呆账核销；首次运用“破产受理类”完成某企业呆账核销；通过单户转让新政，实现某企业本金无损处置。全年累计处置不良贷款32.84亿元，存量法人不良资产基本实现“清零”，亿元以上不良资产全部清户，处置力度之大、成效之显著均属“空前”。面对复杂的市场环境和疫情影响，化解大额风险，相继完成3家企业大额存量银团牵头组建、参贷工作，有力支持实体经济健康发展和地方金融生态稳定。年末，不良贷款余额7亿元，比年初净下降26.8亿元；不良率0.45%，下降2个百分点，为2012年以后最好水平。拓宽小微企业融资渠道，降低企业融资门槛和融资成本，落地全省农行首笔依托中征应收账款融资服务平台的全流程线上“政采e贷”业务，为无锡市某园林绿化工程有限公司提供纯线上信用贷款160万元。年末，该行本外币各项存款余额2346亿元，比年初增加180亿元；本外币各项贷款总量1556亿元，比年初增加177亿元，实现存贷两旺、齐头并进，存贷款总量、增量均居全市金融同业前列。该行获评全市优秀志愿者服务组织，是无锡市唯一入选的金融单位。农行江阴分行党委书记、行长吴雅英获全国金融“五一劳动奖章”。

（农行无锡分行）

【中国银行无锡分行】 2021年，中行无锡分行为海力士半导体、无锡地铁集团、华虹半导体等重点项目和客户提供大额资金支持。加大对新型基础设施建设、老旧工业片区转型、

10月21日，由中国银行联合上海证券交易所和无锡市地方金融监督管理局发起的长三角重点城市科创企业投融资高峰论坛在无锡市召开

（中行无锡分行 供图）

老旧小区、拆迁安置等领域的金融支持力度，为无锡市新发园区发展有限公司、高新区产业园区提升项目、太湖新城贡湖大道两侧城市更新项目、无锡市九龙湾建设发展有限公司的胡埭镇龙延村地块项目等提供授信支持。全年该行表内本外币授信余额937.9亿元，较年初新增85.75亿元。围绕太湖湾科创带"主引擎"发展战略，优先布局集成电路、物联网、高端装配制造等制造业集群金融服务。10月21日，由中国银行联合上海证券交易所和无锡市地方金融监督管理局发起的长三角重点城市科创企业投融资高峰论坛在无锡市召开，致力为科创企业搭建投融资交流合作平台，80余家科创企业参会。全年该行制造业贷款新增69.4亿元，余额387亿元，制造业贷款余额、新增连续多年在省辖系统排名前列。加大传导落实贸易外汇便利化政策，在全市同业中首推凭报关单清单办理货到项下付汇业务。为某企业叙做2000万美元的"保兑＋即期证福费廷"产品，该产品为中国银行系统内全国首创。11月6—8日，在中国银行连续承办的第四届中国国际进口博览会贸易投资对接会上，无锡分行发挥专业优势，助力无锡地方企业签约多笔订单，签约金额合计7015万美元。投放无锡市首笔"小微贷"业务360万元，该产品免抵押、质押，并免收担保费。专门为高新技术企业与高新技术企业培育库内企业设计"高企贷"产品，产品授信支持客户累计新增219户，实现金额10.48亿元。加快线上产品"中银企e贷"布局，年内有余额客户1097户，较年初新增991户；金额22.99亿元，较年初新增22.37亿元，新增户数、余额两项居省辖系统第一位。至年末，普惠贷款余额174亿元，较年初新增61亿元，余额总量居无锡市金融机构第二位，对公普惠金融业务成为省辖系统第一家超百亿元机构，普惠总户数超万户。12月3日，分行与江阴市周庄镇周庄村举行乡村振兴、普惠金融全面战略合作签约仪式，推动金融创新支持乡村产业发展。年内，分行为服务试点示范乡镇投放贷款余额33.16亿元。年末，该行各项贷款余额1537.5亿元，各项存款余额1741.53亿元。

（中行无锡分行）

【中国建设银行无锡分行】 2021年，建行无锡分行支持制造业转型升级、产业做大做强，聚焦市委、市政府重点发展的16个先进制造业产业集群，为华虹半导体、兴澄特钢、天江药业、药明生物、远景能源等重点项目和企业提供贷款融资服务近100亿元；牵头为无锡产业发展集团有限公司并购安谱隆有限公司组建53亿元银团并承贷19亿元。创新落地全市首笔银行间绿色债券承销，累计撮合建行子公司进行债券等投资近20亿元。获批城市更新项目20个，授信总额226亿元，实现投放65亿元。普惠金融保持同业领先，普惠贷款余额190.75亿元，新增63.26亿元，增速近50%，普惠客户总量超1.5万户，贷款余额、新增及客户总量均居全市同业首位。通过无锡综合金融服务平台累计发放贷款3049笔，授信金额50.26亿元；普惠贷授信94笔，授信金额1.2亿元。5月19日，该行作为唯一战略合作银行，参加霞客湾科学城规划建设启动暨首批重点重大项目集中签约仪式。推广创新产品，组建科创专营团队和"三农"服务专项团队，落地全省首单"云知贷"产品。完成一手房资金监管系统、智慧物业系统、智慧住建整合系统上线及在江阴市、宜兴市推广复制；探索打造"住房租赁＋"新模式，落地创新特色住房租赁项目2个；投放保障性租赁住房项目贷款2笔，金额1.26亿元。建立分行特色生态场景案例库，落地创新应用案例项目20个。"灵锡"App项目入选总行数字化工厂"生态场景百项计划"。智慧住建系统完成验收，为多个开发商开立监管账户。累计实施融合类数据项目107个，开发固定报表21个。与外部公司开展风险预警、联合建模、失联修复、活动推广等14项数字化经营合作。率先试点上线"长三角跨省通办事项"26项，完成市区行政审批类事项整体接入超级柜员机端（STM）。上线STM不动产信息查询打印、存量房自助网签等功能，累计业务量52万余笔。年末，该行各项贷款余额1474.3亿元，较年初新增266.07亿元，居同业首位。

（建行无锡分行）

【交通银行无锡分行】 2021年，交行无锡分行出台城市更新贷款实施细则，成为交行系统内全国前十、江苏省内首家获准开展城市更新业务的分行，批贷款项目4单，金额近40亿元。投向国企结构优化、战略新兴产业、绿色信贷、先进制造业等领域合计72.49亿元，占比76.53%。先后上线"惠民就医""线上烟户贷""新农直通贷"等创新业务，实现"普惠e贷"余额6.89亿元，较年初净增6.82亿元；"普惠e贷"客户453户，较年初净增451户。提高科技型小微企业金融服务能力，新增小微科技金融贷款客户66户，新增贷款余额2.68亿元。"苏科贷"投放1.25亿元，超两倍达成全年签约目标。该行持续加大"客户工程"建设。公司客户方面，有正常结算账户客户市场覆盖率2.24%，当年新开客户市场占比2.34%，两项数据均列系统前五；对公达标户增长29.89%，高质量发展目标完成率119.56%，新开户达标率87.72%，基本实现"开户即达标"；达标科技型企业渗透率16.21%，高于总行优秀线4.21个百分点；完成客户在分行开立首发上市募集资金账户5个，市场覆盖率38.46%，高于总行优秀线18.46个百分点。零售客户方面，加强私银跨网点集中管户改革，开展系统性、针对性营销活动，吸引高净值客群。至年末，该行私银客户1073户，突破"千人大关"；沃德

5 月 7 日，交通银行无锡分行与交通银行长三角管理总部共同承办首届中国城市超级 App 生态协作峰会　（交行无锡分行　供图）

客户 2.6 万户，比上年末增加超 3400 户，总行任务完成率 107%。作为唯一募集行和托管行，营销无锡首个国家级重点基金在该行落地，首期入账金额 55.34 亿元；中标 11.5 亿元无锡市天使投资引导基金托管银行，为支持市级种子期、初创期科技企业发展提供创新途径。债券承销规模累计 43.25 亿元，比上年增长 3.25%，蝉联无锡地区五大行承销量第一，累计带动存款流量 33.1 亿元。债券承销费收入 315 万元，比上年增长 29.2%。联动香港分行为客户发行 3 亿美元境外债，成为全国首单在卢森堡、中国澳门、中国香港三地同步挂牌上市的绿色境外债券；联动上海分行共同完成交行首单中远海运集运数字提单平台业务；依托总行贸易金融部署优势，抢先落地人民币跨境支付系统（CIPS）标准收发器企业版、间参版地区“双首单”。根据区域授信集中审批政策，梳理分行重点客户和优质项目，向总行争取市属重点国企 330 亿元专项融资授权。在“灵锡”App 上线“惠民就医”业务，成为联合市大数据管理局推出“基于信用无感支付”服务的独家合作银行。与交通银行长三角管理总部共同承办首届中国城市超级 App 生态协作峰会。在手机银行上线江苏省人力资源社会保障一体化信息平台，实现商品房预售资金监管系统、农村集体经营性建设用地网上交易系统试点区域全覆盖。零售板块实现经营利润 3.21 亿元，行内占比 24.3%，比年初提升 5 个百分点；个人金融资产比年初新增 33.24 亿元，比上年增加 14.51 亿元，创历史投放新高；个人消费贷市场占比 4.05%，较年初提升 11 个基点，“房贷 + 非房消费贷”两极支撑逐步形成。全年实现存量高风险实质性清收 11.45 亿元，不良贷款处置 24.63 亿元，计划完成率 104.1%；实现已核销资产收回 1651 万元，受托资产收回 4.2 亿元，总计为分行实现经济利润 2.97 亿元。年末，该行各项贷款余额 779.2 亿元，各项存款余额 942.98 亿元。

（交行无锡分行）

【中国邮政储蓄银行无锡市分行】 2021 年，邮储银行无锡市分行为山水城保障房项目、贡湖大道两侧城市更新提升改造项目、物联网会址项目和华庄城市更新项目累计授信 63 亿元；为无锡高新区“三优化三提升”产业园区升级项目、江阴综保区产业园区项目累计授信 8 亿元；为无锡锡东生活垃圾焚烧发电提标扩容 PPP 项目、江阴光大餐厨项目累计授信 10 亿元；为无锡地铁 2 号线、3 号线一期、4 号线一期、无锡至江阴城际轨道交通 S1 项目累计授信超 60 亿元，累计投放 44 亿元；创新推出“富农贷”“农业保险贷”“农担贷”，发放夏粮收购贷款 3472 万元、秋粮收购贷款 3412 万元，年末涉农贷款余额 87.79 亿元，较年初增加 7.71 亿元。年末，该行资产规模 737 亿元，各项贷款余额 463.36 亿元，各项存款余额 673.63 亿元，不良率 0.2%，远低于无锡辖内银行业金融机构平均水平。该行获“2019—2021 年江苏省文明单位”“2021 年江苏省分行案件防控先进单位”称号。

（邮储银行无锡市分行）

【江苏银行无锡分行】 2021 年，江苏银行无锡分行依托地缘、网点、渠道等资源优势，保障扩大投资、消费升级、外贸外资提质、产业链供应链安全畅通等方面有效金融需求。聚焦民生普惠，拓展业务领域服务就业富民。至年末，该行普惠口径小微企业实贷余额 150.14 亿元，较年初增加 37.9 亿元，增长 33.77%，高于全部贷款增长率 17.56 个百分点；民营企业贷款 457 亿元，比年初增加 44 亿元；绿色信贷较年初增加 18 亿元；涉农贷款余额 250.41 亿元，较年初增加 28.4 亿元。集聚信贷资源服务地方经济发展。年末，该行各项存款余额 2344.14 亿元，居全行、全市首位，市场份额 11.21%；各项贷款余额 1497.09 亿元，比年初增加 209.45 亿元，新增额创近年之最，居全市第三位，市场份额 8.57%，系统内保持第一；不良贷款率 0.79%，远优于同业、系统平均水平。

（江苏银行无锡分行）

【南京银行无锡分行】 2021 年，南京银行无锡分行拓宽企业融资渠道，完成债务融资工具发行 35 笔，累计 222.3 亿元，其中该行份额 167.73 亿元,发行金额和余额继续保持无锡区域第一。支持先进制造业发展,年末制造业贷款余额 64.02 亿元,较年初增加 15.81 亿元,增长 32.79%。持续发力普惠金融,年末普惠金融余额 36.47 亿元,较年初增加 9.17 亿元。发放无锡区域首笔碳表现挂钩贷款。新设宜兴东氿支行,扩大服务半径。推进大零售和交易银行“两大战略”,持续开展“1+3”行动计划、“政银园投”、“同鑫园”、鑫高企金融服务直通车、知鑫服务直通车等活动,金梅花理财品牌综合化经营水平与市场竞争力提升。坚守风险底线,强化合规管理,年末不良贷款率 0.36%,不良率在无锡地区同业中保持较优水平。年末,该行各项存款余额 738.84 亿元,比年初增加 70.43 亿元,增长 10.54%;各项贷款余额 500.06 亿元,比年初增加 80.76 亿元,增长 19.26%。

(南京银行无锡分行)

【无锡农村商业银行】 2021 年,无锡农村商业银行持续加大实体经济信贷投入,制造业、民营企业贷款分别较年初增加 38.82 亿元、62.75 亿元,高于其他各项贷款增速。普惠型小微企业贷款净增 2475 家、41.24 亿元。依托党建联盟、银村联盟开展“整村授信”走访企业近 2 万家,对接村、社区 149 个。设立绿色金融创新中心和绿色金融特色支行,设立 5 家普惠专营支行,提升绿色金融和普惠金融服务。落地稳企惠企政策,延期还本付息业务支持普惠小微企业 3177 家,延期金额 71.96 亿元,总延期率 91.26%,普惠小微信用贷款余额净增 20.26 亿元。该行工会发起设立无锡锡银金科信息技术有限责任公司,江苏省银行业保险业首家智能创新实验室落户,规划推进金融科创中心建设。年末,该行资产规模突破 2000 亿元,各项存款余额 1469.02 亿元,较年初增长 12.95%,各项贷款余额 897.28 亿元,较年初增长 16.13%;年内,缴纳各类税款 6.24 亿元。

(无锡农村商业银行)

【上海浦东发展银行无锡分行】 2021 年,浦发银行无锡分行在资本市场方面进一步深化属地客户经营,深耕上市公司等优质实体企业,合作上市公司 54 家,落地浦发银行首单可交换债投资并实现市场化退出。通过定增、员工持股计划、直投基金、大宗商品衍生品交易等创新业务加载,为上市公司提供全方位、高层次综合金融服务。在股权投资方面,以无锡太湖浦发股权投资基金全生命周期“募 + 投 + 管 + 退”为契机,继续把握无锡产业结构性调整战略趋势,为无锡高端制造业持续健康发展提供有力的金融支持。至年末,无锡太湖浦发股权投资基金实缴资金 30 亿元,累计对外投资 3 只子基金,直投项目 20 个,累计投资金额 22.01 亿元。年末,该行资产规模突破 314 亿元,各项存款日均 268 亿元,各项贷款余额 238 亿元,实现全口径营业净收入 8.7 亿元,全口径利润 5.1 亿元,总存款、总贷款和营业收入等各项主营指标年均增幅均超 10%。

(浦发银行无锡分行)

【招商银行无锡分行】 2021 年,招商银行无锡分行参与服务无锡市、区两级重大工程项目,助力实体经济发展,月均 FPA(客户融资总量)642 亿元。践行普惠金融,年末普惠小微贷款余额 66.9 亿元,全年净增 16.9 亿元,增长 33.9%。支持普惠小微客户 7587 户,受益客户数量居全市同业首位。全年该行实现营业净收入 22.78 亿元,比上年增长 15.5%。年末,该行人民币各项存款余额 587.58 亿元,增长 23.81%,市场份额 2.87%,全市股份制银行排名由第四提升至第二。其中,储蓄存款市场份额 1.87%,居全市股份制银行第一位。人民币各项贷款余额 592.65 亿元,增长 15.91%,增量和增幅均居股份制银行前列,市场份额 3.45%。其中,零售贷款市场份额 4.54%,稳居全市股份制银行首位。

(招商银行无锡分行)

【中信银行无锡分行】 2021 年,中信银行无锡分行支持无锡市制造业发展,加大信贷资源倾斜力度,在重点领域、产品创新、专项政策、减费让利等方面全方位支持制造业企业智能改造和数字化转型,提升实体经济服务质效。制造业贷款 86.7 亿元,占比为近 3 年最高,制造业贷款增量 12.2 亿元,在中信银行南京分行辖内二级分行和无锡地区对标股份制银行中排名第一。普惠贷款投放量 35.9 亿元,余额增量 8.4 亿元,均处于无锡地区股份制银行前列。绿色信贷、战略新兴行业贷款投放总量 56.9 亿元,余额增量 44 亿元,均位列中信银行南京分行全辖第一。先后落地交产集团碳中和债、华虹半导体银团项目、优质产业基金项目、利港能源保供专项债券等。该行获无锡市服务地方发展优秀金融单位、支持普惠发展先进金融单位、金融支持制造业发展优秀单位等称号。年末,该行各项贷款余额 510.85 亿元,各项存款余额 612.12 亿元。

(中信银行无锡分行)

【兴业银行无锡分行】 2021 年,兴业银行无锡分行根据首贷小微企业和科创企业的特点,推荐“快易贷”“专利贷”“人才贷”“连连贷”“普惠贷”等信用免担保产品,满足不同类型小微企业资金需求。至年末,普惠金融贷款余额 24.49 亿元,较年初新增 13.67 亿元,增长 117%。完成无锡银保监口径普惠金融增长目标,其中,企业金融普惠贷款余额 8.37 亿元,较年初增加 3.81 亿元,增长 84%;零售普惠贷款余额 16.12 亿元,较年初增加 9.86 亿元,增长 158%。推动科技赋能,发展线上金融服务,增强金融科技赋能,“快押贷”“合同贷”“政采贷”“e 票贷”“农批 e 贷”等全方位、多场景业务上线,通过更多零接触、云服务的方式,为客户提供更多、更高质量的金融服务。作为国内首家“赤道银行”,该行致力于为绿色产业提供“金融力量”,重点支持水资源、土壤修复、危废处理、清洁能源及可再生能源等环保领域优质项目。至年末,该行绿色贷款余额59.25亿元,环保贷余额1.43亿元,绿色金融客户310户,绿色金融融资余额115.57亿元。年末,该行本外币各项存款余额426.1亿元,本外币各项贷款余额392.81亿元,均列全市同类股份制银行第六位,获评“2019—2021年江苏文明单位”称号。

(兴业银行无锡分行)

【苏州银行无锡分行】 2021年,苏州银行无锡分行聚焦实体,发展科创,对接地方“专精特新”企业融资需求,长期提供融资支持的无锡吉冈精密科技股份有限公司成为国内首批、无锡市第一家登陆北京证券交易所的企业;与无锡市破产管理人协会签署战略合作协议,为推动司法金融业务奠定基础。至年末,授信审批“破立贷”业务3笔,金额3.8亿元,实现投放3.3亿元。签约无锡“人才贷”项目,成为合作银行之一;持续推进人才卡项目,与无锡创业投资集团有限公司、无锡市新区科技金融创业投资集团有限公司等深化合作,丰富“人才贷”“普惠贷”“苏科贷”等科创产品体系,建立“一卡、一贷、一平台”;丰富股质业务、ABS(资产证券化)、美元债等业务品种,落地无锡市第一笔碳中和绿色债券,雪浪科技绿色并购项目贷款获评无锡市10项优秀绿色金融实践案例。年末,该行资产规模80.95亿元,比年初增长15.4%;各项存款余额67.42亿元,比年初增长12.89%;各项贷款余额83.34亿元,比年初增长15.57%。

(苏州银行无锡分行)

【华夏银行无锡分行】 2021年,华夏银行无锡分行首单线上供应链融资业务落地,线上供应链融资业务在无锡同业市场份额中占比超50%,业务规模居第一位;首笔通过微信公众号渠道申请的房贷通业务落地,客户可在线查询贷款业务办理进程,进一步提升客户服务体验和业务办理效率;总行首单贵金属铂金交易线上业务、分行首笔“龙资宝”购房意向金项目和首笔“单一窗口”汇出业务落地,同业存单业务实现零的突破。年末,该行表内外资产总量665.15亿元,一般性存款创历史新高,达624亿元。各项贷款余额468亿元,其中,纯贷款余额增长57亿元,绿色信贷占比超25%。该行被中国人民银行无锡市中心支行评为“执行人民银行政策A类行”,获评“2019—2021年江苏文明单位”等称号,营业部被评为首批江苏银行业文明规范服务适老网点,锡山支行获评中国银行业千佳示范网点。

(华夏银行无锡分行)

保 险

【概况】 2021年,全市保险业共实现原保险保费收入460.17亿元,比上年增长6.52%,保费收入居全省第三位,占全省10.76%。其中,财产险保费收入111.79亿元,比上年增长2.99%;人身险保费收入348.38亿元,比上年增长7.7%。财产险和人身险规模均居全省第三位。全市保险业赔款和给付133.76亿元,比上年增长14.6%。其中,财产险赔款支出65.98亿元,比上年增长1.75%;人身险赔款和给付67.77亿元,比上年增长30.65%。全市保险业累计提供风险保障39.35万亿元,比上年增长93.8%。其中,财产险承担30.24万亿元风险保障,比上年增长120.61%。人身险期末有效保险金额9.11万亿元,比上年增长37.84%。

按无锡市2021年地区生产总值14003.2亿元计算,无锡保险深度3.29%,比上年下降0.21个百分点。按照无锡市户籍人口515.25万人计算,无锡市保险密度8488.19元,比上年增加442.1元。年末,全市有保险主体85家,其中,财产险公司30家(含出口信用保险),人身险公司55家。人身险公司中总公司1家(国联人寿)、外资公司19家。保险专业中介机构157家,其中经纪公司17家、代理公司127家、公估公司13家。全行业从业人员5.38万人。

【保险行业改革创新】 2021年,无锡银保监分局推进科技保险创新示范城市争创工作,推动车险综合改革平稳落地,车均保费较综改前下降11.45个百分点,为消费者节约保费支出约7.2亿元;商业三责险保额163.91万元,较综改前提高62.71个百分点;理赔平均结案周期较综改前缩短0.83天。增加第三支柱养老保险市场供给,泰康养老无锡中心支公司开业,专业养老险公司增至3家。完善农村农保服务网络,设立基层服务网点80余个,实现农业保险保费收入8880.85万元,比上年增长12.74%。发挥保险在新冠肺炎疫情防控中的作用,落地全省首单进口冷链人员安全保险,缓解疫情境外输入压力;构建预防疫苗接种异常反应的风险保障网,推广疫苗保险,共承保2.45万人次,提供风险保障超390亿元。

(无锡银保监分局)

【中国人民财产保险股份有限公司无锡市分公司】 2021年,人保财险无锡市分公司26家农网机构和230个“三农”保险服务点形成覆盖全市的农险服务网络,持续巩固点对点、线对线的服务保障机制。全年累计为21.75万户农户提供33.43亿元农业风险保障。推动地方特色农业发展,为全市2266.67公顷水蜜桃产地提供风险保障9630万元,实现全覆盖;在江阴率先开办江苏省地方财政补贴型鲥鱼养殖保险,创新开拓特色养殖保险服务。提升农险理赔服务,全力维护农户利益。3月,宜兴市山区520.3公顷茶叶产地遭遇“倒春寒”,

公司在两周内赔付222.9万元，是近年来茶叶覆盖面最广的一次理赔；面对“4·30”风灾，公司农险服务人员放弃假期，高效工作，在7天内将100.72万元赔款赔付到位；台风“烟花”过境后，公司协调动员近1000人次及时开展理赔服务，快速赔付371.41万元。推进政企互动，深化政企合作。在无锡市交通运输行业承运人责任险等安全生产责任保险引导项目、无锡市居家养老服务机构综合责任保险、无锡市市区中低收入居民疾病医疗自费支出救助责任保险、无锡市养老机构综合责任保险、入住老人意外伤害保险电梯责任险、无锡市医疗机构医疗综合责任保险等重点项目招标中，获得主承保（首席）资格。率先在全国和行业开展知识产权综合保险、地理标志被侵权责任保险、农村土地流转履约保险试点等。优化环境责任保险运行模式，提高企业参保积极性。全年累计承保企业2371家，承保企业数比上年增长45.9%；累计保费3000万元，比上年增长50%。至年末，累计为2297家企业进行环境风险现场勘查与评估，出具评估报告2297份，帮助企业排查出较大环境污染安全隐患1.15万余个。聚焦民生保险重点，关注社会公益事业，履行企业社会责任，发挥保险经济补偿和社会管理功能。1月，公司首席、共保承保无锡高浪路快速化改造和312国道改造项目，保额99亿元。3月4日，宜兴支公司签出无锡辖内第一单“乡村振兴保”，为宜兴市杨巷镇城典村户籍居民以及乡村干部3368人累计提供33680万元伤亡责任保障以及1684万元医疗费用责任保障，迈出参与国家乡村振兴战略的新步伐。5月11日，公司独家承保无锡市域重要快速干线宜马快速路工程项目YMA03标段，保额25亿元。5月14日，锡山区鹅湖镇青虹路社区“鱼塘主”的5.4公顷商业性池塘淡水鱼养殖增额保险落地生效，无锡市商业性农险又添新险种，为淡水鱼养殖户提供风险保障32.4万元。9月，江阴支公司制定地方特种水产养殖保险条款。11月，为徐霞客镇的江阴市锦湖水产养殖有限公司签出首笔“鲥鱼养殖保险”保单，提供58.08万元风险保障。全年无锡市慈福民生系列保险投入保费5009万元，累计处理各类理赔案件11715件，救助8273人（户），发放救助慰问金1655万元。1月15日，市委台办与公司举行“在锡台胞住房财产保险、灾害救助责任保险项目”签约仪式，以在无锡市居住的台胞及家庭作为保障对象，让台胞优享同城待遇。年末，该公司共有支公司8家、专业保险部16个。全年公司实现全险种保费38.68亿元，其中车险保费27.71亿元、非车非农保费10.31亿元、农险保费6618万元；累计承担风险6.9万亿元，处理报案37.5万件（非财务提供），支付赔款22.88亿元，上缴各类税费1.1亿元。公司获“2019—2021年度江苏省文明单位”等称号。

（人保财险无锡市分公司）

表37 2021年无锡地区各财产险公司业绩统计表

序号	财产险公司名称	保费收入（万元）	比上年增长（%）	市场占比（%）
1	人保股份	386820.67	3.31	35.15
2	太平洋财险	214416.62	2.19	19.48
3	平安财险	298272.04	−0.67	27.10
4	国寿财产	50087.11	12.07	4.55
5	中华联合	38930.77	21.60	3.54
6	太平保险	17523.03	2.48	1.59
7	阳光财产	15953.20	16.65	1.45
8	大地财产	12960.01	−1.98	1.18
9	紫金财产	10402.76	−10.37	0.95
10	华安财险	7900.59	62.57	0.72
11	英大财产	6691.94	27.00	0.61
12	永安产险	5383.83	−2.30	0.49

（续表）

序号	财产险公司名称	保费收入（万元）	比上年增长（%）	市场占比（%）
13	中银保险	5183.47	7.11	0.47
14	富德财产	5036.76	4.68	0.46
15	长安责任	4043.88	−17.13	0.37
16	国任财险	3080.70	−7.41	0.28
17	大家财险	2453.41	−15.87	0.22
18	亚太财险	1344.27	253896.94	0.12
19	渤海产险	1263.06	94.74	0.11
20	泰山财险	881.15	191.27	0.08
21	都邦产险	446.76	−33.83	0.04
22	安诚产险	380.04	−39.32	0.03
23	浙商财产	288.93	−57.32	0.03
24	永诚产险	192.57	46.78	0.02
25	安信农业	6.36	−21.89	0.00
26	安盛天平	8130.54	−9.65	0.74
27	华泰财产	1390.84	71.79	0.13
28	国泰产险	1108.38	−7.96	0.10
合计		1100573.69	3.11	100.00

（无锡银保监分局）

表 38　2021 年无锡地区各人身险公司业绩统计表

序号	人身险公司名称	保费收入（万元）	比上年增长（%）	市场占比（%）
1	中国人寿	814460.92	3.07	25.78
2	太平洋寿险	362204.07	1.44	11.47
3	平安寿险	327112.50	−3.44	10.35
4	前海人寿	229397.13	−5.01	7.26
5	国联人寿	135588.08	44.73	4.29
6	太平人寿	106997.18	5.58	3.39
7	君康人寿	105964.86	−25.24	3.35
8	泰康人寿	102781.18	4.71	3.25

（续表）

序号	人身险公司名称	保费收入（万元）	比上年增长（%）	市场占比（%）
9	大家人寿	79899.11	48.83	2.53
10	人保寿险	68869.70	113.97	2.18
11	利安人寿	55671.66	28.17	1.76
12	富德生命人寿	41827.45	108.03	1.32
13	英大人寿	41119.69	19.81	1.30
14	新华人寿	39414.25	−16.94	1.25
15	百年人寿	32155.74	−24.10	1.02
16	信泰人寿	29977.28	6.28	0.95
17	建信人寿	22112.34	−21.26	0.70
18	农银人寿	19667.96	41.10	0.62
19	阳光人寿	15612.08	−28.34	0.49
20	平安养老	11290.90	21.53	0.36
21	民生人寿	11073.80	−9.35	0.35
22	招商仁和	9163.80	—	0.29
23	东吴人寿	8064.86	2.89	0.26
24	国华人寿	7729.45	29.62	0.24
25	和谐健康	5918.04	1866.75	0.19
26	人保健康	4105.69	−7.55	0.13
27	长城人寿	3680.65	26.26	0.12
28	光大永明	3160.65	−12.75	0.10
29	合众人寿	2916.53	−14.88	0.09
30	幸福人寿	2143.60	134.88	0.07
31	国寿存续	1873.80	−9.05	0.06
32	泰康养老	1417.80	—	0.04
33	太平养老	1018.80	−89.79	0.03
34	横琴人寿	411.01	—	0.01
35	友邦保险	85642.07	20.69	2.71
36	中意人寿	71659.03	6.21	2.27
37	中宏人寿	52682.04	−5.01	1.67
38	工银安盛	32820.86	−1.95	1.04

（续表）

序号	人身险公司名称	保费收入（万元）	比上年增长（%）	市场占比（%）
39	同方全球人寿	32607.51	15.33	1.03
40	中银三星	32474.34	204.92	1.03
41	交银康联	28808.31	17.03	0.91
42	华泰人寿	26992.06	2.10	0.85
43	招商信诺	26443.96	14.60	0.84
44	中美联泰	21263.15	6.85	0.67
45	中信保诚	14675.58	−1.43	0.46
46	平安健康	8293.81	15.58	0.26
47	北大方正人寿	6223.60	48.03	0.20
48	陆家嘴国泰	3367.87	4.84	0.11
49	恒安标准	2928.66	19.26	0.09
50	中英人寿	2906.75	−1.69	0.09
51	德华安顾	2570.79	5.51	0.08
52	中德安联	1827.80	41.34	0.06
53	瑞泰人寿	41.75	−8.77	0.00
合　计		3159032.49	5.65	100.00

（无锡银保监分局）

【中国人寿保险股份有限公司无锡市分公司】 2021年，中国人寿无锡市分公司丰富特定人群专属保险供给，承办或参与涵盖老年险、计生险、残疾人保险、军人保险等多个涉及社会民生的政策性业务，扩大承保范围，提高保障水平。与省老龄办联合启动“安康关爱行动”，参保89.19万人；残疾人保险参保3.57万人；为民警家庭定制缴费低、保额高的医疗健康保险，全市5597名公安民警及其家庭得到保险保障；主动参与市妇联和中国儿童少年基金会“腾飞计划”家庭心理教育办公室联合主办的“智慧父母，助力腾飞——无锡市幸福家庭计划”项目，助力全市家庭教育开启新征程。融入无锡多层次社会保障体系建设，推动长期护理保险、大病保险、退休人员住院医疗互助保险等社会民生项目健康运行，全年市区有6.68万人次、1.59万人享受大病保险补助待遇，1.13万人享受长期护理保险待遇。退休人员住院医疗互助保险是涉及退休人员人数最多、保费最大、涵盖区域最广的项目，参保人员55.09万人，普惠部分累计赔付32.07万人次。与市医保局合作，创新推出“医健通”移动互联网应用，参保人员实现线上自主办理大病保险、长护保险、互助保险等政府委托的经办业务，缩短传统业务办理等待时间。配合无锡市医疗保障制度深化改革，加快商业健康保险与基本医疗保障制度互补衔接，宣传推广惠民型保险“医惠锡城”项目，全市承保65.18万人，公司在11家共保公司中所占份额22.71%，位列第二。聚焦理赔服务时效，力促理赔全流程、处理及超长支付时效提升，“E化服务”应用扩面。全年实现理赔24.27万件，支付赔款5.53亿元，获赔率99.26%。重疾一日赔提供1544人次“确诊即可赔”服务，给付金额8553.18万元，理赔直付覆盖4家医院，服务1001人次，理赔服务时效由报案至理赔金到账缩短至1.09天。中国人寿App线上服务36.53万人次，比上年增长50%，保全E化率97.71%。推广保全管家服务，提升作业操作效率，个人长险无纸化投保率100%，个人理赔E化率99.97%，比上年提升9.23个百分点。探索“康、育、享”增值服务新模式，依托“V客生活”平台，推出“线上＋线下”场景式生态服务，增值服务量提升 89.58%，参与量比上年增长 155.82%。推出并落地四大类 50 项“我为群众办实事”项目清单，收集基层需求 41 项，办结率 100%。开展“致敬抗疫中最可爱的一线人员”公益慰问活动，走访慰问梁溪区、惠山区、滨湖区共计 20 个街道 27 家单位。与 17 家地方政府部门及企事业单位建立党建共建关系，联合开展共建活动 20 余次。年末，该公司下辖 5 家综合性支公司，在无锡全辖共有 106 家分支机构。全年公司合并营业收入突破 100 亿元大关，总保费实现 81.45 亿元，比上年增长 3.07%，市场份额稳居无锡寿险市场首位。公司获评“2019—2021 年度江苏省文明单位”等称号。

（中国人寿无锡市分公司）

【中国太平洋财产保险股份有限公司无锡分公司】 2021 年，太平洋产险无锡分公司在 IDI（工程质量潜在缺陷保险）领域持续保持行业领先地位，全年参与承保 IDI 项目 39 个，其中首席承保 23 个，总承保金额 105 亿元；独家中标滨湖区民政局困难家庭温情救助责任险项目；独家中标新一轮宜兴市教育局超龄人员雇主责任险项目；中标新一轮无锡市环境污染责任保险项目；落地全市首单“太保人才保险”。布局新一轮政策性农业保险招投标工作，先后中标城区政策性农业保险招标锡山、新吴片区首席，江阴市政策性农业保险招投标第二名；扩大承保古树名木保险，先后为无锡各市（县）、区上百株古树提供风险保障；独家承保江阴地区家庭农场综合保险，为试点区域内 12 户家庭农场客户的地方特色农产品葡萄、梨等提供风险保障；完成新型农业经营主体种植业收入保险首例案件赔付，赔款 2 万余元，包括农户投入的前期种植成本及预期收益损失。公司开展“媒体开放日”“总经理访谈”“进博服务”“零违法加油”“客户节观影”“假日理赔服务”等系列活动，多角度、全方位地展示“责任、智慧、温度”服务理念。助力月城家庭农场联盟开展“抗疫‘益’卖”抖音直播活动，活动累计获点赞 1.2 万次，线上成交 180 单，线上线下累计销售及慰问一线医护人员总额 1.5 万元。年末，该公司有分支机构 35 家，其中中心支公司 2 家、支公司 7 家。全年公司实现保费收入 21.44 亿元，比上年增长 2.19%。其中，车险保费 16.4 亿元，市场份额 20.1%；非车非农保费 4.9 亿元，市场份额 16.05%；农业保险保费 1142 万元，市场份额 12.7%。综合成本率为公司近 4 年最优水平。公司获 2021 年度上海市国资委在无锡企业党建联建“服务发展”奖。

（太平洋产险无锡分公司）

【中国太平洋人寿保险股份有限公司无锡分公司】 2021 年，太平洋寿险无锡分公司提供覆盖全生命周期的“保险 + 健康 + 养老”综合保险服务。医保“江阴模式”运行良好，参与城乡居民大病保险、长护保险、“医惠锡城”城市定制型商业医疗保险等民生类健康保险项目，持续加强对乡村、老年人、贫困边缘人员的健康保险保障工作。以客户为中心，全面落实消保主体责任，优化提升服务体验，分公司连续 12 年蝉联“江苏省文明单位”称号。6 月 16 日，中国太平洋保险（集团）股份有限公司与无锡市政府签署深化长三角一体化发展战略合作备忘录，在产业发展、科技创新、民生改善、绿色金融、乡村振兴等领域加大合作力度。公司先后中标无锡农商行员工补充医疗保险项目、宜兴农商行团体终身重疾保险项目，首年保费规模累计约 3700 万元，服务人数累计约 2700 人。履行企业社会责任，开展慈善捐赠、公益扶贫、爱心献血等活动，年内共捐赠 53.2 万余元。年末，该公司下设江阴、宜兴、锡山、惠山、滨湖、新区、梁溪支公司 7 家，营销服务部 34 家。全年公司实现总保费 36.22 亿元，处理赔案超 1.3 万件，赔付总金额超 2.2 亿元，实际缴纳税费 5071 万元。

（太平洋寿险无锡分公司）

【中国平安财产保险股份有限公司无锡分公司】 2021 年，平安产险无锡分公司践行“客户导向”，不断提升数字化金融服务水平。通过整合汽车产业链上下游资源，实现从单一的车险服务向综合性出行服务平台升级；聚焦平台功能迭代完善，从一键续保、自主批改、自助理赔、车主服务，实现全流程线上化。借助鹰眼（DRS）智能风控系统、红外热成像等科技系统，建立全流程风险管理体系，当好

6 月 16 日，中国太平洋保险（集团）股份有限公司与无锡市政府签署深化长三角一体化发展战略合作备忘录　（太平洋寿险无锡分公司　供图）

企业的风险管理员，助力实体经济稳健发展。通过线上线下多通道累计向客户发送风险提示2000余次，发放防汛物资1800余件，组织高风险目标客户回访率100%；推出“高峰快闪、免费快修、到店快赔”特色服务，为客户提供快捷、快省、快速的理赔服务体验。公司为全市8个重要产业、8601家企业客户提供969亿元财产及员工保障；推动民生责任保险保障服务，覆盖175万人；服务小微企业客户3.2万家，提供1164亿元风险保障；为81家医院、142家公路客运公司、203家旅行社、868家食品生产上下游企业提供合计超470亿元责任保险保障。打造服务乡村振兴的新模式，与宜兴市百合村结对开展“乡风文明100”行动，搭建“一村两顾问”服务制度。与江阴市红豆村签订共建协议，并赠送红豆古树保险。采购近30万元扶贫农产品。组织无偿献血、“爱心一日捐”、希望小学线上支教等公益活动。联合无锡市特殊需要儿童早期干预中心开展送教入户活动。协助无锡交警进行常态化文明交通宣传。11月，开展交通安全知识进校园活动。与无锡市蓝天救援队共同开展“医疗培训”公益活动。年末，该公司有营业网点26个，其中市级分公司或中心支公司3家、支公司3家、营业部或营销服务部20个，从业人员702人。全年公司累计实现保费收入29.8亿元，累计赔款支出18.6亿元，比上年增长19.4%；承保利润2.1亿元；累计纳税3.2亿元。

（平安产险无锡分公司）

【中国平安人寿保险股份有限公司无锡中心支公司】 2021年，平安人寿无锡中支公司着力完善合规架构，充实合规力量，开展合规培训和宣导44次，组织开展“治理电信网络诈骗、跨境赌博集中宣传月”“防范非法集资宣传月”“金融知识普及月”等合规宣传活动以及平安金融专项行动，通过线上、线下相结合方式突破地域限制，向社会公众开展防范金融风险知识公益宣导。公司举办“感恩有您，一路同行”等客户服务尊享会活动6场次。7—10月，公司开展第26届客服节活动，以“平安相伴，暖心同行”为主题，开展亲子故事会、少儿才艺秀、平安守护者等活动，吸引3000余名客户参与。组织开展各类公益活动9场。9—11月，携手支教志愿者，借助远程支教平台，为湖北省洪湖市瞿家湾镇平安希望小学的孩子们带去一场快乐的筑梦之旅。9月27日，开展无偿献血活动，志愿者累计献血近万毫升。采购扶贫产品价值16.72万元。年末，该公司有营业网点30个，其中市级中心支公司1家、支公司3家、营业部1个、营销服务部25个，从业人员3708人。全年公司总保费收入32.71亿元，理赔、生存满期给付5.25亿元，缴纳税费3233.81万元。

（平安人寿无锡中支公司）

11月，无锡平安产险联合交警开展交通安全知识进校园活动

（平安产险无锡分公司　供图）

【泰康人寿保险股份有限公司无锡中心支公司】 2021年，泰康人寿无锡中支公司总保费收入超10亿元，其中个险营销承保8.1亿元、银行保险承保1.6亿元。全年理赔案件总计2172件，赔付金额3643.4万元。续收保费业务增长较快，全年续收保费7亿元，续期业务品质良好，13个月继续率90.56%，25个月达成率89.94%。年末，公司有四级机构3家、五级网点2个。

（泰康人寿无锡中支公司）

证券·期货

【概况】 2021年末，全市有法人证券公司2家、证券分支机构168家，法人期货公司1家、期货分支机构32家。年内，全市新增境内外上市公司14家，累计上市公司增至176家，其中A股上市公司103家，拟上市（发行）企业48家，新三板挂牌企业135家。全年证券交易额9.1万亿元，比上年增长27%。

11月30日，无锡上市通服务平台上线。该平台对企业上市合规证明实施“一网通办”，对以往企业在上市、再融资、并购重组等过程中一般耗时1至3个月才能办结的各类合规证明，压缩至10个工作日内，重点解决企业普遍反映的“走访部门多、投入精力大、办理周期长”难点问题。

【上市公司】 10月26日，中科微至智能制造科技江苏股份有限公司在上海证券交易所科创板上市，成为无锡第100家A股上市公司。至年末，全市共新增A股上市公司13家，新增数居全省第二位，占全省新增86家的15.1%。无锡A股上市公司总数历史性突破百家，达103家（上交所48家、深交所54家、北交所1家），数量居全省第三位、全国第九位，占全省571家A股上市公司总数18.04%。总市值至12月最后一个交易日为1.57万亿元，占全省7.55万亿总市值的20.79%，居全省第二位，其中全省市值前十的无锡企业有3家，数量为全省最多。

（市地方金融监管局）

表39　2021年无锡新增境内外上市公司一览表

序号	所属区域	企业名称	上市板块	上市时间	股票代码	股票名称	首发融资额（亿元）	行　业
1	宜兴	中辰电缆股份有限公司	深交所创业板	1月22日	300933	中辰股份	3.09	电缆
2	江阴	江苏必得科技股份有限公司	上交所主板	3月1日	605298	必得科技	4.32	铁路机车车辆配件
3	江阴	江苏长龄液压股份有限公司	上交所主板	3月22日	605389	长龄液压	9.59	液压元件及零部件
4	无锡经开	无锡线上线下通讯信息技术股份有限公司	深交所创业板	3月22日	300959	线上线下	8.20	移动信息即时通信服务
5	滨湖	无锡市振华汽车部件股份有限公司	上交所主板	6月7日	605319	无锡振华	5.61	汽车零部件
6	惠山	无锡时代天使医疗器械科技有限公司	香港联交所主板	6月16日	6699.HK	时代天使	24.11	医疗器械
7	新吴	无锡力芯微电子股份有限公司	上交所科创板	6月28日	688601	力芯微	5.84	集成电路
8	惠山	无锡江南奕帆电力传动科技股份有限公司	深交所创业板	7月7日	301023	江南奕帆	5.44	微电机
9	滨湖	中粮工程科技股份有限公司	深交所创业板	9月9日	301058	中粮工科	3.62	粮油行业技术开发
10	锡山	江苏中捷精工科技股份有限公司	深交所创业板	9月29日	301072	中捷精工	1.96	汽车金属减震器
11	锡山	中科微至智能制造江苏股份有限公司	上交所科创板	10月26日	688211	中科微至	29.77	智能分拣装备
12	江阴	江苏华兰药用新材料股份有限公司	深交所创业板	11月3日	301093	华兰股份	19.55	医疗器械
13	锡山	无锡吉冈精密科技股份有限公司	北交所	11月24日	836720	吉冈精密	2.54	合金配件
14	新吴	迪哲（江苏）医药股份有限公司	上交所科创板	12月10日	688192	迪哲医药-U	21.03	生物医药

（市地方金融监督管理局）

【国联证券股份有限公司】 2021年,国联证券发力资产管理业务,业务规模实现爆发式增长。10月19日,国联证券A股首轮非公开发行股票落地。该次发行共向23名特定对象非公开发行453654168股人民币普通股(A股),募集资金总额5089999764.96元,募集资金净额4982988193.57元。11月24日,国联证券投行子公司华英证券担任无锡吉冈精密科技股份有限公司在北京证券交易所上市的保荐机构和主承销商。根据中国证监会机构监管综合信息系统(CISP)统计数据,年末,公司资产管理业务合规受托资金规模1007.99亿元,首次突破千亿元大关,比上年增长159.47%。其中,资产证券化业务规模371.19亿元,比上年增长2262.76%。全年,公司实现合并报表营业收入29.67亿元,比上年增长58.11%;实现归属于上市公司股东净利润8.89亿元,比上年增长51.16%。年末,公司资产总额659.39亿元,比上年增长42.66%;归属于上市公司股东净资产163.81亿元,比上年增长54.62%;加权平均净资产收益率7.27%,较上年提升0.86个百分点。自2019年实施市场化改革、开启"二次创业"以来,国联证券经营业绩连续三年保持快速增长,总资产、净资产规模较2019年末均实现翻番。年内,国联证券获评《每日经济新闻》2021年"最具发展潜力券商资管"金鼎奖、《中国基金报》2021中国券商资管英华奖和深交所2021年度交易所债券市场"优秀资产支持专项计划管理人"称号。

(国联证券)

【华泰证券股份有限公司无锡分公司】 2021年,华泰证券无锡分公司在财富管理业务方面,推进基金投顾业务,为客户提供全账户一体化配置服务。分析基金投顾业务优点,借助公司完善的产品配置服务,向客户宣传推介,通过丰富客户资产配置的手段和方法,提升客户体验。在机构业务方面,助力无锡市经济发展,为企业及政府平台发债和融资提供支持;配合多家上市公司开展员工持股集合资产管理计划;配合公司所属地区政府开发上市公司股东在当地减持限售股,增加当地财政纳税额度;响应梁溪区"共同富裕、善暖梁溪"活动倡议,主动捐款支持梁溪区建设。为提高投资者反洗钱意识,每季度开展多维度、多形式的主题宣传。公司合规团队编写反洗钱剧本,并制作完成反洗钱宣传视频《范蠡西施话洗钱之证券账户篇》。开展"运筹帷幄,稳中求胜"高端客户年中投资策略报告会,与客户共同面对市场变化;与南方基金共同举办"与南同行,如获指宝"指数策略交流会,邀请200余名客户参与,分析指数基金投资机会;与招商基金共同举办"共赢一路行"中期投资策略峰会,培养客户良好的投资习惯,提高投资者对非法证券活动的识别,强化风险防范意识,保护投资者合法权益。

(华泰证券)

【国联期货股份有限公司】 2021年,国联期货落地职业经理人制度,引入资管、技术、产业研究等中高层管理人才19人,建立客户导向型的扁平化组织架构。全年新增开户数3435户,其中法人客户356户;新增法人客户权益13.93亿元,法人客户期末权益总量24.51亿元,占公司总客户权益46.76亿元的52%。CTP2.0系统、易达极速交易系统、机构客户开发报备系统依次上线。其中,CTP主交易系统切换项目从立项到上线测试,创下期货行业速度最快纪录。子公司国联汇富资本管理有限公司(以下简称"国联汇富")为当地不锈钢下游企业客户提供不锈钢销售服务,建立一套"交割品牌生产商—核心贸易商—定点仓储"三位一体的期现服务体系,全年运作现货近2万吨,服务客户42家,实现盈利1039万元。该项服务模式经新华社等主流媒体报道,极大提升公司在期货行业风险管理领域的品牌影响力。通过国联汇富开展"保险+期货"项目32个,规模合计3.24亿元,项目数量和项目规模均创新高;实现赔付金额803.14万元,平均赔付率114.84%。国联汇富在践行国家乡村振兴战略中实现两个第一:成为全国第一批生猪"保险+期货"项目参与者;落地全国第一批鱼饲料成本价格指数险,提供风险保障超300万元。

11月8日,国联证券股份有限公司获《每日经济新闻》2021年"最具发展潜力券商资管"金鼎奖 (国联证券 供图)

全年公司实现利润总额8306.85万元，比上年增长51.34%，实现日均客户权益43.02亿元，利润和日均客户权益均创历史新高。

（国联期货）

其他非银行金融机构

【概况】 2021年，全市其他非银行金融机构保持健康规范发展，经营网点186个，从业人员1900余人，客户总数超过10万户。各地方金融行业发挥便捷、灵活等特色支持地方经济发展，小贷公司、典当行、融资租赁、商业保理4个行业累计发放各类融资款近400亿元。无锡国金商业保理有限公司发行全市首单保理行业ABS债券。江苏资产管理有限公司成为省内首家获批参与不良贷款转让试点资格的地方资产管理公司，全年累计处置不良资产70.66亿元。

【融资担保机构】 2021年，全市有融资担保机构25家，其中法人机构16家（含政府性融资担保机构3家）、分支机构1家，住房置业担保机构1家。融资担保在保余额157.65亿元（不包括住房置业担保）。其中，融资性担保余额125.9亿元，比上年增长10.01%；小微企业在保余额108.1亿元。融资担保在保笔数2313笔，新增担保笔数1602笔，其中小微企业在保笔数2228笔，新增1545笔。

【小额贷款机构】 2021年，全市有小额贷款公司59家，其中农村小额贷款公司50家、科技小额贷款公司6家、互联网科技小额贷款公司3家。至年末，全市小额贷款公司贷款余额65.05亿元，比年初减少6900万元。全年累计发放贷款89.21亿元，贷款客户4417户。

【融资租赁机构】 2021年，全市有融资租赁公司10家，均为外商及港澳台商投资融资租赁公司。累计融资租赁投放177.98亿元。

【商业保理机构】 2021年，全市有商业保理公司9家，其中内资机构4家、外资及港澳台资机构5家，受让应收账款余额123.02亿元，发放保理融资款101.19亿元，全年累计发放139.18亿元。

【典当机构】 2021年，全市有典当行62家。其中，法人企业41家，比年初新增2家；分支机构21家。至年末，典当总额27.05亿元，比上年增长16.8%；典当余额12.06亿元，比上年增长21.17%。

（市地方金融监管局）

【国联信托】 2021年，国联信托着眼压降融资和金融同业通道“两项业务”存量，围绕“标准化、权益类、服务型”三个方向推进创新业务，扩大创新转型增量。做大标品业务规模。年末，标品信托业务规模81.78亿元。开拓私募投行业务，围绕服务实体经济，用好地域优势、国联资源、信托价值，为实体企业提供综合解决方案。布局创新业务，在ABS、TOF（基金中的信托）、FOF（基金中的基金）等多个创新业务领域，加大探索研究并落地业务。公司在国内首创运用服务信托模式监管校外培训预收费资金，成立业内首单教育培训资金管理服务信托，11月23日，国联信托与梁溪区合作，率先将预付资金信托监管模式从校外培训领域拓展至美容美发、运动健身、医疗美容、饭店、商超等全领域。全年公司实现营业总收入6.54亿元、利润总额5.82亿元、净利润5.3亿元。

（国联信托）

编辑 何 峰

旅游业

综　述

【旅游接待】 2021年，无锡市接待国内游客8800.09万人次，比上年增长46.4%。接待旅游、参观、访问及从事各项活动的入境过夜旅客6.7万人次，比上年下降26.4%，其中外国人4.82万人、港澳台同胞1.88万人。外国人中，韩国人最多，有16307人；其次为日本人，有10332人。

（市文广旅游局）

【旅游收入】 2021年，无锡市实现旅游总收入1654.85亿元，比上年增长56.4%。无锡市文化旅游发展集团有限公司（以下简称“市文旅集团”）实现总收入11.6亿元，其中文旅建设板块收入6.98亿元、旅游景区板块收入4.62亿元，资产总规模102亿元。

（市文广旅游局　市文旅集团）

【旅游规划】 2021年，市文广旅游局牵头组织编制《无锡市“十四五”旅游发展规划》，全面总结“十三五”期间无锡旅游业取得的发展成就，分析“十四五”面临的发展形势，并从空间、产业、品质、数智、服务、品牌等方面提出“六项升级”任务，为实现将无锡建设成为“彰显吴地文化魅力、独具江南山水特色”的国内一流、具有国际影响力的休闲度假旅游目的地城市目标作出科学规划和有力支撑。滨湖区开展《滨湖区全域旅游设施布局专项规划》编制，启动太湖108廊道休闲系统建设，建成滨湖智慧旅游线上“总入口”。

（市文广旅游局）

【全域旅游】 2021年，梁溪区以创建国家全域旅游示范区为目标，推动构建“旅游产品全系覆盖、文商旅全业融合、旅游服务全面优化、旅游休闲全时体验、旅游监管全域覆盖、旅游环境全民共享”的全域旅游体系，以古运河为纽带，加快锡钢浜游客集散中心等文旅项目建设，将旅游景区、名人故居、商业街区、文创园区等“串珠成线、闭合成环”，完善“运河名城·古韵梁溪”特色文旅小巷深度游线路。年内，梁溪区被评为第一批省级文化和旅游消费试点单位和文旅融合发展示范区建设单位。滨湖区启动马山交通换乘中心、天远桥湿地公园、阖闾文化教育基地提升、东泉码头及七里堤旅游驿站改造等重点文旅建设项目，提升旅游设施配套能力和水平。在上海、苏州举办滨湖旅游推介暨旅游产品发布会以及“花漾滨湖”“快乐滨湖”全国知名旅游达人体验活动，组织实施“看见美丽滨湖”短视频大赛，“听见美丽滨湖”有声明信片上线。宜兴市蝉联“中国县域旅游综合实力百强县”称号，制定《关于促进全域旅游高质量发展的政策意见（试行）》，完成两批20个项目全域旅游高质量发展政策奖励资金发放，累计金额342.24万元。阳羡雅达溪山小镇、窑湖小镇、大拈花湾项目等建设项目进展顺利。

（梁溪区文体旅游局
滨湖区文体旅游局
宜兴市文体广电旅游局）

【文旅产业合作】 2021年，市文旅集团推进文旅产业校企合作，与上海交通大学创新设计中心签订战略合作协议，在景观设计、乡村振兴、文旅策划等领域建立合作关系；携手江南大学围绕党建基地共建、锡商精神弘扬、景区品质提升等方面开展合作；与无锡职业技术学院围绕人才培养基地建设、师资队伍共享、文旅服务项目等进行合作洽谈。对接无锡市与延安市对口协作工作，与延安市黄龙县签订战略合作协议，首次将无锡—延安对口协作延伸到文化旅游领域，并向延安市民推出一年期免费游园等措施。

（市文旅集团）

旅游资源

【概况】 无锡山水秀美，人文景观众多，旅游资源丰富。太湖之滨有鼋头渚、蠡园、梅园等以自然景观著称的梅梁胜迹；惠山之麓有惠山古镇、寄畅园、天下第二泉等以山、泉、亭、桥、祠庙等体现历史人文特色的锡惠胜迹；运河之畔有以清名桥历史文化街区、南禅寺景区为代表的运河文化旅游资源，还有以荡口古镇为代表的古镇旅游资源、以阳山桃花源景区为代表的乡村旅游资源、以善卷洞为代表的溶洞旅游资源、以滨江要塞旅游区为代表的红色旅游资源。至2021年末，全市共有旅游等级景区50家，其中AAAAA级旅游景区4家、AAAA级旅游景区26家、AAA级旅游景区13家、

AA 级旅游景区 7 家。

2021 年，无锡市以推动文旅融合为重点，无锡清名桥古运河历史街区（含窑群遗址）、古运河游线（含红色之旅、夜游）、东林书院、惠山古镇运河休闲早茶、鸿山国家考古遗址公园、宜兴蜀山古南街、今夜“梁”宵运河夜市、南禅寺景区、运河外滩休闲街区、伯渎河文化公园、宜兴白塔村、梁鸿国家湿地公园 12 个项目入选江苏“运河百景”标志性运河文旅产品，入选数量居全省第一位。加强旅游景区日常监管，委托第三方专业机构开展旅游景区常态化暗访调研，定期梳理存在问题并反馈给旅游景区进行整改，优化旅游景区建设管理水平。

（市文广旅游局）

【中视传媒无锡影视基地】 中视传媒无锡影视基地始建于 1987 年，下辖唐城、三国城、水浒城三大景区，占地约 80 公顷，可使用太湖水域面积 200 公顷，是国内建成最早的影视拍摄基地和文化旅游胜地。唐城景区为首批国家 AAA 级旅游景区；三国水浒景区为首批国家 AAAAA 级旅游景区、首批全国影视指定拍摄景地和首批全国低碳旅游实验区。无锡影视基地三大景区风景优美，樱风荷韵，春棠秋苇，四时花景相映。影城内建有桃园、吴王宫、甘露寺、卧龙岗、赤壁栈道、水寨码头、宋皇宫、太尉府、紫石街、清明上河街、水泊梁山、唐宫唐街、御花园等体现秦汉、唐宋风貌的几十个景点。

2021 年，无锡影视基地动员全员创新经营举措，全力以赴开展增收节支工作。把握各大节假日契机，开展“三国水浒古春节”“三国水浒名著之旅”“国风诗韵贺中秋”“享国风盛宴，品汉宋风华”“红嘴鸥观赏季”“女神驾到——初春遇见你”“三国品梅节”等特色活动，促进旅游恢复；开发室外演出，创新推出“知否知否，正是海棠花开”“荷你相遇”“徽宗游园贺天宁”“相和歌”“杨志卖刀”“远方的客人”“清明上河赋”等舞蹈、巡游、快闪多个类型新节目；提升研学体验，抢抓学生游市场，全年开展研学活动 163 场，参与人数 4.7 万人；探索“旅游 + 游戏”“旅游 + 动漫”等模式，与北京英雄互娱科技股份有限公司合作举办游戏《极无双》玩家见面会；结合《新大头儿子和小头爸爸 4：完美爸爸》电影上映，策划举办“大手牵小手，探秘三国游”活动。开发短视频、网络剧合作等业务，《重生之门》《梦华录》《奔跑吧》等有影响力的剧组先后入驻，全年累计接待剧组 50 个。年内，无锡影视基地三国水浒景区获评“驴妈妈”旅游网 2020 年度最佳亲子旅游景区。无锡影视基地获评 2021 年度无锡市旅游行业“抗疫复苏·产业振兴”先进集体、2021 年度美丽太湖·美好生活“锡式生活”网红打卡地等。

（无锡影视基地）

12 月，无锡影视基地推出“红嘴鸥观赏季”特色活动

（无锡影视基地　供图）

【灵山景区】 灵山景区始建于 1994 年，是国家 AAAAA 级旅游景区、世界佛教论坛永久会址。占地面积约 30 公顷，有小灵山、祥符禅寺、灵山大佛、灵山梵宫、五印坛城、佛教博览馆、九龙灌浴等景点。其中，灵山大佛于 1997 年落成开光，高 88 米，为世界最高的露天青铜释迦牟尼立像。景区集湖光山色、园林广场、佛教文化、历史知识于一体，是中国最为完整、也是集中展示释迦牟尼成就的佛教文化主题园区。

2021 年，无锡灵山文化旅游集团有限公司通过调整商业空间、打造主题门店、做优文创产品等，增强游客消费动力，举办灵山胜境浴佛节活动、“为爱行走·只为她更美”大型公益徒步活动（女性专场）、灵山大佛建成 24 周年庆典等活动。拈花湾景区加大资源统筹协调力度，加强产品研发创新整合，引进星巴克、肯德基等品牌餐饮店，填补时尚消费空白，升级华服体验、颂钵疗愈等产品，为游客提供独具拈花湾特色的文化体验，推出日间禅行、夜航演艺等新产品，完善景区演艺产品体系，承办“发现江苏·走进最美湖湾区”、第五届马山杨梅节暨中国好声音 10 周年音乐盛典开幕式等活动。年内，灵山集团获评第一批江苏省文明旅游示范单位；无锡拈花湾文化投资发展有限公司获评全国文旅先进集体，文创产品“十二星座香囊玩偶”获评 2021 年中国旅游商品大赛金奖；拈花湾景区获评第一批国家级夜间文化和旅游消费集聚区。

（灵山景区）

【鼋头渚景区】 鼋头渚景区为太湖第一名胜，因有巨石突入湖中，状如浮鼋翘首而得名。首批国家AAAAA级旅游景区、国家级风景名胜区、国家级文明风景名胜区，是世界四大赏樱基地之一。其前身为1917年杨翰西构筑的别墅园林“横云山庄”，此后王心如、何辑伍、蔡缄三等人在此兴建园墅，新中国成立后实施大规模景区开发建设。景区面积约500公顷，主要景点有充山隐秀、太湖仙岛、十里芳径、横云山庄、藕花深处等。广福寺建于萧梁，为南朝四百八十寺之一。1988年所建的中日樱花友谊林位于鹿顶山下，为著名的赏樱胜地。

2021年，鼋头渚景区探索文旅融合发展之路，将传统文化、江南文化与鼋头渚山水樱花文化相结合，打造樱花节盛唐文化、花菖蒲节山水文化、太湖风情旅游节渔家文化、冬季观鸟节自然文化等特色文旅活动。景区成为“运河城市精品景区合作机制”成员单位，与扬州瘦西湖、荷兰羊角村、南京中山陵等多家知名景区形成战略同盟，共同打造运河城市精品景区旅游品牌。开发鼋头渚特色美食、文创产品等，樱花季推出首款鼋头渚创意雪糕和樱花风铃，横云饭店结合花事节庆活动推出樱花套餐、荷花套餐、渔家套餐等各色时令菜肴。10月15日，横云饭店菜品在南京国展中心进行展示。年内，鼋头渚景区“中国·无锡太湖鼋头渚国际樱花节”获第十届中国节事与旅游大会中国优秀当代节事、新华网第八届文化和旅游融合创新论坛“2021文化旅游优选目的地”、江苏文化和旅游自媒体联盟“2021年度最具创新奖”等荣誉。

【惠山古镇景区】 惠山古镇景区位于惠山北麓，是国家AAAAA级旅游景区。景区面积3.5平方千米，其中核心区域1.09平方千米，由原锡惠公园（锡惠名胜区）和惠山历史文化街区合并而成，分为文物古迹区、锡惠名胜区、历史文化街区和山林保护区4个部分。其中，锡惠名胜区又称锡惠景区，是国家重点风景名胜区。惠山老街被评为中国历史文化名街，惠山祠堂群被列入中国世界文化遗产预备名单。景区文物古迹众多，山水林泉俱佳。有风景名胜景点200余处，有良渚锡山先民遗址、战国春申君饮马处、南朝惠山寺庙园林、唐代天下第二泉、宋代金莲桥、明代寄畅园、愚公谷、二泉书院和碧山吟社，有建于唐代至民国的118个祠堂及园林，有无锡露天历史博物馆之称。景区还有中国最佳植物专类园——中国杜鹃园。

2021年，惠山古镇景区依托惠山固有的历史肌理，推进项目建设和申遗工作，创新旅游活动形式，通过举办惠山古镇中华花朝节、无锡市花杜鹃花节、“倷伲惠山有劲头”国庆沉浸式夜游、惠山菊展等活动，提升“江南醉美赏秋地”品牌影响力。以天然山水、园林庭院作舞台，以现代舞美、传统戏剧为依托，通过“文化+”“旅游+”“演艺+”等措施，彰显传统文化魅力，打造无锡城市会客厅、无锡人的休闲家园。参加上海（国际）花展、扬州世界园艺博览会、第17届中国杜鹃花展览、第11届江苏省园艺博览会、武汉第九届斗菊擂台赛等花事活动，获金奖4个、银奖1个、铜奖1个。年内，惠山古镇景区获“江苏省非遗旅游体验基地”“第一批江苏省文明旅游示范单位”等称号，中国泥人博物馆入选第一批无锡市国家科普教育基地储备库名单。

（市文旅集团）

旅游项目建设

【概况】 2021年，全市旅游度假区品牌影响力和市场知名度持续提升，成为无锡市休闲度假旅游供给最重要的阵地。无锡太湖国家旅游度假区完成全域旅游规划编制，江苏省首个点状供地项目——小南湾乡创综合体签约落地，马山街道创成首批全国乡村旅游重点镇。宜兴阳羡生态旅游度假区推进茗岭窑湖小镇、雅达健康生态产业园、隐龙谷温泉度假酒店等重大文旅项目建设，策划组织“春到阳羡格外艳”“梅好阳羡乐享一夏”“金秋旅游季”“冬日暖阳暖阳羡”四大品牌活动，填补宜南山区夜间经济空白。无锡山水城旅游度假区成立旅游综合保障工作指挥部，推进全域旅游保障，启动建设太湖郊野公园，举办2021中国国际智能传播论坛。阳山生态休闲旅游度假区举办第25届桃花节、半程马拉松、第四届大学生写生旅游节、蜜桃音乐节等特色节庆活动，中国国家地理阳山超级自然营地落户，度假区内的桃源村、阳山村获评省级乡村旅游重点村。江南古运河旅游度假区在梁溪区新一轮区划调整中加快整合融合，对清名桥、惠山、北大街3个街道进行统一管理，实现开发区管理权限和模式创新。清名桥历史文化街区创成首批国家级旅游休闲街区，举办2021中国大运河非遗旅游大会、“康辉说”无锡篇、“七一”江南古运河灯光秀、中秋佳节清名桥无人机表演等特色活动。《江苏省无锡翠屏山旅游度假区总体规划（2019—2035）》《江苏省无锡鸿山旅游度假区总体规划（2019—2035）》获省政府批复。

【文旅消费示范区建设】 2021年，无锡市入选第二批国家文化和旅游消费试点城市；滨湖区、梁溪区被确定为首批江苏省文化和旅游消费试点单位和江苏省文化和旅游产业融合发展示范区建设单位；拈花湾小镇创成首批国家级夜间文化和旅游消费集聚区，清名桥历史文化街区建成首批省级夜间文化和旅游消费集聚区，融创文旅城成为第二批省级夜间文化和旅游消费集聚区创建单位。开展省级文化产业示范基地复核，6家工业旅游区通过复核验收，新增兴澄特钢工业文化旅游区为省级工业旅游区。开展省级文化产业基地复核，3家基地通过复核验收。

（市文广旅游局）

【疏林透湖项目】 2021年，市文旅集团蠡湖景区对十八湾（闾江口至姚湾立交）、蠡湖（渤公岛环湖路口至宝界桥）的湖岸线空间进行疏林透湖和景观营造，实施面积21.9万平方米，长度4.2千米。景区按照"透湖、透塘、透景"的理念，通过采取"挑、清、补、移"方式，对沿湖绿地进行大范围疏林清杂、地形整理及花带景观营造，打造滨湖疏林景观，勾勒更为"可达、宜游、悦动"的沿湖岸线。结合沿湖湿地景观，景区在内塘水系周边采用120余种菊科、马鞭草科等宿根及草本花卉组成花带景观，营造错落有致、疏密相间、色彩丰富的自然野趣氛围。围绕基础设施改造、公共服务体系建设，集成式推进建设生态宜居、配套完善的新格局，构建美好生活景观空间。

（市文旅集团）

【旅游休闲街区建设】 2021年，市文广旅游局根据《旅游休闲街区等级划分》标准，培育建设旅游休闲街区，发挥文旅融合优势，拉动旅游休闲消费。清名桥历史文化街区以古运河为纽带，串联旅游景点、文化设施、商业街区、文创园区等，完善旅游景观，挖掘文化内涵，丰富文旅产品，推动街区文化创造性转化、创新性发展，入选首批国家级旅游休闲街区。雅达·阳羡溪山小镇中心街区以文化为灵魂、生活为核心，将旅游业态结合宜兴本土文化体验，打造宜兴文化展示、交流、互动平台，构建"宜游、宜赏、宜玩、宜购、宜居"的慢享文化商业街区，入选首批江苏省旅游休闲街区。

（市文广旅游局）

旅游业态

【乡村旅游】 2021年，无锡市推动休闲农业产业发展，加快推进休闲农业转型升级，全市有休闲农业园区景点（农家乐）942个，休闲农业和乡村旅游接待游客2428万人次，营业收入33.36亿元。锡山区鸿翔猕猴桃创意果园等9个园区获评省级主题创意农园，锡山区雨田别业云农场等9个基地获评省级农耕实践基地，惠山区尚田小镇等9个基地获评省级康美基地。3月27日，在宜兴市举办全省首场"苏韵乡情"乡村休闲旅游农业专场推介活动。3月，市农业农村局推出无锡市乡村休闲旅游农业指南《锡望·乡间》，推介阳山桃花节、芳桥目连节、青鱼捕捞节等12个重点农事节庆活动以及开心农场之旅、吴韵福地之旅等特色旅游路线。年内，马山街道入选第一批全国乡村旅游重点镇，惠山区桃源村、宜兴市省庄村、江阴市红豆村、滨湖区古竹社区、惠山区阳山村、宜兴市张阳村、宜兴市横山村7个村获评江苏省乡村旅游重点村。组织乡村旅游重点村、旅行社参加江苏省第12届乡村旅游节和全省乡村旅游高

2021年，通过疏林透湖项目改造后的十八湾环湖美景　（市文旅集团　供图）

质量发展推进会，推出乡村旅游四季特色活动、乡村旅游精品线路、乡村文创产品等，展示无锡乡村旅游发展全新成果和典型经验。

（市农业农村局　市文广旅游局）

【生态旅游】 无锡市拥有丰富的森林资源，2021年建成各类自然保护地17个，其中省级自然保护区1个、国家级森林公园2个、省级森林公园4个、省级以上湿地（地质）公园10个。全市生态旅游人数1706.3万，旅游收入24.37亿元。

（市自然资源规划局）

【文化旅游】 2021年，梁溪区完成“人文梁溪”特色线路产品升级，推出“梁溪文化传承之旅”夏令营研学线路，设置有6条特色线路，分别是研学之旅·过一天新锡式“书院生活”、运河之旅·梦一场乡韵“运河时光”、红色之旅·追一段梁溪“红色记忆”、亲子之旅·赴一趟寓教以游“遛娃圣地”、小巷之旅·深度探秘巷子里的“老辰光”和夜游之旅·赏一夜江南“水弄堂”，并推出一套“玩转城俚厢”明信片。与华东区域旅行社合作，整合惠山古镇—接官亭弄、崇安寺—小娄巷、南禅寺—清名桥三大片区文旅资源，推出“人文梁溪”自由行线路。

4—5月，宜兴善卷洞风景区举办“2021年中国·宜兴梁祝文化旅游节暨观蝶节”，以“来一场善卷修行，做一次蝴蝶恋人”为主题，开展汉服沉浸式游园、“巾帼展芳华，礼赞新中国”旗袍秀游园、寻找最美花仙子、汉婚体验招募、“缘来在这里——善卷洞甜蜜之旅”相亲活动、百年善卷储南强工匠研学文化体验等活动。

（梁溪区文体旅游局
宜兴市文体广电旅游局）

【休闲旅游】 2021年，市文广旅游局推出“周末惬意在无锡”元宵特色系列活动，通过开展实景演出、元宵灯谜会、民俗表演等系列活动，营造浓郁的节日气氛，在东林书院举行“乐活元宵·拾忆东林”活动，网上直播点击量近20万次。3月，在2021无锡国际赏樱周暨中日樱花友谊林建设34周年纪念活动期间，举办“周末惬意在无锡”赏樱春游季启动仪式，中国人民对外友好协会、江苏省人民对外友好协会领导，部分外国驻华大使、驻上海总领事等80余人参加启动仪式，进一步扩大无锡城市国际影响力。

（市文广旅游局）

【工业旅游】 2021年，无锡市江阴兴澄特种钢铁有限公司被评为省级工业旅游区。该公司依托丰厚的钢铁文化、先进的生产工艺等资源，打造集钢铁工业科普、智慧制造、绿色发展、特钢文化、科学管理为一体的特色工业旅游区。建立健全工业旅游区运营和管理规范，设置一条精品线路：游客服务中心—特钢之路（科技大楼展厅）—科技炼钢（兴澄研究院）—园中苑（兴澄苑）—江尾海头（长江万吨码头）—高炉雄风（3号高炉）—智慧工厂（厚板分厂）—人才摇篮（特钢学院）。

（江阴市文体广电旅游局）

【红色旅游】 2021年，市文旅集团梳理惠山古镇“崇德倡廉”廉政文化教育专线、鼋头渚红色文化游专线、梅园廉政文化专线，打造蠡园红色游船及红色演艺、蠡湖党史文化长廊，推进惠山古镇党性体验中心建设，在景区内增设庆祝中国共产党成立100周年主题景点和特色打卡点，举办主题活动，丰富学习教育研学线路，使党史学习教育与传统文化、家风文化、廉政文化等相融合。4月16日，2021无锡红色旅游精品线路发布暨红色主题旅游启动仪式在公花园多寿楼无锡第一支部党建基地举行，发布21条无锡红色旅游精品线路，包括11条一日游线路和10条二日游线路，线路中有20余个党史教育基地和爱国主义教育基地参观点。红色主题旅游活动贯穿全年，让参与者“游中学、学中游、寓教于游”，在观光赏景的同时重温革命历史，弘扬奋斗精神。年内，红色旅游专线共吸引近400批1.1万余人次参观学习。

（市文广旅游局　市文旅集团）

【影视体验游】 2021年，无锡国家数字电影产业园以“电影拍摄流程”为设计概念，将“数字电影科技”创新成影视文化互动体验项目，打造影视文化旅游、文创商业与影视产业跨界共融、潮流共生的新概念景区。自主研发的电影级5D光影演绎产品“影动无锡”、数字电影科技馆、3D蜡像馆、民国街、武媚娘影棚等影视文化科技互动体验项目，定制的“电影工业之旅”“影视文化拓展训练营”等高端体验项目，让游客深度体验电影的神秘魅力。游客可在无意间撞进电影拍摄现场，意外出镜、高频撞星，更有开机仪式、新片发布会、明星见面会、“无锡电影之夜”等潮流娱乐活动让游客目不暇接。

（滨湖区文体旅游局）

【夜间旅游】 6月12日，由市文广旅游局、滨湖区政府联合主办的2021无锡醉美盛夏夜消费季启动仪式举行。活动围绕夜购、夜娱、夜秀、夜动、夜游、夜读、夜食等七大主题，设计推出一批极具创新创意的夜间促消费活动，打造一场富有无锡特色、融合长三角元素、时尚好玩的城市夜消费嘉年华。全市百余家综合体、大型商超等商贸流通企业以及公园景区、名胜古迹、图书馆、文化馆、博物馆等室内外文化娱乐场所，面向全无锡以及长三角推出众多夜间特色活动和优惠措施，丰富消费者夜间消费体验，活跃全市商贸和文旅消费市场。活动现场发布无锡首批10个“醉美盛夏夜消费打卡地”。7月5日至8月31日，拈花湾景区举办“星光嬉水节”，风情舞蹈、网红水幕秋千、歌舞表演秀、泼水狂欢节、夏夜星光市集吸引众多游客打卡。拈花湾“微笑广场”由北京奥运会开闭幕式灯光总设计团队打造，结合水下舞台装置、全息数字影像屏、高流明激光投影等五大视觉演绎手法，创造性设计出360度沉浸观演的梦幻表演景致。表演中300余架无人机翱翔在空中，用科技演绎璀璨，带来超震撼的视觉享受。7月4日至8月31日，无锡融创乐园夜场开放，游客可欣赏到牛仔主题花车及荧光造型牛仔方阵的水世界、雪世界、海世界。融创剧场上演的《太湖秀》，创作取材起源于柔情万种的江南胜地，通过世界顶级剧场设备的灯光舞美与演员演绎，其沉浸式体验和深厚的文化底蕴，成为无锡乃至长三角地区景区的文化地标。《太湖秀》丰富游客的夜间行程，提升无锡夜间旅游吸引力。7月，历时一年半改造升级的湖滨商业街全新开街，"滨湖717·缤纷Ye生活节"启动，湖滨商业街作为被商务部命名的中国特色商业街，各种美食品尝销售应季推出，龙虾节、啤酒节等活动人气火爆，实现美食文化与夜游产品完美融合。8月18日，溪南公馆海派风情商业街举行第七届河埒美食节暨溪南公馆电影美食节，深度挖掘无锡味道。"绚烂河埒·夜色溪南"文创集市亮相夜幕下的街区，除手作、工艺品外，"回眸河埒时间"邮局、党史泥塑作品、河埒发展明信片等文创作品也以"当红市集"的形式进行现场展示。年内，2021年鼋头渚景区夜赏樱花活动、水上音乐烟花大会举办。梁溪区继续打造"今夜'梁'宵"特色文旅品牌，发展特色夜市经济，突出梁溪"运河夜市"独特性，清名桥"夜市一条街"、小娄巷"良辰烟花美集"等多个城市夜间经济集聚区成形，祝大椿文旅融合项目获得省级"水韵江苏·苏心产品"创新大赛宣传视频一等奖。

（梁溪区文体旅游局
滨湖区文体旅游局）

2021年，拈花湾景区推出日间禅行等特色演艺活动　（灵山景区　供图）

【禅修游】 2021年，灵山景区开展瞻仰灵山大佛、观赏九龙灌浴、参观灵山梵宫和五印坛城、观看灵山大型音乐史剧《吉祥颂》等游览活动，渲染佛教文化氛围。游客通过品尝灵山素食，参加抄经、坐禅等禅修活动，感受别具一格的禅意体验。拈花湾景区开展夜游"禅行"精品专线，举办水幕光影秀，沿街的禅趣生活情景结合花道、茶道、琴道、抄经等活动，让游客在夜晚中享受禅文化的传统魅力。5月，宜兴市在西渚镇云湖国际会议中心举办云湖素食文化周活动。游客除品尝到各类地方特色素食、土特产品外，还可以在大觉寺欣赏王予羲国画作品展，在阳羡茶文化博物馆参与品茗、采茶体验等。活动秉承"传播素食文化、倡导绿色生活"理念，为素食、保健、绿色生活用品和相关企业搭建良好的现场交流平台。

（滨湖区文体旅游局
宜兴市文体广电旅游局）

旅游推介

【旅游推介活动】 4月，市文广旅游局在扬州2021年世界园艺博览会上举办"无锡主题周"活动，组织市歌舞剧院、锡剧院、滑稽剧团、评弹团等多家文艺院团，通过多种精品文化艺术形式，展示无锡历史文化、风土人情的独特魅力。音诗画《岁月如画，四季如诗，我在无锡等你》成为"无锡主题周"宣传推介亮点，生动再现无锡四季丰富的旅游资源、秀美的山水风光、深厚的文化底蕴。5月，无锡文化旅游上海推介招商会在东方明珠城市广场举行，被《中国旅游报》、《人民日报》、上海电视台等30家媒体报道。10月14—16日，无锡市在深圳华侨城欢乐海岸举办2021深圳"无锡文化旅游周"活动，以"深爱无锡，品味江南"为主题，通过情景互动、"非遗"展示、文艺展演、美食文创等形式，宣传推介无锡。市委书记杜小刚出席开幕式并颁发"幸福家庭畅游无锡大礼包"，超过1.2万名深圳市民参加。"牵手无锡旅情"免费畅游无锡抽奖活动在相关"微博话题"中冲上深圳同城热搜第二，20余家主流媒体、近50家新媒体参与宣传报道，整个活动线上传播量超1.4亿。

【"分享我的无锡年"活动】 2021年春节期间，市文广旅游局响应文化

3 月 20 日至 5 月 20 日，无锡影视基地推出“三国水浒名著之旅”活动　（无锡影视基地　供图）

和旅游部办公厅《关于开展“云游合家欢，就地过大年”——全国旅游宣传推广活动的通知》，把市委、市政府“鼓励企业外地职工留锡过年”的政策举措落到实处，对外地留锡过年企业职工免费开放 25 家收费景区。组织开展“分享我的无锡年”摄影短视频全城征集和抖音打擂台活动，向广大网友征集在无锡过年的图片和短视频作品，进行线上大展播，收获 228 万点击量和 540 余条内容分享。

（市文广旅游局）

【文化旅游惠民周活动】 5 月 19—25 日，市文广旅游局举办“5 · 19”中国旅游日无锡文化旅游惠民周活动，对 31 家收费景区实施优惠门票，举办 2021 中国旅游日主题活动暨无锡太湖鼋头渚花菖蒲节、灵山景区浴佛节之吉祥庙会等 34 场特色活动，开展“我爱我的家乡——彩蛋计划”活动，在欧尚超市 4 家门店发放 5190 枚“彩蛋”礼品。

（市文广旅游局）

【无锡影视基地旅游节庆活动】 3 月 6—8 日，无锡影视基地特别推出“女神驾到——初春遇见你”活动，策划“女神半价游影城”“千朵玫瑰送女神”“花开三国迎女神”“精彩演出献女神”价格优惠政策和互动环节，倾情为女同胞献上诚挚的节日祝福。3 月 20 日至 5 月 20 日，无锡影视基地推出“三国水浒名著之旅”活动。活动将汉文化和精彩演出融合，依托景区春日美景和恢宏建筑，推出大型实景演出《刘备招亲》、多元素演出“知否知否，正是海棠花开”，互动参与项目“二乔邀您学汉舞”“送你一朵小红花”“穿汉服半价游影城”等活动，传承经典故事，开启文化之旅。4 月 12 日，浙江卫视王牌节目《奔跑吧 5》节目组在三国城吴王宫、香宁宫、竞技场、樱花林等 7 个景点拍摄。6 月 7 日，无锡影视基地联合无锡太湖山水城旅游度假区旅游管理中心、无锡市滨湖区雪浪街道果农协会、无锡市滨湖区雪浪街道大浮社区在水浒城外广场举办山水城第二届大浮醉李评比大赛颁奖暨第四届三国品梅节启动仪式，新华社江苏站、《江南晚报》、无锡广电新媒体中心对活动进行跟拍报道。7 月 10—11 日，无锡影视基地联合央视动漫集团有限公司举办“大手牵小手，探秘三国游”活动，引入电影动画人物，打造线下互动场景。12 月 10 日，无锡影视基地推出“红嘴鸥观赏季”特色活动，推出“双城门票 + 赏鸥特色定食 + 游船 / 公交”等多种组合产品，开通三国城和水浒城水上古船双城航线，举办“红嘴鸥拍摄大赛”，融合“大头儿子小头爸爸”动漫元素设置主题美陈供游客合影，编排《江南水韵》《远方的客人》系列快闪节目。

（无锡影视基地）

【鼋头渚景区花事节庆活动】 3 月 1 日至 5 月 5 日，鼋头渚景区开展鼋头渚国际樱花节，以“盛唐繁樱、盛世赏樱”为主题，融入中国元素，以演艺、戏曲、书画、互动等方式展示中国樱花文化，举办“中国樱·中国情”——全国书画名家作品邀请展，推出樱园百戏、盛唐樱舞、樱谷品酿等演艺活动。5月19日，鼋头渚花菖蒲节开幕，以水、花、人相互融合的方式展现山水文化。6月29日，民革无锡市委在鼋头渚举办庆祝中国共产党成立100周年“风雨同舟”书画作品展暨“云观王昆仑故居”启动仪式，重点布置“福满山河”“牛气冲天”“红色事迹”“元素精灵”“樱花仙子”“扬帆起航”等立体花坛。9—11月，举办鼋头渚太湖风情旅游节活动，以“听无锡故事、赏太湖美景、享江南生活”为主线，延续太湖渔家文化。举办中秋赏月水上音乐烟花大会，邀请全市支援抗疫的医护队员、先进模范代表、科技工作者以及企业家参与中秋盛会。在冬季观鸟节活动中，举办游湖观鸟、走近自然、探访人杰等活动，探索自然之旅，感受文化延续。

【惠山古镇景区花事节庆活动】 2021年春节期间，惠山古镇景区布置丰富多彩的水仙和春花展览，体现中国民俗传统的过年文化。4月1日至5月20日，举办杜鹃花、牡丹花展览，展出杜鹃花品种资源基因库中品种500个，牡丹花品种30个340盆。7月16日至8月27日，举办“礼仪小学士·国风新课堂”，依托惠山本土的多元文化，通过正衣冠、学礼仪、听故事、诵家风以及沉浸式体验游等活动，以文修心、以文化人，寓教于乐，引导中小学生拓宽视野、丰富知识，加深与自然和文化的亲近感，增加文化自信，提升民族自豪感。9月18日，承办无锡市园林绿化行业职工职业技能竞赛，以“青山毓秀、绿水情怀”为主题，开展花境景观创意设计和景观营造。景区选手刘志华获“无锡市五一创新能手”称号。9月27日至11月30日，举办惠山菊会，展出菊花品种600余种，各类菊花、草花数万盆。9月30日至10月6日，举办“倷伲惠山有劲头”夜公园旅游项目，以“寄畅有喜”主线贯穿始终，开展国风巡游、比武招亲、寄畅园沉浸式游园等活动，在园区内围绕“琴、棋、书、画、诗、酒、花、茶”设立8个具有代表性的古人互动打卡点，打造沉浸式游园体验，以“跟着古人来游园”的模式传递江南生活美学。10月12—13日，承办江苏省百万城乡建设职工职业技能竞赛“二泉杯”园林绿化行业绿化工决赛，景区选手刘志华获“江苏省五一创新能手”“江苏省住房城乡建设系统技能标兵”称号。

【梅园景区旅游节庆活动】 1月25日至3月15日，梅园景区举办2021中国长三角梅花文化旅游节，以花为媒、以梅会友，通过景观布置、文化展陈、主题活动等形式，展示长三角各赏梅胜地的秀丽风光、人文历史，推动长三角文化旅游合作发展。3月13日至4月11日，举办2021梅园郁金香节，种植郁金香近50个品种30万株，观赏面积万余平方米，结合景区新开辟的水域，将风车、咖啡屋等元素营造出别样的异域风情。5月，以“梅”满五月·梦幻奇遇为主题，打造首届梅园三角梅花艺展。9月17日至10月24日，举办2021第二届梅园百合花文化旅游节暨首届百合花海光影艺术节主题活动，邀请志愿者、社区工作人员、环卫工人等3000名全国文明城市创建一线的基层工作者免费观赏百合花展光影艺术节。12月，举办蜡梅节，在荣氏古迹区的诵豳堂、香海、梅花博物馆等处进行蜡梅桩景展示。

【蠡园公园花事节庆活动】 2021年春节期间，蠡园公园以“范蠡文化”为主题，开展“鼓舞闹新春、财神送财礼”“迎新集章”“范蠡西施联袂送福”等特色活动。3月15日至5月25日，举办蠡园桃花节，围绕“江南桃花、醉美蠡园”品牌特色，以精品桃花品种为主线，融入花卉器皿元素，形成自然花境效果。6月25日至8月31日，举办荷花展，在春秋阁、石弄堂、蠡湖烟绿、树屋等区域布置塘荷、睡莲展示以及精品缸荷、碗莲展示。9月，举办“芙蓉花季金葵花节”，在蠡园西部广场道路两侧成片种植10万余株向日葵，除传统品种“富阳”外，引进“柠檬碧翠”“黑天鹅”“金色08”等新品种，营造多姿多彩的蠡园秋日景观。

【无锡动物园旅游节庆活动】 5月，无锡动物园开展“春之童趣季”游园活动。7月16日至8月22日，举办夏季狂欢夜活动，利用丰富的动物资源优势，开展夜探动物园、亲子探秘营、暑期欢乐大马戏、阿熊乐园夏夜巡游、夏夜阿熊音乐盛典等活动。9月28日，阿熊乐园建园一周年庆，开展志愿服务，邀请特殊教育学校学生共游动物园。

（市文旅集团）

旅游管理

【旅游市场监管】 2021年，市文广旅游局持续开展全市文旅行业文明城市创建整改提升工作，围绕旅游等级景区制定深化提升整治行动方案，组织灵山文旅集团、惠山古镇争创国家级文明旅游示范单位现场初评。开展旅游市场专项整治行动，对AAAAA级旅游景区开展蹲点督导，对AAAA级旅游景区开展分批检查。开展文旅市场红黑名单管理，9家文旅企业列入红名单。

【旅游疫情防控】 2021年，市文广旅游局部署各级文化旅游行业管理部门、文旅企业从业人员加强对新冠肺炎疫情形势的研判，制定节日期间疫情防控工作方案，督促指导旅游等级景区、星级饭店、文博场馆等重点旅游场所严格落实防控要求,文旅行业疫情防控实现常态化、精准化。

【旅游安全管理】 2021年,市文广旅游局牵头制定旅游包车、高风险游乐项目、文旅场所火灾隐患、旅游景区客流超载等三年整治计划和旅游等级景区游乐场所安全专项方案,建立全市旅游行业危化品使用安全管理办法等长效机制。对全市旅游等级景区内游乐设施进行全覆盖摸底调查和隐患排查整改,排查整改游乐项目96个。严格落实假日旅游安全工作,制定文化旅游行业假日综合督导工作机制,健全假日应急值守和信息报送机制,组织开展旅游包车道路交通安全和水上救援等方面的综合应急演练。全年未发生旅游安全事故。

【旅行社管理】 2021年末,全市有旅行社266家,其中出境社34家。有星级旅行社25家,其中五星级旅行社3家、四星级旅行社2家、三星级旅行社11家、二星级旅行社8家、一星级旅行社1家。年内,无锡市完成第二轮旅行社质保金暂退工作,惠及22家旅行社。开展对上争取和接待超额等方面政策扶持,各类纾困奖补资金规模和数量位居全省前列。

【导游行业管理】 2021年末,全市有导游7310人,其中特级导游1人、高级导游48人、中级导游227人、初级导游7034人。完成2020年文化和旅游部"金牌导游"培养项目结项验收工作。

【旅游星级饭店管理】 2021年末,全市有星级饭店29家,其中五星级饭店11家、四星级饭店8家、三星级饭店10家。金陵大饭店、城中皇冠假日酒店、江阴黄嘉喜来登酒店、江阴泓昇苑酒店4家饭店通过文化和旅游部五星级饭店复评;无锡国际饭店、香梅国际酒店、江阴来富岛大酒店3家单位通过省文化和旅游厅四星级饭店复评。湖滨饭店、无锡大饭店入选文化和旅游部《星级饭店管理与服务典型案例汇编》。

(市文广旅游局)

旅游公共服务

【旅游基础设施建设】 2021年,全市新建、改扩建旅游厕所14座,其中乡村旅游厕所5座。推进实施等级景区旅游厕所"一厕一码",全市49家等级景区完成"一厕一码"旅游厕所标牌设立。完善、维护旅游交通指示牌,更换版面98块,基础加固55套,杆件油漆53根。

【全域旅游智慧监管服务平台】 2021年,无锡市围绕智慧监测、管理、服务、营销四个重点方面,提升平台功能,增加监控接入数量,新接入网吧299家,增加探头3000余个。完成全市AAAA级以上旅游景区及重点文化和旅游场馆点位信息统一接入省文化和旅游厅监测平台,实现数据互联互通,进行大数据分析,为日常及重大节假日旅游监管服务提供保障。

(市文广旅游局)

【"苏锡常畅游卡"推出】 11月8日,"苏锡常畅游卡"推出。由市文广旅游局指导,无锡市交通旅游发展有限公司实施的"苏锡常畅游卡"项目,以"美好太湖湾,畅游苏锡常"为主题,按照"精准定位、方便实惠、互利共赢"宗旨,整合苏州、无锡、常州3市优质文旅资源,实现互利互惠、合作共赢,为广大市民和游客提供三地互通、便捷优惠的旅游产品。"苏锡常畅游卡"推出单人版、亲子版两大类产品6种套餐,苏、锡、常3地市民均可购买使用。

【"自在趣无锡"旅游观光专线开通】 11月21日,无锡市公共交通集团有限公司"自在趣无锡"旅游观光专线开通,13辆全新升级的双层巴士回归锡城,300辆新能源电动巴士同步投运。"自在趣无锡"旅游专线有4条线路,分别以"人文、度假、太湖、都市"为主题,对应无锡人文历史、禅意休闲、太湖风光及现代都市。其中,"乐游3号线"和"都市观光线"均为双层巴士。

(市交通运输局)

编辑 何 峰

房地产开发经营

【房地产开发投资】 2021年，无锡市房地产开发投资1568.06亿元，比上年增长16.2%，其中住宅投资1327.41亿元，比上年增长18.8%。无锡市区房地产开发投资1048.31亿元，比上年增长16.3%，其中住宅投资881.89亿元，比上年增长19.9%。

【房地产项目建设】 2021年，无锡市区房地产施工面积3864.81万平方米，比上年下降8.45%，其中住宅2727.52万平方米，比上年下降13.76%；新开工面积870.42万平方米，比上年下降15.27%，其中住宅570.89万平方米，比上年下降26.6%；竣工面积737.69万平方米，比上年下降27.17%，其中住宅519.86万平方米，比上年下降33.22%。江阴市房地产施工面积1309.01万平方米，比上年下降7.11%，其中住宅1078.95万平方米，比上年下降6.61%；新开工面积350.36万平方米，比上年下降6.85%，其中住宅280.79万平方米，比上年下降15.12%；竣工面积143.75万平方米，比上年下降63.9%，其中住宅103.19万平方米，比上年下降66.76%。宜兴市房地产施工面积902.44万平方米，比上年增长23.24%，其中住宅697.41万平方米，比上年增长19.29%；新开工面积274.17万平方米，比上年增长18.51%，其中住宅193.44万平方米，比上年增长9.09%；竣工面积155.92万平方米，比上年增长46.67%，其中住宅129.88万平方米，比上年增长50.44%。

（市住房城乡建设局）

【商品房新增供应】 2021年，无锡市区商品房新增供应698.4万平方米，比上年增长8.82%，其中住宅631.32万平方米，比上年增长14.34%。江阴市商品房新增供应面积283.81万平方米，比上年下降25.23%。宜兴市商品房新增供应面积194.47万平方米，比上年增长24.51%。全年共备案新房项目105个，备案数54235套，备案面积646.5万平方米。

（市住房城乡建设局　市发展改革委）

【商品房成交】 2021年，无锡市区商品房成交面积749.81万平方米，比上年增长7.32%；成交金额1510.94亿元，比上年增长16.37%。其中，商品住房成交面积642.23万平方米，比上年增长7.77%；成交金额1387.22亿元，比上年增长17.38%。二手房成交面积473.39万平方米，比上年下降24.03%；备案金额581.86亿元，比上年下降17.73%。其中，二手住宅成交面积448.66万平方米，比上年下降21.3%；备案金额561.67亿元，比上年下降17.19%。江阴市商品房成交面积267.68万平方米，比上年下降9.72%；成交金额337.5亿元，比上年下降9.41%。其中，商品住房成交面积221.6万平方米，比上年下降15.83%；成交金额298.81亿元，比上年下降13.15%。二手房成交面积148.15万平方米，比上年下降13.29%；备案金额113.87亿元，比上年下降12.39%。其中，二手住房成交面积135.43万平方米，比上年下降14.02%；备案金额106.06亿元，比上年下降13.91%。宜兴市商品房成交面积192.98万平方米，比上年增长4.6%；成交金额270.78亿元，比上年增长14.05%。其中，商品住房成交面积172.92万平方米，比上年增长3.25%；成交金额249.52亿元，比上年增长13.29%。二手房成交面积173.61万平方米，比上年增长8.28%；备案金额96.36亿元，比上年下降0.81%。其中，二手住房成交面积167.29万平方米，比上年增

表40　2021年无锡市房地产开发情况统计表

指　标	单　位	数　值	比上年增长（%）
房屋施工面积	万平方米	6076.26	−4.5
#住宅	万平方米	4503.88	−8.1
#新开工面积	万平方米	1494.95	−8.6
房屋竣工面积	万平方米	1037.35	−31.6
#住宅	万平方米	752.93	−35.9
竣工房屋价值	亿元	635.80	−28.2
#住宅	亿元	508.44	−25.5

（市统计局）

表 41　2021 年无锡市房地产销售情况统计表

指　标	单　位	数　值	比上年增长（%）
商品房销售面积	万平方米	1550.86	0.0
现房销售面积	万平方米	245.51	−22.8
期房销售面积	万平方米	1305.35	5.9
商品房销售额	亿元	2658.96	12.6
现房销售额	亿元	259.25	−14.0
期房销售额	亿元	2399.72	16.5

（市统计局）

长 8.1%；备案金额 92.77 亿元，比上年下降 0.17%。

（市住房城乡建设局）

【存量房产交易】 2021 年，无锡市区存量房成交面积 469 万平方米，成交 50030 套，备案成交均价 12307 元 / 平方米。其中：滨湖区存量房成交面积 82 万平方米，成交 9095 套，备案成交均价 11942 元 / 平方米；新吴区存量房成交面积 116 万平方米，成交 11869 套，备案成交均价 14479 元 / 平方米；惠山区存量房成交面积 86.7 万平方米，成交 6755 套，备案成交均价 10316 元 / 平方米；梁溪区（原崇安区范围）存量房成交面积 30 万平方米，成交 3561 套，备案成交均价 12488 元 / 平方米；梁溪区（原南长区范围）存量房成交面积 43.8 万平方米，成交 5230 套，备案成交均价 13465 元 / 平方米；梁溪区（原北塘区范围）存量房成交面积 40 万平方米，成交 4902 套，备案成交均价 11681 元 / 平方米。

（市房地产业协会）

【商品房交付使用验收】 2021 年，全市完成商品房交付使用竣工验收项目 198 个，面积约 1544 万平方米，107122 套。其中，毛坯住宅面积约 513.5 万平方米，42880 套；精装住宅面积约 552.2 万平方米，47117 套；非住宅面积 166.7 万平方米，16906 套。

【房地产开发企业资质管理】 2021 年，无锡市有 179 家房地产开发企业申报办理相关资质，其中市级审批的三级以下资质 13 家，经市级初审后上报省住房城乡建设厅审批的暂二级以上资质 166 家。至年末，无锡市房地产开发企业共有一级资质企业 3 家、二级资质企业 183 家、暂定二级资质企业 372 家、三级资质企业 8 家、四级资质企业 1 家、暂定三级资质企业 46 家。

【项目开发建设管理】 2021 年，市住建部门加强商品房开发管理，在新建项目中提出公共服务设施、建筑节能、绿色建筑、绿色施工、可再生能源利用、成品住房、海绵城市以及产业现代化等建设要求。房屋交付前，严格按照建设要求进行公共服务设施核实，确保所有建设内容按质按量配置到位。全年办理《项目建设条件意见书》27 项，涉及住宅面积 284.41 万平方米，户数 24085 户，公共服务设施配置面积 10.77 万平方米；完成公共服务设施核验 54 项，涉及住宅面积 329.04 万平方米，户数 26387 户。

【新建成品住房装修管理】 2021 年，市房地产调控领导机构印发《关于完善我市市区新建成品住房装修工作的通知》，推行新建成品住房基本装修和升级装修分类管理，明确住宅套内装修标准要求，并要求所有成品住房必须配置有独立采暖、中央空调和新风系统；全面实施样板房制度，要求新建成品住房交付标准样板房分基本装修交付标准样板房和升级装修交付标准样板房，并在装修评估和申领预销售许可证前完成验收。

【《无锡市高品质住区实施导则（试行）》编制】 9 月，市住房城乡建设局会同市自然资源规划局、市市政园林局编制出台《无锡市高品质住区实施导则（试行）》。实施导则以贯彻《无锡市住宅品质提升设计指引（试行）》为基础，将“高品质住区”定义为运用多种工程技术，改善居住环境、提升住户体验，打造全生命周期的高品质居住体系的住区。实施导则从住宅小区规划、建筑品质、停车系统、环境景观、科技创新等方面提出相应指标要求和针对性、合理化引导与建议，并突出国家推行的关于绿色建筑、海绵城市、工业化建筑、成品住宅等低碳、节能相关工作方面要求，通过多措并举，全面推动无锡市住宅向高品质方向发展。

（市住房城乡建设局）

房地产中介和租赁服务

【房产经纪和中介机构】 2021 年，无锡市工商可查询房产经纪和中介名称公司 3726 家，无锡房地产业协会统计经营活跃公司 920 家，有网签资格公司 152 家，从业人员约 1.2 万人（不含江阴、宜兴）。全市新增全国房地产经纪人协理 130 人、全国房地产经纪人 235 人。

（市房地产业协会）

【房地产经纪机构信用管理】 2021 年，市住房城乡建设局开展 2021 年度房地产经纪机构信用评价工作，依据《无锡市房地产经纪信用管理办法》，通过经纪机构自行申报、主管部门录入、房地产经纪信用信息平台收集、其他相关监管部门信息共享和社会公众举报投诉等多种信用信息收集方式，评定并公布2021年度房地产经纪机构信用评价结果。参评经纪机构162家，其中，优秀（A级）4家、合格（B级）157家、失信（C级）1家。评价结果录入房地产经纪机构信用平台，并对外公示。

（市房地产市场管理和监测中心）

【房产租赁】 2021年，无锡市出台《关于加快发展保障性租赁住房的实施意见》，新增保障性租赁住房房源5786套（间）。启动建设新街家园二期公共租赁住房336套、东璟家园F1地块公共租赁住房364套。新建、改建国际人才公寓1万套；惠山区国际人才社区改造项目交付使用，可提供小户型公寓1031间。全年为城镇住房保障家庭租赁补贴发放户数1426户，其中市区1157户。

（市住房城乡建设局）

房地产市场监管

【商品房预售资金监管】 7月1日，《无锡市商品房预售资金监管办法》（以下简称《监管办法》）施行。《监管办法》规定，2021年7月1日前处于监管状态的房地产开发项目，仍按照《无锡市商品房预售资金监管暂行办法》（2015年出台，以下简称《暂行办法》）规定监管，直至监管终止。全年，无锡市级监管机构（仅包括梁溪区、滨湖区、新吴区）按照《暂行办法》新增监管项目19个，监管账户123个，监管账户拨付资金703.15亿元，余额15.78亿元；按照《监管办法》新增监管项目55个，监管账户79个，监管账户拨付资金61.9亿元，余额41.29亿元。

【房屋网签系统植入银行柜员机】 2021年，市房地产市场管理和监测机构创新“互联网+政银”服务模式，与中国建设银行无锡分行打造省内首创的银行智慧柜员机搭载存量房自助网签业务，推动网上签约、资金监管、贷款审批一站式办理。存量房自助网签业务从原有6个网点、15台自助网签机提供网签服务，扩大到市区范围内67个网点、15台自助网签机、210余台智慧柜员机均可办理网签服务。

（市住房城乡建设局）

【交房即发证服务】 2021年，市自然资源规划局借助“互联网+不动产登记”服务，精准摸清“交房即发证”全链条堵点难点，在全市自然资源系统创新实行“五联五通”机制，确保交房即发证服务常态化，即党建业务联建，带动资源共通；线上线下联贯，撬动业务融通；堵点难点联抓，催动政策沟通；监管措施联动，促动登记畅通；温馨服务联创，牵动民心相通。将全市所有楼盘纳入“交房即发证”服务范围，让“交房即发证”实现常态化、全覆盖。年内，全市完成交房即发证14158本。

（市自然资源规划局）

物业管理

【国有物业进驻老旧小区全覆盖】 2021年，市住建部门开展“老小区·新管家”行动，在全国首创以国有物业进驻接管方式，管理老旧小区。8月，实现市区494个、1717万平方米的无物业老旧小区物业管理全覆盖，惠及居民25万户，并高分通过省、市“我为群众办实事”项目验收。国有物业企业进驻后，加快推进小区环境、车辆秩序等方面的清理整治，发扬“红色基因”传承，通过与属地街道、社区党建联盟共建，把基层党建与倾听群众呼声、提升物业服务、构建和谐社区相融合，搭建物业、社区和群众沟通协调机制，并围绕文明城市建设、社区养老、文化教育、垃圾分类、助残助贫等开展联盟党建和志愿服务，形成一批特色贴心物业服务项目。

【既有住宅增设电梯】 2021年，无锡市进一步完善既有住宅增设电梯配套政策，调整优化公积金扶持增梯流程。至年末，全市累计受理增梯申请349起，核发增梯开工172部，竣工投入使用电梯116部。加大资金支持力度，累计发放财政补贴56.21万元，公积金支持增梯金额108.76万元。

（市住房城乡建设局）

【群租房治理】 2021年，市公安局牵头成立无锡市群租房安全专业委员会。牵头修订《无锡市房屋租赁管理办法》，于12月14日经市政府常务会议审议通过，将群租房管理作为修法重要内容，突出群租房出租人主体责任、房屋出租标准、租赁行为管理和承租人义务等方面，为常态化治理提供法治保障。在全市实施群租房“控增去存”攻坚行动，通过取缔、停租、分流、替代、退出等方式，减少群租房存量、控制增量。至年末，群租房总量降至8359户，较上年峰值降低72.3%。处罚违法违规房东、二房东600余人，拆除违规隔断群租房4212间。全市涉及群租房警情、投诉比上年分别下降82.6%、47.1%。排查整改各类安全隐患3.6万余处，现场纠正小微违规行为7.3万余次。实施群租房“第二生命通道”畅通行动，拆除影响消防救援及逃生的外窗、阳台栅栏5600余处，添置灭火器、应急灯、消防水管、独立烟感报警器1.6万余件，配备消防逃生“四件套”（灭火器、防烟面罩、多功能手电筒、逃生绳）4万余套，基本实现群租房居住间全覆盖。试行群租房应急安全保护“熔断”机制，对1100余户存在重大安全隐患且逾期不整改的群租房，实施“熔断”提醒，对200余户采取“熔断”措施。出台《群租房安全隐患举报奖励办法》，组织群租房安全宣讲活动，开展安全整治先进社区评选。全年群租房未发生重大安全事故。

（市公安局）

编辑　何　峰

农 业

综 述

【农业经济发展】 2021年，全市农林牧渔业总产值214.49亿元，比上年增长1.9%，农业农村经济运行总体呈现持续向好态势。粮食种植面积80050公顷，亩产458.57千克，总产量55.06万吨。蔬菜播种面积40007公顷，比上年下降6.9%；蔬菜总产量124.02万吨，比上年下降4.5%。水果种植面积10449公顷，总产量16.88万吨，比上年减少1.41万吨，下降7.8%。锡山区东港镇获批创建国家农业产业强镇，惠山现代农业产业园获批创建国家现代农业产业园，宜兴市丁蜀镇西望村、锡山区山联村获评全国“一村一品”示范村，滨湖区马山街道获评全国乡村特色产业“一村一品”十亿元镇，宜兴市西渚镇白塔村、宜兴市湖㳇镇张阳村、宜兴市丁蜀镇西望村、惠山区阳山镇桃源村获评全国乡村特色产业亿元村。无锡市江苏华西都市农业科技发展有限公司、江苏神力生态农业科技有限公司、惠山区建勤家庭农场获评全国首批“生态农场”。市农业农村局被农业农村部授予全国粮食生产先进集体，宜兴市农业农村局解平被农业农村部授予全国粮食生产先进个人。

【现代农业园区】 2021年，全市“百企建百园”工程新建项目30个，总投资14.9亿元。项目建设推动工商、社会资本投资农业、农业资源要素整合利用以及农村一、二、三产业融合发展。2018—2021年，全市累计建设“百企建百园”工程园区111个，总投资43.26亿元，带动全市农业园区面积比重提升至60%。

【绿色生态发展】 2021年，无锡市推进江阴市华西村、宜兴市茶亭村两个省级生态循环农业试点村建设。江阴市华西村依托苏州市农业科学院（江苏太湖地区农业科学研究所）资源环境科学团队定制“华西新市村”生态循环农业建设方案，投入626.5万元推进实施虫粪有机废弃物高值利用、池塘生态化改造、养殖尾水湿地净化、农渔循环智慧、“田—菜—渔”流失养分循环再利用五大工程，打造特色生态循环农业新模式。宜兴市茶亭村依托江苏省农业科学院农业资源与环境研究所定制实施方案，总投入334万元，通过建设科教融合培训中心、推广病虫害绿色防控技术、农田生态系统保护修复工程，打造具有宜溧低山丘陵特色的科教融合多层级生态循环农业发展模式，促进农民增收，推动地方经济发展。推动无锡城乡环太湖有机废弃物处理利用示范区建设，重点部署推进江阴市、宜兴市秸秆综合利用工作。江阴市完成中央农作物秸秆综合利用试点县项目4个；宜兴市获批2021年度中央农作物秸秆综合利用重点县建设项目，项目总投资1582.5万元，其中中央财政补助资金1036.15万元，实施重点项目6个。全市秸秆综合利用率超过95%。

（市农业农村局）

2021年，惠山现代农业产业园获批创建国家现代农业产业园。图为惠山现代农业产业园春景　（阳山镇人民政府　供图）

延伸阅读：

2021年粮食生产影响因素分析

（一）政策扶持落实有力

2021年，市委、市政府将粮食安全工作纳入全市高质量发展考核和乡村振兴实绩考核。市农业农村局联合相关部门研究制定《全市农业防灾减灾保丰收方案》《关于积极应对近期低温降雨天气影响全力做好当前粮食生产工作的紧急通知》等一系列文件，全面落实各项技术措施，推动粮食种植面积迅速恢复。

（二）气象条件总体不利

小麦生产期间，气象条件呈“两头差中间好”特征，气温整体偏高，降水和日照总体正常，虽然遭遇寒潮、大风、短时强降水等不利天气，部分田块出现倒伏，导致小麦单产下降，但总体影响有限。

水稻生产期间，气象条件呈“前好后差”特征，气温显著偏高，降水正常，日照时数正常。期内出现台风及11天连阴雨天气，局地出现暴雨天气有利于水稻稻瘟病、稻曲病病菌的萌发和侵染，不利于水稻生长，抽穗期和灌浆乳熟期多晴好天气，对最后成熟总体有利。

（三）现代农业发展加速

2021年以来，无锡市加快构建具有无锡特色的现代农业产业体系，切实提高农业质量、效益和竞争力。全市新增高标准农田面积2200公顷，建设标准达到每亩6000元以上，哈勃种业研发的“锡稻1号”成为全市首个通过审定的常规稻品种。全市新增优良食味水稻面积3640公顷，绿色优质农产品比重62.15%，县域规模设施农业物联网推广应用占比51%，宜兴市成为全国首批、苏南首家农业现代化示范区，获批中央农作物秸秆综合利用重点县建设项目。

（四）病虫害发生前重后轻

2021年小麦生产期间，无锡病虫害发生较重，但控制情况较好，危害总体有限。主要表现为白粉病和赤霉病发生较重，赤霉病显症早，发生面积大，发生不平衡性较大。水稻生产期间，无锡病虫害总体属于中等发生，其中稻纵卷叶螟大发生。市植保技术部门及旱部署落实各项工作措施，认真监测，加强宣传，及时组织和指导农户开展防治工作，有效地控制病虫害的发生，为全年粮食丰产丰收起到保驾护航作用。

（五）收购形势整体平稳有序

仓容资金准备充足。2021年，全市地方粮食企业共准备收购空仓容55.6万吨，全面满足本地粮食收购需要。各市（县）区粮食部门通过协调农发行给予信贷支持，采取行政协调、资产抵押、投资担保等多种形式落实好收购资金合计约12亿元，无资金缺口。

小麦收购价格比上年提升，稻谷价格比上年略有回落。受国内外形势、国际粮价等因素影响，小麦收购主流价格在1.25元／斤～1.32元／斤区间，比上年高0.16元／斤左右，均价高于国家公布的最低收购价（三等标准1.13元／斤）0.15元／斤以上；稻谷收购主流价格在1.38元／斤～1.44元／斤区间，比上年低0.05元／斤左右，均价仍高于国家公布的最低收购价（三等标准1.30元／斤）0.11元／斤以上。

（资料来源：国家统计局无锡调查队《粮食供给稳中向好种粮收益有待保障——2021年无锡全年粮食生产形势分析》）

农业产业

种植业

【粮食作物】 2021年，全市粮食种植面积80050公顷，亩产458.57千克，总产量55.06万吨。夏粮面积36200公顷，亩产317.54千克，总产量17.24万吨。其中，小麦种植面积34810公顷，比上年增加9290公顷；亩产323.6千克，比上年减少11.2千克；总产量16.9万吨，比上年增加4.18万吨。全市秋粮面积43850公顷，平均亩产575千克，总产量37.82万吨。其中，水稻种植面积39410公顷，比上年增加20公顷；亩产610.13千克，比上年增加0.13千克；总产量36.06万吨，比上年增加0.02万吨。

【油料作物】 2021年，油料总产量7576吨，比上年增长8.4%。其中，油菜籽6768吨，比上年增长10.1%。油料种植面积3190公顷，比上年增加320公顷。其中，油菜种植面积2764公顷，比上年增加347公顷。

【蔬菜】 2021年，蔬菜播种面积40007公顷，比上年下降6.9%；总产量124.02万吨，比上年下降4.5%。

【茶叶】 2021年，茶园面积5474公顷，其中可采摘茶园面积4460.6公顷。总产量4104.1吨，其中，绿茶1846.6吨、红茶2257吨、其他茶0.5吨。在江苏省茶文化发展论坛上，江苏乾元茶业有限公司、宜兴市兰山茶场、无锡市茶叶研究所有限公司和宜兴市盛道茶业有限公司被授予“十大生态茶园”称号。

【水果】 2021年，水果种植面积10449公顷，其中，梨1078.53公顷、桃3946.2公顷、葡萄2158.87公顷、柑橘229.67公顷、猕猴桃70.33公顷、其他果园2965.4公顷。总产量16.88万吨，其中，梨2.54万吨、桃6.25万吨、葡萄4.67万吨、柑橘0.43万吨、猕猴桃0.06万吨、其他水果2.93万吨。

【优质稻米产业化】 2021年，全市继续扩大优良食味稻米品种种植面积，继续推广南粳46、苏香粳100、南粳5055、南粳3908、银香38等优良食味稻米品种，全市优良食味稻米品种种植面积占比73%，比上年提高8个百分点。推广水稻集中育秧壮秧培育、机插稻绿色高效配套栽培、水稻侧深施肥和绿色防控、稻

表 42 2021 年无锡市农业产值、农产品产量统计表

指 标	单 位	数 值	比上年增长（%）
农林牧渔业总产值	亿元	214.49	1.9
农作物播种面积	千公顷	135.33	4.3
#粮食	千公顷	80.05	13.8
夏粮	千公顷	36.20	35.63
秋粮	千公顷	43.85	0.4
粮食产量	万吨	55.06	8.3
夏粮	万吨	17.24	31.5
秋粮	万吨	37.82	0.2
粮食年单产	千克 / 公顷	6879	−4.8
夏粮	千克 / 公顷	4763	−3.1
秋粮	千克 / 公顷	8625	−0.2
油菜籽产量	吨	6768	10.1
茶叶产量	吨	4104	1.9
水果产量	吨	168848	−7.8
牛奶产量	吨	2963	−34.7
禽蛋产量	吨	13249	−9.7
水产品产量	吨	102136	−14.0

（市统计局）

田综合种养等优质稻米标准化生产技术(模式)。全市建立稻麦绿色高质高效示范片 29 个，其中小麦省级示范片 1 个、水稻省级 5000 亩示范片 1 个、省级千亩示范片 15 个、市级百亩示范片 12 个。宜兴市西渚镇、惠山区玉祁街道被评为省“味稻小镇”。在 2021 年“江苏好大米”评鉴活动中获 3 个特等奖、7 个金奖、1 个银奖，获奖率 100%。12 月 22 日，市农业农村局主办首届“金穗杯”暨第五届“无锡好米”品鉴活动，评选出“无锡好米”金奖 10 个、银奖 16 个。

【高标准农田建设】 2021 年，无锡市强化耕地质量监管，实行耕地保护制度。全市组织补充耕地质量评定 6 批次，对 99 个项目的 175.78 公顷新增耕地进行现场踏勘和评审，通过补充耕地质量评定面积 161.88 公顷。省下达无锡市建设 2200 公顷高标准农田和 266.67 公顷高效节水灌溉任务。无锡市建设高标准农田 2706.67 公顷、高效节水灌溉 533.33 公顷，总投资 1.04 亿元，财政配套资金 9711 万元。

【夏熟耕地轮作休耕】 2021 年，无锡市推进耕地轮作制度试点工作。全市耕地轮作面积 639.64 公顷。其中，锡山区 523.25 公顷，包括油菜 184.24 公顷、蚕豆 339.01 公顷；惠山区油菜 25.13 公顷；新吴区 87.93 公顷，包括油菜 86.93 公顷、蚕豆 1 公顷；无锡经开区蚕豆 3.33 公顷。

【农作物种子检疫】 2021 年，全市开展水稻、小麦、蔬菜种子检疫专项执法检查，检查相关企业和经营单位 34 家，检查种子 97 批次，检查结果全部合格。

【特色果蔬】 2021 年，全市拥有阳山水蜜桃、璜土葡萄、马山杨梅、大浮醉李等知名果品。惠山区以阳山水蜜桃为主导产业成功申报创建国家现代农业产业园，阳山镇水蜜桃种植面积 2333.33 公顷，盛产面积 1666.67 公顷，年总产量 3.08 万吨，年销售总额 6.17 亿元，亩均产值近 2.5 万元，户均收入 5.14 万元。璜土葡萄连续多年在全省葡萄评比中获得金奖殊荣，年内，璜土“智慧葡萄园”一期项目建成投入运营，全年实现销售收入 3.2 亿元，比上年增长 17%，智慧葡萄园接待乡村旅游、学习观摩超 4.3 万人次，接待青少年劳动实践 5.5 万人次。无锡市蔬菜园艺产业一批优质产品在省组织的各类评鉴活动中获各类大奖。在省西甜瓜评比中获特等奖 3 个、金奖 8 个；黄瓜评比获金奖 2 个、银奖 1 个；省“好鲜菇”品鉴推介活动中获特等奖 1 个、金奖 1 个；枇杷产业大会上获最大枇杷奖 1 个、金奖 2 个、银奖 1 个；省优质杨梅果品评鉴活动中获金奖 1 个、银奖 2 个；早熟梨评鉴活动中获金奖 4 个、银奖 11 个；省优质桃评鉴推介活动中获特等奖 6 个、金奖 19 个、银奖 28 个；省优质葡萄评鉴推介活动中获特等奖 2 个、金奖 5 个、银奖 9 个；中国梨产业发展大会暨“中华好梨”评鉴推介活动中获“中华好梨”奖 1 个、金奖 2 个、银奖 2 个。

【蔬菜新品种技术示范推广】 2021 年，无锡市引进十字花科蔬菜、茄果、瓜类等新品种 55 个，筛选出

适合当地的优良品种18个，示范“暑热”“65青菜”“热火”“红橡子”“草莓番茄”“黄橡子”“维特1701”“浙樱粉1号”“黄妃”“苏椒1614”“杭茄一号”等新品种45个。探索叶菜周年生产模式，保障市场供应。开展番茄熊蜂授粉等轻简化栽培技术示范，解决早春季番茄点花激素浓度难以精准把控的问题，节本增效，提高产量。示范设施茄果类蔬菜蓖麻、芹菜伴生栽培技术，搭配使用黄板诱杀，多渠道综合防治早春季蔬菜烟粉虱。

【花卉产业】 2021年，全市花卉种植面积1926.67公顷，年销售额3.65亿元；有花卉市场21个，花卉企业70家，其中种植面积在3公顷以上或年销售额在500万元以上的企业20家。市农业农村局组织各市（县）、区相关经营主体参加第十届中国花卉博览会和2021年扬州世界园艺博览会。获中国花卉博览会银奖2个、铜奖1个、优秀奖2个；获扬州世界园艺博览会组合盆栽金奖1个、银奖1个、铜奖1个，获兰花精品展创新奖2个、特等奖4个、金奖5个、银奖11个、铜奖18个，获省茶席设计大赛金奖2个、铜奖1个。

（市农业农村局）

林 业

【概况】 2021年，无锡市新增造林面积210.11公顷，完成退化林修复、低效林改造、更新造林面积226.67公顷，封山育林面积266.67公顷，长江沿岸县域造林面积26.67公顷。

【食用林产品】 2021年，全市食用林产品生产面积6508.73公顷，总产量7.09万吨（其中鲜果产量6.94吨、干果产量0.15吨），主要涉及碧根果、桃、板栗、银杏等。

【木材竹材生产】 2021年，无锡市木材生产量1.76万立方米；各类人造板8.93万立方米；主要木制品生产中木地板年产222.24万立方米、木质家具10万件；毛竹产量351.88万根。

【林草种苗产业】 2021年，无锡市林草种苗产业发展态势平稳，育苗面积、苗木产量、苗木产值与上年基本持平。至年末，全市苗圃面积6580公顷，苗木产量近2亿株，林草种苗总产值15.25亿元。

（市自然资源规划局）

畜牧业

【概况】 2021年，全市地产存栏生猪11.59万头，比上年增长83.62%，域外协议存栏生猪33.53万头，共计45.12万头，全市猪肉自给率稳定在30%左右；能繁母猪存栏0.87万头，比上年增长52.58%；存栏家禽170.64万只、奶牛0.07万头、羊0.81万只，出栏生猪6.6万头、家禽185.6万只、羊1.56万只，畜牧业生产稳定。

【生态健康养殖】 2021年，市农业农村局开展生态健康示范创建行动，组织技术骨干包干分片深入养殖场开展技术指导和帮扶创建服务，指导规模养殖场加快标准化改造，推广应用清洁养殖工艺、节水减排、臭气减控、低蛋白日粮、新型无抗日粮配方和微生物降解处理等技术。制定《无锡市畜禽粪污资源化利用规模场整治提升清单》，确保粪污规范化处理。发放市级畜牧提升发展专项资金1920万元，对省市生态健康养殖场、种畜禽场、美丽生态牧场及生猪域外直供、协议基地、规模猪场扩能增量、规模猪场新增种猪等进行奖补，统筹使用省级专项资金397万元，支持畜禽粪污资源化利用项目9个。全市新创建省级生态健康养殖示范场2个、复核通过5个，创建市级畜禽生态健康养殖场5个。全市省级畜禽生态健康示范场有24个，市级畜禽生态健康养殖场25个，生态健康养殖比重达100%，畜禽粪污综合利用率达99%，畜禽生态养殖水平持续提升。

【重大动物疫病防控】 2021年，全市对重大动物疫病实施强制免疫，免疫猪13.97万头、鸡255.81万羽、鸭21.28万羽、鹅34.74万羽、其他禽87.2万羽、羊1.27万头、牛0.15万头，口蹄疫、禽流感等重大动物疫病应免密度均达100%。犬猫狂犬病免疫78777只。全年未发生重大动物疫情。结合春季、秋冬季集中防疫和夏季补免行动，组织实施7次全市性大消毒以及灭鼠灭蚊虫专项行动。监测15533份参数，其中血清样品8333份、病原学样品7200份。

【饲料兽药生产】 2021年，无锡市有饲料和饲料添加剂生产企业37家，其中饲料添加剂生产企业20家、饲料生产企业24家，有7家同时生产饲料和饲料添加剂。全市饲料生产企业生产配合饲料315130.86吨，浓缩饲料3018.56吨，添加剂预混合饲料17592.01吨，饲料添加剂43848.71吨，混合型饲料添加剂58887.49吨，单一饲料708吨，饲料及饲料添加剂工业总产值120.03亿元。无锡市有兽药生产企业6家，其中生物制品生产企业1家、中药和化药生产企业5家，生产兽药产品2513批次，年产值32978.96万元。

（市农业农村局）

渔 业

【概况】 2021年，全市渔业经济总产值44.48亿元、渔业经济增加值22.53亿元，其中渔业一产产值34.18亿元、一产增加值18.74亿元。全市淡水养殖面积13006.67公顷，水产品总产量10.21万吨，其中淡水养殖水产品总产量10.07万吨、淡水捕捞总产量0.14万吨。引导发展投饲少、污染小、效益高的特色水产、精品渔业养殖，淡水特种水产养殖面积8720公顷。其中，河蟹7720公顷，产量1.25万吨；青虾633.33公顷，产量2363吨；克氏原螯虾111公顷，产量295吨。

【特色养殖】 2021年，无锡市发展特色水产养殖，打造特色水产、精品渔业，优化养殖品种、技术、模式，推进水产养殖产业结构调整，提高特色水产养殖面积的比例和亩产效益。重点发展中华绒螯蟹、青虾、沙塘鳢、克氏原螯虾等投饲少、污染轻、效益高的特色水产品养殖，逐步减少投饲性鱼类养殖。打造江阴临港现代农业产业高质量发展示范园、宜兴滆湖湾现代渔业产业园、锡山鹅湖甘露青鱼特色产业园、无锡阳山现代渔农旅融合发展示范园等渔业产业高地。形成“太湖三白”“长江三鲜”“河荡三青”等特色水产品品牌和“甘露青鱼”“江阴河豚”“宜兴大闸蟹”等名优水产品标志产品。全市淡水养殖面积13006.67公顷，其中河蟹、青虾等特种水产放养面积8720公顷。

【池塘生态化改造】 2021年，按照《无锡市养殖池塘生态化改造实施方案（2019—2022年）》要求，无锡市对非禁养区百亩以上连片池塘实施生态化改造，完成改造面积539公顷，其中江阴市155.47公顷、宜兴市267.4公顷、锡山区95.33公顷、惠山区20.8公顷。

【水产养殖种质资源普查】 2021年，无锡市完成第一次水产养殖种质资源普查阶段性工作，对全市有资源的6个市（县）、区（江阴市、宜兴市、锡山区、惠山区、滨湖区、新吴区）进行全面普查。普查范围涵盖辖区内所有从事水产养殖种质资源保种、繁育、养殖主体，共计录入养殖主体1965户，普查面积11633.33公顷，普查品种48种。

5月20日，惠山区精细蔬菜园区举办设施蔬菜机械化现场观摩会

（张建国 摄）

【渔业增殖放流】 2021年，无锡市继续开展太湖放流活动，在六步港向太湖投放鱼种苗1090万尾；江阴市开展长江渔业资源增殖放流活动，向长江投放河豚和四大家鱼鱼苗、鱼种610余万尾；宜兴市向团氿、东氿国家级水产种质资源保护区放流鲤、鲫夏花300万尾。连续多年的放流活动，对改善无锡太湖、长江水域生态环境、恢复渔业资源、保护生物多样性和促进渔业可持续发展起到积极作用。

（市农业农村局）

农业生产

【农业机械化建设】 2021年，市农业农村局制定《无锡市2021—2025年特色农业机械化发展行动纲要》，提出到2025年全市特色农业机械化率达到80%以上。无锡市农机总动力89.39万千瓦，比上年减少3.85万千瓦。农机保有量14.08万台（套），比上年增加0.03万台（套）。农机化投入8905.09万元，其中财政资金投入3746.7万元、基本建设投入1519.1万元、农机购置投入3639.29万元。农机购置投入中，中央和省级补贴资金891.91万元，占比24.51%，补贴机具1370台（套）。农机服务收入3.35亿元，其中农机作业服务收入2.78亿元。全市机耕面积11.82万公顷，机播面积9.1万公顷，机植保面积11.54万公顷，机收面积9.14万公顷，机电灌溉面积4.69万公顷。市农业农村局指导锡山区创建全国第六批率先基本实现主要农作物生产全程机械化示范县，指导江阴市、锡山区申报省级第一批农业生产全程全面机械化建设示范县。全市农机总动力稳定在90万千瓦左右，农业机械化水平保持在90%以上，主要农作物耕种收机械化率97%，设施农业、畜牧水产养殖、林果和农产品初加工机械化率总体63.56%，保持全省领先。无锡市在全省率先探索建立手扶拖拉机运输机组等只有运输功能、无农田作业功能的拖拉机退出机制。至年末，全市注销、报废拖拉机运输机组854台，存量较年初下降55.7%。

【秸秆机械化还田】 2021年，全市投入秸秆机械化还田作业补助资金

650 万元，完成秸秆机械化还田面积 68485.73 公顷，还田率 88.3%。其中，麦秸秆机械化还田面积 3671.24 公顷，还田率 98.28%；稻秸秆机械化还田面积 31773.33 公顷，还田率 79%。

【农机社会化服务】 2021 年，全市推进农机社会化服务组织向市场化、专业化、标准化、集约化方向发展。重点培育和扶持区域性农机全程化、综合农事服务中心、无人农场和区域性农机维修服务中心建设，实现农机专业合作组织提质增效，全市农机服务组织社会化服务水平占整个农机化服务水平 70% 以上。全市经注册登记的农机专业合作社 203 家，机具原值 3.34 亿元，年度作业面积 666.67 公顷以上 97 家，年度收入 100 万元以上 65 家，拥有全国农机合作社示范社 3 个、省级 22 个、市级 50 个。建设省级、市级“全程机械化 + 综合农事”服务中心各 4 家。

【农机科技志愿者服务】 2021 年，市农业农村局根据《2021 年江苏省农机科技志愿者服务队“三服务一助力，红马甲在行动”活动方案》，结合农忙、“3·15”消费者权益日、农机优质服务月等相关活动，开展农机志愿者服务，做好农机主推技术宣传、指导以及农机作业技术服务保障工作。服务农机合作社、农机大户和家庭农场等 100 余户，组织送货下乡和技术服务 158 人次，抢修机具排除各类故障 522 台次，参加服务 650 余人次，供配金额 100 余万元。

【绿色防控示范区建设】 2021 年，全市推广应用高效低毒低残留农药和生物农药，分别在粮食、果蔬、茶叶产业区建立省级绿色防控示范区 10 个，其中小麦 1 个、水稻 2 个、蔬菜 1 个、果树 5 个、茶 1 个，核心面积 305 公顷，辐射面积 3211 公顷。其中，江阴市周庄镇省级水稻病虫绿色防控示范区、宜兴市芳桥街道省级水稻病虫绿色防控示范区和滨湖区马山街道省级杨梅病虫绿色防控示范区获省 A 级称号。无锡市制定《2021 年无锡市区主要农作物病虫草害绿色防控产品主推目录》，包含主要农作物病虫草防控药剂总计 151 个品种，其中小麦上杀菌剂 17 个、杀虫剂 4 个、除草剂 18 个，水稻上杀菌剂 23 个、杀虫剂 26 个、除草剂 20 个，经济作物上杀菌剂 24 个、杀虫剂 14 个、除草剂 5 个。全市农用农药使用总量比上年下降 0.73%。

【废旧农膜回收】 2021 年，按照国家、省、市乡村振兴战略部署和农村环境整治总体要求，全市建立农膜回收网点 47 个，回收废旧农膜总量 1476.6 吨，回收率 95.2%。市、县两级农业农村局与市市场监管局联合开展对农用薄膜经营、使用环节监督检查，依托江苏中宜金大分析检测有限公司，对各地多个蔬菜基地中使用地膜数量较多的作物进行地膜残留情况监测，了解不同作物、不同覆膜年限耕地中残留量情况，监测地膜数据。

【农业科技创新】 2021 年，全市农业产学研合作拓展深化，紧密融合创新平台建设。4 月，宜兴市盛道阳羡茶产业技术研究院揭牌。4 月 21 日，首个以无锡命名的水稻新品种“锡稻 1 号”，由无锡哈勃生物种业技术研究院有限公司和浙江大学作物科学研究所合作选育而成，通过省级农作物品种审定。5 月，农业农村部南京农机化研究所无锡市锡山区南京科研实训基地揭牌。5 月 13 日，中国工程院张佳宝院士工作站在江阴临港经济开发区中向旭曜科技有限公司成立。6 月，江苏省果树品种改良与种苗繁育工程中心（南京农业大学—江阴）分中心落户江阴市。7 月，江南米道—江南大学功能健康食品联合研究中心投用。10 月，江南大学—南农高科细菌疫苗发酵优化联合研究中心签约成立。11 月，江苏省农业科学院无锡分院（无锡市农业科学院）揭牌成立，“太湖三白”种质资源保护利用创新中心、营养健康水稻联合研发中心、江苏省大闸蟹数据智能技术研究中心等启动运行。

【全国农业科技现代化先行县共建】 2021 年，宜兴市入选首批 72 个全国农业科技现代化先行县共建名单，对口共建大学为江苏大学，共建双方将加强智慧农业、生态农业建设，加快培育新型农业经营主体，在农业科技现代化方面打造更多品牌和亮点，助力农业农村现代化。

【农业产业技术推广】 2021 年，全市实施省级现代农业产业技术体系项目 9 个，涵盖稻麦、蔬菜、葡萄、桃、肉鸽、青虾等 7 个产业，拥有 9 个核心基地和近 50 个示范点基地，分布于全市 20 余个涉农镇（街道）。实施深化基层农技推广体系改革与建设项目县 3 个，建立农业科技示范基地 6 个，培育科技示范主体 1310 户，培训基层农技推广人员 280 人，其中参加省级骨干班和重点班 90 人。江阴市农业技术推广中心获“全国星级基层农技推广机构”称号。

【无人农场试验】 2021 年，无锡市与国家车载信息服务产业应用联盟（TIAA）合作，在新吴区马家里生态农场打造兼具江南农业特点的“无人智慧农场”。该农场以无人驾驶和无人作业的农机装备为核心，集“环境、气象、灌溉、管理、病虫害防治”等高新技术和农业物联网为一体，打造数字化、网联化、智能化、高效化、绿色化农业全过程无人作业试验区。农场配备无人拖拉机、无人插秧机、无人植保机、无人收割机等耕种管收全程“无人化”操作机械，通过高精度北斗卫星定位，自动规划最优作业路径，可实现全天无休作业。

（市农业农村局）

表 43　2021 年无锡市农业机械化情况统计表

项　目	单　位	全　市	江阴市	宜兴市	锡山区	惠山区	滨湖区	新吴区
一、农机总动力	万千瓦	89.39	27.72	41.39	9.22	8.27	1.69	1.1
二、拖拉机	台	4270.00	1176.00	2632.00	283.00	61.00	88.00	30.0
1. 小型拖拉机	台	2321.00	504.00	1634.00	102.00	—	79.00	2.0
2. 中型拖拉机	台	1643.00	576.00	812.00	168.00	53.00	9.00	25.0
3. 大型及以上	台	306.00	96.00	186.00	13.00	8.00	—	3.0
三、耕整地机械								
1. 耕整机	台	457.00	—	—	348.00	—	59.00	50.0
2. 微耕机	台	4285.00	1685.00	1618.00	370.00	400.00	158.00	54.0
3. 旋耕机	台	4949.00	936.00	2915.00	818.00	185.00	15.00	80.0
四、种植业机械								
1. 免耕播种机	台	1117.00	39.00	989.00	68.00	—	12.00	9.0
2. 水稻直播机	台	323.00	6.00	247.00	45.00	25.00	—	—
3. 水稻插秧机	台	2564.00	543.00	1354.00	603.00	55.00	4.00	5.0
其中：乘坐式	台	1193.00	347.00	605.00	177.00	55.00	4.00	5.0
五、排灌机械								
1. 水泵	台	10965.00	2584.00	5735.00	838.00	1103.00	475.00	230.0
2. 节水灌溉类机械	台	3828.00	2351.00	321.00	300.00	324.00	132.00	400.0
六、田间管理机								
1. 中耕机械	台	2556.00	—	1620.00	295.00	579.00	52.00	10.0
2. 机动植保机械	台	13587.00	3940.00	5686.00	1838.00	1266.00	507.00	350.0
3. 修剪机械	台	3729.00	600.00	1739.00	288.00	230.00	827.00	45.0
七、收获机械								
1. 稻麦联合收割机	台	976.00	248.00	637.00	69.00	10.00	4.00	8.0

（续表）

项目	单位	全市	江阴市	宜兴市	锡山区	惠山区	滨湖区	新吴区
2. 油菜籽收获机	台	30.00	4.00	12.00	12	—	—	2.00
3. 采茶机	台	667.00	—	394.00	76	125	72.00	—
4. 秸秆粉碎还田机	台	2444.00	705.00	1258.00	297	98	14.00	72.00
5. 打捆机	台	106.00	17.00	70.00	12	7	—	—
八、收获后处理机械								
1. 机动脱粒机	台	4227.00	3193.00	522.00	510	—	—	2.00
2. 谷物烘干机	台	1159.00	381.00	635.00	86	49	3.00	5.00
3. 种子加工机械	台	26.00	2.00	23.00	1	—	—	—
4. 保鲜储藏设备	台	1461.00	523.00	555.00	263	64	49.00	7.00
九、温室								
1. 连栋温室	万平方米	260.42	189.43	36.01	31	—	3.98	0.006
2. 塑料大棚	万平方米	3233.41	2237.11	479.22	270	242	4.45	0.63
十、农产品初加工作业机械	台	6653.00	1080.00	4445.00	543	195	270.00	120.00
1. 粮食加工机械	台	3188.00	878.00	1893.00	184	140	28.00	65.00
2. 油料加工机械	台	182.00	64.00	73.00	31	—	4.00	10.00
3. 果蔬加工机械	台	89.00	6.00	21.00	15	7	—	40.00
4. 茶叶加工机械	台	2817.00	26.00	2402.00	98	48	238.00	5.00
十一、畜牧机械	台	5519.00	2193.00	599.00	2234	493	—	—
十二、水产机械	台	40250.00	7249.00	27685.00	3350	1806	—	160.00
十三、农田基本建设机械	台	2170.00	682.00	893.00	442	80	8.00	65.00
十四、农用航空器	架	300.00	100.00	158.00	23	15	1.00	3.00

（续表）

项　目	单　位	全　市	江阴市	宜兴市	锡山区	惠山区	滨湖区	新吴区
十五、农机化作业总体情况								
1. 机耕面积	万公顷	11.82	3.14	6.88	0.75	0.90	0.04	0.12
2. 机播面积	万公顷	9.09	2.38	5.31	0.62	0.67	0.03	0.09
3. 机电灌溉面积	万公顷	4.69	0.96	2.81	0.49	0.27	0.05	0.09
4. 机械植保面积	万公顷	11.54	3.14	6.88	0.69	0.55	0.17	0.12
5. 机收面积	万公顷	9.14	2.38	5.31	0.65	0.68	0.03	0.10
6. 精量播种面积	万公顷	0.36	0.31	—	—	0.05	0.003	—
7. 机械节水灌溉面积	万公顷	1.55	0.83	0.26	0.09	0.24	0.05	0.09
8. 机械化秸秆还田面积	万公顷	6.52	1.45	4.01	0.81	0.13	0.02	0.10
9. 植保无人机作业面积	万公顷	2.32	0.99	0.48	0.73	0.10	0.006	0.01
十六、农机社会化作业面积								
1. 合作社作业服务面积	万公顷	27.53	6.85	18.32	1.60	0.74	—	0.02
2. 农机跨区作业面积	万公顷	2.93	0.35	2.50	0.03	0.04	—	—
其中：1. 机收小麦	万公顷	1.34	0.17	1.13	0.02	0.02	—	—
2. 机收水稻	万公顷	1.59	0.18	1.37	0.02	0.02	—	—
十七、农机化作业服务组织	个	367.00	118.00	175.00	60.00	11.00	—	3.00
十八、农机户	户	8913.00	3676.00	4256.00	345.00	370.00	216.00	50.00
十九、农机维修厂、点	个	111.00	39.00	34.00	26.00	10.00	—	2.00
二十、农机从业人员	人	11853.00	5674.00	3383.00	2156.00	367.00	223.00	50.00
二十一、农机化财政投入	万元	3746.70	568.70	360.00	388.00	890.00	150.00	13.00
二十二、农机服务收入	万元	33515.00	9135.00	16800.00	6670.00	800.00	110.00	—
二十三、农机具总量	台（套）	140836.00	—	—	—	—	—	—

（市农业农村局）

【农村水利】 2021年，无锡市农村完成水利建设总土方219万立方米，加高加固圩堤5千米、土方4万立方米，更新改造圩口闸17座，新建、改造机电泵站41座。至年末，全市旱涝保收田面积率85.4%，有效灌溉面积率93.2%，节水灌溉工程面积率77.2%，灌溉水利用系数0.674。各级水利部门审批生产建设项目水土保持方案532个，验收备案130个。做好水土保持遥感监管工作，认定查处违法违规水土保持扰动图斑项目175个。对463个批准水土保持方案的在建生产建设项目落实方案情况进行监督检查，发出整改意见296份。开展水土保持监督执法专项行动，对水土保持“未批先建”“未验先投”项目重点突击，发出调查、限期补办、责令停止通知书139份，立案查处6起。在市级农村水利专项资金中落实642万元用于水土流失防治，带动有关市（县）、区投入1610余万元。落实各级专项资金2252万元，建成生态清洁型小流域3个、国家水土保持重点工程1个，完成水土流失治理面积13平方千米，累计创建省级生态清洁型小流域7个（江阴市1个、宜兴市5个、惠山区1个），龙寺水土保持科技示范园通过全国水土保持科普教育基地评审。

（市水利局）

农业经营

【新型农业经营主体】 2021年，无锡市制定《无锡市市级农民合作社示范社评定及监测办法（试行）》，农民专业合作社和家庭农场建设围绕高质量发展要求，做好培育认定、示范创建、运营监测、项目建设、技术服务、宣传推广等工作，推动全市新型农业经营主体发展。新创建省级示范家庭农场15家、市级示范家庭农场35家，成立家庭农场联盟2家，全市认定家庭农场累计1127家。公布市级农民合作社示范社监测合格名单335家，5家农民合作社被认定为国家农民合作社示范社。惠山区建勤家庭农场获评全国首批生态农场。江阴市阿洪果品专业合作社获评全国巾帼现代农业科技示范基地。入选2021年度全省家庭农场典型案例、全省农民合作社典型案例、全省农业社会化服务典型案例各1件。

【农业产业化龙头企业】 2021年，无锡市新增农业产业化国家级龙头企业2家、省级龙头企业6家、市级龙头企业18家，全市市级以上龙头企业总数161家。江阴故乡情农业发展有限公司在江苏股权交易中心“农业板”挂牌，全市共有15家农业产业化龙头企业挂牌江苏股权交易中心“农业板”。

【江苏省农业品牌目录产品】 2021年，根据《江苏农业品牌目录制度》实施要求，经品牌主体自愿申报、市县审核复核、专家评审及部门会商、信用审查、结果公示等程序，无锡市12个品牌入选江苏农业品牌目录，其中区域公用品牌2个，分别是宜兴红（茶）、宜兴大闸蟹；产品品牌10个，分别是冰清水产、故乡情葡萄、盛道茶叶、九香翠芽、隆元大米、宜皇大米、蒋建康果品、锡北茶叶、凤仪茶叶和岚峰茶叶。

【十强农产品区域公用品牌】 2021年，在江苏省第二届十强农产品区域公用品牌大赛中，宜兴红（茶）、阳山水蜜桃获评江苏省“十强农产品区域公用品牌”，宜兴红（茶）“壶抱宜兴红、共饮阳羡茶”获评“优秀广告语”，市农业农村局获“优秀组织奖”。

【农产品加工】 2021年，无锡市农产品加工产值与农业总产值比为4.47：1。宜兴市太华竹制品加工集中区和杨巷农产品加工集中区通过省级监测，加工集中区加强建设能力和服务水平，发挥各级农业龙头企业带动作用，推动加工业集群集聚和优化升级，促进农村经济稳步增长。

【第二届“十大农产品品牌”评选】 2021年，市农业农村局组织开展第二届“无锡市十大农产品品牌”评选活动，经农产品品牌主体申报、网络投票、现场演示、专家评审、社会公示和市（县）、区综合评价推荐等程序，评选出冰清水产、苏威鸽业、宜兴大闸蟹、乾红·早春茶、丹凝茶叶、陶都国兰兰花、严家桥大米、万寿河蔬菜、马山杨梅、鸿山葡萄十大农产品品牌。

（市农业农村局）

编辑 胡 慧

经贸合作

参与“一带一路”建设

【概况】 2021年，无锡市新增“一带一路”沿线对外投资项目23个，中方协议投资额1.6亿美元。无锡对“一带一路”沿线国家和地区进出口额比上年增长32.1%，占比25.8%。举办2021“一带一路”新能源国际合作大会，协助召开省“一带一路”涉外法律服务圆桌会议，组织企业参加无锡企业国际化发展沙龙、第六届“一带一路”高峰论坛等活动，为企业防范风险、把握投资商机提供咨询，多举措提升“一带一路”综合保障能力。

【国际产能合作】 2021年，无锡市支持企业“走出去”参与国际产能合作，鼓励特色产业在海外聚集发展。省“一带一路”建设重点项目库的无锡项目建设进展顺利，其中通用科技、中交新能源、确成硅化学等8个项目建成。中国出口信用保险公司通过“一合同两币种”综合解决方案，为无锡国联华光电站工程有限公司承建西港特区热电厂项目提供融资支持，服务海外合作园区建设。海外投资保险承保项目7个，保额3.6亿美元，新增承保双马泰国项目、创景柬埔寨项目、西港特区热电厂等项目。

（市发展改革委）

【西港特区建设】 2021年，无锡市配合省发展改革委、省地方金融监管局举办西港特区与省内上市公司对接座谈会，支持西港特区招商建设；举办无锡市与柬埔寨西哈努克省“助力建设西港特区2.0升级版”视频工作会议。西港特区由无锡市红豆集团有限公司等企业联合柬埔寨企业共同开发建设，年内，西港特区完成土地平整15.07公顷，路基建设2079米，修筑排水沟1403米，铺设污水管1496米，热电厂试运行，水厂二期完工并向区内企业供水。新增企业5家，累计引入中国、欧美、东南亚等国家及地区企业170家，创造就业岗位近3万个。西港特区企业实现进出口总额22.34亿美元，比上年增长42.75%，实现逆势增长。2021年，西港特区建区企业投资额116.59万美元，入区企业投资额36902.37万美元，实现总产值11.43亿美元。西港特区建设成绩得到柬埔寨首相洪森、副首相贺南洪等领导人多次肯定，并获《人民日报》、新华社等媒体高度评价。在11月19日召开的第三次“一带一路”建设座谈会上，习近平总书记对西港特区予以高度肯定，指出“西哈努克港经济特区为当地发展提供了强劲的动能”，红豆集团董事局主席周海江作为江苏唯一企业家代表参会。

（市发展改革委　市商务局）

【丝路贸易】 2021年，无锡市推动无锡企业与共建“一带一路”国家和地区开展全面贸易合作，举办10场“江苏优品·畅行全球”无锡专场线上对接会，组织企业参加中国进出口商品交易会、中国—东盟博览会、中国—非洲经贸博览会、中国国际进口博览会等各类线上线下展会。无锡跨境电商进出口交易额31.6亿美元，比上年增长23%；23家企业在外投资38个海外仓，海外仓面积超过40万平方米，省级公共海外仓数量位居全省第一。

【文教合作】 2021年，西港工商学院与中柬友谊理工学院按教学进度持续开展在线教学，开展职业技能培训1.4万余人。老挝万象赛色塔综合开发区培训中心（老挝赛色塔苏信郑和学院）成立，在当地开展职业认证培训。无锡技师学院成为全省唯一纳入“一带一路”框架下南南合作技能开发网络的院校，通过开展校企合作活动，为企业“走出去”做好人力资源储备。

（市发展改革委）

利用外资及港澳台资

【概况】 2021年，全市完成实际使用外资及港澳台资38.07亿美元，列全省第三位，比上年增长5.14%。新批外资及港澳台资项目527个，新增协议注册外资及港澳台资114.56亿美元（不含减资金额），比上年增长98.2%。制造业投资高于全省平均水平，全市新增制造业协议注册外资及港澳台资33.3亿美元，比上年增长112.6%；制造业实际使用外资及港澳台资13.4亿美元，占全市比重35.2%，占全省制造业比重11.8%，全市制造业比重高于全省（34.3%）0.9个百分点。服务业投资快速增长。全市新增服务业协议注册外资及港澳台资81亿美元，比上年增长92.2%；服务业实际使用外资及港澳台资24.7亿美元，比上年增长23%，主要源于租赁和商务服务业、科学研究技术服务和地质勘查业、信息传输计算机服务和软件业、批发和零售业的快速增长，实际使用外资及港澳台资分别比上年增长46.7%、19.3%、402.9%、115.2%。主要来源地有升有降。全市港澳台资主要来源地为中国香港和台湾地区，占全市实际使用外资及港澳台资比重分别为72.9%、1.1%。全市外资主要来源地为韩国、英属维尔京群岛、新加坡、美国、欧盟，占全市实际使用外资及港澳台资比重分别为11.5%、3.8%、2.2%、1%、0.7%。来自中国香港地区及韩国、意大利、澳大利亚、离岸金融中心的实际投资呈现增长态势，实际使用外资及港澳台资分别比上年增长36.8%、27.7%、153.5%、378.4%、15.3%；来自中国台湾地区及日本、新加坡、欧盟、美国的实际投资呈现下滑趋势，实际使用外资及港澳台资分别比上年下降59.3%、73.4%、85.1%、79.8%、24.6%。来自亚洲、欧洲、大洋洲、北美洲、离岸金融中心、“一带一路”国家地区、区域全面经济伙伴关系协定（RCEP）成员国的实际使用外资分别占比87.6%、0.8%、0.5%、1%、4.9%、2.2%、14.4%。

【外资及港澳台资利用方式创新】 2021年，无锡市创新利用外资及港澳台资方式，制定《关于鼓励创新方式提高利用外资水平的政策措施》，SK海力士以已登记外债转增注册资本方式出资1.75亿美元，是无锡市历史上最大、也是年内全省最大的一笔债转股到资。加大外资及港澳台资招引力度，牵头组织跨国公司总部深度合作视频推进会、2021无锡跨国公司深化合作圆桌论坛。无锡国家高新技术产业开发区被认定为江苏省首批7家中日韩（江苏）产业合作示范园区之一，成为无锡市与日本、韩国产业合作的新平台。外资及港澳台资项目信息源开拓取得较大突破，新开拓外资及港澳台资项目30个，数量是上年的近两倍。

【重大资金项目提质增效】 2021年，全市新批协议注册外资及港澳台资超3000万美元以上的重大项目90个。新增重大项目协议注册外资及港澳台资100.9亿美元，比上年增长110.3%。新批投资总额132.8亿美元，项目平均投资规模1.5亿美元。其中，总投资超亿美元项目41个，累计投资总额112亿美元；超3亿美元重大项目15个，累计投资总额74.7亿美元；超5亿美元重大项目6个，累计投资总额36.9亿美元，如总投资6.2亿美元的无锡药明生物技术股份有限公司、总投资5亿美元的长电微电子（江阴）有限公司、总投资5亿美元的无锡国联锡洲私募投资基金合伙企业（有限合伙）等。

（市商务局）

表44　2021年无锡市利用外资及港澳台资统计表

指　标	单　位	金　额	比上年增长（%）
实际使用外资及港澳台资	亿美元	38.07	5.1
批准协议注册外资及港澳台资	亿美元	114.56	98.2
新批境外投资中方协议投资额	亿美元	12.57	1.6
外经合同额	万美元	5.00	−98.7
外经营业额	万美元	3338.00	4458.9

（市统计局）

对外及对港澳台贸易

【概况】 2021年，无锡市制定《无锡市外贸高质量发展三年行动方案（2021—2023年）》，明确未来三年全市全面落实双循环战略目标，加快融入长三角一体化发展，推动外贸高质量发展。无锡市外贸进出口实现1057亿美元，比上年增长20.4%，进出口规模首次迈上千亿美元新台阶，成为全省第二个进出口超千亿美元的城市。其中，出口及对港澳台输出653.5亿美元，比上年增长27.6%。进口及港澳台输入403.5亿美元，比上年增长10.4%。江苏锡山电动车摩托车（电动自行车）工业设计服务贸易基地、无锡太湖国家旅游度假区生物医药服务贸易基地获评2021年江苏省服务贸易基地。锡山经济技术开发区等5家开放平台获批首批中国（江苏）自由贸易试验区联动创新发展区。

年内，全市外贸有进出口实绩企业增加473家，累计11325家，数量创历史新高。其中，出口超亿美元企业92家，较上年增加25家。全市一般贸易进出口585.27亿美元，比上年增长30.6%，增幅高于全市平均10.2个百分点，占全市外贸进出口比重55.4%，较上年提升4.3个百分点。民营企业进出口371亿美元，比上年增长31.9%，高于外资企业17.4个百分点，占全市外贸进出口比重35.1%，较上年提升3.1个百分点。机电产品出口432.7亿美元，比上年增长24.0%，占全市出口总值66.2%。高新技术产品出口249.2亿美元，比上年增长23.5%，占全市出口总值的38.1%。

年内，东盟、欧盟、韩国、日本、美国位列全市前五大贸易伙伴，进出口分别为161.2亿美元、159.5亿美元、153.6亿美元、113.8亿美元和102.4亿美元，占比分别为15.2%、15.1%、14.5%、10.8%和9.7%。全市对"一带一路"沿线国家（地区）进出口272.4亿美元，比上年增长32.1%，占全市外贸进出口比重的25.8%，较上年提升2.3个百分点。对RCEP国家进出口452.6亿美元，占全市外贸进出口比重为42.8%，较江苏省平均水平高6.2个百分点。主要出口市场中，对美国、日本和欧盟出口分别为73.9亿美元、39.5亿美元和102.6亿美元，比上年分别增长31.2%、9.3%和29.9%；对韩国和东盟出口分别为80.4亿美元和106亿美元，比上年分别增长18.3%和34%；对拉丁美洲、大洋洲和非洲出口分别为44.2亿美元、20.3亿美元和16.4亿美元，比上年分别增长52.9%、13.6%和40.8%。

表45　2021年无锡市开放型经济统计表

指　标	单　位	金　额	比上年增长（%）
进出口总值	亿美元	1057.01	20.4
#一般贸易	亿美元	585.27	30.6
加工贸易	亿美元	385.57	12.4
来料加工	亿美元	83.14	4.4
进料加工	亿美元	302.43	14.8
出口总值	亿美元	653.51	27.6
#一般贸易	亿美元	390.40	36.8
加工贸易	亿美元	218.15	14.5
来料加工	亿美元	48.42	15.0
进料加工	亿美元	169.73	14.4

（市统计局）

【优质消费品进口】 2021年，无锡市扩大先进技术、重要装备和关键零部件进口，鼓励优质消费品进口，推动产业和消费升级，全市进口规模首破400亿美元。无锡市发动1260家采购企业报名参加第四届中国国际进口博览会，专业观众5626人，222家企业签约成交317笔订单，意向成交金额12.2亿美元，较上年增长4.6%，成交额首次位列全省第一。

【市场多元化战略】 2021年，无锡市线上线下多渠道助企开拓市场。在省内率先与香港贸发局、阿里巴巴、米奥兰特会展公司等国内知名展会机构举办"无锡外贸优品——云展会"，精选172家外贸企业参展，比上年增长89%，推动全市纺织服装、家具日用品、汽车零部件和机械等优势外贸产品触网上线。主办14场"江苏优品·畅行全球"无锡专场线上对接会，650余家企业参展。利用第130届广交会首次线下线上相结合、促进国际国内双循环契机，支持全市660家企业抢抓订单、拓展国际国内市场，无锡交易分团获"广交会江苏省团优秀分团"称号。无锡市已与全球超过220个国家和地区建立贸易往来，对"一带一路"沿线国家（地区）进出口占全市比重首次超过四分之一。引进培育贸易型总部，推进江苏苏美达集团有限公司合作项目落地。第四届中国国际进口博览会无锡交易团成交额列全省第一。承办"苏港携手·影向全球"2021苏港影视交流对接会暨"苏新服务·智惠全球"服务贸易线上系列对接会首场活动。举办第12届中国大学生服务外包创新创业大赛。

【外贸转型升级】 2021年，无锡市推动国家外贸转型升级基地建设，推进外贸转型升级基地培育、创建、提升等工作。新吴区获批国家外贸转型升级基地(生物医药)。至年末,无锡市有12家省级以上外贸转型升级基地,其中国家级7家,总数位列全省第二。无锡市国家外贸转型升级基地建设的经验做法被商务部国际商报社《商务大参考》报道。提升出口品牌培育水平,完善出口品牌培育机制,提升全市出口企业标准化、国际化水平,开展“2021—2022年度无锡市重点培育和发展的国际知名品牌”评选工作,全市76家企业入选。

【贸易数字化试点推进】 2021年,无锡市申报国家贸易数字化样本园区1个、样本企业4家、样本平台1个。推进贸易数字化试点,支持惠山区以汽车零部件外贸转型升级基地为载体,建设打造国家贸易数字化示范区。加快贸易全链条数字化赋能,由江苏毅合捷汽车科技股份有限公司牵头建设的“EasylandCloud全球汽车零部件贸易数字云平台”实现研发设计、智能制造、供应链协同、智慧物流、贸易营销的全流程数据贯通。其中,在贸易营销环节,形成全球最大的涡轮增压器数据库和电商平台(Jrone),匹配超过全球60%的涡轮增压器,成为全球涡轮增压器外贸第一平台。

【海外仓建设】 2021年,无锡市推动海外仓建设,支持企业在重点主销市场、“一带一路”沿线等新兴市场和境外枢纽节点布局一批配套服务功能完善的海外仓,全市23家企业在外投资38家海外仓,面积近40万平方米,其中省级8家,总数位居全省第一。推进跨境电商“1210”出口海外仓业务,出口规模1.45亿美元。提升保税维修业务发展水平,完成保税维修检测货值2.3亿美元,比上年增长70%。综保区保税维修检测产业呈现集聚发展态势。离岸贸易收支规模84亿美元,比上年增长20%,规模居全省第一。

【跨境电商综试区建设】 2021年,无锡市推进跨境电商综合试验区建设,制定促进跨境电商产业发展的相关政策,引导企业转型升级。打造跨境电商公共服务平台,为全市280余家企业提供服务。建设首批11个跨境电商产业园,惠山区、梁溪区、滨湖区、无锡经开区等板块产业园陆续开园。无锡高新区综合保税区等4家单位获评省级跨境电子商务产业园。

【服务贸易】 2021年,无锡世贸通供应链服务有限公司和无锡一达通企业服务有限公司2家省级外贸综合服务试点企业通过整合外贸服务资源,为中小企业提供综合性服务平台,降低中小外贸企业运行成本,提升中小企业国际市场竞争力。2家企业进出口1.93亿美元,其中出口1.82亿美元。推进服务贸易创新发展试点联动创新区建设,成立服务贸易工作专班,3家企业被认定为工业设计服务类重点企业,数量居全省第一。

【出口信保】 2021年,全市出口信用保险支持全市出口贸易140亿美元,比上年增长6.2%,承保覆盖面扩大,服务出口企业3126家,其中服务小微企业2330家,比上年增长14.7%。缓解企业融资难题,实现融资增信保额31.81亿元,比上年增长41.7%。支持重点跨境电商企业无锡尚佰环球电子商务有限公司融资模式创新,实现省内首个海外仓项目承保,建立服务贸易承保模式。全年承保7家服务贸易企业,承保金额6042.9万美元。

【“RCEP”实施工作】 3月26日,无锡市举办中日企业合作座谈会——“RCEP背景下的中国(无锡)与日本经贸合作”活动。邀请中国人民对外友好协会领导、日本驻华使节以及日本中国商会、在华日企、市企业代表共话“RCEP”背景下无锡日本双向投资和双边贸易,以及第三方市场合作的新思路、新办法、新举措。实施“外贸人才千人卓越提升计划”,整合多重资源、多方力量为全市企业提供“RCEP”协定相关培训指导,线下超200家外贸企业参加,线上观看超2万人次。

【外贸小微贷】 2021年,“外贸小微贷”平台推动外贸高质量发展,服

3月26日,中日企业合作座谈会——“RCEP背景下的中国(无锡)与日本经贸合作”活动在无锡市举行 (市商务局 供图)

务全市中小微外贸企业，持续发挥财政资金引导作用和杠杆效应，撬动金融机构对中小微外贸企业支持力度。“外贸小微贷”为349家外贸企业放贷18.2亿元，加权平均利率3.94%，有效缓解外贸企业融资难、融资贵的问题。

【集成电路国际供应链创新试点】2021年，无锡市制定《无锡市集成电路国际供应链创新示范区工作方案》，形成11个重点工作事项，打造“政策措施有优势、设施平台有特色、国际合作有亮点、资源整合有创新”的集成电路国际供应链创新示范区目标任务。率先在全省启动以SK海力士为龙头企业的集成电路供应链保税模式改革试点工作，确定10项管理措施和2项探索业务。

【长三角电子元器件国际分拨中心】2021年，无锡市在高新区综合保税区建立长三角电子元器件国际分拨中心，通过制度创新、管理创新和服务创新，促成集成电路及电子元器件产业相关要素在全市集聚，培育和挖掘外贸新增量，保障长三角地区集成电路及电子元器件产业链、供应链安全稳定，提升长三角电子信息产业竞争力。长三角电子元器件国际分拨中心实现进出口金额8.6亿美元。

（市商务局）

对外及对港澳台经济合作

【概况】 2021年，无锡市对外及对港澳台经济合作呈现稳健的发展态势，备案境外企业（机构）97家，中方协议投资额12.57亿美元，占全省总额的18.8%，其中备案1000万美元以上重大境外投资项目21个，完成对外直接投资额13.9亿美元，占全省总额的19%，中方协议投资额和对外直接投资额均列全省第二。对外承包工程和劳务合作方面，完成营业额3338万美元、合同额5万美元，新派劳务人员15人，至年末共有在外劳务214人。对外援助方面，无锡市具有国家援外资格的机构，以其专业领先优势，继续承担和发挥在渔业养殖和寄生虫防治方面的培训基地作用。

【跨境并购】 2021年，全市备案绿地投资类项目76个，中方协议投资额7.2亿美元；备案跨境并购类项目21个，中方协议投资额5.3亿美元。项目数比上年增长50%。其中，超5000万美元项目3个，超亿美元项目1个，跨境并购日益成为无锡市企业国际化的重要途径。

【贸易类境外投资】 2021年，贸易平台类境外投资快速增长，备案批发零售业境外投资项目32个，中方协议投资额2.2亿美元，分别占全市总量的33%和17.4%，投资额比上年增长125.9%。备案制造业境外投资项目27个，中方协议投资额4.6亿美元，分别占全市总量的27.8%和36.5%。

（市商务局）

国际贸易投资促进

【概况】 2021年，中国国际贸易促进委员会无锡市委员会加强与“一带一路”有关国家的联系与合作，在新加坡、泰国、越南、柬埔寨和缅甸分别设立首批5个“一带一路”及“RCEP”海外经贸联络点，为无锡市企业“引进来”“走出去”提供便利服务。组织企业参加“无锡智能制造德国专场线上对接会”“中国无锡—埃塞俄比亚经贸洽谈会”“老挝营商环境推介会”“中国·江苏—哈萨克斯坦企业家论坛”等20余场线上线下投资贸易促进活动。市贸促会在新冠肺炎疫情防控常态条件下，挖掘国内外各类“云展会”资源，发挥市场开拓主渠道作用，组织近800家企业参加近20场国内外线上、线下知名展会活动，线下参展面积1.1万平方米。

【国际经贸变局应对】 2021年，市贸促会参与“一带一路”地市贸促会联盟系列活动，组织到成都市、湖州市等地交流考察，接待吉林省、东营市、三亚市、福州市等20余家省、市贸促系统单位来访，举办“无锡—娄底企业对接交流会”等交流洽谈活动，加强地区合作，推动资源要素对接，促进产业链、供应链稳定。组织企业到南京市、上海市等地拜访英中贸易协会等10余家国际机构，共同推进双向贸易投资促进工作。到长沙市金桥国际商贸城等近50余家代表性企业、协会调研，把握企业需求，举办“2021无锡跨境电商国际企业沙龙”，为全市跨境电商发展提供智力支持和资源集聚。每月定期举办“经贸大讲堂”，解读外经贸政策，吸引4000余人次参与。组织全市30余家企业参加中国跨境电商交易会等活动，推动跨境电商发展。

【国际商事法律服务】 2021年，市贸促会签发各类国际经贸文书、单证约7.8万份。其中，一般原产地证5.4万份，比上年增长12%，签证总额50.01亿美元；自贸区优惠原产地证1.9万份，比上年增长13%，签证总额8.3亿美元。发布经贸预警信息350余条，受理经贸调解案件18起，涉案金额1285万元，帮助无锡泽华经贸有限公司、无锡凤凰画材进出口有限公司等企业处理多起涉外知识产权纠纷。

【第七届中国（无锡）国际瑜伽节】6月19日，由市贸促会牵头举办的“长三角最美中国健身瑜伽秀家乡联赛·无锡站暨2021中国（无锡）

国际瑜伽节”开幕。活动首次以“线上＋线下”相结合方式，以“‘瑜’见美丽、更‘伽’健康”为主题，包括瑜伽大师课堂、健康瑜伽盛典、瑜伽圆桌会议、长三角最美中国健身瑜伽秀家乡比赛、瑜伽摄影大赛等内容，吸引全国各地逾千名瑜伽爱好者参与，成为本年度规模最大的线下瑜伽活动。

12 月 9—10 日，“2021 中国关务发展大会暨太湖关务节”在无锡市举行

（市贸促会　供图）

【第 13 届中国国际新能源大会】 11 月 3—5 日，第 13 届中国（无锡）国际新能源大会暨展览会在无锡市举办。展览会以“新能源·新规划·新征程”为主题，由专业展览和高端会议组成，线下实体展览面积 4 万平方米，吸引包括国家电力投资集团有限公司、国家电网有限公司等龙头企业参展。因新冠肺炎疫情防控需要，大会首次采用线上线下相结合模式举办，国家能源局、中国贸促会、中国能源研究会、中国光伏行业协会、各级政府代表以及专家学者、企业家等近 3000 人次参会。促成 22 个重大项目签约落地无锡，总金额约 160 亿元；首次举办“碳中和行动 50 人论坛”，并促成永久落户无锡，成为全市碳达峰碳中和的重要智库和助力“零碳城市”建设的重要策源地；获新能源行业展会首张碳中和证书；首次采用“云会展”模式，吸引线上观看量 184 万余人次。“学习强国”学习平台、《扬子晚报》、《新华日报》、《无锡日报》等媒体以及国际能源网、ENF、Solarzoom 等行业媒体均刊登大会新闻。

【2021 中国关务发展大会】 12 月 9—10 日，“2021 中国关务发展大会暨太湖关务节”在无锡市举行。大会由中国报关协会、中国出入境检验检疫协会、中国口岸协会、中国保税区出口加工区协会主办，江苏报关协会、江苏省进出口商会、江苏省国际商会、无锡国际商会联合主办。大会以“新关务：数字时代关务发展与创新”为主题，聚焦疫情时代国际经贸形势走向、贸易数字化发展趋势以及“十四五”期间“三智海关”（智慧海关、智能边境、智享联通）建设与发展等内容，共同探讨新时代关务行业发展方向。中国常驻联合国原大使沈国放等 70 余位嘉宾到会演讲，展现全国关务行业发展情况，交流行业发展存在的问题并提出对策，为全国关务行业发展提供政策指引和智力支持，优化口岸营商环境，提升贸易合规水平。全国进出口企业以及商务、海关等机构 400 余人参加现场论坛，160 万余人次收看线上直播。

（市贸促会）

编辑　胡　慧

城市建设

城市规划

【市级国土空间总体规划】 2021年，无锡市根据自然资源部和江苏省委、省政府工作部署，建立分级分类国土空间规划体系，优化国土空间开发保护格局，初步形成全市国土空间开发保护“一张图”。结合市“十四五”规划和二〇三五年远景目标纲要，优化目标定位和城市性质。统筹划定生态保护红线、永久基本农田、城镇开发边界“三条控制线”方案，优化完善市区空间结构布局。12月，市级国土空间总体规划经第三次市国土空间规划委员会审议通过。

【《国土空间规划近期实施方案》编制完成】 2021年，无锡市根据《江苏省自然资源厅关于加强近期国土空间规划实施管理的通知》，组织各市（县）、区政府编制国土空间规划近期实施方案。重点落实省、市“十四五”规划及交通、水利等基础设施专项规划等相关规划要求，落实上级下达的预支空间规模指标，梳理重大基础设施和民生保障项目清单，编制近期规划空间需求与总体格局安排方案，精准配置空间要素资源，保障近期重大项目的落地实施。5月18日，该方案经省政府批准，为重大创新载体、产业项目、生态环保、民生工程和基础设施项目提供强有力的自然资源要素保障。

表46　2021年无锡市城市建设情况统计表

指　标	单　位	2021年	2020年
城市道路	—	—	—
城市道路长度	千米	4049	3986
城市道路面积	万平方米	7617	7424
城市路灯数	盏	288247	286208
公共交通	—	—	—
年底运营车辆	辆	2953	3036
年底运营线路网长度	千米	5837	5772
运客总数	万人次	22593	19118
供水	—	—	—
年底水厂	个	6	6
年底生产能力	万吨／日	245	245
全年供水总量	万吨	48284	44574
天然气	—	—	—
年底管道长度	千米	8450	8075
全年供气总量	万立方米	125961	112106
液化气	—	—	—
全年供气总量	吨	27164	31941
天然气、液化气普及率	%	100	100

（市统计局）

【《无锡“十四五”城乡建设规划（无锡国土空间近期规划）》编制完成】 2021年，无锡市自然资源规划局根据《市政府办公室关于做好全市“十四五”市级规划编制工作的通知》，开展《无锡“十四五”城乡建设规划（无锡国土空间近期规划）》编制，评估“十三五”城乡建设规划实施情况，梳理当前城乡建设面临的主要问题，以打造现代化国际化区域中心城市为目标，发挥规划工作在战略引领、空间统筹、用地保障方面的综合协调作用，守住自然资源底线，引导高品质的城乡建设，夯实城市基础设施，补齐公共服务短板，优化土地资源配置，明确“十四五”城乡建设重点是优化区域空间格局，促进市域一体发展；打造现代国际都市，提升城市服务质量；保护山水城市格局，聚力建设美丽无锡；推动田园乡村建设，促进城乡融合发展；统筹交通设施布局，提升区域枢纽地位；建设安全韧性城市，夯实城市基础设施。4月，召开规划成果专家论证会。12月，根据论证意见对该规划成果进行修改完善，形成上报成果。

【《无锡产业园区融入上海大都市圈规划》编制】 2021年，市自然资源规划局结合市级国土空间总体规划编制，组织编制《无锡产业园区融入上海大都市圈规划》，划定全市产业用地保障线，优化产业空间规划布局，实施分级分类差异化产业用地管理政策，规范全市产业用地管理，稳定全市中长期产业用地总规模，提高产业用地节约集约利用水平，助推产业转型升级。结合产业保障线划定制定产业用地减量更新实施计划，提出产业用地减量增效策略，为产业高质量发展提供坚实载体；梳理开发边界内外近期低效产业用地减量更新规模，制定近期低效产业用地更新总规模目标。12月，该规划经第三次市国土空间规划委员会审议通过。

【《无锡市绿道网规划》编制完成】 2021年，市自然资源规划局根据市国土空间规划委员会要求，组织编制《无锡市绿道网规划》，构建无锡市绿道网络体系，制定绿道规划设计导则，规划特色主题绿道，明确近期重点建设绿道和建设时序。10月，该规划通过专家论证；12月，该规划经第三次市国土空间规划委员会审议通过。

【《无锡市梁溪科技城概念规划与城市设计国际咨询》编制完成】 2021年，市自然资源规划局通过公开遴选的方式，选定采用由深圳市城市规划设计研究院设计的《无锡市梁溪科技城概念规划与城市设计国际咨询》方案。该规划方案明确梁溪科技城以“生态优先、以人为本、产城融合、创新驱动”为发展理念，通过集聚区域创新资源、吸引高新技术人才、塑造优质人居环境、加强存量土地盘整、优化道路交通组织等方式，将梁溪科技城打造成为老城振兴的城北中央区、创新经济的科技服务区、城市门户的品质标杆区。

【市政交通规划研究】 2021年，市自然资源规划局深化区域轨道和骨干通道的对接研究，开展锡虞S3线和锡张S4线通道方案研究、都市圈市郊铁路和地铁线网详细控制方案研究、无锡地铁衔接苏州地铁方案研究、区域货运通道布局规划研究，推动“轨道上的江苏”“轨道上的无锡”建设，构建覆盖城乡、区域融合的市政交通体系。开展重点道路的规划研究，完成《无锡市快速路网体系规划深化研究》《无锡市快速道路系统详细规划（第二批）》《运河湾地区道路交通规划研究》，以高品质规划编制引领城市建设，强化对城市核心发展战略的支撑；开展《312国道外迁及货运体系调整规划研究》，重构城市货运体系，助力低效产业腾退和新空间盘活。推进交通模型创建工作，开展交通大数据平台的开发和现状调查数据的采集分析，为辅助规划方案的科学决策打牢基础。黄线规划、管线综合规划等市政专项规划顺利推进，相关规划成果导入新开发的市政“一张图”系统并完成功能测试，促进科学审批服务提质增效。

【首届无锡“太湖湾”公共空间艺术设计创意大赛】 10—12月，首届无锡“太湖湾”公共空间艺术设计创意大赛由无锡市政府主办，无锡市自然资源和规划局、江南大学、中国工业设计协会设计教育分会联合承办。大赛从百姓视角进行选题，围绕城市、乡村、游园景区3个赛事单元征集作品，吸引全国多所高水平设计类院校和专业设计团体参赛。大赛收到1500件高质量作品，其中45件优秀作品脱颖而出，入围复赛。最终，东南大学孙锡嘉的作品《园驿》、东华大学高旺的作品《阖闾社区——公共康复性景观设计》、东南大学陈楠的作品《蠡湖伞树》分别获大赛三大板块金奖。该届大赛通过联动院校、专家、设计机构和社会公众，探索公共空间优秀艺术设计征集模式和公共空间艺术创作的新机制，助力无锡城市建设高品质、精细化发展。

（市自然资源规划局）

城市更新

【《关于加快推进城市更新的实施意见（试行）》出台】 2月，无锡市出台《关于加快推进城市更新的实施意见（试行）》，明确加快城市更新的总体要求、基本原则、工作内容、工作流程、实施步骤、相关政策和保障措施，要求统筹推进城镇棚户区、老旧小区以及其他老旧建筑更新改造。年内，先期启动运河湾、火车站南广场、贡湖大道等12个重点更新单元建设，通过城市设计手段，采用拆除、改造、整治等建设手法指导更新实施。12月，无锡市申报第二批国家城市更新试点城市。

【海绵城市建设】 2021年，无锡市持续推进海绵城市建设，完成各类海绵城市建设项目105个。其中，建筑小区类项目35个，公园绿地类项目6个，道路广场类项目14个，水系治理类项目32个，排水管网及场站类项目18个。市区建成区海绵城市达标面积累计88平方千米，实现建成区25%以上达到海绵城市建设要求的目标任务。4月，财政部、住建部、水利部联合组织开展系统化全域推进海绵城市建设示范工作。无锡市委、市政府主要领导与市政府分管领导分别参加省内和全国竞争性评审答辩，最终，无锡市从省内7个城市、全国31个城市中脱颖而出，于6月8日成为国家首批20个系统化全域推进海绵城市建设示范市之一，实现海绵城市建设工作由省级试点向全国示范的跨越。探索形成“坚持推进系统化、建设系统化、技术系统化、产业系统化，在城乡全区域、建设全领域落实海绵城市建设要求”的“无锡模式”。年末，无锡市城市整体防涝标准基本达到50年一遇，雨水资源化利用量达到年均463.7万吨，可透水地面面积比例42.3%。

【省级美丽宜居试点城市建设】 2021年，无锡市加快推进美丽宜居城市建设示范引领工作，江阴市、新吴区被列入江苏省美丽宜居城市建设第二批试点城市（县、区），全市新增省级美丽宜居城市建设综合类试点项目7个、专项类试点项目15个，形成“1+3+30”，即1个全域试点城市、3个试点市（县）区、30个省级试点项目的目标体系，在全省率先成为全域推进美丽宜居城市建设的试点市。市住建部门在统筹推进美丽宜居城市建设方式方法、建设标准、政策机制等方面，探索研究形成“无锡标准”，推动试点项目高标准高质量完成。

（市住房城乡建设局）

【城市道路景观综合品质提升】 2021年，市市政设施管理中心全面开展对市管道路、桥梁和隧道的综合品质提升工作。道路品质提升方面，重点对太湖大道、环湖路等14条市管道路进行综合品质提升，将道路路面沥青进行铣刨新铺，把病害井盖更换为防沉降井盖，对路名牌和道路标线进行出新，全面提升道路路面观感整体性和行车舒适度。年内完成沥青铣刨重铺36万平方米，人行道透水混凝土铺设2.66万平方米，侧平石更换7.6万米，更换防沉降井盖1340个。桥梁品质提升方面，对青祁高架、金城高架和机场高架等10座高架桥的防撞墙进行统一涂装，大幅提升市管高架桥梁整体的美观性，提高防撞墙结构的耐久性，年内完成防撞墙氟碳漆涂装35万平方米。隧道品质提升方面，组织对太湖大道、红星立交等4座隧道立交的墙面进行清洗修复，对防撞墙进行涂装出新。年内完成隧道暗埋段侧墙涂装5.26万平方米、隧道氟碳漆涂装2.18万平方米、隧道无机耐火涂料涂装2.8万平方米。年内，无锡照明股份有限公司完成“美丽无锡”建设城市道路景观综合品质提升工程，该工程是无锡近10年首次大范围、多节点的夜景提升工程，包括对城市门户、立交、桥梁、道路景观、交叉口及重要节点实施亮化提升，助推锡城“夜经济”。完成锡东新城商务核心区夜间视觉品质提升工程、宛山湖大桥亮化照明工程、跨锡澄运河临江路桥亮化项目、梅里古镇游船亮化提升项目等8个项目。无锡蠡湖大道照明工程项目获全国市政道路照明金杯示范工程奖，无锡梅里古镇夜景照明工程获第16届中照照明奖设计奖二等奖。

（市市政园林局　市市政集团）

【太湖新城建设】 2021年，无锡市太湖新城发展集团有限公司及子公司实施投资项目140个，完成投资327亿元，比上年增长374%，完成率94%。其中，固定资产投资完成91亿元，固定资产项目25个。和畅睦邻中心、金桥外国语初中、无锡市社会矛盾纠纷调处服务中心、尚贤湖基金PARK、无锡雪浪小镇大数据产业园实现交付使用。国际会议中心、无锡雪浪小镇未来中心、新城发展大厦、山姆会员店等重点项目按计划建设。无锡经开区建筑垃圾水路中转运输换装项目交付使用，较好地解决渣土消纳处置难题。观山路提升改造工程、金匮公园提升改造工程、无锡城市家具主题展示区、宁清山党建主题公园、垃圾集运中心等市、区代建项目竣工投用。启动周新老街一期改造提升项目，与无锡万科房地产有限公司达成战略合作，共同开发周新老街旧改城市更新，计划投资1.1亿元；

2021年，无锡市实施“美丽无锡”建设城市道路景观综合品质提升工程。图为金匮大桥夜景　（马　婕　摄）

年内完成周新老街改造项目和华庄老镇区城市更新项目建设全景计划。成立无锡市太湖新城能源集团有限公司，完成无锡太湖国际博览中心及无锡雪浪小镇数据创新中心分布式光伏发电试点项目示范建设，助推光伏项目在无锡经开区先行先试。

（无锡市太湖新城发展集团）

【房屋征收】 2021年，市房屋征收管理部门会同各市（县）、区，聚焦房屋征收攻坚拔点行动，拟制房屋征收工作方案，完善政策体系和操作实施制度，加强动态督查，强化考核验收，抓重点、寻突破、解难题，全市完成攻坚拔点项目284个，一棉四棉地块、第三织布厂北侧地块、纺织宾馆西侧地块、民主街地块非住宅、黎庄地块5个跨度10年以上的项目实现“清点”，为重点工程项目、重大产业项目、重点片区改造项目建设等提供了前期保障。年内，全市累计完成房屋征收拆迁面积1520.19万平方米，征收面积比上年增长64.5%，征收拆迁25175户，完成征收项目712个。

【棚户区改造】 2021年，无锡市加快推进棚户区改造，改造棚户区92.63万平方米，完成新开工棚改安置房24843套，基本建成5543套。加大政策保障支持力度，争取棚改奖补资金3.33亿元，棚户区改造专项债60.1亿元。

【老旧小区改造】 5月，无锡市出台《关于全面推进市区老旧小区改造工作的实施意见》，加快推进老旧小区改造，改造标准由每平方米不到200元提高到500元。制定《无锡市老旧小区改造工作指引》《无锡市老旧小区改造工程管理规定》《无锡市老旧小区信息化通信设施改造建设技术标准》等配套文件，争取到中央及省级财政补贴资金2.49亿元、老旧小区改造专项债15亿元。在实施过程中，进一步优化设计，开展民意征集活动，强化工程质量安全监管，建立完善市、区、街三级监督考核机制，推动改造水平提升。年内，全市完成老旧小区改造192个893万平方米，改造面积居全省第一位。

（市住房城乡建设局）

城市道路建设

【概况】 2021年，无锡市有在建城市重点道路桥梁项目总里程68千米，在建社会事业项目总建筑面积26万平方米，累计完成投资额超82亿元。凤翔北路快速化改造、广运路、新惠路、通沙路北段、迎龙路（学前西路—清扬路）、广石西路黄石大桥接线、宜马快速通道高架段等工程建成通车，通车道路总里程近30千米。核酸检测“火眼”实验室、无锡市急救中心（五院分站）标准化救护车洗消中心、无锡市国防教育训练基地维修改造、无锡市犬类留检所建设等工程竣工。高浪路快速化改造一期工程主线高架全线贯通，隧道主体结构完成50%；宜马快速通道工程竺山湖隧道陆域段、湖域段1—4仓完成主体结构施工；312国道快速化改造锡山段和新吴段工程主体结构施工有序推进；市委党校新校区工程主体结构封顶。凤翔快速路北延、高浪西路改扩建、菱湖大道二期、望江立交西接线、市委党校新校区周边道路以及梅村高级中学空港分校、无锡市劳动保障权益服务中心业务大楼、无锡市粮食和物资应急保障服务中心、无锡市第二人民医院急诊大楼改造、无锡创业大学、无锡市救助管理站易地建设等工程开工建设。印发《无锡市道路品质提升细则（2021年版）》，实施无锡市道路高品质建设“首个规矩”。全年道路桥梁工程获省第19届优秀工程设计一等奖2个、二等奖1个，省“扬子杯”优质工程奖1个。市委党校新校区工程、高浪路快速化改造一期工程02标被评为2020年度省建筑工程绿色智慧示范片区标准化三星级工地，市委党校新校区工程被评为省高品质绿色建筑实践项目，宜马快速通道获评2021年度公路水运工程平安工地建设省级示范工程，宜马快速通道工程两个标段、312国道快速化改造锡山段工程两个标段被评为省级示范工地。

2021年，老旧小区华晶新村道路改造　（市住房城乡建设局　供图）

【凤翔北路快速化改造工程】 该工程南起广石西路，主线快速路以高架形式依次上跨北环路（342省道/312国道）、天一路、沪宁高速、锡北运河、中惠大道、政和大道、堰新路、堰玉东路、堰裕路后落地，止于堰丰路，全长10.3千米，宽44～68米。主线高架为城市快速路，双向6车道；地面道路为城市主干路，双向4～6车道；全线共设置上下匝道10对，项目总投资52.82亿元（尚未决算批复）。该工程建设单位为无锡市公共工程建设中心，设计单位为上海市政工程设计研究总院（集团）有限公司、无锡市政设计研究院有限公司、中铁大桥勘测设计院集团有限公司，施工单位为中铁四局集团有限公司、无锡交通建设工程集团有限公司、中南无锡路桥集团股份有限公司、无锡市第二市政工程有限公司、中铁大桥局集团有限公司、中铁二十四局集团有限公司、无锡大诚建设有限公司、无锡市市政设施建设工程有限公司，监理单位为江苏华宁工程咨询有限公司、中铁武汉大桥工程咨询监理有限公司、江苏交通工程咨询监理有限公司、无锡市市政建设咨询监理有限公司。工程于2018年8月开工，2021年2月通车。

【广运路改扩建工程】 该工程南起兴源北路，北至民丰路，全长850米，宽13～18米，双向2车道，为城市支路，其中下穿沪宁铁路通道长165米、宽13米，项目总投资0.83亿元（尚未决算批复）。该工程建设单位为无锡市公共工程建设中心，设计单位为无锡市政设计研究院有限公司、中铁第四勘察设计院集团有限公司，施工单位为中铁二十四局集团上海铁建工程有限公司，监理单位为北京铁城建设监理有限责任公司。工程于2019年6月开工，2021年2月通车。

【新惠路改造工程】 该工程东起通惠西路，西至石门路，全长1.7千米，宽24米，双向2车道，为城市支路，项目总投资6.99亿元（尚未决算批复）。该工程建设单位为无锡市公共工程建设中心，设计单位为无锡市政设计研究院有限公司，施工单位为江苏江南路桥工程有限公司，监理单位为无锡市市政建设咨询监理有限公司。工程于2020年6月开工，2021年6月通车。

【通沙路北段新建工程】 该工程南起江海东路，北至广瑞路，全长1.2千米，宽40米，双向6车道，为城市主干路，项目总投资2.93亿元（尚未决算批复）。该工程建设单位为无锡市公共工程建设中心，设计单位为无锡市政设计研究院有限公司，施工单位为江苏新路德建设有限公司，监理单位为苏州市天和工程管理咨询有限公司。工程于2020年6月开工，2021年12月通车。该新建道路命名为通益路。

2月，凤翔北路快速化改造工程竣工通车

（市城市重点建设项目管理中心 供图）

【迎龙路（学前西路—清扬路）工程】 该工程东起清扬路，西至学前西路，全长1.1千米，宽30米，双向4车道，为城市次干路，项目总投资1.57亿元（尚未决算批复）。该工程建设单位为无锡市城市重点建设项目管理中心，设计单位为无锡市政设计研究院有限公司，施工单位为无锡交通建设工程集团有限公司，监理单位为无锡市市政建设咨询监理有限公司。工程于2021年6月开工，2021年12月通车。

【广石西路黄石大桥接线工程】 该工程位于黄石大桥西侧，与已建成的钱皋路呈"T"型相接，全长400米，宽43.5米，双向6车道，为城市主干路，项目总投资0.31亿元（尚未决算批复）。该工程建设单位为无锡市城市重点建设项目管理中心，设计、监理单位为江苏中设集团股份有限公司，施工单位为无锡市第三市政建设工程有限公司。工程于2021年4月开工，2021年12月通车。

（市城市重点建设项目管理中心）

城市公共交通

【城市公交】 2021年，无锡市持续推进公交、地铁"两网融合"发展，围绕公共交通换乘优惠政策，制定公交线网优化调整方案，新辟、优化公交线路38条，新增、更新新能源公交车辆341辆，公共交通换乘优惠政策实现全覆盖，地铁换乘公交免费，公共交通累计换乘3500万余人次。年末，苏锡常三地“毗邻公交”线路有12条，锡澄“毗邻公交”线路有4条；“镇村公交”在全覆盖基础上运营良好。无锡市公共交通集团有限公司(以下简称“无锡公交集团”)有常规公交线路269条，微型巴士线路11条，定制公交线路117条，合计397条线路，运营车辆2598辆，日均运营班次9319个，日均客流46.3万人次，全年完成营运里程11582.6万千米。“锡巴士”平台定制公交日常运营线路134条，其中校园定制10条、企业定制123条、专线定制1条，涉及41家企业、单位；日均营运班次355个，日均载客1万余人次。3月1日，从鼋头渚至山北的定制公交开通，满足鼋头渚风景区职工上下班出行需求。5月10日，“崇德倡廉”510公交专线开通，该线车厢内廉政文化设计由“德”“廉”“史”等板块组成。8月9日，无锡公交集团、君来集团梁溪饭店根据市第五人民医院等医护人员的就餐需求，开通抗疫医护人员餐饮保障专车。10月29日，微循环151路支线开通，该支线在覆盖塘铁桥路、兴梁道公交盲区的同时，打通朗诗新郡、苏宁悦城等小区居民公交出行“最后一公里”。无锡公交集团被评为“江苏省文明单位”“全省交通运输行业精神文明建设文明单位”。

【首条氢能源公交线路投用】 4月20日，首批5辆12米长氢能源公交车投入无锡公交760线路的日常运营，该线路是全市首条氢能源公交线路。氢能源公交车辆全部采用全球最先进的第四代氢燃料发动机，加氢时间仅需15分钟，满载续航里程超500千米。与传统公交车相比，氢能源公交车的能量转化不涉及燃烧，实现零排放、无污染。

（市交通运输局）

【出租车网约车】 2021年，无锡市区有巡游出租车公司21家，个体工商户54户，巡游出租车4040辆，从业人员7800余人。有网约车平台公司32家，其中上线运营25家，网约车车辆13214辆，从业人员9992人。

市交通运输局强化网约车许可管理，落实网约车平台公司主体责任，应用网约车信息平台，实施网约车车辆、驾驶员网上信息报备。网约车平台注册报备率99.98%，网约车驾驶员注册报备率77%。年内，通过开展“重塑”“春雷”“雷霆72”等专项行动，采取暗访排查、站点值勤等方式，加强行业监管，查获网约车平台非法经营案件1049起，其中，对平台公司立案629起，对社会车辆立案420起；对网约车平台非合规派单立案385起。

（市交通执法局）

【地铁】 2021年，无锡地铁运送旅客1.46亿人次，日均客流量40万人次。12月11日全线网试乘期间，单日客流72万人次，创历史新高，地铁1、2号线客流强度超过0.7；全年列车正点率、运行图兑现率和服务设备可靠度均在99.9%以上，连续安全运行3090天，保持一般及以上责任事故零发生的纪录，运行平稳有序。

4月29日，江苏省首列党史学习教育专列在无锡地铁1号线市民中心站首发。5月10日，由市纪委监委、地铁集团精心打造、换新升级的无锡地铁“崇德倡廉”号廉洁文化专列在地铁2号线发车。7月5日，无锡地铁运营有限公司成立，运营公司实现实体化运作。12月17日，无锡地铁4号线一期工程提前3个月建成通车，新增开通里程24.1千米，新开站台18座，新增换乘站4个，无锡轨道交通里程达112千米，无锡市城市轨道交通第二期建设规划全面完成。年内，无锡至江阴城际轨道交通工程S1线工程启动主体结构施工和盾构施工，南门站节段拼装式桥梁试点样板推进顺利，入选江苏省装配式示范工程。加快地铁、公交两网融合，在全省率先推出扫码乘车90分钟联乘优惠政策，全年地铁公交换乘322.88万人次。

【地铁4号线一期工程建成通车】 12月17日，无锡地铁4号线一期工程建成通车，无锡市轨道交通第二轮建设规划全部完成，进入地铁网络化运营时代。该线路于2017年3月启动建设，全长24.1千米，全部为地下线，设车站18座，采用6节编组B型列车，线路北端起自惠山区刘潭站，途经梁溪区、蠡湖新城和太湖新城，止于无锡经开区博览中心站，分别在刘潭站、盛岸站、河埒口站、市民中心站实现与地铁1、2、3号线的便捷换乘。地铁4号线一期工程创新打造了全省首个智慧车站、特色小游园站外景观、非机动车“最后一公里”慢行系统以及“生态、幸福、智慧”的具区路TOD示范项目等。

【无锡地铁国内首个业主BIM管理平台上线】 1月，无锡地铁BIM(建筑信息模型)建设管理平台上线运行。该平台是业内首个基于工程项目业主管理的一站式BIM建设管理平台。该平台不同于设计、施工单位BIM技术的应用，主要是基于“落实项目责任制、提升建设阶段的精细化管理水平”的总体目标，围绕“安全、质量、进度、投资、信息、技术”6个维度，集合族库管理子系统、模型上线审批管理子系统、BIM建设管理子系统和装配式生产施工责任锚固子系统4个特色功能。该平台按照无锡地铁“项目负责制”的管理理念，从整体上把无锡地铁建设管理业务分为执行类项目、服务类项目、监管类项目，将建设各阶段责任制任务清单模板内置于平台，实现依法合规、经验传承、标准化管理，通过责任制任务的分派和执行，实现锚固责任和履职监管。

【无锡市城市轨道交通第三期建设规划获批】 11月8日，无锡市城市轨道交通第三期建设规划获得国家发改委批复。第三期建设规划包括地铁4号线二期、地铁5号线、地铁6号线一期3个项目，总长度59.8千米，规划建设总投资480亿元，建设期为2021—2026年。其中，地铁4号线二期起于既有地铁4号线一期终点博览中心站，终于锡士路站，长约8.6千米，均为地下线，项目投资59.28亿元，建设工期4年。线路沿震泽路、新华路敷设，途经无锡经开区、新吴区，可提升太湖新城的交通可达性。地铁5号线起于唐城站，终于新韵路站，长约28.9千米，均为地下线，项目投资228.01亿元，建设工期6年。线路覆盖蠡湖新城、体育中心、南禅寺、南长街、旺庄、梅村等全市重要客流节点，途经滨湖区、梁溪区、新吴区，为全市东西向骨干地铁线。地铁6号线一期起于贡湖湿地公园站，终于广源路站，长约22.3千米，均为地下线，项目投资193.39亿元，建设工期6年。线路覆盖太湖新城、三阳广场、学前东路，途经无锡经开区、滨湖区、梁溪区，为连接城市新老城区的重要骨干线路。

【地铁TOD“零碳公园”示范工程启动】 12月3日，无锡地铁集团联合梁溪区人民政府、无锡梁溪科技城管理局筹备组举行梁溪科技城地铁TOD“零碳公园”示范工程启动仪式。该项目位于梁溪科技城西部广石片区，由无锡地铁集团联合梁溪区、梁溪科技城在4号线天河停车场规划建设，公园利用天河停车场盖上空间和侧边景观延展，对现有土地进行复合利用，弥补城市建设疤痕。该工程是梁溪科技城首个TOD上盖公园和西部广石宜居片区最大的运动主题公园，也是梁溪区第一个“零碳公园”。

（无锡地铁集团）

市政设施

【供气】 2021年，无锡市区天然气管网敷设到所有乡镇，市区实现“西气”“川气”双气源供气。无锡市（含江阴、宜兴）天然气年用气量28.6亿立方米。其中，市区全年天然气用量为12.77亿立方米，江阴市全年天然气用量为9.24亿立方米，宜兴市全年天然气用量为6.59亿立方米。无锡市（含江阴、宜兴）天然气总用户数218.24万户。其中，市区天然气用户数1544845户，江阴市天然气用户数399006户，宜兴市天然气用户数238508户。市区新增天然气用户数85927户，其中民用84599户、公服1230户、工业企业98户。市区有CNG加气站13座，C-LNG加气站3座，LNG加气站3座，市区CNG加气站销售天然气4562万立方米，LNG加气站销售天然气865万立方米。市区全年天然气气化率93%。推动实现非居民燃气用户报警系统全覆盖，2018—2021年，全市15079户瓶装液化石油气餐饮用户和10448户管道天然气餐饮用户全部安装燃气泄漏报警装置并接入监控系统，累计处理燃气泄漏报警信息4万余条，处置化解重大燃气泄漏隐患151起。建成瓶装液化气全流程信息化监管平台；投入专项经费388万元，建设“无锡市智慧燃气安全监管”云平台，整合原有钢瓶信息系统、用户服务系统、泄漏报警等平台功能，对供气环节、送气环节、用气环节实施全流程安全监管。持续推进瓶装液化石油气餐饮场所“瓶改管”，2017—2021年，全市餐饮用户累计接管通气5477户。

（市市政园林局）

【供氢】 4月20日，无锡华润燃气有限公司建设的全市首座加氢站——新吴区硕放加氢站投运。5月27日，江苏省首座加气加氢合建站——堰裕路加气加氢站投运。两座站点均为无锡新能源公交车提供加氢服务。

（市市政集团）

【供水】 2021年，无锡市供水部门提高高效优质供水能力，提升供水处理工艺标准，推进老旧管网改造工程进度，着力解决供水“最后一公里”难题。锡澄水厂深度处理二期工程全面建成，无锡市以太湖、长江为水源的水厂实现深度处理全覆盖。无锡市最高日供水能力为260万吨，基本形成全市优质、安全、足量的城市供水体系构架。无锡市（含江阴、宜兴）新建城市供水管网（DN75以上）164.8千米，总投资21400万元；改造管网（DN75以上）121.548千米，总投资12173万元。年内，市区总供水量5.28亿吨，最高日供水量164.91万吨，日均供水量144.73万吨。江阴市以长江水为主要水源，日供水能力为110万吨。宜兴市以横山水库、油车水库等为水源地，日供水能力为60万吨。年内，无锡市完成出厂水、管网水、二次供水泵房等城市供水设施水质抽样检测342点次，获得检测项目数据5270个，综合合格率100%。加快二次供水改造进度，全年市级二次供水改造项目投入资金1500万元，各区立项198个，完成招标178个，改造完成103个。年内，无锡市水务集团在九龙湾、南长街等地启动高品质饮用水试点工作。

（市市政园林局　市市政集团）

【供电】 2021年，无锡市全社会用电量838.64亿千瓦时，比上年增长10.42%。国网无锡供电公司完成售电量778.87亿千瓦时，比上年增长11.29%；调度最高用电负荷1429万千瓦，创历年新高；日用电量首次突破3亿千瓦时。完成固定资产投资24.74亿元，投产35千伏及以上主变容量129.2万千伏安、线路总长155.41千米。年内，国网无锡供电公司发布“双碳”行动方案，加快新型电力系统建设。110千伏高巷“零碳”变电站、祝塘综合能源站等一批省级示范工程建成投产，开展分布式光伏群控群调等省级试点工作，推动分布式新能源可观、可测、可调、可控。9月，全国首座110千伏自主可控新一代变电站——出新变电站建成。10月，全国首个输电无人机自主巡检示范区建成投运。12月，国网无锡高压电缆数字化班组建设通过国网公司验收。12月22日，位于新吴区新安佳苑的省内首座居民小区能源e站建成投运，该站集合分布式光伏、风力发电、储能系统、电动自行车充电站及换电柜、电动汽车充电桩、智慧路灯等11项功能。全年无线专网新增业务终端2.1万个，支撑配电自动化“三遥”（遥测、遥信、遥控）率增长20%；结合47条市政重点道路翻新，完成架空线入地改造45千米、配电设施外观美化240余处，重点区域电缆化率提升至75%；改造老旧小区电力设施165个，整治农村“飞线”问题102处。

【供电创新服务】 2021年，国网无锡供电公司坚持以改革创新破解发展难题，升级“锡电特快”服务品牌，连续三年获评无锡市服务地方发展优秀单位。充分应用移动通信、信息交互、移动作业等新技术，构建的对外全过程公开透明、对内全环节实时监测的报装接电服务新体系的“阳光业扩”持续深化；低压业扩容量开放标准提高至200千瓦。完成变电监控、500千伏输电运检等业务优化调整。代理购电启动实施，全年市场化交易电量555亿千瓦时。牵头编制的《电能质量规划总则》国家标准颁布。“开门接电”服务模式全面推广，推出“亮证办电”“拎包用电”和多语种服务柜台等创新举措。“开门接电”电子沙盘应用平台上线运行，该平台基于建筑信息模型数字化和地理信息系统技术开发，还原新吴区新安街道三维地形与配电网的分布情况，具有区域配网设备实时实景可视、地形图层复合、“开门接电”规范、电网监控多维、业务流程协同5项功能。8月，开通国网公司系统首个碳服务窗口，提供碳排放权交易、绿电交易、碳资产管理等服务。12月，促成铁姆肯（无锡）轴承有限公司和华润新能源（睢宁）电厂签订1700万千瓦时绿色电力交易电量，成为省内首笔绿色电力交易。年内，国网无锡供电公司与江阴市共建霞客湾科学城能源互联网，在宜兴市建成环科园零计划停电示范区，与梁溪区合作推进全省政府机关首个碳中和示范项目，与锡山区建立“电力直通车”（政电共建共享新模式）联席工作机制，在惠山区实现“瓶改电”（用电能替代传统瓶装液化气）政策全覆盖，与滨湖区合作完成苏锡常南部高速等省级重点项目保障，与新吴区共建无锡零碳科技产业园示范工程，在无锡经开区建设“城市家具”电力示范区。交付投运太湖流域首艘电动作业船。建成电动汽车体验中心、全市低速电动车充电平台、内河港口岸电管控平台。年内，无纸化会议系统项目获工业和信息化部表彰，“电力数据辅助太湖治理”获评国网公司大数据应用优秀案例，北斗应用项目入选电力企业数字化转型典型案例，公司质量管理小组获评“全国优秀质量管理小组”称号。

（无锡供电公司）

【城市照明】 2021年末，无锡市照明设施总量130.33万盏。其中，中

表47　2021年无锡市区照明设施电费使用情况一览表

区　域	电量（万千瓦时）	电费（万元）	比例（%）
中心城区	6864.54	4478.18	30.60
经开区	1720.58	1112.26	7.60
锡山区	4785.63	3111.33	21.26
惠山区	4273.05	2775.15	18.96
新吴区	4820.86	3159.35	21.58
合　计	22464.66	14636.27	100.00

（市市政园林局）

表48　2021年无锡市城市照明情况一览表

单位：盏

区　域	功能照明	景观照明	总灯盏数
中心城区	132638	136106	268744
锡山区	45909	61209	107118
惠山区	58492	99390	157882
新吴区	75404	298110	373514
马山国家旅游度假区	7347	2249	9596
江　阴	51557	58366	109923
宜　兴	46366	233023	279389
合　计	417713	888453	1306166

（市市政园林局）

心城区市管总灯盏数26.87万盏；锡山区10.71万盏、惠山区15.79万盏、新吴区37.35万盏、马山国家旅游度假区0.96万盏；江阴市10.99万盏、宜兴市27.94万盏。全年应发生电费1.69亿元，实际发生电费1.46亿元，节约电费2258.88万元。

（市市政园林局）

【智慧路灯】 2021年，无锡照明股份有限公司开发多种智慧路灯应用场景，承建路灯型5G微型基站、南湖大道多功能合杆、高铁商务区LED节能改造等智慧路灯创新应用项目。首创合杆式5G智慧停车，在滨湖区溪南路沿线800米设智能点位21处、监测车位130个，实现道路泊位的智能化与无人值守。上线无锡首个地下管廊智慧监控系统，首批安装监控点274处，通过可视化设备安装实现高压电缆通道24小时监控预警。

【充电桩建设】 至2021年末，无锡照明股份有限公司全资子公司无锡市政公用新能源科技有限公司累计建成充电桩2217台。其中，在城市商业区、火车站、景区、医院等各类公共区域建设直流充电桩302台；在居民小区及周边区域建设交流充电桩1915台，拥有注册用户3.5万人，累计为用户提供充电服务186万余次，累计充电量近4300万千瓦时，实现二氧化碳减排3.4万吨。

（市市政集团）

【污水处理】 2021年，芦村污水处理厂、太湖污水处理厂完成提标改造工程，城北污水处理厂五期工程通水试运行。全市49家污水处理厂总处理规模257.2万吨/日。其中，市区21家污水处理厂处理规模178.25万吨/日，江阴市20家污水厂处理规模53.95万吨/日，宜兴市8家污水处理厂处理规模25万吨/日。年内，全市49家城镇污水处理厂实际处理水量7.47亿吨，其中市区21家污水处理厂处理水量4.9亿吨、江阴市20家污水处理厂处理水量1.64亿吨、宜兴市8家污水处理厂处理水量0.93亿吨。年末，全市污水主管网总长度9108.55千米，其中江阴市污水管网长度1969.88千米、宜兴市污水管网长度1826.53千米、市区污水管网长度5312.14千米。

（市市政园林局　市市政集团）

【“12319”服务热线】 2021年，无锡“12319”社会公共服务热线受理报修电话5094件，其中市民报修1907件、“12345”热线接报481件、“12319”（含“110”求助）接报509件，数字城管接报2197件，及时处理率100%。

（市市政园林局）

【固体废弃物处置】 2021年，无锡市城市环境科技有限公司焚烧工业危险废物13282.27吨，焚烧医疗废物8030.95吨，填埋工业危险废物7722.65吨、生活垃圾焚烧飞灰6519.5吨、生活垃圾1.63万吨，处理渗滤液30.98万吨，填埋气体发电量2044.86万千瓦时，安全处理粪便7.72万吨，运输蓝藻藻泥6.42万吨。在全市开展小量产废企业危废收集试点工作，上线省内首个小量产废企业危废收集智能云平台“小微企业环保管家小程序”，获得由国家版权局颁发的《计算机软件著作权登记证书》，为小量产废企业提供危废收集、转运、贮存、处置一站式服务。

（市市政集团）

【市政设施检测】 2021年，无锡市有市管道路102条，面积1013.91万平方米；市管桥梁367座，面积341.48万平方米；雨水管道977.50千米，声屏障31.886千米，泵站20座，场地1块（太湖新城污水处理厂再生水供应站，853.1平方米）；管辖隧道14条，长30.475千米；地下人行通道6条，长697.9米。年内，市市政设施管理中心检测桥梁152座、桃花山隧道1条。根据城市桥梁养护规范，持续对华清大桥、蠡湖大桥等10座特大桥梁、特殊结构桥梁进行防雷检测，检测情况良好。市市政工程质量监督管理中心完成检测工作量3327万元，其中常规检测工作量2270万元、管道检测工作量453万元、桥梁结构检测工作量466万元、外委检测工作量138万元，检测72521批次，其中检出不合格719批次，出具检测报告4.34万份，获评2021年度省住房城乡建设系统“安康杯”竞赛优胜单位、重点工程和城乡运行保障劳动竞赛先进集体。

（市市政园林局）

【道路桥梁养护】 2021年，无锡市市政设施建设工程有限公司负责市区的主次干道71条、约507万平方米，204座桥梁、561千米下水道、525米隧道、27座城市高架桥梁和19座公铁立交桥的日常养护维修。全年完成道路养护11.34万平方米、人行道养护5.69万平方米，侧平石维修6.78万米；完成桥梁养护319座，共计1248座次；疏通窨井4.75万座、雨水井14.33万座，累计疏通主管和支管1371.37千米；更换雨水井盖2141只、窨井盖716只；养护维修合格率保持100%，城镇道路综合完好率99%以上；与“110”联动210次，投诉处理率100%。

（市市政集团）

【“宝界双虹”维修】 2021年，市市政设施管理中心组织开展新老宝界桥修缮工程。老宝界桥始建于1934年，全长382.5米，全宽6.2米，2011年被列为江苏省文物保护单位，桥梁运行近90年，桥梁栏杆出现大面积碳化发黑、桥面铺装破损等病害。修缮主要是对老宝界桥的栏杆进行清洗、修复和保护，铺设彩色环氧薄层，整体出新。新宝界桥始建于1994年，全长390.7米，全宽18.5米，桥梁运行27年，桥梁栏杆和人行道老化陈旧，桥梁上下部结构存在一些病害，影响桥梁耐久

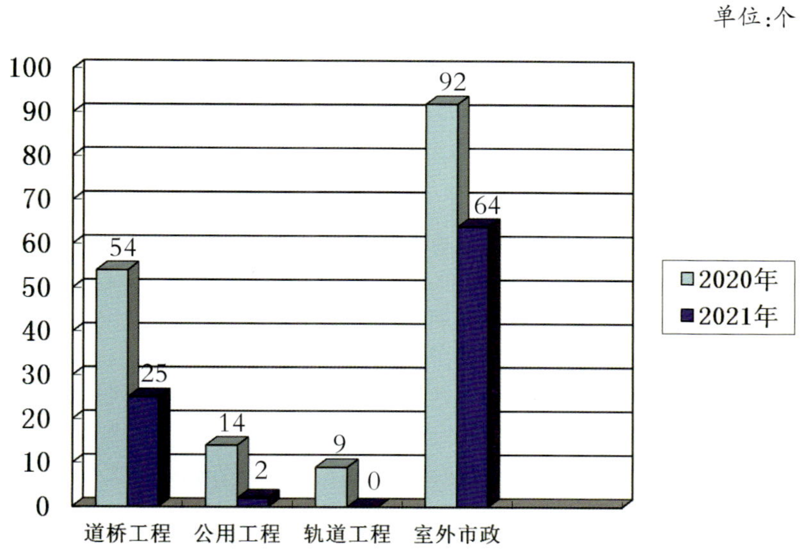

图 12　2020 年、2021 年无锡市主要质监工程项目数量比较图

（市市政工程质量监督管理中心）

性。修缮主要是对新宝界桥栏杆及人行道拆除改造及相应梁体加固、边梁外立面涂装等。

【市政工程质量监督】 2021 年，无锡市市政工程质量监督管理中心受理市政公用工程质量监督注册 91 个，监督注册工作量 13.74 亿元，其中新注册市政道桥工程 25 个、公用工程 2 个、室外市政工程 64 个。组织市政工程质量大检查 4 次，巡查在建重点工程 17 个。监督抽查 542 次，监督抽测 245 次，监督抽检 108 次。在监督过程中，针对质量责任单位在质量行为、实体质量和试验检测等方面所存在的问题，发出整改通知书 290 份，整改完成率 100%。

【混凝土质量专项检查】 2021 年，市市政工程质量监督管理中心制定方案进一步规范全市市政基础设施工程混凝土生产和使用行为，落实建设、施工、监理单位和预拌混凝土企业的质量责任，保障混凝土结构主体质量安全。通过"四不两直"的方式，抽取菱湖大桥、锡澄水厂深度处理二期等市政重点结构工程开展专项检查，严查参建各方混凝土质量管理主体责任的落实情况、混凝土现场施工的质量情况、预拌混凝土生产企业的质量管理情况和混凝土实体的强度与外观质量情况。对混凝土实体强度进行现场回弹检测，对相关混凝土生产企业的砂石质量进行取样检测。

（市市政园林局）

城市绿化

【概况】 2021 年，无锡市各级绿化部门围绕"美丽无锡"建设，全面提升无锡城市形象。市区新增城市绿地 350 万平方米，建成区绿化覆盖率为 43.5%，建成区绿地率 40.46%，建成区公园绿地服务半径覆盖率 92.1%，城市人均公园绿地面积 15.02 平方米。高品质完成省民生实事项目，新建云林生态公园、天远桥湿地公园；改造靖海公园、中华侨游园，新改建公园全部建成开放。继续开展市级园林式单位、居住区建设工作，评选出市级园林式单位 17 家、园林式居住区 26 个。4—5 月，市市政园林局组织参加第 17 届中国杜鹃花展览会，建设的室外景点"春来二泉"获室外展园金奖和最佳园林文化传承奖，室内景点"花红水绿太湖春"获展园布置类银奖，选送的杜鹃花盆景"云蒸霞蔚"获造型艺术类金奖。5 月，无锡花卉花艺景点——竹庐隐绣在第 11 届江苏省园艺博览会竞赛中获第一名。10 月，市市政园林局打造的"无锡园"获 2021 年世界园艺博览会主题演绎奖、江苏城市展园银奖。年内，《无锡市植物园规划选址及建设思路前期研究》经市规委会审议通过。

【园林绿化行业发展规划及规范】 2021 年，无锡市市政园林局编制完成《城市绿化高质量发展管理标准和考核办法》《高架花箱管理标准》《城市园林绿化"十四五"规划》，整合制定《无锡市市政园林精细化养护细则》，进一步促进城市绿化事业发展，强化绿地保护，巩固绿化成果，改善生态环境，美化生活环境。由市政府下发《无锡市人民政府关于加强永久性绿地保护工作的通知》，改善生态人居环境，提升居民幸福指数，实现可持续发展。规范树木移植审批管理工作，市市政园林局相继出台《关于印发〈无锡市居住区乔木修剪规范〉的通知》《关于加强住宅小区绿化管理的通知》《关于进一步规范树木移植审批工作的通知》，牢固确立"应保尽保，应留尽留，能移不伐"和"非必要不移植，非季节不移植，非紧迫缓移植"的原则，推进城市树木移植工作从严从细管理，促进无锡城市园林绿化建设与管理规范化。

【第二批城市绿线划定公布】 10 月 28 日，市市政园林局公布划定无锡市区第二批城市绿线。该批绿线按新城市绿地分类标准进行分类划定，既涵盖城市公园、湿地公园等公园绿地，也涵盖沿路沿河的绿化廊道，划定总面积 1469.61 公顷，涉及各类公园绿地 39 块，涉及沿河沿路生态防护绿廊 10 条。

【道路绿化景观改造提升】 2021年，市市政园林局协调相关单位对接设计方案，推进施工进度，完成贡湖大道、环湖路、环太湖公路、环湖西路、兴昌路、山水东路、犊山大坝等道路绿化景观改造提升，累计提升面积超31万平方米。完成太湖大道高架、机场路高架、金城路高架（新吴段）、新华路高架、凤翔路高架等高架花箱更新，累计更新、更换高架花箱超13.2万盆。营造蠡湖之光、无锡东高速出入口、太湖大道与蠡湖大道交叉口、无锡机场空港绿地、蠡湖大桥北侧绿地等园艺景观节点20余个，累计改造面积超9.7万平方米。对无锡城市出入口及主干道绿化景观进行春季绿化整改大提升，做好补植、复绿、修剪、添彩等工作，整改提升路段101条，整治面积约321万平方米。完善《无锡市区节前园艺景点布置总体方案》，明确布置要求，精准布置点位，形成长效机制，完成太湖大道高架花箱更新布置，完成解放环路、人民路、中山路隔离栏花箱全年高品质花卉布置；完成春节、庆祝中国共产党成立100周年等节日庆典花卉园艺景点布置工作。

【城市公园绿地建设】 2021年，市市政园林局按照《无锡市公园绿地十分钟服务圈规划》要求，推进社区公园、综合公园建设，全市公园绿地布局进一步均衡化。全年完成公园绿地建设180余公顷，新建综合公园2个、社区公园6个，新改建各类游园、口袋公园、街心花园50余个，基本形成体系完善、布局均衡的无锡城市公园新格局。按照《江苏省“公园绿地+”工作指南》要求，因地制宜推进城市“公园+”建设，要求按照“一园一品”进行游园、公园设计，打造一园一特色，对游园、公园进行地域文化、植物等主题特色提炼，建成中华桥游园、江南第一撬游园、天远桥湿地公园、河埒浜游园、中南游园、惠联生态园、九里河社区公园、夹降上河游园、金匮党建公园、云林滨水公园、九里河南侧景观带公园、趣园、禾园、掌园、绣园、金城桥南匝道社区公园等一批特色主题公园。

【园林绿化废弃物处置】 2021年，市市政园林局对全市园林绿化废弃物处置利用情况进行调查摸底，编制《无锡市园林绿化废弃物综合利用实施方案》，有计划、有步骤地推进园林绿化废弃物处置利用工作。建立以市（县）、区为单位的园林绿化废弃物收集处置内循环模式，年内全市累计投入资金1200万元。开展“园林有机废弃物制备生物质炭相关技术及开发生物质炭基菌肥（土壤调理剂）”“园林绿化废弃物生物质碳化及土地利用”两个课题研究。

（市市政园林局）

【古树名木保护管理】 2021年，市自然资源规划局按照《无锡市古树名木保护办法》要求，加强日常巡查，及时掌握古树名木生长和环境变化状况，相关部门发现上报涉及古树问题10处11棵古树，均得到有效处置，继续做好古树复壮抢救保护工作。按照保护有度、科学施策的要求，组织市级古树名木专家，先后对大浮古楮树群落、梁溪东巷古朴树、新吴区408号古银杏等进行现场勘察，提出保护复壮意见，并督促落实；联合市政园林局，开展新一轮全市古树名木（后备古树）调查统计，邀请市级古树名木专家对每株古树现场勘察并组织专家鉴定，对市区106棵古树名木进行后备资源普查，对35棵后备古树进行挂牌。

（市自然资源规划局）

【第22届无锡市花——杜鹃花节】 4月18日，市市政园林局会同市文明办、市文旅集团举办第22届无锡市花——杜鹃花节。该届市花节围绕“推进绿色发展、建设美丽家园”主题，开展杜鹃花精品展、市花节广场宣传活动、市花送“身边好人”代表、“市花小天使”评选、“市花进社区”、“市花进校园”等系列活动，丰富群众文化生活。

【全市园林绿化行业职工职业技能竞赛】 9月17—18日，市市政园林局、市人力资源社会保障局、市总工会联合举办2021年度全市园林绿化行业职工职业技能竞赛。江阴市、宜兴市及各区、市文旅集团、市城建发展集团等10个代表队近40名选手参加决赛，最终1名选手获“无锡市五一劳动奖章”，2名选手获“无锡市五一创新能手”称号。

【“二泉杯”园林绿化行业绿化工决赛】 10月12—13日，由省住建厅、省总工会主办，无锡市承办的2021年江苏省百万城乡建设职工职业技能竞赛“二泉杯”园林绿化行业绿化工决赛在锡惠公园举办。来自全省设区市的78名选手参赛，参赛选手以多种花材和植物为载体，在270分钟内独立完成以“青山毓秀、绿水情怀”为主题的花境景观创意设计和作品营造。无锡市代表队获团体第一名，推选的5名选手中有3名选手进入前五名，其中，2人获“江苏省五一创新能手”称号，3人获“江苏省住房城乡建设系统技能标兵”称号。

（市市政园林局）

城市水利

【概况】 2021年，市水利局编制完成《无锡市“十四五”水利发展规划》，完成《京杭大运河无锡段堤防加固工程堤防专项规划》《水利基础设施空间布局规划》《无锡市“十四五”水利信息化发展规划》编制。无锡市实施国家、省和市级重点水利工程项目34个，完成政府投资21.1亿元，年度项目开工率100%、投资完成率112.8%。藻水分离站提能大修改造工程、梁溪河蓝藻防控工程、锡澄运

美丽河湖——京杭运河无锡段　（无锡市综合交通运输协会　供图）

河定波水利枢纽、十八湾蓝藻离岸打捞二期工程、市河长制管理平台等项目竣工。大河港泵站通过水下验收，新孟河延伸拓浚工程、环太湖大堤剩余工程、锡澄运河河道工程、洋溪河—双河整治工程等项目超额完成时序进度。太湖清淤固淤试点工程开工建设。东湛渎港治理、新（老）桃花港整治、武澄锡虞中片沿江排水河道整治等项目有序推进。

【新孟河延伸拓浚工程】 2021年，新孟河延伸拓浚工程完成投资3910万元，无锡市境内工程基本竣工。该工程是国家172项节水供水重大水利工程之一，无锡市境内工程涉及宜兴市河道整治工程，批复总投资9.4亿元。主要建设内容及规模为完成河道拓浚19.96千米，新建堤防18.55千米、堤顶防汛道路17.54千米、护岸工程29.62千米；新建支河桥梁25座、管涵21座、箱涵1座，修建跨河桥梁13座。

【环太湖大堤剩余工程】 环太湖大堤剩余工程无锡段涉及宜兴市、滨湖区和无锡经开区，批复总投资12.32亿元。2021年完成投资4.38亿元。

【锡澄运河（黄昌河—长江段）整治工程】 该工程位于江阴市境内、太湖流域武澄锡虞区中部，为区域南北向骨干通江引排河道，主要包括新建定波水利枢纽和河道整治两大工程。锡澄运河定波水利枢纽批复总投资4.35亿元，包括节制闸和双向泵站各1座，节制闸总净宽48米，泵站设计总流量120立方米每秒。2019年9月17日开工建设，2020年6月17日通过水下验收，2021年6月17—19日通过机组启动验收，年内完成投资9481万元，工程基本完工。锡澄运河河道整治工程批复总投资14.12亿元，主要建设内容为拓浚河道11.22千米，拆建（加固）护岸24.58千米，拆建（加固）堤防21.38千米，拆除重建跨河桥梁3座、加固1座、利用3座，新建支河桥梁9座，新建防汛道路9.03千米和附属建筑物工程等。2020年12月8日开工建设，2021年完成投资5亿元（含江阴市标准的征地拆迁投资）。

【洋溪河—双河整治工程】 该工程东起江南运河（梁溪区山北街道），经惠山区钱桥街道，西至直湖港（滨湖区胡埭镇），总长17.46千米，批复总投资2.29亿元。主要建设内容包括河道清淤、堤防护岸、绿化工程。清淤长12.3千米，淤泥清除量67.16万立方米；新建生态护岸长6.23千米，老墙加固长约50米，墙后无建筑物的河段硬质堤防改造长4027.6米；对新建护岸及老墙改造范围沿线内10～13米宽度进行绿化，面积11.99万平方米。2021年完成投资1.44亿元，完成河道清淤及部分堤防护岸建设。

（市水利局）

城市管理

【概况】 2021年，无锡市制定城管委议事规则，明确职责分工，在市城管局增设城管委办公室相关职能处室，强化市城管委办公室“谋、统、督、考”作用。深化城市精细化管理“红黑榜”评选，瞄准背街小巷整治、停车管理、公共厕所保洁、垃圾分类、开放式公园（游园）、住宅小区管理6类重难点项目，评出月度“红榜”105个、“黑榜”80个，年度“红榜”30个、“黑榜”28个；试点开展景区及景区周边停车场管理“红黑榜”评选活动，评出专项“红榜”2个、“黑榜”3个，实现大批“黑榜”脱黑甚至转红，精准助推问题解决。建成省内首个城市家具主题展示区，出台《无锡市城市家具设计导则》《无锡市城市管理工作导则及操作指南》，初步建立城市管理“无锡标准”和“无锡规矩”。至年末，城市精细化管理优美环境合格区建设优良率74%、合格率100%。市城管队员杨晓君获第八届全国道德模范提名奖，市城管局连续三年（2019—2021年）因“强基础，转作风，树形象”专项行动表现突出被住建部通报表扬。

【市容环境面貌提升】 2021年，市城管部门结合市容环境集中整治、城市精细化管理“三小三集中”专项整治行动和“扮靓锡城，喜迎双节”综合整治行动，推进市容热难点问题解决，市容环境面貌得到提升。高质量推进背街小巷整治，市区252条背街小巷整治任务全部完工，无锡市入选住建部城市管理系统“我为群众办实事”背街小巷环境整治100个重点推进城市（江苏省4个）。推动出台《无锡市机动车停车场管理办法》，完成停车指数分析，全市新增泊位3.2万个，智慧停车管理平台接入动态数据超20万条，市区12.6万个共享单车电子围栏全覆盖，停车管理员队伍2000余人，停车收费专项整治有序推进。年内，全市规范设置早餐车经营点位184个，全部实现划线停放；整治存在安全隐患、破残、脏污、亮化缺损的门头店招1181处；在综合体周边整治中，查处未经许可的占道搭建212平方米，查处未经许可的店外（占道）经营（作业）698处，查处流动摊担355个次，查处违规设置的户外广告及店招标牌设施929平方米，“三乱”（乱占、乱建、乱排）清理保洁道路7204条，查处机动车、非机动车占道占绿违停9241辆次，被纳入整治的70个综合体全部落实责任人挂钩，管理责任主体全部签订《市容环卫责任书》，综合体周边各类市容环境明显改观。自6月起，整治城市快速环线两侧市容环境，排查整治问题354个，全部整改完毕。推进历史存量违建拆除工作，实行精细化考核，牵头开展全市350万平方米违法建设拆违工作，至年末全市拆除存量违法建设403.9万平方米，完成率115.41%。年内全市拆除各类户外广告和店招标牌设施共计8901处16.03万平方米，清除安全隐患1232处。

（市城管局）

2021年，无锡市新增停车泊位3.2万个。图为智慧停车设施

（市城管局　供图）

【道路保洁】 2021年，市环卫部门完善《无锡市区环卫一体化作业改革实施意见》以及相关配套文件，完成市区环卫要素任务量测算，形成环卫任务量底册。提升环卫保洁精细化水平，严格落实道路清扫保洁等级标准，提高道路机械化作业频次，确保路面清洁。全面实行“一路带两侧，墙到墙、边到边”的环卫保洁作业模式，消除保洁盲区；制定一路一策，采用小型清洗设备，对地铁广场、游园等区域的硬质铺装进行冲洗；采用快速保洁车和人工巡查相配合方式，最大限度降低白色垃圾等抛物滞留时间。实施撤桶行动，市区主次干道490个占道垃圾收集点位、3720个占道垃圾桶全部被撤离，街面环境全面改善。

（市环境卫生管理服务中心）

【垃圾分类】 2021年，无锡市建成431个“四分类”（可回收物、有害垃圾、易腐垃圾、其他垃圾）定时定点投放小区，其中市区417个、江阴市12个、宜兴市2个；市区（不含江阴、宜兴）建成区覆盖率52%；完成100

个农村垃圾分类试点村(社区)建设、240个(市区140个)省垃圾分类达标小区建设。11月,市多部门联合下发《关于进一步完善规划审批管理简化简易项目建设工程规划许可程序的意见(试行)》,明确垃圾收集房等项目无需办理规划许可证,为全面推行垃圾“四分类”小区建设提供政策支撑。推进环卫固废处置设施建设,惠联电厂提标扩容项目试运营平稳有序。锡东电厂提标扩容项目试运行,全市(含江阴、宜兴)生活垃圾实现全量焚烧。全年市区处置生活垃圾(其他垃圾)188.21万吨,无害化处理率保持100%;收运处置餐厨废弃物11.71万吨、有机废弃物1.83万吨、厨余垃圾0.48万吨。

(市城管局)

【建筑垃圾管理】 2021年,全市环卫部门加大工程渣土车辆运输监管力度,配合市交警部门,实地走访各渣土运输企业,试点推行渣土运输车辆轻量化。规范工程渣土运输车辆密闭改装,渣土车辆入库1854辆,其中300余辆为轻量化车型。规范装修垃圾管理,全年装修垃圾专运车辆完成备案513辆,推进装修垃圾全量资源化处置工作。年内,市区处置建筑垃圾121.4万吨。其中,梁溪区37.36万吨,锡山区21.76万吨,惠山区13.16万吨,滨湖区16.54万吨,新吴区17.58万吨,无锡经开区15万吨。

【环卫设施建设】 2021年,市城管环卫部门推进梁溪垃圾转运站建设,完成项目立项;完成惠联和锡东2座垃圾焚烧厂提标扩容项目建设;推进惠联厨余项目和惠联飞灰填埋场二期项目建设。新(改)建城市公厕148座、农村公厕337座,新增厕所开放联盟单位400家。

(市环境卫生管理服务中心)

【城市管理创新】 2021年,无锡市区推进环卫一体化作业改革,着力解决环卫保洁条块分割、多头管理,作业交叉、效率较低,监管不力、质量不佳,经费不足、标准不一等问题。推广微路长制,通过构建微路长平台、明确微路长管理职责、建立数据信息库、开展分类管控等方式,强化全市背街小巷和所有商业街市容管理。完成两批年度广告阵地(设施)使用权出让工作,成交额1876万元。开启城市治理“政企合作”新模式,联合市城市重点建设项目管理中心合作组建无锡城管建工大队,逐步形成“共建、共治、共享”的城市治理新格局。

【智慧城管建设】 9月17日,无锡“智慧城管”项目上线投用。该项目以“城市运行一网统管”理念为指导,按照“一网感知、一图展示、智能识别、集成应用、数据融合、共建共享”的思路,构建智慧城管大平台。通过建立精细化管理基础数据库,整合汇聚15家成员单位、6个区的业务数据,为城市管理提供数据支撑。搭建贯通市、区、街道、社区4级终端的“太湖云眼”综合应用平台,运用物联感知、人工智能等技术,配置665路可移动太阳能视频监控,配备1000余路智能识别算力,对店外经营、无证游商、车辆乱停放等13类问题进行智能识别。至年末,该系统识别问题并生成数字城管工单交办整改10万余件,实现全天候、精细化、可视化、科学化的城市管理新格局。无锡市智慧城管项目被列为市物联网重大行业应用示范项目,被省工业和信息化厅评为2020年智慧江苏重点工程。

【城管执法能力建设】 2021年,市城管局以综合执法体制改革为契机,全面对标省队伍规范化建设标准,持续加大人员培训、考核和督查力度,推行行政执法三项制度(行政执法公示制度、行政执法全过程记录制度以及重大执法决定法制审核制度),提升执法管理效率。年内,市区立案一般程序案件3.2万件,简易程序案件44.6万件,查处乱倒垃圾、乱写乱画、非机动车乱停放等小微违法行为11万余起,办案数量连续两年高速增长;2020—2021年累计记录失信主体30466个。

(市城管局)

编辑 何 峰

镇村规划

【《无锡市“十四五”农业农村现代化规划》编制完成】 2021年，按照《无锡市国民经济和社会发展第十四个五年规划和二〇三五年远景目标纲要》任务要求，市农业农村局编制《无锡市“十四五”农业农村现代化规划》。该规划全面回顾“十三五”无锡农业农村工作的经验和成效，分析“十四五”发展环境和面临形势，明确“十四五”无锡农业农村现代化的指导思想、基本原则和主要目标，提出农业现代化、农村现代化、农民现代化、治理现代化和城乡融合现代化等方面的主要任务和具体措施。

【农业农村“五园五区六带”规划成果发布】 11月8日，无锡市举办农业农村“五园五区六带”规划成果发布暨重大项目签约仪式，展示无锡农业农村空间规划的最新成果。现场签约科研合作项目16个、三年授信总额2500亿元的金融赋能乡村振兴授信项目8个及总投资256亿元的农业农村重大项目75个，并举行“太湖三白”种质资源保护利用创新中心、江苏省农业科学院无锡分院、无锡市农业科学院揭牌仪式。

延伸阅读：
“五园五区六带”发展规划

该规划是无锡市编制实施的全省首个农业农村空间专项规划，规划面积2000平方千米，农业空间面积1360平方千米，涉及规划发展村820个，形成五大现代农业产业园、五大城乡融合先导区和6条美丽乡村示范带的总体空间布局。“五园”指无锡锡山国家现代农业产业园、无锡惠山现代农业产业园、江阴市现代农业产业示范园、宜兴市现代农业产业示范园、江阴临港现代农业产业园；“五区”指江阴澄南城乡融合先导区、宜兴宜南城乡融合先导区、无锡宜滨城乡融合先导区、无锡锡新城乡融合先导区、无锡锡西城乡融合先导区；“六带”指江阴澄南美丽乡村示范带、江阴临港美丽乡村示范带、宜兴宜南美丽乡村示范带、无锡宜滨美丽乡村示范带、无锡锡新美丽乡村示范带、无锡锡西美丽乡村示范带。

（市农业农村局）

江苏省特色田园乡村——惠山区洛社镇杨西园村花园里

（市住房城乡建设局　供图）

【镇村布局规划优化】 2021年，无锡市镇村布局规划工作围绕推进城乡空间布局优化和农村集约高效建设，通过明确自然村分类和布局，引导农村人居环境分类整治，提升乡村地区基本公共服务均等化水平，支持农民群众改善住房条件，促进城乡融合发展。市自然资源规划局在经市政府批复的2020版镇村布局规划基础上，统筹开展2021年镇村布局规划动态优化工作。围绕到2035年全面优化城乡空间布局的目标，进一步明确现状建成区以外自然村类型及布局。该轮镇村布局规划动态优化工作以镇（涉农街道）为基本编制单元开展，涉及江阴、宜兴、锡山、惠山和新吴5个板块，各板块规划方案按照村级酝酿、乡镇统筹的程序开展，并经村、镇、区三级充分讨论确认。年内，各板块镇村布局规划方案先后征求市、市（县）区农业农村、住建等相关部门意见，并经专家论证通过。规划梳理明确了市乡村地区管理空间，进一步梳理自然村，在空间上对应落实，为未来乡村建设与管理提供依据与支撑。采用自上而下与自下而上相结合的方法，结合农民意愿及空间形态，将现状所有的自然村庄进一步明确为集聚提升类村庄、特色保护类村庄、城郊融合类村庄、搬迁撤并类村庄和其他一般村庄。结合各自然村现状资源环境特色，着力保护特色鲜明的村庄，制定严格的保护措施，约束镇村建设行为；培育具有潜在特色的村庄，制定提升引导策略，指导镇村有序发展。制定村庄建设指引，重点对村庄设施配套和特色塑造两方面内容进行引导，构建差别化的标准体系，实现公共服务更高水平的均等化。

【村庄规划】 2021年，市自然资源规划局按照《江苏省村庄规划编制指南（2020）》，结合镇村布局规划修编，指导各市（县）、区编制完成47个“多规合一”实用性村庄规划。根据市委、市政府关于“美丽农居”建设的要求，指导各市（县）、区做好“美丽农居”先行示范点的居民点建设规划编制。按照省自然资源规划厅要求，分别在江阴市云亭街道毗山村、宜兴市西渚镇筱里村、惠山区阳山镇火炬村、滨湖区马山街道阖闾社区开展“规划师下乡”活动，助力全市乡村振兴。

（市自然资源规划局）

农村改革

【农村改革试验】 2021年，江阴市“乡村治理体系和治理能力现代化建设”、锡山区“以人居环境整治促乡村振兴”入选全国项目制拓展农村改革试验任务。江阴市“长江十年禁渔长效机制建设”，锡山区“探索构建农村人居环境整治数字化长效管护模式”“探索乡村公共空间治理长效机制”入选省第四轮改革试验区任务。无锡市“百企建百园、新策建新功——百企建百园工程赋能无锡乡村振兴”作为农业农村6个典型之一入选全省全面深化改革案例，“江阴市‘村社分离’改革激发农村新活力”入选全省30个农村改革试验典型案例名单。

【农村金融改革】 2021年，无锡市优化“惠农贷”利率机制，降低农担担保费率，进一步降低经营主体融资成本，有力支持农业经营主体保供生产。“惠农贷”新增贷款8079万元，累计发放贷款2.643亿元，惠及农业经营主体277个，至年末，无锡地区农担业务在保余额12.26亿元，在保户数1387户，居全省第五位、苏南第一位。市农业农村局与8家金融机构签约总额2500亿元的金融赋能乡村振兴授信项目。全市3家地方法人农商行开展“整村授信”活动，对接行政村（社区）572个，为农户建档59.1万户，授信67.09亿元。通过新型农业经营主体信贷直通车活动，为159户农业经营主体办理优惠贷款1.51亿元。在全市全面推行农村承包地经营权抵押贷款，全年新增承包地经营权抵押贷款4亿元，累计发放23.76亿元，居全省第一位，年末贷款余额20.34亿元。全年农业保险保费收入9090万元，苏南首单投保、全省首单理赔的生猪期货价格保险落地。

【农村集体经济股份制改革】 2021年，无锡市在全省率先整市推进以村会计“五统一”（统一选聘、统一委派、统一职责、统一薪酬、统一考核）为主要内容的村级财务管理方式改革，村级财务管理更加专业，会计监督更加精准。产权制度改革全面完成，量化集体经营性净资产总额318.45亿元、确定集体经济组织成员299.42万人，累计股份分红近60亿元，通过省级评估验收。“政经分开”改革被列为省级改革试验项目，股份经济合作社全部与村（社区）实行“账户分设”，有223个股份经济合作社完成与村（社区）的资产财务、职能事务和工作人员“三分开”，实现完全独立运行。

（市农业农村局）

强村富民

【村级集体经济发展】 2021年，无锡市实施村级集体经济“千万”计划，全市村级集体总资产856亿元，村级集体组织总收入80亿元。全市镇（涉农街道）联合发展平台组建率100%，所有涉农村居均与企业合作实施实际投资额超100万元的产业项目，投资总额近80亿元。举办“共同富裕，无锡实践”新型农村集体经济发展典型案例推介，在巩固发展资源发包、物业租赁、资产经营等传统发展路径的基础上，总结推广10种新型农村集体经济发展类型典型案例25个。

【经济薄弱村帮扶】 2021年，围绕中央、省“聚焦巩固拓展帮扶成果，接续推进乡村全面振兴”要求，市委、市政府印发《关于开展新一轮集体经济相对薄弱村“五增行动”的实施意见》，按照近年村均集体收入不足250万元或年人均村级可支配收入不足1000元标准，市级选取100个村给予重点帮扶，开展集体收益增效、产业项目增量、幸福指数增倍、村居环境增颜、组织建设增能的“五增行动”，以产业化项目帮扶为主，期限为三年。年内全市进入市级相对薄弱村产业项目库的村级项目有31个，其中联合发展平台或联建产业性项目15个，惠及全市59个经济薄弱村，项目投资总额2.3亿元，项目建成后可增加年收入1500万元。

【农村集体三资监管】 2021年，无锡市推进市农村集体三资监管平台三期项目建设，逐步实现农村集体三资监管业务的全覆盖。提升农村产权交易流转工作，至年末，全市各级产权交易机构在省平台上累计完成各类农村产权交易22450宗，成交金额27.27亿元，完成土地类交易面积7006.67公顷，其他类交易面积3496.05万平方米。加强三资监督工作，"户户通"平台覆盖率100%，机顶盒用户数58万户，手机用户数32万人。持续推进村级集体资金违规出借和资产出租问题专项清理整治工作，至年末追缴到账13.4亿元，帮助村均增收约145万元。规范村级财务与资产管理，累计培训基层业务人员500余人次。

【农民增收】 2021年，全市农村常住居民人均收入39623元，比上年增长10.8%，城乡收入比缩小至1∶1.78，居全省第四位。全市城乡居民最低生活保障标准提高到每人每月1060元，特困人员基本生活标准提高到每人每月1600元。继续推动各涉农市（县）区开展乡村公益医疗互助制度，全市涉农街道（镇）参与率100%。优化农民就业创业服务，统筹开展城乡劳动力就业技能培训，积极帮扶退捕渔民等重点群体就业，促进农民增收。

【高素质农民培育】 2021年，无锡市依托院校、农广校及高素质农民培育实训基地（田间学校），按照经营管理型、专业生产型、技能服务型，分层次、分类别，培育有文化、懂技术、善经营、会管理的高素质农民5104人。以种养大户、家庭农场主、合作社负责人特别是"粮二代""茶二代""渔二代""果二代"等为重点，开展创业创新创优"绿领"新农人培育，推荐24人参加省级首批中小农业企业产业双创新农人培育，其中初创型农业电子商务7人、初创型休闲观光农业7人、成长型新农人10人，助推现代农业产业高质量发展。全市5家农业主体成功申报省级高素质农民培育实训基地（田间学校），年末累计9家。

【"十大农民工匠"评选】 2021年，市委农办、市农业农村局及市乡村振兴局组织评选无锡市"十大农民工匠"，进一步壮大乡村振兴人才队伍。他们分别是沈洪杰（江阴市林度农机服务专业合作社理事长）、刘敏（江苏威特凯鸽业有限公司总经理）、杜新明（宜兴市富根农业服务专业合作社负责人）、许群峰（无锡市茶叶研究所有限公司负责人）、张涛（宜兴市颖丰生态农业有限公司总经理）、于永军（锡山区先锋家庭农场场长）、蒋建康（无锡市黄土塘农业发展有限公司总经理）、孙建勤（惠山区建勤家庭农场场长）、缪小虎（滨湖区世外源生态农庄负责人）、孙向东（无锡汉和航空技术有限公司董事长）。

（市农业农村局）

镇村建设

【概况】 2021年，江阴市、宜兴市、锡山区、惠山区的建制镇总数为29个，其中江阴市10个、宜兴市13个、锡山区4个、惠山区2个。纳入村镇建设统计范围的有28个镇（宜兴市丁蜀镇数据纳入城建年报统计）、367个行政村、6152个自然村。全市镇域面积共21.58万公顷，建成区面积2.19万公顷，镇域户籍户数52.98万户、户籍人口169.45万人，建成区户籍户数19.86万户、户籍人口61.76万人。

（市住房城乡建设局）

【村镇基础设施建设】 2021年，无锡市建制镇建设投资市政公用设施10亿元；建成区范围内自来水供水普及率100%，燃气普及率96.73%；道路长度1452.1千米；建成区绿地面积4785.37公顷，其中公园绿地面积574.44公顷，绿化覆盖率29.6%；建有公共厕所585座；有各类环卫专用车辆设备数607辆；建有村镇污水处理厂43座，日污水处理能力68.36万立方米，年污水处理总量14030.64万立方米。全市村庄内道路长度3118.27千米，集中供水行政村比例100%，对生活垃圾进行无害化处理行政村比例100%。国网无锡供电公司完成江阴青禾农场等3个国家电网级、阳山桃源村等省公司级乡村电气化示范项目433个。

（市住房城乡建设局
无锡供电公司）

【美丽宜居村庄建设】 2021年，无锡市继续加强农村人居环境整治力度，系统提升农村村容村貌、基础设施和公共服务水平。委托第三方开展农村人居环境整治工作暗访，加大村（社区）环境长效管护力度，美丽宜居村庄建设取得新成效。至年末，全市累计建成美丽宜居乡村1061个，其中江阴市371个、宜兴市345个、锡山区191个、惠山区129个、滨湖区25个，市区美丽宜居乡村建设达标率100%。农村生活污水治理进程加快，覆盖率进一步提升，市区基本实现村庄生活污水治理全覆盖；江阴市、宜兴市共完成100个自然村生活污水治理，两市自然村生活污水治理覆盖率分别为86%和82%。

【特色田园乡村建设】 2021年，市住房城乡建设局通过开展专题学习培训，组织现场参观调研，提升各单位负责人建设管理能力和水平；坚持规划设计前置，提升建设标准，落实资金奖补激励（对市区通过市级验收命名、省级评价命名的特色田园乡村,按照每村240万元的标准给予以奖代补,其中通过市级验收命名拨付50%资金,通过省级评价命名后拨付剩余50%资金;对江阴市、宜兴市的补助标准按市区标准减半执行),全面推进试点建设和面上创建工作,取得阶段成效。年内,全市建成市级特色田园乡村33个,其中10个村通过省级综合评价验收,被命名为江苏省特色田园乡村。至年末,全市累计建成省级特色田园乡村31个,累计33个村被列入江苏省传统村落名录。

【美丽宜居小城镇建设】 2021年,市住房城乡建设局引导小城镇与特色产业发展相结合,与服务"三农"相结合,推动小城镇集约化发展,增强小城镇综合发展实力。江阴市长泾镇、宜兴市太华镇、宜兴市官林镇和惠山区阳山镇被列入省级美丽宜居小城镇建设试点并启动建设。

【《关于深入推进现代"美丽农居"建设的意见》出台】 11月,市委、市政府出台《关于深入推进现代"美丽农居"建设的意见》。意见指出,要把加快现代"美丽农居"建设作为实施乡村振兴战略的重要抓手,紧密结合"美丽无锡"建设,强化空间规划引领,科学编制实施方案,坚持建设管理并重,加强产业发展支撑,注重特色风貌塑造,深化土地综合整治,深入组织发动群众,加大资金筹措力度,优化用地结构调整,加快推进规划发展村庄相关建设工作。要求到2025年末,市区基本完成规划发展村庄农居建设,江阴、宜兴各完成60%左右;在此基础上,再用3～5年时间基本完成所有规划发展村庄的农居建设任务,基本形成白墙黑瓦、清清爽爽的"新江南人家"村落。

(市住房城乡建设局)

【农村人居环境整治提升】 2021年,市委、市政府把农村人居环境整治纳入乡村振兴考核,列入"我为群众办实事"项目和为民办实事工程。3月24日,全市2021年度农业农村重大项目集中开工暨"最干净乡村"共建行动推进会召开,在全省率先上线农村人居环境整治督查信息系统,设置"随手拍"功能,把问题第一时间直接反馈到所在镇街整改,打通群众监督"最后一米线"。10月13日,市人大常委会专题视察农村人居环境整治和美丽乡村建设议案决议落实情况。《纵深推进"一三五"行动,建设高品质内涵美丽乡村》实践案例入选新华报业传媒集团"我为群众办实事"优秀案例。农村人居环境整治提升经验做法获《新华日报》、《江苏农村要情》、"学习强国"学习平台、农业农村部农村社会事业促进司微信公众号等专题介绍。江阴市被评为2021年全省农村人居环境整治激励县,宜兴市入选2021年全国美丽乡村重点县建设试点,惠山区被评为2021年全国村庄清洁行动先进县。

江苏省特色田园乡村——锡山区鹅湖镇鹅湖村摇塘圩、蒋塘坝、北荡角

(市住房城乡建设局 供图)

【"一推三治五化"专项行动】 2021年,无锡市持续纵深推进农村人居环境整治提升"一推三治五化"(持续推进农村住房和美丽乡村建设,全面治理农村垃圾、污水、河塘,加快实现厕所净化、道路优化、路灯亮化、村庄绿化和管理长效化)专项行动,制定下发《2021年农村人居环境整治提升工作要点》,细化下达年度目标任务40项,开展项目化、清单式管理,聚焦重点领域,推动全域整治,着力补齐短板,推动实现城乡环境管理一体化。年内高标准建成"最美农村路"12条,电力线缆改造、杆程入地工程项目102个,农村公厕新改建项目300个,农村河道环境整治提升项目510个,农村生活污水新改建项目600个。村庄基础设施有效改善,农村人居环境整体提升。全市域、全方位、全覆盖实施"红黑榜"评价制度,年内安排4次农村人居环境整治提升第三方暗访测评,发布"红黑榜"4期,全年评定"红榜"村60个、"黑榜"村38个,下达1200万元专项资金对经督查评价成效明显的行政村予以激励。

【交通沿线和重要节点村庄环境整治】 2021年,无锡市把交通沿线等重要节点区域村庄环境整治优化提升,作为推进"一推三治五化"专项行动的重要内容和阶段性重点任务,制定印发《交通沿线和重要节点村庄环境整治优化提升实施方案》,集中力量推进实施"四清四美"(清除暴露垃圾、沿线杂物、违章搭建、残垣断壁,打造田园风情美、水岸风物美、建筑风貌美、空间风韵美的诗意乡村“锡”居地)工程。锚定1048个村庄,围绕田园风情美、水岸风物美、建筑风貌美、空间风韵美4个方面30条评价验收标准,系统指导各村加快建设富有江南特色、承载田园乡愁、体现现代文明的美丽田园、生态家园、幸福乐园,打造诗意乡村“锡”居地。年末,100个重要节点村庄全面达标。

(市农业农村局)

【农村房屋安全隐患排查整治】 2021年,无锡市完成用作经营自建房的农村房屋重点排查和整治,完成未用作经营自建房和非自建房的全面排查及抽查复查工作,全市累计完成农村房屋排查441800户,复查57653户,抽查22913户。经鉴定评估为C、D级户数1197户,完成解危整治1137户,其中312户D级危房全部完成解危整治。突出季节性和灾害性天气等特殊时段,加大督查和巡查力度,对新增安全隐患动态清零,保障农村群众居住安全。

(市住房城乡建设局)

【农村路灯长效管护】 至2021年末,无锡市涉农两市四区明确了辖区内农村路灯的管理范围,以村(社区)为单位排查统计农村路灯设施底数,50个镇(街道)、601个行政村(含涉农社区)主要公共场所和主要道路路灯总数共计11.29万盏。

(市市政园林局)

乡村产业

【乡村产业载体建设】 2021年,无锡市坚持乡村产业发展平台化、园区化、规模化,现代农业产业园、现代农业产业示范园、现代农业高质量发展示范园成为承载乡村产业发展的主要载体。推进区级科技园、镇级产业园、村级特色园建设,引导市(县)区、镇(涉农街道)、村三级统筹特色资源和产业布局,引领乡村产业发展。惠山现代农业产业园区获批创建国家现代农业产业园,锡山区东港镇山联村、宜兴市丁蜀镇西望村获评全国“一村一品”示范村镇,锡山区东港镇获批建设国家级农业产业强镇。滨湖区马山街道被认定为全国乡村特色产业十亿元镇,宜兴市西渚镇白塔村、宜兴市湖·镇张阳村、宜兴市丁蜀镇西望村、惠山区阳山镇桃源村被认定为全国乡村特色产业亿元村。至年末,全市累计获批国家现代农业产业园2个、省级现代农业产业示范园2个、省级现代农业高质量发展示范园1个,国家级农业产业强镇5个、全国“一村一品”示范村镇15个。

【农业龙头企业】 2021年,无锡市有农业上市公司2家、国家级农业龙头企业7家、国家级主食加工示范企业2家、省级农产品集中加工区2家、市级以上农业产业化龙头企业161家。借鉴无锡先进制造业、现代服务业项目招商的经验做法,主动对接大型央企国企、行业领军企业和本地骨干企业,全年开工建设农业农村重大项目125个,项目总投资98亿元,其中年度计划投资86.6亿元,亿元以上项目19个。

【农村产业融合发展】 2021年,无锡市引导产业链延伸,推进产业融合,江阴临港现代农业产业园被评为省级农村一、二、三产业融合发展先导区,宜兴市产业融合先导区晋升国家级农村产业融合发展示范园。

(市农业农村局)

乡村文化

【概况】 2021年末,无锡市有村(社区)综合性文化服务中心1093个,农家书屋798个。全年农家书屋开展“农民读书节”活动,近6000场次;全市组织开展农村公益文艺演出近5000场。锡山区怀仁社区农家书屋被评为全国“服务基层服务农民”文化建设先进单位。

(市委宣传部)

【文化活动进农村】 2021年,无锡市组织农村公益文艺演出近5000场,送戏进农村915场、送展览进农村154场、送书进农村2万余册,丰富农民群众的精神文化生活,促进农村文化繁荣发展。“为群众办实事”2021文艺演出进农村活动将优秀文艺节目送到乡村,开展惠民演出20场,促进城乡公共文化服务均等化。

【基层文化活动】 2021年,江阴市开展“文化走基层,服务进万家”主题惠民活动,举办第25届书香江阴读书节、第八届江阴市“芙蓉花”奖评奖活动、2021年江阴市民文化节、江阴市文学艺术奖评奖活动等品牌活动。宜兴市在保持镇际交流互动演出的基础上,持续开展文化志愿服务村村行文艺小分队流动演出,创新启动村级文艺团队联动演出,以点带面,以强带弱,全年完成演出403场。

(市文广旅游局)

乡村治理

【概况】 2021年,无锡市推进农村基层组织建设,全市“五有五强”(立身有魂、政治素养强,建功有我、担当作为强,创业有道、发展本领强,心中有民、治理能力强,行为有规、作风纪律强)型村书记占比85%,村党支部标准化规范化建设合格率100%,县级以上文明村达标率保持93.7%,村民委员会依法自治达标率99.6%,村党群服务中心建设覆盖率、村便民服务中心建成率、村法律顾问配备率、村人民调解委员会规范化建成率等指标均为100%。成功争取首批全国农业现代化示范区、首批全国美丽乡村重点县、首批全国农业科技现代化先行县等试点，编制发布全省首个农业农村空间规划——“五园五区六带”发展规划，在农业企业上市、农业科技平台建设等方面实现“从无到有”的重大突破。年内，滨湖区胡埭镇马鞍村、新吴区鸿山街道大坊桥村、江阴市璜土镇璜土村、江阴市顾山镇红豆村4个村获评第二批全国乡村治理示范村，江阴市“‘户户通’平台让‘小微权力’晒在阳光下”、滨湖区马鞍村“创五彩五鞍，显乡村五美”2个案例入选全省首批乡村治理典型案例。市委农办、市农业农村局组织撰写的专题调研报告《无锡乡村治理体系建设的实践与探索》获全省乡村振兴软科学课题研究成果三等奖。

全国乡村治理示范村——江阴市顾山镇红豆村。图为红豆村文化墙

（江阴市档案史志馆　供图）

延伸阅读：

“户户通”平台让“小微权力”晒在阳光下

江阴市围绕农村管理重点、群众关注热点、基层民主痛点、监督执纪难点，创新开展“户户通”平台建设，依托全域覆盖的有线电视网络，大力推行“三务”（党务、村务、财务）公开，以阳光预防腐败，以公开赢得公信，有力促进集体经济健康发展和社会大局和谐稳定。

让老百姓随时看。在传统的互联网公开、“三务”直通车公开和村务公开栏公开的基础上，创新引入有线电视平台，把“三务”信息推送到村民家中的电视屏幕上，让村民动动手指、足不出户就能随时查看本村党务、村务、财务。在此基础上，开发“户户通”手机端，实现传统与现代公开形式的同步推送，让不同年龄、不同学历、不同层次的村民都能找到适合自己了解“三务”的方式。

让老百姓看最新。党务、村务直接录入“户户通”后台系统，财务直接对接市农村集体“三资”智慧监管平台数据，经镇（街道）职能部门审核后发布，做到即审即看，确保老百姓看到最新的内容。至年末，平台录入村级概况191条、党务14805条、村务18634条、财务凭证213565张、制度建设1321条、政策法规762条，合计249278条。

让老百姓看得懂。将财务公开中专业性较强的财务报表变成村民易懂的流水账，财务术语变成老百姓能理解的口头语言，特别是将三资管理中的相关内容进行关联，如村级收支与原始凭证、资产资源与租赁合同等相关联。设置更为人性化的自动滚屏、点击暂停、图片放大等功能，做到图文并茂，切实解决以往看不全、看不懂、看不长的问题。

（市农业农村局）

【民主法治示范村建设】 2021年，无锡市探索法治乡村建设新路径，实施民主法治示范村（社区）动态管理，自治、法治、德治“三治融合”推进基层民主法治建设。市司法局组织在全市开展省级民主法治示范村（社区）建设巩固提升年活动，淘汰不合格民主法治示范村（社区）90个，新创建省级民主法治示范村（社区）35个。落实省政府民生实事工程重点项目——“法律明白人”培育，动员有法律功底、有公益热心、有群众基础的优秀群众代表加入“法律明白人”队伍，全市培育村（社区）“法律明白人”6821人，并落实全员培训上岗，为广大民众提供精准化政策宣传、法律引导、法治宣传、纠纷化解等服务，为推进基层治理体系和治理能力现代化奠定坚实基础。

（市司法局）

【“十大最美村书记”评选】 2021年，市委组织部、市委宣传部和市农业农村局组织开展无锡市“十大最美村书记”评选。他们分别是朱雪春（江阴市云亭街道花山村党委书记）、李洪耀（江阴市夏港街道长江村党委书记）、钱俊贤（江阴市璜土镇璜土村党委书记）、蒋仲良（宜兴市芳桥街道金兰村党总支部书记）、欧阳华（宜兴市西渚镇白塔村党总支部书记）、李为清（宜兴市张渚镇善卷村党总支部书记）、夏家平（锡山区鹅湖镇鹅湖村党总支部书记）、张谷（惠山区阳山镇桃源村党总支部书记）、黄庆丰（滨湖区胡埭镇鸿翔村党总支部书记）、夏峰（新吴区鸿山街道大坊桥村党委书记）。

（市农业农村局）

编辑　何　峰

生态建设

环境质量

【概况】 2021年，无锡市生态环境状况指数为68.68，比上年上升2.65，各市（县）、区生态环境状况指数处于59.35～74.50，生态环境状况均处于良好状态。

【大气环境质量】 2021年，无锡市环境空气质量创有监测数据以来最好水平，优良天数比率及$PM_{2.5}$年均浓度均达到省年度考核目标要求，细颗粒物、可吸入颗粒物和一氧化碳浓度比上年均有下降。各市（县）、区$PM_{2.5}$年均浓度均达到国家空气质量二级标准。

空气质量　全市环境空气质量优良天数比率为82.2%，比上年上升0.5个百分点；各市（县）、区优良天数比率介于77.3%～85.2%。全市环境空气中细颗粒物（$PM_{2.5}$）、可吸入颗粒物（PM_{10}）、一氧化碳（CO）年均浓度分别为29微克/立方米、54微克/立方米和1.1毫克/立方米，比上年分别下降12.1%、3.6%和8.3%；二氧化氮（NO_2）和二氧化硫（SO_2）年均浓度分别为34微克/立方米和7微克/立方米，与上年持平；臭氧（O_3）浓度为175微克/立方米，比上年上升2.3%。

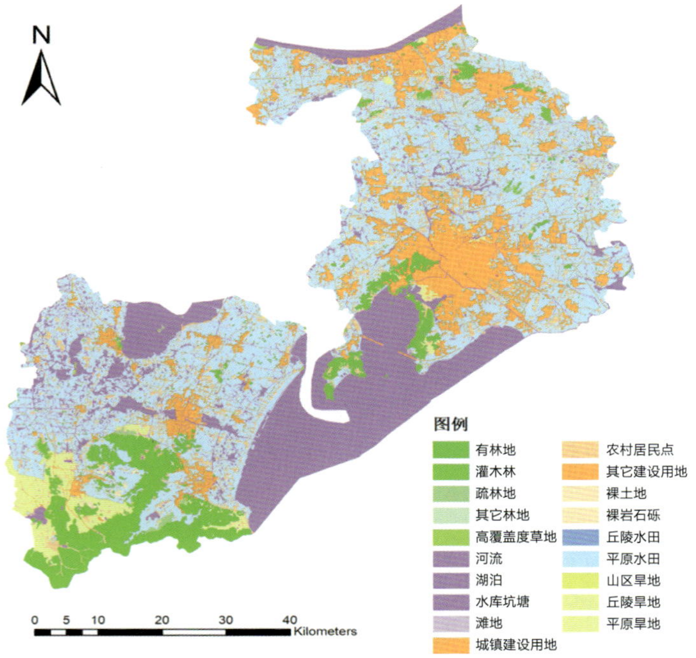

图13　2021年无锡市生态景观分布情况图

（市生态环境局）

按照《环境空气质量标准》（GB3095—2012）二级标准进行年度评价，各市（县）、区臭氧浓度均未达标，其余指标均达标。

酸雨　2021年，全市酸雨频率为12.7%，降水年均pH值为5.89，酸雨频率比上年下降6.7个百分点。其中，市区酸雨频率18.3%，比上年上升13.9个百分点；江阴市酸雨频率12.7%，比上年下降14.9个百分点；宜兴市酸雨频率0%。

降尘　2021年，无锡市降尘年均值为3.3吨/平方千米·月，比上年下降10.8%。其中，江阴市、宜兴市、梁溪区、锡山区、惠山区、滨湖区、新吴区和无锡经开区降尘年均值分别为3.6、2.9、3.9、3、3.6、2.9、3.1和2.9吨/平方千米·月。

【水环境质量】 2021年，全市地表水环境质量达“十三五”时期以来最优，国考、省考断面优Ⅲ类比例达到年度考核目标，国省考断面、主要入江支流和出入湖河流全面消除劣Ⅴ类，连续14年实现太湖安全度夏“两个确保”（确保饮用水安全、确保不发生大面积湖泛）目标。

国省考断面　纳入“十四五”国家地表水环境质量考核的25个断面中，年均水质达到或优于《地表水环境质量标准》（GB3838—2002）Ⅲ类

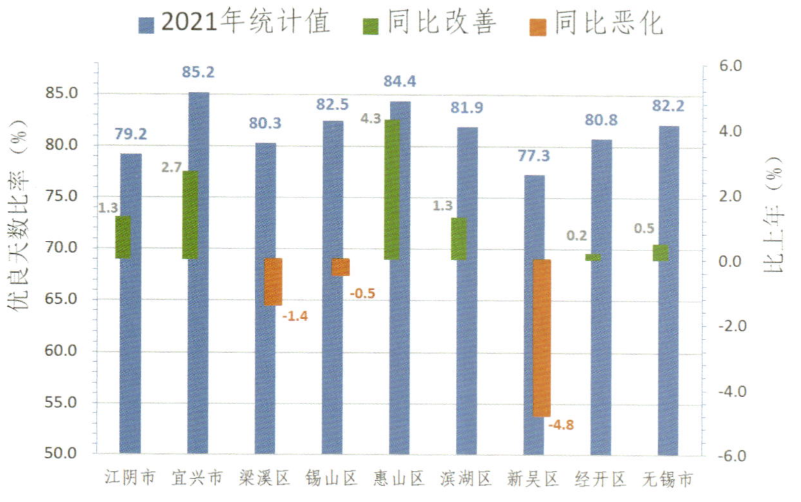

图 14　2021 年无锡市空气质量优良天数比率及同比变化情况图

（市生态环境局）

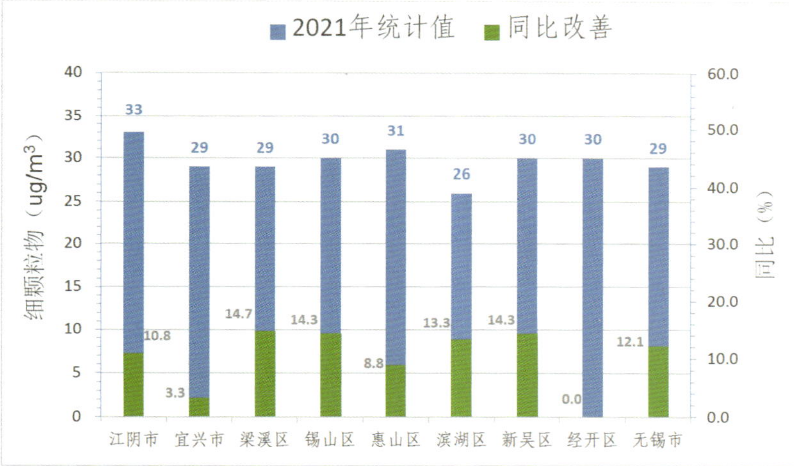

图 15　2021 年无锡市臭氧百分位浓度及同比变化情况图

（市生态环境局）

标准的断面比例为 80%，比上年上升 10.8 个百分点，无劣Ⅴ类断面，达到年度考核目标。纳入江苏省“十四五”水环境质量目标考核的 71 个断面中，年均水质达到或优于Ⅲ类标准的断面比例为 93%，比上年上升 7 个百分点，无劣Ⅴ类断面，达到年度考核目标。

饮用水水源地　全市有 7 个集中式饮用水水源地，分别为太湖沙渚、锡东水源地，长江的小湾、肖山和西石桥水源地，宜兴市的横山水库和油车水库水源地。2021 年，全市 7 个集中式饮用水水源地水质均达标（湖泊不计总磷）。年度取水总量为 8.85 亿立方米，其中：自太湖取水 3.34 亿立方米，占比 37.74%；自长江取水 4.57 亿立方米，占比 51.64%；自宜兴各水库取水 0.94 亿立方米，占比 10.62%。

太湖无锡水域　2021 年，太湖无锡水域总体水质处于Ⅳ类水平，定类指标总磷浓度为 0.061 毫克 / 升，比上年下降 25.6%；高锰酸盐指数、氨氮和化学需氧量浓度分别为 3.7 毫克 / 升、0.06 毫克 / 升和 14.8 毫克 / 升，分别达到Ⅱ类、Ⅰ类和Ⅰ类标准，分别比上年下降 9.8%、57.1% 和 6.3%；总氮作为单独评价指标，浓度为 1.18 毫克 / 升，达到Ⅳ类标准，比上年下降 4.8%；湖体综合营养状态指数 55.7，比上年上升 0.3，处于轻度富营养状态。

年内，26 条出入湖河流总体水质状况为优，25 条出入湖河流水质

表 49　2020 年、2021 年无锡市降水酸雨监测数据统计表

年　度	无锡市		市　区		江阴市		宜兴市	
	降水平均 pH 值	酸雨频率（%）	降水平均 pH 值	酸雨频率（%）	降水平均 pH 值	酸雨频率（%）	降水平均 pH 值	酸雨频率（%）
2020	5.45	19.4	5.87	4.4	5.20	27.6	5.55	24.3
2021	5.89	12.7	5.77	18.3	5.88	12.7	6.25	0

（市生态环境局）

类别均处于Ⅱ～Ⅲ类，其中，庙港、望虞河和大港河水质类别符合Ⅱ类，殷村港水质类别为Ⅴ类。

长江流域　2021 年，长江流域无锡段总体水质为优。长江干流无锡段水质处于Ⅱ类，稳定达到优级水平；全市 9 条入江支流（黄田港大桥、卫东桥、金潼桥、老夏港河桥、长济桥、新河闸、申港口、新沟桥、堤闸管理处）均达到Ⅲ类及以上。

地下水　2021 年，全市 6 个“十四五”地下水环境质量国考区域点位水质均达到或优于《地下水质量标准》（GB/T 14848—2017）Ⅳ类标准，达标率 100%；3 个污染风险监控点位水质与上年持平。

【土壤环境】 2021 年，全市 28 个土壤省级风险点位中有 25 个点位监测结果低于《土壤环境质量农用地土壤污染风险管控标准（试行）》（GB15618—2018）风险筛选值，达标率 89.3%。3 个点位超过风险筛选值（但未超过风险管制值），占比 10.7%，均为重金属含量超过风险筛选值，未见有机物超标情况。

【声环境】 2021 年，全市声环境质量总体较好，昼间和夜间声环境质量基本保持稳定。

区域声环境　全市昼间区域环境噪声平均等效声级为 57 分贝 (A)，比上年上升 0.5 分贝 (A)；昼间区域环境噪声质量等级为三级。其中，江阴市、惠山区达到城市区域环境噪声昼间二级（较好）水平；宜兴市、梁溪区、锡山区、滨湖区（含无锡经开区）达到城市区域环境噪声昼间三级（一般）水平。影响城市声环境质量的主要声源是社会生活噪声，占比 54.6%；其余依次为交通噪声（32.1%）、工业噪声（11.1%）和施工噪声（2.2%）。

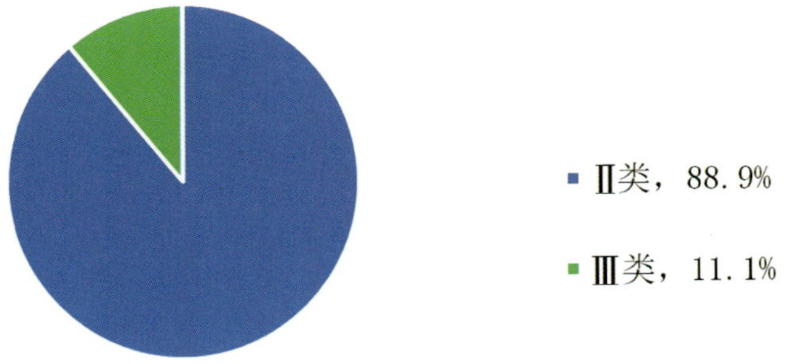

图 16　2021 年长江流域无锡段主要入江支流断面水质类别比例图

（市生态环境局）

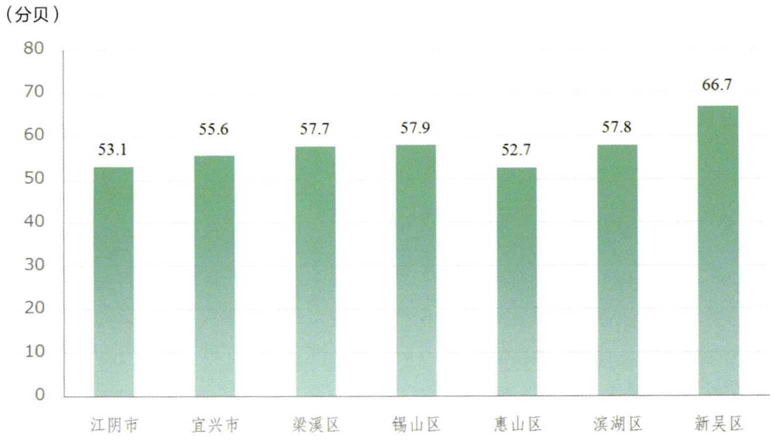

图 17　2021 年无锡市昼间区域噪声平均等效声级情况图

（市生态环境局）

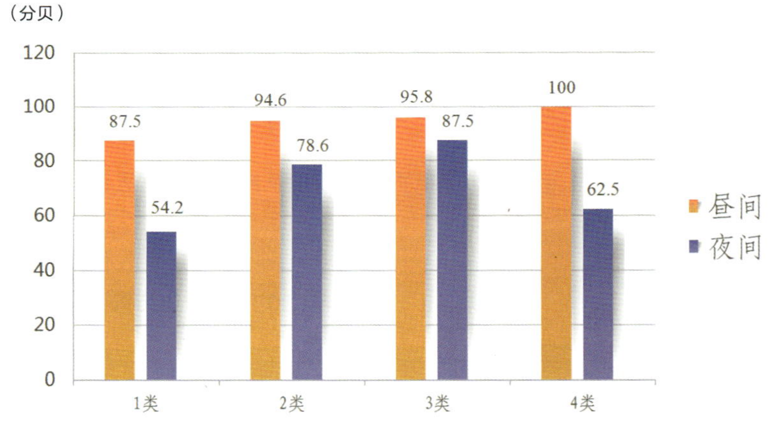

图 18　2021 年无锡市各类功能区噪声达标率情况图

（市生态环境局）

功能区声环境　依据国家《声环境质量标准》（GB3096—2008）评价，全市功能区声环境昼间、夜间平均达标率分别为 94.5% 和 72.7%。1～4 类功能区声环境昼间达标率分别为 87.5%、94.6%、95.8% 和 100.0%，夜间达标率分别为 54.2%、78.6%、87.5% 和 62.5%。功能区声环境昼间平均达标率比上年下降 2.4 个百分点，夜间平均达标率比上年下降 4.6 个百分点。

道路交通声环境　全市道路交通噪声昼间平均等效声级为 68.4 分

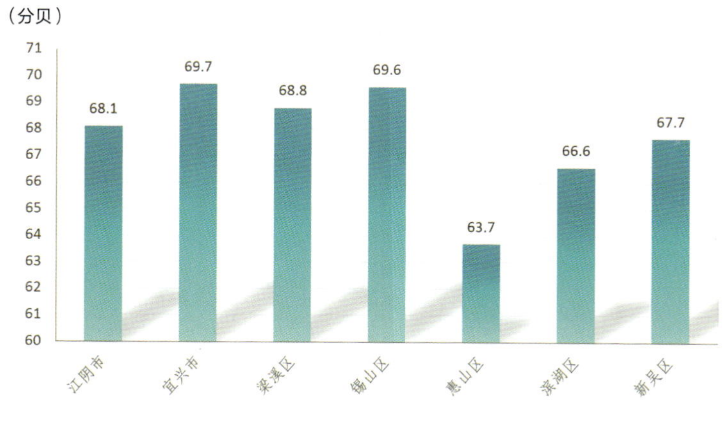

图 19　2021 年无锡市昼间道路交通噪声平均等效声级情况图

(市生态环境局)

贝(A),比上年上升 0.1 分贝(A),交通噪声强度为二级,声环境质量为较好。监测路段中,声级超过国家二级标准限值(昼间为 70 分贝)的路段长占监测总路长的 31.9%,昼间超标路段长比例比上年下降 0.5 个百分点。

【辐射环境】 2021 年,全市辐射环境 4 个国控点和 9 个省控点监测结果表明,空气吸收剂量率和大气中放射性核素浓度处于天然本底涨落范围内;太湖水体中放射性核素浓度处于天然本底;重点饮用水水源地取水口水中放射性指标符合《生活饮用水卫生标准》(GB5749—2006)要求;环境中电磁辐射监测结果均低于《电磁环境控制限值》(GB8702—2014)中公众曝露控制限值的要求。

【农村环境】 2021 年,全市在江阴市、宜兴市、锡山区、惠山区、滨湖区共选择 10 个村庄开展农村环境质量监测。

农村环境空气　全市开展空气质量监测村庄共 10 个,空气质量优良天数比率为 87.1%。出现超标的污染物为臭氧(O_3)和细颗粒物($PM_{2.5}$)。

农村水环境　全市开展县域地表水监测的 11 个断面,地表水水质全部达到或优于Ⅲ类,达标率为 100%。

农村土壤环境　全市针对 34 个农田、果园等重点区域土壤点位开展监测。根据《土壤环境质量农用地土壤污染风险管控标准(试行)》(GB15618—2018)评价,31 个点位污染等级为Ⅰ级(污染风险低),3 个点位污染等级为Ⅱ级(存在污染风险)。

(市生态环境局)

太湖治理

【概况】 2021 年,太湖无锡水域水质总体符合Ⅳ类水平,定类指标为总磷,浓度为 0.061 毫克 / 升,比上年下降 25.6%;化学需氧量浓度为 14.8 毫克 / 升,达Ⅰ类标准,比上年下降 6.3%;氨氮浓度为 0.06 毫克 / 升,达Ⅰ类标准,比上年下降 57.1%;高锰酸盐指数浓度为 3.7 毫克 / 升,达Ⅱ类标准,比上年下降 9.8%;总氮作为单独评价指标,浓度为 1.18 毫克 / 升,处于Ⅳ类标准,比上年下降 4.8%;综合营养状态指数 55.7,比上年上升 0.3,水体处于轻度富营养。

无锡市坚持把太湖治理作为全市生态文明建设的标志性工程,狠抓源头治理和应急防控,实施"夏病冬治",推进美丽河湖"两河"(京杭大运河无锡段、梁溪河)整治提升"一号工程",太湖无锡水域水质达到 2007 年以来最好水平,湖体蓝藻聚集次数、面积和藻类密度大幅下降,饮用水水源地水质稳定达标,太湖连续 14 年实现安全度夏。年内,全市共下达实施治太重点工程项目 9 大类 758 项。根据国家开展新一轮太湖治理的工作要求,无锡市以生态引领、绿色发展,保护优先、系统治理,突出重点、分类施策,远近结合、标本兼治为原则,编制完成《无锡市"十四五"太湖水污染防治规划》,回顾总结无锡市"十三五"以来太湖水污染防治取得的主要成效及重点瓶颈问题,提出"十四五"期间全市水环境质量持续改善的总体要求,围绕规划目标和任务,计划投入 400 余亿元,持续深入开展太湖综合治理。

(市生态环境局)

【《环太湖区域生态保护与绿色发展行动》编制】 2021 年,根据上海大都市圈空间协同工作领导小组的分工,无锡市牵头编制《环太湖区域生态保护与绿色发展行动》,多次到上海参加大都市圈空间协同战略愿景意见征询会,落实和深化上海大都市圈发展的总体目标愿景和八大系统行动,结合环太湖区域发展特征重点,处理好长远发展战略和近期行动、分板块和分系统的关系,为环太湖地区各县(市)、区发展提供规划导向性目标和指导性框架。规划主要内容是结合太湖湾科创带等市级战略,提出实施五大策略行动,包括共守生态底线、共保绿色湖区的生态维度行动;强化功能引导、共建科创走廊的创新维度行动;挖潜旅游资源,共塑人文家园的人文维度行动;鼓励设施协同、共享高效网络的设施维度行动;跨区先行先试、共建环太湖示范区的空间维度行动。

(市自然资源规划局)

7月，市水利局在太湖近岸水域组织离岸加压控藻　（市水利局　供图）

【蓝藻水草处置】 5月中旬进入蓝藻打捞高峰期后，无锡市蓝藻水草打捞处置工作在饮用水源保护区、湖泛易发区、风景名胜区、居民聚集区和交通干道沿线等重点区域，加密巡查监测频次，加大检查督查力度。严格落实蓝藻集聚面积与责任人挂钩机制，压紧压实属地工作责任，坚持机械打捞与人工打捞、机动打捞与定点打捞、近岸打捞与离岸打捞相结合，在蓝藻集聚量大时统筹调度蓝藻打捞、藻水分离、藻泥运输处置等相关力量，延长工作时间，提高工作负荷，确保蓝藻打捞处置持续有效开展。全年累计打捞蓝藻187.28万吨、水草2.89万吨，产出藻泥8.87万吨。

【蓝藻离岸防控】 2021年，无锡市沿湖地区和有关单位按照“离岸设防、应设尽设”的要求，在太湖岸线距离岸边300～500米的湖区科学设置挡藻围隔，全力避免太湖蓝藻在无锡太湖近岸水域集聚。完成贡湖湾离岸围隔完善工程、十八湾离岸打捞二期工程、湖西离岸围隔一期工程建设，分别新增9.5千米、2.8千米、15.7千米长的离岸围隔，全市离岸围隔总长度达57.7千米。实行离岸设防与离岸处置有机结合，坚持“物理疗法、前道处理、良性循环”的太湖应急治理理念，在传统的平台打捞、船只打捞的基础上，将深井加压控藻技术作为应急处置措施积极开展试点应用，新增贡湖湾庙港水域控藻深井1座、梅梁湖十八湾控藻深井3座、湖西八房港控藻深井1座。至年末，全市控藻深井数量8座，分别为贡湖湾2座、梅梁湖4座、太湖西岸2座。

【科技治藻】 2021年，市水利局印发《关于加强太湖蓝藻治理科技研究的工作方案》，围绕太湖富营养化形成和消除机理、湖体氮磷来源及污染控制等重大问题，开展研究和关键技术研发，结合生态清淤、生态保护修复、蓝藻打捞处置与利用、农业面源污染治理等重点，确定10个主要研究方向，明确组织领导、资金投入、决策咨询、成果转化等保障措施。年内，蓝藻湖泛发生机理、污染物出入湖通量、打捞处理新技术装备研发、湖泛防控处置、资源化利用等多个研究方向的14个科研项目有序开展。

【调水引流】 2021年，市水利局加大望虞河引江济太力度，实施望虞河“引江济太”4轮，为太湖连续14年高质量实现“两个确保”提供了水利保障。全力做好梅梁湖、大渲河泵站调水引流工作，根据太湖水质及蓝藻聚集情况，优化梅梁湖、大渲河泵站调水引流方案，拉动水体流动保护太湖水源地水质。统筹调度北引锡北运河水、东引九里河望虞河水、非蓝藻期西引梁溪河水3条线路，持续开展畅流活水，提升主城区水环境品质。年内，望虞河常熟枢纽累计引江水量14.58亿立方米，望亭枢纽累计入湖量7.18亿立方米，梅梁湖、大渲河泵站累计调水量7.39亿立方米，运东大包围累计调排水量2.75亿立方米。

【水质应急防控】 2021年，全市完成19千米围隔、155台吸藻泵、190台曝气机的应急物资保障能力储备。其中，市级完成3千米围隔布置、15台吸藻泵、30台增氧曝气机储备；区级储备数量按照1个街道不少于2千米围隔、10台吸藻泵、20台增氧曝气机的标准完成储备。强化贡湖湾沿线应急清淤，全年完成贡湖湾滨湖区段、竺山湾、贡湖湾张桥港清淤共计143.56万立方米。

（市水利局）

长江大保护

【概况】 2021年，无锡市严格落实长江禁捕要求，推进长江生态岸线修复，腾退长江岸线2.78千米，复绿面积4.8万平方米。年内，无锡市与毗邻兄弟城市、省级渔政执法机构等在重点水域建立多维度联合执法机制，推进长江流域禁捕退捕工作，开展长江流域非法捕捞渔获物市场禁售工作。

（市生态环境局）

【长江流域禁捕退捕】 2021年是落实“长江十年禁渔”决策部署的第一年，无锡市与毗邻兄弟城市、省级渔政执法机构等在重点水域建立多维度联合执法机制，构建多方参与、紧密无间的禁捕执法监管体系，打造“人防、技防、群防、预防并重”的防护体系。人防方面，全市有长江流域重点水域渔政执法人员81人，在编乡镇渔政工作人员18人，护渔员190人。技防方面，江阴市投入400余万元建成长江禁捕信息化防控平台——江盾平台，实现对沿江35.7千米岸线24小时监控全覆盖，投入5000万元建设江阴长江水上综合执法码头，无锡市其他地区共计投入1000余万元，对列入监管范围的重点水域（太湖、滆湖）湖岸线增设红外高清摄像头、雷达、无人机等监管装备，实现流域监管全覆盖。群防方面，围绕长江禁渔工作，通过宣传展板、横幅、短信息、微信公众号、关键区域手机短信提示等方式方法和手段，提高宣传的精准性和有效性，营造浓厚的禁渔氛围。预防方面，持续开展“四清四无”（“四清”指清船、清网、清江、清湖，“四无”指无捕捞渔船、无捕捞网具、无捕捞渔民、无捕捞生产）、“长江禁捕，打非断链”等专项行动，保持无锡市长江流域重点水域渔具网具、“三无”船舶动态清零，堵牢非法捕捞隐患源头。

（市农业农村局）

【长江禁捕市场监管】 2021年，市市场监管局牵头全市推进长江流域“禁捕退捕”市场监管专项组9个部门，共同开展长江流域非法捕捞渔获物市场禁售工作，协调行政审批部门配合职能监管部门对2075户涉渔市场主体进行登记事项变更或营业执照注销；对全市221家农贸市场进行检查巡查4.86万户次，检查涉渔批发市场658家次、商超1.75万家次、餐饮服务单位5.68万家次，排查各类涉渔食品生产企业450家次、小作坊324家次；监测网络涉渔经营主体13万余个，监测商品交易信息451万余条，审核确认并下架删除涉渔违法经营信息3条；建立含有682个涉渔关键词的广告专项监测词库，监测各类涉渔广告10.77万条次；办结各类涉渔案件21起，罚没64.46万元。某水产商行涉渔网络虚假宣传案作为全国处罚额度最高的“长江禁渔”案件，被省市场监督管理局挂牌督办；1起非法经营国家二级野生保护动物案入选年度长三角地区“长江禁捕，打非断链”专项行动典型案例；3起案件入选全省“长江禁渔”典型案例。

（市市场监管局）

【长江生态安全示范区建设】 2021年，江阴市加快推进长江生态安全示范区建设，实施原生态产品价值、衍生态产品价值、融生态产品价值、转生态产品价值四大类24个项目和滨江公园体系构建、湿地空间保护和修复、入江河道生态整治、水源地保护和建设、废弃矿山生态修复、水产养殖6大示范工程。江阴市全年关停“散乱污”企业3750家、化工企业170家，完成沿江10千米范围内20个废弃矿山宕口治理。清退长江生产型岸线28千米，完成城区渡口外迁及298座内河码头清理整治。

【长江鱼苗放流】 3月1日，《中华人民共和国长江保护法》施行，江阴市举行长江放流活动，利用生态修复资金购买15万余尾、计1600余千克鲢鱼苗，放流长江。7月5日，江阴市举行以“保护长江生态、建设美丽江阴”为主题的2021年江阴长江渔业资源增殖放流活动，放流鱼苗超过17亿尾。

（江阴市档案史志馆）

水资源保护

河湖长制管理

【概况】 3月，市政府办公室印发《关于开展新一轮河道环境综合整治水质达标攻坚行动的实施意见》，要求持续深化河道水环境综合整治。市河长办公室建立项目月报制度，对全市8个地区的新一轮河道综合整治情况进行专项检查，对整治进度慢、整治成效不明显、水质未达标的地区和河长进行通报。依托5G河长制管理平台，委托第三方测评机构对市级河长挂钩的重点河湖进行巡查巡飞、暗访抽查、综合测评，年内市本级约谈河长14人次，下发提醒函、报告单31份，将自查、上级交办等各类问题形成任务清单逐级交办，开展整改效果“回头看”，推动问题整改落地见效。6月15日，中国国际发展知识中心在北京举办第四期交流沙龙，河长制无锡实践作为治国理政生态文明建设案例由国务院发展研究中心组织专题专场向国际社会发布，无锡市水利局分享以河长制为代表的新时代河湖流域治理创新实践经验。年内，无锡市水利局、江阴市水利局、宜兴市水利局、新吴区排水管理中心被省委、省政府联合表彰为全省防汛抗洪工作先进集体。2021年，无锡市省考断面水质优Ⅲ类比例93%，首次超过90%；552条新一轮环境综合整治河道水质优Ⅲ类比例76.3%。

【河长湖长全覆盖】 2021年，全市5635条河流、35个湖泊、19座水库实现河长湖长全覆盖。落实市级总河长2人、副总河长3人、河长16人，市（县）区级总河长14人、副总河长19人、河长153人，镇（街道）级总河长153人、副总河长188人、河长767人。设立覆盖所有河湖的河长制管理公示牌6525块，公示牌上标明河道基本情况、河长姓名、河长职责、举报电话等内容，接受公众监督。

【河湖长履职】 2021年，全市各级河长累计巡河履职18.84万次，更新完善河湖长制公示牌6085块，将河长公示牌内容纳入“12345”政府热线管理，各级河长名单均在政府网站、主要媒体上进行公告公示。实行河长“三监督”(居民监督、政府监督、社会监督)机制,实现河长制从“体系全覆盖”到“履职全覆盖”。

【跨界河湖联合河长制】 2021年,江阴市、宜兴市、惠山区、滨湖区先后与常州市新北区、天宁区、溧阳市等地建立跨界河湖联合河长制机制,全市有实行联合河长制的跨界河(湖)66条(个),基本实现跨界河湖联合河长制全覆盖。10月,滨湖区胡埭镇、惠山区阳山镇与常州市武进区雪堰镇联合制定跨界河道联合河长制工作机制实施方案。

【河长制管理平台】 11月25日,无锡市河长制管理平台竣工通过验收。该平台采用5G、物联网、大数据、云计算、卫星遥感、无人机等技术,加强主要河湖日常巡查监管和空间动态管控,构建国内领先的多维立体管控云平台,实现河湖岸线违法行为自动侦测处置,水质自动监测、数据在线传输、主要河湖全天候监控、河长电子化巡河,实现河长指令实时传达、处置流程在线闭环,为全市河长制工作和河湖治理提供有力支撑。自2020年11月18日上线试运行后,该平台通过视频AI分析累计识别乱排乱倒、水体异常、河面漂浮物等问题3.48万个,遥感AI分析累计识别河湖岸线违法占用问题143个,无人机电子巡河服务累计巡河2220余千米,发现河岸垃圾、水面异常、侵占河道、排污异常、非法采砂等问题4025个,提高河长制工作的精准性和有效性。

(市水利局)

美丽河湖建设

【《京杭大运河(无锡段)整治提升规划》编制完成】 2021年,市委、市政府将“两河”整治提升作为“美丽河湖”行动的“一号工程”。作为“两河”其中之一的京杭大运河无锡段,全长43.7千米,流经惠山区、梁溪区、滨湖区、新吴区4个行政区,总规划面积43.63平方千米。市自然资源规划局牵头编制《京杭大运河(无锡段)整治提升规划》,围绕调整空间结构、梳理公共空间、优化交通组织、提升生态环境、彰显特色文化、组织滨水活动、提升景观风貌、引导重要节点8个方面开展具体规划行动,以打造黄金水带、生活秀带、城市绿带、人文纽带,实现水清岸绿、文昌人和、产旺城兴为规划目标,通过该规划及后续工程落地实施,提升运河生态廊道职能,展现运河文化廊道职能,突出运河活力廊道职能。

(市自然资源规划局)

【美丽示范河湖建设】 2021年,无锡市围绕太湖、长江、京杭大运河和蠡湖、长广溪、古运河等城市重要水体及群众身边的重点河湖,开展美丽示范河湖建设,构筑生态美丽、承载文明、寄托乡愁、惠泽市民、人水和谐的“美丽河湖”风景线。年内建成80条(个)市级、64条(个)区级美丽示范河湖,伯渎河、九里河、万寿河、大寨河、富安新河等景观别致、各具特色的“美丽河湖”成为新的网红点、打卡地。

【“两河”整治提升“一号工程”】 2021年,无锡市启动京杭大运河无锡段、梁溪河“两河”整治提升美丽河湖“一号工程”,启动“两河”整治示范段建设,包括江南运河文化公园、北尖公园、南尖公园、大运河科技生态公园等,实施征收拆迁、“三道”(骑行道、跑步道、慢行道)贯通、景观绿化、基础设施提升等整治项目,打开沿河公共空间,推进水质达标攻坚和海绵城市建设,加强文化的保护展示、挖掘提炼、传承利用,打造黄金水带、生活秀带、城市绿带、人文纽带。

【河湖环境整治】 2021年,无锡市把入河排污口整治、河湖水面整治、河湖岸线违规整治、河湖非法围网管桩整治、绿化美化河湖岸线景观整治、河湖“三无”(无船名船号、无船舶证书、无船籍港)船舶整治、河湖住家船舶整治、船舶码头环境整治、船舶运行管理整治、河湖岸线基础设施整治10个方面,作为河湖环境整治内容,查找河湖生态环境、形象秩序、长效管理等方面存在的薄弱环节和短板弱项。全年整治入河排污口1909处,清理水面岸坡垃圾杂物17万吨,排查整治河湖岸线违规行为1318处,清理拆除非法围网管桩9996处,整治“三无”船舶1286艘,排查清理住家船舶79艘,河湖环境突出问题基本得到解决。制定“美丽河湖”建设标准和建设指引,出台“美丽河湖”岸线基础设施建设指引,重点排查巡飞市级骨干河道26条,核查确认并完成整改问题2815个。至年末,建成80条(个)市级、64条(个)区级美丽示范河湖。

【“美丽河湖”行动“红黑榜”】 2021年,无锡市对各镇(街道)“美丽河湖”行动工作进展情况进行全面测评(暗访),采用定量和定性两种分析方法对所选河(湖)进行拍照记录,利用考核指标体系进行科学的数据分析,发布“美丽河湖”行动“红黑榜”12期,评定“黑榜”河道89条、“红榜”河道88条,发出提醒函、报告单31份,将自查、上级交办等问题形成任务清单逐级交办,督促黑榜河道全部完成整改,开展整改效果“回头看”,推动问题整改落地见效。

【河湖水域岸线管理】 2021年,无锡市完成长江干流岸线清理整治项目45个、重点河湖“两违”(违法圈圩、违法建设)问题287个、92个省级以上及149个市级排查的“三乱”(乱占、乱建、乱排)“四乱”(乱占、乱采、乱堆、乱建)整治项目的“回头看”检查,均未出现“回潮”现象。水利部淮河水利委员会暗访交办11个“四乱”问题,全部完成销号,销号完成率全省领先。年内,完成滨湖区羊岐地块复垦项目整改还湖工程和新吴区新湖农场退渔(田)还湖整改工

2021 年，江南运河清名桥段故道入选首批省级水利工程遗产名录。图为江南运河清名桥段全景　（市水利局　供图）

程，持续推进竺山湖退渔（田）还湖工程。

【农村生态河道建设】 2021 年，无锡市农村生态河道覆盖率纳入全省推进乡村振兴战略实绩考核指标体系，推进农村生态河道建设。全年有 173 条（段）、399.73 千米河道通过省级复核，农村生态河道覆盖率增长 16.3%。至年末，全市建成农村生态河道 429 条（段）、1169.4 千米，农村生态河道覆盖率 47.69%，居全省设区市第三位，其中滨湖区、惠山区、锡山区分别获评全省 76 个涉农市（县）、区农村生态河道考核第一、二、三名。

【水利风景区建设】 2021 年，宜兴阳羡湖创建升级为国家水利风景区，梁溪区江南古运河创成江苏省级水利风景区，宜兴金沙泉和新吴区梁鸿湿地通过复核。至年末，全市累计建成国家水利风景区 8 家、江苏省级水利风景区 5 家，国家水利风景区数量居全省第一位。梁武堰、双泾闸、横山水库、黄埠墩 / 西水墩、江南运河清名桥段故道、北仓河、芙蓉圩、梁溪河、间江、梅里伯渎港遗址 10 处水工建筑入选江苏省第一批省级水利工程遗产名录，总数居全省第二位。

（市水利局）

水资源管理

【用水户管理】 2021 年，市水利局建立健全节水评价登记和上报制度，对无锡新埭房地产开发有限公司等 17 家单位开展节水评价审查。对市区使用自来水的建设项目全面实施节水方案评价审核制度，全年评价审核建设项目 57 个。建立国家、省、市三级重点监控用水户名录，对年取用地表水 10 万立方米以上、地下水 5 万立方米以上的用水户均安装在线监控，并接入省水资源管理信息系统。完成 SK 海力士半导体（中国）有限公司等 11 家重点用水户的用水审计工作，其中省重点计划用水户 3 家。6—11 月，市水利局牵头开展水资源（节水）专项行动行政检查，立案查办水资源案件 13 起，依法处理各类举报和巡查发现的问题 47 个。

【河湖水量分配】 2021 年，市水利局根据《江苏省太湖流域水量分配方案》要求，对分配给无锡市的太湖流域河道内、河道外用水量作细分，以行政区和用水单元为对象，确定水量分配份额。以 2030 年为水平年，河道外地表水多年平均分配水量，江阴市 3.94 亿立方米、宜兴市 9.93 亿立方米、梁溪区 0.06 亿立方米、锡山区 1.16 亿立方米、惠山区 1.14 亿立方米、滨湖区 0.38 亿立方米、新吴区 0.15 亿立方米、无锡经开区 0.05 亿立方米、市本级 4.44 亿立方米。配合省水利厅做好南河—南溪河、武宜运河、滆湖等跨市河湖水量分配工作。印发实施《张塘河水量分配方案》《东青河、伯渎港、曹王泾河道水量分配方案》，提出保障措施。

【节水型社会建设】 2021 年，市水利局编制完成《无锡市“十四五”节约用水规划》，提出“十四五”时期全市用水总量和用水效率控制指标。锡山区完成国家级县域节水型社会达标建设创建工作，获水利部命名；宜兴市国家级县域节水型社会达标建设通过省水利厅组织的技术评估和行政验收。全面开展水利行业节水型机关建设，惠山区玉祁街道水利站和宜兴市油车水库管理所高标准通过验收。积极推行“节水贷”，相关业务被纳入无锡市政府《双循环创新性政策措施研发项目任务清单（2021 年）第一批》。推动节水型高校、节水型企业、节水型工业园区创建工作，全年创建省级节水载体 32 家。江南大学、无锡职业技术学院、无锡市市民中心被评为全国公共机构水效领跑者；无锡市机关事务管理局、无锡商业职业技术学院和无锡职业技术学院入选第三批省级水效领跑者。

【水情宣传教育】 2021 年，市水利部门开展多种形式的节水宣传活动，增强居民水资源节约保护意识，受益学生、群众近万人，发放资料 2 万余份。3 月 22—28 日，在“世界水日”“中国水周”期间，联合侨谊实验中学、新洲小学和雪浪中心小学开展“节水护水，你我同行”活动；参加“中国无锡”网站直播，围绕“珍惜水、爱护水”宣传主题，与网友在线互动交流；在《中国水利报》宣传无锡市送法进社区活动新做法；在锡山区春星社区开展水情宣传教育进社区定点宣传活动。5月9—15日，在“全国城市节水宣传周”期间，联合江南大学物联网青年志愿者协会开展“惜水爱水节水从我做起”主题宣传活动，在天一第二实验小学、特殊教育学院等校园开展多场宣传活动；各市（县）、区分别开展了“我为群众办实事，水法宣传进企业”“爱水护水从小开始，美丽河湖大家共享”和“第一届节水短视频校园创作大赛”等活动。年内，太湖—梅梁湖泵闸群入选首批省级水情教育基地。

【水行政执法】 2021年，无锡市水利部门开展打击长江采砂、河湖“清四乱”、水土保持督查、防汛清障等专项执法行动，组织执法巡查3135次，出动执法人员8522人次，依法处理违法行为105起，现场处理72起，立案查处33起，罚款总额119万元。组织执法人员学习考试，两批共15人取得水行政执法资格。推动江阴长江非法采砂生态环境损害赔偿行政磋商与诉讼机制衔接，建立与公安、检察机关沟通会商和信息共享等机制。

（市水利局）

2021年，市水利部门组织长江采砂执法行动　（市水利局　供图）

土地资源保护

【概况】 2021年末，无锡市有土地总面积462746.71公顷，其中，湿地551.67公顷，耕地80866.46公顷，种植园用地19515.83公顷，林地68874.6公顷，草地5557.68公顷，城镇村及工矿用地141306.8公顷，交通运输用地15027.35公顷，水工建筑用地1199.87公顷，水域及水利设施用地124678.21公顷，其他土地5168.24公顷。

【耕地保护】 2021年，无锡市坚决守住耕地保护红线，实行永久基本农田特殊保护。落实政府耕地保护责任，开展2020年耕地保护责任目标自查和“十三五”期间耕地保护责任目标履行情况自查。严格落实耕地占补平衡，严格临时用地土地复垦方案备案论证，开展耕地后备资源调查评价。推动耕地保护相关督察问题整改，坚决遏制耕地“非农化”，防止耕地“非粮化”问题。

【永久基本农田管控】 2021年，无锡市加强重大项目、设施农用地、临时用地涉及永久基本农田管控，能避让永久基本农田的一律避让。实行永久基本农田储备区动态更新管理，确保补划优质耕地。开展永久基本农田核实整改补足工作，多措并举严管永久基本农田挖湖造景、种植草皮等问题。

【自然资源节约集约利用综合评价考核】 2021年，无锡市在省自然资源节约集约利用综合评价考核中位列全省第二，锡山区、江阴市获评2020年度江苏省自然资源节约集约利用模范县（市、区）；新吴区获得节约集约资金奖励；锡山区因资源节约集约利用综合评价成绩优异，受到省政府办公厅真抓实干通报激励表扬。

【土地整治】 2021年，市自然资源规划局组织对所有土地整治项目进行逐图斑实地踏勘，内业资料审查齐全合格后予以通过验收，高质量完成土地整治项目验收。全市验收土地整治项目229个，新增耕地面积417公顷。其中，耕地占补平衡项目88个，新增耕地面积260公顷；城乡增减挂钩复垦项目141个，新增耕地面积157公顷。

【生态补偿】 2021年，无锡市强化实施生态补偿机制，贯彻实施《无锡市生态保护补偿条例》，完成2021年度生态补偿申报审核工作。市区合计申报生态补偿面积29533.33公顷，含永久基本农田8520公顷、水稻田5360公顷、市属蔬菜基地546.67公顷、种质资源保护区946.67公顷等，地方政府和百姓种植水稻意愿明显增强。实施耕地保护补偿激励机制，实施差别化的新增费分配机制，优先向耕地保护重点区域倾斜分配上级返还新增费6336万元。科学开展耕地保护绩效评价，锡山区羊尖镇等5个镇、江阴市月城镇黄桥村等村获评市级耕地保护激励单位，给予资金激励1500万元；对2020年度通过验收的挂钩复垦和工矿废弃地复垦项目给予601.43万元资金激励；各市（县）、区获得耕地保护补偿资金共计4234.57万元。

（市自然资源规划局）

无锡太湖大溪港湿地吸引众多鸟类　（市自然资源规划局　供图）

湿地资源保护

【概况】 2021年，无锡市完成湿地修复面积143.13公顷，湿地保护率50.2%，位列全省第三；自然湿地保护率67.5%，位列全省第四。年末，无锡市湿地保有量10.77万公顷。

【湿地保护规划和建设】 11月，《无锡市湿地保护规划（2021—2035）》通过专家论证，并上报省林业局。11月25—26日，市自然资源规划局举办全市湿地保护培训班，邀请省林业局专家、南京林业大学教授围绕湿地公园植物优化配置、湿地公园科普宣教等主题授课，全市有70人参加培训。年内，市自然资源规划局对蠡湖湿地公园开展湿地水质监测监控站点建设，该湿地公园2处水质监测设备均功能正常。梁鸿国家湿地公园开展水鸟栖息地恢复工程、后门河道植被恢复工程、水西巷河道清淤工程等项目建设。水鸟栖息地恢复工程项目完成地形整理4.47万平方米，恢复植被面积1.5万平方米，重在恢复湿地生态系统结构、完善生态功能，为水鸟营造适宜的栖息地。10月，梁鸿湿地公园南部的“栖鸟湾”建成开放，该生态修复样板工程建设面积约2.1万平方米，通过沟通水系、整理地形，营造岛、湾、滩、堤等多种滨水景观，并保留部分原生态乔木和果树等，给鸟类保育等提供充足食物。11月，马山西太湖湿地一期工程完工，该湿地作为湿地尾水净化的样板工程，占地面积5.46万平方米，总投资3200万元。

【湿地资源调查】 2021年，蠡湖国家湿地公园开展植物多样性调查和野生鸟类资源调查监测活动，鉴定出维管植物106科286属326种，其中，银杏、水杉和苏铁为国家一级保护植物，野大豆和细果野菱为国家二级保护植物；记录到鸟类13目31科112种，国家二级重点保护野生动物8种。鸟类调查结果显示，保育区内有白鹭、青脚鹬等水鸟群，鸻鹬类水鸟的出现，说明水鸟栖息地的建设取得成效。

【湿地保护宣传】 4月15日，无锡市首个湿地保护宣传周暨《无锡市湿地保护条例》公布施行活动启动仪式在蠡湖国家湿地公园举行，开展了现场签名、咨询和展示活动，发放条例单行本和宣传画册1000余份。保护宣传周期间，全市开展全方位、多形式的宣传活动，增强公众保护湿地的意识，促进以湿地保护为代表的无锡生态文明建设，为无锡勇做全省“争当表率、争做示范、走在前列”排头兵筑牢生态基底。市自然资源规划局开展线上“云观鸟”活动，推出“云观鸟”2.0版本，在哔哩哔哩平台开展直播。4月18日，在大溪港湿地公园邀请观鸟达人和博物专家开展互动，特邀一位学生观鸟爱好者作为观鸟嘉宾，带领网友随镜头探访野鸟，普及关于鸟类的科普知识，在线人数突破1000人。4月24日，在融创明星动物园和市动物园分别举行广场宣传活动。4月20—26日，2021年度“爱鸟周”活动开展，主题是“爱鸟护鸟，万物和谐”，通过多种形式向市民尤其是青少年儿童宣传普及鸟类知识和爱鸟意识，在各类活动现场发放鸟类宣传画册、资料5000余份。

【《无锡市湿地保护条例》施行】 5月1日，无锡市首部湿地保护地方性法规《无锡市湿地保护条例》施行。条例共7章56条，针对无锡本土湿地特色，将小微湿地保护纳入湿地保护体系。条例的公布施行标志着无锡市湿地保护走上法治化道路。

（市自然资源规划局）

森林资源保护

【概况】 2021年，无锡市继续开展造林绿化，确保森林资源总量稳步增加。全年新增造林面积210.11公顷，超额完成省林业局下达的100公顷净增造林的任务，完成率210.11%。完成退化林修复、低效林改造、更新造林面积226.67公顷，封山育林面积266.67公顷，长江沿岸县域造林面积26.67公顷的初定任务。完成国家林业和草园局下达的93.33公顷造林绿化落地上图任务，共计上报面积96.23公顷。创成省级绿美村庄31个，其中江阴10个、宜兴12个、锡山3个、惠山4个、滨湖2个。

【林长制工作】 2021年，《无锡市关于全面推行林长制的实施意见》出台。市自然资源规划局制定《无锡市全面推行林长制工作方案》及相关制度，细化全市推行林长制的工作目标、主要任务和路径办法，通过“智慧林长”和“5G+森林防火”平台建设，将大数据、人工智能、物联网等应用于森林资源管理，实现森林防火、林业资源监测、林业有害生物防控、林长管理考核的智能化管理。至年末，全市初步建立管理职责明确、运行机制顺畅的市、市（县）区、镇（街道）、村（社区）四级林长制体系，共设立林长2094人，其中市级林长3人、市（县）区级林长45人、镇（街道）级林长280人、村（社区）级林长1766人。

【林地保护管理】 2021年，市自然资源规划局制定出台《加强公益林管护和节约集约使用林地的通知》，将用林与造林挂钩，强化林地使用审核报批。全年共办理永久性使用林地20宗，面积123.61公顷，保障312国道、锡澄轨道交通、高浪路快速化改造、巡特警训练基地、白鹤滩江苏输电工程等省、市重点项目建设实施。对建设项目占用的林地，实行“占一补一”，确保林地保有量不减少。完成国家级公益林优化工作，全市有国家级公益林面积2719公顷。

【闲置地复绿建设】 2021年，市自然资源规划局推进闲置地复绿实施工作，组织各分局对所属区域内征而未用等建设用地进行摸排调查，将具备绿化条件的闲置用地分别采取草花、草坪（乔灌木）、小游园、体育功能（场地）、成片造林等措施，以地块为单位分类制定复绿方案，落实闲置地复绿推进计划。年内市区完成闲置土地复绿37.83公顷。

【义务植树】 2021年，市绿化委员会办公室（市自然资源规划局）开展以“全民植树四十载，美丽无锡谱新篇”为主题的全民义务植树系列活动，制定印发《全民义务植树月系列活动方案》，指导督促全市组织开展各项义务植树活动。3月13日，在金匮公园举行全民义务植树广场宣传暨“互联网+全民义务植树”省级基地启动仪式，500余名市民见证了无锡市首家“互联网+全民义务植树”基地揭牌。市自然资源规划局、市政园林局及市、区绿委办等相关人员在现场开展国土绿化政策法规咨询、绿化成果展示、古树名木保护宣传、发放绿植和花草种子、种绿护绿知识有奖竞答等活动。在公园认建认养区，20组家庭成员在绿化专家的指导下挥锹铲土，种下垂丝海棠20株，150名小学生志愿者为公园内榉树、樱花等挂上认养标牌。广场一角的20名“插花达人”向市民表演插花艺术。活动进行全程融媒体视频直播，并制作活动短视频、微信图文发布推广。3月15日，市四套班子领导及市级机关代表近500人在太湖新城蠡河生态湿地公园参加义务植树活动。全市共开展不同类型的义务植树广场宣传咨询活动84场次，发放宣传品或张贴标语海报1.07万份，组织现场义务植树活动277场次，参加人数10.87万人，种植树苗13.5万株，其中营建纪念林77个，全市义务植树尽责率80%。

【种苗管理】 2021年，市自然资源规划局完成林木种质资源清查成果省级验收工作，调查木本植物86科254属548种，林木种质资源2354份，编制完成全市林木种质资源名录。完成林草种子（普通）生产经营许可证告知承诺制改革方案，规范许可证登记发放。完成食用林产品产地环境安全监督检查及跟踪管理工作，保障食用林产品质量安全。

【林业有害生物防控】 2021年，市自然资源规划局制定《松材线虫病疫情防控五年攻坚行动计划（2021—2025）》，进一步加强全市松材线虫病防控措施。全年发病面积、病死树木量均控制在正常范围内。全市疫点松材线虫病发生面积1560公顷，比上年下降5.6%；病死树8416株，比上年下降26%。杨树、柳树食叶害虫、蛀干害虫发生平稳，主干道两旁杨树等食叶害虫连续8年保持“有虫无灾”状态。年内，全市签发调运检疫证1.28万余份，未发生一起违规跨省调运染疫松木及造林绿化苗木事件。

【惠山国家森林公园】 惠山国家森林公园位于江苏省无锡市西侧，距市中心3千米，东西长3.9千米，南北宽3.6千米，周长13.3千米，总面积933公顷。森林覆盖率在95%以上，以松树为主，主要是黑松、马尾松和国外松。2021年，按照文明城市复核要求，市自然资源规划局联合属地政府开展惠山森林公园环境集中整治行动，公园管理范围内经营点全部拆除。牵头组织实施惠山森林公园民生“微幸福”工程，针对公共厕所及避雨棚、垃圾桶等配套设施改造等民生需求，制定“微幸福”改造项目，完成钱荣路出口处公共厕所修缮、森林公园配套设施改造、移动厕所租用等工作，完成公园钱荣路出口处公共厕所整体修缮1个，增设公园盘山道避雨棚5个、移动环保厕所3个，更换沿路垃圾桶200个，拆除违章经营点5个、增设观景台3处。

（市自然资源规划局）

生物资源保护

【概况】 2021年，无锡市落实“长江十年禁渔”决策部署，推进长江流域“禁捕退捕”工作。组织开展全市野生动植物资源调查工作，初步掌握全市野生动植物资源“家底”。完成第三次畜禽遗传资源普查阶段性工作。5月，市自然资源规划局组织救护人员放生国家二级保护动物豹猫1只。年内，无锡市野生动物救护中心接收动物39批60余只，物种涵盖哺乳类、鸟类和爬行类，其中执法收缴动物占多数。开展野生动物和湿地保护管理培训班2期，提高基层湿地野保从业人员的素质与业务能力。

（市自然资源规划局
市农业农村局）

【生物多样性保护】 2021年，无锡市开展野生动植物资源中期调查发现，无锡地区有维管植物155科、567属、1188种，鸟类59科、235种，哺乳动物14科、26种，两栖动物3科、8种，爬行动物7科16种。调查发现国家保护植物（Ⅱ级以上）11种，国家一级保护动物6种、国家二级保护物种50种、江苏省地方重点保护物种93种。至年末，全市新增造林面积210.11公顷，超额完成省林业局下达的100公顷净增造林任务；全市自然湿地保护率67.5%。

【陆生野生动物资源调查】 2021年，无锡市开展陆生野生动物调查，调查对象为全市范围内分布的陆生哺乳类、鸟类、爬行类、两栖类及昆虫5大类群，调查指标包括物种组成、空间分布、生境现状及受威胁状况。重点关注国家重点保护、江苏省重点保护物种在无锡市的分布、生存现状及受威胁状况，分析和评估这些重点物种的保护与管理现状及存在的问题，识别保护空缺，并提出保护对策与建议。中期调查成果是通过实地踏查，结合相关文献记载，无锡市鸟类、哺乳类、两栖类、爬行类4类陆生脊椎动物共发现27目、83科、285种，占江苏全省陆生脊椎动物总数的47.2%，其中鸟类调查到18目、59科、235种，占全省鸟类总数的52.5%，物种丰富性在省内位居前列。采集的昆虫标本共鉴定出12目、185种。其中在宜兴林场发现中国特有物种、国家二级重点保护野生动物硕步甲1只，该物种为江苏省新记录物种；记录到国家“三有保护”昆虫2种，分别为东方蜜蜂（又名中华蜜蜂）和双齿多刺蚁；共记录到蝴蝶5科、40种，在马山发现虎斑蝶，在杭坑发现粗突稻弄蝶、黎氏刺胫弄蝶、白缨孔弄蝶4种，均为江苏省蝶类新记录种。调查共记录到国家一级保护动物6种、国家二级保护物种50种、江苏省地方重点保护物种93种。无锡市分布的国家重点保护动物物种有56种，占全省分布的157种国家重点动物的35.7%。

（市自然资源规划局）

延伸阅读：

无锡市陆生野生动物多样性与全省的比较

无锡市地处长江三角洲中部的江湖走廊部分，温和的气候条件和独特的地形形成了多样的生态系统，为野生动物的生存和发展提供适宜生境，也造就丰富而独特的生物多样性。仅以2021年度的调查结果为例，无锡市陆生脊椎动物共发现27目83科285种，占全省陆生脊椎动物总数的47.2%，几乎占半壁江山。分类群中，本年度调查到鸟类共235种，占全省鸟类总数的52.5%，物种丰富性在省内首屈一指。国家重点保护物种方面，共记录到国家一级保护动物6种，国家二级保护物种50种，江苏省地方重点保护物种93种。无锡市分布的国家重点保护动物物种共56种，占全省157种国家重点动物的35.7%。

（资料来源：2021年市自然资源规划局《无锡市陆生野生动物资源调查项目（中期报告）》）

【野生植物资源调查】 2021年，无锡市开展全市范围内野生植物资源调查。调查无锡市野生高等植物物种种类、组成、分布现状、生境现状、植物生长状态、植物及生境保护现状；国家重点保护野生植物、珍稀濒危植物、极小种群野生植物、湿地特色植物、乡土植物、外来入侵植物等重要物种的种类、分布情况。调查分析包括区域植物多样性分析、典型植物群落现状和主要

2021年，陆生野生动物资源调查中发现的北红尾鸲雄鸟

（市自然资源规划局　供图）

生态问题分析,科学制定无锡市野生植物资源保护和利用规划建议,提出保护对策。中期调查成果是无锡高等植物有1471种,是江苏植物最为集中的地区之一,具有丰富的植物多样性。查明苔藓植物44科、94属、221种(含种下单位)。其中,苔类15科、18属、31种,藓类29科、76属、190种。发现无锡市新记录苔藓2科、3属、11种。查明维管植物155科、567属、1188种(含种下等级)。其中,蕨类植物19科、28属、47种,裸子植物6科、10属、11种,被子植物130科、529属、1130种。调查发现11种国家保护植物(Ⅱ级以上),分别为银缕梅、银杏、金钱松、秤锤树、大叶榉树、榧树、天竺桂、野大豆、细果野菱、香果树、金荞麦。调查发现入侵植物10种,广泛分布于各个地区,在26个调查样点的分布数量和种类也不同。鼋头渚、蠡湖、长广溪、滆湖、芙蓉湖、都山荡、崇村荡等地入侵植物种类最多,为8种;宜兴小黑沟入侵植物种种类最少,为3种。

(市自然资源规划局)

【畜禽遗传资源普查】 2021年,无锡市完成第三次遗传资源普查阶段性工作,对82个镇(街道)、1237个行政村(社区)进行系统排摸、入户普查、登记上报、现场核查。经普查,确定有资源的市(县)、区分别是江阴市、宜兴市、锡山区、惠山区,已知资源有6个畜种20个品种,分别是猪、普通牛、鹅、鸽、鹌鹑、梅花鹿,群体数量为297790头(只、羽),能繁母畜为4021头(只、羽);蜂资源有2个品种(华中中蜂、浙江浆蜂),群体数量2926箱。

【"中国渔政亮剑2021"专项执法】 2021年,无锡市组织开展"中国渔政亮剑2021"专项执法,严厉打击渔业违法行为,渔业生产有序、安全、零事故。全市出动执法人员8811人次、执法车辆1707辆次、执法船艇873艘次,全市清理取缔涉渔"三无"船舶37艘,查获非法捕捞案件117起,查获涉案人员130人,移交公安部门1起1人,查处渔获物512.091千克,行政罚款9.93万元。渔业安全方面,组织渔民安全生产培训302人次,发放安全生产宣传资料160份,出动执法人员121人次、执法车辆15辆次、执法船艇18艘次。打击电力捕鱼,保护渔业资源,全年印发打击电捕宣传材料120份,出动执法人员643人次,查办电力捕鱼案件10起,查获涉案人员11人,收缴涉案渔获物43.6千克,没收电鱼器具11套,行政罚款3.25万元。

【外来入侵生物防控】 2021年,全市组织开展加拿大一枝黄花防控工作,秋季普查加拿大一枝黄花发生毛面积2348.27公顷,防除面积2366.2公顷。全年福寿螺发生面积110.57公顷,其中农田区域发生面积25.55公顷、河塘湖泊发生面积85.02公顷,通过人工拾螺等方式进行防除。

(市农业农村局)

节能减排

【概况】 2021年,无锡市单位地区生产总值能耗下降3.2%以上,规模以上工业增加值能耗下降9%,超额完成省下达的节能目标任务,为生态文明建设和促进经济高质量发展做出积极贡献。市工业和信息化局制定出台《无锡市2021年节能降耗工作意见》,分解落实单位地区生产总值能耗降幅指标及9项重点工作目标任务。开展节能预警监测,按季度制作全市节能目标完成情况晴雨表,对辖区内各板块进行三级预警。组织开展各市(县)、区政府节能"双控"(能源消费总量和强度双控制度)目标考核,完成2020年度全市重点用能单位节能目标责任考核。其中,289家重点用能单位实现年度节能28.99万吨标准煤,实施节能项目306个,节能项目投资23.99亿元。

【工业绿色发展】 2021年,无锡市推进工业企业绿色制造体系建设,无锡高新区建成国家级绿色园区,1家企业入选国家级绿色工厂,2家企业入选国家级绿色供应链,8类产品被评为绿色产品,22家企业被评为省级绿色工厂,28家企业被评为市级绿色工厂。2家企业入围工业和信息化部绿色设计示范企业名单,入围数量居全省第一位,国家级绿色园区、绿色供应链实现零的突破。加大重点行业清洁生产技术推行力度,106家企业实施自愿性清洁生产审核。

(市工业和信息化局)

【建筑节能】 2021年,无锡市围绕"双碳"目标任务要求,全面推动城乡建设向绿色、低碳方向转型,打造高品质宜居环境。新建民用建筑(居住建筑和公共建筑)全部执行二星级及以上绿色建筑标准,新增绿色建筑面积1526.4万平方米,城镇绿色建筑占新建建筑比例100%;太阳能光热建筑应用面积1001.95万平方米,既有建筑节能改造面积162.44万平方米;获得民用建筑能效测评标识项目63栋,开展能耗统计项目1145个。在省住房城乡建设厅组织的2020年全省绿色建筑工作调研评价中,无锡市绿色建筑工作获得A等次,综合排名第二。

(市住房城乡建设局)

【新墙材和散装水泥推广】 2021年,全市共完成新墙材产量55.82亿标块,新墙材占墙材总量比例100%。全市散装水泥供应量1895.4万吨,比上年增长3.24%。预拌砂浆生产量215.91万吨,比上年增长25.24%。完成"禁黏"乡镇3个,新增国家三星级绿色建材评价标识新墙材企业2家。完成6家预拌砂浆企业的产品增项和换证。2家预拌砂浆企业取得绿色建材产品认证证书。

(市工业和信息化局)

【公共机构节能管理】 2021年，市机关事务管理局与市发展改革委等部门联合印发《无锡市公共机构节约能源资源"十四五"规划》《无锡市公共机构能源资源消耗定额标准》，推进集中办公区合同能源示范区建设及能耗审计，全市累计完成合同能源管理项目32个，金额近2亿元。将公共机构碳达峰水平列入全市高质量发展绩效评价考核项目，全力打造无锡市公共机构碳达峰、碳中和先行示范区。全市415家党政机关建成第一批节约型机关，6家公共机构被评为江苏省节能低碳示范单位，9家公共机构通过示范单位考评，16家公共机构列为垃圾分类示范点。无锡市获省质量强省节能及节水奖补资金共40万元，市机关事务管理局获"全国公共机构水效领跑者"称号。全年全市公共机构单位建筑面积能耗下降率为1.65%，完成省公共机构碳达峰专项年度考核任务。

（市机关事务管理局）

【重点节能工程建设】 2021年，无锡市推动68个节能与循环经济重点项目建设，竣工后可实现年节能23万吨标准煤。开展重点用能单位节能行动，45家企业完成节能诊断工作，8家企业建立能耗在线监测系统并接入省平台。开展能效对标达标活动，灵谷化工集团有限公司作为甲醇行业能效"领跑者"入围工业和信息化部2021年度重点用能行业能效"领跑者"企业名单。推广高效节能电机，6家电机推广企业获得中央补贴资金4033万元，补贴企业数量和获得金额均居全省第一位。

（市工业和信息化局）

【污染物减排】 2021年，全市完成化学需氧量、氨氮、氮氧化物、挥发性有机物4项主要污染物重点减排工程，减排量分别为1142吨、54吨、1979吨、1653吨。完成水主要污染物重点减排工程21个，其中污水处理设施新改扩建工程14个、工业深度治理工程4个、管网建设改造工程3个。推进大气污染防治工程17431个，重点减排工程方面淘汰江苏阳光璜塘热电有限公司2套12兆瓦煤电机组，累计提前淘汰高排放车辆2.58万辆，完成挥发性有机物减排工程137个，其中包括结构关停项目110个、挥发性有机物治理工程25个、含VOCs（挥发性有机物）原辅材料源头替代工程2个。

（市生态环境局）

【节水建设】 2021年，无锡市相关部门持续加大对非居民单位节水指导，市市政和园林局为企事业单位和建设单位提供现场技术支持与指导150人次，提出生产节水改进建议56项，创建成功省级节水型载体14家。严格落实新改扩项目节水"三同时"（与主体工程同时设计、同时施工、同时投产使用）制度，全年许可备案节水设施方案70件，涉及各类建设项目雨水收集面积200万平方米，全市新增雨水利用设施49座，雨水调蓄收集规模2.3万立方米。

（市市政园林局）

【《无锡市"十四五"绿色建筑高质量发展规划（2021—2025年）》编制】 10月，市住房城乡建设局编制印发《无锡市"十四五"绿色建筑高质量发展规划（2021—2025年）》。规划提出"十四五"期间，全市城镇新建建筑执行绿色建筑标准比例继续保持100%，高品质绿色建筑项目总面积200万平方米，完成既有建筑绿色节能改造300万平方米，可再生能源替代建筑常规能源比例不低于8%，建设超低能耗、近零能耗建筑40万平方米，建设健康建筑10万平方米。持续推进建筑产业现代化发展，提高新开工装配式建筑面积比例，加快发展装配化装修技术，到2025年末，装配式建筑占同期新开工建筑面积比例50%，装配化装修建筑占同期新开工成品住房面积比例30%。

【《无锡市推进碳达峰目标下绿色城乡建设行动方案》制定】 11月，市住房城乡建设局制定《无锡市推进碳达峰目标下绿色城乡建设行动方案》，从全面推动绿色建筑提档升级、推进绿色施工发展、打造绿色低碳居住社区、实施城市更新行动、系统化推进海绵城市建设、加强绿色乡村建设等方面，着力提升全市住房城乡建设领域绿色发展水平。

（市住房城乡建设局）

污染防治

【概况】 2021年，无锡市坚持源头治理，打好污染防治攻坚战，完成大气年度重点工程项目1743个。市生态环境局协力打造"最干净城市"，建成综合性大气环境污染立体监测系统。开展新一轮河道综合整治，打造80条美丽河湖"样本"。围绕隔湖周边断面水质达标，开展养殖尾水专项整治，宜兴市完成整治面积2000公顷。在省内创新制定实施《无锡市建设用地土壤污染状况调查从业单位工作质量评价办法》，规范从业单位调查工作，制定出台《无锡市污染地块土壤环境联动监管实施意见》，开展全市地下水环境状况调查评估和地下水分区划定工作，完成土壤污染防治重点项目960个。

【空气污染防治】 2021年，无锡市严格落实空气质量三级"点位长"制，对月度空气质量排名靠后镇（街道）点位长进行约谈。推进实施年度治气重点工程项目17431个，排查整治工业窑炉2480台，完成1919个储罐的排查建档、15个企业集群的综合整治提升。淘汰高排放车辆2.58万辆。开展“清洁城市行动”，发布市区主要道路“红黑榜”。全年无锡市各项空气质量指标均达到有监测记录以来最好水平。

【水污染防治】 2021年，无锡市推进实施年度重点治水工程76个和年度治太工程758个，完成提质增效达标区91块，推进梅梁湖生态修复和入湖河流一级支浜整治工作。推进长江、太湖7791个入河入湖排污口排查整治。启动“两河”整治提升“一号工程”，建成美丽示范河湖80条（个）。实施新一轮552条河道环境综合整治水质达标攻坚行动，重点整治河道水质优Ⅲ类比例70%以上。推进太湖清淤固淤试点，严格落实长江禁渔、太湖退捕任务，启动创建太湖流域水治理重点实验室。推进农村生活污水治理提质增效行动，完成自然村生活污水处理设施新改建项目640个，农村生活污水治理覆盖率90%。

【土壤污染防治】 2021年，全市实施完成年度重点项目960个。完成重点行业企业用地土壤污染状况调查成果集成。启动梁溪区焦化厂退役场地西厂区地块修复，更新土壤污染重点监管单位名录447家，强化土壤污染源头防控。

【固体废弃物处置】 2021年末，全市有危险废物利用处置企业60家，年处理能力256万吨，比上年增长29%。其中，焚烧、水泥窑协同、等离子处置利用企业6家，年处理能力26万吨，比上年增长47%。市生态环境局做好疫情防控期间医疗废水、废物处置监管，出台《小型医疗机构医疗废物集中收集工作实施方案》，修订《无锡市新型冠状病毒感染的肺炎疫情医疗废物应急处置方案》，健全医疗废物收集体系，提升处置保障能力，确保医疗废物安全处置。印发《无锡市环太湖城乡有机废弃物处理利用示范区建设五年行动计划（2021—2025年）》，建立市级联席会议制度和工作专班。在全省率先建成危险废物小微企业集中收集体系。

（市生态环境局）

环境监管

【生态环境应急管理】 2021年，市生态环境局健全完善环境应急工作程序规定，出台《无锡市突发事件生态环境应急工作程序规定》《无锡市生态环境局突发环境事件调查与处理工作规程》。年内，全市完成2405家企业新编及修编突发环境事件应急预案备案，对564家重点环境风险企业排查，发现隐患问题全部整改完毕。

【生态环境执法监管】 2021年，市生态环境局开展“绿刃”“大风”专项执法行动，下达行政处罚决定1851件。排查“散乱污”企业（作坊）3987家，完成关停取缔2954家、整合搬迁139家、升级改造894家。组织开展消耗臭氧层物质专项检查，对全市工业铸造等涉气行业开展排查，开展塑料废弃物回收处置企业专项执法行动。加强生态环境领域安全监管和风险防控，开展危废处置专项整治及辐射安全风险隐患排查与整治。

【“1+8+N”突发水污染事件应急体系建设】 2021年，市生态环境局围绕重要水体及饮用水源地等敏感目标，搭建全市“1+8+N”（1个全市总体方案，8个区县方案和N条河流）突发水污染事件应急防范体系，在10条河流及5个重点园区开展试点工作，在全省率先完成市、区（县）两级突发水污染事件应急防范体系建设总体方案。把《环境污染责任险现场勘查与评估报告》作为各企业排查整治的有效手段，汇聚多方力量、化解环境风险。绘制重点河流与园区“一河（一园）一策一图”，探索建立乡镇一级应急响应体制机制，提高河流（园区）水污染环境事件的风险抵御能力。

（市生态环境局）

2021年，市生态环境局对“散乱污”企业进行问题排查。图为市生态环境综合行政执法局检查饲料工厂 （市生态环境局 供图）

编辑 何 峰

综　述

【科技发展】 2021年，无锡市科技系统实施创新驱动核心战略和产业强市主导战略，统筹推进创新主体培育、创新空间布局、创新平台建设、创新资源集聚以及创新生态优化等主要工作，在推动经济社会高质量发展方面发挥了重要支撑引领作用。全市科技进步贡献率67.6%、连续九年居全省设区市第一位，全社会研发投入强度达3.21%，保持全省前列；获国家科学技术奖10项、占全省总数超20%，稳居全国同类城市第一方阵。推动科技政策落实和科技体制改革，获省政府办公厅督查激励。市科技局先后获评省首届科技创新发展奖先进单位、省技术转移工作先进集体、第九届“创业江苏”科技创业大赛优秀组织单位、省科技宣传工作成效突出单位等称号。年内，无锡市新建省级院士工作站4家，累计建成省级院士工作站24家，数量居全省第二位。

12月2日，省人大十三届常委会第二十七次会议表决全票通过《无锡市科技创新促进条例》，自2022年2月1日起施行。该条例是全省设区市首部科技创新立法，条例共9章74条，主要包括科学研究与技术创新、科技成果转化、创新主体与人才、创新载体、科技金融、创新环境等内容。

【科技投入】 2021年，市级科技创新创业资金8.1亿元，比上年增长15.7%，包括“太湖之光”科技攻关、创新载体建设、创新主体培育、创新能力保障4大类专项计划，涵盖产业前瞻与共性关键技术研发、重大科技成果转化、科技创业载体建设和运营、新型研发机构建设和运营、高新技术企业培育奖励、现代生物医药专项等多个专项。年内立项市级科技计划项目549个。全市获国家、省科技经费7.3亿元，其中国家科技经费2.83亿元。有8个项目获国家重点研发计划重点专项等立项，创近年新高，16个项目获省重点研发计划（产业前瞻与关键核心技术）立项，15个项目获省重大科技成果转化专项立项，2个项目获省碳达峰碳中和科技创新专项资金重大科技成果转化项目立项，91个项目获省自然科学基金项目立项。

【科技创业项目】 2021年，全市创业人才项目立项数156个，比上年增加40个、增长74.4%。立项省级引智项目9个，比上年增长12.5%，立项国家级引智项目20个，比上年增长300%。至年末，全市累计立项创业项目2121个，市级财政累计支持创业人才资金18.33亿元，创业人才企业累计入库税款172.29亿元；全市累计立项创新项目155个，市级财政资金累计支持创新人才0.85亿元，创新人才企业累计入库税款108.92亿元。

【科技人才领军企业】 2021年，全市创业人才企业完成销售收入832.45亿元，入库税收29.61亿元。全市13家科技创业领军人才企业在境内外上市，总市值超8000亿元，其中超1000亿元市值企业3家，药明生物成为港股市场市值最大的医药股，8家科技创业领军人才企业实现科创板上市，占全市总数的87.5%，孕育产生了卓胜微、新洁能，芯朋微等一批明星科技企业。

【科技金融】 10月，市科技局牵头制定出台《无锡市天使投资引导基金管理暂行办法》，发挥政府天使母基金引导放大和市场补位作用，引导更多专业机构和社会资本支持无锡中小微科技型企业发展。12月13日，无锡市天使投资引导基金注册运营。该基金政府出资规模扩容至15亿元，通过母子基金架构放大后，总规模超40亿元，主要投向市重点支持和鼓励的集成电路、物联网、生物医药等战略性新兴产业及高技术领域中具有前瞻性、先导性和探索性的重大技术。至年末，全市发放科技风险补偿贷款87.05亿元。其中，“锡科贷”（无锡市独立开展的市科技型中小企业风险补偿贷款）81.64亿元，“苏科贷”（与省合作开展的江苏省科技成果转化风险补偿贷款）5.41亿元，年末在贷余额82.2亿元，比上年增长20.71%，财政资金放大倍数近35倍，获贷企业2045家，合作银行贷款审核发放最快1个工作日内办结。在“苏科贷”绩效评价中，无锡市连续五年获评省“苏科贷”优秀（A类）合作地区。

【科技惠民】 2021年，市科技局围绕人口健康、生态环保、公共安全等民生领域的科技需求,组织实施一批关键技术攻关、创新成果转化及科技示范工程项目。人口健康领域首次以“揭榜挂帅”方式组织开展新冠肺炎疫情防控关键技术攻关,开发新冠病毒快速检测与消杀防疫的新产品,其中申瑞生物、奇天基因、先竞等离子体技术研究院等5家企业揭榜成功获资助;首次在全市设立医工结合协同创新研究专项,进一步提升无锡市创新药物、医疗器械临床试验转化的能力和质量,6个项目获立项资助。生态环保领域组织实施4个科技示范项目,分别在河道水质改善、水生态环境监测、直饮水体系构建、大气污染环境监测等方面推广应用先进适宜技术。公共安全领域在粮食和食品安全检测、社区公共安全风险防控和安全生产智能预警等方面支持4个科技示范项目。

【苏南国家自主创新示范区建设】 2021年,市科技局制定出台《无锡市推进苏南国家自主创新示范区高质量发展三年行动计划(2021—2023年)》《2021年无锡苏南国家自主创新示范区建设工作要点》,推进无锡苏南国家自主创新示范区高质量建设稳步向前。深海技术科学太湖实验室等8个平台项目入选苏南国家自主创新示范区2022年度重大科技平台项目清单。江苏微导纳米科技股份有限公司、迪哲(江苏)医药股份有限公司、盛合晶微半导体(江阴)有限公司、无锡华云数据技术服务有限公司4家企业被评估为江苏独角兽企业,20家企业被评估为江苏潜在独角兽企业,54家企业被评估为江苏省高新技术产业开发区瞪羚企业。根据科技部火炬高技术产业开发中心对国家高新区评价(试行)结果的通报,无锡高新区、江阴高新区分别列第20位、第45位,分别比上年提升7位、11位。根据省科技厅发布的全省高新区创新驱动发展综合评价情况通报,无锡高新区排名第2位,江阴高新区排名第10位,宜兴环科园排名第32位。

(市科技局)

创新载体建设

【科技企业孵化载体建设】 2021年,全市新增国家级科技企业孵化器1家(无锡中皓创业孵化管理有限公司—无锡索立得国际科技合作园孵化器),省级加速器1家(无锡软件产业发展有限公司—无锡软件园科技企业加速器)、孵化链条1个(无锡中关村软件园发展有限公司—无锡中关村科技创新园科技创业孵化链条),省级众创空间19家、科技企业孵化器4家(无锡恒业实业有限公司—无锡锡东新城创业中心、无锡东征印染有限公司—东南科技创新孵化器、无锡恒廷商业管理有限公司—无锡锡东创融科技孵化器、无锡中皓禾创孵化管理有限公司—中科智新信息产业园解化器)。至年末,累计建有市级以上众创空间90家、科技企业孵化器(含大学科技园)60家,省级以上加速器14家、孵化链条11个,众创社区备案10家。10家科技企业孵化器在2020年国家绩效评价中被评为优秀,25家科技企业孵化器在2020年省绩效评价中被评为良好以上。载体内高成长性企业不断涌现,无锡时代天使医疗器械有限公司等科技企业上市。

【工程技术研究中心建设】 2021年,无锡市新认定市级工程技术研究中心179家,新增省级工程技术研究中心58家。至年末,全市市级以上工程技术研究中心有1687家,其中省级工程技术研究中心648家、国家级6家,省级以上工程技术研究中心总数位列全省第二。

表50 无锡市获2020年度国家科技企业孵化器绩效评价优秀企业一览表

序号	企业名称
1	无锡微纳产业发展有限公司
2	无锡留学人员创业园发展有限公司
3	无锡锡山科技创业园有限公司
4	江阴高新技术创业中心
5	江阴百桥国际生物科技孵化园有限公司
6	宜兴留学人员创业园有限公司
7	无锡惠山新城生命科技产业发展有限公司
8	无锡惠山软件产业发展有限公司
9	无锡中皓创业孵化管理有限公司
10	无锡中关村软件园发展有限公司

(市科技局)

表 51　2021 年度无锡市新增省级众创空间一览表

序号	众创空间名称	运营机构名称	类型
1	“军创之家”众创空间	江阴市军创智澄技术研究有限公司	综合
2	中维众创空间	无锡中维创业孵化管理有限公司	综合
3	漫柏创客空间	无锡漫柏众创空间有限公司	综合
4	三个逗号众创空间	无锡众创未来科技应用有限公司	综合
5	新新众创空间	无锡复新孵化器管理有限公司	综合
6	南京信息工程大学无锡研究院众创空间	南京信息工程大学无锡研究院	综合
7	蓝朋友众创空间	无锡市蓝园商业管理有限公司	综合
8	无锡常客空间	江苏常庆网络科技有限公司	综合
9	COCOSPACE 无锡梦溪小镇众创空间	无锡可可空间孵化器有限公司	综合
10	筑梦之星商会众创空间	无锡市筑梦之星众创空间有限公司	综合
11	环保城创客工场	宜兴市国际环保城经营管理有限公司	专业
12	晟耐优众创空间	无锡晟耐优商务科技有限公司	专业
13	先进等离子体技术众创空间	江苏先竞等离子体技术研究院有限公司	专业
14	谷仓食品众创空间	谷仓食品企业孵化器（无锡）有限公司	专业
15	国联・慧空间	无锡多欧科技产业发展有限公司	专业
16	瀚海（无锡）生命科学国际众创空间	无锡瀚海华美科技发展有限公司	专业
17	智未来智慧体育众创空间	江苏智未来体育管理有限公司	专业
18	海创江南众创空间	无锡海创江南投资管理有限公司	专业
19	兰尚智空间	无锡兰尚智能科技有限公司	专业

（市科技局）

表 52　2021 年度无锡市新增省级工程技术研究中心一览表

序号	项目名称	承担单位
1	江苏省新能源汽车热管理管路系统工程技术研究中心	江阴标榜汽车部件股份有限公司
2	江苏省金属装饰墙板工程技术研究中心	江苏大东新材料科技有限公司
3	江苏省车灯精密模具工程技术研究中心	江苏星科精密模具有限公司
4	江苏省土壤环境调查与治理工程技术研究中心	江阴秋毫检测有限公司
5	江苏省船舶尾气洗涤装置工程技术研究中心	江阴市博汇机械成套设备有限公司
6	江苏省电化学储能工程技术研究中心	江苏海基新能源股份有限公司
7	江苏省新型橡胶制品工程技术研究中心	江苏科强新材料股份有限公司
8	江苏省小模数齿轮刀具工程技术研究中心	江阴塞特精密工具有限公司

（续表）

序号	项目名称	承担单位
9	江苏省汽车涡轮增压器壳体部件工程技术研究中心	江阴机械制造有限公司
10	江苏省高精密锻件制造工程技术研究中心	江阴市万里锻件有限公司
11	江苏省（富朗特）新型机械装备工程技术研究中心	江苏富朗特工程机械有限公司
12	江苏省汽车燃料喷射系统信息机械工程技术研究中心	江阴林格科技有限公司
13	江苏省高分子材料挤出设备工程技术研究中心	江苏新达科技有限公司
14	江苏省柔性电加热器工程技术研究中心	江阴市辉龙电热电器有限公司
15	江苏省精密液压油缸及关键零部件工程技术研究中心	江阴市洪腾机械有限公司
16	江苏省（通用）水环境治理工程技术研究中心	江苏通用环保集团有限公司
17	江苏省洁净焚烧资源化工程技术研究中心	江苏瑞鼎环境工程有限公司
18	江苏省钢铁行业烟气超低排放治理工程技术研究中心	江苏新中金环保科技股份有限公司
19	江苏省（碧诺）固体废弃物资源化工程技术研究中心	江苏碧诺环保科技有限公司
20	江苏省锻钢冷轧辊工程技术研究中心	宜兴市永昌轧辊有限公司
21	江苏省智能电网用高安全性电力设备工程技术研究中心	米格电气江苏有限公司
22	江苏省多功能环保型有机－金属板复合材料工程技术研究中心	江苏立霸实业股份有限公司
23	江苏省高性能绿色无机阻燃材料工程技术研究中心	江苏艾特克阻燃材料有限公司
24	江苏省（华阳）压力传感器芯片工程技术研究中心	无锡华阳科技有限公司
25	江苏省湿垃圾资源化处理工程技术研究中心	无锡马盛环境能源科技有限公司
26	江苏省（中科芯）微处理器（MCU）工程技术研究中心	中科芯集成电路有限公司
27	江苏省智能感知雷达与测试工程技术研究中心	无锡市雷华科技有限公司
28	江苏省3D视觉机器人智能装备工程技术研究中心	无锡埃姆维工业控制设备有限公司
29	江苏省（贝迪）生物医用材料与器械工程技术研究中心	无锡贝迪生物工程股份有限公司
30	江苏省高性能镍板带材工程技术研究中心	无锡市东杨新材料股份有限公司
31	江苏省汽车振动噪声工程技术研究中心	无锡吉兴汽车声学部件科技有限公司
32	江苏省基因检测及肿瘤诊断工程技术研究中心	臻和精准医学检验实验室无锡有限公司
33	江苏省（鹰普）精密部件工程技术研究中心	鹰普（中国）有限公司
34	江苏省绿色烘焙技术工程技术研究中心	三能器具（无锡）有限公司
35	江苏省高性能三维多孔弹性研磨复合材料工程技术研究中心	无锡旺绿鸿纺织品有限公司
36	江苏省（楷益）智能果蔬加工装备工程技术研究中心	江苏楷益智能科技有限公司
37	江苏省精密箔材冷轧工程技术研究中心	无锡华生精密材料股份有限公司
38	江苏省（大唐）工业大数据工程技术研究中心	大唐融合物联科技无锡有限公司
39	江苏省先进工业激光器工程技术研究中心	无锡锐科光纤激光技术有限责任公司

（续表）

序号	项目名称	承担单位
40	江苏省新能源船舶动力工程技术研究中心	无锡赛思亿电气科技有限公司
41	江苏省钛合金增材制造工程技术研究中心	飞而康快速制造科技有限责任公司
42	江苏省能源互联网平台工程技术研究中心	无锡英臻科技有限公司
43	江苏省智能通讯设备研发工程技术研究中心	无锡睿勤科技有限公司
44	江苏省（强茂）功率半导体封测工程技术研究中心	强茂电子（无锡）有限公司
45	江苏省高性能数码电子雷管工程技术研究中心	无锡盛景微电子股份有限公司
46	江苏省汽车充电电源工程技术研究中心	帝发技术（无锡）有限公司
47	江苏省电梯智能控制工程技术研究中心	无锡英威腾电梯控制技术有限公司
48	江苏省复合传动新材料工程技术研究中心	无锡林泰克斯新材料科技股份有限公司
49	江苏省三维激光制造装备工程技术研究中心	江苏亚威创科源激光装备有限公司
50	江苏省安全节能电机工程技术研究中心	无锡东元电机有限公司
51	江苏省智能交通信号控制系统工程技术研究中心	无锡安邦电气股份有限公司
52	江苏省新型导航定位工程技术研究中心	新纳传感系统有限公司
53	江苏省（新银叶）精密齿轮工程技术研究中心	江苏新银叶传动机电有限公司
54	江苏省电力电子智能驱动控制工程技术研究中心	台安科技（无锡）有限公司
55	江苏省超强耐疲劳铜及铜合金绞线工程技术研究中心	无锡超洲科技有限公司
56	江苏省锂电子电池测试设备工程技术研究中心	无锡格林司通自动化设备股份有限公司
57	江苏省汽车精密级进模工程技术研究中心	无锡明豪汽车零部件有限公司
58	江苏省汽车被动安全精密零部件工程技术研究中心	竹田（无锡）汽配制造有限公司

（市科技局）

表 53　无锡市国家级工程技术研究中心一览表

序号	项目名称	承担单位
1	国家毛纺新材料工程技术研究中心	江苏阳光股份有限公司
2	国家金属线材制品工程技术研究中心 江苏省金属制品工程技术研究中心	江苏法尔胜泓昇集团公司
3	国家有机类肥料工程技术研究中心	江苏新天地生物肥料工程中心有限公司 南京农业大学
4	国家道路交通管理工程技术研究中心	公安部交通管理科学研究所
5	国家功能食品工程技术研究中心	江南大学（食品学院）
6	国家微纳传感网工程技术研究中心	无锡物联网产业研究院（中科院无锡高新微纳传感网工程技术研发中心）

（市科技局）

【江苏省惠山高新技术产业开发区获批筹建】 1月，江苏省政府同意无锡市政府筹建江苏省惠山高新技术产业开发区（以下简称“惠山高新区”），实行现行的省级高新技术产业开发区政策。惠山高新区作为无锡获批筹建的首个省级高新区，位于惠山区，规划面积2.88平方千米。

【长三角光伏太阳能技术创新中心启动建设】 11月28日，江苏省产业技术研究院、江阴市人民政府签署共建长三角太阳能光伏技术创新中心合作协议。该中心以创建国家太阳能光伏技术创新中心为目标，计划通过5年时间，建设具有国际一流水平的技术研发、测试认证、计算设计、模拟仿真、大数据、小试中试等公共平台，集聚和培养1000名以上科研、技术及管理人才，集成国内外太阳能光伏领域创新资源，突破若干太阳能领域核心基础科学问题和关键共性技术问题，支撑中国可再生能源及太阳能光伏行业长期发展需求。

（市科技局）

高新技术产业

【概况】 2021年，全市实现高新技术产业产值10514.27亿元，比上年增长20.97%，高新技术产业产值占规模以上工业总产值的比重49.19%，比上年提高0.87个百分点。从高新技术产业领域看，占全市比重前三位的产业分别为智能装备制造业（35.79%）、电子及通信设备制造业（27.85%）、新材料制造业（19.64%）。

【科技招商】 2021年，全市引进新落户科技型企业5644家，注册资本488.27亿元，实缴资本67.16亿元，1580家企业注册资本超1000万元，1302家企业主营产品实现产业化。按产业领域分布，物联网类企业386家，占比6.84%；集成电路类企业401家，占比7.1%；生物医药和医疗器械类企业213家，占比3.77%；新材料类企业303家，占比5.37%；云计算和人工智能类企业274家，占比4.85%；节能环保与新能源类企业827家，占比14.65%；高端装备类企业784家，占比13.89%；科技服务类企业616家，占比10.91%。

【高新技术企业培育】 2021年，全市建立市级高新技术企业培育库，纳入培育企业有1638家；高新技术企业认定申报3297家，比上年增长21.9%，有效期内高新技术企业有4608家、每万户企业法人中高新技术企业数指标实现争先进位。市科技局做好科技型中小企业入库评价工作，发动挖掘符合条件的科技型中小企业做到“应评尽评”，通过评价的企业有7136家，比上年增长41.5%。根据江苏省科学技术发展战略研究院、江苏省科学技术情报研究所发布的2021江苏省百强创新型企业榜单，无锡市远景能源有限公司、法尔胜泓昇集团有限公司、兴澄特钢有限公司等14家企业上榜，比上年增加2家。

【高新技术产业园区】 2021年，无锡市有国家级高新区3家（无锡高新区、宜兴环科园、江阴高新区），筹建的省级高新区1家（惠山高新区）。3家国家级高新区完成地区生产总值3345.28亿元，规模以上工业产值7427.88亿元，全社会固定资产投资988.12亿元。根据科技部火炬高技术产业开发中心对国家高新区评价（试行）结果的通报，无锡高新区、江阴高新区分别列第20位、第45位，分别比上年提升7位、11位。根据省科技厅发布的全省高新区创新驱动发展综合评价情况通报，无锡高新区排名第2位，江阴高新区排名第10位，宜兴环科园排名第32位。无锡高新区被认定为江苏省首批7家中日韩（江苏）产业合作示范园区之一。

（市科技局）

科技成果

【10个项目获国家科学技术奖】 11月3日，2020年度国家科学技术奖揭晓，264个项目、10名科技专家和1个国际组织获奖，无锡市有10个项目获2020年度国家科学技术奖，获奖数量居全国同类城市第一方阵。其中，国家技术发明奖二等奖3个，国家科技进步奖一等奖1个、二等奖6个。

表54 无锡市获2021年度国家科学技术奖项目一览表

序号	项目名称	完成单位	奖项名称	等级	排名
1	淀粉结构精准设计及其产品创制	江南大学	技术发明奖	二等	1、3
2	高压智能功率驱动芯片设计及制备的关键技术与应用	无锡华润上华科技有限公司 无锡芯朋微电子股份有限公司 无锡新洁能股份有限公司	技术发明奖	二等	4、5、6

（续表）

序号	项目名称	完成单位	奖项名称	等级	排名
3	超软土地基排水体防淤堵高效处理技术	金亚伟（江苏鑫泰岩土科技有限公司）	技术发明奖	二等	3
4	高密度高可靠电子封装关键技术及成套工艺	华进半导体封装先导技术研发中心有限公司 江苏长电科技股份有限公司 无锡微电子科研中心（中国电子科技集团公司第五十八研究所）	科技进步奖	一等	2、4、8
5	食品工业专用油脂升级制造关键技术及产业化	江南大学	科技进步奖	二等	1
6	玉米淀粉及其深加工产品的高效生物制造关键技术与产业化	江南大学	科技进步奖	二等	3
7	固态存储控制器芯片关键技术及产业化	无锡微电子科研中心（中国电子科技集团公司第五十八研究所）	科技进步奖	二等	3
8	海洋窄带环境复杂目标探测识别技术与装备	无锡市海鹰加科海洋技术有限责任公司	科技进步奖	二等	3
9	基于3S维度的生物质固废清洁高效燃气能源化关键技术及应用	无锡湖光工业炉有限公司	科技进步奖	二等	6
10	轨道交通大型工程机械施工安全关键技术及应用	中铁一局集团城市轨道交通工程有限公司	科技进步奖	二等	5

（市科技局）

表55　无锡市获2021年度江苏省科学技术奖项目一览表

序号	项目名称	完成单位	等级	排名
1	废水毒性削减与深度净化关键技术及应用	南京大学宜兴环保研究院	一等	5
2	食品中750种污染物免疫定量快速检测技术和产品	江南大学	一等	1
3	古树名木与文物古建筑木构件智能无损检测关键技术及其应用	江南大学、无锡市园林古典建筑有限公司	二等	1、3
4	先进智能功率全集成工艺关键技术与应用	无锡华润上华科技有限公司	二等	1

（续表）

序号	项目名称	完成单位	等级	排名
5	长距离大容量光电混合集成智能光纤传输技术及其应用	无锡市德科立光电子技术股份有限公司	二等	2
6	工业微生物生产性能的分子机制与调控方法	江南大学	二等	1
7	固态酿造食醋智能化装备关键技术及产业化	江南大学	二等	2
8	无菌自毁式疫苗注射器关键技术研发及产业化	无锡市宇寿医疗器械有限公司	二等	1
9	高氮难降解有机废水资源化关键技术与应用	江南大学、江苏道同环境科技有限公司	二等	1、3
10	区域分布式能源柔性互联运行控制关键技术及应用	江苏方程电力科技有限公司	二等	6
11	传统酒类的智能化酿造关键技术及应用	江南大学、无锡美湖信息科技有限公司	二等	1、3
12	高品质精密轴承滚动体关键制备技术及产业化	无锡华洋滚动轴承有限公司	二等	5
13	绿色生物发酵装备创制及应用	江南大学	二等	1
14	柔性器件的结构功能一体化制造方法与调控机制	江南大学	二等	1
15	深海潜水器耐压结构关键技术及应用	中国船舶集团有限公司第七〇二研究所	二等	4
16	岩浆构造热演化区煤层瓦斯动力灾害防治理论与关键技术	江苏中煤矿山设备有限公司	二等	2
17	道路运输车辆主动安全预警与位置服务关键技术及应用	公安部交通管理科学研究所	二等	3
18	菜籽绿色制油及副产物高值利用关键技术	江南大学	二等	2
19	稻米多维高效利用关键技术创新与应用	江南大学	二等	1
20	果蔬类胡萝卜素挖掘利用与健康食品制造关键技术及产业化	江南大学	二等	2

（续表）

序号	项目名称	完成单位	等级	排名
21	脑胶质瘤关键调控靶标的筛选和精准治疗体系的建立	中国人民解放军联勤保障部队第九〇四医院	二等	1
22	工控网络纵深安全防护平台关键技术及应用	江苏航天大为科技股份有限公司、无锡地铁集团有限公司	三等	4、5
23	多灾害环境下防护服装创新设计关键技术及产业化	江南大学	三等	5
24	自动变速器复合传动新材料的开发及应用	无锡林泰克斯新材料科技股份有限公司	三等	1
25	高效氦气喷油式螺杆压缩机组关键技术与应用	无锡锡压压缩机有限公司	三等	1
26	微纳米级关键洗涤技术的研发及产业化应用	无锡小天鹅电器有限公司	三等	1
27	废弃锂离子电池全组分高效资源化理论与关键技术	江苏华宏科技股份有限公司	三等	1
28	高效能复合式物理处理船舶压载水处理装备	无锡蓝天电子股份有限公司	三等	1
29	缺血性脑卒中关键调控机制和靶向干预研究	无锡市人民医院	三等	1
30	血管病变机制及干预策略研究	江南大学、江南大学附属医院	三等	1、2

（市科技局）

【30个项目获省科学技术奖】 2021年，无锡市获2021年度江苏省科学技术奖30个，其中一等奖2个、二等奖19个、三等奖9个。

【5个项目获无锡市腾飞奖】 2021年，依据《无锡市腾飞奖实施办法》相关规定，5个项目获无锡市腾飞奖，分别是无锡中感微电子股份有限公司“蓝牙单晶片自组网SOC研发及其应用项目”、法尔胜泓昇集团有限公司“法尔胜泓昇集团建成国家技术标准创新基地”、华进半导体封装先导技术研发中心有限公司“国家集成电路特色工艺及封装测试创新中心”、无锡市疾病预防控制中心“基于全健康理念的传染病监测预警体系的建立与应用”、中科微至智能制造科技江苏股份有限公司“支撑现代物流体系建设的核心智能装备系统产业化项目”。

（市科技局）

科技合作

【概况】 2021年，无锡市加强科技合作，高端创新资源集聚取得新突破。深化产学研融合，与全国重点高校院所新一轮战略合作。与上海交通大学、南京航空航天大学签署合作协议，完成与东北大学、上海理工大学等新一轮合作协议报批；率先与北京大学等12家高校未来技术学院进行对接，成为全国首个与国家首批未来技术学院开展全面合作的城市。新增省级院士工作站4个、校企联盟115个，全年举办国科控股“硬科技”科技成果对接洽谈会、西安兰州高校院所行等产学研专项对接活动191次，签约项目409个。拓展创新开放合作范围，主动对接粤港澳大湾区，举办2021

无锡—粤港澳大湾区科技创新合作交流会。采取“线上＋线下”相结合的方式，举办无锡—以色列先进制造和物联网对接会等专场活动10余场。

【无锡与全国首批12所高校未来技术学院达成战略合作】 2021年，无锡市抢先布局未来技术和产业，先后与全国首批12所高校未来技术学院达成战略合作，分别是北京大学、清华大学、上海交通大学、北京航空航天大学、华中科技大学、哈尔滨工业大学、西安交通大学、天津大学、东南大学、东北大学、华南理工大学、中国科学技术大学，成为全国首个与高校未来技术学院全面合作的城市。结合高校各学院未来技术方向和无锡板块产业科技布局，按照5～10年建设期，将与高校未来技术学院总体形成“2+1”合作模式，即给予每个学院未来技术太湖奖学金、未来技术创新基金两类政策资金支持，与每个学院共建未来技术学院无锡孵化中心暨大学生社会实践基地。通过合作开展未来技术和产业决策咨询、大学生无锡社会实践、产学研合作等工作，鼓励高校优秀科研成果到无锡转化和优秀大学生到无锡工作。

【无锡—粤港澳大湾区科技合作交流会】 10月14日，2021无锡—粤港澳大湾区科技创新合作交流会在深圳举行。会议邀请粤港澳大湾区的高校、科研机构和知名企业代表14位嘉宾，共同探讨无锡与粤港澳大湾区未来科技创新合作的发展方向。会上，17个市校、校地、校企重大合作项目签约，其中无锡市与香港城市大学签署战略合作协议，拉开市级层面与港澳地区高校院所合作序幕。

【无锡与上海交通大学签署全面合作协议】 11月15日，无锡市与上海交通大学深化全面合作签约仪式举行。市委书记杜小刚会见上海交通大学校长、党委副书记、中国工程院院士林忠钦一行。代市长赵建军参加工作会谈并出席签约仪式。上海交通大学党委常委、副校长奚立峰，中国工程院院士、上海交通大学原副校长黄震等参加活动。根据新一轮签署的全面深化合作协议，无锡市与上海交通大学将在科技创新、人才培养等方面合作，共同推动无锡经济高质量发展实现更大飞跃。

（市科技局）

梁溪科技城

【概况】 无锡梁溪科技城位于无锡市城北地区，在太湖长江发展轴中心节点位置，处于梁溪、锡山、惠山三区交界区域，紧邻中心老城，总面积约40平方千米。建设科技城是市委、市政府积极融入长三角一体化发展国家战略规划作出的重大部署。3月31日，无锡梁溪科技城概念规划与核心区城市设计国际咨询的招标公告发布，最终由深圳市城市规划设计研究院有限公司联合体递交的设计方案中标。科技城以体制机制创新为支持，数字科技革新为引领，战略性新兴产业为动力，建设数实共生智慧之城、产业重塑焕新之城、协同共享幸福之城。

【无锡梁溪科技城管理局筹备】 2021年，无锡梁溪科技城管理局是经省委同意，由市人大常委会依法设立的全省首个法定机构，实行企业化管理、市场化运作，负责科技城的规划实施、运营管理、招商引资、制度创新、综合协调等工作。3月1日，市人大常委会出台《关于开展无锡梁溪科技城法定机构试点工作的决定》；3月21日，市委、市政府出台《无锡市梁溪科技城法定机构改革试点方案》，组建无锡梁溪科技城建设发展领导小组。8月30日，无锡梁溪科技城建设发展领导小组印发《关于组建无锡梁溪科技城管理局理事会的通知》，第一届无锡梁溪科技城管理局理事会成立。10月26日，无锡梁溪科技城管理局筹备组成立；10月31日，市政府办公室出台《无锡梁溪科技城管理局管理办法》，指导科技城管理局的各项筹备工作。11月8日，科技城管理局筹备组工作人员到梁溪区通江大道118号益智大厦集中办公。11月15日，完成无锡梁溪科技城管理局的事业法人登记。

【梁溪科技城发展集团有限公司组建】 2021年，根据市委、市政府决策部署，无锡梁溪科技城管理局推动梁溪科技城发展集团组建工作。12月25日，市委常委、常务副市长蒋敏组织召开无锡梁溪科技城专题协调会，专题讨论研究《无锡市梁溪科技城发展集团有限公司组建方案》。该公司是由市和相关区政府国资集团等出资组建的国资企业，注册资本26亿元，承担开发建设、市场运营等职能。

（无锡梁溪科技城）

科研院所

【概况】 2021年，无锡市有部属、省属科研院所13家。其中：部属9家，分别是公安部交通管理科学研究所、中国水产科学研究院淡水渔业研究中心、中国电子科技集团公司第五十八研究所(中科芯集成电路有限公司)、中国航空工业集团公司雷华电子技术研究所、中国航发控制系统研究所、中国船舶集团公司第七〇二研究所、中国船舶集团公司第七〇三研究所无锡分部、中国石油化工股份有限公司石油勘探开发研究院无锡石油地质研究所、中国第一汽车股份有限公司无锡油泵油嘴研究所；省属4家，分别是江苏省原子医学研究所、江苏省血吸虫病防治研究所、江苏省电子信息产品质量监督检验研究院、江苏物联网研究发展中心。

【中国船舶科学研究中心】 2021年,中国船舶科学研究中心(又称“七〇二所”)坚持把落实创新驱动发展战略与深化改革、调结构转方式统一起来,围绕海洋强国和世界一流海军建设的战略目标,完成各项工作任务。响应国家战略科技力量布局,牵头成立的深海技术科学太湖实验室开始实质化运行。紧密围绕集团公司战略发展目标,《中国船舶科学研究中心“十四五”发展规划》发布,新三大业务板块理念生根发芽,引领全面工作实现“十四五”良好开局。年内,该中心获第四届中国质量奖提名奖。

(中国船舶科学研究中心)

【公安部交通管理科学研究所】 2021年,公安部交通管理科学研究所聚焦全国交通事故预防“减量控大”、交管“放管服”改革、交通治理现代化和无锡市太湖湾科创带的部署要求,结合国家和省部级重点研发计划项目实施,加强交通安全管控技术基础研究,推进人工智能、自动驾驶和车联网等新技术研发应用,获省部级科学技术二等奖1个、三等奖3个。公安部、工信部、江苏省人民政府三方共建的国家智能交通综合测试基地正式开展对外服务。制定自动驾驶数字身份认证技术架构和认证体系技术要求,全面打造自动驾驶运行安全测试标准,不断完善自动驾驶汽车运行安全测评体系和基础条件,推动筹建国家自动驾驶运行安全质量检验检测中心。参与《无锡市智能网联汽车道路测试与示范应用管理办法实施细则(试行)》等政策制定,开展南京、无锡等地235千米公共测试示范道路认定,不断提升安全测试能力。基于江苏省高级安全辅助驾驶汽车安全测试验证平台建设项目,完成ADAS(高级驾驶辅助系统)仿真测试等软件开发以及约3千米测试道路建设,为服务江苏省相关企业发展奠定基础。依托国家级车联网先导区(无锡)建设,参与无锡车联网城市级示范应用二期项目,升级车联网信号机和路侧边缘融合单元等基础设施,开展数字身份认证技术国产化研究,推动车路协同技术规模应用。基于无锡车联网开展工信部项目应用先导性综合服务平台建设和江苏省项目基于LTE/5G的车路协同信息服务与智能驾驶关键技术研发,构建自动驾驶安全测试、车联网技术标准体系。基于交管“12123”App的电子驾驶证和货车电子通行证等“我为群众办实事”12项交管改革新举措在江苏全面实施。国家工程实验室经国家发改委评审优化,调整为“道路交通安全管控技术国家工程研究中心”,纳入国家科技创新基地新序列管理。与南京理工大学共建研究生工作站揭牌,与百度、阿里巴巴等6家单位签订合作协议。吸收深信服科技股份有限公司等10家单位加入中国智慧交通管理产业联盟,成员总数71家,承办世界物联网大会智能交通与车联网创新发展高峰论坛等大型学术会议,提升科研平台质量和行业影响力。

(公安部交通管理科学研究所)

2021年,深海技术科学太湖实验室启动运行　(市科技局　供图)

【中国电子科技集团公司第五十八研究所】 2021年,中国电子科技集团公司第五十八研究所营业收入比上年增长35.3%。高端CPU、高性能可编程器件完成研发,spec2006产品性能达到国内同类产品性能第一,FPGA市场销售实现超过100%增长。新一代申威核心Core4的性能全面优化提升,基于Core4完成新一代申威服务器CPU的芯片级架构设计。首款C6000系列DSP芯片完成鉴定考核并实现首销,多核系列电路先后突破高速总线、多核系统架构与系统集成等关键技术,具备大规模SoC设计研制能力,达到国内领先水平。晶圆级封装工艺在国内首次实现10层DDR堆叠存储组件。特种工艺服务平台发布,多个核心器件课题通过验收,为高可靠高性能芯片的制造夯实基础能力。2项参与成果分别获得国家科学技术进步奖一等奖和二等奖;3个项目获国防科学技术奖,3个项目获中国电子科技集团公司科学技术奖;获集团公司“十大科技创新团队”和“十大科技进展”称号。

(中国电子科技集团公司第五十八研究所)

【**中国水产科学研究院淡水渔业研究中心**】 2021年，中国水产科学研究院淡水渔业研究中心围绕主导品种培育、生物资源养护、水域生态环境保护、健康养殖技术、精准营养饲料、重大疫病防控和水产品质量安全等方面的国家需求，实现重大关键技术突破，形成一批核心技术，引领中国淡水养殖产业技术创新。牵头实施“蓝色粮仓科技创新专项”中的“典型湖泊水域净水渔业模式示范”项目，年度在研项目454个，合同经费3.25亿元。获神农中华农业科技奖一、二、三等奖各1个；发表学术论文236篇，其中SCI/EI期刊收录115篇，影响因子10以上3篇、7以上15篇；获国家授权专利47件，软件著作权7件，完成标准制（修）订2项。创新稻渔生态种养提质增效关键技术，创制团头鲂精准营养及饲料配制技术、构建团头鲂循环水绿色养殖全程生态防控与节水减排技术，培育生长速度快的建鲤2号水产新品种，创制全国淡水养殖池塘尾水达标排放的行业标准体系。“稻田生态综合种养技术”“池塘工程化循环水养殖技术”2项成果入选2021年农业农村部主推技术。牵头完成安徽省重点水域水生生物资源监测工作。完成长江禁渔巡航督察及渔业资源调查任务，获农业农村部“中国渔政亮剑2021”专项表彰。淡水鱼产业技术扶贫团队入选农业农村部产业技术扶贫优秀团队。入选首批中非现代农业技术交流示范和培训联合中心。组织参加联合国粮农组织（FAO）与农业农村部共同举办的促进可持续水产养殖发展的南南和三方合作高端圆桌会议，并作主旨报告。澜湄合作专项基金成果展受到国务委员兼外长王毅及参会嘉宾的关注。

（中国水产科学研究院淡水渔业研究中心）

【**无锡石油地质研究所**】 2021年，无锡石油地质研究所承担各类科研生产任务131项，新立项目62个，提交专报5份。羌塘野外团队在5000米海拔高原工作87天，事迹在“学习强国”学习平台、中国能源网等报道。全年申报中国石化科技成果鉴定3项，其中2项被鉴定为国际先进、1项被鉴定为国内领先。承担项目获中国石化科技进步奖二等奖1个，中国石化油气勘探重大发现优秀研究奖1个，石油勘探开发研究院科技进步奖一等奖、二等奖各1个。申请国家发明专利65件，获得发明专利授权27件，申报国际专利2件。国家行业标准立项4个、发布3个，企业标准发布2个。形成“五评价一决策”矿权竞标管理体系，助力中国石化总部两轮次获取7个区块。针对中国石化氦气资源勘探开发前瞻规划，编写《关于加大氦气资源勘探开发工作的建议》。中国石化成套专有技术认定2项、软件著作权登记4项；发表核心期刊和各类会议学术论文120篇。承办的《石油实验地质》期刊影响因子首次突破3.0，并首获江苏省新闻出版政府奖提名奖。引进博士、硕士15人，柔性引进高级人才1人。

（无锡石油地质研究所）

【**中国航发控制系统研究所**】 2021年，中国航发控制系统研究所承担军方预研、政府科研、集团专项、创新基金、航空基金等科研课题68个，申报24个课题，争取预研经费3000余万元。从安全性仿真、工程设计与多学科仿真、机理探究的热点仿真、物理效应的仿真和测量、仿真计算基数5个方面开展研究，突破多通道数字样机构建、基于大数据发动机模型修正等33项关键技术，开发仿真工具14个。其中“FADEC软件产品质量数字化和可视化技术研究与应用”获得航发集团百团大战铜奖，“基于大数据的产品全生命周期性能管理平台”获评国有企业数字化转型优秀案例。全年，该所项目获国防科技进步奖1个，航发集团科技进步奖6个、技术发明奖2个，申请发明专利101件。

（中国航发控制系统研究所）

【**中国航空工业集团公司雷华电子技术研究所**】 2021年，中国航空工业集团公司雷华电子技术研究所77个项目均通过节点考核，30个项目通过结题验收，面向下一代航空器的多项核心技术得到突破验证；申请专利146件，其中发明专利占95.2%。军品主业实现8型产品竞标阶段胜利，3型产品立项。在民用航空方面，C919综合监视系统配套部件研制项目向FAA提交TSO申请；AG600飞机气象雷达完成新一代有源相控阵雷达红标件研制及航电联试；突破风切变探测和告警领域多项关键技术；ARJ21、MA700、CR929等项目市场开拓效果显著。在非航产业方面，多型射频产品获得市场突破，销售合同金额比上年增长160%。

（中国航空工业集团公司雷华电子技术研究所）

编辑 何 峰

综 述

【教育发展质量】 2021年，无锡市稳步推进“双减”（进一步减轻义务教育阶段学生作业负担和校外培训负担）工作、规范民办义务教育发展、高考综合改革、校园安全稳定、教育督导体制机制改革等重点工作。坚持教育优先发展，严格落实教育投入两个“只增不减”（一般公共预算教育支出逐年只增不减，确保按在校学生人数平均的一般公共预算教育支出逐年只增不减）法定要求，加强各级各类教育经费保障。全面总结“十三五”全市教育事业发展情况，编制出台《无锡市“十四五”教育事业发展规划》。无锡教育现代化建设年度监测得分94.73分，居全省第二位，无锡市教育局被评为省教育系统先进集体。加大学前教育资源供给，全市每万人拥有幼儿园数提升至0.97所。推进义务教育优质均衡发展，全市义务教育优质均衡达标比例为86.33%，居全省第一位。推进普通高中优质内涵发展，新增2所省四星级高中。确保特殊儿童少年接受适宜的教育，在省内首创研制了特殊儿童能力现状评估检核量表。全面启动高质量发展样板建设，无锡市再次被省政府评为职业教育改革发展成效明显的设区市。无锡市与江南大学签订“十四五”市校合作共建协议，启动实施新一轮市校合作共建项目。深化无锡市与东南大学市校合作共建。南京信息工程大学滨江学院转设为无锡学院。

表56　2021年无锡市教育经费收入统计表

项　目	全　市		江阴市		宜兴市		市　区	
	金额（万元）	占全市教育总经费的比例（%）	金额（万元）	占该市教育总经费的比例（%）	金额（万元）	占该市教育总经费的比例（%）	金额（万元）	占市区教育总经费的比例（%）
国家财政性教育经费	2616835	86.96	614153	93.43	384685	90.61	1617997	83.95
事业收入	333043	11.07	40255	6.12	31887	7.51	260901	13.54
其中：学杂费收入	302142	10.04	37947	5.77	29041	6.84	235154	12.20
捐赠收入	7682	0.26	79	0.01	7017	1.65	586	0.03
民办学校中举办者投入	9190	0.31	2794	0.43	486	0.11	5910	0.31
其他教育经费	42600	1.42	86	0.01	465	0.11	42049	2.18
合　计	3009350	100.00	657366	21.84	424541	14.11	1927442	64.05

（市教育局）

表 57　2021 年无锡市教育事业统计表

序号	类别	学校数（所）	班数（个）	毕业生数（人）	招生数（人）	在校学生数（人）	毕业班学生数（人）	教职工数（人）	
								总数	其中：专任教师
1	普通高等学校	13	—	35539	50091	153216	—	10616	7219
2	中等专业学校	16	—	13720	17428	49612	14938	5810	4892
3	普通中学	198	6023	76630	92482	269354	86348	26949	23815
	高中	46	1852	24901	28808	86376	27869	—	7956
	初中	152	4171	51729	63674	182978	58479	—	15859
4	小学	228	10652	63001	80572	457552	66919	29070	27340
5	特殊教育学校	8	122	265	296	1453	314	404	355
6	幼儿园	580	6862	72006	63839	213721	73387	28080	15155
7	成人高等学校	—	—	12657	15319	33242	—	—	—
8	成人中等职业学校	—	—	17	5	18	13	—	—
9	成人技术培训学校	349	44302	591458	—	438862	—	2596	1819
10	技工学校	15	—	5229	10260	25140	—	1713	1229

（市教育局）

【基础教育建设】 2021 年，无锡市推进中小学生品格提升工程，新增 5 所省级项目学校，完成第三批 7 个省级项目结项，其中获评省精品项目 6 个，数量与质量居全省第一位。获评省基础教育内涵建设项目 24 个，其中前瞻性教改实验重大研究项目数量列全省第二位。获评省基础教育教学成果奖 37 个。开展拔尖创新人才培养，各科奥赛成绩突出，其中数学成绩列全省第一位。

4 月 8—9 日，江苏省区域基础教育课程教学改革展示活动在无锡市举行，全省 13 个设区市的教育局分管局长，中小学幼儿园校(园）长及骨干教师代表等共 400 余人参加。教育部基础教育课程教材发展中心副主任刘月霞、江苏省教育厅副厅长顾月华出席开幕式并讲话，无锡市副市长秦咏薪致辞。活动以“课程育人，无锡实践”为主题，设 1 个主会场和 6 个分会场，22 所中小学校参与现场展示，推出 6 个观摩现场、41 节课和 20 个专题汇报，全面展示无锡近年基础教育课程教学改革成果。与会代表共同观摩和研讨无锡基础教育课程改革的发展成果和普通高中新课程新教材实施国家级示范区、示范校的建设进展。

【素质教育】 2021 年，无锡市推进大中小学思政课一体化建设，开展《习近平新时代中国特色社会主义思想学生读本》学习，出台《关于深入推进无锡市大中小学思政课一体化建设的实施意见》，优化思政课

4 月 8—9 日，江苏省区域基础教育课程教学改革展示活动在无锡市举行

（王 磊 摄）

一体化建设联盟学校布局。加强中小学德育队伍建设，新增市德育带头人 35 人，4 人获省基础教育青年教师教学（班主任）基本功大赛一等奖。完善学校心理健康教育工作机制，出台《关于加强新时代中小学心理健康教育的实施意见》，推进完善全市中学生心理成长指导服务平台建设。开展无锡市第 13 届运动会青少年部 22 大项 142 小项比赛、第二届青少年学生线上体育运动会，提升阳光体育运动实效；优化校园足球培训、竞赛、考核机制，无锡参赛队参加 2021“省长杯”江苏省青少年校园足球联赛，获中学 5 个组别冠军，5 所幼儿园获评全国足球特色示范园，69 所学校获评省体育特色学校。参加江苏省第七届中小学生艺术展演活动，获特等奖 14 个、一等奖 22 个。打造学校艺术教育品牌，举办无锡市第 40 届中小学生“百灵鸟”艺术展演和 2021 年中小学生艺术展演活动，6 所学校上榜全国中小学中华优秀传统文化传承学校名单，数量居全省第一位。开展第 24 届全国推广普通话宣传周无锡市系列活动和无锡市中华经典诵写讲系列赛事，参加江苏省“我心向党”中华经典诵读大赛，获特等奖 10 个、一等奖 18 个。召开中小学国防教育推进会，突出高中学生军训和中小学国防教育特色。推动学校开展新时代中小学劳动教育探索，鼓励学校在综合实践活动的框架下构建校本课程，创新劳动教育模式。

【教师队伍建设】 2021 年，无锡市高度重视师德师风建设，结合中国共产党成立 100 周年庆祝活动，开展师德专题教育，出台中小学有偿补课和教师违规收受礼品礼金问题专项整治规定 15 条，创新启动“我为良师”全员行动，发出“做培根铸魂、启智润心的新时代良师”的倡议，全市近 7 万名教师响应，参与网上签名。强化教师配备补充，完善义务教育编制保障机制，推动编制部门结合教育实际改进核编方式，全力保障义务教育用编需求，全市比上年核增义务教育教师编制 2657 个，新招录教师 2562 人，乡村定向师范生招录人数从上年的 130 人增加至 160 人，呈现量质齐升良好态势。强化教师专业发展支撑，宜兴市、锡山区教师发展中心通过省示范验收，实现省示范性县级教师发展中心全覆盖；确定第二批 40 个市级“四有”好教师重点培育团队，53 名优秀校长和骨干教师被聘为江南大学首届教育学专业硕士第二导师。骨干教师培育成效良好，新增省特级教师 29 人、正高级职称教师 31 人，4 人入选 2021 年苏教名家培养对象，6 人入选省乡村优秀青年教师培养奖励计划，评选产生第九批市学科带头人 227 人，全市教育高层次人才队伍进一步壮大。优化教师队伍管理，市委办公室、市政府办公室印发《关于切实减轻中小学教师负担进一步营造教育教学良好环境的通知》，列出教师减负清单 12 条，为教师安心、静心、舒心从教创造更加良好环境。强化教师待遇保障，启动建设无锡教师发展管理服务大数据平台，助力科学评价和教育决策。4 家单位获评省教育系统先进集体、13 人获评省教育系统先进个人。

【教育引才】 2021 年，无锡市加大人才引育力度，全市教育引才工作取得历史性突破。12 月 9 日，无锡市举行高品质高中引进高层次青年人才云签约仪式。江苏省南菁高级中学、江苏省宜兴中学、江苏省天一中学、江苏省锡山高级中学、无锡市第一中学、无锡市辅仁高级中学、江苏省梅村高级中学 7 所高品质高中与来自北京大学、清华大学、复旦大学、南京大学等著名高校毕业的 39 名高层次青年人才进行集中签约。年内，直属院校首批引进优秀青年人才中“双一流”高校及世界排名前 200 强高校毕业生比例 87%，各市（县）、区“校招”录取人员中“双一流”高校毕业生数量比上年增长超 60%。

【教育保障】 2021 年，市教育局牵头编制《无锡市“十四五”教育设施布局规划》，建成无锡市教育资源布局规划平台，强化对教育资源规划、布局和建设科学化管理。督促各地落实《无锡市优化完善基础教育资源布局三年行动计划（2020—2022 年）》年度建设任务，年内开工新建幼儿园、中小学校 24 所，开工改、扩建高中 7 所；完成新建、改扩建幼儿园14所、义务教育学校22所、高中4所，累计新增学位3.2万个。推进智慧校园项目建设，认定无锡市智慧校园试点学校54所、首批无锡市智慧校园示范校28所。严格落实学生资助政策规定，全年受资助学生14.9万人次，资助资金1.4亿元。无锡市在全省学生资助绩效考核中获得优秀等次。

【教育安全】 2021年，无锡市推进校园和校车安全工作。加强校园人防、物防和技防建设，夯实校园安全工作基础性保障，提前实现省定"四个100%"（校园封闭式管理达标率、专职保安员配备率、一键式紧急报警和视频监控系统达标率、"护学岗"设置率均达100%）的目标，全市投入1.6亿元，完成765所学校（校区）智慧技防校园建设。推进校园建筑消防安全、实验室危化品使用安全专项整治，开展防范化解教育领域矛盾"清源行动"，逐一防范化解，确保教育系统安全稳定。

【教育交流合作】 2021年，无锡市推进教育国际交流合作工作，探索推进普通高中国际课程班校本思政课建设，遴选出首批培育项目8个。开展国际课程班使用境外教材检查，规范全市中小学校境外教材使用。推进国际理解教育，举办无锡—香港中小学校长线上论坛，通过"云牵手"等形式新增境外友好学校24所，6个港澳台教育交流项目获教育部资助，4个项目成为省"十四五"基础教育和职业教育对外合作交流重点建设项目。举办2021年无锡外国学生中文比赛，为外国学生提供交流学习平台。

【教育督导】 2021年，无锡市落实关于深化新时代教育督导体制机制改革的工作部署，出台改革实施方案，着力构建全面覆盖、运转高效、结果权威、问责有力的教育督导体制机制。高质量做好省对设区市政府履行教育职责督导评价迎评工作，组织开展对市（县）、区政府履行教育职责督导评价，对5所职业学校和5所普通高中开展综合督导，组织责任督学，对中小学（幼儿园）开展以"五项管理"（作业、睡眠、手机、课外读物、体质健康管理）为重点的挂牌督导，开展《江苏省职业教育校企合作促进条例》落实情况专项督导、中小学校体育工作专项督导评估、"双减"和"规范民办义务教育发展"工作专项督导检查。

【教育对口帮扶】 2021年，无锡市教育系统派出支教教师108人，开展与新疆克州阿合奇县、新疆伊犁州霍城县、陕西延安市、青海海东市等地的对口支援与帮扶，完成年初制定的各项目标任务，打造新时代东西部对口合作的"无锡样本"。6月22—25日，市委书记黄钦率无锡市党政代表团先后到对口支援地区——新疆克州阿合奇县、伊犁州霍城县考察教育对口支援工作。10月，梁溪区教育局、无锡教育电视台获评全省脱贫攻坚暨对口帮扶支援合作先进集体，4人被表彰为全省脱贫攻坚暨对口帮扶支援合作先进个人。

（市教育局）

学前教育

【概况】 2021年，无锡市有幼儿园580所，全年招收幼儿63839人，在园幼儿213721人，毕业幼儿72006人。拥有幼儿教职工28080人，其中专任幼儿教师15155人。推进幼儿园课程游戏化建设力度，新增省级课程游戏化项目3个、市级课程游戏化项目11个、市《3～6岁儿童学习与发展指南》实验园10所。9月，无锡市实验幼儿园获评第20届全国"青年文明号"，是全省唯一获此荣誉的幼儿园。

【学前教育优质普惠发展】 2021年，无锡市普惠性幼儿园覆盖率92.81%。着力推动省市优质幼儿园创建，新增省优质幼儿园25所、市优质幼儿园14所，通过省优质园复审20所，全市在省、市优质幼儿园就读幼儿占比90%。通过政策引导持续加大普惠性学前教育资源的供给力度，把公办幼儿园占比列入各市（县）、区政府履责及年度考核目标内容，学前教育得到优质普惠发展。新吴区、无锡经开区

2021年，无锡市推进幼儿园课程游戏化建设。图为5月12日召开的区域推进幼儿园课程游戏化建设现场会 （谢玉园 摄）

申报创建国家学前教育普及普惠县，通过省级实地核查。

【幼小衔接】 2021年，无锡市推进全市幼儿园和小学科学衔接工作，推动落实《无锡市大力推进幼儿园与小学科学衔接攻坚行动实施方案》，做好幼儿园入学准备和小学入学适应教育，实现幼儿园向小学生活的顺利过渡，保障儿童身心健康和终身发展。梁溪区、滨湖区、新吴区被省教育厅评为首批江苏省幼小衔接试验区，10组结对校（园）被评为首批江苏省幼小衔接结对试点校（园），数量居全省第一位。

【全国足球特色幼儿园示范园创建】2021年，无锡市有5所幼儿园被全国青少年校园足球工作领导小组办公室评为第一批全国足球特色幼儿园示范园，分别是无锡市机关幼儿园、江阴长泾实验幼儿园、无锡市侨谊幼儿园、无锡市滨湖实验幼儿园、无锡市新吴区大地幼儿园。入选幼儿园按照要求建立健全幼儿园基础信息管理体系、幼儿足球游戏课程体系、幼儿足球游戏测试体系、幼儿足球运动评估体系、幼儿足球教师培训体系和幼儿足球全国综合量化评估体系等。

（市教育局）

义务教育

【概况】 2021年，无锡市有小学228所，全年招生80572人，在校小学生457552人，毕业学生63001人；小学拥有教职工29070人，其中专任教师27340人。全市有初中152所，全年招生63674人，在校初中生182978人，毕业学生51729人；初中拥有专任教师15859人。全市九年义务教育巩固率为100%。

【义务教育优质均衡发展】 2021年，无锡市持续推进义务教育优质均衡发展，编制新一轮义务教育薄弱环节改善与能力提升项目规划。指导支持新吴区、滨湖区申报国家级义务教育优质均衡发展县（区），通过省教育厅初审。推进新优质学校培育建设，召开第二批"新优质学校"培育建设总结会，启动第三批"新优质学校"遴选培育。

【中小学科技教育】 2021年，无锡市加强中小学科技教育，开展科技创新系列教育活动，先后开展无锡市中小学生金钥匙科技竞赛团体赛、科技模型竞赛、无线电测向比赛、第30届中国儿童青少年计算机表演赛无锡分赛区比赛、市中小学生创新大赛等赛事。开展科技大篷车进校园活动、中小学幼儿园学生环保绘画大赛、"变废为宝"创意大赛、垃圾分类知识主题摄影比赛等活动，举办"绿动锡城，青春先行"系列环保主题公益活动。

【"双减"工作】 2021年，无锡市贯彻落实关于"双减"工作的重大决策部署，通过学生课堂表现、作业质量、学业质量监测等途径，分析每个学生学习情况，有针对性地做好辅导答疑，确保学生学业质量水平达标，全面提高教育教学质量。把减轻学生过重作业负担作为突破点，优化作业设计与管理，出台《关于进一步加强义务教育学校作业管理的指导意见》，在压总量、控时间基本到位的基础上，注重调结构、提质量，强化对义务教育学校作业设计和管理工作的指导。全面开展中小学课后服务，各市（县）、区373所中小学全部提供课后服务，中小学生参与课后服务人数58.27万人，占90.53%，实现所有中小学和有需要的学生全覆盖。强化校外培训机构治理，从严规范学科类培训机构，制定培训机构重新审核登记标准，建立办学能力审核制度、培训内容专家鉴定制度、收费账户公示制度，学科类校外培训机构压减率99.1%。启动营利性培训机构转非营利性机构工作，加强培训机构资金监管，在全国率先开展教育培训预付费资金信托模式监管，运用信托手段保障消费者权益。建立例会制度，制定《教培机构涉稳矛盾依法处置工作方案》，加强对培训机构的核查处置。

【规范民办义务教育发展】 2021年，无锡市落实关于规范民办义务教育发展的部署要求，进一步规范民办义务教育学校名称、招生入学、学籍管理、课程开设、教学管理、教育收费和财务监管等工作，开展学校举办者资质审查、章程核查、办学能力评估，逐步建立民办学校健康有序规范发展的长效监管机制。落实民办义务教育学校专项督导检查，促进民办学校规范办学行为，提高办学质量。组建专项评估检查组，对学校规模、硬件配置、学校实验室和专用室配备、人力资源配备等情况开展基本办学条件评估。推进在校生规模压减，经科学测算，提出压减民办义务教育学校在校生比例的举措路径，年内通过政府购买服务减少民办学校在校生2000人。指导不符合命名规范的10所民办学校依法完成更名。明确民办义务教育学校章程制定要求，指导民办义务教育学校完成章程修订。实现民办义务教育学校党组织建设工作全覆盖，确保民办义务教育学校按照党的教育方针办学立校、教书育人。加强规范义务教育学校招生行为，在省内率先优化义务教育招生工作平台，将民办义务教育学校招生纳入审批地统一管理，与公办学校同步招生。

【"双减"和规范民办义务教育发展工作现场推进会】 11月10日，无锡市教育系统"双减"和规范民办义务教育发展工作现场推进会在梅村实验小学召开。会议贯彻落实省教育厅"双减"和规范民办义务教育发展工作视频调度会议精神，围绕提高教育教学质量、破解作业管理难题、提升课后服务水平、强化培训机构治理、规范民办义务教育发展等重点任务再部署再推进。市委教育工委书记、市教育局局长范良出席会议并讲话。各市（县）、区教育局就前期“双减”和规范民办义务教育发展工作推进情况作介绍，梅村实验小学、江南中学和校外培训机构代表围绕“双减”工作落实情况作交流发言。

【新华社“我是接班人”百城百校主题德育活动】 11月20日，新华社新闻信息中心联合无锡市教育局开展2021年无锡市中小学生“非遗”传承“云”展示活动暨新华社“我是接班人”百城百校主题德育活动。活动立足中华优秀传统文化，在传承中发展，在发展中创新，通过“云”展示的新颖形式，让传统“非遗”文化和传统美德素养成为涵养社会主义核心价值观的重要源泉。无锡市新吴区泰山路实验小学、江苏省陶都中等专业学校、无锡市兰亭小学等16所学校的师生代表参加，现场展示惠山泥人、陶刻、脚踏糕技艺传承等多项传统与创新并举的“非遗”项目。

【中考中招工作】 2021年，无锡市中考报名人数52511人，比上年增加1005人。无锡市应对新冠肺炎疫情考验，完成报名、命题、考试、录取等环节的工作，考试过程规范平稳。为方便考生赴考，硬件设施检查合格的学校均设为中考考点。考前结合疫情防控工作要求，对所有考生的健康码状态进行滚动摸排，对各考点开展考务管理全面排查，排除各类风险隐患。

（市教育局）

普通高中教育

【概况】 2021年，无锡市有普通高中46所，全年招生28808人，在校高中生86376人，毕业学生24901人；普通高中拥有专任教师7956人。高中阶段教育全面普及，高中阶段教育毛入学率100%。年内，无锡市立人高级中学、江阴市第二中学新增为省四星级普通高中。

【普通高中新课程新教材实施国家级示范区建设】 2021年，无锡市按照“双新”示范区建设的总体规划和要求，确定实验改革项目26个，破解新课程新教材实施重点与难点问题。通过组建项目建设共同体、设立建设项目组长学校，分板块、有重点地推进实践研究。坚持“五育并举（德、智、体、美、劳）”，构建以育人为中心的课程育人体系，制定《无锡市普通高中课程实施方案》和《无锡市普通高中课堂教学改革行动方案》，有效整合新技术教学设备和数字媒体，建设40间5G未来教室，构建专递课堂、名师课堂、名校网课、网络教研、智慧课堂5种应用场景。6月，教育部课程教材发展中心组织专家团队到无锡市进行“双新”示范区建设调研，对无锡示范区建设成果给予充分肯定。11月，全市组织召开“双新”实施国家级示范区高品质高中建设现场推进会，加快无锡市高品质示范高中建设进程。11月30日至12月1日，教育部基础教育课程教材发展中心召开普通高中新课程新教材实施国家级示范区示范校建设年度总结交流会，无锡市作题为《科学规划 扎实前行，全面夯实育人方式改革基础》的交流发言，会议展示了从全国普通高中筛选的27节研究课，无锡市参加展示5节课，包括数学、生物、音乐、通用技术、理科融合学科，展示课数量居全国第一位。

【唐江澎高中育人方式改革研究所揭牌】 4月9日，全省13个市400余名教育者观摩了在江苏省锡山高级中学举办的推进课程育人模式转型展示专场。省教育厅副厅长顾月华、市教育局局长范良共同为唐江澎高中育人方式改革研究所揭牌。锡山高中明晰“五育并举”的终极价值，将“德智体美劳全面发展的社会主义建设者和接班人”进行校本化表达，初步建构面向专业大类的学校课程体系，研制完成锡山高中4.0版学校课程方案。

【教育部调研无锡市普通高中新课程新教材实施工作】 6月10—11日，教育部基础教育课程教材发展中心副主任刘月霞带队，到无锡调研普通高中新课程新教材实施工作整体情况。专家组一行12人，到南菁高中、青山高中、锡山高中、天一中学、无锡一中等9所高中，实地调研全市普通高中新课程新教材实施情况。市委教育工委书记、市教育局局长范良作相关工作汇报。专家组对无锡的课改工作给予高度肯定。

【新高考工作】 2021年是江苏省新一轮高考改革实行的第一年，高考总分为750分，语文、数学、外语采用全国卷。无锡市高考报名人数为21940人。全市教育部门为保证新高考平稳落地，组织工作人员主动走进社区、学校、机关，通过多种媒体进行高考政策专题宣讲，并与广大考生、家长互动，答疑解惑。精准科学做好疫情防控，制定新冠肺炎疫情下组考工作方案，增设防疫副主考、驻点防疫工作人员，做好应急预案和防疫演练。设置考生市级集中隔离点、增设隔离备用考场、开通核酸检测绿色通道，保障考试顺利进行。督促所有涉考工作人员完成新冠疫苗接种。在考试组织中，确保考前无试题试卷泄露，考中无大面积有组织舞弊，社会舆论总体保持和谐稳定。

（市教育局）

特殊教育

【概况】 2021年，无锡市有特殊教育学校8所，全年招生296人，在校学生1453人，毕业学生265人；特殊教育学校有教职工404人，其中专任教师355人。

【特殊教育教师队伍建设】 2021年，市教育局组织开展特殊教育师资培训，组织全市普通学校校长培训班，80余名校长参与培训。邀请融合教育专家解读融合教育，普及融合教育知识，推进融合教育在普通学校的实施。组织市特殊教育师资研修班，120名特教教师参加培训。采用线上模式进行锡台融合教育交流合作项目，全年线上培训5次，培训教师4008人，培训满意度100%。与南京特殊教育师范学院合作，开展普通学校融合教育资源中心特教专职教师上岗培训，全年培训119人。

【特殊儿童能力现状评估检核量表研制】 2021年，无锡市特殊教育指导中心与中国台湾东华大学合作，立足普通学校融合教育发展需求，研发《情绪行为问题评估与干预量表》《特殊需要学生学习能力检核评估量表》。《情绪行为问题评估与干预量表》遵循找出学生情绪行为问题背后关键原因所在，对症下药施行有效方法与策略，进行干预与处理，形成解决情绪行为问题的思路，解决随班就读学生"融"进去的问题。《特殊需要学生学习能力检核评估量表》以教育需求评估为主，包含健康状况、感官功能、知觉动作、生活自理、认知、沟通、情绪、社会行为、学科学习等项目，为特需学生个别化档案的制定提供科学依据。2套量表均建立无锡地区常规模型，全市累计完成2000余名教师的培训，弥补了融合教育推进过程中便捷、高效评估工具的现实不足，在省内领先。

（市教育局）

中等职业教育

【概况】 2021年，无锡市有中等专业学校16所、技工学校15所，全年招生27688人，在校生74752人，毕业学生18949人；拥有教职工7523人，其中专任教师6121人。全市职业院校广泛开展产学研合作，主动融入产业科技创新体系建设，全市职业院校产学研合作项目有1000余个。4月14日，《新闻联播》栏目以《深化产教融合，职业教育为产业发展赋能》为题报道了无锡职业教育。年内，有9名教师在江苏省职业院校技能大赛中等职业学校班主任能力比赛中获奖，其中一等奖2个、二等奖4个、三等奖3个，获奖人数居全省第一位。

【职业教育发展】 2021年，无锡市新增五年制高职专业11个，建成省高水平专业群16个，国家级和省级教师教学创新团队13个，省示范性虚拟仿真实训基地2个，国家级示范性职业教育集团1个，组建无锡集成电路产业学院。无锡市有关专家、教授编写的10部教材获得首届全国教材建设奖，其中无锡职业技术学院教授姜敏凤主编的《机械工程材料及成形工艺(第四版)》获全国优秀教材(职业教育与继续教育类)特等奖。组织实施职业教育质量提升"攀登计划"，培育高水平专业20个、"金课"20门、思政教育示范项目40个，评选表彰"技能雏鹰"学生100人，就业创业成效突出学校10个，挂牌成立"无锡职教名师工坊"20个，建设中小学生职业体验中心20个。

【职业教育创优】 2021年，全市职业院校组队参加各类竞赛，分别获得全国职业院校技能大赛5枚金牌、13枚银牌，省职业学校技能大赛40枚金牌、69枚银牌，全省职业院校创新创业大赛总分第二名和优秀组织奖，全省职业院校教学大赛一等奖9个、二等奖31个，全国和全省职业学校班主任能力大赛一等奖3个。举办职业教育活动周、"六业联动"产教对话以及全市职业学校技能大赛、创新创业大赛等系列活动。

（市教育局）

普通高等教育

【概况】 2021年，无锡市有普通高等学校13所，全年招生50091人，在校学生153216人，毕业学生35539人；普通高等学校拥有教职工10616人，其中专任教师7219人。年内，全市高校新增人工智能、机器人工程、大数据管理与应用等本科专业13个，建成国家级和省级一流本科专业31个、国家级和省级一流本科课程77个，获批哲学社会科学研究重大项目10个，获江苏省教学成果特等奖5个，3个团队被评为江苏省高校优秀科技创新团队。

【无锡学院成立】 2月，经教育部、江苏省政府批准，南京信息工程大学滨江学院转设为无锡市属公办普通本科院校——无锡学院。该学校锚定一流创新应用型大学发展目标，坚持地方性、应用型的发展定位，主动服务无锡地方经济社会发展，着力培养区域经济社会发展所需要的高素质应用型、技术技能型人才。无锡学院的成立进一步促进无锡高等教育提质增量，优化无锡高等教育结构。至年末，无锡学院的办学水平提升至全国本科高校第362位，全年招收本科生3000余人，办学规模超万人。

【无锡市高等教育质量提升扬帆计划启动】 2021年，无锡市出台《关于实施无锡市高等教育质量提升扬帆计划(2021—2025年)加快建设高水平大学的意见》，实施创新驱动核心战略，加快推进无锡高等教育内涵式发展。以立德树人为根本，以服务发展为导向，以内涵建设为主线，以特色一流为核心，推动在锡高校在不同层次、不同类别、不同方面争创一流、特色发展。重点组织实施学科专业优化、人才培养创新、产学研用融合、服务能力提升4项工程。根据扬帆计划，5年内培育产业发展急需的市级重点专业50个、培养无锡市高校教学名师100人和教学创新团队（学科带头人工作室）50个、打造一流课程100门和优秀教材100部、培育高水平科技创新团队20个、建设产学研用深度融合的示范性产业学院和示范性职业教育集团30个、培育高校参与无锡地方文化建设项目和高端智库50个。

【高等教育量质齐升】 2021年，江南大学4个学科进入"中国顶尖学科"榜单，获批国家"化妆品质量研究与评价重点实验室"和6个国家新文科研究与改革实践项目。加快建设东南大学无锡校区，完成国际校区一至四期工程，在校学生2205人。支持无锡太湖学院新增办学用地，加强硕士学位授予点建设，太湖学院办学水平位列全国民办本科高校第六名、江苏省同类高校第一名。南京理工大学江阴校区进一步扩大办学规模，招收本科生400人、研究生911人。南京信息工程大学无锡研究生院开设5个硕士专业，在校研究生417人。

（市教育局）

【江南大学】 2021年，江南大学办学格局进一步优化拓展，宜兴校区建成交付，江阴校区建设项目完成奠基，一期项目计划于2024年3月竣工交付。学校在内涵发展中抓住课堂这个育人主阵地，着力打造"江南金课"引领课堂教学改革，全年立项培育建设5类113门"金课"，制定通识教育课程管理办法，重点打造一批"中国系列""江南特色"通识精品课程，融入社会主义核心价值观、中国优秀传统文化教育，展示江南文化，讲好中国故事。统筹"课程思政"与"思政课程"建设，成立课程思政研究中心，生物工程、机械工程2个专业获批江苏省课程思政示范专业，7门课程获批国家或江苏省课程思政示范课程，报送的《抓好"四个到位"，积极引导优秀毕业生参军入伍》入选教育部首批100个高校毕业生就业创业工作典型案例。年内，学校获评江苏省共青团工作先进单位，江南大学学术委员会主任陈坚教授获评"全国五一劳动奖章"。

坚持以学科建设为龙头，推动学科建设体系优化完善，总结首轮"双一流"建设成效，完成阶段性建设任务，根据教育部评价结果反馈，学校办学实力、学科整体水平和国内外影响力均显著增强，首轮两个"一流学科"总体建设成效显著。在2021软科世界一流学科排行榜上，食品科学与工程学科连续三年排名世界第一；在2021软科中国最好学科排名中，轻工技术与工程、食品科学与工程、设计学、纺织科学与工程4个学科进入"中国顶尖学科"榜单。9个学科入选ESI前百分之一，其中农业科学跻身万分之二。推进"江南特色、卓越课堂"研究型课程链教学改革，入选国家教学名师1人，获批江苏省教学改革特等奖1个、省首批一流本科课程40门。

推进江苏—英国、江苏—加拿大、江苏—韩国等省教育厅校群合作平台建设，担任"江苏—韩国高校联盟"轮值主席单位，获评江苏省来华留学生教育先进集体。获批科技部高端外国专家项目12个、江苏省"外专百人计划"1项，江南大学生鲜食品智能加工与品质监控国际联合实验室入选江苏省首批国际合作联合实验室。

聚焦一流教材建设，3部教材获评首届全国优秀教材奖，1人获"全国教材建设先进个人"称号，获奖数居全国高校并列第十二位。6个项目入选首批教育部新文科研究与改革实践项目，数量居全国高校并列第九位。做好学位点增列申报工作，一次性获批一级学科博士学位授权点3个、专业学位博士授权点1个和硕士

江南大学图书馆　（江南大学　供图）

学位授权点3个，新增博士学位授权点数量居省内高校第二位，博士专业学位授权点实现“零”的突破。年内，柔性引进院士2人，新增国家级领军人才5人、国家级青年人才13人次，入选省“333高层次人才培养工程”第一层次2人、第二层次11人；博士后进站118人。科研项目获国家技术发明奖二等奖和国家技术进步二等奖各1个。环境与土木工程学院获2021年度国家自然科学基金重大项目资助，实现学校在国家自然科学基金重大项目上的历史性突破。新建地方研究院所3个和技术转移分中心11个，新增千万级科技服务项目20个，学校入选首批高校专业化国家技术转移机构建设试点单位。全年学校到账科研经费首次突破10亿元。

（江南大学）

无锡太湖学院工科实验实训中心　（无锡太湖学院　供图）

【无锡太湖学院】 无锡太湖学院是无锡市第一所应用型本科高校。2021年，该校办学水平列全国民办本科高校第六名、江苏省同类高校第一名。学校专任教师中具有硕士、博士学位的占95%以上，其中具有一批国务院政府特殊津贴专家、江苏省中青年突出贡献专家、江苏省“333高层次人才培养工程”和高校“青蓝工程”中青年学术带头人、特聘国外名校兼职教授、国内产业教授等优秀人才。

学院招生专业有34个，涵盖工、经、管、艺、医、文6大学科门类，设有物联网工程学院、智能装备工程学院、商学院、艺术学院、外国语学院、健康与护理学院、苏格兰学院等18个教学单位，拥有物联网工程、机械工程、会计学3个国家级一流本科专业建设点。应用经济学、计算机科学与技术和设计学入选江苏省“十四五”重点建设一级学科。人力资源管理、市场营销、审计学、通信工程、机械电子工程、护理学、环境设计、服装与服饰设计8个专业获批省一流专业建设点。工程管理专业入选江苏省“十四五”高校国际化人才培养品牌专业。基础会计、财务管理、企业会计综合实践、数据结构、数据通信技术、江南传统文化创新实践、结构力学、工程经济学A等12门课程获批江苏省一流本科课程。年末，学校拥有一流专业数23个，占28个非新专业数的82.14%，占34个招生专业数的67.65%。

开展国际合作，与英国东伦敦大学、苏格兰大学、霍尔大学、澳大利亚西澳大学等国际名校签署“本硕博直通校际合作协议”；与上海财经大学、西南财经大学、南京航空航天大学等联合培养硕士、博士研究生。年内，苏格兰学院学生参加雅思考试，近90%学生达到5.0分要求，其中7.5分1人，总均分5.4分。苏格兰学院大一学生在2021年全国大学生英语竞赛中获一、二等奖16个，获奖数在全国同类高校中领先。

年内，无锡太湖学院召开产学研合作大会暨产业学院集中揭牌仪式，与行业龙头企业共建跨境电商学院、物联网大健康产业学院、机器人未来产业学院、超竞新文娱产业学院、光伏工程建造学院、太湖云会计产业学院等10个产业学院，搭建苏南乡村振兴发展研究院、环太湖科创带成果转化和创业孵化研究院等5个协同创新平台，新建校企合作基地30个。学校教师获教育部产学合作协同育人项目立项10个，其中“教赛创融合的创新创业实践教育基地”项目获企业支持研究经费20万元。学生获批省级大学生创新创业训练计划项目53个，在“挑战杯”等大学生创新创业大赛、全国大学生智能汽车竞赛、全国大学生电子设计竞赛、国青杯艺术设计大赛等全国和省、市级比赛中，获一、二、三等奖近200个。年内，全校获批科研项目291个，科研到账总经费超1900万元，年科研活动经费3700万元；发表学术论文368篇，获得省、市科研奖13个，授权国家知识产权191件。在2021中国民办本科院校及独立学院竞争力排行榜（中国科教评价研究院）中，学校科研能力居江苏省同类高校第一位，科研进步指数居全国第三位。《民办高校思政课程与课程思政“1+5”协同育人体系构建》获2021年江苏省教学成果一等奖。学生邱涛获“见义勇为优秀大学生”称号，入选8月“中国好人榜”。

（无锡太湖学院）

社会教育

【概况】 2021年，无锡市进一步完善以无锡开放大学（无锡市社会教育服务指导中心）为主导、市（县）区社区学院为引领、镇（街道）社区教育中心、村（社区）居民学校为骨干的社区教育四级网络体系，市（县）、区全部达到省级以上社区教育示范区水平。修订《无锡市教育现代化示范性居民学校建设评估指标》，启动第二批11所示范性居民学校建设。评出“亲子花”合作共育团队等无锡市“终身学习品牌项目”11个，获批省级社区教育品牌项目3个，“陶都紫砂文化传承与推广”项目获评全国社区终身学习品牌项目。

【全国率先开展教育培训预付资金信托模式监管】 2021年，无锡市在国内率先开展教育培训预付资金信托监管模式试点，运用信托手段保障消费者权益。11月18日，无锡市校外培训机构预收费资金信托监管系统上线，所有学科类培训机构在新一轮招生收费前全面纳入资金监管范围。该举措有效遏制市场经营领域“退费难”“卷钱跑路”等损害群众利益问题的发生，构建校外培训良好生态。

【暑期“七彩公益安心托班”】 2021年，市教育局为深化党史学习教育“我为群众办实事”实践活动，发挥社区教育阵地作用，缓解全市小学生暑期“看护难”问题，创新举办2021年无锡市小学生暑期社区“七彩公益安心托班”活动。相关社区积极投入，教师志愿者倾情服务，共开班121个，服务学生4400余人。各社区开展红色党史、橙色活力、金色才艺、绿色环保、青色博爱、蓝色志愿、紫色探索等主题活动，既切实解决群众关心的突出困难，又丰富学生的假期生活，提升学生的综合素养。《江苏教育报》专题报道“无锡：把公益暑托班办到家长心坎里”，并在“学习强国”平台推广。

【其他教育考试】 2021年，根据省、市统一部署，市教育局完成成人高考、自学考试、教师资格考试、教师招聘考试、大学英语四六级考试等工作，重启书法艺术水平考级项目，统筹做好疫情防控和考务工作，实现“平安考试”目标。累计安排成人高考报考35556人，比上年增加2554人，续创历史新高。自学考试报考87564人，比上年增长22%。自学考试毕业生总数5174人。社会考试报考总人数316066人，再创历史新高。其中，全国计算机等级考试报考77475人，全国英语等级考试11703人，剑桥少儿英语考试600人，书法艺术水平考级考试71167人，中小学教师资格考试45339人，大学英语四六级考试109782人。

（市教育局）

【无锡开放大学】 无锡开放大学是一所举办高等学历继续教育、非学历继续教育、高等职业教育，服务全民终身学习的市属高等院校。2021年，学校设有学院3个，会计、机电、计算机、动漫、环境、园林等专业12个。有教职员工235人，其中专任教师184人。有学历教育在籍学生10653人（其中全日制2224人），完成老年教育3745人次。学校乐龄学院开设艺术健身类、信息技术类、生活类课程69门，校外学习中心培训老年学员780人次；开展暑期社区“七彩公益安心托班”，免费服务4400余人。现代远程教育中心开展培训和学历提升，招收无锡旅商专接本新生222人，开展培训8251人次。在无锡教育电视台开通无锡《终身学习》电视栏目，宣传展示全市社区教育工作成效。启动老年人运用智能技术专项普及培训工程，在全市各社区开展培训2000余场次，培训老年人7万余人次。与市成人教育协会联合举办两期江苏省智慧助老骨干师资培训班，全省200余名学员参加。市委宣传部在学校挂牌无锡市“理响无锡”宣讲大联盟研学教育基地，理论宣讲队全年开展送教进社区服务46场次，直接受益群众3010人。在吴文化游学基地、冯其庸学术馆等7家单位、基地挂牌无锡开放大学“文明我先行，人生更出彩”实践基地。江阴市月城镇梨园学习体验基地等2个基地获批2021年江苏省社会教育学习体验基地，荣毅仁纪念馆等3家单位获批2021年长三角市民终身学习体验基地。年内，学校3个项目获批江苏省社区教育特色品牌项目，3个项目获批江苏省成人教育协会社区教育品牌项目，“陶都紫砂文化传承与推广”项目获评全国终身学习品牌项目，学校被评为2021年江苏省社会教育先进集体。

（无锡开放大学）

编辑　何　峰

公共文化

【概况】 2021年,无锡市举办公益性演出12965场次、临展2020场次,完成送戏下基层1716场次、送书下基层5万余册、送展览下基层500余场次。依托各级文化馆(站)等群众文化阵地,组织举办各类艺术普及、艺术培训和文艺志愿活动,举办社会艺术培训4295班次、文化骨干培训班461期,举办免费文化讲座2153场次;全市文化场馆服务人次3940.16万人次,人均接受文化场馆服务5.27次,排名全省第二。全市新创群众文化舞台类作品722件,美术、书法作品4859件,摄影作品6640件,庆祝中国共产党成立100周年主题群文创作新品大量涌现。江阴市月城镇被评为2021—2023年度中国民间文化艺术之乡,市图书馆地铁分馆、荟聚POD荟客厅、“古韵南禅”公共文化空间等19个项目获评2021年度省“最美公共文化空间”称号,15个团队成为2021年度省“优秀群众文化团队”培育对象。开展优秀群众文化团队骨干成员线上培训2405人次。市图书馆45部古籍入选第五批江苏省珍贵古籍名录,《心中有谱,家传良风——无锡市图书馆家谱文化特色服务案例》获江苏省图书馆学会2020—2021学术年会论文和业务案例评选案例类一等奖,选送的《无锡陆氏西园支世谱》获江苏省首届新修家谱评选一等奖。

至年末,全市有公共图书馆8个、博物(纪念馆)62个、文化馆8个、文化站75个、艺术表演团体91个。新建基层综合性文化服务中心11个,继续动态实现全市行政村(社区)综合性文化服务中心覆盖率100%。江阴市顾山镇建成共享文体中心,面积6000余平方米,新桥镇启用新桥文化服务中心,面积1.5万平方米。锡山区打造文化移动展馆,以灵活展览与新型演出弥补区级独立展陈空间,利用村(社区)小剧场、多功能活动室、公共文化空间、文化广场,打造52处阿炳小舞台。滨湖区图书馆完成一楼外借室、书库、阅览室改扩建工程。

【无锡市图书馆】 2021年,无锡市图书馆馆藏总量428万册(件)、数字资源53种,接待读者307万人次,流通图书377万册次,举办各类读者活动388次。开展全民阅读系列活动,举办“梁溪大讲堂·东林文化讲坛”品牌活动,开展讲座12场;举办“锡图展览”系统活动,开展“丝路万里千年——丝绸之路图片资料展”等展览49场;开展“4·23”世界读书日、图书馆服务宣传周、“阅读使者全城行”等阅读品牌活动,将“红色微课堂”送到学校、街道和社区等。拓展分众服务,开展“彩虹桥”青少年阅读推广系列活动,关注青少年健康成长;开展“耳边的世界”助盲系列活动,接待视障读者900余人次;开展吴文化专题系列讲座、读书沙龙等特色活动;深化“太阳花开”品牌,承办无锡市第12届未成年人心理健康服务月,推出“青春不迷茫”等系列讲座,受益人群46万余人次。古籍普查成果《江苏省无锡市图书馆古籍普查登记目录》出版。举办“吉光片羽”锡图典籍文化推广直播活动,通过新华网等平台吸引近50万人次观看。以“花园+书香”“社区+书香”模式,新建双虹园分馆、万欣社区分馆,完成26个分馆服务功能提升,开原寺分馆、无锡地铁分馆被评为2021年度江苏省最美公共文化空间。至年末,市区有无锡市图书馆分馆28个。

【无锡博物院】 2021年,无锡博物院完成主体建筑大修、大厅公共区域改造、西负一层展厅3个部分改造提升。依托馆藏红色资源,组织策划“展红色书信,传革命精神”展览、“庆祝中国共产党成立100周年红色书信学术研讨会”、“百年飞鸿见初心:红色书信小剧场”等特色活动,推动党史学习教育。持续打造“大元处士——吴越王后裔钱裕的故事”“方寸忆峥嵘——无锡博物院藏邮票展”“凤飞于锡——玉飞凤的故事”等原创精品展览,聚力讲好“无锡故事”。年内,开展活动224场次,线上线下参与人数117万余人次,“行走”系列研学旅行入选全国2021年度十佳文博社教案例,“吴地文明”系列云课堂之“春水玉带扣”入选2021年度全国文化遗产云传播十佳项目,馆校合作项目“悠悠古运河——大运河文化进校园”、“行走”系列研学旅行之“倪迂之境”入选省博物馆教育示范项目。

（市文广旅游局）

【无锡大剧院】 2021年，无锡大剧院完成演出227场，实现营业收入2453.4万元，完成全年营业收入指标的123%，实现净利润226.1万元。其中，自营演出149场，租场演出78场，自营演出平均上座率65%，平均票价180元。6月21日，“永远跟党走”全市政法系统庆祝中国共产党成立100周年活动在无锡大剧院举行，市委书记黄钦会见优秀党员干警代表并讲话。10月25日至11月30日，2021太湖文化艺术季精品舞台剧目展演、艺术作品展览、惠民文化活动、梦想艺术汇、社会文化活动、青少年交响乐展演6大板块49场活动在无锡大剧院举行，先后有《吕思清、薛皓垠与杭州爱乐乐团交响音乐会》《只此青绿》《人间正道是沧桑》《化·蝶》等剧目上演。年内，为扶持地方优秀剧目，无锡大剧院与市歌舞剧院、市锡剧院紧密合作，搭建惠民艺术平台，推出《蝶恋花沈琬》《泰伯》《中秋音乐会》《顾冠仁音乐会》等剧目。

（无锡大剧院）

【全民艺术普及】 2021年，市文化馆把培训送到无锡地铁集团、消防支队、红豆万花城、市民中心等地，基本公共文化服务惠及面和渗透力不断扩大。“西水公益学堂”全民艺术普及公益培训开设90个班次，招收学员1323人，群众满意度达98%以上。锡山区文化馆联合各镇、街道，开设广场舞蹈、旗袍走秀等全民艺术普及公益培训班，2100余人次参与；荟聚分馆开设3期共29个艺术培训班，服务近1400人次。滨湖区开设文化滨湖全民艺术普及培训20门类课程共960班次。

【文化惠民】 2021年，无锡市文化惠民活动挖潜增效、推陈出新，公共文化服务品牌不断树立，市民文化获得感稳步提升。市文化馆组织“情韵江南”、“乐享四季”、全市群文诗词书画摄影作品展等演展活动。梁溪区开展2021“书香梁溪”读书节开幕式暨“读享乐趣”第五届梁溪特色书展，以“书展＋红色朗诵＋经典演艺＋插画创作＋民谣弹唱＋非遗展示＋阅读快闪”的形式，传承梁溪书香文脉。锡山区整合区文化馆、特色文化团队、社会力量等演出资源，推动群众文艺会演、锡山书场、阿炳小舞台等惠民活动与小剧场衔接，开展遇见好书“你读书，我买单”、半小时阅读接力、“非遗”手作互动等系列活动，让群众充分享受文化发展成果。惠山区举办首届文化旅游艺术节，3个篇章20个子活动贯穿全年。滨湖区举办百场文艺进社区、文化滨湖户内外艺术沙龙等系列品牌活动，创新开展文化滨湖喜“乐”荟——2021滨湖区户外音乐沙龙系列活动，累计服务市民超10万人次。新吴区开展“书香新吴”全民阅读活动185场次，线上总服务人数612.8万人次。

【小剧场建设】 2021年，市文广旅游局制定《无锡市公益性小剧场建设实施方案》，推进公益小剧场建设，建成公益性小剧场27家、特色小剧场9家，并开展常态化运营。锡剧博物馆“无锡有戏”小剧场演出41场，“东林拾忆”小剧场演出172场，荡口古镇小剧场演出10场。惠山区“民生微幸福，惠畅小剧场”文化惠民工程，首批打造惠畅小剧场30个，完成线上线下演出3189场，150余个群众文化团队参与小剧场的演出，观众150万人次。

（市文广旅游局）

【全民阅读】 2021年，无锡市全民阅读指数77.4，比上年提高1.47，居全省第三位。“推动书香城市建设”被写进市第14次党代会报告，纳入美丽无锡建设总体规划。以“阅读红色经典传承红色基因”为主题，举办第14届太湖读书月活动，策划开展“寻访红色地标”“无锡100个难忘的历史瞬间”“款款衷情诵党听”“千场红色经典阅读进基层”等系列融媒体行动。

（市委宣传部）

4月27日，第14届太湖读书月系列活动启动　（市委宣传部　供图）

【公共文化数字化建设】 2021年，市文化馆结合无锡地方特色，自制艺术慕课上线无锡文化云平台，市民可足不出户享受艺术熏陶。各级文化场馆举办“新春云上游”“西水元宵嘉年华”“艺起梁溪——云上过大年”“艺起陪你过大年”等春节主题活动，鼓励外地职工“云”上过年。在文化场馆月期间，推出主题系列虚拟展；“文化和自然遗产日”期间，通过“主播探店”等形式与线上数万名观众开展互动。锡山区开辟“线下创作＋线上演出”新模式，推出“遇见·最美阅读风景”摄影作品展、“漫画诗词”课堂、每日一诗、“非遗”灯谜等线上展演活动。滨湖区开设“家在滨湖”原创音乐精品赏析、“聆听经典”民族经典音乐线上赏析、牛文化主题展等线上活动。

【政府购买公共文化服务】 2021年，无锡各级政府向社会力量购买公共文化服务项目41个，购买活动597场次，购买资金总额484.45万元，激发社会力量举办公共文化活动的活力和热情。群众特色文化团队小额资助扶持团队456个，其中三星级179个、四星级222个、五星级55个，资助总额170万元，调动全市群文骨干开展文化活动和团队争先创优的积极性。

【庆祝中国共产党成立100周年主题文艺活动】 2021年，无锡市开展江苏省“百年百场”优秀群众文艺作品巡演、优秀群众美术书法摄影作品线上线下巡展，传承红色基因。市图书馆打造多维“四史”学习空间，举办“百年荣光，初心永恒”读书征文朗读比赛、“我心向党庆百年”红领巾读书征文，累计吸引近3.5万名市民参与。江阴市举办“百年风华，我心向党”庆祝中国共产党成立100周年歌咏文艺演出。梁溪区打造“百年百艺”群文精品、“百年百场”优秀群文作品巡演、“百年百影”书画摄影展、“百年百声”红色音频征集、“百年百书”红色经典图书荐读等活动。锡山区举办“阅读经典，传承百年——锡山区第三届蒲公英阅读节暨悦动锡山文旅消费节”、“永远跟党走，风从东方来”主题文艺晚会等。惠山区举办以原创获奖节目为主的庆祝中国共产党成立100周年优秀作品展演。滨湖区举办“永远跟党走，滨湖再出发”、“百年华诞颂党恩”2021滨湖区首届全民朗诵大赛、百姓大舞台等系列主题活动。新吴区打造特色原创革命锡剧《华阿金》。7月1日，文化和旅游部“大家唱”群众歌咏地方联动项目——“唱支山歌给党听”无锡市庆祝中国共产党成立100周年群众合唱展演在无锡博物院广场上演，国家公共文化云平台全程现场直播。

【无锡市第二届文化场馆月】 7月15日至8月15日，无锡市第二届文化场馆月举办。市文广旅游局按照“政府主导、场馆主创、务实高效”的原则，紧扣“文化惠民、赋能发展”目标，深化文旅融合理念，搭建文旅交流平台、信息发布平台、活动开展平台、宣传推介平台，通过市、区、街道、社区四级联动，线上线下融合等形式，打造87场主活动、600余场子活动。其中，“i锡游，恋上场馆之夏”手账打卡主线活动，串起各大场馆，吸引众多市民参与打卡；无锡博物院“王者荣耀”AR体验课、薛福成故居女红研习会、东林书院投壶射箭古代生活体验等，成为第二届文化场馆月的热门活动。

（市文广旅游局）

文学艺术

文 学

【文学创作】 2021，无锡作家围绕“脱贫攻坚”“全面建成小康社会”“抗疫故事”“大运河文化”“庆祝中国共产党成立100周年”等主题，深入生活，努力创作，推动重大题材、现实主义题材文学创作。儿童文学作家迟慧的儿童长篇小说《云端小学》入选2021年中国作家协会重点作品扶持项目；《藏起来的男孩》入选2020年度影响力图书，并获评第七届“大白鲸”原创幻想儿童文学奖的最高等级“钻石鲸作品”。徐风的长篇纪实小说《忘记我》入选中央宣传部2021年主题出版重点出版物和国家新闻出版署《2021年农家书屋增补书目》。戴军的长篇非虚构文学作品《山河口碑》成功申报江苏省

2021年，无锡作家迟慧（右三）创作的《慢小孩》获第11届全国优秀儿童文学奖　（市委宣传部　供图）

重点文艺扶持作品。高仲泰创作完成《荣毅仁的后半生》，夏坚勇创作完成《宋史三部曲》，陆阳创作完成《太湖》（省委宣传部“符号江苏”项目）以及长篇纪实文学《异军突起：锡商 1956—2000》，惠山区作协与区委宣传部合编《岁月的力量——惠山区“四千四万精神”》一书。年内，迟慧的童话《慢小孩》获第 11 届全国优秀儿童文学奖，阮夕清的短篇小说《黄昏马戏团》获第 12 届《上海文学》奖，夏坚勇的长篇历史散文《承天门之灾》发表于《钟山》杂志 2021 年第 6 期；黑陶发表在《星火》杂志的散文《在古中国》、里拉发表在《诗刊》的诗歌《庭院》入选《中国当代文学选本》第 7 辑；黑陶出版散文集《夜晚灼烫：凝定的时间肖像》，在《十月》“思想者说”栏目发表散文《在江南凝视》。

【文学活动】 2021，市文联完成《香樟文丛·2020 卷》出版工作；与江南大学人文学院联合举办苏南当代现实的文学书写——作家王顺法作品研讨会；“世界读书日”活动期间，与无锡市新华书店未来新书城合作共建无锡文艺家著作展陈区。年内，市文联举办“无锡文化传统与我们”公益文化对谈、“照料那棵小小的桃树——著名作家张炜《不践约书》对谈沙龙”文学讲座、迟慧儿童文学作品获奖座谈会以及“金秋如酒：无锡老作家文学交流会”等活动；组织“丹心映溪山”——庆祝中国共产党成立 100 周年主题征文活动，“争做新时代的追梦人”爱国主义诗歌大型朗诵会；推进百名百篇青少年爱国主义诗歌创作、“运河印迹”深度探寻之旅，推进大运河主题文学创作。市文联落实与市总工会签订的战略合作协议，4 月 2 日至 5 月 21 日，举办市总工会第二期文学创作培训班；10 月 13 日至 12 月 3 日，举办市总工会第三期文学创作培训班。5 月 20 日，梁溪区青少年文学院在五爱小学举行成立仪式。无锡市五爱小学、无锡市积余实验学校、无锡市崇宁路小学、无锡市侨谊实验中学 4 所学校成为首批授牌单位。7 月 11 日，市作家协会在百草园书店举行无锡作家优秀作品交流暨作协新会员见面会。

【第二届无锡市故事会大赛】 10 月 16 日，由无锡阿福吉祥幽默俱乐部协办的第二届无锡市故事会大赛在滨湖区文化馆落幕。大赛由市文广旅游局、市文联主办，市曲艺家协会、市文化馆、滨湖区文化馆承办，分“故事征文”和“故事讲演”两大内容，“故事征文”收到故事文本 27 篇，评选出文本金奖 2 个、银奖 3 个和铜奖 4 个；“故事讲演”有 29 个节目参加初赛，16 个节目入围决赛，评选出讲演金奖 3 个、银奖 3 个、铜奖 3 个和优秀奖 4 个。

（市文联）

戏剧·曲艺

【概况】 2021 年，无锡市属国有文艺院团聚焦中国共产党成立 100 周年、党史学习教育等重大主题，先后创排锡剧《蝶恋花·沈琬》《回家》、滑稽剧《有事好商量》、诗画评弹《江南·无锡景》等大型原创剧目 4 部，复排锡剧《包公打龙袍》、移植锡剧《红楼梦》折子戏，以艺术创作擦亮城市文化标识、讲好无锡故事。原创锡剧《打分》获华东六省一市小戏大赛银奖；锡剧《蝶恋花·沈琬》获第五届江苏省“文华奖”优秀剧目奖；锡剧《泰伯》入选全国第七届丝绸之路国际艺术节；以时代楷模黄文秀和惠山企业家扶贫故事为原型创作的大型原创现代锡剧《追梦路上》入选第六届全国少数民族文艺会演并获得优秀剧目奖，入选江苏省庆祝中国共产党成立 100 周年舞台艺术精品创作工程和江苏省优秀文艺成果。《泰伯》《珍珠塔》等优秀剧目到北京、上海、南京、苏州、徐州等地开展文化交流演出，经典锡剧《珍珠塔》首次在清华园演出。

【锡剧振兴】 2021 年，市文广旅游局制定《锡剧振兴三年行动计划（2022—2024 年）》，坚持高点定位，盘活存量资源，引入社会合作，对锡剧博物馆进行整体改造提升，建设锡剧艺术中心，推出“无锡有戏”小剧场，探索打造集常态展演、锡剧讲习、互动体验、休闲消费于一体的城中文化新地标。举办“曲韵流芳”锡剧艺术会演和庆祝无锡市锡剧院建院 70 周年锡剧艺术盛典，策划推出精品剧目展演、园林实景演出、锡剧电影展映、“云上剧场”等十大板块 30 余场活动，充分展现锡剧魅力、提升锡剧影响力。市锡剧艺术中心获评“2021 年江苏省示范小剧场”称号。

（市文广旅游局）

【第三期无锡市曲艺中青年骨干培训班】 4 月 9—11 日，第三期无锡市曲艺中青年骨干培训班在无锡市举办。30 余名中青年骨干艺术家们，齐聚学习提升、增进交流。曲艺名家邢晏春、李立山、翁仁康、钱程先后进行讲座教学、曲种结对辅导活动，并进行汇课交流表演和点评。

【庆祝中国共产党成立 100 周年红色经典戏曲巡演活动】 4 月 27 日，传承红色基因、弘扬戏剧文化——庆祝中国共产党成立 100 周年红色经典戏曲巡演在无锡职业技术学院启动，市文联、市戏剧家协会领导、艺术家代表及 400 余名师生观看演出。该次巡演节目涵盖锡剧、越剧等多个剧目的红色经典选段，包括《红灯记》《沙家浜》《江姐》等。

【市曲艺家到延安交流采风】 7 月 13—17 日，第二届“无锡曲艺奖”获奖年轻演员一行 11 人到陕西延安交流采风。延安曲艺馆联合无锡市曲艺家协会在梁家河文安驿古镇组织

7月13—17日，无锡市曲艺家到陕西延安交流采风 （市文联 供图）

开展交流展演，让延安观众感受了江南柔情委婉的水乡文化。两地曲艺家开展对口交流座谈会，切磋技艺，交流艺术心得，推动两地曲艺艺术的交流和发展。

【“风雨送春归”评弹红色经典名家新秀（无锡）演唱会】 7月30日，“风雨送春归”评弹红色经典名家新秀（无锡）演唱会在无锡演艺剧场举行。活动由市文联、市文化发展集团主办，来自江苏省、浙江省、上海市的著名评弹表演艺术家、演员陆续登台演出评弹红色经典曲目和以庆祝中国共产党成立100周年为主题的原创评弹作品。

【第三届无锡戏剧奖评选】 4月，第三届无锡戏剧奖评选启动，收到参赛作品33个。10月28日，第三届无锡戏剧奖决赛在无锡大剧院举办，邀请吴大忠、李奕洁、徐秀芳、张金华、龚隐雷、季春艳、顾预7位著名表演艺术家和部分梅花奖演员担任评委，全市各大院团的13名选手获奖。

（市文联）

音乐·舞蹈

【概况】 2021年，无锡市歌舞剧院响应中央文化润疆工程号召，与伊犁州歌舞剧院合作创排歌舞剧《汉家公主》，到南京、扬州、新疆等地巡演。承办第七届江苏省文艺大奖·舞蹈奖评比活动，作为省内最高级别的专业舞蹈奖项，无锡市参赛队获8个奖项。舞剧《歌唱祖国》入选第13届全国舞蹈展演剧目，获第五届江苏省“文华奖”优秀剧目奖、2021紫金文化艺术节优秀剧目奖。创作完成红色题材歌曲《百年百分百》《接过你的旗》等7首原创音乐。市歌舞剧院舞蹈《运河岸边是我家》、江南大学舞蹈《中华奇志》获第五届江苏省“文华奖”优秀节目奖。无锡市民族乐团创排民族交响史诗《光明行》，创排民族管弦乐《大运之河》。《光明行》突破传统音乐会的表演方式，融入朗诵、现代感的多媒体、灯光等艺术形式，呈现别具一格的新面貌和极富视觉冲击力的观赏效果，获2021紫金文化艺术节大型音乐作品奖；民族管弦乐《梁溪音诗》获第五届江苏省“文华奖”优秀节目奖。

（市文广旅游局）

【首届无锡音乐奖决赛】 9月25日，首届无锡音乐奖（钢琴、二胡）决赛在运河公园音乐厅举行，大赛评出钢琴、二胡两个大项16位获奖选手。无锡音乐奖设置的目的是，不断提高音乐创作和音乐表演的艺术水平，发现培养音乐新人，推出音乐艺术精品。

【儿童舞剧《雷锋》首演】 5月30日，由市文联主办、市舞蹈家协会与无锡市小白鸽少儿舞蹈艺术团联合出品的儿童舞剧《雷锋》在无锡人民大会堂首演。百名无锡市小白鸽少儿舞蹈艺术团的小演员们，演绎了雷锋在遇到困难时如何战胜自己、身先士卒帮助

2021年，无锡市歌舞剧院创排的“文化润疆”歌舞剧《汉家公主》剧照

（市委宣传部 供图）

5 月 30 日，儿童舞剧《雷锋》在无锡人民大会堂首演　（市文联　供图）

别人的故事，以感人的艺术表现诠释了雷锋精神。

（市文联）

美术·书法

【无锡美术馆】 2021 年，无锡美术馆（无锡市书画院）有 10 件作品入选国家级书画展，其中 3 件获奖；34 件作品入选省级书画展，其中 4 件获奖。举办百年风华·庆祝中国共产党成立 100 周年无锡重大题材美术创作工程成果展和长三角书法家邀请展，用 100 件优秀的美术、书法作品向中国共产党成立 100 周年献礼。策划举办“奔涌！青春！——江苏省青年美术家提名展”，印制《奔涌青春》画册。

【首届“倪云林”全国美术作品展】 12 月 10 日，首届“倪云林”全国美术作品展（中国画、油画）在太湖国际博览中心开幕，该展览是无锡市人民政府与中国美术家协会首次合作办展。展览共收到投稿作品 5958 件，经中国美术家协会组织专家评审组初评、复评层层遴选，最终 201 件作品入选，授予前 50 件作品的作者申请中国美术家协会会员资格 1 次，该 50 件入会资格作品中的前 10 件同时获得“典藏作品”荣誉。出版《首届“倪云林”全国美术作品展作品集》。开幕式后，该展览于 2021 年 12 月 18 日至 2022 年 1 月 7 日在无锡美术馆（50 件）和无锡博物院（151 件）巡展。

（市文广旅游局）

【艺术凤凰——中国水彩名家邀请展】 5—7 月，艺术凤凰——中国水彩名家邀请展在无锡凤凰艺都美术馆举办。展览展出中国美协水彩画艺委会主任陈坚教授等中国美协水彩画艺委会的 22 名委员及国内 47 名优秀中青年水彩艺术家的作品近 70 幅，参展作品题材丰富，集中展现当代中国水彩艺术的繁荣风貌。

【胡伦光书法篆刻展】 5 月 22 日，由江苏省书协、无锡市文联主办的胡伦光书法篆刻作品展暨《二观堂印痕》首发式在无锡文渊坊金匮山房举行。展览展出胡伦光书法作品、篆刻印蜕放大写真、印面边款原拓和印章原石近 70 件。《二观堂印痕》汇集胡伦光 1978—2020 年间创作的篆刻作品 160 余件，分交游、闲章、肖形、造像、斋馆、自用印 6 类，是他 40 余年篆刻艺术创作生涯中精品的集中展示。

【第二届“无锡美术奖”作品展】 9 月 23—27 日，第二届“无锡美术奖”作品展在东方美术馆举办。展览收到投稿作品 250 余件，包括中国画、油画、版画、雕塑、水彩（粉）画、插图、漆画、综合材料等，评出入选作品 90 件，其中获“无锡美术奖”12 件、获提名奖 8 件。入选作品风格多样，笔墨、色彩、技法富有探索性，作品有内涵有深度，更多作品取自现实题材，接地气、正能量，集中展示无锡美术的最新成果。

【山水湖滨——中国画邀请展】 11 月 21—30 日，由市委宣传部、市文联主办的“山水湖滨——中国画邀请展”在无锡市祥云美术馆举办，展出无锡市书画名家作品 50 余幅，展示无锡的自然人文风景和经济社会发展的喜人成就，讴歌党、讴歌祖国、讴歌人民、赞美家乡，体现无锡画家们深入生活、扎根人民的火热情怀，也展示他们对传统绘画语言的传承和创新。

【第三届“无锡书法奖”作品展】 12 月 11 日，第三届“无锡书法奖”作品展在周怀民藏画馆揭幕。徐盛、陆维跃、马国忠、胡金海、蒋振宇、王俊平、朱琳琳、张兵、顾霄清、谢才新 10 人获第三届“无锡书法奖”。

【艺术凤凰——无锡油画名家邀请展】 12 月 11 日，艺术凤凰——无锡油画名家邀请展在凤凰艺都美术馆开幕。展出无锡油画界老、中、青三代优秀艺术家包括王洋、唐满生、李方明、冉海泉、朱志刚等 15 名本土油画家的 70 余幅油画作品，集中展示无锡油画的创作成果。

（市文联）

文化遗产保护

【概况】 2021 年，无锡市高质量通过国家文物局对历史文化名城文物保护工作复核，完成文物保护工作三年行动计划，策划“无锡市文物保护三年行动计划成果展”，制作推出文物修缮探秘短视频20期，新浪微博话题阅读量累计超205万次。梳理上报全市不可移动文物资源基础信息，完成第一至七批全国重点文物保护单位、第一至八批江苏省文物保护单位本体单体核定，修改完善第八批全国和省级文物保护单位文物基础档案等工作，并申报、管理各级文物保护专项资金。探索因地制宜新模式，统一出资为34处全国重点文物保护单位、74处省级文物保护单位投保意外损害抢救性修复社会保险，在全国开创省级以上文物保护单位社会保险的先河。持续推进大运河保护和惠山古镇“申遗”工作，落实大运河遗产监测管理，规范大运河涉建项目审批、监管，启动大运河（无锡段）世界文化遗产监测中心建设项目。完成惠山古镇40余处文物修缮，启动档案中心建设，编制完成《无锡市江南水乡古镇保护办法》，为推进惠山古镇参与江南水乡古镇联合“申遗”提供法律支撑。落实《江苏省文物安全责任制实施办法》，加强文物安全日常督导检查工作，有效处置江阴建设工地古墓葬损毁事件，组织实施重点文物保护单位安防、消防、防雷升级工程，协调推进《无锡市文物消防安全专项整治三年行动实施方案（2020—2022）》实施。

全市有国家级“非遗”代表性项目11个、省级“非遗”代表性项目51个、市级“非遗”代表性项目133个；国家级“非遗”代表性传承人10人、省级“非遗”代表性传承人55人、市级“非遗”代表性传承人218人；国家级“非遗”生产性保护示范基地1个、省级“非遗”生产性保护示范基地3个、省级“非遗”传承示范基地2个、省级“非遗”研究基地2个、省级“非遗”创意基地2个、省级“非遗”旅游体验基地1个、市级“非遗”传承示范基地16个、市级“非遗”生产性保护示范基地12个。年内，江阴市公布“澄江针灸”等15个项目为第六批江阴市级“非遗”代表性项目，命名孔文良等27人为第六批江阴市级“非遗”项目代表性传承人，发布第四批江阴市级“非遗”传承示范点

表58 无锡市国家级“非遗”代表性项目及传承人一览表

序号	项目类别	项目名称、批准批次及时间		传承人、批准批次及时间	
1	民间文学	梁祝传说	国（一）（2006年）	—	—
2	民间文学	吴　歌	国（一扩）（2008年）	张浩生	国（三）（2009年）
3	传统音乐	道教音乐（无锡道教音乐）	国（二）（2008年）	尤武忠	国（三）（2009年）
4	传统戏剧	锡　剧	国（二）（2008年）	王建伟	国（五）（2018年）
5	传统美术	竹刻（无锡留青竹刻）	国（一扩）（2008年）	乔锦洪	国（三）（2009年）
6	传统美术	泥塑（惠山泥人）	国（一）（2006年）	喻湘涟	国（一）（2007年）
				王南仙	国（一）（2007年）
7	传统美术	苏绣（无锡精微绣）	国（二）（2008年）	赵红育	国（三）（2009年）
8	传统技艺	宜兴紫砂陶制作技艺	国（一）（2006年）	汪寅仙	国（一）（2007年）
				徐秀棠	国（四）（2012年）
				吕尧臣	国（四）（2012年）
				周桂珍	国（五）（2018年）
9	传统医药	中医传统制剂方法（致和堂膏滋药制作技艺）	国（三）（2011年）	刘柏生	国（五）（2018年）
10	传统技艺	陶器烧制技艺（宜兴均陶制作技艺）	国（四）（2014年）	李守才	国（五）（2018年）
11	民　俗	庙会（泰伯庙会）	国（四）（2014年）	—	—

说明：国（一）指国家级第一批名录，其余以此类推

（市文广旅游局）

20个、第二批江阴市级“非遗”传承示范学校8个。宜兴市评定命名“非遗”特色镇3个、特色村4个，评定“非遗名师工作室”20个。梁溪区祝大椿故居“非遗”基地投入使用。锡山区山水涯公益发展中心挂牌“锡山区非遗传承基地”“锡山区文化馆非遗分馆”。新吴区在梅村实验小学、春城实验小学和新安养老服务中心开设吴文化传习基地。

【考古研究】 2021年，无锡市全面实施土地储备考古前置工作，保障重点工程建设。4月30日，《无锡市政府办公室关于开展土地储备考古前置工作的实施意见》印发实施，并配套出台《无锡市土地储备考古前置工作操作规程》，实施建设用地考古勘探调查项目110个，总面积近1000万平方米，完成通沙路高架桥、地铁S2线、望虞河等10项市级重点工程相关节点的考古和前置审批，为全市重点工程的推进和优化营商环境创造良好条件，实现文物保护和城市发展相协调。推进鸿山、阖闾城两大国家考古遗址公园建设，实施鸿山遗址保护展示二期工程，完成对52个墩体保护工作，完善阖闾城东小城遗址、龙山石城墙展示工程，鸿山遗址和阖闾城遗址入选国家《大遗址保护利用“十四五”专项规划》，主题纪录片《吴越春秋》在央视《国宝·发现》栏目5集连播。6月，中国社会科学院考古研究所华东基地“考古方舱”在吴都阖闾城遗址博物馆首次启用，对苏州板桥村两具木棺开展多学科实验室考古，开启无锡市借助科技手段、多学科联合考古的先河。组织实施鸿山吴家浜遗址考古主动性发掘，发现灰坑、城墙、城壕、宫殿基址等遗迹30余处，出土各类器物300余件。编写出版《无锡明清墓考古报告》《无锡前房桥明代钱氏家族墓地》等。

【文物保护利用】 2021年，市文广旅游局组织召开全市革命文物工作会议，对全市32处省级不可移动革命文物进行改造利用，与荣巷街道协作的徐梦影故居（徐巷农民俱乐部旧址）陈列展示项目入选江苏省首批100个红色地名、市老区红色资源示范教育点。发掘革命文物的历史、文化和社会价值，推动革命文物赓续红色血脉，弘扬革命精神，推出10条红色旅游和研学体验精品线路。申报“百年百物”线上革命文物故事会，遴选上报“十三五”时期革命文物保护利用工程优秀案例4个，宜兴邵氏宗祠修缮与展示利用工程获江苏省优秀工程。抓好全市文物保护工程指导、组织实施、监督管理工作，预审报批宜兴古桥梁新桥修缮工程等国家级、省级文保单位保护工程、建设项目方案18个，组织方案论证、批复东林书院——书院生活文旅体验中心（二期）等各级文物单位、工业遗产修缮利用方案35个，完成钱钟书故居第三、第四进修缮工程等23项文物保护工程竣工验收或预验收。东林书院“书院生活之旅”研学体验入选2021全国文化遗产旅游百强案例。

（市文广旅游局）

【无锡市区第三批次历史建筑保护名录公布】 2021年，市政府公布无锡市区第三批次历史建筑保护名录，共计133处保存完整、特色凸显的历史建筑入选。按所处区域分，位于清名桥沿河历史文化街区59处、惠山古镇历史文化街区11处、荣巷历史文化街区4处、荡口历史文化名镇18处、礼社历史文化名村10处、严家桥历史文化名村7处、玉祁老街6处、八士老街8处、东房桥古村2处、寨门古村2处、黄土塘古村3处、陈市（陈墅）古村1处、零散分布2处，涉及工业遗产、民居、祠堂等多种类型。至年末，市区入选无锡市保护名录的历史建筑有236处。

（市自然资源规划局）

【“非遗”保护传承制度建设】 2021年，市文广旅游局制定出台《无锡市非物质文化遗产代表性传承人认定和管理办法》。办法共24条，明确市级“非遗”代表性传承人认定条件和程序，每5年开展1次认定，每3年组织1次评估，对于评估不合格的传承人将取消资格；规范市“非遗”代表性传承人传承活动，实施市“非遗”代表性传承人动态管理。修订《无锡市国家级非物质文化遗产项目代表性传承人带徒传艺实施办法》，推动和扶持惠山泥人、留青竹刻、精微绣、锡剧4个国家级“非遗”项目的代表性传承人带徒传艺。实施无锡国家级“非遗”代表性传承人传承活动评估。进一步完善省级“非遗”项目保护单位保护计划，调整13个省级“非遗”项目保护单位。

【“非遗”传播和保护】 2021年，市文广旅游局制作《无锡非遗宣传片》，提升无锡非物质文化遗产的知晓度和影响力。围绕中国共产党成立100周年主题，制作惠山泥人、留青竹刻等21个“非遗”小视频，线上累计点击量6.64万次。开展2021年“文化和自然遗产日”非物质文化遗产展示，参加文化和旅游部“百年百艺，薪火相传”中国传统工艺邀请展、扬州世界园艺博览会“非遗”展示、第四届中国（淮安）大运河文化带城市“非遗”展、第二届运博会、2021年中国国际智能传播论坛“非遗”展示等系列活动。无锡市中医医院启动中药合香作品和道地药材刺绣作品、动漫作品创作，研发文创产品50余种，让中医药文化自然融入生活。完成对乔锦洪、王南仙两位国家级“非遗”代表性传承人记录工作。推进省级“非遗”项目“宜兴均陶制作技艺”“宜兴青瓷制作技艺”“宜兴彩陶装饰技艺”和“宜兴陶传统仓储技艺”的数字化保护。锡山区针对“非遗”项目视频老旧的问题，邀请专业团队对18个“非遗”项目进行实景重新整理拍摄。滨湖区对无锡评曲、荡湖船、渔舟剑桨、宣卷等“非遗”项目进行数字化记录。

【"非遗"进校园】 2021年,惠山古镇景区推出惠山泥人游学体验活动项目,有40所学校参与,参与人数超3.7万人次。无锡市中医医院制作的"非遗"宣传片上线无锡教育学习平台,与江南中学联合打造"金匮课堂"中医药教育推广项目,在扬名教育集团建立"栀子花中队",建设"中药百草园",成立中医药兴趣社团,与大桥实验学校联合举办首届传统医药类"非遗"游园会。江阴市"二胡进校园"项目通过10年的发展,累计开办二胡班48个,培养学员2300人,并在中国非物质文化遗产网进行专题介绍;年内命名2批18所学校为江阴市非物质文化遗产传承示范学校,在24所学校设立"非遗"传承示范点34个,鼓励和扶持学校在"非遗"保护和传承中发挥更大作用。梁溪区建构现代美术课堂,陶晓梦"无锡纸马"工作室在连元街小学落地。锡山区羊尖实验小学加强对小传承人的培养,受邀参加在国家大剧院录制的2021年新年戏曲晚会。惠山区组织青少年开展桃木雕刻创意制作,参与太湖翠竹制作等特色"非遗"活动。滨湖区开展"非遗"进校园展览,组织吴歌、锡剧等项目进校园公益培训活动。新吴区文化馆和新安实验小学共同成立泥人新安传习基地,聘请传承人、专业老师长期授课,系统地向学生传授民间的手工技能。

【"非遗"进景区】 2021年,市文广旅游局推进无限定空间"非遗"进景区,拈花湾景区、清名桥古运河景区、善卷洞景区被列为江苏省"无限定空间非遗进景区"试点单位。拈花湾景区打造"非遗"特色民宿"青花客栈"、平均每天5场的"禅行"表演、融入"非遗"故事元素的动态雕塑水秀"拈花一笑"等项目,创造性地传播"非遗"文化;与"非遗"传承人合作的具有拈花湾特色的创新惠山泥人"微笑禅者",取得良好的市场反响和销售成绩。清名桥古运河景区围绕大运河和景区文化特性,推出具有鲜明文化属性的实景演艺产品"运河四季",以"运河游礼"为核心品牌,构建"非遗"文创体系,推出全新"福喜梁溪"文创产品系列,赋予非物质文化遗产新的活力。在祝大椿故居开设小剧场,常态化开展"非遗"公益音乐会、交流展会、课堂研习,举行"非遗"项目的游园式雅集、展演活动,融合沉浸式话剧、脱口秀、"非遗"主题剧本杀等特色活动,打造沉浸式游园实景演绎体验。善卷洞风景区组织男欢女喜、十番锣鼓、小热昏等"非遗快闪"活动,结合观蝶节、汉服巡游等沉浸式演绎,创新"非遗"展示展演方式。

【江苏省2021年"文化和自然遗产日"主会场活动】 6月11日,由省文化旅游厅、省文物局、无锡市政府主办的江苏省2021年"文化和自然遗产日"主会场系列活动在无锡博物院启动,结合中国共产党成立100周年重大时间节点,依托"学习强国"学习平台、新浪微博等媒体平台,举办"红色经典,代代传承"红色故事汇、"忆百年党史,传红色基因"系列展、主题歌舞演出等活动,线上线下联动,凸显革命先烈、红色遗产等在中国共产党百年奋斗历程中的重要作用。

(市文广旅游局)

大运河文化带建设

【概况】 2021年,无锡市深入贯彻落实习近平总书记关于大运河文化保护传承利用的重要指示批示精神,把大运河文化带建设纳入工作全局,紧扣文化遗存保护、文化价值弘扬、生态保护修复、沿线环境建设"四个走在前列"的目标定位,按照先导段、示范段、样板段的建设标准,努力把大运河无锡段打造成"美丽中轴"。召开全市大运河文化带建设工作领导小组会议,提出把大运河无锡段、梁溪河整治提升工程作为"美丽河湖"行动的"一号工程"全面推进。完成岸线两侧60米范围(堤防、景观建设、"三道"贯通、运河东西路延伸)的征迁、占地和投资测算,编制堤防达标工程设计方案,统筹安排文化景观、生态和航运等功能衔接。制定《大运河沿线环境整治提升方案》《无锡市江南水乡古镇保护办法》等文件,发布《2021年全市大运河文化带和国家文化公园建设工作要点》《无锡市大运河文化带和国家文化公园建设"十四五"时期和2021年重点项目》,规划政策体系逐步完善。完成大运河国家文化公园"两园三带十五点"(清名桥核心展示园、惠山古镇核心展示园;吴桥—江尖大桥集中展示带、无锡环城古运河集中展示带、南禅寺—南水仙庙集中展示带;中国民族工商业博物馆〈茂新面粉厂〉、北仓门蚕丝仓库、无锡县商会旧址、黄埠墩〈古芙蓉湖〉、西水墩、梁溪河〈荣巷、梅园、犊山枢纽〉、南禅寺〈业勤苑、永泰丝厂旧址〉、接官亭弄、学前街〈钱钟书故居、顾毓琇纪念馆、张闻天旧居、薛福成故居〉、小娄巷〈东林书院、秦邦宪旧居〉、运河公园〈周怀民藏画馆、民族音乐博物馆、何振梁与奥林匹克陈列馆〉、无锡〈国家〉数字电影产业园、伯渎港〈泰伯庙和墓、梅里古镇、鸿山遗址〉、开源机器厂旧址〈无锡市运河外滩〉、无锡县柴油机厂旧址)标识形象系统导入,数字化呈现大运河国家文化公园点位网络。鸿山遗址本体保护展示二期工程52个墩体保护全部完成,遗址公园初具形态;荣巷老街修缮、伯渎河文化公园建设等工程有序推进。太湖—梅梁湖泵闸群入选首批省级水情教育基地。

【大运河建设重点项目】 2021年,无锡市加强大运河文化带和国家文化公园建设。惠山村前村保护修复、荡口古镇旅游基础设施、崇安寺步行街旅游基础设施、阳羡生态旅游度假区旅游基础设施4个项目入选国家“十四五”时期文化保护传承利用工程入库项目名单，入选数量居全省第一位。江南运河文化公园等19个项目列入省“十四五”时期大运河文化带和国家文化公园建设重点项目库，入选数量居全省第三位。建立无锡市大运河文化带和国家文化公园建设“十四五”时期和2021年重点项目库，涵盖6大类42个项目，总投资超581亿元。推出25项“运河百景”标志性运河文旅产品，12处景点入选江苏“运河百景”，入选数量居全省第一位。

表59　无锡市大运河文化带和国家文化公园建设“十四五”时期和2021年重点项目一览表

序号	类　别	项目名称
1	文化遗产保护传承	鸿山墓群BH3、BH4、BH5本体保护工程★
2		大公桥修缮提升工程
3	名城名镇保护修复	惠山古镇I地块商业、旅游景点建设及文物古迹保护修复项目★
4		荣巷历史街区保护修复★
5		无锡惠山村前历史地段历史建筑保护修复及文化展示基础设施建设★
6		无锡清名桥历史文化街区修复工程
7	文化旅游融合发展	古运河文化艺术中心工程★
8		无锡市古窑艺术村建设★
9		清名桥历史文化街区景区周边停车场改造配套工程★
10		清名桥古运河景区文化旅游配套设施建设★
11		锡钢浜段游客集散中心旅游服务设施及相关配套工程★
12		江南古运河旅游度假区智慧旅游提升改建一期工程▲
13		伯渎河文化中心★
14		伯渎河体育中心▲
15		无锡国家数字电影产业园三期数字文创园▲
16		江南运河文化园★
17		无锡美术馆新建项目▲
18		文化艺术发展中心新建项目▲
19		运河之光文化科技产业园
20		运河外滩三期沿河走廊工程
21		大拈花湾文化旅游康养项目
22		羊腰湾跨古运河慢行桥建设工程
23		古运河南下塘锦泰停车场
24		锡西乡村振兴风光带一期项目
25		时茗园
26		龙头渚景区改造提升项目

（续表）

序号	类 别	项目名称
27	文化旅游融合发展	小南湾乡创综合体（马山阖闾乡村旅游示范区之南湾项目）
28		鸿山“吴越春秋”项目
29		梅里二胡小镇
30		无锡民乐博物馆（中国民族音乐博物馆）维修、改造工程
31	生态环境保护提升	京杭运河望亭上游及蓉溪大桥断面限期达标方案编制
32		太湖梅梁湾生态修复示范工程
33		六次产业园白荡鹅子岸水生态环境整治工程
34	河道水系治理管护	京杭大运河无锡段堤防加固工程▲
35		武澄锡虞区中片沿江排水河道治理工程★
36		锡澄运河（黄昌河—长江段）整治工程河道工程★
37		大运河水文化展示馆（暂定名）
38		美丽河湖建设
39		城市防洪工程
40		霞客湖治理工程
41		蠡湖水环境深度治理工程
42	运河航运转型提升	京杭运河绿色现代航运综合整治工程

说明:标注★的项目为2021年省重点项目,标注▲的项目为省“十四五”时期省重点项目

（市委宣传部）

表60　无锡市25项“运河百景”标志性运河文旅产品一览表

序号	产品名称	产品类型	备 注
1	东林书院	文旅融合产品	入选江苏“运河百景”
2	无锡古运河游线（运河四季）	运河观光产品	入选江苏“运河百景”
3	“千年运河，百年初心”红色教育专线	红色专线	
4	今夜“梁”宵运河夜市	运河观光产品	入选江苏“运河百景”
5	南禅寺景区	休闲度假产品	入选江苏“运河百景”
6	清名桥古运河历史街区	休闲度假产品	入选江苏“运河百景”
7	古窑博物馆及窑群遗址	文旅融合产品	
8	惠山古镇运河休闲早茶	文化类	入选江苏“运河百景”

(续表)

序号	产品名称	产品类型	备　注
9	惠山泥人非遗体验研学游	文化艺术类	
10	无锡鸿山国家考古遗址公园	文旅融合	入选江苏“运河百景”
11	无锡梁鸿国家湿地公园	运河观光产品	入选江苏“运河百景”
12	梅村二胡产业园	文旅融合产品	
13	梅里古镇	运河观光产品	
14	红色传承 – 江抗东进纪念馆	红色专线	
15	无锡伯渎河文化公园(梦回伯渎、七里画廊)	运河观光产品	入选江苏“运河百景”
16	运河外滩休闲街区	红色教育基地、城市文化美育、大运河夜休闲	入选江苏“运河百景”
17	新四军六师师部旧址	爱国主义教育基地	
18	宜兴蜀山古南街	文旅融合产品	入选江苏“运河百景”
19	宜兴白塔村	乡村旅游	入选江苏“运河百景”
20	宜兴洑西村	乡村旅游	
21	宜兴太华山新四军和苏南抗日根据地纪念馆	红色专线	
22	江阴华西世界公园	综合性文旅景区	
23	江阴红豆村乡村旅游点	乡村旅游	
24	江阴徐霞客故居文物保护管理所	文旅融合	
25	江阴滨江要塞旅游区	运河观光产品	

(市委宣传部)

【大运河文化研究与展示】 2021年,无锡市发挥无锡大运河文化带建设研究院作用,策划编纂《无锡运河丛书》,全面构建无锡大运河文化带建设理论体系和话语体系。阐释大运河文化当代价值和时代精神,组织开展大运河文化带建设学术报告14场,立项“无锡大运河文化旅游品牌建设”等自主科研项目30余个。“荣氏家族与无锡民族工商业资料收集、整理与研究”成功申报教育部重大课题攻关项目,“大运河吴越文化高地建设路径研究”入围省大运河文化带建设研究院重大课题。运河文化内容不断丰富,举办2021中国大运河非遗旅游大会、大运河马拉松、“行走大运河”喜迎中国共产党成立100周年健步走等文旅、文体活动。加大文艺精品创作力度,创作民族管弦乐《大运之河》,打磨提升运河主题舞剧《千年运河》,指导《运河四季》等夜游古运河实景表演实行常态化演出。运河文化品牌不断唱响,邀请央视著名主持人康辉拍摄《城市有意思》系列无锡篇,推介无锡运河文化。举办无锡古运河灯光秀,央视新闻《璀璨中国》栏目全程直播。策划央视大型纪录片《大运河之歌》无锡调研线路。协助新华报业传媒集团拍摄“千问千寻大运河”系列专题片的《无锡砖窑因何成为南京明城墙的“供货商”》等主题宣传产品,借力“中国大运河”公众号等平台高频生动推介无锡运河文化,助推无锡在“运河朋友圈”出圈。

(市委宣传部)

【《大运河无锡段核心监控区管控规划》编制】 2021年,市自然资源规划局按照《大运河文化保护传承利用规划纲要》《大运河江苏段核心监控区国土空间管控暂行办法》《江苏省自然资源厅关于做好大运河核心监控区国土空间管控细则编制工作的通知》,结合无锡实际,编制《大运河无锡段核心监控区管控规划》。规划强化城市设计引导，对大运河无锡段核心监控区内从事各类国土空间保护与开发利用活动进行管控，统筹推进大运河文化遗产保护和生态环境保护提升、无锡历史文化名城保护发展、文化旅游融合发展、运河航运转型提升，为大运河沿线地区经济社会发展、人民生活改善创造有利条件，保护好、传承好、利用好大运河这一宝贵遗产。

（市自然资源规划局）

【大运河文化带建设资金扶持】 2021年，无锡市设立首期4亿元的无锡大运河文化旅游发展基金，走访项目20余个，尽职调查项目6个，内部立项4个并通过投决项目2个，完成对电鲸互动项目1000万元的投资。年内扶持运河关联文化产业项目125个，兑付资金超6000万元；12个文物保护项目共计获国家和省文物保护专项资金补助1785万元，争取省文化和旅游发展专项资金764万元，其中宜兴茗岭窑湖小镇获扶持资金300万元。

（市委宣传部）

【2021中国大运河“非遗”旅游大会】 10月22—24日，2021中国大运河“非遗”旅游大会在无锡市举办，由文化和旅游部非物质文化遗产司、资源开发司指导，中国非物质文化遗产保护协会、江苏省文化和旅游厅、无锡市人民政府主办，无锡市文化广电和旅游局、无锡市梁溪区人民政府承办。大会以“畅游甜美运河·乐享非遗之魅”为主题，深入挖掘、保护、传承和利用好大运河沿线优秀传统文化资源，全面展示大运河文化带“非遗”保护成就。大会设置开幕式暨主题论坛、实景演出、运河“非遗”大集、“非遗”美食汇、锡剧艺术会演5大板块15项重点活动，全国近200个重点“非遗”项目及传承人参与，现场游客累计超20万人次，线上观众突破70万人次，近40家媒体作宣传报道，线上传播量过亿。

（市文广旅游局）

史志档案

【党史宣教】 5月，市档案史志馆组织征编的《中国共产党无锡历史大事记（1925—2020）》由中共党史出版社公开出版，全书49万字，以大事记条目的形式系统记述中国共产党无锡组织创建、发展、壮大的光辉历程，全面展示党领导无锡人民创造性推进马克思主义与无锡革命实际相结合、中国特色社会主义与无锡改革开放实际相结合的成功实践，为全市开展党史学习教育提供鲜活教材。年内，编撰的《无锡市革命遗址和纪念设施概览》出版，该书系统记录无锡地区革命遗址和纪念设施的由来及现状，为全市干部群众追寻革命红色火种提供简明读本。会同有关部门联合发布10条“无锡市党史学习教育体验教学推荐线路”及21条“无锡市红色旅游精品线路”，将全市具有代表性的革命遗址和纪念设施串联起来，为全市开展党史学习教育打造“实景课堂”。该馆与有关部门联合举行全市“红领巾心向党”党史学习教育示范活动。会同有关部门联合举行全省第一条党史学习教育地铁专列首发式，打造流动的红色课堂。联合举办“学党史、强信念、跟党走”全市年轻公务员党史学习教育分享会。联合举办全市校园红色故事情景剧、绘本大赛，为全市党史学习教育提供鲜活教材。

【红色资源整合】 2021年，市档案史志馆整合全市40多家革命遗址、纪念设施类场所，形成联盟机制。参与培南小学旧址等修复保护工程及展陈出新工作。开发制作张闻天旧居等党史基地3D实景网上展馆。联合媒体平台开展推介传播，拍摄电视专题片《“船”承》（江苏省庆祝中国共产党成立100周年融媒体精品十佳案例）、《我爷爷翻译了〈共产党宣言〉》（江苏省广播电视局2021年12部重点纪录片之一）、《渡江第一船》（首登央视播出）。推出“无锡100个难忘的历史瞬间”“款款衷情诵党听”线上朗诵等党史宣传作品，《骑行党课》在省短视频大赛获奖。联合“无锡先锋”公众号开辟“百年党史的太湖印记”专栏，联合“学习强国”无锡平台开辟“红色历史”专栏。中央党史和文献研究院网站两次全文刊发无锡市档案史志馆党史工作经验做法。《江苏党史工作信息》刊发无锡市档案史志馆多措并举推动红色资源做法，省委党史工办主任邢光龙批示向全省推广。

【主题展览】 7月1日，“光辉的历程——中国共产党无锡历史”主题展览向社会开放。该展览由“建立中共无锡组织取得新民主主义革命在无锡伟大胜利、在探索中前进进行社会主义革命和建设、实行改革开放推进中国特色社会主义在无锡的伟大实践、决胜高水平全面小康加快建设‘强富美高’新无锡”4个部分组成，使用珍贵图照400多幅。市四套班子领导集体率先到市档案史志馆观展学习。展览累计接待观众超1万人次，提供现场讲解300余场，成为各级党组织开展党史学习教育的“热门打卡地”。

【《无锡史》编纂启动】 2021年，市档案史志馆落实市委、市政府“实施无锡文化研究工程，启动编纂《无锡史》”重点工作任务要求，承担牵头组织编纂任务。9月23日，《无锡史》编纂启动式举行，市委书记杜小刚、代市长赵建军等出席仪式。市委、市政府聘任《无锡史》编纂总编1人、编纂学术顾问3人。编纂总编朱庆葆主持研讨会，专家学者围绕《无锡史》编纂进行深层次、多维度学术研讨。

【志鉴编研】 9月，《无锡年鉴（2021）》由方志出版社出版，配套编印的《无锡市情》改版为《掌上无锡》，采用中英文对照。各市（县）、区综合年鉴如期出版。年内，《无锡年鉴（2020）》获评第八届全国地方志优秀成果（年鉴类）特等年鉴，为全国政府奖项最高奖。《无锡年鉴（2020）》在全省110部年鉴中获评2021年度全省年鉴质量评审一等年鉴第一名。《新吴年鉴（2021）》入围2021年度"江苏精品年鉴"，为全市入围创建省级精品年鉴的唯一县区级年鉴。"同频而鸣——大运河文化带建设中的无锡方志声音"项目，入选全省2021年度市县地方志十大特色创新项目。无锡市档案史志馆获评省方志文化宣传工作先进集体。

【档案馆创建】 2021年，市档案史志馆推进国家级数字档案馆创建，以全省最高分通过测试，跻身全国"十四五"期间首批国家级数字档案馆，为市档案史志系统第一个"国字招牌"。在信息技术应用创新条件下建设国家数字档案馆，实现自主、安全、可控，为省唯一，具有较强的创新性与示范性，省档案馆馆长陈向阳作出肯定性批示。7月，该馆建筑与设备、馆务建设、档案基础业务及开发利用服务4个方面，共70项176条考核内容，通过省档案馆专家组综合考核，入选国家规范档案馆。

【查档接待】 2021年，市档案史志馆接待查档8287人次，调卷35459卷，其中，网上查档280人次，复印有效材料18424页，查实率约91%，并为利用者开具异地查档出证材料。接收25家单位档案共计71467卷又116880件，其中主要包括市政府办、市发展改革委、市校管中心等单位文书档案29150卷又25456件，无锡市妇幼保健医院、无锡市第二人民医院等出生证明档案118卷又91217件。至2021年末，市档案史志馆馆藏总计1340445卷又718164件。增加大市范围内异地查询档案种类，做好民生档案异地查询系统的更新维护，全市8家档案史志馆在婚姻档案、收养子女档案、出生医学档案、学籍档案等方面实现在线相互查询。与北京市、山东省、四川省、湖北省等档案馆签订民生档案异地查询协议14份，建立民生档案跨馆异地利用工作协作机制，年内接待异地查档200余人次，受到查档群众好评。在"我为群众办实事"活动中，开辟"党员志愿服务通道、民生档案自助查询一站式通道、工程直查绿色通道"特色项目，累计接待民生查档人数600余人次、城建工程查档116人次，调阅案卷、图纸3万余卷（张），"学习强国"学习平台予以专门报道。年内，市档案史志馆获评省档案宣传工作先进单位一等奖、2021年度《中国档案》宣传工作先进单位。查档大厅被江苏省城镇妇女"巾帼建功"活动领导小组、江苏省妇女"双学双比"竞赛活动领导小组、江苏省妇女联合会联合表彰为"巾帼文明岗"。

【境外投资企业档案管理】 2021年，市档案史志馆开展上门服务"一带一路"境外投资企业档案管理工作。

表61　2021年无锡档案事业发展情况一览表

指　标	单　位	全　市	市　区	江阴市	宜兴市
档案馆机构数	个	8	6	1	1
档案馆员工数	人	181	109	31	41
馆藏档案数	卷	2918665	1948877	333815	635973
馆藏档案数	件	4176300	2412659	1061519	702122
当年接收档案数	卷	68547	62829	2909	2809
当年接收档案数	件	623221	211358	348124	63739
利用档案人次	人次	41182	20270	9899	11013
档案馆库面积	平方米	79397	49370	12538	17489
档案网站点击数	次	73545	60225	13320	—
档案文件机读目录	条	32028900	19829600	6331400	5867900

（市档案局）

城建档案部工作人员分别到江苏中交新能源科技有限公司(在伊朗、巴西和尼日利亚建设运营电站项目)和西哈努克港经济特区投资公司中国办事处(主要开发建设柬埔寨西哈努克港经济特区),为两家企业的建设工程竣工档案收集、整理、归档工作提供专业的咨询服务,并赠送《建设工程文件归档规范》等国家标准书籍,受到境外投资企业好评。

6月17—18日,长三角地区"扫黄打非·一体化工程"2021年度轮值会议在无锡市举行 (市委宣传部 供图)

【馆藏档案开发利用】 2021年,《近代工商业史缩影——民国无锡同业公会档案选编(第三辑)》由广陵书社出版,为"十三五"时期国家重点档案保护与开发项目之一。在江苏省、上海市、浙江省、安徽省档案局(馆)联合主办的"中国共产党成立100周年,初心如磐——长三角红色档案珍品展"活动中,无锡市档案史志馆有3件馆藏红色珍贵档案参加展览,6件馆藏红色珍档入选江苏省百件红色珍档。会同省档案馆和省广播电视总台联合制作档案纪实系列片《红色珍档》之《"红色资本家"的人生抉择》《敢为人先"一包三改"》2集短视频,入选100集微视频《记忆100》江苏党史故事。该馆编印《无锡市工商业档案全宗介绍》,内容为馆藏196家工商企业的历史沿革、经营范围和主要产品以及全宗内档案的起止年代、档案数量、种类和主要成分等。

(市档案史志馆)

文化市场管理

【扫黄打非】 2021年,无锡市承办长三角地区"扫黄打非·一体化工程"2021年度轮值会议。无锡张某某涉嫌传播淫秽物品牟利案被全国"扫黄打非"办公室通报为2021年首批7个"净网"典型案件之一,"金屋藏娇"案被评为2020年度江苏省"扫黄打非"十大典型案件之一。无锡市公安局治安警察支队二大队被评为全国"扫黄打非"先进集体,无锡市"扫黄打非"工作领导小组办公室、锡山区委宣传部、滨湖区"扫黄打非"工作领导小组办公室、新吴区旺庄街道、江阴市璜土村5家单位被评为江苏省"扫黄打非"先进集体。滨湖区胡埭镇被评为全国"扫黄打非"进基层示范点,江阴市璜土村被评为江苏省"扫黄打非"进基层示范标兵;江阴市新桥镇、宜兴市宜城街道谈家干社区、梁溪区广益街道广丰社区、锡山区东北塘街道、无锡市立人小学5家单位被评为江苏省"扫黄打非"进基层示范点。

(市委宣传部)

【文化市场执法】 2021年,无锡市全面建立以"双随机"执法检查为基本、重点领域专项行动为补充、信用监管为基础的文化市场综合行政执法工作机制,对城区4284家市场主体实施全天候、多时段、"双随机"检查,全年出动执法人员8600人次,开展跨部门联合检查105次,检查经营单位3640家次,其中"双随机"出动1430人次、检查经营单位460家次。对文化经营违法违规行为始终保持高压态势,先后组织开展针对未成年人的"护苗"行动、非法卫星接收设备排查、歌舞厅专项整治、营业性演出经纪行为检查等11个方面的专项行动,对上级交办的案件速查速办,办理中央宣传部、省文化旅游厅挂牌督办案件3件,核处上级交办、转办问题线索6件。全年行政处罚立案69件,办结53件。

【文旅场所专项整治】 2021年,无锡市组织开展人员密集场所消防安全、旅游道路交通安全、景区游乐项目安全、文物安全、文旅演出活动安全、危化品使用安全6个方面的专项整治工作。建立点位化监管体系,推动安全生产责任体系不断完善,明确点位员861人,开展点位巡查1.38万人次,检查企业6318家次,排查隐患682个,完成隐患整改678个,整改期限内整改率100%。推动落实省、市督导组反馈的5家文旅重点场所20个问题整改工作。指导督促全市文旅企业落实疫情防控常态化措施,开展常态化疫情防控督导检查,出动检查人员765人次。

(市文广旅游局)

编辑 何 峰

大众传媒

新闻出版

【概况】 2021年，无锡市有报纸5种，期刊23种，连续性内部资料80家，印刷企业1712家，规模以上企业实现年度工业总产值149.3亿元。全市有出版物发行单位1206家，出版物销售总额24.5亿元。无锡市百草园书店等20家实体书店获批无锡市服务业企业应对疫情发展专项资金95万元。宜兴市谈家干社区等17家单位被评为市四星级农家书屋，锡山区怀仁社区农家书屋被表彰为第九届全国“服务农民服务基层”文化建设先进单位。“百草园云书房线上阅读推广”等6个项目入选2020年度省级公益阅读推广活动认证名单，“香山书屋阅读推广项目”入选国家新闻出版署全民阅读优秀项目。无锡日报报业集团“媒体资讯服务生态平台”等3个项目获批省级现代服务业（新闻出版）发展专项资金210万元。“新时代江阴融媒基层治理新平台”入选2021年中国报业深度融合发展创新案例，“无锡观察‘5G’会客厅”项目获评省出版传媒融合发展创新案例提名奖。

（市委宣传部）

【全媒体新闻行动】 2021年，无锡日报报业集团启动“奋斗百年路，启航新征程”全媒体新闻行动，策划推出“寻访红色地标”“百姓心向党”“无锡100个难忘的历史瞬间”系列主题融媒体新闻行动，各媒体推出《学党史、悟思想、办实事、开新局》专栏，推出《同心奔小康》《我为群众办实事》等子栏目，开设《领导干部学习笔谈》《牢记初心使命，争取更大光荣》等专栏，开设《聚焦党的十九届六中全会》专题。高质量做好长三角地区主要领导座谈会、碳达峰碳中和无锡峰会、太湖人才峰会、物联网博览会等报道，完成省市党代会报道任务。新闻作品《“住下来”，“住”到群众中去！》《4个词，看懂这幅“无锡画”！》《掌声响起处……有无锡的奋斗和期许》等融媒体作品受到关注和好评。集团高度重视对外宣传，10篇稿件获中央网信办全网推送，168篇获全省推送。结合“一带一路”重大主题采写的报道《做“一带一路”上的千里马》被新华社、中国日报社等以中英文形式对外报道，并被柬埔寨、加拿大等国家媒体转载刊播。国庆期间，集团举办第二届报业读者服务季活动，车展现场观展人数5.5万人次。教育事业部报业小记者人数累计近5万人。房产事业部持续举办《5G会客厅》，创新打造《房产观察》视频号。财经事业部依托“融·媒＋党建”联盟平台，举办主题晚会、徒步等活动，首次跨界承接行业会议会务工作。健康事业部开拓名医在线、双百人才专家在线答疑等运营项目。集团获得2021年度江苏省省级现代服务业（新闻出版）发展专项资金70万元。

（无锡日报报业集团）

【《无锡日报》】 2021年，《无锡日报》继续办好“奋斗百年路，启航新征程”系列专栏，注重突出历史厚度和现实意义，聚焦典型地点、典型人物和事件，将中国共产党成立100周年的宏大主题落到“寻访红色地标”“‘船’承”这两大具体而富有意义的报道内容上，提升报道的传播力和影响力。“寻访红色地标”团队采访无锡第一支部党建基地、江阴渡江战役纪念馆等14个地标点，邀请江南大学马克思主义学院教授、中央电视台《百家讲坛》主讲嘉宾唐忠宝和他的同事，以微党课形式体现百年党史的太湖印记，作品在新媒体端阅读量超50万次；“‘船’承”采访团队深入采访4条船、4代人，通过红船、渡江第一船、运河帆船、“奋斗者”号深海载人潜水器4艘刻着无锡印记的“船”，串联起一幅波澜壮阔的大潮行舟图。《“船”承》短视频全网累计点击量超1700万次，并入选江苏省庆祝中国共产党成立100周年融媒体精品十佳案例，获“百年荣光”城市党媒短视频大赛一等奖。7月1日，《无锡日报》推出128个整版特刊“印记”及不同版本的丝绸报珍藏版，以庆祝中国共产党成立100周年。百版特刊中，“初心一脉，‘船’承百年”和“沧桑巨变，锡望花开”两个四联版创新性地采用插画形式，实现重大主题报道的艺术化呈现，不仅具有阅读价值，更具收藏价值。百版特刊被制作成展板在全市巡展，被市档案史志馆收藏。省市党代会报道推出专题版面，新媒体自主策划的《4个词，看懂这幅“无锡画”！》《今天，是时

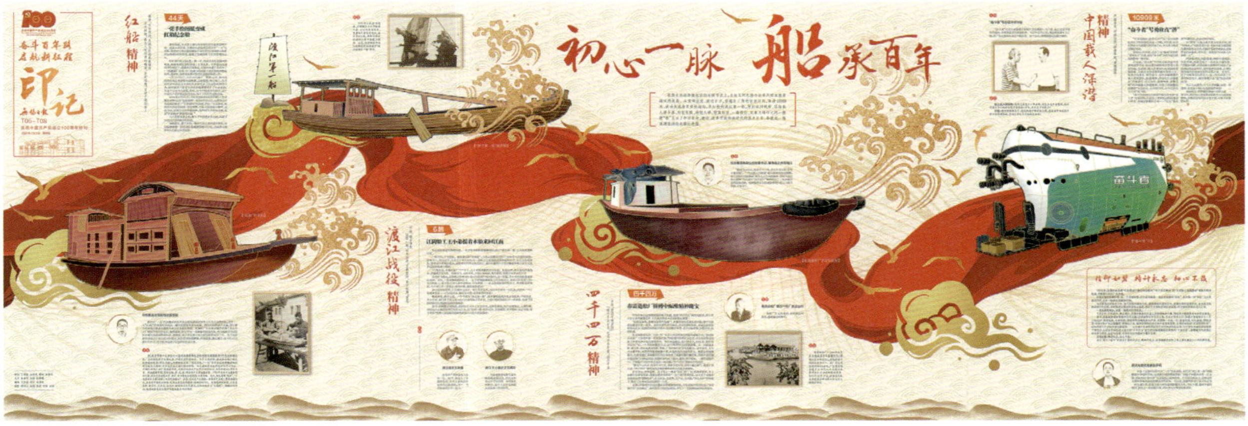

7 月 1 日,《无锡日报》推出庆祝中国共产党成立 100 周年特刊,该版面为“红船精神”　（无锡日报社　供图）

候揭晓 TA 们的“小目标”》《快看!省党代会报告中的“无锡元素”》《掌声响起处……有无锡的奋斗和期许》等微信图文、长图、H5 等作品,全方位提升党代会融媒体报道的效果和传播力。《无锡日报》对市委、市政府关注的热点工作和着力推动的重点工作,找准上情与下情的结合点进行提前策划、整体策划。7 月中旬,市委、市政府下发《关于实行党政主要领导带班值班制度的通知》,报社及时安排记者跟随板块“一把手”值夜班,展现他们冲在一线、干在实处的精气神。10 月中旬,无锡市到深圳市进行招商活动,报社随即组建 8 人报道团队,从《粤港澳大湾区,我们来了!》视频、各板块在深圳投资建设科创飞地的图文微信,到第一时间推出的现场融媒体报道和深度报道以及反映招商活动成效的稿件,一体性的策划让重大活动亮点频现。《无锡日报》结合市政府实施“微幸福”民生工程,推出“微幸福进行时”栏目,记者全年跟踪报道进展和完成情况,发表全媒体报道 50 余篇,推动民生项目高品质高效实施。针对城市环境整治重点领域存在的薄弱环节,二季度推出“曝光台”和“曝光台回应”专栏,督促有关部门作出切实有效的整改,及时发布最新进展情况。评论《工程施工,知会一声很难么?》批评很多工程不打招呼、任性施工,有事实有鲜明观点,刊发后相关部门和板块及时纠正工作偏差,彰显党报言论的力量。在南京市、宜兴市的抗疫现场,报社记者跟随报道,《遥望星河,盼得所愿》将无锡市对南京市、扬州市疫情的支持与关心浓缩在视频中,传递同心抗疫的信心。12 月,报社先后派出 4 批 12 名记者到宜兴市万石镇及惠山区、滨湖区医学观察隔离点现场采访,全媒体呈现抗疫全景。

（无锡日报社）

【《江南晚报》】 2021 年,《江南晚报》在新媒体直播方面探索新的形式和内容,提高新媒体影响力。在微信视频号推出“视频版”报纸,打破传统的发行方式,每天 7 点即可让用户看到《江南晚报》;持续推出重大新闻现场直播,获得大量用户在线观看;结合新媒体人员专业特长创作的以公益文明为主题的 10 集系列动漫情景短视频《三国演义》在《江南晚报》抖音号和视频号上发布后,累计点击量超 20 万次。策划推出“‘百’姓心向党”大型融媒访谈实录专题报道,3 月 24 日至 7 月 1 日,每日推出 1 篇在无锡工作生活的姓氏代表人物故事,共完成 100 余名人物的文字专题采访、30 余名人物的视频采访。专题报道通过晚报图文专栏、新媒体人物海报、短视频访谈等形式发布,在微博、微信视频号、抖音等平台传播。《江南晚报》围绕“新闻 + 服务”,强化民生报道,打造民生品牌,推出“三小”(“小江”“小南”“小晚”)民生服务系列,开设相关专栏,在新媒体上同步发布。在市委网信办的支持指导下,创新互联网时代群众工作机制,设置“网事悉心办”网上群众工作室,与各部门建立“网事悉心办”联络员制度,开设“网事悉心办·小江观察员”专栏,推出主题系列活动。梳理、汇总各方面民生线索 100 余条,实地巡访、协调 30 余个职能部门,聚焦市民关注的社会热点话题,推出 26 期报道。以实实在在为百姓服务为宗旨,先后开设“小南来帮办”“家乡有好物”为主打的“小南”民生服务系列。1 月 2 日,开设“小南来帮办”专栏,每周发布 1 至 2 期,共刊出 50 期;在消费者权益保护日期间,“小南来帮办”推出子栏目——“消费维权第一线”,给读者提供投诉的渠道,为读者争取应有的权利。1 月 9 日,开设“家乡有好物”专栏,主要介绍无锡各地区特产,保持每周至少发布 1 期。11 月 8 日,《江南晚报》“民生无锡”微信公众号上线。

（江南晚报社）

【期刊发行】 2021 年,无锡市 23 种期刊发行总量 63.29 万册,年末资产总额 2303.1 万元,全年完成营业收入 1167.62 万元,实现利润总额 130.52 万元,其中主管单位市级 8 种、省级 5 种、国家级 10 种。市委宣传部对 23 种期刊出版单位的社会效益，从导向正确性、舆论引导与社会责任、出版与管理、规模与效果、党的建设与人才培养5个方面进行评价考核，考核结果均在良好以上。年内，《书画艺术》获中国新闻出版研究院、龙源数字传媒集团龙源期刊网、龙源网络传播研究中心、全球中文电子期刊协会颁发的“2020—2021中国人文大众数字阅读影响力期刊TOP100”证书，入选第七届华东地区优秀期刊。杂志主编薛源在第12届江苏省期刊编辑技能大赛中获金奖，在江苏期刊“明珠奖·优秀主编”评选活动中被评为优秀主编。

（市委宣传部 《书画艺术》杂志社）

表62 2021年无锡市出版期刊一览表

序号	期刊名	刊期	刊 号	地 址	出版单位	主办单位	主管单位
1	太湖	双月	CN32-1016/I	无锡市复兴路122号3楼	《太湖》杂志社	无锡市文学艺术界联合会	中共无锡市委宣传部
2	中华核医学与分子影像杂志	月	CN32-1828/R	无锡市梁溪区大娄巷23号	《中华医学杂志》社有限责任公司	中华医学会	中国科学技术协会
3	江南论坛	月	CN32-1405/C	无锡市雪浪街道南象山路2号	《江南论坛》编辑部	中共无锡市委党校	中共无锡市委党校
4	今商圈	半月	CN32-1820/F	无锡市太湖新城金融二街1号	无锡锡报期刊传媒有限公司	无锡锡报期刊传媒有限公司	无锡日报报业集团
5	现代铸铁	双月	CN32-1112/TG	无锡市惠山经济开发区北惠路55号	《现代铸铁》编辑部	无锡一汽铸造有限公司、中国机械工程学会	一汽铸造有限公司
6	电子与封装	月	CN32-1709/TN	无锡市建筑西路777号B1栋	《电子与封装》编辑部	中国电子科技集团公司第五十八研究所	中国电子科技集团公司
7	粮食与食品工业	双月	CN32-1710/TS	无锡市滨湖区惠河路186号	《粮食与食品工业》编辑部	无锡中粮工程科技有限公司、中国粮油学会	中粮工程科技有限公司
8	江南大学学报（人文社会科学版）	双月	CN32-1665/C	无锡市蠡湖大道1800号江南大学蠡湖校区32#	《江南大学学报（人文社会科学版）》编辑部	江南大学	教育部
9	服装学报	双月	CN32-1864/TS	无锡市蠡湖大道1800号江南大学蠡湖校区31#	《服装学报》编辑部	江南大学	教育部
10	创意与设计	双月	CN32-1794/TS	无锡市蠡湖大道1800号江南大学蠡湖校区32#	《创意与设计》编辑部	江南大学、中国轻工业信息中心	教育部
11	书画艺术	月	CN32-1522/J	无锡市复兴路122号3楼	《书画艺术》杂志社	《书画艺术》杂志社	无锡市文化广电和旅游局

（续表）

序号	期刊名	刊期	刊　号	地　址	出版单位	主办单位	主管单位
12	现代车用动力	季	CN32-1642/TH	无锡市滨湖区钱荣路 15 号	《现代车用动力》编辑部	无锡油泵油嘴研究所	无锡市油泵油嘴研究所
13	中国血吸虫病防治杂志	双月	CN32-1374/R	无锡市滨湖区梅园杨巷 117 号	《中国血吸虫病防治杂志》编辑部	江苏省血吸虫病防治研究所	江苏省卫生健康委员会
14	机械职业教育	月	CN32-1457/G4	无锡市滨湖区高浪西路 1600 号	《机械职业教育》编辑部	中国机械工业教育协会、无锡职业技术学院	江苏省教育厅
15	科学养鱼	月	CN32-1131/S	无锡市滨湖区山水东路 9 号	《科学养鱼》杂志社	中国水产学会、中国水产科学研究院淡水渔业研究中心、全国水产技术推广总站	中国科学技术协会
16	船舶力学	月	CN32-1468/U	无锡市滨湖区山水东路 222 号	《船舶力学》编辑部	中国船舶科学研究中心、中国造船工程学会	中国船舶重工集团公司
17	无锡职业技术学院学报	双月	CN32-1678/Z	无锡市滨湖区高浪西路 1600 号	《无锡职业技术学院学报》编辑部	无锡职业技术学院	江苏省教育厅
18	石油实验地质	双月	CN32-1151/TE	无锡市蠡湖大道 2060 号	《石油实验地质》编辑部	中国石油化工股份有限公司石油勘探开发研究院、中国地质学会石油地质专业委员会	中国石油化工集团有限公司
19	无锡商业职业技术学院学报	双月	CN32-1644/Z	无锡市惠山区钱胡路 809 号	无锡商业职业技术学院学报编辑部	无锡商业职业技术学院	江苏省教育厅
20	江苏陶瓷	双月	CN32-1251/TQ	宜兴市丁蜀镇丁山北路 196 号	《江苏陶瓷》编辑部	江苏省陶瓷研究所有限公司	江苏省科学技术厅
21	食品与生物技术学报	月	CN32-1751/TS	无锡市蠡湖大道 1800 号江南大学蠡湖校区 31#	《食品与生物技术学报》编辑部	江南大学	教育部
22	秀江南	月	CN32-1816/GO	无锡市太湖新城金融二街 1 号	无锡锡报期刊传媒有限公司	无锡锡报期刊传媒有限公司、江南晚报社	无锡日报报业集团
23	城市党报研究	月	CN32-1874/G2	无锡市太湖新城金融二街 1 号无锡报业大厦 19 楼	无锡锡报期刊传媒有限公司	无锡日报报业集团	无锡日报报业集团

说明:表内期刊按刊号前后顺序排列

（市委宣传部）

广播电视

【概况】 2021年,市文广旅游局进一步提升智慧广电服务功能,加快从“看电视”向“用电视”转型升级。全年建成智慧广电乡镇24个。央视国际网络无锡有限公司“清晏审核智能云平台”项目获国家广电总局举办的首届广播电视和网络视听人工智能应用创新大赛(智能内容审核类)一等奖,入选第二批国家广播电视和网络视听产业发展项目库。江苏辰锐网络科技有限公司创作的《大阿福传》入选国家广电总局中国经典民间故事网络动画项目。发挥应急广播作用,建立应急信息联合发布机制,在全市疫情防控、文明城市创建和防范灾害性天气等宣传工作中发挥重要作用。纪录片《渡江第一船》在中央电视台纪录频道首播,电视剧《假日暖洋洋》《爱上特种兵》《双探》、纪录片《行走的歌谣》在爱奇艺、腾讯等网络平台播出。全年,播出信息超330万次,时长超80万小时。

(市委宣传部　市文广旅游局)

【无锡广播电视集团】 2021年,无锡广播电视集团(台)坚定“第一传媒、领航旗舰”目标导向,着力服务全市现代化建设大局,连续第七年获“TV地标——年度综合实力城市台”称号。以庆祝中国共产党成立100周年全媒体宣传为引领,主题宣传纵贯全年。推出“奋斗百年路,启航新征程”“深度融入一体化,乘风破浪立潮头”“聚力两个最优,勇于领先领跑”“冲在一线,干在实处”等系列专题、专栏60余个,报道700余篇;聚焦全国及省、市两会、市党代会、人才峰会等大事,推出新闻专题、开展新闻行动20多个。执行全市重点工程开工现场会等大型直播连线20余场;在台风、新冠肺炎疫情防控等突发应急事件中,通过直播、短视频、图文等方式全网发布,迅速回应受众对权威信息的发布需求。集团所有新闻产品均实现“微信公众号+客户端+栏目”立体传播,形成融合型创意产品体系。“无锡博报”全网点击量超10万次作品超80个,短视频传播量半年即超3000万次,在全市媒体新媒体影响力排行中,位列微信影响力、微博影响力排行榜“双第一”;并与CCTV+、央视国际等平台达成战略合作。电视片《千年画圣顾恺之》入选中宣部对外影视成片推广计划;广播评论《智能时代,如何让老年人跨越“数字鸿沟”?》获第31届中国新闻奖二等奖,成为二等奖以上获奖者中省内唯一的地市级媒体。电视新闻作品《两手抓两手硬,助力企业复工,江苏首架直飞复工包机抵锡》获江苏新闻奖。无锡市网络综合治理社区试点项目“法治新时代,社区e触达”,获评省委网信办2020年度“文明办网”创建优秀案例。“智慧爱@陪伴”入选江苏十佳网络公益项目。广播新闻专题《最后的接棒人》获省红十字好新闻一等奖。《无锡“空中车管所”把服务搬进直播间》在5月21日的《人民公安报》“交通安全周刊”头版头条刊登。在国家广电总局组织的2020年度全国基层广播电视统计工作评比中,无锡广电集团获评基层广播电视统计工作优秀集体。在省级广播电视政府奖评奖中,无锡广电作品获一等奖16件,数量位列全省城市台前三,总获奖数位列全省城市台第一。

集团全年总收入近5亿元,比上年增长27%,其中集团经营收入比上年增长30%,比2019年同口径增长21%。广播以“内容植入+直播互动+线上引流”等手段拓展融合传播渠道,与市市政公用产业集团、无锡华润燃气等达成战略合作,打造垂类行业宣推、综合定制宣推等新形态;电视深化推进整合营销和行业垂类运营,开发“阿福进社区”“恬美直播”等系列“电视+”融合经营模式。打造全新产经栏目《锡企·潮立太湖湾》,与政府部门、专业协会等建立策划联动机制,推出“无锡品牌,国企担当”“500强巡礼”等系列特别策划,搭建起无锡广电助力产业强市的有力平台。从年初首届市民心工程奖颁奖典礼,到年末无锡(太湖)金秋购物节启动仪式,大型活动策划执行持续全年,拿下单体超1200万元的活动大单,创下广电项目纪录。全年“慧直播”高密度直播515场,创收1381万元。“锡有MCN”融媒体项目入选2021年全国广电媒体融合调研报告。“乘峰破浪”KOL超级联盟赛参赛团队的优质内容输出撬动营销金额超1000万元。以融媒体中心为主体精准对接全市各块面宣推需求,各区域内新开发非政府类客户合作规模比上年实现较大突破,区级政府及职能部门、镇街社区订单量比上年大幅度增长。持续深化“开门办广电”机制,集团党委班子成员率队走访板块、部门、企业,走进央视国际、上海文广、澎湃等国内头部媒体机构以及腾讯、B站等互联网企业,签订系列战略合作项目。邀约重点部门和单位120余批次1000余人到访广电集团,与锡山区、无锡经开区、市水利局、江南大学、无锡学院等达成战略合作。以党建项目拓展新创意新平台新产品,全年带动业务量超3000万元。

【《一访定心》入围市首届“民心工程奖”金奖项目】 1月22日,无锡市首届“民心工程奖”评选结果揭晓,《一访定心》栏目入围10个金奖项目;3月6日,“《一访定心》构建媒体融合服务新机制,架起党心民心‘连心桥’”获评无锡市宣传思想文化工作创新项目;该栏目还获江苏省新闻媒体践行“四力”、深化“走转改”优秀新闻作品广电类一等奖。该栏目聚焦百姓民生,全年受理问题268个,采访市民952位,协调职能部门398家(次),解决问题247个(次),矛盾化解率92%,群众满意度90%。

表 63　2021 年无锡广播频率及自办节目一览表

广播频率	栏　目	时　段	时长（分）
新闻综合频率	无锡早新闻	7:00—8:15（周一至周五）	75
		7:00—8:00（周六、周日）	75
	萧萧新闻	8:15—9:00（周一至周五）	45
		8:00—8:30（周六）	30
	无锡晚高峰	17:30—18:30（周日）	60
经济频率	104 早新闻	7:00—8:00（周日）	60
音乐频率	早安无锡	7:00—9:00（周一至周五）	120
	七彩金曲怀旧风	9:00—10:00（周一至周五）	60
交通频率	1069 直播无锡	7:00—9:00（周一至周日）	120
	1069 晚高峰	17:00—19:00（周一至周五）	120
	1069 晚高峰	17:00—18:00（周六）	60
	大李小李有道理	9:00—10:00（周一至周五）	60
梁溪之声频率	梁溪早班车	7:00—8:00（周一至周五）	60
	一炮双响	9:00—10:00（周一至周六）	60
都市生活频率	寻医问药	9:00—10:00（周一至周五）	60
	我心飞翔	19:30—20:40（周一至周六）	70

（无锡广电集团）

表 64　2021 年无锡电视频道及自办节目一览表

电视频道	栏　目	时　段	时长（分）
新闻综合频道	第一看点	18:00—18:30（每日）	30
	无锡新闻	18:30—19:00（每日）	30
	联播无锡	21:15—21:35（每日）	20
	悦谈	21:15—21:35（周六）	20
	锡企潮立太湖湾	21:35—21:50（周一至周五）	15
	第一房产	21:35—21:55（周日）	20
都市资讯频道	今晚 60 分	21:00—22:00（每日）	60
	阿福聊斋	18:00—19:00（每日）	60
	发现	22:45—23:05（周六）	20
	健康好生活	17:45—18:00（每日）	15

（续表）

电视频道	栏 目	时 段	时长（分）
经济频道	扯扯老空	19:10—19:40（每日）	30
	金色年华	19:40—20:00（每日）	20
	无锡财税	17:19—17:24（周六）	5
	党的生活	13:30—13:47（周日）	17
娱乐频道	童心童梦	4:30—4:46（每日）	16
	牛娃来了	19:30—19:55（周六、周日）	25

（无锡广电集团）

【“两争一前列，誓夺开门红”大型新闻行动】 2021年，无锡广电“两争一前列，誓夺开门红”大型新闻行动聚焦产业发展、项目建设、环境整治、民生保障等领域，报道无锡打好企业生产阵地战、项目建设攻坚战、招商引资主动战、环境整治升级战，迈好“十四五”开局第一步，夺取首季“开门红”的创新举措及成效。3月10日起，广电全媒体记者团走进各板块，对主要负责人进行专访，并深入机关、企业、街道等展开采访。相关报道在“无锡博报”、《无锡新闻》、《联播无锡》及无锡广播等平台集中推出。

【锡剧《珍珠塔》卡通人物亮相清华大学】 3月27日，无锡广电天方动画工作室制作的《珍珠塔》动漫人物，与市锡剧院的经典锡剧《珍珠塔》共同走进清华园，推出由动画造型衍生的马克杯、团扇、环保布艺等系列产品，以文创产品拉近锡剧与年轻一代的距离，助推传统艺术普及。《珍珠塔》锡剧动漫人物形象获2021“新光奖”国际原创动漫大赛最佳形象及表情提名奖。

【《真相》法制栏目剧在央视播出】 4月12日，无锡广电旗下广新影视动画技术有限公司制作的6集法制栏目剧《真相》，在中央电视台社会与法频道（CCTV12）《方圆剧阵》播出。该剧通过一起车祸引发的连环案件展开故事，讲述一名刚出狱的男子为了给妹妹筹措手术费，卷入一起绑架案，经过一系列意外事件，最终解开心结、收获良知的故事。

【无锡广电与中央广电总台国际视频通讯社签署合作协议】 5月28日，无锡广电集团与中央广电总台国际视频通讯社（CCTV+）签署合作协议，利用CCTV+“新闻场”项目全球发布系统（GDS）发布视频新闻和其他节目，并及时获取全球用户对视频内容的下载和使用情况，向境外受众宣传无锡经济社会文化发展成就，拓展对外传播新渠道。

【融媒体专栏节目《看点曝光台》】 5月31日，《看点曝光台》首期节目播出，聚焦无锡市梁溪区中大颐和湾小区生活垃圾乱堆乱放现象，节目播出后，仅3天时间就整改到位。该专栏节目每周一在无锡新闻综合频道《第一看点》中固定播出，在“无锡博报”新媒体平台同步推送，专栏对不文明现象全程跟踪、全程展示、全程回复。栏目组与市文明办、市卫生健康委、市爱卫办建立沟通联系机制，遴选栏目选题。

【广播剧《10909，深海的呼唤》】 6月20—21日，广播剧《10909，深海的呼唤》作为无锡广电集团向中国共产党成立100周年的献礼剧，在中央人民广播电台《央广之声》及《文艺之声》栏目播出。该剧以中国自主研发的“奋斗者”号载人潜水器在马里亚纳海沟成功坐底深度10909米为题材，讲述包括位于无锡的中国船舶集团有限公司第七〇二研究所团队在内的科研人员研发“大国重器”的故事，展现中国载人深潜团队“最美奋斗者”的形象。该作品入选2021年国家广电总局广播电视创新创优节目。

【纪录片《复兴路上·太湖先锋》】 自6月20日起，系列纪录片《复兴路上》在全国播出。该纪录片是为庆祝中国共产党成立100周年，由中国广播电视社会组织联合会城市台电视新闻委员会发起，无锡广电集团联合全国39家城市电视台摄制。该片由100个人物故事构成，表现各行各业年轻党员青春奋斗的经历。无锡广电制作的《太湖先锋》讲述了无锡4名相关行业年轻党员的故事。

【产业经济新闻栏目《锡企·潮立太湖湾》】 自6月21日起，无锡广电集团推出全新产业经济新闻栏目《锡企·潮立太湖湾》。该栏目聚焦无锡经济领域政策法规、优势产业、重点企业等方面最新动态，讲述领军企业家和领军企业的典型故事，展示科创企业新产品、新技术。栏目设置《风向标》《千帆竞》《航行者》《创造秀》4个子栏目，在无锡广播、电视及"无锡博报""智慧无锡"等全平台同步播出推送。

【《永远的丰碑》融媒体新闻行动】 自7月1日起，《永远的丰碑》在无锡新闻综合频道播出，同步在"无锡博报"视频号等新媒体平台推送。《永远的丰碑》是省内12家城市广电集团联合推出的庆祝中国共产党成立100周年融媒体新闻行动，以全省各地的革命烈士纪念碑为切入点，讲述英雄事迹，传递红色精神。首集《要塞"潜伏者"》讲述渡江战役前夕，中共秘密组织、秘密工作者策动江阴要塞国民党守军起义的故事。

【系列专栏《重温红色书信，牢记初心使命》】 2021年，《重温红色书信，牢记初心使命》专栏节目由无锡广电集团与无锡博物院策划推出，从馆藏550件红色书信文物中遴选出最具可读性和历史价值的若干封书信，邀请各行各业有代表性的党员、嘉宾，通过诵读书信、穿插解读等形式，传递发现、感动和振奋的力量。节目采用最新演播技术，老照片、影像资料鲜活呈现，营造出别样的视听效果。专栏制作播出16期，其中大部分红色书信是首次与公众见面。

【纪录片《我爷爷翻译了〈共产党宣言〉》】 2021年，无锡广电广新影视动画技术有限公司摄制的原创纪录片《我爷爷翻译了〈共产党宣言〉》，讲述无锡籍革命家博古（秦邦宪）翻译《共产党宣言》的故事，以博古孙女作为"寻访者"的视角，采用过去和现在两条时间线交叠并进的叙事方式，还原主人公与《共产党宣言》交织相融的人生命运。该片入选江苏省广播电视局2021年度重点纪录片项目。

【《乡路》登陆央视】 7月21—30日，10集栏目剧《乡路》在中央电视台社会与法频道（CCTV12）《方圆剧阵》连续播出，并在爱奇艺、腾讯、搜狐、乐视等网络平台同步播出。该剧由无锡广电旗下广新影视动画技术有限公司出品，在陕西省渭南市全程取景制作，是无锡广电首次异地拍摄的影视剧。讲述陕西秦岭山脚下，青河口村村民把一条山路十八弯的"神仙路"修建成康庄大道，最终打开互联网经济窗口的故事。

【无锡广电"研创智库"成立】 10月26日，无锡广电"研创智库"揭牌成立并召开专家代表座谈会。经过推荐、筛选、确认等流程，首批来自无锡市社会各界、驻锡传媒机构和国内传媒行业的20余名专家入库。智库主要开展课题调研、专项评估、产品研发、主题峰会等业务，在媒体融合、产品研发、经营拓展、社会服务等多个领域进行研发创新。

【"乘峰破浪"KOL超级联盟赛】 10月29日，无锡广电"乘峰破浪"KOL超级联盟赛结赛及颁奖仪式在广电融媒谷举行。"神奇的鲲哥"获"KOL领衔王"奖。"飞翔网红工作室"获"最佳人气王"奖，"张德帅和张德美"获"最佳CP奖"，"'妙律师'巧普法、英杰"获"深耕小蜜蜂奖"。"评评理工作室""无锡家委会""深夜情叔""马斯说车""葱葱向前冲""需要玩乐""减肥总是和我ZUO队""恬言美语""爱体育彭飞工作室""树桩组合"获优秀奖。该赛从2月启动，有41支队伍参赛，全网总计166个账号，发布作品超5600个。无锡广电"锡有MCN"孵化管理平台入选6月、8月抖音"媒体MCN领跑计划——黑马榜机构"第三名和第七名。在抖音平台有16个账号，旗下粉丝总计146.6万人，作品总播放量32.2亿次，获点赞5629万次。

【第一财经无锡工作站揭牌】 11月11日，无锡广电集团与上海文化广播影视集团（SMG）旗下第一财经传媒有限公司战略合作签约暨第一财经无锡工作站揭牌仪式在无锡广电举行。根据协议，新设立的第一财经无锡工作站聚焦无锡全方位接轨上海，打造现代产业新高地，特别是推进太湖湾科创带建设中的新作为，共同记录环太湖科创圈建设和长三角一体化发展带来的新机遇新探索，在产业经济类媒体宣传服务方面展开深度交流，在内容生产、大数据应用、商务活动等方面寻求项目合作，实现资源的优势互补。

【《发现无锡》视频登陆上海东方网】 自12月起，无锡广电集团与上海东方网达成合作协议，联办《发现无锡》专栏，每期向"东方新闻"App和东方网推送时长15分钟的原创视频作品。节目依托无锡电视历史文化纪实类栏目《发现》，精选反映无锡千年文脉、百年辉煌的优秀纪录片、专题片，通过剪辑制作，以符合移动传播分众化、碎片化要求。

【无锡广电参加全省广告技能大赛获奖】 11月27—28日，2021年江苏省广告行业广告设计师职业技能竞赛暨第四届江苏省广告行业设计制作技能大赛决赛在南京举办。无锡广电集团选派2支队伍参赛，旗下电视传媒华震、丁宝社、苏子辰团队获银奖，秦蕾、殷悦、王子京团队获铜奖。

（无锡广电集团）

电　影

【概况】 2021年，无锡市及时调整影院纾困政策，扩大影院纾困覆盖面，城区53家影院获得纾困资金1500余万元，推动影院新开业和复业10家。春节期间，策划开展"惠影留锡"优惠观影活动，全市春节档总票房首破1亿元关口，居全国城市榜第十五位、全省第三位。3月18日，2021年苏港影视交流活动举办。5月27日，第五届中国江苏太湖影视文化产业投资峰会在无锡国家数字电影产业园开幕。5月28—29日，无锡市承办中国电影家协会影视基地工作委员会第一届委员会第一次全体大会，无锡国家数字电影产业园当选副会长单位。年末，全市拥有影院124家，银幕858块，实现票房收入4.73亿元，全省占比10.93%，居全国第十九位、省内城市第三位，金逸荟聚影城票房居全省第二位，滨湖万达影城和大世界中山路影城跻身全省前二十。新增乡镇影院4家，共计25个镇建有影院，覆盖率83.3%，居全省首位。

【国家电影产业创新示范基地（园区）创建工作】 2021年，无锡市积极对上争取，在政策方面，将国家电影产业创新示范基地（园区）创建工作纳入省“十四五”规划和省“十四五”文化发展规划；在资金方面，全市电影工作获得中央和省级各类资金3799万元，居全省第一位。夯实园区发展基础，加快建设进度，指导精准招商，加快全产业链头部资源集聚。年内，无锡国家数字电影产业园招引北京文化、中手游、义天影业、侠义文化、霄然影业、炉火映画等优质影视企业119家。电影科技创新加快，华为5G数字影视创新中心获国家资金1000万元，与中国电影科学技术研究所合作创建5G智慧虚拟摄影联合实验室，联合阅文集团加快推进高科技影棚合作建设。

【电影项目出品】 2021年，市委宣传部做好重点电影项目布局规划，围绕党和国家宣传工作大局与重要时间节点、重大革命和历史题材、积极的具有鲜明时代特色的和展示多彩社会生活的现实题材、优秀的农村题材和少儿题材、传承和弘扬优秀传统文化的题材、具有独特审美价值和创新意义的艺术电影等，组织申报电影145部，25部通过立项备案。无锡市出品的国家重点影片《澎湖海战》启动拍摄，省级重点影片《搜救》拍摄完成。《西游记再世妖王》《了不起的老爸》等票房超1亿元的电影均为无锡市出品。“院改网”的现象级作品《发财日记》在腾讯、爱奇艺、优酷等平台热播。在第三届江苏文艺大奖·电影奖10部获奖影片中，有5部出自无锡国家数字电影产业园园区企业。中央宣传部国家电影局调研组对无锡市电影产业发展予以肯定。

5月28—29日，中国电影家协会影视基地工作委员会第一届委员会第一次全体会议在无锡市召开　（市委宣传部　供图）

【红色电影融入党史学习教育】 2021年，市委宣传部在全市组织开展“四史”教育电影课。4月30日，在全省率先举办“四史”教育电影课启动仪式。年内，开展中国共产党成立100周年“百片进乡村”主题活动，举办超3000场次。围绕《长津湖》《守岛人》《童年周恩来》等国家、省重点影片主题组织全市党员开展观影活动。在全市影院广泛开展庆祝中国共产党成立100周年文明观影和微电影展映等主题活动。

（市委宣传部）

网络传播

【概况】 2021年，无锡市以提升网络气质、打造网红城市为目标，着力构建全域覆盖、深度融合、协同高效、科技赋能的新型传播格局，系列网络主题宣传活动全网总传播量近55亿。人民网、新华网等央媒在总网首页首屏刊发有关无锡重点稿件20余篇，其中14篇文章被中央网信办在全国全网推送。《人民日报》、新华社、央视新闻、人民网等主流中央媒体公众号发布有关无锡稿件20余篇，市级新闻媒体微信公众号点击量超10万次的报道100余篇，微博超千万级话题近40个，“‘90’后新婚夫妇携手再抗疫”“无锡小伙千里驰援河南免费修车”等正能量暖新闻刷屏，乡村振兴“新农人”杨宽获“‘中国网事·感动2021’全国网络感动人物”荣誉称号。年内，《俄罗斯女婿在无锡》获2021年江苏省社会主义核心价值观主题微电影（微视频）征集展播活动三等奖。《家国同梦》系列作品获“逐梦青春跟党走”主题征集活动海报系列二等奖，《百年e心奔小康》获海报系列三等奖，《忠心爱党好网民》《E气风发迎百年》获优秀奖。《加快迭代步伐，推动“媒体融合”走向“融合媒体”——无锡市县区级融媒体中心网络传播能力和发展研究报告》被列为2020年度全省网信系统优秀调研成果。与澎湃新闻联合举办第三届太湖网络传播创新大会暨新媒体评论高端研讨活动，推动网络传播与新媒体评论工作创新发展。围绕中国共产党成立100周年，聚焦锡位出道，培植"款款衷情诵党听""锡引力·新思享——行走的思政课""网事悉心办""网络大V看无锡"等系列品牌活动，破圈跨界擦亮城市品牌。

（市委网信办）

【媒体融合】 2021年，无锡日报报业集团制定《进一步深化报业集团媒体融合运行的意见（试行）》，完善融媒体精品策划生产机制，加强运用市场数据评估考核新媒体平台和产品。加强顶层设计，审议通过《无锡日报报业集团深化媒体融合发展方案》。《无锡日报》加强微信公众号、视频号的发稿考核，在新闻产品的呈现中探索全媒体传播路径，推动报社整体向全媒体转型，全年原创微信阅读量超5万次的作品16件，原创视频点击量超100万次的作品2件。梁溪区街道行政区划变更、无锡A股上市企业达100家、双层巴士回归锡城、地铁4号线通车等"硬核"新闻都体现部门间融合协同的高效运作。全媒体系列访谈《设计，让城市更美好》，对"城市设计，将如何改变无锡这座百年工商名城、山水城市"进行全面聚焦。无锡速建"火眼"实验室的短视频获得大量转发和点赞，浏览量458万次。《无锡日报》政务融媒专班获江苏省报业2020—2021年度新媒体创新项目优秀奖。"无锡观察"客户端6.0版上线，获第三届江苏省新闻出版政府奖出版传媒融合创新奖。融媒体作品《从这面湖奔向那片海》获中国新闻奖融合创新奖，这是自2018年中国新闻奖设媒体融合类奖项后无锡市首次获奖。无锡观察"5G会客厅"项目和"太湖潮"网评阵地项目获评2021年度全国地方党媒融合发展创新优秀项目，无锡"融·媒+"党建联盟项目获示范项目荣誉。

（无锡日报报业集团 无锡日报社）

【无锡观察融媒中心】 2021年，无锡观察融媒中心依托"无锡观察"客户端、无锡新传媒网等网络矩阵，打造无锡新闻资讯第一入口和一站式线上综合服务平台。通过流程优化、平台再造形成协同高效的全媒体传播体系。10月1日，"无锡观察"客户端6.0的升级改造项目作为年度重点项目上线试运行，新版客户端丰富了云展播、5G直播等功能，增强平台社交属性。全年报送稿件1736篇，获省内媒体推送168篇，获全网推送10篇。

（无锡观察融媒中心）

【"百年初心，重走信仰之路"大型融媒体直播行动】 3月23日，"百年初心，重走信仰之路"大型融媒体直播行动在无锡启动。直播行动在省委网信办指导下，由我苏网联合全省13市共同推出，围绕"中国共产党成立100周年"主题，以"重走红色之路"全省接力直播与"记录身边的红色印记"互动征集活动为载体，向广大网友展示中国共产党领导人民取得的巨大成就，诠释党的百年"信仰之路"。

（市委网信办）

【"聚力'两个最优'，勇于领先领跑"融媒体新闻行动】 4月，"聚力'两个最优'，勇于领先领跑"融媒体新闻行动启动。该行动聚焦无锡市级年度综合考核受表彰的先进集体和个人，通过回顾展望、典型切入、场景抓取、访谈实录等形式，展现全市各单位、部门与干部群众勇做"排头兵"、勇创"示范区"、勇当"领跑者"，攻坚克难、开拓奋进，开创高质量发展崭新局面的实干作为和精神风采，相关报道在无锡广电全媒体平台播出、推送。

（无锡广电集团）

【"先行记录——践行嘱托开新局"网络主题活动】 4月14日，"先行记录——践行嘱托开新局"网络主题活动在宜兴市启动。活动由省委网信办指导，新华报业传媒集团、宜兴市委网信委共同主办，交汇点新闻承办。以"先行者""志愿者"两个维度开展系列采访，充分展现各地各部门贯彻落实习近平总书记视察江苏重要讲话指示精神的新思路新举措，展现全省"争当表率、争做示范、走在前列"的先行风采。启动仪式上，江苏（宜兴）"先行记录"网络文化正能量创新云讲堂揭牌成立。

【"网事悉心办"主题系列活动】 4月25日，"网事悉心办"主题系列活动启动仪式举办。活动由市委网信办、市行政审批局、市信访局、无锡日报报业集团共同主办，整合市行政审批局"12345"政府公共服务热线、《江南晚报》民生热线"88300000"、东林论坛"第e现场"等各方面民声线索，定期梳理全市主要网络平台反映的民生诉求信息，通过加强与各职能部门的沟通联系，及时回应关切，纾解疑虑困惑，搭建沟通桥梁，实现"媒体+政务+服务"功能的延伸。年内，市委网信办分4次带领网民观察团走进无锡各部委办局开展活动28期，组织网民观察团现场话题访谈4次，实现线上线下的有效互动。协调解决"共享单车停车难""博大摩登1930广场停业改造疑问""小区电梯停运困扰"等急难愁盼问题，获得市民好评。

【第三届太湖网络传播创新大会】 5月14日，第三届太湖网络传播创新大会暨新媒体评论高端研讨活动在无锡市举行。大会由江苏省委网信办指导，无锡市委网信办、澎湃新闻主办，江阴市委网信办、无锡观察融媒中心、无锡广电新媒体中心、无锡市互联网传播研究会共同承办。以"道正声远，有融乃大"为主题，重点围绕"主流新媒体评论的

5月14日，第三届太湖网络传播创新大会暨新媒体评论高端研讨活动在无锡市举行 （市委网信办 供图）

守正创新”等主题开展圆桌研讨，紫金e评、龙湖网评、太湖潮等9家重点网评阵地负责人共同启动新媒体评论区域合作共建。

【2021中国新媒体蓝皮书发布会】 7月20日，2021中国新媒体蓝皮书发布会暨中国新媒体发展研讨会在无锡市召开，《中国新媒体发展报告（2021）》首次在北京以外的城市发布。大会由中国社会科学院新闻与传播研究所、中共江苏省委网信办共同主办，中共无锡市委网信办、无锡高新区党工委（新吴区委）网信委、新华社客户端江苏频道协办，现代快报＋ZAKER新闻、无锡鸿山旅游度假区管理办公室承办。大会以“新技术、新融合、新传播”为主题，来自全国各地的宣传、网信部门，新闻媒体、主要商业平台负责人和业界专家学者、自媒体代表参加。

（市委网信办）

【《百年百城》无锡站融媒体直播】 10月23日，无锡广电集团与央视联手开展《百年百城》无锡站融媒体直播活动，以“聚焦物联网之都，感受高科技无锡”为主题，时长近1小时。中央电视台财经频道主持人和无锡广电主持人对物博会主展馆、无锡车联网小镇、国家数字化设计与制造创新中心江苏中心、百禾怡养院、清名桥街区5个点位进行直播报道，在央视财经、央视频、中国交通广播、抖音、今日头条、B站等13个新媒体平台同步推送，超161.4万人次观看。

【视频作品入选全省重点网络视听项目库】 11月30日，省广电局公布2021年三季度重点网络视听项目库入选项目，无锡广电短视频作品《小犀防疫系列动画》《无锡这对小夫妻，冲上热搜版》上榜。两件作品均为抗疫题材，一件作品是以“小犀”卡通形象设计制作的动画短视频展现驰援扬州的无锡医护人员与扬州市民共同战疫的感人画面；另一件讲述2020年因共同抗疫，从相识、相爱到步入婚姻殿堂的“90”后无锡夫妻，再次携手抗疫的事迹。

（无锡广电集团）

文化产业

【概况】 2021年，无锡市文化及相关产业增加值592.34亿元，占地区生产总值比重4.23%。2020年市级文化产业资金申报立项扶持项目128个，扶持资金7227.21万元。开展服务业（文化旅游）纾困项目申报，惠及38家企业的48个项目，扶持资金2389.13万元。申报省文化和旅游发展专项资金（产业发展类），6个项目通过省专家组评审，争取到扶持资金764万元。

全市新增规模以上文化企业207家，新增数居全省第二位；快报单位数1036家。新增入选“江苏民营文化企业30强”4家，入选“江苏省重点文化科技企业”5家，新增国家重点文化出口企业3家、重点项目1个。两次召开文化产业高质量发展推进会，压实压紧各地区、各部门主体责任。强化市、市（县）区联动，实施统计数据月度监测，重要时段日日报，规模以上文化企业数及主要营收数据明显改善。锡山数字文化创意产业园、运河之光文化科技产业园等新建园区开园。互联网平台企业拍信科技有限公司入选省十大新锐互联网企业。文化高端装备企业实现海外市场5G与MR（混合现实）的应用。朗新科技有限公司入选国家重点软件企业清单，获2021年江苏省现代服务业特别贡献奖。申报省“十四五”时期文化产业重点项目33个。年内全市新增项目328个、677.11亿元，大拈花湾等重点项目稳步推进。组织人员到苏州市、宁波市、绍兴市调研新业态、新模式。在上海举办数字文化产业培训班。到连云港市、淮安市调研特色文化产业。启动文化产业高质量发展三年行动计划及相关配套政策制定工作。举办2021中国国际智能传播论坛，承办2021年苏港影视交流对接会暨“苏新服务，智惠全球”服务贸易线上对接大会。组织11家文化企业参加第17届深圳文博会及2021中国（南京）文化和科技融合成果展览交易会。

（市委宣传部 市文广旅游局）

3月18日，2021年苏港影视行业交流会在无锡市举办

（市委宣传部　供图）

【文化产业业态发展】 2021年，无锡市文化及相关产业产值及占比如下：新闻信息服务产值6.22亿元，占比0.4%；内容创作生产产值265.65亿元，占比17.6%；创意设计服务产值112.63亿元，占比7.5%；文化传播渠道产值38.69亿元，占比2.6%；文化投资运营产值2.14亿元，占比0.1%；文化娱乐休闲服务产值29.5亿元，占比2%；文化辅助生产和中介服务产值287.94亿元，占比19%；文化装备生产产值474.83亿元，占比31.4%；文化消费终端生产产值294.06亿元，占比19.5%。

（市委宣传部）

【文创业态品牌建设】 6—11月，第七届无锡市文化创意设计大赛举办，海内外2200余名设计师参赛，围绕“太湖明珠无锡”“大运河文脉”等主题，征集作品3200余件，通过创意场景的构造、生活美学的表达，提升人民群众的文化消费意识，努力推动以文化创意为核心的“美学经济”成为引领无锡消费升级的新风尚，大赛最终评出金奖2个、银奖10个、铜奖20个。12月10—12日，第十一届中国（无锡）国际文化艺术产业博览交易会暨第三届中国（无锡）旅游产业博览交易会在太湖国际博览中心举办，以“融合新消费，生活更美好”为主题，搭建文化艺术产业政策解读平台、信息发布平台、贸易助推平台、产业融合平台、品牌孵化平台、对外合作平台，打造长三角知名展会品牌。年内，培育无锡文创生活馆品牌，对无锡博物院文创生活馆项目实施改造提升，建成锡剧艺术中心文创生活馆、无锡市图书馆文创生活馆。开展唐鹤千卓越青年文化创意人才奖评选，王银明等10人获评第八届无锡市唐鹤千卓越青年文化创意人才奖。

【新吴区创新创意产业园】 2021年，新吴区创新创意产业园引进上海文化产权交易所沉浸式剧本交易基地、凯战新媒体电商总部基地、火星工厂青年文化娱乐综合体等文化产业项目17个。承办2021智慧体育与数字娱乐产业峰会，建设电子竞技产业园，招引AGfox、无锡JXG等冠军电竞俱乐部及相关企业入驻。无锡JXG电竞俱乐部打入KPL王者荣耀顶级职业联赛。

【无锡国家数字电影产业园】 2021年，无锡国家数字电影产业园立项影片449部，承接影片摄制290部，比上年分别增长32.4%、31.2%，影视生产继续保持快速增长态势。立项43部省级以上重点影视剧项目。2部主旋律院线大片——《中国医生》《长津湖》在园区拍摄制作。全省票房过亿元的3部影片——《西游记之再世妖王》《了不起的老爸》《发财日记》均为园区企业出品，《黑白禁区》《假日暖洋洋》获2020—2021年度江苏电视剧奖，《破事精英》《斗破苍穹》等34部网络剧、网络电影被列入2021年江苏重点网络视听节目。园区推进平台载体合作，拥有华为5G数字影视创新中心、无锡影视拍摄管理服务中心、长三角知识产权运营中心和国家级5G智慧虚拟摄影联合实验室。

（市文广旅游局）

【运河之光文化科技产业园】 6月18日，无锡广电集团与苏州火炬创新创业孵化管理有限公司、滨湖区河埒街道签署三方共建协议，建设运河之光文化科技产业园，携手打造文创、科创平台载体。项目按照政府引导、企业主导、社会参与的合作共建模式，在无锡广播电视台台址附近引进汇集数十家文化、科技、金融企业，培育孵化媒体融合新业态，建设运营周期为10年。该项目入选无锡市大运河文化带建设“十四五”重点项目。

（无锡广电集团）

【地铁文创品牌联合实验室成立】 3月16日，无锡地铁集团与江南大学共同组建的“无锡地铁—江南大学地铁文创品牌联合实验室”举行揭牌仪式。该实验室依托地铁公众宣传阵地和文化平台，利用江南大学学术专业优势，挖掘与激发地铁文创在先进文化传播、城市形象建设、地方品牌打造方面的潜能，提升无锡地铁文创品牌的知名度和影响力。

（无锡地铁集团）

编辑　何　峰

卫 生 健 康

综　述

【医疗卫生机构】 2021年，无锡市拥有登记注册的医疗卫生机构3107家，比上年增加155家，其中医院208家、社区卫生服务中心（卫生院）117家；全市有医疗床位数51605张，平均每千人口拥有医疗床位10.02张（按户籍人口算）。年末全市有卫生人员81004人，比上年增加3942人，其中卫生技术人员65493人、执业（助理）医师25595人、注册护士29600人，平均每千人口拥有卫生技术人员12.71人（按户籍人口算）。全市各级医疗机构全年完成诊疗5588.3万人次，出院118.52万人次，平均每门诊人次医疗费用264.6元，平均每一出院病人医疗费用1.18万元。

【“健康无锡”建设】 12月31日，全国爱卫会办公室发布2020年度健康城市建设样板市名单，无锡市和江阴市、宜兴市上榜，成为全国唯一的国家健康城市建设样板市全覆盖城市。无锡市参与健康中国行动办公室联合新华网组织开展健康中国行动——各地品牌传播活动，接受专题采访。市政府印发《落实健康中国行动推进“健康无锡”建设实施方案》。举办健康科普专家库业务培训班，开设“健康无锡”大讲堂，居民健康素养水平为35.19%，居民平均预期寿命83.42岁，其中男性81.1岁、女性85.85岁。委托复旦大学公共卫生学院开展无锡市健康城

表65　2021年无锡市医疗卫生机构统计表

单位：家

机构分类	2021年机构个数	2020年机构个数	比上年增加
总计	3107	2952	155
一、医院	208	210	−2
公立医院	33	39	−6
民营医院	175	171	4
二、基层医疗卫生机构	2826	2664	162
社区卫生服务中心（站）	376	375	1
卫生院	45	43	2
村卫生室	398	394	4
门诊部、诊所、卫生所、医务室	2007	1852	155
三、专业公共卫生机构	36	39	−3
疾病预防控制中心	8	8	0
专科疾病防治院（所、站）	5	6	−1
妇幼保健院（所、站）	8	7	1
卫生监督所（中心）	8	8	0
急救中心（站）	3	3	0
采供血机构	3	3	0
计划生育技术服务机构	0	3	−3
四、其他卫生机构	37	39	−2

（市卫生健康委）

表 66　2021 年无锡市卫生健康事业统计表

项　目	数　量	比上年增加	比上年增长（%）	项　目	数　量	比上年增加	比上年增长（%）
卫生机构（家）	3107	155	5.25	卫生人员（人）	81004	3942	5.12
医院（家）	208	−2	−0.95	卫生技术人员（人）	65493	2526	4.01
社区卫生服务中心（卫生院）（家）	117	43	0.08	执业（助理）医师（人）	25595	564	2.25
医疗床位（张）	51605	43	0.08	注册护士（人）	29600	1601	5.72
平均每千人口医疗床位（张）	10.02（户籍）	−0.11	−1.13	平均每千人口卫生技术人员（人）	12.71（户籍）	0.34	2.76

户籍人口	总数（万人）	515.25	卫生费用	卫生事业费（亿元）（统计范围调整为大市）	95.79
	出生率（‰）	5.84		卫生事业费与上年比增长率（%）	6.00
	死亡率（‰）	7.32		卫生事业费占财政支出百分率（%）	7.05
	自然增长率（‰）	−1.48		卫生系统资产（亿元）	235.31
医疗服务	诊疗总人次（万人）	5588.30		卫生系统基建投资（万元）（统计范围调整为大市）	51069.55
	出院总人次（万人）	118.52			
	出院者占用总床日（万日）	1179.26		平均每门诊人次医疗费用（元）	264.60
	住院病人手术人次（万人）	51.42		平均每一出院病人医疗费用（元）	11800.20

（市卫生健康委）

市建设效果评估。年内，无锡市获评健康中国行动创新模式试点城市。

【医疗卫生改革】 2021 年，无锡市各级财政调整支出结构，新增财力优先保障各项医改政策落实到位，经发展改革委、财政部门认定的公立医院长期债务全面化解。市卫生健康委调整优化资源配置布局，市第二人民医院北院启用，市精神卫生中心二期项目和市人民医院门急诊配套用房项目主体结构全面封顶，新建、改扩建基层医疗卫生机构 47 家。全市二级以上公立医院全部完成医院章程发布实施工作，三级公立医院全面实施总会计师制度。改善医疗服务行动计划，全市 57 家二级以上公立医院开展预约

1月，市第二人民医院北院启用　（市卫生健康委　供图）

诊疗，二、三级医院预约诊疗率分别为75.97%、59%，优质护理病区覆盖率100%。江阴市、梁溪区、锡山区、惠山区被评为全省基层卫生十强县（区），2家社区卫生服务中心被评为全国百强社区卫生服务中心。建成城市医疗集团4个、县域医共体6个、专科联盟12个，实现医联体建设网格化、公立医疗机构全覆盖。推进分级诊疗管理信息系统建设，以县为单位远程医疗系统实现全覆盖。继续开展药品招标采购制度改革省级试点工作，开展市级医用耗材联盟带量续约现场谈判工作，超声刀刀头等4类医用耗材价格平均降幅约60%。扩大按疾病诊断相关分组付费（DRG）国家试点覆盖范围，实现二级以上综合医院全覆盖，在全国率先切换应用国家医保版疾病诊断和手术操作编码等标准。采取区域总额、浮动费率和年终清算机制，实施基础病组同病同价结算，构建“无锡特色”DRG付费体系。自主调整中医医疗服务价格7类106项，平均调幅47%。市卫生健康委联合市财政局、市医疗保障局印发《无锡市卫生健康委直属单位医疗设备资源共享管理办法（试行）》，制定出台《医疗设备采购与绩效管理规定》，在省内先行先试市属医院医疗设备资源共享管理，下放部分医疗设备采购审批权。

【卫生健康合作交流】 2021年，市卫生健康委融入长三角一体化发展，组织医疗机构与复旦大学耳鼻喉科医院、上海仁济医院、瑞金医院、红房子医院等长三角医疗机构缔结合作关系70对。启动无锡市人民医院与西港特区卫生服务中心远程会诊深化协作项目。

（市卫生健康委）

新冠肺炎疫情防控

【新冠肺炎疫情】 2021年，无锡市发现并完成对新冠肺炎确诊病例5人、无症状感染者43人的医疗救治，其中本土病例4人、境外输入感染者44人，实现“确诊患者零死亡、医务人员零感染”目标。

【监测救治】 2021年，无锡市深化流调队伍公卫、公安、工信“三公（工）”融合，做到流调溯源、采样检测、轨迹排查、密接管理、现场消杀无缝“五结合”。无锡市第五人民医院、江阴市人民医院敔山湾院区、无锡新瑞医院、宜兴市人民医院被指定为新冠肺炎救治定点医院（后备定点医院），有专门病床2786张。建设集中隔离点190个场地、隔离房间36687间，加强集中隔离点卫生学管理督查指导。市疫情防控指挥部办公室制定下发集中隔离工作相关文件、通知80余份，开展市级集中隔离点专题大型集中培训6轮，累计培训1万余人次。

【核酸检测】 2021年，无锡市建设城市核酸检测基地2个、核酸检测医疗机构28个和核酸采样点135个，全市最大检测量为单检每天6万份。建设规范化发热门诊42个，其中3个被评为省示范发热门诊。

【新冠病毒疫苗接种】 2021年，无锡市按照国家、省统一部署，科学制定新冠病毒疫苗接种方案，分阶段有序推进各类人群疫苗接种工作。通过加强集中和临时接种点建设，将日接种能力逐步提升到24万剂次。严格接种人员业务培训，对接种各环节进行督导和质控，从严落实医疗救治保障，确保接种安全。4月底，在省内率先达到重点人群接种率的要求。6月底，率先完成18岁以上人群85%的接种率要求。至年末，全市新冠病毒疫苗累计接种1674.28万人次，完成首剂接种733.78万人，全程免疫接种705.78万人，强化免疫接种229.93万人，常住人口首剂接种率103%，全程接种率97.4%，居全省第二位。

【中医药防治】 2021年，市卫生健康委出台《无锡市中医药应对突发公共卫生事件防控工作方案》，在疫情防控中发挥龙砂医学流派特色，将中医药融入疾病预防和医疗救治。市龙砂医学流派研究院连续发布5版《无锡市新型冠状病毒肺炎疫病中医药预防方案》。坚持中西医结合医疗救治，开展新冠肺炎患者和无症状感染者中医会诊40余次。向162个集中观察隔离

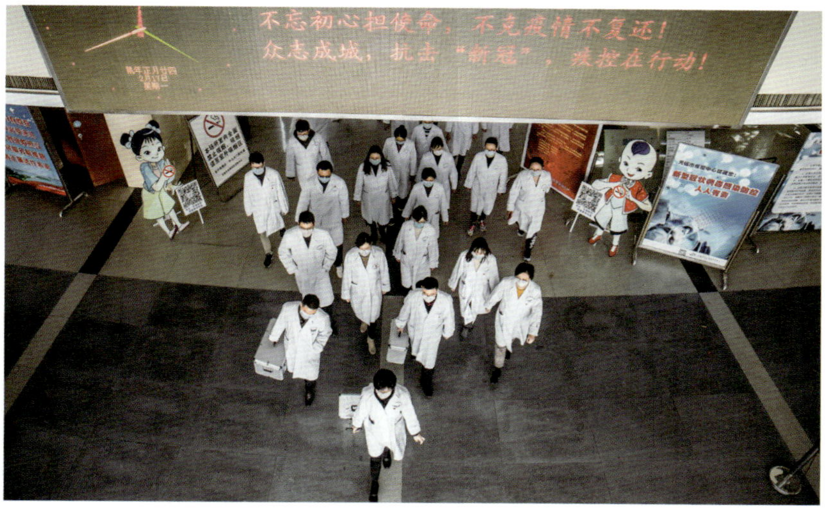

2月，市疾控中心开展应急检测模拟演练　（徐　明　摄）

点提供龙砂防疫汤剂5.43万人份、避瘟香囊5.05万个，中医药干预覆盖率99.75%，医疗卫生机构高风险岗位人员中医药干预率100%。

【新冠肺炎防控医疗保障】 2021年，市医保局支付新冠病毒疫苗及接种费用、核酸检测费用超10亿元，阶段性降低医保参保缴费费率，为企业减负25亿元。全年3次下调新冠病毒检测项目价格。依托无锡医药阳光招采平台，对防疫产品实施“绿色通道”管理，全年新增产品137个，调价产品24个，平台在售防疫产品211个，订单总金额近3200万元。

（市医保局）

【疫情防控综合督查】 2021年，市卫生健康委将疫情防控专项督导检查和卫生监督日常检查相结合，年内累计检查全市疫情防控重点单位20037家次，发现问题10164个，其中立即整改8440个、限期整改1724个。

（市卫生健康委）

疾病防控

【传染病防控】 2021年，无锡市各级医疗卫生机构报告甲、乙类传染病13种，报告病例7976例，比上年增长13.99%；报告丙类传染病8种，报告病例12283例，比上年下降22.18%。进一步推广医务人员主动提供艾滋病病毒检测咨询（PITC）工作，全市艾滋病病毒检测数184.99万人次，艾滋病病毒筛查率24.8%。继续实施无锡市“互联网+”校园艾滋病综合防治项目（以下简称“艾·T”综合项目）。全市新发现艾滋病病毒感染者和病人（HIV/AIDS）498例，比上年增长0.2%。推进耐药肺结核患者关怀救助政策，严守学校等重点人群、重点场所防线，年内全市共处置学校肺结核病例55例，未发生聚集性疫情。

【疫苗接种】 2021年，市卫生健康委制定全市适龄女生HPV（人类乳头瘤病毒）疫苗群体免疫实施方案，自12月起为市区初二学段在校女生免费提供2剂次HPV疫苗接种，列入无锡市政府惠民工程。开展地方扩大免疫规划1周岁和4周岁水痘疫苗接种13.4万剂次，65周岁以上老年人肺炎接种3.81万剂次。

【慢性病防控】 2021年，市卫生健康委推进慢性病综合防控示范区建设和动态管理，江阴市、锡山区、惠山区、滨湖区通过国家级慢性病综合防控示范区复评审。改造升级死因监测信息系统和慢性病发病监测信息系统，并在全市医疗、疾控和社区卫生服务机构全面运行，实现数据互联互通。做好严重精神障碍管理治疗项目规范随访服务，全市严重精神障碍患者规范管理率95.68%。根据市委、市政府印发的《关于推进全国市域社会治理现代化试点工作的实施方案》要求，组成市级心理健康服务工作组及专家组，推动全市社会心理服务体系工作发展。

（市卫生健康委）

基层卫生

【基层医疗改革】 2021年，市卫生健康委联合有关部门印发《关于无锡市基层卫生健康“三力提升”计划（2021—2025年）的实施意见》，推出提升基层医疗卫生机构运行活力、提升基层医疗卫生服务能力、提升基层医务人员内在动力的10项举措。出台《关于提高部分乡村医生生活补助标准的通知》，从2021年起调整部分乡村医生生活补助标准，对截至2010年12月31日男年满60周岁、女年满55周岁，在乡村医生工作岗位上工作满15年，未参加企业职工基本养老保险、未享受基本养老保险待遇的乡村医生，在享受居民养老保险待遇的基础上，生活补助标准从原先的每从事乡村医生工作满一年补助25元调整至30元（工作年限超过35年的按35年计算）。修订《无锡市“红十字博爱仁医基金”管理办法》，将未享受基本养老保险待遇的乡村医生，因患病导致家庭困难者纳入救助范围，对2020年度符合救助条件的14名困难乡村医生实施救助10.2万元。

【基层卫生服务体系建设】 2021年,全市有47家基层医疗卫生机构实施硬件提档升级建设,其中25家机构投入使用。4月,第二届全国基层卫生健康发展与传播大会暨基层卫生重点工作经验交流会召开,江阴市卫生健康委获评全国紧密型县域医共体建设优秀实践案例奖。6月10日,《"无锡:夯实分级诊疗基石"经验介绍》在《健康报》第三版整版刊登。持续推进国家基本公共卫生服务项目建设,全市515个村民委员会和681个社区居民委员会均依法设置公共卫生委员会,覆盖率100%。对社区卫生服务中心(乡镇卫生院)和社区卫生服务站(村卫生室)疫情防控情况多次督查,及时通报问题,限时整改到位。54家社区卫生服务中心(乡镇卫生院)完成"智医助手"平台部署。年内组织开展基本公共卫生服务项目县级购买服务支付标准评选展示活动,惠山区1个案例获评省级优秀方案。

【基层卫生服务能力建设】 2021年,市卫生健康委联合有关部门下发《关于医保政策向省社区医院、省农村区域性医疗卫生中心、医疗服务能力达到国家推荐标准基层医疗卫生机构进行倾斜的通知》,明确医保向省级社区医院、农村区域性医疗卫生中心、医疗服务能力达到国家推荐标准的基层医疗卫生机构倾斜政策,将职工医保住院医疗费用结算标准统一调整为3400元/人·次,该做法被国家卫生健康委办公厅《卫生健康工作交流——基层卫生健康工作》第107期专刊刊发。承办全省2021年度"优质服务基层行"活动市级专家库成员培训班。组织开展2021年度"优质服务基层行"活动,全年新增服务能力达到国家推荐标准的基层机构22家、服务能力达到国家基本标准的基层机构28家。组织开展2021年度全市村卫生室服务能力评价工作,新增省甲级村卫生室8家。开展省、市基层卫生骨干人才年度考核,对160名省级基层卫生骨干人才及428名市级基层卫生骨干人才进行考核测评。年内,全市有40名基层卫生骨干人员、25名乡村医生参加基层卫生人才能力提升培训,55名全科医生(村医、护士)参加基层适宜卫生技术师资培训。全市新增省农村区域性医疗卫生中心4家、省级社区医院7家、省级基层医疗卫生机构特色科室7个。无锡市人民医院内分泌科获准挂江苏省基层内分泌特色科室分孵化中心牌子。至年末,全市以市(县)、区为单位,医疗卫生机构分类代码注册为"C乡镇卫生院/B社区卫生服务中心"的基层机构参与率100%,其中,87%的乡镇卫生院、社区卫生服务中心服务能力达到国家基本标准,33%的乡镇卫生院、社区卫生服务中心服务能力达到国家推荐标准。

【家庭医生签约服务】 2021年,全市开放家庭医生工作室111个,签约总户数95.6万户;组建家庭医生团队1260支、团队总人数7643人,提供上门服务3454人次;开设家庭病床基层机构33家、家庭病床建床数322张;建有专家工作室或联合病房的基层医疗卫生机构数42家、基层专家工作室诊疗人次数3.74万人次;建成联合病房19个,联合病房实际开放床位数252张,联合病房手术269台次。市卫生健康委组织开展家庭医生签约服务市级绩效考核,承办全省体医融合家庭医生签约服务创新试点专题培训会。年内,全市新增省家庭医生签约服务创新单位3家、省星级家庭医生工作室5家。8名选手获无锡市"优质服务基层行"家庭医生团队感控技能竞赛活动一等奖,并被评为无锡市"五一"劳动创新能手。惠山区被中国残疾人联合会、国家卫生健康委确定为残疾人家庭医生签约服务国家级重点联系点。

(市卫生健康委)

妇幼保健

【妇幼健康服务体系】 2021年,无锡市重点推进江阴市、锡山区和惠山区妇幼保健院建设,宜兴市妇幼保健院产科运行良好,城区妇幼保健机构错位发展,自主推进门诊个体保健服务。建立无锡市传染病医院和无锡市妇幼保健院长期协作模式,保障新冠肺炎疫情常态化防控期间母婴安全。基层医疗卫生机构妇幼健康规范化门诊建设比例84%,全市89家基层机构,妇保人员达标率65.7%,儿保人员达标率63.7%。年末有省市级儿童早期发展基地5家,优化升级市妇幼健康信息系统。

【母婴安全保障】 2021年,全市产科分娩42694人,孕产妇死亡率6.99/10万,婴儿死亡率1.98‰。市卫生健康委为保障母婴安全,制定演练考核评估标准,展示规范化急救流程、医疗处置和多部门联动机制。在全省率先探索孕产妇心脏病、抑郁症筛查项目。

【妇女儿童健康】 2021年,市卫生健康委推进妇女"两癌"筛查创新试点项目,以宫颈癌综合防治试点项目为主要内容,推动健康中国行动创新模式试点工作。新增5个健康体检机构作为免费"两癌"检查项目初筛机构,全年城乡适龄妇女免费"两癌"筛查完成宫颈癌检查22.56万人、乳腺癌检查22.58万人,目标任务完成率107.52%。落实出生缺陷综合防治项目,实现产前筛查和新生儿疾病筛查常住人口全覆盖,年内产前诊断确诊染色体异常147例、遗传代谢性疾病确诊80例、听力障碍确诊112例、先天性心脏病确诊496例;阻止65例"先天愚型儿"出生。全年完成孕产妇艾滋

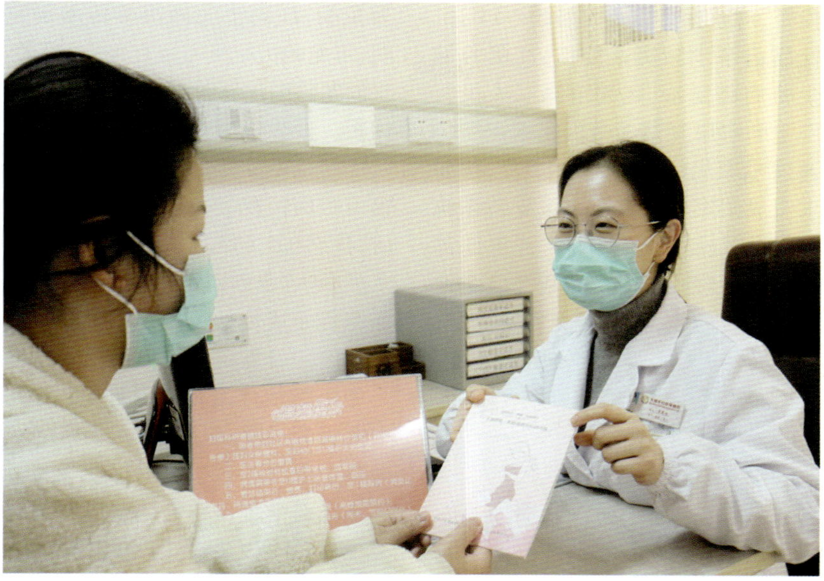

2021 年，市卫生健康委推进妇女“两癌”筛查创新试点项目

（市卫生健康委　供图）

病、梅毒和乙肝检测 42126 人，检测率 100%。落实 0～6 岁儿童眼保健和视力筛查项目，实现幼儿园儿童视力建档全覆盖。全市 581 家托幼托育机构卫生保健合格率 100%。

（市卫生健康委）

老龄健康

【老年健康服务体系】 2021 年，无锡市启动常住人口 50 万人以上涉农地区老年病医院规划建设工作，推进综合医院老年医学科建设，建成惠山区三级老年病医院，二级及以上公立综合医院设置老年医学科比例 85.7%。至年末，全市累计建成护理院 66 家、护理站 19 个、护理中心 1 个，医养结合服务机构 128 家。开展老年友善医疗机构创建工作，155 家机构获评 2021 年度江苏省老年友善医疗机构，其中 11 家为优秀单位。

【老年健康服务能力建设】 2021 年，市卫生健康委联合有关部门印发《关于做好无锡市医疗护理员培训工作的通知》，并纳入人社部门专项培训经费补助项目，按照最高不超过 1500 元 / 人的标准给予培训补贴，首批培训 53 人，获江苏省医疗护理院岗位培训证书。完成首批老年专业护士培训 41 人，组织 300 人参加全国医养结合人才能力提升线上培训，组织 20 人参加为期 3 个月的省 2021 年度全国老年医学人才培训班。开展老年医学课题研究，年内获准成为江苏省老年医学临床技术应用研究项目（建设）单位 4 家、江苏省老年医学临床技术应用研究项目带头人（培养对象）4 人、江苏省老年健康引进新技术 1 项、江苏省老年健康科研课题项目 4 个。

【老年健康服务内涵建设】 2021 年，市卫生健康委优化整合企业退休人员和老年人健康管理基本公共卫生服务项目，规范做好 65 周岁及以上常住老年人健康管理项目，完善老年人健康管理信息系统，年内全市完成 65.78 万老年人健康体检，健康管理率 74.3%。在市区范围内进行试点扩面，开展老年人心理关爱项目，自 2020 年实施以后累计完成老年人心理健康状况现场调查 17193 例，其中一般人群 15305 例、临界人群 1471 例、高危人群 417 例。

【老年人癌症早筛查早诊断早治疗项目】 2020—2021 年，市区完成老年人 12 种肿瘤标志物免费检测 52.3 万人，完成率 104.6%。市卫生健康委实施国家癌症中心的无锡癌症防控试点项目，制定印发《无锡市癌症防控全链条全周期试点项目实施方案和肺癌等 5 个癌种筛查项目技术方案》，

2021 年，无锡市开展老年友善医疗机构创建　（市卫生健康委　供图）

完成信息化改造，完善项目流程图。对参与评估的老年人中的肺癌、乳腺癌、肝癌、上消化道癌和结直肠癌高危人群继续进行免费筛查，年内完成恶性肿瘤高危人群评估29985人，组织肺癌高危人群免费胸部CT检查3816例，其中阳性比例8.2%。

（市卫生健康委）

职业健康

【《职业病防治法》宣传】 4月25日至5月1日，市卫生健康委开展《中华人民共和国职业病防治法》宣传周活动，出动宣传人员2074人次，开展主题宣讲活动214次、宣传咨询活动351次、警示教育活动194次，印发宣传材料25.3万份，制作宣传视频310个，宣传受众100万人。参加全国第二届职业健康传播作品征集活动，获一等奖1个、二等奖3个、三等奖1个、优秀奖4个，获奖数位居全国地级市前列。

【职业病危害因素监测】 2021年，市卫生健康委开展23种重点职业病危害因素监测工作，监测对象为接触重点职业病危害因素岗位员工，全市参加职业健康检查的劳动者有49.6万人，发现职业禁忌证9114人、疑似职业病344人，诊断职业病168人。开展无锡市第六次医用X射线工作者辐射流行病学随访调查工作，随访调查585人。完成省下达的146家企业工作场所职业病危害因素监测工作。开展职业健康领域重大风险辨识工作，选定职业病危害严重的用人单位200家，及时排查整改风险隐患。

【粉尘危害专项整治】 2021年，市卫生健康委开展粉尘危害专项整治行动，梳理整治重点行业企业964家，督促企业落实主体责任，开展职业病危害因素定期检测及职业健康检查，对超标岗位及时整改。11月，江阴云亭尘肺病康复站、江阴月城尘肺病康复站、宜兴市第二人民医院尘肺病康复站3个国家试点单位通过专家组评估验收。12月，按要求完成国家职业健康决策支持系统信息化试点任务。年内，开展江苏健康企业建设工作，53家健康企业通过省级验收，数量居全省第一位。

（市卫生健康委）

健康促进

【卫生健康创建】 9月，无锡市被全国爱国卫生运动委员会办公室、健康中国行动推进委员会办公室遴选为健康城市建设推动健康中国行动创新模式试点15个试点市之一，是省内唯一入选城市，试点工作确定以宫颈癌作为防治的重点癌种。12月，无锡市以历史最高分通过国家卫生城市复审，江阴市、宜兴市也通过国家卫生城市复审；19个国家卫生镇通过复审。

【病媒生物防制】 12月，无锡市在省内率先成立市病媒生物应急处置队，在惠山区举办突发虫媒传染病消杀处置演练，90余人参加演练，首次部署开展冬季灭蚊活动。

【禁控烟工作】 2021年，无锡市大力开展无烟党政机关建设，全市建成无烟党政机关529个。无锡市机关事务管理局无烟建设案例被健康中国行动推进委员会评为2021度全国25个无烟党政机关建设优秀案例。

（市卫生健康委）

中医药发展

【中医药传承创新】 2021年，无锡市初步建立以市龙砂医学流派研究院为龙头，江阴市龙砂医学传承研究院、市龙砂医派研究院宜兴分院为分支的龙砂医学流派“一体两翼”传承体系。世界中医药学会联合会五运六气专业委员会换届，秘书处挂靠无锡市中医医院。龙砂医学流派学术研讨会暨经方临床应用提高班在南京举办。“龙砂医学传承推广”获批江苏省非遗传承项目，《基于五运六气理论的新发突发传染病预测预警与中医诊治体系构建研究》中标省中医管理局重点项目。无锡市中医医院创成江苏省中医退行性骨关节病临床医学创新中心。全市中医药类项目获得国家自然科学基金面上项目1个，省中医药科技发展计划专题研究项目1个、青年人才项目1个、面上项目4个；在第十二届江苏中医药科学技术奖评选中获二等奖1个、三等奖2个。市中医药科技专项立项重点项目2个、一般项目30个。

【基层中医药服务与管理】 2021年，无锡市惠山区中医医院、宜兴市中西医结合医院分别通过二级甲等中医（中西医结合）医院评审。全市评定社区卫生服务中心、乡镇卫生院三星级中医馆48家、四星级中医馆31家、五星级中医馆7家。市卫生健康委（中医药管理局）、市市场监管局对72家中医医疗机构联合开展依法执业和药事管理综合督查，健全中医药质控组织体系，形成中医病案、中药药事、中医内科、治未病科、骨伤科、中医护理“六位一体”质控网络。

【中医药便民惠民】 2021年，无锡市实施中医药进万家工程，围绕“八项目标”，实施“三大行动”。为全市65岁以上老年人提供中医药特色治未病服务人数57.54万人，服务率65.4%；推行家庭医生签约服务，发放“中医药健康服务包”1.91万份。开展第11届“中医药就在你身边”健康巡讲、“岐黄校园行”、中医药宣传月无锡专场等活动，举行各类中医药健康文化传播活动520次，发放中医药健康教育资料10万余份、中医药健康处方3万余张，5万余人次受益。无锡市中医医院，江阴市、梁溪区、惠山区、新吴区等分别举办"中医惠侨"基地揭牌暨中医药文化感知活动，推动中医药服务侨胞活动。

（市卫生健康委）

延伸阅读：

中医药进万家工程

该工程围绕"八项目标"，实施"三大行动"：明确通过开展推进基层中医药服务能力提升、龙砂医学流派传承发展和中医药健康文化推广"三大行动"，实现全面提升88个基层中医馆服务能力，推广普及6类以上中医非药物疗法，做强做优20个基层中医特色专科，打造30个基层名老中医传承工作站，精心培育百名中医治未病技术骨干，发放万份"中医药健康服务包"，开展100场以上健康文化活动，为50万名以上老年人提供中医药治未病健康服务"八项目标"。

（资料来源：《无锡日报》2021年5月30日第二版）

卫生监督

【卫生健康规范执法】 2021年，市卫生健康委制修订行政应诉等5项制度，开展规范性文件全面清理和4次地方性法规、规章、规范性文件专项清理。对1件重大决策事项、1件规范性文件、40件重大行政执法决定实施合法性审查，对规范性文件开展公平竞争审查。规范复议诉讼应诉，完成行政复议应诉3起，行政诉讼应诉一审3起、二审2起，行政机关负责人出庭应诉率100%。2份行政处罚案例获评2020年度全国卫生健康行政执法优秀典型案例，1份行政处罚案卷获评江苏省首届十佳行政处罚案卷。打造"以案释法"和无偿献血法治文化，开展专业法宣传89场次、"法律七进"活动43场次。

【卫生健康行政审批】 2021年，市卫生健康委推进卫生健康"放管服"改革，取消公共场所建设项目卫生审查事项。无锡市成为新生儿出生"一件事"改革全省试点，"一件事"联办系统上线运行。深化"证照分离"改革，14个卫生健康改革事项惠及市场主体数量3077个。医疗广告审查事项实现"全程网办"。放射诊疗许可事项材料进一步压缩50%，将放射诊疗许可现场审核和竣工验收归并开展。政务服务事项办理时限压缩率从76.23%提升至91.59%。规范社会办医，新修订的《无锡市社会医疗机构管理条例》自1月1日起施行；会同14个部门联合印发《无锡市促进社会办医持续健康规范发展实施方案》。全年审批窗口累计办件11954件。

【卫生健康综合监管】 2021年，全市开展卫生健康日常监督检查1.67万户次，开展各类专项整治154项，实施行政处罚743起，罚没款金额1097.3万元，移送司法机关案件4起，处理举报投诉576起。完成年度国家、省"双随机"监督抽检任务3940件，完成市、(县)区部门联合双随机抽查任务141件。

（市卫生健康委）

【学校卫生工作】 2021年，无锡市教育系统科学精准有效落实常态化疫情防控，有序组织师生员工开展新冠疫苗接种。加强学校传染病防控和食品卫生工作，中小学校卫生技术人员队伍全面加强。建立无锡市儿童青少年近视防控研究中心，完成60所义务教育学校教室照明改造提升。规范开展学生健康体检和体质健康监测，完善评估干预、反馈公示、抽查复核和考核评价制度。

（市教育局）

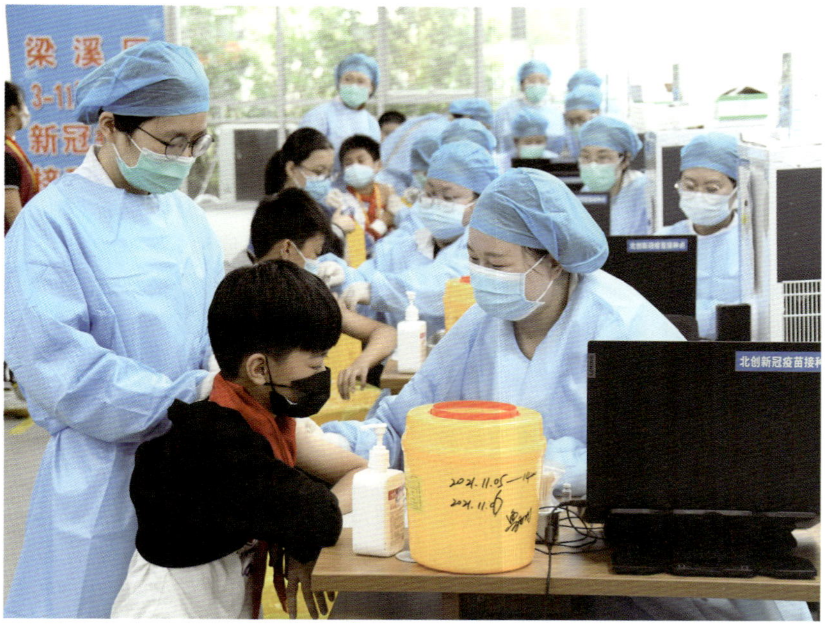

2021年，无锡市开展学生新冠肺炎疫苗接种　（市卫生健康委　供图）

医政药政管理

【医联体建设】 2021年，市卫生健康委落实医联体网格化建设规划，4个城市医疗集团和6个涉农地区医疗共同体开展双向转诊10万余人次，上级医疗机构下转患者数量与基层医疗机构上转患者数量比例20.08%，县域就诊率96.89%，居民两周患病首选基层医疗卫生机构的比例72.43%。持续推进优质医疗资源下沉，龙头医院在成员单位基层医疗机构开设工作室193个，下派医务人员1278人，开展诊疗服务3万人次。

【医疗服务能力建设】 2021年，无锡市有省级临床重点专科68个。市卫生健康委修订《无锡市市级临床重点专科评审标准（2021版）》，扶持薄弱专科建设，组织开展市级临床重点专科评审，新确认市级临床重点专科46个，市级临床重点专科总数76个。江阴市人民医院、宜兴市人民医院、宜兴市第二人民医院达到国家县级医院医疗服务能力推荐标准。惠山区人民医院转设三级综合医院，惠山区第二人民医院转设三级老年病医院。印发《关于进一步加强与规范疾病诊断编码和住院病案首页等应用与管理工作的通知》。全市17家三级医院全部接入省医疗服务综合监管系统，40家二级及以上医院接入市医疗服务综合监管系统。提高接续性医疗服务能力，推进“互联网+护理服务”，印发《关于规范和推进“互联网+护理服务”试点工作通知》，提供居家腹膜透析、压力性损伤管理、脑卒中康复管理、PICC护理等服务289人次。印发《关于加强老年护理专业护士队伍建设的通知》，新增老年护理专业护士基地3家。

【平安医院创建】 2021年，市卫生健康委完善平安医院建设组织架构，完成新一轮医疗责任险招标采购。推动市妇幼保健院、市儿童医院创建省级平安医院，开展市级平安医院考评工作。推进全市8家1000张床位以上大型医院安防系统及安检工作，开展医院安保及医患纠纷风险隐患排查，联合公安部门开展暗访。开展全市医疗纠纷和医疗事故赔偿行政调解工作，完善相关制度及流程。开展全市医疗机构投诉管理专项整治，完善医疗机构投诉接待处理工作组织和制度。

【医疗质量控制体系建设】 2021年，市卫生健康委完善质量控制组织建设，实现质量控制数据网络直报，建成市级医疗质量控制中心44个，完善质量控制指标体系建设。定期开展质控工作，形成年度质控报告，下发整改通知书139份。完善市级质控中心考核评价标准，对质控中心开展考核。

【医疗机构管理】 2021年，市卫生健康委组织对8家二级医院开展医院评审工作。开展医疗机构名称清理整顿工作，清理命名不规范医疗机构14家。推进《医疗机构依法执业自查管理办法》落实，督查医疗机构38家。组织开展医疗质量安全检查，检查医疗机构56家次。对医疗机构开展行政约谈10次，对14家医疗机构不良执业行为记分51分。

【医院感染管理】 2021年，市卫生健康委组织开展全市医疗机构院感防控专项整治行动，完善和修订医疗机构感控规章制度838项、工作规范和操作规程486项，督促医疗机构完善医院感染管理委员会组织构架及运行机制，新增感控专职人员154人。深入开展“八排查”（查找制度规范、岗位职责方面存在的漏洞；查找防控措施方面存在的漏洞；查找重点环节方面的漏洞；查找重点部门科室防控方面存在的漏洞；查找医院大流程和科室病区小流程方面存在的漏洞；查找人员教育培训考核方面存在的漏洞；查找医护人员排班方面的漏洞；查找督导检查压实责任方面存在的漏洞）整改活动，全市医疗机构排查出问题5533个，落实整改到位5509个，整改完成率99.57%。采取多种形式开展全员院感培训，累计参训人员5万余人次。开展医疗机构常态化疫情防控及院感防控工作巡回督查，所有三级医院重点科室“应查尽查”，各地全覆盖检查。持续推进院感监测信息系统建设，全部三级医院及38%的二级医院安装院感监测信息系统。

【血液供应管理】 2021年，全市献血总人数82949人次，献血总量27.61吨，分别比上年增长3.02%和3.64%。开展临床用血专项检查，推进医疗机构与血站机构信息系统对接工作，83%的二级以上医院部署信息系统。召开全市献血工作会议，开展“世界献血者日”宣传活动。市血站无偿献血科普馆开馆，组织“无偿献血知识‘五进’”活动27场次，在册志愿者人数669人。

【基本药物使用】 2021年，市卫生健康委建立全市医疗卫生机构基本药物配备使用情况月通报制度。加强基本药物配备使用考评结果运用，全年分配基本药物制度补助资金4676万元。全市基层医疗卫生机构基本药物配备使用产品和金额占比均达到省级要求。江阴市深入推进实施国家基本药物制度综合试点工作。

【短缺药品监测】 2021年，市卫生健康委继续实行短缺药品国家、省双平台信息申报和审核工作，实行短缺药品监测预警“每月零报告”制度，并与绩效考核挂钩。强化实行短缺药品监测预警季度通报制度，全年收集短缺药品信息555条，通报4期。

【医疗设备管理】 2021年，市卫生健康委印发《无锡市卫生健康委医疗设备采购与绩效管理规定（试行）》，规范直属医疗卫生机构医疗设备的购置及绩效管理。推进市医疗设备资源共享平台建设，提高医疗设备的使用效益。组织专家论证会6次，同意批复购置医疗设备3426台（套）。

【药品医用耗材带量采购】 2021年，市医保局做好国家及省级各类药品和医用耗材集采落地，开展市级医用耗材联盟带量续约现场谈判工作，超声刀刀头等4类医用耗材价格平均降幅约60%，最高降幅超80%。至年末，各级各类带量采购累计减轻购药负担超26亿元。开展药品、医用耗材阳光采购专项督查，覆盖全市40家二级及以上公立医疗机构。

（市卫生健康委）

【中医服务项目价格调整】 2021年，市医保局对中医外治、中医骨伤、针刺等7类106项中医医疗服务项目价格进行调整，平均上调幅度47%，引导中医医疗服务项目价值回归。

（市医保局）

【卫生健康“三名”战略】 2021年，市卫生健康委继续推进卫生健康“三名”（名院、名科、名医）战略，制定出台《关于推动卫生健康“三名”战略落地落实的十条举措》《无锡市医学重点学科项目建设与管理办法》《无锡市卫生健康系统“三名”战略高层次人才赴国（境）内外研修管理办法（试行）》《无锡卫生健康“10+N”惠才举措》。江南大学附属医院获批国家创伤区域医疗中心，国家级医学分会主委、中华医学科技奖一等奖均实现零突破。推进市校共建江南大学无锡医学院建设，召开专班会议5次。无锡医学院获批临床专业硕士点、基础医学硕士点，临床医学本科专业获批国家一流本科专业，临床医学学科进入ESI全球排名前0.5%、STEM最新排行第43位。推进南京医科大学无锡医学中心建设，无锡市人民医院启动无锡医学中心初期改造工作。年内，全市医疗卫生系统获评国家、省自然科学基金（重点专项）38个，省科学技术奖2个，省医学新技术引进评估奖30个；获全国医院临床创新与发明大赛一等奖、省创新创业大赛一等奖各1个。市厅级科技项目立项71个，市卫生健康委本级项目立项259个；发表影响因子10分以上SCI论文16篇；获国家发明专利46件，国际发明专利5件，转化科技成果12项；新增市临床医学重点学科项目57个、市重点专科项目46个。

【卫生健康人才队伍建设】 2021年，无锡市举办2021太湖人才峰会无锡卫生健康专场活动，新增“太湖人才计划”医学专家团队24个，其中顶尖医学专家团队11个、高端医学专家团队9个、优秀医学专家团队4个。实施百名博士“锡”引行动，市属医疗卫生机构引育博士104人，比上年增长4倍。遴选34名优秀中青年骨干到国内外26所知名医疗机构研修学习。年内新入选“江苏特聘医学专家”1人，省“双创人才”1人，“双创博士”3人，本土人才培养创历年新高。

全年引进市“太湖人才计划”中医类高端医学专家团队2个、顶尖医学专家团队1个。新增第四批省名老中医药专家传承工作室3个。入选全国中医优秀人才研修对象4人，入选省级中医优秀人才研修对象8人，数量均居全省地级市第一位。18人入选省西学中高级人才研修项目师承导师。通过省中医医术确有专长医师资格考核2人，通过传统医学师承人员出师考核6人。14个市名中医工作室人才建设初显成效，88名基层卫生技术人员完成中医药知识技能授课学习。举办全市中医药综合技能大赛，决出个人奖15个、团体奖11个。培训龙砂特色治未病技术骨干300余人。

【生物安全】 2021年，市卫生健康委健全完善病原微生物实验室生物安全监管的责任体系和长效工作机制。至年末，全市有上报备案生物安全实验室240个，其中医疗卫生系统164个、疾控系统10个、采供血系统2个、检测基地12个、第三方检测机构4个、科研系统4个、教育系统4个、出入境系统3个、各类企业37个；新增生物安全备案实验室52个。

（市卫生健康委）

编辑　何　峰

综 述

【体育规划编制】 2021年，无锡市出台实施《无锡体育强市建设实施方案》《无锡市“十四五”体育发展规划》，明确到2035年建成体育强市、打造全国体育名城目标和到2025年的具体目标，提出五大工程任务和2021—2023年10项行动计划。对照《无锡市“十四五”体育发展规划》，市体育局编制《无锡市全民健身实施计划（2021—2025年）》《无锡市“十四五”体育产业发展规划》《无锡市“十四五”竞技体育发展规划》《无锡市加快公共体育设施建设五年行动计划（2021—2025年）》等专项规划计划。对接市国土空间规划，编制完善《无锡市公共体育设施与体育产业功能区布局专项规划》。加强体育领域法制建设，推进《全民健身条例》立法工作。

【体医融合发展】 2021年，市体育局与市卫生健康委联合下发《无锡市促进体医融合发展的实施意见》，明确到2025年，全市人民群众体质健康水平不断提升，全市居民健康素养水平达到28%，全市经常参加体育锻炼的人口比例超过47%，《国民体质测定标准》达标城乡居民比例95%以上，人均预期寿命达83岁左右。年内在市中医院、惠山区康复医院、太湖人才发展中心试点建设首批运动促进健康中心，提供“测、评、导、教”健康闭环管理服务，建成后各中心预计年服务市民超3000人次。全年开展体质监测3200人，提供免费体质测试超3万人次。

【体育社会组织建设】 2021年，全市体育社会组织加快发展，新增社会体育指导员、青少年体育、击剑、信鸽运动、路跑、滑雪、航空7家协会，新增尚贤体育发展基金会1家。开展“僵尸型”社会组织专项整治行动，完成整改8家、主动注销4家、撤销登记3家，体育社会组织结构进一步优化。年末，全市有市级协会56家、基金会1家、民办非企业单位108家。

（市体育局）

体育设施

【概况】 2021年，无锡市奥体中心项目完成选址，市体育中心体育场改造提升形成比选方案，利用94块城区闲置用地建成公共体育设施项目193个，新增体育场地面积10.8万平方米。年内，全市新增体育公园18个、健身步道150余千米，更新配建室外公共体育器材286件（套），无锡市人均体育场地面积3.32平方米。

【闲置地建设公共体育设施】 2021年，市体育局在全市梳理摸排可用闲置地94块，形成拟建公共体育设施清单177项，市政府办公室印发《无锡市利用城区闲置地建设公共体育设施实施方案》，成立多部门共同参与的项目专班，清单化、节点化、责任化推进工程建设。该项目全年累计投入2000余万元，实际超额建成公共体育设施193个，涵盖健身路径、健身步道、健身广场、足篮球场、多功能场地等多种类型，新增公共体育场地面积10.8万平方米，有力拓展群众身边的健身空间。

【新增4个省级最美乡村健身公园】 11月24日，省体育总会、省农民体育协会公布2021年度江苏省最美乡村健身公园名单，35个乡村健身公园入选。江阴市青阳镇凝秀湖公园、江阴市丁果湖山水湿地公园、宜兴市西渚镇溪东村洋滩体育健身公园、锡山区东亭街道东亭体育运动公园上榜。至年末，无锡有9个省级最美乡村健身公园，另外5个分别是宜兴龙池山自行车公园、宜兴龙珠湖公园、滨湖区胡埭镇人民公园、江阴澄江街道黄田港公园、宜兴西渚镇横山村健身公园。

【新增2条全省最美跑步线路】 12月7日，“魅力江苏，最美体育”2021江苏省最美跑步线路颁奖仪式在南京举办，全省有24条线路入选，无锡市滨湖区十里芳堤樱花跑道、无锡经开区尚贤河全民健身步道上榜。年末，无锡市有11条最美跑步线路。

【贡湖湾湿地公园锡马体验步道开放】 贡湖湾湿地公园锡马体验步道是市体育局2021年为民办实事项

4 月，贡湖湾湿地公园锡马体验步道向公众开放　（市体育局　供图）

目。该项目位于贡湖湾湿地公园内，东起清舒道，西至立信大道，全长 2.3 千米，铺设彩色沥青混凝土，以蓝色为打底，灰色和粉色线条勾勒组合，周边配套绿化提升面积 3.1 万平方米。步道沿线新建驿站 2 座，设置景墙 4 段，安装成品坐凳 16 个、各类雕塑 16 个、智能化健身器材十件套 2 套，并与 2019 年为民办实事项目——贡湖湾彩虹步道实现贯通连接。该步道于 4 月举办的 2021 无锡马拉松赛事上开放。

（市体育局）

青少年体育

【无锡市小学生校园足球超级联赛】 4 月，2020—2021 无锡市小学生校园足球超级联赛落幕。该届联赛历时 4 个多月，共开展 90 场次比赛，吸引全市 27 支队伍、691 名小运动员参赛。江苏省锡山高级中学实验学校第二小学以全胜战绩夺得该联赛冠军，无锡市广益中心小学、江苏省无锡师范附属小学分获二、三名，宜兴市实验小学程梓轩凭借 9 个进球的表现摘得个人奖项金靴奖。无锡市小学生校园足球超级联赛是无锡市自主培育的校园足球 IP 赛事，已连续举办 3 届。

【跃动锡城·阳光体育十大联赛】 8—12 月，为丰富青少年业余体育生活，帮助学生在体育锻炼中增强体质、锻炼意志，市体育局组织开展跃动锡城·阳光体育十大联赛。联赛设置街舞、滑板、羽毛球、三人篮球、击剑、乒乓球、空手道、足球、武术套路、体适能 10 个项目，全市 2000 余人次参与。

【参加全国少年垒球锦标赛】 10 月 26 日，2021 年全国少年垒球锦标赛在仪征落幕。比赛分为 U12 普校（俱乐部）组、U15 普校（俱乐部）组和 U15 体校组 3 个组别，采用单循环比赛模式进行，全国各地的 17 支队伍、近 300 名球员参赛。经过 6 天角逐，锡山体校垒球队获得 U12 普校组冠军、U15 体校组亚军。

【参加江苏省青少年体育赛事】 2021 年，无锡市 2038 名运动员参加省级青少年体育竞赛项目 32 个，获 516 枚金牌。4 月 21—25 日，2021 年江苏省青少年田径锦标赛暨县组田径比赛在张家港市举行，江阴市代表队 19 名运动员取得 4 枚金牌、5 枚银牌、5 枚铜牌和团体总分第四的成绩。5 月 2—5 日，2021 年江苏省青少年乒乓球锦标赛（县组比赛）在南通海安举行，宜兴市代表队 12 名小将参赛，以 144 分获团体总分第一名，并包揽比赛所有组别的冠军。5 月 12 日，2021 年江苏省青少年拳击锦标赛在泰州市落幕，无锡代表队的 37 名运动员获得 8 个组别冠军，获 8 枚金牌、6 枚银牌、4 枚铜牌，金牌数、奖牌数均居全省第一位。5 月 21 日，2021 年江苏省青少年游泳冠军赛在南通海安落幕，无锡市代表队组队参加自由泳、蝶泳、蛙泳、仰泳 4 种泳姿的竞赛项目，取得 19 枚金牌、16 枚银牌、11 枚铜牌，金牌数居全省第一位。5 月 22—24 日，2021 年江苏省少年儿童体操冠军赛在无锡举办，比赛设 7 个年龄组别，包含男子全能、自由体操、女子全能等项目，来自

2020—2021 无锡市小学生校园足球超级联赛　（市体育局　供图）

南京、无锡、徐州等地的7支队共120余名小运动员参赛，产生金牌36枚。7月13日，2021年江苏省青少年棒球锦标赛在无锡落幕，省内9个设区市的326名运动员参加，比赛设置甲组（15～17岁）、乙组（13～14岁）、丙组（11～12岁）3个组别，无锡队取得丙组第一、甲组和乙组两个第二的成绩。12月31日，2021年“省长杯”江苏省职业学校第八届足球比赛在南京落幕，江阴中专队夺得冠军。

【华东十城市青少年跆拳道比赛】 10月27—30日，2021年华东十城市青少年跆拳道比赛暨长三角青少年跆拳道交流赛在无锡太湖国际博览中心举办。杭州、青岛、合肥、温州、南昌、福州、南京、无锡等城市的近250名青少年跆拳道选手参赛。比赛按照年龄划分为3个竞赛组别，为男女各组别设置多个不同的公斤级，产生金牌25枚、银牌25枚、铜牌43枚。

（市体育局）

群众体育

【概况】 2021年，市体育局制定出台《无锡市购买公共体育服务实施办法》，公开5大类27项购买服务指导性目录，明确购买需求、方式和程序，建立包含完成情况、参与规模、宣传推广、安全保障等9个指标的综合评价体系。全年购买公共体育服务63项、总额600万元，涵盖乒乓球、羽毛球、游泳、跆拳道、广场舞等项目，开展科学健身指导、体育社会指导员培训、国民体质监测等惠民服务及阳光体育冬（夏）令营等青少年活动，举办赛事活动近1000场次。全年组织参加省级培训班22期，举办市级培训班5期，每万人拥有社会体育指导员数量增至42人。推出《乐动健身日志》系列视频10期。全市经常参加体育锻炼人数比例超42%，国民体质合格率96.7%。

【新春全民健身线上运动会】 2—3月，市体育局适应常态化疫情防控形势，策划举办新春全民健身线上运动会，立足网络化、趣味性、综合性，设置云端show、打卡show两种参赛模式，通过网络报送视频和网络打卡传送轨迹的形式，开展武术、足球、篮球、排球、轮滑等20余项体育赛事活动。线上运动会为期1个月，吸引7.3万人次参与。

【全民健身大联动健步走活动】 3月28日，跃动锡城·2021全民健身大联动健步走活动在蠡园开发区举行。该活动由市体育局、市体育总会、蠡园开发区管委会、蠡园街道办事处主办，无锡市广场健身舞运动协会、蠡园街道文体服务中心、集成电路产业管理服务中心、无锡运动网共同承办，徒步线路全程10千米，1000余名徒步爱好者参加。

【“太湖人才杯”春季高校校友足球赛】 4月24日至6月12日，“太湖人才杯”2021年春季高校校友足球赛在无锡举办。该赛事由市人才工作办公室、市体育局主办，采取小组赛和淘汰赛赛制，来自苏州大学、湖南大学、上海财经大学、合肥工业大学等35个在无锡的校友会组成的20支球队参加，参赛人数500余人。赛事为无锡高层次人才搭建了切磋球技、增进友谊、相互交流的平台，进一步打响“无比爱才，锡望您来”人才工作品牌。最终河海大学无锡校友会队、东南大学无锡校友会队、南北航无锡校友会联合队分获前三名。

【无锡市健身健美公开赛】 4月30日至5月1日，2021无锡市健身健美公开赛暨无锡市健身健美锦标赛在滨湖区举办。比赛设置健身和健美2个大项、26个小项，赛事总奖金3.5万元，有40余家健身俱乐部的336名选手参赛，网络平台同步直播累计近4万人在线观赛。

【美丽梁溪2021城市定向挑战赛】 5月16日，美丽梁溪2021城市定向挑战赛在无锡博物院广场开跑。比赛起终点设在博物院广场，设有“绿水青山线”“健康人生线”和“美好生活线”3条主题线路，每条线路约15千米，沿线经过南禅寺、清名桥、东林书院、体育公园等地标，并设置趣味活动体验点，1000余名选手参赛。

【江苏省第二届传统武术大赛】 5月22—23日，江苏省第二届传统武术大赛在江阴海澜飞马水城举办。省内13个设区市武术协会、武术之乡及其他社会组织的19支代表队近600名运动员参赛，分个人、集体两个项目进行比拼。315人获个人一等奖，5家单位获集体一等奖，8家单位获武德风尚奖。

【“长江经济带”全民健身大联动】 6月5日，江苏省“长江经济带”全民健身大联动（无锡分会场）启动式在太湖国际博览中心举办。活动以纪念毛主席题词“发展体育运动，增强人民体质”69周年为主题，组织近1000名健身爱好者现场展演广场舞、柔力球、空竹、花样石锁等全民健身项目，展现锡城群众活力健康和积极向上的精神面貌。启动式后，全市多个健身团队的近1000名健步走爱好者从太湖国际博览中心出发，以健步走“7.1千米”的方式，庆祝中国共产党成立100周年。

【全市广场舞联动大展演】 5月29日，无锡市广场舞联动大展演暨2021年“舞动锡城”广场舞大赛在太湖国际博览中心举办。活动以“颂歌献给党，永远跟党走，幸福舞起来”庆祝中国共产党成立100周年为主题，全市的100支广场舞展演队伍、1000名广场舞爱好者参加，比赛分为规定套路和自选套路两个部分，上演《十谢共产党》《我爱你中国》《幸福小康》《我和我的祖国》等舞曲，滨

5月29日，"颂歌献给党，永远跟党走，幸福舞起来"无锡市广场舞联动大展演举办　（市体育局　供图）

湖区太湖灵秀艺术团、滨湖区龙山社区健身舞蹈队、新吴区童韵舞蹈队3支队伍获一等奖。

【2021世界物联网博览会无人机大赛】 10月22—23日，2021世界物联网博览会无人机大赛开幕式在无锡体育公园举办，800架无人机进行编队表演，规模创历年之最。该届无人机大赛设置F9U、3V3无人机空中足球赛、第三视角竞赛等项目，分为专业组、青少年组以及残疾人组，国内近300位选手报名。赛事期间，举办以"关于低空经济发展及产业化的前景方向和路径"为主旨的学术论坛。

【无锡市2021年全民健身启动式】 11月27日，无锡市2021年全民健身启动式暨社会体育指导员技能交流展示走进乡村活动，在宜兴市丁蜀镇举办。活动现场公布2021年度"十佳健身公园""十佳跑步线路""十佳健身活动""十佳健身达人""十佳社会体育指导员"5个十佳评选结果。宜兴市跆拳道协会、梁溪区凤之韵舞蹈队、宜兴木兰拳协会、宜兴市武术协会太极拳研究会、滨湖区龙山社区姐妹健身舞蹈队、丁蜀镇陶韵舞蹈队、惠山区快乐飞舞舞蹈队的200余名社会体育指导员进行了全民健身技能交流展示。

（市体育局）

【蠡湖水上体育赛事】 6月14日，无锡市第13届运动会职工部龙舟赛和蠡湖全民健身龙舟赛在蠡湖水域开赛，各级工会10支代表队参加。11月6—7日，在蠡湖双虹园水域举办江苏省帆船俱乐部联赛，通过举办赛事为省内相关俱乐部打造一个交流互动的平台，推广江苏省青少年帆船运动的发展。11月26—28日，2021江苏省青少年帆船锦标赛在蠡湖双虹园水域举办，该赛事是2021年江苏省青少年阳光体育运动联赛之一，并作为帆船项目被列入省运会竞赛项目的第一场锦标赛。2021年12月29日至2022年1月1日，举办2021中国帆船城市超级联赛总决赛，该赛事是中国帆船帆板运动协会创办的龙骨型帆船赛事，通过专业且具有城市特色的联赛模式，使其成为城市形象展示平台与中国龙骨帆船选手们的嘉年华。

（市文旅集团）

竞技体育

【概况】 2021年，无锡市9名运动员参加东京奥运会，体操项目获1银1铜，马术三项团体赛获亚洲最好成绩。无锡市残疾人铁饼项目运动员姚娟，女子坐式排球项目运动员龚彬、王莉参加东京残奥会，其中，姚娟在女子铁饼F64级比赛中打破世界纪录获金牌，女子坐式排球项目获亚军。无锡市149名运动员参加第14届全运会，竞技项目获11枚金牌、7枚银牌、11枚铜牌，金牌数和奖牌数位列全省第一方阵，较上一届大幅提升，棒球、马术项目实现"省队市办"组队以后全运会金牌零的突破。1家训练单位和36名运动员、教练员获得省级表彰。无锡运动员参加年度省青少年体育锦标赛获金牌133.5枚，市体育局获评年度后备人才输送和竞技体育成绩突出贡献奖。

【体教融合发展】 2021年，市体育局出台《无锡市深化体教融合促进青少年健康发展的实施意见》，明确体教融合发展目标、具体措施和保障体系。夯实体育传统特色学校"5621"布局（各市〈县〉、区均有5个项目达到小学、初中、高中6：2：1布局），"市队校办"项目增至14个、特色学校增至23所，13所特色幼儿园被评为省体育特色快乐体操培训基地，3家单位被评为省青少年奥林匹克体育俱乐部。全年承办全国、省青少年体育竞赛16项次，组织开展市级阳光体育联赛10项、小学生年度比赛19项。举办乒乓球、羽毛球、少儿体适能、滑雪4个项目的青少年体育冬（夏）令营活动。新创"同贺新春，跃动锡城"线上亲子运动达人节，全市1.39万个家庭3万余人参与。

【参加第14届全运会】 9月15—27日，中华人民共和国第14届运

9 月 12 日，江苏省棒球队摘得第 14 届全国运动会金牌

（市体育局　供图）

动会在陕西省举行。无锡市 149 名运动员参加，竞技项目获 11 枚金牌、7 枚银牌、11 枚铜牌。7 月 12 日，无锡运动员阮莉丽搭档队友吴心怡，以 311.7 分摘得跳水 U14 组比赛女子双人跳台项目第一名，为江苏代表团拿下该届全运会的首枚金牌。8 月 23—27 日，无锡市惠山区代表队以 9.22 分的成绩获得健身气功·气舞项目城市街道（社区）组第一名，摘得一等奖，是无锡市、江苏省首次在该项目上夺得冠军；江阴职业技术学院代表队、江阴徐霞客镇代表队在健身气功·易筋经项目上，分获企事业单位组三等奖和农村乡镇组三等奖。9 月 12 日，江苏省棒球队 3∶1 战胜获得过 4 届冠军的天津队，摘得 2002 年“省队市办”组队以后首个全运会冠军。9 月 13 日，无锡运动员刘宽以两战两胜的成绩，夺得全运会自行车项目男子场地争先赛冠军，并在排位赛中以 9 秒 474 的成绩打破全国纪录。9 月 21 日，无锡运动员包英凤搭档爱马 CORONA94，以一场零罚分的表现在马术场地障碍赛中夺得个人赛冠军，为江苏代表队在该届全运会马术项目上获得的首枚金牌，实现江苏在历届全运会马术个人项目上金牌“零”的突破。9 月 21 日，江苏队以 73∶48 战胜湖南队，获得全运会 U19 女篮冠军，无锡女篮运动员罗欣棫发挥出色，以 21 分的全场最高得分助力江苏队收获金牌 1 枚。9 月 27 日，江阴女足队代表江苏出战全运会群众比赛 11 人制足球女子组决赛，5∶0 战胜湖南队，以全胜战绩夺冠，为江苏首次在全运会群众比赛足球项目中摘金。

【参加东京奥运会】 7 月 26 日，无锡市与省联办的江苏省体操队运动员孙炜在体操男子团体决赛中摘得 1 枚铜牌。8 月 2 日，无锡市与省联办的江苏省体操队运动员尤浩在男子吊环决赛中获得 1 枚银牌。

【无锡市第 13 届运动会】 5—11 月，无锡市第 13 届运动会以“同心向党，体育让生活更美好”为主题，突出全民参与、全民共享，设置青少年部、职工部、老年部、残疾人部和群众体育部 5 个部组、36 个竞技大项，参与人数超 1.7 万人。该届市运会首次采用线上“云”开幕，开幕式通过各大网络平台全程直播，邀请嘉宾、导演、健身达人在线访谈，并设置现场互动抽奖环节，累计吸引近 70 万人次参与，实现线上线下同步开展。

【阳山半程马拉松】 3 月 28 日，由中国田径协会、惠山区人民政府主办的 2021 阳山半程马拉松鸣枪开赛。该届赛事设置 21.0975 千米半程马拉松和 5 千米迷你马拉松两个项目，赛道途经桃花岛、田园东方、桃源葫芦谷等景点，来自省内的 5000 余名选手参加。

【无锡马拉松】 4 月 11 日，2021 无锡马拉松鸣枪开跑。该届锡马吸引 2.7 万名选手参赛，38.34 万人观赛，带来直接经济效益约 9370 万元。李子成、丁常琴分别以 2 小时 16 分 19 秒、2 小时 32 分 45 秒的成绩获得男子、女子冠军，801 名选手跑进 3 小时、刷新赛会纪录。2021 无锡

9 月 21 日，无锡运动员包英凤获得第 14 届全运会马术场地障碍赛个人赛冠军　（市体育局　供图）

4 月 11 日,2021 无锡马拉松鸣枪开跑　（市体育局　供图）

马拉松加入中国田径协会和中央广播电视台主办的“奔跑中国”马拉松系列赛,中央电视台体育频道CCTV5 对赛事全程直播 160 分钟,宣传报道太湖湾科创带、地方党史红色文化传承、优秀共产党员与先进基层党组织新作为新担当、锡马高颜值赛道与城市精细化管理成效等,全方位展现无锡最美城市形象。

【江苏棒球队夺得全国锦标赛亚军】 4 月 17—25 日,2021 年全国棒球锦标赛在江苏省仪征市举办,来自全国的 10 支队伍展开角逐。小组赛阶段,“省队市办”江苏棒球队先后战胜 4 个对手,以全胜战绩进入交叉淘汰赛。交叉赛阶段,江苏队凭借 14 支高效安打和投手的稳定发挥,10∶0 晋级决赛。决赛阶段,江苏队 0∶2 不敌上海队,取得该届全国锦标赛亚军。

【参加中国马术盛装舞步冠军杯赛】 5 月 26 日,2021 中国马术盛装舞步冠军杯赛决赛在北京市举行,来自全国的 11 对人马组合进入决赛。“省队市办”江苏省马术队骑手吾亚搭档马匹 Le Duc Depacques,凭借高规格的动作质量,以 70.875 分的成绩夺冠。

【“过百龄杯”全国业余围棋公开赛】 5 月 26—29 日,第五届“过百龄杯”全国业余围棋公开赛在无锡举办,全国 178 名棋手报名参赛,有周振宇、马天放、何鑫、陶汉文等一线高手及众多冲段少年、中老年业余高手。比赛设置公开组、女子组、元老名仕组(40 岁以上)和江苏组 4 个组别,参赛棋手来自全国 24 个省(市、自治区),年龄最大的 83 岁,最小的 8 岁。总决赛,上届棋王周振宇在先败一局的情况下连扳两局,最终以 2∶1 逆转挑战者马天放,卫冕成功。

【全国象棋女子甲级联赛在江阴开赛】 6 月 1—6 日,2021 年全国象棋女子甲级联赛第一阶段赛事在江阴市开赛。该届联赛赛制升级,常规赛阶段采用双循环制,每轮每队上场 2 名队员,分台次进行,每台比赛须分出胜负。慢棋如弈和,则换先加赛快棋;快棋再弈和,加赛一局附加赛,由黑方选择先后走,和棋黑胜。第一阶段赛毕,北京队位列积分榜首,深圳队暂居第二,广东队排名第三。11 月,决赛在广东省乐昌市进行,北京队夺得三连冠。

【主办江苏省首届象棋国际象棋围棋“三枪将棋王”大奖赛】 6 月 15—18 日,江苏省首届象棋国际象棋围棋“三枪将棋王”大奖赛在无锡市举办。比赛中,棋手双方同时下象棋、国际象棋、围棋 3 种棋,各棋种胜计 2 分、平计 1 分、负计 0 分。来自全省各设区市的 13 支代表队 40 余人参加,最终决出一等奖 2 个、二等奖 4 个、三等奖 7 个。

【长三角马术联赛】 7 月 6 日,2021 年长三角马术联赛在江阴海澜飞马水城举行,来自长三角地区的超 300 匹马、近 700 对组合进行盛装舞步和场地障碍两个项目的多个级别冠军角逐,产生金牌 18 枚。

【参加江苏省少儿体适能锦标赛】 7 月 8 日,2021 年江苏省少儿体适能锦标赛在无锡体育中心落幕。为期 5 天的比赛设置趣味田径、触式橄榄球两个项目,分为 7～8 岁、9～10 岁、11～12 岁 3 个组别共 24 个小项的比赛,来自省内 12 个设区市的 500 余名运动员参赛。苏州市、徐州市、连云港市代表队分获趣味田径项目团体总分前三名。

【全国动力冲浪板锦标赛】 7月9—11日，2021年全国动力冲浪板锦标赛在宜兴市举办，作为年度国内举办的水平最高、规模最大、参赛人数最多的动力冲浪板赛事，吸引来自海南、江西、吉林、上海等地的16支队伍50余人参赛。四川体育职业学院揽获女子环圈竞速赛、障碍回旋赛冠军，青岛航校动力冲浪板队、跨界跨项单板滑雪国家集训队分获男子环圈竞速赛、障碍回旋赛冠军。赛事期间，同步开展水上巴士夜游、水上运动项目体验、水上极限运动表演、乡镇特色旅游产品展销等体旅活动，进一步放大"体育+"效应。

12月29日，2021中国帆船城市超级联赛总决赛在无锡市举办

（市体育局 供图）

【"环科园杯"中国·宜兴内河帆船联赛】 10月17—18日，2021"环科园杯"中国·宜兴内河帆船联赛开幕式在宜兴市团氿（宜园）风景区举行。联赛设置龙骨级大帆船赛、ILCA6级帆船赛、OP级帆船赛3个项目，美国、南非、荷兰、日本等国家和地区的100余名专业帆船选手和爱好者同场竞技。南京风之曲队揽获OP甲组、丙组、丁组冠军，苏州西曼队获得OP乙组冠军，西曼帆船俱乐部获得ILCA6冠军。中央电视台体育频道CCTV5对赛事作宣传报道。

【"荡口古镇杯"全国健美锦标赛】 10月17—22日，"荡口古镇杯"2021全国健美锦标赛暨世界健美锦标赛选拔赛在无锡举办。比赛设置古典健美、女子形体、男子健体、比基尼健身、男子健身模特、女子健身模特和传统健美7个大项32个小项，全国137个城市的379名健美健身专业选手参加。作为一年一度的全国最高水平的健美赛事，全国健美锦标赛暨世界健美锦标赛选拔赛既是选手展现自身水平的最高平台，又承担着选拔高质量人才、代表国家参加世锦赛的重任。郑少忠、古典、邓帅、吴晨龙等男子名将与张雪菲、张喻雪、冯冉等女子精英参赛。比赛产生金牌40枚，One First代表队获团体总分第一。

【江苏省健身教练职业技能大赛】 10月27—29日，2021江苏省健身教练职业技能大赛在无锡市举办。大赛设置个人赛和团体赛两个大类。个人赛采用晋级赛和总决赛的形式进行，设置基础理论知识竞答、运动计划设计、指导课程演示、姿态动作评估等内容。团体赛设置团体知识竞答和团体叠加俯身支撑行走、四人接力、折返跑等体能竞赛。来自全省各设区市的19支代表队133名选手参赛。经过激烈角逐，最终评选出个人赛一等奖2个、二等奖4个、三等奖10个，团体赛一等奖2个、二等奖3个、三等奖5个。

【2021中国帆船城市超级联赛总决赛】 12月29日，2021中国帆船城市超级联赛总决赛在无锡蠡湖水域举办，为该项赛事首次在内湖城市举办，全国11支队伍、150多名顶尖选手参赛。赛事通过视频号、抖音、哔哩哔哩等平台直播。经过4天角逐，海口自贸领航者队摘得桂冠，厦门海洋学院帆船队、衢江卓尔队分获亚军、季军。

（市体育局）

体育产业

【概况】 2021年，市体育局开展服务体育企业"八个一"行动，争取省级体育产业专项资金720万元，支持10家本土体育企业发展。新增中国体育旅游精品项目3个（含十佳项目1个）、长三角精品体育旅游项目1个（江阴海澜飞马水城）、省级体育服务综合体1家，江阴海澜飞马水城成功入选首批国家级体育旅游示范基地。完成智慧体育综合服务平台与"灵锡"App对接，举办2021世界物联网博览会智慧体育与数字娱乐产业峰会。全年无锡市体育产业实现正增长，总产出760.8亿元，创造增加值247.85亿元，分别比上年增长13%和15.6%。

【服务体育企业“八个一”行动】 2021年，市体育局优化营商环境，实施服务体育企业“八个一”行动。一是打造一条涉企政务服务高速通道。落实《无锡市进一步优化营商环境行动方案（2021）》，提升“一网通办、精准服务”水平，不断提高审批效率。二是建立一个与体育企业的常态化联系机制。选择骨干体育企业作为政企沟通联系服务点，主动宣讲产业政策，精准对接企业需求，切实帮助解决问题。三是支持一批优势和潜力体育企业做大做强。扶持头部体育企业补链强链，支持竞赛表演企业进军全产业链，争取国内外知名体育企业、体育机构总部落户无锡市。四是培育一批体育产业发展平台载体。择优申报新一批国家、省体育产业基地和体育服务综合体，积极评选体育旅游精品线路、精品赛事，释放体育消费潜力。五是发布一张政府购买公共体育服务清单。将符合条件的赛事、活动、培训交由市场主体承办，引导体育企业和社会机构积极参与。六是协办一场体育产业相关项目会展。依托第十一届无锡文博会设置体育产业展区，积极拓展体育企业品牌推广、体育文化理念传播新渠道。七是开展一期体育企业安全生产学习宣讲活动。推动企业落实安全生产主体责任，建立自我约束、持续改进的内生机制，强化安全责任意识，提升从业人员素质。八是赠送一套体育产业发展政策文件汇编。梳理体育产业以及财政、税务、土地等相关行业政策信息，把好用、管用、能用的政策送到体育企业手中。

【江苏体育产业大会】 5月24日，2021江苏体育产业大会暨体育旅游融合发展论坛在江阴举办，国家体育总局和省体育局、省文化和旅游厅、各市（县）区体育部门、体育产业载体、企业及高校智库的代表近700人参加。会上发布首批江苏省体育消费城市试点单位，江阴市入选。

【无锡融创茂入选第四批江苏省体育服务综合体】 9月2日，无锡融创茂入选第四批江苏省体育服务综合体，位于无锡融创茂的雪世界拥有面积1.75万平方米的室内滑雪场，包括冰滑车、七彩冰世界、冰滑梯、滑雪等雪上项目。年末，全市有无锡华润万象城、江阴市体育中心、无锡体育中心、惠山区全民健身中心、乐运体育商业综合体、无锡融创茂6家省级体育服务综合体。

【3个项目入选2021年中国体育旅游精品项目】 12月6日，2021年中国体育旅游十佳精品项目名单公布，江苏省入选11个项目。无锡市江阴海澜马文化主题旅游景区、宜兴“江南水城”体育旅游线路、“一赛一节”宜兴水上赛事暨目连节3个项目入选，数量居全省第一。江阴海澜马文化主题旅游景区连续三年获评十佳项目，省内唯一。至年末，无锡市已创成中国体育旅游精品项目40项次。

【体育彩票销量全省第二】 2021年，无锡市加强体育彩票传统销售网点建设，开展实体店网点提档升级和评星定级工作，探索新型渠道建设，建立8个行业、180多家连锁商家、3家综合体合作销售渠道，组织开展“6·16彩民节”“健身达人秀”“爱冰雪，同喝彩”冰雪嘉年华等促销推广活动。全年体育彩票实现销售27.49亿元、居全省第二位，被省体彩中心评为2021年度体育彩票销售工作成绩突出单位。

【智慧体育建设】 2021年，市体育局推动无锡智慧体育综合服务平台与“灵锡”App完成对接，为市民更方便地提供场馆预订、健身指导、竞赛管理、体育培训等线上服务。10月23日，2021世界物联网博览会智慧体育与数字娱乐产业峰会举办。峰会以“运用物联网技术助力电子竞技产业发展”为主题，邀请行业专家、学者、企业家、俱乐部代表等100余名嘉宾参加，研讨电子竞技产业发展新趋势。峰会现场，由中关村物联网产业联盟等20余家单位发起的中国电子竞技物联网产业联盟成立，山东海洋文化旅游发展集团有限公司、北京核桃文化咨询有限公司、无锡智慧体育产业园管理有限公司等5家中国电子竞技物联网产业示范基地挂牌成立。新吴区发布《无锡高新区（新吴区）关于支持电子竞技产业发展的若干政策》，成立电子竞技产业基地，首批8家电竞企业入驻。年末，无锡智慧体育产业园入驻企业增至86家，引进AgFox、JXG等优秀电子竞技俱乐部。

【发放体育惠民消费券200万元】 2021年，无锡市发放体育惠民消费券总金额200万元，于7月1日、8月8日分批上线，数量2万张。消费券涵盖足球、篮球、乒乓球、羽毛球、游泳、门球、大众健身等项目，新增体育培训、老年人健身等特定项目和人群专用券种，覆盖全市优质体育场馆23家。市民登陆无锡智慧体育综合平台可领取面额每张100元的消费券，直接在平台完成预定、用券、支付和核销。

（市体育局）

编辑　何　峰

就　业

综　述

【就业总量】 2021年，无锡市就业规模持续扩大，城镇新增就业16.51万人，创历年新高，完成率高于全省平均水平5.47个百分点。至年末，全市就业总人数307.16万人，比上年增长3.08%。全年城镇登记失业人员总数16.34万人，登记失业率2.5%；年末失业人员登记数62952人。

【就业结构】 2021年，市人社系统就业参保登记人员总数为248.25万人。从户籍来看，本市户籍、本省市外户籍、省外户籍就业人数分别为144.27万人、36.05万人和67.93万人，占比分别为58.11%、14.52%、27.36%。从产业结构来看，第一、二、三产业就业人数分别为0.4万人、133.16万人、114.69万人，占比分别为0.16%、53.64%、46.20%。

【就业质量】 2021年，无锡市高技能人才突破48.9万人，每万名从业人员中的高技能人才数为1166人，远超全省平均水平。全年非私营单位从业人员平均工资122798元，私营单位从业人员平均工资72047元。全市城乡失业保险参保率超98%，劳动人事争议调解成功率92.81%。

（市人力资源社会保障局）

重点群体就业

【高校毕业生就业】 4月6—10日，市人社部门组织20家企业到江苏师范大学、中国矿业大学、郑州大学、河南工业大学、河南大学开展“智汇无锡”2021届高校毕业生春季校园招聘活动，223名毕业生现场达成意向，其中硕士研究生55人、本科生168人。9月17日下午，举办江苏省高校毕业生直播招聘无锡站专项活动，提供就业岗位2185个。11月25日至12月31日，举办2022届高校毕业生“无比爱才·锡望您来”云招聘暨百企千才高校行活动，1058家企业和14.99万名高校毕业生参会。全年开展线上线下高校毕业生招聘活动25场，参会单位3922家次，向全国750余所高校推送岗位信息16万条，组织442家单位到省内外20所高校开展校园招聘活动。实施名校优生选调计划，88家重点企业提供1400多个岗位。全年引进高校毕业生10.6万人；在锡高校应届毕业生34041人，总就业率97.03%。

（市人力资源社会保障局）

4月6—10日，市人社部门组织20家企业到高校开展校园招聘活动。图为大学生参加招聘场景　（市人力资源社会保障局　供图）

【妇女就业】 2021年，市妇联举办“三八架金桥，春风送岗位”招聘会，提供就业岗位1317个。发放“巾帼荣誉贷”76.36亿元，惠及78家企业。开展“巾帼心向党，慧创她时代”女企业家先进事迹微广播剧展播，最高在线点击收看超166万人次。启动“科技创新巾帼行动”，建立首批无锡市巾帼科创工作室和无锡市巾帼科创示范基地。承办“慧创她时代”2021江苏巾帼科技创新大赛苏南片区晋级赛，全市4个项目入围江苏省总决赛，2个项目获“最具商业价值奖”，2个项目获"优胜奖",市妇联获"优秀组织奖"。开展"乡村振兴,有我更美"巾帼行动,江阴市阿洪果品专业合作社被确定为"全国巾帼现代农业科技示范基地",获评省级巾帼示范基地8个,命名"美丽家园"省级示范点10个,寻访"无锡市美丽庭院示范户"100户、"无锡市美丽庭院"300户。

（市妇联）

【退役军人就业】 2021年,无锡市遴选市、市(县)区两级退役军人承训机构43家、就业创业示范基地35家。搭建"线下＋线上"全天候招聘平台,组织招聘会24场次,达成就业意向1200余人。9月15日,市退役军人事务局、市人力资源社会保障局、市工业和信息化局、市地方金融监督管理局联合举办"华腾军创杯"无锡市第二届"创响无锡"退役军人创业创新大赛,23个退役军人企业(团队)和个人参赛。比赛现场采取选手路演介绍＋专业评审团评委提问＋综合评分的方式进行,评选出一等奖1个、二等奖3个、三等奖5个。江阴市退役军人事务局选送的"高端精细化反应釜用磁性液体密封的研发与产业化"项目夺冠。

（市退役军人事务局）

【残疾人就业】 2021年,全系统组织开展"春风行动"和"就业援助月"等活动,举办残疾人就业专场招聘会。年审用工单位3626家、残疾职工11075人,对城区符合条件的302家残疾人按比例就业用人单位发放就业补贴及奖励212.5万元,对首次申领补贴及奖励单位开展用工检查,772名残疾人享受社保补贴,向329名残疾人发放辅助性就业出勤补贴和劳动奖励。全年新增就业2756人,超额完成任务。无锡市残联、宜兴市残联、无锡市税务局、宜兴市税务局被省残工委评为2020年度按比例安排残疾人就业工作优秀单位。

（市残联）

【重点帮扶人员就业】 2021年初,全市各级人社部门、残联组织开展以"就业帮扶,真情相助"为主题的"就业援助月"活动,针对就业困难人员、残疾登记失业人员、脱贫人口、长江禁捕退捕渔民等重点帮扶对象,送政策、送服务、送岗位、送温暖。走访服务对象家庭3333户,其中残疾登记失业人员104户;帮助服务对象实现就业3103人,其中残疾登记失业人员73人、长江禁捕退捕渔民2人;帮助2099名就业困难人员享受扶持政策。开发公益性岗位2183个,实施公益性岗位"千人上岗计划",新安置1325名就业困难人员,1208名有就业意愿的退捕渔民全部实现再就业,零就业家庭动态清零。全年扶持城乡就业困难人员再就业2.62万人。市总工会设立工会阳光就业岗位补贴,对吸纳市、市(县)区两级工会建档的无锡市困难职工家庭子女就业且签订1年以上劳动合同,并缴纳社会保险费的无锡企业发放一次性工会阳光就业岗位补贴每人5000元。

（市人力资源社会保障局　市总工会）

【"关爱·圆梦"工程】 2021年,市总工会开展的"关爱·圆梦"工程连续第三年被列入市政府为民办实事项目。全年招募爱心企业667家,提供爱心岗位5101个,帮助2138名学子进入爱心企业勤工俭学,人均月薪2580元。其中,困难家庭学生273人,受强降雨影响的河南籍职工家庭子女206人。

（市总工会）

就业促进

【概况】 2021年,无锡市继续实施稳就业政策,对采取有效措施不裁员、少裁员、稳定就业岗位的企业给予稳岗返还,为10.48万家企业返还资金3.75亿元,惠及职工172.93万人。优化就业公共服务,强化公益性岗位开发,加大自主创业扶持力度,加强职业技能培训。年内,无锡市蝉联"中国最佳促进就业城市"称号,就业创业工作在省内唯一连续四年获省政府督查激励表彰。

【公益性岗位就业】 9月15日,市人力资源社会保障局联合市财政局、市公安局、市民政局等15个部门出台《关于贯彻落实〈江苏省公益性岗位开发管理办法〉的通知》。通知明确将开发范围扩大到各类用人单位开发的满足公共利益和就业困难人员需要的岗位,主要包括非营利性公共服务类、公共管理类岗位,以及由财政安排经费的各类公共服务、公共管理及辅助性岗位。市级每年从由财政安排经费的公共服务、公共管理及辅助性岗位中预留10%左右的岗位,用于开发公益性岗位安置就业困难人员就业。对提供公益性岗位安置就业困难人员的用人单位给予公益性岗位补贴,补贴标准按照无锡市月最低工资标准(2280元/月)确定。至年末,全市有926名就业困难人员实现公益性岗位就业。

（市人力资源社会保障局）

【《无锡市关于促进退役军人就业创业工作的实施办法》出台】 9月1日,市退役军人事务局联合市委组织部、市人力资源社会保障局、市财政局等11个部门出台《无锡市关于促进退役军人就业创业工作的实施办法》。办法设5章55条,对遴选退役军人职业技能承训机构做出规范,确保退役军人技能培训、学历提升效果,同时在时间和空间两个维度上拓展培训支撑,时间上把培训关口前移,在军人退役前就把政策、服务、岗位、技能、项目送进军营,空间上把培训资源放眼全社会,集聚各行业的优秀人才建成导师库,依托专业培训机构和大学科技园、众创空间、网络平台等,围绕本地产业发展方向,细化订单式、定向式、定岗式多样化培训菜单，精准对接社会需求，实现“人力资源”向“人才资源”转变。

（市退役军人事务局）

【无锡创业大学启动建设】 12月22日，无锡创业大学建设启动暨江苏省无锡技师学院产业学院筹建揭牌仪式在江苏省无锡技师学院举行。无锡创业大学定位于建设汇集工匠培训、创业培训、竞赛和职业技能评价等功能的全省领先、国内一流的市级示范性就业创业服务平台，由创客学院、工匠学院（含产业学院）和技能人才评价中心组成，规划占地3.33公顷，建筑面积3.5万平方米，引进知名高校、规模企业、行业协会，合作共建华飞通航、半导体封测、数智工业、智能仿真4个产业学院，促进职业技能培训与企业人才需求的有效衔接。

【企业用工服务】 2021年，无锡市继续实施减负稳岗政策，累计发放稳岗返还资金3.75亿元，减免企业失业保险费33.86亿元。实施助企留工暖心行动，向25万余名外来务工人员发出春节慰问短信，送上“暖心大礼包”，外地务工人员返乡率比5年平均水平低约35个百分点。开展企业招工难专项应对行动，建立常态化服务企业用工联络员制度，组织150余家重点企业到省外开展劳务对接，邀请省内外120所院校与无锡市重点企业开展“乐业无锡”校企对接活动，缓解企业用工紧缺问题。春节期间，举办“春风十里，‘职’为留你”无锡名企迎春视频直播专场招聘会，2个小时吸引1000余人在线观看，线上收取简历135份。在无锡人力资源招聘网开设“春风行动”网络招聘专区，1月29日至3月31日持续发布企业用工需求，对接人才应聘信息，帮助企业做好留工稳岗工作。全年举办名企迎春视频直播专场招聘会及各类行业专场招聘会100场次，提供有效岗位12.13万个次。

【“春风行动”就业援助月】 3月1日，2021年首场现场招聘会——“春风行动”就业援助月现场招聘会举办。无锡小天鹅电器有限公司、光洋电子（无锡）有限公司等50家企业参会，提供1300多个岗位，涉及管理类、销售类、技术类等多个领域，既包括软件工程师、机械工程师、电气建造师等对专业技术要求较高的岗位，也包括文员、助理、司机等普通一线岗位。参会人数近500人，现场达成初步就业意向175人。“春风行动”期间，市人才服务中心举办线上线下招聘会40余场，参会单位4200多家次，提供岗位近10万个次。

（市人力资源社会保障局）

【工会专场招聘】 5月28日，市总工会举办“‘职’等你来——江苏工会促进就业创业”直播招聘无锡专场活动，同时在市人力资源市场举办“工会帮你来就业”系列大型专场招聘会。直播招聘活动筛选8家高质量企业参与，提供招聘职位89个，招聘岗位需求近400人，招聘对象多以高科技制造行业工程师为主，直播观看人数20.46万人；线下招聘参会企业111家，提供职位438个、岗位需求近3500人。10月22日，举办“工会帮你来就业”系列“4050”人员与技术工人大型专场招聘会，52家企业提供招聘职位219个，岗位需求1533人。

（市总工会）

【就业见习】 2021年，无锡市实施“三年五万，职引未来”青年就业见习计划，聚焦重点产业，吸纳符合产业发展方向的企事业单位成为就业见习基地。符合条件的青年人才到无锡参加就业见习的，每月生活补贴由月最低工资标准的60%提高至80%；对年度内留岗率在50%以上的见习基地，按每人1000元的标准给予就业见习基地一次性留岗补贴；对见习期未满与见习人员签订劳动合同的，可按协议期限给予剩余见习补贴。2月26日，红豆集团有限公司、恩梯梯数据（中国）信息技术有限公司入选首批江苏省就业见习示范基地名单。至年末，全市认定就业见习基地518个。全年开发见习岗位2.59万个，组织就业见习3455人。

【校企合作】 10月15日，无锡6家企业与南京信息工程大学签订优质就业基地建设战略合作协议。10月26日，举办“乐业无锡”2021校企合作洽谈活动，太原工业学院、常州机电职业技术学院、常州信息职业技术学院分别与国泰精密机件有限公司、中科微至智能制造科技江苏股份有限公司、江苏卓胜微电子股份有限公司签订校企合作协议，宿州技师学院、长春科技学院与市人力资源社会保障局签订政校合作协议，锡山区人力资源和社会保障局、太原工业学院、国泰精密机件有限公司签署政校企订单班合作协议。年内，15家重点企业与12家技工院校达成27项合作意向。

【公益性岗位“千人上岗计划”启动】 6月19日，无锡市举办公益性岗位“千人上岗计划”启动仪式暨“梦想中山路，乐业在梁溪”名企现场就业服务活动。市、区人社部门组织近30家优质用人单位，提供480余个岗位，其中包括60个适合就业困难人员的岗位，并现场为群众提供就业创业、社会保险、职业指导、工伤预防等政策咨询服务。现场参与求职530人次，达成初步就业意向95人。

【公共就业服务平台建设】 9月初，前洲街道建成全市首个街道公共就业创业服务中心，10月13日中心揭牌。该中心实现公共服务平台+小微创业孵化的就业创业服务全供给，服务辐射周边玉祁、钱桥、洛社等近200平方千米的工业产业带。是日，还为前期已建成投入使用的古运苑

8 月 12 日，求职人员在古运苑社区公共就业服务站接受职业指导
（市人力资源社会保障局　供图）

社区、长乐社区、美湖社区公共就业服务站集中揭牌。全年共建立惠山区前洲街道、滨湖区胡埭镇 2 个街道（镇）公共就业服务中心及梁溪区古运苑社区、梁溪区金和社区、滨湖区美湖社区、惠山区长乐社区 4 个社区（村）公共就业服务站，打造群众“家门口”的就业服务平台。

【服务企业用工和大学生就业联盟成立】 11 月 15 日，市人力资源机构服务企业用工联盟、市人力资源机构服务大学生就业联盟成立大会暨揭牌仪式举行。大会由市人力资源社会保障局主办，市人力资源服务行业协会承办，市人力资源集团协办。全市 59 家联盟成员机构、部分重点用工企业负责人，市人力资源社会保障局、各区人社部门分管领导出席大会。会议通过《无锡市人力资源机构服务企业用工联盟工作章程（试行）》，公布首批无锡市人力资源机构服务企业用工联盟、服务大学生就业联盟成员名单，现场展示无锡市与外省市的劳务合作基地及大学生就业合作院校。

（市人力资源社会保障局）

职业技能培训

【智能制造技能人才培养】 9 月 27 日，无锡市被中国机械工业联合会授予“中国无锡智能制造产业发展实训基地”称号。无锡市推进新一代信息技术与制造业融合发展，成为“中国制造 2025”试点示范城市，拥有智能制造企业约 3000 家，从业人员约 15 万人，每年技能人才需求量近 1.2 万人。全市 35 所技职院校拥有以岗位专业技能实训为重点的现代化智能制造实训基地 15 个，每年培养智能制造领域的技能人才 4000 余人。

【新产业新职业技能培训】 2021 年，无锡市聚焦太湖湾科创带建设，围绕无锡十大重点产业链（集群）及新兴产业领域和新就业形态，将工业机器人系统操作员、工业机器人系统运维员、装配式建筑施工员等纳入政府补贴性职业技能培训职业（工种）目录。以新产业、新经济、新职业为重点，面向尚不能开展国家职业资格评价、职业技能等级认定和专项职业能力考核的培训项目，建立项目制培训支持政策，加快创新型、应用型技能人才培养。年内，遴选确定人工智能训练师等培训项目 20 个，参训学员 860 人。

【新就业形态技能提升培训】 6 月，人力资源和社会保障部发布《关于开展新就业形态技能提升和就业促进项目扩大试点工作的通知》，无锡市作为江苏省唯一入选的扩大试点城市，在阿里、滴滴、到家和顺丰 4 家大型平台企业试点开展生活网约配送员、网约出租车司机、家政服务员等新就业形态技能提升培训，在培训范围、补贴条件、培训管理等方面进行探索创新。全年完成新就业形态技能提升培训 5083 人。

（市人力资源社会保障局）

【妇女职业技能培训】 2021 年，市妇联常态化开设母婴护理、小儿推拿、中式面点、法式西点等女性就业培训班，培训学员 525 人。举办首届“锡惠嫂”无锡市家庭服务职业技能大赛，3 人获一等奖并被授予“无锡市技术能手”和“无锡市巾帼建功标兵”称号。成立首个“锡惠嫂”家政服务培训学院，举办首期“锡惠嫂”家政管家项目制培训班。推出“锡惠嫂”巾帼家政职业技能培训送教到基层活动，走进 7 个镇（街道），培训农村妇女 248 人。

（市妇联）

【残疾人职业技能培训】 2021 年，市残联开设技能基础＋实训、高技能人才、盲人按摩及在岗培训四大类的职业技能培训，1923 名残疾人参加职业技能培训。建设区级残疾人就业创业基地和残疾人职业教育培训中心，举办残疾人大学生职业技能提升训练营。7 月，举办第六届无锡市残疾人职业技能竞赛，42 名选手获中级职业技能等级证书，15 名单项

7 月，无锡市举办第六届残疾人职业技能竞赛。图为比赛场景

（市残联　供图）

第一名选手获“无锡市职业技术能手”荣誉称号。无锡市博凡企业管理咨询有限公司、宜兴市爱德培训学校获评国家级残疾人培训示范基地。

（市残联）

【工伤职工职业培训】 2021 年，无锡市承担江苏省职业康复试点工作。11 月 8—11 日，市人力资源社会保障局在市第九人民医院举办全省首期工伤职工职业培训班，探索职业康复与技能培训、再就业的有效衔接，30 多名工伤职工参加培训。培训针对工伤职工的共性需求设计课程体系，帮助工伤职工全面了解工伤保险和职业康复的政策及办理流程，掌握求职和择业的方法与技巧，鼓励和引导伤情较轻的工伤职工实现再就业。

（市人力资源社会保障局）

【快递职业技能培训】 2021 年，市邮政管理局完成快递职业技能提升培训 1 万余人次，155 人获快递工程专业技术资格。组织行业安全员培训 3 场次，完成培训 400 人次。全市确定快递职业技能等级认定机构 4 家，407 名快递从业人员通过职业技能等级认定。年内，承办第三届全国邮政行业职业技能竞赛总决赛，评选出个人一、二、三等奖 24 人，团体优胜奖 10 个。

（市邮政管理局）

【乡土人才技能技艺培训】 2021 年，市人力资源社会保障局继续开展乡土人才技能培训，组织开展刺绣、泥塑、留青竹刻等优秀乡土人才技能技艺传承教育活动。4 月 10 日，无锡太湖工匠品牌活动暨“无锡记忆”技能人才公益传承课堂在中国丝业博物馆启动，2020 年度无锡市技能大师工作室、无锡市企业首席技师、无锡市技术能手获奖名单揭晓，非遗传承人乔锦洪、赵红育、金霄云等现场展示留青竹刻、精微绣、太湖流域茶术、惠山泥人等技艺。年内，认定市级优秀乡土人才 12 人、市级乡土人才大师工作室 12 家，8 家大师工作室入选省“乡土人才大师工作室”，1 家大师工作室入选省“乡土人才示范基地”，288 人申报通过中级以上职称。开展乡土人才市级技艺技能大赛，承办省级技艺技能大赛陶刻项目总决赛。在全省乡土人才技艺技能大赛中，14 名选手分获项目一、二、三等奖，陶刻项目所有奖项被无锡选手包揽，市人力资源社会保障局获“优秀组织奖”。

【无锡市获评多个国家级技能人才培育载体】 7 月 2 日，人力资源和社会保障部公布第 46 届世界技能大赛中国集训基地名单，江苏省无锡技师学院入选工业 4.0 项目中国集训牵头基地、信息网络布线项目中国集训基地，无锡机电高等职业技术学校入选数控铣项目中国集训基地。其中，工业 4.0 项目为无锡市首次入选国家集训主基地，信息网络布线项目为无锡市首次连续两届入选国家集训基地。9 月 27 日，无锡市被中国机械工业联合会授予“中国无锡智能制造产业发展实训基地”称号。

【校企共建培养】 4 月 29 日，市人力资源社会保障局与长春理工大学共同主办长春理工大学—无锡市校地（企）人才推荐交流座谈会暨长春理工大学就业创业“荐才行”江苏无锡站活动，并举行“长春理工大学—无锡市人力资源和社会保障局人才培养合作基地”揭牌仪式。10 月 15 日，组织召开南京信息工程大学电子与信息工程学院到锡合作交流座谈会，无锡 6 家企业与其签订优质就业基地建设战略合作协议。年内，全市有 15 家重点企业与 12 家技工院校达成 27 项合作意向。

【第九届全国数控技能大赛决赛】 5 月 21—23 日，全国行业职业技能竞赛——第九届全国数控技能大赛决赛在无锡举行。比赛为期 3 天，全国 31 个省（区、市）及机械行业的近 500 名选手参赛，获得职工组、教师组全国单人赛项前 5 名、双人赛项前 3 名的 46 名选手，经人力资源和社会保障部核准，授予“全国技术能手”称号。无锡选手代表江苏队在大赛中创造 9 人参赛全部获得一等奖的成绩，5 名教练获评“优秀教练”，市人民政府、市人力资源社会保障局、无锡技师学院获“突出贡献奖”，6 家企业获评“优秀合作企业”。比赛期间，在无锡举办 2021 技能人才培养暨数控技术发展论坛。论坛以“共育工匠，智创未来”为主题，由省人力资源社会保障厅主办，市人力资源社会保障局承办。

【第五届无锡技能精英大赛】 11月27日，第五届无锡技能精英大赛暨2021太湖技能精英周开幕。大赛由市政府主办，市委组织部、市人力资源社会保障局、市教育局、市总工会等17个部门承办，是无锡市规格最高、规模最大的综合性职业技能竞赛，有30支代表队507名选手参加总决赛。大赛聚焦重点产业集群，设置物联网技术、工业机器人、机电一体化、新能源汽车智能化技术等项目；紧盯产业发展前沿，首次设置互联网营销师、工业4.0项目两个未来技能项目，集中展现智能制造技术技能的最新要求。

（市人力资源社会保障局）

人力资源市场管理

【人力资源市场规范】 2021年，市人力资源社会保障局推进完善“互联网+”人力资源服务，抽查人力资源服务机构81家，变更、换发新证52家。抵制和打击“高额返费”欺诈行为，会同相关单位联合执法查处非法机构，累计取缔、关闭非法职业介绍活动69起，发出限期改正指令162件，向公安机关移送案件线索11条。市劳动保障监察支队连续3年获清理整顿人力资源市场秩序专项行动全国通报表扬。

【人力资源市场诚信建设】 2021年，市人力资源社会保障局修订《诚信机构评价参考指标》，完善人力资源服务中介机构诚信评价标准和评价方法，严格征信审查程序，优化社会化评价环节，健全评价体系。全市30家企业被认定为2020年度市级诚信人力资源服务机构，其中8家企业获评省级诚信人力资源服务机构。

【人力资源市场管理区域合作】 6月3日，无锡、苏州、常州三市劳动保障监察支队联合举行苏锡常地区人力资源市场管理联动合作签约仪式。三地劳动保障监察部门由此加强区域共商，推进优势互补，实现信息互通、案件协查、联合惩戒、结果互认，提高区域劳动保障监察管理效能。

（市人力资源社会保障局）

劳动权益保障

【劳动安全保护】 2021年，全市工会系统开展“安康杯”竞赛，参赛企业7726家，参赛班组7万余个，参赛职工94万人。开展第七届全市职工“安全隐患随手拍”、职业病防治法宣传周、职业健康知识进企业等活动，增强职工群众安全生产意识。开展劳动保护“百千万”培训工程，组织安全讲坛进100家企业，培训1200多名劳动保护干部，组织1.1万余名企业基层班组长参加安全培训。全市323家化工企业（单位）的1000多名班组长（安全员）和工会干部参加安全培训，基本实现化工行业班组长安全培训全覆盖。筹集资金1700多万元，开展夏季安康“三送”活动，走访2500多家企业和工地，慰问一线职工45万余人次。

（市总工会）

【工伤职工权益保障】 2021年，无锡市建立全省首个劳动能力鉴定专家共享机制，率先将超过法定退休年龄人员、实习生纳入工伤保险范围。推进职业康复试点，举办全省首个工伤职工职业培训班，创新设置复工协调员岗位，工伤康复完成率163.8%。

（市人力资源社会保障局）

【住建领域务工人员权益保障】 2021年，无锡市住建领域在建项目全部落实实名考勤和总包代发工资，实名制系统代发工资到账数突破81亿元。通过完善欠薪风险防范机制、清欠重点工作推进机制、举报投诉登记首问责任制等，防范和化解住建领域因拖欠外地务工人员工资引发的矛盾纠纷。对住建项目落实保障农民工工资支付条例情况进行综合评估，实行分级分类管理，加大动态监管和执法检查力度。全年住建领域受理的外地务工人员工资案件涉及金额和人数比上年分别下降12%和8%，市住房城乡建设局获评全省优秀农民工工作先进集体。

（市住房城乡建设局）

【快递行业务工人员权益保障】 2021年，市邮政管理局推动成立无锡市快递行业工会联合会，与各快递企业签订无锡市快递行业集体合同。组织顺丰、京东、德邦、中通、韵达5家快递企业的150名快递员开展免费健康体检活动，联合市总工会组织44名行业先进参加疗养活动。斥资120万元，为全市2万名快递员投保商业保险。开展“暖蜂行动”之“文明无锡·暖心逐梦”青年志愿服务活动、“无微不至·留锡过年”红色暖心行动、“夏季送清凉”和“双十一”慰问等活动，慰问快递员9000人次，发放慰问品价值约18万元。

（市邮政管理局）

编辑 葛 红

收入与消费

城镇居民收入

【**概况**】 2021年，无锡市城镇居民人均可支配收入70483元，比上年增加5769元，增量居全省前列；增速8.9%，比上年提高4.4个百分点，分别高于全国、全省增速0.7和0.2个百分点，增速列全省第五位。其中，工资性收入、经营净收入、财产净收入、转移净收入（以下简称“四项收入”）分别为45038元、7260元、7612元、10573元，分别占人均可支配收入的63.9%、10.3%、10.8%、15.0%。

【**工资性收入**】 2021年，无锡市调整最低工资标准，8月1日起，月最低工资标准由2020元调整为2280元，小时最低工资标准由18.5元调整为22元。推进惠企稳岗，出台政策促进灵活就业，实施青年就业见习计划，开发公益性岗位，实施公益性岗位“千人上岗计划”，举办第三届“创响无锡”全民创业大赛，加快兑现服务业纾困项目资金。城镇居民工资性收入稳定增长，人均45038元，比上年增长5.9%。在城镇居民的收入构成中，工资性收入占63.9%，拉动收入增长3.9个百分点，对收入增长的贡献率为43.7%，是促进收入增长的主要动力。

【**经营净收入**】 2021年，无锡市实现社会消费品零售总额3306.1亿元，比上年增长10.4%。节假日网购消费持续恢复，“618”和“双十一”网购节期间，全市网络零售额分别为71.3亿元和89.4亿元，均创历史新高。科技金融支撑有力，组建15亿元市天使投资引导基金，与15家银行签订“苏科贷”业务合作分协议，发放科技风险补偿贷款超80亿元。全年城镇居民人均经营净收入7260元，比上年增长15.7%，拉动可支配收入增长1.5个百分点，对收入增长的贡献率为17%。

【**财产净收入**】 2021年，无锡市存款余额比上年增长10%，私房房租和商铺租金收入均有所提高，居民理财意识的增强、理财产品的普及亦促进了财产的保值增值。城镇居民人均财产净收入7612元，增速居四项收入之首，为17.6%。

【**转移净收入**】 2021年，无锡市失业保险金、最低生活保障、特困人员供养、养老金等社会保障标准分别比上年提高4.95%、4.95%、4.92%、4.7%，完善残疾人就业保障体系，落地“贴息续保”惠民新政。城镇居民人均转移净收入10573元，比上年增长11.9%，占可支配收入的15.0%。

（国家统计局无锡调查队）

表67　2021年无锡市城镇居民家庭人均可支配收入统计表

指　标	收入值（元）	增幅（%）	占比（%）	贡献率（%）
可支配收入	70483	8.9	100.0	100.0
1. 工资性收入	45038	5.9	63.9	43.7
2. 经营净收入	7260	15.7	10.3	17.0
3. 财产净收入	7612	17.6	10.8	19.8
4. 转移净收入	10573	11.9	15.0	19.5

（国家统计局无锡调查队）

城镇居民消费

【**概况**】 2021年，随着新冠肺炎疫情管控常态化，消费活力明显回升，消费潜力持续释放，城镇居民生活消费支出快速回稳增长。无锡市城镇居民人均生活消费支出43873元，比上年增长18.0%，支出值分别高于全国和全省平均水平13566元和7315元。消费占收入的比重为62.2%，分别比2020年和2019年提高4.7和1.7个百分点，消费倾向恢复至疫前水平。

表 68 2021 年无锡市城镇居民家庭人均消费统计表

指 标	支出值（元）	增幅（%）	占比（%）
生活消费支出	43873	18.0	100.0
1. 食品烟酒	11539	14.5	26.3
2. 衣着	3027	13.0	6.9
3. 居住	9959	15.4	22.7
4. 生活用品及服务	2632	20.0	6.0
5. 交通通信	6669	22.0	15.2
6. 教育文化娱乐	6098	21.5	13.9
7. 医疗保健	2501	20.1	5.7
8. 其他用品和服务	1448	39.0	3.3

（国家统计局无锡调查队）

【食品烟酒支出】 随着城镇居民生活水平不断提高，食品烟酒类支出在消费支出的占比逐步下降。2021 年，无锡市城镇居民人均食品烟酒支出 11539 元，比上年增长 14.5%；占消费支出总额的 26.3%，比上年下降 0.8 个百分点。

【教育文化娱乐支出】 2021 年，无锡市民出游意愿强烈，国内短线游及周边游成为城镇居民的出行热门，加之“双减”政策的实施减轻了学生的课业负担，旅游消费支出较上年大幅度增加。城镇居民人均教育文化娱乐消费 6098 元，比上年增长 21.5%，占居民生活消费支出的 13.9%。

【医疗保健支出】 2021 年，随着医疗保障制度的不断完善，无锡市城镇居民对健康生活理念的追求越来越高，健康意识越来越强，自我保健成新时尚，医疗保健支出稳步增长。城镇居民人均医疗保健支出 2501 元，比上年增长 20.1%，拉动消费增长 1.1 个百分点。

【交通通信支出】 2021 年，无锡市城镇居民家庭交通工具提档升级，汽车消费持续上涨，市商务局重点监测的 23 家汽车销售企业销售额比上年增长 22.0%。家用汽车拥有量逐年增加，带动车用燃料、零配件及相关服务支出的增长。通信网络的高速发展，促使通信费用持续增长。城镇居民人均交通通信支出 6669 元，比上年增长 22.0%。

【其他用品及服务支出】 2021 年，随着收入的不断提高，居民生活品质随之提升，享受型消费支出逐步增加，美容美发、健身等服务业成为消费的热点。无锡市城镇居民人均其他用品及服务支出 1448 元，比上年增加 407 元，增长 39.0%，增速居八大类消费之首，对生活消费支出的贡献率增至 6.1%，拉动消费支出上涨 1.1 个百分点，比上年提高 0.5 个百分点。

（国家统计局无锡调查队）

农村居民收入

【概况】 2021 年，无锡市农村居民人均可支配收入 39623 元，比上年增加 3873 元。其中，工资性收入占主导地位，占 61.7%；经营净收入、财产净收入、转移净收入分别占 16.5%、9.2%、12.6%。收入值居全省第二位，比苏州市低 1864 元，比全省高 12832 元，约为全国的 2.1 倍。增速 10.8%，为 2012 年末实施住户城乡一体化调查以后最高，比城镇居民收入增速高 1.9 个百分点，分别比全国和全省平均水平高 0.3 和 0.1 个百分点，增速居全省第六位。随着城乡一体

2021 年，梁溪区政府在三阳广场开展促销费活动

（梁溪区档案史志馆 供图）

表 69　2021 年无锡市农村居民家庭人均可支配收入统计表

指　标	收入值（元）	增幅（%）	占比（%）
可支配收入	39623	10.8	100.0
1. 工资性收入	24447	9.9	61.7
2. 经营净收入	6538	12.2	16.5
3. 财产净收入	3645	9.6	9.2
4. 转移净收入	4993	14.5	12.6

（国家统计局无锡调查队）

化发展进程持续推进和农村社会经济发展，无锡市城乡收入相对差距逐年缩小。2021 年，城乡居民人均收入比（农村居民收入为 1）为 1.78 : 1，比值较上年缩小 0.03，分别比全国和全省平均水平低 0.72 和 0.38。各市（县）、区农村居民收入齐头并进，市区农村常住居民人均可支配收入为 39777 元，江阴市、宜兴市分别为 42519 元、36017 元，比上年分别增长 10.8%、10.7%、11.1%，增速差距较小。

【工资性收入】 2021 年，无锡市农村居民主要从事制造业、建筑业、居民修理及服务业，受新冠肺炎疫情影响较小，从业时间稳定，工资发放及时。加强新型职业农民培训，全年培育经营管理型、专业生产型、技能服务型等高素质农民 4684 人，以技能提升带动农村就业人员工资增长。全年农村居民人均工资性收入 24447 元，比上年增长 9.9%，拉动收入增长 6.2 个百分点，对收入增长的贡献率为 57.1%。

【经营净收入】 2021 年，无锡市结合农业发展新形势新业态，增加品牌培育，推动农业主体增强市场竞争力，以种养大户、家庭农场主、合作社负责人为主要对象，培育现代“绿领”新农人，经营净收入实现恢复性增长。人均经营净收入 6538 元，比上年增长 12.2%，拉动可支配收入增长 2.0 个百分点，对收入增长的贡献率为 18.3%。

【财产净收入】 2021 年，无锡市出台《关于实施村级集体经济“千万”计划的意见》，设立相对薄弱村专项资金，并加快推进农村金融改革创新，扩大农业信贷担保和“惠农贷”等涉农金融业务规模，做强村集体经济，夯实农村居民增收基础。外来务工人员稳定，农村居民出租房屋净收入较快增长。全年农村居民人均财产净收入 3645 元，比上年增长 9.6%，其中利息净收入、红利收入、出租房屋净收入占比较高。

【转移净收入】 2021 年，无锡市继续提高农村居民基础养老金、低保、特困人员供养标准等，兜底保障农村低收入群体，农村居民人均社会救济和补助类转移净收入增长较快，报销医疗费、外出从业人员寄带回收入、赡养收入等均有所增长。全年农村居民人均转移净收入 4993 元，比上年增长 14.5%，增速居四项收入之首。

（国家统计局无锡调查队）

农村居民消费

【概况】 2021 年，无锡市农村居民人均生活消费支出 27127 元，比全省平均水平高 5997 元，是全国的 1.7 倍；比上年增长 23.6%，比全国平均增幅高 7.5 个百分点。消费结构进一步优化，食品烟酒、衣着和居住消费这三类生存型消费分别占 30.9%、7.8%、22.1%，发展和享受型消费占 39.2%。

表 70　2021 年无锡市农村居民家庭人均消费统计表

指　标	支出值（元）	增幅（%）	占比（%）
生活消费支出	27127	23.6	100.0
1. 食品烟酒	8383	26.1	30.9
2. 衣着	2116	25.2	7.8
3. 居住	5995	23.6	22.1
4. 生活用品及服务	1465	39.1	5.4
5. 交通通信	3635	15.8	13.4
6. 教育文化娱乐	3092	25.8	11.4
7. 医疗保健	1600	7.3	5.9
8. 其他用品和服务	841	36.9	3.1

（国家统计局无锡调查队）

【食品烟酒支出】 2021年，无锡市农村居民人均食品烟酒支出8383元，比上年增长26.1%，拉动生活消费增长7.9个百分点，贡献率为33.4%。其中食品类消费保持稳定增长，膳食搭配丰富多样，谷物、肉类、奶类、蔬菜及菌菇类、水产品、干鲜瓜果类均实现增长，各类食品消费金额占比更加合理。

【居住支出】 2021年，无锡市继续推进农村人居环境整治，居住的外部环境改善带动家具及室内装饰品、家用器具等迭代升级。全年农村居民人均居住消费支出5995元，比上年增长23.6%。

【交通通信支出】 2021年，无锡市城乡交通更为便利，居民家庭汽车保有量提升，5G移动通信技术广泛应用，居民更加享受现代交通、通信的方便与快捷。全年农村居民人均交通通信消费支出3635元，比上年增长15.8%。

【教育文化娱乐支出】 2021年，无锡市"夜间经济"、乡村旅游、红色旅游、文旅产品等推陈出新，带动文化娱乐消费支出的增长。教育"双减政策"的实施，带动非学科类兴趣班培训增加。全年农村居民人均教育文化娱乐支出3092元，比上年增长25.8%，对生活消费支出的贡献率为12.2%。

（国家统计局无锡调查队）

延伸阅读：

2021年无锡市城乡居民消费需关注的问题

一、消费恢复动力不足，增速排位有所下滑

2021年，无锡居民人均消费支出增幅比上年同期提升20.3个百分点，但分季度看，一季度、上半年和前三季度居民消费增幅分别为24.4%、22.2%、21.1%，增幅呈回落态势。从全省各设区市比较情况看，2021年无锡居民人均消费支出增速在全省排位从2020年的第四位下滑至2021年的第九位，低于全省平均水平0.8个百分点。虽然居民人均消费总量居全省前列，但在疫情冲击和经济下行双重压力下，消费恢复增长动能相对偏弱，增长速度相对偏低。

二、城乡消费差距明显，消费潜力有待挖掘

从城乡居民消费对比情况看，2021年全市城乡居民消费水平相对差异为1.62∶1，城乡消费较2020年有所收窄，但城乡消费绝对值差距由2020年的15251元扩大至16746元。由于城乡发展仍存在不均衡，无锡城乡消费市场规模和水平差距难以在短时间内赶上，农村地区现代商业服务、流通设施不完善以及市场有效供给不足等消费基础短板，抑制了农村消费水平的提升和消费潜力的释放，农村消费潜力尚待挖掘。

三、消费转型升级不够，平台培育有待加强

无锡大力培育发展新消费，打造区域消费中心城市，加快消费产业转型升级，以此促进居民消费。但是企业在开发和挖掘特色的优质商品上仍有局限，品牌的培育和营销能力需进一步加强。缺乏有全国影响力的标志性核心商圈平台，综合体虽多但千篇一律，总体消费层次不高，业态趋于老化，尚不足以辐射周边成为培育新型消费发展的主要平台。

（资料来源：国家统计局无锡调查队《居民消费持续回暖，潜力激发仍需发力——2021年无锡居民消费情况分析》）

市场物价

【概况】 2021年，无锡市居民消费价格指数（CPI）比上年上涨1.7%，涨幅较上年收窄0.6个百分点，运行较为平稳。其中：食品价格上涨0.7%，非食品价格上涨1.9%；消费品价格上涨1.8%，服务项目价格上涨1.5%。

【消费价格运行】 2021年，无锡市CPI同比指数呈"M"形震荡走势。受春节错月、基数偏高等因素影响，1月、2月CPI同比上涨0.2%和0.1%，较上年同期明显回落；3月起涨幅持续扩大，6月达年内次高值，同比上涨2.6%；7—9月，随着猪肉价格降幅扩大，CPI同比涨幅回落至1.6%；10月中旬起，猪肉价格止跌回升，11月CPI涨幅达年内最高值（2.8%）；12

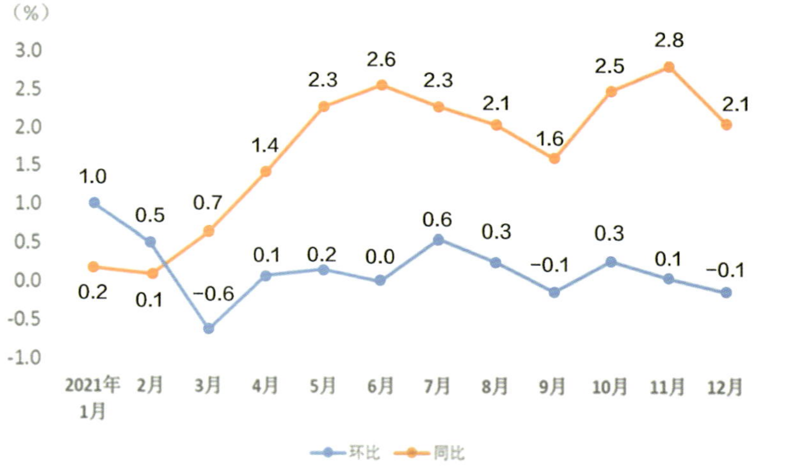

图20 2021年无锡市CPI分月同比和环比涨跌幅趋势图

（国家统计局无锡调查队）

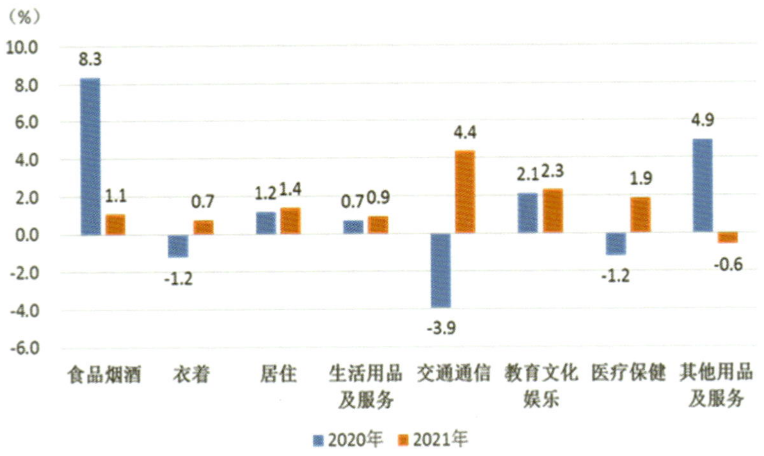

图21 2020年、2021年无锡市八大类商品和服务价格涨跌幅比较图

（国家统计局无锡调查队）

月鲜菜价格回落，CPI同比涨幅回落0.7个百分点。

CPI环比指数季节性波动特征明显。1月受寒潮、局部地区疫情影响，CPI环比上涨1.0%，为年内最高值；2月春节消费需求旺盛，环比上涨0.5%；3月天气回暖，鲜菜等鲜活食品生产供应充足，节日性消费需求减弱，CPI环比下降0.6%；4—6月，物价运行平稳，环比分别上涨0.1%、0.2%和持平；7—8月，受高温多雨天气影响，食品价格由降转升，CPI环比分别上涨0.6%和0.3%；9—12月，指数运行相对平稳，环比波动区间在−0.1%～0.3%。

【八大类商品及服务价格】 2021年，无锡市八大类商品及服务价格呈“七涨一降”的特点。其中：食品烟酒价格上涨1.1%，其他用品及服务价格下降0.6%，涨幅分别较上年回落7.2和5.5个百分点；其他大类指数均有所上涨，交通通信价格由上年下降3.9%转为上涨4.4%，是拉动全年指数上涨的首要因素。

【食品价格】 2021年，无锡市食品价格上涨0.7%，涨幅较上年收窄约10.0个百分点。55个食品基本类“41涨14降”。主要鲜活食品中，受气候异常、成本推升等因素影响，水产品、鸡蛋、鲜菜、鲜果等价格出现上涨，其中水产品和鲜菜分别比上年上涨15.2%、9.3%；猪肉价格由上年上涨51.2%转为下降27.0%，成为影响食品价格涨幅收缩的主要因素。受猪肉价格下降影响，畜肉相关制品价格回落，其他畜肉及副产品、食用动物油价格比上年分别下降18.2%、8.7%。

【非食品价格】 2021年，无锡市非食品价格比上年上涨1.9%，涨幅较上年扩大1.4个百分点，影响CPI上涨约1.58个百分点。其中，工业品价格上涨2.5%，服务价格上涨1.5%。能源价格同比上涨8.1%，其中国内成品油21次调价，“15涨6降”，汽油、柴油价格比上年分别上涨17.5%和19.4%。芯片短缺、原材料涨价等影响持续发酵，通信设备、家用电器价格上涨。2021年，电话机、笔记本电脑、洗衣机、电视机、抽油烟机、厨房小家电、热水器价格比上年分别上涨7.0%、6.1%、5.9%、4.5%、4.2%、3.9%和3.7%。服务价格温和上涨，比上年上涨1.5%，涨幅扩大0.3个百分点。医疗服务政策性调价，影响中医治疗、一般医疗服务价格分别上涨24.5%和2.8%。教育服务收费调整，部分民办小学初中学校收费上调，小学初中教育价格上涨8.3%。受汽柴油调价上涨、交通出行需求恢复的影响，飞机票、其他交通费、交通工具租赁费、火车票、长途汽车票比上年分别上涨9.9%、7.7%、6.3%、3.6%和0.9%。

（国家统计局无锡调查队）

编辑 葛 红

社会保障

社会保险

【概况】 2021年，市人力资源社会保障局开展全民参保计划专项提升行动，调整社会保险费征缴周期。2月20日，无锡市制定的《社会保险个人权益记录管理规范》正式实施。12月28日，市人力资源社会保障局发行无锡市第三代社会保障卡——江苏（无锡）一卡通。年内，无锡市在省内率先放开外省户籍人员以自由职业者身份参保限制，净增社保缴费人数12.29万人，远超省人社厅下达指标数。被征地农民社会保障个人账户筹资标准提高至100608元。一次性因工死亡补助金标准上调至876680元。281家企业建立企业年金制度，惠及职工5万余人。年末，全市企业职工基本养老保险、失业保险、工伤保险、生育保险、职工医保和居民医保参保人数分别为295.82万人、258.71万人、276.63万人、262.84万人、408.81万人和216.68万人。

（市人力资源社会保障局　市医保局）

【养老保险】 2021年末，全市企业职工基本养老保险参保人数为295.82万人，其中市区192.16万人、江阴市66.65万人、宜兴市37.01万人；机关事业养老保险参保人数13.54万人，其中市区8.27万人、江阴市2.98万人、宜兴市2.29万人。全年企业职工养老保险收入524.91亿元，支出567.94亿元。年内，提档升级“贴息续保”政策，帮助182名断保人员接续养老保险关系，其中17人已享受养老保险待遇。企业退休人员养老金实现“十七连增”，市区人均月养老金3129元，比上年增长4.7%。

【失业保险】 2021年末，全市职工失业保险参保人数为258.71万人，登记失业人员总数16.34万人，失业保险金最低标准由每月1515元提高至1590元。市本级失业保险基金收入13.2亿元，支出13.69亿元。年末，市区在领失业保险金人员5638人，占失业保险金在领总人数的35%。

【工伤保险】 2021年末，全市职工工伤保险参保人数为276.63万人，其中市区186.14万人、江阴市59.02万人、宜兴市31.47万人。全年工伤保险收入8.52亿元，支出8.93亿元。

（市人力资源社会保障局）

【医疗保险】 2021年，全市首部医保领域专项规划《无锡市“十四五”医疗保障发展规划》制定出台。年末，全市基本医保参保总人数625.49万人，参保率超过98%，其中职工医保408.81万人、居民医保216.68万人；医保基金总收入243.19亿元，其中职工医保收入215.77亿元、居民医保收入27.42亿元；总支出196.59亿元，其中职工医保支出171.41亿元、居民医保支出25.18亿元，职工医保和居民医保政策范围内住院医疗费用报销比例分别为85%和70%左右。按疾病诊断相关分组付费（DRG）医院增至30家，占全市住院付费总额的80.27%，无锡市成为全国18个DRG付费国家示范点城市之一，为省内唯一。

【生育保险】 2021年末，全市职工生育保险参保总人数262.84万人，

12月28日，无锡市第三代社会保障卡发行

（市人力资源社会保障局　供图）

其中市区173.62万人、江阴市59.09万人、宜兴市30.13万人。全年生育保险收入14.16亿元，支出9.5亿元。

【“医惠锡城”健康险】 2021年，市医保局指导商业保险公司推出无锡专属普惠型商业健康险“医惠锡城”，覆盖参保群众65万人，全年赔付2560万元。9月，调整“医惠锡城”高额自费药品目录，纳入赔付范围的医保目录外高额自费药品总量由35种增至40种。完成“医惠锡城2022”保障方案，推荐8个地产药品纳入无锡市普惠型商保产品保障目录。

【医保基金监管】 2021年，市医保局打击欺诈骗保，整治违法违规收费，建立健全线索移送和行刑衔接工作机制，实现全市定点医药机构现场检查全覆盖。全年暂停、解除医保定点服务协议93家，作出行政处罚7件，认定严重失信7例，移送司法机关8件，追回违规金及罚金1.2亿元。

（市医保局）

【无保障人员摸排】 2021年，市人力资源社会保障局对达到法定退休年龄、市区户籍的无保障人员开展摸排工作。市人社部门通过与公安部门匹配死亡、司法在押、出境未归人员信息，与民政、残联等部门匹配低保、特困、享受重残补助人员信息，初步筛查出无任何社会保障待遇人员1061人。在此基础上，通过各街道（乡镇）工作人员电话调查、入户走访，精准核查无社会保障人员182人，其中166人纳入养老保障范围。

【社保基金监管】 2021年，市人力资源社会保障局组建社会保险监督委员会，探索行政追退长效机制，锚定84个公共业务事项编制经办规则。开展社保基金管理问题专项整治，筛排核查疑似问题数据7万余条。查处违法违规行为，完成部、省下达的违规领取待遇核查追退任务，追退金额159.7万元。

【养老保险转移“跨省通办”】 1月，无锡市在全国率先实现城乡居民基本养老保险关系转移接续、机关事业单位基本养老保险与企业职工基本养老保险互转、企业职工基本养老保险与城乡居民基本养老保险互转、退役军人养老保险关系转移接续“跨省通办”。无锡成为全国首批、全省首个企业职工基本养老保险关系制度内转移接续“跨省通办”的城市。

【全险种待遇资格认证】 2021年，市人力资源社会保障局首次开展全险种待遇资格认证，在省内首创“跨险种、跨部门双维度”“正向验证、反向排除双逻辑”“信息化比对、社会化‘面审’双路径”社保待遇领取资格认证。至年末，收集86.86万认证人员的310.45万条数据，“无感”比对成功85.01万人，成功率97.86%，位居全省第一。

【社银合作】 6月18日，市人力资源社会保障局与无锡农村商业银行举行战略合作协议签订仪式暨“社银合作”服务网点揭牌仪式，位于无锡农商行张泾支行的全市首个“社银合作”网点启用。市民在农商行“人社服务专窗”，可现场办理社保卡申领、电子社保卡和金融功能激活等业务，特殊人群还可预约上门办理。“社银合作”新模式扩大人社服务覆盖面，构建“15分钟人社服务圈”。

【“一件事”改革】 2021年，市人力资源社会保障局制定“一件事”改革清单，实现参保登记、社保补贴申领等9个“一件事”全程打包办，线下办理“最多跑一次”。无锡市被列为人力资源和社会保障部第二批“人社快办行动”试点城市，开展就业登记“一件事”、退休“一件事”改革试点。

（市人力资源社会保障局）

【异地就医直接结算】 2021年，市医保局实现全国跨省异地就医住院、门诊费用直接结算。全年双向异地门诊直接结算96.57万人，金额1.98亿元。在省内率先实现定点药店省内异地就医直接划卡。无锡市通过线上办理异地就医备案，提高参保群众办事便捷度的做法，被中央电视台《新闻联播》报道。

【特殊医疗待遇保障】 2021年，市医保局建立高血压、糖尿病（“两病”）用药保障人员实时维护机制，全市“两病”医保就诊109万人次，基金支出4228.23万元。推动国家谈判药品“双通道”机制落实，国谈药全年惠及164万人次，医保基金支出3.81亿元，报销比例64%。长期护理保险覆盖全市参保人员，年末在享受长护险待遇28862人，全年累计发放护理补贴5.05亿元。

（市医保局）

延伸阅读：

国谈药“双通道”管理机制

一、实施药品分类管理

按照省医保部门的规定，对国谈药施行“双通道”和常规乙类分类管理。将国谈药“双通道”管理的要求与我市现行的特药保障政策进行整合完善，其中：

（一）省医保部门公布的国谈药“双通道”管理且单独支付的药品，作为特定药品管理。

（二）原为省特药、门诊特定药品、门诊专项药品的，考虑用药人群的一致性和临床用药的延续性等情况，对应纳入特定药品管理。

（三）未进入上述分类，为省医保部门公布的国谈药其他“双通道”管理药品的，作为专项药品管理。

二、完善分类支付政策

（一）特定药品

参保人员在国谈药定点医院和定点药店使用特定药品的，不设起付线，直接纳入医保基金支付，职工医保和居民医保实际报销比例分别为

70%、60%，其中原为我市门诊特定药品、门诊专项药品的且基金实际报销比例高于上述标准的，仍按原政策执行。特定药品实行通用名管理，同一通用名仿制药向市医保经办机构备案后纳入管理范围。国谈药定点医院按照“三定”管理的要求门诊使用特定药品的，对特定药品按实际报销比例单独结算；各定点医疗机构住院使用特定药品的，可以作为普通住院用药进行结算。

根据药品的适应症和医保限定支付范围，抗癌药不设基金支付上限；其他药品按照病种归类，设置同一病种门诊可报销的药品总费用年度限额或限定支付剂量。

（二）专项药品

在省统一部署的处方流传平台上线前，参保人员在国谈药定点医院使用专项药品的，可按现有的一般门诊、住院待遇直接结算；经国谈药定点医院对应专科医师处方，至国谈药定点药店购买专项药品的，可购药后回处方医院按现有的一般门诊、住院待遇报销。

（资料来源：无锡市医疗保障局、无锡市卫生健康委员会《关于落实国家医保谈判药品“双通道”管理机制有关事项的通知》）

【国家医保信息平台上线】 10月25日，无锡市作为全省首个多统筹区城市，上线国家医保信息平台，为居民提供参保缴费、就医购药等线上线下全业务、全流程医保服务。平台连接全市定点医疗机构1483家、定点药店2461家，覆盖参保人员619万人，同时保障医疗救助、异地就医、基金监管、大数据分析、医药招采、信用评价、支付方式管理等公共服务和政府宏观决策应用。

【医保服务网络建设】 2021年，无锡市完成首批2个省级、15个市级“15分钟医保服务圈”示范点建设，在省内率先完成医保经办服务大厅标准化改造，初步构建市—市（县）、区—街道（镇）—社区（村）四级经办网络。至年末，所有市（县）、区医保经办机构均按要求实施省级医保经办政务服务事项清单，所有街道（镇）均能提供7项及以上医保服务，能开展医保帮办、代办等服务的村（社区）1192个，占99.33%。

【医保公共服务】 2021年，无锡市在省内首批实现长三角医保关系跨省转移接续“一网通办”，办理时限由45个工作日缩短至10个。实现

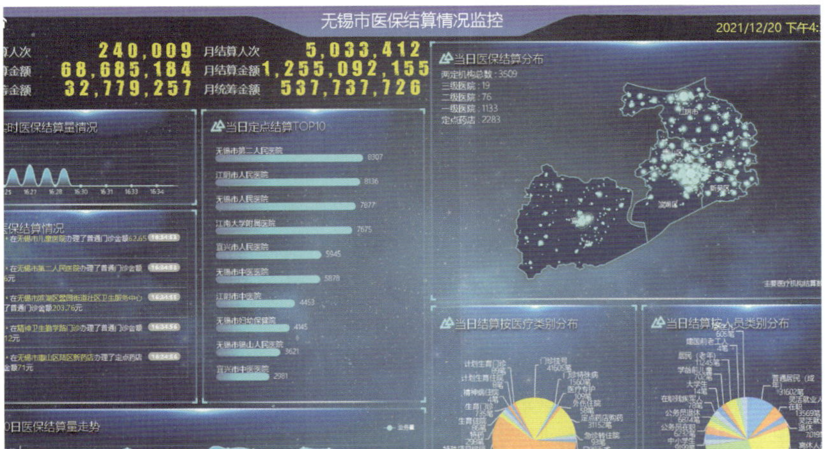

10月25日，无锡市成功切换国家医疗保障信息平台。图为无锡市医保结算情况监控界面截图 （市医保局 供图）

“12393”与“12345”热线双号并行，承接全市医保咨询求助投诉，日接件量约1100件，去重接听率91%。全市351万参保人员激活医保电子凭证，所有医保定点医疗机构、药店全面支持医保电子凭证支付，长三角地区异地就医也支持医保电子凭证直接结算。

（市医保局）

社会救助

【概况】 2021年，无锡市城乡居民最低生活保障对象12749人，发放低保金1.35亿元。实施城乡医疗救助32.28万人次，支付救助金5479.55万元；实施临时救助5428人次，发放救助金774.48万元。全市享受国家抚恤补助的重点优抚对象16056人。

（市民政局 市医保局 市统计局）

【社会救助体系完善】 7月10日，市委、市政府出台《关于改革完善社会救助制度的实施意见》，明确完善分层分类救助制度体系、夯实基本生活救助、健全专项社会救助、完善急难社会救助、促进社会力量参与、深化社会救助领域“放管服”改革共6个方面25项重点任务。年内，首次开展低收入人口认定工作，全市认定低收入人口18450人。其中：最低生活保障对象9273户12749人，特困供养对象5010人；新认定低保边缘家庭306户679人，支出型困难家庭5户12人。

【最低生活保障】 2021年，《无锡市最低生活保障实施细则》出台，建立与上年度全体居民人均生活消费支出挂钩的最低生活保障标准。7月1日起，居民最低生活保障标准由每人每月1010元提高至1060元，实现低保标准连续13年增长；特困人员基本生活标准由每人每月1525

1月13日，市长杜小刚（右一）给困难群众发放慰问金

（市慈善总会 供图）

元提高至1600元；集中孤儿养育标准、散居孤儿养育标准分别由每人每月2730元、2320元提高至2870元、2460元；区级、市级临时救助限额标准分别为5000元、8000元。全年发放最低生活保障金13492.47万元、特困供养人员救助金8716.22万元、临时救助资金777.56万元、临时生活补贴5885万元。

【流浪乞讨人员救助】 2021年，市民政局探索“站站联动”模式，在滨湖区梁溪路、湖滨路警务工作站及滨湖区蠡湖街道、梁溪区梨花庄社区试点设立流浪乞讨人员“救助驿站”。“救助驿站”由市救助管理站提供救助物资，由属地单位进行日常管理，为临时遇困但不愿意进入救助管理站的求助人员提供快速、便捷的救助服务。全年各级救助管理机构救助流浪乞讨人员659人次。

【市救助管理站易地新建】 12月24日，市救助管理站易地新建工程奠基开工。新址位于梁溪区常兴路与瑞兴路交界，建设内容包括流浪乞讨人员救助管理站、未成年人保护中心、反家庭暴力庇护所，规划占地1.22万平方米，建筑面积1.17万平方米，总投资6236.84万元，设置床位200张。

（市民政局）

【医疗救助】 2021年，全市有3.8万名医疗救助对象免费参加居民医保，困难人员经基本医保、大病保险、医疗救助三重制度保障后，住院和门诊特殊病种费用实际报销比例稳定在90%以上，总计32.28万人次享受医疗救助费5479.55万元。

（市医保局）

【慈善资金募集使用】 2021年，市慈善会系统募集慈善资金3.3亿元，其中网络筹款1681万元，支出救助资金1.9亿元。市本级募集慈善资金5556万元，支出救助资金3457万元，实施慈善项目37个。组织开展2021年度“共同富裕·慈善助力”慈善“一日捐”活动，首次以网络募捐形式开展，线上线下同步进行，142家单位、4.5万人次参与捐款，共募集1374万元，其中网络募捐筹集善款1152万元。开展“河南洪灾紧急救助”项目，向因洪涝灾害致困的河南在锡人员提供临时应急救助，并在无锡慈善官网、无锡慈善微信公众号开通专项募捐通道，募集资金65.15万元，向河南捐赠善款总计85.15万元，协助多家企业向河南尉氏县等地捐赠物资30余万元。向扬州市慈善总会定向捐助善款60万元，支援扬州新冠肺炎疫情防控。资助梁溪区慈善总会20万元，用于梁溪区社区抗疫一线社工慰问。年内，堰桥高级中学退休教师俞斌获评2020年度全国慈善会系统“优秀基层慈善人物”。在第十一届“中华慈善奖”评选表彰中，九如城养老抗疫志愿服务团队（江苏九如城养老产业集团）获评抗击新冠肺炎疫情慈善领域作出突出贡献的“慈善楷模”。

【慈善扶贫救助】 2021年，市慈善总会持续打造慈善救助项目平台。开展春节“送温暖、献爱心”活动，发放资金1057.07万元。发放慈善生活救助卡，救助困难户937户，发放资金104.96万元。结对助学贫困学生300人，发放助学金91万元。发放慈善靶向药物，免费发放药品10种、12933盒，总价值8631万元，救助患者8135人次。与市城管局、天惠超市股份有限公司共同启动“慈善爱心环卫驿站”建设，年内在34家天惠超市门店内设立爱心驿站，为环卫工人提供便捷的休息场所、热饭便利和解渴热水。

【慈善合作救助】 2021年，市慈善总会与梁溪区、惠山区慈善会合作开展“与爱同行进社区”慈善社区建设项目，配套专项资金170万元，支持梁溪区“心衣坊”低收入人群精准帮扶项目、垂直农场——“集”梦增能行动、让生命更璀璨——梁溪区困境儿童帮扶项目等“授渔计划”系列项目，支持惠山区“乐童益行”洛社镇困境儿童个案服务项目。与市第八人民医院合作建设“肾友之家”血透中心，资助100万元为其更新血透设备。资助市癌症康复协会“癌症患者康复救助项目”20万元，为罹患癌症等重病困难患者提供康复训练、慈善救助、心理指导和精神关怀。与团市委联合开展“圆梦行动”，资助24名困难高三学生助学金7.2万元。

（市慈善总会）

【红十字救助】 2021年，市红十字会举行红十字人道万人捐活动，募集社会捐赠款物7619万元，居全省红十字会系统前列。开展“博爱送万家”活动，实施助困、助医、助学、组老、助残等精准救助7050.69万元。其中：援助河南和山西暴雨洪涝灾害地区款物3378.77万元；支持市卫健系统和学校等单位防疫物资520万元，向抗“疫”一线人员发放慰问金158.2万元，惠及14.1万余人。援助新疆阿合奇、陕西延安、青海海东和云南等地款物229.78万元。会同省红十字会援助柬埔寨西哈努克省298.8万元，用于新冠肺炎疫情防控和墨德朗友好学校援建项目。

【“锡红公益联盟”成立】 2021年，市红十字会发起成立“锡红公益联盟”，与无锡广播电视集团（台）等热心公益的企事业单位以及医疗卫生、教育科研、社会救助等机构建立战略合作关系，并向首批11家成员单位授牌。“锡红公益联盟”成员单位海澜集团向山西省洪涝灾害受灾地区捐赠应急救援物资价值2038.61万元。

【红十字爱心公益项目】 2021年，全市红十字会系统入驻苏宁公益平台，策划14个项目参与“99公益日”活动，网络筹资93.62万元，市红十字会获省红十字“99公益日”活动贡献奖。开展“衣物捐赠红十字人道救助”项目，接收衣物6.4万件，援助无锡贫困群体、在无锡工作的外地务工人员和云南地区困难群众。优化“帮你回家”定位手环公益项目，建立手环使用管理和定期回访制度，将80岁以上独居老人列入手环发放对象，全年免费配发定位手环300个。

（市红十字会）

社会福利

【儿童福利】 2021年，无锡市儿童福利院异地新建，新址位于山水东路与清源路交会处，建筑面积2.8万平方米。按照“一镇（街）一特色，一项目一品牌”原则，在锡北镇、蠡园街道、堰桥街道、新安街道、金匮街道、太湖街道、周铁镇、周庄镇重点打造8个儿童“关爱之家”示范项目，发挥示范引领和辐射作用，并将其列入“我为群众办实事”重点项目。引入社会专业力量，开展心理疏导、情感支持、法律援助、个案介入等困境儿童关爱保护服务。全年开展活动和服务600余次，覆盖儿童5400余人次。是年，市儿童福利院有18周岁以下未成年人154人，获评全国农村留守儿童关爱保护和困境儿童保障工作先进集体。

【困境儿童保障】 7月1日起，无锡市孤儿集中养育和分散养育标准分别提高至每人每月2870元和2460元，散居养育标准为集中养育标准的86%，继续在全省领先。建立困境儿童“主动发现”机制，建立困境儿童“一人一档”。全年排查儿童22392人，新增纳入基本生活保障儿童1138人。

（市民政局）

【老龄福利】 2021年，全市开展各类敬老助老活动2100余次，参与敬老服务15.6万余人次，慰问老年人66.3万余人次，投入资金3100余万元。开展住院、重病、特困等走访慰问，覆盖社会化管理退休人员11.88万人。首次开展“敬老月”特别活动，为80、90、100周岁企业退休人员共计9072人发放敬老金。

（市卫生健康委
市人力资源社会保障局）

【残疾人民生保障】 11月1日，《无锡市残疾人意外伤害保险方案》出台，补齐残疾人意外伤害保险理赔标准、保险项目不统一、不平衡的短板，更加侧重残疾人身前利益，提高残疾人及其家庭抵御风险能力。协助符合条件的残疾人参照“单人户”纳入低保，享受“长期护理险”政策。全市有24935名残疾人享受困难残疾人生活补贴，发放补贴2.05亿元；32027名重度残疾人享受护理补贴；发放补贴0.54亿元；3634名困难残疾人享受低保生活补贴，其中1528名重度残疾人享受低保标准138%的生活补贴，2106名非重度残疾人享受低保标准125%的生活补贴；向324名残疾学生和贫困残疾人家庭子女发放教育专项补贴61.27万元。

【残疾人托养】 2021年，市政府印发《无锡市残疾人居家托养服务工作实施方案》，提高残疾人居家托养服务标准。残疾人托养民生实事工作纳入各市（县）、区政府年度目标任务，全市新增托养人数581人，超额完成省定任务。惠山区重度残疾人托养中心实行区级集中托养219人，床位开放使用率92%，居江苏省寄宿制残疾人托养机构首位。

（市残联）

住房保障

【保障性住房建设与安置】 2021年，无锡市开工（筹集）各类保障性安居工程24843套（其中货币化安置587套），其中市区23789套（含货币化安置587套）；基本建成5543套，其中市区4092套（含货币化安置587套）。城镇住房保障家庭租赁补贴发放户数1426户，其中市区1157户。全市新增保障性租赁住房房源5786套（间）。1月8日，首批保障性租赁住房项目——惠山区国

1月8日，惠山区国际人才公寓建成交付　（市住房城乡建设局　供图）

际人才社区改造项目交付使用，并启动新街家园二期、东璟家园F1地块2个保障房项目建设。其中：新街家园二期保障房项目总建筑面积21.6万平方米，投资估算14.59亿元，拟建共有产权保障房1546套、公共租赁住房336套；东璟家园F1地块保障房项目总建筑面积10.5万平方米，投资概算7.04亿元，规划建造共有产权保障房678套、公共租赁住房364套。

【住房保障标准调整】 12月，无锡市调整2021年度市区住房保障标准。申请廉租住房保障、享受廉租住房租金补贴的住房困难家庭标准调整为：家庭人均月可支配收入在2696元以下、人均住房建筑面积在18平方米以下的低收入住房困难家庭。其中：符合低保（特困）、家庭人均建筑面积在15平方米以下的住房困难家庭可申请廉租房实物配租；申请廉租房货币补贴标准，低收入家庭按每平方米20元计算，低保特困家庭按每平方米25元计算，不足500元的补足500元，放弃廉租房实物配租的，补贴标准增加20%。2021年度无锡市区城镇中等偏下收入住房困难家庭申请公共租赁住房保障标准调整为：申请人家庭人均月可支配收入4314元（含）以下、且申请之日前5年内未在市区范围内取得过任何拆迁安置补偿的无房家庭。

【保障性租赁住房政策出台】 12月，无锡市出台《关于加快发展保障性租赁住房的实施意见》。明确无锡保障性租赁住房以小户型为主，重点面向在本市无房的新就业大学生、青年人、城市基本公共服务从业人员等新市民群体，解决其阶段性住房困难问题；明确各市（县）、区的主体责任和土地、税费、金融等相关政策支持措施，引导多主体投资、多渠道供给，探索政企合作新模式，遵循"坚持供需匹配，优先使用存量，适度用好增量"的原则，加快发展保障性租赁住房。

【公有住房管理】 2021年，市住建部门出台《公有住房承租权过户工作的指导意见》，明确公有住房出租人不得收取公有住房承租权过户任何相关费用。原承租人已故的，其法定继承人可以申请办理承租权过户手续；有两人（含）以上符合过户条件的，原则上应遵循先配偶、后子女、再父母的顺序申请；夫妻离异的，依据生效的法院判决书（调解书）或婚姻机关鉴证的离婚协议办理过户。年内，市住房城乡建设局会同市中级人民法院、市国资委联合制定《关于破产程序中公有住房处置的实施意见》，解决破产程序中公有住房处置、国有资产交接等问题。

【老职工住房补贴信息系统建设】 2021年，市住房城乡建设局会同锡山区、惠山区住建部门研发老职工住房补贴信息系统，对1999年以后申领住房补贴的台账资料进行整理，将11万条领取信息导入职工住房补贴数据库，11月1日起上网运行。该系统的运行，有效避免了住房补贴的重复申领。

（市住房城乡建设局）

【住房公积金管理】 2021年，全市新增缴存单位15953家，新增缴存职工25.46万人；归集住房公积金（含新职工住房补贴）299.25亿元，比上年增长20.45%；提取住房公积金204.87亿元，增长9.42%；发放住房公积金贷款2.78万户、109.68亿元，分别增长9.02%、7.8%。年末，全市住房公积金开户单位数11.72万家，开户职工数272.47万人，住房公积金归集余额745.1亿元，住房公积金贷款余额719.34亿元。

（市住房公积金中心）

编辑　葛　红

社会事务

人口家庭

【人口】2021年，无锡市户籍人口515.25万人，其中男性252.21万人、女性263.04万人。全年出生人口29982人，出生率5.84‰，出生人口性别比108.70（女性人口为100）；死亡人口37470人，死亡率7.32‰；人口自然增长率为-1.48‰。全市常住人口747.95万人，其中城镇常住人口619.98万人。户籍老年人口136.3万人，占户籍总人口的26.45%。其中：80周岁以上高龄老人21.2万人，占老年人口总数15.55%；百岁以上寿星636人。

（市卫生健康委）

【家庭】2021年，无锡市有户籍家庭179.15万户，平均每户2.88人。对1000户居民家庭入户调查显示：平均每户家庭人口2.93人，每户就业人口1.64人，人均住房面积54.78平方米，人均可支配收入63014元，人均生活消费支出39820元，每百户家庭汽车拥有量68.38辆。

（市统计局）

【出生人口监测与服务】2021年，无锡市常住人口出生40796人，其中一孩23228人、二孩15993人、三孩1474人、四孩及以上101人。在"江苏政务"App和"灵锡"App上开通网上生育登记服务，受理网上预约登记3180件。全年办理生育登记36036件，其中一孩登记21737件、二孩登记13552件、三孩登记747件。废止地方性法规1个、规范性文件6个，取消社会抚养费征收。全年出生人口监测数据准确率超过90%，出生信息覆盖率比上年提升10个百分点。

【3岁以下婴幼儿照护】2021年，无锡市引导社会力量兴办普惠托育机构，推进托幼一体化发展。全年新增婴幼儿托位5570个，每千人口拥有3岁以下婴幼儿托位数2.88个；培植普惠托育机构20家，创成省普惠托育民生实事项目机构12家，其中省示范托育4家。建立市婴幼儿照护服务联席会议制度，制订托育服务发展整体解决方案，落实项目化管理。建立无锡市普惠托育项目库，首批入库33家机构，每家机构奖励经费3万～5万元。制订《无锡市婴幼儿照护服务指导中心和实训基地建设方案》。推广梁溪区托育服务消费券项目，开设"好宝宝"网站和"好宝宝""无锡托育"微信公众号。

【计划生育家庭保障】2021年，无锡市奖励扶助对象15.53万人，发放农村奖扶金1.46亿元；特别扶助对象1.6万人，发放特别扶助金1.24亿元；市级计划生育公益金扶助543户，发放扶助金163.4万元。独生子女父母一次性奖励申请2.33万人，发放奖励金8390.88万元。春节走访计生特殊家庭8964户，发放慰问物资886.75万元。畅通就医"绿色通道"，市级特别扶助对象定点医疗机构由市第三人民医院调整至市中医医院，新吴区新增上海瑞金医院无锡分院为定点医疗机构。滨湖区金邻居社工事务所获评省第二批计划生育特殊家庭心理健康服务项目。

6月，梁溪区金童苗苗园对幼儿进行早期教育　（市卫生健康委　供图）

【流动人口服务】 2021年，无锡市推出多种举措，加强流动人口服务。在“江苏政务APP”和“灵锡APP”上开通网上生育登记服务，实现流动人口生育服务登记与户籍人口同管理、同服务。落实全人口出生缺陷综合防治项目，加强流动孕产妇和0～6岁流动儿童健康档案管理服务。至年末，全市流动人口健康档案建档率84.76%，流动儿童预防接种率99.7%，3岁以下流动儿童体检率98.34%，流动孕产妇产前检查率98.6%。为市区包括流动人口的未满15周岁的初二学段在校女生免费接种二价HPV疫苗2针次。

（市卫生健康委）

【户籍管理】 2021年，市公安局在全市公安户籍窗口开通“‘长三角’区域户籍事项证明在线出具”和“‘长三角’区域跨省户口迁移一站式办理”业务，办理“长三角”户籍事项证明在线出具业务289件、跨省一站式户口迁移业务1.96万件。落实居民身份证首次申领“省内通办”及疫情防控期间便民服务举措，为202名省内跨市未满16周岁人员办理首次申领身份证业务、为224名因疫情无法回国人员办理委托换领身份证业务。全年办理各类户口登记业务42.3万件，其中市外迁入7.14万人。

（市公安局）

【婚姻登记】 5月24日起，市民政部门开展市内跨区域办理婚姻登记试点，一方或双方户籍在无锡市的婚姻登记当事人，可在全市7个市（县）、区婚姻登记机关中的任一婚姻登记机关办理结婚登记、离婚登记、补领婚姻登记证、补办结婚登记业务。6月1日起，实施省内通办和跨省通办婚姻登记试点工作，双方均非本市户籍的婚姻登记当事人，可在居住证发放地婚姻登记机关申请办理结婚登记。至年末，全市办理结婚登记27526对，其中跨区结婚登记2062对、跨市结婚登记748对、跨省结婚登记663对。探索推进婚俗改革试点，9月，滨湖区被民政部确定为第二批全国婚俗改革实验区。是年起，实行离婚冷静期制度，年内共受理13063对离婚申请，其中主动和逾期撤回离婚申请3929对、办理离婚登记8286对、尚处于冷静期849对，离婚率比上年下降31%。全年民政部门办理涉外结婚登记73对、离婚登记18对。

【收养管理】 2021年，市民政部门进一步完善收养流程，全面评估收养人收养动机、经济能力、健康状况、赋予能力、道德品行等各方面情况。全年办理收养登记18件。

（市民政局）

【殡葬管理】 2021年，无锡市户籍人口死亡37470人。12月，市民政局出台《无锡市“十四五”殡葬事业发展规划》，深化殡葬改革，加强殡葬管理。12月28日，在江苏政务服务网上线“身后‘一件事’办理窗口”，实现居民死亡医学证明（推断）书开具、逝者户籍注销、殡仪事宜、社保金和抚恤金发放（停发）退补等群众身后事项，一个入口、一次办理、一网通办。

（市统计局　市民政局）

老龄事务

【概况】 2021年，无锡市有老龄人口136.3万人。年内，完成《〈无锡市老龄事业发展“十三五”规划〉评估报告》，编制《无锡市“十四五”老龄事业发展规划》。市委、市政府主要领导带头走访慰问百岁老人、困难老人、老有所为老人代表和养老机构，各地、各部门广泛开展敬老助老活动。“安康关爱行动”年度老年人意外伤害保险覆盖率70%，开展老年人运用智能技术专项普及培训6.5万余人次。启动“万众瞩目·爱眼光明行”老年人眼病防控公益活动，为老年人开展眼健康讲座和糖尿病视网膜病变公益筛查。

【老龄工作评比创建】 2021年，滨湖区蠡湖街道美湖社区、江阴市新桥镇康定社区、新吴区新安街道观湖社区、惠山区钱桥街道洋溪社区、锡山区东港镇港南村5个社区获评全国示范性老年友好型社区，14人被表彰为江苏省第三届“百佳孝星”，评选出69个市（县）、区“敬老文明号”单位。开展“风尚乐龄人”评选展示活动，评选出创新创业型、

2021年，无锡市组织开展退休人员健康体检

（市人力资源社会保障局　供图）

奉献社会型、阳光生活型、志愿服务型、健康运动型5类典型100人。选送的老龄优秀实践案例“搭建‘老年关爱中心’，织密‘为老服务网络’”，获省老龄办“十佳案例”之首。13幅作品获省老年人书画摄影作品展各类等级奖。组队参加省第二届老年大学合唱节演出活动，获最佳编排奖。组织参加无锡市第十三届运动会“老年部”12个项目的比赛活动。

【老龄服务品牌】 2021年，全市新建“锡阳红”社区老年关爱中心16家，新打造为老服务品牌项目16个，拨付扶持资金48万元。上线“锡阳红”微信公众号，列入“健康无锡”公众号微信矩阵。开设“锡阳红”公益讲堂，开讲5课。举办第七届无锡老年春晚，制作成12档专题节目，在无锡电视台《金色年华》等栏目播出。加大对老年文体特色团队支持，拨付市区80个特色团队资金40万元。

（市卫生健康委）

【退休人员管理】 2021年，市人力资源社会保障局制定出台《无锡市纳入社会化管理退休人员走访慰问工作试行办法》，运用大数据核验方式，实现退休待遇“免申报即享受”。年内，组织歌舞、徒步、摄影等文体活动1747场次。组织开展市区65周岁以下社会化管理企业退休人员免费健康体检及肿瘤标志物检测8.55万人次，对肿瘤标志物初筛阳性者开展检查和治疗，对所有体检数据与企业退休人员健康情况实施动态管理。

【全省首个退休人员社会化管理服务合作共同体成立】 11月5日，市人力资源社会保障局牵头成立全省首个退休人员社会化管理服务合作共同体，苏锡常三市签署《苏锡常退休人员社会化管理服务合作共同体方案》。根据方案，苏锡常三市积极推进资源互补、服务共享、互利共赢的友好合作，深度构建项目化、目标化、节点化、责任化区域协作机制，以异地申请、网络传递、属地办理方式，为三地退休人员提供首次转入社区、基本信息变更、社会保险待遇资格认证、档案查阅、体检预约、慰问申请6项服务。

（市人力资源社会保障局）

3月，洛社镇张镇桥村第十二届村民委员会换届选举现场

（市民政局　供图）

社区建设

【村（居）委会换届选举】 3月，全市1198个村（居）委会换届选举工作完成，一次性成功率100%。该届选举中，采用直选方式的有661个，采用居民代表选举方式的526个，采用户代表选举方式的11个。选举产生新一届村委会成员2976人，平均年龄39.99岁，其中大专及以上学历者占80.17%；选举产生新一届社居委成员3590人，平均年龄38.76岁，其中大专及以上学历者占93.31%。

【新任社区主任（书记）培训】 3月末，市民政局、市委组织部联合组织开展新任社区主任（书记）培训班，首期“小巷‘治’慧大讲堂”同时开班。培训班参加人员100人，培训重点为基层党组织建设、社区治理与服务等基础实务教学，旨在提升新一届社区书记（主任）的政治素质和履职能力。

【社会工作发展】 2021年，全市建成乡镇（街道）社工站75个，乡镇（街道）社工站覆盖率实现100%，驻站社工302人。全市取得社会工作者职业水平资格证的人员9456人，万人拥有持证社工12.67人，考试通过率、社工考试取证人数和培训规模在全省均名列前茅。民政系统有33家事业单位设置社工专业岗位，设置率为97%。

【社区服务】 2021年，无锡市持续推进社区综合服务设施建设，推动综合设施改造提升项目列入省、市为民办实事项目，争取省年度补助资金550万元，实现41个社区综合服务提档升级。引导城乡社区依托社区综合服务中心，打造集党员活动、政务服务、居民活动、议事协商、公共服务等功能于一体的综合服务平台，增强社区综合服务能力。至年末，全市城乡社区综合服务设施达标率超过92%。

（市民政局）

社会组织管理

【社会组织培育】 2021年，无锡市有登记社会组织6726个，其中社会团体

表 71　2021 年无锡市社会组织基本情况一览表

单位:个

区　域	登记社会组织	其　中			备案社区社会组织	总　计
		社会团体	社会服务机构	基金会		
市本级	1132	554	547	31	0	1132
江阴市	1455	384	1065	6	1861	3316
宜兴市	1081	313	765	3	2189	3270
梁溪区	745	132	611	2	2077	2822
锡山区	554	191	360	3	946	1500
惠山区	699	176	522	1	1133	1832
滨湖区	437	102	334	1	729	1166
新吴区	505	107	398	0	1417	1922
经开区	118	12	106	0	378	496
合　计	6726	1971	4708	47	10730	17456

（市民政局）

1971 个、社会服务机构 4708 个、基金会 47 个。4 月 30 日，市民政局印发《无锡市培育发展社区社会组织专项行动落实方案（2021—2023 年）》，部署用 3 年时间，在全市开展政策创制完善专项行动等十大专项行动，通过政策引领、能力建设、项目实施、作用发挥等措施，推进社区社会组织高质量发展。至年末，全市社区社会组织总数 12923 个，其中登记 2193 个、备案 10730 个；每个城市社区拥有社会组织 13.62 个，每个农村社区拥有社会组织 7.36 个，在省内处于领先水平。

【社会组织党建】 4 月 26 日，无锡市社会组织综合党委揭牌，统筹负责民政业务主管和直接登记的社会组织党建工作。推进社会组织党建工作机制建设，市、县两级社会组织综合党委覆盖率达 100%。加大党组织组建力度，成立功能型党支部 19 个，不断提高社会组织党的组织和党的工作覆盖率。无锡公益创新创业园、无锡市新吴区公益发展园、江阴市澄江公益坊被评为 2021 年度全省社会组织党建工作示范点。

【行业商会管理】 4 月 16 日，市民政局、市工商联制定《无锡市行业协会商会领域“我为企业减负担”专项行动实施方案》，规范行业协会商会收费，减轻企业负担，优化营商环境。市机械工业联合会的“尽绵薄之力，努力为企业减负解困”入选省民政厅评选的江苏省行业协会商会“我为企业减负担”十佳案例。

（市民政局）

【网络社会组织培育】 2021 年，市委网信办建成投用无锡市网络社会组织培育服务基地，培育无锡市网络公益发展促进会和无锡市华远网络安全风险监测服务中心等网络社会组织 2 家，至年末，总计 39 家。年内，指导市网络公益发展促进会开展“微天使爱心双城记——梦想计划”项目，为偏远地区家庭搭建常态、可持续性的教育、医疗、心理成长等综合帮扶。开展 2021 年“福彩杯”网络创益大赛，筹款超 10 万元。开展网络公益“双十佳”征集评选，树立和宣传网络公益正面典型。

（市委网信办）

民族宗教事务

【民族团结先进表彰】 11 月，国家民委发布《国家民委关于命名第九批全国民族团结进步示范区示范单位的决定》，江南大学成为唯一入选该批次的教育部直属高校和江苏省内高校。12 月，省民宗委公布全省第二批“红石榴家园”创建活动获评名单，江阴市青阳镇毓秀社区、宜兴市宜城街道曲坊社区、宜兴市远东控股集团有限公司、宜兴市张渚镇少数民族服务中心、梁溪区清名桥街道古运苑社区、无锡华洋滚动轴承有限公司、江苏新日电动车股份有限公司、无锡英特派铂业股份有限公司、无锡维尚家居科技有限公司、惠山区钱桥街道、惠山区前洲街道、滨湖区雪浪街道石塘社区、滨湖区胡埭镇、无锡太湖旅游度假区（马山街道）、新吴区新安街道新安花苑第二社区、新吴区江溪街道鼎城社区、新吴区旺庄街道长江社区、经开区信成花园社区等 18 家单位名列其中。

3月12日，铸牢中华民族共同体意识研究基地在江南大学揭牌

（市民宗局 供图）

【全省首家“铸牢中华民族共同体意识研究基地”建成】 3月12日，由市委统战部、市民宗局和江南大学联合创建的“铸牢中华民族共同体意识研究基地（无锡）”在江南大学举行签约揭牌仪式。省民宗委二级巡视员张全录，市委常委、统战部部长、组织部部长柏长岭，江南大学党委书记朱庆葆，副市长周常青等出席仪式。5月，举办首届铸牢中华民族共同体意识基地（无锡）学术研讨会。10月，组织基地专家学者深入社区、学校、企业、医院等单位开展基层巡回宣讲，构建铸牢中华民族共同体意识宣传教育常态化机制。年内，江南大学、无锡旅游商贸学校和柏庄实验小学被确定为江苏省铸牢中华民族共同体意识教育实践活动试点学校。

【“天使之旅”入选省“510工程”重点扶持项目】 2021年，无锡明慈心血管病医院连续第六年组织心血管病专家医疗队走进新疆，开展“天使之旅”先天性心脏病患儿公益救助行动，免费筛查0～18周岁患儿3263人，免费手术治疗7批81人。9月，该项目被确定为全省民族团结进步创建“510工程”重点扶持项目。

【新日股份建成全市首个“民族团结同心生产线”】 7月，华晨新日公司新能源汽车总装车间自动化柔性总装生产线被锡山区委统战部、区总工会、区民宗局授予“民族团结同心生产线”称号，为全市首条。该生产线有职工35人，其中少数民族职工18人。10月，国家民委副主任赵勇在无锡调研期间，对该生产线给予充分肯定。

【各族群众互嵌式发展计划暨江苏省“红石榴就业行动”】 10月28日，国家民委年度重点项目——各族群众互嵌式发展计划暨江苏省“红石榴就业行动”启动仪式在无锡举办。活动期间，江苏省分别与贵州、云南、青海、新疆四省（区）签订少数民族流动人口服务管理合作协议，计划面向民族地区提供就业岗位4000余个。新华社、《光明日报》、“学习强国”学习平台、中国统一战线新闻网、《中国民族报》、《新华日报》等21家中央、省级媒体报道该活动。

【宗教活动场所法人登记】 3月10日，市民宗局在市清真寺召开宗教活动场所法人登记试点工作现场推进会，总结推广首批（无锡市国际礼拜堂）法人登记试点工作经验，推动第二批法人登记试点工作落地落实。年内，完成开原寺、国际礼拜堂2处宗教活动场所法人登记工作。

【“爱党爱国爱社会主义”教育活动】 3月，全市宗教界人士自发开展一系列“爱党爱国爱社会主义”教育实践活动。梁溪区宗教界人士30余人乘坐“同舟号”参观“运河同舟”联盟党建阵地、教育基地；水仙道院举行升国旗仪式，全体教职人员高唱国歌；市基督教堂与市惠工桥基督教堂举行爱国主义主题演讲比赛和文艺会演；南禅寺开展爱国爱教展览活动。

【宗教慈善事业】 2021年，全市宗教界捐出1000余万元用于公益慈善事业。7月，通过多方募捐，向河南省洪涝受灾地区捐赠款物190余万元，其中市佛教协会捐赠100万元。9月，开展以“汇聚慈善力量，助力社会发展”为主题的“宗教慈善周”活动，全市宗教界筹集善款236.72万元。10月，市宗教慈善联盟与无锡爱德社会工作发展中心联合开展“爱慈助餐”公益助餐活动，五大宗教机构共同出资57万元，用于改善梁溪区金星街道高龄、孤寡、独居、残疾、失能老人等特殊困难群体的就餐难题。

【宗教传统文化研究】 2021年，市民宗局开展无锡宗教文化史话系列丛书编撰工作，指导市佛教协会、市道教协会分别编纂《无锡佛教文化史话》和《无锡道教文化史话》。5月，市民宗局与《中国宗教》杂志社联合编辑以“传承与创新——无锡宗教与宗教工作”为主题的《中国宗教·无锡宗教工作专刊》，介绍无锡宗教工作成效和无锡宗教文化、宗教界历代名人。

（市民宗局）

编辑 葛 红

公共安全

应急管理

【概况】 2021年，市应急管理局开展突发事件分级应对和应急指引课题研究，完成《市应急局突发事件分级应急工作指引》编印工作。探索开展预案数字化管理，年内完成7个市级专项应急预案的数字化改造。加强与气象、水利、自然资源规划和文广旅游等部门会商联动，强化突发事件监测预警，完善突发事件预警信息发布机制。加强应急值守保持备战，推动应急值班值班室建设向基层延伸，推动各地建设应急指挥场所。7月，颁发《无锡市支持社会应急力量参与应急工作实施办法》，通过政府购买服务方式，支持社会力量参与防灾减灾和应急救援。年内，江阴市应急管理局获评全国应急管理系统先进集体，任小青获评全国应急管理系统二级英模。

【应急预案编制】 2021年，无锡市推进应急预案编制工作，市级完成1个总体应急预案和44个专项应急预案修编，市（县）、区完成8个总体应急预案和244个专项应急预案修编，镇（街道）完成133个总体应急预案和1133个专项应急预案修编。统计汇总基层突发事件应急预案修编现状及计划，收集汇编突发事件应急指挥通讯录。

【应急指挥系统建设】 9月2日，无锡市城市运行管理中心一期项目——应急指挥和安全生产监管系统投运启用，围绕“平时安全生产远程监督管理，战时突发事件应急处置调度”目标，构建事前监督管理、事发迅速响应、事中高效处置、事后有序恢复的应急管理体系。建成应急指挥体系“信息汇聚”“指挥调度”“会商研判”“应急值守”“物资保障”“信息发布”6个子系统；整合全市各类数据、系统、视频资源，实现信息资源左右互联，市、市（县）区、镇（街道）三级共享。

【应急队伍建设】 2021年，市应急管理局印发《无锡市专业应急救援队伍建设规划（2021—2023年）》《无锡市专业应急救援队伍建设指引》，加强冶金、建设工程、防汛、燃气、森林灭火等重点行业应急救援队伍建设，建成安全生产专业应急救援队伍100余支、专业应急救援队伍7支，沿江（江阴）危化品应急救援队、宜兴市森林消防大队被遴选为省级应急救援专业骨干队伍。

【应急演练】 2021年，全市重点围绕危险化学品生产、有限空间作业、特种设备、燃气、道路交通、火灾等重大风险行业领域开展应急演练活动。市政府及市级部门组织开展应急演练95场次，市（县）、区开展应急演练376场次，镇（街道）组织应急演练378场次，村（社区）开展应急演练846场次，企业开展应急演练7860余场次。推进长三角区域一体化合作。11月23日，江苏、浙江、安徽三省和上海市在江阴举办长三角危险化学品联合应急演练，组织开展长三

5月12日，宜兴森林消防大队组织森林防灭火演练

（市应急管理局　供图）

角区域危化品道路运输事故处置、省际区域森林防灭火等多类型联合应急演练。

（市应急管理局）

防灾减灾

【概况】 2021年，无锡市自然灾害主要为气象灾害、地质灾害、地震。全年无锡市出现5次寒潮天气过程，其中1月5—7日，72小时最大降温幅度超过15℃。1月9日，宜兴出现-11.2℃，为历史第三低温。5月11—20日、8月11—24日和10月6—16日，出现较长时间的连阴雨天气过程，其中8月的连阴雨可谓罕见“倒黄梅”，造成水稻减产。6月27日，市区出现强降水，最大1小时雨量97.2毫米（10时44分至11时44分、无锡洛社），最大3小时雨量117.6毫米（11—14时、无锡崇安寺街道），暴雨造成市区30多个路段积水。7月15日15—18时，江阴局部出现冰雹、大风和短时强降水，部分在建工地设施受损，部分农作物受损，直接经济损失12万元。7月24日20时至28日08时，2106号台风“烟花”影响无锡，为江苏有气象记录以来停留时间最长、过程雨量最大的台风。全市86个自动气象站中，82个站雨量超过100毫米，其中7站超过250毫米，最大388.5毫米（宜兴竹海公园）；55站出现7级以上大风，其中9站8级、2站9级（无锡太湖仙岛、江阴利港）。太湖鼋头渚风景区7月25日和26日实施临时闭园，地铁1、2号线高架区段和部分车站暂停运营。9月12日12时至14日08时，受2114号台风“灿都”外围云系影响，无锡出现大风阵雨。

2021年，全市发生突发地质灾害险情2起，均为崩塌，等级为小型，分布在惠山区和滨湖区。

11月17日盐城大丰区海域发生5.0级地震，12月22日常州市天宁区发生4.2级地震，无锡均有震感，未造成破坏。

2021年，无锡市加强防灾减灾能力建设。组织首次全国自然灾害综合风险普查，高标准完成第一阶段清查、第二阶段调查任务，自然灾害综合风险普查工作典型经验做法受到国务院第一次全国自然灾害综合风险普查领导小组办公室的通报表扬。开展全国综合减灾示范社区创建工作，梁溪区广益街道金和社区、滨湖区河埒街道河埒社区、新吴区旺庄街道春潮苑二社区、锡山区羊尖镇丽安村、宜兴市丁蜀镇公园路社区等5个社区（村）通过省级验收。举办全市灾害信息员业务培训班，加强1413名灾害信息员队伍建设。

（市气象局　市自然资源规划局　市住房城乡建设局　市应急管理局）

【气象灾害处置】 2021年，市应急管理局印发《关于做好自然灾害综合监测预警工作的意见》《关于进一步完善气象灾害应对应急会商机制的意见》，建立自然灾害监测预警、会商研判、预警发布、应对提醒（提示）、应急联动等工作机制。根据气象部门短临天气预报，组织综合研判，联合制作预警信息，通过预警信息发布平台、应急广播、网络和手机短信、防火码等方式，发布应对指南。全年发布微信预警信息65篇，值班提示、安全提示、天气预警短信405次。全年紧急避险转移群众120419人，紧急转移安置611人，农作物受灾面积160.23公顷，一般损坏房屋2间，损坏桥梁1座、防洪渠1条，造成直接经济损失359.42万元，未造成人员伤亡，市应急管理局拨付救灾资金36万元。

（市应急管理局）

【台风“烟花”灾害防御】 7月24—28日，受2106号台风“烟花”影响，全市平均过程雨量203.3毫米，接近常年平均梅雨量；内陆风力普遍达7～8级，江河湖面9级以上。部分地区出现短时内涝，宜兴横山水库水位超过历史高位。市、县两级气象部门密切跟踪台风动态，发布台风消息9次、台风警报15次、大风警报1次、台风预警信号4次、暴雨预警信号2次，发布《重要天气报告》8期、《天气快报》6期，各类决策服务短信16条，应急广播7条21次。市领导多次召开防台调度会，部署台风防御工作。市防汛抗旱指挥部和市气象灾害应急指挥部分别启动防台风、气象灾害（台风）Ⅲ级

7月下旬，台风“烟花”过境期间，横山水库开闸泄洪

（市水利局　供图）

和Ⅱ级应急响应。市应急管理局对危化品仓库、生产车间、罐区等重要场所设施防台措施落实情况进行检查，做好随时参加灾害应急救援的准备工作。市水利部门科学指挥调度，强化巡查排险，高效处置突发事件。市自然资源规划局及时发布地质灾害气象风险提示信息，出动巡查344人次，巡查隐患点102个，撤离2个治理工程施工现场36人。市市政园林局组建32支应急队伍，对过往积水点、周边绿化较多的道路进行重点巡查；市住建局加强对建筑工地大型设备、脚手架、深基坑、临建设施等的防台风工作，台风暴雨期间一律停止施工作业，转移安置全市1300多处在建工地建筑工人96050人。市城管局协同绿化、市政等部门加强对全市156条主干道及34个下穿通道的巡查排涝，消除积水和路障隐患。市公安局落实应急处置、值班备勤等措施，保障道路安全畅通和人民群众生命财产安全。市粮食和物资储备局做好应急救援物资储备工作。市农业农村局深入田间地头，检查蔬菜大棚等设施近1.2万个，实地服务群众约6000人次。

（市气象局　市水利局）

【防汛抗洪】 6月27日、7月4日，无锡市遭遇两次短时极端强降雨，单站一小时雨量最大达97毫米，接近50年一遇标准，市区部分地区道路积水数小时。7月下旬，受2106号台风“烟花”直击，太湖形成2021年1号洪水，全市河湖库水位全面超警超限。9月中旬，“灿都”台风外围影响，出现大雨和7级阵风。水利部门组建抢险队伍966支、抢险人员约2万人，排查流域性堤防险工险段、病泵站、河道坝梗，整治防汛薄弱点，取得防汛抗洪工作的胜利。2021年，市水利局、市财政局安排专项资金80万元，开展京杭大运河无锡段堤防灾害保险试点项目，成为全国第一个为京杭大运河堤防“上保险”的城市。张海泉获评全国水旱灾害防御工作先进个人，4家单位获评全省防汛抗洪工作先进集体，7人获评全省防汛抗洪工作先进个人。

（市水利局）

【地质灾害防治】 2021年，市自然资源规划局组织编制《无锡市地质灾害防治“十四五”规划》，10月通过省自然资源厅组织的专家论证。完成无锡城市地质调查项目野外工作，9月通过省自然资源厅组织的专家验收，获评优秀级。基于项目阶段性研究成果制作的《来自地心深处的礼物——带你领略阳山火山地质》，获2021年度江苏省自然资源科普讲解大赛二等奖。9月，印发《无锡市地质灾害风险普查实施方案》，在突发性地质灾害（崩塌、滑坡）易发的7个市（县）、区开展地质灾害风险普查。联合应急、自然资源规划、气象等部门发布地质灾害气象风险预警及提示信息5则，发送短信5346条。组织地质灾害应急调查9次，组织3000余人次开展汛前排查、汛中巡查、汛后复查。

年内，市自然资源规划局开展地质灾害隐患排查，全市查明地质灾害隐患点102处，以崩塌、滑坡为主，级别主要为小型。按灾害类型划分，崩塌81处、滑坡13处、地面塌陷4处、地裂缝4处；按行政区域划分，江阴市41处、宜兴市14处、梁溪区5处、锡山区13处、惠山区8处、滨湖区21处。其中，重要地质灾害隐患点14处，主要分布在江阴市、宜兴市和滨湖区，其次为锡山区和惠山区。组织属地政府对辖区内稳定性较差、危险程度较大的地质灾害隐患点开展治理工作。全年完成宜兴市太华镇三傿里、张渚镇杰达石材北坡和滨湖区雪浪街道张巷北、白旄后湾、白石渚等治理工程。宜兴市将威胁较大的5个隐患点申报年度市级投资预备项目，滨湖区马山慕湾果园、踏青农场2个隐患点完成治理方案论证，惠山区启动长腰山南坡地质灾害治理工程。年内争取到省级地质灾害防治类资金200万元。

（市自然资源规划局）

【震情监测处置】 2021年，市住房城乡建设局编制完成《无锡市“十四五”防震减灾规划》，明确“十四五”时期防震减灾工作的总体要求、主要任务、重点项目和保障措施。调整充实防震减灾工作联席会议成员，建立完善震情共享、传递机制以及地震灾情收集共享机制。常态化开展地震应急技术运维工作，定期参加江苏省地震局省、市联动应急通信演练，通过灾害预测评估、视频双流、现场加密观测等课目操练考核，提升应急联动响应水平。在无锡建成国家烈度速报和预警工程江苏项目梁溪区市北高中、惠山区堰桥站、江阴市澄江站、宜兴市宜城站4个基本站和滨湖区蠡园及宜兴市太华站2个基准站，年底前投入观测试运行。启动实施观马山台、吼山台、太华山台等台站避雷设施更新及环境改造工程项目，年底前通过竣工验收。在全省率先通过实时视频监测手段，在无锡市动物园宏观观测站安装高清视频监控，对斑马、赤狐、猴群、鹿群4种群居动物的活动进行24小时观测，提升群测群防基础能力。实时监测地震活动，严格落实震情会商和震情值班制度，全年编发《震情简报》12期，处置地震事件118起，通过地震信息自动速报平台发送地震“三要素”短信10783条。11月17日盐城大丰区海域5.0级地震、12月22日常州市天宁区4.2级地震发生后，市住房城乡建设局启动Ⅳ级响应，核实震情，组织震情跟踪会商，确定震后趋势判定意见，密切关注余震发生情况，通过各种媒体，将震情报道与防震减灾科普、地震监测预报及预警工程建设宣传相结合，做好舆论引导，保障社会秩序稳定。

（市住房城乡建设局）

安全生产监督管理

【概况】 2021年，无锡市深入推进安全生产专项整治，深化创建安全发展示范城市，全市安全生产形势持续稳定向好，全年安全生产事故起数和死亡人数比上年分别下降30.3%和22.1%，连续第20年实现“双下降”，在全省安全生产年度考核中连续两年位列第一。江阴市应急管理局被表彰为全国应急管理系统先进集体，无锡市应急管理局任小青被表彰为全国应急管理系统先进工作者、被授予全国应急管理系统二级英雄模范称号，受到习近平总书记的接见。

【省级安全发展示范城市创建】 2021年，无锡市争创省级安全发展示范城市，将284项创建工作纳入年度安全生产考核重要指标和市级督导内容。委托中国安全生产科学研究院作为技术支撑单位，组织专家开展城市安全风险评估、业务培训、自评整改等创建工作指导，接受省安委办现场评议。

【安全生产监管执法】 2021年，市应急管理部门开展“利剑出鞘”“百日执法”“交叉执法”等行动，检查生产经营单位10586家次，处罚金额1.39亿元，其中事前立案4003起、处罚1.31亿元。严格行政执法和刑事司法相衔接，办理行刑衔接案件25起，1个执法案例入选应急部优秀执法案例。

【安全生产专项整治】 2021年，无锡市出台《关于进一步深化安全生产三年专项整治工作的实施方案》，明确年度2个专题、11个专项共136项重点工作任务。将12个专委会优化调整为17个，建立专委会“飞行检查”制度，细化企业落实主体责任75项重点清单。深化分级分类监管，29个行业领域共监管215323家企业（场所），完成全覆盖检查。落实专项整治派驻督导、季度考核评估和警示、通报、约谈等制度，扎实抓好省安全生产巡查和督导问题整改。

【工业企业风险报告】 2021年，市政府常务会议3次研究部署工业企业风险报告工作，全市应急系统组织专题宣讲32场次。分行业召开推进会18次，邀请50余家重点行业领域企业负责人开展交流研讨。10月，无锡率先完成工业企业风险报告，报告较大以上风险企业47493家、较大以上风险报告率98.66%，两项指标均居于全省前列。

【危化品使用安全专项治理】 2021年，全市在能源、实验室、建筑施工、汽车维修等21个行业领域开展危化品使用安全专项治理，在全省率先出台《危险化学品中间储存设施安全管理规范》，摸排危化品使用单位29510家，涉及重大危险源使用单位62家、重大危险源194个，涉及风险点9.9万个。

（市应急管理局）

【特种设备安全监管】 2021年，市市场监管局发挥“智慧市场监管”特种设备大数据优势，强化特种设备安全管理。在全省率先建成叉车智慧监管平台，通过安装技防设备，综合实现隐患预警、定期教育、定位追踪等功能。至年末，全市接入叉车智慧大数据平台的叉车近3万台，发出叉车年检提醒2959条，发出长期未佩戴安全带预警信息97条，在线安全教育7150次。建立无锡市气瓶智慧监管平台，统一全市工业气瓶数据库和气瓶追溯标准。至年末，39家工业气瓶充装单位开展注册工作，84万只工业气瓶逐一建档，51.45万只气瓶获得唯一身份标识，11.03万条充装记录实时录入无锡气瓶智慧监管平台。优化“96333”电梯应急救援平台应急救援网格，增设统一救援车辆、统一救援标识，救援网格细化到每个镇（街道），网格数由20个增至88个。全年处置电梯困人故障5432起，应急救援平均到达现场时间为10.9分钟，平均每天接处电梯困人故障14.9起，成功解救被困人员9778人。12月22日，无锡市举行电梯“96333”应急救援平台升级暨救援车辆发车仪式。

（市市场监管局）

12月1日，全国应急系统二级英模任小青在企业检查安全生产

（市应急管理局 供图）

【建筑施工安全生产】 2021年，市住房城乡建设部门深化建筑施工安全生产专项整治。全年检查工程项目10242个次，整治、消除安全隐患26048处，全市920余个建设工程项目落实智慧化监管，3290余部设备安装智慧检测设备，15万名从业人员注册“筑锡码”，974个建设工程项目投保建工安责险。制定重点领域安全生产管理要点等13项长效管理制度，完成特种作业人员技能提升1.1万人次、管理人员考核2.24万人次。至年末，实现归口管理的建筑工程事故和死亡人数双下降。

（市住房城乡建设局）

【水利行业安全生产】 2021年，市水利局印发《关于进一步深化全市水利行业安全生产三年专项整治工作的通知》《无锡市水利行业危化品使用安全专项治理行动实施方案》《无锡市水利局安全生产攻坚行动方案》，加强安全生产督查检查。全年开展专项检查稽查25次，发现一般安全隐患247处，全部整改到位。对在建水利工程开展安全监督检查18次，发现一般隐患80余处，发放告知书10余份，并落实闭环管理。排查既有建筑物207座，发现隐患第一时间整改。开展安全宣讲活动6次，在“世界水日”“中国水周”活动期间，到重点在建水利工程开展现场安全生产监督执法和宣传，发放安全生产法律法规200余册。

（市水利局）

【水路港口安全生产】 2021年，无锡港航事业发展中心加强港口重大危险源、重点作业货种的监管。12月，对全市港口危险货物常压储罐安全技术状况进行评估抽检，对10个储罐进行罐体腐蚀检测、焊缝无损检测等检查。加强航标巡检维护，排查整治港航设施安全隐患。“五一”国际劳动节前夕，集中对苏南运河洛社水上服务区、新安水上服务区开展安全检查，重点检查消防、用电、防疫、岸电设施、船舶污染接收设施等安全保障情况。完成船舶污染物联合监管系统注册，配合航道整治工程，加强涉水作业备案管理，运用VITs跟踪和液位仪监测报警系统对18艘备案泥浆运输船舶实施全过程动态监管，临时吊销许可证2艘，遏制泥浆偷排行为。构建港口经营诚信体系，在全省率先设立港口企业规范经营“红黑榜”制度，每双月在《无锡日报》发榜公布，累计46家港口企业登上红榜，33家登上黑榜，16家脱“黑”。

【交通运输安全管理】 2021年，市交通运输局牵头推进交通运输领域道路、水路两个安全生产专项整治行动，对企业开展安全检查26402家次，排查整改隐患1708处，整改率100%。行政处罚13710家次，停产整顿360家，罚没金额3589.68万元。对“两客一危”（公路客运、旅游客运、危化品运输）重点监管企业，按照“红橙黄蓝”四级，实施分类分级监管。制定或修订《无锡市交通运输突发事件综合应急预案》等10个预案，全年开展各类演练20余次。沪宁高速公路无锡段依托“一路三方”（一路指沪宁高速公路，三方指高速交警、交通执法、管理处）基层联合平台，实施“天眼护航”专项行动，破解超饱和流量拥堵难题。开展“安全生产月”活动，实现危化码头巡查全覆盖；推进桥梁防碰撞隐患治理，完成设计88座，拱式桥梁完成设计15座，并进入施工阶段。对南沿江铁路、S1线、“平改立”项目进行安全检查7次，整改问题241个。在全省率先开发“驾驶员行前测评提示系统”，成为全国交通运输安全发展典型案例。年内，完成公交、重型普货或半挂牵引车辆安装使用主动安全智能防控系统，以及通勤客车（县级包车）企业加载主动智能防控系统等8个道路交通安全试点项目，在全市范围开展“人、车、路、企”大见底行动，提升道路运输安全水平。

2020年12月22日至2021年3月末，无锡市开展交通运输安全生产“百日行动”。出动交通执法人员2351人次、海巡艇1651艘次，检查辖区企业39家、水上经营活动企业14家、船舶1450艘，进入企业召开安全专题会议3次，查处水上违法案件314起，处罚金额437650元，有效处置各类水上突发事件9起。开展治超专项行动，出动交通执法人员2858人次，查处车辆620辆，卸载超限超载货物4695吨。全年普通国省干线公路平均超限率压降至0.07%，持续保持全省最低。

（市交通运输局）

【交通事故预防压降】 2021年，全市各级交警部门围绕道路交通管理农村、城市、高速、源头“四大战场”，开展道路交通事故预防“减量控大”工作，交通事故死亡人数连续18年下降。在全省率先成立市、市（县）区两级道路交通安全生产专业委员会，并实体化运作，建立交通管理综合治理联动机制，形成交通管理联动、整治联手、隐患联治、应急联处的协同共治局面。将道路交通管理与市域社会治理有机融合，制定《关于进一步推进交通安全治理现代化的实施意见》和《无锡市道路交通安全生产专业委员会工作规范》，实行交通事故深度调查、领导到场、定期通报、“红黑榜”警示、专项督办、实地督导6项制度，全年领导到场指导事故调查916次，整改交通安全隐患312处，“黑榜”警示通报镇（街道）30个（次）、“黄榜”警示通报镇（街道）26个（次）。将交通事故死亡人数纳入全市安全生产和高质量发展“双考核”，将社区（村）交通治理纳入地方党委、政府社会治理工作和平安创建重要内容。组建4个考核督查组，定期对各地开展专项督查和“飞行检查”，全年开展专项督办16次，整改5个省、市两级巡察组交办的问题。推动农村道路安全设施城市化改造，完成230省道隐

2021年，市水上交通指挥中心对航运进行实时监控

（市综合交通运输协会　供图）

患整改和设施提升；将124条道路列为市、区两级挂牌督办隐患，组织开展3轮交通安全隐患大排查行动，整改沪宁高速省级挂牌督办隐患和30条市级、94条区级挂牌督办隐患道路，整改其他交通安全隐患问题5712个。建立重点驾驶人健康负面清单，对全市7.6万名"两客一危一货"（公路客运、旅游客运、危化品运输、货运）车辆驾驶人进行排查，将103名注销吊销驾驶证、582人次记满12分的驾驶人抄送交通运管部门依法撤销、吊销道路运输许可证，协调督促企业对650名存在从业资质、身体状况、安全守法等问题的驾驶人调整工作岗位。拉网式排查治理全市高风险重点车辆，全年现场检查整改车辆安全隐患1500余处，报废车辆501辆，停运车辆105辆。对在无锡市发生交通违法、道路交通死亡事故的3091辆外省籍重点车辆，向754个车籍地公安交警、交通运管部门抄告落实源头监管措施。建立道路运输企业安全生产责任事故追责体系，会同交通运输、应急管理等部门检查重点企业6803家次，约谈企业负责人921人次，处罚企业307家，罚款107.9万元。对全市42起道路运输企业在无锡市范围内生产经营过程中发生的道路交通死亡事故开展深度调查，刑事立案12起，对20名相关责任人采取刑事强制措施，向交通运输、住建、城管、市政园林等部门移交违法线索25条，联合交通运输部门对7家企业、3名企业负责人采取行政处罚措施。

【交通事故分析研判】 2021年，全市发生交通事故1369起，死亡350人，伤1011人，直接经济损失825.1万元。与上年相比，事故数、死亡数、伤人数、经济损失分别下降6.87%、9.09%、6.56%、21.6%。宜兴市X209线发生1起死亡5人的交通事故。交通事故发生数、死亡数、伤人数，由高至低，按时段分析，依次为上午（6—12时）、下午（12—18时）、晚上（18—24时）、凌晨（0—6时）；按道路分析，依次为城市道路、农村道路、普通国省道路、高速公路；按交通方式分析，依次为私家车、电动自行车、货车；导致事故的机动车违法行为依次为酒后（醉酒和饮酒）驾驶、未按规定让行、违法交通信号、无证驾驶、超速行驶；导致事故的非机动车违法行为依次为未按规定让行、违反交通信号、逆行、违法占道行驶、酒后驾驶；导致事故的行人违法行为主要是行人不按规定横过机动车道、违反交通信号。

（市公安局）

【安全生产宣传教育】 2021年，全市应急管理部门组织开展"百团进百万企业千万员工"学习宣讲1169场，参与人数17万人次；组织开展"企业负责人说安全"活动，29.8万余名员工接受宣讲教育。深入开展安全宣传"五进"（进企业、进农村、进社区、进学校、进家庭）活动，举办市第28个"安全生产月"、森林防灭火宣传月、"5·12"防灾减灾宣传周等主题宣传。举办全市安全生产、应急管理专题培训和无锡市幸福湖湾赋能行动专题培训暨2021年全市安全生产及应急管理政策实务培训班，培训615人。全面实施高危行业领域安全技能提升行动，培训考核从业人员12.3万人。

（市应急管理局）

消　防

【概况】 2021年，市政府审议通过《关于进一步加强城市消防安全工作的意见》，印发《无锡市2021年各市（县）、区政府和市消防安全委员会成员单位消防工作任务清单》，明确年度消防工作重点任务。市消防救援支队与行业部门在电动自行车、高层建筑、群租房、沿街门店、燃气等专项治理中合作，共同开展"飞行检查"300余次、联合约谈50余次。聚焦高层建筑、大型商业综合体和大型医疗建筑、沿街门店等专项整治，做到清理隐患存量、严控隐患增量。全年累计检查单位2.89万余家次，督促整改火灾隐患5.45万处，发出《临时查封决定书》599份，责令"三停"（停产停业、停止使用、停止施工）单位490家，罚款2813.97万元，发现并挂牌重大火灾隐患23家，整改销案28家重大火灾隐患单位。联合市商务、旅游、民宗等部门，召开全市大型商业综合体、宾馆饭店、宗教场所标准化管理达标创建推进会，对43家5万平方米以上大型商业综合体开展达标建设评定。开展消防技术服务机构专项整治，检查消防技术服务机构453家次，发现问题166个，处罚66起，罚款24.8万元。

【**消防基础建设**】 2021年，市消防救援支队牵头编制《无锡市"十四五"社会消防救援事业发展规划》，累计争取地方消防经费5.69亿元，比上年增长59.38%。全年立项消防站16个，开工建设18个，投入执勤7个。加强基层消防建设，初步形成党政统揽、深度融合、联席共治的基层消防治理格局。明确镇（街道）"一把手"挂帅消防委员会，配备在编专职人员，重点乡镇试点建设"防消一体"基层消防工作站，71人考取地方执法资格。推动应用网格化管理平台消防模块，明确专职网格员消防安全巡查工作清单和运行机制，提升基层监管能力。深化派出所消防安全监管"六联"机制，与市公安局、市司法局联合出台消防案件移送处置流程，推动研发运用智慧治安实战平台消防模块，畅通基层执法流程。举办全市消防行业职业技能竞赛，提高消防人员职业水平。

【**消防接警救援**】 2021年，全市接警18152起，比上年上升17.8%；其中，火灾扑救7967起，抢险救援4793起，社会救助3901起，其他1491起。消防队伍出动18352队次，出动车辆33580车次，出动人员173963人次，抢救被困人员479人，疏散被困人员247人，抢救财产价值3814.04万元，保护财产价值7688.77万元。成功处置"1·5"滨湖区天然气泄漏事故、"12·11"锡山区鲍氏被业厂房火灾等急难险重任务，圆满完成"7·12"苏州四季开源酒店坍塌事故、河南抗洪抢险等跨区域增援。

（市消防救援支队）

【**公安派出所消防安全监管**】 2021年，市政府印发《关于进一步加强城市消防安全工作的意见》，明确消防救援部门、公安派出所、镇（街道）综合行政执法局、专职网格等基层单位的消防安全监管职责，其中公安派出所负责监管三级消防安全重点单位、列入江苏省公安派出所日常消防监督检查范围的场所、居民住宅区的物业服务企业和居（村）民委员会。市公安局配备专兼职消防民警548人、消防文员206人，联合市消防救援支队建立公安取证、消防救援受案的办案机制，与消防救援部门常态化开展联合执法，查处消防违法行为。全年开展消防安全隐患百日攻坚、春季火灾防控、"三合一"场所（住宿与生产、仓储、经营一种或一种以上使用功能违章混合设置在同一空间内的建筑）、"九小"场所隐患排查整治等专项行动，排查"三合一"场所1.1万余家，整改隐患5729家，搬离人员2135家，拆除金属栅栏和防盗网9028处，处罚149家；排查"九小"场所2.1万余家，整改隐患5119处，查处消防违法行为76起。开展电动自行车消防隐患专项治理，整治电动自行车、电瓶进楼入户充电和"飞线"充电行为，整治重点小区600余个、部位2000余处、居民户2.7万余户，发放告知书33万余份，新安装集中充电点位2.3万余个。依托"智慧治安"平台研发应用"智慧消防"系统，实现公安民警"检查—整改—验收"、抄告消防"审核—抄告—反馈"双闭环。会同消防救援部门安装应用物联网感应设备，加强"九小"场所、居民住宅区消防安全智慧监管，形成消防安全警企"微共治"格局。

（市公安局）

【**森林防火**】 2021年，全市投入2779万元，新建蓄水池95个、蓄水量3920吨，新增消防管道7套计10760米、语音播报器224个，清理林下可燃物3558公顷，并新建林火视频监测系统7套，初步实现全市林火视频监控系统互联共享。投入422余万元，购置无人机、消防泵、高压水枪、风力灭火机、森林消防车、装备运输车、灭火弹、对讲机、森林消防服等13类1250件扑火机具设备。以自然资源规划局滨湖分局"智慧中心"为试点，推进"5G+森林防火"工程，提升林火监控系统信息化、智能化水平。市自然资源规划局编制《林业系统早期森林火情和森林火灾应急预案》，开展综合性森林防火

9月6日，无锡市消防行业职业技能竞赛现场　（市消防救援支队　供图）

演练，组织森林消防技能竞赛演练，严格执行24小时值班和领导带班制度，各乡镇（街道）、森林景区的森林防火专业半专业队伍实施24小时前置备勤。统筹调动各方资源，建立群防群治的森林防火机制，在151个主要进山入林道口设置森林"防火码"，建立进山入林人员大数据，实现实时查询、分析、统计，有效防控人为火源。市应急管理局开展野外火源专项治理行动，严格入山检查、林内巡护、联防联保、用火审批制度，组织开展春节、清明节、劳动节、国庆节等重点时段森林防灭火战役，实现年度森林防火零火情。年内，无锡市完成森林火灾风险普查，获国务院第一次全国自然灾害综合风险普查领导小组办公室通报表扬，市林业局获评第一次全国自然灾害综合风险普查工作经验做法典型单位。

（市自然资源规划局　市应急管理局）

【宗教领域消防安全应急演练】 10月29日，无锡市在滨湖区祥符禅寺（慈恩学院）举行2021年全市宗教领域处置突发事件（消防安全）应急演练。演练由市委统战部、市民宗局主办，滨湖区委统战部（区民宗局）承办，滨湖区各相关单位以及市佛教协会、滨湖区佛教协会、祥符禅寺（慈恩学院）等单位200余人参与演练及协同保障。

（市民宗局）

【火灾情况分析研判】 2021年，全市发生火灾7967起（全口径），死亡10人，受伤14人，直接财产损失约5874.56万元。与上年相比，火灾起数上升4.5%，死亡人数下降9.1%，受伤人数下降36.4%，直接财产损失上升107.3%。火灾事故发生数由高至低，发生时段前三位依次为18—20时、16—18时、14—16时，行政区划依次为江阴市、宜兴市、惠山区、锡山区、新吴区、梁溪区、滨湖区、经开区，发生区域依次为集镇镇区、农村、城市市区，火灾成因依次为遗留火种引发火灾、电气引发火灾、用火不慎引发火灾。

【消防宣传教育】 2021年，无锡市建成全国首个儿童主题商业体消防体验馆——方糖消防教育馆；结合梁溪老城区口袋公园建设，在全省首创消防主题小游园。至年末，全市建有省级应急消防科普教育基地1个，市、县级应急消防科普教育基地8个；建成并投入使用的消防主题公园（广场）14处；建成并投入使用的微型消防体验点（室）54处，观摩体验人数超过10万人。在三阳广场地铁站开设消防主题站厅并启用消防主题地铁专列，利用地铁一、二号线站厅车厢和76条公交线路车厢的1.1万块有线电视屏，800余处户外大屏，2.1万余处楼宇电视，隧道、高速出入口LED屏，播出消防安全提示200万条次。联合市文旅集团、市森林防火办、惠山古镇景区和各社区，在旅游景区、登山步道、居民小区设置2200余个太阳能红外感应扩音喇叭。利用微信、微博、抖音、快手等新媒体开设网络消防课堂，打通社会消防安全宣传教育的"最后一公里"。创新打造移动式消防宣传服务站，联合江阴公交公司打造消防主题公交车，利用公交"全澄通"App推送启动页面消防知识宣传，江阴市100余个公交站台LED屏滚动播放消防宣传警示标语。

（市消防救援支队）

农产品质量安全监督管理

【概况】 2021年，无锡市加强农产品质量安全监督管理，农产品质量抽检合格率99.69%，拥有国家级农产品质量安全县1个（江阴市）、省级农产品质量安全县2个（宜兴市、锡山区）。加强绿色农产品建设，全市新增绿色食品141个、有机农产品5个，新增江阴市全国绿色食品原料（水稻）标准化生产基地为全国绿色食品原料标准化生产基地，新增省级绿色优质农产品基地3个。至年末，全市拥有绿色食品365个、有机农产品81个、地理标志农产品4个，全国绿色食品原料标准化生产基地2个、省级绿色优质农产品基地35个，绿色优质农产品比重66%。

【农产品质量监测】 2021年，市农产品质量监测中心完成省、市例行监测和委托检验任务2614批次，检测参数10.87万项次。完成市级农产品质量安全例行监测样品1527批次，检测参数6.69万项次，其中种植业产品1053批次、养殖业产品474批次。完成常州市的省级农畜水产品采样检测任务和监督抽检配合采样900批次，其中蔬菜448批次、畜禽产品272批次、水产品180批次，累计完成检测参数3.91万项次。探索专项风险监测机制，完成水蜜桃专项风险监测100批次，检测样品全部合格；监测农药残留68种，检出6种，农药残留检出率34%。为基层农业管理部门、农业企业、农业合作组织、种养大户和城乡居民无偿提供农产品检测服务，完成委托样品检测187批次，检测参数0.28万项次。

【蔬菜质量安全管理】 2021年，无锡市加大蔬菜农药残留检测（验）和蔬菜质量安全监管力度。市辖区配备放心菜检验员150人，全市检测（验）蔬菜样品38.4万批次，合格率99.99%，未发生群体性蔬菜农药残留中毒事件。

【农药产品质量监督】 2021年，全市完成省、市两级农药产品质量监督抽检任务225批次，不合格农药产品6个，按属地管理原则定向督办。全年发出查案通知12件，督办各类违法行为查纠12起，办理农产品质量安全方面的案件54起。

【“瘦肉精”专项整治】 2021年，无锡市开展养殖屠宰环节“瘦肉精”监测，各地对辖区内出栏前生猪、肉牛、肉羊养殖场至少抽检1次“瘦肉精”，每次抽检1～2个样品；家畜屠宰场实行批批检，生猪按不低于5%的比例抽检，肉牛、肉羊按10%的比例抽检。开展“瘦肉精”专项整治行动，全年快速检测“瘦肉精”样品19.82万份，其中屠宰环节19.67万份、养殖环节1306份，检测结果全部合格。生猪屠宰企业“瘦肉精”自检13.02万份，检测结果全部合格。

【兽药饲料专项整治】 2021年，无锡市重点围绕规范兽药饲料生产经营行为、兽药饲料专属标识管理等方面，组织开展“双随机、一公开”检查、兽用生物制品专项检查、饲料和饲料添加剂产品标签专项检查、水产养殖用饲料生产环节专项检查、安全生产检查。实施兽用抗菌药减量化试点行动，组织开展“科学使用兽药抗菌药”和“规范使用兽药，保障动物食品安全”主题宣传和培训。组织开展全市兽药饲料监督抽检、执法抽检，完成省级兽药采样任务30份，省级饲料采样任务20份，检测结果全部合格。

【畜禽屠宰管理】 2021年，无锡市推进生猪屠宰标准化建设，严格品质检验管理。全市有获证生猪定点屠宰企业11家，其中江阴市3家、宜兴市4家、锡山区2家、惠山区1家、梁溪区1家。全年屠宰生猪208.79万头，比上年增长64.96%；检出病害猪及其产品8147.61头，无害化处理9691.61头，无害化处理率100%。全年未发生因屠宰环节引起的肉品质量安全事故。

【水产品质量安全】 2021年，全市开展水产品质量安全专项检查，发放宣传资料1909份，出动执法人员615人次，出动执法车辆25辆次，检查企业386家，其中苗种生产单位33家、养殖生产单位341家、水产品经营单位12家。对3家用药记录、生产记录、销售记录不全的单位责令整改，对1家销售恩诺沙星未过休药期的鳊鱼养殖企业进行行政处罚。

（市农业农村局）

食品药品安全监督管理

【概况】 2021年，无锡市省级食品安全示范县（市、区）、省级农产品质量安全县继续保持全覆盖，4个市（县）、区接受省级食品安全示范城市跟踪评价。各市（县）、区在原7类重点单位达到100%覆盖率的基础上，新增9个领域推广覆盖企业，重点单位覆盖率98%。全市划拨农村集体聚餐责任保险经费12.25万元，为70个乡镇（街道）投保食品安全责任保险。11月20日，无锡市被列入第四批国家食品安全示范创建推荐城市名单。至2021年，无锡市连续27年未发生重大食品安全事故，市市场监督管理局获评全国食品安全工作先进集体。

【进口冷链食品安全监管】 2021年，市市场监督管理局依托“监管仓+溯源码+综合治理”进口冷链集中监管体系，最大程度降低新冠肺炎疫情通过进口冷链食品输入的风险。全年，5处集中监管仓开具5943份出库证明，累计新增入库货物6.4万吨，采集样品近19万份，检出阳性食品18起，其中：6起经卫生部门评估后属低风险情形予以正常放行；1起中风险情形和其余11起进行规范处置，未流向市场。针对外地通报的14起阳性食品事件，开展协查检查，并对食品、人员、环境进行规范化处置。推广“江苏冷链”平台应用，累计入驻食品生产经营主体1602家，完成首站赋码交易8701笔。年内，市市场监督管理局牵头疫情防控组成员单位推进联合检查和专项执法，抽查产品28232批次，立案查处进口冷链食品违法案件277起，涉案进口冷链食品533吨，罚没1033万元。

【食品安全抽检监测】 2021年，全市市场监管系统完成食品安全抽检监测任务10.26万批次，其中食品安全监督抽检任务9.92万批次，发现不合格食品1585批次，不合格率1.6%。市本级完成食品安全监督抽检任务1.45万批次，发现不合格食品124批次，不合格率0.86%；完成食品安全评价性抽检2600批次，合格率99.73%。

【保健食品行业监管】 2021年，全市市场监管系统检查保健食品生产经营主体8591家次，责令并完成整改企业136家，查处违法案件40起，罚没款393.39万元。在全市100个公交站台张贴保健食品宣传海报，在公交、地铁1万余部移动电视上播放以防欺诈为主题的公益短片1000余次。结合“3·15”消费者权益保护日、食品安全宣传周等活动，在《无锡日报》《食品安全导刊》等登载消费提示和工作动态。

【特食产业监管】 2021年，国家市场监管总局及审评中心4次对无锡市特殊医学用途配方食品（以下简称“特食”）生产企业、江南大学和医疗机构开展现场调研。市市场监管局撰写《无锡市部分医疗机构贯彻落实〈江苏省特殊医学用途配方食品经营使用管理办法（试行）〉情况调研报告》，与市医保局、市卫生健康委联合印发《无锡市医疗机构经营使用特殊医学用途配方食品管理规范》，推荐申报的江苏省特殊食品实训合作单位通过省局审核验收。

【药品医疗器械化妆品检查】 2021年，市市场监督管理局完成药品抽样检测任务900批次，发现不合格药品7批次；完成省药监局下达的医疗器械国家抽检、省抽检任务26批次；完成化妆品监督抽样检测任务150批次，发现不合格化妆品7批次。全市市场监管系统组织开展中药饮片专项整治、药品流通环节专项检查、含兴奋剂药品经营专项、儿童化妆品专项检查、药品网络销售违法违规行为专项整治、新冠病毒疫苗生产流通专项监督检查、国家集采中选药品质量监管7项专项行动。

【医疗器械监管】 2021年，市市场监督管理局完成医疗器械经营分类分级监管检查1951家次。委托第三方公司构建无锡市医疗器械网络销售监测平台，监测35089家次，发现可疑线索272条，移交案源线索26条；办理网络销售备案662家次，审核广告673条。完成器械使用质量检查1178家次，警告3家次，处罚6家次，罚没款12万元。联合市卫生健康委通报全年医疗器械使用质量工作情况，排查医疗器械经营使用单位3205家，发现质量安全风险隐患86个，立案查处17家，警告13家，罚款15.15万元，停业1家。组织开展全市无菌和植入性医疗器械等专项检查，检查企业3215家。开展防疫器械产品网上专项监测，筛查4万余条网上销售数据，处置10家违规企业。对59家新冠病毒检测试剂经营使用单位进行全覆盖检查，检查药械经营企业6706家次，停业整顿2家，查封2家，上报疫情防控相关报表101份，未发现抽验不合格产品和违法违规案件，对333家经营疫情防控产品批发企业发放行政提示书。

【疫苗质量监管】 2021年，市市场监督管理局依托智慧市场监管平台，建成全市疫苗信息化监管系统。出台《无锡市疫苗流通使用质量监督工作程序（试行）》，印制《疫苗使用单位疫苗质量安全主体责任清单》，完成对市、市（县）区两级疾控机构、疫苗接种点的多轮全覆盖检查，确保疫苗质量安全。

（市市场监管局）

8月8日，市市场监管部门检查锡山区零售药店四类药品暂停销售情况

（市市场监管局 供图）

公共卫生安全监督管理

【概况】 2021年，市卫生健康委加强公共卫生监督管理，开展冬春季农村地区环境、公共场所从业人员和环境及集中隔离医学观察场所环境新冠病毒监测，采集从业人员样本9000余份、环境样本11万余份。作为国家健康城市建设首批试点城市，开展室内环境与健康调查工作，完成无锡地铁集团有限公司地铁4号线一期工程站台公共区域集中空调通风系统卫生学评价。《江苏省婴幼儿游泳沐浴场所卫生规范》与《生活饮用水水质标准》分别获2021年度江苏省预防医学会团体标准、无锡市地方标准项目立项。在全省率先开展覆盖全市的学生近视调查工作，在全市推广近视干预行动，学生视力建档率居全省第一。

【突发公共卫生事件处置】 2021年，无锡市报告一般突发公共卫生事件20起，比上年减少2起，无较大及以上突发公共卫生事件发生。加强卫生应急队伍建设，制定印发《无锡市市级卫生应急救援队伍建设实施方案》。举办无锡市第十四届突发公共卫生事件现场医疗救援培训班，组织2021年无锡市突发公共卫生事件应急演练暨肺炭疽疫情应急处置演练。

【新冠肺炎疫情防控】 2021年，市卫生健康委完善新冠肺炎疫情医疗救治应急预案，加强4家定点医院、54个发热门诊建设，全市核酸检测实验室增至53家，13家医疗机构设立24小时核酸检测点，强化医疗机构院感防控。各级各类医疗卫生机构按照30日运转要求，储备足量的医疗防控物资，建立核酸检测试剂、耗材及防护物资日报制度，及时补充消耗量。全年定点医院、急救机构等采购医疗设备1777台(套)。组建专家团队和医疗预备队，救治核酸检测阳性病例48例，其中确诊5例、无症状感染者43例，无死亡病例。

（市卫生健康委）

无线电安全监督管理

【概况】 2021年，市无线电管理部门强化重要频率保护性监测，开展重要频段的干扰隐患监测摸排，全年完成各类监测11195小时。先后完成省工信厅下达的1447～1467兆赫兹、1785～1805兆赫兹、2155～2165兆赫兹等8个频段的频段占用度监测任务，以及航空导航、列车调度、水上通信等20个重点保护频率的监测，完成江阴兴澄特钢、宜兴丁蜀通用机场室外分布、宜兴市经济技术开发区管委会等3家单位的频率预指配监测。全年完成电台执照核(换)发25446份，完成许可办件156件。

【无线电管控演练】 2021年，市无线电管理部门在无锡市区及江阴、宜兴集中开展养殖场违法使用GPS信号干扰器专项整治演练，在宜兴分别查获杭某、高某擅自设置GPS干扰器行为，给予涉案人员没收违法设备并处罚款的行政处罚，行政处罚案件案卷实现零的突破。“七一”前夕，分别到江阴、宜兴开展节前黑广播集中整治演练，在江阴新桥镇侦测查获黑广播案件1起，并将问题线索移送至公安部门。到丹阳开展无线电管控综合演练，收到良好预期。10月末，组织承办苏南片区(无锡、常州、镇江、泰州)无线电管控综合演练竞赛活动。

【无线电设备检查】 2021年，市无线电管理部门按照“双随机”抽查要求，开展无线电发射设备销售备案检查及在用台站检查。组织无线电发射设备销售备案检查35家，发现问题5个，主要是公司地址变更未及时上报备案。组织在用台站检查37家，发现问题11个，主要是部分公司更换老旧设备，未及时上报变更，导致设备与电台执照不符。发现的问题年内均得到纠正。

【重大活动保障】 2021年，市无线电管理部门开展常态化监测监听及局部区域侦测摸排，及时发现并识别不明信号，摸清辖区电磁环境状况。先后完成24次重要考试及庆祝中国共产党成立100周年庆典、无锡国际马拉松、长三角领导人会议、世界物联网博览会等7次重要活动无线电安全保障任务。开展重要时期无线电监测，保障2021年春运、全国两会期间专用频率使用安全。

（市工业和信息化局）

网络和信息安全监督管理

【概况】 2021年，市委网信办加强网络安全统筹协调，筑牢安全防护屏障，编制《无锡市“十四五”网络安全发展规划》，制定《2021年全市网络安全工作要点》《无锡市使用财政性资金信息化项目建设网络安全管理规定》等文件，开展网络安全责任制落实情况专项督查。修订完善《无锡市网络安全事件应急预案》，承办2021年江苏省网络安全事件应急演练。开展“网安2021”网络安全保障专项行动，摸排互联网基础资产6110个，走访企业8.5万家，指导各地区、各部门自查整改漏洞6024个。开展2021年全市网络安全宣传周系列活动，承办2021年江苏省网络安全发展大会，编制完成《无锡市网络安全产业报告(2021)》，评定梁溪区网络信息安全特色产业园、滨湖区网络信息安全特色产业园为首批无锡市网络信息安全特色产业园。

【“锡盾”平台建成启用】 8月，“锡盾”网络安全综合管理平台上线启用，成为全省首个设区市网络安全综合管理平台。该平台具备网络资产探测、网络安全态势感知、网络安全监测分析、网络安全通报与处置等功能，实现全市网络安全综合监管一体化。至年末，“锡盾”平台对全市党政机关和重要企事业单位的5000个网站和1000个重要信息系统实现不间断网络安全预警监测，对1万个网站的僵尸、木马、蠕虫病毒开展检测，累计监测发现、通报网络安全漏洞200余个。

【网络安全事件应急演练】 5月20日，2021江苏省网络安全事件应急演练在无锡举办。此次演练组织16支国内高水平技术队伍，对全省115个党政机关和重点企事业单位的1500多个系统开展全覆盖测试，并随机选择12个系统作为演练对象。通过系统致瘫、网页篡改、获取联网设备权限等方式，真实展现测试结果，复盘检验被测单位的监测预警和应急处置能力。现场发布《关于八分音符酱等51款App违法违规收集使用个人信息情况的通报》，展播《网络安全事件应急响应流程》短视频和《网络安全在身边》情景剧。

【信息安全漏洞分析与风险评估】 10月22日，第十三届信息安全漏洞分析与风险评估大会在无锡召开。大会由中国信息安全测评中心、省委网信办、无锡市政府主办，市委网信办、滨湖区人民政府、江苏省物联网信息安全实验室承办，以“创新可控智联，共铸网络安全”为主题，设立漏洞分析、关键信息基础设施保护、威胁发现与溯源、物联网基础安全及风险分析技术、国际网空重大安全事件分析5个分会场，全国相关政府部门、重要行业、高等院校、研究机构和信息安全产业界200多名嘉宾参加会议。

【江苏省网络安全发展大会】 12月14日，2021年江苏省网络安全

10 月 22 日，第十三届信息安全漏洞分析与风险评估大会在无锡召开　（市委网信办　供图）

发展大会在无锡举行。大会以“数字赋能，安全护航——构建网络空间安全新发展格局”为主题，由中央网信办网络安全协调局指导，省委网信办、省教育厅、省工业和信息化厅、省公安厅、省国家密码管理局、省通信管理局及无锡市政府主办。大会采取线上线下相结合形式，设立南京会场、无锡会场，其他设区市设云会场同步直播。大会发布《人脸识别数据安全标准化研究报告(2021 版)》《江苏省网络安全产业研究报告(2020—2021 年)》，现场有网络安全实验室、智慧城市安全运营中心等 25 个网络安全领域项目签约，金额 3.6 亿元。国内网络安全领域专家学者、企业负责人以及省、市网信系统负责人等 400 余人参与大会相关活动。

（市委网信办）

【政务外网安全管理】 2021 年，市大数据局严格落实政务外网网络安全管理和等级保护要求，加强安管平台使用管理，建立闭环化网络安全应急响应机制，通过经常性应急演练、监测扫描、专项巡查、风险排查和漏洞自查，消除安全隐患，保证网络安全。制定实施《无锡市政务云平台管理办法(试行)》，推进系统整合，全面清理“僵尸”系统，建立集中统管、弹性配置的政务云全周期管理机制，提升政务云整体信息安全支撑保障水平和风险防范能力。常态化开展政府门户网站巡检，4 个季度合格率分别为 97.96%、100%、100%、100%，网站群有序运转，未发生重大事故。实施 IPv6 改造升级，重点领域门户网站 IPv6 支持率 88%，居全省首位。

【城市大数据中心安全体系项目建设】 2021 年，市大数据局对照数据安全能力成熟度模型等标准规范，建立覆盖数据全生命周期的“3+3”城市大数据中心安全体系，入选 2021 年江苏省网络安全优秀实践案例，并获全国首个政务场景下数据安全能力成熟度三级认证。

（市大数据管理局）

【公安网络安全监管】 2021 年，市公安网络安全保卫部门开展“净网 2021”专项行动，参加公安部组织的 3 次集群战役，侦破涉网案件 535 起，抓获犯罪嫌疑人 1218 人。开展“断卡”“断号”“百日行动”等集中战役，查处危害数据安全、侵害民生利益等突出犯罪行为，摧毁物料供应、技术支撑、资金结算等犯罪产业链条。推进侦查办案体系改革，为相关警种部门侦办案件提供支撑，直接抓获犯罪嫌疑人 1103 人。依托新浪微博、微信公众号等网络警察公开巡查执法阵地，发现和处置有害信息，惩治警示网上造谣传谣人员，净化网络环境。上线“无锡市网络安全等级保护与信息通报管理平台”，开通网络安全等级保护申请、咨询等网上服务；依托反信息网络诈骗平台，升级技术反制系统和手段。加强信息安全等级保护，新增重要信息系统 257 个。开展全市网络安全、涉疫数据大检查，查纠问题 1100 余个，查处各类网络行政案件 645 起。依托全国互联网安全管理服务平台，开展全市自主主机网站实名登记备案和网络安全评估，全年办理网站备案 496 家、安全评估 32 家、互联网上网服务营业场所信息审核 16 家。全年开展网络安全讲座 10 余场，受教育人员 2000 余人。市公安局网安支队获全省“十佳网安警队”称号，徐昇被评为“十佳网安民警”。

（市公安局）

编辑　葛　红

辖区建设

江阴市

【概况】 江阴市北枕长江，南近太湖，东接常熟、张家港，西连常州，交通便捷，是沟通长江南北和江海联运、江河换装的重要交通枢纽，总面积986.97平方千米。2021年末，辖10个镇、7个街道，设191个村委会、82个居委会、1个村居合一（村委会居委会合一），有江阴国家高新技术产业开发区和江苏江阴临港经济开发区、江苏江阴—靖江工业园区。户籍人口126.96万人，常住人口178.2万人。江阴市人民政府设在澄江中路9号。2021年，江阴市被评为全国健康城市建设样板市、国家慢性病综合防控示范区、2021中国数字治理百佳县市、全国农作物病虫害绿色防控示范县、水系连通及水美乡村建设试点县，通过国家卫生城市复审，入选全国儿童青少年近视防控改革试验区，被命名为2021—2025年度第一批全国科普示范县（市、区），实现全国县域经济与县域综合发展“十九连冠”、中国工业百强县（市）“五连冠”。

【经济发展】 2021年，江阴市完成地区生产总值4580.33亿元，比上年增长8.1%。一般公共预算收入273.94亿元，支出268.8亿元。完成固定资产投资923.32亿元，比上年增长4.8%。新批外资及港澳台资项目91个，实际使用外资及港澳台资9.71亿美元。新批境外投资项目28个，完成对外直接投资7.36亿美元。年末金融机构各项本外币存款余额4685.92亿元，贷款余额3828.05亿元。

农业 2021年，江阴市实现农林牧渔业总产值64.06亿元。全年粮食种植面积1.9万公顷，总产量13.05万吨，其中谷物总产量12.4万吨。蔬菜种植面积1.2万公顷，总产量39.26万吨；水果种植面积0.26万公顷，总产量74355吨。生猪出栏2.79万头，比上年下降47%；猪肉产量2212吨，下降45.5%。奶牛存栏699头，下降24.8%；牛奶产量2963吨，下降34.7%。水产品产量20069吨，下降16.7%。

工业 2021年，江阴市实现规模以上工业总产值6059.5亿元，比上年增长14.7%；规模以上工业增加值1233.4亿元，增长8.1%；营业收入6862.28亿元，利润394.95亿元。中信泰富特钢集团股份有限公司、海澜集团有限公司销售收入超1000亿元，江苏新长江实业集团有限公司、三房巷集团有限公司销售收入超500亿元，远景能源有限公司、江苏西城三联控股集团有限公司、江苏阳光集团有限公司、江苏华西集团有限公司销售收入超300亿元。

商贸服务业 2021年，江阴市实现社会消费品零售总额704.84亿元，比上年增长4.4%；其中，限额以上零售额246.23亿元（批发和零售业231.04亿元、住宿和餐饮业15.18亿元），增长10.9%。实现进出口总值233.2亿美元，比上年增长21.9%，其中出口148.64亿美元、进口84.56亿美元。

【城乡建设】 2021年，江阴市临江路桥、应天河风光带、黄山路改造、锡澄运河公园二期南段、沿江危化品应急救援基地实训大楼等13个项目竣工。征收拆迁完成512万平方米，其中主城区完成181万平方米；完成无锡市房屋征收攻坚拔点项目28个；建成安置房103万平方米，其中城区29万平方米。新建燃气管线150千米、新增居民用户2万户。新增省级生活垃圾分类达标小区50个，建成“三定一督”（定时开放、定点投放、定人督导）分类小区32个，建成区生活垃圾分类设施覆盖率88.78%。完成城区664千米市政排水管网测绘信息采集，建成市政排水管网GIS（城市排水管网数字化管理和专业化分析软件）系统。

【生态建设】 2021年，江阴市$PM_{2.5}$平均浓度33.4微克/立方米，比上年下降9.7%；空气质量优良天数比率为79.2%，比上年提高1.3个百分点。国、省考断面水质优Ⅲ比例100%。森林覆盖率20.14%，林木覆盖率25.01%。城市建成区绿化覆盖面积5499.17公顷，绿化覆盖率43.99%。

【科技创新】 2021年，江阴市有各类专业技术人员66.12万人，比上年增加2.97万人。发明专利授权量769件，比上年增长31.2%。净增高新技术企业55家，高新技术企业总数711家；高新技术企业培育库入库622家，国家科技型中小企业入库1198家，通过无锡市遴选入库雏鹰企业、瞪羚企业、准独角兽企业分别为16家、21家、1家。高新技术产业产值占规模以上工业产值比重为38.8%。全年获批江苏省院士工作站2个、无锡市院士工作站2个。新增江苏省工程技术研究中心15个,累计188个;新增无锡市工程技术研究中心49个、江阴市工程技术研究中心178个。获批省科技成果转化项目4个、“百城百园”行动项目1个、省碳达峰碳中和科技创新专项项目1个、省政策引导类计划项目1个、省重点研发计划项目1个,获批省“双创计划”“科技副总”17人、省引进外国专家人才专项2个、省“外国专家工作室”1个;获批无锡市“太湖人才计划”创业人才18人、创业团队4个、创新人才3人、创新团队2个。获评国家科技进步奖1项、江苏省科学技术奖3项、江苏省科技创新发展奖2项。

【社会事业】 2021年,江阴市有普通高校2所、普通高中12所、中等职业学校3所、初中39所(含九年一贯制学校8所、联办体育学校1所、特殊教育中心校1所)、成人教育中心校15所、小学46所、幼儿园118所。公办专任教师13845人,在校学生19.25万人,在园幼儿47357人。小学和初中普及率均为100%,初中毕业生升学率97.6%,九年义务教育巩固率99.3%,普及高中阶段教育,教育现代化建设监测综合得分95.08分。全年2所高等学校招收研究生1288人、全日制本科生420人、高职生1499人、国际教育学生500余人。有各类医疗卫生机构663个,其中医院39家、卫生院15家、社区卫生服务中心12个,开放床位9683张。年末有卫生技术人员12433人。有县级艺术表演团体2个,文化馆1个;县级图书馆1个,公共图书馆图书总量303.3万册。全年组织文化下乡活动3500余场,开展“书香江阴”读书节、市民文化节系列活动172场次。“三味书咖”阅读联盟增至12个,建成24小时图书馆7个、微书房8个。开通覆盖全市的“滴答借书”手机网借服务、“澄艺快递”全民艺术普及配送服务。5家企业的6个项目获江阴市文化产业专项资金扶持203万元。获第五届江苏省“文华奖”优秀节目奖1项、书法奖1项、编剧奖1项。新建体育公园2个、健身步道16千米。承办中国足球甲级联赛、中国足协杯赛等省级以上体育竞赛13项次,江阴籍运动员在省级以上赛事中获金牌53枚,组织各类群众体育活动856场次。江阴市获评省级体育消费城市试点单位,海澜飞马水城获评2021年国家体育旅游示范基地、2021中国体育旅游精品项目。全年体育彩票销售额超8亿元。

【人民生活】 2021年,江阴市居民人均可支配收入67555元,比上年增长9.2%。其中:城镇居民人均可支配收入78415元,增长8.6%;农村居民人均可支配收入42519元,增长10.7%。城镇居民人均消费支出40543元,增长18.1%;农村居民人均消费支出27443元,增长23.2%。年末养老、工伤、失业保险参保人数分别为66.65万人、59.02万人、57.38万人,医疗、生育保险参保人数分别为95万人和59.09万人,居民养老保险和居民医疗保险参保人数分别为2.42万人和53.69万人。有养老机构24家,养老床位14710张;有标准化居家养老服务中心(站)166个。国家抚恤、补助各类优抚对象4934人。城乡居民最低生活保障对象3195人,发放最低生活保障3032.83万元。全年实施直接救助11.96万人次,直接医疗救助支出2516.72万元;实施临时救助37户次,发放救助金32.55万元。

【江阴市实现全国县域经济与县域综合发展“十九连冠”】 2021年,江阴市以建设产业更高端、创新更澎湃、

2021年,海澜飞马水城获评国家体育旅游示范基地 (沈思远 摄)

城市更美好、人民更幸福的现代化滨江花园城市为总目标，扎实推进“南征北战、东西互搏”总战略，全力构建“345”现代产业体系（指高端纺织服装、石化新材料、金属新材料3个千亿级产业；新能源、集成电路、高端装备、生物医药4个战略性新兴产业；5G通信、智能制造、节能环保、现代物流、健康文旅5个未来产业），奋力当好新时代县域高质量发展排头兵、社会主义现代化建设先行军、区域一体化发展领跑者。12月6日，全国县域经济与县域发展专业研究机构、社会智库北京中郡研究所发布《2021县域经济与县域发展监测评价报告》，江阴市居全国县域经济基本竞争力前100名县（市）名单首位，实现“十九连冠”。

【江阴市获评全国健康城市建设样板市】 2008年，江阴市启动健康城市建设，至2021年末，实现国家卫生镇全覆盖，建成省级健康镇7个、健康村（社区）192个、健康单位44个，健身步道178千米、体育公园45个，无烟机关建成率100%；在全国生态环境领域率先实施横向到边、纵向到底的分类分级分档考核；共享中药房覆盖全市，基层医疗机构达到国家“优质服务基层行”推荐标准比例38%；基本医保参保率98.7%。12月31日，江阴市入选2020年度全国健康城市建设样板市名单。

【江阴市入选水系连通及水美乡村建设试点县】 11月9日，水利部办公厅、财政部办公厅印发《关于公布2022年水系连通及水美乡村建设试点县名单的通知》，江阴市位列其中，成为江苏省入选的两个县（市）之一。试点县项目于2022—2023年实施，建设范围为青阳、徐霞客、祝塘三镇，面积237.3平方千米，通过水系连通、河道清障、清淤疏浚、岸坡整治、水源涵养及水土保持、防污控污、景观人文等综合措施，对永仓港、璜塘河等27条河道进行综合整治，建设6个水美乡村，工程估算总投资4.39亿元。

【江阴市被命名为首批全国科普示范县（市、区）】 “十三五”期间，江阴市全面加强科普基础建设，建成村（社区）科普馆11个、学校科普馆5个和各类专题科普教育基地41个，创成全国科普示范社区1个，省级科普教育基地2个、科普示范社区4个、科普惠农服务站6个，无锡市级科普教育基地17个、科普示范镇（街道）16个、科普示范社区80个，逐步建成具有江阴特色的科普示范体系，公民具备科学素质比例由2015年的10.4%提高至2020年的15.8%。2021年9月1日，中国科协命名2021—2025年度第一批全国科普示范县（市、区），江阴市获得该项命名。

（江阴市档案史志馆）

宜兴市

【概述】 宜兴市地处江苏省西南端、沪宁杭三角中心，东临太湖并与苏州太湖水面相连，东南邻浙江省长兴县，西南接安徽省广德市，西接常州市溧阳市，西北毗连常州市金坛区，北与常州市武进区相傍。滆湖镶嵌于宜兴和武进之间，三氿（东氿、团氿、西氿）相伴市区。地势南高北低，西南部为低山丘陵，最高峰为黄塔顶，海拔611.5米；东部为太湖渎区，适宜种植各种蔬菜；北部和西部分别为平原区和低洼圩区，是宜兴粮油主要产地。总面积1996.61平方千米。2021年末，辖13个镇、5个街道，设196个村委会、103个居委会、10个村居合一，有国家级宜兴环保科技工业园、宜兴经济技术开发区、宜兴阳羡生态旅游度假区及省级宜兴陶瓷产业园区。户籍人口107.08万人，常住人口128.7万人。宜兴市人民政府驻设在宜城街道陶都路8号。2021年，宜兴市获评全国健康城市建设样板市、城乡交通运输一体化示范县、全省推进高质量发展先进县（市、区）、江苏省生态园林城市，通过全国文明城市复审测评。

【经济发展】 2021年，宜兴市实现地区生产总值2082.17亿元，首次突破2000亿元，比上年增长8.8%；一般公共预算收入142.39亿元，支出188.3亿元；完成固定资产投资545.4亿元，增长0.5%。新增外资及港澳台资项目51个，实际使用外资及港澳台资4.9亿美元。新批境外投资项目7个，完成对外直接投资3995万美元。年末金融机构各项本外币存款余额2892.8亿元，贷款余额2199.55亿元。

农业 2021年，宜兴市农作物播种面积7.96万公顷，比上年增加10.22万亩、增长9.4%。其中，粮食作物播种面积5.17万公顷，总产量35.51万吨；经济作物播种面积2.04万公顷，油料总产量4769吨，茶叶总产量3826吨，水果总产量29725吨，干果总产量2180吨。年末存栏生猪6.28万头，比上年增长112.9%；生猪出栏2.65万头，下降51.8%；猪肉产量2086吨，下降56.7%；禽肉产量2508吨，下降30.8%。水产品产量71430吨，下降12.1%。

工业 2021年，宜兴市实现工业总产值5468.98亿元，比上年增长22.2%。1255家规模以上工业企业实现产值4347.83亿元，增加值788.58亿元，营业收入4332.39亿元，利润总额171.61亿元，其中工业总产值百强企业完成产值2993.96亿元。有工业总产值超1亿元企业527家，其中，超10亿元企业68家，超100亿元企业9家。

商贸服务业 2021年，宜兴市实现社会消费品零售总额588.62亿元，比上年增长14.9%；其中，限额以上消费品零售额229.96亿元，增长20.4%。实现进出口总值67.88亿美元，比上年增长47.1%。其中：出口46.2亿美元，增长35.4%；进口21.68

亿美元，增长80.3%。有等级旅游景区10家，全年接待境内游客2662.05万人次、境外游客1357人次，旅游总收入240亿元。

【城乡建设】 2021年，宜兴市医疗中心、江南大学宜兴校区等项目有序实施，宜兴市档案史志馆、陶瓷博物馆改扩建等工程完工交付，东氿公园中心级防灾避难场所建成。氿滨南路主车道改造完成，RBD地块、无锡外国语学校地块、梅林地块路网建设全面完工，梅溪桥建成投用，360省道洑湖路、竹海复线、蒋张路等6条道路的绿化工程、老104国道、氿滨南路等路灯工程完工，城乡路网日益完善。不断优化城市人居环境，开展家长等候区、东氿木栈道、背街小巷等"微改造"。推进美丽宜居城市试点建设，6个项目被列入第二批省级试点项目，东氿新城美丽宜居街区建设全面完工。开展特色田园乡村创建，5个村通过省级验收并命名，9个村通过无锡市验收并命名；推动27个村庄"美丽农居"建设，建成169座农村公厕。加强传统村落保护，4个村庄入选江苏省传统村落名录，6组建筑入选江苏省传统建筑组群。

【生态建设】 2021年，宜兴市$PM_{2.5}$平均浓度28.6微克/立方米，比上年下降5.9%；空气质量优良天数比率85.2%，比上年提高2.7个百分点。17条主要入湖河流水质总磷浓度均达到国家控制性考核指标；31个国、省考断面水质优Ⅲ比例87.1%，创有监测记录后的历史最好水平。城区新增绿地面积68.39公顷，城市建成区绿化覆盖面积3953.35公顷，绿化覆盖率43.41%。完善生态绿地系统和公园绿地系统，丰富城市绿色景观，创成江苏省生态园林城市。

【科技创新】 2021年，宜兴市有各类专业技术人员13.8万人，比上年增加0.59万人。专利授权总量10627件，比上年增长26.8%。组织实施市级以上科技项目74个，其中国家级6个、省级47个、市级21个。净增高新技术企业52家，有效高新技术企业总数690家；高新技术企业培育库入库622家，国家科技型中小企业入库1198家，通过无锡市遴选入库雏鹰企业、瞪羚企业、准独角兽企业分别为140家、114家、1家。高新技术产业产值占规模以上工业产值的40.7%。组织实施产学研及国际合作项目174个，获评省级科学技术奖一等奖1项。

【社会事业】 2021年，宜兴市有普通高中8所、普通初中35所、小学61所、幼儿园106所、中等技术学校2所、特殊教育学校1所，公办专任教师12214人，在校学生147825人，在园幼儿32771人。小学和初中普及率均为100%，初中毕业生升学率99.74%，九年义务教育巩固率100%，普及高中阶段教育。有医疗卫生机构608个，其中医院16家、卫生院13家、社区卫生服务中心5个，开放床位7389张。有卫生技术人员10591人，其中执业医师3859人、执业助理医师414人、注册护士4976人。宜城预防保健所完成搬迁投用，市医疗中心土建工程完成。有县级艺术表演团体1个，文化站（馆）18个；县级公共图书馆1个，藏书83万册；电影放映单位22个，放映场次15.9万次，票房收入5554.8万元。市文化中心各场馆到馆总人数约215.4万人次，举办各类活动及培训793场，接待参观团体975批次、3.09万人次。有体育场5个、体育馆18个、游泳池51个。承办全国动力冲浪板锦标赛、"陶都·体

2021年，东氿新城美丽宜居街区建设全面完工。图为东氿新城全景　（宜兴市档案史志馆　供图）

彩杯”全国青少年足球邀请赛、“环科园杯”中国·宜兴内河帆船联赛、CBDF中国杯国际标准舞(体育舞蹈)巡回赛4项国家级体育赛事,举办省级赛事3项、县(市)级赛事19项。全年体育彩票销售5.97亿元。

【人民生活】 2021年,宜兴市居民人均可支配收入55852元,比上年增长9.5%。其中:城镇居民人均可支配收入66527元,增长8.9%;农村居民人均可支配收入36017元,增长11.1%。居民人均消费支出34831元,比上年增长19.5%。其中:城镇居民人均消费支出40313元,增长18%;农村居民人均消费支出24644元,增长23.8%。年末企业职工基本养老、失业、医疗保险参保人数分别为52.29万人、29.43万人、55.23万人,城乡居民养老、医疗保险参保人数分别为37.01万人、52.47万人。有养老机构37家,养老床位15167张;有标准化居家养老服务中心(站)301个。城乡居民最低生活保障对象3331人,最低生活保障标准提高至每月1060元。享受定期定量抚恤补助的优抚对象5688人。全年慈善机构接收捐赠款8005万元,市慈善总会救助困难群众、学生约5万人,救助支出4257万元。

【宜兴市地区生产总值首次突破2000亿元】 2021年,宜兴市实现地区生产总值2082.17亿元,比上年增长8.8%,比2019年增长12.1%。分产业看,第一产业增加值54.52亿元,比上年增长2.2%;第二产业增加值1086.11亿元,增长9%;第三产业增加值941.54亿元,增长8.9%。三次产业占比调整为2.6∶52.2∶45.2。分行业看,31个行业大类中,27个实现正增长。

【宜兴市获评城乡交通运输一体化示范县】 7月27日,交通运输部印发通知,命名41个县(区、市)为城乡交通运输一体化示范县,宜兴市上榜。宜兴市成为全国仅有的8个既是“四好农村路”全国示范县又是“城乡交通运输一体化示范县”的县(区、市)之一。

【宜兴市获评全国健康城市建设样板市】 12月31日,全国爱卫办发布《关于2020年度全国健康城市建设评价结果的通报》,宜兴市获“全国健康城市建设样板市”称号,在全国县级市中排名第四位,被全国爱卫办通报表扬。至年末,宜兴市建成江苏省健康镇7个,建成率54%;江苏省健康村(社区)178个,建成率58%。

(宜兴市档案史志馆)

梁溪区

【概况】 梁溪区位于无锡市中部,总面积72.12平方千米。2021年末,辖9个街道,设157个居委会。户籍人口80.84万人,常住人口98.68万人。区人民政府设在解放南路688号。

【经济发展】 2021年,梁溪区完成地区生产总值1468.52亿元,比上年增长7.7%;一般公共财政预算收入64.29亿元,增长6.5%;完成固定资产投资264.45亿元,增长10%。新增外资及港澳台资项目41个,实际使用外资及港澳台资3.36亿美元,增长299.5%;新批境外投资项目7个,对外协议投资额3.43亿美元。

工业 2021年,梁溪区105家规模以上工业企业实现总产值291.74亿元、增加值85.21亿元,主营业务收入313.39亿元,利润40.55亿元。全年引进数字经济产业项目28个,总投资额49.2亿元。大数据、云计算产业销售收入39.46亿元,比上年增长42.25%。

商贸服务业 2021年,梁溪区实现社会消费品零售总额732亿元,比上年增长5.3%,总量保持全市首位。楼宇经济继续发展,全年盘活各类闲置载体34.84万平方米,税收超亿元楼宇12幢。完成进出口总值33.5亿元,增长28.6%。跨境电子商务完成出口额23亿美元,比上年增长30%,区电商产业园被评为江苏省电子商务示范基地。

【城市建设】 2021年,梁溪区推进优美环境合格区建设,拆除违法建设1190处52.8万平方米,深化10条重点街巷功能性改造,完成129条背街小巷环境治理,基本实现生活垃圾智能箱体全覆盖,新增停车泊位10576个。完成老旧小区宜居化改造项目106个,改造面积480.46万平方米,惠及5.57万户居民,改造量创历年之最,居全省县(区)第一位。补种提升绿化面积26万平方米,9座区级游园品质提升,100座街道游园完成建设。12家农贸市场完成提升改造,41个居民住宅区完成二次供水工程,整治老旧住宅电梯986部,改造老旧公厕36座。10条道路建成通车,6条区管道路完成大修。全年完成房屋征收3605户(家)、151.1万平方米;完成项目清点89个,其中70个项目完成交地,整出可供地168.49公顷。

【生态建设】 2021年,梁溪区健全大气污染联防联控体系,599个大气污染防治项目全部完成。$PM_{2.5}$年均浓度降至30微克/立方米以下,比上年下降12.6%。持续推进河道整治工程,大运河、梁溪河整治提升,水体环境持续改善,国、省考断面水质首次全面达到Ⅲ类标准,61条市环境综合整治河道Ⅲ类以上水体占比达70%。推进土壤污染防治,梁溪区成为全省唯一一个国家级“十四五”土壤污染防治先行区建设试点。

【科技创新】 2021年,梁溪区新增31家高新企业,有效期内总数214家。认定省技术先进型服务企业1家,新增省级众创空间4家、省级企业技术中心1家、省级智能示范车

4月24日,梁溪区委、区政府启动"书香梁溪"读书节活动

(梁溪区档案史志馆 供图)

间1家、省级专精特新"小巨人"企业3家,培育雏鹰企业63家、瞪羚企业22家、准独角兽企业1家。与扬州大学、北京航空航天大学、澳门科技大学、江南大学等高校签订校地合作协议,开展政产学研合作。全年引进高层次人才697人,比上年增长119.9%。

【社会事业】 2021年,梁溪区有小学36所、初中9所、九年一贯制学校5所、特教1所,在校学生70814人。有幼儿园94所,在园幼儿27415人。年内新建、扩建启用义务教育学校3所,启用公办幼儿园7所。义务教育学校标准化建设监测全面达标,义务教育优质均衡监测达标比例90.6%,提升幅度全省第一。有医疗卫生机构490家,开放床位12656张,卫生技术人员15704人,执业(助理)医师6205人。建成区公共卫生应急服务中心,梁溪区实现国家基本公共卫生服务市级绩效考核八连冠,"婴为有你"政府补贴托育消费券相关做法获国家卫健委推广。举办"书香梁溪"读书节、梁溪文化艺术季等文化惠民活动,区文化馆获评全国一级馆。整修锡剧博物馆,举办"曲韵流芳"锡剧艺术汇演,推出评弹、锡剧、民乐等常态化演出。利用闲置用地建设57处105个公共文化体育设施项目,更新室外健身路径91套,梁溪区被评为全国群众体育先进单位。

【人民生活】 2021年,梁溪区居民人均可支配收入68174元,比上年增长9%。全年城镇新增就业2.8万人,支持自主创业5796人,援助就业困难人员再就业4100人。居民低保标准提高至1060元/月,全年发放低保救助金4100万元,为优抚对象发放补助资金6400万元。为孤儿、特困对象、低保人员、低保残疾人发放新冠肺炎疫情防控期间临时生活补贴770多万元,发放阳光扶贫入户走访资金601.97万元。古运苑社区就业创业服务站获评全国人社系统"优质服务窗口",梨花社区入选第五批国家级充分就业社区,华腾军创园获评省退役军人就业创业示范园地和省退役军人就业创业示范基地。建成养老服务综合体7家,完成375户老年人家庭适老化改造。

【梁溪科技城启动建设】 11月8日,无锡梁溪科技城管理局筹备组成立,梁溪科技城建设拉开帷幕。梁溪科技城位于无锡市城北地区,地处梁溪、锡山、惠山三区交界区域,紧邻中心老城,总面积约40平方千米,规划建成无锡的科创高地、城北新门户。

(梁溪区档案史志馆)

锡山区

【概况】 锡山区位于无锡市东北部,总面积399.11平方千米。2021年末,辖羊尖、鹅湖、锡北、东港4个镇,东亭、安镇、东北塘、云林、厚桥5个街道,设67个村委会、60个居委会,有国家级锡山经济技术开发区、无锡锡东新城商务区。户籍人口50.02万人,常住人口88.41万人。区人民政府设在锡州中路1号。

【经济发展】 2021年,锡山区实现地区生产总值1128.73亿元,比上年增长10%;一般公共预算收入110.27亿元,增长16.5%;完成固定资产投资478.36亿元,下降9.4%。新增外资及港澳台资项目66个,实际使用外资及港澳台资4.27亿美元。主动融入"一带一路"建设,西港特区2.0升级版成效明显,全年完成境外投资9425.99万美元。

农业 2021年,锡山区实现农林牧渔业总产值28.98亿元,比上年增长0.9%。粮食种植面积6810公顷,总产量4.78万吨;水产品产量6552吨。推进国家现代农业产业园管理和运行体制改革,完成"五园五区六带"锡山区发展规划编制,农业园区化比重为62%,东港镇获评全国农业产业强镇。

工业 2021年,锡山区实现规模以上工业总产值1907.75亿元、增加值515.68亿元,比上年分别增长26.9%和17%。加快特色专业园区建设,首批10个园区获授牌。实施"百企引航""千企升级"行动计划,培育市级重点产业集群龙头企业10家。新增中捷精工、中科微、吉冈精

2021 年末竣工的宛山湖大桥　（锡山区政府办　供图）

密 3 家上市企业，其中吉冈精密为无锡首家北京证券交易所上市企业。全年签约总投资超 10 亿元产业项目 49 个，引进力神新能源等超百亿元项目 2 个；超亿元产业项目完成投资 190 亿元，蜂巢能源、连城凯克斯等 36 个重大项目竣工。

商贸服务业　2021 年，锡山区实现社会消费品零售额 245.31 亿元，比上年增长 10.7%。推进消费促进行动，世奥商业广场、百和商务广场竣工验收，丽笙酒店建成开业。完成进出口总值 66.4 亿美元，增长 35.3%。

【城乡建设】 2021 年，锡山区国土空间总体规划形成中期成果，镇级国土空间规划编制有序开展，完成新一轮镇村布局规划修编。启动大成路快速化改造、锡太路改造、柏庄路改建等 9 条重点道路建设，新羊大道南延、宛山湖大桥等 16 个道桥工程完工。加快“靓丽街巷”建设，完成 23 条背街小巷改造提升。32 个老旧小区改造加快推进、渐次完成，110 个无物业老旧小区实现物业服务全覆盖。完成房屋征收 157.93 万平方米、清点地块 59 个。开展“美丽农居”建设，推进农村人居环境整治，创成省级特色田园乡村 2 个。加强城市精细化管理，创成优秀管理单元 16 个。

【生态建设】 2021 年，锡山区 $PM_{2.5}$ 平均浓度 29.9 微克 / 立方米，比上年下降 15.5%，空气质量优良天数比率为 81.7%，国、省考断面优Ⅲ比例继续保持 100%，市考断面优Ⅲ比例为 81%。开展 15 个美丽示范河湖局部片区小流域整治，完成 750 千米污水主管网排查检测，建成龙亭污水处理厂扩容工程、新材料产业园污水处理厂及配套工程，150 个村庄生活污水整治工程建成投用，普天铁心等 3 家企业获评省级绿色工厂。开展电动车、摩托车“两车”喷涂行业整治，1738 个大气整治工程和有机化工集群整治工程全部完成。推进国家生态园林城市创建，建成云林滨水公园、九里河环境提升等一批生态惠民工程，新改建口袋型、社区型游园 19 个，新增绿地 63.9 公顷，基本形成公园绿地 10 分钟服务圈。

【科技创新】 2021 年，锡山区战略性新兴产业、高新技术产业产值分别占规模以上工业总产值的 40.5%、50.91%。净增高新技术企业 100 家，入库培育雏鹰、瞪羚、准独角兽企业分别为 143 家、64 家和 7 家，入选省“双创计划”人才 8 人，新增省级以上科技孵化载体 7 家。安曼工程机械有限公司获评国家级专精特新企业，培育省级、市级专精特新企业分别为 20 家和 53 家，省级、市级智能制造示范车间分别新增 8 个和 47 个；雅迪科技集团有限公司、通用科技股份有限公司获评国家级工业设计中心。宛山湖生态科技城纳入太湖湾科创带“一带多点”规划布局，启动开发建设。沪锡协同创新中心建成投用，车联网数据服务实验室揭牌，国家级车联网先导区核心区和国家“双智”试点城市核心区建设加快推进。举办首届大院大所合作发展大会，集中签约校企产学研项目、校地合作项目 33 个，引进上海交通大学无锡碳中和动力技术研究院、湖南大学无锡半导体先进制造研究院等重大创新平台。加强与高瓴资本等头部基金合作，新注册基金 26 只、规模 205 亿元，落户全市首只 QFLP（合格境外有限合伙人）基金，注册规模 2 亿美元。

【社会事业】 2021 年，锡山区有各级各类学校 39 所，在校学生 8.7 万人。义务教育优质均衡发展，高中教育领跑全省，天一实验学校文景校区、锡山实验小学文润校区等 8 所学校竣工投用。有医疗卫生机构 273 家，开放床位 3333 张，执业（助理）医师 1730 人。锡山人民医院成为南京医科大学教学医院，建成感染楼、救护车辆洗消中心、核酸检测基地；安镇街道社区卫生服务分中心、鹅湖镇卫生院、锡北镇卫生院建成投用。有区、镇两级图书馆 10 个，新建、改建口袋型、社区型游园 19 个，年内开展大型文体惠民活动 254 场次，中国乡镇企业博物馆、倪瓒纪念馆完成改造。

【人民生活】 2021 年，锡山区城镇居民人均可支配收入 67217 元，比上年增长 8.9%；农村居民人均可支配收入 40052 元，增长 10.8%。新增城镇就业 2.18 万人，城镇登记失业率控制在 2.5% 以内。有养老机构 14 家，床位数 3589 张；有日间照料中心 9 家、老年人助餐中心 9 个、居家养老服务中心（站）104 个。20 个“我为群众办实事”重点项目完成，18 件“微幸福”民生工程事项办结。全年发放特困帮扶资金 944.69 万元。

【锡山乡贤发展大会召开】 6 月 20 日，锡山区委、区政府举办“乡望千年，贤绘锡山”锡山乡贤发展大会，100 余名锡山籍乡贤及当地知名人士参会。大会发布锡山英才“归雁计划”，中国科学院院士杜江峰、黄震等被聘为“锡山高质量发展顾问”，总投资 357.5 亿元的 24 个项目签约。

【首届中国无锡（荡口）光影艺术节】 9 月 21 日至 10 月 21 日，“流光延祥”首届中国无锡（荡口）光影艺术节在荡口古镇举办。活动由开幕式以及新媒体艺术装置展、荡口奇幻夜、民谣音乐节三大特色主题活动，非遗文创手作、fun 肆市集、荡口梨园情、艺术创作展、民宿雅集、美拍大赛六大系列活动组成。活动以光影科技点亮古镇的河湾、水巷、小桥、老街、古宅，为游客呈现光影盛宴，展示荡口古镇转型发展成果。

（锡山区政府办）

惠山区

【概况】 惠山区位于无锡市区西北部，总面积 324.88 平方千米。2021 年末，辖洛社、阳山 2 个镇，堰桥、长安、钱桥、前洲、玉祁 5 个街道，设 29 个村委会、63 个居委会、22 个村居合一，有国家级无锡惠山经济开发区。户籍人口 53.24 万人，常住人口 89.55 万人。区人民政府设在文惠路 8 号。2021 年，惠山经济开发区升格为国家级开发区，江苏省惠山高新技术产业开发区、国家现代农业产业园获批筹建。

【经济发展】 2021 年，惠山区完成地区生产总值 1145.13 亿元，比上年增长 10.3%，迈上千亿元台阶；一般公共预算收入 114.7 亿元，增长 16.5%，跨入百亿元行列；完成固定资产投资 600 亿元，增长 0.7%。新增外资及港澳台资项目 58 个，实际使用外资及港澳台资 3.68 亿美元；新批境外投资项目 7 个，对外协议投资额 10.32 亿美元。新三洲特钢有限公司入选 2021 中国民营企业 500 强、制造业民营企业 500 强、制造业 500 强，宝金石油有限公司入选中国服务业 500 强。

农业 2021 年，惠山区实现农林牧渔业总产值 27.78 亿元，比上年增长 0.6%。粮食种植面积 2035 公顷，总产量 1.43 万吨。创建省级水稻和小麦绿色高质高效示范片各 1 个、市级水稻示范方 2 个，水稻良种覆盖率 100%。蔬菜种植面积 758 公顷，其中商品蔬菜面积 398 公顷，蔬菜种植专业户 432 户。水蜜桃种植面积 2352 公顷、葡萄种植面积 105 公顷、茶叶种植面积 38.5 公顷，均比往年有所下降。惠山国家现代农业产业园获批创建，规划总面积 8567 公顷，主导产业为水蜜桃和叶菜种植。

工业 2021 年，惠山区实现规模以上工业总产值 2274.1 亿元，比上年增长 24.1%；规模以上工业增加值 498.2 亿元，增长 13%。先进制造业产业集群完成工业产值 1840.9 亿元，占规模以上工业总产值的 80.9%。推进实施智能制造项目 106 个，完成智能制造投资 75 亿元。数字经济核心产业实现营业收入 550 亿元，江苏数字信息产业园获评国家中小企业公共服务示范平台。

商贸服务业 2021 年，惠山区实现全社会消费品零售总额 285.14 亿元，比上年增长 21.9%，增幅高于全市 11.5 个百分点。完成进出口总值 44.46 亿美元，增长 30.9%，其中出口 39.81 亿美元。完成服务贸易总额 4.58 亿美元，服务外包合同执行金额 13.37 亿美元，离岸执行金额 10.12 亿美元。时代天使科技有限公司在香港联合交易所挂牌上市。推动全域旅游融合发展，全年旅游收入 29.9 亿元，阳山桃花节获评“中国优秀当代节事”。

【城乡建设】 2021 年，惠山区完成长安街道和堰桥街道行政区划调整，空间布局更加合理。完成区国土空间总体规划编制中期成果，城铁惠山站周边地区概念规划及惠山站综合枢纽城市设计方案初步完成，深化双高铁、双城铁、多轨道布局。构建公铁水多式联运体系，无锡西站—上海洋山港“海铁联运”班列开通。凤翔快速路、惠西大道二期、地铁 4 号线建成通车。全区建筑在建项目 108 个，总建筑面积约 680 万平方米。全年办理商品房交付使用验收备案项目 20 个，

2021 年，阳山镇桃源村获评江苏省乡村旅游重点村　（惠山区农业农村局　供图）

总建筑面积 200.9 万平方米，比上年下降 9.3%；商品房成交 13897 套 143.65 万平方米，成交金额 242.26 亿元。年内拆除违法建设 103 万平方米，改造老旧小区 23 个，完成市政府“为民办实事”棚户区改造 5.18 万平方米。新增绿地 113.3 万平方米，新建、改建游园 10 个、社区公园 1 个、综合公园 1 个。2021 年，惠山区获评全国村庄清洁行动先进县（区），创成省级宜居示范居住区 2 个、市级 4 个。

【生态建设】 2021 年，惠山区 $PM_{2.5}$ 平均浓度 30.6 微克 / 立方米，空气质量优良天数比率为 84.4%，12 条主要河流年均水质均达Ⅲ类，大气、水环境质量创有监测记录以来最好水平。建成生态河道 34 条、108.3 千米，生态河道覆盖率 43.07%。农村生活污水自然村治理覆盖率 100%。初步建立区、街道（镇）、社区（村）三级林长制体系，全年完成造林绿化 40.8 公顷，全民义务植树 22 万株，林木覆盖率 24.16%。年内，惠山经济开发区获评全国首批国家级绿色低碳示范园区，惠山区获评省级生态文明建设示范区，7 个村获评江苏省生态文明建设示范村，4 个村创成省级绿美村庄。

【科技创新】 2021 年，惠山区实现高新技术产业产值 819.57 亿元，占规模以上工业总产值的比重超过 36%。新增国家级专精特新“小巨人”企业 6 家、国家级制造业单项冠军企业 4 家、国家级服务型制造示范企业 1 家；新增雏鹰企业 8 家、瞪羚企业 14 家、准独角兽企业 2 家；新增省级工程技术研究中心 5 家。获评国家级外国专家项目 2 个，获批“太湖人才计划”项目 23 个，其中时玉舫院士团队入选市“太湖人才计划”顶尖人才团队。有博士后工作站 8 家，博士后创新实践基地 7 家（其中新建 2 家、撤销 3 家），博士后进站 3 人，年末在站博士后研究人员 13 人。国家数字化设计与制造创新中心江苏中心在惠山区揭牌运营。成立惠山区科创产业集团，启动建设惠山科创金融港，举办惠山基金峰会，引进源码资本、国盛资本、复星国际等头部基金，签约基金规模超 410 亿元。惠山软件园入选首批江苏软件名园培育试点第二层次，惠山生命园获评国家小型微型企业创业创新示范基地。

【社会事业】 2021 年，惠山区有各级各类学校 109 所，在校学生 12.36 万人。8 所学校建成投用，新增义务教育学段学位 5800 个，普通高中资源供给比居全市首位。有医疗卫生机构 360 家，开放床位 2494 张，执业（助理）医师 1851 人，卫生技术人员 4429 人（全科医生 378 人），区人民医院升格为三级综合医院，区二院升格为三级专科医院，区中医医院创成二甲中医医院。建成核酸检测基地和 PCR 方舱实验室，新冠疫苗首针接种率 97.38%，全程接种率 94.19%。有国家级历史文化名村 1 个、省级文保单位 9 家，有省级非遗项目 3 个、省级非遗传承人 2 人。有区、镇两级图书馆 8 个，惠山区文化馆获评国家一级馆，大型原创现代锡剧《追梦路上》获第六届全国少数民族文艺会演优秀剧目奖，原创锡剧《打分》获华东六省一市小戏大赛银奖。新增社区体育公园 4 个，区健身气功代表队获第十四届全运会健身气功·气舞项目金牌。

【人民生活】 2021 年，惠山区城镇居民人均可支配收入 68611 元，比上年增长 9.2%；农村居民人均可支配收入40092元,增长10.9%。城镇居民人均消费支出36229元,增长18.9%;农村居民人均消费支出20622元,下降24.7%。城镇新增就业22185人;发放创业担保贷款835万元,支持自主创业及创业带动就业1.76万人;城乡就业困难人员就业、再就业2641人;开发青年就业见习岗位2605个,公益性岗位新安置156人。有养老床位7158张,每千名老人拥有养老床位59张;有日间照料中心31家、老年人助餐中心21个、居家养老服务中心(站)114个,社区养老设施标准化配建率100%。区残疾人家庭医生签约服务工作被列入全国试点,残疾人托养工作经验在全省推广。江苏玉龙钢管科技有限公司向惠山区慈善会捐款1000万元,定向用于困难群众助学、助老等。堰桥中心退休教师俞斌获评全国慈善系统"优秀基层慈善人物"。

【首单私募REITs产品发行】 12月10日,无锡市首单私募REITs(不动产投资信托基金)产品"中联国联——无锡惠山国控科创三期资产支持专项计划"发行,发行规模6.5亿元,期限3年。其中:优先A类规模1.8亿元,评级为AAAsf,发行利率3.98%;优先B类规模2.75亿元,评级为AA+sf,发行利率4.28%。

(惠山区档案史志馆)

滨湖区

【概况】 滨湖区位于无锡市区西南部,总面积571.40平方千米。2021年末,辖胡埭镇和马山、雪浪、蠡园、河埒、荣巷、蠡湖6个街道,设71个居委会、7个村居合一,有无锡太湖国家旅游度假区和江苏省无锡蠡园经济开发区、无锡山水城2个省级开发区。户籍人口37.73万人,常住人口59.46万人。区人民政府设在金城西路500号。

【经济发展】 2021年,滨湖区实现地区生产总值982.6亿元,比上年增长9%;一般公共预算收入101.1亿元,比上年增长16.5%;完成固定资产投资300亿元,增长5.3%。新增外资及港澳台资项目37个,实际使用外资及港澳台资4.27亿美元;新批境外投资项目7个,对外直接投资1141.21万美元。

农业 2021年,滨湖区实现农林牧渔业总产值5.81亿元,比上年增长0.6%。粮食种植面积91.9公顷,总产量0.12万吨;蔬菜种植面积113.3公顷,总产量0.74万吨;水果种植面积1448.1公顷,总产量2.1万吨。编制完成无锡市"五园五区六带"滨湖区发展规划和农业产业发展规划,高标准实施农田连片整治三年行动计划一期879亩(合58.6公顷)项目,建成省市级农业产业化龙头企业4家,百企建百园项目6个,规模以上农业园区17个,园区化比重62.4%。建成全省首个省级杨梅绿色防控A级示范区,联合扬州大学创新实施杨梅绿色防控管理体系产学研三年计划。马山街道连续两年获评全国乡村特色产业十亿元镇(街道)。

工业 2021年,滨湖区实现规模以上工业总产值764亿元,比上年增长25.8%;规模以上工业增加值232.8亿元,比上年增长17.3%。培育形成生命健康、新一代信息技术2个百亿产业集群和集成电路设计、数字文化、海空核心部件3个近百亿产业集群。振华汽车部件股份有限公司、中粮工程科技股份有限公司在A股上市,药明生物、药明康德、卓胜微、上机数控4家企业入围中国上市公司市值500强。德林海环保科技股份有限公司、四方友信股份有限公司获评国家专精特新"小巨人"企业,豪帮高科股份有限公司、锡南科技股份有限公司等4家企业创成省级智能示范车间。

商贸服务业 2021年,滨湖区实现社会消费品零售总额263.5亿元,比上年增长17.8%;服务业增加值606.26亿元,占地区生产总值的61.7%。举办"爱无锡·生活季·GO滨纷"消费促进系列活动,开展"创精彩·趣缤纷"消费品牌赋能成长行动。湖滨商业街升级改造后全新开街,中升丰田汽车4S店、宝马汽车4S店建成营业。实现外贸进出口总值34.8亿美元,比上年增长50.4%。举办第十八届太湖山水文化旅游节,创建成为首批省级文化和旅游消费试点单位、首批省级文化和旅游产业融合发展示范区建设单位,全年接待旅游总人数3013.8万人,实现旅游收入380亿元。拈花湾景区获评首批国家夜间文化和旅游消费集聚区,马山街道入选首批全国乡村旅游重点镇,古竹社区获评江苏省乡村旅游重点村,"滨湖区醉美田园休闲之旅"入选中国美丽乡村休闲旅游行精品景点线路。

【城乡建设】 2021年,滨湖区国土空间规划初步形成,产业空间布局规划、锡西交通规划编制完成,梅荼、许舍等地区城市设计形成成果。运河湾等重点片区城市更新全面启动,河埒金融商务港获评国家优质工程奖。200万平方米房屋征收、21个市"攻坚拔点"任务完成,震泽新村等17个老旧街坊改造竣工,89个老旧小区物业管理实现全覆盖,西郊市场等20个片区实现城市管理物业化。苏锡常南部高速公路绿化及环境整治提升第一阶段工程完工,山水东路等8条城市道路完成景观品质提升,试点设立望山路等3条"落叶不扫"道路。

【生态建设】 2021年,滨湖区4个国考断面优Ⅲ比例为50%,10个省考断面优Ⅲ比例为80%;$PM_{2.5}$平均浓度降至27微克/立方米,优良天数比率81.9%。开展国、省考断面"保Ⅲ增Ⅲ"溯源整治攻坚行动,启动实施"两河"(梁溪河、大运河)整治提升,建成太湖环山东路示范段等40条美丽河湖。推进污水处理提质增效达标区建设，全市最大污水处理厂——马山污水处理中心尾水净化项目完工。完成“无化（化工企业）区”建设，完成羊岐地块复垦还湖整改工程。推进大气污染源排查整治，实施“散乱污”企业整治及危废专项整治，在全市率先开展化工企业遗留地块调查、小微企业危废收集试点，土壤和固废污染防治管理水平稳步提升。全面推行林长制，林木覆盖率37.3%。

【科技创新】 2021年，滨湖区净增高新技术企业79家，有效期内高新技术企业数547家，高新技术产业产值完成554.4亿元，占规模以上工业总产值的72.6%。新增发明专利916件，新增省级工程技术研究中心5家。国家超算无锡中心团队第三次荣获“戈登·贝尔”奖，中国船舶重工集团公司第七〇二研究所获第四届中国质量奖提名奖，深海技术科学太湖实验室获批全省唯一立项的省重点实验室，无锡先进技术研究院获省重大新型研发机构立项。深化政产学研合作，太湖湾车联网技术创新中心揭牌，深海空间站无锡研发基地、中航工业雷达电子研发中心、智能网联汽车信息终端实验室及大型产品试验测试基地等共建项目有力推进，清华大学未来技术创新中心、东南大学未来科技创新中心、上海交大无锡光子芯片联合研究中心等科创平台签约。启动新建科创载体64万平方米、提升优化25万平方米，开辟上海滨湖中心，打造离岸科创和双城产业协同中心。设立总规模50亿元的科创母基金鼎祺资本，全市规模最大的QFLP基金落户滨湖区，上海保险交易所基金投资创新中心启动共建。引进知识产权高端服务机构19家，中国（无锡）知识产权保护中心、金杜长三角知识产权中心设立，全省首家商业秘密保护基地挂牌。持续升级“滨湖之光”人才政策，新增国家人才工程A类3人、B类1人，省“双创人才”6人，省“双创博士”13人，省“333工程”16人，市“太湖人才计划”项目41个。

【社会事业】 2021年，滨湖区有各级各类学校80所，在校学生5.44万人。新一轮教育设施布局规划编制完成，立人高中晋升为省四星级高中，华东师范大学附属无锡滨湖学校签约落户，南京师范大学滨湖实验学校开办。有医疗卫生机构326家，开放床位6022张，执业（助理）医师1924人，卫生技术人员5241人，通过省健康促进区评估验收。有区、镇（街道）两级图书馆8个。区政府与中国帆船帆板运动协会共同主办2021中国帆船城市超级联赛总决赛。

【人民生活】 2021年，滨湖区城镇居民人均可支配收入70308元，比上年增长8.9%；农村居民人均可支配收入39855元，增长10.8%。城镇新增就业1.79万人，引进大学生1.3万人，支持自主创业3680人，企业职工基本养老保险净增缴费5568人。落实稳岗补贴、公益性岗位和社保“两项补贴”共约6910万元。出台全市首个高技能人才专项奖励激励政策，建成全省首个劳动争议行政调解中心。完成特定老年人家庭适老化改造321户，试点打造“友邻客厅”（乐龄驿站）30个。创办残疾人圆梦农业体验基地，推进康复辅具共享服务。建成标准化社区“优抚之家”32个、全国示范型退役军人服务中心8个。全年完成8个方面20项惠民实事项目、176项“微幸福”民生工程，滨湖区入选第二批

7月，湖滨商业街升级改造后全新开街　（潘　凡　摄）

全国婚俗改革实验区，全省首家区级社区治理创新中心投入运营。

【太湖湾科创带引领区启动建设】 3月1日，滨湖区召开创新大会，全面启动太湖湾科创带引领区建设，首次对外发布滨湖区太湖湾科创带产业空间规划、滨湖科创新政以及“滨湖之光”3.0版人才政策，从优化空间布局顶层设计、激发科技创新动能活力、瞄准创新靶向提效升级、完善科技金融体系支撑、建设创新人才集聚高地、打造宜业宜居发展环境、建立健全创新运营机制7个方面，推进太湖湾科创带引领区建设，致力打造产业发展的新空间、经济发展的新引擎、城市形态的新展现、科产城人融合的新样板，努力创成无锡乃至长三角的科创新高地。

（滨湖区政府办）

新吴区

【概况】 新吴区位于无锡市区东南部，总面积219.79平方千米。2021年末，辖旺庄、硕放、江溪、梅村、鸿山、新安6个街道，设7个村委会、98个居委会，有无锡国家高新技术产业开发区、江苏无锡空港经济开发区以及星洲工业园、综合保税区等特色园区。户籍人口39.65万人，常住人口72.41万人。区人民政府设在新安街道和风路28号。

【经济发展】 2021年，新吴区实现地区生产总值2271.06亿元，突破2000亿元，比上年增长11%，增速全市第一；人均地区生产总值31.45万元，居全省城区首位；一般公共预算收入243.3亿元，增长12.5%，增速居苏南主要开发区首位；完成固定资产投资723.17亿元，增长5.3%。新设立外资及港澳台资企业104家，实际使用外资及港澳台资13.3亿美元，居全市首位。

农业 2021年，新吴区实现农林牧渔业总产值1.01亿元。粮食种植面积0.98千公顷，总产量6817吨；蔬菜种植面积200公顷，总产量0.43万吨；水果种植面积115公顷，总产量0.22万吨。启动“一区三带”（醉美鸿山乡村振兴示范区，吴韵江南风光带、融合发展样本带、现代农业创新带）农业农村现代化建设。建设“智慧＋绿色”农业示范区，建成全市首个智慧农业云平台和无人农场。

工业 2021年，新吴区实现规模以上工业总产值5554.58亿元，比上年增长22.1%；规模以上工业增加值1629.87亿元，增长16.5%。物联网、集成电路、高端装备产业3个产业集群规模超千亿元，高新技术产业占固定资产比重46.2%。新批超亿元项目145个，总投资额超650亿元。推动产业数字化发展，入选省区块链发展集聚区、省工业大数据应用示范区，新增“灯塔工厂”1家、国家级智能制造标杆企业1家。英飞凌科技（无锡）有限公司获中国质量奖提名奖，先导智能装备股份有限公司获省长质量奖，威孚高科技集团股份有限公司获省长质量奖提名奖。

商贸服务业 2021年，新吴区实现社会消费品零售总额414.66亿元，比上年增长9.6%。完成规模以上服务业营业收入561.74亿元，增长21.9%，总量居全市首位。完成进出口总值568.7亿美元，增长13.3%。推进服务型综合保税区建设，试点机场—综保区“区港联动”，开展集成电路全产业链保税模式改革试点，完成无锡跨境电商三大中心建设。启动长三角电子元器件国际分拨中心建设，获批国家外贸转型升级基地（生物医药），创成江苏自由贸易试验区联动创新发展区、中日韩（江苏）产业合作示范园区。

【城乡建设】 2021年，新吴区编制新一轮国土空间总体规划，强化路网体系规划布局。推进太湖湾科创城、鸿山旅游度假区等重点板块建设，实施基础设施建设项目56个、总投资45.6亿元，争取政府专项债券30.5亿元。推进新风路、叙康路、安鸿路等路网建设，实施大运河新吴段整治提升、伯渎河二期工程。建成投运春城农贸市场等商业配套设施，新增学志路等34处8100个停车位，新建改建公厕86座，长江路美丽宜居街区塑造等4个项目被列为省级试点。安置房开工7377套、建成5848套，完成长欣公寓等9个老旧小区改造，完成房屋征收拆迁180万平方米、攻坚拔点项目36个。深化市容环境、城市亮化、道路绿化等专项行动，规范数字城管运行，试点“城市管家”全新治理模式。新增绿地51公顷，新改建公园游园5个，完成72条道路形象提升，被列为全市唯一美丽宜居城市建设省级试点城市（区）。在全市首创物业“红黑榜”，老旧小区实现物业进驻全覆盖，在全市率先实现垃圾分类全域全覆盖。加强农村人居环境整治，启动3个规划发展村的农房更新。鸿山街道获评省乡村振兴先进集体，大坊桥村获评全国乡村治理示范村。

【生态建设】 2021年，新吴区$PM_{2.5}$平均浓度29.9微克/立方米，比上年下降15.1%，空气质量优良天数比率76.7%。开展“1+7+60”河道整治（1湖指太湖，7河指望虞河、伯渎河、走马塘、大溪港、冷渎港、大运河、张塘河，60指6个街道各10条重点河道），5个国、省考断面首次全部达到优Ⅲ水平。启动生态文明示范区创建，组织开展臭氧管控、污水治理等专项行动，实施蓝天、碧水、净土重点工程1618个；新建江苏电科有限公司等危险废弃物处置工厂，新增处置能力30万吨。

【科技创新】 2021年，新吴区新引进科技企业2450家，比上年增长65.5%。新认定高新技术企业351家，科技型中小企业评价累计入库1540家，华润上华科技有限公司、芯朋微电子股份有限公司、新洁能股份有限

2021 年，新吴区公共卫生大楼建成启用　（新吴区档案史志馆　供图）

公司、华进半导体封装先导技术研发中心有限公司、海鹰加科海洋技术有限责任公司获国家科学技术奖。入选全国硬科技企业之星 100 强企业 8 家，入选苏南自创区独角兽企业 2 家、潜在独角兽企业 6 家、瞪羚企业 36 家，入库市“三类企业”331 家，均位居全市第一。累计有效发明专利 9300 余件，万人发明专利拥有量 129.7 件，为全市平均水平的 2.6 倍。构建“1+X”（1 是指飞凤人才计划及其升级版，X 是指区内集成电路、生物医药以及教育、民政等产业、行业人才政策）优势人才政策体系，拨付飞凤人才基金 2.39 亿元。申报国家级重大人才工程项目 60 个，入选省“双创计划”人才 10 人、市“太湖人才计划”项目 55 个，新增高层次人才 1500 余人、高技能人才 4000 余人。中电海康无锡物联网产业基地、朗新科技产业园、无锡国际生命科学创新园太湖湾创新基地、中韩集成电路产业园、华虹无锡集成电路生态圈科技园等龙头科技园区加快建设，天安智慧城二期、中关村二期相继开工建设，微纳园四期建成开园。新增国家市场监管技术创新中心（特殊食品）等新型研发机构 5 家、省级众创空间 4 家、省级孵化载体 8 家。启动“高新金融谷”建设，引进设立股权投资企业 66 家、规模 164 亿元，落户百亿级碳中和产业投资基金 2 只，全区基金规模达到 569 亿元。启动企业创新积分制试点，建立企业创新指标评价体系。率先推进“一园一基金”体系建设，拨付科技发展专项资金 5.41 亿元、惠及企业 1070 家，425 个科技项目获得省、市、区三级风险补偿贷款 15 亿元。2021 年，新吴区创建成功江苏省知识产权强省建设区域示范区，获批省首批产业知识产权运营中心。

【社会事业】 2021 年，新吴区有各级各类学校 115 所，其中：义务教育学校 37 所，在校学生 5.9 万人；幼儿园 66 所，在园幼儿 2.4 万人，比上年增加 0.1 万人；其他各级各类学校为普通高中 3 所、特殊教育学校 1 所、国际学校 2 所、中等职业学校 3 所、高等职业技术学院 2 所、普通高等院校 2 所。新建改扩建中小学 8 所、幼儿园 12 所，新增学位 1 万余个，通过全国学前教育普及普惠示范区、义务教育优质均衡发展区、义务教育优质均衡先行创建区创建的县（市、区）省级评估。有医疗卫生机构 248 家，开放床位 3533 张，执业（助理）医师 1864 人，卫生技术人员 4494 人。推进“健康新吴”建设，SK 海力士幸福（无锡）医院启动建设，建筑面积近 2 万平方米的新吴区公共卫生大楼建成启用。伯渎河文化中心、伯渎河体育中心启动建设，鸿山墓群入选国家大遗址保护利用专项规划，梅里古镇获批中国华侨国际文化交流基地，开展“白玉兰”文化惠民活动、“玉飞凤”精品创作演出等 1500 场。

【人民生活】 2021 年，新吴区居民人均可支配收入 69074 元，比上年增长 9.2%。推进“微幸福”民生工程，实施中等收入群体壮大行动和居民收入十年倍增计划，建成全省首家新就业产业园，发放援企稳岗相关补贴 1.3 亿元，新增城镇就业 2.3 万余人、大学生就业 2.4 万余人，城镇登记失业率 2.5%。有养老床位 7158 张，每千名老人拥有养老床位 59 张；居家养老服务中心（站）114 个，社区养老设施标准化配建率 100%。开展特困家庭深度救助，发放低保金、残疾人两项补贴 1557.66 万元，建成综合性养老服务中心 3 家、区域性助餐中心 9 家、街道级日间照料中心 6 个、省级儿童关爱之家 1 家，2 个街道入选省智慧健康养老示范街道。

【中国安全健康防护产品质量验证追溯公共服务平台启用】 9 月 23 日，中国安全健康防护产品质量验证追溯公共服务平台在新吴区启用。该平台为中国个人安全健康防护用品行业首个国家级质量追踪溯源平台，将商品质量追溯与“互联网 +”融合，通过一物一码，实现对产品的原料、生产、仓储、物流运输、市场监督及销售等环节数据的采集跟踪，形成可供查询、可追溯、可做召回管理、可监管的数据系统。

（新吴区档案史志馆）

编辑　葛　红

新当选两院院士

【徐政和】 男，汉族，1956 年 9 月生，江苏无锡人，加拿大皇家科学院院士，加拿大工程院院士，中国工程院院士。1982 年、1985 年先后获中南矿冶学院（现中南大学）学士和硕士学位，1990 年获美国弗吉尼亚理工大学博士学位。先后任中南矿冶学院矿物工程系讲师，美国弗吉尼亚理工大学采矿与矿物加工工程系研究助理，美国加州大学圣巴巴拉分校化学与核能工程系博士后，加拿大麦吉尔大学采矿与冶金工程系助理教授，阿尔伯塔大学化学与材料工程系副教授、教授，清华大学讲座教授，日本熊本大学访问教授。2016 年起，任南方科技大学工学院院长、材料科学与工程系讲席教授。

徐政和长期从事物质分离科学研究和技术开发，尤其在相关表面和界面化学领域造诣极深，在磁性颗粒表面功能化并应用非常规石油资源开发、矿物分离及洁净煤燃烧等领域做出杰出贡献。他首次提出了浮选水动力空化学说，为解决细粒浮选世界难题做出重大贡献。获授权国内外专利 21 件。2008 年、2015 年，先后当选为加拿大工程院院士、加拿大皇家科学院院士。2021 年 11 月，当选为中国工程院外籍院士。

【沈其荣】 男，汉族，1957 年 8 月生，江苏无锡人，中国工程院院士。1982 年毕业于江苏农学院，1987 年获南京农业大学博士学位。1995 年，任南京农业大学资源与环境科学系主任，晋升教授、博士生导师，1996 年任资源与环境科学学院院长，1997 年被评为南京农业大学优秀学科带头人、校级特聘教授。其间，先后在英国伦敦大学、英国雷丁大学、德国基尔大学作访问研究。2002 年，入选江苏省“333 二期工程”第二层次培养对象。2006 年，任南京农业大学副校长；2018 年，任南京农业大学学术委员会主任。

沈其荣致力于有机类肥料和土壤微生物研发工作，发明了以施用全元生物有机肥为核心技术的防控土传病害综合技术体系，为经济作物产业可持续发展提供技术支撑。先后以第一完成人获得国家技术发明二等奖、国家科技进步奖二等奖各 1 项，省部一等奖 6 项；以第一完成人获发明专利授权 78 件，转化 51 件，1 件获中国专利金奖。2021 年 11 月，当选为中国工程院院士。

【朱彤】 男，汉族，1962 年 9 月生，江苏宜兴人，中国科学院院士。1983 年起，先后获北京大学技术物理系放射化学学士学位、环境化学硕士学位，德国伍珀塔尔大学物理化学博士学位。曾任加拿大约克大学大气化学中心博士后，加拿大农业部土壤与生物资源研究中心博士后、合同研究员。1999 年起，历任北京大学环境科学中心教授、环境与健康研究中心主任、环境科学与工程学院院长。2020 年 7 月，被聘任为国务院参事。

朱彤致力于环境与健康、超大城市及区域空气污染、大气化学反应动力学、青藏高原—极地—海洋大气化学等领域研究，先后主持 20 余个国家、省部级和国际合作项目，是国家杰出青年科学基金获得者。2021 年 11 月，当选为中国科学院院士。

【谈哲敏】 男，汉族，1965 年 1 月生，江苏宜兴人，中国科学院院士。1986 年起，先后在南京大学大气科学系获学士、硕士和博士学位；1989 年留校任教，1999 年晋升教授，2001 年任博士生导师。历任南京大学大气科学系主任、中尺度灾害性天气教育部重点实验室主任、南京大学校长助理、南京大学副校长、南京大学常务副校长等职。其间，先后在德国慕尼黑大学、日本全球变化研究所、美国国家大气研究中心（NCAR）作访问研究。

谈哲敏长期致力于大气动力学、台风动力学与大气可预报性等领域的基础性理论研究，取得系统性研究成果，在天气动力学等领域产生重要的国际影响。2003 年获国家杰出青年科学基金奖励，2006 年入选教育部长江学者奖励计划特聘教授。2021 年 11 月，当选为中国科学院院士。

【吴剑旗】 男，汉族，1966 年 7 月生，江苏无锡人，米波雷达技术专家，中国工程院院士。1987 年，获北京航空航天大学学士学位，先后获电子科技大学硕士、博士学位。1990年4月起，在中国电子科技集团第三十八研究所工作，历任总体部雷达电讯总体负责人、总体部课题负责人、总体部副主任、雷达副总师、高级工程师、研究员，研究所副总工程师、雷达总师、副所长、科技委员会主任。2015年11月，任中国电子科技集团有限公司首席科学家。2016年10月，任中央军委科技委领域专家委员会委员。2019年1月，任国防科工局科技委领域专业组组长。2021年11月，任西安电子科技大学杭州研究院首席科学家。

吴剑旗潜心钻研反隐身先进米波雷达技术，先后获国家科技进步奖一等奖1项、二等奖3项，获国防一、二等科学技术奖多项，集团特等、一等科技奖多项，获授权国防发明专利19项。2021年11月，当选为中国工程院院士。

（市科协）

先进人物

【叶聪】 男，汉族，1979年11月生，湖北武汉人，中共党员，大学学历，中国船舶科学研究中心党委委员、副所长。他长期从事载人潜水器设计理论研究与技术攻关，先后担任"蛟龙"号载人潜水器主任设计师、首席潜航员，"深海勇士"号载人潜水器副总设计师、总质量师，"寰岛蛟龙"载客潜水器总设计师，"奋斗者"号载人潜水器总设计师和海试总指挥，ISO潜水器工作组专家，成功研制多型载人潜水器并投入广泛应用，为中国深海装备研发、深渊科学研究做出重大贡献。曾获国家和省部级科技奖励10余项，国家和省部级表彰20余项。2021年6月，获评全国优秀共产党员。

【孙英】 女，汉族，1962年4月生，山东潍坊人，中共党员，研究生学历，无锡市纪委原副书记、无锡市监委原副主任、二级巡视员（已退休）。她长期从事纪检监察工作，加强农村基层集体"三资"监管，创新政府隐性债务综合监管系统。特别是在反腐败国际追逃追赃工作中，多次带队到美国、格林纳达、菲律宾等国家，追回外逃人员12人，追缴赃款和挽回经济损失1.8亿元，查扣涉案资产约1亿元，中央纪委领导多次批示肯定，被省纪委监委、省人社厅记个人二等功。2021年6月，获评全国优秀共产党员。

（市委组织部）

【倪欣欣】 女，汉族，1987年5月生，江苏无锡人，硕士，江苏省无锡市惠山区人民医院麻醉科主治医师。2020年6月援青，任青海省海东市第二人民医院麻醉科主治医师兼主任助理。援青期间，她示范各种临床麻醉操作技术，传授工作经验，培养学科技术骨干，推行全院人力梯队建设，促进当地麻醉学科的发展。在门诊打造无痛特色品牌，引进超声引导下区域阻滞技术，提升该院的技术水平和专业能力。2021年2月，获评全国脱贫攻坚先进个人。

【颜忠元】 男，汉族，1972年8月生，江苏盐城人，中共党员，本科学历，江苏省江阴高级中学教务处副主任。2012—2013年第一次援疆支教，受援班级2013年高考上线率100%，其中一本上线率84%。2020年1月第二次援疆，任霍城县江苏中学副校长。其间，牵头组建小"组团式"江阴班，通过"立足一个班级，示范一些学科，引领一个年级，带动一所学校，影响一片区域"，全面提升教育教学质量。他带领的援疆教师团队促成助学和公益项目资金60余万元，本人帮扶2名学生。2021年2月，获评全国脱贫攻坚先进个人。

（市发展改革委）

【蒋仲良】 男，汉族，1962年9月生，江苏宜兴人，中共党员，中共宜兴市芳桥街道金兰村总支书记、金兰农业服务专业合作社理事长。2006年起，在蒋仲良的带领下，金兰村先后建设多个基本农田、水利项目，有序开展土地流转。2012年，在宜兴市率先成立村办合作农场，通过推行"订单农业"，打造高标准粮田，促进农业增效、农民增收。至2020年，金兰村由村级可分配收入不足30万元的贫困村，发展为村级收入超千万元的宜兴市十强村，村民人均年收入超过4万元。2021年2月，蒋仲良获评全国脱贫攻坚先进个人。

（市农业农村局）

【程洪金】 男，汉族，1978年12月生，中共党员，大专文化，凯澄起重机械有限公司葫芦车间副主任。他立足岗位苦练本领，从普通员工成长为懂技术、会管理的新型员工。他熟练掌握车间数控车床、加工中心、数控滚齿机等各类设备应用，编制《数控刀具切削参数推荐表》及设备三级保养计划，在保证设备正常运转的同时，降低车间辅料消耗，每年节约成本数十万元。他发挥传帮带作用，带领团队进行技术改进，培养多名技术骨干参加市职工技能大赛并取得佳绩。曾获江苏省五一劳动奖章。2021年4月，获全国五一劳动奖章。

【张小军】 男，汉族，1987年2月生，硕士，银邦金属复合材料股份有限公司研发主管。他长期从事铝基复合材料的研发和制备工作，作为核心研发人员，先后参与重点项目20余项，解决多项技术难题，打破国外技术垄断，大幅降低国内电力建设成本投入和水资源的消耗。相关产品累计销售额超10亿元，全球市场占有率达60%。先后获中国有色金属工业科学技术奖一等奖2项、省科技进步奖5项，申请相关专利30余件，参与制定相关国家标准1项。他发挥传帮带作用，引进培养多名技术骨干，在多个技术开发项目中扛起大梁。曾获江苏省五一劳动奖章。2021年4月，获全国五一劳动奖章。

【许红阳】 男，汉族，1978年12月生，中共党员，博士，无锡市人民医院重症医学科副主任兼呼吸(胸外科)ICU主任。他长期从事重症医学临床工作，致力于提高重症患者救治技术，承担心胸大手术危重患者围手术期重症监护等治疗任务。作为肺移植团队主要成员，承担肺移植患者围手术期救治数居全国首位，深受全国同行好评。作为无锡援鄂医疗队队长，创造多个第一，圆满完成援鄂任务，获世界卫生组织、国家卫生健康委等部门的肯定。曾获江苏省新技术二等奖，申请实用新型专利3件。先后获评全国卫生健康系统新冠肺炎疫情防控工作先进个人、无锡市有突出贡献中青年专家。2021年4月，获全国五一劳动奖章。

【陈坚】 男，汉族，1962年5月生，中共党员，博士，江南大学学术委员会主任，中国工程院院士。他长期从事发酵工程、食品生物技术领域的科研、教学和大学管理工作，先后攻克发酵工业中高产量、高转化率、高生产强度三大关键工程技术难题，创新开发系列工程技术并应用。培养优秀人才，培养出中国工程院院士1人。担任2021—2035国家中长期发展规划食品专题研究组组长、“十四五”国家食品科技规划编制组组长。先后获国家科技进步奖、技术发明奖等国家级奖项5项、省级科技成果奖6项、何梁何利基金科学与技术创新奖等，获评国家“973”项目首席科学家、全国优秀教师，曾获江苏省五一劳动奖章。2021年4月，获全国五一劳动奖章。

（市总工会）

【杨晓君】 男，汉族，1986年生，退伍军人，梁溪区综合行政执法大队山北中队队员。2019年1月，一对父子落水，杨晓君不顾河水冰冷刺骨，毫不犹豫纵身入河，救出二人。2019年7月，一名七旬老太跳河轻生，他挺身而出，奋力救出老人。他的侠肝义胆、见义勇为生动诠释了新时代城管干部精神。先后获评2019感动中国·十大江苏人物、江苏省见义勇为先进个人等。2021年，获第八届全国见义勇为道德模范提名奖，被评为江苏省见义勇为道德模范。

【陈杏妹】 女，汉族，1937年生，江阴市利港街道西石桥社区居家湾农民。2020年12月3日早晨，83岁高龄的陈杏妹到河边码头打水时，发现河对岸一个孩子在水中挣扎。不会游泳的她不顾安危，跑到河对岸，跳入冰冷的河水中，一手攀着码头边缘，一手拼命去捞孩子，成功把孩子救上了岸。陈杏妹此时已经喘得上气不接下气，只能坐在地上，一边拖着孩子的手，一边往最近的村民家挪动，最终挽救了孩子的生命。2021年1月，当选见义勇为“中国好人”。

【冯永华　王宁】 冯永华，男，汉族，1989年生，河南商水人；王宁，男，1994年生，河南新乡人。两人均为无锡市宝龙汽车销售有限公司员工。2020年12月18日16时20分许，滨湖区青祁桥一辆小车冲入河中，正在公司上班的冯永华、王宁闻讯带上修车工具赶到事发地点。听说驾驶员还在车内，冯永华和王宁不顾自身安危，毫不犹豫地跳入湍急、冰冷的河水中，用携带的榔头奋力将车窗敲开，将驾驶员郁某从车内拖出，随后在赶来的民警和群众帮助下将他救上岸。2021年2月，当选见义勇为“中国好人”。

【张谷】 男，汉族，1972年生，中共党员，无锡市惠山区阳山镇桃源村党总支书记。自2009年担任村党总支书记以来，张谷为了一个绿水青山富乡亲的桃源梦，带领村“两委”班子找准发展路子，打好“先锋领航、产业融合、乡村治理”3张牌，让只有2.53公顷工业用地的桃源村打破了老话“无工不富”的藩篱，村级固定收入由2009年的不足40万元增至2020年的489万元，人均收入由1.4万元增至6万元，使一个市级贫困村蜕变为人人向往的“桃甜、景美、乐生活”的“新桃花源”胜地。他带领下的桃源村先后获评全国最有魅力休闲乡村、中国十佳小康村、全国文明村、中国美丽乡村百佳范例、全国生态文化村、全国乡村治理示范村、全国“一村一品”示范村。2021年7月，当选敬业奉献“中国好人”。

【周庆联】 男，汉族，1967年生，宜兴市宜城街道居民。2011年，周庆联创立公益社，带领全体社员对革命老区实施精准扶智扶志。近10年间，实地走访行程超过6万多千米，捐资助学、助老修路、援建村小，帮扶资金超过1200万元，先后帮助5000多名四川、云南、贵州等革命老区贫困学生圆了求学梦，直接受惠家庭超过4000户，其中有800多名学生考入各类高等院校。其间，周庆联个人捐助累计超过150多万元，结对学生36人，有22名学生先后考入复旦大学、华东师范大学等高等院校。2021年8月，当选助人为乐“中国好人”。

【钱俊贤】 男，汉族，1963年生，中共党员，江阴市璜土村党委书记、村委会主任。2006年担任璜土村党支部书记后，发展村集体经济，提升村民福祉，累计投入资金5000余万元，完成全村20个自然村的新农村建设改造。2020年，新冠肺炎疫情防控期间，钱俊贤带领村委班子冲在一线、干在一线，准备物资、统筹人员，制定防控方案，筑牢疫情防控铜墙铁壁。璜土村先后获评全国文明村、全国村庄整治示范村等，钱俊贤先后获江苏省农村基层党建工作突出贡献奖、2021年江苏省优秀党务工作者等称号。2021年11月，当选敬业奉献“中国好人”。

【俞斌】 男，汉族，1946年生，中共党员，无锡市堰桥高级中学退休教师。1994年以来，他始终不忘教书育人初心，坚持扶贫助学公益事业。27年间，他三进西藏、四入新疆、九上陕川、十下云贵，近200次进入大别山、数十次到鄂豫赣桂湘川滇等地，足迹遍布20多个省（市、自治区）的180多所学校，行程相当于绕赤道4周，先后结对资助贫困学子1100余人，寄送爱心包裹755个、衣物上百吨，援建爱心书屋11个、爱心旗杆平台52个，其中个人资助累计42万余元、长期结对学生600余人。他影响带动爱心人士捐款捐物不计其数，仅助学金每年就有30余万元。俞斌被誉为贫困学子的“救星”“爱心使者”，失学儿童“最亲爱的爷爷”。先后被评为“中国好人”、全国老有所为楷模，被授予“全省优秀共产党员”等称号。2021年，被中华慈善总会表彰为2020年度“优秀基层慈善人物”。

（市委宣传部）

表72　2021年无锡市部分获全国表彰的先进个人一览表

荣誉名称	姓　名	工作单位及职务
全国三八红旗手	蒋雍君（女）	无锡工艺职业技术学院陶瓷学院院长
全国巾帼建功标兵	庞　珂（女）	无锡华顺民生食品有限公司总经理
	戴敏君（女）	红豆集团常务副总裁
全国公安系统二级英雄模范	唐贤权	江苏省无锡市看守所一级警长
全国应急管理系统二级英雄模范	任小青	无锡市应急管理综合行政执法监督支队副支队长
全国先进老干部工作者	姜永军	无锡市委老干部局办公室主任
全国司法所模范个人	曹伟洪	江阴市司法局申港司法所干部
	何建忠	无锡市滨湖区司法局河埒司法所所长
全国维护妇女儿童权益先进个人	顾　玫（女）	无锡市新吴区人民法院旺庄人民法庭审判员
	王　伟	无锡市天一中学教师
全国粮食生产先进个人	解　平	宜兴市农业农村局副局长
全国水旱灾害防御工作先进个人	张海泉	无锡市水利局党组书记、局长
全国税务系统“最美税务人”	范文艳（女）	宜兴市税务局和桥税务分局分局长
全国群众体育先进个人	黄浩然	无锡市体育局局长
	张燕军	宜兴市文体广电和旅游局副局长
	李克雨	江阴市文体广电和旅游局副局长
	邓青松	无锡市体育运动学校游泳教练员
	王　昊	无锡市总工会三级主任科员
	单　红（女）	无锡日报社民生热线部主任记者
	王　波	无锡师范学校附属小学（阳光校区）教导主任（体育教师）
	姚　娟（女）	无锡市残联就业服务中心科员

（市档案史志馆）

表 73　2021 年江苏省劳动模范一览表

姓　名	工作单位及职务	姓　名	工作单位及职务
包虎平	江苏方程电力科技有限公司研发部经理	余彦冬	江阴市洪腾机械有限公司技术部部长
陈　亚（女）	江苏贝德服装集团有限公司车间主任	于　燕（女）	江苏阳光集团有限公司服装研发中心主任
孙　涛	中建材浚鑫科技有限公司生产总监	宋建新	升辉新材料股份有限公司董事长
毛洪财	双良节能系统股份有限公司总工程师	程雪峰	江阴市雪峰农业专业合作社理事长
纪玉忠	江阴兴澄特种钢铁有限公司总经理助理兼棒材事业部部长	龚震伟	中国电信股份有限公司宜兴分公司维护运行部班长
叶　飞	江阴市南国花木专业合作社理事长	沈洪杰	江阴市林度农机服务专业合作社理事长
张　健	江阴市阿洪果品专业合作社理事长	袁　振	江阴市长达钢铁有限公司电气车间主任
任伟平	法尔胜泓昇集团有限公司灌锚工段长	周国伟	江阴市璜土镇小湖村党总支书记
沈　蕾（女）	建基建设集团有限公司现场项目经理	施从云（女）	宜兴中大纺织有限公司织造车间计划员
黄国平	江苏小太阳机械科技有限公司车间技术员	沈　琦	江苏雅克科技股份有限公司董事长
汤国振	宝银特种钢管有限公司副总经理	杨　杰	宜兴市杨杰家庭农场农场主
黄洪林	宜兴市宜农茶业专业合作社负责人	丁敖齐	江苏中超投资集团有限公司生产部经理
夏正祥	宜兴市张渚镇北门村党总支书记	朱金平	江苏南方机电股份有限公司副总工程师
程泽文	江苏精享裕建工有限公司财务会计	郭祥正	无锡华阳科技有限公司 SMT 工艺工程部班长
钱小玲（女）	无锡市科虹标牌有限公司党支部书记、工会主席	顾　峰	江苏民舜实业有限公司无锡金陵大饭店分公司行政总监
吴　渝	无锡信昌机械科技有限公司金工车间主任、工装设备研发技术员	魏　忠	江苏中捷精工科技股份有限公司董事长、总经理
于永军	锡山区先锋家庭农场场长	付宏博	无锡蓝天电子股份有限公司职工
陆慧兰（女）	无锡市锡山三建实业有限公司工会主席、设备协调员	刘小东	无锡军工智能电气股份有限公司副总经理、总工程师
张建强	无锡市强大农业专业合作社总经理	朱美英（女）	无锡市宏泰电机股份有限公司职工
丁　晗（女）	无锡灵山文化旅游集团有限公司工会副主席	曹冬林	江苏南瑞恒驰电气装备有限公司主任助理
陈　炜	无锡市滨湖区胡埭镇马鞍村党总支副书记	曹显华	江苏亚太航空科技有限公司车间主任
沈健生	银邦金属复合材料股份有限公司董事长	朱升皓	SK 海力士半导体（中国）有限公司党委书记
仵录平	无锡阿尔法精密机械制造有限公司车间主任	张　慎	江苏省广电有线信息网络股份有限公司无锡分公司安播运维部主任
杨申申	中国船舶集团有限公司第七〇二研究所水下工程研究开发部主任	程宇峰	中国航空工业集团公司雷华电子技术研究所所长
倪德学	无锡威孚高科技集团股份有限公司设备调整高级技师	郑　舟	无锡市瑞景资产物业管理有限公司园林生态部经理
浦锡东	无锡客运集团有限公司首席技师	阮立成	中地装（无锡）钻探工具有限公司车间调度
邹百青	无锡城建发展集团有限公司党委副书记、总裁	钮海彦（女）	无锡地铁集团有限公司运营分公司副总经理

（续表）

姓　名	工作单位及职务	姓　名	工作单位及职务
崔慧然（女）	无锡透平叶片有限公司工艺研究所所长兼热部件车间主任	邹　希（女）	建设银行无锡分行开发区支行个人金融部经理
杨良生	中国电子系统工程第二建设有限公司总经理	曹洪海	无锡化工装备股份有限公司董事长、总经理
朱　臻	中国邮政储蓄银行无锡市分行三农金融事业部总经理	蒋明华	中船澄西船舶修造有限公司产品研发部结构科科长
陈宝新	中国铁路上海局集团有限公司无锡站副站长	黄新和	无锡永凯达齿轮有限公司钳工班班长
朱雪艳（女）	江苏省宜兴非金属化工机械厂有限公司模具工段主管	邵剑明	国网江苏省电力有限公司无锡供电分公司信息通信分公司（数据中心）副主任
雍成刚	中国移动通信集团江苏有限公司无锡分公司网络部副经理	李永进	中国邮政集团有限公司无锡市分公司市场营销部副经理
丁新华	中国电信股份有限公司无锡分公司网络建设部主任	黄志明	无锡雪桃集团有限公司总工程师、技术中心主任、工会主席

（市总工会）

表 74　2021 年江苏省先进工作者一览表

姓　名	工作单位及职务	姓　名	工作单位及职务
王利峰	江阴市工业和信息化局四级调研员	朱敏华	江阴市公安局刑事警察大队副中队长
戴静芬（女）	宜兴市公安局出入境管理大队副大队长	蒋国军	宜兴市人民医院胸外科主任
沈　涛	无锡市梁溪区江海街道社区卫生服务中心中心副主任	潘洪峰	无锡市锡山区人民法院党组成员、执行局局长
徐建东	无锡市锡山区卫生健康委员会党委书记、主任	姚　刚	无锡市公安局滨湖分局马山派出所所长、二级警长
杨卫中	无锡市惠山区总工会二级主任科员	戴　美（女）	无锡市第二中医医院党委书记、副院长
华艳红（女）	无锡高新区（新吴区）商务局局长、党组书记	胡晓年	国家税务总局无锡市税务局纳税服务科科长
黄志东	无锡广播电视集团（台）副总裁（副台长）、副总编辑、党委委员	董保强	无锡市人民政府拆迁管理办公室（房屋征收办公室）主任
丁　凯	江苏省无锡市中级人民法院信息处副处长	邓丽洁（女）	无锡市妇女联合会家庭和儿童工作部部长
唐贤权	无锡市看守所一级警长	高　敏（女）	无锡市司法局律师工作处处长
朱建忠	无锡市交通运输局安全监督处处长	钱明干	无锡市信访局应急协调处处长
姜鸿鸣	无锡市粮食和物资储备局粮食储备处处长	翟卫武	无锡市城市重点建设项目管理中心副主任
李树民	无锡市市北高级中学教务处主任	陈廷华	无锡市辅仁高级中学教师
许雪芬（女））	无锡职业技术学院教师	蒋国军	宜兴市人民医院胸外科主任
鲁晓杰	江南大学附属医院院长、党委副书记	姚　勇	无锡市第二人民医院党委书记
吴　昀	无锡市侨谊幼儿园党支部书记、园长	华　庆	无锡市惠山区人民医院院长

（市总工会）

表 75　2021 年江苏省道德模范一览表

荣誉名称	姓　名	工作单位及职务
见义勇为道德模范	杨晓君	梁溪区综合行政执法大队山北中队队员
助人为乐道德模范	俞　斌	无锡市堰桥高级中学退休教师
敬业奉献道德模范	何光华（女）	国网无锡供电公司电缆运检中心主任兼党支部副书记
助人为乐道德模范提名奖	王　俊	宜兴市宜城街道王俊按摩保健所负责人
诚实守信道德模范提名奖	陈丽芬（女）	江苏阳光集团有限公司党委书记

（市委宣传部）

表 76　2021 年无锡市接收安置的荣立个人战时三等功（含）和个人二等功（含）以上退役军人一览表

姓　名	立功等次及年份	姓　名	立功等次及年份
张　诚	个人一等功（2009）	仲　涛	个人一等功（2017） 个人二等功（2007、2009）
魏　涛	个人二等功（1991）	秦　雷	个人二等功（1999）
熊　辉	个人二等功（2000）	王永吉	个人二等功（2001、2010）
薛建顺	个人二等功（2002、2010、2014）	卜万军	个人二等功（2002、2012）
杨金才	个人二等功（2002）	胡寿伟	个人二等功（2004）
袁志文	个人二等功（2004）	黄勇法	个人二等功（2006）
邹惠之	个人二等功（2007）	刘肖纯	个人二等功（2008）
赵初明	个人二等功（2009）	王智刚	个人二等功（2010）
贺冠军	个人二等功（2011、2018）	喻健康	个人二等功（2012）
张欲保	个人二等功（2013）	方和宇	个人二等功（2015）
范春香	个人二等功（2018）	蔡新华	个人二等功（2020）
陈　飞	个人二等功（2020）	刘全新	个人三等功（因战，1987）

（市退役军人事务局）

先进集体

全国先进基层党组织

江阴市周庄镇山泉村党委

全国脱贫攻坚先进集体

无锡市对口帮扶延安市工作组

无锡市对口帮扶海东市工作组

福村宝医疗科技有限公司

无锡—新沂工业园管理委员会

全国五一劳动奖状

无锡贝斯特精机股份有限公司

全国工人先锋号

灵谷化工集团有限公司大化肥生产系统

中国电子科技集团有限公司第五十八研究所 CPU 研究室

中国银行股份有限公司无锡分行营业部

全国文明单位

无锡市梁溪区疾病预防控制中心

国家税务总局无锡市惠山区税务局

无锡灵山文化旅游集团有限公司（本部）

无锡市审计局

江苏省无锡监狱

无锡市体育彩票管理中心

全国乡村振兴（扶贫）系统先进集体

无锡市发展改革委员会

全国三八红旗集体

新吴区人民检察院第三检察部

全国巾帼文明岗

江阴市综合管理服务指挥中心

无锡市行政审批局公安行政许可服务支队

无锡市公安局情报指挥中心110报警服务台

无锡市人民医院肺移植中心

中国人民银行无锡市中心支行资本项目管理科

全国维护妇女儿童权益先进集体

无锡市公安局滨湖分局

无锡市锡山区安镇街道党工委

全国模范司法所

宜兴市司法局官林司法所

中华慈善奖·慈善楷模

无锡九如城养老抗疫志愿服务团队

全国老干部工作先进集体

江阴市委老干部局

全国知识产权系统先进集体

无锡市市场监督管理局（无锡市知识产权局）

全国人力资源社会保障系统优质服务窗口

无锡市梁溪区金匮街道古运苑社区就业创业服务站

全国粮食生产先进集体

无锡市农业农村局

全国应急管理系统先进集体

江阴市应急管理局

全国食品安全工作先进集体

无锡市市场监督管理局

全国群众体育先进单位

无锡市体育局

宜兴市文体广电和旅游局

无锡市锡山区文化体育和旅游局

无锡市滨湖区文化体育和旅游局

新跆联无锡赛事管理有限公司

无锡市市北高级中学

江阴市文体广电和旅游局

无锡市梁溪区文化体育和旅游局

无锡市惠山区文化体育和旅游局

无锡高新区（新吴区）文化体育和旅游局

无锡市广场健身舞运动协会

（市档案史志馆）

逝世人物

【薛禹群】 男，汉族，1931年11月2日生，汉族，江苏无锡人，中共党员，中国科学院院士，著名水文地质学家、地下水动力学家、水文地质教育学家。

薛禹群于1949年9月考入北方交通大学唐山工学院学习，1952年8月起任教于南京大学地质系（地球科学与工程学院前身），历任助教、讲师、副教授、教授、博士生导师，参与南京大学水文地质工程地质专业、水文学及水资源专业以及水科学系的筹建工作。他毕生从事水文地质领域的科研工作，在地下水动力学、地下水数值模拟、地面沉降模拟等领域的研究独树一帜，在地下水热量与溶质运移、三维海水入侵和地面沉降等模型建立方面从事大量开创性工作，是中国地下水动力学学科的主要奠基人。他编写了中国第一本水文地质数值法著作《水文地质学的数值法》，先后发表科学论著150多篇（部），曾获教育部科技进步一、二等奖和江苏省科技成果一等奖。1999年，当选为中国科学院院士。2021年6月29日在上海逝世，享年90岁。

（市科协）

编辑 葛 红

组织机构及负责人名录

市级机构及负责人名录

中共无锡市委员会

书　　记　黄　钦(至7月)
　　　　　杜小刚(7月任)
副 书 记　杜小刚(至7月)
　　　　　赵建军(7月任)
　　　　　徐　劼(至9月)
　　　　　朱爱勋(9月任)
常　　委　黄　钦(至7月)
　　　　　杜小刚
　　　　　赵建军(7月任)
　　　　　徐　劼(至9月)
　　　　　王唤春(至7月)
　　　　　朱爱勋
　　　　　柏长岭
　　　　　周凤琴(女,7月任)
　　　　　王作才
　　　　　王进健(至7月)
　　　　　陆志坚
　　　　　蒋　敏(女)
　　　　　许　峰
　　　　　丁四海(挂职,至12月)
　　　　　周常青(9月任)
　　　　　李秋峰(9月任)
秘 书 长　陆志坚
副秘书长　陆　洪(常务副秘书长,至11月)
　　　　　相　江(常务副秘书长,11月任)
　　　　　曹国光
　　　　　戴　泉
　　　　　张映雪(女)
　　　　　孙协军(至7月)
　　　　　黄维恭

无锡市人大常委会

主任、党组书记
　　　　　杜小刚(2022年3月任)
　　　　　徐一平(至2022年3月)
党组副书记　徐　劼(9月任)
　　　　　陈德荣(1月任,至2022年3月)
　　　　　曹佳中
　　　　　吴峰枫(至2022年3月)
副 主 任　徐　劼(2022年3月任,负责日常工作)
　　　　　陈德荣(1月任,至2022年3月)
　　　　　曹佳中
　　　　　吴峰枫(至2022年3月)
　　　　　袁　飞(1月任)
　　　　　华博雅(女,至2022年3月)
　　　　　高亚光(女,2022年3月任)
　　　　　魏　多(至2022年3月)
　　　　　沈　建
党组成员　滕兰英(女,至1月)
　　　　　魏　多(至2022年3月)
　　　　　沈　建
　　　　　王传军
　　　　　蔡叶明
　　　　　陆　洪(11月任)
　　　　　黄蓉华
秘 书 长　黄蓉华(至2022年3月)
　　　　　陆　洪(2022年3月任)
副秘书长　赵立平(女,至1月)
　　　　　张淇铭(6月兼职改任职,至11月)
　　　　　管海燕(女)
　　　　　夏正兴(至11月)
　　　　　杨智敏
　　　　　唐加俊(至11月)
　　　　　高　佩
　　　　　吴燕敏(至11月)
　　　　　李祖坤(6月任)
　　　　　陆卫东(兼,9月任)
　　　　　卢　益(11月任)
　　　　　张广鑫(至11月)

无锡市人民政府

市长、党组书记　杜小刚(至7月)
　　　　　赵建军(7月任代市长,2022年3月任)
副 市 长　朱爱勋(党组副书记,至9月)
　　　　　蒋　敏(女,党组副书记,9月任)

丁四海（挂职，至12月）
刘必权（至2022年1月）
高亚光（女，至2022年3月）
周常青（至9月）
张明康（至9月）
李秋峰（至9月）
张　镇（2022年1月任）
秦咏薪（1月任）
张立军（10月任）
马　良（10月任）
周文栋（2022年3月任）
卢　敏（女，2022年3月任）
秘书长　张立军（至2022年1月）
陈寿彬（2022年1月任）
副秘书长　相　江（至7月）
孙协军（7月任）
李亚萍（女，3月任）
周浩明（至11月）
周子川（至1月）
钱文琴（女，至11月）
徐　政
陈文斌（2月任）
张千山（兼）
王建一（2月任）
戴　泉（兼，至4月）
张晓波（兼，4月任）

政协无锡市委员会

主　　席　周敏炜（至2022年3月）
项雪龙（2022年3月任）
党组书记　周敏炜（至7月）
项雪龙（7月任）
党组副书记　周常青（兼，9月任）
王国中（至2022年3月）
叶勤良
副主席　王国中（至2022年3月）
叶勤良
张丽霞（女，至2022年3月）
吴仲林（至2022年3月）
丁旭初（至2022年3月）
刘　玲（女，至2022年3月）
金元兴（至2022年3月）
高　慧（女，至2022年3月）
韩晓枫
许立新（2022年3月任）
吴建元（2022年3月任）
吴红星（2022年3月任）
毛加弘（女，2022年3月任）
顾铮铮（女，2022年3月任）
党组成员　赵　叶（1月任）
陈锡伦（1月任）
钱文琴（女，11月任）
秘书长　王鸿涌（至11月）
钱文琴（女，2022年3月任）
副秘书长　吕益华（兼）
夏晓春（女，至11月）
吴建亮（至11月）
邵鹤鸣
谢寿坤（至11月）
吕勤彬（6月任）
吴春林（9月任）
褚一波（11月任）
顾铮铮（女，至2022年3月）
龚备英（女，11月任）
王　晋（女，兼）
王　萍（女，兼）
汤忠元（兼）
任克奇（兼）

中共无锡市纪律检查委员会 无锡市监察委员会

书记（主任）　王唤春（至7月）
周凤琴（女，7月任代主任，2022年3月任主任）
副书记（副主任）　刘葱葱（女）
章树军
边静玉（女，7月任）
孙　英（女，至7月）
纪委常委　李　晓
李勇忠（至3月）
杨百海（至7月）
罗功新
沈海洪（9月任）
王　琪（9月任）
沈　伟（9月任）
监委委员　李勇忠（至3月）
杨百海（至7月）
罗功新（至10月）
沈海洪
杨　铭（至9月）
王　琪（10月任）
沈　伟（10月任）
胡君松（10月任）
李育桢（10月任）

无锡市中级人民法院

院长、党组书记　钱　斌
党组副书记　赵建聪（至3月）
蒋　飞
李勇忠（3月任）
副院长　赵建聪（至3月）
蒋　飞
李勇忠（3月任）
杨志钢
陈靖宇
徐振华（9月任）
执行局局长　邱必友
政治部主任　王　健

无锡市人民检察院

检察长、党组书记　朱良平（1月任）
党组副书记　何洪辉
张　媛（女，4月任）
副检察长　何洪辉
张　媛（女）
蒋伟平（女）
荀小军
政治部主任　王　卫（至6月）
方　俊（6月任）
检察委员会专职委员
李　营（6月任）

市委工作机构

市委办公室（市档案局）
主　　任　陆　洪（至11月）
相　江（11月任）
副主任　殷　伟（女）
方志山（2月任）

许　铭（2月任）
王　续（兼）
市档案局局长
陆　洪（兼，至11月）
相　江（兼，11月任）
市档案局副局长　徐　杰
市国安办副主任　陈若愚（3月任）

市委组织部（市委非公企业和社会组织工委、党建办，市公务员局）

部　　长　柏长岭
副 部 长　戴美忠（11月任常务副部长）
陆卫东（兼，至9月）
林茂松
余俊慧（女，9月兼职改任职）
严健媛（女，兼，9月任）
何　莹（女，兼，9月任）
部务委员　宋新春（至6月）
市考核办副主任　史国洪
市委“两新”工委书记
林茂松（至12月）
余俊慧（女，12月任）
市委“两新”工委副书记　吴　涛（兼）
许　岗（兼）
徐艳萍（女，兼）
张　贤（女，兼）
市公务员局局长　戴美忠（至12月）
林茂松（12月任）

市委宣传部（市政府新闻办、市文明办、市新闻出版局、市版权局）

部　　长　袁　飞（至1月）
陆志坚（1月任，至9月）
李秋峰（9月任）
副 部 长　陆惠玲（女，常务副部长）
蔡文煜（兼）
商　明
高　燕（女）
李明新
市文明办主任　商　明
市文明办副主任　朱　瑛（女）
市新闻办副主任　朱　敏
市新闻出版局（市版权局）局长
陆惠玲（女，兼）
市新闻出版局（市版权局）副局长
茅春荣（女）

市委统一战线工作部（市政府侨务办公室）

部　　长　陈德荣（至1月）
柏长岭（1月任，至9月）
周常青（9月任）
副 部 长　吕勤彬（常务副部长，至6月）
金卓青（女，常务副部长，6月任）
施正洲（兼，至11月）
许　岗（兼）
吴象忠
赵俊明
刘　列（女）
李庆华
张文伟（兼，11月任）
市侨办主任　吕勤彬（兼，至6月）
金卓青（女，兼，6月任）
市侨办副主任　章叶春

市委政法委员会

书　　记　徐　劼（至9月）
朱爱勋（9月任）
副 书 记　刘必权（兼）
钱　斌（兼）
朱良平（兼）
徐盛希（常务副书记，至7月）
邹立群（8月任常务副书记）
卜海良
沈仲良（至11月）
阳洪昕
郑　逸（8月任）
政治部主任　郑　逸（至8月）
严　华（8月任）
市法学会专职副会长
徐竹芃（女）

市委研究室

主　　任　黄维恭（11月任）
副 主 任　黄维恭（主持工作，至11月）
江玉杰
刘　俊
郑立平
市委深改办副主任
朱建新

市委网络安全和信息化委员会办公室（市互联网信息办公室）

主　　任　蔡文煜
副 主 任　蹇　俊
娄子丹
鲁新龙
陈晓星
左保春（兼）
权　辉（兼）
倪示远（兼）

市委机构编制委员会办公室（市事业单位登记管理局）

主任（局长）　陆卫东（至9月）
何　莹（女，9月任）
副 主 任　何　莹（女，4月任，至9月）
吴志伟（女，至4月）
张海涛
吴建昌
市事业单位登记管理局副局长
毕东升

市委台湾工作办公室（市政府台湾事务办公室）

主　　任　严健媛（女，至9月）
陈明辉（9月任）
副 主 任　汪克强（至11月）
蔡卫红
曹泳敏

市委市级机关工作委员会

书　　记　李祖坤（至6月）
谢　军（6月任）
副 书 记　毛勤勇
诸　军
虞　艳（女）
彭　梅（女）
市级机关纪监工委书记
丁文艳（女，至11月）

市委巡察工作办公室
主　　任　李　晓
副 主 任　徐俊友

市委老干部局（市委离退休干部工作委员会）
局长、市委离退休干部工委书记
　　余俊慧（女，至9月）
　　严健媛（女，9月任）
副 局 长　章　雷（女）
　　袁伟强（至11月）
　　胡泽服
　　陈晓海（11月任）
市委离退休干部工委副书记
　　姜殿祥

市委机要保密局（市国家保密局、市国家密码管理局）
局　　长　张耀斌
副 局 长　毛亚荣（至4月）
　　邹海峰（4月任）
　　尹晓旭

市人大机关

市人大法制委员会
主任委员　吴峰枫（1月任）
副主任委员　吴早春（至8月）
　　李　赢

市人大财政经济委员会
主任委员　魏　多
副主任委员　吴迎春
　　杨智敏（1月任）

市人大社会建设委员会
主任委员　王传军
副主任委员　管海燕（女）

市人大监察和司法委员会
主任委员　陈德荣（1月任）
副主任委员　吴早春（至8月）

市人大开发区委员会
主任委员　曹佳中（1月任）
副主任委员　张淇铭（1月任）

市人大常委会办公室
主　　任　张淇铭（至6月）
　　蒋　健（6月任）
副 主 任　蒋　健（至6月）
　　任义好
　　吴长青

市人大常委会研究室
主　　任　顾正刚（至3月）
　　朱　雄（3月任）
副 主 任　林寿清

市人大常委会法制工作委员会
主　　任　李　赢
副 主 任　李红卫
　　姚爱军

市人大常委会监察和司法工作委员会
主　　任　吴早春（至3月）
　　何云彪（3月任）
副 主 任　何云彪（至3月）
　　叶　照（6月任）

市人大常委会经济工作委员会
主　　任　杨智敏（至11月）
　　陈晓华（11月任）
副 主 任　江　涛

市人大常委会农村经济工作委员会
主　　任　朱　伟
副 主 任　许建军

市人大常委会教育科学文化卫生工作委员会
主　　任　管海燕（女，至9月）
　　陆卫东（9月任）
副 主 任　朱　琳（女）

市人大常委会民族宗教侨务外事工作委员会
主　　任　高　佩（至11月）
　　徐惠娟（女，11月任）
副 主 任　陈荣文

市人大常委会环境资源城乡建设工作委员会
主　　任　翁林敏（至11月）
　　任金富（11月任）
副 主 任　唐尧夫（至8月）
　　丁　洁（女，8月任）

市人大常委会人事代表联络工作委员会
主　　任　严巍巍
副 主 任　冯伟东
　　叶长渭

市人大常委会预算工作委员会
主　　任　吴迎春（至11月）
　　孙文华（11月任）
副 主 任　黄宇回

市人大常委会办公室信访处
处　　长　季亚东

市政府工作机构

市人民政府办公室（市政府研究室）
党组书记　张立军
主任、党组副书记　相　江（至7月）
　　孙协军（7月任党组副书记，11月任主任）
副 主 任　孙协军（主持工作，7月任，至11月）
　　郭　平
　　王建一（至2月）
　　张　亮（至6月）
　　马晓东
　　单婷婷（女）
　　俞震旦（2月任）
研究室主任　相　江（兼，至7月）
　　孙协军（兼，11月任）
研究室副主任　罗安斌

市发展和改革委员会
主任、党组书记　吴春林（至9月）
　　曹文彬（9月任）
副 主 任　黄丽侠（女，至11月）
　　钱喜中

吴虹娟(女,至3月)
潘彬宾
俞勇军(2月任)
周叔军(11月任)
市委军民融合发展办副主任
俞勇军(至2月)
李 涛
胡科伟(2月任)

市教育局(市委教育工作委员会与市教育局合署办公)
市委教育工委书记、局长 范 良
副 局 长 符菊成(市委教育工委副书记,至9月)
任克奇(2月任)
许 敏
陈 曦
萧 晶(女)
潘 鹰(11月任)
市政府教育督导室副主任 冯益民

市科学技术局
局长、党组书记 赵建平(2月任)
副 局 长 赵建平(至2月)
黄晓珊(女,至9月)
李继军(至11月)
陈涵杰(至9月)
侯海峰(党组副书记,11月任)
邹建春
刘 红(女)
朱华章(11月任)

市工业和信息化局(市物联网发展办公室)
局长(主任)、党组书记
陈文斌(至2月)
吴 燕(女,2月任)
副 局 长 吴建平(至9月)
戴可为
张国斌
王荣明
陈荣明(至9月)
左保春
陈学龙
秦晓华(11月任)
市物联网发展办公室副主任
张 弦

市民族宗教事务局
局长、党组书记 施正洲(至11月)
张文伟(11月任)
副 局 长 许 宁(党组副书记,至12月)
王觉民(女)
程 鹏
徐 敏

市公安局
党委书记、局长、督察长 刘必权
党委副书记 盛卫中
孙开锋
副 局 长 盛卫中
孙开锋
薛俊仁(至11月)
胡 晓
施冬冬
王国强
王庆春(3月任)
政治部主任 胡 晓

市民政局
党委书记、局长 葛恒显(至9月)
周立军(9月任)
党委副书记 马 剑
副 局 长 钱晓东
徐艳萍(女)
杨建荣
李 恒

市司法局
局长、党组书记 谢海华
副 局 长 杨 军
刘益良
张文新
魏晓晗(女)
李永军
姜 科
市委全面依法治市办副主任
张晓波(至4月)
丁如意(6月任)
政治部主任 张文新

市财政局
局长、党组书记 赵 鞠(女)
副 局 长 孙文华(至11月)
蒋晓鸣
浦向民
谷占彬
蒋明珠(女)

市人力资源和社会保障局
党委书记、局长 李 平
副 局 长 杨乔良(党委副书记,至4月)
顾学年(至8月)
包晓东(11月任党委副书记)
沈 挺
张 琳(女,至2月)
孙 伟
韩 永
余仁昌(8月任)
高 枫(11月任)

市自然资源和规划局(市林业局)
局长、党委副书记 席永清
党委书记、副局长 郑 强
副 局 长 任 颐
徐丽华(女)
陈 艳(女)
马卫明
李安国
孙 电(2月任)

市生态环境局(市太湖水污染防治办公室)
局长、党组书记 彭红宇
副 局 长 顾 岗(党组副书记)
王晓栋
李秋宇
周 山
高小萍(女)
市太湖水污染防治办公室副主任
丁建清

市住房和城乡建设局(市地震局)
党委书记、局长 陈雪峰

副 局 长　王　达
　　周锡良
　　孙晓鹏
　　祁　军
　　朱烨昕（11月任）
市地震局副局长　刘韶岭

市市政和园林局
局　长、党组书记　尤志斌
副 局 长　孙美萍（女）
　　张　剑
　　蔡　昌
　　徐炳香
　　王兰兰（女）

市城市管理局
（市城市管理综合行政执法局）
局长、党组书记　周立军（至9月）
　　周爱明（9月任）
副 局 长　周　炜（11月任党组副书记）
　　贡佳鸣（11月任）
　　周　峰
　　陈忠明
　　朱双清
　　邹　波
　　刘东亚（至6月）
市城市管理综合行政执法局副局长
　　范洪强

市交通运输局
（市地方铁路建设办公室）
党委书记、局长（主任）
　　胡小坚（4月任）
党委副书记　胡小坚（主持工作，至4月）
　　尹南方
副 局 长　胡小坚（主持工作，至4月）
　　丁满琪
　　刘永强
　　徐锡良
　　刘震宇
　　华向阳（女）
　　陈　东（兼，至2月）
　　徐向阳（兼，2月任）

市水利局
局长、党组书记　张海泉
副 局 长　缪学军（至11月）
　　吴伟君（党组副书记，11月任）
　　邹永明
　　金雪林
　　兰秀凯
　　蒋勤芳（女）
　　叶海舟（6月任）
总工程师　周　吉

市农业农村局
（市政府扶贫工作办公室）
局长（主任）、党组书记　吴立刚
副 局 长（副主任）　蒋军民（至7月）
　　荣　怡（女，至4月）
　　陈　松
　　惠　莲（女）
　　陆建军
　　黄华晟
总农艺师　徐　斌
市委农办副主任　王　盛
总畜牧兽医师　姚　静（女）

市商务局（市口岸办公室）
局长（主任）、党组书记　汪　行
副 局 长（副主任）　袁开坤
　　石松哲
　　蒋　波
　　钟　渊
市口岸办副主任　刘西有
　　黄　珺

市文化广电和旅游局（市文物局）
党委书记、局长　蒋蕴洁（女）
副 局 长　李晓红（至3月）
　　柳永红（11月任党委副书记）
　　陈　奕（女，3月任，至9月）
　　孔祥年（11月任）
　　张曙峰
　　平伟东
　　刘　烈

市卫生健康委员会（市中医药管理局）
党委书记、主任（局长）
　　戴美忠（至8月）
　　笪学荣（8月任）
党委副书记　笪学荣（7月任，至8月）
　　王新华
副 主 任　笪学荣（7月任，至8月）
　　朱国富（至4月）
　　徐　雯（女，兼）
　　过　栋
　　陈恩品
　　周　卉（女）
　　刁文凯（4月任）
市中医药管理局副局长　徐　雯（女）

市退役军人事务局
局长、党组书记　殷　毅
副 局 长　常亚敏
　　韩富才（至9月）
　　徐水辉
　　张　赟
　　傅　强

市应急管理局
局长、党委书记　周爱明（4月党组书记改任党委书记，至9月）
　　陈荣明（9月任）
副 局 长　刘　平（党组副书记，兼，至4月）
　　张　敏
　　徐孝力
　　胡才鸿
　　华文明
　　杨　鑫（11月任）
　　陶黎清（至4月）
　　金雪林（兼）
市安委办副主任　杨　鑫（至11月）
　　钱　韵（女，3月挂职，11月改任职）

市审计局
局长、党组书记　刘燕萍（女，至7月）
　　杨百海（7月任）
副 局 长　谢浩峻

潘海刚(至6月)
龚备英(女,至11月)
唐盈洁(女)
陶　剑(11月任)
总审计师　钱　芳(女)

市政府外事办公室
(市政府港澳事务办公室)
主任、党组书记　陈明辉(至9月)
副 主 任　缪建平(党组副书记,主持工作,9月任)
詹　熠(11月任党组副书记)
叶　诤(女)
张　睿

市政府国有资产监督管理委员会
党委书记、主任　张建春
党委副书记　叶再熙(至4月)
赵　民(11月任)
副 主 任　赵　民
蒋　岷(至6月)
邱晓东(至11月)
罗　进(4月任)
岳　旦(女,6月任)

市行政审批局
(市政务服务管理办公室)
局长(主任)、党组书记　张千山
副 局 长(副主任)　陈　波
包松林
夏慎洁(女)
郑　虎
朱国富(4月任)
刘继先

市市场监督管理局(市知识产权局)
局长、党组书记　许伟英(女,至6月)
周建辉(8月任)
副 局 长　周建辉(党组副书记,至8月)
张　贤(女)
夏一明
于文霞(女)
邹伟明
胡　勇
陈　彬(11月任)
叶建平(12月任)
市知识产权局副局长　王　英(女)
总工程师　陈　彬(至11月)
谢　刚(11月任)

市体育局
局　　长　黄浩然(至9月)
陈　奕(女,9月任)
党组书记　黄浩然(至9月)
杨宇华(9月任)
副 局 长　杨宇华
袁伟强(11月任)
李海红
吴一骁
沈黎生

市大数据管理局
局长、党组书记　胡　逸
副 局 长　权　辉
成志强
卢　益(至11月)
袁禄来
左保春(兼)

市统计局
局　　长　吴红星
党组书记　邢益新
副 局 长　叶再熙(党组副书记,4月任)
邹海峰(至4月)
杨晋超
王　骏

市医疗保障局
局长、党组书记　李　江(8月任)
副 局 长　李　江(党组副书记,至8月)
严雪峰(至3月)
徐　叶(女)
杨中浩(至11月)
王海阳(3月任)

市信访局(市委信访局)
局长、党组书记　戴　泉(至4月)
张晓波(4月任)
副 局 长　陈　剑
黄建军
乐小松
夏志伟
张健峰
信访督查专员　陈学海
王朝晖(女)
徐晓东

市粮食和物资储备局
党委书记、局长　周学东
副 局 长　陈　熹(党委副书记)
王　元
薛　钦
庄勤松

市人民防空办公室
主任、党组书记　任金富(至11月)
缪学军(11月任)
副 主 任　蒋仁宝
朱　俊
胡建军
胡建人
刘　巍

市地方金融监督管理局
(市政府金融工作办公室)
局长(主任)、党组书记　顾　伟
副局长(副主任)　徐耀峰
张泓骏
杨晓妮(女,至4月)
百　炼(女,6月任)

市机关事务管理局
局长、党组书记　冯晓明(至6月)
宗　翡(女,6月任)
副 局 长　武云超
张牧原
赵胜龙
吴海军

市政府驻北京联络处
主　　任　王　续
副 主 任　丁　丽(女)

市政府驻南京办事处

主　　任　王建一（至2月）
　　　　　郭　平（2月任）

市供销合作总社

党委书记　吴满良（至11月）
　　　　　吴　芳（女，11月任）
主　　任　吴满良（至4月）
　　　　　吴　芳（女，4月任）
副 主 任　吕　军
　　　　　韩家武
　　　　　徐　婧（女）
监事会主任　俞建新

市政协机关

市政协办公室

主　　任　吕益华
副 主 任　于洪钟
　　　　　吕　琴（女）
　　　　　陆晋红（女）
　　　　　徐　艳（女，3月任）

市政协研究室

主　　任　范春虎（至11月）
　　　　　许麟秋（11月任）
副 主 任　胡新兵（至4月）
　　　　　胡　蕙（女，4月任）

市政协提案委员会

主　　任　褚一波（至11月）
　　　　　吴竹频（11月任）
副 主 任　汤亚宾（至3月）
　　　　　余唐洪（3月任）
　　　　　施正洲（兼，至11月）
　　　　　宋良栋（兼）
　　　　　胡建光（兼）
　　　　　王　健（女，兼）

市政协经济科技和农业农村委员会

主　　任　唐家梁（至11月）
　　　　　吴满良（11月任）
副 主 任　胡　蕙（女，至4月）
　　　　　胡新兵（4月任）
　　　　　陈晓华（兼，至11月）
　　　　　徐重远（女，兼）
　　　　　赵　鞠（女，兼）
　　　　　何丽梅（女，兼）
　　　　　张晓耕（兼）

市政协人口资源环境和城乡建设委员会

主　　任　陆　檬
副 主 任　夏维平
　　　　　邵崇浴（兼）
　　　　　卢　益（兼，至11月）
　　　　　周　炜（兼）
　　　　　周乙新（兼）
　　　　　赵　民（兼）

市政协文教卫体委员会

主　　任　王珍珍（女，至11月）
　　　　　施正洲（11月任）
副 主 任　任英齐
　　　　　吴洵如（女，兼）
　　　　　过　丹（兼，至6月）
　　　　　张振华（兼）
　　　　　殷兰青（女，兼）

市政协社会法制委员会

主　　任　周士良（至11月）
　　　　　沈仲良（11月任）
副 主 任　唐　瑛（女）
　　　　　杨乔良（兼）
　　　　　邹立群（兼）
　　　　　周国祥（兼）
　　　　　卢　敏（女，兼）
　　　　　盛卫中（兼）

市政协学习文史委员会

主　　任　王友根（至9月）
　　　　　符菊成（9月任）
副 主 任　袁彬彬（女）
　　　　　谭　军（兼）
　　　　　吴竹频（兼，至11月）
　　　　　陈　奕（女，兼）
　　　　　张　军（女，兼）
　　　　　许　扬（兼）

市政协港澳台侨外事民族宗教委员会

主　　任　糜君初（至11月）
　　　　　李继军（11月任）
副 主 任　王观华（至3月）
　　　　　李晓红（3月任）
　　　　　相江（兼）
　　　　　何巧凤（女，兼）
　　　　　陈明辉（兼）
　　　　　毛加弘（女，兼）

市政协委员工作委员会

主　　任　邱亚君（至11月）
　　　　　汪克强（11月任）
副 主 任　王忆平（至3月）

市委、市政府直属事业单位

市委党校、市行政学院

校长（院长）　徐　劼（兼，至9月）
　　　　　柏长岭（兼，9月任）
常务副校长（副院长）、校务委员
　　　　　金　政
副校长（副院长）、校务委员
　　　　　谭　军
　　　　　王　兵
　　　　　成大江
　　　　　尹清亮
　　　　　周凌晶（女，至10月）
教育长、校务委员
　　　　　吴文勤

市档案史志馆

馆长、党组书记　宗　翡（女）
副 馆 长　徐俊文
　　　　　闾东影（女，至4月）
　　　　　盛　铁
　　　　　接玉松
　　　　　顾必成
　　　　　孙海东
　　　　　吴　刚（4月任）

无锡日报报业集团（无锡日报社）

党委书记、总裁（社长）
　　　　　张　军（女）
总 编 辑　张　军（女，4月任）
党委副书记　陈锡初
　　　　　江菊敏（女，4月任）
副 总 裁　陈锡初（常务副总裁，4月任）
　　　　　江菊敏（女）

吴晓亮
范　式(至2月)
葛　明(4月任)
王粤海(4月任)
副总编辑　江菊敏(女,常务副总编辑)
吴晓亮
范　式(至2月)
葛　明(4月任)
王粤海(4月任)
纪委书记　李立群(女)

市住房公积金管理中心

党总支书记　周泉林
主　　任　周德春

市城市重点建设项目管理中心(市城市重点工程建设办公室)

党委书记、主任　黄伟祥
副 主 任　陶　剑(至11月)
翟卫武
沈　扬(2月任)
周平方(11月任)

市轨道交通规划建设领导小组(指挥部)办公室

主　　任　张千山
副 主 任　陆春晓
张　军

无锡广播电视集团(无锡广播电视台)

党委书记、总裁(台长)　陈秋峰
总 编 辑　赵　波
党委副书记　赵　波
副总裁(副台长)　赵　波
陈　宏
黄志东
许　扬
周俊清(至9月)
王　晓
副总编辑　黄志东
许　扬
纪委书记　朱荣欣

无锡学院

党委书记　杨建新(7月任)
院　　长　张永宏(7月任)
党委副书记　张永宏(7月任)
匡　辉(7月任)
副 院 长　梁惠娥(女,7月任)
曹广喜(7月任)
胡剑凌(7月任)
纪委书记　王友明(7月任)

无锡科技职业学院

党委书记　张国华
院　　长　孙兴洋
党委副书记　孙兴洋
瞿立新
副 院 长　瞿立新
华裕良
韩　宁(女)
邹洪芬(女)
纪委书记　陈　亮(至2月)
范　式(2月任)

无锡城市职业技术学院

党委书记　应可福
院　　长　张志祥
党委副书记　张志祥
俞力元
副 院 长　王远东
梅亚萍(女)
王　建(2月任)
纪委书记　刘永平

中国企业管理无锡培训中心

主　　任　李建秋
党委书记　郁宝荣
副 主 任　郁宝荣
徐　旻

人民团体·民主党派

无锡市总工会

主　　席　陈德荣
党组书记　吴　涛
副 主 席　吴　涛
周国祥
施宇星
陈一方(女)
于立鹏(12月任)
张　军(挂职)
包晓东(兼)
袁彩凤(女,兼)

共青团无锡市委员会

书记、党组书记　俞政业(至3月)
副 书 记　薛皓月(9月任,主持工作)
朱晓峰(至11月)
缪建平(至9月)
余佳欢
何　舟(女,挂职,2月任)
唐忠宝(兼)
朱　虹(女,兼)
甘　霖(兼)

无锡市妇女联合会

主席、党组书记　蒋群联(女)
党组副书记　杭向丽(女,6月任)
副 主 席　杭向丽(女)
闫东影(女,4月任)
朱秀娟(女)
朱　芳(女,挂职)
徐艳萍(女,兼)
戴敏君(女,兼)
卫　蕾(女,兼)

无锡市科学技术协会

主席、党组书记　陈晓华(至11月)
黄丽侠(11月任)
副 主 席　张鹏飞
陆　骏(女)
王　镇
胡满峰(挂职)
许　敏(兼)
赵建平(兼)
惠　莲(女,兼)
笪学荣(兼)
李廉水(兼)
何春荣(兼)
王晓东(兼)
王长君(兼,至2月)

无锡市归国华侨联合会

党组书记　张文伟(至11月)
李　涛(11月任)
主　　席　毛加弘(女)

副 主 席　余海光
郝朝勇(12月任)
包晓东(兼)
尹　健(兼)

无锡市文学艺术界联合会

主　　席　卢　敏(女,至3月)
杨　建(3月任)
党组书记　杨　建
副 主 席　吴立群
卢俊峰
过旭明(兼)
刘仲宝(兼)
许益民(兼)
梁　元(兼)
曹建平(兼)

无锡市哲学社会科学界联合会

主席、党组书记　许麟秋(至11月)
副 主 席　孟　菲(女)
帅建军(12月任)
刘　俊(兼)
谭　军(兼)
罗安斌(兼)
俞　波(兼)
刘焕明(兼)

无锡市残疾人联合会

理事长、党组书记
金卓青(女,至6月)
周皖红(女,6月任)
副理事长　朱永彬
徐　斌
姚沛声
韩庆东(兼)

无锡市工商业联合会

主　　席　周海江(兼)
党组书记　许　岗
副 主 席　许　岗
张振华
俞　波
于建军(至12月)
蒋谊春
吴建平(兼,至12月)
徐重远(女,兼,至12月)
盛小伟(兼,至12月)
张　健(兼,至12月)
周　江(兼)
温秀芳(女,兼)
蒋东良(兼,至12月)
龚育才(兼,至12月)
高岳峰(兼,至12月)
赵正红(女,兼,至12月)
严　奇(兼,至12月)
刘海涛(兼)
孙银龙(兼,至12月)
李洪耀(兼)
王新潮(兼,至12月)
蒋锡培(兼,至12月)
张庆卿(兼)
冯建昌(兼)
曹洪海(兼)
段　涛(兼)
刘　红(女,兼,12月任)
王荣明(兼,12月任)
高小苹(女,兼,12月任)
胡才鸿(兼,12月任)
张　贤(女,兼,12月任)
华国平(兼,12月任)
窦正满(兼,12月任)
杨　飞(兼,12月任)
蒋承志(兼,12月任)
唐冠玉(兼,12月任)
吴　强(兼,12月任)
戴　润(兼,12月任)
杨建良(兼,12月任)
徐雪宏(兼,12月任)
张立新(兼,12月任)

中国国际贸易促进委员会无锡市委员会(中国国际商会无锡商会)

会　　长　徐惠娟(女,至6月)
钱　前(6月任)
党组书记　徐惠娟(女,至11月)
钱　前(11月任)
副 会 长　王雪松
龚智杰
邹惠之(12月任)

无锡市红十字会

会　　长　秦咏薪(兼,4月任)
党组书记　殷兰青(女)
常务副会长　殷兰青(女,至4月)
陈烈蓉(女,4月任)
专职副会长　周　彬
副 会 长　张　志(12月任)
兼职副会长　严健媛(女)
商　明
施　勤(女,至12月)
吴洵如(女)
孙开锋
钱晓东
杨百海
普　俊
丁　胜
监 事 长　唐家梁(兼)

无锡市台湾同胞联谊会

会　　长

中国国民党革命委员会无锡市委员会

主　　委　张丽霞(女,兼,至11月)
徐　雯(女,兼,11月任)
副 主 委　张　筠(女,至11月)
王　晋(女,至11月)
姜　科(兼,至11月)
徐　雯(女,兼,至11月)
杨志钢(兼,11月任)
保海燕(女,兼,11月任)
孙　明(女,11月任)

中国民主同盟无锡市委员会

主　　委　高亚光(女,兼)
副 主 委　皮何总(兼,至11月)
何丽梅(女,兼,至11月)
洪　雅(女,兼,至11月)
崔荣荣(兼,至11月)
陈　奕(女,兼,11月任)
杨中浩(兼,11月任)
肖剑峰(11月任)
康　振(兼,11月任)

中国民主建国会无锡市委员会

主　　委　华博雅(女,兼,至11月)
毛加弘(女,兼,11月任)
副 主 委　许建樟(兼,至11月)
毛加弘(女,兼,至11月)

王　萍(女)
冼　薇(女,兼)
陈卫宏(兼)
徐耀峰(兼,11月任)
沈黎生(兼,11月任)
戴　旻(女,兼,11月任)

中国民主促进会无锡市委员会

主　　委　金元兴(至11月)
　　　　　惠　莲(女,兼,11月任)
副 主 委　杨瑞金(兼,至11月)
　　　　　吴国平(兼,至11月)
　　　　　惠　莲(女,兼,至11月)
　　　　　康立为(兼)
　　　　　曹罕硕(11月任)
　　　　　田耀旗(兼,11月任)
　　　　　王　岩(兼,11月任)

中国农工民主党无锡市委员会

主　　委　韩晓枫(兼)
副 主 委　汤忠元(至11月)
　　　　　唐家梁(兼,至11月)
　　　　　张　琦(兼)
　　　　　夏加增(兼)
　　　　　钱　玲(女,11月任)
　　　　　赵　鹏(兼,11月任)

中国致公党无锡市委员会

主　　委　高　慧(女,至11月)
　　　　　吴红星(兼,11月任)
副 主 委　刘　朗(兼,11月任)
　　　　　吴红星(兼,至11月)
　　　　　王晓刚(兼,至11月)
　　　　　江　波(兼,至11月)
　　　　　龚备英(女,兼,至11月)
　　　　　殷亚红(女,11月任)
　　　　　诸育新(兼,11月任)
　　　　　庞洪亮(兼,11月任)

九三学社无锡市委员会

主　　委　程　红(女,兼,至11月)
　　　　　卢　敏(女,11月任)
副 主 委　任克奇(2月转兼职)
　　　　　唐　红(女,兼,至11月)
　　　　　陈凤军(兼,至11月)
　　　　　何云彪(兼)
　　　　　李　崎(女,兼)
　　　　　卢　敏(女,兼,3月转专职,至11月)
　　　　　徐新宇(女,兼,至11月)
　　　　　邵康奕(11月任)
　　　　　时　平(兼,11月任)

中央、省直属部门和外地主要驻锡机构

国家税务总局无锡市税务局

局长、党委书记　丁　源
党委副书记　顾一兵(至7月)
副 局 长　顾一兵(至7月)
　　　　　邵　峰(11月任)
　　　　　陈　灏
　　　　　朱晋达(至7月)
　　　　　王晓东(至11月)
　　　　　陈　熙
　　　　　吕　超(11月任)
纪检组长　徐　军(至11月)
　　　　　张　惠(女,11月任)
总经济师　曹国平(至10月)
　　　　　严　郓
总会计师　吕　超(至11月)
　　　　　李　青

无锡市气象局

局长、党组书记　解令运
副 局 长　马志强
　　　　　施德锋
纪检组长　朱　玮(女)

无锡海关

党委书记、关长　蔡嘉福
副 关 长　顾礼鉴(至3月)
　　　　　李永江
　　　　　樊新华
　　　　　吴方玲(女)
　　　　　陶伟东
缉私分局局长　宋　平
南京海关党委第四派驻纪检组组长
　　　　　张　俊(11月任)

国家统计局无锡调查队

党组书记、队长　潘荣军
副 队 长　沈　旦
　　　　　陆伟明
　　　　　吴俊华
纪检组长　王　渭

无锡市邮政管理局

党组书记、局长
　　　　　徐向阳(1月任)
副 局 长　张　亮
　　　　　姚健华(女,5月任)
纪检组长　张　亮

无锡出入境边防检查站

党委书记、站长　杨建忠
副 站 长　王亚兵
　　　　　胡忠华
政治处主任　刘　卉(女)

中国人民银行无锡市中心支行

党委书记、行长　刘耀庭
副 行 长　惠　娟(女)
　　　　　黄　华
　　　　　朱　敏
纪委书记　朱丽彬
工会主任　卢建明(至7月)
　　　　　丛　勇(10月任)

中国银行保险监督管理委员会无锡监管分局

党委书记、局长　胡　宏
副 局 长　钱希为(至7月)
　　　　　黄贤君(至8月)
　　　　　赵　峰(7月任)
　　　　　祁　耀
纪委书记　徐　杰(至2月)
　　　　　陈　光(6月任)

江苏利电能源集团

党委书记、董事长　孙　峰
总 经 理　朱建刚
总会计师、党委副书记
　　　　　赵建国
副总经理　丁仲麒
　　　　　朱震亚
　　　　　霍钧平
　　　　　石云峰

纪委书记　谢恭明
总工程师　王晓斌（8月任）

国网江苏省电力有限公司
无锡供电分公司
总经理、党委副书记　唐建清
党委书记、副总经理　完　善
党委副书记、副总经理　龚　冰
党委委员　顾志强
　　蒋永平
　　秦勇明（至12月）
　　荆建忠（8月任）
　　周长江
　　龚逊东（8月任）
　　徐建楠
副总经理　顾志强
　　周长江
　　龚逊东
纪委书记、工会主席　徐建楠
总会计师　荆建忠
总工程师　张　涛（3月任）

中国邮政集团有限公司无锡市分公司
党委书记、总经理　刘一青
副总经理　柳高远（兼工会主席）
　　黄定清
　　张志慧
　　戴　斌
纪委书记　戴　斌

中国电信股份有限公司无锡分公司
党委书记、总经理　叶　辉
副总经理　邹易风（兼工会主席）
　　孙晓健
　　刘中云
　　夏　杰
　　时新建（12月任）
纪委书记　蒋　芃（至12月）
　　陈　青（12月任）

中国移动通信集团江苏有限公司
无锡分公司
党委书记、总经理　余　冰
副总经理　陈　瑛（女）
　　张剑斌
　　黄　坚（兼工会主席）
　　张海忠
纪委书记　张剑斌

中国联合网络通信有限公司
无锡市分公司
党委书记、总经理　穆世军
纪检组长　程希明（至1月）
　　黄　锦（1月任）
副总经理　钱　彬
　　刘　浏（至9月）
　　陈　妙（女）

无锡华润微电子有限公司
副总裁　李　虹
　　张小键（至12月）
　　马卫清
　　姚东晗（党委副书记，女）
　　段　军（5月任）
　　李　舸（7月任）
　　吴国屹（9月任）
助理总裁　彭　庆（至5月）
　　康　斌（至3月）
专家委员会主任　王国平（至9月）
纪委书记　张先锋

一汽解放汽车有限公司无锡柴油机厂
党委书记、总经理　钱恒荣
党委副书记、纪委书记、工会主席
　　许海根
副总经理　黄成海
　　侯福建（至12月）
　　李欲晓
　　黄南翔
　　王志宇
　　糜锡东
　　刘江唯（12月任）

无锡市盐业有限公司
总经理　万泽湘
副总经理　沈　辉
　　季宏宁（女）

无锡市烟草专卖局
（江苏省烟草公司无锡市公司）
党组书记、局长、经理　刘　旭（至10月）
　　刘丽妮（女，10月任）
纪检组长　朱　忠
副局长　潘彦峰
副经理　韩剑操
　　王宗建（9月挂职改任职）
工会主席　王旭明

中国石化销售股份有限公司
江苏无锡石油分公司
党委书记、纪委书记、工会主席
　　黄建伟
经理、党委副书记　姚　菲（4月任）
副经理　黄建伟
　　史红飞（女）
　　乐滕贤

中国石油天然气股份有限公司
江苏无锡销售分公司
党委书记、纪委书记、工会主席
　　赵　伟
经理、党委副书记　陈中华
党委委员　胡建兵
　　董　波
　　李丕峰（3月任）
副经理　董　波
　　李丕峰（3月任）

中国铁塔股份有限公司无锡市分公司
党委书记、总经理　沈　文
副总经理　王建春
　　唐武军
纪委书记　王建春

江苏省广电有线信息网络股份有限公司无锡分公司
党委书记、总经理　袁剑峰（至10月）
副总经理　朱瑞娟（女，10月任党委副书记，主持工作）
　　蒋永平
　　杨宏宇
纪委书记　赵宇晖

江南大学
党委书记　朱庆葆
校长　陈　卫
党委副书记　陈　卫

符惠明(6月任)
戴月波
刘　森
常委、副校长　徐　岩
田　备(至9月)
顾正彪
吴正国
张凌浩(至9月)
张影陆(女,6月任)
堵国成(6月任)
纪委书记　刘　森

无锡职业技术学院
党委书记　朱爱胜
院　　长　龚方红
党委副书记　龚方红
周桂瑾
副 院 长　杨雪琴(女)
强伟纲
吴慧媛(女)
储开峰(5月任)
纪委书记　徐　浪

无锡商业职业技术学院
党委书记　杨建新
院　　长　朱琴华(女,至5月)
徐汉文(5月任)
党委副书记　朱琴华(女,至5月)
徐汉文
副 院 长　桂海进(女)
周丙洋
冯颀军
纪委书记　王建锋

江苏信息职业技术学院
党委书记　席海涛
院　　长　魏　萍(女)
党委副书记　魏　萍(女)
辛春晖(女)
副 院 长　沈苏林
张　瑜
孙　萍(女)
纪委书记　王友明(至8月)

无锡工艺职业技术学院
党委书记　梁惠娥(女,至7月)
院　　长　邵汉强
党委副书记　邵汉强
冯　萍(女)
副 院 长　孙振球
吴岳军
谢建平
纪委书记　江庆华

江苏省税务干部学校
党委书记、校长　冯生林
党委副书记、纪委书记　王　刚(至4月)
蔡　剑(4月任)
副 校 长　黄建方(至1月)
郝志平(至4月)
郁　岚(女,4月任)
殷　杰(4月任)

东南大学无锡分校
党委书记　王　强
常务副校长　张继文
党委副书记　殷　缨(女)
副 校 长　殷　缨(女,兼)
秦文虎

南京理工大学江阴校区
党工委书记、副校长　孔　捷
副 校 长　梅锦春
龚建龙

南京信息工程大学滨江学院
院　　长　曹广喜
党委书记　左同宇
副 院 长　杨再强(兼)
包云轩
齐运锋
张灿龙(党委副书记)
纪委书记　李步浩

江苏省无锡交通高等职业技术学校
党委书记、校长　李　虎
党委副书记　朱雨兰(女)
副 校 长　耿兴华
倪依纯
邢　勇(至8月)
纪委书记　朱雨兰(女,至8月)
邢　勇(8月任)

中国水产科学研究院淡水渔业研究中心
主　　任　徐　跑
党委书记　戈贤平
党委副书记　徐　跑
万一兵
副 主 任　戈贤平
邴旭文
徐钢春
胡海彦(至6月)
纪委书记　万一兵

华中科技大学无锡研究院
院　　长　丁　汉
副 院 长　孙　瑞(女)
王立成
浦栋麟

公安部交通管理科学研究所
党委副书记、所长　孙正良
副 所 长　潘汉中
俞春俊
刘东波
吴晓东
赵振科
蔡　岗
纪委书记　潘汉中

中国银行股份有限公司无锡分行
党委书记、行长　陈新宏
副 行 长　何顺炜
伍晓玲(女)
崔时松
何晓明(女,至6月)
陈　涛(女,6月任)
丁　毅
沈毅锋
朱　莉(女,至8月)
纪委书记　颜志宏

中国建设银行股份有限公司无锡分行
党委书记、行长　夏雪峰(至5月)
韩　勇(5月任)
党委副书记　马啸海
副 行 长　马啸海
丁永明

梁　柱
柳成安
驻无锡分行纪检组组长　朱贵银
合 规 官　周伟洪
工会主任　肖银峰(至5月)

中国农业银行股份有限公司无锡分行
党委书记、行长　刘淮金
副 行 长　杨玉林
吴永东(至3月)
周学军(至2月)
黄黎琴(女)
徐　鹏(2月任)
盛　霞(女,3月任)
纪委书记　邹林刚

中国工商银行无锡分行
党委书记、行长　汪　超(女)
党委副书记　谢晓东
李　刚
副 行 长　谢晓东(10月任)
李　刚(4月任)
戴　政
蒋　俊
张晔蕴(女)
陈晓春(至5月)
朱伊民(至5月)
蒋晓青(女,至2月)
纪委书记　谢晓东(至8月)
叶文亮(8月任)
行长助理　郝　捷(1月任)

交通银行无锡分行
党委书记、行长　孙亦旻(3月任)
副 行 长　廉伟红(女)
黄大海
陈　筠(女)
苏海明
纪委书记　廉伟红(女)

中国农业发展银行无锡市分行
党委书记、行长　郭庆文(女,至7月)
董亚婷(女,8月任)
副 行 长　王建春
许　晔(女)
陶　翔

招商银行股份有限公司无锡分行
党委书记、行长　余晓燕(女)
副 行 长　孙荣海(7月任)
邢　军
黄小明
冀苏泓
行长助理　江晓华(3月任)

江苏银行股份有限公司无锡分行
党委书记、行长　王卫兵
党委副书记　金建明
副 行 长　金建明
沈东兴
张　毅(至1月)
纪委书记　沈东兴
行长助理　徐长军(4月任)
马海英(女,4月任)

无锡农村商业银行股份有限公司
党委书记、董事长　邵　辉
行长、党委副书记　陶　畅
党委委员、纪委书记、监事长　徐建新(至5月)
陈步杨(5月任)
党委委员、副行长　陈步杨(至5月)
王永忠
曹燕青(5月任)
何建军
陈红梅(女)
陈　晖
胥焱冰(5月任)
党委委员　皮郁忠(至5月)

中国人民财产保险股份有限公司无锡市分公司
总 经 理　尤力人(至1月)
陈　德(1月任)
副总经理　彭　军(至8月)
朱　勇
黄建新
赵碧川(挂职,9月任)
纪委书记　彭　军(至8月)
黄建新(11月任)
总经理助理　唐志明
张爱华

中国人寿保险股份有限公司无锡市分公司
党委书记、总经理　钟小白
副总经理　罗建军(至4月)
江礼志(至10月)
吴小平(2月任)
张　嵘
纪委书记　张　嵘
总经理助理　陈　波
徐国华

中国太平洋财产保险股份有限公司无锡分公司
党委书记、总经理　范　帆(女)
党委委员、副总经理　田　群
胡柯丹(女)
纪委书记　田　群
党委委员　顾　新
总经理助理　于伟治

紫金财产保险股份有限公司无锡分公司
副总经理　孙　健(主持工作,至4月)
李　莉(女,4月任)
蒋　蓉(女,至6月)
总经理助理　李　俊(至4月)

江苏省信用再担保有限公司无锡分公司
总 经 理　安　方
副总经理　吴　烨(女)

华泰证券无锡营业部
党委书记、总经理　陆　融

(市委组织部)

市(县)区机构及负责人名录

江阴市

中共江阴市委员会
书　　记　许　峰
副 书 记　包　鸣

袁秋中（至7月）
陈兴华（7月任）
常　　委　计　军（至7月）
吴　芳（女，至4月）
陈兴华
邵文松（至6月）
程　政
靳佳高
宋新春（6月任）
赵　强
黄　宇
杨晓妮（女，4月任）
郁秋皓（7月任）
张韶峰（7月任）
姜　锵（挂职）

江阴市人大常委会
主　　任　孙小虎
副 主 任　朱　敏
赵巧新
张光伟
吴国忠

江阴市人民政府
市　　长　包　鸣（1月任）
副 市 长　赵　强
杨晓妮（女，5月任）
姜　锵（挂职）
郁秋皓（至7月）
张国兴
张韶峰（至7月）
许　晨（女）
王庆春（至6月）
许迎春（挂职，至7月）
顾文浩（赴新疆工作，至8月）
顾文瑜（5月任）
许　昌（6月任）
杭　成（7月任）
翟　菁（7月任）
曹兴华（女，10月任）
尹志华（赴陕西工作，12月任）
朱晓峰（赴新疆工作，12月任）

政协江阴市委员会
主　　席　徐冬青
副 主 席　张英毅
喻伟力
陈兴初
张晓东

中共江阴市纪律检查委员会
（江阴市监察委员会与其合署办公）
书　　记　靳佳高

宜兴市

中共宜兴市委员会
书　　记　封晓春
副 书 记　陈寿彬
周中平（4月免）
沈晓红（女，4月任）
常　　委　封晓春
陈寿彬
沈晓红（女）
周中平（4月免）
朱旭峰（4月免）
朱晓晔（4月免）
何晓进（4月免）
裴焕良（4月免）
邱少波
沈晓萍（女）
吴爱军
马　钟（4月任）
周　峰（4月任）
薛皓月（4月任，9月免）
虞仁军（4月任）
张　敏（7月任）
任　飞（11月任）

宜兴市人大常委会
主　　任　周　斌
主任候选人　许伟英（女，12月任）
副 主 任　赵菊明
徐志军（9月免）
朱保强
副主任候选人　朱旭峰（4月任）
何晓进（4月任）
裴焕良（4月任）
温秀芳（女，11月任）

宜兴市人民政府
市　　长　陈寿彬
副 市 长　何晓进（4月免）
周　斌（7月免）
储红飙（4月免）
马　钟（11月免）
周　峰
张　敏（11月任）
温秀芳（女，11月免）
张　毅
周　杰
任　飞（4月任，11月免）
刘　英（女，7月任）
杨中浩（11月任）
张达志（7月任）
杨　延（挂职，7月免）
薛皓月（挂职，4月免）
孙骊君（挂职，12月免）
曹林华（挂职，8月任）

政协宜兴市委员会
主　　席　周中平
副 主 席　吴伯荣
洪　雅（女）
吴青峰
芮俊燕（女）
钱伟兴（9月免）
副主席候选人　朱晓晔（4月任）
周　斌（7月任）
范燕慧（女，兼，12月任）
薛　强（兼，12月任）

中共宜兴市纪律检查委员会
（宜兴市监察委员会与其合署办公）
书　　记　邱少波

梁溪区

中共梁溪区委员会
书　　记　许立新（1月任）
副 书 记　邹士辉（至7月）
陈锡明
常　　委　朱　雄（至3月）
张　莉（女，至7月）
吴虹娟（女，3月任）

孙林祥
许　宁（12月任）
方　华
夏　琰（7月任）
刘东亚（6月任）
李先光（7月任）
唐斌彪（至6月）
周皖红（女，至6月）
李　涛（至11月）
王晓海（至2月）
戴　雁（2月任）

梁溪区人大常委会

主　　任　邹士辉
副 主 任　曹海燕（女）
　　　　　徐　越
　　　　　周克刚
　　　　　任震宇
　　　　　姚　凯

梁溪区人民政府

区　　长　许立新（至1月）
　　　　　周子川（2月任）
副 区 长　吴虹娟（女，4月任）
　　　　　李先光
　　　　　张　琦
　　　　　周卫国
　　　　　夏　琰（女，至7月）
　　　　　周　军（至7月）
　　　　　许　诺（8月任）
　　　　　李振云（至5月）
　　　　　周晓红（女，8月任）
　　　　　丁达伟（8月任）
　　　　　张　瑜（11月任）

政协梁溪区委员会

主　　席　陈锡明
副 主 席　陈国忠
　　　　　钱丽忠（女）
　　　　　李　波（女）
　　　　　季　铮（女）
　　　　　唐　红（女）
　　　　　祝志明
　　　　　秦惠芬（女）
　　　　　黄梅华（女）

中共梁溪区纪律检查委员会
（梁溪区监察委员会与其合署办公）

书　　记　孙林祥

锡山区

中共锡山区委员会

书　　记　周文栋
副 书 记　任　栋（至6月）
　　　　　言国强（至7月）
　　　　　顾文浩（7月任）
　　　　　徐　悦（7月任）
常　　委　窦　虹（至2月）
　　　　　徐　悦（至7月）
　　　　　朱洪元（至7月）
　　　　　谢　军（至6月）
　　　　　章金伟
　　　　　周文伟
　　　　　陶　波
　　　　　周建伟
　　　　　吴莉萍
　　　　　张　琳（2月任）
　　　　　陈利群（6月任）
　　　　　华　炜（7月任）
　　　　　顾文浩（7月任）
　　　　　徐涵明
　　　　　保海燕（6月任）
　　　　　徐　磊（8月任）
　　　　　谢乐章（10月任）
　　　　　吴国玖（挂职）

锡山区人大常委会

主　　任　蒋　群（至1月）
　　　　　章红新（1月任）
副 主 任　陈建清
　　　　　辛谊忠
　　　　　毛　晨
　　　　　黄懿斌
副主任候选人　窦　虹（2月任）
　　　　　朱洪元（7月任）
　　　　　石国洪（12月任）
　　　　　王立新（12月任）

锡山区人民政府

区　　长　任　栋（至6月）
代 区 长　顾文浩（7月任）
副 区 长　陈　奕（至6月）
　　　　　蒋文伟（至8月）
　　　　　王　琪（至11月）
　　　　　周建伟
　　　　　吴伟君

政协锡山区委员会

主　　席　章红新（至1月）
　　　　　言国强（1月任）
副 主 席　张　杰（至7月）
　　　　　李佩东
　　　　　石国洪
　　　　　孙军伟
　　　　　史锡联
副主席候选人　朱卓君（兼，5月任）
　　　　　钱锡忠（8月任）
　　　　　毛　晨（12月任）

中共锡山区纪律检查委员会
（锡山区监察委员会与其合署办公）

书　　记　谢　军（至6月）
　　　　　陈利群（6月任）

惠山区

中共惠山区委员会

书　　记　吴建元
副 书 记　方　力
　　　　　程　松
常　　委　吴建元
　　　　　方　力
　　　　　程　松
　　　　　邓加红（女，至2月）
　　　　　吴建明（至6月）
　　　　　袁漪韬（女）
　　　　　郝朝勇（至7月）
　　　　　曹文彬（至9月）
　　　　　吴　燕（女，至2月）
　　　　　孟　栋
　　　　　何国清
　　　　　王　勇（2月任）
　　　　　黄建平（6月任）
　　　　　徐立峰（4月任）
　　　　　吴建东（7月任）
　　　　　顾文龙（11月任）

惠山区人大常委会
主　　任　计佳萍(女)
副 主 任　岳中云
　　　　　陈　纯(女)
　　　　　黄　明
　　　　　王玉珏

惠山区人民政府
区　　长　方　力
副 区 长　吴　燕(女,至2月)
　　　　　何国清(4月任)
　　　　　赵　磊
　　　　　徐胜祥(至7月)
　　　　　顾文龙(至11月)
　　　　　田红保
　　　　　邱晓东(11月任)
　　　　　虞　洁(女)
　　　　　沈　斌(7月任)
　　　　　王兰兰(女,挂职,至4月)
　　　　　于兆吉(挂职)
　　　　　戴　政(挂职)

政协惠山区委员会
主　　席　陈　燕(女)
主席候选人　邓加红(女,12月任)
副 主 席　陆　益(至6月)
　　　　　唐江澎(兼)
　　　　　耿国平
　　　　　陈晓松
　　　　　凌　芝(女)

中共惠山区纪律检查委员会
(惠山区监察委员会与其合署办公)
书　　记　吴建明(至6月)
　　　　　黄建平(6月任)

滨湖区

中共滨湖区委员会
书　　记　马　良(至10月)
副 书 记　陈锡伦(至1月)
　　　　　孙海东(1月任)
　　　　　郭　凯(挂职,至4月)
　　　　　俞　刚(7月任)
常　　委　陈烈蓉(女,至6月)
　　　　　俞　刚(至7月)
　　　　　倪守红(至7月)
　　　　　范校军(至7月)
　　　　　贾效兵
　　　　　陈　瑶(女)
　　　　　张爱军
　　　　　王颐然
　　　　　张跃跃(7月任)
　　　　　陈　虎(7月任)
　　　　　周俊鹏(7月任)
　　　　　王路新(7月任)

滨湖区人大常委会
主　　任　赵虹路(女)
副 主 任　韩　平
　　　　　徐勇强
　　　　　唐国良
　　　　　吴石松
副主任候选人　倪守红(7月任)
　　　　　王伟伦(12月任)
　　　　　李明东(12月任)

滨湖区人民政府
区　　长　陈锡伦(至1月)
　　　　　孙海东(1月任)
副 区 长　郭　凯(挂职,至4月)
　　　　　范校军(至2月)
　　　　　王伟伦(至12月)
　　　　　钱锡忠(至7月)
　　　　　张跃跃
　　　　　徐新宇(女)
　　　　　陈　虎(至7月)
　　　　　周俊鹏(至7月)
　　　　　姚旭江(2月任)
　　　　　尹震源(6月任,至10月)
　　　　　胡　巍(7月任)
　　　　　倪俊仿(7月任)
　　　　　于文波(挂职,9月任)
　　　　　吴雄刚(挂职,至6月)
副区长人选　王路新(12月任)
　　　　　赵　华(11月任)

政协滨湖区委员会
主　　席　刘洪兴
主席候选人　宋　晓(12月任)
副 主 席　过伟忠
　　　　　程　红(女)
　　　　　李明东
　　　　　李雪花(女)
副主席候选人　周　军(7月任)
　　　　　李敏慧(女,12月任)
　　　　　诸育新(12月任)
　　　　　蒋仲元(12月任)
　　　　　许大为(12月任)

中共滨湖区纪律检查委员会
(滨湖区监察委员会与其合署办公)
书　　记　陈　瑶(女)

新吴区

中共新吴区委员会
书　　记　蒋　敏(女)
副 书 记　崔荣国
　　　　　洪延炜
常　　委　匡　辉(至7月)
　　　　　余银龙(至7月)
　　　　　焦夕莲(女,至6月)
　　　　　刘　霞(女)
　　　　　顾国栋(6月任)
　　　　　祝君乔(至7月)
　　　　　章晓明
　　　　　罗功新(6月任)
　　　　　韩　杨
　　　　　周君荣
　　　　　李伟敏(女,7月任)
　　　　　丁洪军(7月任)

新吴区人大常委会
主　　任　张明烈
主任候选人　余银龙(12月任)
副 主 任　刘　骁
　　　　　何雪清
　　　　　黄家传(兼)
　　　　　张文荣
副主任候选人　祝君乔(12月任)
　　　　　叶志浩(9月任)

新吴区人民政府
区　　长　崔荣国(1月任)
代 区 长　崔荣国(至1月)
副 区 长　丁洪军
　　　　　祝君乔(至12月)

顾国栋（6月任）
孙　磊（7月任）
朱晓红（至12月）
李伟敏（女，至7月）
华艳红（女，7月任）
钱　怡（7月任）
冼　薇（女，12月任）
吴　珂（11月任）
钱　前（至6月）
丁旭东（至7月）
尹震源（挂职，至4月）
王丹丹（女，挂职）
薛　晗（挂职，3月任）
徐军团（挂职，至8月）

政协新吴区委员会
主　　席　吴胜荣
主席候选人　焦夕莲（女，12月任）
副 主 席　李伟敏（女，兼，8月任）
　　　　　沈雪芳
　　　　　肖伟民（兼）
　　　　　平　江
　　　　　金　燕（女）
　　　　　曹建兴
副主席候选人　朱晓红（12月任）

中共新吴区纪律检查委员会
（新吴区监察委员会与其合署办公）
书　　记　焦夕莲（女，至6月）
　　　　　罗功新（6月任）

无锡经济开发区

中共无锡经济开发区工作委员会
书　　记　杨建平
副 书 记　俞政业（5月任）
委　　员　冯爱东
　　　　　王　贤
　　　　　王　勇（至5月）
　　　　　赵　宏
　　　　　秦　艳（女）
纪工委书记　张静红（女）

无锡经济开发区管委会
主　　任　杨建平
副 主 任　冯爱东
　　　　　王　贤
　　　　　秦　艳（女）
　　　　　付　游（挂职，至4月）
　　　　　王　磊（挂职，4月任）

（各市〈县〉、区委组织部）

重要文献选编

坚决扛起新使命　奋力谱写新篇章 以优异成绩迎接党的二十大胜利召开

——在市委十四届二次全会上的讲话

（2021年12月30日）

杜小刚

一、深入学习贯彻党的十九届六中全会精神，坚定不移沿着习近平总书记指引的方向奋勇前进

一要始终对党绝对忠诚，坚定捍卫“两个确立”、坚决做到“两个维护”。我们要把“两个确立”作为最深刻的政治领悟、政治信念，把“两个维护”作为最坚定的政治立场、政治忠诚，胸怀“两个大局”、心系“国之大者”，进一步提高政治判断力、政治领悟力、政治执行力，始终在大是大非面前头脑清醒、立场坚定，始终在思想上政治上行动上同以习近平同志为核心的党中央保持高度一致。

二要始终坚持高举旗帜，持续深化理论武装、筑牢夯实思想根基。我们要学懂弄通做实习近平新时代中国特色社会主义思想，反复体悟蕴含其中的坚定信仰信念、强烈历史担当、真挚为民情怀，不断加深政治认同、思想认同、理论认同、情感认同，及时跟进学习领会习近平总书记最新重要讲话指示精神，更加自觉地运用科学世界观和方法论谋划事业发展、应对风险挑战，不断增强工作的科学性、预见性、主动性，切实把学习成效转化为无锡现代化建设的过硬成果。

三要始终牢记谆谆嘱托，自觉扛起光荣使命、不断开创发展新局。我们要把学习贯彻党的十九届六中全会精神，与深入学习贯彻习近平总书记对江苏工作重要指示精神结合起来，立足新发展阶段、贯彻新发展理念、构建新发展格局、推动高质量发展，全力服务共建"一带一路"、长江经济带发展、长三角一体化发展等国家战略，全面落实省、市党代会明确的重大战略、重点任务、重要工作，在全国、全省发展中承担更多责任、作出更多贡献，努力走在现代化建设最前列。

四要始终践行党的宗旨，切实站稳人民立场、加快实现共同富裕。我们要时刻牢记"江山就是人民、人民就是江山"，先天下之忧而忧，始终同人民想在一起、干在一起，风雨同舟、同甘共苦，深入践行以人民为中心的发展思想，用心用情解决好人民群众"急难愁盼"问题，推动共同富裕取得更为明显的实质性成效，让人民群众的获得感幸福感安全感更加充实、更有保障、更可持续。

五要始终勇于自我革命，大力加强党的建设、推进全面从严治党。我们要始终保持全面从严治党永远在路上的坚韧执着，切实扛起管党治党政治责任，坚持不懈抓班子、带队伍、强基础，纵深推进正风肃纪反腐，坚决清除一切损害党的先进性和纯洁性的因素，清除一切侵蚀党的健康肌体的病毒，巩固发展风清气正的政治生态和干事创业的良好环境。

二、"十四五"发展开局良好，现代化建设起步顺利

今年是无锡历史上具有里程碑意义的一年。**这一年**，我们喜迎党的百年华诞，认真学习贯彻习近平总书记"七一"重要讲话精神，隆重召开庆祝中国共产党成立一百周年座谈会暨"两优一先"表彰会议，引导广大党员干部群众更加衷心感党恩、更加自觉听党话、更加坚定跟党走。**这一年**，我们深入开展党史学习教育，创新开展"四学四悟"等一系列主题活动，推动全市各级在"学党史、悟思想、办实事、开新局"上取得良好效果。**这一年**，我们认真做好迎接省第十四次党代会召开和学习宣传贯彻省党代会精神工作，制定关于学习贯彻省党代会精神的决议，印发 10 个方面 100 项重点任务的分解方案，推动省党代会精神在无锡落地见效。**这一年**，我们圆满召开市第十四次党代会，选举产生新一届市委、市纪委领导集体，提出加快建设人民满意的共同富裕幸福美好城市、打造践行新发展理念高质量发展示范区、走在率先实现社会主义现代化最前列的奋斗目标，描绘了"强富美高"新无锡现代化建设的蓝图愿景。

一年来，市委在集中精力谋大事、抓要事的同时，注重统筹推进各项工作，取得了新的成效。**一是牢记"国之大者"、做到"两个维护"，党的领导作用充分发挥。**自觉把党的建设融入全领域各方面，带领各级党员干部严格执行党的政治纪律和政治规矩，坚持不懈用新时代党的创新理论武装头脑、指导实践、推动工作，进一步增强"四个意识"、坚定"四个自信"，坚定捍卫"两个确立"、坚决践行"两个维护"，确保无锡各项事业始终沿着习近平总书记指引的方向前进。**二是坚持稳中求进、致力进中提质，发展质量效益持续提升。**全年经济稳定恢复、好于预期、好于全省，一般公共预算收入同比增长 11%、固定资产投资 4000 亿元左右、规模以上工业总产值突破 2 万亿元、进出口总额首次突破 1000 亿美元；在全省率先制定科技创新促进条例，启动建设太湖湾科创带、梁溪科技城等科创片区，太湖实验室等科创载体取得新成果，科技进步贡献率有望连续 9 年全省第一，成为全省唯一入选国家区块链创新应用试点城市，获批国家服务型制造示范城市。**三是全面推进深层次改革、推动高水平开放，经济社会发展活力有效激发。**在财税金融、国资国企、营商环境、自然资源、农业农村、社会事业等重点领域持续探索，获批开展全省自然资源要素配置改革、法定机构改革等试点，构建推动开发区高质量发展政策体系，启动柬埔寨西港特区 2.0 升级版建设，出台促进外贸外资增量提质新举措，获评十佳外商投资最满意城市；成功承办长三角地区主要领导座谈会，并取得丰硕合作成果。**四是全力践行为民初心、办好惠民实事，人民群众幸福感满意度不断增强。**高质量完成 45 项为民办实事项目，实施 3 批次 208 个"我为群众办实事"项目，滚动实施 1260 多项"微幸福"民生工程，启动《无锡史》编纂工作，健康无锡、文化强市、教育强市、体育强市建设迈出新步伐。连续 14 年实现太湖安全度夏，$PM_{2.5}$ 平均浓度、国省考断面优Ⅲ比例均创有监测数据以来最好水平。**五是切实守住安全底线、扎牢防控网络，和谐稳定社会大局更加巩固。**持续做好常态化疫情防控工作，健全平急转换、平战结合长效机制，有效扑灭宜兴输入型疫情。深入推进安全生产专项整治，建成市城市运行管理中心，初步形成"一网统管、一网通办、一网协同"数字治理格局，安全发展形势持续向好，荣膺"平安中国建设示范市"殊荣，蝉联"长安杯"。

一年来，市人大常委会坚持党的领导、人民当家作主、依法治市相统一，加强地方立法、法律监督和执法检查，创新设立全国地级市首个人大开发区委员会；市政府聚焦常态化疫情防控、创新驱动、产业强市、区域协调、生态文明、民生改善、安全生产等重点领域抓推进抓落实；市政协认真履行职能，深入推进"有事好商量"协商议事，不断提高政协工作制度化规范化程序化水平；全市统战系统围绕发展大局，在服务企业、海外统战等方面做了卓有成效的工作；市法院、市检察院坚持司法为民，提高司法公信力，助推经济健康发展和社会和谐稳定；市工青妇等群团组织创出特色亮点，凝聚各方力量推动现代化建设。

在看到成绩的同时，我们也清

醒认识到存在的问题：全市重大项目储备不足、部分行业增长放缓，稳增长面临不小挑战；大气、水环境质量改善基础尚不稳固，生态建设存在不少短板；资源供求矛盾依然突出，集约节约利用力度有待加大；公共服务质量仍需提高，城市更新步伐亟待加快，农村人居环境整治欠账较多，居民持续增收困难增大；安全生产风险隐患仍然较多，疫情防控在国门全面打开背景下面临巨大考验；领导干部对中央和省重大战略部署的思考研究不深，市场化运作能力不强，对上争取的力度和效果有待提升；党风廉政建设仍需加强。对于这些问题，我们要高度重视，努力加以解决。

三、全面贯彻党中央和省委决策部署，以优异成绩迎接党的二十大胜利召开

明年是党的二十大召开之年，也是全面落实省、市党代会精神的开局之年，需要保持平稳健康的经济环境、国泰民安的社会环境、风清气正的政治环境。做好明年工作要**坚持以习近平新时代中国特色社会主义思想为指导，全面贯彻党的十九大、十九届历次全会精神和总书记对江苏工作重要指示精神，认真落实党中央和省委各项决策部署，弘扬伟大建党精神，坚持稳中求进工作总基调，坚持改革创新，完整、准确、全面贯彻新发展理念，积极服务构建新发展格局，着力推动高质量发展，坚持以供给侧结构性改革为主线，统筹疫情防控和经济社会发展，统筹发展和安全，扎实做好“六稳”“六保”工作，坚决扛起“三大光荣使命”，确保经济平稳健康持续发展，确保社会大局和谐稳定，在加快建设人民满意的共同富裕幸福美好城市上取得新成效，在打造践行新发展理念高质量发展示范区上迈出新步伐，奋力谱写“强富美高”新无锡现代化建设新篇章，以优异成绩迎接党的二十大胜利召开。**

综合各种因素，明年经济社会发展主要预期目标是：地区生产总值增长6%以上，一般公共预算收入增长5%左右，规模以上工业增加值增长7.5%左右，固定资产投资4500亿元、工业投入1800亿元，社会消费品零售总额增长8%左右，进出口总额稳中提质，居民人均可支配收入稳步增长，城镇新增就业15万人，节能减排和大气、水环境质量等约束性指标确保完成省下达目标任务，对于省里新增的制造业投资、战略性新兴产业、数字经济、能源结构和新基建等指标要确立较高的目标要求。确定这些预期目标，市委综合考虑了中央和省委要求、市“十四五”规划目标、无锡的现实基础条件，力求为今后发展赢得更大主动、为提高城市地位多打基础、为全省大局多作贡献，也有利于引导预期、提振信心、调动各方面的积极性。我们要全力以赴完成目标任务，努力争取更好结果。

做好明年工作，**要坚持思想一致、步调一致**。始终对标对表习近平新时代中国特色社会主义思想，学懂弄通做实党的十九届六中全会精神，把无锡各项事业纳入中央战略布局和大政方针中长远考虑，自觉站位全国、全省发展大局，围绕“国之大者”谋划“无锡之计”、办好“无锡之事”、成就“无锡之业”。**要坚持稳字当头、稳中求进**。稳是底线，进是追求，既要避免冲动蛮干、急于求成，坚持以高质量发展为导向不偏向，筑牢基础、稳扎稳打；又要防止消极应对、不思进取，坚持以经济建设为中心不动摇，统筹协调、系统推进，在把握好工作时度效的基础上积极作为。**要坚持扛起使命、多作贡献**。作为全省重要板块和苏南重要一极，无锡要自觉扛起“三大光荣使命”，锚定“走在最前列”的发展定位，强化“争第一创唯一”的工作标准，拿出“在发展中各显神通”的智慧勇气，鼓足“勇攻坚、善突破”的拼搏干劲，在全省现代化建设大局中主动担当作为。**要坚持制度安排、政策发力**。加强学习研究分析，研发制度和政策要立足事前主动“引”、减少事后被动“纠”，善于发挥改革创新“双轮驱动”作用，做到制度安排体现主导性、干预性，出台政策做到适度超前、同向发力，防止顾此失彼，充分释放制度、政策的正向效应。**要坚持防范风险、守牢底线**。祸几始作，当杜其萌；疾证方形，当绝其根。经济下行压力加大会使原本隐藏的风险水落石出，局部风险引发系统风险的概率加大。要更好统筹发展和安全，增强忧患意识，树牢底线思维，精准识别、精准拆弹，把安全发展的主动权牢牢抓在手里。

关于明年经济社会发展，赵市长将作具体安排部署，这里，我强调几个重点问题：

一要聚焦稳步提升、稳定增长，巩固经济发展良好态势。把稳增长放在更加突出的位置，优化完善考核方法手段，确保主要经济指标增速高于全省平均、位居苏南前列、全国位次有进步。抓经济首先要抓投资、抓项目，要抢抓国家扩大投资窗口期，强化重大产业项目招引，组织全球投资促进活动，全面加强与重点央企、知名民企、外资企业、金融机构和高校等深度合作，不惜代价引进产业链核心企业、旗舰项目，发挥优势引进企业总部、分支机构；实施差异化保障措施，对重大项目优先配置土地资源、优先保障建设资金、优先保障节能减排指标、优先保障人才需求，让好马吃上好料；优化项目招引策略，注重让专业人办专业事、让业内人引业内项目，善于借助资本纽带强化政府和项目的关联度，让政府和项目从单纯服务关系转变为“家人”关系；加快项目推进，提高签约项目备案率、备案项目开工率、开工项目投资完成率、项目竣工率，推动投资量、实物量、工作量“三量齐增”，确保全年备案落地超10亿元项目60个以上、其中超100亿元5个。要完善“大消费”工作机制，积极构建有效满足城乡居民多层次多样化需求的消费体系，努力争创国际消费中心城市，尤其要在供给侧持续发力，通过与新基建、城市更新联动，加强与国际国内头部零售企业、互联网平台合作，招引更多旗舰型消费项目、消费平台，推动更多产品从无锡销往全国、销往全球。加强房地产市场预期引导，促进房地产业良性循环和健康发展。

二要聚焦自立自强、自主可控，加快构建现代产业体系。抢抓国家强化战略科技力量的机遇，全面落实科技创新促进条例，加快建设科技创新高地，确保科技进步贡献率保持全省第一、有效期内高新技术企业达到6000家。高水平打造太湖湾科创带、梁溪科技城等科创片区，新建功能完备的科创载体120万平方米，推动太湖实验室创建国家实验室取得重大进展，加快创建超算、芯片、光伏等3家国家级技术创新中心，启动建设10家产业创新中心，新增30家市级以上科技孵化载体，争取更多国家级科技平台和大科学装置布局无锡，推动与粤港澳大湾区等地区的科创合作取得实质性成果。提高科技创新能力关键在于重塑科技创新体系，要强化企业在技术创新中的主体作用，用好“揭榜挂帅”“一所一策”等机制，建立产学研用金“五位一体”贯通机制，完善多元科技创新投入方式，建立全社会创新资源撬动机制，构建重大科研项目全过程跟踪服务和动态调整机制，强化“卡脖子”技术集中攻关机制，健全知识产权创造、运用、保护、管理、服务机制，推动科技创新与标准化融合发展，实现科技要素的便捷流动、高效配置，成为高度活跃的“科创自由港”。要实施更加积极的“太湖人才计划”，制定开放的人才科研特区政策，打造国际化的科研载体和创新环境，加快建设国家级人才平台。积极推进产业链与创新链融合，是加快产业基础高级化和产业链现代化的重要举措。要以苏南国家自主创新示范区建设为牵引，实施战略性新兴产业集群发展、产业基础再造、卓越产业链打造、未来产业培育等重点工程，“一链一策一措施”对10条优势产业链进行专班服务，建立完善产业链供应链风险预警机制，使每条重点产业链都拥有自主性的核心技术、引领性的科创平台、标志性的重点企业，全力打造物联网、集成电路、生物医药等世界级先进制造业集群。以现有产业未来化、未来技术产业化为方向，加强对元宇宙、区块链等技术发展的跟踪，前瞻性谋划未来产业发展。明年国家将加大增值税留抵退税力度，提高研发费用加计扣除比例，要引导企业加大创新投入和技改投资。着眼做强做优企业，开展骨干龙头企业“排位赛”、“专精特新”企业“争冠赛”，推动更多企业进入中国500强乃至世界500强，促进更多企业成为全国单项冠军企业。

三要聚焦实体经济、实业发展，激发市场主体动力活力。我们要建立制度化常态化的政企沟通渠道，了解市场主体关心什么、担心什么、期盼什么，努力为他们创造良好的发展环境。要对照国务院开展营商环境创新试点要求，对标国际一流水平，制定出台优化营商环境5.0版方案，构建与国际通行规则相衔接的营商环境制度体系，为企业发展提供全生命周期服务保障，让所有在无锡“做蛋糕”的人都能安心舒心“做蛋糕”。国家已经明确明年为市场主体减负1.3万亿元、金融系统向实体经济让利1万亿元，要帮助市场主体及时足额享受政策。要从无锡企业实际出发，及时研究制定更多“合身”“解渴”“有感”的政策措施，政策该延期的延期、该扩围的扩围，提高政策支持的及时性、精准性、直达性，保持降低企业负担力度不减。企业家是要素整合者、市场开拓者、创新推动者，要充分信任、依靠、尊重企业家，充分发挥广大企业家在推动稳定增长、科技创新上的重要作用。

四要聚焦数字引领、数据赋能，积极促进城市转型发展。要积极推进网络强市建设，编制实施智慧城市规划，探索研究智慧城市建设标准，出台推动数字经济提速和数字化转型的意见，在经济数字化、生活数字化、治理数字化等领域率先突破。推进数字新基建，加快充电桩、换电站、“双千兆”网络基础设施等建设和覆盖，支持城市公用设施、地下管网等物联网应用和智能化改造，全市域推进道路基础设施的信息化、网联化、智能化和标准化建设。从集成电路、核心电子元器件、新型显示等硬件，以及操作系统、云计算系统、基础软件、工业软件等软件两方面着手，加快突破一批数字经济核心技术。加快开发数字化应用新场景，推出新一轮企业智能化改造三年行动方案、企业数字化转型“十百千万”工程，推进智慧道路、智慧建筑、智慧医疗等生活应用，强化车联网先导区、物联网创新促进中心、市城市运行管理中心等孵化效应，启动开展国家区块链创新应用、IPv6技术创新和融合应用试点工作，开发更多能够“唤醒”工业、“焕新”城市的数字应用场景。创新完善网络安全保障体系，建设城市大脑网络安全运管中心，提升网络安全应急处置能力。

五要聚焦更高水平、更深层次，全面深化改革扩大开放。要提高市场化投融资能力，用足用好权益性融资、TOD、EOD等融资模式，加快基础设施领域不动产投资信托基金（REITs）、资产支持票据（ABN）、合格境外有限合伙人（QFLP）、合格境内有限合伙人（QDLP）等项目落地，打造尚贤湖基金PARK等特色园区，探索股权份额转让交易市场体系建设，加大头部基金引进力度，基金总规模达到4000亿元。明年国家将全面实行股票发行注册制，要抓住用好资本市场机遇，针对上市融资、再融资等出台政策措施，健全完善上市公司维护机制，新增上市公司15家以上。深入推进自然资源要素配置改革，大力实施低效用地腾挪、全域土地整治、产业用地改造等专项行动，积极争取国家层面改革试点，全力打造高质量集约利用示范区。把握新时代国有企业战略定位，全面深化国资国企改革，着眼大产业、大文化、大金融、大投资优化国有资本布局，做好“进、合、退”文章，促进新组建的环保集团等发挥作用，加快医疗集团等组建工作，推动国企积极引进战略投资者，加大股权多元化和混改力度，高度重视资金效率，增强市场化资本运作能力，提高资产证券化水平，促进国企更好服务全市发展战略。对外开放要更加注重与发达经济体合作和引进发达经济体高技术高质量投资项目。明年1月1日区域全面经济伙伴关系协定（RCEP）将正式生效，要引导企业用好零关税、原产地累积等规则，拓展发展空间。要实施外贸高质量发展三年行动方案，高水平推进国家跨境电商综试区、集成电路国际供应链创新示范区等建设，创新发展离岸贸易、数字贸易、海外仓等外贸新业态新模式；出台鼓励创新方式提高利用外资水平政策措施、总部型外资企业培育三年行动计划，支持外资企业增资和利润再投资，实际利用外资力争超40亿美元；推进西港特区2.0升级版建设，落实开发区高质量发展“1+6+N”政策，大力推进“区政合一”“一区多园”新发展模式；加大制度型开放力度，提升外商投资最满意城市美誉度。

六要聚焦协调联动、协同一体，统筹推进城乡区域融合。在长三角一体化发展中，要以共建环太湖科创圈为依托，积极探索有利于协同发展的新机制，全面接轨服务上海，主动对接长江经济带、省“1+3”重点功能区、苏锡常一体化等发展战略，加快建设长三角—粤港澳大湾区产业创新合作（无锡）试验区、江阴—靖江高质量跨江融合发展示范区等合作平台。做好无锡与延安等地的对口支援帮扶合作，打造新时代帮扶合作样板。坚持适度超前，加快过江通道、盐泰锡常宜铁路、南沿江铁路等对外交通重大项目进度，推进锡宜高速改扩建、锡太高速、凤翔路北延、地铁4号线二期、地铁5号线、锡澄S1线、锡宜S2线等项目建设，启动城市货运通道外移、快速中环等系列工程，加快推动苏南硕放国际机场改造升级、无锡（江阴）港融入上海港，巩固提升全国性综合交通枢纽城市地位。城市更新要加强统筹，避免大拆大建，注重同步更新产业、文化、环境、基础设施、居住条件，推进显山透绿，把管道改造和建设作为一项重要的基础设施工程，通过市场化模式一体化推进项目建设运营，使百姓生活得到新改善、城市能级得到新提升。加强房屋征收，加大“双清”力度，确保征收面积不低于1500万平方米。高标准建设太湖新城、蠡湖未来城等重点片区，推进国际会议中心、金融商务区等功能设施建设，争创国家全域旅游示范区、国家生态园林城市，打造全国最干净城市。全面实施乡村振兴战略，认真落实宁锡常接合片区国家城乡融合发展试验区实施方案，以“三园一区一居”建设为重点，持续推动现代农业高质量发展。实施农村人居环境整治提升行动，按照尊重农民意愿、保持历史耐心、循序渐进推进的原则，积极稳妥建设现代“美丽农居”，全面改造1980年前建造的农房，鼓励改造1981年至2000年所建的农房，打造新时代的鱼米之乡和江南人家。

七要聚焦减污降碳、减排节能，持续提升生态环境质量。深入贯彻习近平生态文明思想，树牢公园城市理念，更加有力推进美丽无锡建设。要准确认识中央关于推进碳达峰碳中和的工作要求，准确把握国家关于能耗目标设定和考核的三条指导性要求，坚持先立后破、通盘谋划，统筹衔接能耗强度和碳排放强度降低标准，制定切实可行的实施意见和总体方案，既坚决遏制“两高”项目盲目发展，又坚决防止“碳冲锋”和“运动式”减碳，对于重大项目要积极争取列入国家和省能耗单列，科学务实推进碳达峰碳中和。注重发展风电、光伏、氢能等新能源和储能、充电等新技术，高标准加快推进中瑞低碳生态城、零碳技术产业园等试点示范，推进脱碳产业技术、零碳能源消费、固碳资源供给、控碳服务支撑体系建设。持续深入打好污染防治攻坚战，扎实做好新一轮中央（省）环保督察迎检工作，落实好重化围江、十年禁渔等长江大保护任务，深入推进新一轮太湖治理，全面实施“两河”整治提升“美丽河湖”一号工程，开展城镇污水处理提质增效和精准攻坚“333”行动，促进太湖和河道水质持续改善，更高水平实现“两个确保”；大力推进年度大气治理工程，推动空气质量不断优化。要压实生态环境治理责任，对污染防治攻坚不力市（县）区人民政府启动收取惩戒金、暂停建设项目申报等惩戒举措预警，推动江阴、宜兴开展生态产品价值实现机制试点建设，出台实施生态环境基础治理能力提升三年行动计划。

八要聚焦共建共享、共同富裕，不断增进人民群众福祉。坚持以人民为中心的发展思想，制定实施无锡共同富裕行动计划，稳步朝着共同富裕目标迈进。开展民生实事要从“为民做主”向“由民做主”转变，建立意见收集反馈机制，落实好民生实事项目人大代表票决制，更大范围推进“微幸福”民生工程，全面提升为民办实事项目质量，更好解决老百姓的烦心事、操心事、揪心事。积极拓宽城乡居民增收渠道，研究出台中等收入群体壮大行动和居民收入十年倍增计划，突出抓好高校毕业生、农民工、退役军人、退捕渔民等重点群体就业，推进全民创业行动计划，“一村一策”发展新型农村集体经济，促进农民增收致富，加大再分配调节力度，引导支持有意愿有能力的企业和社会群体积极参与公益慈善事业。强化民生兜底保障，完善分层分类社会救助体系，落实社会救助和保障标准与物价上涨挂钩联动机制，积极引进社会资本发展社会事业，加快市妇儿中心、精卫中心二期、儿童福利院、残疾人综合服务基地、救助管理站等项目建设。着力解决好“一老一小”问题，坚持政府和市场双向发力、普惠和高端同步推进，把发展老龄事业和发展银发经济统筹起来，把抓好教育“双减”和抓好托育服务衔接起来，让所有老人都能安享晚年、所有儿童都有幸福童年。健全常住地提供基本公共服务制度，加强优质幼儿园、新优质学校、高品质示范高中、中职领航学校等建设和高校合作共建，实施医疗名院“登峰计划”、名科“攀登计划”、名医“倍增计划”，探索重点人群体检筛查，不断扩大重大疾病防治范围。启动建设植物园、科技馆、自然博物馆。启动奥体中心等公共体育设施建设，增加群众身边运动健身场馆，举办重大体育赛事，创建国家全民运动健身模范市和运动友好型城市。

九要聚焦以文化人、以文弘业，着力打造一流文化强市。大力推动社会主义核心价值观融入日常生活，深入开展八大重点攻坚行动，争创全国文明典范城市。深入实施哲学社会科学创新工程，高水平办好第三届江南文脉论坛。深化网络文明建设，争创省网络综合治理示范区。深入实施文艺作品质量提升工程和文化艺术人才引培工程，推出一批精品力作。加快推进《无锡史》编纂工作。加快大运河文化带和国家文化公园建设，推进“艺术拾珍·美好空间珍珠链”计划，实施“百宅百院”活化利用工程。加强高品质文化供给，发挥国企购买公共文化服务作用，深化国有文艺院团改革，推进“文艺家之家”建设，建成市交响乐团，开工建设市美术馆、市文化艺术中心、音乐厅等重点公共文化设施，建成50个“钟书房”优质公共阅读空间，举办2022太湖文化艺术季等惠民文艺演出。推进媒体深度融合发展，加强新型主流媒体建设，用情用力讲好无锡故事。

十要聚焦人民至上、生命至上，切实防范化解重大风险。要始终绷紧安全发展之弦，严格落实全市经济社会重点领域安全稳定风险排查化解工作机制，实现高质量发展和高水平安全良性互动。要慎终如始抓好常态化疫情防控，坚持“外防输入、内防反弹”总策略、“动态清零”总方针，落实“四早”要求、压实“四方”责任，抓好“人物环境”同防，推进疫情防控“红黑榜”考核、疫苗应接尽接工作，加强P3实验室、火眼实验室、方舱实验室、核酸检测小屋等建设运用，完善平战结合的防控体系，全面加强公共卫生应急管理体系建设，筑牢保障人民生命健康的严密防线。毫不放松抓好安全生产，深入推进安全发展示范城市建设和安全生产专项整治，切实提升本质安全水平，坚决防范遏制较大及以上安全事故发生。加强政府债务管理，切实加大化债力度，坚决杜绝“数字搬家”，促进政府债务率进入合理区间。加强极端天气灾害风险评估及对策研究，加快补齐短板，提高防灾减灾救灾能力。全面落实粮食安全党政同责，从严抓好食品药品监管，创建国家食品安全示范城市。大力推进平安无锡、法治无锡建设，深入开展市域社会治理现代化试点，严格落实城乡网格化服务管理实施细则，深化运用“大数据+网格化+铁脚板”经验做法，重塑辅警、城管、网格员、社区等制度，推进“最多跑一地、服务零距离”矛盾纠纷多元化解工作体系建设，扎实开展信访突出问题攻坚化解年活动，落实“接访变下访”“一访定心”要求，对“老大难”问题要挂牌督办、主要领导要主动领办，常态化开展扫黑除恶，严厉打击各类违法犯罪，确保社会大局和谐稳定。

四、推进全面从严治党，为现代化建设提供坚强保证

一要严把政治方向，铸牢“两个维护”的绝对忠诚。始终坚持把党的政治建设摆在首位，切实增强“四个意识”、坚定“四个自信”、做到“两个维护”，在思想上高度信赖核心、感情上衷心爱戴核心、政治上坚决维护核心、组织上自觉服从核心、行动上始终紧跟核心。坚决执行党的政治路线，切实加强政治监督，确保中央和省委重大决策部署在无锡一贯到底、高效落地。做细做实省委巡视“后半篇文章”，坚决做好省委涉粮问题专项巡视整改落实工作。积极稳妥开展新一届市委巡察工作，强化巡视巡察上下联动。全面贯彻落实民主集中制，严格执行新形势下党内政治生活若干准则。严明党的政治纪律和政治规矩，加强对“一把手”和领导班子监督，坚决落实重大事项请示报告制度，发展积极健康的党内政治文化。

二要强化凝心聚魂，巩固团结奋斗的思想基础。把学习贯彻习近平新时代中国特色社会主义思想作为首要政治任务，持续在学懂弄通做实上下功夫。突出抓好党的十九届六中全会精神学习贯彻，组织新一轮市管干部全员集中轮训研修，加强党委(党组)理论学习中心组学习，完善巡学旁听、督查考核等各项制度。巩固拓展党史学习教育成果，建立党史学习教育常态长效机制。充分发挥“理响无锡”宣讲大联盟及各级各类宣讲骨干作用，精心谋划“喜迎党的二十大”主题宣传活动，持续推动党的创新理论入脑入心。压紧压实意识形态工作责任制，突出抓好网络、高校等重点领域，健全突发事件信息发布和舆情应对工作机制，筑牢意识形态领域安全防线。

三要坚持选贤任能，锻造本领高强的过硬队伍。按照新时代好干部标准，全方位做好干部“育选管用”各项工作。强化政治素质把关，打破地域观念、部门界限、隐性台阶，选优配强各级领导班子，积极推进市县乡政权组织换届，以政策、机制创新赋能开发区领导班子建设，不断加强和改进镇（街道）党政正职队伍建设，特别是要以政治能力建设为统揽，全面提升领导现代化建设能力水平，做到敬畏历史、敬畏文化、敬畏生态，慎重决策、慎重用权。深入推进大力发现培养选拔优秀年轻干部“五个一”计划，加大“琢璞”计划实施力度，建好用好太湖湾科创带苏锡常干教联盟和“四千四万”精神干教培训基地，推进党政干部专业素养锻造行动。综合运用“三项机制”，完善考核体系、丰富激励手段、加强结果运用，为担当作为者提供更大舞台。

四要注重功能发挥，建设坚强有力的战斗堡垒。树牢大抓基层的鲜明导向，全力打好基层党建“五大行动”收官战，持续壮大“红梅花香”品牌矩阵。深入推进全领域“红色堡垒”工程，统筹加强各领域基层党建工作，积极探索快递物流、物业管理等新兴领域党建工作，推动党的组织和党的工作全面有效覆盖。持续加强基层党组织骨干队伍建设，深化村（社区）书记专业化管理和社区工作者“星级 + 薪级”职业体系建设，扎实推进“两新”组织党务工作者专业能力建设，分层建立后备人才库。坚持“一切工作到支部、一切工作靠支部”，积极为基层放权赋能、减负松绑，推动基层党组织和党员干部在落实重大任务中扛起政治责任、发挥引领作用。

五要突出标本兼治，保持正风反腐的高压态势。毫不松懈纠治“四风”，锲而不舍落实中央八项规定及其实施细则精神，下大力气打击违规吃喝并收受红包等突出问题。深入推进民生专项资金清理整治工作，对公共停车收费管理等一批群众反映强烈的问题进行专项治理。加大对国企、金融、医疗、粮食购销等重点领域的反腐力度，持续开展“天网行动”，坚决查处隐性腐败、新型腐败，在不敢腐、不能腐、不想腐一体推进上取得更多制度性成果和更大治理成效。以强化党内监督为重点，促进纪律监督、监察监督、派驻监督、巡察监督“四项监督”统筹衔接、协调贯通，着力完善全覆盖的监督体系。用好监督执纪“四种形态”，综合发挥惩治震慑、惩戒挽救、教育警醒的功效，不断涵养党员干部清正廉洁的价值理念。

做好明年的工作，必须充分调动一切积极因素，团结一切可以团结的力量。要充分发挥人民代表大会制度优势，做好立法、监督等工作，加快推进安全生产条例、车联网发展管理条例、数字化转型促进条例等制修订。充分发挥人民政协“重要阵地、重要平台、重要渠道”作用，不断提高建言资政和凝聚共识水平。充分发挥统一战线凝聚人心、汇聚力量的作用，找到最大公约数、画出最大同心圆。充分发挥工青妇等群团组织的桥梁纽带作用，把各自联系的群众紧紧凝聚在党的周围。充分发挥法院、检察院在法治无锡建设中的职能作用，争取开展个人破产法试点，在建设知识产权法庭、国际商事法庭等方面取得突破。全面落实党管武装要求，建设新时代双拥模范城市。

同志们，征途漫漫，惟有奋斗。让我们更加紧密团结在以习近平同志为核心的党中央周围，高举习近平新时代中国特色社会主义思想伟大旗帜，埋头苦干、勇毅前行，切实扛起“三大光荣使命”，奋力谱写“强富美高”新无锡现代化建设新篇章，努力为全省现代化建设大局多挑担子、多作贡献，以优异成绩迎接党的二十大胜利召开！

政府工作报告（摘要）

——在无锡市第十七届人民代表大会第一次会议上

（2022年3月16日）

赵建军

一、2021年和本届政府工作回顾

2021年，面对世纪疫情和百年变局交织的严峻形势，全市上下坚持以习近平新时代中国特色社会主义思想为指导，全面贯彻党的十九大和十九届历次全会精神，认真落实省委、省政府决策部署和市委要求，统筹疫情防控和经济社会发展，统筹发展和安全，扎实做好“六稳”工作，全面落实“六保”任务，以实干实绩庆祝中国共产党成立一百周年，胜利完成了市十六届人大五次会议确定的主要目标任务。

一年来，全市经济运行总体平稳，主要指标稳中向好。地区生产总值超过1.4万亿元、增长8.8%，人均GDP保持全国大中城市首位；一般公共预算收入1200.5亿元、增长11.6%，增速苏南领先；规上工业总产值首破2万亿元，制造业增加值占GDP比重达41.6%；完成固定资产投资3985亿元、社会消费品零售总额3306亿元、进出口总额1057亿美元，分别增长4.5%、10.4%和20.4%，外贸首次突破千亿美元；城镇新增就业16.5万人，居民人均可支配收入6.3万元、增长9.4%。**一年来，重点发展任务高效落实，美好图景加速呈现。**太湖湾科创带建设迈出坚实步伐，现代产业集群和10条优势产业链提质壮大，重大项目建设提气突破，数字化转型提速深化。现代综合交通运输体系进一步完善，污染防治攻坚成效显著，城市能级稳步提升、国际范越来越足。为民办实事、“微幸福”民生工程让群众倍感温暖，疫情防线不断织密扎牢，安全底板更加巩固。**一年来，争先率先实效持续彰显，成果成绩令人振奋。**无锡成功入选中国软件特色名城、国家综合型信息消费示范城市、国家区块链创新应用试点城市、国家IPv6技术创新和融合应用试点城市、全国首批千兆城市、国家服务型制造示范城市、全国首批商品市场优化升级专项行动试点城市、全国财政支持深化民营和小微企业金融服务综合改革试点城市、全国营商环境便利度高城市；入围全国首批系统化全域推进海绵城市建设示范城市、智慧监测创新应用试点城市、智慧城市基础设施与智能网联汽车协同发展试点城市、国家文化和旅游消费试点城市、DRG付费国家示范点城市、健康中国行动创新模式首批试点城市；蝉联中国最具幸福感城市、最佳促进就业城市、最佳引才城市，获批创建国家食品安全示范城市，荣膺“平安中国建设示范市”、再次捧得“长安杯”。一年来，经过全市上下共同努力，顺利实现了“十四五”发展和“强富美高”新无锡现代化建设的精彩开篇。

一是产业强市纵深推进。持续加快产业结构调整和转型升级，战略性新兴产业、高新技术产业产值占规上工业比重分别达39.9%、49.2%，物联网产业入选国家首批先进制造业集群，千亿级产业集群增至10个。建立“大消费”推进机制，打响“太湖购物节”消费品牌，清名桥街区、拈花湾小镇分别入选首批国家级旅游休闲街区和夜间文旅消费集聚区。“中国企业500强”等四张榜单入围企业数保持全省第一，新增国家级专精特新“小巨人”企业22家，建立全国地级市首个工业大数据中心。重大项目建设蹄疾步稳，创新设立项目前期服务和建设保障“双专班”，年度备案超10亿元重大产业项目80个、其中超100亿元5个，318个市重大项目完成投资1164.7亿元。财税金融服务实体经济能力持续增强，兑现产业扶持资金105亿元，新增减税降费超过140亿元，贷款增速增量均创近十年新高；新募股权投资基金1160亿元、规模居全国城市榜首；去年末A股上市公司突破100家、达到103家，总数、新增数、总市值均居全国前十，无锡指数正式发布。

二是创新动能显著增强。科技进步贡献率连续9年领跑全省。启动共建环太湖科创圈，发布太湖湾科创带国土空间规划，梁溪科技城、霞客湾科学城等科技新城协同推进。太湖实验室第一届理事会、学术委员会启动运作，长三角一粤港澳大湾区产业创新合作（无锡）试验区揭牌启动。国家集成电路特色工艺及封装测试创新中心获批建设，无锡航空发动机基础部件创新研究院、长三角太阳能光伏技术创新中心等新型研发机构落地建设，率先与全国首批12家未来技术学院开展战略合作。有效期内高新技术企业增至4608家，新增省级院士工作站4家、省级企业技术中心和工程技术研究中心84家，建成全省首个国家技术标准创新基地。10项成果获国家科学技术奖，12个项目获中国专利奖。成功举办太湖人才峰会，引进高层次人才1.3万人、大学生10.6万人。

三是改革开放不断深化。纵深推进“放管服”改革，“一件事”“马上办”等改革成效明显。完成深化事业单位改革试点任务，扎实开展全省首个法定机构改革试点。加快推进开发区体制机制创新和高质量发展，惠山经开区升格国家级。在全省率先开展自然资源要素配置综合改革试点，推行“拿地即开工”“容缺预审”。农村集体经营性建设用地入市改革试点步伐加快，14幅地块成功入市。市属国企营收达1689亿元、全省第一。集成电路全产业链保税模式改革试点进展顺利，国家外贸转型升级基地增至7家、全省第二。5家开放平台入围全省首批自贸区联创区，无锡高新区获批中日韩（江苏）产业合作示范园区。全年实际使用外资38亿美元，注册QFLP基金规模11.7亿美元。无锡至上海洋山港海铁联运班列、无锡—徐州联动中欧班列开通，上海港内陆集装箱枢纽项目落地新安港。首次承办长三角地区主要领导座谈会，取得丰硕成果。首次作为国家级主场承接总体外交活动，圆满完成服务保障任务。

四是城乡区域更趋协调。国土空间总体规划基本形成。312国道快速化改造等项目加快建设，竣工、在建道桥项目总里程68公里，重大交通设施建设投资创历史新高。地铁实现网络化运营，4号线一期顺利开通，第三期建设规划成功获批。苏南硕放机场飞行区改扩建项目开工建设，全省首家本土航空公司苏南瑞丽揭牌成立。改造老旧小区893万平方米、接近“十三五”时期总和，494个老旧小区实现国有物业全覆盖、惠及群众25万户；完成房屋征收1520万平方米、创近年来新高。制定城市家具设计导则，推广实施“微路长”制，完成背街小巷综合治理272条，改造提升城乡公厕485个，新增公共停车位3.2万个。创新编制农业农村“五园五区六带”空间规划，完成100个重要节点村庄环境整治提升，新增10个省级特色田园乡村。

五是美丽无锡展现新貌。高水平举办碳达峰碳中和无锡峰会，设立全国首只零碳风险投资基金，布局全省首个零碳科技产业园。坚决遏制“两高”项目盲目发展，单位GDP能耗下降3.2%以上。严格落实长江禁渔、太湖退捕任务，启动创建太湖流域水治理重点实验室。出台对污染防治攻坚不力地方严格惩戒措施。大力推进大运河无锡段、梁溪河“两河”整治提升，全市552条重点整治河道水质优Ⅲ比例超过70%，建成80条市级美丽示范河湖，国省考断面水质优Ⅲ比例首次超过90%、达93%。空气质量优良天数首破300天大关、$PM_{2.5}$平均浓度降至29微克/立方米，均创近年来最好水平。全市生活垃圾实现全量焚烧处理，在全省率先开展小微产废企业危废集中收集。

六是民生福祉持续攀升。财政民生支出占比近80%，10件45项民生实事全部完成，1291项“微幸福”民生事项全部办结。新建保障性住房2.5万套，推出保障性租赁住房5786套（间）。严格落实“双减”政策，新建、改扩建幼儿园和中小学40所，新增基础教育学位3.2万个。无锡学院成功转设，太湖学院办学水平领先全省同类高校。完成25家基层医疗卫生机构提档升级，“医惠锡城”商业险惠及65.2万人，顺利通过国家卫生城市复审。获批全省唯一的国家智能社会治理实验特色基地（养老），新建家庭照护床位880张。市第十三届运动会成功举办，利用闲置地块新增公共体育场地10.8万平方米。落实常态化疫情防控举措，果断、快速、精准处置外来关联疫情，高效推进11类180项能力建设。安全生产专项整治“三年大灶”高标准推进，事故起数、死亡人数分别下降30.3%和22.1%。深化市域社会治理现代化试点，城市运行管理中心建成投用，群众安全感达99.5%、全省第一。

七是自身建设切实加强。大力推进政府系统全面从严治党，推动党史学习教育走深走实。扎实推进法治政府建设，深入开展“八五”普法，提请市人大常委会审议地方性法规8件，制定、修改和废止政府规章7件。高效办理市人大代表建议208件、市政协委员提案336件。省政风热线走进无锡活动反响热烈，创新推出“市长在线·民声留言板”。扎实开展“千名干部百项攻坚行动”，政府系统承担的63个项目取得过硬成效。积极配合省涉粮巡视和统计督察工作。持续加强财政预算绩效管理，政府性债务规模、债务成本、债务率保持“三降”。强化审计监督全覆盖和结果运用，闭环抓好督查督办，政府系统工作的规范性、落实力持续提升。

2021年主要目标任务的圆满完成，标志着本届政府奋斗目标的胜利实现。五年来，我们深入学习贯彻习近平新时代中国特色社会主义思想，坚定践行新发展理念，在全局中谋划，在大局下行动，有力有效应对各类风险和挑战，持续推动高质量发展、创造高品质生活、实现高效能治理，与全市人民一道，共同谱写了“强富美高”新无锡建设的精彩小康篇章，合力开启了全面推进社会主义现代化建设的新征程。

这五年，我们坚定践行创新发展理念，持续加快动能转换，综合经济实力实现新跨越。全局支撑更强，全市地区生产总值、一般公共预算收入、规上工业增加值等指标增幅持续高于全省平均，贡献稳步提升。创新动能更足，研发经费支出占GDP比重提高到3.5%左右，万人有效发明专利拥有量增幅达58%，高新技术企业数量增长近2倍。营商环境更优，持续打响“无难事、悉心办”品牌，市场主体从55.4万户增至103万户，无锡成为审批事项最少、办事效率最高、服务质量最优的城市之一。

这五年，我们坚定践行协调发展理念，持续推进融入融合，统筹发展水平得到新提升。区域一体加速推进，深入参与长江经济带和“一带一路”建设，有力落实长三角一体化发展无锡行动方案，建成启用苏锡常南部高速、常宜高速、宜长高速等重大基础设施。市域一体加速突破，锡澄S1线、宜马快速通道等标志性工程启动建设，锡澄、锡宜协同发展区建设取得实质性进展。城乡一体加速构建，常住人口城镇化率提高到82.9%，高标准推进农村人居环境整治和美丽乡村建设。协作一体加速落实，与徐州南北共建园区高质量推进，实施援疆项目234个，对口帮扶延安市、海东市工作组获评全国脱贫攻坚先进集体。

这五年，我们坚定践行绿色发展理念，持续加强环境保护，生态文明建设取得新成效。碧水保卫战再创佳绩，累计完成太湖生态清淤630万立方米，国省考断面水质优Ⅲ比例提升55.2个百分点，太湖无锡水域总磷浓度下降12.9%、水质达2007年以来最好水平，连续14年实现“两个确保”。蓝天保卫战成效显著，空气质量优良天数比率提升18.1个百分点，$PM_{2.5}$平均浓度在全省率先达到二级标准。净土保卫战纵深推进，修复土壤污染地块162万平方米，建成投运锡东生活垃圾焚烧发电等设施，危废集中处置能力提升6倍。绿色发展攻坚战加力实施，万元GDP能耗从0.36吨标煤降至0.28吨，林木覆盖率上升至27.9%，无锡成为唯一省级生态文明建设示范县（市、区）全覆盖城市。

这五年，我们坚定践行开放发展理念，持续拓展广度深度，对外交流合作开创新局面。对外贸易稳步增长，深度融入世界贸易体系，服务外包离岸执行额、省级公共海外仓数量全省领先。利用外资质效提升，世界500强在锡投资新设企业36家，新批协议注册外资超3000万美元项目323个，实际使用外资184亿美元。开放合作拓展深化，持续打响世界物联网博览会、全球锡商大会、太湖湾生命健康未来大会等重大品牌活动，新增境外投资项目410个、协议投资额66亿美元，与50个国际友城的交流合作持续深化，苏南硕放机场的客、货运吞吐量和排名均创历史新高。

这五年，我们坚定践行共享发展理念，持续补齐民生短板，人民生活品质迈上新台阶。富民增收稳步推进，居民人均可支配收入占人均GDP比重持续提升，城乡居民收入比缩小至1.78、苏南最优；集体经济薄弱村脱困转化任务全面完成，低保标准、特困人员基本生活标准实现市域统一。公共服务稳步优化，义务教育优质均衡监测、高品质示范高中建设立项数全省第一，南京理工大学江阴校区建成启用，高等教育年在校生数量增加2.9万人；医疗均衡布局加快推进，新增床位1.2万张，成为全国唯一的国家健康城市建设示范市全覆盖城市；无锡博物院晋升国家一级博物馆，“五个一工程”获奖数量全省最多，创成首个全国文明城市群、双拥模范城市群。安全形势稳步向好，有力有效应对疫情、汛情、台风等考验，有机衔接安全生产专项整治“一年小灶”“三年大灶”，平安无锡、法治无锡建设成效全省领先，社会大局和谐稳定。

二、今后五年的奋斗目标和总体要求

今后五年的总体目标是：圆满完成“十四五”规划目标任务，经济社会高质量发展迈上新台阶，城市现代化国际化水平达到新高度，共同富裕取得实质性进展，成为现代化建设先行示范区、践行新发展理念高质量发展示范区，在服务构建新发展格局中贡献更多无锡智慧和无锡力量。**今后五年的具体目标任务是：科技创新动力充分释放。**创新驱动成为战略自觉，太湖湾科创带建设取得决定性进展，全社会创新创造蔚然成风，创新要素集聚水平和供给能力大幅提升，高新技术企业数量实现倍增，研发投入强度突破4%、达到发达国家标准，科技进步贡献率超过70%。**第一工商名城充分打响。**质量效益与经济规模同步提升，推动地区生产总值迈上2万亿台阶，人均GDP保持全国前列，规上工业企业突破1万家，制造业占GDP比重保持稳定，消费对经济增长贡献率稳步提升，上市公司市值保持全国前列，外贸外资占全省比重稳中有升，战略性新兴产业、新经济成为高质量发展的重要支撑。**国际都市气派充分展现。**融入长三角一体化、长江经济带和“一带一路”建设取得高显示度标志性成果，制度型开放深化拓展，科技、经济、城市、文化、环境等国际化水平显著提升，形成市场化法治化国际化一流营商环境，宜业宜居品质成为竞争新优势，努力创成全国文明典范城市，“世界格局中的无锡”深化构建。**绿色低碳优势充分厚植**。污染防治攻坚战纵深推进，实现碳达峰目标迈出坚实步伐，单位地区生产总值二氧化碳排放比2020年下降18%以上，空气质量优良天数保持在300天以上，国省考断面水质优Ⅲ比例稳定在94.4%以上，太湖无锡水域水质全面好转，在践行习近平生态文明思想上走在前做示范。**共同富裕成效充分彰显**。形成推动共同富裕的体制机制和政策体系，乡村振兴全面推进，区域发展更加协调，中等收入群体加速壮大，教育、医疗、养老、文体等优质均衡供给水平持续提升，群众安全感和法治满意度保持全国前列。

围绕实现上述目标，必须牢牢把握好以下五个方面：

始终坚持“旗帜鲜明讲政治”。坚决捍卫“两个确立”，坚定做到“两个维护”，始终胸怀“两个大局”，把党的全面领导贯穿政府工作全过程各领域，不断提高把握新发展阶段、贯彻新发展理念、构建新发展格局的政治能力、战略眼光、专业水平，把落实国家战略、服务全省大局与推动无锡发展高度统一，确保中央政令畅通、决策落地生根，确保省委、省政府各项部署和市委工作要求得到有力有效落实。

始终坚持“一张蓝图绘到底”。坚定不移推进高质量发展，与时俱进丰富创新驱动、产业强市等战略，切实跑好现代化建设“接力赛”，着力提升科技创新引领性、产业体系坚韧性、绿色发展协同性，推动经济持续实现质的稳步提升和量的合理增长，加快形成面向未来的发展新格局新动力新优势，努力当好全省宏观经济大盘的重要压舱石。

始终坚持“增进福祉惠民生”。强化发展为民的价值取向、民生优先的行动指向，站稳人民立场，树牢宗旨意识，在促进共同富裕上积极探索，在群众关心的领域上用力攻坚，在解决百姓“烦心事”上落细落实，设身处地、想方设法为民解忧解难，以更接地气的工作成效书写更有温度的民生答卷，让群众的生活越来越好、笑容越来越多。

始终坚持“勇立潮头求突破”。聚焦为全省全国发展大局多挑担子、多作贡献，自觉拉高标杆、登高望远，提振“敢为人先、勇争一流”精气神，挺起“起而行之、克难而上”硬肩膀，推动深化改革和扩大开放协同发力、整体提升与重点突破相互促进，因地制宜打造更多特色、亮点和示范，推动无锡高质量发展破浪前行、再攀高峰。

始终坚持“踔厉奋发向未来”。以时不我待、只争朝夕的使命感紧迫感，聚焦科技创新、重大项目、数字经济、一体发展等关键事项，抓牢重大战略、绿色低碳、民生福祉、安全稳定等重要领域，实干笃行、奋楫争先，努力创造无愧于人民、无愧于时代的新业绩，一起点亮无锡城市的更大荣光！

三、2022年主要任务

今年是党的二十大召开之年，是全面落实省、市第十四次党代会精神的开局之年。做好全年工作，**要以习近平新时代中国特色社会主义思想为指导，全面贯彻党的十九大和十九届历次全会精神以及中央经济工作会议、全国两会精神，认真落实习近平总书记对江苏工作重要指示精神，深入贯彻省委、省政府决策部署，紧紧围绕市第十四次党代会确定的目标任务和市委十四届一次、二次全会工作要求，弘扬伟大建党精神，完整、准确、全面贯彻新发展理念，坚持稳中求进工作总基调，坚持改革创新，服务构建新发展格局，着力推动高质量发展，以供给侧结构性改革为主线，以满足人民日益增长的美好生活需要为根本目的，统筹疫情防控和经济社会发展，统筹发展和安全，扎实做好“六稳”“六保”工作，切实扛起三大光荣使命，确保经济平稳健康持续发展，确保社会大局和谐稳定，**在加快建设人民满意的共同富裕幸福美好城市上取得新成效，在打造践行新发展理念高质量发展示范区上迈出新步伐，奋力谱写“强富美高”新无锡现代化建设新篇章，以实际行动迎接党的二十大胜利召开。**

全市经济社会发展的主要预期目标是：**地区生产总值增长6%以上，一般公共预算收入增长5%左右，规模以上工业增加值增长7.5%左右，完成固定资产投资4500亿元、工业投资1800亿元，社会消费品零售总额增长8%左右，居民人均可支配收入与经济增长基本同步，城镇新增就业15万人，数字经济核心产业增加值占地区生产总值比重11%左右，外贸进出口、实际使用外资稳中提质，节能减排、水和大气环境质量等约束性指标完成省下达目标**。我们将奋力实现各项目标任务，在实际工作中全力争取更好结果。重点做好十个方面工作：

（一）聚力稳住宏观基本盘，保持经济平稳健康发展。

积极扩大有效投资。深入开展“项目建设年”行动，确保市重大产业项目完成投资1350亿元。坚持“一把手”抓招商、围绕产业链创新链抓招商，全年备案落地超10亿元重大产业项目80个以上，其中超50亿元15个、超100亿元8个以上。适度超前布局基础设施，新建充电桩2500个、换电站5个以上，新基建重点项目完成投资290亿元。争取并用好中央预算内投资资金和专项债券，更好撬动支持城市建设发展。

促进消费提质扩容。实施89项年度促消费重点项目，持续打响

“太湖购物节”品牌，争创国际消费中心城市。强化与头部零售企业、互联网平台合作，落地更多旗舰型消费项目，支持直播电商等新业态加快发展。积极拓展消费新场景，大力发展首店经济、首发经济和夜经济，持续培育消费新增长点。高标准建设睦邻中心，加快打造城市“一刻钟便民生活圈”。坚持“房住不炒”，加大保障性租赁住房、公租房、共有产权房等供给，促进房地产市场健康发展。

服务支持市场主体。引导制造业企业用足用好留抵退税政策，持续加大设备和研发投入。研究出台更多让市场主体有获得感的政策措施，加大对餐饮、住宿、零售、旅游、客运等受疫情影响严重行业的倾斜扶持。深化“百企引航、千企升级”行动，推动中小企业升规提质，新增规上工业企业500家以上，培育省级以上专精特新企业超80家。积极服务企业上市、服务上市企业，新增上市企业15家以上。

优化要素资源供给。争创全国科技保险创新示范城市，普惠金融贷款余额占比提升至12%。集聚落地更多头部基金、天使基金、QFLP基金、S基金，探索建立股权份额转让交易市场，建设基金PARK二期，力争全市注册基金总规模突破4000亿元。实施新增用地指标“市控＋区配”，放大新型产业用地政策效应。加强煤电油气运等调节，全力服务保障企业生产经营。

（二）聚力提升创新策源力，加快推进科技自立自强。

加快平台载体建设。集中力量打造太湖湾科创带，形成“一带多城”创新协同发展格局，确保科技新城年度投资超100亿元。坚持区域创新合作，推动共建环太湖科创圈、沿沪宁产业创新带，建设先进技术成果长三角转化中心无锡分中心。扎实推动太湖实验室创建国家实验室，加快创建超算、芯片、光伏三大领域国家级技术创新中心，组建无锡产业技术研究院，启动建设10家产业创新中心，新建8家以上新型研发机构。新建功能完备的科创载体120万平方米，新增30家市级以上科技孵化载体。

提升企业创新能力。实施高新技术企业培育“小升高”行动，力争有效期内高新技术企业达6000家。深化产学研用结合，编制重点产业技术创新图谱，深入实施“太湖之光”科技攻关计划，支持骨干企业牵头组建创新联合体；更好发挥驻锡高校一流学科作用，紧密搭建政校企合作平台，推动科技成果转化和产业化；精心筹办未来技术学院无锡峰会。

优化创新生态环境。全面落实科技创新促进条例，编制无锡开放创新合作地图。升级优化“太湖人才计划”，增强对战略科学家、领军人才和创新团队的“锡引力”。建强用好市人才集团，新建、改建国际人才公寓1万套。推进青年友好型、人才友好型城市建设，引进大学生等海内外青年人才12万人以上。高标准建成中国（无锡）知识产权保护中心，支持无锡知识产权法庭落地运行，大力培育科创服务综合体和科技中介。

（三）聚力迈向产业中高端，巩固放大实体经济优势。

培育壮大先进制造业集群。深入推进“产业强链”三年行动，夯实提升“465”现代产业体系，着力打造战略性新兴产业集群和世界级先进制造业集群，争创国家制造业高质量发展试验区。着力提升地标产业影响力，聚焦物联网产业核心链条，招引培育细分领域头部企业；持续做强集成电路全产业链，推动产业规模突破2000亿元；落实生物医药产业园专项支持政策，确保生物医药产业规模超过1600亿元；扎实推进软件“五名”战略，加快发展关键基础、工业设计、信息安全、行业应用和新业态软件。着力提升优势产业支撑力，推动高端装备、高端纺织服装、节能环保、特色新材料、汽车及零部件、“两机”等产业延链强链。着力提升未来产业爆发力，聚焦人工智能、量子科技、第三代半导体、氢能储能、深海装备等重点领域，抢占发展新制高点。

推动现代服务业提档升级。加强服务业集聚区、总部经济集聚区建设，力促规上服务业营收增长10%以上。制定实施生产性服务业十年倍增计划，加快金融、科技、现代物流、信息服务等生产性服务业向专业化高端化延伸；推动文化创意、康养融合、商贸服务等生活性服务业向高品质高能级跃升。放大湖滨商业街改造提升效应，支持推动各地确定传统商业街区开展更新焕新。

促进传统产业提质增效。引导化工、纺织、钢铁、建材等行业企业改造升级，实施超千万元技改项目1000个以上。深入开展工业企业资源利用绩效评价，盘活处置批而未供土地1.4万亩，改造提升低效用地1.8万亩，推动亩均产出稳步提升。争创质量强国标杆城市，鼓励更多优势企业塑造亮丽品牌、打造“无锡优品”。

（四）聚力打造城市新标杆，着力建设一流数字无锡。

壮大数字经济新动能。围绕核心链条、龙头企业和商业应用，做强“3+5+X”数字产业体系。主动参与全国一体化算力网络长三角枢纽节点建设，全力打造雪浪算力中心。聚焦降本降耗降碳“三降”，深入实施智能化改造数字化转型绿色化提升三年行动，完善免费诊断、投入补助、贷款贴息等支持政策，引育一批智能制造系统集成服务商，推动3000家企业数字化诊断、1000家企业绿色化诊断，创建1000个智能制造标杆。

打造数字生活新范式。推进数字生活新场景建设三年行动，统筹基本民生、普惠民生、品质民生，打造“停车就诊联动”等标杆性应用场景10个以上。实施“灵锡”全面提升计划，推动一码贯通市域涉人、涉企、涉证场景，新增上线服务事项100项，加快实现全周期数字生活服务。着力解决“数字鸿沟”问题，倡导各类公共服务“数字无障碍”，努力不让任何人在数字时代“掉线”。

夯实数字治理新支撑。实施数字底座提升专项行动，推进城市运行管理中心体系建设，提升“一网统管”治理效能，加快建设智慧城市、数字乡村。强化“数字孪生”理念和应用，有序推进市政、建筑等领域物联网应用和智能化加持，加快布局“双千兆”网络基础设施，实现产业集聚区、人流密集区5G网络全覆盖。加快新一代政务数据共享交换系统、一体化协同办公平台和城市大脑网络安全运管中心建设，推进数据资源应用和资产交易。推行首席数据官制度，强化数字化转型人才支撑。

（五）聚力融入国家大战略，不断增创区域竞争优势。

高质量融入长三角一体化发展。服务上海龙头带动作用发挥，深度参与上海大都市圈建设。加快推进与苏州、常州的全方位高水平协作，共建苏锡常国际大都市区。高质量建设江阴—靖江融合发展示范区，推动盐泰锡常宜高铁开工建设。建立与深港澳长效合作机制，加快长三角—粤港澳大湾区产业创新合作（无锡）试验区建设。深入推进东西部协作和援疆工作，扎实开展与连云港的南北结对帮扶合作。

高水平参与“一带一路”建设。系统谋划推进“一带一路”交汇点建设重大事项，着力建设国际产能合作示范城市。支持柬埔寨西港特区2.0升级版建设和上市发展，鼓励实力企业开展产业链关键环节跨国并购，组建行业企业“走出去”合作联盟。系统谋划、务实加强与中亚国家的产业和投资合作。

高标准落实长江经济带发展各项要求。坚决抓好国家、省警示片披露问题和环保督察问题整改落实。高效推进长江生态安全示范区建设，深化美丽岸线建设，巩固扩大岸线整治和生态保护修复成果，努力打造新时代长江经济带高质量发展样板。扎实抓好长江“十年禁渔”，严防非法捕捞反弹，持续恢复水生生物多样性。

（六）聚力改革开放再出发，激发市场主体动力活力。

打造最优营商环境。紧盯政策、政务、市场、法治、人文“五个环境”，加快制定营商环境条例，出台优化营商环境5.0版行动方案。推动政务服务“一网通办”、电子证照“一网通用”，进一步减时间减环节减成本。落实领导联系服务企业制度，实现招商护商专员全覆盖，放大“惠企通”平台综合作用，用暖心实招换企业安心发展。

深化重点领域改革。完成国企改革三年行动任务，实施混合所有制项目40个以上，资产规模和利润增长10%以上。完善预算管理改革配套制度，巩固拓展税收社会共治。支持梁溪科技城法定机构改革试点，深化综合行政执法改革。推进农贸市场集中运营管理改革，推动加油站优化提升与新型基础设施布局建设有机融合，实施市区巡游出租车集约化经营。

全力打造开放强市。支持江阴临港经开区争创国家级。加快长三角电子元器件分拨中心建设，举办长三角跨境电商发展峰会和交易会，争创国家进口贸易促进创新示范区、服务贸易和数字贸易创新发展示范区。实施鼓励外商投资企业利润再投资三年行动，持续提高利用外资质量和规模。着力打造交通运输现代化先行示范区，启动苏南硕放机场货运物流区、国际邮件互换局建设，扎实推进新航站楼、跑道扩容、地铁联通等前期工作，加快组建航空货运公司。加强无锡城市形象设计和传播，办好“赏樱周”、重点国别产业对接等国际月活动。

（七）聚力增强综合承载力，加速城乡区域融合发展。

推动市域协同发展。鼓励引导各地加强项目招引、产业培育等协作联动，深化锡澄、锡宜协同发展区建设。开工建设地铁4号线二期、5号线和锡宜S2线，确保锡澄S1线全线贯通，形成“四线共建”态势。开工建设锡宜高速扩建工程、锡太高速，加快改造提升快速中环，推进312国道改扩建、高浪路快速化等项目建设，畅通断头路、疏通拥堵点。

提升城市功能品质。实施总规划师、责任规划师制度，提高城市规划设计水平。启动实施火车站南广场、运河湾等重点更新单元，改造老旧小区150个、700万平方米，新改建给排水、燃气等管网350公里。实施惠山等山体“显山透绿”工程，启动烈士陵园改造提升工程，规划建设市植物园，争创国家生态园林城市。实施打造全国最干净城市三年行动，加强城市精细化管理，推进背街小巷等整治攻坚，新建公共停车位8000个以上、新接入动态联网公共停车位20万个。创建国家公交都市建设示范城市，深化公交、地铁两网融合。

全面推进乡村振兴。建设高标准农田7.7万亩，强化粮食收储能力建设，确保粮食生产稳定。压实“菜篮子”市长责任制，确保重要农副产品稳产保供。支持江阴、宜兴争创国家现代农业产业园。支持经济相对薄弱村因地制宜拓展增收渠道、壮大集体经济。加快实施农村人居环境整治提升行动，高标准建设现代“美丽农居”，全面启动改造1980年前所建农房，鼓励改造1981年至

2000年所建农房。实施农村供水设施改造工程，创建环太湖“四好农村路”全国样板。

（八）聚力打好污防攻坚战，持续擦亮生态宜居底色。

积极稳妥落实碳达峰碳中和要求。出台碳达峰行动方案及重点专项方案，探索推进碳排放权交易，高水平建设中瑞低碳生态城、零碳科技产业园，支持无锡经开区建设全域“双碳”示范区。聚焦零碳技术、低碳企业、近零碳园区等关键支点，加快技术攻关突破和低碳场景应用，积极对接争取省专项资金、投资基金支持。坚决遏制高耗能、高排放、低水平项目盲目发展，实施60项重点节能工程，推进江阴和锡山整县光伏试点。

持续改善生态环境质量。开展新一轮太湖治理，完成治太项目投资100亿元以上，生态清淤150万立方米。加快实施“两河”整治提升“一号工程”，加强蠡湖生态治理和岸线整治提升。全面完成长江、太湖流域排污口分类整治。强化臭氧与$PM_{2.5}$“双控双减”，加强工业园区限值限量管理。推行垃圾分类和减量化、资源化，大力推进“无废城市”和国家土壤污染防治先行区建设。

提升生态环境治理能力。实施基础治理能力提升三年行动，有序推进73个年度重点项目建设。加快北尖公园净水厂等工程和污水管网建设，新增污水日收集处置能力14万吨。建成启用大气环境污染监测和危险废物监管平台，加快梁溪生活垃圾转运站和惠山飞灰填埋场二期建设。完善生态补偿制度，支持江阴、宜兴开展生态产品价值实现机制试点。推广“环保贷”等绿色金融产品，支持宜兴创建国家绿色金融改革创新试验区。

（九）聚力民生保障强服务，推动共同富裕走在前列。

务实推动富民增收。制定实施共同富裕示范引领区建设行动计划和居民收入十年倍增计划，研究出台在第三次分配中发挥慈善力量专项政策。加大对企业稳岗扩岗支持力度，突出抓好重点群体就业保障，实施大规模职业技能提升行动和卓越工程师培养计划。培育省级创业示范基地5个，支持自主创业2.3万人。纵深推进全民参保计划，与时俱进做好低收入人口认定、动态监测和精准帮扶，重点做好大病救助等工作。

着力优化公共服务。完善常住地提供基本公共服务制度，针对性加强资源供给。抓好“双减”和规范民办义务教育发展工作，推进落实中职“领航计划”和高职“卓越计划”。深化与江南大学部省共建、市校合作，做强做大无锡学院、太湖学院、东南大学无锡校区，推动无锡职业技术学院升格职业技术大学。深化卫生健康“三名”战略，完善优化市属医疗卫生机构布局，推动优质医疗资源向下延伸。加快推进市妇女儿童医疗中心、国家创伤区域医疗中心等项目，支持江南大学无锡医学院做大做强。加快发展数字医疗，进一步提高居民医保和基本公共卫生服务经费补助标准。传承创新发展中医药。

更好关爱“一老一小”。实施“一老一小”整体解决方案。建立健全基本养老服务清单制度，推进标准化农村区域性养老服务中心建设，加强无障碍环境建设和适老化改造，启动实施惠老助餐攻坚行动；更好发挥社区卫生中心作用推进医养结合，支持社会力量提供日间照料、助餐助洁、康复护理等服务，打造“15分钟优质养老服务圈”。争创国家儿童友好城市建设试点，实施生育休假、3岁以下婴幼儿照护费用纳入个人所得税专项附加扣除等三孩生育配套政策，健全普惠托育服务体系，新建普惠性幼儿园13所。

持续提升城市文化软实力。落实争创全国文明典范城市行动计划。实施文艺作品质量提升工程和文化艺术人才引培工程，办好第三届江南文脉论坛、首届长三角民族器乐作品创作大赛。传承发展非物质文化遗产，进一步擦亮吴文化、工商文化、运河文化品牌。加快启动市奥体中心、科技馆、自然博物馆，建设市文化艺术中心、美术馆、国专纪念馆、音乐厅，实施“百宅百院”活化利用工程，研究推进工商文化博物馆建设，新建“钟书房”优质公共阅读空间。加强乡贤文化建设，完善常态化联系服务机制。精心打造大运河国家文化公园，加快“两山一湾”重大文旅项目建设。建设运动友好型城市，精心办好马拉松等品牌赛事，新建和更新体育设施项目100个以上。

今年，我们将统筹为民办实事、“微幸福”民生工程和“市长在线·民声留言板”，大力实施民生服务“十百千”行动，持续解决群众身边的“急难愁盼”问题。同时，坚持“群众提、代表定、政府办、大家评”，遴选提出了12件民生实事候选项目，提交本次人代会审议票决。市政府将狠抓推进落实，主动接受监督，坚决把实事办实、好事办好，努力让群众的获得感成色更足、幸福感更可持续。

（十）聚力筑牢发展硬底线，坚决维护社会和谐稳定。

抓紧抓实疫情防控。完善平战结合和平急转换机制，合力把疫情防控网织得更密更牢。持续压实“四方”责任，严格“四早”要求，把牢重要关口，强化防控工作的颗粒度精准度饱和度。加快公共卫生中心、P3实验室、健康驿站及疫情防控实战平台、重点区域监控设施等建设，大力推进“戴口罩、打疫苗”，充分发挥发热门诊、药店“哨点”作用，提高防范、发现、处置全流程快速应对能力。加快制定相关政府规章，固化各方责任、有效做法、实战流程，推动疫情防控制度化法治化。

提升本质安全水平。强化危化

品、城镇燃气、交通运输、既有建筑、工地用房、群租房、桥梁等领域大排查大整治，高质量完成三年行动任务。深入推进安全发展示范城市建设，推动专委会办公室实体化运作，深化重点行业领域企业单位风险报告制度，落实新产业新业态安全监管举措，坚决防范遏制重特大事故。加强极端天气灾害风险评估，加快排查治理城市内涝，完善应急救援、物资储备、人防建设，不断提高安全防范和应急保障能力。

推进平安无锡建设。完善重大风险处置和长效防控机制，积极防范化解债务、非法集资、产业链供应链等领域风险。进一步规范开发区和国有企业投资方向、决策程序、考核评估，严防投资风险、经营风险。深入推进市域社会治理现代化试点，加快资源整合、力量融合，深化网格化社会治理创新。争创全国社会治安防控体系示范城市，坚决打击各类违法犯罪，坚决保障妇女儿童合法权益。加强食品药品等领域安全保障，创建国家食品安全示范城市。不断提高民族和宗教事务治理法治化水平。持续提升双拥工作水平。扎实开展"信访突出问题攻坚化解年"行动，进一步强化领导包案、"接访变下访"等制度。

立足全面建设社会主义现代化、向第二个百年奋斗目标奋勇前进的新征程，迫切要求我们进一步改进作风、提升效能，更好建设人民满意政府。**我们一定坚决捍卫"两个确立"。**学深悟透习近平新时代中国特色社会主义思想，增强"四个意识"、坚定"四个自信"、做到"两个维护"，不断提高政治判断力、政治领悟力、政治执行力。始终知责于心、担责于身、履责于行，时刻对标对表中央和省、市委决策部署，创造性抓好贯彻落实，以实际行动和实干成效诠释对党绝对忠诚。**我们一定严格落实依法行政。**坚持尊崇宪法、遵守法律，加强重大行政决策事前论证和事后评估，深化政务公开，提高决策科学化民主化水平，争创全国法治政府建设示范市。高质量抓好行政立法，强化重大战略和重点领域法治保障。依法接受人大法律监督工作监督，自觉接受政协民主监督，主动接受人民群众和社会各界监督。**我们一定始终做到实干为民。**着力增强"八个本领"、提高"七种能力"，全面提升执行力战斗力创造力，以硬本领应对新形势，用铁肩膀扛起新使命。强化"项目化、目标化、节点化、责任化"推进，对重大事项、重点工程和重要工作早定方案、快抓落地，确保工作闭环，说到做到、干就干好。坚持民之所望、政之所向，时刻保持夙夜在公的勤勉担当，案无积卷、事不过夜，用干部的勤苦指数换取群众的满意指数。**我们一定自觉守牢廉政底线。**锲而不舍落实中央八项规定精神，坚决纠治"四风"特别是形式主义、官僚主义，深入推进政府系统党风廉政建设和反腐败斗争，加强重点领域、关键环节、重要岗位监督管理，坚决查处违法违规行为。严肃财经纪律，严格审计监督，严控"三公"经费和一般性支出，以政府"紧日子"推动实现群众"好日子"。坚持把纪律规矩挺在前面，让铁规铁纪成为政府工作人员的自觉遵循，让手中的权力只能用来为党分忧、为国尽责、为民奉献，永葆忠诚干净担当、为民务实清廉的政治本色。

统计资料

表 77　2021 年无锡市国民经济和社会发展主要指标一览表

指　　标	单　　位	数　　值	比上年增长（%）
土地面积			
行政区划面积	平方千米	4627.46	—
人　口			
户籍总户数	万户	179.15	2.2
户籍人口	万人	515.25	1.2
男　性	万人	252.21	0.1
女　性	万人	263.04	1.5
年末总人口（常住）	万人	747.95	0.2
常住人口城镇化率	%	82.89	(+0.1 点)
国民经济核算			
地区生产总值	亿元	14003.24	8.8
第一产业增加值	亿元	130.33	1.3
第二产业增加值	亿元	6710.50	9.9
第三产业增加值	亿元	7162.41	7.9
人均地区生产总值（常住人口）	元	187415	8.6
固定资产投资			
固定资产投资	亿元	3985.20	4.5
#工业投入	亿元	1563.03	-9.9
房地产投资	亿元	1568.06	16.2
民营经济			
民营经济增加值	亿元	9242.15	9.0
民营经济增加值占 GDP 比重	%	66.00	(+0.2 点)
民营规上工业总产值	亿元	12613.30	25.4

（续表）

指　　标	单　　位	数　　值	比上年增长（%）
民营限上社会消费品零售总额	亿元	1101.77	15.9
民营规上服务业营业收入	亿元	1172.31	24.0
农　业			
农林牧渔业总产值	亿元	214.49	1.9
粮食产量	万吨	55.06	8.3
油料产量	万吨	0.76	8.4
水产品产量	万吨	10.21	−14.0
工　业			
规模以上工业总产值	亿元	21758.00	21.0
规模以上工业增加值	亿元	4926.42	12.9
规模以上工业销售产值	亿元	20944.16	20.3
规模以上工业营业收入	亿元	22772.78	21.5
规模以上工业利润总额	亿元	1452.45	11.9
服务业			
规模以上服务业营业收入	亿元	1778.65	22.4
交通运输			
客运量	万人	8717.44	−25.6
#铁　路	万人	1760.70	14.0
公　路	万人	6393.02	−34.8
货物运输量	万吨	23355.24	5.6
#铁　路	万吨	157.00	12.9
公　路	万吨	19925.41	7.9
航空旅客吞吐量	万人	712.70	18.9
航空货邮吞吐量	万吨	16.30	3.9
港口吞吐量	万吨	41065.67	30.0
集装箱吞吐量	万标箱	65.67	17.9
邮　电			
邮电业务总量	亿元	238.09	—

（续表）

指　标	单　位	数　值	比上年增长（%）
#邮政业务总量	亿元	105.98	28.1
固定电话用户数	万户	109.95	-5.9
移动电话	万户	978.48	-0.7
固定互联网宽带接入用户数	万户	450.10	25.0
快递业务量	万件	97260.63	28.4
快递业务收入	亿元	101.70	22.2
国内贸易			
社会消费品零售总额	亿元	3306.09	10.4
开放型经济			
进出口总值	亿美元	1057.01	20.4
#出口总值	亿美元	653.51	27.6
实际使用外资	亿美元	38.07	5.1
旅　游			
旅游总收入	亿元	1654.85	56.4
接待国内游客人数	万人次	8800.09	46.4
接待入境旅游人数	万人次	6.70	-26.4
市场物价			
居民消费价格指数		101.7	(-0.6 点)
商品零售价格指数		102.6	(+1.3 点)
财政金融			
一般公共预算收入	亿元	1200.50	11.6
一般公共预算支出	亿元	1357.79	11.8
金融机构人民币存款余额	亿元	20705.29	9.7
#住户存款	亿元	8134.69	13.1
金融机构人民币贷款余额	亿元	17189.42	13.7
保险业务收入	亿元	458.12	6.1
保险赔款支出	亿元	81.91	5.5
保险给付支出	亿元	58.60	71.1

（续表）

指　标	单　位	数　值	比上年增长（%）
上市公司数	家	176	（+14 家）
文　化			
公共图书馆	个	8	—
博物（纪念）馆	个	62	—
教　育			
学校数	所	478	（+13 所）
# 高等院校	所	13	（+1 所）
在校学生数	人	956327	6.1
# 高等院校	人	153216	15.1
教职员工数	人	74562	8.0
# 专任教师	人	64850	6.4
卫　生			
卫生机构数	个	3107	（+55 个）
# 医院	个	208	（−2 个）
卫生院	个	45	（+2 个）
卫生机构床位数	张	51605	0.1
卫生工作人员数	人	81004	5.1
每万人拥有卫生机构床位数	张	69.0	−0.1
每万人拥有卫生技术人员	人	87.6	3.8
科　技			
专利授权量	件	79738	31.4
发明专利授权量	件	5764	32.1
城市建设			
城市道路长度	千米	4049	1.6
城市道路面积	万平方米	7617	2.6
公共交通			
年底运营车辆	辆	2953	−2.7
年底运营线路网长度	千米	5837	1.1

（续表）

指　　标	单　　位	数　　值	比上年增长（%）
运客总数	万人次	22593	18.2
供　水			
年底水厂	家	6	0
年底生产能力	万吨 / 日	245	0
全年供水总量	万吨	48284	8.3
天然气			
年底管道长度	公里	8450	4.6
全年供气总量	万立方米	125961	12.4
液化气			
全年供气总量	吨	27164	−15.0
天然气、液化气普及率	%	100	0.0
用　电			
全社会用电量	亿千瓦时	838.64	10.4
#工业用电	亿千瓦时	620.25	8.9
城乡居民生活用电	亿千瓦时	84.97	10.6
人民生活			
城镇常住居民人均可支配收入	元	70483	8.9
农村常住居民人均可支配收入	元	39623	10.8
社会福利事业			
养老福利机构	个	168	（−3 个）
养老机构床位数	张	45487	2.2
年末收养人数	人	18173	−1.5
儿童福利机构	个	2	（−1 个）
儿童床位数	张	450	−27.4
年末集中供养人数	人	210	−20.8
城镇居民最低生活保障人数	人	6411	−9.0
农村居民最低生活保障人数	人	6338	−8.2

说明：邮电业务总量 2021 年统计口径发生变化，与上年不可比

（市统计局）

表 78　2021 年江苏省各设区市主要经济指标一览表

指　标	单位	南京市	无锡市	徐州市	常州市	苏州市	南通市	连云港市	淮安市	盐城市	扬州市	镇江市	泰州市	宿迁市
户籍人口	万人	733.73	515.25	1035.29	388.16	762.11	751.66	533.21	555.25	803.84	451.56	268.10	492.70	590.86
常住人口	万人	942.34	747.95	902.85	534.96	1284.78	773.30	460.20	456.22	671.30	457.70	321.72	452.18	499.90
地区生产总值	亿元	16355.33	14003.24	8117.44	8807.58	22718.34	11026.94	3727.92	4550.13	6617.39	6696.43	4763.42	6025.26	3719.01
#第一产业增加值	亿元	303.94	130.33	743.34	166.87	189.73	485.02	398.13	423.32	735.76	317.18	157.02	318.13	353.03
#第二产业增加值	亿元	5902.65	6710.50	3376.02	4198.93	10872.81	5357.92	1625.76	1889.21	2686.13	3207.38	2319.73	2918.59	1613.47
#第三产业增加值	亿元	10148.74	7162.41	3998.08	4441.78	11655.80	5184.00	1704.03	2237.60	3195.50	3171.87	2286.67	2788.54	1752.51
进出口总值	亿元	6366.83	6829.37	1254.23	3017.84	25332.00	3405.80	936.72	386.78	1124.97	968.10	834.36	1222.81	449.78
实际使用外资	亿美元	50.14	38.07	24.23	30.71	69.92	31.21	8.24	12.64	12.60	17.30	8.09	18.28	8.52
一般公共预算收入	亿元	1729.52	1200.50	537.31	688.11	2510.00	710.18	274.81	297.02	451.01	344.07	327.59	420.29	267.82
税收收入	亿元	1473.31	983.87	429.20	569.67	2166.66	572.90	218.02	238.38	339.21	274.57	256.05	316.96	232.36
规上服务业营业收入	亿元	7185.30	1778.65	898.17	1147.69	4151.83	1098.90	688.75	507.70	772.44	578.96	461.74	616.37	467.54
社会消费品零售总额	亿元	7899.41	3306.09	4038.02	2911.36	9031.32	3935.48	1203.31	1828.25	2684.34	1480.92	1346.83	1576.94	1460.36
工业用电量	亿千瓦时	350.33	620.25	229.40	449.65	1271.45	362.50	131.68	142.02	274.61	189.62	211.64	240.15	174.50
金融机构人民币存款余额	亿元	43524.28	20705.29	9914.81	13482.08	38627.01	16092.91	4732.60	5372.85	9092.42	8198.32	6692.67	8602.87	4395.01
金融机构人民币贷款余额	亿元	42718.95	17189.42	8128.51	11717.36	39502.81	14085.81	5140.66	5517.41	8038.58	7124.63	6958.27	7402.57	4445.13
居民人均可支配收入	元	66140	63014	34217	56897	68191	46882	32295	34731	36764	42287	50360	43777	29122
城镇居民人均可支配收入	元	73593	70483	40842	65822	76888	57289	39862	43954	43787	50947	59204	53818	35056
农村居民人均可支配收入	元	32701	39623	23694	35822	41487	29134	21373	21884	26049	27354	31354	27401	21577

（市统计局）

市辖区地名命名更名

2021年,无锡市区命名、更名地名209条。其中:命名居民区67个、建筑物2座(含广场2座)、道路120条、桥梁19座,更名1条。此外,地名属性调整22条。

表79　2021年无锡市区地名命名更名一览表

序号	类别	标准地名	隶属辖区	地理位置
居民地				
1	居民区	云麓铭筑	梁溪区	位于山北街道管理区域内，东至石门路，南至惠钱路，西至规划道路与惠泉花园相邻，北至规划道路与护渎河相邻
2	居民区	天境铭筑	梁溪区	位于山北街道管理区域内，东至石门路，南至护渎河，西至规划道路与赵家浜相邻，北至规划道路与庄前巷自然村相邻
3	居民区	锦数双河苑	梁溪区	位于山北街道管理区域内，东至运河西路，南至惠东里，西至石门路，北至江海西路
4	居民区	荟溪锦园	梁溪区	位于山北街道管理区域内，东至会西河，南至社岗路，西至会西路，北至大庄浜
5	居民区	裕景澜园	梁溪区	位于惠山街道管理区域内，东至学前西路和建筑新村，南至规划道路和建筑新村，西至五爱路，北至迎龙路
6	居民区	锡源尚院	梁溪区	位于广益街道管理区域内，东至晶品公寓，南至锡沪路，西至规划道路，北至广瑞二村和广瑞集贸市场
7	居民区	逸境铭筑	梁溪区	位于广益街道管理区域内，东至广丰东浜，南至徐巷路，西至徐巷支路（规划名称），北至广丰路
8	居民区	彩乐居	梁溪区	位于黄巷街道管理区域内，东南至振达苑（规划名称）和凤翔北路，西南至广石西路，西北至规划道路与广石家园相邻，东北至广澄路
9	居民区	麓鸣雅苑	梁溪区	位于黄巷街道管理区域内，东至凤翔路和规划河道，南隔刘潭河与广澄路相邻，西至规划道路和地铁4号线停车场，北至规划河道与天河小区相望
10	居民区	美溪蓝庭	锡山区	位于东亭街道管理区域内，东至东亭中路，南至规划道路与九里河相隔，西至华夏路，北至规划道路与老兴塘河相隔
11	居民区	新藤佳园	锡山区	位于东亭街道管理区域内，东至东环路（G312国道），南至新明东路，西至友谊中路，北至新兴塘河
12	居民区	熙云雅筑	锡山区	位于安镇街道管理区域内，东至新韵北路，南至锡山大道，西至西仓浜，北至规划道路
13	居民区	山河九里福邸	锡山区	位于安镇街道管理区域内，东至新韵北路，南至山河路，西至西仓浜，北至东翔路
14	居民区	富春华庭	锡山区	位于安镇街道管理区域内，东至锡沪路查桥西段32号，南至锡沪路查桥西段，西至春风北路，北至嘉荫园80—81号和2号配电房
15	居民区	东蕾苑	锡山区	位于东北塘街道管理区域内，东至伯勤路，南至锦阳路，西至承塘路，北至艳阳路
16	居民区	誉珑铭邸	锡山区	位于厚桥街道管理区域内，东至联福路，南至厚丰路，西隔太芙河与联谦路相望，北至宛山湖西路
17	居民区	香逸澜园	锡山区	位于鹅湖镇管辖区域内，东至甘露居委会旺巷桥自然村，南至月溪路，西至锡甘路，北至朝阳河南街

（续表）

序号	类别	标准地名	隶属辖区	地理位置
18	居民区	春和景明居	锡山区	位于锡北镇管辖区域内，东至政丰路，南至丰惠路，西至规划道路，北至泾声路
19	居民区	文怡苑	锡山区	位于东港镇管辖区域内，东至联群路，南至无锡市东湖塘实验小学，西至无锡市怀仁幼儿园，北至创新路
20	居民区	尚悦名邸	锡山区	位于东港镇管辖区域内，东至联群路，南至创新路，西至金港大道，北至规划道路（无锡巨龙硅钢股份有限公司）
21	居民区	缦悦名邸	惠山区	位于堰桥街道管理区域内，东至凤宾路，南至天锦路，西至凤栖路，北至天石路
22	居民区	汀兰溪苑	惠山区	位于堰桥街道管理区域内，东至锡澄路，南至山浜路（规划名称），西至堰桥中路（规划名称），北至堰新路
23	居民区	静学和明雅苑	惠山区	位于长安街道管理区域内，东至惠景路，南至诚敏路，西至惠宁路，北至静学路
24	居民区	惠学四季澜庭	惠山区	位于长安街道管理区域内，东至惠学路，南至静学路，西至惠景路，北至利市路
25	居民区	云境华庭	惠山区	位于钱桥街道管理区域内，东至静影路，南隔规划道路与洋溪绿园相邻，西至洋溪绿园商业用地，北隔西溪河与上伟路相邻
26	居民区	洋溪水岸雅筑	惠山区	位于钱桥街道管理区域内，东至林溪路，南至规划道路，西至钱洛路，北至 S342 省道
27	居民区	枫荟溪苑	惠山区	位于钱桥街道管理区域内，东至林溪路，南至上伟路，西至钱洛路，北至规划道路
28	居民区	辰学雅园	惠山区	位于前洲街道管理区域内，东至永泰路，南至谢印路，西至从商路，北至玉洲路
29	居民区	晟学静园	惠山区	位于前洲街道管理区域内，东、南至谢印路，西至万花路，北至玉洲路
30	居民区	雁宕澜庭	惠山区	位于玉祁街道管理区域内，东至曙光路，南至唐平路，西至民主新开河，北至玉仁路
31	居民区	融兰玖园	惠山区	位于洛社镇管辖区域内，东至惠洲大道，南至江海西路，西至张三坝河，北至翠竹南路（规划名称）
32	居民区	和著雅苑	惠山区	位于洛社镇管辖区域内，东至张三坝河，南至江海西路，西至无锡市公安局惠山交巡警大队一中队和规划道路，北至翠竹南路（规划名称）
33	居民区	栖景澜园	惠山区	位于洛社镇管辖区域内，东至永辉路，南至规划道路，西至秦巷浜，北至江海西路
34	居民区	悦阳上园	惠山区	位于阳山镇管辖区域内，东至安阳山路，南至安阳花园，西至规划道路，北至规划道路
35	居民区	君逸华庭	惠山区	位于阳山镇管辖区域内，东至陆区苑，南至天顺路（规划延伸段），西至陆中南路，北至陆畅路（规划名称）
36	居民区	惠阳源筑	惠山区	位于阳山镇管辖区域内，东至安阳山路，南至规划道路与陆区港相隔，西至规划道路与东风河相隔，北至规划道路
37	居民区	申梅苑	滨湖区	位于荣巷街道管理区域内，东至停车场，南至空地（与新峰居委会史巷相隔 160 米），西至丁巷（规划名称），北至梅茶路
38	居民区	九悦雅筑	滨湖区	位于蠡园街道管理区域内，东至蠡溪路，南至规划道路，西至规划用地与线泾浜相望，北至西园里
39	居民区	凤屿和院	滨湖区	位于蠡园街道管理区域内，东至太湖如院，南至规划道路与太湖锦绣园相隔，西至听涛路（规划名称），北至渔港路

（续表）

序号	类别	标准地名	隶属辖区	地理位置
40	居民区	尧歌雅苑	滨湖区	位于雪浪街道管理区域内，东、北、西均为龙王山山体，南至幸福水库
41	居民区	韵月华苑	滨湖区	位于雪浪街道管理区域内，东至五湖大道，南至高远路，西至规划道路，北至和风路
42	居民区	芳华名庭	滨湖区	位于雪浪街道管理区域内，东至安南路（规划延伸段），南至规划道路，西至塘绛路，北至笠泽路
43	居民区	和璟蓝园	滨湖区	位于雪浪街道管理区域内，东至五湖大道，南至和风路，西至规划道路，北至规划道路
44	居民区	和顺玖园	滨湖区	位于雪浪街道管理区域内，东至观顺道和规划道路，南至震泽路，西至信成道，北至规划道路和空地
45	居民区	新安佳苑二区	新吴区	位于新安街道管理区域内，东北至运河西路，东南至清晏路和新安北桥清晏路北匝道，西南至宁乐路，西北至宁泰路
46	居民区	春丰佳苑	新吴区	位于旺庄街道管理区域内，东至规划道路，南至春丰路，西至机场路，北至泰山路
47	居民区	伯渎雅园	新吴区	位于江溪街道管理区域内，东沿规划道路与G312国道相邻，南至泰山路，西至春明路，北隔规划道路与伯渎港相邻
48	居民区	河韵伯渎新筑	新吴区	位于江溪街道管理区域内，东至春富路（规划延伸段），南、西至规划道路，北至江华路
49	居民区	丰荟玖园	新吴区	位于江溪街道管理区域内，东至协新路（规划名称），南至锡山大道，西至坊溪路，北至东安路
50	居民区	滨河景园	新吴区	位于江溪街道管理区域内，东至坊明路，南至坊泰路，西至行创四路，北至规划道路与伯渎港相邻
51	居民区	景鄰雅苑	新吴区	位于硕放街道管理区域内，东至薛典路，南至长江东路，西至通祥路，北至规划道路
52	居民区	玖序兰庭	新吴区	位于硕放街道管理区域内，东至里夫泾浜，南至长江东路，西至薛典路，北至丽景佳苑
53	居民区	锦麟新筑	新吴区	位于硕放街道管理区域内，东至通祥路，南至长江东路，西至裕丰路，北至规划道路与无锡市硕放中学相邻
54	居民区	上荣裕园	新吴区	位于梅村街道管理区域内，东至梅东河，南至夹蠡河，西至新华路，北至锡贤路
55	居民区	鸿欣苑	新吴区	位于鸿山街道管理区域内，东至鸿山路，南至唐明河，西至德育路，北至欣鸿路
56	居民区	鸿瑞苑	新吴区	位于鸿山街道管理区域内，东至飞凤路，南至徐塘河，西至经十三路（规划名称），北至后宅东路
57	居民区	鸿声家园	新吴区	位于鸿山街道管理区域内，东至振兴二路（规划名称），南至泰鸿路，西至鸿声河，北至纬五路（规划名称）
58	居民区	云缦雅庭	新吴区	位于鸿山街道管理区域内，东至经十三路（规划名称），南至鸿达路，西至经十二路（规划名称）与沈家桥浜相望，北至锡梅路
59	居民区	鸿悦家园	新吴区	位于鸿山街道管理区域内，东至鸿声河，南至泰鸿路，西至鸿运路，北至纬五路（规划名称）
60	居民区	明月澜庭	经开区	位于华庄街道管理区域内，东至华苑路和规划用地，南至吴都路和规划用地，西至规划道路，北至和畅路
61	居民区	和悦澜庭	经开区	位于华庄街道管理区域内，东至南湖大道，南至震泽路，西至贡湖大道，北至和风路

（续表）

序号	类别	标准地名	隶属辖区	地理位置
62	居民区	星湖雅园	经开区	位于华庄街道管理区域内，东至关家桥河，南至规划道路，西至观顺道，北至清源路
63	居民区	云萃澜庭	经开区	位于华庄街道管理区域内，东至华庄社区服务站，南至马绛河，西至华庄文教路与华憬佳园相邻，北至清源路
64	居民区	钰璟尚贤居	经开区	位于华庄街道管理区域内，东至贡湖大道，南至具区路，西至清舒道和碧水河，北至规划道路
65	居民区	愉樾清晏居	经开区	位于华庄街道管理区域内，东至南湖大道，南至空地（与具区路相隔 370 米），西至贡湖大道，北至清晏路
66	居民区	海和清舒院	经开区	位于华庄街道管理区域内，东至庄前河，南至规划道路，西至清舒道，北至清源路
67	居民区	舟悦万顺居	经开区	位于太湖街道管理区域内，东至锡南公路，南至秀水河，西至万顺道，北至雪丰路（规划延伸段）
建筑物				
1	广场	汇业商务广场	新吴区	位于新安街道管理区域内，东至广场西路（规划名称），南至和风路，西至净慧西道，北至科研路
2	广场	江溪生活广场	新吴区	位于江溪街道管理区域内，东至行创四路，南至金城东路，西至江海南路，北至春城家园
道 路				
1	道路	民干一支路	梁溪区	位于山北街道管理区域内，在惠龙新村范围内、无锡市太湖进修学院南侧，东西走向，东至民干路，西至大吴巷河，长 200 米，宽 6 米
2	道路	民干二支路	梁溪区	位于山北街道管理区域内，在惠龙新村范围内、无锡市太湖进修学院东侧，南北走向，南至民干路，向北折向西北至江苏省无锡山北实验小学，长 350 米，宽 5 米
3	道路	通槐路	梁溪区	位于清名桥街道管理区域内，在槐古一村北面、槐古二村西面，东西走向，东至顺兴路，西至解放南路，长 75 米，宽 6 米
4	道路	顺兴路	梁溪区	位于清名桥街道管理区域内，在槐古一村东面、槐古二村西面，南北走向，南至槐古支路，北至槐树巷（向东延伸段），长 300 米，宽 4 米
5	道路	兴艺路	梁溪区	位于北大街街道老戏馆弄居委会，在泰山饭店西侧，南北走向，南至工艺路，北至兴源北路，长 55 米，宽 10 米
6	道路	惠畅里一弄	梁溪区	位于惠山街道管理区域内，在快速内环西面、惠钱二村东侧，南北走向，南至江苏省军区无锡第三离职干部休养所，北至惠钱路，长 335 米，宽 4.5 米
7	道路	惠畅里二弄	梁溪区	位于惠山街道管理区域内，在无锡市革命烈士陵园东面、惠钱三村中间，南北走向，南至江苏省军区无锡第五离职干部休养所，北至惠钱路，长 400 米，宽 4.5 米
8	道路	学安路	梁溪区	位于北大街街道管理区域内，在江尖大桥西北面、春申路西北侧，西南起北塘大街，与春申路平行走向，东北至蔡墅巷小区东南门（全昌路 124 号），长 140 米，宽 5 米
9	道路	民安路	梁溪区	位于北大街街道管理区域内，在江尖大桥东南面、春申路东南侧，西南起北塘大街，与春申路平行走向，东北至捷顺标准件经营部（春申路 119 号），长 125 米，宽 5 米
10	道路	凤中路	梁溪区	位于北大街街道管理区域内，在中山路和凤宾路交叉口东侧、金太湖国际城西面，西南起中山路，向东北 100 米，折向西北 120 米至凤宾路，长 220 米，宽 8 米

（续表）

序号	类别	标准地名	隶属辖区	地理位置
11	道路	康澄路	梁溪区	位于北大街街道管理区域内，在庆丰路南面、康桥丽景花园西面，东西走向，东至豫康路，西至锡澄路，长 160 米，宽 5 米
12	道路	梨峰路	梁溪区	位于北大街街道管理区域内，在凌云峰阁西侧、东汀河东岸，南北走向，南至广益路，北至凌云峰阁西门，长 225 米，宽 10 米
13	道路	惠农路	梁溪区	位于北大街街道管理区域内，在转水河西岸、兴源北路南面，东北起惠农桥西堍北侧，向西南下穿惠农桥并沿转水河行 100 米至顾桥港，折向西北沿顾桥港行 100 米，再折向东北至兴源北路，长 289 米，宽 4.5 ～ 8 米
14	道路	兴农路	梁溪区	位于北大街街道管理区域内，在沪宁城际铁路南面、转水河西面，东南起陈白头桥北堍，向西北沿沪宁城际铁路至锡澄路，长 383 米，宽 9 ～ 13 米
15	道路	一里街	梁溪区	位于北大街街道管理区域内，在转水河西岸、兴源北路北面，南北走向，南至惠农桥西堍北侧与惠农路对接，北至兴农路，长 199 米，宽 7 米
16	道路	上靖路	梁溪区	位于广益街道管理区域内，在靖海公园西侧和北侧、上马墩一支路东面，南起上马墩路，向北 100 米过上马墩街道行政服务中心后折向东至江海南路，长 250 米，宽 8 米
17	道路	瑞勤路	梁溪区	位于广益街道管理区域内，在广瑞路西面、东方瑞景苑中间，南北走向，南至广勤路，北至国家粮食储备仓库旧址，长 400 米，宽 10 米
18	道路	石丁巷	梁溪区	位于广益街道管理区域内，在广瑞路西面，南起广勤路石人桥东堍，沿河流（木专线）东岸向北 150 米，折向东北 350 米，再折向北 300 米至丁村浜（丁村桥），长 800 米，宽 6 米
19	道路	丁村路	梁溪区	位于广益街道管理区域内，在锡沪中路北面、广瑞三村南侧，东西走向，东至晶品公寓西围墙，西至广瑞路，长 1000 米，宽 24 米
20	道路	锡融路	梁溪区	位于广益街道管理区域内，在广瑞二村东面、锡源尚院中间，南北走向，南至锡沪中路，北至广融路（规划延伸段），长 407 米，宽 30 米
21	道路	锡瑞路	梁溪区	位于广益街道管理区域内，在广瑞路东面、弘阳商业广场商业用房和居住区之间，南北走向，南至锡沪中路，北至丁村路，长 200 米，宽 8 米
22	道路	诸家桥路	梁溪区	位于扬名街道管理区域内，在金城路北面、无锡市金星中学西侧，南北走向，南至贡湖大道，北至芦庄北路（规划名称），长 570 米，宽 7.5 米
23	道路	锡竹路	锡山区	位于东亭街道庄桥居委会，在 G312 国道和 G2 沪蓉高速公路之间，南北走向，南至锡沪路东亭东段，北至竹苑新村，长 280 米，宽 6 米
24	道路	西周巷路	锡山区	位于东亭街道北街居委会西周巷自然村，在柏东港北面，东西走向，东至东亭新光路，西至锡山商贸城东侧围墙，长 366 米，宽 5 米
25	道路	新云路	锡山区	位于东亭街道管理区域内，在二泉东路北面、新明东路南面，东西走向，东至通云南路，西至友谊中路，长 817 米，宽 14 米
26	道路	君怡路	锡山区	位于东亭街道管理区域内，在资景苑北面、东亭街道健康主题公园西侧，南北走向，南至规划道路，北至锡沪路东亭中段，长 168 米，宽 10 米

（续表）

序号	类别	标准地名	隶属辖区	地理位置
27	道路	文韵路	锡山区	位于安镇街道管理区域内，在锡山大道北面、西仓浜东侧，东西走向，东至新韵北路，西至和祥路，长 360 米，宽 15 米
28	道路	东昌路	锡山区	位于东北塘街道农坝村委会，在农石路北面，东西走向，东至农新路，西至大马巷村委会农里自然村，长 1738 米，宽 12 米
29	道路	东跃路	锡山区	位于东北塘街道农坝村委会，在东昌路北面，东西走向，东至农新路，西至大马巷村委会漕头自然村，长 1752 米，宽 12 米
30	道路	农学路	锡山区	位于东北塘街道管理区域内，在农新路西面、农新河路东面，南北走向，南至农石路，北至东腾路，长 750 米，宽 12 米
31	道路	东腾路	锡山区	位于东北塘街道大马巷村委会，在锡北运河南面，东西走向，东至农新路，西至长漕头自然村，长 1754 米，宽 24 米
32	道路	春亭路	锡山区	位于云林街道云扬居委会，在云林商贸城北侧，东西走向，东至施家庄路，西至云林路，长 200 米，宽 5 米
33	道路	趣园路	锡山区	位于云林街道云扬居委会，在春亭路北面，东西走向，东至施家庄路，西至云林路，长 200 米，宽 5 米
34	道路	云泉路	锡山区	位于云林街道竹园居委会，在宁沪高速公路东面，南北走向，南至二泉东路，北至无锡市锡山水务集团有限公司，长 482 米，宽 12 米
35	道路	万阳路	锡山区	位于云林街道蓉阳村委会，在万马商业广场中间，南北走向，南至游园路，北至芙蓉六路，长 163 米，宽 9 米
36	道路	春鑫路	锡山区	位于云林街道春雷居委会，在春雷西路南面，东西走向，东至周巷浜，西至东亭北路，长 1100 米，宽 20 米
37	道路	竹园浜路	锡山区	位于云林街道竹园居委会，在江润福邸南区西侧，南北走向，南至锡山大道，北至东安路，长 345 米，宽 20 米
38	道路	中杏里路	锡山区	位于厚桥街道新厚桥村委会，在无锡市厚桥实验小学东侧，南北走向，南至厚嵩路，北至厚学路，长 166 米，宽 7 米
39	道路	厚嵩东路	锡山区	位于厚桥街道管理区域内，在黄塘河西面、无锡市厚桥实验小学南侧，东西走向，东至厚学路，西至联福路，长 1300 米，宽 28 米
40	道路	厚嵩西路	锡山区	位于厚桥街道管理区域内，在厚德苑南面、厚桥街道敬老院北侧，东西走向，东至联福路，西至锡东大道，长 2600 米，宽 28 米
41	道路	泾高路	锡山区	位于锡北镇泾新村委会，在泾新路（规划延伸段）南面，东西走向，东至无锡市高士通科技有限公司，西至瑞新路，长 201 米，宽 11 米
42	道路	泾鹏路	锡山区	位于锡北镇泾新村委会，在泾新路（规划延伸段）南面，东西走向，东至无锡市宝宝发童装有限公司，西至锡港路张泾东段，长 230 米，宽 7 米
43	道路	泾顺路	锡山区	位于锡北镇泾新村委会，在北新河东面，南北走向，南至泾新路（规划延伸段），北至无锡市华顺画艺布料科技有限公司，长 200 米，宽 6 米
44	道路	瑞新路	锡山区	位于锡北镇泾新村委会，在锡北运河西面，南北走向，南至泾瑞路，北至泾新路（规划延伸段），长 389 米，宽 11 米

（续表）

序号	类别	标准地名	隶属辖区	地理位置
45	道路	泾运路	锡山区	位于锡北镇泾新村委会，在锡北运河西面，南北走向，南至张泾东街，北至泾石路。长 847 米，宽 7 米
46	道路	泾福路	锡山区	位于锡北镇泾新村委会，在泾北联河东面，东起锡港路张泾东段，向西折向南至商城北路，长 636 米，宽 5 米
47	道路	泾康路	锡山区	位于锡北镇张泾居委会，在锡北商城东面，东西走向，东至锡港路张泾东段，西至商城东路，长 214 米，宽 7 米
48	道路	泾圣路	锡山区	位于锡北镇张泾居委会，在姚塘湾路南面，东西走向，东至建工路（规划名称），西至锡港路张泾东段，长 263 米，宽 5 米
49	道路	泾卓路	锡山区	位于锡北镇张泾居委会，在建工路（规划名称）西面，南北走向，南至泾韬路，北至泾圣路，长 307 米，宽 5 米
50	道路	泾腾路	锡山区	位于锡北镇张泾居委会，在张泾东街北面，南起建工新村，向北折向西至建工路（规划名称），长 325 米，宽 4 米
51	道路	泾韬路	锡山区	位于锡北镇张泾居委会，在锡港路张泾东段东面，东起建工路（规划名称），向西折向南至泾南路，长 310 米，宽 5 米
52	道路	秀新路	锡山区	位于锡北镇泾西村委会，在锡港路张泾西段北面，东西走向，东至西新路，西至秀泉路，长 500 米，宽 10 米
53	道路	泾悦路	锡山区	位于锡北镇泾西村委会，在锡北商城西侧，南北走向，南至泾声路，北至商城北路，长 320 米，宽 6 米
54	道路	丰泰路	锡山区	位于锡北镇管辖区域内，在锡沙公路（S340）南面、丰泰苑东侧，南北走向，南至泾瑞路，北至泾泉路，长 300 米，宽 8 米
55	道路	泾隆路	锡山区	位于锡北镇管辖区域内，在锡港路张泾东段北面、泾虹路（延伸段）南面，东西走向，东至东青河路，西至泾辉路，长 523 米，宽 8 米
56	道路	锡港南路	锡山区	位于东港镇管辖区域内，在锡北运河东面、青园路南面，东西走向，东至东青河村委会西中自然村，西至无锡兴达泡塑新材料股份有限公司，长 1800 米，宽 18 米
57	道路	横河路	锡山区	位于东港镇朝阳村委会，在东升路西面，南北走向，南至创业路，北至 S340 省道，长 420 米，宽 15 米
58	道路	富锡巷	锡山区	位于东港镇港下居委会，在港下红豆财富广场南区和三期之间，南北走向，南至锡港西路，北至港下香山路，长 228 米，宽 9 米
59	道路	万锡巷	锡山区	位于东港镇港下居委会，在万花城市广场住宅区域和商业区域之间，南北走向，南至锡港西路，北至港下香山路，长 239 米，宽 5 米
60	道路	漳洛路	惠山区	位于钱桥街道管理区域内，在京杭大运河南面、西漳居委会西北面，东南起惠澄大道，西北至友谊桥与雅西路对接，长 1100 米，宽 10 米
61	道路	钱桥新盛路	惠山区	位于钱桥街道管理区域内，在沪宜高速公路北面、西漳居委会南面，东西走向，东至惠澄大道，西至新盛桥与新顺路对接，长 1200 米，宽 11 米
62	道路	钱桥育才路	惠山区	位于钱桥街道苏庙居委会，在无锡市钱桥中学东面，南北走向，南至钱藕路，北至金苏公寓，长 910 米，宽 13 米
63	道路	藕韵路	惠山区	位于钱桥街道藕塘居委会，在龙栖湾花园西侧，南北走向，南至钱藕路，北至洋溪河，长 390 米，宽 15 米

（续表）

序号	类别	标准地名	隶属辖区	地理位置
64	道路	藕塘政新路	惠山区	位于钱桥街道藕塘居委会，在田庄浜东面，南北走向，南至钱桥街道水利农机服务站，北至藕塘北路，长500米，宽20米
65	道路	周忱路	惠山区	位于玉祁街道管理区域内，在海瑞路南面、玉祁商城北面，东西走向，东至堰玉北路，西至振祁路，长270米，宽5米
66	道路	石塘湾育才路	惠山区	位于洛社镇石塘湾居委会，在石塘湾中心幼儿园东侧，南北走向，南至无锡市石塘湾中学，北至石狮路，长300米，宽15米
67	道路	洛社人民南路	惠山区	位于洛社镇徐贵桥居委会，南北走向，南至江海西路（G312国道）与钱洛路对接，北至新兴东路，长900米，宽20米
68	道路	洛社人民中路	惠山区	位于洛社镇六龙居委会和徐贵桥居委会，南北走向，南至新兴东路，北至京杭运河，长800米，宽20米
69	道路	洛社人民北路	惠山区	位于洛社镇六龙居委会，南北走向，南至京杭运河，北至洛社大桥与洛洲路对接，长800米，宽20米
70	道路	文秀路	滨湖区	位于河埒街道水秀居委会，在无锡市水秀中学北侧，东西走向，东至无锡市稻香实验小学西围墙，西至水秀一支路，长270米，宽8米
71	道路	水秀一支路	滨湖区	位于河埒街道水秀居委会，在无锡市水秀中学西面，南北走向，南至太湖西大道，北至稻香路，长425米，宽9米
72	道路	水秀二支路	滨湖区	位于河埒街道水秀居委会，在水秀一支路西面，北起稻香路，向南228米至水塔，折向西350米至北华路，长578米，宽7米
73	道路	仙溪路	滨湖区	位于河埒街道管理区域内，在仙蠡路南面、仙蠡墩公园北侧，东西走向，东至湖滨路，西至仙墅路，长290米，宽7米
74	道路	唐巷一支路	滨湖区	位于河埒街道管理区域内，在湖滨路西面、稻香新村东北侧，北起唐巷路，向南150米，折向西150米至唐巷二支路，长300米，宽9米
75	道路	唐巷二支路	滨湖区	位于河埒街道管理区域内，在唐巷一支路西面、稻香新村东北侧，南北走向，北至唐巷路，南至稻香新村168—170号外墙，长150米，宽6米
76	道路	军民路	滨湖区	位于荣巷街道梅园居委会，在梅园西面，南北走向，南至环太湖公路，北至31604部队大门，长560米，宽10米
77	道路	青龙山二支路	滨湖区	位于荣巷街道梅园居委会，在无锡市梅园小学北面，东西走向，东至军民路，西至青龙山路，长320米，宽10米
78	道路	环平路	滨湖区	位于蠡园街道管理区域内，在鸿桥路西侧、鸿桥南堍，与鸿桥路平行，南北走向，南至环湖苑东门，北至梁溪河，长200米，宽10米
79	道路	瑜憬西路	滨湖区	位于蠡园街道管理区域内，在鸿桥路东侧、鸿桥南堍，与鸿桥路平行，南北走向，南至瑜憬湾花园西门，北至梁溪河，长215米，宽12米
80	道路	瑜憬东路	滨湖区	位于蠡园街道管理区域内，在隐秀路西侧、隐秀桥南堍，与隐秀路平行，南北走向，南至瑜憬湾花园东门，北至梁溪河，长400米，宽10米
81	道路	西园弄	滨湖区	位于蠡园街道西园弄自然村，在建筑路与蠡溪路交叉口西北侧、隐秀苑南侧，南起建筑路，向北150米后折向东至蠡溪路，长300米，宽3～6米

（续表）

序号	类别	标准地名	隶属辖区	地理位置
82	道路	溪兰路	滨湖区	位于蠡园街道迎溪巷自然村，在兰宝苑北侧，东西走向，东至百合花园，西至小渲河，长 280 米，宽 7 米
83	道路	知新路	滨湖区	位于蠡园街道管理区域内，在明园路西面、聆湖雅筑中间，南北走向，南至太湖西大道，北至滴翠路，长 350 米，宽 10 米
84	道路	静水路	滨湖区	位于蠡园街道管理区域内，在梁溪河南岸、静水山庄东侧，南北走向，南至建筑西路，北至梁湖生态园南侧通道，长 130 米，宽 7 米
85	道路	逸云路	滨湖区	位于蠡园街道管理区域内，在梁溪河南岸、静水路东面，南北走向，南至建筑西路，北至梁湖生态园南侧通道，长 80 米，宽 7 米
86	道路	钓桥路	滨湖区	位于雪浪街道望溪居委会，在具区路北面，东西走向，东至五湖大道，西至望溪路，长 1300 米，宽 13 米
87	道路	望倪路	滨湖区	位于雪浪街道望溪居委会，在五湖大道西面，南北走向，南至钓桥路，北至雪溪路，长 350 米，宽 10 米
88	道路	熙文路	滨湖区	位于雪浪街道管理区域内，在许舍路西南面、熙华雅苑 B 块和 C 块之间，东南至山水东路，西北至尧歌路，长 240 米，宽 14 米
89	道路	岭下路	滨湖区	位于雪浪街道管理区域内，在熙文路西南面、熙华雅苑 C 块西南侧，东南至山水东路，西北至尧歌路，长 228 米，宽 14 米
90	道路	锦云路	滨湖区	位于马山街道管理区域内，在连峰路东面、紫云路西面，南北走向，南至南堤路，北至宜马公路（规划道路），长 1500 米，宽 30 米
91	道路	凌波路	滨湖区	位于马山街道管理区域内，在峰影路南面、霞光路北面，东西走向，东至雪云路，西至锦云路，长 1200 米，宽 20 米
92	道路	嶂青路	滨湖区	位于马山街道嶂青居委会，在小灵山南侧，东起新龙路龙眼泉，沿山体向西 600 米至山居壹聚民宿，折向西南 490 米至时茗园茶楼，折向东南 350 米，再折向东北 100 米至新龙路（嶂青社区 374 号），长 1540 米，宽 6 米
93	道路	常平路	滨湖区	位于马山街道管理区域内，在常乐路北面、在建苏锡常南部高速公路东面，东西走向，东至陆马公路，西至规划道路，长 1200 米，宽 14 米
94	道路	春丰路	新吴区	位于旺庄街道春丰居委会南面，在无锡新加坡工业园北侧，东西走向，东至 G312 国道，西至机场路，长 2800 米，宽 24 米
95	道路	海明路	新吴区	位于旺庄街道管理区域内，在海力士半导体公司北面、IC 设计大厦东侧，南北走向，南至春丰路，北至泰山路，长 438 米，宽 24 米
96	道路	鸿江路	新吴区	位于硕放街道和鸿山街道管理区域内，在东环路和鸿祥路之间，南北走向，南至里河路，北至长江东路，长 682 米，宽 18 米
97	道路	广叙路	新吴区	位于江溪街道管理区域内，在广南里东面、叙丰里西侧，南北走向，南至叙康路，北至缇香路，长 270 米，宽 15 米
98	道路	坊溪路	新吴区	位于江溪街道管理区域内，在夹蠡河西面、美卓华庭东侧，南北走向，南至锡山大道，北至东安路，长 423 米，宽 28 米

（续表）

序号	类别	标准地名	隶属辖区	地理位置
99	道路	春学路	新吴区	位于江溪街道管理区域内，在金城东路北面、冷渎港南侧，东西走向，东至无锡市春城实验小学西大门，西至行创四路，长140米，宽20米
100	道路	梅苑一支路	新吴区	位于梅村街道管理区域内，在新华路西侧，为梅苑路的支路，南北走向，南至梅苑路，北至河南街（规划名称），长440米，宽13米
101	道路	梅苑二支路	新吴区	位于梅村街道管理区域内，在梅西路东侧，为梅苑路的支路，南北走向，南至梅苑路，北至泰伯西路（规划名称），长331米，宽7.5米
102	道路	梅西支路	新吴区	位于梅村街道管理区域内，在无锡市梅里中学北侧，为梅西路的支路，东西走向，东至梅西路，西至凤凰浜，长314米，宽5米
103	道路	新锦支路	新吴区	位于梅村街道管理区域内，在伯渎港北侧，为新锦路的支路，东西走向，东至锡义支路，西至新锦路，长195米，宽9.5米
104	道路	锡义支路	新吴区	位于梅村街道管理区域内，在新锦路东侧，为锡义路的支路，南北走向，南至新锦支路，北至锡义路，长175米，宽15米
105	道路	美鸿路	新吴区	位于鸿山街道管理区域内，在伯渎港南面、中华赏石园北侧，东西走向，东至占桥路，西至飞凤路，长1700米，宽15米
106	道路	育贤道	经开区	位于华庄街道管理区域内，在无锡市江南实验小学东侧、落霞苑第一社区南区西侧，南北走向，南至北霞路（规划名称），北至高运路（规划延伸段），长250米，宽8米
107	道路	佳园路	经开区	位于华庄街道管理区域内，在具区路南面、无锡市华庄中心幼儿园和无锡市太湖实验小学之间，东西走向，东至太湖佳园C块西大门，西至瑞景道，长250米，宽10米
108	道路	怡园路	经开区	位于华庄街道管理区域内，在华谊路西面、凯发苑中间，南北走向，南至震泽路，北至吴都路，长912米，宽10米
109	道路	锡拖路	经开区	位于华庄街道管理区域内，在华清大道东面、怡园路西面，南北走向，南至震泽路，北至吴都路，长912米，宽15米
110	道路	华庄公园路	经开区	位于华庄街道管理区域内，在蠡河东面、无锡市华庄中学新校区西面，东起华谊路，向西450米至大溪港，折向北至震泽路，长1100米，宽16米
111	道路	华庄桃园路	经开区	位于华庄街道管理区域内，在华庄公园路东面、无锡市华庄中学新校区西侧，南北走向，南至清源路，北至震泽路，长650米，宽16米
112	道路	华庄万花路	经开区	位于华庄街道管理区域内，在华庄镇中公园南面、万花新村北侧，东西走向，东至华庄公园路，西至华庄军民路（规划名称），长208米，宽16米
113	道路	华庄育才路	经开区	位于华庄街道管理区域内，在清源路北面、无锡市华庄中心小学南侧，东西走向，东至华庄军民路（规划名称），西至瑞景道，长860米，宽10米
114	道路	华庄文教路	经开区	位于华庄街道管理区域内，在蠡河西面、太湖佳园C块和D块之间，南北走向，南至丰茂路，北至具区路，长400米，宽10米

（续表）

序号	类别	标准地名	隶属辖区	地理位置
115	道路	华庄文具路	经开区	位于华庄街道管理区域内，在瑞景道东面、太湖佳园C块西侧，南北走向，南至丰茂路，北至具区路，长400米，宽10米
116	道路	瑞雪道	经开区	位于太湖街道管理区域内，在瑞雪家园和瑞翔家园中间、瑞星家园南面，南北走向，南至章村浜，北至瑞翔路，长300米，宽10米
117	道路	德贤道	经开区	位于太湖街道管理区域内，在天禧家园B区和C区之间、庙桥港东侧，南北走向，南至天禧家园C区地下车库出口，北至新园路，长200米，宽5米
118	道路	西绛道	经开区	位于太湖街道利农居委会西绛自然村，在世家名门花园中间，南北走向，南至闪溪河，北至周新西路，长180米，宽9米
119	道路	上风渚路	经开区	位于太湖街道太湖国际居委会上风渚自然村，在无锡市文化旅游发展集团有限公司南侧，东西走向，东至蠡湖大道，西至太湖世家，长270米，宽6.1米
120	道路	维港路	经开区	位于太湖街道太湖国际居委会，由南向北穿越太湖国际一街区、太湖国际二街区、太湖国际三街区，南起周新西路，向北250米至太湖国际一街区93号，折向东北900米至太湖国际二街区138号，再折向西北至大剧院路，长1300米，宽15米
桥 梁				
1	桥梁	陈白头桥	梁溪区	位于北大街街道管理区域内，在转水河东岸、沪宁城际铁路南面，南堍接工艺路，北堍接兴农路，跨转水河东侧河湾，长30米，宽12米，最大跨径30米
2	桥梁	兴农桥	梁溪区	位于北大街街道管理区域内，在沪宁城际铁路南面、惠农桥北面，坐落在兴农路上，跨转水河，长42米，宽13米，最大跨径42米
3	桥梁	求渡桥	锡山区	位于东北塘街道大马巷村委会，在环翠苑北面，坐落在承塘路（规划延伸段）上，跨农里东浜，长22米，宽30米，最大跨径20米
4	桥梁	东新桥	锡山区	位于东北塘街道农坝村委会，在东腾路与农新河路交叉口东侧，坐落在东腾路上，跨农新河，长28.04米，宽20米，最大跨径22米
5	桥梁	裕巷桥	锡山区	位于东北塘街道裕巷村委会，在芙蓉三路北面，坐落在荣裕路（规划名称）上，跨裕巷浜，长26.83米，宽21米，最大跨径20米
6	桥梁	潘巷桥	锡山区	位于东北塘街道裕巷村委会，在荣裕路东面，坐落在锡港路东北塘东段上，跨裕巷浜，长27.03米，宽41米，最大跨径20米
7	桥梁	同心桥	新吴区	位于旺庄街道群星居委会，在旺庄公交停车场南侧，坐落在海明路上，跨春丰河，长11.8米，宽24米，最大跨径5.05米
8	桥梁	万更上桥	新吴区	位于硕放街道原安桥村，在里河路北侧，坐落在鸿江路上，跨新八河，长31.04米，宽14米，最大跨径10米
9	桥梁	康晖桥	新吴区	位于江溪街道叙康里居委会，在江溪街道水利农机站西面，坐落在叙康路（规划延伸段）上，跨冷渎港，长47.3米，宽24米，最大跨径20米
10	桥梁	望鸿桥	新吴区	位于鸿山街道鸿新居委会荣更上自然村，在鸿庆路东面，坐落在彭祖路上，跨走马塘，长58.88米，宽33米，最大跨径20米

（续表）

序号	类别	标准地名	隶属辖区	地理位置
11	桥梁	荣更上桥	新吴区	位于鸿山街道鸿新居委会荣更上自然村，在走马塘东面，坐落在彭祖路上，跨荣更上河，长 27.84 米，宽 33 米，最大跨径 20 米
12	桥梁	彭祖桥	新吴区	位于鸿山街道鸿新居委会荣更上自然村，在至德大道西面，坐落在彭祖路上，跨管家桥浜，长 27.87 米，宽 33 米，最大跨径 20 米
13	桥梁	周房桥	新吴区	位于鸿山街道鸿西居委会周二房自然村，在至德大道西面，坐落在三让路上，跨至德河（规划名称），长 27.48 米，宽 24 米，最大跨径 20 米
14	桥梁	安鸿桥	新吴区	位于鸿山街道管理区域内，在鸿山路东面、无锡市鸿山实验小学南侧，坐落在安鸿路上，跨沈家桥河，长 37.9 米，宽 21 米，最大跨径 30 米
15	桥梁	陆房桥	经开区	位于华庄街道桑南居委会六房巷自然村，在具区路与清舒道交叉口南 100 米处，坐落在清舒道上，跨陆房上浜，长 54.04 米，宽 31 米，最大跨径 16 米
16	桥梁	小二房桥	经开区	位于华庄街道桑南居委会小二房自然村，在具区路与贡湖大道交叉口南 100 米处，坐落在贡湖大道上，跨陆房上浜，长 54.08 米，宽 40.5 米，最大跨径 16 米
17	桥梁	河潭桥	经开区	位于华庄街道桑南居委会河潭桥自然村，在具区路与南湖大道交叉口南 100 米处，坐落在南湖大道上，跨陆房上浜，长 54.08 米，宽 41 米，最大跨径 16 米
18	桥梁	怡然桥	经开区	位于华庄街道管理区域内，在金匮公园东侧、贡湖大道入口处西侧 20 米处，跨庙桥港，为人行景观桥，长 49.4 米，宽 3 米
19	桥梁	琼芳桥	经开区	位于太湖街道管理区域内，在金匮公园南侧、观山路入口处北侧 30 米处，为人行景观桥，长 16.4 米，宽 7.4 米
地名更名				
1	广场	亭隆文化广场	锡山区	原名锡望文化广场。位于东亭街道管理区域内，东至张周桥港，南至锡州路，西至东亭中路，北至二泉中路
地名属性调整				
1	居民区（范围）	广石家园	梁溪区	位于黄巷街道管理区域内，东至规划道路与彩乐居相邻，南至广石西路，西至东塘河，北至广澄路
2	居民区（范围）	嘉荫园	锡山区	位于安镇街道管理区域内，东至盛源北路，南至锡沪路查桥西段和原嘉荫园 57—58 号楼，西至春风北路和原嘉荫园 57—58 号楼，北至春晖路
3	居民区（范围）	东顺苑	锡山区	位于东北塘街道管理区域内，东至承塘路，南至晨阳路，西至王巷路（规划名称），北至锦阳路
4	居民区（范围）	尚书苑	锡山区	位于鹅湖镇管辖区域内，东至锡甘路，南至新园路，西至新扬路和荡口小学，北至鹅湖医院、荡口小学和科技路
5	居民区（范围）	华憬佳园	经开区	位于华庄街道管理区域内，东至华庄文教路，南至具区路，西至瑞景道，北至清源路
6	道路（起止点）	北塘大街	梁溪区	位于北大街街道和黄巷街道管理区域内，东南起莲蓉桥，西北至青石西路（与惠暨大道对接），长 4396 米，宽 30 米
7	道路（起止点）	青石西路	梁溪区	位于北大街街道和黄巷街道管理区域内，东南起凤翔路，西北至惠暨大道，长 1900 米，宽 35 ～ 41.5 米

（续表）

序号	类别	标准地名	隶属辖区	地理位置
8	道路（起止点）	塘南路	梁溪区 新吴区	位于梁溪区清名桥街道和新吴区江溪街道管理区域内，西起跨塘桥，向东折向南至新光路，长4000米，宽30米
9	道路（起止点）	泉山路	锡山区	位于安镇街道和锡北镇管理（管辖）区域内，南北走向，南至翠峰路，北至团结北路，长7120米，宽20～40米
10	道路（起止点）	联义路	锡山区	位于厚桥街道管理区域内，南北走向，南至厚嵩东路，北至厚安路，长1500米，宽21米
11	道路（起止点）	泾瑞路	锡山区	位于锡北镇管辖区域内，东西走向，东至锡北运河，西至润泉路，长2800米，宽10～15米
12	道路（起止点）	堰裕路	惠山区	位于堰桥街道和长安街道管理区域内，东西走向，东至惠成路，西至刘巷社区，长6700米，宽34～50米
13	道路（起止点）	滴翠路	滨湖区	位于蠡园街道管理区域内，东西走向，东至蠡溪路，西至景宜路，长1990米，宽20米
14	道路（起止点）	梅苑路	新吴区	位于旺庄街道管理区域内，东西走向，东至新华路，西至新锡路，长1600米，宽24米
15	道路（起止点）	城南路	新吴区	位于旺庄街道管理区域内，南北走向，南至高新物流园区大门，北至新光路，长5500米，宽30米
16	道路（起止点）	吴都路	新吴区 经开区	位于新吴区旺庄街道、新安街道和经开区华庄街道、太湖街道管理区域内，东西走向，东至珠江路（与新锡路对接），西至蠡湖大道，长11000米，宽60米
17	道路（起止点）	空港路	新吴区	位于硕放街道和鸿山街道管理区域内，南北走向，南起无锡市与苏州市行政区域界线（南塘大桥南堍往南约300米处），北至锡张高速公路，长5600米，宽6～60米
18	道路（起止点）	苏巷路	新吴区	位于江溪街道管理区域内，东西走向，东至江海南路，西至太湖东大道，长1000米，宽20米
19	道路（起止点）	锡义支路	新吴区	位于梅村街道管理区域内，南北走向，南至泰伯大道，北至锡义路，长430米，宽15米
20	道路（起止点）	鸿运路	新吴区	位于鸿山街道管理区域内，南北走向，南至后宅中路，北至泰伯大道，长4587米，宽24～40米
21	道路（起止点）	高运路	经开区	位于华庄街道和太湖街道管理区域内，东西走向，东至运河西路，西至贡湖大道，长5000米，宽17～24米
22	道路（起止点）	南霞路	经开区	位于华庄街道管理区域内，东西走向，东至蠡河道（规划名称），西至盛景道，长1800米，宽15米

（市民政局）

编辑 葛 红

说　明

该索引为综合性主题索引，包括正文部分 40 个类目和特载、专文、附录的内容。索引标目按汉语拼音字母顺序排列，同音字按声调顺序，同音同声者按第二字拼音字母顺序排列。标目后数字为页码，字母 a 为左栏，b 为中栏，c 为右栏。

D

E

F

G

H

J

K

L

M

N

O

P

Q

R

S

T

W

X

Y

Z